HEYNE BÜCHER

Das Buch

Die letzte Kaiserin Chinas, Kaiserinwitwe Tz'u-Hsi, gehört zu jenen Frauen der Geschichte, die gern in einem Atemzug mit Messalina genannt werden, und ihre Regierungszeit, die ein halbes Jahrhundert währte, wurde einem sensationslüsternen westlichen Publikum als endloser Reigen von Morden, Intrigen und Perversionen dargestellt. Sterling Seagrave, der renommierte Asienexperte, hat unter Berücksichtigung bisher unveröffentlichten Quellenmaterials – darunter das geheime Tagebuch, das der Korrespondent der *Times* in Peking führte – ein neues und wesentlich differenzierteres Bild der Konkubine auf dem Drachenthron entworfen.

Statt der machtgierigen Hexe zeigt es eine Frau, die verzweifelt versucht, ihr Kaiserreich gegen den äußeren Druck der Kolonisation zu verteidigen und dem übermächtigen Einfluß der Mandschufürsten die Stirn zu bieten. Seagrave weist nach, aus welchen Motiven die Kaiserinwitwe als Monster verunglimpft wurde, und er zeichnet ein authentisches und faszinierendes Porträt einer facettenreichen Persönlichkeit und ihrer bewegten Zeit. »Niemand behaupte mehr, Geschichte sei langweilig. Die Konkubine auf dem Drachenthron ist nicht nur hervorragend geschrieben, sondern voll faszinierender Informationen, aufregend und parteiisch – nicht gegen die Chinesen, sondern gegen den Rassismus der westlichen Welt, die die Stereotypen vom undurchdringlichen Orientalen und der Gelben Gefahr erfand, die unser Chinabild prägten.« *Chicago Sun Times Book Week*

Der Autor

Sterling Seagrave, der an der Grenze von China zu Burma aufwuchs, ist Journalist und Schriftsteller. Zu seinen bekanntesten Veröffentlichungen gehören *Gelber Regen* (1983) und *Die Soong-Dynastie* (1986)

STERLING SEAGRAVE

DIE KONKUBINE AUF DEM DRACHENTHRON

Leben und Legende der letzten
Kaiserin von China 1835-1908

Unter Mitarbeit von Peggy Seagrave

Aus dem Englischen
von Waltraud Götting und Udo Rennert

WILHELM HEYNE VERLAG
MÜNCHEN

HEYNE ALLGEMEINE REIHE
Nr. 01/9639

Titel der Originalausgabe
DRAGON LADY – THE LIFE AND LEGEND OF
THE LAST EMPRESS OF CHINA
1992 erschienen im Verlag Alfred A. Knopf/New York

Kapitel 1 bis einschließlich Kapitel 18 wurden von Udo Rennert
übersetzt,
ab Kapitel 19 von Waltraud Götting.

Umwelthinweis:
Dieses Buch wurde auf
chlor- und säurefreiem Papier gedruckt.

Wilhelm Heyne Verlag GmbH & Co. KG, München
Printed in Germany 1996
Umschlagillustration: Archiv für Kunst und Geschichte, Berlin
Umschlaggestaltung: Atelier Ingrid Schütz, München,
Gesamtherstellung: Pressedruck, Augsburg

ISBN 3-453-09625-8

Für Peter und Dojean

Inhaltsverzeichnis

»Künftige Zeitalter werden die Kaiserinwitwe als noch furchtbarer in Erinnerung bewahren als die Kaiserin Wu.«
Alice Little in der Londoner *Times*

»Niemand wird je genau wissen, welche Fehler hier gemacht wurden und welche Schuld viele auf sich geladen haben.«
Bertram Lenox-Simpson

Die wichtigsten Personen der Handlung

Abahai Sohn des Gründers der Ching-Dynastie, festigte sein Reich
A-lu-te Kaiser T'ung-chihs unglückliche Frau
Bischof Johann Baptist von Anzer Provozierte Vergeltungsmaßnahmen der Boxer
Benjamin Avery US-Botschafter
Ayaou Robert Harts Konkubine, gebar ihm seine ersten drei Kinder
Sir Edmund Backhouse Genie, Betrüger, Pornograph, Historiker
Sir Henry Blake Gouverneur von Hongkong um 1900
Lady Edith Blake Seine Frau
J.O.P. Bland Shanghai-Korrespondent der Londoner *Times*
Frederick S.A. Bourne Britischer Konsul in Shanghai
Sir John Bowring Gouverneur von Hongkong während des zweiten Opiumkriegs
Hester Jane Bredon Lady Hart
Robert Bredon Stellvertreter Harts beim Zollamt und dessen Schwager
Lily Bredon Seine Frau
Juliet Bredon Ihre Tochter von einem anderen Mann
Byron Brenan Geschäftsführender britischer Generalkonsul in Shanghai
H.H. Bristow Dolmetscherstudent, fing damit an, Chinesen zu erschießen
James Bruce, Lord Elgin Britischer Kommandeur, ließ den Sommerpalast niederbrennen
Frederick Bruce Elgins jüngerer Bruder, führte den Angriff auf die Taku-Forts
Henry Burgevine Amerikanischer Glücksritter, kämpfte gegen die Taiping-Rebellen
Katherine Carl Porträtmalerin
General Adna Chaffee US-Kommandeur, ehemaliger Kämpfer gegen die Indianer
Auguste Chamot Schweizer Hotelier und Abenteurer
Chang Chih-tung Vizekönig der

Jangtse-Provinz, Rivale von Vizekönig Li Hung-chang

Sir Chang Yin-huan Erster Chinese, der in den Ritterstand erhoben wurde

Chao Shu-chiao Mitglied der Fraktion der Eisenhüte und Leiter des Justizministeriums

Prinz Cheng Mitglied der Achterbande

Chin Fei Kaiser Kuang-hsüs Lieblingskonkubine

Prinz Ching Oberster Minister unter Kaiser Kuang-hsü

Ching-shou Mitglied der Achterbande

Valentine Chirol Auslandsredakteur der Londoner *Times*

Dr. Chu Kwei-ting Betreute Kaiser Kuang-hsü vor dessen Tod

Prinz Chuang Mitglied der Fraktion der Eisenhüte, Leiter der kaiserlichen Polizei und Geheimpolizei

Prinz Chun Hsien-fengs Bruder, Vater von Kaiser Kuang-hsü

Prinz Chun II. Bruder Kaiser Kuang-hsüs, Vater von P'u-yi

Herzog Chung Mitglied der Fraktion der Eisenhüte und Vater von A-lu-te

Chung Li Chef der Pekinger Gendarmerie und führendes Mitglied der Eisenhüte

Henry Cockburn Dolmetscher der britischen Gesandtschaft

Edwin Conger US-Botschafter während des Boxeraufstands

Sarah Conger Seine Frau

Baron Corvo Frederick William Wolfe, Pornograph im edwardianischen England

Charles Denby US-Botschafter

Dr. Dethève Arzt der französischen Gesandtschaft, untersuchte Kaiser Kuang-hsü

Gustav Detring Vizekönig Lis deutscher Protegé in Tientsin

Prinz Dorgon Mandschu-Herrscher des 17. Jahrhunderts, der China unterwarf

Hauptmann Charles Elliot Britischer Kommandeur in Kanton

Bischof Favier Bischof von Peking

Charles Masson Fox Vetter von Backhouse, Geliebter Baron Corvos

General Alfred Gaselee Hob die Belagerung Pekings auf

Lancelot Giles Britischer Dolmetscherstudent

Charles (»China«-)Gordon Legendärer britischer Offizier

General Sir Hope Grant Kommandeur der Strafexpedition 1860 nach Peking

Dr. G. Douglas Gray Britischer Gesandtschaftsarzt

Baron J. B. L. Gros Französischer Gesandter bei der Strafexpedition von 1860

Karl Gützlaff Preußischer Mentor der Dolmetscher Lay und Parkes

Konstantin von Hanneken Vizekönig Li Hung-changs deutscher Militäringenieur

Sir Robert Hart Leiter der chinesischen Zollbehörde

W. Meyrick Hewlett Britischer Dolmetscherstudent

Baron Edmund von Heyking Deutscher Gesandter zu Beginn der Boxerverschwörung

Hiraoko Kotaro Nomineller Leiter der Genyosha (japanische kriminelle Geheimgesellschaft)

Hirayama Shu Genyosha-Agent in Peking

Herbert Hoover 1898 ein aggressiver Bergwerksingenieur in China

Sir Robert Hotung Reicher Händler

aus Hongkong

Kaiser Hsien-feng Gemahl von Yehe Nara

Hsü Chih-cheng Beamter und Freund von K'ang Yu-wei

Hsu Tung Großsekretär, führender Mandarin der Eisenhüte

Hsü Ying-kuei Präsident des Ritenamts und Mitglied der Fraktion der Eisenhüte

Hung Hsiu-ch'uan Kaiser der Taiping-Rebellen

Prinz Yi Mitglied der Achterbande

Ito Hirobumi Japanischer Staatsmann, ehemaliger Premierminister

Dr. Huberty James Exzentrischer Professor an der Pekinger Universität

Prinzessin Jung An Tochter von Yehe Naras Rivalin als Konkubine

General Jung-lu Tz'u-Hsis lebenslanger Verbündeter, später Premierminister

Kang Yi Großrat und führender Mandarin der Eisenhüte

K'ang Kuang-jen Bruder von K'ang Yu-wei, einer der Sechs Märtyrer

K'ang Yu-wei Scharlatan, selbsternannter Führer der Reformbewegung

Baron Clemens von Ketteler Deutscher Gesandter während der Belagerung von Peking

Kim Ok-kium Ermordeter koreanischer Exilführer

Kaiser Kuang-hsü Tsai Tien, vielfach mißbrauchter Sohn Prinz Chuns

Herzog Kuei Hsiang Bruder Tz'u-Hsis, Vater von Kaiserin Lung-yu

Kuei-liang Großsekretär, Schwiegervater Prinz Kungs

Prinz Kung Bruder Hsien-fengs und Herrscher über China in einer Koalitionsregierung

Herzog Lan Sohn von Prinz Tun und Mitglied der Fraktion der Eisenhüte

Horatio Nelson Lay Aggressiver britischer Dolmetscher und Unterhändler

Bertram Lenox-Simpson In China geborener Schriftsteller, schrieb unter dem Pseudonym B.L. Putnam Weale

Prinz Li Großrat und treuer Anhänger der Eisenhüte

Li Fei Hsien-fengs Favoritin und Rivalin Yehe Naras

Li Hung-chang Vizekönig, der große politische Machthaber im kaiserlichen Xian

Li Lai-chung Bandit in Shanxi, Führer des harten Kerns beim Boxeraufstand

Li Lien-ying Tz'u-Hsis Generaleunuch, eine Macht hinter dem Thron

General Li Ping-heng Höchster General der Eisenhüte, Planer des Boxeraufstands

Liang Chi-chao Propagandist, Gefolgsmann von K'ang Yu-wei

General Liang Pi In Japan ausgebildeter Mandschu, von Vizekönig Yuan ermordet

Lim Boon-keng Mandschufeindlicher Propagandist in Singapur

Kommissar Lin Verantwortlich für den Kontakt mit den »Barbaren« im ersten Opiumkrieg

Lin Hsü Reformratgeber und einer der Sechs Märtyrer

General Linewitsch Kommandeur der russischen Truppen in China um 1900

Archibald Little Gewendeter Missionar und habgieriger Geschäftsmann im Jangtse-Delta

Alicia Little Seine Frau, Aktivistin, Kritikerin der Kaiserinwitwe
Liu Kuang-ti Reformratgeber und einer der Sechs Märtyrer
Frederick Low US-Botschafter
Kaiserin Lung-yu Kuang-hsüs Kaiserin und Nichte Tz'u-Hsis
Sir Claude MacDonald Britischer Gesandter während der Belagerung Pekings 1900
Lady Ethel MacDonald Seine Frau
Dr. W. A. P. Martin Sprachprofessor und ehemaliger Missionar
Signor di Martino Italienischer Gesandter
John Meadows Erster Chef Harts als geschäftsführender Konsul in Ningpo
Königin Min Zum Scheitern verurteilte Königin von Korea
Miyazaki Torazo Einflußreicher Genyosha-Agent in Ostasien
George Morrison Peking-Korrespondent der Londoner *Times*
O. S. Nestegaard Norwegischer Missionar
General Nieh Shih-cheng Gemäßigter
Nurhaci Gründer der Ching-Dynastie
Okuma Shigenobu Japanischer Außenminister
Hauptmann Mortimer O'Sullivan Britischer Glücksritter, Agent
Lord Palmerston Britischer Außen- und Premierminister
Harry Parkes Britischer Dolmetscher und Unterhändler
William Pethick Amerikanischer Sekretär Vizekönig Li Hung-changs
Stéphane Jean-Marie Pichon Französischer Gesandter
Hauptmann Poole Britischer Offizier, führte den Sturm auf die Hanlin-Akademie an
P'u-chun Sohn Prinz Tuans, fast ein Kaiser
P'uyi Kaiser Kuang-hsüs Neffe und letzter Kaiser von China
Graf Wassiljewitsch Putjanin Russischer Gesandter
Gilbert Reid Amerikanischer Missionar, mischte sich in die chinesische Politik ein
Timothy Richard Waliser Missionar, mischte sich in die chinesische Politik ein
Arthur von Rosthorn Österreich-ungarischer Gesandter
Lord Salisbury Britischer Premier
Marchese di Salvago-Raggi Italienischer Gesandter
Sir Ernest Satow Britischer Gesandter in Tokyo und Peking
Admiral Sir Edward Hobart Seymour Trieb sich in Nordchina herum
Admiral Sir Michael Seymour Sein Onkel, Kommandeur im zweiten Opiumkrieg
Telegrafen-Sheng Leiter von Vizekönig Li Hung-changs kaiserlichem Telegrafenamt
General Sheng-pao Prinz Kungs Verbündeter, verhaftete die Achterbande
Oberst Shiba Japanischer Militärattaché während der Belagerung Pekings
Polly Condit Smith Amerikanerin auf Urlaub während der Belagerung Pekings
Herbert Squiers Erster Sekretär der US-Botschaft in Peking
Su Shun Anführer der Achterbande, versuchte, sich des Throns zu bemächtigen
Prinz Su Gemäßigter, von Morrison aus seinem Palast gedrängt
Sugimura Yotara Japanischer Ge-

sandter, war am Mord an Königin Min beteiligt
Sugiyama Akira Kanzleivorstand der japanischen Gesandtschaft, von Boxern in Stücke gehauen
Sun-tzu Meisterstratege und -taktiker, 3. Jh. n. Chr.
Sung Po-lu Beamter und Freund von K'ang Yu-wei
Boß Takee Pate von Shanghai, von Vizekönig Li Hung-chang überlistet
Tan Ssu-tung Reformratgeber und einer der Sechs Märtyrer
Kaiser Tao-kuang Vater von Hsien-feng
Hauptmann von Thomann Österreichischer Attaché während der Belagerung von Peking
Lady Susan Townley Frau des Ersten britischen Gesandtschaftssekretärs
Tayoma Mitsuru Führer der Genyosha
Tsai Cheng Sohn von Prinz Kung
Tseng Kuo-fan Erster der neuen chinesischen Kriegsherren, Mentor von Li
Prinz Tuan Sohn von Prinz Tun, oberster Führer der Eisenhüte
Prinz Tun Hsien-fengs Bruder und Rivale
Prinz Tun II. Sohn von Prinz Tun und Führer der Eisenhüte
Kaiser T'ung-chih Tz'u-Hsis Sohn
General Tung Fu-hsiang moslemischer Bandit und Kriegsherr, unterstützte die Eisenhüte
Kaiserinwitwe Tz'u-An Kinderlose Mitregentin Tz'u-Hsis
Kaiserinwitwe Tz'u-Hsi Yehe Nara, überlebte lange genug, um allein zu regieren
Fürst Uchtomskij Zaristischer Verschwörer in China
Hubert Vos Porträtkünstler, Bewunderer von Tz'u-Hsi
Sir Thomas Wade Britischer Gesandter zur Zeit von T'ung-chihs Tod
Graf Alfred von Waldersee Kommandeur der europäischen Truppen im Boxerkrieg 1900
Frederick Townsend Ward Amerikanischer Söldner, kämpfte gegen die Tai-ping-Rebellen
John Ward US-Botschafter
Wen-hsiang Großrat, Verbündeter Prinz Kungs
Weng Tung-ho Oberster Lehrer Kaiser Kuang-hsüs
Wo Jen Hauslehrer Kaiser T'ung-chihs
Boß Wu Pate von Shanghai, von Vizekönig Li Hung-chang ausmanövriert
Kaiserin Wu Vielgeschmähte Kaiserin der Tang-Dynastie
Yamagata Aritomo Japanischer Militarist und Premierminister
Yang Chung Yi Kaiserlicher Hexenjäger, Vorreiter Vizekönig Li Hung-changs
Yang Ju Yi Reformratgeber und einer der Sechs Märtyrer
Yang Shen-hsiu Beamter und Freund von K'ang Yu-wei
Kommissar Yeh Verantwortlich für den Kontakt zu den »Barbaren« im zweiten Opiumkrieg
Yu Derling Hofdame Tz'u-Hsis
Yu Hsien Mandschu-Gouverneur, Massenmörder an Missionaren
Yuan Shih-kai Protegé Vizekönig Li Hung-changs, für kurze Zeit Kaiser von China

Vorbemerkung des Autors

In China gab es in Tausenden von Jahren nur drei regierende Kaiserinnen:
Kaiserin Lu (geb. 180 v. Chr.) während der Han-Dynastie (206 v. Chr.–220 n. Chr.)
Kaiserin Wu (625-705 n. Chr.) während der Tang-Dynastie (618–907 n. Chr.)
Kaiserinwitwe Tz'u-Hsi während der Ching-Dynastie (1644–1911)

Prolog: Blumen im Garten

Alljährlich im Frühling und Herbst kurz vor der Wende zum 20. Jahrhundert, wenn die Sandstürme der Wüste Gobi nicht zu heftig waren, versammelten sich in Peking viele Angehörige der zu jener Zeit etwa 500 Mitglieder zählenden und zur Hälfte aus Missionaren bestehenden Ausländergemeinde mittwochs abends um sechs Uhr zu einer Gartengesellschaft vor dem Haus von Sir Robert Hart, dem Generalinspektor (»I. G.«) der chinesischen Zollbehörde. Einhundert Herren und vielleicht 30 Damen kamen, um der Musik von Harts Blaskapelle in den etwa 3,2 Hektar großen Gartenanlagen der Inspektionsbehörde zu lauschen. Es war das gesellschaftliche Ereignis der Woche, an dem auch alle Fremden von Rang und Namen, die sich in Peking auf der Durchreise befanden, teilnahmen. Die Damen schlenderten unter den Fliederbüschen dahin, die im April die Wege in einen lilafarbenen Schleier hüllten, und der Duft ihres Eau de Cologne, Rosenwassers und eines Parfüms, das damals ganz zeitgemäß »Rheinveilchen« hieß, mischte sich mit dem der Fliederblüten. Häufig war es noch warm, und die Damen hatten sich kurz zuvor mit Kräuterseife frisch gemacht. Die Modebewußten bevorzugten Seidenbatist in Beige, Rosa oder Hellgrün, verziert mit Bändern und Spitzen. Um ihr Gesicht gegen den Wüstensand zu schützen, trugen sie Schleier aus weißem russischem Mull oder Tüll mit Tupfen; darüber aufgedonnerte Hüte aus Reisstroh oder getrockneten wilden Hyazinthen, geschmückt mit Samtschleifen, Straußen- und Reiherfedern und Borten. Vornehme Damen mit Hochfrisuren saßen in Rattansesseln, knabberten an Kuchen und hatten ein Auge auf Kinder in Knickerbockerhosen und Kitteln, die zwischen den Büschen spielten.

Während die Diplomaten fachsimpelten und die Missionare mißbilligend umherblickten, schlenderten die Journalisten, die von Shanghai und Hongkong gekommen waren, herum, um da und dort eine Indiskretion aufzuschnappen. Alle Gruppen und Weltanschauungen gaben sich ein Stelldichein, und die Löwen tranken Tee mit den Schafen, um die vertrauten westlichen Töne zu hören.

Gelegentlich mischten sich chinesische Mandarine unter die »fremden Teufel«, ihre Kopfbedeckungen und Gewänder geschmückt mit den Knöpfen, Vierecken und Pfauenfedern, die ihr hohes Amt kenntlich machten. Die bei weitem eindrucksvollsten unter ihnen waren Vizekönig Li Hung-chang und sein Schützling General Yuan Shih-kai.

Inzwischen 76 Jahre alt, war Li Hung-chang der reichste und mächtigste politische Machthaber des Reiches: Er kontrollierte Eisenbahnen, Telegrafen, Bergwerke und Schiffahrtslinien. Zudem verfügte er über ein Privatheer und unzählige Geheimagenten. Viele führenden Mandarine und Mandschu-Prinzen hatten sich vom Vizekönig aus finanziellen Schwierigkeiten heraushelfen lassen und waren ihm seitdem auf Gedeih und Verderb ausgeliefert. Er war ein Mann von trügerisch freundlichem Äußeren, mit stattlichen 1,90 Meter in dicksohligen, schwarzen Satinstiefeln. Ein Schlaganfall hatte sein Gesicht teilweise gelähmt, ihm jedoch ein seliges Lächeln gelassen – ein gefährlicher Mann mit einem engelhaften Gesichtsausdruck. Da es immer noch sehr warm war, trug Li einen Hut aus geflochtenem Bambusgras, über dem ein Tuch aus heller Gaze hing, so daß er einem Lampenschirm ähnelte, und auf diesem steckte in einem Röhrchen aus burmesischer Jade eine Pfauenfeder. Über seiner Amtstracht trug er einen langen Seidenumhang mit Schlitzen an beiden Seiten, die ihm das Reiten ermöglichen sollten. Dessen Vorder- und Rückseite war mit einem Mandarinviereck und dem Zeichen seines Ranges bestickt – in seinem Fall ein weißer Kranich für den ersten Rang. Seine Gewänder wurden um die Hüfte von einem Ledergürtel zusammengehalten, von dem Beutel und Taschen herabhingen, die Fächer, Schnupftabak und einen Spucknapf enthielten, von dem er immer wieder Gebrauch machte (nachdem er mit einem durchdringenden Geräusch, das allen Europäern in seiner Nähe kalte Schauder über den Rücken jagte, seinen Rachen und die Nebenhöhlen ordentlich ausgeputzt hatte). Um den Hals trug er eine

Kette aus 108 Perlen wie einen buddhistischen Rosenkranz, von dem wiederum drei Korallenketten herabhingen, die die fünf Elemente symbolisierten. Darunter baumelte ein Anhänger aus Jade in Form eines Kinderlutschers an einer eigenen Schnur, mit dem die linke Hand des Vizekönigs spielte, während er mit Hart ins Gespräch vertieft war.

General Yuan war ähnlich gekleidet, wirkte jedoch gegenüber Li kurz und untersetzt, und sein Gesicht strahlte vor Zufriedenheit wie Lis gutgenährter Kater vor einem vollen Rahmtopf. Hart warnte seine westlichen Besucher regelmäßig, daß eines Tages Li oder Yuan oder beide einen Staatsstreich inszenieren und selbst die Macht ergreifen könnten.

Auffällig war die Abwesenheit des weltmännischen Diplomaten Sir Chang Yin-huan, des ersten Chinesen, der von Großbritannien in den Ritterstand erhoben wurde und der während seiner Amtszeit in der chinesischen Botschaft in der Nähe des Dupont Circle in Washington, D.C., gelernt hatte, mit Messer und Gabel zu essen. Der allseits beliebte Bonvivant war vor kurzem wegen seiner Beteiligung an der gescheiterten Reformbewegung von 1898 in das abgelegene Singkiang verbannt worden. In dem entsprechenden Erlaß hatte man ihn als »verschlagen und wankelmütig« bezeichnet.

Wie Sir Robert sagte, kamen die Mandarine zu seinen Gesellschaften nur, »um einen Blick auf die beiden Sehenswürdigkeiten Pekings zu werfen, den Generalinspektor und seine seltsamen Musiker«. Als Musikliebhaber hatte er in den achtziger Jahren Chinas erste Blaskapelle gegründet, in der Zollbeamte und deren Frauen mitspielen mußten, bis sie gegen Harts tyrannisches Wesen aufbegehrten. Danach stellte er Chinesen an und brachte ihnen das Spielen auf westlichen Instrumenten bei, darunter Kornette, Baritonhörner und ein Helikon, die er aus England importieren ließ. Die Kapelle spielte nicht schlecht unter der Leitung von E. E. Encarnacao, einem Zollangestellten aus Macao. Die 14 uniformierten Musiker, allesamt Heranwachsende, gingen im übrigen einer festen Beschäftigung nach: Ein Friseur spielte Flöte, ein Schuhmacher Kornett, und ein Schneider schlug die Pauke. Jede Woche spielten sie Harts Lieblingsstücke »Nuit d'Amour«, »When the Lights Are Low«, die »Zwergenpolka« und den »American Barn Dance«, dazwischen Melodien, die in Ländern, die die Musikanten nie gesehen hatten, die neuesten Schlager waren. Außerdem organisierte Hart ein Streichorchester für Abendgesellschaften mit Tanz, zu denen er einmal in der Woche einlud und die bis weit nach Mitternacht dauerten.

Das Haus und der Garten Harts lagen mitten in Peking, am Rand des Gesandtenviertels in der Nähe der rosafarbenen Mauern der Verbotenen Stadt. Im Norden grenzte das Gelände an einen Schamanentempel, im Westen an den Hof des Prinzen Yu, und von allen Gesandtschaften war es nicht weiter als knapp 1000 Meter entfernt.

Die zauberhaften Gärten und künstlichen Seen hinter den hohen Mauern bescherten den Bewohnern Pekings ein äußerst angenehmes Leben. Daß jedoch noch ein anderes, ein reales China existierte, davon zeugte der allgegenwärtige Gestank von menschlichen Exkrementen. Außerhalb der Verbotenen Stadt und quer durch das Gesandtschaftsviertel verlief ein offener Abwasserkanal, der die Luft Tag und Nacht mit seinem Geruch erfüllte. Sein unverkennbarer Duft legte sich über Tennisspiele, Abendgesellschaften und offizielle Empfänge in den Gesandtschaften, verdarb den Weihrauchduft in den westlichen Kirchen und drang des Nachts auch durch die Moskitonetze. In den staubigen, wimmelnden, mit Ziegelsteinen gepflasterten Straßen des Chinesenviertels der Stadt hockten sich Kinder mit geschlitzten Hosen einfach mitten auf die Gasse, um sich zu erleichtern. Auf den Straßen, in denen man durch knöcheltiefen namenlosen Unrat waten mußte, stritten sich pockennarbige Taschenspieler, Jongleure und Schlangenmenschen mit Scharen heulender, lepröser Bettler um ein paar Münzen. Von den mit Bannern verzierten Stadttoren spuckten syphilitische Soldaten in suppenflekkigen Seidengewändern auf die zerlumpte Menge unter ihnen, erteilten ihr brüllend obszöne Ratschläge und verfluchten die Gedärme des himmlischen Schweins. Man konnte dem organischen Gestank nicht einmal in dem malerischen englischen Teegarten von Sir Robert Hart entkommen, wo er sich in den Duft des mit Bergamottöl aromatisierten Tees mischte.

Sir Robert Hart stand in den Mittsechzigern und war nach 40 Jahren in China noch immer ein vitaler Mann. Sein Haar war schütter, doch dunkel, sein Bart sauber gestutzt; er trug stets Frack und Binder, und in seiner Tasche befand sich unweigerlich eine Schachtel ägyptischer Zigaretten Marke »Schah« mit vergoldetem Mundstück. Nach dem Frühstück und dem Dinner pflegte er einen Stumpen zu rauchen, doch nachdem Lady Hart 1881 mit den Kindern nach England zurückgekehrt war, hatte er sich das Zigarettenrauchen angewöhnt, um die Einsamkeit besser zu ertragen. Mit einer Körpergröße von 1,68 Meter war er jeder Zoll ein »kleiner, dünner, eiserner Autokrat«.

Da er nun selbst keine Familie mehr hatte, spielte Hart oft und großzügig den Gastgeber für Familien mit Kindern; es gab Leute, die beschwören wollten, sie hätten ihn oben vor dem Pavillon auf dem Berg beim Blindekuhspielen mit kichernden Mädchen gesehen. Doch Hart entwickelte keine engen Freundschaften. Auf dem Gipfelpunkt seiner Karriere vertraute er seinem Tagebuch die bitteren Worte an: »Ich bin entsetzlich allein und habe keinen einzigen Freund oder Vertrauten... Es gibt Anfälle von Einsamkeit, die schwer auszuhalten sind.«

Hart war der einzige Westeuropäer, der in täglichem Kontakt mit Mandschu-Prinzen und hohen Hofbeamten stand. Dies machte ihn zum einflußreichsten und bestinformierten Ausländer in China. Seit 1861 hatte er eine gewissenhaft ehrliche und effiziente Zollbehörde aufgebaut, in der überwiegend Ausländer arbeiteten und die einen Großteil der Einkünfte für den Unterhalt der Regierung Chinas aufbrachte. Chinesen und Vertreter ausländischer Mächte suchten seinen Rat, und er war in der Lage, in heiklen Angelegenheiten diskret zu vermitteln. Als Generalinspektor gebot er über enorme Machtmittel, doch er widerstand jeder Verlockung und wahrte strengste Diskretion, um seine Vertrauenswürdigkeit als Angestellter der chinesischen Regierung zu bewahren und nicht als Agent Englands oder einer anderen Macht zu verspielen. Er brachte ein ganzes Leben mit diesem Balanceakt zu.

Einer der Gäste Harts war Dr. George Ernest Morrison, der Peking-Korrespondent der Londoner *Times*, der erstmals im Frühjahr 1897 auf einer seiner Gartengesellschaften aufgetaucht war. Er war ein gutaussehender, weltläufiger Mann mit hängenden Schultern, einem großen Kopf, blaugrauen Augen und einem sonderbar abwesenden Lächeln. Morrison kam mit jedermann gut aus, ohne viel von sich preiszugeben. Er war ein australischer fahrender Ritter von 37 Jahren. Als Sohn eines schottischen Einwanderers geboren und erzogen in Geelong, Victoria, trieb ihn eine lebenslange Wanderlust, die im viktorianischen Zeitalter zur unverzichtbaren Ausrüstung gehörte, als Männer sich auf langwierigen Erkundungsfahrten den Nil hinab, den Irrawaddy hinauf und über den Hindukusch einen legendären Ruf und ein Vermögen erwarben. Im Alter von 18 Jahren wanderte Morrison einmal quer durch Australien, wobei er in 123 Tagen 2000 Meilen zurücklegte. Mit 21 führte er eine Expedition nach Neuguinea und wäre fast an einer Speerwunde gestorben; die mit einem Widerhaken versehene Spitze des Speers wurde von einem Arzt in Edinburgh in Schottland herausoperiert, wo Morrison seine medizinische Ausbildung abschloß. Als ihm seine Tätigkeit als ärztlicher Betreuer von Bergarbeitern einer Kupfermine in Spanien und später eines Scheichs in Marokko zu langweilig geworden war, wanderte, ritt und paddelte er 3000 Meilen quer durch China von Shanghai bis Rangun und veröffentlichte 1895 ein denkwürdiges Buch über seine Reiseabenteuer. Damit machte er die *Times* auf sich aufmerksam, die ihn als China-Korrespondenten anstellte. Man riet ihm, »fragen Sie im Zweifelsfall Sir Robert Hart«. Das war nicht einfach, wie Morrison einem Freund in einem Brief schrieb: »Den meisten Menschen hier begegne ich häufig, aber den I. G. treffe ich nur selten. Ich weiß, daß er äußerst vorsichtig sein und außerordentlich aufpassen muß, was er sagt.«

Morrison stand außerhalb der gewöhnlichen Hackordnung. Als Peking-Korrespondent der größten Zeitung der Welt und als einziger ganzjährig in Peking ansässiger Journalist glich er einem Minister ohne Geschäftsbereich. Er fing mit dem einen Ohr die Geheimnisse der Botschaften auf und mit dem anderen das Werben von General Yuan Shih-kai. Er konnte danach streben, zum Ritter geschlagen zu werden, und davon träumen, sich um das Amt des australischen Ministerpräsidenten zu bewerben, während er in seinen Artikeln über China erfinderisch und ohne Skrupel Lügengeschichten verbreitete. Sein wissentlicher wie unwissentlicher Einfluß auf die Geschichte veränderte das internationale Mächtespiel für fast ein Jahrhundert danach.

Ein Korrespondent, der 20 Jahre in China verbracht hatte und weit und breit als »Morrison aus Peking« bekannt war, hätte eigentlich als Grundvoraussetzung die chinesische Sprache beherrschen müssen, doch Morrison fehlte der Wille dazu. Er war stets der Gnade und Barmherzigkeit von Leuten ausgeliefert, die Chinesisch sprachen, was tragische Folgen nach sich zog. Er konnte nie von sich aus den Wahrheitsgehalt einer Geschichte überprüfen und litt unter gelegentlichen Selbstzweifeln: »Ich habe falsche Darstellungen abgeliefert«, schrieb er am 7. Januar 1899 in sein Tagebuch. »Das bereue ich heute aufs bitterste.« Doch seine Eitelkeit kam ihm schnell zur Hilfe. Nachdem die *China Mail* in Hongkong eine lobhudelnde Kritik über ihn veröffentlicht hatte, schrieb Morrison in sein Tagebuch, der Artikel sei »mit meinem Wissen abgefaßt worden, so weit reicht mein Ruhm«. In ihm hieß es: »Dank [Morrison] gibt es auf der Welt keine Zeitung, die über die Angelegenheiten Chinas, über die Unterströmungen, die man in Peking für Politik hält, besser unterrichtet wäre.« Es war Morrison, der den Staatsmann Lord Curzon dazu brachte, »das intelligente Erahnen von Ereignissen noch vor ihrem

Eintreten« zu preisen, was in den Worten der *Times* »vielleicht die schönste Huldigung [war], die jemals widerwilligen Lippen gegenüber den besten Eigenschaften entlockt wurde, die ein Korrespondent in seiner Tätigkeit zur Geltung bringen kann«.

Was seine Redakteure nicht wußten, war, daß viele der Artikel Morrisons Entstellungen und Erfindungen enthielten, die von seinem chinesischsprechenden Assistenten stammten, und daß Morrison selbst eine geheime Chronik von Ereignissen führte, die sich von seinen Zeitungsberichten auffallend unterschied. Als erster Chinabeobachter des Journalismus war Morrison verantwortlich für viele Verleumdungen und Halbwahrheiten über China, die bis auf den heutigen Tag im Schwange sind.

Morrison kannte jeden einzelnen Gast auf Sir Roberts Gartenparty und führte – dank seiner Neigung zu skurrilen Gerüchten, ärztlichem Klatsch und sexuellen Anzüglichkeiten – eine genaue Liste jener Männer und Frauen, die sich mit Syphilis oder Tripper infiziert hatten, und amüsierte sich über die verschlungenen Pfade, auf denen die Infektionen sich fortpflanzten.

Die hohen Botschaftsbeamten waren alle anwesend, auch der kotelettengeschmückte amerikanische Gesandte, der ehemalige Kavallerieoffizier Edwin Conger und seine schon fast peinlich offenherzige Frau Sarah, die dem Szientismus angehörte und sich für eine potentielle Nachfolgerin von Mary Baker Eddy, der Gründerin ihrer Glaubensgemeinschaft hielt. Die Congers waren farb- und humorlose Menschen, ganz im Gegensatz zu Morrisons Intimfreunden Herbert Squiers, dem eleganten, ehrgeizigen Ersten Sekretär der US-Gesandtschaft, und seiner Frau Harriet. Squiers brachte seine ganze freie Zeit mit dem Anhäufen einer bemerkenswerten Sammlung chinesischen Porzellans zu, die ihn zu einem wohlhabenden Mann machen würde. Harriet, der ein beträchtliches Erbe zugefallen war, hatte im Schlepptau eine ihrer Verwandten aus Boston, Polly Condit Smith, eine fröhliche junge Frau, die Morrisons Aufmerksamkeiten genoß. Wie er seinem Tagebuch anvertraute, fand er sie »dick und schwärmerisch«, doch in Peking durfte man nicht wählerisch sein.

Ein zwiespältiges Verhältnis hatte Morrison zum britischen Gesandten, dem siebenundvierzigjährigen Sir Claude MacDonald, einem hageren, großgewachsenen »Windhund« mit einem prächtigen gewichsten Schnurrbart und melancholischen Augen. Er hatte zunächst als Militär in den ägyptischen Feldzügen gedient, bevor er im konsularischen Dienst nach Sansibar und an den Niger geschickt wurde. Niemand wußte eigentlich genau, wie er aus diesen unbedeutenden Stellungen in das höchste diplomatische Amt in China gelangt war. Morrison meinte scherzhaft, man habe Sir Claude nach Peking befördert, weil der augenblickliche Premierminister Lord Salisbury glaubte, MacDonald sei im Besitz untrüglicher Beweise, daß Salisbury und Jack the Ripper ein und dieselbe Person seien. Die recht hübsche Lady Ethel MacDonald, sechs Jahre jünger als ihr Mann, war mit Abstand die liebenswürdigste und anziehendste Westeuropäerin in der Hauptstadt.

Gegen den französischen Botschafter, Stéphane Jean-Marie Pichon, hatte Morrison geradezu eine Abneigung. Der rundliche ehemalige Journalist mit einem Seehundbart pflegte, was seine Kollegen nicht wußten, in einem mit roten Singvögeln bestickten Nachthemd zu schlafen. Morrison, der die Franzosen verachtete, hielt ihn für einen Mann ohne Rückgrat.

Signor di Martino, der italienische Gesandte, war ebenso nervös wie abergläubisch. Einmal weigerte er sich, eine diplomatische Vereinbarung zu unterzeichnen, weil er an diesem Morgen auf der Straße einem schielenden Mann begegnet war. Morrison wußte, daß di Martino im italienischen Botschaftsgebäude eine japanische Geliebte versteckt hielt.

Anwesend war außerdem der leicht aufbrausende neue deutsche Botschafter, Baron Clemens Freiherr von Ketteler, ein Übermensch à la Nietzsche, der sich nach Kräften bemühte, den deutschen Kaiser zu imitieren. Er befand sich in Begleitung seiner hübschen amerikanischen Frau Maud, der Tochter eines Eisenbahnmagnaten aus dem Mittleren Westen.

In einem Korbliegestuhl in der Nähe rekelte sich der 25 Jahre alte amerikanische Bergbauingenieur Herbert Hoover, der für eine britische Gesellschaft arbeitete, die sich in China um Konzessionen für Goldminen bemühte. Neben seiner Braut Lou saßen Harts Schwager Robert Bredon und dessen Frau Lily, ihre Tochter aus früherer Ehe, Juliet, und Lilys gegenwärtiger Liebhaber, Bertram Lenox-Simpson, ein pausbäckiger, in China geborener Brite von scharfem Intellekt, dessen ständige Witzeleien Morrison unendlich auf den Geist gingen. Mit seinen 22 Jahren sprach Bertie fünf Sprachen, einschließlich Chinesisch, und beschäftigte sich in seiner Freizeit vorwiegend mit Reiten, Schießen, Schwimmen, Frauen und Essen – in beliebiger Reihenfolge. Lily war eine lebhafte und gutmütige junge Frau aus San Francisco, die sich gern wie Marie Antoinette kleidete und dabei so weit ging, auf ihren üppigen Busen ein Schönheitspflästerchen zu kleben. Wie Morrison meinte, waren die Hörner, die der dicke Bertie

Robert Bredon aufgesetzt hatte, »die längsten, die je von einem Hahnrei in China getragen wurden«.

Unter den Missionaren, die zu dem Gartenfest gehörten wie der Mostrich zur Knackwurst, befanden sich auch der weißhaarige Waliser Baptist und politische Aktivist Timothy Richard – Morrison charakterisierte ihn als »echt walisisch und nicht besonders intelligent« – und der Amerikaner Gilbert Reid. Richard und Reid versuchten, das Mandschu-Regime zu untergraben, indem sie junge radikale chinesische Reformisten ermutigten. Von diesen waren daraufhin erst vor kurzem einige enthauptet worden, so daß Richard und Reid jetzt ein paar Märtyrer hatten, für die sie eintreten konnten. Zu dieser Sippschaft gehörte auch der exzentrische norwegische Prediger O. S. Nestegaard, den man häufig auf den Straßen Pekings in weißem Abendjackett mit schräggeschnittenen Schößen herumstolzieren sah und der die Gesandten damit schockiert hatte, daß er sich vor der Frau des russischen Gesandten entblößte.

Morrison verabscheute Missionare. Unter denen, die er auf seiner Expedition durch China kennengelernt hatte, waren einige sympathische, anständige und gutherzige Männer gewesen, doch häufig richteten sie mehr Unheil als Gutes an. Ein liebenswürdiger Schotte konnte nach siebenjähriger Arbeit lediglich drei Konvertiten vorweisen, von denen einer inzwischen gestorben war. Unter sieben Millionen freundlichen und friedfertigen Bewohnern der Provinz Yünnan, die nach jahrelangen Hungersnöten dringend einer Ermutigung bedurften, hatten 18 Missionare in acht Jahren ganze elf Seelen bekehrt. Wie lange würde es dauern, um auch die übrigen für das Heil zu gewinnen?

Zu den besagten Missionaren gehörten ferner der unangenehme Archibald Little und seine stets geschäftige Frau Alicia, eine Anführerin der Bewegung gegen das Einbinden der Füße bei den chinesischen Frauen, die ihre obligaten unweiblichen Tweedsachen trug. Archibald war als Missionar nach China gekommen und dort zu einem aggressiven Unternehmer geworden – Hart bezeichnete ihn als »aufdringlichen Engländer«, während Alicia für Morrison »dieses schreckliche Weib« war. Im Rahmen ihrer Kampagne hatte Alicia in Hongkong vor Studenten einen Vortrag gehalten und Fotos von nackten, einbandagierten Frauenfüßen gezeigt. Dabei war sie in Verwirrung geraten, als ihre Zuhörer ständig kicherten, lachten und laut wieherten. Obwohl sie Bücher über China schrieb, verstand sie wenig von dem Land und hatte keine Vorstellung davon, welche Bedeutung einbandagierte Füße für die sexuellen Phantasien junger

Chinesen hatten. Das Vorführen von Fotoaufnahmen nackter, bandagierter Füße vor chinesischen Studenten – ein Anblick, der sich ihnen normalerweise erst bot, wenn sie verheiratet waren, und auch dann nur, wenn sie mit ihren Frauen oder Konkubinen sexuell verkehrten – war etwa so, als würde man britischen Gymnasiasten Fotos von nackten Frauenschößen zeigen.

Da ihm die meisten Gäste so zuwider waren, stand Morrison während der meisten Zeit des Festes mit J. O. P. Bland und Edmund Trelawny Backhouse zusammen.

John Ottway Percy Bland, der sich für Morrison als nützlich, aber höchst unausstehlich erwiesen hatte, war der fünfunddreißigjährige Shanghai-Korrespondent der *Times*; Bland konnte Chinesisch fließend lesen und sprechen und ließ es Morrison immer wieder spüren, daß *dieser* es nicht konnte. Außerdem bekleidete Bland den Posten eines Sekretärs des Gemeinderats der Internationalen Ansiedlung in Shanghai, wo er eine Menge Klatsch über die politischen Machenschaften der Mandschu und der Chinesen aufschnappte, zum größten Teil einseitige und falsche Informationen. Sein Privatleben war nicht glücklich, da seine Frau in den Worten Morrisons eine »untreue Neurotikerin« war. Bland bot eine adrette Erscheinung – sein Haar war sorgfältig in der Mitte gescheitelt, der volle Schnurrbart sauber gestutzt – und verbreitete in seiner maßgeschneiderten Reitjacke samt Krawatte mit Karomuster eine ungezwungene Atmosphäre.

Edmund Backhouse war ein Neuankömmling aus London, ein junger Sprachwissenschaftler, der gerade von Oxford abgegangen war und behauptete, zehn bis zwölf Sprachen fließend zu beherrschen; er war ein zerbrechlich wirkender, auf unbestimmte Art hübscher junger Mann, der an einen nachtaktiven Koboldmaki erinnerte.

Sie sprachen über die Kaiserinwitwe Tz'u-Hsi. Bis zum Herbst 1898 war wenig über sie bekannt. Mit dem brutalen Vorgehen gegen die aufkeimende Reformbewegung jedoch – das zur Verbannung von Sir Chang, der Hinrichtung der jungen Märtyrer Richards und Reids und der Flucht der Radikalen K'ang Yu-wei und Liang Chi-chao geführt hatte – entstand ein monströses Bild des »Alten Buddha«, das die schlimmsten Vermutungen und Vorurteile bestätigte. Von seinem Exil aus versorgte K'ang Yu-wei nunmehr Westeuropäer und Amerikaner mit schockierenden Enthüllungen über das geheime Leben einer bösartigen Tyrannin.

Bland hatte die Nase vorn, da er bei K'angs Flucht über Shanghai und Hongkong mitgewirkt und K'ang eingehend für Artikel interviewt hatte, die von allen wichtigen westlichen Zeitungen veröffentlicht wurden.

Mit Ausnahme von Sir Robert Hart, der sie zutiefst bewunderte, wußten die Angehörigen des westlichen Kulturkreises in Peking und Shanghai eigentlich nichts über Tz'u-Hsi oder die Geschichte der Ching-Dynastie, das innere Räderwerk des Mandschu-Hofs oder das verborgene Leben in der Verbotenen Stadt. Somit waren die Aussagen K'angs für sie wie für die Zeitungsleser in fernen Ländern der erste Blick eines »Kenners« auf die orientalische Lasterhaftigkeit auf höchster Ebene.

K'ang war ein selbsternannter Reformist, der im Westen zu Unrecht als der große Held der chinesischen Reformbewegung gefeiert wurde. Tatsächlich hatte er kaum etwas Heldenhaftes an sich, und seine »Kennerschaft« war vorgetäuscht, wie scharfsichtige britische Diplomaten in Shanghai bereits entdeckt und dem Außenministerium vertraulich mitgeteilt hatten.

In Peking hingegen hatten Morrison, Sir Claude MacDonald und die Missionarsgemeinde allesamt K'angs Geschichte für bare Münze genommen und waren überzeugt, er kenne den jungen Kaiser und die Kaiserinwitwe persönlich und könne ihr Handeln aufgrund eigener, unmittelbarer Erfahrung beurteilen. K'ang war jedoch lediglich ein Schaumschläger und Störenfried, der sich nur am Rande der Reformbewegung aufgehalten hatte und nun die Ideen anderer plagiierte und als seine eigenen verkaufte. Als K'ang ins Exil floh, nahmen Bland und andere Journalisten ihm alles ab und verhalfen seiner böswilligen Propaganda gegen die Mandschu weltweit zu Glaubwürdigkeit. Engagierte, aber schlecht informierte missionarische Eiferer wie Richard, Reid und Alicia Little schrieben K'angs Sache auf ihre Fahnen und beteten seine Verleumdungen nach, als wären sie das Evangelium. Auf dem Höhepunkt der missionarischen Ära war K'angs westliche Zuhörerschaft so verzückt von der Vorstellung, daß China zu einem christlichen Utopia gemacht würde, daß sie den Schmeicheleien dieses falschen Messias bereitwillig auf den Leim ging. Getragen von einer Woge der Gutgläubigkeit, reiste K'ang um die Welt, sahnte als selbsternannter Führer der Bewegung gegen die Mandschu bei den Stiftungen ab und wurde schließlich von amerikanischen Gelehrten als der Mann seliggesprochen, der, wäre die Entwicklung anders verlaufen, China eine Demokratie nach amerikanischem Muster beschert hätte und kein kommunistisches System.

Von seinem sicheren Exil aus startete K'ang sowohl in Zeitungen als auch in Briefen an sämtliche Diplomaten in Peking einen zersetzenden Feldzug gegen die Kaiserinwitwe. Immer wieder unterstrich er, die Kaiserinwitwe sei eine böse Hexe, die den jungen Kaiser gefangenhalte, ihn unter Medikamente und Alkohol setze und plane, ihn zu entthronen. Nachdem er sie beschuldigt hatte, sie veruntreue den kaiserlichen Schatz, verlegte K'ang sich auf sexuelle Verleumdungsgeschichten und behauptete, der oberste Palasteunuch der Kaiserinwitwe sei in Wirklichkeit gar kein Eunuch, sondern einer von Tz'u-Hsis unzähligen Liebhabern und Mitverschwörern. K'ang bezeichnete die Kaiserinwitwe als »die falsche Kaiserin«, als »heruntergekommene Palastkonkubine«, und mehrfach nannte er sie eine Mörderin. Nachdem er sich an seinem Thema erwärmt hatte, erfand er skandalöse Einzelheiten aus ihrem Leben: »Die falsche Kaiserin hat einen illegitimen Sohn namens Chin-ming, und ihr muß daran gelegen sein, ihn auf den Thron zu setzen... Wie kann Ihr angesehenes Land sich bereitwillig mit einer solch liederlichen, falschen, gewalttätigen und bösartigen Person einlassen, einer Diebin, die den Souverän absetzt und seinen Thron usurpiert?«

Vielleicht hätte nach einiger Zeit niemand mehr auf K'angs Verunglimpfungen gehört, wäre das Mandschu-Regime nicht zusammengebrochen, während er noch seine Haßtiraden abfaßte. Einige erfahrene Chinakenner durchschauten seinen Schwulst. Der Missionar und Lehrer Dr. W. A. P. Martin bemerkte aufgebracht gegenüber Freunden: »K'ang Yu-wei hat den Pferdefuß gezeigt.« Doch nur die wenigsten von K'angs Zuhörern und Lesern waren in der Lage, seine Behauptungen zu überprüfen. Während des kläglich fehlgeschlagenen Boxeraufstands von 1900, dessen Scheitern den einsetzenden Todeskampf der Dynastie signalisierte, inspirierten K'angs Verdrehungen einen neuen Angriff auf Tz'u-Hsi durch Morrison und Bland, in enger Zusammenarbeit mit Edmund Backhouse, dem einfallsreichsten aller literarischen Schwindler.

Nach seiner Ankunft in China 1899 bewarb sich Backhouse, der binnen kurzem Chinesisch und Mandschu fließend beherrschte, um eine Stelle als Dolmetscher beim Zolldienst. Nachdem er von Sir Robert Hart abgelehnt wurde, begann er, chinesische Zeitungsartikel und offizielle Dokumente zu übersetzen, auf deren Grundlage Morrison seine Berichte für die *Times* verfaßte.

Backhouse wurde mit der Zeit Morrisons inoffizieller Redakteur und Berater, so wie ein Diener seinem Herrn alles aus der Hand nimmt. Morrison, seines Postens allmählich überdrüssig, wurde bei der Abfassung seiner Korrespondentenberichte, die zum großen Teil völlig frei erfunden waren und in der *Times* unter seinem Namen erschienen, zunehmend von Backhouse abhängig.

Nach Tz'u-Hsis Tod 1908, der einer fast fünfzigjährigen Regierungszeit ein Ende setzte, kündigte Backhouse außerordentliche Entdeckungen an, die er angeblich in Archiven des Hofs und in Dokumenten gemacht hatte, die ihm nach dem Boxeraufstand in die Hände gefallen waren. Es waren Entdeckungen, die K'angs Bild von Tz'u-Hsi als einer niederträchtigen, degenerierten Frau bestätigen und außergewöhnliche Details ihrer Vergangenheit ans Tageslicht bringen sollten: etwa wie sie sich ihrer Rivalinnen mit vergifteten Kuchen entledigt und zur Befriedigung ihrer sexuellen Gelüste falsche Eunuchen im Palast gehalten hätte.

Es war der richtige Zeitpunkt für eine umfassende Darstellung ihrer Biographie durch eine westliche Autorität, mit einem Anflug von Wissenschaftlichkeit, ausgewogen und gespickt mit handfesten Insiderinformationen über die geheimen Machenschaften des Mandschu-Hofs. 1910 brachten Bland und Backhouse zusammen ein Buch heraus, das exakt diesen Ansprüchen genügte: *China under the Empress Dowager*, eine großangelegte Geschichte der Herrschaft Tz'u-Hsis. Ihr folgten 1914 die *Annals and Memoirs of the Court in Peking*, ein Buch, das seinen westlichen Lesern noch schockierendere Details enthüllte, die angeblich aus Mandschu-Archiven stammten.

Blands und Backhouse' Porträt von Tz'u-Hsi war das einer erbarmungslosen, egoistischen Despotin, einer mannstollen Mandschu-Konkubine mit eisernem Willen, die 1861 die Macht an sich gerissen hatte, um China ein halbes Jahrhundert lang mit Perversionen, Korruption und Intrigen zu regieren, bis ihre Mißregierung den Zusammenbruch eines Reiches herbeiführte, das mehr als zweitausend Jahre überdauert hatte. Allen wurde »diese nichtswürdige Frau«, wie Morrison sie bezeichnete, vor Augen geführt, »diese abscheuliche alte Vettel«, die böse Hexe des Ostens, eine niederträchtige Drachenkaiserin, die jeden vergiften, erwürgen, enthaupten oder Selbstmord begehen ließ, der jemals ihre autokratische Herrschaft in Frage stellte.

Den größten Schaden richtete Backhouse an, indem er auf hinterhältige Weise das Bild der Kaiserin pornographisch gestaltete. Das verrät sowohl seine Gerissenheit als auch sein Verständnis von der menschlichen Natur. Als ein verworfenes Geschöpf wurde sie mit Messalina verglichen, der dekadenten Frau des römischen Kaisers Claudius, und ihr wurde angelastet, sie habe den Mandschu-Hof so sehr durch Korruption zersetzt, daß dieser unfähig geworden sei, der aggressiven Politik der ausländischen Mächte in den letzten Jahrzehnten des 19. Jahrhunderts zu widerstehen.

Aufgrund dieser sensationellen Enthüllungen wurde Backhouse zu einem der wenigen führenden Chinakenner. Seine Sammlung seltener und alter chinesischer Manuskripte bildete sogar einen der Grundsteine der Bodleian Library in Oxford. Seine scheinbare Glaubwürdigkeit wurde beinahe unantastbar, als er beim Tod seines Vaters den unbedeutenden Titel eines Baronets erbte und sich seitdem Sir Edmund nennen durfte.

Beide Bücher wurden von Diplomaten, Wissenschaftlern und Journalisten gleichermaßen dafür gelobt, daß sie »einer Erklärung des rätselhaften Charakters der Kaiserinwitwe Tz'u-Hsi so nahe kommen, wie dies überhaupt in einem Buch möglich ist«. In der *New York Times* hieß es: »Die Bedeutung des Werks läßt sich an der Tatsache ablesen, daß es auf der Grundlage der Staatsakten und des privaten Tagebuchs des Aufsehers über die Hofhaltung der Kaiserin geschrieben wurde. Bereits eine flüchtige Durchsicht seiner 525 Seiten läßt die besondere Tonlage erkennen... Eine solche Sammlung chinesischer Dokumente dürfte der Welt bislang noch nicht vorgelegt worden sein, zumindest keine, welche die Realitäten des chinesischen Staatslebens besser zum Ausdruck brächte.« Der *Spectator* stimmte in das Loblied ein: »Selten ist ein Buch auf der Basis von Staatsakten geschrieben worden, das derart fundiert in seiner Gelehrsamkeit, so informativ und so faszinierend zu lesen wäre wie dieses.« In den ersten 18 Monaten erlebte das Buch acht Auflagen und wurde in mehrere Sprachen, darunter auch ins Chinesische übersetzt. So wurde es zu einem Standardwerk für chinesische Wissenschaftler und Propagandisten republikanischer wie kommunistischer Couleur.

Angesichts dieser allgemeinen Zustimmung stützten sich Wissenschaftler und Autoren im Lauf der folgenden Jahrzehnte lieber auf Backhouse und übergingen das Material in anderslautenden Quellen; darunter befanden sich persönliche Briefe und Tagebücher von Diplomaten, Militärs, Missionaren und Geschäftsleuten – und von deren Frauen –, die in China lebten und einen weitaus besseren Zugang zur Kaiserinwitwe und ihrem Hof hatten als Backhouse in seinem ganzen Leben. Nach dem Boxeraufstand 1900 erschienen etliche Bücher und Zeitschriftenartikel, darunter Berichte von Lady MacDonald, Sarah Conger, Lady Susan Townley, der Frau des Ersten britischen Botschaftssekretärs, und der amerikanischen Künstlerin Katherine Carl, die allesamt bei mehr als einer Gelegenheit mit der

Kaiserinwitwe zusammengetroffen waren. Im allgemeinen übten sie keine Kritik an Tz'u-Hsi und stellten sie bemerkenswert sympathisch dar. Von männlichen Kritikern wurde eingewandt, diese Darstellungen seien »nicht informiert« und banal. Nimmt man sich jedoch diese persönlichen Erinnerungen an die Kaiserinwitwe erneut vor, dann stellt man fest, daß sie zahlreiche und erhellende Einblicke in ihren Charakter und in Ereignisse des Palastlebens vermitteln, die von offiziellen westlichen Regierungsdokumenten und den privaten Papieren von Diplomaten und Fachleuten erhärtet werden, die sich damals in Peking aufgehalten haben. Ein Memoirenband, der im Lauf der Jahre immer wieder als Fälschung denunziert wurde – Derlings Schilderung ihrer drei Jahre als eine von Tz'u-Hsis Hofdamen –, hat sich gar als authentischer Bericht herausgestellt, der viele Zitate enthält, die im Kern nachweislich zutreffend sind.

Die Kaiserin nun, die uns aus diesen Artikeln und Büchern entgegentritt, war kein Ungeheuer, sondern eine attraktive Frau mit Witz, die darauf bedacht war, ihren Rang in einem Reich zu schützen, in dem Frauen wie ein Spucknapf behandelt wurden. Diese Berichte aus erster Hand und viele andere, die bis auf die Jahre nach 1850 zurückgehen, wurden einfach ignoriert, als es in der Großwetterlage des 20. Jahrhunderts angebracht und politisch zweckmäßig schien, Tz'u-Hsis Zerrbild als Überrest der Kaiserzeit zu verbreiten.

Das größte Problem, dem westliche Historiker, Biographen und Journalisten sich nach dem Tod der Kaiserinwitwe gegenübersahen, bestand darin, zu erklären, wieso sie sich fast ein halbes Jahrhundert lang politisch behaupten konnte. In Anlehnung an Backhouse und Bland unterstellten sie ihrem Charakter, nach dem Muster der westlichen Herrscherinnen Katharina von Medici und Katharina die Große, eine dunkle Seite. Viele dieser Autoren konnten sich mit Recht als hervorragende Sinologen oder Orientalisten, Diplomaten oder Missionare, Offiziere oder Journalisten bezeichnen. Wenn man bei ihnen jedoch nach Belegen für ihre Behauptungen über Tz'u-Hsi sucht, forscht man vergebens. Sofern sie überhaupt Quellen für ihre Darstellungen anführen, zitieren sie sich gegenseitig, und alle zusammen stützen sie sich auf Edmund Backhouse. Dieser wiederum beruft sich auf chinesische und Mandschu-Quellen, die sich als Fälschungen und Erfindungen erweisen, die er zusammen mit chinesischen Komplizen fabriziert hat.

Backhouse bediente sich in brillanter Manier einer alten literarischen Tradition in China, gestürzte Kaiser, Kaiserinnen und Konkubinen mit »geheimen« Hofgeschichten zu verleumden, die zum größten Teil oder gänzlich Erfindungen oder Allegorien waren. Gestützt auf dieses Vorbild, war seine blutrünstige Karikatur Tz'u-Hsis eine geschickte Mischung aus westlicher Phantasie und chinesischer Pornographie, die auf eine jahrhundertelange Tradition bis zur Tang-Dynastie zurückreicht. Das beste Beispiel ist die Diffamierung der Tang-Kaiserin Wu, die tausend Jahre lang von Roman- und Bühnenautoren systematisch verteufelt wurde; zwischen dem von ihr gezeichneten Bild und den Horrorgeschichten über Tz'u-Hsi bestehen auffallende Ähnlichkeiten.

Zur nicht geringen Bestürzung Oxfords und zahlreicher Sinologen wurde Backhouse 1974 als Betrüger und Schwindler und sein Werk als eine einzige Fälschung entlarvt. In Hugh Trevor-Ropers Buch *Hermit of Peking. The Hidden Life of Sir Edmund Backhouse* enthüllt der Autor, daß Backhouse und seine Mitwisser davon gelebt hatten, »Meisterwerke« der chinesischen Literatur zu fälschen und zu verkaufen. Darunter waren auch jene Staatsakten und Hoftagebücher, auf denen das Buch über die letzte chinesische Kaiserin fußte.

Trevor-Roper ging zwar den Folgen dieses Betrugs nicht nach, doch aus seiner Darstellung ergab sich, daß die beiden Bücher, die Backhouse in Zusammenarbeit mit J. O. P. Bland verfaßt hatte, raffinierte historische Fälschungen sein mußten, da sie auf gefälschten Dokumenten beruhten. Andererseits war das, was Backhouse über die Kaiserinwitwe zu erzählen hatte, so prickelnd, so voll von Skandalgeschichten, Sexualität und Verbrechen und außerdem so elegant und überzeugend detailliert dargeboten, daß die meisten Biographen es vorzogen, etwaige Zweifel an der Authentizität des Geschilderten gar nicht erst aufkommen zu lassen. Das Bild von Tz'u-Hsi hatte sich so tief eingeprägt, daß sie selbst in Professor Trevor-Ropers Buch mit ebenjenen dunklen Charakterzügen dargestellt wurde, die auf Backhouse zurückgingen. Der Betrüger war entlarvt, doch seine Fälschungen galten noch immer als fundamentale wissenschaftliche Erkenntnis.

Edmund Backhouse war das gründlich mißratene Ergebnis einer unglücklichen Kindheit. Während seine jüngeren Brüder Soldaten und Admirale wurden, war er selbst das schwarze Schaf, das seine Mutter und seinen Vater zur Verzweiflung brachte. Ganz besonders verabscheute er seine Mutter Florence, von der er eine gehörige Portion Gehässigkeit erbte, die er später an der Kaiserinwitwe ausließ. In Oxford verschleuderte er sein Erbe in dem Bemühen, Zutritt zum Homosexuellenzirkel Oscar Wildes zu erhalten. Schließlich floh er vor England und dem finanziellen Ruin, um eines Tages im Frühjahr 1899 in Peking aufzutauchen.

Niemand in China wußte etwas von ihm, am wenigsten der große Journalist Morrison. Das letzte, was jedermann erwartet hätte, war, daß Backhouse als ungewöhnlich begabter Pornograph in der Tradition des »Baron Corvo« seinen Lebensunterhalt bestritt, indem er »Briefe« mit Schilderungen seiner homosexuellen Begegnungen schrieb, die diskret in Umlauf gebracht und anschließend von Edmunds Vetter zum Ergötzen von Männern mit ähnlichen Vorlieben gedruckt wurden. Edmund hatte schon als Kind und Heranwachsender derartige pornographische Erzeugnisse verschlungen und war zeit seines Lebens ein Bewunderer dieser Kunstform geblieben. Dies mag zum Teil erklären, weshalb das Thema der sexuellen Perversion seine Biographien von Tz'u-Hsi beinahe zwanghaft durchzieht.

Im April 1943 wurde der siebzigjährige Backhouse in das französische St. Michaels-Hospital in Peking eingeliefert, wo er die letzten Monate seines Lebens damit verbrachte, zwei weitere Manuskripte zu verfassen: »The Dead Past«, die Erinnerungen an seine Kindheit, und »Décadence Mandchoue«, intime Erinnerungen an sein Leben in China.

Die absonderlichsten Passagen von »Décadence Mandchoue« schildern eine angebliche langanhaltende schlüpfrige Liebesgeschichte mit der Kaiserinwitwe Tz'u-Hsi – im buchstäblichen Sinne eine Liebesgeschichte zwischen dem Biographen und seiner Heldin. Nach seiner Darstellung begann die Affäre 1902, als er 29 und Tz'u-Hsi gerade 67 Jahre alt geworden war. Die Liaison, so Backhouse, dauerte bis zu ihrem Tod sechs Jahre später. Insgesamt erinnert er sich an »viele hundert (vielleicht tausend) [sic] Liebesaffären« mit Männern und an die 200 Begegnungen mit der Kaiserinwitwe persönlich.

»Würde ich der überschäumenden Fleischeslust Ihrer Majestät sexuell genügen können?« schrieb Backhouse. »ACH! Ich zweifelte daran und fragte mich, ob ich wohl zu dem notwendigen rechtzeitigen Orgasmus kommen würde, um ihre unersättliche Lust zu stillen, was mir sicherlich kein Kopfzerbrechen bereitet hätte, wäre es um eine Liebe anderer Art gegangen.« Er schildert einen Abend, an dem er die – natürlich verkleidete – Kaiserinwitwe in ein Bordell für Homosexuelle begleitete, wo sie Edmund und den anderen Besuchern befahl, sie dadurch zu unterhalten, daß sie sich miteinander vergnügten.

Seine erste Orgie mit Tz'u-Hsi fand angeblich im Sommerpalast statt. Als er ankam, wurde er vom Generaleunuchen Li Lien-ying über die besonderen sexuellen Neigungen der Kaiserinwitwe aufgeklärt. Li soll ihm anvertraut haben, daß die Kaiserinwitwe über eine abnorm große Klitoris verfüge, die sie an den Hinterbacken ihres Partners zu reiben pflege. »Li rieb meine Geschlechtsteile mit unverdünntem Sandelholzparfüm ein, reichte mir einen leichten Umhang, der gerade meine Hinterbacken bedeckte, und bat mich in das Zimmer Ihrer Hoheit. Das Schlafgemach Ihrer Majestät erstrahlte im Glanz zahlreicher Lichter; das geräumige Zimmer war ringsum mit lauter Spiegeln versehen, die mich an... Versailles erinnerten. Sie alle reflektierten meine vor Leidenschaft geröteten Gesichtszüge... Li begleitete mich zu einer... Schlafstatt, und die Kaiserin rief: ›Mein Bett ist kalt... jetzt zeige mir deine Geschlechtsteile, denn ich weiß, daß ich sie lieben werde.‹«

Nach Backhouse' Schilderung mußte er zunächst die alte Kaiserinwitwe oral befriedigen, und dann nahm sie ihn näher in Augenschein. Während sie ihre Finger in seinen Anus steckte, bemerkte sie: »Ein weiter Anus; ich möchte wetten, daß er hart hergenommen wurde.« Worauf Sir Edmund erwiderte: »Jawohl, Majestät... schon so oft, daß man es so wenig zählen kann wie die Haare auf dem Kopf.« Und so geht es weiter, Seite für Seite. Diese und viele andere ähnliche Passagen enthüllen die Obsessionen des Mannes, der sich die Leichtgläubigkeit von Morrison und Bland, von Wissenschaftlern und Lesern auf der ganzen Welt zunutze machte und eines der größten und langlebigsten Täuschungsmanöver inszenierte, das es je gegeben hat.

Selbst heute ist seine niederträchtige Darstellung der Kaiserinwitwe schwer zu erschüttern, da sie eine bestimmte Vorgehensweise der westlichen Länder im China des 19. und des beginnenden 20. Jahrhunderts rechtfertigt, die ansonsten als töricht oder empörend bezeichnet werden müßte.

So ergibt beispielsweise eine erneute Überprüfung der berühmten Belagerung der ausländischen Gesandtschaften in Peking 1900 durch die aufständischen Boxer – die man lange Zeit der dreisten Bösartigkeit Tz'u-Hsis angelastet hat –, daß diese in Wirklichkeit durch das schikanöse und überzogene Verhalten der Vertreter westlicher Mächte provoziert wurde. Hunderte von chinesischen Zivilisten, kaiserlichen Soldaten und Mandarinen waren in ihrem Auftrag erschossen worden, *bevor* die Belagerung begann; sie hatten sich somit die Folgen selbst zuzuschreiben. Im Anschluß daran schrieb Morrison einen gefälschten Bericht der Belagerung für die *Times*, der in abgewandelter Form in aller Welt verbreitet wurde. Seinem Tagebuch dagegen vertraute er eine zweite Version mit den peinlichsten Enthüllungen an, so etwa die Brandschatzung der großen Hanlin-Bibliothek und deren Vernichtung durch westliche Ausländer. Der barbarische Akt war bislang den Chinesen selbst in die Schuhe geschoben worden. Wieder einmal war die Geschichte die Geschichte des Siegers.

Morrisons Doppelzüngigkeit ist äußerst beunruhigend, doch der Betrug von Backhouse bestürzt. Nahezu während des gesamten 20. Jahrhunderts wurde er für fast alle Veröffentlichungen über die letzten Jahre des kaiserlichen China als Hauptquelle herangezogen, nicht nur für allgemeinverständliche Biographien, sondern auch für so grundlegende wissenschaftliche Werke wie Arthur W. Hummels *Eminent Chinese of the Ching Period*, ein biographisches Lexikon der Mandschu-Zeit, das allen Studenten und Wissenschaftlern der Sinologie als Handbuch dient. Backhouse macht zahlreiche historische Arbeiten nicht nur deshalb fragwürdig, weil sie sich auf ihn als eine maßgebliche Quelle gestützt haben, sondern weil er zahlreiche wissenschaftliche Untersuchungen angeregt hat, die auf Annahmen beruhen, die sich unzweifelhaft als falsch herausgestellt haben. Alle Biographien und historischen Darstellungen, die sich auf die Fälschungen Sir Edmunds stützen, vermitteln ein verzerrtes Bild des kaiserlichen China während der letzten Jahrzehnte seines Bestehens und der Jahre, die seinem Sturz folgten.

Einige jüngere Wissenschaftler haben Belege gefunden, aufgrund derer die vorherrschenden Mythen über diese Periode der chinesischen Geschichte und über Tz'u-Hsi zu verwerfen sind. Damit fordern sie jedoch eine Reihe etablierter und anerkannter Akademiker heraus, deren Veröffentlichungen auf diese Weise angezweifelt werden. Neuere Bücher über China enthalten nun zwar einen obligaten Hinweis auf die Fragwürdigkeit der Darstellungen von Bland und Backhouse, halten jedoch immer noch an ihrem falschen Bild von Tz'u-Hsi und ihrer Rolle in der Geschichte Chinas fest. Eine umfassende Neubewertung dieser Ära ist deshalb erst möglich, nachdem die chaotischen Archive der Volksrepublik gründlich erforscht sind, was Jahrzehnte dauern kann, oder wenn die von Japan 1900 beschlagnahmten chinesischen Dokumente für die Forschung freigegeben werden.

Die Wahrheit über Tz'u-Hsi zu entdecken, gleicht der Arbeit eines Restaurators, der die nachträglich aufgebrachten Farbschichten von einem Gemälde abträgt, um das Original sichtbar werden zu lassen;

die Wahrheit kommt Stück für Stück zum Vorschein. Sir Robert Hart war einer der wenigen Angehörigen der westlichen Welt, der die Sprache dieses Landes sprach, der verstand, wie die Dinge in China miteinander zusammenhingen, und der geduldig und einfühlsam genug war, den hohen Staatsbeamten bei ihrer Arbeit behilflich zu sein, statt seine Vorstellungen durchzusetzen. Im selben Jahr geboren wie Tz'u-Hsi, führte Hart während seines ein halbes Jahrhundert dauernden Aufenthalts ein peinlich genaues Tagebuch. Die 77 Bände, die eine einzigartige und einfühlsame Darstellung von Ereignissen und Personen enthalten, sind zum größten Teil unveröffentlicht geblieben. Mit Hilfe der Tagebücher Harts und der ebenfalls unveröffentlichten Tagebücher von Morrison und Backhouse sowie von lange Zeit übersehenen Briefen und persönlichen Aufzeichnungen vieler anderer war es möglich, die entstellende Übermalung teilweise zu entfernen und das freizulegen, was im folgenden geschildert wird.

1
Yehe Nara

Wir kennen nicht einmal ihren Namen. Dazu war sie zu behütet, und die Welt, in der sie lebte, war in einzigartiger Weise dazu gedacht, sie hinter einer mehrfachen Schicht aus höfischen Ritualen und höfischer Etikette zu verbergen. Niemand sprach jemals den Namen des Himmelssohnes oder seiner Frauen aus, da sie Halbgötter waren. Geboren wurde sie am 26. November 1835, im selben Jahr wie Robert Hart, irgendwo in China, aber Näheres über ihren Geburtsort ist nicht bekannt. Über den Namen oder Beruf ihres Vaters tappen wir ebenso im dunkeln wie über den Namen ihrer Mutter oder ihren Kosenamen, als sie noch ein Säugling war. Sie war die unbedeutende Tochter eines unbedeutenden Mandschu-Beamten und hätte ihr Leben unbeachtet verbringen können, hätte man sie nicht zu einer der rangniederen Konkubinen des Kaisers ausersehen und hätte sie nicht das Glück gehabt, ihm den einzigen Sohn zu gebären, der am Leben blieb. Dank Hart wissen wir, daß sie drei jüngere Schwestern und einen Bruder hatte, die das Erwachsenenalter erreichten. Außerdem ist überliefert, daß sie hübsche Kleider, Pekinesen und Chrysanthemen mochte.

Sie war etwa 1,50 Meter groß, auffallend hübsch, schlank und wohlproportioniert, mit feingliedrigen Händen, geschwungenen Augenbrauen, glänzend schwarzen Augen, einer ausgeprägten Nase, wohlgeformten, vollen Lippen über einem starken Kinn und mit einem atemberaubenden Lächeln, das Männern und Frauen an ihr noch auffiel, als sie bereits in den Siebzigern war. Ihr tiefschwarzes Haar war von der breiten Stirn nach hinten gekämmt, und das einzig Auffallende an ihrem Äußeren als Mädchen war ein roter Farbtupfer auf der Unterlippe, eine kosmetische Besonderheit, die den großgewachsenen Mandschu-Frauen gemeinsam war. Während ihrer acht Jahre als Konkubine wurde ihr Gesicht wie das eines Schauspielers der Pekingoper geschminkt. Als Witwe trug sie in den letzten 47 Jahren ihres Lebens überhaupt kein Make-up. Hart bemerkte ebenso wie andere, die Chinesisch sprachen, an ihr eine »angenehme, weibliche Stimme«, obwohl sie die Ohren von Ausländern, die kein Mandarin sprachen, eher beleidigte. Für Nichteingeweihte klingt dieser Dialekt selbst in Gedichten oder Liedern kehlig und rauh. Im Alter war nach einem leichten Schlaganfall eine Gesichtshälfte gelähmt, so daß ihr linker Mundwinkel herunterhing und sie verbittert oder verdrossen wirkte, obwohl sie dies gar nicht war.

Sie hatte nur einen Gemahl und einen Sohn, doch 3000 Eunuchen, die ihr aufwarteten. Nach dem Tod ihres Gatten regierte sie fast ein halbes Jahrhundert über China – länger als jede andere Herrscherin, einschließlich der Kaiserin Wu vor über tausend Jahren, und länger als die meisten Kaiser in Chinas langer Geschichte. In diesen tausend Jahren hatte es überhaupt nur drei Kaiserinnen gegeben, und sie war die letzte von ihnen.

Als sie 1851 im Alter von 16 Jahren zur kaiserlichen Konkubine auserwählt wurde, nannte man sie nur Yehe Nara, nach dem Namen ihres Mandschu-Geschlechts, des Stamms Yehe vom Nara-Clan. Als Kaiserinwitwe und Mitregentin des Reiches schließlich wurde sie mit ihrem Titel Tz'u-Hsi bekannt, was soviel bedeutet wie »westliche Kaiserin«, da sie in Pavillons im Westteil der Verbotenen Stadt wohnte.

Von Yehe Naras Leben bis zu ihrem 21. Lebensjahr sind so wenig Einzelheiten bekannt, daß Biographen und Journalisten sich genötigt sahen, selbst welche zu erfinden. Auch aus der Zeit danach sind uns kaum Tatsachen überliefert, doch auch diese Lücken wurden mit Erfindungen geschlossen. Zahlreiche Bücher, die zu einem Großteil von ernstzunehmenden Wissenschaftlern geschrieben wurden, sind voll von schauerlichen Einzelheiten, darunter auch scheinbar verbürgter Klatsch über ihr Geschlechtsleben, ihre Intrigen und ihre Morde. Peking war der politische Mittelpunkt eines alten Reiches, in dem ehrgeizige Männer in einen beständigen Kampf um Einfluß und Positionen verwickelt waren, so daß sie in einer Welt der Verschwörungen, der Giftanschläge und erzwungenen Selbstmorde lebte. Eine sorgfältige Überprüfung der Dokumente ergibt jedoch, daß sie persönlich für keine einzige der ihr angedichteten Untaten verantwortlich war.

Um den Sinn der verworrenen Geschichten über sie zu erahnen, muß erst einmal untersucht werden, wodurch diese Verworrenheit überhaupt zustande kam.

Einige Autoren versichern uns, Yehe Nara sei in Kanton als Bettsklavin für den Kaiser käuflich erworben worden. Andere schildern ihre Kindheit wie eine orientalische Fassung des Märchens vom Mädchen mit den Schwefelhölzern: Sie sang auf der Straße, während ihre Schwester den Hut herumgehen ließ, um Reis für ihre Familie kaufen zu können, da ihr Vater sein ganzes verdientes Geld für Opium und Prostituierte ausgab. Andere behaupten, ihr Großvater sei ein »fremder Teufel« aus Rußland gewesen. All diese Dinge passierten häufig genug im feudalen China, aber keine dieser Geschichten läßt sich belegen.

Unter den westlichen Biographen der Kaiserinwitwe war Edmund Backhouse derjenige, der die meisten »Tatsachen« über Yehe Naras Kindheit sowie die meisten über sie kursierenden Verleumdungen erfand. »Ihr Vater«, schreibt er, »dessen Name Hui Cheng war, hatte einen ererbten Rang als Hauptmann in einem der acht Bannerheere. In Anbetracht seiner bevorzugten Geburt wurde er von seinen Zeitgenossen im allgemeinen für wenig vom Glück begünstigt erachtet: Zur Zeit seines Todes besaß er keinen höheren Posten als den eines Bezirksintendanten... in Anhui... starb er, als sein Töchterchen nur erst drei Jahre zählte.«

Es gibt keinerlei Dokumente, die diese Behauptungen bestätigen könnten; dem Bild wurden hingegen immer neue Einzelheiten hinzugefügt, da spätere Biographen unverdrossen das Backhousesche Erbe erweiterten. Ihr Vater wurde zu einem Mitglied des »gesäumten blauen Banners« gemacht. Die Familie war nicht wohlhabend; »in China bedeutet dies wahrscheinlich, daß ihr Vater ein ehrlicher Mann war«. Ihr Vater »wurde unehrenhaft entlassen, weil er seinen Posten vor dem Ansturm des Tai-ping-Aufstands verließ«, als Yehe Nara 18 Jahre alt und bereits Konkubine im Kaiserpalast war.

Von Yehe Naras Mutter, über die absolut nichts bekannt ist, sagt Backhouse, »sie scheint eine Dame von großen Fähigkeiten und recht gescheit gewesen zu sein, bemerkenswert sogar noch über den Durchschnitt der Mitglieder eines Clans hinausragend, der an und für sich schon bekannt war für die Intelligenz seiner Frauen«. Ein anderer Biograph schildert Yehe Naras Mutter als eine Frau von großer Schönheit in mittleren Jahren, die sich gut gehalten hatte.

Obwohl nicht einmal über Yehe Naras Geburtsort Genaueres gesagt werden kann, schildert ihr Biograph Harry Hussey ihre frühe Kindheit detailgetreu und widmet allein ein Drittel seines Buchs dieser am wenigsten bekannten Phase im Leben Tz'u-Hsis. Hussey bezeichnet die Ehe zwischen Yehe Naras Eltern als wenig glücklich, da ihr Mandschu-Vater opiumsüchtig war, sich mit kleinfüßigen Prostituierten herumtrieb und sein Geld am Spieltisch verlor. Nachdem er die begrenzten Mittel der Familie am Vorabend von Yehe Naras Geburt erschöpft hatte, überredete ihre Mutter den gütigen Herrn Wong, den chinesischen Hauseigentümer, sie weiter in ihrem Haus wohnen zu lassen, obwohl sie die Miete nicht bezahlen konnten. Der großzügige Herr Wong faßte soviel Zuneigung zu Yehe Naras Mutter, daß er zu einer Großvaterfigur wurde; Hussey nennt ihn schließlich den »Großvater Wong«. Es war auch Großvater Wong, der bei Yehe Naras Geburt zugegen war, und nicht ihr Vater Hui Cheng, der sich außerhalb der Stadt aufhielt.

Ein enger Freund von Großvater Wong war der Wahrsager Fu, der eine aufregende Erscheinung hatte:

»Zur Stunde des Tigers, genau zu der Zeit, als das kleine Mandschu-Baby das Licht der Welt erblickte, sah Fu ein großes Leuchten. Die Götter zogen den Vorhang zur Seite und ließen den Wahrsager... einen Blick in die Zukunft tun... Er sah... die gerade geborene Tochter... jetzt zu einer schönen Frau herangewachsen, die sich unter alle Kaiserinnen und Kaiser als ihresgleichen mischte... Die Macht dieser Erscheinung war zuviel für den armen Fu. Er... stürzte [ohnmächtig] zu Boden.« Diese Vision wurde bekräftigt, als der Wahrsager Fu das Neugeborene untersuchte und auf seiner linken Brust ein Muttermal entdeckte. »Fu erkannte in dem Muttermal... die Umrisse eines Fuchses. Er wußte, daß ›das Zeichen des Fuchses‹ ein gutes oder ein böses Omen sein konnte... Er fand eine alte Mandschu-Prophezeiung... derzufolge die [Mandschu-]Herrschaft... eines Tages durch eine große Frau aus dem Yehe-Nara-Clan, die das Zeichen des Fuchses trug, für immer beendet werden würde.«

Alle Biographen stimmen darin überein, daß Yehe Nara irgendwann zwischen ihrem vierten und sechzehnten Lebensjahr nach Peking kam und als eine der Konkubinen des jungen Kaisers Hsienfeng in die Verbotene Stadt aufgenommen wurde. Keiner von ihnen weiß Näheres darüber, wie sie nach Peking gelangte oder woher sie kam, doch alle erfinden Geschichten dazu. Einige behaupten, Peking sei schon immer der Sitz ihrer Familie gewesen, oder sie sei erst nach dem Tod des Vaters hierher gekommen und habe von der Großzügigkeit eines reichen Verwandten namens Muyanga gelebt. Die meisten behaupten, sie habe in der Zinngasse gewohnt, wo die Blechschmiede ihre Werkstätten hatten, obwohl »man nicht genau [weiß], in welchem Haus... die spätere Kaiserin von China gewohnt hat«. Das alles sind reine Vermutungen, die als Tatsachen ausgegeben werden.

In ihrer Biographie aus dem Jahr 1910 entlarvten Backhouse und Bland verschiedene Versionen der Geschichte Yehe Naras als Fälschungen und erhöhten so ihre eigene Glaubwürdigkeit.

»Die [falsche] Geschichte... lautete etwa so: Wie die Mutter der Kaiserin mit zahlreicher Familie... Wittib wurde, lebten sie in äußerster Armut in der Präfekturstadt Ningkuo, wo ihr Gatte beamtet gewesen war und auch starb. Ohne Mittel für die Rückreise nach Peking würde sie auf Bettelei angewiesen gewesen sein, wenn nicht durch glücklichen Zufall eine Summe Geldes, die für einen anderen Reisenden bestimmt war, versehentlich auf ihrem Reiseboote unterwegs abgegeben worden wäre. Der betreffende Reisende, als er den Irrtum erfuhr, soll dann durch den Anblick des Elends der Familie derart von Mitleid bewegt worden sein, daß er in sie drang, das Geld zu behalten.«

Obwohl die Autoren betonen, daß diese Erzählung vom guten Samariter eine Erfindung sei, wurde sie 1944 von Maurice Collis, dem bekannten britischen Biographen, »erhärtet«. Ein anderer Autor berichtet davon, wie Yehe Nara auf dieser Reise einem westlichen Missionarsehepaar begegnete. Sie »mochte ihre unschönen Kleider und ihre harten Stimmen nicht«, steht da, »aber sie liebte ihre offenen Gesichter, ihr gepflegtes Aussehen und ihren schlanken, hohen Wuchs«. Er fügt die frühere Entstellung hinzu, ihr Vater habe einen Posten in Wuhu bekleidet und sei bei Ausbruch des Tai-ping-Aufstands mit Gold und Silber aus dem Stadthaus geflohen. »Anscheinend wurde [er] nie vor Gericht gestellt, und viele der merkwürdigen Umstände dieses Falles konnten nie geklärt werden.«

Unter Umgehung des Problems, wie Yehe Nara nach Peking gelangte, beschäftigen sich ihre Biographen mit der Frage, auf welche Weise sie zur kaiserlichen Konkubine ausersehen wurde und wie sie sich auf das Leben in der Verbotenen Stadt vorbereitete. Wie Backhouse schreibt, »lernte [sie] geschickt zu malen und Freude an der Kunst zu nehmen. Sie verstand es, Verse zu schmieden... Im Alter von sechzehn Jahren beherrschte sie die fünf Klassiker auf Chinesisch wie auf Mandschurisch und hatte mit Erfolg die geschichtlichen Aufzeichnungen der vierundzwanzig Dynastien studiert. Sie besaß zweifellos jene Liebe zum Wissen, welche den Beginn der Weisheit bedeutet, und das Geheimnis der Macht…« Indem er in seine Darstellung solche gelegentlichen Bemerkungen über ihre hohe Intelligenz einstreute, nahm Backhouse kritischen Leserinnen und Lesern den Wind aus den Segeln und bereitete sie geschickt auf das vor, was noch kommen sollte.

Nach der Darstellung des renommierten Künstlers Hubert Vos, der 1905 das Porträt der Kaiserin malte und dabei etliche Aquarelle von ihr zu sehen bekam, war sie tatsächlich eine begabte Malerin, so daß Backhouse in diesem Punkt recht hat. Doch seine Behauptung im Hinblick auf ihre Bildung im Alter von 16 Jahren läßt sich nicht mit Dokumenten des Hofs in Einklang bringen, nach denen sie anfangs große Probleme hatte, Chinesisch und Mandschu zu lesen und zu schreiben. Tatsächlich konnte sie in jungen Jahren beides nicht, was für ein Mädchen in ihrem Alter nicht ungewöhnlich war. Ein chinesischer Biograph, der etwas davon verstand, behauptet zu Recht, Yehe Nara »konnte kaum, wenn überhaupt, lesen und schreiben«.

Als die Frauen und Konkubinen für den jungen Kaiser ausgewählt werden sollten, stand Yehe Nara nach Backhouse auf der von ihrem Clan eingereichten Liste. (Einem anderen Autor zufolge setzte sie ihren Namen selbst auf die Liste.) Backhouse behauptet, Muyanga, das Oberhaupt des Yehe-Nara-Clans, habe dem Kaiser seine älteste Tochter zur Ersten Frau gegeben. Da diese jedoch inzwischen gestorben war, habe der Clan Muyangas als erster das Recht gehabt, weitere Kandidatinnen zu benennen. Die Geschichte stimmt zwar, doch es war der falsche Clan: Nicht dem Yehe-Nara-, sondern dem Niuhuru-Clan entstammte die Erste Frau des Kaisers, deren Stelle nach ihrem Tod denn auch von einer jungen Niuhuru-Frau eingenommen wurde. Sie wurde schließlich die Kaiserinwitwe Tz'u-An (»östliche Kaiserin«).

Nachdem sie einmal nominiert war, bestand Yehe Nara die mündliche Vorprüfung ohne Schwierigkeiten, doch daran schloß sich eine Art ärztliche Untersuchung an, die den männlichen Biographen zu schaffen machte. Den reißerischsten Bericht verfaßte Frank Dorn, ein General der US-Armee, Sprachwissenschaftler und Chinaexperte, der von 1934 bis 1938 in Peking Dienst tat und während des Zweiten Weltkriegs zum Stab von General Joseph W. Stillwell gehörte: Im Ruhestand schrieb Dorn ein Buch über die Verbotene Stadt, das viele Einzelheiten über das Privatleben der Yehe Nara enthielt. Dorn nahm an, daß die leidenschaftliche Yehe Nara keine Jungfrau mehr war und nach Mitteln und Wegen suchen mußte, die Palastbediensteten bei der Untersuchung zu täuschen. Er erzählt uns detailgetreu, wie Yehe Naras körperliche Untersuchung vonstatten ging.

»Am Tag ihrer Untersuchung trug [Yehe Nara] ein Paar wertvolle Jadearmreifen. Klüger als ihr Alter es vermuten ließ, zweifelte sie nicht daran, daß die erfahrene Hand einer Hebamme, sobald sie im Untersuchungsraum auf einer Pritsche lag, innerhalb von Sekunden feststellen würde, ob sie noch jungfräulich war oder nicht. Als sie schließlich an die Reihe kam, inszenierte sie einen Wutanfall und weigerte sich empört, sich abtasten zu lassen. Unterdessen, so wird erzählt, streifte sie geschickt die kostbaren Armreifen ab und ließ sie, ohne daß die Eunuchen es sehen konnten, in die erwartungsvoll aufgehaltene Hand der Hebamme gleiten. Für einen Augenblick trafen sich die Blicke der beiden Frauen und leuchteten in gegenseitigem Einverständnis auf. Schließlich nickte die Ältere mit dem Kopf, und [Yehe Nara] durfte sich zu den übrigen auserwählten Mädchen stellen.«

Nachdem sie den Zugang zum kaiserlichen Haus mit einem Paar Jadearmreifen erwirkt hatte, mußte Yehe Nara irgendwie die Aufmerksamkeit des Kaisers auf sich lenken. Nach den meisten Darstellungen vergeudete dieser so viel Energie in Bordellen, daß er seine Konkubinen kaum beachtete. Die Begegnung zwischen beiden fand je nach Autor in einem Garten oder bei einer Teegesellschaft statt. Einem Biographen zufolge benutzte sie dabei angeblich ein besonderes Parfüm: »In den Mandschu-Quellen heißt es unverblümt, daß [Yehe Nara] mehr Parfüm als andere Frauen benutzte, weil sie den ›Geruch des Fuchses‹ an sich hatte. Das... kennzeichnete sie anscheinend [als] echtes Mitglied des [Yehe-Nara-]Clans.« Geziert fügt der Autor hinzu: »Wir wissen nichts Genaueres darüber, wie stark die Kaiserin wirklich nach Fuchs roch.«

In einem Theaterstück über das Leben der Kaiserin übertrifft ein britischer Autor den US-General noch in dessen Voyeurismus. Die in ihrem Schlafgemach sehnsüchtig schmachtende Yehe Nara erfährt vom Eunuchen Li Lien-ying (der natürlich dekadent ist und ständig irgendwelche Leute vergiftet), daß der Kaiser seine Zeit mit Prostituierten verbringt, die sich auf Sodomie spezialisiert haben. Yehe Nara besticht den Eunuchen, der den Kaiser zu ihrem Pavillon bringen soll. Damit an ihren Absichten keine Zweifel aufkommen, erläutert sie ihren Plan ausführlich: »Chinesische Mädchen... kümmern sich nicht um offizielle Kleidung. Ich will Euch zeigen, was ich meine.«

Sie wirft ihre Pantoffeln von sich und lehnt sich zurück, ein Bein auf dem Boden, das andere ausgestreckt auf dem Diwan, ihr Kleid nachlässig aufgeschürzt. Li ist zwar erschrocken, gibt jedoch seine Zustimmung zu erkennen und macht sich sogleich an seinen Auftrag. Siegesgewiß ruft sie ihm hinterher: »Und ich bin sicher, Ihr könntet niemals von mir lassen, wärt Ihr... wärt Ihr... nicht das, was Ihr seid!«

Als der Eunuch den Kaiser in einer Sänfte hereingeleitet, liegt Yehe Nara auf dem Diwan und spielt auf einem Saiteninstrument. »Sie ändert ihre Körperhaltung so, daß jeder, der durch die Tür ins Zimmer blickt, das zu sehen bekommt, was er auch sehen soll. Sie scheint ganz in ihr Spiel vertieft... Man hört die Stimme von Kaiser Hsien-feng, der ›Halt!‹ sagt.« Der Kaiser schlüpft durch eine Seitentür, um ihr von Angesicht zu Angesicht gegenüberzustehen. Als sie vor dem Himmelssohn auf die Knie fällt, gebietet er ihr Einhalt: »Sie werden Ihre Beine ermüden, wenn Sie zuviel knien! Und wir brauchen sie noch für andere Zwecke!« Sie verbringen die Nacht auf unbeschreibliche Weise. Von da an ist der Kaiser seiner Konkubine sexuell hörig.

Pearl S. Buck, eine der bekanntesten Schriftstellerinnen, die über China geschrieben haben, schildert die erste Begegnung etwas anders und setzt als dramatisches Mittel auf ein chinesisches Aphrodisiakum. (Bei ihrem Buch, *Das Mädchen Orchidee*, handelt es sich allerdings eindeutig um Fiktion.) Nachdem Yehe Nara in das kaiserliche Schlafzimmer geführt wurde, reizt sie die Begierde des Kaisers bis zur Raserei.

»Sie wußte jetzt, was dieser Mann war, ein schwacher Zappler, von einer Leidenschaft besessen, die er nicht befriedigen konnte, von einer Geisteslust, die stärker war und noch schlimmer als Fleischeslust...

›Schieb den Riegel vor‹, erklärte der Kaiser [Yehe Nara]. Sie verriegelte die Tür, und als sie sich ihm wieder zukehrte, starrte er sie mit erschreckendem, unbefriedigtem Verlangen an... Die Frauen im Palast [hatten ihr erzählt], der Kaiser bekäme, wenn er zu lange in seinem Schlafzimmer verweile, ein Stärkungsmittel in seine Lieblingsspeise gemischt, das ihm plötzlich ungewöhnliche Kräfte verleihe. Aber so gefährlich sei diese Droge, daß man diese Kraft nicht zu sehr in Anspruch nehmen dürfe, denn dann könne die eintretende Erschöpfung zum Tode führen.

Am dritten Morgen trat dieser Schwächezustand ein. Fast bewußtlos lag der Kaiser in seinen Kissen. Seine Lippen waren blau, die Augen halb geschlossen, er konnte sich nicht bewegen, sein zusammengekniffenes Gesicht überzog sich mit Blässe, so daß er, da er gelb war, wie ein Toter aussah.«

Als Folge dieses zweiundsiebzigstündigen Marathons, so erfahren wir, wurde Yehe Nara schwanger und Kaiser Hsien-feng »ein Trottel«.

Als nächstes stellten sich ihre Biographen die Frage, »wer der wirkliche Vater dieses kleinen Jungen [war], der nur wenige Jahre später der Herrscher des Reichs des Himmels wurde«. Nach ihren Darstellungen war Hsien-feng aufgrund seiner Ausschweifungen bereits halb gelähmt, so daß Yehe Nara ihm keinen Sohn gebar, sondern von einer chinesischen Mutter ein Kind kaufte und dieses als ihr eigenes und das von Hsien-feng ausgab.

Ein Autor berichtet außerdem, daß die Mutter des Kindes vom Eunuchen Yehe Naras erdrosselt wurde, um sie für immer zum Schweigen zu bringen. Keiner von ihnen ging darauf ein, daß die Mandschu der Thronfolge eine so übertriebene Bedeutung beimaßen, daß die Unterschiebung eines anderen Kindes so gut wie unmöglich gewesen wäre. Yehe Naras Schwangerschaft ist vermutlich so wachsam verfolgt worden, als wäre sie die Frau des Prinzen von Wales gewesen.

Alle westlichen Schilderungen Yehe Naras als bösartige Intrigantin gehen auf Edmund Backhouse zurück und beruhen auf der Annahme, daß dieser die Wahrheit geschrieben hatte: daß Yehe Nara tatsächlich eine dieser hochintelligenten, aggressiven und dominanten Persönlichkeiten war, die häufiger in der Literatur als in der Wirklichkeit vorkommen, daß sie in der Lage war, sich den Zugang zu einer der bestbewachten Zitadellen der Erde mit einem Paar Armreifen zu erkaufen, um dort mit Hilfe ihrer weiblichen Verführungskünste und Intrigen alle zu überlisten, und daß sie den Kaiser zu einer Marionette gemacht, alle anderen bestochen habe und von Fall zu Fall auch vor Mord nicht zurückgeschreckt sei, wenn ein Hindernis anders nicht zu beseitigen war. Es ist eine ganz amüsante Karikatur, nur hat sie überhaupt nichts mit der Wirklichkeit zu tun.

Da Backhouse offenkundig ein Betrüger war, der seine Quellen fälschte und eine Legende schuf, muß jede Einzelheit überprüft werden. Jede Version der Legende, die sich auf Backhouse stützt, ist gleichermaßen fragwürdig.

Betrachtet man etwa den gewalttätigen Zeitraum, in dem sie lebte –

eine Epoche des Bürgerkriegs, ausländischer Invasion, von Palastrevolten und Gegenrevolten –, so zeigt sich, daß andere die Morde begangen hatten, die man ihr zuschrieb. In manchen Fällen lassen sich die Schuldigen ermitteln, in anderen gibt es etliche Hauptverdächtige, doch Yehe Nara ist nicht unter ihnen. Zudem wurde Yehe Nara von westlichen Biographen mit anderen Frauen verwechselt, so daß einige der sensationsträchtigen Geschichten über sie mit ihr überhaupt nichts zu tun haben.

Während der ersten Jahre am Hof war sie jedenfalls noch nicht der zielstrebige, mörderische Mensch auf der Suche nach Opfern, sondern ein abwartendes Mädchen, in sich gekehrt, einsam und nachdenklich, das von seinem sicheren Versteck aus den Gang der Ereignisse verfolgte und sich nach Möglichkeit anpaßte. Sie lebte zurückgezogen, weil sie ein tiefes Gefühl der Melancholie und des Kummers empfand. Einmal sagte sie von sich, »ich hatte ein sehr hartes Leben, seit ich ein junges Mädchen war. Als ich noch bei meinen Eltern lebte, war ich überhaupt nicht glücklich, da mir die anderen vorgezogen wurden. Meine Schwestern hatten alles, was sie wollten, während ich weitgehend ignoriert wurde«. Als ältestes Kind fühlte sie sich mißhandelt, vernachlässigt und ungeliebt und als Heranwachsende alleingelassen. So legte sie sich die Schleier und Masken zu, hinter denen sich ein kluges, aber unglückliches Mädchen verbirgt. Diese starke Empfindung einer persönlichen Tragödie, das Gefühl, vom Unglück verfolgt zu sein, verließ sie zeitlebens nicht mehr. In späteren Jahren kam die Traurigkeit einer Frau hinzu, die stets von den ihr nahestehenden Männern allein zurückgelassen wurde.

Dieser häuslichen Misere wollte sie entrinnen, als sie sich darum bewarb, als Nebenfrau in die kaiserliche Hofhaltung aufgenommen zu werden. Mit 14 Jahren wurde sie als Konkubinenanwärterin benannt, mit 16 auserwählt, und mit 18 Jahren beendete sie die Vorbereitungszeit. Nach dieser vierjährigen Prüfungszeit war sie ebenso unterwürfig und ängstlich wie ein Mädchen, das – aus einem besonders strengen Pensionat für höhere Töchter kommend – die innerste Sphäre einer königlichen Familie in Europa betritt. Es war eine zum Verzweifeln künstliche Welt des Rituals, in der das Privatleben sich allein im Kopf abspielte. Jeder Fehler wäre unweigerlich bemerkt worden. Sie mußte stets freundlich, liebenswürdig und äußerst elegant auftreten und alle ermüdenden Details der Etikette beherrschen. Sie trat unterwürfig auf, weil man es von ihr erwartete. Darüber hinaus zählte sie einfach nicht.

In der Verbotenen Stadt kam sie zum erstenmal mit Chinas Halbgöttern in Berührung, dem Himmlischen Kaiser und seinem Aisin-Gioro-Clan aus unentwegt konspirierenden und eifersüchtig rivalisierenden Halbbrüdern, den königlichen Prinzen. Entgegen der Legende waren sie nicht bereits nach einer Woche reihenweise von ihr behext, sondern teilten ausnahmslos die traditionelle konfuzianische Verachtung für alle Frauen, so daß Yehe Naras Kontakt mit ihnen begrenzt war. Nur mit der Kaiserinwitwe kam sie regelmäßig zusammen, doch hier war sie nur eines unter vielen Mädchen.

Neben den unmittelbaren Familienangehörigen des Kaisers bestand der Hof aus ehrgeizigen politischen Ratgebern, ränkesüchtigen Staatsministern sowie aus Generälen an der Spitze von Armeen, die sich noch in keiner Schlacht bewähren mußten. Dies waren die hohen Mandarine und feudalen Autokraten, deren Vorurteile, Wahnvorstellungen, Ignoranz und Dummheit das ganze Leben der Yehe Nara beherrschen sollten. In Zukunft würde sie es sein, die von ihnen geformt würde, und nicht umgekehrt. So wurde sie nicht die Lenkerin tragischer Ereignisse, sondern deren Opfer.

Was wir von ihrem Gatten, dem Kaiser Hsien-feng wissen, ist verheerend. Alles, was Yehe Nara zustieß, war eine Folge von Hsien-fengs Vogel-Strauß-Politik und dem Zusammenbruch seiner Herrschaft.

Väterlicherseits gehörte Hsien-feng wie alle Mandschu-Kaiser dem Aisin-Gioro-Clan an, der bis auf Nurhaci, den Begründer der Ching-Dynastie, zurückreichte. Nurhaci hatte der Machtübernahme der Mandschu von der ausgezehrten Ming-Dynastie den Weg gebahnt.

Mit 16 Herrschern, von denen einer zweimal regierte, war diese eine der in China am längsten bestehenden Dynastien (1368–1644). Die späten Ming-Kaiser erwiesen sich als unfähig, gaben sich dem Vergnügen hin, konnten sich jedoch auf einen hervorragenden Verwaltungsapparat stützen. Gegen Ende des 16. Jahrhunderts verfiel die Dynastie zusehends, und es war nur eine Frage der Zeit, bis sie auch die Macht verlieren sollte. Die Staatskasse war leer, und zusätzliche Steuern konnten nicht mehr erhoben werden. Allenthalben traten die überlieferten Zeichen staatlicher Mißwirtschaft auf – Überschwemmungen, Dürren und Hungersnöte, die das Mißfallen des Himmels anzeigten. Militärisch sahen die Ming sich dem Druck der Mongolen, Japaner und Russen ausgesetzt. Unfähig, diesen Herausforderungen zu begegnen, überließen die letzten vier Ming-Kaiser die Führung der Staatsgeschäfte ihren Lieblingseunuchen.

In ihrer Verzweiflung begann sich die chinesische Oberschicht nach einer Alternative zu den Ming-Herrschern umzusehen. Traditionell bestimmte sie, wann eine Dynastie das Mandat des Himmels verwirkt hatte, indem ihre Angehörigen ihre Loyalität auf einen neuen Führer übertrugen.

Die Rettung nahte in Gestalt der Dschurdschen, eines Nomadenvolks aus den kalten Tälern und windgepeitschten Savannen im Nordwesten Koreas. Nachdem sie auf Grenzposten der Ming gestoßen waren, ließen die Dschurdschen sich in der Grenzregion nieder und übernahmen mit wenigen Ausnahmen die chinesischen Bräuche und Institutionen. Vor allem lehnten sie es ab, daß ihre Frauen ihre Füße einbanden; die Männer dieses Volkes waren an ihrer rasierten Stirn und einer schweren Flechte ihres schwarzen Haars zu erkennen, die ihnen wie ein Tau auf dem Rücken hing.

Es vergingen einige Jahrhunderte, in deren Verlauf die Clans der Dschurdschen untereinander ihre Fehden austrugen, wobei die Hauptrivalen die Aisin Gioro und die Yehe Nara waren. Die kaiserlichen Statthalter hetzten sie gegeneinander auf, doch damit schnitten sie sich am Ende ins eigene Fleisch. Ein Ming-Befehlshaber stiftete den Führer des Aisin-Gioro-Clans dazu an, seine Rivalen zu überfallen, und verriet ihn anschließend. Dieser wurde gefoltert und bei lebendigem Leib verbrannt. Seine Ermordung löste ein Blutbad aus, das 1586 mit dem Sieg des vierundzwanzigjährigen Nurhaci endete, des Enkels des ermordeten Clanoberhaupts. Nurhaci befriedete seine Rivalen durch militärische Siege und politisch motivierte Ehen. Er kontrollierte den Markt für Pelze, Ginseng und Perlen und pflegte gute Beziehungen zu den Ming-Kaisern. Als Gegenleistung erlaubten sie ihm, eine von ihnen abhängige Dschurdschen-Nation mit ihm als Kaiser zu bilden. Nurhacis weitere historische Leistung bestand in der Organisation eines Heeres aus 7500 Mann in Gefechtsformationen von je 300 Mann, die an jeweils eigenen bunten Bannern zu erkennen waren. Wie bei einer Militärdiktatur setzte er diese Bannerleute dazu ein, sein Reich zu verwalten und seine Untertanen zu bespitzeln. Zu dem Zeitpunkt, als Nurhaci von seinem Sohn Abahai abgelöst wurde, waren die Dschurdschen bis zur Großen Mauer vorgestoßen und drohten, in China selbst einzufallen.

Abahai war ein Meister in der Politik der Umwege. Er beschaffte das Geld für den Angriff auf China, indem er zunächst Korea eroberte. Mit dem koreanischen Staatsschatz finanzierte er ein Bündnis mit den mongolischen Khanen. Sie erlaubten Abahais Bannern, ihr Territorium zu passieren, um den Ming an einer wenig gesicherten Stelle in der Großen Mauer in die Flanke zu fallen. Nachdem ihnen dort der Durchbruch geglückt war, stießen sie bis Peking vor. Ein Ming-General, der zur Verteidigung in die Hauptstadt geeilt war, wurde dort mit dem von feindlichen Agenten verbreiteten Gerücht konfrontiert, er stehe auf der Seite Abahais. Der nicht besonders kluge Ming-Kaiser ließ seinen eigenen General verhaften, und Abahais Bannerleute drangen ungehindert in Peking ein und plünderten die Stadt hemmungslos. Noch bevor die Ming-Heere sich sammeln konnten, ritt Abahai mit der Beute in seine Heimat jenseits der Großen Mauer zurück. Noch war er nicht stark genug, die gesamte chinesische Nation herauszufordern. Nach und nach nahm er chinesische Gelehrte und Offiziere als Überläufer in seine Dienste und ließ sie Seite an Seite mit mongolischen Beratern unter der lockeren Aufsicht von Mandschu-Prinzen arbeiten. Die erfolgreiche Vermischung dreier ethnischer Gruppen hatte zur Folge, daß sich Dschurdschen und chinesische Oberschicht näherkamen. Abahai hatte unzweifelhaft den Himmel auf seiner Seite und erklärte 1636 wie zur Bestätigung die Gründung der Ching- oder der »reinen« Dynastie. Er rief sich selbst zum Kaiser aus, und die Dschurdschen erhielten einen neuen Namen, der ihre Macht beschwor: *Mandschu.*

Abahai erlebte die Verwirklichung seiner Eroberungspläne selbst nicht mehr, doch er hatte den Weg geebnet. Sein Erbe, der Kindkaiser Shun-chih, war erst fünf Jahre alt, so daß zwei Prinzen gemeinsam die Regentschaft übernahmen: Abahais Bruder Dorgon und sein Vetter Dschirgalang, beides furchterregende Gestalten. Dorgon hatte schließlich das Vergnügen, von den Ming die Familienblutschuld einzutreiben.

Obwohl in allen Schulgeschichtsbüchern das Jahr 1644 als das Jahr der Eroberung Chinas durch die Mandschu angeführt wird, war es in Wirklichkeit keine Eroberung, sondern Verrat, und der kam einigermaßen überraschend. Das Kämpfen wurde ihnen von einem chinesischen Banditen namens Li abgenommen. Lis Hochburg in Shaanxi befand sich unweit von Peking. Als die Mandschu-Banner sich entlang der Großen Mauer auf den Angriff vorbereiteten, packte Bandit Li die Gelegenheit beim Schopf und eroberte Peking im April 1644.

Der kraftlose Ming-Kaiser, der einst seinen eigenen General hatte festnehmen lassen, stieg hinauf zum Pavillon auf dem Aussichtsberg hinter der Verbotenen Stadt, während unten die Banditen durch die staubigen Straßen galoppierten, knüpfte eine gelbseidene Bogenschnur um eine der rotlackierten Holzsäulen und erhängte sich. So endete die Ming-Dynastie.

Zu spät, um seinen Kaiser zu retten, eilte Ming-General Wu von der Großen Mauer nach Peking und fand die Stadt in Auflösung. Um alles noch schlimmer zu machen, war Wus Lieblingskonkubine vom Banditen Li entführt worden, der seine Lust an ihr befriedigte. Der erzürnte General eilte zurück zur Großen Mauer, wo er dem Prinzregenten Dorgon und den Mandschu-Bannerheeren einen Handel anbot: Er würde sie als seine Verbündeten durch die Große Mauer einlassen, wenn sie ihm behilflich wären, Peking zu befreien, den Banditen Li niederzuringen und seine Lieblingskonkubine zurückzuerobern. Dorgon willigte ein, und die Soldaten der Bannerheere strömten durch die Große Mauer, um das Heer des Banditen auf der tiefergelegenen Ebene anzugreifen.

Auf diese ungewöhnliche Weise fiel den Mandschu die Herrschaft über China zu, ohne daß es einer Eroberung bedurft hätte. Taktvoll behauptete Dorgon, die Mandschu seien nicht in Peking »eingefallen«, sondern hätten es lediglich von Banditen befreit. Sie hatten allerdings nicht die Absicht, anschließend wieder abzuziehen. Im Oktober 1644 wurde der Mandschu-Hof von Mukden nach Peking verlegt, und der mittlerweile acht Jahre alte Kaiser der Ching-Dynastie, Shun-chih, bestieg den Drachenthron.

Nachdem sie einmal dort waren, mußten die Mandschu ihre Machtposition gegen eine Reihe chinesischer Herausforderer behaupten – was ihnen mit einer Terrorherrschaft gelang, die weite Teile des Reiches entvölkerte. Gute und schlechte Kaiser kamen und gingen. Nachdem sich die Mandschu-Tyrannei in China etabliert hatte, setzte bei ihr derselbe Fäulnisprozeß ein, dem schon die Ming-Kaiser zum Opfer gefallen waren. Zu Beginn des 19. Jahrhunderts waren die Mandschu-Herrscher und ihre Armeen schwach und verweichlicht, und die wirkliche Macht war in die Hände streitsüchtiger Prinzen übergegangen.

Yehe Naras Kaiser, Hsien-feng, der siebte Mandschu-Kaiser Chinas, wurde 1831 als Sohn des Kaisers Tao-kuang und einer kaiserlichen Konkubine aus dem Niuhuru-Clan geboren. Hsien-fengs Mutter starb, als er neun Jahre alt war. Er wuchs unter der Obhut einer Konkubine auf, die einem weiteren männlichen Erben das Leben geschenkt hatte, der später als Prinz Kung bekannt wurde und in Yehe Naras Leben eine wichtige Rolle spielen sollte. Prinz Kung war Tao-kuangs sechster Sohn und zwei Jahre jünger als Hsien-feng. Als Kind fühlte Hsien-feng sich stark zu diesem Halbbruder hingezogen; die beiden Knaben übten gemeinsam die typischen Kampfsportarten und wetteiferten miteinander in der Kunst des Reitens, Bogenschießens und Lanzenwerfens.

Nicht alle königlichen Brüder verstanden sich so gut. Der Mandschu-Thron ging nicht automatisch an den ältesten Sohn über, so daß es häufig einen Kampf um die Thronfolge gab. Dies war auch der eigentliche Grund für die Streitigkeiten unter den Prinzen. Am 7. August 1846 entschied sich Kaiser Tao-kuang insgeheim für Hsien-feng als seinen Nachfolger. Das erzürnte und erbitterte des Kaisers fünften Sohn, Prinz Tun, einen stolzen, ehrgeizigen, aber auch heimtückischen jungen Mann. Als Thronerben kamen nur noch drei Männer in Frage: Prinz Kung, der zu vergnügungssüchtig war, Prinz Tun, der zu jähzornig und aggressiv war, und Hsien-feng, in dessen Naturell sich die unterschiedlichsten Eigenschaften miteinander verbanden.

Als Knabe wurde Hsien-feng von einem alten Hauslehrer erzogen, der eine kluge Auffassung von der menschlichen Natur hatte. Nach der Überlieferung war es dieser Hauslehrer, der Hsien-feng behilflich war, sich in der väterlichen Achtung über seine Brüder zu erheben. Eines Frühlings, als Hsien-feng 15 Jahre alt war und sich auf einem Jagdausflug in der Wüste bei Jehol befand, riet ihm sein Hauslehrer, kein wildes Tier zu töten. Von seinem Vater nach dem Grund gefragt, solle er zur Antwort geben, er bringe es nicht übers Herz, dem Leben im Frühling ein Ende zu machen, wenn alle Geschöpfe eigentlich wachsen und gedeihen sollten. Der Kaiser war von dieser Erklärung so bewegt, daß er auf der Stelle beschloß, diesen Sohn zu seinem Nachfolger zu machen.

Um seinen aufgebrachten fünften Sohn zu beschwichtigen, der sich um sein Geburtsrecht betrogen fühlte, verlieh der Kaiser ihm große Ländereien. Im Lauf der Zeit wurde Prinz Tun zum Anführer der kompromißlosesten ausländerfeindlichen Gruppe am Hof, der Fraktion der Eisenhüte (nach den Helmen, die von führenden adligen Mandschu getragen wurden). Seine Fehde um den Thron gab er an seine Söhne weiter. Yehe Nara verbrachte während ihrer Herrschaft einen Großteil der Zeit damit, sich der Intrigen des Prinzen Tun und seiner Söhne zu erwehren. Sie hatten ihre schlimmsten Krisen zu verantworten. Als der Boxeraufstand 1900 in die Katastrophe mündete, befand sie sich ein Jahr lang als deren Geisel in der Wüste von Shensi. Der Fremdenhaß der Eisenhüte und die Unfähigkeit, ihre Pläne auszuführen, trugen wesentlich zum Zusammenbruch der Dynastie bei.

Hsien-feng war 19 Jahre alt, als Kaiser Tao-kuang starb. Kurz vor dem Tod seines Vaters wurde der Kronprinz mit einem Mädchen des Niuhuru-Clans verheiratet. Zusätzlich zu seiner Kaiserin wurden einem jungen Kaiser gewöhnlich noch mehrere Nebenfrauen oder Gemahlinnen beigegeben, um männliche Nachkommen sicherzustellen, und (in der guten, alten Zeit) bis zu 117 Konkubinen. Es war üblich, daß die Cousinen und Schwestern der neuen Kaiserin dieser als Nebenfrauen oder Dienerinnen in die Hofhaltung ihres Gatten folgten. Hsien-fengs erste Braut, Niuhuru, hatte eine elfjährige Schwester, die ihm ebenfalls verpflichtet war, sobald sie die Pubertät erreicht hatte. Hätte Niuhuru überlebt, wäre sie die Kaiserin von China geworden, als Hsien-feng den Thron bestieg. Doch nur wenige Monate nach der Hochzeit erlag sie einer nicht überlieferten Krankheit, ohne dem Kaiser ein Kind geboren zu haben.

Den Hof befielen sogleich tiefe Ängste. Wenn dem neuen Kaiser etwas zustoßen sollte, konnte das Fehlen eines Erben einen blutigen Machtkampf um die Nachfolge auslösen. Eine sofortige neue Hochzeit war jedoch nicht möglich. Traditionell folgte dem Tod eines Kaisers eine Trauerzeit von drei Jahren; solange Hsien-feng also um seinen Vater trauerte, konnte ihm keine neue Frau oder Konkubine zugeführt werden. Diese Gebote waren so streng, daß ein Hofbeamter, dem mindestens neun Monate nach dem Tod eines Kaisers ein Kind geboren wurde, sofort seinen Dienst quittieren mußte. Wäre gar der Kaiser während der Trauerzeit Vater geworden, hätte dies einen solchen Mangel an kindlicher Ergebenheit offenbart, daß damit seine Befähigung als Herrscher ernsthaft in Frage gestellt gewesen wäre. Aufgrund dieser Beschränkungen konnte sich Kaiser Hsien-feng erst ab Februar 1853 wieder einer Frau sexuell nähern. Bis dahin konnte dann alles vorbereitet sein.

Nirgendwo sonst wurden Frauen weniger geachtet als in einem konfuzianischen Staat. Chinesische Begriffszeichen, die das Symbol für »Frau« enthalten, bedeuten: böse, Sklavin, Wut, Eifersucht, Geiz, Haß, Argwohn, Behinderung, Dämon, Hexe, verzaubernd, Unzucht und Verführung. Konfuzius warnte die Männer von Stand davor, »sich mit den niedrigeren Ständen oder mit den Frauen zu sehr gemein zu machen«. Und im dritten Jahrhundert schrieb der Dichter Fu Xuan:

> Wie traurig ist es, eine Frau zu sein!
> Nichts auf der Erde wird so wenig wertgehalten.
> Knaben stehen an die Tür gelehnt
> wie Götter, die vom Himmel gefallen sind.

Die Ehe in China war weniger eine Verbindung zwischen Mann und Frau als ein vertragliches Dienstleistungsverhältnis zwischen Braut und Schwiegermutter. Eine Hochzeit wurde von Eltern ausgerichtet, die sich damit gesellschaftlich, politisch oder finanziell verbessern wollten. In der traditionellen chinesischen Gesellschaft heiratete ein Mädchen in die Familie ihres Mannes und gab alle Kontakte zu ihrer eigenen Familie auf. Eine Braut war gegenüber jedermann in der neuen Familie unterwürfig, ganz besonders aber gegenüber der Mutter ihres Mannes, für die sie sich von morgens bis abends abrackerte. Frau und Schwiegermutter rivalisierten eifersüchtig um die Zuneigung des Ehemanns und Sohnes. In der Öffentlichkeit begegneten sich Mann und Frau so, als existierte der andere gar nicht. Im eigenen Haus mußte die Frau darum kämpfen, die Achtung ihres Mannes zu erringen, und nur ihre erwachsenen Söhne boten ihr ein gewisses Maß an Sicherheit. So verwundert es nicht, wenn sie gegenüber der Braut ihres Sohnes wenig Zuneigung an den Tag legte. Damit war der Kreis geschlossen.

Eine Konkubine war ein vollwertiges und in der Regel ständiges Mitglied der kaiserlichen Hofhaltung. Sie wurde eingeführt, um einen Sohn zu gebären, nachdem die Erste Frau dieser Erwartung nicht genügt hatte, und blieb als Nebenfrau mit allen Pflichten und nur wenigen Vorrechten der Hauptfrau. Sobald der Kaiser das Interesse an ihr verloren hatte, war sie nur noch eine der Mägde. In den meisten Fällen wurde sie ihren Eltern abgekauft, so daß sie eigentlich das Leben einer Sklavin führte, obwohl man sie nicht einfach abschieben konnte, ohne sich mit ihren Eltern darüber zu einigen.

Wie es der Brauch wollte, wurden die Gemahlinnen, Konkubinen und Dienerinnen des Kaisers von der Kaiserinwitwe, in diesem Falle Hsien-fengs Stiefmutter ausgewählt. Aus einem großen Angebot an mandschurischen und mongolischen Debütantinnen wählte sie jene, die ihrer Meinung nach am besten geeignet waren, den kaiserlichen Samen zu empfangen. Den Mandschu jedweden Ranges, selbst dem Kaiser, war es verboten, Chinesinnen zu heiraten, so daß bei der Auswahl der Kandidatinnen für die Kaiserin und die kaiserlichen Konkubinen Han-Chinesinnen mit ihren bandagierten Füßen strikt ausgeschlossen waren. Kaiserliche Verbindungen wurden allein zwischen Mandschu-Clans, zwischen Mandschu und ihren mongolischen Verbündeten und gelegentlich zwischen Mandschu und muslimischen Chinesen aus den westlichen Provinzen geschlossen. Alle drei – Mandschu, Mongolen und Muslime – betrachteten sich im Unterschied zu den Han-Chinesen als Tataren.

Die kaiserlichen Konkubinen waren in der Regel gerade erst zur Geschlechtsreife gelangende Frauen aus Familien der Bannerleute. Sie wurden von den Ältesten der einzelnen Clans vorgeschlagen, die sich davon politische Vorteile versprachen. Das war nichts Erniedrigendes; eine kaiserliche Konkubine zu werden, war eine fast ebenso große Ehre wie die Wahl zur Kaiserin und wurde von den vornehmsten Familien angestrebt. Ein Mädchen, das die Verbotene Stadt als Konkubine betrat, konnte durch natürliche Selektion Kaiserin werden. Natürliche und widernatürliche Umstände sorgten damals für eine geringe Lebenserwartung. Aus diesen Gründen war es für Yehe Nara unvergleichlich vorteilhafter, eine kaiserliche Konkubine zu werden, als eine gewöhnliche Frau zu bleiben.

Entgegen den Vorstellungen im Westen erfolgte die von der Kaiserinwitwe getroffene Auswahl nicht primär nach Gesichtspunkten der sexuellen Attraktivität. Die Mädchen mußten in erster Linie verständig sein, unterhaltende Gefährtinnen für die Kaiserinwitwe selbst und erst in zweiter Linie dem Kaiser zusagen. Ein Mädchen mußte nicht unbedingt schön sein, aber liebenswürdig, gesund, gut erzogen, emotional ausgeglichen, klein, drall und wohlgeformt, und sie mußte – um die Männlichkeit des Kaisers oder sein *yang* zu stärken – gerade ihre erste Reife erreicht haben und vor Weiblichkeit oder *yin* strotzen. Bewerberinnen mit Kraushaar, langem Hals, vorstehendem Adamsapfel, unregelmäßigen Zähnen oder einer tiefen, männlichen Stimme wurden von vornherein ausgeschlossen, da man annahm, daß sie das *yang* eines Mannes eher schwächten als stärkten.

Die kaiserlichen Konkubinen unterlagen einer hierarchischen Rangordnung, und die fähigsten oder beliebtesten von ihnen genossen eine besondere Anerkennung. Sie rivalisierten nach Kräften um die Gunst des Herrschers oder doch wenigstens der Kaiserinwitwe. Wer gerade die Favoritin war, ließ es die anderen auf tausendfältige Weise spüren, da ihr Rang nicht nur äußerlich sichtbar war. Wenn der Kaiser sie schwängerte, brauchte sie sich um ihre Zukunft keine Sorgen mehr zu machen. (Wurde sie nicht schwanger, dann war das Bettenmachen im »Großen Innen« immer noch ein wesentlich angenehmeres Leben als sie es im »Großen Außen« finden konnte.) Die Nachkommen einer kaiserlichen Konkubine genossen denselben Rang und dieselben Rechte wie die der Kaiserin. Starb eine Kaiserin, dann konnte eine Favoritin die neue Kaiserin werden. Brachte sie gar einen männlichen Erben zur Welt, konnte eine Konkubine zu einer Gemahlin werden, auch wenn die Kaiserin noch am Leben war. Große Ehrungen und Privilegien warteten auf sie: Sie würde gesichert sein wie keine andere Frau in China. Alles, was sie benötigte, war ein gewisses Maß an Schönheit, Mut, Begabung, Findigkeit, Hartnäckigkeit und Glück.

Die Verbotene Stadt – das Große Innen – war eine seltsame und schwierige Welt, insbesondere für die Frauen, die dort lebten. Obgleich sich in ihren Räumlichkeiten zu Zeiten nicht weniger als 6000 Menschen aufhielten, war nach Sonnenuntergang nur noch ein einziger von ihnen ein wirklicher Mann. Während des Tages gingen Leute von außen hier ihren Geschäften und Amtspflichten nach, doch die einzigen männlichen Personen, denen man erlaubte, über Nacht hier zu bleiben, waren der regierende Kaiser und seine unverheirateten Söhne unter 15 Jahren. Die 3000 kaiserlichen Eunuchen waren sogenannte »Halbmänner«. So sollte verhindert werden, daß dem Kaiser Hörner aufgesetzt wurden.

Die Verbotene Stadt war außerdem das Seniorenheim für alle Witwen und Konkubinen früherer Kaiser. Zwölfhundert Jahre zuvor, während der Tang-Dynastie, hatte es die Verbotene Stadt noch nicht gegeben: Damals, als Xian die Hauptstadt war, verbrachten die Konkubinen verstorbener Kaiser ihre letzten Lebensjahre noch in der Gesellschaft von Nonnen in buddhistischen Klöstern. Doch als Peking zur Hauptstadt und die Verbotene Stadt allmählich ausgebaut wurden, erhielten diese hinterbliebenen Frauen kleine Pavillons im nordöstlichen Viertel, wo sie sich die restliche Lebenszeit in der Halle der Vergessenen Favoritinnen vertrieben. Einige von ihnen waren kaum 15 Jahre alt, als der Kaiser starb, so daß die Zeit ihre schwerste Last war. Sie lebten in kleinen Zimmern, die auf Höfe mit Krüppelkiefern hinausgingen. Im Winter verfertigten sie Seidenblüten für deren Äste, ein Zeitvertreib, aus dem man auf ihr Leben überhaupt schließen kann.

Schon Jahre vor seines Vaters Tod begann man für Hsien-feng eine Konkubine zu suchen. Die Mandschu-Familien sämtlicher Provinzen wurden aufgefordert, hierfür junge Mädchen zu benennen. Es vergingen Monate, bis eine erste Vorauswahl getroffen war. 1851, als das erste Jahr der offiziellen Trauer um Tao-kuang noch nicht vergangen war, wurden die Kandidatinnen nach Peking gerufen. Diejenigen, die voraussichtlich die besten Chancen hatten, vielleicht 20 bis 30 an der Zahl, wurden in die Verbotene Stadt gebracht, um sie Hsienfengs Stiefmutter vorzustellen. Vor dieser Zusammenkunft wurden sie von Hofdamen, Obereunuchen und Hofärzten auf Herz und Nieren geprüft. Auch wenn Dorn und einige Biographen es anders darstellen, nach über zwei Jahren intensiver Vorbereitung ist es äußerst unwahrscheinlich, daß ein Mädchen, das keine Jungfrau mehr war, überhaupt so weit gekommen wäre. Nur wer das Gefolge der Kaiserinwitwe beeindrucken konnte, wurde zum Tee mit der Hohen Dame geladen. Sie suchte sich dann diejenigen aus, die ihr sympathisch waren. Diese mußten die beiden folgenden Jahre damit verbringen, sich auf die Anforderungen des Palastlebens vorzubereiten, ein Jahr bei sich daheim und ein Jahr im Palast. Eine von denen, die 1851 in die engste Wahl kam, war die damals sechzehnjährige Yehe Nara. Nach dem ersten Vorbereitungsjahr betrat sie 1852 die Verbotene Stadt, um sich innerhalb ihrer rosa getünchten Mauern ein weiteres Jahr mit dem Hofzeremoniell vertraut zu machen.

Yehe Naras Nominierung hatte zweifellos politische Gründe. Die Chance, auf die kaiserliche Thronfolge durch die Geburt eines männlichen Erben Einfluß zu nehmen, bot sich nur selten, so daß jeder Clan seine aussichtsreichsten Jungfrauen vorschlug. Im Hinblick auf sein Prestige nahm der Nara-Clan nach den königlichen Aisin Gioro und den Niuhuru den dritten Rang ein, und Yehe Nara, wie sie jetzt genannt wurde, vertrat einen der aggressivsten Stämme, aus denen der Nara-Clan sich zusammensetzte. Die Nara waren bei den Gefechten gegen die Ming-Dynastie zum Ende des 16. Jahrhunderts in vorderster Front gestanden und mit den herrschenden Aisin Gioro durch eine Mischung aus kriegerischem Heldentum, Tücke und dem Austausch von Schwestern und Töchtern verbunden. Ein Mädchen aus dem Yehe-Nara-Clan war die Mutter von Nurhacis Lieblingssohn Abahai, dem ersten Kaiser der Dynastie. Erblichkeit war somit für die mandschurischen Heiratsvermittler ebenso wichtig wie für die europäischen Königshäuser.

Obwohl Yehe Nara aus einem mächtigen Clan stammte und von dessen Ältesten unterstützt wurde, ist über ihre Eltern kaum etwas bekannt. Der Name ihres Vaters war Kuei Hsiang, nicht Hui Cheng, auch wenn ein Westeuropäer, der den Namen nur hört, ihn als Hui Cheng buchstabieren würde. Yehe Naras Bruder erhielt schließlich den Titel Herzog Kuei Hsiang: Mandschu-Adlige behielten häufig den Namen ihrer Vorfahren bei. Der Vater war keine unbedeutende Persönlichkeit, da er seine Ahnen bis zum Großvater Nurhacis zurückverfolgen konnte, was bedeutete, daß er einer Elitegruppe angehörte, die man als »Kaiserliche Statthalter« bezeichnete, um ihre Mitglieder von denen des Königshauses zu unterscheiden, in deren Adern Nurhacis eigenes Blut floß. Yehe Nara war die erste Kaiserliche Statthalterin, die in den Harem eines Kaisers eintrat. Eine ihrer Schwestern heiratete später Hsien-fengs jüngeren Halbbruder Prinz

Chun, den siebtgeborenen Prinzen, und ihre beiden anderen Schwestern heirateten Mandschu-Herzöge. Yehe Nara beeinflußte möglicherweise diese Heiraten und sorgte wohl auch dafür, daß ihre Brüder die Herzogswürde erhielten. Sie tat also etwas für ihre Familie, wenn auch nicht mehr als ein Mädchen, das in die Habsburger, die Romanows oder die Windsors eingeheiratet hätte.

Als die offizielle Trauerzeit für Tao-kuang schließlich beendet war, nahm die jüngere Schwester von Hsien-fengs Erster Frau als Kaiserin Niuhuru deren Platz ein. Gleichzeitig mit ihr hielt die neue Gruppe von Konkubinen samt Yehe Nara Einzug in die Verbotene Stadt. Offiziell wurde sie als Konkubine vierten Ranges eingestuft.

Theoretisch gehörten dem Harem neben der Kaiserin drei Erste Gemahlinnen an, je neun Frauen zweiten, dritten, vierten und fünften Ranges und je 27 Konkubinen sechsten bis achten Ranges, was eine Gesamtzahl von 121 Frauen ergibt. Die leere Staatskasse der späten Mandschu-Kaiser zwang die Kaiser jedoch, sich mit einer Kaiserin, zwei Gemahlinnen und elf Konkubinen zu begnügen. So war es auch bei Hsien-feng. Über alle Frauen konnte er sexuell verfügen, aber Kinder sollte er nur mit der Kaiserin und zwei Gemahlinnen haben. Nur selten nahm der Kaiser die Dienste einer Konkubine unterhalb des fünften Ranges in Anspruch, es sei denn, um sich in Stimmung zu bringen; die übrigen waren einfach Dienerinnen.

Die an Monogamie gewöhnten Westeuropäer stellten sich vor, daß der Kaiser bei so vielen Frauen, die ihm Tag und Nacht zur Verfügung standen, an ständiger sexueller Erschöpfung gelitten haben müsse. Deshalb hielten ihn die meisten von ihnen auch für schwachsinnig. Im 19. Jahrhundert waren Konkubinen in den Augen westlicher Beobachter nichts anderes als königliche Prostituierte wie Nell Gwynn oder Madame Pompadour, die keine andere Aufgabe hatten, als ihren Körper für die nächste Orgie zu pflegen. Entgegen diesen weitverbreiteten Phantasien unterlag das Geschlechtsleben des Kaisers qualvollen Reglementierungen.

So war auch Hsien-feng gezwungen, sich gewissen traditionellen Regeln zu unterwerfen. Diese bestimmten im Einklang mit der alten taoistischen Lehre vom Wesen und Nutzen der Sexualität, mit welcher Konkubine er wann und wie zusammenkommen durfte. Die sexuellen Begegnungen des Kaisers wurden von Listenführern verzeichnet, als hätte der kaiserliche Palast ein Gestüt betrieben. In früheren Zeiten überwachten Hofdamen, sogenannte *nu-shih*, jedes Rendezvous, um sicherzustellen, daß der Herrscher sich mit seinen zahlreichen Frauen an den im Kalender dafür vorgesehenen Tagen paarte. Ihre Eintragungen machten sie mit roten Schreibpinseln, weswegen ihre Bücher die »Berichte des roten Pinsels« hießen. Ein Kaiser, der nicht sehr selbstbewußt war, konnte leicht zum Opfer dieses Systems und damit seiner Dienerinnen und Diener werden.

Nach der taoistischen Theorie brauchte der Kaiser möglichst viele Gemahlinnen und Konkubinen, um die Lebenskräfte von *yang* und *yin* im Gleichgewicht zu halten und die nötige Potenz zu erwerben, um einen Sohn des Himmels zu zeugen. Die *yin*-Essenz einer Frau, ihre Körpersäfte, stellte man sich als unerschöpflich vor, während die *yang*-Essenz des Mannes, sein Samen, sich erschöpfen konnte. Um das *yang* des Kaisers zu stärken, benötigte er einen großen Anteil *yin*. Am besten ließ sich die weibliche Lebenskraft auf den Kaiser übertragen, indem er möglichst oft mit seinen Konkubinen verkehrte, ohne jedoch zu ejakulieren. Während er sich selbst zurückhielt, mußte er seine Konkubine zu wiederholten Orgasmen stimulieren. Die Taoisten waren überzeugt, daß diese außerordentliche Selbstbeherrschung übernatürliche Kräfte verleihe, obwohl zu befürchten steht, daß man bereits übernatürliche Kräfte haben mußte, um sich derart zu beherrschen. Je mehr weibliche Partner ein Kaiser hatte, so lehrten sie, und je häufiger er mit ihnen verkehrte, desto besser, solange er sich nur bei jeder einzelnen zurückhielt. Eine chinesische Anleitung für das kaiserliche Geschlechtsleben stellt lapidar fest: »Wenn er in einer Nacht mit mehr als zehn Frauen schlafen kann, ist es am besten.« (Taoistische Autoren haben einen eigenartigen Sinn für Humor.) Immer bei derselben Frau zu bleiben, war gefährlich, da ihre Lebensessenz zunehmend an Kraft verlieren würde, bis sie aufgebraucht war. Der Kaiser mußte seine Konkubinen zu sich nehmen wie Vitamine. Die der unteren Ränge wurden weitaus häufiger aufgesucht als die der oberen Ränge, um sein *yang* für die monatliche Begegnung mit der Kaiserin aufzubauen.

Selbstbeherrschung ist ein elementarer Bestandteil der orientalischen Philosophien. Erfolg oder Mißerfolg im Leben, ob eines Banditen oder eines Kaisers, hingen davon ab, ob man innere Stärke hatte. Um das zu gewährleisten, mußten bestimmte Rituale eingehalten werden. Ein guter konfuzianischer Monarch hatte ein Ausbund an Selbstbeherrschung zu sein. Wie ein Orgasmus vermieden wurde, erläutert ein chinesischer Arzt aus dem 7. Jahrhundert: Im letzten Augenblick »schließt der Mann die Augen und konzentriert seine Gedanken; er preßt die Zunge gegen den Gaumen, beugt den Rükken und streckt den Hals. Er bläht die Nasenflügel, strafft die Schultern, schließt den Mund und zieht den Atem ein«. Das ging so häufig daneben, daß die Ärzte bestimmen mußten, wie viele Ejakulationen ein Mann gefahrlos haben konnte: einmal alle drei Tage im Frühling, zweimal monatlich im Sommer und Herbst und überhaupt nicht im Winter. Ein unfreiwilliger Orgasmus im Winter war hundertmal erschöpfender als einer im Frühling.

Um die Selbstbeherrschung zu erleichtern, wurden eigene Hilfsmittel eingesetzt, von denen das Lid eines Schafsauges am wirksamsten war. Dieser merkwürdige Gegenstand, der in einem winzigen Jadekästchen neben dem Bett des Kaisers aufbewahrt wurde, war ein Ring aus feingegerbtem Leder, der aus der Haut rings um das Auge eines Schafs samt den Augenlidern und Wimpern ausgeschnitten war. Man tauchte den Ring einige Minuten in eine Tasse mit heißem Tee und streifte ihn dann über den Penis, so daß die Wimpern nach außen abstanden. Mit ihrer Hilfe kitzelte der Kaiser aus seinen Konkubinen so viel *yin* heraus, wie er brauchte, manchmal sogar noch mehr.

Die Generaleunuchen lebten mit dem Kaiser in Symbiose wie ein viktorianischer Aristokrat mit seinen Dienern. Nach chinesischen sittengeschichtlichen Darstellungen, die in bestimmten Punkten weitgehend übereinstimmen, bereiteten diese Eunuchen die Konkubinen auf ihr Rendezvous mit dem Kaiser vor. Sie sorgten dafür, daß sie wohlriechend gesalbt waren und weder eine Waffe noch Gift mit sich führten. Die Konkubine, die gerade an der Reihe war, wurde unter der Aufsicht des Obereunuchen von seinen Untergebenen entkleidet. Eunuchen waren allen Damen im Palast bei der Toilette, beim Ankleiden und Frisieren behilflich; sie waren allgegenwärtig und deshalb »unsichtbar«. Die Konkubine wurde nackt in einen roten Seidenschal gewickelt, der mit gewundenen Drachen und Phönixen bestickt war, und in das Zimmer des Kaisers getragen. Das Relikt entstammte der Ming-Dynastie, unter der die Konkubinen noch eingebundene Füße hatten. Bevor man sie damals zum Kaiser brachte, wurden ihnen die Bandagen abgenommen. Da sie jedoch ohne diese gar nicht gehen konnten, mußten die Eunuchen sie in einer Sänfte tragen. Auf seinem geschnitzten Bett aus Ebenholz wartete sie darauf, welches himmlische Feuerwerk der Himmelssohn ihr zugedacht hatte. Ihr selbst oblag es, für die irdischen Freuden zu sorgen.

Nachdem er einen ganzen Monat lang mit Hilfe seiner Konkubinen sein *yang* gestärkt hatte, sollte der Kaiser genau das eine Mal mit der Kaiserin zusammenkommen, wenn ihre Aussichten am größten waren, einen Thronerben zu empfangen. Nach chinesischem Glauben wurde ein Knabe am ersten oder dritten Tag, ein Mädchen am vierten oder fünften Tag nach der Menstruation empfangen, während alle nachfolgenden die unfruchtbaren Tage der Frau waren.

Hätte Hsien-feng sich streng an diese Vorschriften gehalten, dann hätte es wenig Vergnügen und dafür viel Schulterstraffen und Atemholen gegeben. Nachdem sie in ihrer Kindheit gehörig verwöhnt wurden, konnten Mandschu-Prinzen kaum noch etwas tun, außer Vorschriften zu verletzen. Wenn sie die Pubertät erreichten, hatten sie in der Regel bereits die verschiedensten sexuellen Erfahrungen mit ihren Lieblingseunuchen oder in Pekings Männer- und Frauenbordellen hinter sich. Hsien-feng hatte jahrelang mit Prinz Kung Streifzüge unternommen. In dieser Vorliebe für Bordelle ähnelt Hsien-feng Königin Victorias Enkel »Eddy«, Prinz Albert Edward Victor, dem Sohn von Edward VII. Während in England Homosexualität von den Bürgerlichen als Sünde wider den Menschen, die Natur und den Himmel angesehen wurde, waren Homosexualität und Bisexualität in den führenden Schichten Chinas kein Anlaß, die Nase zu rümpfen.

Da Hsien-feng gegen die Vorschriften verstieß, indem er eine ganz bestimmte Frau bevorzugte, ist einiges über sein Geschlechtsleben bekannt; ebenso wie Yehe Nara in sein Leben kam, und dies stimmt mit den erfundenen Geschichten an keiner Stelle überein.

Drei Jahre nach dem Tod seines Vaters befahl Hsien-feng seinen Eunuchen, nicht etwa Yehe Nara oder die 14 Jahre alte Kaiserin in den Schal einzuhüllen, sondern eine Konkubine zweiten Ranges namens Li Fei. Zweiter Rang bedeutete soviel wie Gemahlin. In der Hierarchie folgte sie unmittelbar der Kaiserin und rangierte damit wesentlich höher als Yehe Nara. Als es den Kaiser nach Li Fei gelüstete, wurde keine Selbstbeherrschung geübt, und sie wurde in kürzester Zeit schwanger. Sie schenkte dem Kaiser seinen ersten gesunden Nachkommen. Leider war es ein Mädchen, die Prinzessin Jung An, wie sie genannt wurde, und die dynastische Thronfolge blieb davon unberührt. Auch wenn über Li Fei selbst so gut wie nichts bekannt ist, ist sie für die Geschichte Yehe Naras deshalb von Bedeutung, weil die beiden Frauen später miteinander verwechselt wurden, was bedauerliche Folgen hatte.

Von dem Tag an, als Li Feis Schwangerschaft bekannt wurde, durfte der Kaiser sich ihr nicht mehr nähern. Der Brauch verlangte, daß sie sich an ein strenges Schwangerschaftsreglement hielt: Sie durfte sich nur in der richtigen gesellschaftlichen Umgebung aufhalten, mußte sich die richtigen Bücher vorlesen lassen, die sie zum rechten Denken anhielten, und sich strikten Verhaltensregeln unterwerfen. Sie mußte gerade sitzen, wobei die Sitzmöbel und Kissen genau vorgeschrieben waren; sie durfte keine absonderlichen Speisen zu sich nehmen und mußte unangenehme Farben meiden. Wenn sie nicht sexuell völlig enthaltsam lebte, würde das Kind mit Hautkrankheiten zur Welt kommen. Auch nach der Geburt mußte sie noch 100 Tage lang sexuelle Enthaltsamkeit üben. Nicht einmal Händchenhalten mit dem Kaiser war erlaubt.

In diesem einen Jahr, während dessen Hsien-feng jeder Verkehr mit Li Fei untersagt war, begann er einige der anderen Jungfrauen auszuprobieren und entdeckte Yehe Nara. Das einzig Überraschende daran war, daß er erst jetzt auf sie aufmerksam wurde, denn sie hielt sich schon seit über zwei Jahren in den Gemächern der Konkubinen auf und war alles andere als reizlos. Wie alle Hofdamen war sie in steife und ihre Körperformen verhüllende Brokatseide gekleidet, trug auf der Unterlippe den roten Tupfer, und in dem für die kaiserlichen Konkubinen üblichen Stil war ihr Gesicht grell geschminkt mit Puder, Rouge und weißer Schminke, wie es gelegentlich schon im antiken Griechenland, in Rom und später in Versailles Mode war. Mit 20 Jahren war Yehe Nara eine Schönheit, mit hohen Wangenknochen und glänzend schwarzen Mandelaugen, die etwas schräger geschnitten waren als üblich, und einer schlanken und makellosen Figur. Sie war von übermäßig ernstem Wesen, aber in den seltenen Fällen, in denen sie ein Lächeln zeigte, wurde ihr gewöhnlich mißtrauischer Blick von einer völlig überraschenden Wärme erfüllt.

Andere Hofdamen fanden sie streng; lebhaft war sie nur mit Freundinnen in privater Umgebung, wo sie bei Brettspielen lachen konnte oder mit den kleinen Pekinesen spielte, an denen die kaiserliche Familie besonders hing. Im Gegensatz zu den typischen Konkubinen, die froh waren, daß die Eunuchen ihnen die tägliche Arbeit abnahmen, blieb Yehe Nara nicht untätig. Bei den ihr obliegenden Verrichtungen im Palast zeigte sie Energie und Zielstrebigkeit sowie Unduldsamkeit gegenüber anderen Konkubinen, die faul waren, und Verärgerung über die Dummheit, die unter den Konkubinen herrschte. Sie blieb für sich, und nachdem die unvermeidlichen Spaßvögel ihr Temperament zu spüren bekommen hatten, ließen sie sie mit ihren Neckereien in Ruhe.

Nachdem Hsien-feng auf sie aufmerksam geworden war, blühte sie über Nacht auf wie eine Weide im Regen, die lange Zeit im Trockenen gestanden hat. In dieser winzigen Welt fielen die Schatten lang, und der Kaiser war die einzige Quelle des Lichts. Durch seine Gunst zog sie den Neid anderer auf sich. Später bemerkte sie: »Als ich an den Hof kam, war mir der verstorbene Kaiser sehr zugetan und hatte für die anderen Damen kaum noch einen Blick übrig.« Das stimmte, solange es währte, doch Hsien-feng war so unbeständig wie der Frühling. Seine Liebesgeschichte mit Yehe Nara begann erst, nachdem Li Fei schwanger geworden war. Sie dauerte nur wenige Monate, dann wurde auch die neue Favoritin schwanger.

Mit der Schwangerschaft konnte Yehe Nara sich sicher und in der kaiserlichen Hofhaltung angenommen fühlen. Sie wurde jetzt als vollwertiges Mitglied der Familie des Kaisers anerkannt und war nicht länger ein bloßes Spielzeug. Die Frauen am Hof waren neidischer denn je. Sollte sie einem gesunden Kind das Leben schenken, auch wenn es ein Mädchen war, brauchte sie sich für den Rest ihres Lebens keine Sorgen mehr zu machen. War es ein Junge, würde er ein königlicher Prinz sein, und Yehe Nara würde hinfort als politischer Faktor berücksichtigt werden müssen.

Vom Spätsommer 1855 bis April 1856, während sie ihr Baby austrug, durfte der Kaiser sich Yehe Nara nicht nähern. Inzwischen erholte Li Fei sich von der Geburt der Prinzessin Jung An und gewann zu Yehe Naras großer Enttäuschung Hsien-fengs ganze Aufmerksamkeit zurück. Es schmerzte sie, die Verschmähte zu sein, und die Kränkung rief in ihr die alten Gefühle des Ungeliebtseins wieder wach. Wie es in ihrem ganzen Leben zu Krisenzeiten der Fall gewesen war, erwachte sie zu ungewohnter Stunde seufzend, ging in den kleinen Innenhöfen auf und ab und weinte scheinbar grundlos. Ihre Romanze war nur von kurzer Dauer, blieb jedoch eine der beiden glücklichen Perioden in ihrem Leben.

Ihr Kind kam am 27. April 1856 zur Welt. Es war ein Junge und damit der erste und bis dahin einzige männliche Erbe. Er wurde im Sommerpalast vor den Toren Pekings geboren, auf der Phönix-Insel im Kunming-See, der traditionellen Stätte für kaiserliche Geburten: ein kräftiger, gesunder Knabe, der vom Schicksal dazu bestimmt war, am Leben zu bleiben. Während Eigennamen in China willkürlich geändert wurden, hatten sie für die Mandschu große Bedeutung. Jede Generation war an ihrem Namen zu erkennen. Hsien-feng und alle seine Halbbrüder trugen Namen, an deren Anfang ein »I« stand wie in I-Wei, I-Tsung, I-Hsin und I-Huan. Alle ihre Söhne erhielten Namen, die mit »Tsai« begannen, und bei den Enkeln stand »P'u« am Anfang: P'u-chun und P'u-yi. Nach dieser Regel erhielt Yehe Naras Kind den Namen Tsai-chun; in der Geschichte ist er durch seinen Herrschernamen, Kaiser T'ung-chih, bekannt.

Durch eine Laune der Biologie wurde Yehe Nara auf die politische Bühne Chinas gehoben. Vorläufig hatte sie zwar noch keine politische oder sonstige Macht, aber sie wurde plötzlich beachtet. Die Mandarine, die über die wirkliche Macht bei Hofe verfügten, nahmen zum erstenmal Notiz von ihr.

Von da an war alles, was sie tat oder unterließ, bedeutsam, und sie begann sich zu verändern. Das zeigte sich besonders in der Art und Weise, wie sie von anderen wahrgenommen wurde und wie sie sich selbst sah. Ihre politische Identität mußte sich in Krisen, Siegen und Niederlagen erst noch herausbilden. Doch ebenso wie bei den jungen Königinnen Elizabeth I. und Victoria waren bestimmte Charakterzüge bereits im Rohzustand sichtbar, und eines Tages würden sie sich auf ihre Führung des kaiserlichen Hofs auswirken.

Vor allem mit Victoria hatte sie viel gemeinsam, einschließlich ihrer Empfänglichkeit für Schmeichelei, die sie die Verstellungen der Höflinge schwer durchschauen ließ; Männer, die dies erkannten, machten sich diese Schwäche zunutze. So wurde sie wiederholt in Intrigen des Hofs verwickelt, die sie weder angezettelt hatte noch guthieß, am allerwenigsten die Verschwörung zum Boxeraufstand. Wie Victoria war sie eine Krämerseele, was Kleinigkeiten und das Zeremoniell betraf, und trug all jenen lange nach, von denen sie sich gekränkt fühlte. Dies führte häufig zu Wutausbrüchen gegenüber Dienern oder Hofdamen, Prinzen und Ministern. Beide Frauen waren unbeugsam und pflichtbewußt, nur daß Yehe Nara sich weniger leicht in Nebensächlichkeiten verlor. Im hohen Alter war sie ebenso dickköpfig und eigensinnig wie Victoria und ebenso stark mit der Hofetikette und jungen Hunden beschäftigt. Doch während der Zustand Victorias pathologisch wurde, versank Yehe Nara lediglich in Melancholie.

Zwischen ihr und Elizabeth I. bestehen auffallende Unterschiede. Zwar war Yehe Nara reizbar und energisch wie Elizabeth und hätte als Monarchin unter günstigen Umständen Hervorragendes leisten können, doch verfügte sie über keine vergleichbare Bildung und glänzte auch nicht in Sprachen und Geographie; auch war sie nicht so gewieft und flink und keine so gute Menschenkennerin, was für die Erfolge und Mißerfolge der beiden Herrscherinnen entscheidend war. Im Gegensatz zu Elizabeth wuchs Yehe Nara ohne Erfahrung im Umgang mit Höflingen auf. Sie war nicht von königlichem Geblüt und kam in den Palast ohne wertvolle Beziehungen oder Familienverbindungen. Sie wußte nichts von der großen Welt, nicht einmal von ihrem Reich, und sie wußte nichts von dem, was außerhalb der Verbotenen Stadt und des Sommerpalasts vorging. Da sie eine Frau in einem konfuzianischen Staat war, wurde ihr nie gestattet, durch die Provinzen zu reisen, um das Land aus eigener Anschauung kennenzulernen. Ihre Minister stimmten dem Empfang eines Fremden erst zu, als sie bereits 63 Jahre alt war. Von den drei Monarchinnen war Yehe Nara die am meisten von außen gelenkte, da sie die isolierteste war. Kein Lufthauch von außen wehte je in die Verbotene Stadt, so daß sie völlig auf die Informationen und die Integrität ihrer Ratgeber und auf das Wohlwollen ihrer Vizekönige angewiesen war. Es wurde ihr verwehrt, ihre Minister aus den klügsten Köpfen auszuwählen, und wegen des übermächtigen Einflusses der Mandschu-Clans war sie nur zu oft das Opfer der königlichen Prinzen. Sie herrschte so lange, daß sie auch noch unter der Torheit ihrer Söhne zu leiden hatte. Wie Elizabeth schien auch Yehe Nara unentschlossen, doch beide wollten lediglich unnötige Auseinandersetzungen vermeiden. Beide Frauen hatten gelernt, sich in so hohem Maße vorsichtig zu verhalten, daß ihre Minister, besonders die Heißsporne am Hof, sie für Zauderinnen hielten.

Da sie nie eine Schule besucht hatte, bevor sie im Palast von Gelehrten der Hanlin-Akademie Unterricht erhielt, mußte Yehe Nara sich allein auf ihre Gefühle und ihre Eingebung verlassen. Bis zu ihrem 25. Lebensjahr lebte sie völlig abgeschieden; danach war ihr Leben immer wieder in Gefahr. Fühlte sie sich bedroht, so reagierte sie intuitiv und wurde aggressiv, um sich zu schützen, so wie dösende Hauskatzen unvermittelt zum Leben erwachen, um dann wieder in eine wachsame Bewegungslosigkeit zu verfallen. Diese Gabe verhalf ihr zu den herausragenden Augenblicken in ihrem Leben. Sie bemerkte einmal: »Wie so oft in großer Bedrängnis war ich der Lage gewachsen.«

Wie es sich für eine fromme Buddhistin gehörte, bemühte sie sich, der heiteren Wachsamkeit des Buddha nachzueifern. Sir Robert Hart und andere, die ein tieferes Verständnis von ihrer Situation in Peking hatten, bestätigen, daß dies ihre wahre Natur war. Dies war auch der Grund, warum sie zunächst »der Buddha« und später »der Alte Buddha« genannt wurde. Von den Chinesen, auch von den Ministern bei Hof, wurden diese Bezeichnungen voll Zuneigung und Bewunderung gebraucht. Erst zur Zeit der Boxeraufstände im Jahr 1900 begannen Westeuropäer, die sich ein falsches Bild von ihrer

Rolle machten, den Namen »Alter Buddha« abschätzig zu gebrauchen.

Diese Züge sollten sich jedoch erst in der zweiten Phase ihres Lebens entwickeln, nachdem die Geburt des Thronfolgers ihrer Isolation ein Ende gemacht hatte. Voll zum Tragen kamen sie erst, als der Hof 1860 aus Peking floh, um einer Gefangennahme durch die Alliierten zu entgehen. Furcht und äußere Bedrängnis sollten dann eine findige Frau von großer Beharrlichkeit hervorbringen.

Für ihre Rolle als Gebärerin des ersten Thronanwärters wurde sie zur Gemahlin oder Konkubine ersten Ranges befördert. Damit war sie Li Fei gleich – und nur der Kaiserin nachgeordnet. Sie erhielt den Titel I Kuei-fei, was soviel bedeutete wie »Konkubine der weiblichen Tugend«. Die Ähnlichkeit zwischen den Titeln Li Fei und I Kuei-fei macht erst jetzt deutlich, warum man Yehe Nara in späteren Jahren die Verantwortung für Dinge zuschob, die sie gar nicht getan hatte. Ein einfacher Fall von Namensverwechslung.

Bereits mit 21 Jahren hatte Yehe Nara ihre Aufgabe als Zuchtstute erfüllt. Da die Geburt eines Sohnes für eine chinesische Frau die höchste Erfüllung bedeutete, verlieh ihr die Geburt eines kaiserlichen Sohnes den höchsten in China möglichen Rang. Zwar war es denkbar, daß Hsien-feng sich erneut für sie interessieren könnte, um ein weiteres Kind zu zeugen, doch vorläufig blieb sie in ihre Gemächer verbannt, wo sie die Zeit damit verbrachte, zu sticken, ihre Chrysanthemen zu pflegen, mit den Pekinesen zu spielen, Blumenaquarelle zu malen oder einem Hauslehrer zuzuhören, der aus den Klassikern vorlas. Bei den Konkubinen war es Mode, Wasserpfeife zu rauchen und um kleine Summen zu spielen. In einer Welt, in der eine guterzogene Dame in der Öffentlichkeit nicht einmal lächeln, geschweige denn lachen durfte, war das Spiel mit den Hofdamen das einzige Vergnügen.

Falls sie gehofft hatte, die Geburt ihres Sohnes werde ihr dazu verhelfen, den verlorenen Platz in der Gunst des Kaisers zurückzugewinnen, so hatte sie sich getäuscht. Zu einer Zeit, da Hsien-feng der auf ihn einstürmenden Probleme immer weniger Herr wurde, flüchtete er sich in Lustbarkeiten. Yehe Nara war dafür zu nachdenklich und ernsthaft, Li Fei dagegen fröhlich und unbeschwert.

Doch war sie nicht die einzige Verstoßene. Obwohl die Tradition vom Herrscher verlangte, eine Nacht im Monat mit Kaiserin Niuhuru zu verbringen, hatte er wegen seiner starken Leidenschaft für Li Fei nicht mehr genügend *yang* übrig, um die Kaiserin zu schwängern. Selbstbeherrschung gehörte nicht zu Hsien-fengs größten Tugenden. Wenn man seinen Kritikern glauben darf, war er mit Tugenden ohnedies nicht reich gesegnet.

Als liebende Frau war Yehe Nara gekränkt, aber als Mutter schien es ihr gutzugehen. »Ich war glücklich, einen Sohn zur Welt zu bringen«, sagte sie einmal, ohne daß ihr die Untertreibung darin bewußt wurde. »Doch danach erging es mir sehr schlecht.«

Der Tod der Kaiserinwitwe im Jahr 1856 änderte die Rangordnung der Frauen am Hof. Hsien-fengs Kaiserin wurde jetzt das Oberhaupt der kaiserlichen Hofhaltung. Sie war zwei Jahre jünger als Yehe Nara und hatte dem Kaiser kein Kind geboren, doch die Kaiserin war als die rechtliche oder offizielle Mutter des gesetzlichen Erben unangreifbar. Yehe Nara war nur eine Ersatzmutter und hatte bei der Erziehung ihres eigenen Kindes wenig mitzureden. Gestillt wurde der Knabe von Ammen, und die Palasteunuchen kümmerten sich Tag und Nacht um ihn. Yehe Naras Kontakt mit ihrem Sohn beschränkte sich auf zeremonielle Aufforderungen zu glückverheißenden Anlässen, die von den Hofastrologen bestimmt wurden. Die Formung eines potentiellen Kaisers war zu wichtig, als daß man sie seiner ungebildeten Mutter hätte überlassen können. Das führte zu Reibungen zwischen den beiden Frauen, und Yehe Nara bekannte später freimütig, »mit [Kaiserin Niuhuru]... kam es häufig zu Auseinandersetzungen, und es war sehr schwierig für mich, mit ihr gut auszukommen«.

Nach einiger Zeit wurde Hsien-feng ein zweiter Sohn geboren, der jedoch nur wenige Jahre lebte. Manche Quellen behaupten, dies sei das zweite Kind der Favoritin Li Fei gewesen, und geben 1859 als Geburtsjahr an.

Anfang 1860 wurden für Hsien-feng die Schwierigkeiten, die sich vor ihm auftürmten, übermächtig. Immer häufiger trafen ihn Schicksalsschläge. Die Ereignisse außerhalb des Palasts, von denen Yehe Nara nichts wußte, schlugen über ihnen zusammen und zerstörten oder beschädigten alles, was ihr bisheriges Leben ausgemacht hatte. Ständig auf der Flucht wurde sie zu einer Heimatlosen. Lange Zeit später, da sie als einzige von Hsien-fengs Frauen und Konkubinen übriggeblieben war, warf man ihr im Westen vor, sie habe das ganze Elend und die Zerstörung heraufbeschworen, habe Hsien-feng sexuell von ihr abhängig gemacht und ihn dabei so sehr erschöpft, daß er schwachsinnig wurde und nicht mehr in der Lage war, sich der Invasion Chinas durch die ausländischen Mächte 1860 entgegenzustemmen; so sei er schließlich zu einem Opiumsüchtigen, Trunkenbold und Idioten verkommen. Für den Rest ihres Lebens mußte sie mit diesen Anwürfen leben, die letztlich darauf zurückgingen, daß Hsien-feng für eine andere Frau entflammt war und die Westeuropäer nicht imstande waren, diese beiden Frauen voneinander zu unterscheiden.

Während seiner Regentschaft wußte keiner der so bezeichneten fremden Teufel genau, welche Konkubine die Favoritin des Kaisers oder wer überhaupt die Kaiserin war. Bis 1860 gab es in Peking keine einzige ausländische Gesandtschaft. Danach war sich nicht einmal Robert Hart absolut sicher, wer welche Konkubine war. Niemand kannte ihre richtigen Namen, und die Titel waren schwer auseinanderzuhalten. War es Li Fei oder I Kuei-fei?

Was die westliche Phantasie gefangennahm, war die Vorstellung, der Kaiser von China habe als Folge seiner sexuellen Ausschweifungen seinen Verstand verloren, so daß jede Frau, die dabei mitgewirkt hatte, durch und durch verdorben sein mußte. Die traurige Wahrheit ist, daß es für den körperlichen Verfall Hsien-fengs keiner äußeren Einwirkung bedurfte. Schon sein Vater war unter der doppelten Aufgabe, den Tai-ping-Aufstand niederzuschlagen und die fremden Teufel abzuwehren, zusammengebrochen.

2
Fremde Teufel

Wenn man alles mythische Drumherum außer acht läßt, dann führte die gezielte Provokation einer Handvoll Engländer zur Demütigung und zum Tod des Kaisers Tao-kuang und seines Sohnes, des Kaisers Hsien-feng. Daraufhin gelangte erstmals seit über tausend Jahren wieder eine Frau auf den Thron Chinas. Als Folge dieser Provokation setzte sich im Westen eine bestimmte Einstellung gegenüber China durch, die Backhouse und viele andere Autoren dazu ermutigte, die näheren Umstände des Vorgangs falsch wiederzugeben, was bis heute nachwirkt.

Während Großbritannien sich um die Mitte des 19. Jahrhunderts dem Gipfel seiner Macht näherte, war China auf seinem tiefsten Punkt angelangt, seit die Mandschu hier 1644 die Macht angetreten hatten. Das Land war durch und durch korrupt, und Kaiser Tao-kuangs Widerstreben, hart durchzugreifen, wurde ihm als Schwäche ausgelegt, die zu weiteren Mißbräuchen einlud. Im Süden, in Kanton und Macao, mißachteten westliche Händler das Gesetz, indem sie große Mengen billiges indisches Opium ins Land schmuggelten und damit einen wunden Punkt trafen. Als Symbol chinesischer Souveränität entzündete sich gerade am Opium die Frage, ob Ausländer diese Souveränität nach Belieben verletzen konnten; daß auch korrupte chinesische und mandschurische Beamte in den Opiumhandel verstrickt waren, nahm dem Problem nichts von seiner Dringlichkeit. Die Westeuropäer machten einen Sport daraus, die Chinesen auf

Schritt und Tritt zu provozieren und von den örtlichen Mandarinen Konzessionen zu fordern, sobald die Chinesen sich zur Wehr setzten. Wurden diese verweigert, verliehen Kanonenboote den Forderungen Nachdruck. China befand sich wegen willkürlich herbeigeführter Streitigkeiten und wegen Vorfällen, die entweder ungeheuer aufgebauscht wurden oder nur in der Phantasie existierten, im Krieg. Viele Ankömmlinge aus der westlichen Hemisphäre gelangten zu Reichtum und Ansehen, indem sie den Chinesen auf den Füßen herumtraten; dazu zählten auch George Morrison von der *Times* und Edmund Backhouse. Meister dieser Methode waren Konsulatsbeamte, die die langen Verkehrswege im Zeitalter der Segelschiffe ausnutzten, um bewaffnete Konflikte vom Zaun zu brechen, ohne dazu von ihrer Heimatregierung befugt gewesen zu sein. Der führende Vertreter dieser Schule der Diplomatie war Königin Victorias Außen- und Premierminister Lord Palmerston, dessen außenpolitisches Credo die Konfrontation war. Das London des 19. Jahrhunderts lag weitab vom Schauplatz der Handlung. Palmerston und andere britische Premierminister mußten sich auf die Instinkte und schnellen Entscheidungen der Konsulatsbeamten am »spitzen Ende des Stocks« verlassen – oder daraus ihren Vorteil ziehen. Diese Beamten waren vielfach ehrgeizige Kaufleute, die nur vorübergehend das Amt eines Konsuls bekleideten und mit den traditionellen Feinheiten der Diplomatie nicht vertraut waren. Die geschäftsführenden Konsuln wußten, daß ihre Regierung sich aus politischen Gründen verpflichtet fühlen würde, nachträglich Aktionen zu billigen, die im Eifer des Gefechts unternommen wurden. Die Politik der Konfrontation setzte auf rüde Überrumpelungsmanöver. Anschließend sorgten bewaffnete Einheiten dafür, den neuen Status quo zu sichern, während der Öffentlichkeit in der Heimat weisgemacht wurde, es sei alles Bestandteil eines großen Plans.

Auseinandersetzungen um den Opiumschmuggel und gezielte Lügen der Konsulatsbeamten führten 1860 zur Invasion der verbündeten Mächte, in deren Verlauf der junge Kaiser Hsien-feng mit seiner Familie in die Tatarenwüste hinter der Großen Mauer floh und der herrliche Sommerpalast in Flammen aufging. So war es letztlich die Opiumpolitik, die Yehe Nara auf den Thron brachte.

Um die Opiumsucht einzudämmen, hatten die Mandschu 1729 ein staatliches Monopol eingeführt und das Opium mit so hohen Steuern belegt, daß es nur noch für eine kleine Schicht erschwinglich war. Britische Kaufleute witterten das große Geschäft bei der ärmeren chinesischen Bevölkerung und verkauften billiges Opium aus Indien zu Schleuderpreisen. Die Sucht weitete sich daraufhin explosionsartig aus, Sucht zerrüttete ganze Familien und führte zu einer weiteren Schwächung der Regierung. Selbst Eunuchen im kaiserlichen Palast fielen der Sucht zum Opfer. 1839 erreichten die jährlichen Importe eine Menge von 1600 Tonnen und richteten enorme wirtschaftliche Schäden an. Die chinesischen Silberreserven schmolzen zusammen, und die Preise für Gebrauchsgüter schnellten nach oben.

Im Ausland rechnete niemand ernstlich damit, daß die Mandschu drastische Maßnahmen ergreifen würden. So war alle Welt überrascht, als Kaiser Tao-kuang beschloß, dem Opiumhandel der Ausländer ein Ende zu bereiten. Kanton war damals der einzige Hafen, der westlichen Kaufleuten offenstand, die dort nur während der Handelssaison, von November bis Mai, residieren durften. Die dauerhaften Niederlassungen befanden sich flußabwärts im portugiesischen Macao. Tao-kuang, eine große, hagere Gestalt mit kahlem Schädel und einem mürrischen, knochigen Gesicht, war mit seiner Geduld am Ende und klagte laut: »Wie kann ich sterben und zu den Schatten meiner kaiserlichen Väter und Vorväter eingehen, solange diese schlimmen Übel nicht beseitigt sind?« Im März 1839 sollte Kommissar Lin in Kanton dem Gesetz Geltung verschaffen. Als Vizekönig der Provinzen Hubei und Hunan hatte Lin angeordnet, jedem Opiumraucher, der sich einer Behandlung seiner Sucht widersetzte, die Oberlippe aufzuschneiden, so daß dieser keine Pfeife mehr benutzen konnte. Lin versuchte es zunächst mit freundlichen Mitteln, wandte sich direkt an die britische Königin und appellierte an ihr moralisches Empfinden. In einem Brief an sie schrieb er:

»Eine lange Zeit des Handelsaustauschs bringt unter den Fremden gute und schlechte Menschen zum Vorschein... Unter ihnen gibt es welche, die Opium einschmuggeln, um das chinesische Volk zu verführen und auf diese Weise die Ausbreitung des Giftes in alle Provinzen fördern. Solche Menschen, denen es nur darum geht, sich selbst zu bereichern, und denen die Schädigung anderer gleichgültig ist ...werden von allen anderen einhellig verabscheut. Nachdem wir neue Verordnungen erlassen haben, nehmen wir an, daß die Herrscherin Ihres ehrwürdigen Landes... in der Lage ist, die Fremden aufzufordern, die Gesetze zu achten...«

Der Brief blieb unbeantwortet.

Lin mahnte die ausländischen Händler in Kanton, Opium sei illegale Ware, und forderte sie auf, ihre Opiumvorräte auszuliefern

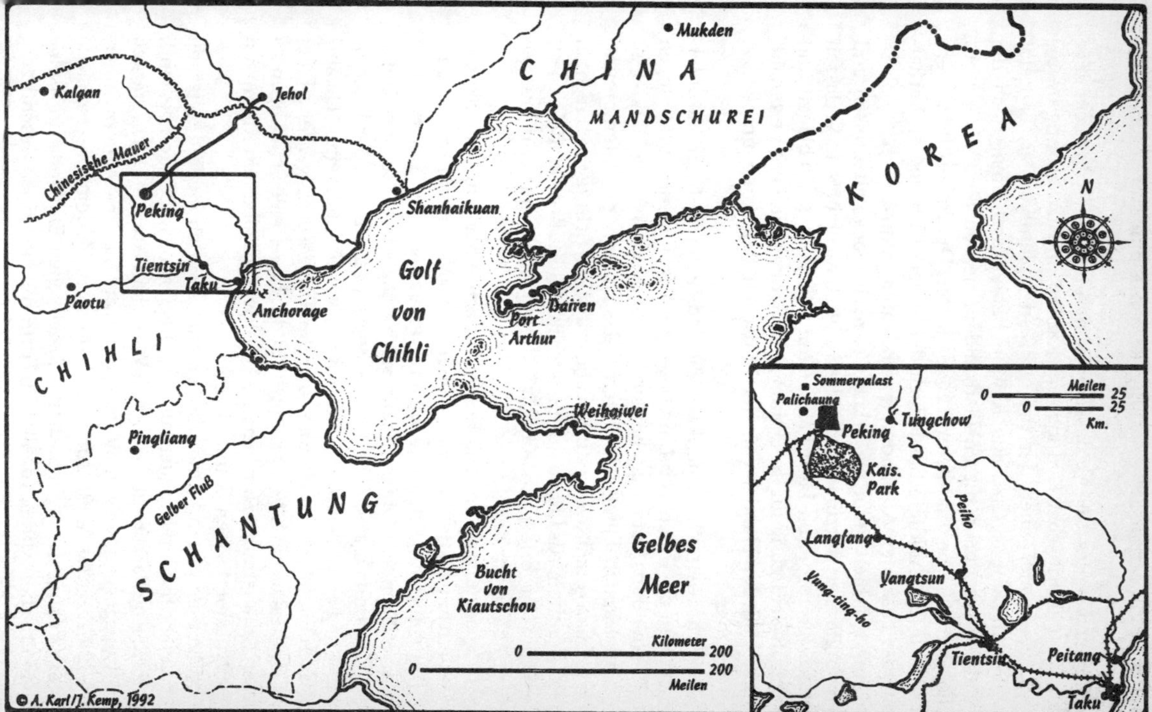

CHINA
MANDSCHUREI
KOREA
N
Mukden
Kalgan
Jehol
Chinesische Mauer
Peking
Tientsin
Taku
Paotu
Shanhaikuan
Anchorage
Golf von Chihli
Port Arthur
Dairen
CHIHLI
Pingliang
Weihaiwei
Gelber Fluß
SCHANTUNG
Bucht von Kiautschou
Gelbes Meer
Kilometer
0
200
0
200
Meilen
© A. Karl/J. Kemp, 1992
Sommerpalast
Palichaung
Peking
Tungchow
Kais. Park
Peiho
Langfang
Yangtsun
Yung-ting-ho
Tientsin
Peitang
Taku
Meilen
0
25
0
25
Km.

und sich zu verpflichten, künftig keinen Opiumhandel mehr zu treiben.

Kapitän Charles Elliot, von seiner Regierung mit der Aufsicht über den Handel britischer Kaufleute in Kanton und Umgebung beauftragt, versuchte, einen der drei größten Opiumhändler, Lancelot Dent von Dent & Co., aus Kanton herauszuschaffen, doch die Chinesen vereitelten diesen Plan, indem sie den Fluß absperrten. Elliot gab klein bei und lieferte 20 283 Kisten Opium aus britischem Besitz ab, beschuldigte Lin jedoch der »ungerechtfertigten Verhaftung der gesamten Ausländergemeinde in Kanton«.

Danach erhielt Elliot die Erlaubnis, nach Macao abzureisen und alle Engländer mitzunehmen, die Kanton nicht bereits verlassen hatten. Sie forderten Lord Palmerston auf, zurückzuschlagen und eine Entschädigung für ihr Opium zu verlangen, und erinnerten ihn daran, daß der Handel von der britischen Regierung unterstützt worden war.

Dänische, deutsche, amerikanische und spanische Kapitäne unterzeichneten die ihnen von Lin vorgelegte Verpflichtung und gingen nach Whampoa, um ungehindert mit anderen Waren Handel zu treiben. Kapitän Elliot jedoch zerriß das Dokument wutentbrannt. Von jetzt an, erklärte er, würden alle britischen Schiffe ihre Fracht in Macao löschen. Als Lin daraufhin auch in Macao allen Handel verbot, wickelten die britischen Kapitäne diesen direkt mit chinesischen Schmugglern vor der Küste ab.

Die Spannungen verschärften sich nach einer von betrunkenen Seeleuten angezettelten Schlägerei, in deren Verlauf ein chinesischer Zivilist getötet und mehrere weitere verletzt wurden. Elliot bestach die überlebenden Opfer, damit sie aussagten, es sei ein Unfall gewesen, und veranstaltete einen Scheinprozeß, in dem der Täter für unschuldig erklärt wurde. Anschließend wurde er mit seinen Gefährten nach England gebracht und auf freien Fuß gesetzt, während Elliot den Chinesen mitteilte, er sei nicht in der Lage, »die Schuldigen an dieser Tat ausfindig zu machen«. Elliot war offenbar ein Mann von flexiblen moralischen Grundsätzen.

Leider mißverstand China die besondere Beziehung, die zwischen privaten britischen Händlern und der Regierung in London bestand. Das britische Parlament wurde von Wirtschaftskreisen einem starken Druck ausgesetzt, wegen dieses Angriffs auf das freie Unternehmertum kriegerische Maßnahmen zu ergreifen. Zudem unterschätzte man in Peking die militärischen Möglichkeiten Englands und seine zerstörerischen Mittel, vor allem in Form von modernen Geschützen.

Das Außenministerium hatte ein weiteres Motiv für einen Krieg: Es wollte einen direkten Zugang zum Hof in Peking erzwingen, den die Mandschu bislang hartnäckig verweigert hatten.

Kanton wurde durch britische Kriegsschiffe einer Blockade ausgesetzt. Als Lin protestierte, eröffneten die *Volge* und die *Hyacinth* das Feuer: Der erste Opiumkrieg begann.

In London prangerte William Gladstone den Angriff im Parlament an: »Ein Krieg, der weniger berechtigt wäre, ein Krieg, der mehr darauf abzielte, dieses Land dauerhaft mit Schmach zu bedecken, ist mir weder aus eigener Anschauung bekannt noch von anderer Seite zu Ohren gekommen. Die britische Flagge wird gehißt, um einen schändlichen Handel zu schützen... wir sollten entsetzt davor zurückschrecken.«

Zur Überraschung Chinas setzten die Briten den Angriff auf Kanton nicht fort, sondern segelten die Küste hinauf, um Ting-hai an der Mündung des Jangtse zu erobern, dessen Verteidiger unvorbereitet waren. Rund 10 000 erprobte britische Soldaten wurden gegen chinesische Streitkräfte eingesetzt, die außer der Bekämpfung ihrer eigenen Leute keinerlei Gefechtserfahrung und noch keine Bekanntschaft mit modernen Kanonen gemacht hatten. Weitere Kämpfe folgten in Kanton, Ningpo und anderen Hafenstädten, bis Peking einlenkte.

Unter militärischem Druck wurde der Vertrag von Nanking am 29. August 1842 an Bord der *Cornwallis* unterzeichnet. Er bedeutete einen Wendepunkt in der Geschichte Chinas und öffnete dem Außenhandel laut Vertrag fünf Häfen; China mußte Hongkong an Großbritannien abtreten, sechs Millionen Silberdollar Entschädigung für das von Kommissar Lin vernichtete Opium sowie zwölf Millionen Silberdollar Reparationen an England zahlen. (Zwei Jahre später forderten Frankreich und die Vereinigten Staaten erfolgreich ähnliche Konzessionen für Vertragshäfen.)

Die Mandschu waren zwar besiegt, aber nicht überzeugt. Die militärischen Berater des Kaisers, von ihren Feinden als Achterbande bezeichnet, fühlten sich in Peking noch sicher; sie hätten noch jahrelang immer wieder kleine Territorien Chinas abtreten können. Doch für Kaiser Tao-kuang war dies unerträglich. Er hatte die innenpolitischen Probleme und den Bürgerkrieg vernachlässigt, um der fremden Teufel Herr zu werden, und hatte auf beiden Gebieten eine Niederlage erlitten. Nun starb auch noch seine Mutter, einer der wenigen Menschen, die ihm nahegestanden hatten. Nach diesen Schicksalsschlägen ging es mit Tao-kuangs Gesundheit bergab. Er kleidete sich in Sackleinen und verbrachte die folgenden 27 Tage damit, neben dem Leichnam seiner Mutter zu trauern. Er verweigerte jede Nahrung und nahm kaum Wasser zu sich, so daß er seiner Mutter schließlich in die andere Welt folgte.

Sein neunzehnjähriger Sohn Hsien-feng rückte auf den Thron nach. Ihn, seine Kaiserin und seine Konkubinen samt Yehe Nara sollte noch mehr Ungemach treffen.

Von Anfang an hielten die Westeuropäer Hsien-feng für einen unfähigen Playboy oder einen Trottel, dem es selbst an den ehrenwerten Motiven des Vaters mangelte. Ob es an seiner Jugend und seiner Unerfahrenheit oder an der Isolation lag, in der er aufgewachsen war, er war nicht imstande, das Staatsschiff in diesen stürmischen Zeiten sicher zu steuern. Anscheinend begriff er die Situation überhaupt nicht und legte in allen kritischen Situationen Entschlußlosigkeit an den Tag.

Den westlichen Beobachtern entging dabei, daß Hsien-feng sich völlig in den Händen der Gruppe von Militärberatern befand, die er von seinem Vater übernommen hatte, der Achterbande. Sie waren die eigentlichen Lenker des chinesischen Staates.

Su Shun war die treibende Kraft der Clique und nach dem Kaiser der mächtigste Mann in Peking. Kühn, ehrgeizig und 16 Jahre älter als Hsien-feng, hatte er das richtige Alter und Temperament, um den jungen Kaiser zu beeindrucken. Er begann seine Karriere als unbedeutender Adliger im – niedrigen – zehnten Rang, genoß jedoch die Protektion und die Förderung seines Halbbruders Prinz Cheng, des mächtigsten Prinzen der Eisenhüte. Prinz Cheng stellte Su Shun auch dem Kaiser vor und half ihm, in den innersten Kreis der Macht vorzudringen, wo er allmählich seine intrigante Persönlichkeit zur Geltung brachte. Um sein 35. Lebensjahr unterstanden Su Shun alle kaiserlichen Vergnügungsstätten, einschließlich der Seenpaläste, des Sommerpalasts und des Jagdpalasts in Jehol. Er erhielt eine Beförderung nach der anderen, wurde ins Großsekretariat berufen, zum Stellvertretenden Generalleutnant der Banner ernannt und erlangte eine der am meisten gefürchteten Stellungen in China: die des Präsidenten des Zensuramtes, des ideologischen Wachhundes der staatlichen Bürokratie, ein Posten, der es ihm ermöglichte, Geld durch Einschüchterungen zu erpressen. 1859 wurde er Leiter der obersten Steuerbehörde und hatte damit seine Finger in jeder Reisschüssel. Er schmeichelte sich in das Privatleben des Kaisers ein, wurde zum kaiserlichen Spitzel und band Hsien-feng durch gemeinsame sexuelle Abenteuer an sich. Auf diese Weise ermutigt, sich gehen zu lassen, schwächte der Kaiser seine körperlichen und geistigen Kräfte zusehends. Su Shuns Feinde waren überzeugt, daß er bewußt versuchte, die Gesundheit des Kaisers zu beeinträchtigen, um Hsien-feng noch leichter manipulieren zu können.

Su Shun hatte sich viele Feinde geschaffen. Er war brüsk, beleidigend, streng, schnell bei der Hand mit Strafen und führte ein Terrorregiment, bei dem die geringfügigste Verletzung der konfuzianischen Etikette den Unglücklichen vernichten konnte, der sie verübt hatte. Sein eigenes Verhalten war alles andere als untadelig. Während eines Skandals wegen fehlender Staatsgelder brannte seine Steuerbehörde ab, so daß eventuelles Beweismaterial vernichtet wurde. Bei den kaiserlichen Prüfungen erlaubte er einer ganzen Reihe durchgefallener Kandidaten gegen entsprechende Bestechungsgelder eine Wiederholung der Prüfung. Diese Prüfungen stellten die einzige Möglichkeit dar, in den Staatsdienst berufen zu werden, so daß sie ein ideales Mittel der gezielten Ämterbesetzung waren. Viele Männer brachten ihr ganzes Leben damit zu, der Reihe nach sämtliche Prüfungen zu durchlaufen, um auf diese Weise in ein Spitzenamt zu gelangen. Trotz seiner bescheidenen Herkunft häufte Su Shun ein großes Vermögen an.

Nach einem Jahrzehnt der Ruhe im Anschluß an den ersten Opiumkrieg, begann England 1854 Hsien-feng mit neuen Forderungen zu bedrängen: eine Erweiterung der bisherigen Handelsrechte, eine Revision der bestehenden Zölle, die Einrichtung einer britischen Gesandtschaft in Peking, die Öffnung des im Norden gelegenen Hafens Tientsin für den Außenhandel, das Recht für Ausländer, Grund und Boden im Innern Chinas zu erwerben, und die uneingeschränkte Legalisierung des Opiumhandels. Nachdem sich die Regierungen der Franzosen, Russen und Amerikaner diesen Forderungen angeschlossen hatten, wurde China diesbezüglich ein Ultimatum gesetzt.

Daraufhin übertrug Hsien-feng alle Auslandsangelegenheiten dem chinesischen Militärgouverneur in Kanton, einem verdrießlichen, wohlbeleibten Mann namens Yeh. Als Sohn eines Dorfapothekers hatte es Yeh durch schiere Skrupellosigkeit bis zum Generalgouverneur der südlichen Provinzen Kwangsi und Kwangtung einschließlich Kantons gebracht. Nachdem er den Befehl erhalten hatte, dort den Tai-ping-Aufstand niederzuschlagen, machte er sich einen Namen, indem er einen Großteil der Bevölkerung Südchinas unter dem Vorwand massakrieren ließ, die meisten Bauern seien regierungsfeindlich und deshalb Rebellen. Er löschte ganze Städte aus und prahlte, er habe innerhalb von weniger als sechs Monaten über 70 000 »Aufständische« getötet.

In Kanton weigerte Yeh sich, ausländische Abgesandte zu empfangen, ignorierte ihre Forderungen und versuchte, jeden Kontakt mit Westeuropäern zu meiden. Seine westlichen Gegenspieler, Sir John Bowring und Harry Parkes, standen ihm an Niederträchtigkeit nicht nach. Bowring, ein Mann in der Mitte der Sechziger, verfügte über gewisse Fähigkeiten, war jedoch äußerst selbstgefällig und politischen Zusammenhängen unzugänglich. Er hatte Bücher veröffentlicht, dem Parlament angehört und war aus finanziellen Nöten zur Aufnahme einer diplomatischen Laufbahn gezwungen: 1849 diente er als Konsul in Kanton und wurde 1854 Gouverneur von Hongkong. Als Kind hatte er davon geträumt, vom König zum ersten Botschafter in Peking ernannt zu werden; als Erwachsener wollte er diesen Traum nun um jeden Preis verwirklichen. Trotz mehrfacher Warnungen seines Premierministers, in China ohne vorherige Zustimmung der britischen Regierung, die allerdings bis zu neun Monate auf sich warten lassen konnte, keine Gewalt anzuwenden, befriedigte Bowring seinen Ehrgeiz, indem er Großbritannien wegen eines frei erfundenen Streits in einen weiteren Krieg mit China verwickelte.

Bowring wollte China zu Kreuze kriechen lassen. Unterstützt wurde er dabei von seinem Untergebenen, Harry Parkes, einem jungen Dolmetscher, der vorübergehend als geschäftsführender britischer Konsul in Kanton fungierte. Parkes war 27 Jahre alt, mittelgroß, von olivbrauner Hautfarbe, hatte blonde Haare und trug einen Schnurrbart; seine nervösen Augen und seine ständig zuckenden Mundwinkel verrieten eine starke innere Anspannung. Er machte eine märchenhafte Karriere (wie ein bewundernder Biograph schrieb), »hauptsächlich, indem er niemals nachgab, keine Kränkung auf sich sitzen ließ, sondern stets entschlossen die Würde und Ehre seines Landes gegenüber den Chinesen verteidigte«. Parkes wurde zum Inbegriff dessen, was China an den Leuten aus dem Westen verhaßt war.

Ein verrotteter alter Lastkahn in Kanton diente diesen Männern als Vorwand, Kaiser Hsien-feng in einen Krieg zu verwickeln. Die *Arrow* war eine Lorcha, ein Schiff mit portugiesischem Rumpf und den Aufbauten und Segeln einer chinesischen Dschunke. Sie hatte ihre besseren Tage hinter sich und gehörte jetzt einem chinesischen Schmugglerboß mit Sitz im britisch verwalteten Hongkong. Um den Handel in der Kronkolonie anzukurbeln, gab Sir John Bowring wahllos Lizenzen an chinesische Schiffe aus, so daß Schmuggler und

Piraten unter britischer Flagge ungestört ihr Unwesen treiben konnten. Diese Boote – im Chinesischen als »kriechende Drachen« bezeichnet – betrieben einen schwunghaften Opiumhandel, während sie den Union Jack im Topp führten, und wurden für die chinesische Regierung zu einer großen Plage. Um zu verhindern, daß sie von chinesischen Küstenpatrouillen aufgebracht wurde, hatte man die *Arrow* am 27. September 1855 in Hongkong in das britische Kolonialregister eintragen lassen, doch diese Lizenz lief ein Jahr später, am 27. September 1856, ab. Die Eigner versäumten, die Registrierung erneuern zu lassen. Die Mannschaft der *Arrow* bestand aus Chinesen, doch hatte man einen schnapsseligen irischen Skipper angeheuert, um der Lorcha ein echtes ausländisches Erscheinungsbild zu geben. Am Morgen des 8. Oktober 1856, elf Tage nachdem ihr Recht auf britischen Schutz ausgelaufen war, ankerte sie im Perlfluß, während ihr irischer Skipper auf einem anderen Schiff im Hafen »bei einem Freund frühstückte«. An Bord der *Arrow* kamen vier chinesische Offiziere und 60 Marinesoldaten, die nach einem berüchtigten Piraten fahndeten, der an seinem roten Turban und seinen fehlenden Vorderzähnen leicht erkennbar war. Man hatte am selben Morgen einen Mann auf der *Arrow* gesehen, auf den diese Beschreibung paßte. Obwohl er sich nicht mehr an Bord des Schiffes befand, wurde die gesamte chinesische Mannschaft verhaftet.

Der irische Kapitän schwor vor Harry Parkes, die *Arrow* sei immer noch für Großbritannien registriert und habe den Union Jack geflaggt gehabt, als die Soldaten an Bord kamen. Die Chinesen bestritten, daß das Schiff überhaupt eine Flagge gehißt habe, was von anderen europäischen Kapitänen im Hafen bestätigt wurde. Selbst Sir John Bowring äußerte insgeheim Zweifel. Wie er sagte, »sieht es bei näherer Prüfung so aus, daß die *Arrow* kein Recht hatte, die britische Flagge zu hissen; die Lizenz dazu erlosch am 27. September, und von da an hatte sie kein Recht mehr auf Schutz«. Er verbarg dies vor den Chinesen und tröstete sich damit, da ihnen diese Tatsachen nicht bekannt seien, könnten sie auch nicht für sich in Anspruch nehmen, juristisch im Recht gewesen zu sein.

Harry Parkes war weder britischer Diplomat noch Kolonialbeamter. Er war lediglich ein Dolmetscher und amtierte vorübergehend als geschäftsführender Konsul. Dennoch entschied er eigenmächtig, dies sei ein klarer Fall von Verletzung der britischen Souveränität und Beleidigung der britischen Flagge durch chinesische Soldaten. Er begab sich auf das chinesische Kriegsschiff im Hafen, um die Freilassung der Mannschaft der *Arrow* zu verlangen. Der Kommandeur lehnte ab, und Parkes beschwerte sich bei Kommissar Yeh, an Bord hätten die chinesischen Matrosen ihm Gewalt angedroht. (Daran gewöhnt, seinen Willen durchzusetzen, hatte Parkes versucht, die Seeleute selbst zu befreien. Dabei erhielt er einen Schlag von einem chinesischen Offizier. Freunden erzählte er, die Seesoldaten »lachten über mich... drohten mir mit Gewalt, und ich erhielt wirklich einen Schlag, obwohl ich diesen Umstand offiziell nie erwähnt habe, da ich jede persönliche Betroffenheit ausschließen wollte«.)

Parkes war skrupellos genug, gegenüber Kommissar Yeh zu behaupten, die *Arrow* stehe unter britischem Schutz, und jedes britische Schiff in chinesischen Gewässern befinde sich immer noch »auf britischem Boden« mit allen exterritorialen Rechten. Bowring, der bei der Posse mitspielte, wies Parkes an, »eine Entschuldigung für das Vorgefallene und die Zusicherung [zu verlangen], daß die britische Flagge zukünftig respektiert wird«. Zwei Wochen später ließ Yeh alle zwölf Besatzungsmitglieder frei, weigerte sich jedoch, sich zu entschuldigen. Parkes übergab den Fall der Royal Navy und löste damit den sogenannten Lorcha- oder *Arrow*-Krieg aus.

Kanonenboote unter dem Befehl von Admiral Sir Michael Seymour beschossen sechs Tage lang Kanton und legten aus christlicher Frömmigkeit lediglich am Sonntag eine Gefechtspause ein. Aus einem Gefühl brüderlicher Treue beteiligten sich auch amerikanische Schiffe an dem Beschuß. Die Chinesen schossen auf die amerikanischen Schiffe zurück, wobei ein Mann getötet wurde. Daraufhin beschloß Kommodore Armstrong, den Chinesen eine Lektion zu erteilen. Er ließ die Forts stürmen, die Kanton bewachten, und mit 50 Pfund schweren Pulverfässern in die Luft sprengen.

Erneut hielt William Gladstone im Parlament eine zornige Rede: »Sie haben einen Konsul [Harry Parkes] zu einem Diplomaten gemacht, und dieser verwandelte Konsul soll wahrhaftig nach seinem Belieben die ganze Macht Englands gegen das Leben eines wehrlosen Volkes richten!« 1855 Ministerpräsident geworden, erlitt Lord Palmerston mit seiner Regierung in dieser Frage im Parlament eine Niederlage. Bei den ausgeschriebenen Neuwahlen, die stark von einem durch die Presse beschworenen Hurrapatriotismus beeinflußt wurden, kehrte Palmerston an die Macht zurück. Er machte sich seinen Wahlsieg zunutze und entsandte eine Strafexpedition unter der Führung von James Bruce, Lord Elgin, nach China. (Dessen Vater hatte einen Großteil der Skulpturen aus dem Parthenon entfernen lassen, die Hälfte davon unterwegs auf dem Meer verloren und den Rest ans Britische Museum verkauft.)

Frankreich nutzte die Gelegenheit, indem es als Vorwand den einige Monate zurückliegenden Mord an einem obskuren Missionar anführte, der tief im Innern Chinas gearbeitet und damit das chinesische Gesetz verletzt hatte, und machte mit. Französische Expeditionsstreitkräfte schifften sich unter dem Befehl von Baron J.B.L. Gros ein, einem Diplomaten mit dreißigjähriger Erfahrung.

Die Briten ließen den Chinesen durch Elgin folgende Forderungen überbringen: eine Entschädigung für die durch die Beschießung Kantons verursachten Verletzungen britischer Staatsbürger sowie für sämtliche britische Kriegskosten während dieser Zeit, das Recht regelmäßiger Besuche eines britischen Gesandten am Hof in Peking und die Ausdehnung der Handelsrechte auf Tientsin im Norden und auf die Städte entlang des Jangtse und anderer großer Flüsse im chinesischen Hinterland. Ähnliche Instruktionen erhielt Baron Gros von der französischen Regierung.

Obwohl der untersetzt wirkende Lord Elgin in seinem schwarzen Frack stark an einen Zigarrenstummel erinnerte, war er intelligent und feinfühlig. Über seinem gestärkten Kragen erblickte man ein freundliches Gesicht, das von weißen Koteletten eingerahmt war. Als Endvierziger war er noch jung genug, um einmal Premierminister zu werden, auch wenn man ihn als Gouverneur von Jamaika und als Generalgouverneur von Britisch-Nordamerika kritisiert hatte, er sei zu gutmütig und versöhnlich. Weil er dieses Bild von sich korrigieren wollte und eingedenk der öffentlichen Empörung über die Greuel, die an englischen Männern, Frauen und Kindern während des Sepoy-Aufstands in Indien begangen wurden, den die Briten gerade niederschlugen, entschloß Elgin sich zu einer beinharten Linie gegenüber China. Letztlich würden die Chinesen für die heimtückische Bosheit der Inder bezahlen müssen.

Die Vereinigten Staaten entsandten einen Beobachter, und auch Rußland wollte nicht zurückstehen. Der Gesandte des Zaren war Admiral Graf Wassiljewitsch Putjanin, der jedoch zwischen den Mandschu und den Europäern vermitteln sollte, »um den Fall der Dynastie und eine Verschiebung des politischen Einflußgebiets von Nord- nach Südchina zu verhindern«, eine Verschiebung, von der die Briten und Franzosen zum Schaden der Russen profitiert hätten.

Die Gesandten Englands, Frankreichs, der Vereinigten Staaten und Rußlands kamen vor Kanton an Bord eines Kriegsschiffs zusammen. Am 12. Dezember 1857 schickten Lord Elgin und Baron Gros gleichzeitig Noten an Kommissar Yeh. In »ruhiger und würdevoller Sprache« forderten sie die Erfüllung vertraglicher Verpflichtungen in

Kanton, das Zugangsrecht zum Hafen und eine Entschädigung für die bislang erlittenen Verluste. Yeh erhielt zehn Tage Zeit, darüber nachzudenken. Gegenüber der Stadt gingen mehrere britische Kriegsschiffe in Stellung.

»Noch nie in meinem ganzen Leben habe ich mich so beschämt gefühlt«, vertraute Elgin seinem Tagebuch an. »Mir ist, als müßte ich in den Anrufungen der Litanei den vierten Platz einnehmen, gleich hinter Seuchen, Pest und Hungersnot.« Aber seine Pflicht erfüllte er trotzdem.

Die Chinesen weigerten sich, den Forderungen der Alliierten nachzugeben, und nach anhaltendem Beschuß fiel Kanton zwei Tage vor dem 1. Januar 1858. Die Stadt bot »ein Bild der Verwüstung«, alles war unter dem fadenscheinigen Vorwand der guten *Arrow* in Trümmer gelegt. Es wurde eine Besatzungsregierung unter der Führung von Harry Parkes eingesetzt, der für die folgenden drei Jahre zum Befehlshaber Kantons wurde.

Nachdem Kanton unter Kontrolle war, segelte die Streitmacht der Alliierten nach Norden bis Taku, um den Kaiser in Peking selbst Mores zu lehren. Unter dem Einfluß Su Shuns, über den alle für den Thron bestimmten Informationen liefen, glaubte Hsien-feng immer noch, die Alliierten seien gekommen, ihn um Gefälligkeiten zu bitten. Deshalb wies er seine Unterhändler an, mit den »Barbaren« zu spielen.

Der über diese Hinhaltetaktik verärgerte Lord Elgin befahl, die Forts von Taku mit Gewalt zu nehmen. Außerhalb der Befestigungen hatte man tatarische Reiter aufgestellt, die phantastische Kostüme trugen, aber lediglich mit Pfeil und Bogen bewaffnet waren. Der militärische Zustand des Landes war nach Angaben Elgins so erbärmlich, daß »24 entschlossene Männer mit Revolvern und ausreichend Munition China von einem Ende zum anderen hätten durchqueren können«.

Die Kanonenboote der Alliierten nützten den Umstand aus, daß die Festungskanonen eingemauert waren, hielten sich unterhalb ihres Schußwinkels und machten mit den Verteidigern kurzen Prozeß. Elgin und Gros ergriffen die Initiative und erteilten den Befehl, auch die nahe gelegene Stadt Tientsin einzunehmen; mit deren Eroberung befanden sie sich nur noch 120 Kilometer vor Peking. Durch diesen feindlichen Vormarsch in Panik geraten, entsandte der Kaiser neue Unterhändler, unter ihnen den alten Kommissar Kiying, der bereits den Verhandlungen zum früheren Vertrag von Nanking beigewohnt hatte.

Inzwischen hatte Lord Elgin sich daran gewöhnt, die ihm von Harry Parkes zugedachte Rolle des »zügellos wilden Barbaren« zu spielen. Er wies seine Untergebenen an, diesem Beispiel zu folgen, denn die »stumpfsinnigen« Chinesen »gewähren nichts, wenn sie nicht in Furcht versetzt werden«. Wenn die Chinesen seinen Forderungen nicht sofort und schnell nachkamen, dann mußte man ihnen eben unmißverständlich klarmachen, daß die Briten bis nach Peking marschieren würden.

Elgin überließ die Verhandlungen seinem jüngeren Bruder, Frederick Bruce, und dem 26jährigen Dolmetscher Horatio Lay, »dem verschlagensten der Barbaren«, der gerade wegen seiner Freude an Schikanen ausgewählt worden war (schließlich konnte Harry Parkes nicht überall sein). Dank seiner hervorragenden Sprachkenntnisse konnte Lay Elgin darüber aufklären, was die Chinesen wirklich im Sinn hatten, und ihnen gegenüber entsprechend auftreten. Als der halbblinde Kommissar Kiying es bei den Alliierten mit seiner üblichen Mischung aus Gönnerhaftigkeit und Verbindlichkeit versuchte, die sich in der Vergangenheit stets bewährt hatte, schnitt Lay dem alten Mann das Wort ab und hielt ihm das Exemplar einer geheimen, von Kiying verfaßten Denkschrift für den Thron unter die Nase, die man bei der Eroberung Kantons entdeckt hatte. Darin hatte Kiying sich zuversichtlich darüber geäußert, mit den Barbaren fertig zu werden, wenn er ihnen nur »um den Mund ging« und sie »im Zaum hielt«. »Wir müssen sie durch Aufrichtigkeit zähmen«, hieß es in dem Dokument.

Als Lay diese Sätze laut vorlas, brach der alte Kiying in Tränen aus und stürzte tief gedemütigt aus dem Zimmer. Er wurde in Ketten nach Peking gebracht, wo man ihm befahl, Selbstmord zu begehen; er gehorchte und nahm Gift.

Nunmehr erfuhr Kaiser Hsien-feng von seinen Unterhändlern, daß durch die Entdeckung von Kiyings Geheimakten alles verdorben war. »Die traditionellen Methoden sind durchschaut. Unsere Mittel zur Herrschaft sind verloren.« Nach ihrer Aussage kam Lay am 25. Juni 1858 »zum Oberkommando mit einem selbst aufgesetzten Vertrag aus 56 Artikeln und zwang Ihre Sklaven, ihn anzunehmen. Sein Stolz und sein Zorn entgingen keinem, der Augen hatte, zu sehen. Es war nicht nur keine Diskussion möglich, sondern es konnte auch nicht ein einziges Wort geändert werden. Die Kanonenboote waren in der Nähe, und wenn wir ihn nicht hätten gehen lassen, hätten Ihre Sklaven zweifellos nicht die Gewähr gehabt, daß dies nicht zu einem Bruch führen würde«. Das Ergebnis war der Vertrag von Tientsin, der von den chinesischen Unterhändlern 1858 zähneknirschend unterzeichnet wurde.

Mit diesem Vertrag öffnete China dem Außenhandel zehn Flußhäfen, erlaubte Ausländern Reisen ins Innere des Landes, garantierte protestantischen und katholischen Missionaren gleichermaßen die ungehinderte Betätigung in China, beschränkte die Importzölle auf zweieinhalb Prozent und versprach die Zahlung von sechs Millionen Silbertael als Reparationen an England und Frankreich. (Bei einem Silbergewicht von 38 Gramm je Tael entsprach dies rund 230 Tonnen Silber.) Und von nun an wurde den Westeuropäern gestattet, Opium nach China einzuführen und hier zu verkaufen.

Gezwungenermaßen stimmte Kaiser Hsien-feng dem Vertrag von Tientsin zu, da die fremden Teufel sich nur dadurch aus Nordchina zurückzogen und Peking nicht mehr bedrohten, auch wenn sie nach einem Jahr zur endgültigen Ratifizierung des Vertrags zurückkehren würden. Inzwischen befahl der Kaiser seinem obersten Befehlshaber, dem mongolischen General Seng-ko-lin-chin, die Forts bei Taku instand zu setzen und verteidigungsbereit zu machen.

Als im Juni 1859 der Vertrag unterzeichnet werden sollte, kehrten die Alliierten unter der Führung von Frederick Bruce mit Tausenden von Soldaten und mehreren Kanonenbooten zurück.

General Seng untersagte den ausländischen Gesandten, über Taku in den Peiho einzufahren. Es sei der persönliche Wunsch des Kaisers, daß sie »mit ihren Kriegsschiffen außerhalb der Sperrkette ankerten und sich dann mit kleinem Gefolge [über Land] zur Hauptstadt begaben, um dort gegenseitig die Verträge zu unterzeichnen«. Das war keine gezielte Provokation, denn es gab noch einen weiteren Hafen an der Mündung des Peitang im Norden, wo den Fremden die Landung gestattet wurde. Der amerikanische Gesandte, John Ward, gab diesem Ansinnen nach, nahm den Weg über Land, und sein Vertrag wurde ohne Zwischenfälle unterzeichnet.

Obgleich der chinesische Standpunkt korrekt war, begannen die britischen Vertreter vor Ort China zum drittenmal ohne die Zustimmung aus London anzugreifen; und das wegen einer Sache, in der sie genaugenommen im Unrecht waren. Unter Mißachtung der keineswegs unbilligen Anweisungen des Kaisers befahl Frederick Bruce einen Angriff auf die Forts um Taku.

»Es bekümmert mich«, schrieb der Missionar und Sprachforscher W. A. P. Martin als Augenzeuge, »die aufgeklärtere Partei so fortwährend im Unrecht zu sehen.« Als er von dem Angriff erfuhr, schrieb Lord Malmesbury, der damalige britische Außenminister, in sein Tagebuch: »Berichte aus China sind sehr betrüblich, und wenn sie zutreffen, trägt Mr. Bruce daran die Schuld.«

General Seng hatte große Anstrengungen unternommen, um die Festungen aufzurüsten: Die Befestigungen waren solide gebaut, und diesmal hatten die Chinesen den Peiho nicht mehr mit Bambus, sondern mit einer Eisenkette abgesperrt. Bruce gab Admiral Sir John Hope Grant den Befehl, die Sperre zu beseitigen. Bei Niedrigwasser wurden am 25. Juni 1859 an die 600 Marinesoldaten und Pioniere über die ausgedehnte Schlammzone geschickt, um die Hindernisse zu beseitigen. Während sie knietief im Schlamm arbeiteten, eröffneten die Kanonen der Forts das Feuer mit überraschender Präzision. Über 400 Männer der Landungstruppen fielen, Admiral Hope wurde schwer verwundet.

Verblüfft über die Niederlage, zog sich Frederick Bruce mit der Streitmacht der Alliierten nach Shanghai zurück. Diesmal hatten zur Abwechslung die Chinesen gesiegt. In Peking triumphierten die Mandschu. Die erfolgreiche Abwehr der Briten vor Taku überzeugte sie von ihrer wiedergewonnenen militärischen Tüchtigkeit. Doch sie sollten den Sieg bald bereuen.

In London forderte die Presse Vergeltung. Die Öffentlichkeit wurde von Geschäftskreisen aufgehetzt, die China eine Lektion erteilen wollten, die es nie mehr vergessen würde. Den Engländern wurde eingeredet, die Niederlage im Schlamm des Peiho sei das Ergebnis eines gemeinen Hinterhalts, den der heimtückische Mongolengeneral Seng gelegt habe, und die Kanonen von Taku seien nicht von »stumpfsinnigen Chinesen«, sondern von erprobten russischen Artilleristen bedient worden. Abermals erhielt Lord Elgin den Befehl, an der Spitze einer Strafexpedition den jungen Kaiser zur Räson zu bringen. Von Hsien-feng wurden eine persönliche Entschuldigung sowie eine enorme Entschädigung für den Verlust an Soldaten, Seeleuten und Schiffen verlangt. Die Franzosen entsandten wieder Baron Gros.

Elgins zweite Strafexpedition nach China setzte sich im Sommer 1860 in Marsch. Diesmal näherten sich die Truppen der Alliierten den Forts bei Taku nicht auf direktem Weg. Sie landeten, ohne auf Widerstand zu stoßen, drei Meilen küstenaufwärts bei Peitang und griffen die Forts anschließend von der Rückseite an. Als diese kapitulierten, besetzten die Alliierten erneut die Stadt Tientsin. Im August

1860 hatten das britische und das französische Heer das nur acht Kilometer östlich von Peking gelegene Tung-chou am Kopf des Kaiserkanals erreicht. Die Mandschu protestierten gegen jeden Meter des Vormarschs.

Zu diesem Zeitpunkt befanden sich Kaiser Hsien-feng und seine Familie nicht in der Verbotenen Stadt, sondern im Sommerpalast in den nordwestlichen Vororten, unter dem Schutz der kaiserlichen Garden. Die Invasion Nordchinas durch ausländische Truppen hatte den Hof in zwei Fraktionen gespalten. Die mächtigere bestand aus der Achterbande und ihren Anhängern, den Eisenhüten, die jeden Kompromiß ablehnten und darauf drängten, sich notfalls ganz ins Innere des Landes zurückzuziehen. Sie bildeten einen undurchdringlichen Ring um den Kaiser und isolierten ihn von anderen Ratgebern und selbst den Mitgliedern seiner eigenen Familie. Die Achterbande wollte, daß Hsien-feng zusammen mit der Kaiserin, seinen Frauen und Konkubinen – einschließlich Yehe Nara und ihrem Sohn, dem mittlerweile vier Jahre alten Thronerben – Peking verließ und sich zum knapp 200 Kilometer nördlich gelegenen kaiserlichen Sommersitz in Jehol jenseits der Großen Mauer begab. Die Achterbande würde ihn natürlich nach Jehol begleiten und ihm dort weiterhin jede Entscheidung aus der Hand nehmen. Dort könne der Hof in Sicherheit abwarten, bis die Auseinandersetzung beendet sei. Damit hätte General Seng freie Hand, seine Armee zusammenzuziehen und die fremden Teufel vor Peking zu vernichten.

Die Gegner der Achterbande gehörten einer pragmatischer ausgerichteten Gruppe von Mandschu-Prinzen und Staatsbeamten an. Sie vertraten die Ansicht, daß allein eine Lösung am Verhandlungstisch das Regime vor einer Katastrophe bewahren konnte. Angesichts der traditionellen Verbotsmaßnahmen der Mandschu gegen die Bildung von Fraktionen, Cliquen oder politischen Parteien waren diese Pragmatiker einer ständigen Bedrohung ausgesetzt. Bislang konnten sie kaum mehr tun, als ihre Meinung vorsichtig und unterwürfig vorzutragen, weil ihnen sonst die unverzügliche Hinrichtung drohte. Angeführt wurde die Gruppe vom Lieblingshalbbruder des Kaisers, Prinz Kung, der Hsien-feng drängte, in der Stadt zu bleiben, um die Lösung der Krise zu überwachen. Wenn der Kaiser persönlich in der Nähe war, konnten seine Entscheidungen ohne Verzögerung in die Tat umgesetzt werden; befand er sich dagegen in Jehol, so würde dies jeweils mehrere Tage beanspruchen.

Während Hsien-feng sich nicht entscheiden konnte, kamen die Verhandlungen zwischen Mandschu-Unterhändlern und Harry

Parkes, der Lord Elgin vertrat, langsam, aber stetig voran. Doch am 18. August wurde von Parkes ein Mongolenheer in einer Stärke von etwa 20000 Mann entdeckt, das zwischen seinem Standort und Peking Gefechtsstellung bezog. Als er protestierte, wurde er mit seiner Begleitung als Geisel genommen.

Kaiser Hsien-feng hatte nun doch beschlossen, nach Jehol zu reisen und die Bühne für eine militärische Kraftprobe freizumachen, die seine Armee in seinen Augen siegreich bestehen würde. Damit wurden alle bislang mühsam ausgehandelten Vereinbarungen null und nichtig. Wütend erteilte Lord Elgin daraufhin dem britischen Kommandeur, General Sir John Hope Grant, den Befehl, mit seinen Truppen nach Peking zu marschieren: »Die Hinterlist der Chinesen befreit uns von jeder Verpflichtung, unseren Vormarsch zu zügeln«, und »der Sicherheit von Mr. Parkes und denen, die ihn begleiten, ist durch ein weiteres Vorrücken am besten gedient«. Es ist merkwürdig, daß Lord Elgin den chinesischen Thron der »Hinterlist« beschuldigte, wenn man bedenkt, daß der *Arrow*-Krieg mit all seinen Folgen das Ergebnis der Lügen war, die Parkes und Bowring ihrer Regierung über die *Arrow* aufgetischt hatten. Jedenfalls eröffnete die Artillerie den Beschuß auf die mongolischen Stellungen. Mächtige irische Schlachtrösser galoppierten auf die zierlichen mongolischen Pferde zu und rammten sie zur Seite, während in Bauchhöhe abgefeuerte Kartätschen die Pferde und das Fußvolk niedermähten. Die Mongolen wurden weggefegt wie Brotkrumen von einem Tisch.

Die Nachricht von der Niederlage verbreitete sich wie ein Lauffeuer und versetzte die Hofdamen im nahe gelegenen Sommerpalast in helle Aufregung. Eilig wurden Hunderte von Wagen mit der Garderobe und den persönlichen Besitztümern der Kaiserin, der Konkubinen und der hohen Beamten bepackt. Viele wertvolle Stücke – der größte Teil der im Palast befindlichen Gegenstände – mußten zurückgelassen werden. Es würde mindestens vier Tage dauern, um das relativ sichere Gebiet bei der Großen Mauer zu erreichen, so daß keine Zeit zu verlieren war. Kaiserliche Garderegimenter eilten mit ihren Quartiermeistern davon, um die Straße für den heiligen Wagen des Kaisers freizumachen. Steine mußten weggekehrt, der Weg mußte mit dottergelbem Kalk bestäubt werden. Kaiser Hsien-feng befahl seinem Halbbruder Prinz Kung, in Peking zu bleiben und nach dem Rechten zu sehen: »Ihr seid beauftragt, die Verhandlungen hinauszuzögern und dürft mit den Anführern der Barbaren nur in Eurem Namen verkehren.« Kung wurden sein Schwiegervater, Großsekretär Kuei-liang und der Großrat Wen-hsiang zur Seite gestellt.

Der Kaiser und sein Hof waren noch beim Packen, als bei Sonnenaufgang am 21. September die Alliierten den Kaiserkanal entlang nach Palikao vorrückten, wo der französischen Armee massierte mongolische Kavallerie den Weg versperrte. Es kam zu einem fürchterlichen Gemetzel, dem an die 1000 Mongolen zum Opfer fielen. In den fünf bisherigen Schlachten der Alliierten hatten diese nur 20 Gefallene zu beklagen.

Hätten sie die Hauptstadt in nördlicher Richtung, wo der Sommerpalast lag, umgangen, so hätten sie den Fluchtweg des Kaisers abschneiden und den gesamten Hof festnehmen können; doch das wußte Elgin nicht. Da die Mauern Pekings bis zu 24 Meter dick waren, ließ er anhalten, um die Ankunft von Belagerungsgeschützen abzuwarten, die in einer Woche von Tientsin den Fluß heraufkommen würden.

Vor Anbruch der Dämmerung am Morgen des 22. September 1860 verließen Kaiser Hsien-feng und sein großer Hofstaat – darunter die Eisenhüte Prinz Yi, Prinz Cheng und Su Shun, die Kaiserin, die Gemahlinnen und Konkubinen, Yehe Nara und ihr Sohn – den Sommerpalast in Sänften und von Maultieren gezogenen Wagen Richtung Jehol in einem acht Kilometer langen Zug. An seiner Spitze und am Ende befanden sich je eine kaiserliche Garde, Wagenkolonnen und 3000 Eunuchen, in Seide und Satin gekleidet und geschmückt mit Wimpeln, Fahnen und Flaggen, als ginge es zu einem Picknick.

Elgins Truppen blieben fast zwei Wochen in Palikao, während Prinz Kung, der neue Chefunterhändler, versuchte, Zeit zu gewinnen. Als die Belagerungsgeschütze schließlich am 5. Oktober eintrafen, kam den Alliierten das Gerücht zu Ohren, der Kaiser befinde sich noch im Sommerpalast. Es wurde vereinbart, daß die Alliierten getrennt um die Nordseite Pekings herum vorrückten und am folgenden Tag am Sommerpalast zusammentrafen, um jeden, der sich dort aufhielt, festzunehmen. Die Briten wurden noch von mongolischer Kavallerie aufgehalten, so daß die Franzosen vor ihnen da waren und allein in den Palast eindrangen.

Am folgenden Tag, dem 7. Oktober, erfuhr Elgin, wo die Franzosen waren. »Wir erfahren an diesem Morgen, daß die Franzosen und unsere Kavallerie den Sommerpalast des Kaisers erobert haben. Alle hohen Würdenträger sind geflohen.«

Der Sommerpalast war ein ausgedehnter Komplex aus Pavillons, der sich über ein mehrere Hektar großes bewaldetes Gelände hinter dem Kunming-See zwischen den nordwestlich der Hauptstadt gelegenen Hügeln erstreckte. Als die Verbotene Stadt im Herzen Pekings noch die Basis der dynastischen Macht darstellte, war der Sommerpalast sechs bis zehn Monate im Jahr die kaiserliche Residenz und der eigentliche Regierungssitz. Seit fast einem Jahrtausend wichen chinesische Kaiser dem Sand und der sommerlichen Hitze in Peking am Kunming-See aus, um dort ihren Regierungsgeschäften und ihrem Vergnügen nachzugehen. Er war in den vergangenen drei Jahren Yehe Naras Heimstatt gewesen. Im Sommerpalast waren die strengen und erstickenden Zeremonien der Verbotenen Stadt weitgehend gelockert. Hier pflegte sie sich als junge Konkubine und später als Kaiserin in die Palastküchen fortzustehlen und Gerichte aus hartgekochten und gewürzten Eiern zuzubereiten. Stundenlang widmete sie sich ihrem Garten und sandte ihren Freundinnen und Lieblingen Geschenke aus Nahrungsmitteln und Blumen. Nachmittags unternahm sie ausgedehnte Ausflüge auf dem See, und 24 Eunuchen betätigten die Ruder, um die kaiserliche Barke vorwärtszubewegen, während dahinter kleine Boote folgten, die Süßigkeiten, Wasserpfeifen und einen tragbaren Ofen zur Teezubereitung mit sich führten.

Der erste dieser Sommerpaläste wurde im 12. Jahrhundert erbaut. Weitere reichverzierte Pavillons, Gärten und Fischteiche kamen während der Yuan- und der Ming-Dynastie hinzu, verborgen in Hainen zwischen den Bergen und durch gewundene Fußwege miteinander verbunden. Im 18. Jahrhundert wurde dieses Labyrinth aus Palästen zu immensen Kosten von Kaiser Ch'ien-lung erweitert, bis Hunderte von Pavillons sich über eine Fläche von mehreren 1000 Hektar erstreckten. Auf sein Geheiß wurden sie bis zur Decke mit Schätzen und Kunstwerken aus dem ganzen Reich gefüllt. Am Ende von Ch'ien-lungs Regierungszeit stellte der Sommerpalast an Glanz und Größe alle anderen königlichen Residenzen der Erde in den Schatten. Im Gegensatz zu Versailles, dessen Prunk die ganze Welt sehen sollte, war der Sommerpalast ein verborgener Ort, bis 1860 die baß erstaunten Franzosen und Briten dort eintrafen.

Die Franzosen hatten den Sommerpalast in der Abenddämmerung des 6. Oktober erreicht und wurden sofort von einer kleinen Gruppe von Eunuchen gestellt, die man zum Schutz der verlassenen Anlage zurückgelassen hatte. Die Franzosen machten mit ihnen kurzen Prozeß und brachen durch das äußere Tor ein. In der Dunkelheit besetzte die Brigade Collineau den ersten Hof, ohne eine Vorstellung von dem zu haben, was sie als nächstes erwartete. Der Ort lag still und anscheinend verlassen da. Die Innentore wurden verbarrikadiert und während der restlichen Nacht bewacht.

Am frühen Morgen des 7. Oktober wurden die Franzosen überwältigt von dem Anblick, der sich ihnen bot. In diesem Augenblick galoppierten die britischen Dragoner heran und betrachteten gemeinsam mit den französischen Generälen den außerordentlichen Schauplatz. Die Pracht des Sommerpalasts ließ sich kaum beschreiben. Graf d'Hérisson, der Sekretär des Befehlshabers der französischen Streitkräfte, der die Generäle und Obristen bei der Besichtigung des Geländes begleitete, schildert die Privaträume des Kaisers:

»Die Wände, die Decken, die Toilettentische, die Stühle, die Fußschemel, alles ist aus Gold und mit Edelsteinen besetzt. Reihen von kleinen Göttern aus massivem Gold sind so wunderbar gearbeitet, daß ihr künstlerischer Wert ihren Materialwert weit übersteigt. In einem Zimmer neben dem Thronsaal waren alle Artikel des täglichen Gebrauchs für den Sohn des Himmels versammelt... sein Teegeschirr, seine Tassen; seine Pfeifen, die Köpfe aus Gold oder Silber, ihre Schläuche reich mit Korallen, Jade, Rubinen, Saphiren und kleinen Troddeln aus vielfarbiger Seide verziert; seine bei besonderen Anlässen verwendeten Perlenkränze mit Perlen so groß wie Haselnüsse... Unwillkürlich senkten wir die Stimme und begannen auf Zehenspitzen zu gehen, als wir vor uns einen solchen Überfluß an Reichtümern erblickten, um deren Besitz Sterbliche kämpfen und ihr Leben lassen und die ihr Eigentümer auf der Flucht so gleichgültig zurückgelassen hatte wie ein Bürger die Tür seines Hauses schließt... Alles war so natürlich, so vertraut, so alltäglich für ihn, daß er nicht einmal den Versuch gemacht hatte, diese Schätze in Sicherheit zu bringen.«

Die Haupthalle der kaiserlichen Bibliothek war zwölf Meter hoch, neun Meter breit und 36 Meter lang, und die Regale an den Wänden enthielten eine unschätzbare Sammlung von Manuskripten.

Der französische Befehlshaber, General Cousin de Montauban, gab Befehl, daß niemand den Palast betreten dürfe. Doch die Versuchung war übermächtig, und seine Soldaten drängten einfach hinein.

»Soldaten steckten ihre Nasen in die rotlackierten Kisten der Kaiserin«, schrieb d'Hérisson, »andere waren nur halb zu sehen zwischen Haufen von bestickten Seidenstoffen; wieder andere füllten ihre Taschen, Hemden und Käppis mit Rubinen, Saphiren,

Perlen und Kristallgegenständen.« Schubladen wurden mit Bajonetten gewaltsam geöffnet und gaben haufenweise Juwelen und wertvolle Edelsteine preis. Soldaten steckten emaillierte Schnupftabaksdosen ein, Porzellanvasen, leuchtende Emailarbeiten, geschnitzten Jade, Rosenholztische, anmutige Bronzefiguren, zinnoberlackierte Kästchen mit Schnitzereien, juwelenbesetzte Spieldosen, eine unglaubliche Zahl mechanischer Spielzeuge und Uhren, die eine unharmonische Symphonie anstimmten. Was nicht fortgeschleppt werden konnte, wurde zerschlagen, aufgeschlitzt oder zerschossen. Ein französischer Offizier schrieb an seinen Vater: »So etwas hat die Welt nicht mehr erlebt, seit die Barbaren Rom geplündert haben.«

Auch die britischen Dragoner beteiligten sich an dem Raubzug. Sie waren durch die unglaublichen Mengen an Gold und Juwelen so sehr aus der Fassung geraten, daß ein Offizier in sein Tagebuch schrieb: »Wir wollten nicht an die Echtheit glauben und warfen das meiste wieder fort, womit wir uns einen schlechten Dienst erwiesen.«

Die Spitze der britischen Hauptstreitmacht kam spät am 7. Oktober an und fand den Sommerpalast in einem Zustand größter Unordnung. Bevor alles endgültig verloren war, rannten Engländer, Iren, Schotten und Waliser durch die Anlagen, manche in seidenen Frauengewändern, und rafften zusammen, was noch übriggeblieben war.

Um fünf Uhr nachmittags traf Lord Elgin ein. »O Gott!« seufzte er. »Ein solches Bild der Verwüstung... Es gab keinen Raum, den ich sah, in dem nicht die Hälfte aller Gegenstände entführt oder in Stücke geschlagen worden war... Einen Ort wie diesen zu plündern und zu verheeren ist schlimm genug, aber noch viel schlimmer sind die Beschädigungen und Zerstörungen von Gegenständen... Der Krieg ist ein widerwärtiges Geschäft. Je mehr man davon zu sehen bekommt, desto abscheulicher findet man es.« Vor allem die Kriege, hätte er hinzufügen können, die unter fadenscheinigen Vorwänden vom Zaun gebrochen werden.

3
Die Palastrevolte

Während die französischen und britischen Soldaten in den geheimen Gärten des Sommerpalasts ihr Mütchen kühlten, reisten Kaiser Hsien-feng und sein Hofstaat 120 Kilometer weit zu den sonnenverbrannten Bergen im Nordosten von Peking, machten Rast an der Großen Mauer und stiegen dann 70 Kilometer in die Wüsten hinab bis zur sicheren kaiserlichen Zuflucht in Jehol. Insgesamt dauerte die Reise, die ebenso ängstlich wie mit großem Pomp unternommen wurde, zehn Tage; niemand hätte in dem Zug einen Flüchtlingstreck vermutet. Am 2. Oktober erreichte der fröhlich geschmückte Zug Jehol.

Die kaiserliche »Jagdhütte« in Jehol war weder rustikal noch klein, sondern eine ganze Stadt aus Palästen, Hallen, Pavillons, Seen, Gärten, sonstigen Freizeitanlagen und Wohngebäuden für das Personal und dessen Familienangehörige mit einer dauerhaft ansässigen Bevölkerung von einer knappen halben Million Menschen. Es gab hier alles, was der Hof sich nur wünschen konnte, selbst Clowns und Jongleure.

Jehol wurde 1677 von Kaiser K'ang-hsi als militärische Basis angelegt, von der aus die mongolischen Gebiete im Nordwesten kontrolliert werden sollten. Sein Enkel, der prunksüchtige Kaiser Ch'ien-lung, erweiterte die Ansiedlung zu einem kaiserlichen Vergnügungsort mit einer Ausdehnung von acht Kilometern und phantastischen Palästen an pinienbewaldeten Hängen rund um einen See. Bis 1790 waren 36 neue Gebäude entstanden, darunter auch Theater für die Pekingoper. Ch'ien-lung verbrachte die Hälfte des Jahres damit, sich in Jehol zu vergnügen. Dort empfing er 1793 auch den ersten britischen Gesandten in China, Lord MacCartney. Um Geld zu sparen, beendete Hsien-fengs Vater die Gewohnheit, den ganzen Sommer hier zu verbringen.

Der Hauptpalast bestand aus einer Ansammlung von Pavillons für offizielle Empfänge. In der Nähe befand sich die Halle der Erfrischenden Nebel und Wellen, das Schlafzimmer des Kaisers. Hsien-feng hielt sich häufig dort auf und diktierte Memoranden für Prinz Kung in Peking.

Ein kleinerer Palast im Osten enthielt die Zimmer der Pinien und Kraniche, wo die Kaiserin, die Lieblingsfrau Li Fei, Yehe Nara und elf weitere Konkubinen untergebracht waren. Vorrangig behandelt wurde der Sohn des Kaisers; er war in kaiserliche gelbe Seide gekleidet und trug einen schwarzen Zopf über jedem Ohr. Mit vier Jahren lernte er seine ersten Kinderreime, das chinesische Äquivalent zu den westlichen ABC-Versen. Seine Halbschwester, Prinzessin Jung An, war ein Jahr älter, und die beiden Spielgefährten wurden von ihren Ammen völlig verwöhnt. Es war nicht ungewöhnlich für die Kinder des Kaisers, daß sie erst mit acht Jahren abgestillt wurden. In Jehol merkten die Kinder glücklicherweise nichts davon, daß die Welt da draußen auf den Kopf gestellt wurde.

Eine dritte Gruppe von Palastbauten mit der Bezeichnung Wind aus den Tälern lag oberhalb des schwarzglänzenden Sees. Hier konnte sich Hsien-feng in den Anblick der Landschaft vertiefen. Zwischen den Tannen in der Ferne sah man grüne und rote chinesische Pagoden und die gelben Ziegeldächer der Klöster tibetischer Lamas. Ganz in der Nähe befand sich ein dreistöckiges Theater, wo Hsien-feng und seine acht Ratgeber einen Großteil ihrer Zeit damit zubrachten, sich Aufführungen anzusehen, Melonenkerne zu knabbern und ihren Kummer zu ertränken.

Für besinnliche Stunden gab es ein Gebäude, in dem sich ein Exemplar der *Vollständigen Bibliothek der vier Schätze des Wissens* befand, ein Werk aus 38 304 Bänden, an dessen Abschrift 160 Gelehrte acht Jahre lang gearbeitet und lediglich sieben Abschriften angefertigt hatten. Eine davon war gerade zerstört worden, als die Truppen der Alliierten die Bibliothek des Sommerpalasts geplündert hatten.

Der Kaiser und seine Damen verbrachten die folgenden 14 Monate in Jehol. Ihre Flucht aus Peking wurde als Akt der Feigheit bezeichnet, als »unverhülltes Eingeständnis äußerster Verzweiflung« und als Höhepunkt »eines der traurigsten Jahrzehnte der chinesischen Geschichte«. Chinesische und westliche Historiker gaben gleichermaßen Hsien-feng die Schuld daran. »Der zaghafte und unentschlossene Kaiser... schlug bezeichnenderweise vor, man solle ihn aus Peking hinauslassen, als beabsichtigte er, sich persönlich an die Spitze seiner Truppen zu stellen, während er sich tatsächlich in die Sicherheit seines Palasts in Jehol begebe. Am Ende reiste er schnurstracks nach Norden, ohne auch nur scheinbar Widerstand geleistet zu haben.« Es war zweifellos kein großartiger Augenblick in der Geschichte Chinas, allerdings auch nicht in der Geschichte des Westens.

Bis heute gehen die Meinungen über Hsien-feng auseinander. War er gut oder schlecht, intelligent oder dumm, entschlossen oder unschlüssig, verzweifelt oder feige, unfähig oder schlecht beraten? Ein chinesischer Historiker spottete, daß er »wie gewöhnlich träumte und seine Zeit mit Seufzern hinbrachte... [ein] schwächlicher Kaiser, der jeder Gefahr für seine Person aus dem Wege ging«. Ein anderer wurde ihm gerechter: »[Er] war tatsächlich ein ungewöhnlich guter konfuzianischer Monarch – das heißt, bevor seine Persönlichkeit unter dem Druck der Rebellion von innen und der Invasion durch das Ausland zu zerfallen begann und bevor er sich fast ausschließlich der Aufgabe widmete, zu einem Experten auf dem Gebiet der Pekingoper zu werden.«

Oberst Garnet Wolseley, einer von Lord Elgins Offizieren, gelangte zu dem Schluß: »Nach einer Kindheit, die er in der Abgeschiedenheit solcher Paläste verbrachte... kann es kaum verwundern, daß der Thronerbe zu einem trägen, verträumten und unpraktischen Mann heranwuchs.« Lord Elgin hingegen meinte, Hsien-feng sei »kein solcher Trottel, wie die Leute glauben«.

Yehe Naras Biographen behaupten im allgemeinen, in dieser Situation sei sie zu einem entscheidenden Faktor in der Regierung Chinas geworden und der Kaiser endgültig in ihre Gewalt geraten. Bland und Backhouse wissen zu berichten: »In den Aufzeichnungen der Chronisten und Tagebuchführer jener Zeit [1850 – 60] findet man die Ansichten und die Tätigkeit des Kaisers schlechthin ignoriert und das Faktum verzeichnet, daß die Geschäfte der kaiserlichen Stadt wie des Reiches von dem Worte der [Yehe Nara] in Abhängigkeit geraten waren, ein Faktum... im besonderen bemerkenswert, wenn wir uns vergegenwärtigen, daß sie zu dieser Zeit nichts als eine Konkubine war und an Jahren nur zweiundzwanzig zählte.« Damals begann angeblich ihre Karriere als Mörderin, und man behauptete, »es wurde ein Dekret von [Yehe Nara] erlassen, das allen eine hohe Belohnung versprach, die die Barbaren töteten«. Nichts hätte von der Wahrheit weiter entfernt sein können.

Hsien-feng verbrachte seine ganze Zeit in Jehol damit, gemeinsam mit Su Shun und anderen Mitgliedern der Achterbande oder mit Li Fei seinen Kummer zu ertränken. Yehe Nara bekam ihn immer nur in Gesellschaft zu sehen. Ob Li Fei sich an Intrigen beteiligte, kann nur vermutet werden. Möglicherweise gab sie den Anlaß für die Vorstellung, eine von Hsien-fengs Konkubinen habe ihn beherrscht, ihm die eintreffenden Denkschriften vorgelesen und sei ihm beim Aufsetzen von Edikten behilflich gewesen, doch steht keineswegs fest, daß sie überhaupt lesen und schreiben konnte. Su Shun hätte Mittel und Wege gefunden, ihre Einmischung sogleich zu unterbinden, sofern er nicht Li Fei während der ganzen Zeit als Werkzeug benutzte, um den Kaiser zu beeinflussen. Dies wäre immerhin plausibel. Die Schnelligkeit, mit der der Zustand des Kaisers in Jehol verfiel, läßt vermuten, daß Li Fei jedenfalls nicht allzuviel unternahm, ihn bei Kräften zu halten; angesichts der Berichte über endlose Gelage hat sie möglicherweise eher das Gegenteil getan. Hsien-feng war zwar noch immer Herr der Lage, wenn er nüchtern war, wie aus seinen zahlreichen Edikten an Prinz Kung in Peking hervorgeht. Doch diese Phasen wurden seltener; offensichtlich wurde versucht, seine Gesundheit systematisch zu ruinieren. Su Shun, der dem Kaiser am nächsten stand, trug am meisten dazu bei, daß der Kaiser auch noch seine letzten körperlichen und geistigen Kräfte vergeudete; seine Motive liegen auf der Hand. Als der Kaiser starb, wollte Su Shun als Regent hinter einem neuen Marionettenherrscher selbst die Macht übernehmen.

Alle Hofdamen in Jehol hatten Schlimmes hinter sich. Die Invasion der Alliierten und ihr Vormarsch auf Peking hatten unter ihnen eine Panik ausgelöst, nachdem Berichte darüber eingetroffen waren, daß die fremden Horden auf dem Weg von Tientsin betrunken in allen Dörfern und Städten geplündert und Frauen vergewaltigt hätten. Yehe Naras eigener Jammer und ihre Furcht vor einer Gefangennahme durch die Barbaren erhielt durch ihre Phantasie noch zusätzliche Nahrung, da sie noch nie einen fremden Teufel leibhaftig zu Gesicht bekommen hatte. Nachdem sie aus der Verbotenen Stadt in den Sommerpalast geflüchtet war, empfand sie für kurze Zeit das beruhigende Gefühl, sich an einem Ort zu befinden, den sie inzwischen als ihre wahre Heimat empfand: die stillen Pavillons am Kunming-See, die Gärten und versteckten Lotosteiche und kilometerlange, durchdacht angelegte Fußwege mit Brückenbögen über Bächen, in denen sich Karpfen tummelten. Dann mußten sie auch aus dem Sommerpalast fliehen und hatten fast alles zurückgelassen, was ihr lieb und teuer war. Am traurigsten war sie über den Verlust ihrer Pekinesen, die alle ein buntes Band mit einer perlenverzierten Spange um den Hals trugen. Zu ihrem Entsetzen hatten die Eunuchen sie gepackt und im Brunnen ertränkt, damit sie nicht in die Hände der fremden Teufel fielen und von diesen verspeist würden. Während der ganzen Reise nach Jehol hatte sie geweint.

Statt sich in Jehol geborgen fühlen zu können, machte Yehe Nara hier eine bedrückende Entdeckung. Während sie mit ansehen mußte, wie der Kaiser von Tag zu Tag mehr verfiel, ohne daß sie etwas hätte für ihn tun können, da die feindselige Achterbande ihn ständig mit Argusaugen bewachte, reifte in ihr die Erkenntnis, daß es mit ihrer eigenen Welt ebenfalls zu Ende ging. Zwar war sie innerhalb des Zauberkreises der kaiserlichen Familie und als Mutter des Thronfolgers in Sicherheit, ansonsten blieb sie jedoch sich selbst überlassen. In Jehol kam ihr zum erstenmal zu Bewußtsein, daß sie von Verschwörern umgeben war. Bereits in der Verbotenen Stadt und im Sommerpalast waren sie dagewesen, doch bis Jehol hatte sie sie nie als eine Gefahr wahrgenommen. Die Großsekretäre, Großräte, Prinzberater und Zensoren hatten zum Mobiliar gehört: als elegante Würdenträger, die dem Thron dienten, eine Truppe von Schauspielern, die immer wieder die Kleiderordnung, die Reden und Gebärden probten, die für die unendliche Komödie des richtigen Benehmens vorgeschrieben waren. So dick aufgetragen war diese Schicht der Etikette und so beflissen waren die Mandarine in deren Beachtung, daß ihre wahren Beweggründe und Absichten unmöglich zu durchschauen waren. Nur ein geübtes Ohr konnte die wirkliche Bedeutung eines Wortes in einem kunstvoll gedrechselten Satz heraushören, nur ein geübtes Auge einen in Bernstein eingeschlossenen Gedanken erkennen. Es waren Männer, die seit Jahrzehnten die Vergangenheit heraufbeschworen, um die Gegenwart nicht sichtbar werden zu lassen. Nur die klügsten und gerissensten von ihnen schafften den Weg ganz nach oben, während sie zugleich den Anschein erweckten, zu den Tugendhaftesten im Lande zu zählen. Es war kein Kunststück, eine unaufgeklärte Frau von 25 Jahren zu täuschen, und Yehe Nara hatte bislang mit diesen Männern nur oberflächlich Kontakt gehabt.

Die Augen öffnete ihr ein Vorfall, der sich bald nach ihrer Ankunft in Jehol ereignete. Da sie vor Kummer nicht schlafen konnte, streifte sie eines Nachts allein durch die verlassenen Höfe des Hauptpalasts in Jehol. Sie hörte Geräusche und stieß unvermutet auf eine merkwürdige Szene: Su Shun saß auf dem Thron von Hsien-feng, hielt in seiner Hand eine der Porzellanschüsseln des Kaisers, die mit dem fünfkralligen Drachen verziert war, und verzehrte mit den kaiserlichen vergoldeten Eßstäbchen ein Mahl, das ihm von seinem eigenen Obereunuchen aufgetragen wurde. Sie stand wie versteinert: Kein Mann außer dem Kaiser durfte sich nach Sonnenuntergang in den Räumen des Palasts aufhalten; und ausgerechnet dieses Zimmer war der Privatbereich des Kaisers, und niemand würde es wagen, das kaiserliche Porzellan zu berühren, weil er damit sein Leben aufs Spiel setzte; nur ein Verrückter verfiele auf den Gedanken, sich auf den Drachenthron zu setzen.

In dieser Nacht wurden ihr zum erstenmal Su Shuns wahre Absichten bewußt, und sie wurde von einem Gefühl der Bedrohung erfaßt, der Erkenntnis, daß sie hilflos war, unfähig, für ihren Gemahl, ihren Sohn oder für sich selbst etwas zu tun. Das Erlebnis in Jehol änderte ihr Leben. Ihre Bemühungen, zu Hsien-feng zu gelangen, um ihm davon zu erzählen, wurden regelmäßig von Wachen vereitelt, die von der Achterbande aufgestellt worden waren. Der Kaiser sei zu krank, um außer den Ministern noch andere Personen zu empfangen.

Wenn Su Shun insgeheim den Thron begehrte, dann war die anhaltende Krankheit des Kaisers bewußt herbeigeführt, und ihr Leben und das ihres Sohnes waren in Gefahr. Der Schreck dieser Erkenntnis versetzte sie in höchste Unruhe, und um die Bedrohung abzuwenden, gebrauchte sie ihren Kopf. Damit hatte ihre politische Bildung begonnen. Sie wußte nicht, daß andere Personen in Peking ihren Argwohn teilten und sich bereits in aller Stille darauf vorbereiteten, Gegenmaßnahmen zu ergreifen.

Während der langen Abwesenheit des Kaisers von Peking war Prinz Kung Chinas Ersatzherrscher. Da er gezwungen war, unmittelbar mit den Briten und Franzosen zu verhandeln, wurde er reifer und stärker. So überwand er die Mischung aus Furcht und Abscheu, von der andere hochgestellte Mandschu wie gelähmt waren. Er mußte jedoch nicht nur persönlich mit den fremden Teufeln verhandeln, sondern wurde von ihnen auch noch beständig an seine Schwächen erinnert: für einen Mandschu-Prinzen eine völlig neuartige Erfahrung. Robert Hart notierte, »der Prinz ist nicht besonders geschickt; auch in der Außenpolitik und in der Volkswirtschaft kennt er sich bislang wenig aus, aber er ist wohlmeinend und darauf bedacht, das

Richtige zu tun, wenn er nur wüßte, was das Richtige *ist*, und wenn man es ihm nur erlaubte. Er muß sich mit manchem herumschlagen, da er in vielen Maßnahmen auf die Opposition der fremdenfeindlichen Minister trifft, unter ihnen die Hauptfavoriten des Kaisers, auf die Seine Majestät hört und die sich mit dem Kaiser in Jehol aufhalten«.

Zwei Jahre jünger als der Kaiser, verfügte Prinz Kung über viele Eigenschaften, die Hsien-feng fehlten. Während er von seinen mandschurischen und chinesischen Zeitgenossen für einen Schöngeist und Playboy gehalten wurde, zeigte er für einen Mandschu-Prinzen, der daran gewöhnt war, daß man alle seine launischen Wünsche auf der Stelle erfüllte, ein ungewöhnliches Maß an Takt und Einfühlungsvermögen. Seiner Meinung nach drohte zu diesem Zeitpunkt der Dynastie eine wesentlich größere Gefahr von dem durch den Taiping-Aufstand ausgelösten Bürgerkrieg als von der Invasion der fremden Teufel. Deshalb hielt er es für das Zweckmäßigste, sich mit dem Westen zu arrangieren, so daß die Regierung sich darauf konzentrieren konnte, zuerst ihre inneren Feinde niederzuringen.

Kung war ein auf merkwürdige Weise attraktiver Mann mit durchdringenden Augen und einem aus Schüchternheit bramarbasierenden Wesen, gleichzeitig aber auch diskret und zurückhaltend. Er lebte in einem Palast an einem kleinen See in der Nähe der Verbotenen Stadt, einem der Seepaläste. In seinem Garten der Mondlichtfruchtbarkeit gab es Kraniche, Papageien und Falken. Goldfische und Karpfen tummelten sich in seinen Teichen und unter den Wasserfällen, die von einem Wasserrad gespeist wurden, das ein Esel mit verbundenen Augen antrieb. Zwischen den Pavillons befand sich ein Tempel für Fuchsfeen; das waren magische und gefährliche Geschöpfe, die sich in schöne Frauen verwandeln konnten und ahnungslose Männer zu nächtlichen Abenteuern verführten. Kungs Frau war die Tochter des Großsekretärs Kuei-liang. Mit ihr und vier Konkubinen hatte er zusammen neun Kinder. Als einziger Westeuropäer entwickelte Robert Hart ein enges Verhältnis zu ihm.

Während der ersten fünf Jahre von Hsien-fengs Herrschaft hatte Prinz Kung die Ämter des Vorsitzenden im Clanrat und des Vorsitzenden des Clangerichts bekleidet, jener beiden Organe, die das Verhalten aller Mandschu beaufsichtigten. Diese Ämter gaben ihm die Macht, um die Vornehmen der Mandschu für eine Kraftprobe mit der Achterbande um sich zu scharen.

Bei seiner Politik der Verständigung mit den Westmächten wurde der Prinz zum einen unterstützt von seinem Schwiegervater, dem

Großsekretär Kuei-liang, der zuvor schon in Kanton und Tientsin mit den »Barbaren« verhandelt hatte, und zum anderen von Wen-hsiang, einem Mandschu-Beamten aus einer verarmten Familie, der es durch Leistung und Unbescholtenheit zum Großrat gebracht hatte. Seine bescheidene Herkunft machte Wen-hsiang realistischer als andere Mandschu-Führer, die immer noch wähnten, über eine grenzenlose Macht zu gebieten.

Prinz Kung hätte in Peking die Dinge am liebsten möglichst rasch geregelt, sah sich jedoch fast erdrückt von den unerledigt gebliebenen Aufgaben, die die Achterbande zurückgelassen hatte, als diese und der Kaiser aus der Hauptstadt geflohen waren. Als die Soldaten der Alliierten den Sommerpalast plünderten, stand Peking kurz vor einer Panik. Ohne die kaiserliche Erlaubnis aus Jehol ließ Großrat Wen-hsiang die Korn- und die Schatzkammer öffnen, um die Garnison in Peking verpflegen und bezahlen zu können. Prinz Kung setzte eine Notstandskommission ein für die zivile Verwaltung und eine zur Übernahme von polizeilichen Befugnissen in der Hauptstadt und Umgebung, die die überforderte Polizei unterstützen sollte. Nachdem General Seng sich nicht mehr in der Hauptstadt befand, wurde deren Verteidigung Mandschu-Offizieren übertragen, denen Prinz Kung vertrauen konnte. Unter ihnen waren Jung-lu und Sheng-pao, die ihm während der Krise zur Seite standen. Auch etliche führende chinesische Mandarine kamen ihm zu Hilfe. Er hatte nicht nur Schwierigkeiten durch die Alliierten, sondern auch durch zivile Stadtbewohner, die aus Angst scharenweise aus Peking flohen und ihre Häuser und Läden chinesischen Plünderern überließen. Zu seiner eigenen Sicherheit schlief er jede Nacht in einem anderen Haus.

Als die Briten und Franzosen die Plünderung des Sommerpalasts beendet hatten, übermittelte Lord Elgin an Prinz Kung ein Ultimatum, Harry Parkes und seine Begleiter innerhalb von drei Tagen freizulassen, andernfalls würden sie Peking selbst angreifen. Der Prinz hatte bereits beschlossen, Parkes freizulassen, doch diese neuerliche Drohung provozierte ihn dazu, an Elgin eine Note zu schikken, in der er sich über die Plünderungen beklagte und eine Entschädigung forderte. Als Kung sich weigerte, eines der Stadttore Pekings, das Anting-Tor an der Nordseite, zu übergeben, trafen die Briten Anstalten, es mit Gewalt zu nehmen. Pioniere erhielten den Befehl, eine Batterie von Belagerungsgeschützen in Stellung zu bringen. Dies zeigte Wirkung: Das Tor wurde geöffnet, und Peking kapitulierte.

Nach der Besetzung der Hauptstadt gab der Kaiser Prinz Kung den dringenden Befehl, schleunigst einen Friedensvertrag zu schließen und den Vertrag von Tientsin zu ratifizieren, damit die Truppen der ausländischen Mächte nicht noch weiter ins Landesinnere vorrückten. Jede weitere Verzögerung konnte sie nach Jehol bringen.

Harry Parkes und seine Gefährten wurden freigelassen. Es war ein finsterer Augenblick für China, da Parkes erbost war über die geringfügigen Erniedrigungen, die er während seiner Haft hatte erdulden müssen (man hatte ihn an den Haaren gezogen), und in spektakulärer Weise Rache nehmen sollte. Er zog sich mit Lord Elgin für einige Tage zurück und überredete ihn, eine Vergeltung zu üben, die in die Geschichte eingehen würde. Als Elgin diese Angelegenheit mit Baron Gros erörterte, konnten sie sich nicht darauf einigen, ob sie die Verbotene Stadt oder den Sommerpalast den Flammen preisgeben sollten. Gros plädierte für die Verbotene Stadt, da sie einen relativ überschaubaren Bezirk darstellte und ihre Zerstörung jedermann vor Augen stehen würde. Elgin dagegen war der Meinung, daß der Sommerpalast für die kaiserlichen Empfindungen eine besondere Bedeutung hatte. Harry Parkes überzeugte ihn, daß seine Zerstörung eine Geste wäre, die die Mandschu niemals vergessen würden. Wenn man ihn bis auf die Grundmauern niederbrannte, würden außerdem keine Spuren mehr von der Plünderung durch die alliierten Truppen übrigbleiben, so daß in den Augen künftiger Generationen seine Zerstörung als Akt der Bestrafung und nicht als mutwilliger Vandalismus angesehen würde. Nur Parkes wußte, wieweit damit der Vorfall auf der *Arrow* gerächt wurde – oder seine verletzte Eitelkeit.

»Am 18. Oktober«, erinnerte sich Oberst Wolseley, »setzte die Erste Division ... alle königlichen Paläste in Brand, die verstreut in dieser Umgebung lagen. Während des ganzen Tages und auch noch am Tag darauf hing eine dichte Wolke aus schwarzem, schwerem Rauch über diesem Schauplatz früherer Pracht.«

Das Werk der Zerstörung wurde vollendet von britischen Pionieren, die in viele Pavillons Sprengladungen legten. Innerhalb des riesigen Gartens blieb nur ein einziges Gebäude dank einer unerklärlichen Unachtsamkeit vergleichsweise unversehrt, der Pavillon der kostbaren Wolken, oben auf einem Hügel über dem Kunming-See.

Prinz Kung protestierte heftig gegen die Brandschatzung, doch am folgenden Tag willigte er formell in alle Forderungen der Alliierten ein. China lag am Boden, und ihm blieb nichts anderes übrig, als zu tun, was man ihm sagte. Zur Konvention von Peking gehörte auch die Entschuldigung des Kaisers für den Verrat seiner Truppen im vorangegangenen Jahr, als diese die Forts bei Taku erfolgreich gegen den von Frederick Bruce befohlenen ungerechtfertigten britischen Angriff verteidigt hatten.

Nach der Zerstörung des Sommerpalasts, der Unterzeichnung der Konvention und der Ratifizierung des Vertrags von Tientsin zogen die Truppen der Alliierten sich wieder zurück und überließen es den Mandschu, ihre Meinungsverschiedenheiten unter sich auszutragen.

Um die zukünftigen Beziehungen mit dem Westen reibungsloser zu gestalten, schlug Kung die Schaffung eines eigenen »Hauptamtes für die Verwaltung auswärtiger Angelegenheiten« vor. China hatte noch nie in seiner Geschichte ein Außenministerium benötigt, weil es noch nie einen anderen Staat als gleichberechtigt neben sich anerkannt hatte. Seine chinesische Bezeichnung lautete Tsungli Yamen. Prinz Kung wurde zu dessen Leiter, im Grunde genommen Chinas Außenminister, ein Amt, das er während der folgenden 23 Jahre bekleiden sollte. In einem bezeichnend einsichtigen Memorandum an den Kaiser vom Januar 1861 erläuterte er: »Wenn wir unsere Wut nicht zügeln, sondern die Feindseligkeiten fortsetzen, müssen wir eine Katastrophe befürchten... wir sollten uns an die Verträge halten und den Ausländern nicht erlauben, sie auch nur geringfügig zu übertreten. Wir sollten aufrichtig und friedlich auftreten, sie jedoch ruhig und bestimmt an Vereinbarungen erinnern. Dann werden sie im Lauf der kommenden Jahre vielleicht noch das eine oder andere fordern, uns jedoch nicht mehr unverhofft in große Bedrängnis bringen.«

Die Arbeit des Hauptamtes für auswärtige Angelegenheiten war notwendig, aber keineswegs angesehen. Die Verhandlungen mit den fremden Teufeln bedeuteten Kollaboration und Verrat, so daß die Beamten des Yamen in der Bevölkerung als Speichellecker und Verräter betrachtet wurden. Während die Westeuropäer von ihnen glaubten, sie betrieben eine Verschleppungstaktik, glaubten die Chinesen, sie würden die Interessen ihres Landes verraten. Die Beamten und Angestellten des Yamen hießen schließlich im Volksmund »Teufelssklaven«.

Kung versuchte die Rolle des Yamen nach Kräften herunterzuspielen. Seine ersten Amtsräume bezog es im selben buddhistischen Tempel im Nordwesten Pekings, in dem man Parkes gefangengehalten hatte, »ein schmutziges, freudloses, kahles Gebäude... in einem elenden baulichen Zustand«. Seine Mitarbeiter gingen ausnahmslos bereits einer anderen Beschäftigung nach und kamen erst am Nachmittag hierher. Ihre Arbeitsbelastung war unmenschlich und brachte einige von ihnen buchstäblich um. Wen-hsiang klagte in seinem Tagebuch über Erschöpfung und schrieb, er fühle sich wie »ein Esel unter einer schweren Last und mit einem engen Kummet«.

Trotz seiner zahlreichen Unzulänglichkeiten bot das Yamen Prinz Kung einen eigenen Tätigkeitsbereich sowie die Möglichkeit, eine breitere Basis gegen die Achterbande zu schaffen. Der sich entwickelnde Machtkampf sollte bald einen Höhepunkt erreichen.

Die lange Abwesenheit des Kaisers in Jehol löste verleumderische Gerüchte darüber aus, wie er dort seine Zeit verbrachte. Lord Elgin hörte, Hsien-feng feiere Hochzeit mit seiner vierten Frau, während die *New York Times* sich an der Nachricht delektierte, daß er 13 Konkubinen nach Jehol mitgenommen hatte. Die Chinesen selbst behaupteten, er hüpfe auf der Theaterbühne in Jehol mit Schauspielerinnen herum. Yehe Nara wurde dabei nicht genannt. Wenn es den Kaiser nach weiblicher Gesellschaft gelüstete, dann war es stets Li Fei.

Die wissenschaftliche Debatte über die persönlichen Schwächen Hsien-fengs lenkt die Aufmerksamkeit von der Tragödie ab, die China durch die Alliierten und den hinter den Kulissen tobenden Machtkampf erdulden mußte. Prinz Kung drängte seinen Halbbruder immer wieder, nach Peking zurückzukommen: Je länger die Achterbande ihn an Jehol band, desto länger konnte Su Shun seine politischen Entscheidungen treffen, ohne eine Einmischung befürchten zu müssen. Doch auch nachdem die britischen und französischen Truppen wieder abgezogen waren, verkündete Hsien-feng, er werde nicht vor dem Frühjahr zurückkommen.

Dieser Aufschub läßt sich nicht allein mit Feigheit erklären. Einige Diplomaten schrieben ihn törichterweise dem alten Audienzenstreit zu. Es war ein fundamentaler Bestandteil der Hofetikette in China, daß jeder, der zum Kaiser vorgelassen wurde, selbst die Mitglieder seiner eigenen Familie (ausgenommen seine Mutter und sein Vater), einen Kotau machen mußte, indem er sich neunmal auf Knien verbeugte und dabei jedesmal mit der Stirn den Boden berührte. Im 18. Jahrhundert hatte Kaiser Ch'ien-lung Lord MacCartney scherzhaft von der Ausführung dieses Rituals entbunden, sofern MacCartney seinerseits darauf verzichte, ihm die Hand zu küssen. Offenbar empfand Ch'ien-lung einen neunmaligen Kotau als so wenig entwürdigend wie einen Kniefall vor einem Monarchen oder Papst, dem anschließend die ungewaschene Hand geküßt wurde. Die Weigerung der Diplomaten, sich diesem chinesischen Hofzeremoniell zu unterwerfen, war ein Zeichen ihrer Verachtung, so daß sich die chinesischen Kaiser nach Ch'ien-lung geweigert hatten, Audienzen abzuhalten, wenn dabei nicht das Zeremoniell befolgt wurde. Am 25. März 1861 bezogen ausländische Gesandte im Rahmen der von Lord Elgin ausgehandelten Konzessionen erstmals einen offiziellen Amtssitz in Peking. Sie hatten ein Recht auf gelegentliche Audienzen beim Kaiser, womit sich wieder einmal das Problem erhob, wie eine solche Audienz vonstatten gehen sollte, wenn die westlichen Vertreter sich immer noch weigern sollten, vor dem Kaiser Kotau zu machen.

Das war freilich nicht der Grund, der Hsien-feng in Jehol zurückhielt. Im Alter von 29 Jahren war es mit seiner Gesundheit rapide bergab gegangen. Jahre später erklärte Yehe Nara: »Während des letzten Jahres seiner Regierung wurde der Kaiser von einer plötzlichen Krankheit befallen.« Sein Verfall begann bald nach ihrer Ankunft, wurde jedoch von der Achterbande geheimgehalten, die Wachen aufstellte, so daß niemand die kaiserliche Halle der Erfrischenden Nebel und Wellen betreten konnte. Seine Rückkehr wurde bis zum April 1861 mehrfach aufgeschoben und schließlich ganz abgesagt. In einem Edikt hieß es lediglich, daß »weitere Nachrichten... im kommenden Herbst herausgegeben werden«.

Die Demütigungen waren einfach zuviel für den Kaiser gewesen. Er hatte sich selbst, sein Land und seine Ahnen enttäuscht. Wegen seiner Unzulänglichkeit hatten die Barbaren sich nicht damit begnügt, dem Land ihre Vertragsbedingungen aufzuzwingen, sondern hatten die größte Sammlung von Kostbarkeiten im ganzen Reich geplündert und zerstört und dabei zahllose Reliquien und wertvolle Gegenstände vernichtet, die seine Vorfahren ihm vermacht hatten. In der ganzen Geschichte der Mandschu-Dynastie war zum erstenmal der kaiserlichen Hofhaltung selbst Gewalt angetan worden, und er allein trug die Schuld daran.

Sein eigener Vater wurde durch weniger aufreibende Umstände in tödliche Verzweiflung getrieben und hatte sich am Sarg seiner Mutter zu Tode gegrämt. 1861 deuteten alle Anzeichen darauf hin, daß Hsien-feng möglicherweise der Letzte seiner Dynastie sein würde, der größte Versager der Mandschu. Unter diesen Umständen konnten irgendwelche körperlichen Leiden, die normalerweise unbedeutend gewesen wären, auch die Folgen eines exzessiven Alkoholmißbrauchs, tödlich sein. Statt ihn zum Maßhalten aufzufordern, beförderte Su Shun diesen Prozeß nur noch.

Anfang August 1861 wurde der Zustand Hsien-fengs plötzlich

kritisch. An der Schwelle zum Tod schien er merkwürdigerweise gar nicht zu spüren, was ihm bevorstand, denn nach Aussage von Su Shun traf er keinerlei Vorbereitungen für die Übergabe des Throns an seinen Erben.

Der amtierende Kaiser hatte als einziger das Recht, einen seiner Söhne zu seinem Nachfolger zu ernennen, in seltenen Fällen auch einen Bruder oder Neffen. Doch jeder versuchte, diese Entscheidung zu beeinflussen, allen voran die königlichen Prinzen und ihre Verbündeten. Dazu gab es mehrere Möglichkeiten. Wenn es beim Tod eines Kaisers keinen designierten Thronfolger gab, hatte die Kaiserinwitwe in Absprache mit den ranghöchsten Mitgliedern des Herrscherhauses das Recht, unter geeigneten Kandidaten auszuwählen. In einem Notfall konnten hohe Beamte des Hofs die Entscheidung treffen. Die Geschichte hatte gezeigt, daß nichts entschlossene Prinzen davon abhalten konnte, sich dieser verschiedenen Möglichkeiten zu ihrem Vorteil zu bedienen, und daß sie, wenn alles andere fehlschlug, auch nicht vor Mord oder mehrfachem Mord zurückschreckten.

China konnte auf eine lange Geschichte von Thronstreitigkeiten zwischen Prinzen zurückblicken, mit allem, was dazugehörte: bewaffnete Revolte, Thronenthebung, Wiedereinsetzung, erneute Absetzung, Mord und Usurpation. Die Mandschu bildeten da keine Ausnahme, und alle neun Mandschu-Kaiser waren nach Krisen um die Thronfolge an die Macht gelangt. Um den Thron an sich zu reißen, hatte der tyrannische Yung-cheng (1678 – 1735) sich an die Stelle des rechtmäßigen Thronerben gesetzt und als Kaiser seine Brüder ins Gefängnis geworfen oder umgebracht, um ihren möglichen Einfluß ganz auszuschalten. In einem Anfall von Verfolgungswahn führte er ein System ein, nach dem der Name des designierten Thronfolgers stets in einem verschlossenen Kästchen hinterlegt werden mußte, das erst nach dem Tod des Kaisers geöffnet werden durfte, um zu gewährleisten, daß der neue Kaiser kein Usurpator war wie Yung-cheng selbst. In der Regel hatten die Kaiser viele Söhne, so daß mit dieser Praxis ein Blutvergießen zwischen den rivalisierenden Brüdern vermieden werden sollte. In der ganzen Abfolge der Mandschu-Herrscher war es freilich noch nicht vorgekommen, daß ein Kaiser nur einen einzigen überlebenden Sohn hatte. Die Situation in Jehol war einzigartig. Theoretisch war Yehe Naras Sohn der einzige legitime Thronfolger, doch diese Position wurde nun ernsthaft gefährdet.

Wollte man Su Shun Glauben schenken, dann stand es um die

Gesundheit Hsien-fengs bereits so schlecht, daß dieser nicht mehr imstande war, die Frage der Nachfolge noch vor seinem Tod mündlich zu klären, und erst nach seinem Tod würde man wissen, wessen Name auf dem Zettel in dem versiegelten Kästchen stand, sofern Hsien-feng überhaupt einen beschrifteten Zettel hineingelegt hatte. Offenbar bereitete Su Shun den Hof auf die Möglichkeit vor, daß das Kästchen gar nichts enthielt.

Yehe Nara befand sich in großer Gefahr. Ihre Stellung als Mutter des legitimen Thronerben, die für sie bislang Sicherheit und Ansehen bedeutet hatte, konnte nun ihren gewaltsamen Tod heraufbeschwören, falls Su Shun plante, die Thronfolge ihres Sohnes zu hintertreiben. Man würde einfach behaupten, sie sei vom Schmerz über den Tod Hsien-fengs überwältigt worden und habe Selbstmord begangen, nachdem sie zuvor ihr eigenes Kind getötet habe.

Wenn sie etwas dagegen unternehmen wollte, dann mußte es bald geschehen. Doch was konnte sie tun und an wen sich wenden inmitten eines feindlichen Lagers?

Frauen durften sich in China nicht in die Staatsgeschäfte einmischen, taten es aber trotzdem. Kaiserinnen oder Kaiserinwitwen versuchten häufig, die Wahl eines Thronfolgers zu beeinflussen oder als Regentinnen für ein Kind zu herrschen, um persönliche Macht zu erringen oder eine Rivalin aus dem Feld zu schlagen. Von den ersten 180 Kaisern des chinesischen Reiches benötigten 78 in den ersten Jahren die Unterstützung einer Regentin, häufig der Kaiserinwitwe. Diesen Frauen drohte deshalb eine ebenso große Gefahr wie den Thronerben. Man hatte Kaiserinnen zum Selbstmord gezwungen, um ihre Söhne vom Thron fernzuhalten, und es kam vor, daß Söhne ganz plötzlich an den Pocken starben (die in China immer wieder wüteten), um ihren Rivalen Platz zu machen. In vielen dieser Fälle läßt sich schwer nachweisen, ob es ein Unglücksfall oder vorsätzlicher Mord war.

Su Shun hatte drei Möglichkeiten. Wenn er den Thron für sich selbst anstrebte, was aufgrund der von Yehe Nara beobachteten Szene im leeren Thronsaal zu vermuten war, dann konnte er sich nach dem Tod Hsien-fengs zum Kaiser ausrufen und sich darauf vorbereiten, seine Stellung zu verteidigen. Oder er konnte eine Mandschu-Marionette vorschieben und darauf hoffen, die Opposition zu spalten und die Abtrünnigen für sich zu gewinnen. In beiden Fällen waren Yehe Nara und ihr Sohn zum Tod verurteilt.

Aber auch die dritte Möglichkeit, die Su Shun offenstand, verhieß für sie nichts Gutes: Er konnte zulassen, daß Yehe Naras Sohn den

Thron bestieg, selbst jedoch die Rolle des Regenten einnehmen, um hinter den Kulissen zu regieren. Diese Alternative war die unwahrscheinlichste, da Su Shun bereits verkündet hatte, daß Hsien-feng seinen Sohn nicht zum Thronfolger bestimmt habe.

Ein Putsch würde nicht widerstandslos hingenommen werden, und deshalb würde er sich wahrscheinlich für diejenige Möglichkeit entscheiden, die ihm Verbündete schuf. Ein Marionettenkaiser nach seiner eigenen Wahl würde es ihm ermöglichen, mit den königlichen Prinzen verhandeln zu können. Prinz Tun und Prinz Chun befanden sich bereits in Jehol, möglicherweise aus ebendiesem Grund. Der zwanzigjährige Prinz Chun war einer der militanten Mandschu-Vornehmen, die Su Shuns Politik unterstützten, den fremden Teufeln die Stirn zu bieten. Er war kein besonders kluger Kopf, und seine Loyalität stand nicht eindeutig fest: Vor kurzem hatte er eine der jüngeren Schwestern Yehe Naras geheiratet, so daß es ihm möglicherweise widerstrebte, den Sohn Yehe Naras, der durch Heirat und Blutsverwandtschaft sein Neffe war, vom Thron zu vertreiben, sofern ihm das in seinen Augen mehr Nachteile als Vorteile brachte.

Prinz Tun, der glaubte, er sei um den Thron betrogen worden, gehörte zu den besonders fremdenfeindlichen Prinzen. Er würde zwar über das Hinscheiden Hsien-fengs keine Tränen vergießen, sich aber andererseits Su Shuns Palastrevolte nur anschließen, wenn einem seiner Söhne der Thron versprochen oder er selbst zum prinzlichen Ratgeber ernannt würde. Selbst der ehrgeizige Su Shun mochte davor zurückschrecken, sich einen leicht aufbrausenden und gewalttätigen Säufer aufzuhalsen, zu dessen Anhängern einige der rücksichtslosesten Generäle in China gehörten.

Die Person Prinz Kungs, der sich weit weg in Peking aufhielt, mußte man mit einem Fragezeichen versehen.

Niemand in Jehol konnte etwas Genaueres über den wahren Gesundheitszustand des Kaisers wissen, da die Achterbande die Halle der Erfrischenden Nebel und Wellen streng bewachte. Yehe Naras Bemühungen, Hsien-feng zu sehen, wurden fortwährend vereitelt. Eine strenge Zensur zeigte sich auch in Su Shuns offizieller Berichterstattung über die Lage am Hof bis zu der Nacht, als Hsien-feng starb:

»Der Sommerpalast in Jehol war bisher immer sehr angenehm, doch die Sommerhitze machte Seiner Majestät das Leben unerträglich. Seine Gesundheit verschlechterte sich von der Mitte des sechsten Monats an [nach dem chinesischen Mondkalender]... Obwohl sich

Seiner Majestät Zustand in den ersten Tagen des siebten Monats vorübergehend besserte, wurde er danach ständig schlechter... plötzlich, nach dem Abendessen... am 15. des siebten Monats, wurde Seine Majestät ohnmächtig. Die Hofbeamten wurden eilends in den Palast gerufen und hielten abwechselnd am Bett des Kaisers Wacht. Seine Majestät erlangte das Bewußtsein erst in den frühen Morgenstunden des 16. wieder; als Seine Majestät sich etwas besser fühlte, rief er alle hohen Hofbeamten an sein Bett...«

Nach Angaben Su Shuns und der schnellfüßigen Eunuchen, die dafür sorgten, daß die Nachricht sich unverzüglich in den angrenzenden Palästen ausbreitete, hatte der sterbende Kaiser mit seinem möglicherweise letzten Atemzug die Achterbande zum Regentschaftsrat ernannt, bevor er wieder in ein Koma verfiel, ohne die Frage der Thronfolge zu regeln. Deshalb gab Su Shun Anordnung, das versiegelte Kästchen zu öffnen, und entdeckte, daß der Kaiser nicht in der herkömmlichen Weise einen Thronerben bestimmt hatte – das Kästchen war leer.

Diese Nachricht war so bestürzend für Yehe Nara, daß sie zum Handeln gezwungen wurde. Bis jetzt hatte sie nicht gewußt, was sie tun sollte, doch nun wurden ihre schlimmsten Befürchtungen bestätigt: Su Shun beabsichtigte, ihren Sohn von der Thronfolge auszuschließen. Sie mußte alles riskieren, denn innerhalb weniger Minuten oder Stunden würde ihr Gemahl nicht mehr sein, und die Chance, etwas zu unternehmen, wäre für immer dahin.

Sie suchte nach ihrem Sohn, fand ihn bei seinen Ammen, nahm ihn in die Arme und trug ihn in die Halle der Erfrischenden Nebel und Wellen. In der Vergangenheit war sie von den Wachen stets mit der Begründung abgewiesen worden, der Kaiser sei zu krank, um außer den Ministern andere Besucher zu empfangen. Jetzt, da abzusehen war, daß Hsien-feng nicht mehr lange leben würde, reagierten die Wachen instinktiv und erlaubten der Mutter des Thronfolgers, den Knaben zu seinem Vater zu bringen. Sie hätten ihr den Zutritt verwehrt, wäre sie allein gekommen, doch dem fünfjährigen Sohn des Himmels bezeigten sie ihren Respekt.

Im Schlafgemach des Kaisers drängten sich die Hofbeamten, unter ihnen Su Shun und seine Spießgesellen, doch sie waren zu verblüfft, um sie aufzuhalten, als sie zielstrebig auf das verzierte Bett aus Ebenholz zuschritt, ihren Sohn vor sich hielt wie einen Rammbock und mit klarer Stimme die blasse Gestalt unter der Bettdecke anredete.

»Wer soll Euer Nachfolger auf dem Thron sein?«

Hsien-feng, der anscheinend schlief oder bewußtlos war, gab keine Antwort. Völlig verzweifelt, weil es vielleicht schon zu spät war, warf Yehe Nara den Knaben auf das Bett und hob die Stimme fast bis zum Schreien.

»Hier ist Euer Sohn!«

Hsien-fengs Augen öffneten sich und ruhten auf dem Knaben. Im Zimmer herrschte tiefes Schweigen, während seine Lippen sich bewegten.

»Natürlich«, sagte er schwach, »wird er auf den Thron folgen.« Dann setzte er hinzu, »seine Mütter sollen seine Regentinnen sein«.

Das waren die letzten Worte, die er sprach, denn wenige Minuten später war er tot.

Nach dem Tumult zu urteilen, der jetzt in dem Zimmer losbrach, war Yehe Naras kühner Schritt von Erfolg gekrönt. Jahre später erinnerte sie sich an diese Szene: »Ich möchte keinem wünschen, das zu erleben, was ich damals durchgemacht habe... Ich fühlte mich natürlich erleichtert, als diese Sache ein für allemal geregelt war.« Es war die erste große Krise in ihrem Leben, und sie hatte sie mit Bravour gemeistert, so schnell, daß sie gar nicht erst zum Überlegen gekommen war. Intuitiv hatte sie erfaßt, daß sie sich als Frau am Mandschu-Hof nur durch Kühnheit behaupten konnte.

Su Shun war bleich vor Wut. Indem der Kaiser seine letzten Worte vor den Ohren so vieler Beamter gemurmelt hatte, war Su Shuns Plan vereitelt, einen anderen auf den Thron zu heben. Das würde Su Shun dieser Frau nie verzeihen. Er war jetzt gezwungen, sich mit dem Kind dieser Konkubine abzufinden. Aber auf keinen Fall war er bereit, Hsien-fengs letzte Anordnung zu befolgen, daß die beiden Mütter des Knaben die Regentschaft übernehmen sollten.

Nachdem Mutter und Sohn von bewundernden Höflingen umringt und aus dem Zimmer geleitet worden waren, so daß man sich der Leiche des Kaisers annehmen konnte, traf sich die Achterbande heimlich und berief anschließend eine Versammlung ein, auf der ihre Mitglieder erklärten, sie fühlten sich durch den ursprünglich geäußerten Willen des Kaisers gebunden, daß sie und nicht die beiden Frauen in Form eines Rats die Regentschaft für das Kind übernähmen, wodurch jeder von ihnen in den Rang eines Sonderregenten erhoben worden sei. Da diese Ernennung bei vollem Bewußtsein des Kaisers erfolgt sei, habe sie mehr Gewicht als die Worte, die dieser kurz vor seinem Tod gemurmelt hatte, ohne ganz bei Sinnen zu sein. Auf dieser Versammlung wurde nichts darüber gesagt, welche Rolle den beiden Müttern zugedacht war. Als Regentschaftsrat würden sie im Namen des Kindkaisers die Regierungsgeschäfte führen, bis er volljährig geworden sei, und alle Entscheidungen selbst treffen. Um möglichen Einwänden von Hofbeamten zuvorzukommen, die während Yehe Naras dramatischem Auftritt anwesend waren, erklärte Su Shun bestimmt, der Regentschaftsrat werde sich in keiner Weise der Kaiserinwitwe oder der Mutter des Thronfolgers unterwerfen.

Das beunruhigte die anwesenden Mandarine, Prinzen und Offiziere sehr, doch niemand war sich darüber im klaren, wie man weiter verfahren sollte. Seit der letzten Regentschaft waren fast 200 Jahre vergangen, so daß keiner von den jetzt Lebenden darin Erfahrung hatte. Da die Achterbande in Jehol die Zügel fest in der Hand hielt und die Gegend ringsum von ihren Truppen abgeriegelt war, wagte niemand, Einwände zu erheben. Die Versammlung vertagte sich, und die Prinzen und Hofbeamten gingen in einzelnen Gruppen auseinander, um über diese beunruhigende Entwicklung zu beraten. Während der nächsten 24 Stunden hasteten alle, auch Prinz Tun und Prinz Chun, von einer Sitzung zur nächsten, um zu besprechen, was jetzt das Rechte und Richtige sei (ihre persönlichen Ambitionen behielten sie natürlich für sich). Inzwischen begann die Achterbande, die Dinge nach ihrem Geschmack zu regeln und zu prüfen, wie weit sie gehen konnte.

Vorsichtig bezeichneten sich ihre Mitglieder in offiziellen Schriftstücken als »Prinzen und Minister als Helfer in Staatsangelegenheiten«. Nachdem sie kühner geworden waren, änderten sie ihren gemeinsamen Titel um in »Prinzen und Minister des Großrats«. Von den acht waren eigentlich nur vier Großräte. Indem sie sich einen Titel anmaßten, den allein der Kaiser vergeben durfte, beriefen sich die übrigen vier unter Verletzung des Rechts selbst in den Großrat.

Die Reaktion auf Su Shuns Weigerung, die beiden Frauen in ihrem Rang zu erheben, stellte den Beginn eines eigenartigen Mandschu-Kampfes um Fragen der Etikette dar, bei dem die Kenntnis der Anstandsregeln das Schwert ersetzte. Statt direkt gegen die Achterbande vorzugehen und zu versuchen, ihrem Griff nach der Macht Einhalt zu gebieten, was sehr schnell zu Blutvergießen führen würde, erlaubten die Hausregeln der Mandschu den Hofbeamten, Fragen der Etikette zu erheben, die dasselbe Ziel haben konnten, nämlich Su Shun zu Fall zu bringen. In Jehol wußten alle, daß der Kaiser mit seinen letzten Worten die beiden Mütter zu Regentinnen ernannt hatte und daß die Mitglieder der Achterbande einen Putsch im Palast inszenierten, indem sie sich selbst zu Regenten ernannten. Ihre

Proteste, in der verblümtesten und unterwürfigsten Sprache vorgebracht, waren darauf gerichtet, den letzten Wunsch des Kaisers zu erfüllen und der Tradition zu genügen, indem die beiden Mütter des neuen Kaisers geehrt würden. Su Shun befand sich in einer Zwickmühle, da er sich einer Wand von anspruchsvollen Mandarinen und eitlen Prinzen gegenübersah, die alle versuchten, sich auf dem Gebiet der Tugend gegenseitig zu überbieten. Es war nur ein Gesellschaftsspiel der Mandschu, allerdings konnte es tödlich enden, da die Verletzung der Schicklichkeit mit Enthauptung oder Schlimmerem geahndet werden konnte. Seit Kaiser Yung-cheng hatte unter der Zensurbehörde ein Schreckensregiment geherrscht, das auf der strikten Einhaltung der Anstandsregeln beruhte. Der kleinste Fehltritt konnte als Verrat ausgelegt werden, und auf jeden Denunzierten wartete die gelbseidene Bogenschnur. Su Shun hatte sich seit Jahren dieser Methode bedient, um seine politischen Feinde einzuschüchtern oder Erpressungs- und Schmiergelder zu beschaffen, und er wußte, wie leicht sich das Blatt gegen ihn wenden konnte.

Da er daran gewöhnt war, seine Ziele im verborgenen zu verfolgen, entschloß sich Su Shun zu einem Ausweichmanöver und verlangte ein Gespräch unter vier Augen mit der verwitweten Kaiserin Niuhuru. Listig pries er sie überschwenglich und erklärte, nach bedauerlichen Verzögerungen, die nach dem Tod des Kaisers entstanden seien, müsse nunmehr offiziell sie zur Kaiserinwitwe des Reiches ausgerufen werden. Als Gegenleistung bat er sie, mit dem Regentschaftsrat zusammenzuarbeiten, indem sie eines der beiden kaiserlichen Siegel aufbewahrte, um damit von Fall zu Fall die Dekrete und Edikte abzusegnen, die vom Regentschaftsrat im Namen des Kindkaisers erlassen würden.

Kaiserin Niuhuru, eine liebenswürdige Mittzwanzigerin, hatte seit zehn Jahren im Palast gewohnt, ohne sich in dieser Zeit mehr als oberflächlich mit den Schwierigkeiten der Regierung vertraut zu machen, und sie wußte auch nichts von den am Hof üblichen Intrigen. Sie war keine Gegnerin für Su Shun und stimmte schließlich zu, worauf Su Shun sich verabschiedete und eine weitere Sitzung einberief.

Als der Hof sich versammelt hatte, gab Su Shun bekannt, daß Kaiserin Niuhuru offiziell zur Kaiserinwitwe erklärt worden sei. Er bekräftigte noch einmal, allein der Regentschaftsrat sei stellvertretend für das Kind verantwortlich für die Abfassung sämtlicher Edikte, allerdings in enger Zusammenarbeit mit der Kaiserinwitwe. Jedes Edikt würde zwei kaiserliche Siegel tragen, eines am Anfang und eines am Ende. Das eine Siegel befand sich in den Händen Su Shuns, das andere in der Obhut der neuen Kaiserinwitwe. Von Yehe Nara, der natürlichen Mutter des Knaben, sagte er kein Wort.

Erneut erhob sich gedämpfter Protest. Mehrere Beamte bezweifelten, daß es schicklich sei, die leibliche Mutter des Knaben völlig von diesem Verfahren auszuschließen, vor allem angesichts der letzten Wünsche des Kaisers. Die Gegner Su Shuns hatten einen Streitpunkt gefunden, um den sie sich scharen konnten.

Zähneknirschend schickte Su Shun Yehe Nara eine Botschaft, in der er sie um ein persönliches Gespräch bat. Es ist möglich, die nun folgenden Geschehnisse zu rekonstruieren, weil sie in groben Umrissen in späteren offiziellen Veröffentlichungen enthalten sind. Vor dem Gespräch in den Räumen der Pinien und Kraniche entwarf Su Shun den Plan, Yehe Nara den Titel einer Kaiserinwitwe anzubieten, das Siegel jedoch für seinen eigenen Gebrauch zurückzuhalten. Er nahm an, der volle Titel einer Kaiserinwitwe werde Yehe Nara beschwichtigen und ihre Vorwürfe entkräften. Als sie den Raum betrat, hatte sich ihr Äußeres völlig verändert. An die Stelle einer geschminkten Konkubine in schimmernder Seide war eine buddhistische Nonne getreten. Unmittelbar nach dem Tod ihres Gemahls hatte Yehe Nara alle Spuren ihres Make-ups entfernt und sich in grobes, weißes Sackleinen gehüllt: in China die traditionelle Kleidung der ersten Trauerphase. Wie es die Sitte verlangte, war ihr üppiges schwarzes Haar in Streifen aus weißem Tuch gewickelt. Zu dem Gespräch mit Su Shun erschien sie in einem Zustand höchster Erregung und war bemüht, ihre Gefühle der Trauer, Furcht und Wut zu beherrschen. Bevor er ein Wort sagen konnte, verlangte sie, er solle unverzüglich die letzten Wünsche des Kaisers erfüllen und sie zur Kaiserinwitwe und Mitregentin neben Niuhuru erklären sowie von seinem törichten Vorhaben ablassen, sich der Regentschaft zu bemächtigen.

Su Shun war auf einen solch unverblümten Angriff überhaupt nicht gefaßt. Er hatte im Sinn gehabt, Yehe Nara ebenso zu beschwatzen, wie er das mit Kaiserin Niuhuru getan hatte, doch die unverschämte Konkubine hatte statt dessen die offene Konfrontation gewählt. Bisher daran gewöhnt, daß Frauen sich seinen Wünschen willig fügten, war er für einen Augenblick sprachlos.

Da so viele Hofbeamte die letzten Wünsche Hsien-fengs mit angehört hatten, war Yehe Nara eher wütend als furchtsam. Mehrere ranghohe Mandarine hatten sie seitdem aufgesucht, um der Mutter des neuen Kaisers ihre Ehrerbietung zu bezeigen, wie dies nach dem

Tod eines Kaisers Sitte war. Sie hatten ihr außerdem unmißverständlich ihre Unterstützung zugesagt. Keiner von ihnen wollte sich mit der Achterbande anlegen, doch ihre Ermutigung stärkte ihren Willen, sich gegen einen Verräter zu stellen, der versuchte, aus ihrem Kind eine Marionette zu machen.

Wütend darüber, daß eine Frau es wagte, ihn einzuschüchtern, ging er lautstark zum Gegenangriff über und bemerkte bissig, Kaiserin Niuhuru habe eingewilligt, mit ihm zusammenzuarbeiten, und sei bereits zur einzigen Kaiserinwitwe ernannt worden. Sehe Yehe Nara denn nicht, daß die Kaiserin sie verachtete und niemals ihre Macht mit einer Konkubine teilen würde?

Yehe Nara fing ihn mit seinen eigenen Worten und erinnerte ihn verächtlich daran, daß er zur Mutter des neuen Kaisers sprach und nicht zu einer Konkubine. Er tue klug daran, ihr gegenüber bescheiden aufzutreten, wenn er nicht Gefahr laufen wolle, den Kaiser selbst zu beleidigen, nicht nur im Angesicht des Hofs, sondern auch in den Augen der Beamten und der Oberschicht in ganz China.

Dieser Tadel traf Su Shun an einem wunden Punkt. Wenn er etwas fürchtete, dann war es ein Bündnis seiner Feinde, weil er gegen die Etikette verstoßen hatte. Sie mochten über alles andere uneinig sein, aber bei einer angenommenen Beleidigung des Drachenthrons würden sie alle zusammenhalten. Vorläufig hatte Su Shun den Vorteil auf seiner Seite und wollte ihn auch nicht wieder verlieren, doch Yehe Nara hatte eine Befürchtung in ihm angesprochen, die seine Wut zügelte und ihn an die Notwendigkeit erinnerte, selbst Konkubinen gegenüber seine Schlauheit einzusetzen. Er blickte sie haßerfüllt an, drehte sich um und stürzte aus dem Zimmer.

Yehe Nara eilte sofort zu Kaiserin Niuhuru und erzählte ihr, was vorgefallen war. Sie erklärte, daß die Achterbande versuchte, die Macht zu ergreifen, und daß Su Shun alles daransetzte, zwischen ihnen beiden Zwietracht zu säen und sie gegeneinander auszuspielen. Sie befanden sich beide in großer Gefahr, ebenso der Knabe. Sie konnten sich am besten dadurch schützen, daß sie einander vor den Intrigen der Achterbande bewahrten.

Beunruhigt durch Yehe Naras Warnungen, willigte die junge Kaiserin ein, ihre Kräfte gegen Su Shun zu vereinigen. In ihrem Kummer hatte sie nicht bemerkt, was Su Shun in Wirklichkeit plante. Wenn ein neuer Kaiser gewählt wurde, dann wurde der Überlieferung gemäß seine natürliche Mutter in den Rang einer Kaiserinwitwe erhoben, auch wenn sie gar nicht mehr lebte. So war es nur recht und billig, daß Yehe Nara dieselbe Rangerhöhung zuteil wurde, und

Niuhuru forderte Su Shun sogleich auf, hier klare Verhältnisse zu schaffen.

Am nächsten Tag, dem 23. August 1861, war der Hof in Jehol versammelt, und Su Shun verkündete mit ausdrucksloser Stimme, daß Yehe Nara, bekannt als I Kuei-fei, die Konkubine der weiblichen Tugend, nun zusammen mit der verwitweten Kaiserin Niuhuru in den Rang einer Kaiserinwitwe erhoben war. Die beiden Frauen würden an den politischen Entscheidungen oder beim Abfassen von Edikten nicht beteiligt sein, doch als zeremonielle Galionsfiguren würde jede von ihnen ein kaiserliches Siegel behalten, das jedem Dekret am Anfang und am Ende als rein symbolische Geste aufgedrückt würde. Von nun an trug Kaiserin Niuhuru die Bezeichnung Kaiserinwitwe Tz'u-An, »östliche Kaiserin«, nach dem ihr zugewiesenen Palast in der Verbotenen Stadt, und Yehe Nara erhielt als Kaiserinwitwe den Namen Tz'u-Hsi, »westliche Kaiserin«.

Niemand war zufrieden, da der von Su Shun gewählte Kompromiß nach wie vor das zentrale Problem ausklammerte: Hsien-feng hatte die Witwen zu Regentinnen bestimmt und nicht die Achterbande. Doch aus Furcht protestierten die Hofbeamten wieder nur zaghaft.

Su Shun war überzeugt, daß dieses Arrangement mit den beiden Frauen ihm am Ende zum Vorteil gereichen werde. Da nun beide Kaiserinwitwen je ein kaiserliches Siegel hatten, würde seine Rolle bei der Abfassung der Edikte in den Hintergrund treten. Doch in diesem Punkt irrte er sich. Er und seine Kumpane hatten sich unabsichtlich selbst ein Problem geschaffen. Sie hatten nicht damit gerechnet, daß die beiden Frauen, die selbständig denken konnten, sich nicht damit begnügen würden, die Edikte mit den Siegeln zu verzieren. Rechtlich lag es nunmehr in ihrem eigenen Ermessen, die Dokumente nicht mit dem Siegel zu versehen, wenn sie deren Inhalt nicht zustimmten oder einen Migräneanfall hatten. Und zu Su Shuns großem Leidwesen taten sie genau dies.

Inzwischen hatten sich seine Gegner in Peking zu einer Gegenverschwörung zusammengeschlossen. Auf Drängen des Prinzen Kung wurden die Witwen von mächtigen Mandarinen aus dem ganzen Reich ermutigt. Erfüllt von konfuzianischer Tradition, waren sie überzeugt, daß den Witwen weit mehr als nur eine symbolische Aufgabe zukam; diese Frauen waren ein wichtiges Glied in der Kette der kaiserlichen Befehle. Nachdem sie vom Tod Hsienfengs erfahren hatten, taten diese Beamtengelehrten das, was die

Tradition ihnen unter diesen Umständen als das Richtige vorschrieb: Ihre für den Kaiser bestimmten Denkschriften schickten sie nicht an Su Shun, sondern an die beiden Kaiserinwitwen. So verfuhr beispielsweise auch General Seng. Damit machten er und andere hohe Militärs und Zivilbeamte aktenkundig, daß die Kaiserinwitwen die eigentlichen Hüterinnen des Kaisers waren, die Bewahrerinnen der kaiserlichen Siegel und die Verwalterinnen des Staates. Die Unterwerfung von General Seng unter die Autorität der beiden Frauen, ohne mit einer Silbe die angemaßte Regentschaft der Achterbande zu erwähnen, führte dazu, daß in Jehol eine höchst prekäre Situation geschaffen wurde. Yehe Nara hatte Su Shun gewarnt, wenn er sie beleidige, beleidige er den Kaiser, und damit schaufle er sich sein eigenes Grab. Da Seng der mächtigste General in Nordchina war, bedeutete die Anerkennung der Kaiserinwitwen durch ihn zugleich seine militärische Unterstützung, falls sie notwendig werden sollte. Die Achterbande dachte es besonders schlau anzustellen, als sie unwillentlich ihr Schicksal in die Hände von zwei unbedeutenden Frauen legte. Das sollte sie bitter bereuen.

In Peking war Prinz Kung erschüttert über die Nachricht von Hsien-fengs Tod und erzürnt, daß man ihn nicht zum Regenten oder zumindest zum Prinzratgeber des Kindkaisers ernannt hatte. Sogleich setzte er seine eigenen Pläne in die Tat um, da er wußte, daß die Achterbande, wenn man ihr nur die Gelegenheit dazu gab, ihn zum Sündenbock für die Besetzung der Alliierten und die Zerstörung des Sommerpalasts machen würde. Kung verschärfte die Sicherheitsmaßnahmen in Peking und instruierte seine Anhänger und Berater, ganz besonders verschwiegen zu sein: Su Shun hatte viele Spitzel in der Hauptstadt. Mit Hilfe von Gelehrten der Hanlin-Akademie verschickte er Briefe in die entfernteren Provinzen und bat um Unterstützung.

Nachdem man ihm in den vergangenen Monaten mehrfach die Erlaubnis verweigert hatte, seinen Bruder in Jehol zu besuchen, hatte Prinz Kung nunmehr einen legitimen Grund, sich dorthin zu begeben, da die Hofetikette und die konfuzianische Ethik von ihm verlangten, den sterblichen Überresten des Kaisers seine Ehrerbietung zu bezeigen. Dies konnte von Su Shun nicht zurückgewiesen werden. Am 5. September 1861 brach der Prinz in Peking auf. Um keinen Argwohn zu erregen, ließ er sich lediglich von einigen Leibwächtern begleiten. Er machte die lange Reise ohne Unterbrechung und begab sich unverzüglich in die Leichenhalle, wo der Leichnam Hsien-fengs, umringt von hochgestellten Trauergästen, feierlich aufgebahrt lag.

Ebenfalls anwesend waren die Kaiserinwitwen Tz'u-Hsi und Tz'u-An. Sie waren kaum auf das vorbereitet, was folgen sollte.

Als Prinz Kung, in weißes Sackleinen gekleidet, eintrat und seinen toten Gefährten aus Kindertagen liegen sah, füllten sich seine Augen mit Tränen, und er brach zusammen. In den Hofberichten heißt es: »Kaum hatte er sich dem Leichnam genähert... als er zu weinen begann. Jedermann schien bewegt von seinem sichtlichen Schmerz. Jeder der in der Halle Anwesenden weinte ebenfalls. Niemand hatte Hsien-fengs Tod so offensichtlich betrauert wie Prinz Kung.«

Sein Kummer wirkte sich besonders auf Tz'u-Hsi aus. In ihrem ganzen restlichen Leben wurde sie stets aufs neue betrübt und zog sich von ihren Pflichten zurück, wenn der Monat sich wieder jährte, in dem Hsien-feng gestorben war. Sie schloß die Palasttheater, wollte bei keinem Spiel mehr mitmachen und verbot allen, in ihrer Anwesenheit zu lachen. Ganz in Schwarz gekleidet (die Farbe der zweiten Trauerphase) bis hin zu schwarzen Taschentüchern, weinte sie den ganzen Monat immer wieder und hörte selbst als alte Frau nicht auf, ihren jungen Gemahl zu beklagen. Sie teilte nicht das Urteil der Historiker, für die er ein Versager gewesen war.

Nachdem er seine Fassung wiedergewonnen hatte, bat Prinz Kung um eine Unterredung mit Su Shun und seinen obersten Spießgesellen, Prinz Yi und Prinz Cheng, und den beiden Kaiserinwitwen. Wie Kung von seinen Spähern in Jehol wußte – unter ihnen der aufgebrachte Prinz Tun und der ernüchterte Prinz Chun –, hatte die Achterbande gerade Wichtiges zu beraten, so daß ein Gespräch mit den beiden Frauen allein möglich war, ohne daß der Anschein erweckt wurde, genau dies sei seine Absicht gewesen. Sie sprachen über eine Stunde miteinander, und Kung weihte sie in seine Verschwörung ein, Su Shun zu stürzen.

Kung fand außerdem die Zeit, seine Brüder zu treffen. Chun, der siebte Prinz, war durch Su Shuns diktatorisches Verhalten ernüchtert. Als Chun von den Geheimberatungen ausgeschlossen wurde, bot er sich dem Prinzen Kung als Spion an. Der älteste der königlichen Halbbrüder, Prinz Tun, war enttäuscht über die unehrlichen Machenschaften in Jehol und stand nunmehr insgeheim auf der Seite von Prinz Kungs Koalition. Zum ersten und einzigen Mal in ihrem Leben hörten die Prinzen auf, sich gegenseitig zu befehden, und hielten zusammen – was ein verblüffendes Ergebnis zeitigte.

Während seines Aufenthalts in Jehol war Prinz Kung sehr vorsichtig, wohnte allen Trauerzeremonien bei und beachtete alle Einzelheiten des Protokolls. Kein einziges Mal protestierten er oder seine

Brüder gegen die selbsternannten Regenten der Achterbande. Er zeigte sich gegenüber Su Shun und dessen Kumpanen besonders ehrerbietig und entwaffnete sie durch sein zur Schau getragenes freundliches Verhalten. Auch blieb er nicht länger als nötig und kehrte am 11. September nach Peking zurück, um sich dort mit seinen Parteigängern zu beraten. Sie waren in seiner Abwesenheit nicht müßig gewesen, und drei Wochen nach Hsien-fengs Tod konnten sie bereits die nächste Phase der Verschwörung einleiten.

Jetzt begannen hohe Beamte Denkschriften nach Jehol zu schikken, in denen sie die beiden Kaiserinwitwen baten, anstelle Su Shuns und seiner Gruppe die direkte Verwaltung des Reiches als Regentinnen zu übernehmen, wie der letzte Kaiser es angeordnet hatte. Zwei Großsekretäre, ein Zensor und andere schlossen sich diesem Ruf nach einer Regentschaft der beiden Frauen an.

Die erste und mutigste dieser Denkschriften erregte allgemeine Aufmerksamkeit. Sie unterstützte nachdrücklich das Recht der Kaiserinwitwen und verurteilte den Ausschluß des Prinzen Kung aus der Liste der Sonderregenten. Es sei »angemessener und überzeugender«, hieß es darin, ein oder zwei ranghohe Mitglieder des kaiserlichen Clans als Regenten oder Berater zu wählen, um den Kindkaiser und die Kaiserinwitwen in Staatsangelegenheiten zu unterstützen.

Aufgebracht entwarf die Achterbande ein Dekret im Namen des jungen Kaisers, in dem jene zurechtgewiesen wurden, die die Kühnheit besessen hatten, eine Regentschaft durch die beiden Frauen vorzuschlagen. Als man die Kaiserinwitwen aufforderte, dem Dekret mit ihren Siegeln Rechtskraft zu verleihen, weigerten sie sich. Diese Strategie war das Hauptthema der Zusammenkunft Prinz Kungs mit den beiden Frauen während seines Besuchs in Jehol gewesen. Er brauchte ihre Hilfe durch die Verweigerung der Siegel in Jehol, sobald er von Peking aus begann, auf die Achterbande Druck auszuüben, so daß diese dadurch in eine Zwickmühle geriet.

Su Shun schlug zurück, indem er die für die kaiserliche Hofhaltung bestimmten Gelder sperrte, doch die beiden Frauen blieben unnachgiebig. Er sorgte dafür, daß in die Zimmer der Pinien und Kraniche weder Nahrungsmittel noch Wasser gebracht wurden und ließ die beiden Frauen und ihren Anhang aus Hofdamen und Eunuchen vier Tage lang Hunger und Durst leiden, bis sie schließlich kapitulieren mußten.

Su Shuns Dekret, das stilistisch so abgefaßt war, als käme es von dem fünfjährigen Kindkaiser selbst, enthüllte ebenso die Ernsthaftigkeit der Absichten wie die Torheit der Achterbande: »Niemals in der Geschichte unseres Volkes hat es eine Regentschaft durch eine Kaiserinwitwe gegeben... Seine Majestät, der verstorbene Kaiser Hsienfeng, hat als letzten Willen verfügt, daß mir acht Sonderregenten zur Seite stehen, und hat sie auch ernannt... Deshalb sind die Behauptungen in der Denkschrift... unsinnig... Sie können nicht hingenommen und dürfen nicht mehr wiederholt werden.« Dem folgten zwei weitere Edikte aus Jehol; der Leichnam des Kaisers werde in einer Prozession nach Peking gebracht, die am 26. Oktober in Jehol aufbrechen werde, und der neue Kaiser werde am 11. November in Peking den Thron besteigen.

Für Su Shun, der nicht merkte, welche Fallen für ihn aufgestellt wurden, schien die Frage der Regentschaft geklärt, so daß er nach Peking zurückkehrte, ohne zu befürchten, daß seine absolute Herrschaft von irgendeiner Seite herausgefordert würde. Er berief den Vizekönig von Chihli, der Provinz, die Peking umgab, nach Jehol. Dieser sollte ihm über die Sicherheit der Straßen Bericht erstatten. Anschließend wies Su Shun ihn an, dem Hof 200 Wagen für die Rückreise zu beschaffen. Es sollte zwei getrennte Prozessionen geben. In der ersten sollten die Kaiserinwitwen und der junge Kaiser reisen. Die Tradition gebot, daß der neue Kaiser sich rechtzeitig in Peking befand, um die sterblichen Überreste seines Vaters entgegenzunehmen. Später würde Su Shun Jehol mit dem Leichnam Hsienfengs in einem großen Trauerzug verlassen. Als normale Vorsichtsmaßnahme gegen Banditen bestimmte Su Shun eine Leibwache und zwei Angehörige der Achterbande als Begleitung für die Kaiserinwitwen und den Knaben.

Als die Nachricht von der geplanten Prozession Peking erreichte, schickte Prinz Kung seine eigene Militäreskorte für Niuhuru und Yehe Nara nach Jehol, die unter dem Befehl seines vertrauenswürdigsten Generals, Sheng-pao stand, des kaiserlichen Kommissars, der für die Aufrechterhaltung von Frieden und Ordnung in Peking verantwortlich war. Diese Position berechtigte ihn, ohne besondere Erlaubnis nach Jehol zu reisen, um »bei der kaiserlichen Rückkehr behilflich zu sein«.

Sheng-pao kam am 18. September 1861 in Jehol an und stattete mit Su Shuns Erlaubnis den Kaiserinwitwen und dem Kindkaiser einen Höflichkeitsbesuch ab. Dies stellte für einen hohen Beamten oder Militärbefehlshaber einen normalen Vorgang dar. Seine Zurückhaltung und seine zur Schau getragene überschwengliche Höflichkeit zerstreuten bei Su Shun allen Argwohn, und Sheng-paos Name wurde von der Liste der Personen gestrichen, die man besonders im Auge behalten wollte. Prinz Chun spielte den Mittelsmann für mündliche Botschaften von den Kaiserinwitwen an Sheng-pao und von diesem an Prinz Kung in Peking.

Als alle Vorbereitungen für die Rückreise des Hofs getroffen waren, bot die sich von Jehol nach Süden bis zur Großen Mauer windende Straße erneut ein Schauspiel buntflatternder Fahnen. Die Kaiserinwitwen Tz'u-An und Tz'u-Hsi brachen als erste mit dem Kindkaiser und mehreren Beamten auf und schlugen unter der Führung von General Sheng-pao mit seiner gutbewaffneten Kavallerie ein hohes Tempo an. Su Shun und seine Begleiter folgten langsamer hinterher und eskortierten den kaiserlichen Sarg in einer traditionellen Trauerprozession. Jeden Abend wurde in einem der am Weg gelegenen Palais Rast eingelegt.

Die Gegenverschwörer hatten vor, die Achterbande zurück in die Hauptstadt zu locken. Solange deren Mitglieder in Jehol blieben, wurden sie von einer loyalen Streitmacht geschützt. Wenn man sie jedoch dazu nötigen konnte, ihre entlegene Zuflucht zu verlassen, ließen sie sich in den Engpässen in den Bergen südlich der Großen Mauer abfangen.

Dank ihres Tempos überwanden General Sheng-pao und die Kaiserinwitwen die Strecke, die normalerweise zehn Tage in Anspruch nahm, in sechs Tagen. Sie kamen so am Morgen des 1. November in Peking an, drei Tage vor dem eigentlichen Trauerzug. Überall um die Hauptstadt hatte Prinz Kung Truppen aufgestellt, die den Anschein erweckten, sie seien die Fahnenwache, die den Hof bei seiner Ankunft begrüßte.

Nachdem Tz'u-An und Tz'u-Hsi in der Verbotenen Stadt eingetroffen waren, kamen sie mit Prinz Kung, Großsekretär Kuei-liang, Großrat Wen-hsiang und anderen Würdenträgern zusammen. Am nächsten Tag wurde ein Dekret im Namen des Kindkaisers erlassen und mit den Siegeln der Kaiserinwitwen versehen. Es enthielt den Befehl, die Mitglieder der Achterbande, »für deren gewissenlose Doppelzüngigkeit, Korruptheit und unrechtmäßige Machtanmaßung genügend Beweise vorliegen«, aller politischen Ämter zu entheben, zu verhaften und eine Untersuchung ihrer Loyalität gegenüber dem Thron einzuleiten.

Zwei von Su Shuns Mitverschwörern, die die Kaiserinwitwen auf der Reise nach Peking eskortiert hatten, Prinz Yi und Prinz Cheng, wurden sogleich verhaftet. Die übrigen, die noch unterwegs waren, wurden wegen »Subversion des Staates« und einer verfehlten Außenpolitik (im Zusammenhang mit der Invasion der Alliierten) unter Anklage gestellt. Das Edikt, das am Tag vor Hsien-fengs Tod die Achterbande zum Regentschaftsrat erklärt hatte, wurde zu einer Fälschung erklärt, die einem politischen Umsturz gleichkomme.

Prinz Kung entsandte General Sheng-pao mit einer starken Kavallerietruppe, um die übrigen Verschwörer abzufangen. Sie überraschten die Achterbande in der Stadt Panpitien am Fuß der Großen Mauer. Prinz Chun, der mit dem Trauerzug gereist war, gab seine Doppelrolle zu erkennen und erhielt die ehrenvolle Aufgabe, Su Shun persönlich zu verhaften.

Für ein Reich, in dem der Regierungsapparat sich gewöhnlich im Schneckentempo bewegte, wurde die Untersuchung des Verrats außerordentlich rasch zum Abschluß gebracht. Zwei kaiserliche Dekrete vom 3. und 5. November bezogen sich ausschließlich auf Su Shun und redeten eine deutliche Sprache. Man beschuldigte ihn des Hochverrats, der Amtsanmaßung, der Bestechlichkeit und überhaupt einer »unsäglichen Niedertracht«; keines seiner Verbrechen sollte einer gerichtlichen Strafe entgehen. Alle Titel und Auszeichnungen wurden ihm aberkannt, sein gesamter Besitz in Peking und Jehol eingezogen, und man begann, den verborgenen Schatz zu suchen, den er irgendwo versteckt haben mußte. Obgleich noch kein Urteil ergangen war, wurde in Edikten bereits jeder davor gewarnt, Vermögensteile Su Shuns beiseite zu schaffen, sonst drohe ihm »dieselbe Strafe, die über Su Shun verhängt werden wird«.

Die Verbrechen, deren sich die Achterbande im einzelnen schuldig gemacht hatte, wurden in einem Edikt vom 8. November veröffentlicht:

»Am Todestage [Hsien-fengs] behaupteten diese drei Verräter, als Regentschaftsrat bestallt zu sein, aber tatsächlich hatte Seine verstorbene Majestät ihnen kurz vor seinem Tode befohlen, uns [die Kaiserinwitwen] als Nachfolger einzusetzen, ohne ihnen [den Mitgliedern der Achterbande] irgendwelchen Auftrag zu geben, als Regenten zu fungieren. Sie selbst maßten sich vielmehr jenen Titel eigenmächtig an... Obendrein gehorchten sie nicht den persönlichen und ausdrücklichen Befehlen der Kaiserinwitwen... sie bestanden sogar öffentlich bei Audienz auf ihrem Anspruch, unsere Regenten zu sein und den Kaiserinnen den Gehorsam zu verweigern...

Was nun Su Shun anbetrifft, so wagte er es, sich unverschämter Weise auf den kaiserlichen Thron zu setzen, auch betrat er den Palast ohne Aufforderung, ob dienstlich oder nicht. Er ging soweit, das kaiserliche Mobiliar für seine eigenen Zwecke zu benutzen... Er hat wirklich eine Sonderaudienz bei den Kaiserinnen verlangt, und seine Worte, als er sie anredete, deuteten auf den schlauen Wunsch hin, sie gegeneinander auszuspielen und Zwietracht zwischen ihnen zu säen...«

Die einzige noch offene Frage war die Art der Bestrafung. Als Prinzen von Geblüt wurde Prinz Yi und Prinz Cheng gestattet, Selbstmord zu begehen. Den niedrigerstehenden Mitgliedern der Bande wurden alle Ränge und Auszeichnungen aberkannt, und sie wurden in Ungnade in entlegene Orte in den westlichen Wüsten verbannt. Der einzige aus der Achterbande, der nicht bestraft wurde, war Prinz Kungs Schwager Ching-shou. Wie es hieß, wurde er wegen seiner Familienbeziehungen verschont, doch der wirkliche Grund war, daß er innerhalb der Bande Prinz Kungs »Maulwurf« war. Er erhielt eine Belohnung statt einer Strafe, behielt sein Herzogtum und bekleidete bis zu seinem Tod 1889 mehrere hohe Ämter.

Über das Schicksal Su Shuns mußte gesondert beraten werden, da er beide Kaiserinwitwen persönlich beleidigt, drangsaliert und ihnen Speise und Trank vorenthalten hatte; dafür konnte er bei ihnen kaum auf Nachsicht rechnen. In dem von den Kaiserinnen am 8. November erlassenen Edikt hieß es, er habe einen langsamen Tod verdient, den »Tod der tausend Hiebe«. Es war eine klassische Form der Hinrichtung, die von jeder Dynastie in der Geschichte Chinas praktiziert und in Europa unter der Inquisition von Dominikanermönchen regelmäßig als Foltermethode angewandt wurde. Diese Strafe mag als schaudervoller Beweis dienen, wie hart Tz'u-Hsi sich für erlittene Kränkungen rächen konnte, doch andererseits wurde sie bei Hochverratsdelikten häufig angewandt. Wahrscheinlich entschied sich Tz'u-Hsi dafür, weil sie ihr als die abschreckendste der Strafen erschien, die man ihr als Alternativen genannt hatte, denn sie hatte mit Enthauptungen und Folterungen nicht mehr Erfahrungen als jede andere der Hofdamen.

Nach einer langen Debatte des Clangerichts wurde jedoch beschlossen, »um die Würde unserer kaiserlichen Familie zu wahren«, Su Shun einfach zu enthaupten. Wo das Urteil vollstreckt werden sollte, war allerdings noch offen.

Normalerweise wäre ein Mann vom Rang Su Shuns nicht öffentlich an dem hierfür vorgesehenen Platz – dem Pekinger Gemüsemarkt an der Straße der Gemüsehändler – hingerichtet worden. Hier geschah es trotzdem, um den Tod für ihn noch schändlicher zu machen. Offenbar wollten die beiden Kaiserinwitwen, daß alle das beschämende Schauspiel mitansehen konnten. Su Shun hatte ihnen in Jehol Grund genug gegeben, ihn zu verabscheuen. Er bezahlte dafür, als sein Kopf vor dem Pöbel in einen Haufen Kohlköpfe rollte. Bland und Backhouse erfanden 50 Jahre später den »wahren Grund« für die Hinrichtung Su Shuns. So wie sie es darstellten, war er nicht für seinen Hochverrat und die Palastrevolte bestraft worden, sondern weil er Tz'u-Hsis sexuelle Angebote abgelehnt und ihr bestimmt erklärt hatte, »zu viele Männer hätten ihre Reize kennengelernt, als daß er den Wunsch verspüre, dieser großen Gesellschaft ebenfalls anzugehören«.

Obgleich mandschufeindliche Propagandisten später immer wieder behaupteten, Tz'u-Hsi sei der eigentliche Kopf hinter allen späteren Ereignissen gewesen, spricht nichts dafür, daß eine der beiden Kaiserinnen zum damaligen Zeitpunkt mehr gewesen wäre als eine Mitwirkende in dem wesentlich umfassenderen Machtkampf zwischen Prinz Kung und Su Shun. Bland und Backhouse betonen, daß sie »den kühnen Plan zur Ausführung brachte, der den Verschwörern das Genick brach und sie selbst an die Spitze der Regierung über China stellte«. So war es eben nicht. Auf sich allein gestellt, waren die beiden Frauen auf Gedeih und Verderb Su Shun ausgeliefert.

Prinz Kung hätte Emissäre schicken können, um sich mit den Kaiserinnen zu beraten und ihr geheimes Einverständnis einzuholen, bevor er sie bei seinem Besuch in Jehol selbst um ihre Unterstützung bat. Doch eine Behauptung wie die von Backhouse, »Prinz Kung... [stand] inzwischen in geheimem Briefwechsel mit [Tz'u-Hsi], die [er]... schon als den hervorragendsten Geist der Verbotenen Stadt erkannt [hatte]«, ist der Unsinn eines Mannes, der unter der Wahnvorstellung litt, Frauen seien grundsätzlich dämonische Intrigantinnen. Keine der beiden Kaiserinwitwen konnte lesen oder schreiben, so daß sie wohl kaum in der Lage waren, eine Geheimkorrespondenz mit Prinz Kung oder gar mit den Gouverneuren, Vizekönigen und anderen hohen Beamten zu führen, um sich deren Unterstützung zu sichern. In Wirklichkeit war der Träger der Handlung ein großes und gut eingespieltes Orchester und nicht eine Solokünstlerin.

Bland und Backhouse verbreiteten die aberwitzige Behauptung, Kaiser Hsien-feng sei in Jehol geblieben, um zu verhindern, daß Tz'u-Hsi – damals nur eine hilflose Yehe Nara – mit ihrem wahren Geliebten, dem Mandschu-General Jung-lu, in Peking zusammenkam. Andere behaupten, es sei allein Yehe Nara gewesen, die Hsien-feng überredet habe, nach Jehol zu fliehen, so daß sie die Schuld an der Zerstörung des Sommerpalasts trage, eine Behauptung, die dem Andenken Sir Harry Parkes' einen schlechten Dienst erweist. Ein britischer Autor erklärt kategorisch: »1861 brachte [Yehe Nara] den Kaiser durch Gift um.« Ohne jede Kenntnis von der peinlich genauen Überprüfung sämtlicher Arzneimittel im Mandschu-Palast aus Angst vor Giftanschlägen behauptet er, sie sei verantwortlich für die Medikamente des Kaisers gewesen und habe mit Hilfe ihres langjährigen Komplizen, des Tag und Nacht auf Böses sinnenden Eunuchen Li Lien-ying, nach und nach die Dosis erhöht. Nach einem westlichen Autor, der die Geschichte um eine eigene Ausschmückung bereichert, überredete Su Shun den Kaiser, ein Geheimdekret zu unterzeichnen, in dem Yehe Nara befohlen wurde, nach dem Tod des Kaisers Selbstmord zu begehen. Er erklärt uns jedoch nicht, warum Su Shun keinen Gebrauch davon machte, sondern versichert uns, niemand habe dieses Dekret je zu Gesicht bekommen, da es von Yehe Nara gestohlen worden sei. In einer weiteren Fassung dieser Dichtung heißt es, der sterbende Hsien-feng habe der Kaiserin Tz'u-An ein Geheimdekret übergeben, das sie vor Yehe Nara schützen sollte und »von dem sie nur im äußersten Notfall Gebrauch machen sollte«. Darin hatte der Kaiser angeblich geschrieben, Yehe Nara sei »verschlagen und tatkräftig«, und wenn sie Schwierigkeiten mache, habe Tz'u-An das Recht, sie hinrichten zu lassen. Ein solches Dekret ist bislang nicht aufgetaucht, nicht einmal zu der Zeit, als die beiden Kaiserinwitwen zerstritten gewesen sein sollen. Andererseits verschwand Li Fei unmittelbar nach Hsien-fengs Tod, was weit mehr Anlaß zu Spekulationen darüber gibt, welchen Anteil möglicherweise sie an all den Ereignissen hatte. Ohne daran zu denken, daß Tz'u-Hsi weder lesen noch schreiben konnte, wiederholen andere die Platitüde, sie habe dem todkranken Kaiser stundenlang Staatspapiere vorgelesen und ihm Ratschläge erteilt, da sie ihn sexuell von sich abhängig gemacht habe, während der Kaiser in Wirklichkeit bestenfalls von Li Fei abhängig war. Diese Autoren sind sich im allgemeinen darin einig, daß Yehe Nara hinter all den Tragödien steckte, von denen die Ching-Dynastie seit dem Tag, als sie die Verbotene Stadt zum erstenmal betrat, ein halbes Jahrhundert lang getroffen wurde. Es ist eine reichlich schlichte Auffassung von Geschichte.

1861 verlief die wirkliche Front zwischen der Achterbande und der rivalisierenden Koalition aus Mandschu-Vornehmen und ranghöchsten chinesischen Regierungsbeamten unter der Führung des Prinzen Kung. Su Shun verlor den Kampf nicht, weil ihm eine mandschurische Lady Macbeth mit ihren Giftanschlägen und ihrer Sexbesessenheit das Spiel verdorben hätte, sondern weil Prinz Kung ihn ausmanövrierte. Und Prinz Kung tat lediglich das, was schon frühere Herrscher als unbedingte Notwendigkeit angesehen hatten, um gut regieren zu können: alle Rivalen zu beseitigen, die nach der Macht strebten. Er brauchte kurzfristig die Unterstützung der Kaiserinwitwen, um Su Shun in die Zange zu nehmen; langfristig brauchte er sie als Symbole der Legitimität, wenn die Staatsgewalt zurück in die traditionellen Machtzentren verlagert wurde, die er und seine Mitstreiter in Peking kontrollierten.

Yehe Nara begann die Reise nach Jehol als eingeschüchterter Flüchtling vor dem Angriff auf den Sommerpalast. Sie war dabei in einem ebenso unschuldigen Zustand wie die fünfzehnjährige Jane Grey während der Thronfolgekrise unter den Tudors 1553. In Jehol war sie umgeben von verschwörerischen, skrupellosen Höflingen, die vor nichts zurückschreckten, um sich der Herrschaft über den Thron zu bemächtigen, und die nicht gezögert hätten, sie oder jede andere Person für ihre eigenen Zwecke einzuspannen. Hätte sie, wie Jane Grey, passiv mit den Verschwörern zusammengearbeitet, statt ihnen von Anfang an feindselig gegenüberzustehen, hätte sich Su Shun die Chance nicht entgehen lassen, sie und ihren Sohn zu einem Bestandteil seiner Verschwörung zu machen. Sie wäre dann auch eines der Ziele von Prinz Kungs Gegenputsch gewesen und am Ende wie Lady Jane enthauptet worden. Statt dessen blieb sie inmitten des feindlichen Lagers ganz auf sich allein gestellt und wählte den gefährlichen, aber richtigen Weg, auf der Thronfolge ihres Kindes und auf ihrer eigenen Anerkennung als Kaiserinwitwe zu bestehen. Es spricht für sie, daß sie Su Shun die Stirn bot, noch bevor sie von Prinz Kung aufgesucht wurde und die umfassende Verschwörung erkannte, an deren Spitze er stand. Ihr eigenständiges Vorgehen in Jehol legte den Grundstein zu ihrem Ruf in China als einer Frau von großer Charakterstärke und für das Ansehen, in dem sie in den kommenden Jahrzehnten bei den chinesischen hohen Gelehrtenbeamten stand. Sie verschaffte sich die Achtung von Männern, denen es aufgrund ihrer konfuzianischen Erziehung sehr schwerfiel, einer Frau in irgendeiner Hinsicht Respekt zu zollen.

Das Schicksal von Li Fei bleibt ein Geheimnis. Da sie bis zum Ende an der Seite des Kaisers ausharrte, war möglicherweise sie der eigentliche Anlaß für den hartnäckig sich haltenden Mythos, es sei eine seiner Konkubinen gewesen, die bei seinem Tod nachgeholfen hatte. Ist es wirklich denkbar, daß sie Hsien-feng überreden konnte, aus Peking zu fliehen, sich in Jehol zu verstecken, bis die fremden Teufel wieder verschwunden waren, und sich dort nur noch Trinkgelagen hinzugeben? Wenn ihn jemand auf Abwege führte, dann war es sein oberster Ratgeber, Su Shun, der sich dabei der Unterstützung Li Feis bediente oder auch nicht. Wir werden es nie erfahren, denn die Mutter von Prinzessin Jung An verschwand spurlos, sei es durch Mord oder Selbstmord.

In einer Depesche nach Washington unterrichtete der erste US-Gesandte mit Botschaft in Peking, Anson Burlingame, den Außenminister, »es gab eine Palastrevolution in Peking, in deren Verlauf die Mitglieder des alten Regentschaftsrats gestürzt und zum Tod verurteilt, in die Verbannung geschickt oder degradiert wurden. Die Kaiserinwitwe [Tz'u-An] wurde zur Regentin ausgerufen, und Prinz Kung... ist ihr oberster Minister«.

Der amerikanische Gesandte wußte nicht, daß es *zwei* Kaiserinwitwen im Palast gab. In Berichten über China waren solche Irrtümer eher die Regel als die Ausnahme. Als Gemahlin des Kaisers wurde Yehe Nara mit Li Fei verwechselt. Nachdem sie jetzt Tz'u-Hsi genannt wurde, lag es nahe, sie mit Tz'u-An zu verwechseln. Burlingames Irrtum ist seitdem immer wieder begangen worden. Als sie 1908 starb, nachdem sie fast ein halbes Jahrhundert lang das Reich regiert hatte, bekam es selbst die ansonsten äußerst gewissenhafte *New York Times* nicht richtig hin und bezeichnete Tz'u-Hsi in ihrem Nachruf beharrlich als Tz'u-An. Und über 80 Jahre nach diesem Fauxpas in ihrem Nachruf veröffentlichen Wissenschaftler am East Asia Institute der Harvard University immer noch Bücher, in denen nur eine einzige Kaiserinwitwe vorkommt: Tz'u-Hsi, als hätte es Tz'u-An nie gegeben.

4
Hinter einem Gazevorhang

Der Gegenputsch von Prinz Kung wurde mit der Inthronisation des neuen, fünfjährigen Kaisers in der Thronhalle der Großen Harmonie abgeschlossen. Eine neue Regierungszeit wurde ausgerufen, und der Knabe erhielt den Titel Kaiser T'ung-chih. Dies bedeutete soviel wie Rückkehr zur Ordnung sowie gemeinsame Herrschaft, womit eine neue Regierungsperiode auf der Grundlage einer Koalition gemeint war. Dadurch sollten vor allem zwei Probleme umgangen werden: eine echte Regentschaft und eine unmittelbare Regierung durch zwei Frauen.

Unter den Mandschu hatte der Titel eines Regenten den Beigeschmack eines Thronräubers angenommen. In all den Jahren der Ching-Dynastie hatte es mit Dorgon nur einen einzigen offiziellen Regenten gegeben, der sechs Jahre lang unumschränkt herrschte, nachdem die Mandschu 1644 in China das Ruder übernommen hatten. Als er ganz plötzlich starb (er wurde vermutlich ermordet), verleumdeten seine Feinde ihn so gründlich, daß sein Bild und das Bild eines Regenten einen nicht wiedergutzumachenden Schaden davontrugen. Deshalb wollte 1861 niemand eine echte Regentschaft, da sie möglicherweise die Herrschaft eines Dorgon bedeutete.

Noch abschreckender war die Vorstellung einer unmittelbaren Regierung durch Frauen. Es hatte schon früher Regentinnen in China gegeben, doch nur während ganz kurzer Episoden, als es notwendig wurde, einen Kaiser vom Thron abzusetzen, einen Prinzen zu inthronisieren oder sich einem Feind zu ergeben. Bei diesen Gelegenheiten wurde eine Kaiserinmutter oder eine verwitwete Kaiserin aufgefordert, vorübergehend, als reine Notstandsmaßnahme, als Regentin das Staatszepter in die Hand zu nehmen. Der berühmteste Fall war der der Kaiserin Lu 170 v. Chr. Sie war die erste Kaiserinwitwe, die kaiserliche Edikte im eigenen Namen erließ und selbst zwei Nachfolger auf den Drachenthron ernannte und damit einen Präzedenzfall schuf. Angeblich vergiftete sie einen der beiden, als dieser aufsässig wurde. Im Jahr 74 v. Chr. erhob der mächtige General Huo Kang vorübergehend eine Kaiserinwitwe in den Rang einer Regentin, um den Prinzen Chang yi als Herrscher abzusetzen. Zwölfhundert Jahre später, 1127 n. Chr., wurden die Sung-Kaiser von den Dschurdschen gefangengenommen und verschleppt; der Strohmann, der an ihrer Stelle regierte und selbst keine Ambitionen auf den Thron hatte, erhob eine kaiserliche Gemahlin zur Regentin und ließ sie einen Prinzen zum Kaiser ausrufen, wodurch eine neue Südliche Sung-Dynastie begründet wurde. Somit hatten in der bisherigen Geschichte Chinas Regentinnen immer nur sehr kurz eine Rolle gespielt, wenn sie als Galionsfigur oder als Werkzeug eines mächtigen Mannes hinter den Kulissen oder von einem mächtigen Clan oder einer Fraktion benötigt wurden, die ihr politisches Vorgehen »hinter einem Gazevorhang« verschleiern wollten. So lagen die Dinge auch bei Prinz Kungs Koalition und den beiden Kaiserinwitwen.

Benötigt wurde etwas, das einer Regentschaft möglichst nahe kam. Die Unterstützung von Prinz Kung durch eine Reihe mächtiger chinesischer und mandschurischer Clans, Vizekönige, Gouverneure und Generäle hatte es ihm ermöglicht, die Achterbande zu Fall zu bringen. Damit seine Koalition einen einigen und legitimen Eindruck erweckte, benötigte sie die beiden Frauen als Aushängeschild, ohne ihnen jedoch jene unumschränkte Regierungsgewalt zu übertragen, wie Dorgon sie ehedem mißbraucht hatte. Die Macht sollte unter den Mitgliedern der Koalition geteilt werden.

Die Koalition achtete peinlich genau darauf, den vorläufigen Charakter der Rolle hervorzuheben, die die Kaiserinwitwen für den Kindkaiser spielen würden. In einer von Männern beherrschten konfuzianischen Gesellschaft ging es dabei um ganz besondere Empfindlichkeiten. Mit ihrer Wahl T'ung-chihs griffen die Koalitionspartner auf einen alten Präzedenzfall zurück und bemühten sich, ihre Anhänger, denen die Vorstellung von Regentinnen ein Greuel war, zu beschwichtigen. Obgleich in China kein Salisches Gesetz galt, das Frauen von der Thronfolge ausschloß, gab es doch ein ungeschriebenes Verbot: Eine Frau durfte unter keinen Umständen Monarchin werden. Allein schon der Gedanke daran galt als gefährlich. Während der Sung-Dynastie (960-1279), als der nahende Tod eines Kaisers die Möglichkeit einer Kaiserin als Regentin eröffnete, bestanden die Beamtengelehrten darauf, daß alle von ihr erlassenen Edikte das Wort *t'ung* trugen, das »zusammen, gemeinsam« bedeutet, um zu unterstreichen, daß ungeachtet seines Alters oder seiner körperlichen Verfassung der Kaiser der Herrscher war und nicht – wie in diesem Fall – seine Mutter.

Um sich den Rückhalt der Bevölkerung zu sichern, begannen Prinz Kung und seine Verbündeten einen Propagandafeldzug, bei dem sie auf die Hilflosigkeit des »Waisen und der Witwe[n]«, das »zarte Alter« des Kaisers und die »unsicheren und beschwerlichen Zeiten und Lagen« abhoben. Es wurde alles unternommen, um deutlich zu machen, daß bis zur Volljährigkeit des Kaisers die Regierung Chinas weder in den Händen eines einzigen Mannes liegen würde – eine Anspielung auf Su Shun, auf Dorgon und andere rechtswidrige Throninhaber in der Vergangenheit –, noch in denen einer einzigen Frau.

Die Kritiker Prinz Kungs, darunter sein eifersüchtiger älterer Bruder Prinz Tun, versuchten immer wieder, alte Ängste vor der Gefahr zu beschwören, daß Frauen sich in die Politik mischen könnten. In der höheren konfuzianischen Gesellschaft wurde schon immer eindringlich vor den Schwierigkeiten gewarnt, die sich einstellen würden, sobald man Konkubinen gestattete, sich um Dinge zu kümmern, die jenseits ihres Standes waren, vor allem die Politik. Diese Angst hielt sich über 1000 Jahre, und Prinz Tun belebte sie fortwährend neu. Der älteste Prinz war immer ein Störenfried. Vergeblich hatte er mit einer besonderen Stellung für sich innerhalb der Dynastie gerechnet und war nun aus Enttäuschung verbittert. Es gelang Prinz Kung, ihn in Schach zu halten, so daß er nie ein herausragendes Amt in der neuen Regierung bekleidete; andererseits war Tun als Führer der Ultrakonservativen schwer einzuschätzen und konnte wegen seiner persönlichen Beziehungen zu chinesischen und tatarischen Generälen nicht ohne weiteres übergangen werden. Im Lauf der Jahre schlug sich Tz'u-Hsi immer wieder einmal auf die Seite Prinz Tuns, wenn alle es am wenigsten erwarteten, sofern sie seine Haltung zu einer bestimmten Frage für richtig hielt, auch wenn die Gemäßigten davon gar nicht begeistert waren. Ihre gelegentliche Unterstützung überraschte Tun ebenso wie seine Gegner, doch auf diese Weise entwickelte sich zwischen ihnen eine Bindung, die die

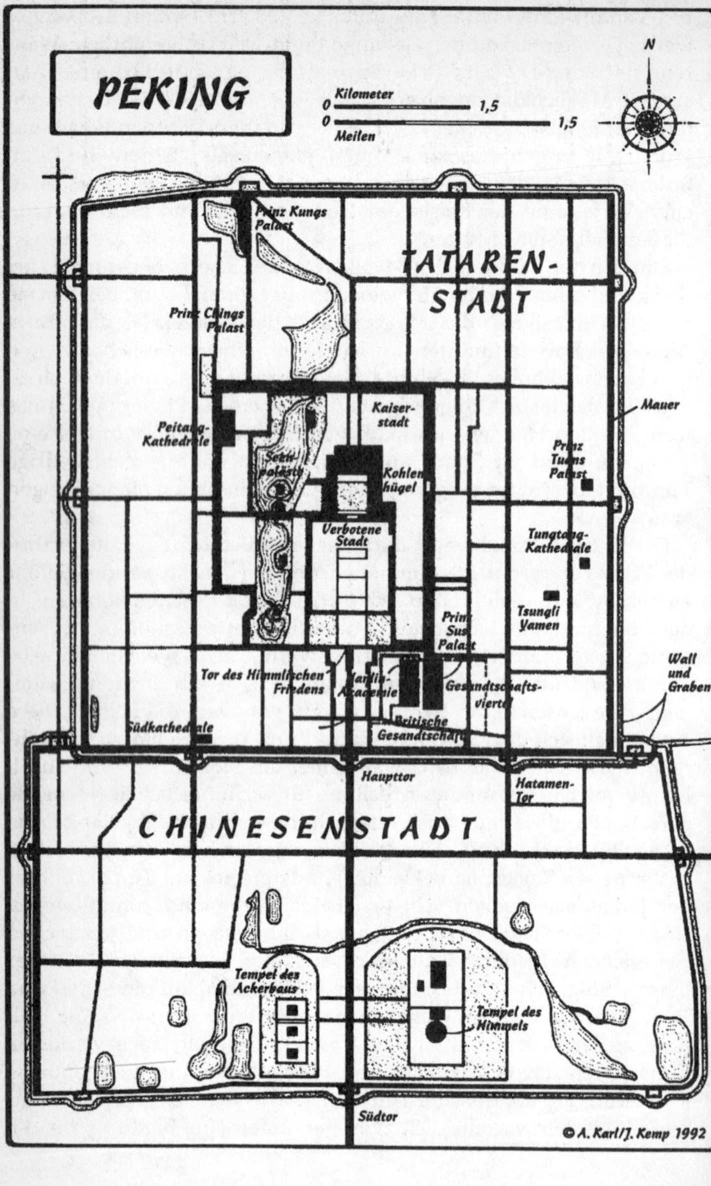
PEKING
Kilometer
0
1,5
0
1,5
Meilen
N
Prinz Kungs Palast
TATAREN-STADT
Prinz Chings Palast
Mauer
Kaiserstadt
Peitang-Kathedrale
Seenpaläste
Kohlenhügel
Prinz Tuans Palast
Verbotene Stadt
Tungtang-Kathedrale
Tsungli Yamen
Prinz Sus Palast
Wall und Graben
Tor des Himmlischen Friedens
Hanlin-Academie
Gesandtschaftsviertel
Britische Gesandtschaft
Südkathedrale
Haupttor
Hatamen-Tor
CHINESENSTADT
Tempel des Ackerbaus
Tempel des Himmels
Südtor
© A. Karl/J. Kemp 1992

beständige Rivalität zwischen den königlichen Prinzen ausgleichen half. Später würden seine Söhne diese Bindung dazu benutzen, Zugang zu Tz'u-Hsis innerem Kreis zu finden.

Jedermann war die berühmteste Konkubine in der chinesischen Geschichte, Yang Kuei-fei gewärtig, die von dem Tang-Kaiser Hsüan-tsung (712-756) verehrt wurde. Mit ihrer Politik der Ämterpatronage erhob sie so viele ihrer Verwandten in hohe Positionen, daß am Hof ein Parteienzwist ausbrach, der zum Aufstand unter An-Luschan führte. Als der Kaiser sein Leben nur noch durch die Flucht retten konnte, forderten seine Leibwachen von ihm die Auslieferung seiner Konkubine und erwürgten sie.

Das einzige Beispiel in über 1000 Jahren, bei dem eine Frau in China eine absolute Machtstellung innehatte, fiel ebenfalls in die Regierungsperiode der Tang-Dynastie: Es war die berüchtigte Kaiserin Wu (625-705). Ebenso wie Tz'u-Hsi war Wu zunächst Konkubine, bevor sie als Kaiserin den Drachenthron bestieg. Sie wurde allerdings nicht nur Regentin, sondern Chinas absolute Herrscherin. Die Macht errang sie nicht schlagartig durch einen Putsch, sondern in einem langandauernden Prozeß, in dessen Verlauf sie ausgiebig Gelegenheit fand, ihre politischen Fähigkeiten zu entwickeln, sich mit allen Einzelheiten des Zeremoniells vertraut zu machen, Lesen und Schreiben zu lernen und die Beziehungen zu mächtigen Höflingen zu pflegen. In mehrfacher Hinsicht war Wu wesentlich besser vorbereitet als Yehe Nara 1861, als diese unvermittelt zur Kaiserinwitwe Tz'u-Hsi wurde, so daß beide Frauen sich kaum vergleichen lassen.

Dennoch war es die Angst vor einer neuen Kaiserin Wu, die die konfuzianische Oberschicht und die Mandschu-Prinzen so nervös gegenüber Tz'u-Hsi und Tz'u-An machte. Gesicherte Erkenntnisse über diese außerordentliche Frau Wu sind kaum bekannt und im Lauf der Jahrhunderte wurden die wenigen vorhandenen von einer Vielzahl ergötzlicher oder verleumderischer Anekdoten überlagert, die von Autoren von »Geheimgeschichten« zusammengebraut wurden. Diese »historischen« Erzählungen vermischen Fiktion und Wahrheit, um, größtenteils in der Tradition der chinesischen erotischen Romane, prickelnd und oft pornographisch zu unterhalten. Mit Geschichte haben sie eigentlich nichts zu tun, doch haben Westeuropäer sie fälschlicherweise immer wieder wörtlich aufgefaßt. Daneben kursieren viele Witze über diese Kaiserin und versteckte Anspielungen, wenn Frauen mit Kaiserin Wu verglichen werden. In der Pekingoper treten regelmäßig phantastische Schurkinnen nach ihrem Vorbild auf. Wie eine Hexe oder ein Vampir muß sie dafür herhalten, die chinesischen Kinder einzuschüchtern: Wenn du nicht brav bist, holt dich die Kaiserin Wu. Arme Wu.

Diesen »geheimen Geschichten« zufolge war Wu in ihren jungen Jahren als Konkubine in den Schlafgemächern von Kaiser T'ai-tsung zu einer Sexbestie und Hexe geworden – oder zu einem Fuchs, was in China dasselbe bedeutet. Vor ihrem Tod, so geht die Legende, verführte sie noch den charakterlosen Thronerben, Kronprinz Kao-tsung. Einem der Chronisten zufolge überraschte sie den jungen Mann, als dieser sich gerade umzog, und verführte ihn auf der Stelle. Als sie beim Tod ihres Kaisers zusammen mit den übrigen verlebten Konkubinen in ein Kloster geschickt wurde, war es nur eine Frage der Zeit, bis der junge Nachfolger sie dort besuchte und sie zu seiner Erquickung und Anleitung in den Palast zurückholte.

Nach diesen Erzählungen waren die konservativen Staatsmänner darüber empört, daß die Geliebte des Vaters jetzt die Geliebte des Sohnes war. Das roch nach Inzest. So versuchten sie, Wus Emporkommen zu verhindern, die sich inzwischen ihrer Rivalinnen am Hof der Reihe nach entledigte. Die legitime Kaiserin Wang stand Wu im Wege, also mußte sie sterben. Diese Untat soll sich im Jahr 654 zugetragen haben, als Wu dem Kaiser eine Tochter gebar. Sie lud Kaiserin Wang ein, sie zu besuchen und das Kind zu sehen. Nachdem die Kaiserin ihr und der Tochter den gebührenden Respekt erwiesen hatte, erstickte Wu das eigene Kind, kurz bevor der Kaiser das Zimmer betrat. Wu brach in Tränen aus und beschuldigte die Kaiserin des Mordes. Kao-tsung war außer sich; er klagte Kaiserin Wang des Mordes und der Hexerei an und ließ sie in einen winzigen lichtlosen Raum im Innern des Palasts einkerkern. Nahrung erhielt sie durch eine kleine Öffnung. An ihrer Stelle ernannte Kao-tsung Wu zur Kaiserin.

Als der Kaiser eines Tages am Gefängnis Wangs vorbeiging, begann die frühere Kaiserin zu klagen und bat ihn, ihrem Verlies den Namen Hof der Erinnerung zu geben. Als Kaiserin Wu davon erfuhr, befahl sie, die Gefangene zu Tode zu prügeln. Nach vollbrachtem Auftrag schnitt der Henker der Toten Hände und Füße ab und warf sie in einen siedenden Kessel. Das alles wird in den blutrünstigsten Farben geschildert.

Der junge Kaiser wurde aufgrund seiner wilden Ausschweifungen mit Wu schwachsinnig. (Die Parallelen zu Hsien-feng sind offensichtlich.) Die Chronisten malten diese Orgien liebevoll aus, ergingen sich in erotischen Details, die niemand beobachtet haben konnte, und brachten dabei schnell die Dinge durcheinander. Auf einmal war nicht mehr klar, wer wen mißbrauchte. Nach einer Darstellung zögerte Wu nicht, »ihren Körper zu erniedrigen und sich beschämen zu lassen, um dem Kaiser zu Willen zu sein«. Nach dieser Darstellung unterwarf sie sich den sexuellen Torturen nicht, weil sie eine Nymphomanin war, sondern weil sie meinte, daß sie den chinesischen Thron für sich haben konnte, wenn es ihr gelang, den Kaiser durch übermäßigen Geschlechtsverkehr umzubringen. Wu ließ das kaiserliche Schlafgemach ganz mit Wandspiegeln verkleiden, vor denen der junge Kaiser mit ihr sexuelle akrobatische Kunststücke probierte wie das »Abschießen des Pfeils aus vollem Lauf«, das wie folgt beschrieben wird: »Während die Frau auf einem Tisch oder einem anderen hohen Möbelstück liegt und ihre Beine gespreizt hält... läuft der Mann aus einiger Entfernung auf sie zu und versucht, aus vollem Lauf in sie einzudringen.«

Gelegentlich mußten zusätzliche Partner mitwirken. Bei dem Spiel »Zwillingsdrachen bestürmen den Phönix« bemühten sich der vertrottelte Kaiser und einer seiner Höflinge gleichzeitig um Wus »Jadepforte« und ihre »Blume im Garten« – eine Nummer, die selbst Schlangenmenschen vor gewisse Probleme stellt, in einer Geheimgeschichte jedoch mühelos bewältigt wird.

Während dieser umtriebigen Tage und Nächte fand Wu irgendwie auch noch die Zeit, vier Söhne und eine zweite Tochter zur Welt zu bringen. Trotz der angeblich ununterbrochen stattfindenden Orgien stand offenbar die Vaterschaft ihrer Kinder nie in Zweifel, denn sie wurden alle als Nachkommen des Kaisers anerkannt. Vielleicht zeigt dies ebensogut wie vieles andere die Diskrepanz zwischen Dichtung und Wahrheit in den Legenden um Kaiserin Wu.

Wu erfreute sich bester Gesundheit, während der Kaiser kränklich wurde. Seit dem Jahr 660 vegetierte er nur noch vor sich hin und war darauf angewiesen, daß sie für ihn die Staatsgeschäfte führte. Als der verlebte Kaiser schließlich im Jahr 683 verstarb, ging der Thron an Wus ältesten Sohn über, dessen junge Frau unklugerweise versuchte, ihre Schwiegermutter aus ihrer Machtstellung zu verdrängen. In ihrem Zorn entthronte Wu zunächst ihren ältesten Sohn und setzte ihren zweiten Sohn an seine Stelle, demgegenüber sie jedoch keine Geduld zeigte und sich letztlich selbst des Throns bemächtigte.

Als Alleinherrscherin mußte Kaiserin Wu nicht mehr mit anderen Konkubinen um die Gunst des Kaisers rivalisieren. Doch als sexbesessene Frau durfte auch das Vergnügen nicht zu kurz kommen. Die Kommentatoren behaupten, sie habe als Liebhaber eine Reihe von »Weißgesichtern« gehabt, wie die chinesischen Gigolos wegen der von ihnen verwendeten Schminke hießen. Geschäftstüchtige Kuppler wählten sie unter den kaiserlichen Dienern aus.

Im Jahr 697, nachdem Kaiserin Wu das Reich fast 40 Jahre lang teils hinter den Kulissen, teils direkt regiert hatte, geriet sie als hinfällige alte Dame von nunmehr 72 Jahren unter den Einfluß von zwei Rasputingestalten, zwei Halbbrüdern namens Chang, die als Musiker an den Hof gelangt waren und die alte Kaiserin mit Schmeicheleien und sinnlichen Genüssen bezirzten.

Am Hof rührte sich Widerstand gegen die Changs. Die alte Kaiserin brachte den Chronisten zufolge den lautesten ihrer Kritiker, ihren 19 Jahre alten Enkel, zum Schweigen, indem sie ihn totprügeln ließ. Eine Gruppe von Ministern und Generälen nahm diese abscheuliche Tat zum Anlaß für eine Palastrevolte, ließ die Chang-Brüder hinrichten und zwang die alte Kaiserin, den Thron an den Kronprinzen abzutreten.

Sobald der Thron einer Frau entrissen und einem echten Sohn des Himmels übergeben war, kehrte im Reich die Harmonie wieder ein. Wu zog sich in einen abgeschiedenen Palast zurück, wo sie schließlich starb und für die chinesische Geschichtsschreibung einen unwiderstehlichen Gegenstand der Diffamierung abgab.

Obwohl die Historiker der Kaiserin Wu so viel Schmähliches nachsagten, mußten sie doch anerkennen, daß diese Frau das Reich der Mitte mit großer Charakterstärke, viel Mut, Geschick, Effizienz und hohen administrativen Fähigkeiten regiert hatte. Unter ihr erlangte die Kultur Chinas eine Blüte wie nie zuvor oder danach. Die Leistungen der Tang-Dynastie unter ihrer Regierung und unmittelbar danach stellen mit ganz wenigen Ausnahmen die Errungenschaften der chinesischen Kaiser während Tausenden von Jahren in den Schatten. Wäre sie ein Mann gewesen, dann hätte man sie zweifellos als einen der größten Herrscher des Reiches gewürdigt. So aber mußten bei ihr dunkle Mächte im Spiel sein wie Hexerei, abnorme sexuelle Begierden und ein Hang zur Giftmischerei.

»Die Henne kündigt keinen neuen Tag an«, sagt ein chinesisches Sprichwort, in dem die konfuzianische Denkhaltung gegenüber Frauen zum Ausdruck kommt. In einer Strophe aus dem Shih-Ch'ing, dem Buch der Lieder, heißt es:

> »Ein kluger Mann baut eine Stadt
> Eine kluge Frau fesselt ihn ans Bett...
> Denn Unfrieden wird nicht vom Himmel gesandt,
> Sondern von Frauen gestiftet.«

So wollte man in der Bevölkerung vor allem keine Erinnerungen an die Kaiserin Wu hochkommen lassen, als Prinz Kung 1861 eine neue Koalition bildete und die beiden Kaiserinwitwen als vorübergehende repräsentative Regentinnen einsetzte. Gemessen an ihrer Dauerhaftigkeit war die Koalition ein Erfolg. Zu einer Zeit drohender Katastrophen hätte China zweifellos eine große Regierung gebraucht, doch da es an Größe gebrach, war Dauerhaftigkeit das beste, was unter den gegebenen Umständen erreicht werden konnte. Die Zusammensetzung dieser Koalition wurde in der *New York Times* vom 29. März 1868 mit folgenden Worten charakterisiert:

»Seit dem Staatsstreich... wurde die oberste Regierungsgewalt in die Hände der beiden Kaiserinwitwen als Regentinnen gelegt... Prinz Kung, der Hauptakteur des Putsches, [wurde] Ministerpräsident und Vorsitzender des Großen Rats... der die Aufgabe hat, den Souverän in allen öffentlichen Angelegenheiten zu beraten... Die ranghöchsten Organe und Beamten sind die Audienzminister, der Große Rat und das Großsekretariat. Die Audienzminister gehören eigentlich zur kaiserlichen Hofhaltung und sind kein Teil des Staatsapparats. Sie sind jedoch Personen von höchstem Rang, und da der Kaiser ihnen vertraut, ist ihre Macht sehr groß, vor allem, wenn der Souverän schwach oder unerfahren ist. Ihr direkter Einfluß auf den Souverän setzt häufig... den Großen Rat außer Funktion. Angeblich ist dies gegenwärtig der Fall. Es gibt sechs oder sieben solcher Audienzminister, an deren Spitze Prinz Kungs jüngerer Bruder, der siebte Prinz [Prinz Chun] steht... Der Große Rat ist... die eigentliche Regierungsgewalt im Reich... Die Regierung ergreift ihre Maßnahmen entweder auf direktes Geheiß des Kaisers oder seiner nächsten Ratgeber oder aufgrund von Denkschriften, die von den obersten Behörden der Hauptstadt oder der Provinzen vorgelegt werden. Normalerweise... wird die Denkschrift über eine Meldebehörde dem Amt des Großen Rats übermittelt, wo sie beraten wird oder als Grundlage für den Entwurf eines Dekrets dient, durch das entsprechende Maßnahmen verfügt werden. Dieser Entwurf wird dem Thron vorgelegt und im Fall der Billigung an das Großsekretariat zur Abschrift und Weiterleitung übergeben.«

Hier ist noch nicht die Rede von einer Tyrannei, die durch eine einzelne Frau ausgeübt wurde; diese Beschuldigungen kamen alle erst später auf.

Acht Jahre nach Su Shuns Hinrichtung wurden die beiden Kaiserinwitwen 1869 von einem der klügsten Staatsmänner des Reiches beurteilt, dem Gelehrtengeneral Tseng Kuo-fan, von dem noch zu sprechen sein wird. Aufgrund seiner besonderen Fähigkeiten war Tseng für einen Chinesen unter der Mandschu-Herrschaft in einen außergewöhnlich hohen Rang aufgestiegen. Da er kein Mandschu war, konnte er sich nur dank ständiger Wachsamkeit und Schläue behaupten. 1869 wurde er nach Peking befohlen und hatte während seines dortigen Aufenthalts viermal Gelegenheit zu einer Unterredung mit den Kaiserinwitwen. Der damals dreizehnjährige Kaiser T'ung-chih war ebenfalls anwesend. Tsengs Skizze von den führenden Persönlichkeiten in Peking kommt der Wahrheit vermutlich näher als alles, was später veröffentlicht wurde:

»Die Fähigkeiten beider Kaiserinwitwen sind alles andere als außergewöhnlich. Während der Audienz hatten sie kein einziges Wort von Bedeutung zu sagen. Der Kaiser war jung und still und machte damit jede Vermutung [über seine Fähigkeiten] unmöglich. Die Lage der Sache hing völlig von den Großräten wie Prinz Kung, Wen [Wen-hsiang] und Pao [Pao-yun] ab, deren Macht die [des Kaisers] überragte. Prinz Kung ist äußerst intelligent, doch fehlt ihm die Standhaftigkeit, an einer einmal gefaßten Meinung auch über längere Zeit hinweg festzuhalten. Wen-hsiang ist aufrecht, leidet jedoch unter Engstirnigkeit und ist nicht in der Lage, andere zu beobachten, um sich selbst zu vervollkommnen. Pao-yun ist für viele eine Zielscheibe der Kritik. Die übrigen sind mittelmäßiger, und dies ist wahrhaft ein Grund zu großer Sorge.«

Tseng stellte verblüfft fest, daß Tz'u-An und Tz'u-Hsi keinen tiefen Eindruck auf ihn machten und daß sie in seiner Gegenwart befangen waren. Er hatte erwartet, daß die Kaiserinwitwen (wenn auch vermutlich unterschiedlich stark) klüger und energischer waren, vor allem wenn man daran dachte, daß sie Su Shun und die Achterbande in Jehol überlistet hatten. Nachdem sie acht Jahre lang die Koalition nach außen hin repräsentierten, hatte er damit gerechnet, zwei erfahrenen Politikerinnen und gewieften Taktiererinnen zu begegnen. Da das Überleben der Männer am Hof List und die Beherrschung des Zeremoniells erforderte, nahm jedermann an, auch die Kaiserinwitwen verfügten über diese Fähigkeiten. Doch Tseng hatte sich von der Maske täuschen lassen, die Tz'u-An und Tz'u-Hsi bei allen bis auf die privatesten Audienzen trugen, um ihre Stellung keiner Kritik auszusetzen. Beide Kaiserinnen waren eindringlich auf die Empfindlichkeit chinesischer Männer gegenüber weiblicher Klugheit hingewiesen worden. Gemeinhin waren die Männer am Hof bemüht, den Anschein hoher Intelligenz zu erwecken, während die Intelligenz einer Frau dieser gebot, ihr Licht unter den Scheffel zu stellen und einen gleichgültigen und wenig bedrohlichen Eindruck zu machen.

Für Tz'u-Hsi bestand die Aufgabe bei Hof darin, als Vermittlerin und Schlichterin in allen Streitfragen aufzutreten. Der Erfolg hing davon ab, wie weit man in ihr eine Maklerin sah, die lediglich das eine Interesse verfolgte, den Ministern bei der Suche nach dem besten Weg behilflich zu sein. In den ersten Jahren vermied sie es, eine eigene Ansicht vorzubringen.

Gleich dem Zünglein an der Waage befand sie sich an jenem stabilen Auflagepunkt, der die Waagschalen der Politik trug. Zum Auftreten am Hof gehörte auch ein Gutteil Komödie; wie die Priester in einem Tempel mußte jeder der Beteiligten das Ritual sehr ernst nehmen. Als Kind hatte sie sich oft hinter einem Gazevorhang versteckt. Als Kaiserinwitwe versuchte sie, teilnahmslos zu wirken, gelassen und gütig wie der Buddha. Seit der Krise von 1860/61 war sie reifer und weiser geworden. Im Lauf der Jahre war sie so etwas wie eine Institution geworden. Die sie umgebenden Minister, die nach dem niedergeschlagenen Putsch in Jehol ins Amt gekommen waren, behandelten sie fast wie ein Orakel und erwarteten von ihr, daß sie zu allen Fragen Stellung bezog. Doch bei Tseng ließ ihre Maske den Eindruck entstehen, ihre Ausdruckslosigkeit sei ein Zeichen der Schwäche und Unwissenheit. Die historische Bedeutung dieses Urteils liegt darin, daß Tz'u-Hsi von einem der klügsten Männer Chinas weder als bedrohlich noch als intrigierend oder unheimlich wahrgenommen wurde.

Obwohl die Koalition als mittelmäßig galt, bewährte sie sich während des größten Teils der folgenden 47 Jahre. Laut Tseng gab es keinen Menschen in Peking, »den man als die führende oder treibende Kraft hinter der Zentralregierung hätte bezeichnen können«. Die Koalition wollte vor allem eine Katastrophe vermeiden und inzwischen Mittel und Wege finden, die Lage langsam zu verbessern. Das war vielleicht keine glänzende Politik, doch in China war es schon lange her, daß eine glänzende Politik zu etwas anderem geführt hätte als zu einem Desaster.

General Tsengs Eindruck, daß Tz'u-Hsi weder bedrohlich noch intrigant sei, steht der Sicht entgegen, die westliche Gelehrte aus der Rückschau hatten. Bland und Backhouse stellen Tsengs Porträt von

Tz'u-Hsi völlig auf den Kopf: »Der grenzenlose Einfallsreichtum, der unbezähmbare Mut und der persönliche Einfluß der Kaiserinwitwe Tz'u-Hsi rettete die Dynastie unstreitig aus einer Krise, die, wäre sie nicht gewesen, mit der Flucht und dem Tod ihres Gemahls, des Kaisers [Hsien-feng], der Herrschaft der Mandschu ein Ende gemacht hätte.«

Dieses Urteil ist durch seine Bösartigkeit von dem Tsengs meilenweit entfernt und sagt einiges über seine Urheber. Deren Einschätzung findet sich bei zahlreichen Historikern wieder, da sie sich bis heute auf Bland und Backhouse stützen, während Tsengs Urteil in Vergessenheit geriet. Doch ein Hirngespinst, das den eigenen Bedürfnissen – in diesem Fall den westlichen – entgegenkommt, übt offenbar einen sehr viel stärkeren Reiz aus als die trockene Wahrheit.

Obgleich die Vertreter der Theorie einer Verschwörung der Frauen darauf beharren, Tz'u-Hsi habe Kaiserin Wu bezüglich ihrer Durchtriebenheit das Wasser reichen können, sind wirkliche Ähnlichkeiten kaum festzustellen (lassen sich allerdings mühelos suggerieren). Tz'u-Hsi mag etwas vom Ehrgeiz und der Vitalität Wus gehabt haben, vielleicht auch etwas von ihrem Temperament, doch ihr Aufstieg 1861 erfolgte nur bis zum Rand der Macht und wurde ausschließlich von ehrgeizigen Männern betrieben. Auf Jahre hinaus blieb ihre Rolle auf die einer zeremoniellen Repräsentantin beschränkt, und als ihre Macht schließlich zunahm, lag dies an der Zermürbung anderer und an ihrer eigenen Langlebigkeit. Es ist nicht unpassend, sie in dieser Hinsicht eher mit Königin Victoria als mit Kaiserin Wu zu vergleichen.

Tz'u-Hsis Rolle bei den Ereignissen in Peking wurde zur damaligen Zeit weder von Westeuropäern noch von Chinesen als zweifelhaft empfunden, abgesehen von einem kleinen Kreis von Erzreaktionären, denen Frauen grundsätzlich suspekt waren. Doch waren die beiden Kaiserinwitwen ohnehin auf Prinz Kung angewiesen, die Großräte und die inoffiziellen kaiserlichen Audienzminister unter der Führung Prinz Chuns. Selbst nachdem sie begonnen hatten, Lesen zu lernen, konnten weder Tz'u-An noch Tz'u-Hsi offizielle Dokumente verstehen, da diese in Mandschu geschrieben waren, während sie mit chinesischen Schriftzeichen vertraut gemacht wurden. Jedem der ihnen vorgelegten Dokumente mußte eine chinesische Übersetzung beigegeben werden, so daß die beiden Frauen wenigstens den Kern dessen verstanden, was sie mit ihrem Siegel absegneten. (Dennoch steht bislang keineswegs fest, daß sie in den ersten Jahren ihrer Regentschaft wesentlich mehr als einige Hundert chinesische Schriftzeichen beherrschten.) Keine der beiden Frauen kannte sich im Protokoll gut genug aus, um kaiserliche Edikte abfassen oder gar niederschreiben zu können. Die Hofetikette war so streng, daß der bürokratische Apparat gestreikt hätte, wenn nicht hochgestellte Beamte für die beiden Frauen gesprochen und gehandelt hätten. Bislang gibt es keinen Hinweis darauf, daß ein anderer als Prinz Kung und später Prinz Chun eine solche Rolle übernommen hätte.

Keine von beiden wußte aus eigener Anschauung etwas von den Ereignissen außerhalb der Verbotenen Stadt, mit Ausnahme dessen, was sie durch die Seidenvorhänge ihrer Sänften erspähten, wenn sie bei Besuchen der kaiserlichen Gräber in einer Prozession durch die Straßen getragen wurden. Die Tradition verlangte, daß bei solchen Anlässen alle Häuser entlang des Weges ihre Fensterläden schlossen und sich bei Androhung der Todesstrafe kein Bewohner auf der Straße zeigen durfte.

Wenn die Kaiserinwitwen mit ihren Räten und Ministern Audienz hielten, saßen sie stets hinter einem seidenen Gazevorhang. Westeuropäer, die von dieser Gewohnheit hörten, vermuteten dahinter irgendwelche dunklen Absichten, doch es war lediglich die Einhaltung der traditionellen Trennung von Frauen und Männern bei den oberen Klassen Chinas. In den eigenen vier Wänden bestand eine ähnliche Trennung der Geschlechter. Auf diese Weise konnten Frauen am Familienleben (oder am Hofleben) teilhaben, ohne körperlich »anwesend« zu sein, was das Feingefühl der konfuzianischen Männer verletzt hätte. Den wenigsten Ausländern in China war dies bekannt, da ihnen der Zutritt zur Privatsphäre der oberen Klassen verwehrt war. Wurden doch einmal Westeuropäer von einer Familie der Oberschicht oder des Adels eingeladen, dann waren nur Männer anwesend, während die Frauen sich unsichtbar machten.

Von alledem wußten die Fremden aus dem Westen in China nur wenig, die sich mit dem begnügen mußten, was ihnen die Händler aus den Vertragshafenstädten oder von ihnen angestellte Dolmetscher erzählten, die ihrerseits schlecht unterrichtet und außerdem alles andere als unparteiisch waren. Diese Leute schlossen die Lükken in ihren Kenntnissen mit üppigen Erfindungen, da es darauf ankam, den *Anschein* zu erwecken, sie wüßten Bescheid. Bei Drinks an der Langen Bar in Shanghai oder beim Klatsch an der neuen Pferderennbahn vermischten sie Fehlinformationen mit Mutmaßungen und verbreiteten sie in Briefen, Tagebüchern, Memoiren, Reiseschilderungen, diplomatischen Berichten und Zeitungsartikeln bis in die entferntesten Winkel der Erde, wo sie dann als Tatsachen aufgenommen wurden.

Für Europäer lag es nahe, sich die beiden Kaiserinwitwen in europäischen Kategorien vorzustellen. Die beiden mächtigsten Kaiserinwitwen Westeuropas hießen beide Katharina: Katharina von Medici, die katholische Regentin Frankreichs von 1560 bis 1574, deren blutige Herrschaft ihren Höhepunkt mit der Bartholomäusnacht im August 1572 erreichte, als Tausende von Hugenotten niedergemacht wurden, und Katharina die Große von Rußland, die mit Hilfe ihres Liebhabers ihren schwachsinnigen Gemahl, den russischen Zaren umbrachte und 34 Jahre lang allein regierte. Beide waren eine »Standeswitwe« im westlichen Sinn, »eine Witwe, die über die Ländereien oder den Titel ihres verstorbenen Gatten verfügt«. Das westliche Wort »Standeswitwe« ist jedoch nicht gleichbedeutend mit dem chinesischen Wort *t'ai*, und so kam es zu Mißverständnissen über Tz'u-Hsis Stellung. Der westliche Begriff »Kaiserinwitwe« bedeutete, daß eine der königlichen Familie angehörende, aber im übrigen gewöhnliche Frau über ihren Stand erhoben wurde und nun in einem Staat die absolute Macht ausübte. Damit nahm der Begriff eine negative Färbung an, wenn er von Westeuropäern für Tz'u-Hsi gebraucht wurde, und bestätigte scheinbar die Unterstellung, sie verdanke diesen Titel unlauteren Machenschaften. Da sie außerdem Orientalin und eine Frau war, konnte sie in den Augen vieler viktorianischer Männer über keine besonderen Fähigkeiten verfügen. Deshalb behaupteten sie in einem Atemzug von ihr, sie sei verschlagen und dumm, eine von vielen Widersprüchlichkeiten, wie sie für die damalige Zeit typisch waren.

Über Tz'u-An ist außer den wenigen Einzelheiten, die bereits über den Niuhuru-Clan berichtet wurden, wenig bekannt. In allen Angelegenheiten, die die Mitwirkung der Kaiserinwitwen erforderten, insbesondere die Erziehung des jungen Kaisers, hatte sie den Vorrang vor Tz'u-Hsi. Zwar war sie zwei Jahre jünger als diese, doch sie war Hsien-fengs Kaiserin gewesen, und deshalb hatte sie den Vortritt bei Prozessionen, der Entgegennahme von Auszeichnungen und bei Huldigungen. Gemeinhin wird sie als sanftmütig und mild geschildert, bescheiden, versöhnlich und gutmütig. Doch nicht einmal dafür gibt es verläßliche Anhaltspunkte. Es liegen Berichte von einzelnen Episoden vor, die Tz'u-An zornig und willensstark zeigen. Es kam vor, daß sie ihre Ansichten beharrlich und nachdrücklich äußerte. Vermutlich wurde ihr Bild als nette, einfache Frau nachträglich überbetont, um den Gegensatz zu Tz'u-Hsi stärker zur Geltung zu bringen.

Seit ihrer Kindheit hatte Tz'u-Hsi sich unterordnen müssen, zunächst der eigenen Mutter, dann ihrer Schwiegermutter und schließlich Tz'u-An. Wenn sie ihrer Mitregentin grollte, so ist das nur verständlich. Der selbsternannte Reformer K'ang Yu-wei und die Biographen Bland und Backhouse haben diese Animosität in grellen Farben gezeichnet, um anzudeuten, daß Tz'u-An gut und freundlich war und sich um den kleinen T'ung-chih kümmerte. Tz'u-Hsi dagegen war eine egoistische junge Frau, die ihren Sohn vernachlässigte und dazu anhielt, sich dem Spiel und dem Trunk zu ergeben und seine Zeit zu vergeuden, während sie nach dem Muster der Kaiserin Wu ihre Affären mit Schauspielern und falschen Eunuchen hatte. Dies entsprach jedoch einfach nicht der Wahrheit.

Als gesetzliche Mutter von Kaiser T'ung-chih und Oberhaupt der kaiserlichen Hofhaltung war es Tz'u-Ans Vorrecht, in Absprache mit Prinz Kung über die Erziehung der beiden Kinder Hsien-fengs zu entscheiden. Kaiser T'ung-chih und seine Schwester, Prinzessin Jung An, wurden angehalten, Tz'u-An zu gehorchen und niemals ihre Entscheidungen in Frage zu stellen; wenn sie sich etwas hatten zuschulden kommen lassen, entschied Tz'u-An und nicht Tz'u-Hsi über ihre Bestrafung. Damals erließen die beiden Kaiserinwitwen zwar ihre Anordnungen gemeinsam, wie die Koalition es von ihnen forderte, doch in häuslichen Fragen und in der Kindererziehung hatte Tz'u-An das letzte Wort. Deshalb sagte Tz'u-Hsi später, es sei schwer für sie gewesen, mit Tz'u-An gut auszukommen, und deshalb kam es später im Hinblick auf ihren Sohn zu einer höchst tragischen Entwicklung.

Tz'u-An blieb vor neugierigen Blicken völlig abgeschirmt. Es gibt keinerlei Hinweise darauf, daß überhaupt ein Westeuropäer sie jemals persönlich zu Gesicht bekommen hat. Erst nach ihrem Tod wurde für die Große Ahnenhalle in der Verbotenen Stadt ein Porträt von ihr gemalt. Die Idee eines Porträts von einem lebenden Menschen war den Chinesen ein Greuel, und da den Künstlern auch nicht erlaubt wurde, einen Toten zu sehen, und schon gar nicht, wenn es die kaiserliche Familie betraf, benutzte der Maler ein Buch mit Vorlagen aller denkbaren Formen von Mund, Nase, Augen und Ohren. Die Familie wählte dann beispielsweise den Mund Nr. 12 und die Nase Nr. 18. Alle diese Porträts waren flächig gemalte En-face-Bilder ohne jeden Ausdruck oder eine Schattierung, und nur das Kostüm verriet den Stand der abgebildeten Person. Das Porträt von

Tz'u-An zeigt eine schmächtige Gestalt, die steif auf einem Thron sitzt, schier erdrückt von einer Art Zweispitz, der mit zwei Phönixvögeln aus Perlen geschmückt ist, in einer an den Schultern ausgestellten Mandschu-Robe mit hohem Kragen und in einem Umhang aus kaiserlich gelber Seide. Sie hat eine schmale Nase, dünne Lippen und ein leicht spitzes Kinn, und ihr Gesichtsausdruck ist träumerisch und abwesend.

Die einzigen Fotografien, die wir von Tz'u-Hsi haben, wurden aufgenommen, als sie schon alt und erschöpft war. Sie haben das starre, trostlose Flair der Aufnahmen aus den Anfängen der Fotografie, auf denen selbst die Augen von Kindern tot und ihre Züge ausdruckslos wirken. Zum Glück brach Tz'u-Hsi mit der Tradition und gab zwei westlichen Künstlern die Erlaubnis, 1903 und 1905 ein Porträt von ihr zu malen, und diese erfaßten weit mehr von ihrem Wesen als die gläsernen Fotoplatten.

Hubert Vos, einer der beiden Maler, arbeitete im Palast an einem naturgetreuen Porträt von Tz'u-Hsi im Alter von 70 Jahren, als er die Anweisung erhielt, alle realistischen Details wegzulassen. Er zog sich aus der Affäre, indem er ein zweites Porträt von ihr in Angriff nahm, das sie zeigte, wie sie mit 25 Jahren ausgesehen haben mochte. Das Ergebnis war eine Art Mandschu-Madonna, eine junge Frau von auffallend hübschen Gesichtszügen, schmalen Händen mit juwelenbesetzten Fingernägeln und dem roten Farbfleck der Mandschu-Frauen auf der Unterlippe. Kein Mann aus dem Westen hatte sie zu Gesicht bekommen, als sie 25 Jahre alt war.

Abgesehen von ihren seltenen Ausflügen zu den kaiserlichen Gräbern in den Bergen vor den Toren Pekings, hielt Tz'u-An sich für den Rest ihres Lebens in der Verbotenen Stadt auf. Auch Tz'u-Hsi verbrachte den größten Teil der folgenden knapp 50 Jahre innerhalb ihrer Mauern. Nur die Staubwinde der Wüste drangen dort hinein. Hinter einem breiten Graben erhoben sich die Mauern zehn Meter hoch und umschlossen auf einer Länge von vier Kilometern eine Fläche von 100 Hektar, auf der sich zahlreiche Pavillons und Paläste befanden. Auf dem Vorgelände erhoben sich eindrucksvoll drei große Thronhallen auf riesigen Sockeln, deren Balken und Ziegeldächer verschlungene Verzierungen in roten, grünen, blauen und gelben Farben trugen. Hinter diesen Gebäuden für zeremonielle Anlässe stand das Tor der Himmlischen Reinheit, die letzte Barriere vor der Verbotenen Stadt. Hier standen nicht mehr die normalen Palastwachen, sondern Wächter der kaiserlichen Garde. Das Tor führte zu den Innenhöfen und in die private Welt der kaiserlichen

Familie, ein Labyrinth aus Lichthöfen, die immer kleiner wurden, bis man einen Gebäudekomplex erreicht hatte, der die winzigen Kammern der ehemaligen Konkubinen beherbergte, die hier ihren Lebensabend verbrachten.

Tz'u-Hsis Pavillon hatte hohe rosafarbene Mauern, in die kleine Fenster eingelassen waren. Seine Höfe waren überall bepflanzt mit leuchtenden Granatapfelbäumen, süß duftenden Akazien, blühenden Pfirsich-, Pflaumen- und Kirschbäumen und mit spätblühenden Chrysanthemen. Überall hingen Vogelkäfige, die Luft war von ihrem Gesang erfüllt, und am Boden liefen kleine Pekinesen geschäftig hin und her, verfolgt von Eunuchen mit wehenden Zöpfen. In ihrem Pavillon stand ein niedriger Thron aus Ebenholz, auf dem die junge Frau Damen ihres Gefolges oder den Kindkaiser empfing, wenn er sie besuchte. Ihre Räume waren nach westlichen Maßstäben spärlich möbliert, mit Polsterbänken, niedrigen Tischen und steif wirkenden Stühlen aus Rosenholz. Vor den Fenstern, die selbst bei kältestem Wetter geöffnet waren, hingen Vorhänge aus blauer Seide.

In ihrem Schlafzimmer befand sich in einer Nische ein reich geschnitztes hohes Schlafpodium, ein sogenannter *k'ang*. Darauf lagen ein dickes Filzpolster und drei weichere gepolsterte Matratzen, die mit gelbglänzendem Brokatstoff bespannt waren. Alles war in kaiserlichem Gelb gehalten, die Leintücher aus gelber Seide, die Bettvorhänge aus gelbem Brokat und die gelbe Satinsteppdecke als Zudecke, bestickt mit goldenen Drachen und blauen Wolken. Überall lagen bestickte Kissen, aber sie benutzte am liebsten eines, das mit Teeblättern gefüllt war, was gut für die Augen sein sollte. Ein weiteres Kissen war mit getrockneten Blumen und Kräutern gefüllt. Von dem mit Schnitzereien verzierten Balkengerüst über dem Bett hingen kleine Säckchen herunter, die Moschuskörner enthielten. Während sie für Parfüm eigentlich nichts übrig hatte, mochte sie den Moschusgeruch, was ihre Kritiker veranlaßte, das Gerücht zu verbreiten, daß sie einen »Fuchsgeruch« an sich habe. Und Füchse waren etwas Übernatürliches. Gleich vielen Mandschu-Frauen rauchte sie Wasserpfeife, trank während des Tages Geißblattee und vor dem Schlafengehen eine Tasse heißes Zuckerwasser.

In späteren Jahren zog sie innerhalb der Verbotenen Stadt in abgelegenere Räume um, die genauso ausgestattet waren. Dort befand sich hinter ihrem Schlafgemach, durch eine Schiebetür den Blicken verborgen, eine kleine Grotte. An deren einer Seite lag ein großer Stein mit einem gelben Kissen; daneben stand ein Weihrauchkessel für Augenblicke der inneren Betrachtung. Versteckte Durchgänge verbanden dieses Zimmer mit anderen in der Verbotenen Stadt. Sie existierten schon lange vor Tz'u-Hsis Geburt, doch als sie diese bei einer Gelegenheit einem Besucher zeigte, sagte sie, »ich rede nicht... über diese Räume... die Leute könnten glauben, man hätte sie für Gott weiß was benutzt«. (General Dorn kolportierte zum Beispiel, sie seien der Schauplatz von Schäferstündchen und Morden gewesen.)

Sie war nie für sich allein, wenn sie nicht ausdrücklich darum bat. Ständig waren Bedienstete in der Nähe: zwei Zofen in ihrem Schlafzimmer, zwei Eunuchen als Wachen im Vorzimmer, vier weitere an den rotlackierten Türen, ein weiteres Dutzend in Rufweite; zudem sechs Damen, die geduldig in Zimmern auf beiden Seiten des Hofs auf Befehle warteten.

Für diese Pflichten wurden jedes Frühjahr neue Dienerinnen ausgewählt, wenn die Töchter der niedrigsten Mandschu-Familien in die Verbotene Stadt gebracht wurden. Die Obereunuchen suchten diejenigen aus, die ihrer Meinung nach den beiden Kaiserinwitwen gefallen würden. Im Palast trugen diese Dienerinnen alle Kleider aus blauer Seide; ihr Haar war seitlich gescheitelt und zu einem einzigen langen Zopf geflochten, der mit roten Seidenschnüren zusammengebunden wurde. Die Mädchen im Alter von zehn bis sechzehn Jahren blieben zehn Jahre im kaiserlichen Dienst; danach erhielten sie eine Pension und eine Aussteuer. Einige blieben ihr ganzes Leben dort, hielten die Zimmer sauber, beaufsichtigten neue Dienerinnen oder wiesen den unteren Eunuchen ihre Arbeit an.

Gewöhnlich erhoben sich die Herrscher und Mandarine zwischen Mitternacht und drei Uhr morgens von ihrer Schlafstatt, um sich ihren Pflichten zu widmen. Tz'u-Hsi nahm zunächst ihr Frühstück ein, das aus einer Schüssel warmer Milch und einem Brei aus Lotuswurzeln bestand; anschließend folgte eine umständliche Morgentoilette. Nach dem Bad legte sie einen weichen baumwollenen Schurz an, darüber Seidenpantalons, die mit einer Kordel zusammengehalten wurden, und darüber ein Leibchen aus Flanell. Danach half ihr eine ihrer Dienerinnen in eines ihrer unzähligen Seiden- oder Atlasgewänder, die sie zwanglos innerhalb des Pavillons zu tragen pflegte.

Um ihr langes schwarzes Haar kümmerte sich ein Eunuch und keine Dienerin. Er scheitelte es in der Mitte, faßte die beiden Strähnen hinter ihren Ohren zusammen, flocht einen Zopf und schlang diesen zu einem Knoten, der oben auf ihrem Kopf befestigt wurde, um als Halt für den Mandschu-Kopfschmuck zu dienen, der mit langen Nadeln an dem Haarknoten befestigt wurde. Tz'u-Hsi hatte früher besonderen Wert auf ihr Aussehen gelegt. Als Witwe war es ihr nicht länger erlaubt, Kosmetika aufzutragen, nicht einmal den roten Fleck auf der Unterlippe. Statt dessen achtete sie jetzt sorgfältig auf die Haarpflege, zu der auch gehörte, daß ihr alle Gesichtshaare entfernt wurden.

Als Frau, die aus vergleichsweise bescheidenen Verhältnissen stammte, wollte sie die ihr zugedachte Rolle möglichst perfekt spielen und nahm es mit ihrer Kleidung und ihrem Schmuck sehr genau. Im Lauf mehrerer Jahrzehnte hatten sich bei ihr über 3000 Schachteln und Schächtelchen mit Accessoires angesammelt, von goldenen Armreifen, die mit Perlen und Jade besetzt waren, bis zu einer Perlenkette, die zu Pflaumenblüten gefaßt war, und einer Haarnadel aus Perlen, Silber und Korallen in Form eines Storchs. Es waren zumeist Geschenke von Bewunderern – Mandarine oder wohlhabende Angehörige der Oberschicht, die von ihr eine Gunst erhofften. Um möglichst viele dieser Geschenke zur Schau zu tragen, wechselte sie mehrmals am Tag ihre Kleider und ihren Schmuck, je nach den offiziellen Anlässen.

Die Vorbereitungen für eine Audienz nahmen Stunden in Anspruch. Ein typisches Kostüm für eine Audienz war ein gelbes Satinkleid, bestickt mit rosa Pfingstrosen, und ein Haarschmuck mit Blumen aus Perlen und Jade auf beiden Seiten und mit einem Phönix aus Jade in der Mitte. Über ihrem Kleid trug sie einen Umhang, der mit 3500 Perlen von der Größe eines Kanarienvogeleis besetzt war. Der Umhang war aus einem Netzgewebe gefertigt und mit zwei Spangen aus Jade zusammengehalten. Als Schmuck trug sie Armbänder aus Perlen oder Jade und mehrere Jaderinge. Seit Tausenden von Jahren war es am Hof Brauch gewesen, einige Fingernägel lang wachsen zu lassen. Die Nägel des kleinen und des Ringfingers von Tz'u-Hsis rechter Hand steckten in goldenen Schutzhülsen von drei Zoll Länge; an der linken Hand waren es zwei Hülsen aus Jade. Die Nägel aller übrigen Finger waren kurzgeschnitten. Ihre Schuhe waren mit Perlentroddeln geschmückt und mit winzigen Jadesplittern in unterschiedlichen Farben bestickt.

Waren die Vorbereitungen beendet, wurde sie von acht Eunuchen in einer Sänfte in eine der großen Thronhallen getragen. Der Obereunuch ging an ihrer linken und ein zweiter Obereunuch an ihrer rechten Seite, und beide stützten jeweils eine Hand auf einen der Sänftenpfosten. Vier Eunuchen fünften Grades schritten voran, und zwölf Eunuchen sechsten Ranges folgten hinterher. Jeder von ihnen trug etwas: Taschentücher, Kleider, Schuhe, Kämme, Bürsten, Puderdosen, Parfümfläschchen, Hutnadeln, schwarze und rote Tusche, gelbes Papier. Ganz am Ende gingen sechs Dienerinnen, die ebenfalls irgendwelche Kleidungsstücke trugen – ein wandelndes Ankleidezimmer.

Wenn der Kindkaiser sich in guter Verfassung befand, wurde er an der Stirnseite der Audienzhalle auf einen Thron auf einer erhöhten Plattform gesetzt, und die beiden Kaiserinwitwen saßen auf Thronen hinter ihm, durch den Gazevorhang verborgen. Wenn die ermüdende Zeremonie für das Kind zuviel wurde, setzte es sich bei einer der beiden Regentinnen auf den Schoß, oder es durfte den Thronsaal ganz verlassen. Minister und hohe Beamte verrichteten den obligaten Kotau und legten anschließend ihre Petitionen und Denkschriften mit den von ihnen empfohlenen Maßnahmen vor und erwarteten die Entscheidung der beiden Frauen. Wenn nicht gerade außergewöhnliche Umstände vorlagen, lautete die Antwort »Wir überlassen es Ihnen«, was bedeutete, daß die Minister so verfahren sollten, wie sie es bereits als zweckmäßig befunden hatten. Mit diesem Vorgehen wurde nach außen hin der Anschein gewahrt, daß die Kaiserinnen aktiv am Entscheidungsprozeß beteiligt seien, was sehr wichtig war in einem Land, in dem die Zeremonien eine größere Rolle spielten als die Wirklichkeit. War das offizielle Programm beendet, wurden die Kaiserinnen wieder in ihren Palast zurückgetragen, wo sie ihre zeremonielle gegen eine einfachere Kleidung wechselten. Der Rest des Tages verging mit der Erziehung des jungen Kaisers oder diente den Frauen zur eigenen Erholung. Tz'u-Hsi musterte etwa Geschenkkörbe mit Blumen und Früchten, die ihr von Höflingen übersandt wurden, oder prüfte Seidenballen, die dem Hof als Tribut überreicht worden waren. Sie konnte sich an derart trivialen Dingen erfreuen, doch ihre eigentliche Liebe galt ihren Pekinesen und dem Garten. Einige Palasteunuchen waren hervorragende Züchter. Tz'u-Hsis Schoßhündchen, zumeist mit schwarzem Fell, hatten ihren eigenen Pavillon mit Marmorfußboden und wurden täglich ausgeführt und regelmäßig gebadet. Sie hatte einen besonderen Liebling, dem sie den Namen Shadsa gegeben hatte, was soviel bedeutet wie »Tölpel«, und ihm Blumen ins Haar geflochten. Blumen in großer Zahl schmückten auch ihre Zimmer, ihre Loge im Palasttheater und die Audienzhallen. Die Eunuchen mußten ihr sommers wie winters immer frische Blumen ins Haar stecken. Höflinge schickten ihr täglich Blumenkörbe aus den Gärten der kaiserlichen Güter. Sie brachte Stunden damit zu, Origami zu schneiden und zu falten oder

Hasen und Vögel aus Grashalmen zu modellieren. Tatsächlich gab es kaum etwas anderes, das sie hätte tun können.

Während sie sich ihren Blumen widmete, las ihr ein Hauslehrer oder ein gebildeter Eunuch aus der Geschichte, Dichtung und den Märchen und Sagen des alten China vor. Gelegentlich wurde sie ungeduldig über langweilige Passagen, die dann vom Vorleser übersprungen werden mußten. Täglich unternahm sie Spaziergänge innerhalb der Verbotenen Stadt, selbst wenn es regnete, eine Gewohnheit, die den Hofdamen gar nicht paßte, da ihre Seidengewänder ebenso wie die der Eunuchen dadurch tropfnaß wurden und ihre Fasson verloren.

Wenn alle anderen Zerstreuungen nichts halfen, widmete Tz'u-Hsi sich gern einem Spiel, das mit Würfeln auf einem großen Brett gespielt wurde, das mit weißer Seide bespannt und mit phantastischen Mustern bemalt war, welche die Erde und das Land der Märchen darstellten. Das Ziel für die Mitspielenden bestand darin, eine schwarze Ebenholzfigur in das Märchenland zu bringen.

Wenn sie sich in nachdenklicher Stimmung befand, verlangte sie nach Pinsel und Tusche und pinselte große Begriffszeichen auf Papierrollen von vier Fuß Länge oder malte Blumenaquarelle und zeigte sie den Höflingen zur Begutachtung.

Die Mahlzeiten wurden überall dort eingenommen, wo sie sich gerade befand. Ihre Damen brachten ihr einen tragbaren Tisch mit getrockneten Früchten und Nüssen als Vorspeise. Etwa 150 verschiedene Speisen wurden anschließend in langen Reihen aufgestellt, angerichtet in gelben Schüsseln mit Silberlöffeln und mit grünen Drachen oder dem Begriffszeichen für langes Leben verziert. Ein Eunuch brachte eine weiße Jadekanne mit Geißblattee, ein anderer reichte ihr goldene Eßstäbchen. Beide Eunuchen knieten sich auf den Boden und hielten Tabletts hoch, auf denen sich eine Auswahl an Schweinefleisch, Hammelfleisch, Geflügel und Gemüse befand. Schweinefleisch wurde in Form von Fleischbällchen serviert, in Scheiben geschnitten in Soja- oder Fischsauce, als Kotelett mit Bambussprossen, gekocht mit Kirschen oder Zwiebeln, Kohl oder mit weißen Rüben oder schließlich als Haschee auf Pfannkuchen. Reis gehörte ebenfalls zum Menü, doch die Mandschu bevorzugten wie viele Nordchinesen Speisen aus Brotteig: gebacken, gedünstet, in der Pfanne gebraten oder in Form von gefüllten Klößen. Um ihr Gesicht zu wahren, mußten die kaiserlichen Küchen den Kaiserinnen zweimal am Tag ausgesuchte Speisen zubereiten, doch die Schüsseln waren nicht größer als Mokkauntertassen, und Tz'u-Hsi aß wenig, so daß man das Übriggebliebene den Eunuchen vorsetzte, die dick und fett davon wurden.

Siebenundvierzig Jahre lang folgte ihr Leben diesem Muster, von 1861, als sie Witwe wurde, bis zu ihrem Tod 1908. Doch statt sie wie so viele Monarchen Großbritanniens wegen ihrer natürlichen Vorliebe für Hunde, Blumen und Kostüme im Gedächtnis zu behalten, wurde sie berüchtigt wegen ihrer angeblich unersättlichen Fleischeslust.

Im Jahr 1901 veröffentlichte ein wohlhabender chinesischer Propagandist aus Singapur, Lim Boon-keng, ein Buch, das bereits alle wesentlichen erfundenen Beschuldigungen gegen die Kaiserin enthält. So behauptet der Autor, Yehe Nara habe als junge Konkubine »ihre Reize vor einer großen Zahl von Eunuchen zur Schau gestellt... Es fiel auf, daß die Eunuchen zumeist junge Männer von gutem Wuchs und anziehendem Äußeren waren... Die Müßigen und Neugierigen, die nichts Besseres zu tun hatten, registrierten die Zahl der jungen Männer, die Zutritt zum Palast fanden, Hofdiener wurden und danach verschwanden. Was war mit ihnen geschehen?... Wie ein Lauffeuer verbreitete sich die Klatschgeschichte, daß junge Diener am Hof innerhalb der Mauern der Verbotenen Stadt eines plötzlichen Todes starben«. Die meisten Eunuchen Tz'u-Hsis waren demnach gar keine echten Eunuchen, sondern ihre Liebhaber. Sobald sie ihrer überdrüssig wurde, ließ sie sie umbringen.

Dieses Grundthema wurde von Backhouse und Bland in ihren beiden Biographien der Kaiserin, die bald nach deren Tod erschienen, wesentlich erweitert. Als Darstellungen westlicher »China-Experten« hatten ihre Bücher bei westlichen Lesern mehr Gewicht als das von Lim Boon-keng. In ihrem ersten Buch berührten Backhouse und Bland das geheime Leben der Kaiserinwitwe nur am Rande und beschrieben es als »lustigen Reigen eines orientalischen Trianon«. Sie unterstellten ihr sexuelle Lasterhaftigkeit, indem sie Tz'u-Hsis Verhältnis zu den kaiserlichen Eunuchen beschrieben: »Es war allgemein bekannt und der Klatsch der Teehäuser, daß die leiseste Laune [des Obereunuchen] in der Verbotenen Stadt Gesetz bedeutete... Unter diesen Umständen war es nur natürlich, wenn nicht unvermeidlich, daß unbegründete und übertriebene Gerüchte verbreitet wurden. So stoßen wir auf den Bericht, [der Obereunuch] sei kein Eunuch gewesen und... daß [Yehe Nara] von einem Sohn entbunden worden sei, dessen Vater jener Eunuch wäre.«

Nachdem sie die Idee eines von einem Eunuchen gezeugten illegitimen Kindes in die Welt gesetzt hatten, walzten Bland und Backhouse dieses Thema in ihrem zweiten Buch stärker aus. Nach einer »authentischen« chinesischen Quelle, auf die sie sich beriefen, war der Vater dieses Kindes entweder der falsche Obereunuch oder ein Restaurantinhaber aus Peking, und beide kamen durch Tz'u-Hsi ums Leben. Doch nachdem sie diese Ente publiziert hatten, verwarfen die Autoren am Ende beide Hypothesen und erklärten statt dessen den General Jung-lu zum Vater von Tz'u-Hsis imaginärem Bastard. Unter Berufung auf einen »An Anhui-Beamten« behaupteten sie, im Frühjahr 1881 sei Tz'u-Hsi zwei Monate lang an ihr Haus gefesselt gewesen und man sei »allgemein überzeugt gewesen, daß sie ein Kind geboren habe, dessen Vater Jung-lu sei«.

Bland und Backhouse wußten zu berichten, als Yehe Nara noch ein junges Mädchen war, habe es »unter ihren jugendlichen Spielgefährten... einen Verwandten namens Jung-lu [gegeben]... Es hieß allgemein, sie sei ihm von Geburt an versprochen gewesen«. Es gibt keinerlei Belege, die diese Behauptung stützen könnten. Jung-lu entstammte einem anderen Clan als Yehe Nara, und wenn er tatsächlich ein Vetter von ihr gewesen sein sollte, dann ein höchst entfernter. Bekannt ist lediglich, daß er in späteren Jahren, als er zu den führenden Gemäßigten in ihrer Regierung gehörte, einer ihrer engsten Freunde und Anhänger war. Trotzdem berichtet ein italienischer Biograph von einer Romanze, die »in orientalischer Form und in orientalischer Umgebung... die uralte Geschichte von Lanzelot und Guinevra« wiederholt.

Die Verleumdung Tz'u-Hsis wurde für Jahrzehnte zu einem literarischen Spiel. Viele Jahre später verlieh General Frank Dorn der Geschichte neuen Glanz und neue Glaubwürdigkeit: »Sie verabredete mit Jung-lu manches geheime Rendezvous. Das Erdreich unter dem Großen Innen war von zahlreichen unterirdischen Gängen durchzogen... Jung-lu benutzte einen dieser verborgenen Wege... der unter Tz'u-Hsis Vorzimmer an einer Stiege endete, die nach oben führte... Über eine verriegelte Falltür, die unter einem Teppich versteckt war, gelangte man in Tz'u-Hsis Räumlichkeiten.«

Nach Dorns Schilderung wurde einmal der Versuch gemacht, Jung-lu in den unterirdischen Gängen zu ermorden. Doch der kräftige Mandschu stieß seinem Angreifer den Dolch ins Herz und wehrte andere ab, die sich in der Finsternis auf ihn stürzten. Die Kaiserin, die unter ihrem Fußboden heftige Kampfgeräusche vernahm, »zitterte vor Angst«. Doch Jung-lu blieb Sieger; in dieser Nacht vereinigten sie sich, und die Kaiserinwitwe wurde schwanger. Da sie schon seit einigen Jahren Witwe war, mußte die Schwangerschaft geheimgehalten werden, um einen Skandal zu vermeiden. Jede andere Frau wäre an ihrer Stelle verzweifelt. Nach Dorns Bericht nahm sie einen weiblichen Gast zu sich, eine jüngere Schwester, die eine Schwangerschaft vortäuschte. Als Tz'u-Hsis Tochter zur Welt kam, wurde sie als das Kind ihrer Schwester ausgegeben und von Jung-lu zu seinem Palast gebracht, wo sie zusammen mit seinen anderen Kindern aufwuchs.

Das klingt vielleicht amüsant, und man hätte ihr wünschen mögen, daß ihr Leben tatsächlich eine solche Burleske, erfüllt von florentinischen Intrigen und Wiener Frivolität gewesen wäre, aber die Wahrheit war viel trauriger. Wenn man die grelle Übermalung entfernt, kommt das Leben einer ständig unter Aufsicht stehenden Frau zum Vorschein, die darüber trübsinnig geworden war. Unter den Schichten historischer Grafitti zeigt sich eine lebendige und schöne junge Frau, die in einer Verliererposition gefangen war; eine pflichtgetreue Witwe, die auf der Stelle hingerichtet worden wäre, wenn sie andere Liebschaften gesucht hätte; eine verschmähte Frau, die hilflos mit ansehen mußte, wie es mit ihrem Gemahl bergab ging; eine hoffnungsvolle Mutter, deren einziger Sohn ein Hanswurst war und unter schaurigen Umständen ums Leben kam; eine Kaiserin als Aushängeschild, die durch Verschwörungen nacheinander drei Kaiser verlor; und nicht zuletzt eine ängstliche Vertreterin des Matriarchats, deren Ruf ruiniert wurde, da sie an der Spitze einer maroden Dynastie kurz vor deren Untergang stand.

5
Zwei Männer auf einem Pferd

Während Tz'u-Hsi und Tz'u-An in der Verbotenen Stadt in einer unwirklichen Welt lebten, tobte im Reich außerhalb der Stadtmauern der große Tai-ping-Aufstand, der blutigste Bürgerkrieg in der Geschichte der Menschheit, der 25 Millionen Menschenleben forderte. In vielen Audienzen, denen die Kaiserinwitwen beiwohnten, und zahlreichen Edikten, auf die sie ihre Siegel setzten, ging es um verzweifelte Maßnahmen, um die Tai-ping-Rebellen zu unterdrükken. Nachdem die britischen und französischen Armeen das Regime nicht mehr bedrohten und nachdem die Achterbande ausgeschaltet war, änderte Prinz Kung die Mandschu-Politik grundlegend und legte eine beispiellose militärische Macht in die Hände eines Han-Chinesen. Zwei Jahrhunderte lang hatten die Mandschu-Herrscher einen solchen Schritt bewußt vermieden, da sie befürchteten, ein Chinese an der Spitze des Heeres werde die Soldaten gegen die fremden Herrscher aufmarschieren lassen. Seit 1644 hatte man keinem Chinesen erlaubt, eigene Truppen aufzustellen, und kein einziger chinesischer Militärbefehlshaber, der außergewöhnliches Talent gezeigt hatte, war eines natürlichen Todes gestorben; sie alle hatte man ermordet, wegen angeblicher Verletzung der Etikette enthauptet, zum Selbstmord gezwungen, oder sie wurden von den eigenen Leuten im Gefecht getötet. Doch 1862 legten die Kaiserinwitwen auf Drängen Prinz Kungs das Schicksal der Dynastie in die Hände von Tseng Kuo-fan, des Mannes, der später von ihnen sagte, sie seien beide nicht besonders intelligent. Ihm überließen sie die Niederschlagung des Tai-ping-Aufstands. Damit setzten sie unwillentlich gerade jene Kräfte in Bewegung, vor denen ihre Vorfahren stets gewarnt hatten, weil sie zur Demütigung und zum Niedergang der Dynastie führen würden. Tseng selbst sollte sich nicht gegen sie wenden, doch einer seiner Protegés, der mit allen Wassern gewaschene Li Hung-chang, sollte eine außerordentliche Karriere machen, an deren Ende er zum eigentlichen Machthaber hinter dem Thron wurde, so daß Tz'u-Hsi schließlich über eine leere Hülle herrschte.

Es war ein Biß in den sauren Apfel, aber es mußte etwas unternommen werden. Während der ersten Hälfte des 19. Jahrhunderts hatte es fortwährend Bauernaufstände gegen die unfähige und häufig brutale Mandschu-Verwaltung gegeben. Die Tai-ping-Rebellion war nur die letzte der Kette, doch sie war erfolgreich, wo die vorherigen gescheitert waren. Seit 1850 hatten die Rebellen eine Provinz nach der anderen erobert und alle Mandschu-Streitkräfte geschlagen, die Kaiser Hsien-feng ihnen entgegengeschickt hatte. Aus Verzweiflung setzte die Achterbande in den Provinzen und Städten erbarmungslose Beamte ein, die mit den Mitteln des Massenterrors operierten: Ganze chinesische Gemeinden im Süden wurden mit Frauen und Kindern ausgelöscht. Große Not herrschte; Dürre, Hunger und Überschwemmungen taten ein übriges. Voller Abscheu und Verzweiflung schloß sich die darbende Landbevölkerung den Tai-ping-Rebellen an. Ihr Rebellenkaiser, Hung Hsiu-ch'uan, und seine Schüler verfügten über jenes Organisationstalent, die Inspiration und die bedingungslose Hingabe, die erforderlich waren, um die unterschiedlichen Menschen zu einer riesigen Armee aus einer halben Million Kämpfern zu verschmelzen. Zu ihrer Hauptstadt wählten sie Nanking, von wo aus sie das Herzland Chinas zu überrennen drohten.

Sie verstanden sich als Christen und wollten ein »Himmlisches Königreich des Großen Friedens« (Tai ping) errichten. Hung Hsiu-ch'uan war keineswegs ein Verrückter. Viermal war er bei den Beamtenexamina durchgefallen, so daß ihm endgültig der Zugang zur gebildeten Oberschicht versperrt war. Hungs dritter vergeblicher Anlauf war in Kanton erfolgt, wo ein chinesischer Christ ihm ein Traktat mit dem Titel *Gute Werke zur Ermahnung der Zeit* in die Hand gab, das voller Bibelsprüche und alttestamentarischer Geschichte war. Hung befand sich in einer Phase tiefer Depression, als er das Traktat las, und gelangte sogleich zu der Überzeugung, er sei der jüngere Bruder Christi und werde eine neue Dynastie in China begründen. Bald hatte er einen harten Kern von Schülern um sich geschart, die er zu Prinzen des Himmlischen Königreichs ernannte, unter ihnen einen Köhler, einen reichen Gelehrten und einen Gelegenheitsarbeiter. Sie erwiesen sich im Gegensatz zu den Mandschu als erstaunlich fähige Militärführer.

Die Tai-ping-Rebellen lehnten alles ab, was die Mandschu eingeführt hatten, von ihren Ideen bis zur Kleidung. Die Männer trugen ihr Haar lang, ohne Flechten und nicht in einem Mandschu-Zopf, weshalb man sie langhaarige Banditen oder einfach Langhaarige nannte. Sie erkannten den Frauen das Recht zu, sich an den Beamtenprüfungen zu beteiligen und Beamtinnen zu werden. Die Ziele, für die die Tai-ping-Rebellen eintraten und die uns so merkwürdig modern und schwärmerisch erscheinen, bedrohten nicht nur die Mandschu, sondern das gesamte System der konfuzianischen Gesellschaftsordnung, die den Kitt darstellte, der China zusammenhielt. Da sie den Konfuzianismus selbst in Frage stellten, stießen sie auf den erbitterten Widerstand der konfuzianischen Oberschicht in China. Tseng Kuo-fan erläuterte dies so:

»...Die Banditen... die ihre Weisheit von den Barbaren beziehen, verehren die Religion Gottes. Von ihren falschen Herren und Ministern bis zu ihren Soldaten und niedrigen Leuten werden alle Brüder genannt. Die Bauern können ihre Felder nicht einfach bebauen, um Steuern zu zahlen, da sie alle Felder als Felder des Himmlischen Königs bezeichnen. Kaufleute können nicht frei Handel treiben, um ihren Gewinn zu suchen, da sie alle Handelsgüter als Güter des Himmlischen Königs bezeichnen. Gelehrte können die konfuzianischen Klassiker nicht mehr vortragen, da sie die Theorien eines sogenannten Jesus und des Neuen Testaments vertreten. Die ganze Schicklichkeit, Moral und die gesellschaftlichen Beziehungen, die Literatur und das Recht Chinas mit ihrer mehrtausendjährigen Geschichte werden mit einemmal in den Schmutz gezogen und völlig vernichtet.«

Inzwischen knapp über 50 Jahre alt, war Tseng der Sohn eines unbedeutenden Adligen aus der Provinz Hunan. Sein Vater hatte die Beamtenprüfung erst beim sechzehnten Anlauf bestanden, doch Tseng selbst erwies sich als außerordentlich intelligent und erreichte schnell das *chin-shih*-Niveau, das etwa einer Doktorprüfung in Oxford entspricht. In Anerkennung seiner besonderen Begabung wurde er an die elitäre Hanlin-Akademie in Peking berufen, wo er zudem eine noch seltenere Eigenschaft erkennen ließ: Er war tugendhaft. Tseng machte weniger den Eindruck eines militärischen Befehlshabers als den eines verehrungswürdigen Weisen. Er war 1,73 Meter groß und stark gebaut, mit einem breiten Brustkasten, breiten Schultern und einem großen Kopf, der wegen der Gewohnheit der Mandschu-Männer, die Brauen zu rasieren und das Haar zu einem Zopf zu flechten, noch größer wirkte. Er trug einen Vollbart, der ihm bis auf die Brust reichte und den Eindruck großer Weisheit noch verstärkte. Seine melancholischen braunen Augen blickten scharf und durchdringend, und seine Lippen waren fest aufeinandergepreßt. Insgesamt machte er den Eindruck großer Willensstärke, Zielstrebigkeit, tiefer Würde und völliger Selbstbeherrschung. Er war ein Mann, der nicht mit sich spaßen ließ.

Tseng wurde erstmals von der Achterbande eine militärische Befehlsgewalt übertragen, als der Tai-ping-Aufstand 1852 auf die Provinz Hunan übergriff. Es war allerdings eine zweischneidige Angelegenheit. Tseng befand sich damals zufällig dort, beurlaubt von der Hanlin-Akademie, um den Tod seiner Mutter zu betrauern. Su Shun wollte, daß er im Interesse des Reiches seine Trauer unterbrach und ein lokales Heer aufstellte, um die Rebellen zurückzuschlagen. Tseng gehorchte, doch seine Hände waren ihm in vielfältigster Weise gebunden. Su Shun wollte weder seiner Ernennung durch ein Edikt des Kaisers einen offiziellen Charakter verleihen, noch wollte er ihm die benötigte Befugnis übertragen, lokale Steuern zu erheben, damit er seine Leute bezahlen konnte. Das war ein typisches Beispiel für die Hinterlist der Mandschu. Ohne formelle Ernennung konnte der Han-Chinese Tseng jederzeit beschuldigt werden, seine Befugnisse überschritten zu haben, und darauf stand die Todesstrafe.

Tseng gelang nun als erstem eine Reihe von Siegen über die Rebellen, und als die Tai-ping-Aufständischen 1860 die Mandschu-Armeen, von denen sie in Nanking belagert worden waren, vollständig aufgerieben hatten, machte Su Shun Tseng zum Vorsitzenden des Kriegsrats und zum Vizekönig der vom Krieg heimgesuchten Provinzen Kiangsu, An-wei, Kiangsi und Tschekiang. Doch die Achterbande gab nie etwas, ohne es gleich wieder zu nehmen. Sie ernannte den Mongolenprinzen Kokortschin zu Tsengs Stellvertreter, setzte ihm damit einen Spitzel vor die Nase und machte jede selbständige Entscheidung unmöglich. Tseng war in seinem Handlungsspielraum stärker eingeschränkt als zuvor.

Der Staatsstreich Prinz Kungs 1861 beendete all diese Schikanen.

Tseng erhielt sogleich jenen Entscheidungsspielraum, der ihm von der Achterbande bewußt vorenthalten worden war.

Kung war die ganze Zeit hindurch überzeugt gewesen, daß die Tai-ping-Rebellen die größere Gefahr darstellten. Deshalb zog er es vor, sich mit den ausländischen Mächten zu einigen, um der Regierung und den Generälen für den Kampf gegen die Aufständischen den Rücken freizuhalten. Eine seiner ersten Maßnahmen nach dem Sturz der Achterbande bestand darin, sich vorbehaltlos hinter Tseng zu stellen. Mit der Unterstützung Tz'u-Hsis und Tz'u-Ans konnte Prinz Kung die Mandschu-Führer überreden, ihre bisherige Politik gegenüber chinesischen Militärführern aufzugeben. Um den Tai-ping-Aufstand niederzuschlagen, brauchten die Mandschu die Hilfe von Männern wie Tseng. Damit besiegelte Kung zwar das Schicksal der Tai-ping-Bewegung, zugleich schuf er jedoch den Präzedenzfall eines chinesischen Befehlshabers.

Von nun an ermutigte die Koalition mit Bedacht bestimmte Chinesen, sich stärker für die Verteidigung des Reiches zu engagieren. Man würde ein wachsames Auge auf sie haben, ohne sie jedoch allzusehr zu gängeln. Diese Änderung der Politik gegenüber den Chinesen war eine der mutigsten Maßnahmen der kaiserlichen Regierung in der zweiten Hälfte des 19. Jahrhunderts, doch sie verstärkte die Ängste der Mandschu vor einem Sturz. Tseng selbst mußte peinlichst darauf achten, daß seine Gönner nicht in Panik gerieten.

Er mußte jetzt mehr als vorher um seine Sicherheit fürchten. Anfang 1862 schrieb er an seinen Bruder: »Während der letzten Monate hat es in Peking eine erstaunliche Veränderung gegeben. Als man die Kaiserinwitwen zu Mitregentinnen ernannt hatte, wurden neue politische Orientierungen unvermeidlich und waren bereits spürbar. Jedermann, auch die Ausländer, war schockiert über diese vielen Änderungen. In der letzten Zeit habe ich kurz hintereinander an die 14 kaiserliche Befehle und Edikte erhalten. Ich glaube, daß man mir zuviel Macht gegeben hat, und meine Stellung ist so hoch, daß sie unsicher und sogar gefährlich wird.«

Prinz Kung und die Kaiserinwitwen gingen ein kalkuliertes Risiko ein. Sie kannten Tseng gut und waren überzeugt, daß sie sich auf ihn verlassen konnten. Er war es denn auch nicht selbst, der diese beispiellose Gelegenheit zu verschwörerischen Umtrieben nutzen sollte, sondern einer seiner Schützlinge.

Tsengs besondere Fähigkeit war es, intelligente Untergebene zu finden und sie in der Manier eines Schachgroßmeisters für seine Zwecke – in diesem Fall Spionage und Intrigen – einzusetzen. Zu seiner militärischen Organisation gehörte ein persönliches Sekretariat oder *mu-fu*, in dem Privatpersonen aus der gebildeten Oberschicht als seine Steuereinnehmer, kommissarischen Verwalter und Geheimagenten tätig waren. Obwohl selbst streng und asketisch, wählte er häufig begabte Exzentriker, Männer der Tat und manchmal auch Männer mit Genie.

Sein talentiertester Schützling war Li Hung-chang, damals noch ein junger chinesischer Gelehrter. Er fiel auf wegen seiner äußeren Erscheinung, 1,90 Meter groß, mit buschigem Schnurrbart und schwarzen Mandelaugen. Er sah entwaffnend gut aus, mit einem Gesichtsausdruck von solcher Aufrichtigkeit, daß er jedem sogleich Vertrauen einflößte. Hätte man ihm für eine gewisse Zeit die Witwen- und Waisenkasse anvertrauen müssen, so wäre bei der Rückkehr zwar noch alles dagewesen, allerdings hätte Li in der Zwischenzeit den Inhalt der Kasse arbeiten lassen und den Gewinn von 300 Prozent selbst eingesteckt. Völlig skrupellos, berechnend und bösartig, war er dazu ausersehen, zum mächtigsten politischen Herrn in China zu werden, den das Reich je erlebt hatte. Doch solange General Tseng sein Herr und Meister war, absolvierte Li seine Lehrzeit geduldig und gut, denn wie das Sprichwort sagt: Wenn zwei Männer auf einem Pferd reiten, muß einer immer hinten sitzen.

Li wurde 1823, zwölf Jahre vor Tz'u-Hsi, als Sohn einer begüterten Familie in der strategisch bedeutenden Provinz An-wei im Westen von Shanghai geboren. Von hier aus wurde die untere Jangtse-Region kontrolliert. Während seines Studiums zeichnete er sich aus, wurde mit 24 Jahren Gelehrter an der Hanlin-Akademie, und mit 28 Jahren setzte er Dekrete und Edikte für den Kaiser auf. Er war rhetorisch außerordentlich begabt und konnte mit seinen Kenntnissen und Talenten so geschickt umgehen wie ein Metzger mit seinem Tranchiermesser. Für einen Mann in so jungen Jahren hatte Li ein bemerkenswertes Gespür dafür, wie die gesellschaftlichen Abläufe in China funktionierten, und keinerlei Skrupel, sich mit allen Mitteln ganz nach oben durchzukämpfen.

An der Hanlin-Akademie kamen Tseng und Li erstmals zusammen, und zwischen ihnen entwickelte sich bald eine Meister-Schüler-Beziehung. Als Tseng 1853 die Aufgabe übernahm, ein Heer aufzustellen und die Tai-ping-Rebellen zu bekämpfen, trat Li aus den Diensten der Regierung aus und kehrte als persönlicher Angestellter des Gouverneurs in seine Heimatprovinz An-wei zurück.

Solange er eine Beamtenstelle bekleidet hatte, konnte Li keinen Posten in seiner Heimatprovinz erhalten. Durch die private Anstellung beim Gouverneur umging er dieses Hindernis und war in der Lage, im eigenen Revier eine Machtbasis aufzubauen, noch ehe er 30 Jahre alt war. Mit Billigung des Gouverneurs hatte er bis zum Juni 1853 1000 Kämpfer unter seinem Kommando, angeblich zur Bekämpfung der Tai-ping-Aufständischen und anderer Rebellen und Banditen, doch tatsächlich war dies Lis Privatarmee. Viele seiner Offiziere waren ehemalige Gesetzesbrecher, und Li benutzte sie, um weitere Banditen und Raufbolde anzuwerben und seine Streitmacht zu einer neuen An-wei-Armee auszubauen.

Ganz anders als in General Tsengs Hunan-Armee, die überwiegend aus Kleinbauern unter dem Befehl wirklicher Gelehrter bestand, waren die Männer Lis Söldner, Außenseiter und Betrüger, die normalerweise den Geheimgesellschaften und Verbrecherbanden zuströmten. Diejenigen unter den Offizieren, die über einen Gelehrtengrad verfügten, hatten ihn gekauft. Li und Tseng repräsentierten unterschiedliche Generationen. Tseng widersetzte sich den Änderungen, die durch die Vertragshäfen in China eingeführt wurden, während Li sich ihnen anpaßte und sie für seine Zwecke zu nutzen wußte. Er war bereit, sich jederzeit mit den etablierten Mächten zu arrangieren, und zog auch nie gegen Schmiergelder und Korruption vom Leder. Li verstand die gefährlichen Zeiten, in denen er lebte, und wußte, daß nur käufliche Männer gewaltsam das Geld beschaffen würden, das er für den Unterhalt seiner Soldaten benötigte – und um ihn selbst zu bezahlen. »Ich bin der Sohn eines armen Mannes«, verwahrte er sich listig, »und stehe im Ruf, plötzlich über einen enormen Reichtum zu verfügen.« Nachdem er mitgeholfen hatte, seine Heimatstadt von den Tai-ping-Aufständischen zu befreien, schloß Li sich 1859 Tseng an und wurde dessen Privatsekretär. Dafür erhielt er wichtige Einblicke aus erster Hand in das politische Alltagsgeschäft im Führungsstab eines Befehlshabers. Tseng schickte ihn als Geheimagenten auf Missionen und ließ sich anschließend persönlich von ihm Bericht erstatten; er gab ihm Tips und lobte Lis Schliche. Besonders seine Fähigkeit, anderen Menschen, mit denen er zu tun hatte, ins Herz zu sehen, hatte es Tseng angetan. Doch Lis Drang nach Höherem machte das Hauptquartier der Hunan-Armee zu einem »zu seichten Gewässer, als daß in ihm ein so großes Schiff vor Anker gehen könnte«.

Tseng beschloß, dem Jüngeren einen Auftrag zu geben, der seiner Tüchtigkeit angemessen war. Von Nanking aus hatten die Tai-ping-Rebellen erfolgreiche Feldzüge in die Provinz Kiangsu in der Nähe von Shanghai geführt. Das Gelände dort war flach, grün und fruchtbar, von Kanälen durchzogen und mit Seen gesprenkelt; das Land der Seidenraupenzüchter: bestens geeignet für Hinterhalte.

General Tseng wußte, daß er den Aufstand nur unterdrücken konnte, wenn er die Lebensader der Rebellen durchtrennte, indem er die Hauptbasis in Nanking vernichtete, wo Kaiser Hung seinen Thron hatte. Doch Tseng wurde immer wieder von anderen Städten zu Hilfe gerufen.

Mit dem Fall von Su Chou in der südöstlichen Provinz Kiangsu floh die dort ansässige Oberschicht nach Shanghai und bat Tseng buchstäblich unter Tränen um seine Hilfe. »Hört auf zu jammern!« herrschte er sie an. »Ich kann zwar nicht meine Hauptarmee schikken, aber ich schicke eine ›Überraschungstruppe‹.«

Die Überraschungstruppe bestand aus Li Hung-chang mit sorgfältig ausgesuchten Teilen seiner privaten An-wei-Armee aus Rauhbeinen. Er sollte Su Chou befreien und Shanghai, dem Sündenbabel, zu Hilfe kommen – und es nebenbei um seine Gelder erleichtern und sich zu seinem Befehlshaber aufschwingen.

Li durchbrach die Flußblockaden der Rebellen mit schnellen Dampfbooten und traf im Frühjahr 1862 in Shanghai ein. Hier wartete eine reife Frucht nur darauf, gepflückt und verspeist zu werden. Shanghai war die Große Litschi, Chinas Vergnügungszentrum, ein Sodom und Gomorrha aus chinesischen Flüchtlingen und Strandgut als aller Herren Länder. Seine chinesische Bevölkerung, die 1852 noch keine 500 Einwohner betragen hatte, war bis 1860 auf eine halbe Million emporgeschnellt, als Reich und Arm sich vor den Tai-ping-Rebellen in Sicherheit brachten. Wie in einer Goldgräberstadt wimmelte es in Shanghai von Deserteuren, Abenteurern und Seeleuten ausländischer Kriegs- und Handelsschiffe.

Hinter den Kulissen tobte ein fortwährender Kampf um die Herrschaft über die Stadt und ihre fabelhaften Einkünfte, bei dem die lokalen Bosse sich der Angehörigen der hierher geflohenen Oberschicht aus Su Chou zu erwehren suchten, die danach trachteten, auch ein Stück des Kuchens abzubekommen. Die Männer, in deren Gewalt Shanghai sich befand, hatten allen Grund, sich durch die Ankunft Lis bedroht zu fühlen. Sie wußten genau, daß die Stadt in Wirklichkeit von den Tai-ping-Aufständischen gar nichts zu fürchten hatte, weil sie diese insgeheim mit Lebensmitteln und Waffen versorgten. Sie befürchteten, Li werde ihnen die Suppe versalzen, und sie würden in ihm einen neuen Meister in der Kunst des Schröpfens finden.

Li verfügte über eine genügend starke Streitmacht und so viele kaiserliche Befugnisse, um diese Befürchtungen zu bestätigen. General Tseng hatte mit den Kaiserinwitwen vereinbart, Li zum Gouverneur von Kiangsu zu ernennen, einer der beiden Provinzen, die an den Vertragshafen grenzten (die andere war Tschekiang). Der amtierende Gouverneur, Hsueh-Huan, weigerte sich, ein Leben voller Annehmlichkeiten in Shanghai aufzugeben, um seinen militärischen Pflichten gegen die Aufständischen nachzukommen: Statt dessen bezahlte er eine Bande aus Vagabunden dafür, daß sie Kaufleute belästigten, ausländische Schiffe plünderten und alle umbrachten, die dagegen protestierten. Insgesamt war es ein Aufgebot von lediglich einigen Tausend Mann, doch der Gouverneur behauptete, es handle sich um eine gegen die Tai-ping-Rebellen eingesetzte Miliz aus 55 000 Freiwilligen, wodurch er den Sold der vorgetäuschten Soldaten selbst einstrich. General Tseng verglich ihn mit einem chinesischen Bauern, der einen Hasen sieht, der sich den Kopf an einem Baum einrennt, und der nun jeden Tag neben dem Baum sitzt, weil er denkt, er habe eine Möglichkeit entdeckt, mühelos an Wild zu kommen.

So gelangte Li Hung-chang mit 31 Jahren an die Spitze einer der wohlhabendsten Provinzen der Reiches. Die Feindseligkeit, mit der er in Shanghai empfangen wurde, zeigte ihm, daß die Stadt viel zu verbergen hatte, vor allem die Händler des Vertragshafens, die sich ihre Vermittlerdienste von den fremden Kaufleuten teuer bezahlen ließen. Die größten Gangster waren Wu-hsu und Takee, die Gouverneur Hsueh als ihren Kassierer benutzten. Nach außen hin wohlhabende Bankiers, waren sie in Wirklichkeit Waffenhändler, Schwindler und Erpresser, ließen Schutzgelder eintreiben und unterhielten falsche Wohltätigkeitsinstitute, darunter einen Fonds für heimatlose Flüchtlinge, für den westliche Kaufleute die Bürgschaft übernommen hatten. Takee war Vermittler für die Opiumhändler Jardine und Matheson gewesen und sprach Englisch wie ein Zuhälter. Die Bosse unterhielten eine kleine Armee aus ausländischen Söldnern, die mit Schnellfeuergewehren und Artillerie umgehen konnten und Lis Pläne durchkreuzten, seine eigene Privatarmee zur alleinigen Streitmacht der Stadt zu machen und auf diese Weise die Kontrolle über deren einträgliche Geschäfte an sich zu reißen.

Nach den bestehenden Verträgen war es den Chinesen verboten, ausländische Söldner anzuwerben, doch unter dem Vorwand, das Piratenunwesen zu bekämpfen, hatte Takee einen amerikanischen Freibeuter angeheuert, der sich »Admiral« Gough nannte. In der Mannschaft von Goughs dampfgetriebenem Kanonenboot, der *Kon-*

fuzius, befand sich der 29 Jahre alte Amerikaner Frederick Townsend Ward, ein verwegener Bursche mit dichten, pechschwarzen, bis auf die Schulter reichenden Haaren, der an seiner Selbstzerstörung arbeitete.

Geboren in Salem, Massachusetts, fuhr Ward schon als Junge zur See, wurde später bezahlter Revolvermann auf den kalifornischen Goldfeldern und im illegalen Kulihandel zwischen China und Mexiko. Das brachte ihn nach Shanghai, wo er seine Dienste den Tai-ping-Rebellen gegen angemessene Bezahlung anbieten wollte; statt dessen wurde er der Anführer von Takees Söldnerheer. Nach weniger als drei Jahren hatte der mittellose Abenteurer mehrere 100 000 Dollar und verfügte über mehr Macht, als er verkraften konnte. Gemeinsam mit seinem stellvertretenden Kommandeur, Henry Burgevine aus North Carolina, warb er den Abschaum aus dem Hafenviertel an, Deserteure und philippinische Killer, die von Takee mit dem Geld bezahlt wurden, das er von den Innungen der Kaufleute erpreßt hatte.

Nach einer mehrwöchigen Ausbildung an Sharp-Repetiergewehren und Colts brachen Wards Revolvermänner auf, um das 40 Kilometer südwestlich von Shanghai gelegene Songjiang zu erobern. An ihrer Spitze marschierte Ward in einem langen Frack, lediglich mit einem Spazierstock und einer Manilazigarre bewaffnet. Als sie in der ersten Nacht im Freien vor Songjiang kampierten, ließen sie sich so mit Whisky vollaufen und schlugen so viel Lärm, daß der ganze Überraschungseffekt dahin war. Am folgenden Tag wurden sie dann von den Tai-ping-Rebellen vertrieben und mußten sich schmählich nach Shanghai zurückziehen, wo die meisten von ihnen ihren Sold abholten und desertierten.

Wutschnaubend rekrutierte Ward ein zweites Heer, führte einen Überraschungsangriff und nahm Songjiang ein. Von dem Erfolg berauscht, griff er danach die Tai-ping-Hochburg Tsing-pu an und verlor alles – Artillerie, Kanonenboote und Troß – und wurde schwer verwundet. Shanghais englischsprachige Zeitung, der *North China Herald*, der für Ward wenig Bewunderung übrig hatte, berichtete: »Die erste und beste Nachricht... ist die völlige Niederlage von Ward und seinen Leuten vor Tsing-pu. Dieser berüchtigte Mann wurde nach Shanghai gebracht, aber entgegen allgemeiner Hoffnung nicht tot, sondern mit schweren Verwundungen am Mund, an einer Körperseite und an einem Bein... Die Streitmacht ist jetzt aufgelöst.«

Acht Monate lang blieb Ward daraufhin verschwunden. Als er zurückkehrte, hatte er aufgrund seiner Mundverletzung ein finsteres

Aussehen und eine Sprachbehinderung. Er bemühte sich, Matrosen von Schiffen der Königlichen Marine anzuheuern, und wurde von Admiral Sir James Hope verhaftet und in eine Kabine an Bord des Kriegsschiffs *Chesapeake* gesperrt. Noch in derselben Nacht entschlüpfte Ward durch ein Bullauge und wurde von Freunden in einem Sampan in Sicherheit gebracht. Danach kam es zu einer Vereinbarung mit Admiral Hope: Ward würde keine britischen Seeleute mehr anwerben, sondern statt dessen ein chinesisches Aufgebot zusammenstellen, das mit diskreter britischer Hilfe von Europäern befehligt werden sollte.

Ward hatte bald 5000 chinesische Soldaten zusammengetrommelt, die ähnlich uniformiert waren wie die französischen Zuaven in Algerien, mit grünen Turbanen und in Knickerbockerhosen. Seine Offiziere waren amerikanische Glücksritter, die der Schnaps angelockt hatte.

Kurz bevor Li in Shanghai ankam, machten Ward und seine starke chinesische Streitmacht mit Unterstützung Admiral Hopes eine gute Figur und eroberten die von den Tai-ping-Aufständischen gehaltene Stadt Kiautschou. Zum Dank verliehen die Kaiserinwitwen Ward die chinesische Staatsbürgerschaft, die Mandarinwürde dritten Grades und ernannten ihn zum Oberst. Voller Zuversicht tauften sie Wards Truppe in Ewig Siegreiche Armee um. Ward festigte seine geschäftlichen Beziehungen mit Takee, indem er dessen Tochter heiratete. Gemeinsam mit Takee erwarb er zwei in den USA gebaute Kanonenboote und betrieb ein lukratives Geschäft: Er machte auf dem Jangtsekiang Jagd auf Flußpiraten und nahm den Schmuggel selbst in die Hand.

Als Gouverneur Li mit seinem Heer aus 2500 Soldaten aus An-wei in Shanghai an Land ging und mit ihnen in ihrer einfachen bäuerlichen Kleidung durch die Straßen der Stadt marschierte, brachen die Umstehenden in Gelächter aus. Sie waren an die grellbunten Uniformen von Wards Fremdenlegion gewöhnt. Li erwiderte: »Was ist wichtiger, daß die Soldaten hübsch angezogen sind, oder daß sie kämpfen können?«

Li war mehr von Wards Waffen beeindruckt als von seinen Uniformen, und er begann, seine Krieger ebenfalls mit Sharp-Gewehren auszurüsten. Ohne mit den Bossen Wu und Takee unmittelbar in Verbindung zu treten, verhielt er sich vorsichtig und ersetzte ihre Handlanger mit der Zeit und mit Geduld durch eigene Leute.

Li baute auf Ward, und Ende 1862 kämpften ihre beiden Armeen Schulter an Schulter. Doch hinter der Fassade einer Zusammenarbeit verbargen sie eine heftige gegenseitige Abneigung. »Dieser verteufelte Gouverneur [Li Hung-chuang]«, schrieb Ward an den amerikanischen Gesandten Burlingame in Peking, »hat alle Einkünfte hier für sich reklamiert, obwohl ich die ganzen Kämpfe geführt habe... Sie schulden mir und meinen Freunden inzwischen 350 000 [Silbertael] für Vorschüsse an Sold usw.«

Wenige Tage nach dieser Anklage beobachtete Ward von einem Hügel aus, wie seine Männer eine Stadt im Nordwesten Ningpos angriffen. Da traf ihn eine Kugel in den Rücken, und er starb noch in derselben Nacht. Es war nicht die Hand der Vorsehung, die Li dieses Hindernis aus dem Weg geräumt hatte, sondern ein Schuß aus den eigenen Reihen. Unliebsame Rivalen auf diese Weise zu beseitigen wurde zu einer von Lis bevorzugten Spezialitäten.

Statt die Ewig Siegreiche Armee aufzulösen, wie die Kaiserinwitwen mit ihren Siegeln dekretiert hatten, ernannte Li Wards stellvertretenden Kommandeur Henry Burgevine zu ihrem neuen Befehlshaber, einen Mann von »großen Versprechungen und wenig Taten«, der mit Sicherheit versagen würde. Damit keine Zweifel aufkommen konnten, wer an Burgevines Pannen die Schuld trug, machte Li Boß Wu zu seinem Stellvertreter und bürdete Boß Takee die Last auf, das Heer zu unterhalten. Zwangsläufig würden sie sich gegenseitig vernichten; das taten sie denn auch innerhalb kurzer Zeit.

Inzwischen war Lis Kontrolle über Shanghai so lückenlos geworden, daß die Kaufleute nicht mehr bereit waren, Takees Geldforderungen zu erfüllen. Takee wiederum weigerte sich, Burgevine aus seiner Privatschatulle zu bezahlen. Eines Abends verschaffte sich der aufgebrachte Burgevine an der Spitze einiger bewaffneter Männer Zutritt zu Takees Haus, schlug den Bankier nieder und ließ dessen gesamten Silbervorrat mitgehen. Li setzte sogleich eine Belohnung auf Burgevines Kopf aus und beschrieb ihn als »zwielichtigen Charakter«. Aufgrund seiner Anregung befahlen die Kaiserinwitwen, Wu und Takee zu degradieren, so daß Lis Hauptrivalen durch einige zinnoberrote Pinselstriche matt gesetzt wurden. Das war der Stil von Li: Er sorgte dafür, daß seine Feinde sich gegenseitig vernichteten, oder er half mit einigen verirrten Kugeln nach.

Noch immer war nicht geklärt, was aus der Ewig Siegreichen Armee werden sollte, die nunmehr Lis eigenes Spielzeug war. Zur Befehligung dieser Truppe suchte Li einen Ausländer, der sich bereits einen Namen gemacht hatte. Die britische Regierung bot ihm die Dienste des Offiziers Charles Gordon an, abgestellt von den Königlichen Pionieren.

Nahezu drei Jahre waren vergangen, seit Gordon an der Zerstörung des Sommerpalasts mitgewirkt hatte. Er war inzwischen 30 Jahre alt und befand sich noch immer in den Anfängen seiner legendären Karriere. Er hatte im Krimkrieg und im zweiten Opiumkrieg gedient und war mit Lord Elgin nach Peking gegangen, wo er seinen Anteil an der Beute zusammengerafft und kaiserliche Säbel, Jadegegenstände, Vasen und Emailarbeiten zu seiner Mutter und seinen Schwestern nach England geschickt hatte. Seitdem war die Einheit Gordons dazu eingeteilt worden, die Verteidigungsanlagen der internationalen Siedlung in Shanghai zu verbessern. Seine Ernennung zum Kommandeur der Ewig Siegreichen Armee kam damit ebenso gelegen wie zufällig.

Gordon war ein merkwürdiger Mensch, dessen hellgraue Augen zu viele Dinge hatten mitansehen müssen, deren Anblick für andere Menschen unerträglich gewesen wäre. In Shanghai stolzierte er in Reitstiefeln, ausgebeulten Reithosen und einem Frack durch die Straßen und rauchte eine Zigarre nach der anderen. Er trug lediglich einen Feldherrnstab bei sich, wenn er von einem niedrigen Hügel aus die Bewegungen seiner Truppen verfolgte. Er ernährte sich von rohen Eiern, von denen er bis zu einem Dutzend hintereinander austrank, und führte immer einen Teekessel aus Zinn mit abgekochtem Wasser bei sich, das er aus der Tülle trank. Zwar wußte man nichts Genaues über sein Geschlechtsleben, aber er hatte eine Schwäche für Kinder und rettete zahlreiche Waisen aus dem von den Tai-ping-Rebellen hinterlassenen Chaos. In Shanghai hielt er sich sechs Chinesenjungen als Sklaven.

Gordon war von der Ewig Siegreichen Armee nicht beeindruckt. Seine erste Aufgabe bestand darin, sie auf Vordermann zu bringen. Er entließ alle Opiumraucher, schaffte Prämien für die Eroberung von Städten ab, verbot unter Androhung der Todesstrafe das Plündern sowie den Genuß von hochprozentigem Alkohol im Lager.

Inzwischen drängten die Gesandten der Vereinigten Staaten, Frankreichs und Großbritanniens, die überzeugt waren, daß Burgevine einer der Intrigen von Gouverneur Li zum Opfer gefallen war, Prinz Kung, dafür zu sorgen, daß er wieder in seinen Posten eingesetzt werde. Li war verärgert über die Einmischung des Auslands und erwog kurze Zeit, Burgevine abzufinden, doch das erwies sich als unnötig. Nachdem diesem die Mittel ausgegangen waren, lief er zu den Tai-ping-Aufständischen über. Die Kaiserinwitwen erkannten ihm umgehend die chinesische Ehrenstaatsbürgerschaft wieder ab. Nachdem die Truppen Lis ihn in einer Festung der Rebellen gefangengenommen hatten, kam er bei einem »Unfall durch Ertrinken« ums Leben.

Die Aufständischen befanden sich jetzt in der Defensive. Li beabsichtigte, mit Su Chou eines ihrer letzten Bollwerke, wo 40000 Tai-ping-Soldaten stationiert waren, zu befreien. Gordons Ewig Siegreiche Armee schlug sich schlecht vor Su Chou, doch aufgrund interner Querelen zwischen den Tai-ping-Anführern fiel die Stadt überraschend am 5. Dezember 1863. Gordons Leute wurden beschuldigt, sie hätten geplündert, gemordet und sonstige Greueltaten begangen. Daraufhin zog Gordon seine Armee zurück und ließ an anderer Stelle ein Lager aufschlagen. Im Lager der Offiziere von Gouverneur Li ließ er mehrere gefangene Tai-ping-Prinzen zurück, die er sehr schätzte. Diese Tai-ping-Prinzen hatten sich unter der Bedingung ergeben, daß sie von Gordon beschützt würden und hohe Posten in der Regierungsarmee erhielten. In Gordons Abwesenheit lud Gouverneur Li die rebellischen Prinzen zu einem Essen ein und ließ sie noch vor dem Horsd'œuvre allesamt köpfen.

Entsetzt forderte Gordon Lis sofortige Verhaftung und Verurteilung zum Tod wegen Kriegsverbrechen, andernfalls werde er seinen Dienst quittieren und zu den Tai-ping-Rebellen überlaufen. Als beständige Erinnerung an Lis »vorsätzlichen Verrat« behielt Gordon das Haupt eines der getöteten Prinzen unter seinem Bett. Von dort holte er es hervor wie Hamlet den Schädel Yoricks, um über die Verderbtheit alles Chinesischen zu meditieren, und dann zog er mit seinem Revolver durch das Lager und drohte, Li zu erschießen, wenn er ihm vor die Augen käme.

Prinz Kung und die Kaiserinwitwen, die Gordon als Helden beim Fall von Su Chou sahen, schickten ihm ein Geschenk von 10000 Silbertael, eingewickelt in erbeutete Tai-ping-Fahnen. Das machte Gordon nur noch wütender, und er wies die Ehrung zurück. Er erklärte, das einzige, was er wirklich wolle, sei eine kaiserlich-gelbe Reitjacke von exakt demselben Zuschnitt, wie Li sie zu tragen pflege. Damit meinte er die Tracht eines Feldmarschalls, die höchste militärische Auszeichnung, die die Mandschu zu vergeben hatten; wenn er eine erhielt, würde dies Li vermutlich in seine Schranken weisen. Und er bekam sie. Gordon verstand vermutlich mehr als die meisten Menschen von Lis kaltblütigem Wesen. Auch hatte er von dem hartnäckigen Gerücht gehört, daß Li heimlich Ambitionen auf den Drachenthron hege. Doch bald danach verließ Gordon China.

Er war nicht mehr dabei, als die Tai-ping-Rebellen schließlich am 19. Juli 1864 in Nanking besiegt wurden, in einer weiteren dieser bedrückenden Orgien der Gewalt, wie sie mit der Stadt in Verbindung gebracht werden. Der verhinderte konfuzianische Gelehrte und Gründer des Himmlischen Königreichs des Großen Friedens, Kaiser Hung, nach eigenen Aussagen ein Bruder von Jesus Christus, starb einen Monat vor dem Fall der Stadt nach langem Siechtum, das auf eine Vergiftung zurückgeführt wird. General Tsengs Bruder, Tseng Kuo-chuan, war verantwortlich für das abschließende Gemetzel, das in offiziellen Berichten geschildert wird: »Rauch und Flammen aus den brennenden Häusern erfüllten die Stadt... Mehrere 100 Dienerinnen im Palast erhängten sich im Vorgarten, während die Zahl der Rebellen, die im Stadtgraben ertranken, mehr als 2000 betrug. Wir durchkämmten die Stadt und töteten innerhalb von drei Tagen 100 000 Menschen... Keiner der Aufständischen ergab sich freiwillig. Viele Rebellen [Männer und Frauen] scharten sich zusammen und verbrannten sich gemeinsam.« Reisende, die Monate später in dieses Gebiet kamen, schilderten eine Stätte des Todes »weiß wie Schnee von den Schädeln und Gebeinen«. Die Hunde mästeten sich an den Toten.

Peking konnte zufrieden sein. Der Tai-ping-Aufstand war beendet. Tz'u-An und Tz'u-Hsi verteilten Ehrungen wie Partygeschenke, selbst an Personen, die am Sieg gar keinen Anteil hatten. General Tseng Kuo-fan, sein Bruder Tseng Kuo-chuan und Gouverneur Li erhielten alle einen Adelstitel.

Mit 41 Jahren herrschte Li uneingeschränkt über Shanghai und wurde zum Vizekönig über das ganze Jangtse-Delta, das Herz und die Seele Chinas, ernannt. Nur zehn Jahre hatte er gebraucht, um jenen Reichtum und die Macht zu erobern, die wirklich zählten. Die Mandschu hatten nur die Illusion eines Reiches. Vorläufig begnügte Li sich damit, ihnen den Sitz auf dem Thron zu lassen. Erfolg war eine gefährliche Sache. Daran erinnerte ihn sein Mentor Tseng immer wieder. Überall waren Fallen mit Ködern ausgelegt.

Tseng schrieb an seinen Bruder: »Beim Blick zurück auf unsere Geschichte habe ich festgestellt, daß niemand, mochte er auch noch so viel Erfolg haben, von Schwierigkeiten und selbst Katastrophen politischer und persönlicher Art verschont blieb. Man kann ihnen schwer entgehen. Ich schreibe Dir, mein Bruder, in der Hoffnung, daß wir besonders klug sein mögen, in keine Falle zu gehen.« Möglicherweise dachte er dabei an einen Augenblick auf dem Höhepunkt der Belagerung Nankings, als 130 000 Mann unter seinem und seines Bruders Befehl standen und er einen schmalen Streifen Papier mit einer geheimen Botschaft erhielt: »Eure Exzellenz halten bereits die gesamte südliche Hälfte des Landes in Ihrer Hand. Haben Sie noch weitere Pläne?« Tseng wurde blaß vor Wut und Furcht.

Unter den Ausländern in China wurde offen darüber spekuliert, daß die Mandschu jederzeit von Tseng und Li gestürzt werden könnten. Die beiden Männer hielten sich deshalb an eine bestimmte Gangart. Tseng ging voran, trat dann bescheiden beiseite, um seinen Schützling vorzulassen, setzte sich anschließend wieder an die Spitze, um alsbald wieder zur Seite zu treten. Dabei entschuldigte er sich äußerst publikumswirksam, indem er vorgab, er sei zu alt, zu wirrköpfig, zu krank oder zu unbeholfen, um einer so großen Verantwortung gerecht zu werden.

Nachdem die Tai ping ausgeschaltet waren, mußte als nächste militärische Herausforderung die Geheimgesellschaft der Nien bekämpft werden, die südöstlich von Peking in der Provinz Shangtun und in der nördlich gelegenen Provinz An-wei operierte. Mit dieser Aufgabe wurde der Mongolengeneral Prinz Seng betraut, der vergeblich versucht hatte, Peking 1860 gegen die Truppen Lord Elgins zu verteidigen. Er sollte nun die Nien-Rebellen vernichten und zugleich Peking schützen, falls ein chinesischer Befehlshaber so unbesonnen sein sollte, sich gegen seine Herren zu wenden und die Hauptstadt anzugreifen. Doch 1865, als er gerade eine Bande von Nien-Anhängern in Shangtun verfolgte, geriet General Seng in einen Hinterhalt und wurde ermordet. Vermutlich fiel er Lis bewährter Methode zum Opfer. Der Mongolenprinz hatte neben seinen eigenen Truppen auch Soldaten im Dienst Tseng Kuo-fans und Li Hungchangs befehligt, wodurch diese die Möglichkeit hatten, unauffällig in seine Nähe zu gelangen.

Mit dem Mord an Seng wurde ein wichtiges Hindernis für Lis ehrgeizige Pläne beseitigt. Seng war der einzige nichtchinesische General, auf den Prinz Kung und die Kaiserinwitwen sich jederzeit verlassen konnten. Er arbeitete hart, hatte seine Soldaten fest im Griff, kam allen seinen Verpflichtungen nach und erwarb sich die Achtung der Bevölkerung. Sengs Tugend stand Li im Weg. Er erhielt ein Staatsbegräbnis in Peking.

Nach diesem Mord waren die Mandschu mehr denn je auf Li und Tseng angewiesen. Tseng erhielt den Auftrag, den Platz des Verstorbenen einzunehmen, womit er die militärische Kontrolle über ganz Nordchina ausübte. Die Kontrolle über Südchina trat er an Li ab.

Sogleich mußte das bekannte Muster angewandt werden, denn Tseng wurde einmal mehr zur Zielscheibe kritischer Äußerungen, er wolle zu hoch hinaus. Er reagierte darauf mit lauten Klagen, er sei zu alt, müde und gesundheitlich angeschlagen. Bescheiden bat er darum, wieder seinen alten Posten in Nanking einnehmen zu dürfen, und empfahl Li als seinen Nachfolger in Nordchina.

Diese zur Schau getragene Bescheidenheit machte Tseng beim Hof nur noch beliebter, so daß er nicht etwa entlassen, sondern zum Vizekönig über Chihli gemacht wurde. Mit dieser Provinz in der Umgebung Pekings erhielt er den höchsten Provinzposten in China. Der Vizekönig von Chihli verfügte nach dem Kindkaiser und Prinz Kung praktisch über die meiste Macht in China.

Erneut griff das Muster: Tseng schob seine leidende Gesundheit vor und empfahl Li als seinen Nachfolger. Im März 1872 starb er mit 61 Jahren friedlich in seinem Bett, als erster chinesischer General, dem ein natürlicher Tod vergönnt war, seit die Mandschu 200 Jahre früher die Macht übernommen hatten.

An seiner Stelle wurde Li zum Vizekönig von Chihli und zum Oberbefehlshaber über die Region Peking ernannt. Mit 49 Jahren war er der jüngste und mächtigste Generalgouverneur in China und Vizekönig des Reichs. Auf ihn mußten sich Prinz Kung und die Kaiserinwitwen verlassen können, wenn es zu einer Krise kam. Von da an war Li der unsichtbare Partner in der Koalition. Während die Kaiserinwitwen regierten, übte Li die Herrschaft aus.

6
Leben in einem Schleier von Gelb

Solange es keinen machtvollen Mandschu-Herrscher gab, hing das Überleben der Ching-Dynastie davon ab, daß Tz'u-Hsis Sohn, der junge Kaiser T'ung-chih, möglichst gut erzogen wurde. Ob er später eine aktive Rolle übernehmen oder nur eine Galionsfigur bleiben würde, war weniger wichtig, als daß er den *Anschein* erweckte, ein vollkommener konfuzianischer Weiser auf dem Kaiserthron zu sein. Trotz größter Anstrengungen von Tz'u-Hsi, Tz'u-An und Prinz Kung wurde das ganze Unternehmen ein katastrophaler Fehlschlag. Das kurze, tragische Leben Kaiser T'ung-chihs verschob das empfindliche Mächtegleichgewicht der Koalition und brachte Tz'u-Hsi der Alleinherrschaft ein Stück näher.

Traditionell galt ein junger Kaiser mit 15 Jahren als erwachsen und konnte den Thron mit allen Befugnissen übernehmen. Zur Zeit des Staatsstreichs von 1861 war T'ung-chih fünf Jahre alt. In den folgenden zehn Jahren mußten ausgewählte Hauslehrer T'ung-chihs Charakter bilden und sein Denken formen, um ihn auf seine großen Aufgaben vorzubereiten.

Diese Rolle wurde dem siebenundfünfzigjährigen mongolischen Gelehrten Wo Jen anvertraut, der als einer der drei tugendhaftesten Männer des Reiches galt. Zugleich war er einer der mächtigsten. Neben seinem Amt als oberster kaiserlicher Lehrer war er der Vorsitzende des Zensuramts, des ideologischen Wachhundes des Regimes, Kanzler der Hanlin-Akademie und Sekretär der obersten Steuerbehörde. Niemand stellte Wo Jen in irgendeiner Hinsicht in Frage. Seine kompromißlose und dogmatische Wahrung der konfuzianischen Tugendhaftigkeit beschränkte sich nicht auf seine Aufsicht über den Kaiser. Als Hoherpriester und Tugendwächter des Hofes während der kommenden neun Jahre betrachtete er es als seine Pflicht, die Dynastie als Institution wieder auf den Weg der »Schicklichkeit und Tugendhaftigkeit« zu bringen, weg von »Macht und Komplott«, auch wenn der Patient an der Kur eingehen sollte.

Offenbar hegte niemand einen Zweifel, daß es möglich sein würde, in T'ung-chih die konfuzianischen Tugenden einzupflanzen und ihn zur Weisheit zu erziehen. Dieser Glaube war Bestandteil des chinesischen Staatsmythos. Wenn der Kaiser in der einen oder anderen Hinsicht nicht genügte, so meinten die Prinzen und Großräte, dann würden sie seine Entscheidungen anleiten, so wie sie es jetzt mit Tz'u-Hsi und Tz'u-An taten, und darauf achten, daß die ihm unterbreiteten Vorschläge wohlbedacht und richtig waren. Sie sollten sich alle gründlich täuschen.

In den letzten Jahrhunderten war dem konfuzianischen System bei der Heranbildung seiner Herrscher kein besonderer Erfolg beschieden gewesen; seit Generationen hatte es keinen mehr gegeben, der seinem Ideal auch nur annähernd entsprochen hätte. Viele glaubten, das Problem existiere erst seit kurzem, seit Hsien-feng oder Tao-kuang oder seit Chia-ch'ing, der Tao-kuang voranging. Doch es war der große Kaiser Ch'ien-lung, der von 1735 bis 1796 regiert hatte und auf den die Unsitte zurückging, äußerlich korrekt und innerlich völlig korrupt zu sein. Als junger Herrscher hatte Ch'ien-lung außergewöhnliche Fähigkeiten bewiesen, doch in seinen mittleren Lebensjahren wich er vom Pfad konfuzianischer Tugend ab, wurde zügellos, exzentrisch und trat als alter Mann die Macht törichterweise an seine Geliebte, die intrigante Ho Shen, ab und ermutigte damit in den folgenden Generationen andere, seinem schlechten Beispiel zu folgen. Alle guten Konfuzianer forderten eine Rückkehr zu den Kardinaltugenden, doch die Wirklichkeit sah anders aus. Die auf Ch'ien-lung folgenden Kaiser Chia-ch'ing und Tao-kuang waren den Anforderungen ihrer Aufgabe nicht gewachsen, und Hsien-feng war unter der Belastung zusammengebrochen.

Die mit den Spartanern vergleichbaren militärischen Tugenden der Mandschu waren sogar schon von Ch'ien-lungs Vater, Kaiser Yung-cheng, untergraben worden. Um sich vor seinen ehrgeizigen Söhnen und Neffen zu schützen, verbot er den Prinzen, irgendwelche Militär- oder Verwaltungsposten einzunehmen, so daß ihnen wenig anderes übrigblieb, als ihr Leben als müßiggehende Playboys zu verbringen. Danach wurde wie bei vielen europäischen Familien der Oberschicht von heute die Erziehung der Mandschu-Prinzen auf das sinnentleerte Studium der Etikette und der Klassiker beschränkt. Sie erhielten keinerlei praktische Ausbildung in den politischen Alltagsgeschäften oder in der richtigen Handhabung der Macht. Wenn also einer dieser Prinzen dem alten Kaiser auf den Thron folgte, war er vollständig von seinen Ratgebern abhängig. Da sie den Vorteil sehr wohl sahen, der ihnen daraus erwuchs, unternahmen weder die Minister noch die Ratgeber den Versuch, die Kenntnisse ihres Souveräns zu erweitern, sondern verwiesen strikt auf die Tradition, um einer eventuellen Neugier oder einem Informationsbedürfnis der Prinzen den Weg zu weisen. Tz'u-Hsi wurde nie ermutigt, Reisen innerhalb des Reiches zu unternehmen oder sich über Ausländer und deren Anschauungen zu informieren. Kaiser Kuanghsü war der erste, der darauf bestand, Übersetzungen von Zeitschriften und Büchern aus dem Westen vorgelegt zu bekommen.

Als T'ung-chihs Hauslehrer begannen, ihn zu einem Monarchen heranzubilden, waren sie verblendet. Sie sahen sich als glänzende Tugendbolde und wollten T'ung-chih zum Ebenbild ihrer selbst neu erschaffen. Selbst General Tseng war überzeugt, daß letztlich der moralische Charakter des neuen Kaisers darüber entschied, ob China neu belebt würde, obwohl er sich etwas anderes und Nutzbringenderes vorstellte als den gespreizten und engstirnigen Unterricht, den T'ung-chih erhielt. Der Kaiser, sagte Tseng, müsse ein vollkommenes moralisches Beispiel geben; naturgegeben würde dann auch das Land vollkommen regiert werden, so wie auf die Nacht der Tag folgt. Tseng betrachtete gütliches Zureden als das »Hauptinstrument, durch das der Herrscher seiner Pflicht, die Sicherheit der gesamten Gesellschaft aufrechtzuerhalten, gerecht wird«. Der einzige Weg hierzu bestehe für den jungen Kaiser darin, sich dem Studium der Vergangenheit zu widmen und dort vorbildliche Monarchen zu finden, denen er nacheifern konnte.

Anfangs beaufsichtigte Prinz Kung Wo Jens Bemühungen, den Knaben zu erziehen. Der Prinz war fest davon überzeugt, man müsse T'ung-chih neue Methoden beibringen, mit den ausländischen Mächten umzugehen. Es sei wesentlich, daß er soviel wie möglich über die Länder und Völker außerhalb des Reichs der Mitte in sich aufnahm, über ihre Geographie, ihre Gesellschaften, ihre politische Geschichte, ihre Gesetze und die Art ihrer Kriegführung. Doch Wo Jen verhinderte jeden Versuch, einen modernen Lehrplan einzuführen. Er hegte ein unter Hanlin-Akademikern verbreitetes Vorurteil, daß nämlich ihre Privilegien gefährdet seien, wenn neue Ideen aus dem Ausland an Einfluß gewannen; statt sich zu Herren dieser Ideen zu machen, versuchten sie, diese zu ignorieren. Durch Schmeichelei erwarb sich Wo Jen die Unterstützung der Kaiserinwitwen; dazu war der tatkräftige Prinz Kung einfach nicht imstande. (Obgleich die Kaiserinwitwen ihm viel verdankten, fühlten sie sich häufig durch seine ungestüme und anmaßende Art verletzt; Kung war der einzige, der sich erlauben durfte, sie zu schelten, zurechtzuweisen oder herabzusetzen.)

Obwohl er nach Vollkommenheit strebte, neigte Wo Jen zu einem wichtigtuerischen Gebaren. Öffentlich erweckte er den Anschein eines Asketen, doch wer ihn näher kannte, wußte es besser. Führende Gelehrte förderten Clubs oder Gesellschaften, um sich mit katzbuckelnden Speichelleckern zu umgeben. Wo Jen gründete einen Club unter der Bezeichnung Gesellschaft der Kleie-Esser, deren Mitglieder statt weißgemahlenem Mehl Kleie essen mußten, um zu demonstrieren, daß sie die Kunst der Selbstverleugnung beherrschten. Seinen Nachbarn hingegen konnte nicht entgehen, daß der Küche Wo Jens die köstlichsten Gerüche entströmten, sobald dieser allein war. Vielleicht war es unvermeidlich, daß er mit seinen Bemühungen, T'ung-chih zu einem Weisen auf dem Königsthron zu machen, genau das Gegenteil erreichte.

Jeden Tag kamen er und seine Assistenten mit dem Jungen in einem Pavillon zusammen, der den Namen Heng-te Tien trug. Die Hauptfächer waren dieselben wie für alle Kinder aus der Oberschicht. Als T'ung-chih drei Jahre alt war, hatte man ihm 25 Begriffszeichen beigebracht, von denen einige beispielsweise bedeuteten: »Bemühe dich stets um die Erlangung der Tugend, und du wirst erkennen, was Schicklichkeit ist.« Schlaue Sprüche für einen Dreijährigen. Nachdem er gelernt hatte, die Zeichen zu identifizieren, brachte man ihm bei, sie zu schreiben. Zunächst wurde ein Begriffszeichen mit roter Tusche in Umrissen auf ein einzelnes Blatt gelbes Papier gezeichnet, und der Knabe füllte es aus. Schließlich mußte er jedes Zeichen eigenhändig malen. Als er gelernt hatte, den Pinsel zu führen, lernte er das »ABC der 1000 Zeichen« auswendig. Das war ein Gedicht aus 250 Zeilen, in dem kein einziges Begriffszeichen doppelt vorkam. Als er sieben Jahre alt war, lernte er die Vier Bücher und die Fünf Klassiker, die insgesamt das Fundament des Konfuzianismus bilden. Das geschah fast ausschließlich durch Auswendiglernen. Mit einem aufgeschlagenen Text vor sich auf der Schulbank plapperte T'ung-chih jeden Satz Wo Jens nach, während er den Text mit dem Finger verfolgte. Selbst der dümmste Schüler konnte sich auf diese Weise wenigstens einen Teil der Klassiker einprägen. Die Beherrschung sämtlicher Klassiker dauerte in der Regel bis zum 15. Lebensjahr; dann hatte ein erfolgreicher Schüler in seinem Gedächtnis 431 286 Begriffszeichen gespeichert – kein System für zaghafte oder phantasievolle Schüler. Da T'ung-chih sehr langsam lernte und äußerst halsstarrig war, begnügte Wo Jen sich offenbar am Ende damit, ihm in einem Schnellkursus lediglich oberflächliche Kenntnisse zu vermitteln.

Außerdem wollte man dem jungen Kaiser Kalligraphie beibringen, da ein Kaiser seine besondere Gunst durch glückverheißende Begriffszeichen, die er traditionell auf eine Papierrolle malte, erweisen konnte. Doch T'ung-chih erwies sich in allen Fächern als schwacher Schüler. Zum Glück beherrschten die Hanlin-Gelehrten, die die kaiserlichen Edikte aufsetzten, die verschiedensten kalligraphischen Stile mit ihren Pinseln, so daß sie Glückssprüche malen konnten, die als das Werk des jungen Kaisers ausgegeben wurden.

Unaufmerksame Schüler oder solche, die sich damit vergnügten, mit in ihren Ärmeln versteckten Spielzeugen zu spielen, wurden normalerweise getadelt oder mit einem Stöckchen auf die ausgestreckte Handfläche oder auf das Hinterteil geschlagen. Im Fall T'ung-chihs warf dies gewisse Probleme auf. Ein Kaiser war körperlich unantastbar, auch wenn er seine schulischen Pflichten vernachlässigte, so daß Züchtigungen indirekt vorgenommen werden mußten. Lehrer und Palasteunuchen gleichermaßen mußten sich große Zurückhaltung auferlegen, und T'ung-chih gewöhnte sich frühzeitig daran, daß er sich ungestraft alles erlauben konnte.

Mrs. Anson Burlingame, die Frau des US-Gesandten, hörte von diesen Schwierigkeiten in der Verbotenen Stadt und schrieb ihrer Schwester: »Prinz Kung ist verantwortlich für die Erziehung des jungen Kaisers und läßt verlauten, daß es manchmal schwierig ist, Seine Majestät dazu zu bewegen, sich den Schulbüchern zu widmen, da ihm [Kung] die Mittel zu einer Züchtigung fehlen, wie sie bei Jugendlichen von weniger erlauchtem Rang üblich sind (was wir gemeinhin unter einer ›ordentlichen Tracht Prügel‹ verstehen!).« Wenn alles nichts nützte, mochten die Kaiserinwitwen einem Eunuchen befehlen, T'ung-chih in die Wange zu kneifen.

Tz'u-An und Tz'u-Hsi waren Neulinge im Regierungsgeschäft und wußten nicht, wie man dem Kindkaiser Disziplin beibringen könnte. In der Verbotenen Stadt, wo jede seiner Launen unbemerkt auch noch belohnt wurde, war Disziplin das größte Problem. So schrieb etwa ein Korrespondent in der *New York Times* von ihm: »Wie es heißt, ist er kindisch in seinen Vorlieben und Zerstreuungen, und wenn das stimmt, dann sind die Aussichten für die Zukunft, die vor ihm liegt, angesichts der Tatsache, daß alles in seiner Umgebung darauf gerichtet ist, Müßiggang und Sinnlichkeit zu fördern, nicht gerade rosig.«

Das Vergnügen stellte sich als seine größte Gefahr heraus. Als die Mandschu erstmals ihre Residenz in der Verbotenen Stadt bezogen, gerieten sie in einen Taumel der Ekstase, aus dem sie nie wieder herausfanden. P'u yi, der letzte Mandschu-Kaiser und ein Vetter T'ung-chihs, schildert treffend seine eigene Verzückung: »Sooft ich an meine Kindheit zurückdenke, legt sich ein Schleier von Gelb über meine Erinnerung. Die glasierten Dachziegel waren gelb; die Sänfte war gelb; die Sesselkissen waren gelb; das Futter meiner Kleider und Hüte, der Gürtel um meine Hüften waren gelb; die Schalen und Teller, aus denen ich aß und trank, waren gelb; die Einbände meiner Bücher, die Vorhänge in meinen Zimmern, die Zügel meines Pferdes – es gab nichts um mich, das nicht gelb war. Diese Farbe... flößte mir schon von klein auf das Bewußtsein ein, ich sei etwas Einzigartiges und besitze eine ›himmlische‹ Natur, die mich von allen anderen Menschen unterscheide.«

Um dieser Verzückung aus Gelb zu entgehen, hätte der junge Kaiser Anregung und Anleitung gebraucht, doch Wo Jen war ein selbstzufriedener konfuzianischer Automat, der weder das eine noch das andere geben konnte. Sein ermüdendes Herumreiten auf der Moral bewirkte das Gegenteil des Beabsichtigten. Prinz Kung, dem es gelungen war, diese selbstmörderische Trance in seinem eigenen Leben abzuschütteln, wäre vielleicht imstande gewesen, T'ung-chih zur Räson zu bringen, hätte er die uneingeschränkte Befugnis hierzu gehabt. Doch er hatte genug mit den Regierungsgeschäften zu tun, und seine eigenen Söhne waren selbst kaum besser. Als Kung schließlich versuchte, T'ung-chih den Kopf zurechtzurücken, als dieser neun Jahre alt war, war es bereits zu spät.

Törichterweise hatte man die Aufsicht über den jungen Kaiser während dessen Freizeit den Palasteunuchen, der »besudelten Brüderschaft« übertragen. Es ist nicht genau bekannt, wann die kaiserliche Hofhaltung erstmals Eunuchen in ihre Dienste nahm; die Praxis, Gefangene zu kastrieren und zu entmannen, geht jedoch weit in der Geschichte zurück. Schon im Jahr 1100 v. Chr. gehörten Eunuchen zum chinesischen Regierungsapparat. Zweitausend Jahre später, als die Ming-Dynastie gegründet wurde, überrannten ihre siegreichen Truppen die Provinzfestungen ihrer Widersacher und machten Jagd auf alle männlichen Wesen, um sie – ob alt oder jung – zu kastrieren. Viele Tausende wurden auf diese Weise verstümmelt. Diejenigen unter den Opfern, die über besondere Gaben verfügten oder großes Glück hatten, erhielten eine Anstellung im kaiserlichen Dienst der Ming-Dynastie.

Die meisten Eunuchen während T'ung-chihs Kinderjahren waren verzweifelte Freiwillige, Männer, die sich eine Beschäftigung erhofften. Die Spezialisten, die den chirurgischen Eingriff vornahmen, wurden als »Messerstecher« bezeichnet. Ihr Beruf war erblich. Vor der Operation wurden um den Unterleib des Patienten Aderpressen angelegt, um einen übermäßigen Blutverlust zu verhindern. Die Genitalien – die Dreimalige Kostbarkeit – wurden mit einer scharfen Chilipfeffersauce betäubt. Der Kandidat, der sich in einem schweren Opiumrausch befand, ruhte auf einer Holzliege, während ein Helfer ihm einen Arm unter die Hüfte schob und ihn stützte und zwei weitere seine Beine gespreizt hielten. Nachdem er den Patienten ein letztes Mal gefragt hatte, ob er bei seinem Entschluß bleibe, nahm der »Messerstecher« ein kleines, gekrümmtes Messer, ergriff die Dreimalige Kostbarkeit mit der Hand und schnitt sie mit einem einzigen Schnitt so nahe wie möglich am Körper ab, um zu vermeiden, daß ein Stummel übrigblieb, der als unfein galt. Danach wurde ein winziger Stöpsel aus Zinn in die Harnröhre gesteckt und die Wunde mit Reispapier, das in kaltem Wasser gequollen war, bedeckt und verbunden. Der benommene Patient mußte auf und ab gehen, um die Bildung von Blutgerinnseln zu verhindern. Drei Tage lang durfte er nichts trinken und keinen Harn lassen. Wenn der Verband entfernt und der Stöpsel herausgezogen wurde, folgte ihm ein kräftiger Harnstrahl als Zeichen, daß der Eingriff gut verlaufen war. Die vollkommene Genesung nahm drei Monate in Anspruch, danach war der Eunuch in der Lage, eine Arbeit zu suchen. Seine schrumpelige Dreimalige Kostbarkeit wurde wie Feigen in einem Krug aufbewahrt, so daß er seine Sterilität unter Beweis stellen und später einmal mit ihr zusammen begraben werden und sein Schatten wieder vollständig davonschweben konnte. (Aus demselben Grund wurde einem Enthaupteten vor der Beerdigung der Kopf wieder angenäht – wenn er Verwandte oder Freunde hatte, die diese Aufgabe übernahmen.) Die meisten Eunuchen waren dadurch beeinträchtigt, daß sie nach der Operation ihren Harn nicht mehr halten konnten. Bettnässen war bei ihnen verbreitet, und sie gingen stets im Trippelschritt;

von daher kamen die chinesischen Ausdrücke »besudelte Brüderschaft« und »er stinkt wie ein Eunuch«.

Andererseits erlangten viele Eunuchen auf diese Weise Zutritt zu mächtigen Hofhaltungen, wo sie ihre Herren manipulieren, ihren persönlichen Wohlstand beträchtlich vermehren und selbst Titel auf große Vermögen erwerben konnten. In der Geschichte Chinas, vor allem in der späten Ming-Dynastie, kam es immer wieder vor, daß Palasteunuchen so mächtig wurden, daß ohne ihre Einwilligung nichts beschlossen werden konnte.

Einer der berüchtigtsten dieser »Halbmänner«, wie sie im 17. Jahrhundert von einem Jesuiten bezeichnet wurden, war Wei Chunghsien, ein Günstling des Ming-Kaisers Hsi-tsung. Wei hielt sich heimlich eine Konkubine, die ihm in anderer Weise Genüsse verschaffte, und wünschte sich so sehnlich einen Sohn, daß er überall nach einer Arznei suchen ließ, mit der seine Zeugungsfähigkeit wiederhergestellt werden konnte. Ein Arzt sagte ihm, wenn er die Gehirne von sieben lebenden Menschen verspeise, würden seine Genitalien wieder ihre ursprüngliche Form annehmen. Wei beschaffte sich sieben Verbrecher, ließ ihnen den Kopf spalten, die Gehirne herausholen und verschlang das grausige Mahl. (Es ist nicht überliefert, ob das Experiment glückte.)

Verachtet um ihrer selbst willen sowie wegen ihrer Neigung zur Bösartigkeit, bildeten die Palasteunuchen eine Geheimgesellschaft künstlicher Hermaphroditen, vergleichbar den Anhängern einer verbotenen Kirche. Einige von ihnen waren sogar darauf erpicht, ihren Herren als Sexualobjekt zu Diensten zu sein.

Der Einfluß von Eunuchen trug zum Niedergang der Ming-Dynastie bei, der in die Mandschu-Ära überleitete. Seit damals sorgten strenge Absicherungen dafür, daß Eunuchen sich nicht in die Politik einmischten. Trotzdem waren sie in der Verbotenen Stadt allgegenwärtig, und nichts geschah, ohne daß sie ihre Finger im Spiel hatten. Sie waren wie Ameisen bei einem Picknick, völlig unbedeutend, aber überall da, wo man sie nicht brauchte.

Eunuchen kümmerten sich um Schirme und warteten die Öfen, sie setzten Edikte auf, geleiteten Beamte zu den Audienzen, nahmen Geld und Tributgetreide entgegen, hielten Feuerwache, machten Jagd auf Mäuse, verwalteten die Bücher in der Bibliothek, bügelten die gelbseidenen Reitjacken, die nur von Feldmarschällen getragen werden durften, verprügelten Dienerinnen, die gegen die Etikette verstoßen hatten, übernahmen Falsettrollen in der Oper, betreuten die Konkubinen, standen Wache bei Audienzen und verjagten Fliegen vom Dörrobst. Sie waren einer strengen Hierarchie unterworfen, und jedes Mitglied der kaiserlichen Familie hatte je nach Rang ein Anrecht auf eine bestimmte Anzahl Eunuchen. Kaiserlichen Prinzen und Prinzessinnen standen 30 zu, erblichen Prinzen sowie Neffen des Kaisers 20, Enkeln des Kaisers zehn, Großenkeln sechs, Urgroßenkeln vier. Die Löhne waren niedrig: Obereunuchen erhielten zwölf Silbertael im Jahr plus Nebeneinkünfte, einschließlich Schmiergeldern und illegalen Sonderzahlungen wie Erlösen aus dem Verkauf gestohlener Haushaltsgegenstände, Kunstobjekte oder Juwelen. Alle Generaleunuchen und viele Obereunuchen hatten eigene Küchen, manche sogar ihre eigenen Haushalte mit Familien und Dienerinnen.

Niedere Eunuchen führten ein äußerst hartes Leben; sie wurden schlecht ernährt, häufig geprügelt, und im Alter kümmerte sich niemand um ihre Versorgung. Wenn sie wegen eines Versehens aus dem Palast gejagt wurden, blieb ihnen nichts anderes übrig als zu betteln und den Hungertod zu sterben. Innerhalb der Verbotenen Stadt lebten sie ein Mönchsleben, in winzigen Zellen an zwei schmalen Gassen hinter dem Palast des Geistigen Wachstums. Obwohl zeitweise ehrlich und rechtschaffen und für ihren Souverän eine große Stütze, waren sie auch die Schatten im kaiserlichen Gelb und konnten einem unvorsichtigen jungen Kaiser zu allem verhelfen, was er sich wünschte, und zu manchem, was eigentlich nicht sein Wunsch war.

Ständig hatten sie ein Auge auf T'ung-chih: beim Schlafen, Waschen, beim Gang zur Toilette, beim Anziehen und beim Essen. Sie blieben in seiner Nähe bei Spaziergängen und während seines Unterrichts; sie erzählten ihm Geschichten, fütterten und säuberten ihn. Sie pflückten seine Blumen und seine Nasenpopel. Er gab ihnen kleine Belohnungen und ließ sie heftig prügeln. Sie ließen ihn keinen Moment aus den Augen. Sie brachten ihm viel Gutes und viel Schlechtes bei. Andere Kinder hatten ihre Puppen und unsichtbare Freunde, der Kaiser hatte seine Eunuchen. Sie waren seine Sklaven, doch er war auch der ihre.

T'ung-chih war ungeheuer faul und zeigte keine »Begabung für das Studium der Klassiker«. Noch vor seinem neunten Lebensjahr entdeckte er, daß es für den Sohn des Himmels interessantere Dinge gab als die Kalligraphie. Er machte seine ersten sexuellen Experimente mit seinen Eunuchen, und da jedermann sich bemühte, ihn zufriedenzustellen, war seine Auswahl an intimen Gefährten grenzenlos.

Prinz Kung rügte T'ung-chih mehr als einmal wegen eines Verhaltens, das zu Gerüchten Anlaß gab, er »treibe sich ständig mit Eunuchen herum«. Leider fehlte Kung die Autorität, dem Kind gegenüber seinen Willen durchzusetzen. Wer sollte dem Himmelssohn den Hintern versohlen?

Im April 1865 entbrannte zwischen Prinz Kung und dem neun Jahre alten Jungen ein Machtkampf.

Trotz der Unterstützung, die Prinz Kung während des Putschs in Jehol bei vielen gefunden hatte, und der allgemeinen Anerkennung danach als amtierender Herrscher oder Ministerpräsident in China war seine Machtbasis schwankend. Das lag zum Teil an ihm selbst und hing mit seiner Persönlichkeit zusammen. Als Mandschu-Prinz war er verwöhnt, anmaßend, ungeduldig und leicht reizbar. Er erzwang politische Entscheidungen und zeigte dabei den mandschurischen und den chinesischen Konservativen gleichermaßen die kalte Schulter. Seit dem Putsch war Kung einer beständigen Kritik durch die Konservativen am Hof ausgesetzt. Seine Bemühungen, westliche Bildungssysteme in China einzuführen und die Beziehungen zum westlichen Ausland zu festigen, hatten viele der alten Garde, insbesondere Wo Jen, vor den Kopf gestoßen. Bereits im Herbst 1864, nur drei Jahre nach der Machtübernahme der Koalition, reichten die Zensoren Bittschriften beim Thron ein, in denen sie Kungs Führung kritisierten. Im Februar 1865 warfen sie ihm vor, er sei unersättlich, selbstgefällig, arrogant, herrsch- und selbstsüchtig. Wo Jen als Vorsitzender der Zensurbehörde steckte hinter dem Angriff.

Nun pflegte Prinz Kung tatsächlich einen extravaganten Lebensstil. Er wohnte in einem prächtigen Palast am Seeufer, was ihm viele Neider und Klatschgeschichten eintrug, und dem Vernehmen nach lebte er nicht schlecht. Als Schöngeist und ehemaliger Playboy konnte er in seinem alltäglichen Verhalten seine Arroganz schlecht verleugnen, die sich beispielsweise auch in der legeren Art äußerte, wie er auf seinem Stuhl saß. Er tat sich schwer damit, jene Ehrerbietung zu heucheln, die er den beiden Kaiserinwitwen nach dem Hofzeremoniell schuldete.

Als ein Mann, der von Geburt an verhätschelt worden war, hatte Kung nie einen Sinn für Tz'u-Hsis Einsamkeit und ihre Sehnsucht, geliebt und bewundert zu werden. Wäre er aufmerksamer und weniger selbstgefällig gewesen, so hätte er sie zur lebenslangen Verbündeten gewinnen können. Doch ihre kleinlichen Meinungsverschiedenheiten machten sie beide anfällig für die Verschwörungen, die am Hof ausgebrütet wurden. Außerdem kümmerte es ihn nicht besonders, welche Wirkung sein Benehmen auf andere hatte.

Beide Kaiserinwitwen waren von Prinz Kung so oft gekränkt worden, daß auch sie darauf aus waren, ihm eine Lektion zu erteilen.

Am 2. April 1865 wurde Prinz Kung durch ein Edikt aller seiner kaiserlichen Ämter und seines Postens als Prinzberater des Kaisers enthoben. Das im Namen des jungen Kaisers erlassene Edikt besagte:

»...Im Bewußtsein, daß er die Macht hatte, die Regierung zu kontrollieren, hat Prinz Kung... unter Ausnutzung meiner Jugend häufig... versucht, mich zu beherrschen. Er unternahm den Versuch, Unstimmigkeiten zwischen mir und den... Kaiserinwitwen hervorzurufen. Außerdem war Prinz Kung während der täglichen Audienz stets hochmütig, und er benimmt sich unaufrichtig. Wenn diese Handlungen nicht öffentlich enthüllt werden, werden sie zweifellos meine Herrschaft gefährden, vor allem, wenn ich volljährig werde und meine Macht von den... Kaiserinwitwen übernehme. Das ist fürwahr eine ernste Angelegenheit. [Kung] hat einen diktatorischen Ton angenommen und versucht, in der kaiserlichen Familie Zwietracht zu säen – ein Vorwurf, dem wir gegenwärtig nicht näher nachgehen können.«

Es war T'ung-chihs erste Lektion in der Ausübung kaiserlicher Macht. Unterstützt von seinen Müttern und mit Billigung Wo Jens hatte er seinem Onkel die Stirn geboten. In einer Regierung, in der sich ehrgeizige Männer gegenseitig den Platz streitig machen, hat ein neunjähriger Junge erstaunliche Möglichkeiten, sofern er der Kaiser ist.

Andere unterstützten Kung, darunter auch Prinz Chun, der am 3. April hinzugezogen wurde, um bei den täglichen Audienzen zu assistieren. Chun war der Meinung, daß diese Bestrafung weit über das hinausging, was dem jungen Kaiser oder den Kaiserinwitwen an Sanktionsmöglichkeiten gegenüber einem Prinzen des kaiserlichen Clans schicklicherweise zustand. Schließlich sollten die Kaiserinwitwen ja nur als Staffage dienen. Wenn man ihnen das durchgehen ließ, wären auch die übrigen Prinzen einschließlich seiner eigenen Person nicht mehr sicher. Er forderte die Regentinnen auf, einen Clanrat einzuberufen, auf dem die Vorwürfe geprüft würden. Als dieser Rat am folgenden Tag, dem 4. April, erstmals zusammentrat, hatte man sorgfältig darauf geachtet, daß die Mehrheit der Teilnehmer Parteigänger Kungs waren.

Der Kaiser beugte sich dem Willen dieser Mehrheit und erließ ein weiteres Edikt, in dem Kung wegen mehrfacher Verletzung der Etikette gerügt, zugleich jedoch als vertrauenswürdiger Verbündeter des Throns beurteilt wurde. Er wurde wieder in seinen Posten als Leiter des Tsungli Yamen eingesetzt, nicht jedoch in sein Amt als Prinzberater und Vorsitzender des Großen Rats. Prinz Chun und andere gaben sich damit nicht zufrieden, und der Thron wurde mit Bittschriften zugunsten Prinz Kungs eingedeckt. Einen Monat später ernannte man ihn widerwillig wieder zum Großrat, aber nicht zum Prinzberater; hier blieb der Neunjährige unnachgiebig. Die Krise schien überstanden zu sein, doch die Aufsicht über T'ung-chih wurde jetzt Prinz Chun übertragen, dem neuen Prinzberater, einem Mann, den man leicht an der Nase herumführen konnte.

Als er sein 14. Lebensjahr erreicht hatte, war T'ung-chih der Gegenstand eines sich auswachsenden öffentlichen Skandals. Er war dafür bekannt, daß er heimlich die Verbotene Stadt verließ, um in den Weinlokalen, Theatern und Bordellen der Tataren- und der Chinesenstadt verbotene Früchte zu genießen. Auf diesen sexuellen Streifzügen war sein Verhalten derart ausschweifend und schamlos, daß selbst Wo Jen die Augen nicht länger davor verschließen konnte. Er warnte T'ung-chih, die Feuersbrunst, die sich vor kurzem in der Verbotenen Stadt ereignet hatte, sei ein böser Wink des Himmels; der Knabe müsse in sich gehen oder sich zumindest besser vorsehen. Der Kaiser schlug Wo Jens Mahnungen in den Wind, und als dieser zwei Jahre darauf starb, wurde es mit T'ung-chihs Benehmen noch schlimmer. Wo Jens Experiment, einen Weisen auf dem Kaiserthron heranzuziehen, war kläglich gescheitert. Den führenden Konfuzianern war es nicht gelungen, Tz'u-Hsis Sohn zu erziehen, und sie wußte nicht, was sie jetzt tun sollte. Sie war durchaus über sein Verhalten im Bilde, doch war sie noch nicht bereit, ihre Beziehung zu dem Knaben aufs Spiel zu setzen, indem sie sich offen gegen ihn und auf die Seite Prinz Kungs stellte. Sie war seine Mutter, auch wenn er mißraten war.

Bei vielen seiner Abenteuer wurde T'ung-chih von seinem Vetter ersten Grades, Tsai Cheng, begleitet, einem Sohn Prinz Kungs. Tsai Cheng war zwei Jahre jünger als der Kaiser, doch er konnte kommen und gehen, wann und wie er wollte, solange er nicht den Zorn seines Vaters erregte. Mit zwölf Jahren kannte er bereits alle Männer- und Frauenbordelle in Peking. Später gab man ihm die Schuld an T'ung-chihs Lotterleben, doch allem Anschein nach war er der Verführte und nicht der Verführer.

Dem anspruchsvollen, aber welterfahrenen Robert Hart, der lange

Zeit in Peking lebte, sind einige erstaunliche Details über T'ung-chihs frivoles Leben zu verdanken. »Er hatte offenbar einen ungeheuren sexuellen Verschleiß«, schrieb Hart bekümmert in sein Tagebuch. »Frauen, Mädchen, Männer, Knaben – so schnell er konnte, alle nacheinander. Er ließ 60 Knaben aus Su Chou kommen; die [Beamten am Ort] empfingen ein [Geheimedikt] und fragten den Generalgouverneur, was sie tun sollten; der Generalgouverneur wußte keinen Rat, ausgenommen den, das Edikt zu ignorieren, für so verdorben hielt er offensichtlich das Ansinnen. Nachdem er also dort nicht fündig geworden war, ließ der Jüngling 60 Knaben in Peking auftreiben, die allesamt Kastraten waren (wie es heißt), und wahrscheinlich holte er sich bei dieser Gelegenheit eine schreckliche Krankheit.« Ein europäischer Arzt vertraute Hart an, man habe T'ung-chih zum erstenmal wegen Syphilis behandelt, als er noch keine 15 Jahre alt war.

In den verschiedensten westlichen und chinesischen Quellen ist behauptet worden, bereits Kaiser Hsien-feng, der Vater T'ung-chihs, habe homosexuelle Affären gehabt. Doch Bisexualität war schon lange vor der Machtergreifung der Mandschu in Peking gang und gäbe. Die Han-Dynastie (206 v. Chr. – 220 n. Chr.) bereicherte den chinesischen Wortschatz um die Umschreibung »abgeschnittener Ärmel« für Homosexualität, nachdem ein Kaiser, der seinen schlafenden und auf einem Teil seines kaiserlichen Gewands liegenden Favoriten nicht stören wollte, ein Stück des Ärmels abschnitt, als er das Bett verlassen und sich zu einer Audienz begeben mußte. Ein anderer Kaiser genoß angeblich nicht nur die Dienste einer Konkubine, sondern auch die ihres Bruders, eines Eunuchen. Besonders während der Sung-Dynastie (960 – 1279 n. Chr.) galt es als schick, homosexuell zu sein. Und unter den Ming hielten sich zahlreiche hervorragende Gelehrte und Dichter schöne Knaben als Hüter ihrer Bücher. Auch die Mandschu übernahmen diese Mode.

Ein 1852 erschienener chinesischer Roman liefert ein anschauliches Gemälde Pekings zu der Zeit, als T'ung-chih geboren wurde. Neben Männer- und Frauenbordellen schildert der Roman Gelehrte, die sich in ihren Gärten mit geschminkten Freunden aus dem Theater vergnügten. Die Opernhäuser Pekings waren traditionell die Heimstätte von Transvestiten, die sich in ihrer Freizeit prostituierten und ihre Bühnenerfolge vielfach Gönnern verdankten, denen sie nach der Vorstellung gefällig waren. Innerhalb ihrer Kreise gefeiert, wurden sie dagegen von der gemeinen Bevölkerung verachtet, vor allem wenn sie die sexuell unterwürfige Rolle spielten. Sie wurden dann abschätzig als »Karnickel« bezeichnet.

Weibliche Prostituierte, insbesondere solche, die in den oberen Gesellschaftsschichten verkehrten, gaben »Blumenbankette«. Das waren Abendgesellschaften, zu denen die Gäste ihre Lieblingsprostituierten beiderlei Geschlechts mitbrachten. Von Beamten, die in dem Ruf standen, besonders »keusch« zu sein, glaubte man, für sie komme als Prostituierte nur eine Jungfrau in Frage, und es galt als der Gipfel des guten Geschmacks, zehn- bis elfjährige oder noch jüngere Mädchen, die man ihren Eltern abgekauft hatte, diesen Männern zuzuführen, die sie dann bei einer Flasche guten Weins deflorierten. Weniger wählerische Beamte befriedigten sich mit ihren Lieblingseunuchen.

Nach Angaben von Bland und Backhouse existierte ein geheimes Tagebuch eines Obereunuchen, das die folgenden Einzelheiten über T'ung-chihs Eskapaden enthielt: »Der junge Kaiser hatte die Angewohnheit, die Theater und Bordelle des Chien-men-Viertels in Begleitung eines Eunuchen zu besuchen... Es wurde in der Hauptstadt darüber geklatscht, daß der Sohn des Himmels häufig an verrufenen Trinkgelagen beteiligt war... Am Tag besuchte er inkognito die Läden mit Büchern und Bildern... um obszöne Stiche und Gemälde von der Art zu kaufen, für die die ausschweifenden Patrizier Pekings schon immer eine Vorliebe hatten.«

T'ung-chih hatte es wohl kaum nötig, sich auf die Suche nach pornographischen Druckerzeugnissen zu begeben. Sein Ururgroßvater, Kaiser Ch'ien-lung, hatte wie andere vor ihm zahlreiche pornographische Kunstwerke in Auftrag gegeben, die in den Verkaufsräumen der Verbotenen Stadt erhältlich waren. Die kaiserliche Bibliothek enthielt Werke wie *Die Kunst des Schlafgemachs: Wichtige Ratschläge für das Jadezimmer* und *Geheime Darlegungen der Gesundheitspflege*. Das letztere enthielt Ratschläge darüber, wie ein Mann die Ausmaße seiner »Schildkröte« vergrößern konnte. Dazu mußte man mit der einen Hand den Hoden halten und mit der anderen genau einundachtzig mal kreisförmig den Bauch in einer Richtung reiben; anschließend wechselte man die Hände und wiederholte das Verfahren. Danach wurde der Penis abwechselnd gegen beide Schenkel geschlagen: das hieß »die Schildkröte vertrimmen«. Wie das Buch versicherte, ließ sich auf diese Weise mit Geduld und Ausdauer ein »Wachstum in alle Richtungen« erreichen.

Diese Handbücher behaupteten, der legendäre Kaiser Huang Ti

(vermutlich 2704 v. Chr. geboren) habe nach dem Verkehr mit 1200 Frauen die Unsterblichkeit erlangt. Seither fand er zahlreiche Nacheiferer, wenn auch mit weniger zuträglichem Ergebnis. Mitten während dieses Marathons wurde der Kaiser angeblich von der Dame Keuschheit in neun Grundmethoden unterwiesen. Sie trugen Bezeichnungen wie: Der Drachen Wendet Sich, Der Tiger Schleicht, Der Affe Kämpft, Die Zikade Klammert Sich Fest, Der Phönix Schwebt. Die Instruktionen enthielten detaillierte Angaben über Körperstellungen, die Tiefe der Penetration und die Anzahl der Stöße und schlossen mit dem Satz: »Nach neun Stößen ist jeweils eine Pause zu machen; nach 81 Stößen sollte kein weiterer Stoß ausgeführt werden.«

Robert Harts Tagebuch ist zu entnehmen, daß man T'ung-chih schon frühzeitig ein junges Mädchen zugeführt hatte, um ihn in heterosexuelle Praktiken einzuweihen; offenbar wollte man ihn von seiner homosexuellen Fixierung abbringen. Das leistete später Gerüchten Vorschub, T'ung-chih habe mit diesem Mädchen einen Sohn gezeugt. Man munkelte, dieses Kind sei den Russen in die Hände gefallen, und Agenten des Zaren versuchten, den »Prätendenten« in einer der periodisch auftretenden chinesischen Thronfolgekrisen als Machtmittel einzusetzen.

Nachdem alle Versuche, T'ung-chih zur Räson zu bringen, fehlgeschlagen waren, faßte der Große Rat den gemeinsamen Beschluß, es sei an der Zeit, ihn zu verheiraten. Vielleicht würde er zu Hause bleiben, wenn man ihm eine Kaiserin, mehrere Gemahlinnen und einige Konkubinen verschaffte. Ein Jahr lang hielt sich das Gerücht von Hochzeitsplänen, bis öffentlich verkündet wurde, die Hochzeit werde am 16. Oktober 1872 stattfinden.

Er hatte bei der Wahl der Kaiserin oder der Nebenfrauen nichts mitzureden. Seine offizielle und seine leibliche Mutter, Tz'u-An und Tz'u-Hsi, trafen diese Entscheidungen unter der Anleitung des Großen Rats. Am 12. März 1872 erschien im Pekinger *Staatsanzeiger* folgende Ankündigung:

»Ein erlauchtes Edikt ist mit tiefer Ehrerbietung von Ihren Majestäten Tz'u-An (der Holdselig Friedliebenden), der Kaiserinwitwe, und Tz'u-Hsi (der Holdselig Glücklichen), der Kaiserinmutter, empfangen worden...

Wir haben... die Tochter von Chung gewählt, einem Mitglied der Kaiserlichen Akademie und eine Vorleserin vor Seiner Majestät, deren [mongolischer] Familienname A-lu-te lautet; da sie vielseitig gebildet, umsichtig, tadelsfrei und von ruhigem Wesen ist, bestimmen wir sie zur Kaiserin.«

Die Braut, die zwei Jahre älter als T'ung-chih war, wurde nach ihrem Clannamen Lady A-lu-te genannt. Sie war mongolischer Abstammung und mütterlicherseits von königlichem Geblüt. 1852 hatte Kaiser Hsien-feng ihren Großvater väterlicherseits an der Spitze eines Heeres von Bannerleuten zur Unterdrückung des Tai-ping-Aufstands ausgeschickt. Da er bei diesem Unternehmen (wie viele andere) scheiterte, wurde er degradiert und sein Vermögen eingezogen. Die Gebäude, in denen man inzwischen das Außenministerium untergebracht hatte, waren seine ehemalige Residenz in Peking gewesen. Sein Sohn Chung-chi, der Vater der späteren Kaiserin, stellte das Ansehen der Familie wieder her, indem er aus eigenem Antrieb gegen die Tai-ping-Rebellen kämpfte und sich dabei glänzend bewährte. Damit zog er die Aufmerksamkeit Prinz Kungs auf sich, der ihn beauftragte, bei der Leitung der Polizeipatrouillen in der Umgebung Pekings während der Invasion der westlichen Alliierten 1860 mitzuwirken. 1865 war Chung-chi zum Chef der Pekinger Gendarmerie aufgestiegen, und im selben Jahr bestand er mit Auszeichnung das höchste Examen, womit er sich einen Platz in der Hanlin-Akademie erwarb. Er wurde zum Vorleser für T'ung-chih in der Verbotenen Stadt ernannt, wo die Kaiserinwitwen ihn und seine Tochter schätzen lernten. Die Familie wurde rehabilitiert, und Chung-chi wurde zu einem Herzog dritten Grades gemacht. Er sollte später unter der Regierung Tz'u-Hsis noch eine wichtige Rolle spielen.

Die Mutter der zukünftigen Kaiserin war eine Tochter des Eisenhut-Prinzen Cheng, der Mitglied der Achterbande und ein Halbbruder Su Shuns war. Nach dem Putsch Prinz Kungs hatte man ihm befohlen, Selbstmord zu begehen. Diese Verwandtschaftsbeziehung wurde dem Mädchen nicht nachteilig angerechnet, sondern war vermutlich einer ihrer wichtigsten Pluspunkte. Denn während die Bindung ihres Vaters an Prinz Kung den Pragmatikern am Hof zusagte, kam die Verbindung ihrer Mutter zur Achterbande den militanten Konservativen entgegen. Ihre Wahl war eine Geste der Versöhnung, vor allem gegenüber den Eisenhüten, die darauf hofften, möglicherweise einen neuen Kaiser ihrer eigenen Wahl einsetzen zu können. Wenn gewährleistet war, daß T'ung-chihs männliche Nachkommen von beiden Polen des politischen Spektrums abstammten, dann waren sie erst einmal zufriedengestellt. Die Wahl eines mongolischen Mädchens war nichts Ungewöhnliches, da Mischehen zwischen Tataren gefördert wurden, um das Bündnis zwischen Mandschuren und Mongolen zu festigen.

Die Wahl von A-lu-te eingefädelt hatte der älteste königliche Prinz, Prinz Tun, der für die von Mongolen und Muslimen besiedelten Grenzregionen verantwortlich war. Während Prinz Kung mit dem Tai-ping-Aufstand im Süden und dem Aufbau von Tseng Kuo-fans Armee zu dessen Niederwerfung beschäftigt war, hatte Prinz Tun einen Feldzug zur Niederschlagung muslimischer Aufstände in den westlichen Provinzen Shenxi und Kansu befehligt. Tuns Bündnisse mit mongolischen und muslimischen Stammesführern erweiterten seine Machtbasis als Führer der Eisenhüte. Jeder versuchte, bei Tz'u-Hsi und Tz'u-An seine bevorzugte Kandidatin für das Amt der Kaiserin durchzuboxen, doch am Ende gewann Prinz Tun ihre Unterstützung für A-lu-te, wodurch seine Bindung zu den mongolischen Falken gefestigt wurde.

Die Kaiserinwitwen wählten außerdem für T'ung-chih eine Gemahlin zweiten sowie drei Konkubinen ersten Ranges, deren Ernennung ebenfalls im Pekinger *Staatsanzeiger* bekanntgegeben wurde:

»Die Tochter Feng Hsius, eines Sekretärs des [Justizministeriums] mit [mandschurischem] Familiennamen Fa Cha'a, bestimmen wir zur Hui Fei oder Klugen Gemahlin [Erste Konkubine] Seiner Majestät.

Die Tochter Chung Lings, eines Präfekten mit [mandschurischem] Familiennamen Ho She Li, bestimmen wir zur Yu Fin oder Glänzenden Gemahlin [Zweite Konkubine] Seiner Majestät.

Die Tochter Sai-Shang-Aks, zuletzt Generalleutnant mit [mongolischem] Familiennamen A-lu-te, bestimmen wir zur Hsun Sin oder Großherzigen Gemahlin [Dritte Konkubine] Seiner Majestät.«

Diese Großherzige Gemahlin war eine Tante der designierten Kaiserin; beide Frauen wurden nach dem Namen ihres Clans genannt: A-lu-te. Wenn also die Kaiserin keinen männlichen Erben empfangen sollte, dann war möglicherweise einer anderen Frau aus demselben Clan Erfolg beschieden, so daß die Chancen des Clans, im künftigen Kaiser verkörpert zu werden, sich verdoppelten.

Die designierte Kaiserin verbrachte ein Jahr im Palast außerhalb der Verbotenen Stadt, um sich mit der Hofetikette vertraut zu machen. Es gab viele vorbereitende Zeremonien einschließlich der Darbringung von Verlobungsgeschenken. Das erste Geschenk wurde in

Begleitung königlicher Prinzen zur Residenz der Braut gebracht. Es bestand aus zwei Pferden mit Sätteln und Zaumzeug, 18 Schafen, 40 Tüchern aus Satinseide und acht Ballen Seide. Zwei Wochen darauf trafen Geschenke von größerem Wert ein, darunter 100 Unzen Gold, 10000 Unzen Silber, zwei Pferde mit Zaumzeug und verschiedene Geschenke in Form von Münzen und Kleidungsstükken für ihre Eltern und Geschwister.

Inzwischen wurde im Palast der Himmlischen Reinheit eine kunstvolle Brautsänfte hergestellt, drapiert mit rotem und goldenem Tuch und an ihren vier Ecken mit silbernen Phönixen geschmückt. Diese Phönix-Sänfte wurde sodann unter großem Pomp zusammen mit der traditionellen scharlachroten Aussteuertruhe der Braut zu A-lu-tes Aufenthalt gebracht, eskortiert von königlichen Prinzen und Weihrauchträgern, Eunuchen, Kammerherren und einer Leibwache.

Zwei Tage vor der Hochzeit forderten zwei Abgeordnete des Tsungli Yamen die ausländischen Gesandten in ihren Botschaften auf, ebenso wie ihre Landsleute am Tag des festlichen Ereignisses ihr Gebäude nicht zu verlassen. Diese fühlten sich beleidigt und kamen noch am selben Abend zusammen, um sich gegenseitig ihre Empörung mitzuteilen. Dennoch fügten sie sich, und vermutlich wagte es kein einziger, heimlich die Prozession zu belauschen, in der die künftige Kaiserin zum Palast getragen wurde.

Diese Prozession verließ die Wohnung der Braut um drei Uhr morgens, zu einer Stunde, die von den Wahrsagern als besonders günstig ausgedeutet worden war. A-lu-te, ganz in rote Seide gehüllt, ihr Gesicht hinter einem Schleier verborgen, blieb unsichtbar in ihrem reichgeschmückten Palankin. Die Phönix-Sänfte mit der Braut wurde feierlich in die Verbotene Stadt und in den Palast der Himmlischen Reinheit getragen, wo sie von Prinzen von Geblüt mit ihren Frauen, Hofbeamten, Hofdamen und Eunuchen erwartet wurde.

Der Augenblick nahte, in dem A-lu-te ihrer Sänfte entsteigen würde, doch der Brauch forderte, daß sie dies allein in Gegenwart von Frauen und Eunuchen tat; alle Prinzen und Hofbeamten zogen sich deshalb zurück. Eunuchen und Hofdamen halfen A-lu-te aus der Sänfte und geleiteten sie zum nahe gelegenen Palast des Irdischen Friedens, wo sie von ihrem 16 Jahre alten Herrn und Meister erwartet wurde. Sie nahmen einen Hochzeitstrank und aßen Fruchtbarkeitskuchen. Anschließend begaben sie sich allein in das Brautgemach von nicht mehr als neun Quadratmeter Grundfläche, in dem lediglich ein Drachen-Phönix-Diwan stand, der ein Viertel des Raumes füllte. Alles im Zimmer – die Decke, das Lager, die Kissen, die Blumen – war rot. In China ist Rot die Farbe der Hoffnung.

Auf die mißliche Lage der jungfräulichen Braut und zukünftigen Kaiserin A-lu-te, die zum erstenmal Bekanntschaft mit dem bisexuellen und syphilitischen T'ung-chih schloß, soll hier nicht eingegangen werden.

Kurz nach der Hochzeit entbrannte ein Streit darüber, ob die Koalition aufgelöst werden sollte. T'ung-chih wollte möglichst bald seinen Prinzberater, Prinz Chun, und seine beiden kaiserlichen Mütter loswerden und das Reich allein regieren. Doch die Kaiserinwitwen zeigten sich standhaft, und der Heranwachsende mußte noch vier Monate warten, bis er am 23. Februar 1873 den Thron besteigen durfte. Einige glaubten, dies sei lediglich ein Streit zwischen Müttern und Sohn, und die Mütter wollten sich nicht einfach abschieben lassen; andere vermuteten, der mandschurische Adel habe seine Interessen in Gefahr gesehen, falls der junge Mann die Regierung ganz übernehmen sollte. Auf jeden Fall wollte niemand T'ung-chih die ganze Macht überlassen und schon gar nicht früher als nötig. Der Clanrat drängte die beiden Kaiserinwitwen, sich den Wünschen des künftigen Kaisers zu widersetzen. Das hatten beide Frauen in der Vergangenheit kaum gemacht.

Der US-Gesandte Frederick Low berichtet: »Die Vertreter des Yamen äußern sich zurückhaltend zu dem Thema; angeblich haben sie keine Kenntnis von den Meldungen... Das Thema wird jedoch von den niederen Beamten freimütig erörtert, und die Nachricht wird von allen Bevölkerungsschichten für zutreffend gehalten.«

Als T'ung-chih schließlich 1873 den Thron bestieg, überlegte die Ausländergemeinschaft fieberhaft, welche Geschenke sie schicken sollte. Man einigte sich schließlich auf Spiegel in schwarzen Ebenholzrahmen, Taschenuhren mit Einlegearbeiten und Spieluhren.

Am Tag nach der Inthronisation baten die Gesandtschaften schriftlich um eine Audienz. Achtzig Jahre lang, seit Ch'ien-lung Lord MacCartney empfangen hatte, war kein Fremder aus dem Westen mehr vom Kaiser zur Audienz zugelassen worden. Nach so langer Zeit bestand eine gewisse Ratlosigkeit in Protokollfragen; dabei ging es hauptsächlich um den Kotau und darum, daß eigentlich kein fremder Teufel die Verbotene Stadt betreten sollte. Der Hof suchte verschiedene Ausflüchte, bis ein Gelehrter den Vorschlag machte, die Audienz außerhalb der Verbotenen Stadt in einem eigens für weniger willkommene Zusammenkünfte eingerichteten Pavillon abzuhalten. Schließlich einigte man sich in allen Punkten, und die ausländischen Gesandten erlebten eine Kostümprobe mit allen Insignien.

Als die Audienz am Sonntag, dem 29. Juli 1873, stattfand, ging die ganze Angelegenheit – mit der eine törichte Meinungsverschiedenheit über Etikettenfragen beendet wurde, die so tief reichte, daß ihretwegen Blut geflossen war, Karrieren zerstört und Paläste in Brand gesetzt worden waren – in einer halben Stunde über die Bühne.

Der japanische Botschafter wurde als erster und allein vorgelassen; danach kamen die übrigen Gesandten in einer Gruppe an die Reihe. Der junge Kaiser empfing sie sitzend auf einem Thron, der auf einem ein Meter hohen Podium stand und von einer Absperrung umgeben war. Dadurch überragte er die Gesandten, obwohl er selbst saß und diese aufrecht vor ihm standen. T'ung-chih war ein zierlicher, gertenschlanker und feinknochiger junger Mann mit schmalem Kopf, dessen Gesichtszüge wirkten, als hätte ein Miniaturmaler sie bemalt. Neben ihm stand Prinz Kung als Verantwortlicher für auswärtige Angelegenheiten mit zwei weiteren Prinzen und zwei Audienzministern. Links und rechts, vom Podium bis zur Stirnseite der Audienzhalle, standen Hofbeamte in Zweierreihen. Draußen auf der Veranda standen Tausende von Mandarinen in schimmernder Seide. Die Gesandten, allesamt in offiziellen diplomatischen Uniformen mit Schärpen, Orden, weißen Handschuhen, Goldknöpfen und Hüten oder Helmen, traten einen Schritt vor und legten ihre Beglaubigungsschreiben auf einen gelben Tisch zwischen ihnen und dem Kaiser. Prinz Kung nahm kniend T'ung-chihs Antwort entgegen, trat vor die Gesandten und erklärte: »Seine Majestät gibt der Hoffnung Ausdruck, daß sich die Kaiser, Könige und Präsidenten der Staaten... bei guter Gesundheit befinden, und... vertraut darauf, daß alle Angelegenheiten zwischen den ausländischen Gesandten und den Vertretern des Tsungli Yamen freundschaftlich und zufriedenstellend geregelt werden.« Damit war die Audienz beendet. Man würde ihr nicht gerecht, sie nachträglich als Banalität zu bezeichnen, denn dazu befanden sich die westlichen Teilnehmer in einer viel zu gespannten Erwartung, die sie nach Kräften zu verbergen suchten.

Als diese Erregung jedoch abgeflaut war, ließen die Gesandtschaften wissen, daß sie keineswegs erfreut darüber waren, daß man sie außerhalb der Verbotenen Stadt in einem Gebäude empfangen hatte, das dem Empfang von Vertretern tributpflichtiger Staaten vorbehalten war. Damit hatten sie etwas Neues gefunden, aus dem sie etwas für sich herausschlagen konnten und das die nächsten 20 Jahre zu ständigem Streit Anlaß gab.

T'ung-chih hatte Wichtigeres im Sinn. Nach einer Frist von nur sechs Monaten mit Kaiserin und Konkubinen begann er sich wieder aus der Verbotenen Stadt davonzustehlen und in den arkadischen Ruinen des Sommerpalasts faunische Orgien zu feiern. Von diesen Ruinen fasziniert, griff er in den Staatssäckel, um den Palast wiederaufbauen zu lassen, angeblich, um den Kaiserinwitwen einen Alterssruhesitz zu errichten.

Seine Minister widersetzten sich diesem Vorhaben, weil sie es für zu teuer hielten. Trotzdem steuerten alle Geld bei, auch Prinz Kung, um zunächst einmal den Schutt wegräumen zu lassen. T'ung-chih bestimmte große Summen für den Beginn der Bauarbeiten. Er engagierte sich für dieses Projekt so sehr, daß er darüber alle anderen Pflichten vernachlässigte, dringende Denkschriften von Beamten aus allen Teilen des Reichs ignorierte und selbst die täglichen Audienzen und wichtige Zeremonien versäumte. »Seine Regierungstätigkeit genügte nicht einmal den geringsten Erwartungen«, wie einer seiner Kritiker schrieb. Von einem Weisen auf dem Kaiserthron konnte keine Rede sein.

Die Klatschgeschichten von seinen sexuellen Abenteuern nahmen so sehr überhand, daß der Große Rat und der Clanrat sich empörten. Die schärfste Kritik kam in einer Denkschrift zum Ausdruck, die von Prinz Kung persönlich am 27. August 1874 verfaßt wurde:

»...Sie halten Arbeit für etwas zu Lästiges und lassen sich nicht auf ein ernsthaftes Gespräch mit den Zensoren ein... [Sie] sind zu verschwenderisch mit Geld... Es kursiert ein weitverbreitetes Gerücht am Hof und außerhalb, Sie trieben sich ständig mit den Hofeunuchen herum und gingen Ihrem persönlichen Vergnügen nach. Ich weiß, daß das nicht stimmt; doch Seine Majestät sollte alles vermeiden, was zu solchen Gerüchten Anlaß gibt, da diese gefährlich werden können... Vor allem in den letzten Monaten sind viele an Sie gerichtete Denkschriften und Petitionen von verschiedenen Beamten nicht gelesen oder nicht an Ihre Berater oder andere hohe Beamte weitergeleitet worden. Das ist wirklich eine ernste Angelegenheit, denn Seine Majestät haben damit den Instanzenweg blockiert.«

Zwei Tage später, am 29. August, wurde T'ung-chih von zwei seiner Onkel, Prinz Kung und Prinz Chun, und anderen Großräten bei einer Sonderaudienz der Beamten, die zur Beratung dieses Problems einberufen worden war, zur Rede gestellt. Prinz Kung bestand darauf, daß seine Denkschrift laut verlesen wurde, womit er T'ung-chih noch mehr in Verlegenheit brachte. Der 18 Jahre alte Kaiser verließ fluchtartig die Sitzung.

Am 9. September 1874 wurde dazu eine weitere Audienz einberufen. Diesmal standen Prinz Kung zwei kaiserliche Hofmeister, Li Hung-tsao und Weng Tung-ho, zur Seite, um seiner Kritik Nachdruck zu verleihen. Schließlich erklärte sich T'ung-chih bereit, das Projekt des Sommerpalasts aufzugeben und auch sonst einzulenken. Doch der aufgebrachte Kaiser verstörte die Anwesenden sogleich mit der Erklärung, Prinz Kung sei auf der Stelle degradiert, ebenso sein Sohn Tsai Cheng. Offenbar hatte Prinz Kung zu deutlich seine Meinung gesagt. Zwei Tage später wurden Prinz Chun, Großrat Wen-hsiang, Li Hung-tsao und sechs weitere ebenfalls ihres Amtes enthoben. Letztlich wurde das gesamte Kabinett entlassen, so daß eine Regierungskrise entstand.

T'ung-chih hatte den Großen Rat und den Clanrat verprellt, einen Haufen mandschurischer Prinzen und Adligen erzürnt und etliche Vizekönige, Gouverneure und Provinzbeamte beleidigt. Die Regierung war handlungsunfähig. Unter dem Druck des Großen Rats griffen die beiden Kaiserinwitwen ein. Es liegt keine Schilderung ihrer Konfrontation mit T'ung-chih vor, doch seine Dekrete, mit denen er alle seine Widersacher loswerden wollte, wurden widerrufen. Prinz Kung und sein Sohn wurden ebenso rehabilitiert wie die übrigen.

Diesmal hatten die Kaiserinwitwen sich auf die Seite Kungs und gegen »ihren« Sohn gestellt. Wenn sie gemeinsam handelten, hatten Tz'u-An und Tz'u-Hsi offenbar einen gewissen Einfluß auf den eigensinnigen jungen Kaiser.

Wie die Septemberkrise von verschiedenen Gruppen aufgenommen wurde, ist nicht bekannt. Da keine Informationen darüber vorliegen, ist zu vermuten, daß bewußt nichts schriftlich festgehalten wurde, da die Gemüter besonders heftig erregt waren. Innerhalb weniger Wochen jedenfalls ereilten T'ung-chih die tödlichen Folgen seines ausschweifenden Lebenswandels.

Am 9. Dezember 1874 drangen Berichte aus der Verbotenen Stadt, der Kaiser sei schwer erkrankt. Angeblich hatte er sich irgendwo außerhalb der Verbotenen Stadt die Pocken geholt. Die Kaiserinwitwen wurden erneut in ihre zeremonielle Regentschaft eingesetzt. Der neue US-Gesandte Benjamin Avery berichtete:

»Am oder um den [9. Dezember]... Seine Kaiserliche Majestät (die keineswegs von kräftiger Konstitution ist, sondern zierlich und von feingliedrigem Äußeren) wurde von den Blattern befallen, die in Peking immer wieder grassieren... Darauf... folgte ein Dekret mit Datum vom [18. Dezember]... in dem es heißt, der Kaiser habe beschlossen, sich eine Zeitlang von der Sorge um den Staat zurückzuziehen, und habe den Kaiserinwitwen die vorläufige Leitung der Geschäfte übertragen. Man vermutet, daß dieses Dekret ein Zeichen für die schwere Erkrankung des Kaisers ist und einen Wechsel in der Regierung vorbereiten soll; soweit ich jedoch in Erfahrung bringen konnte, ist seine Krankheit weder schwer noch bedrohlich, und er ergreift einfach eine Vorsichtsmaßnahme. Prinz Kung... gilt für den Fall seines Todes allgemein als sein wahrscheinlicher Nachfolger.«

Auch wenn Prinz Kung möglicherweise wieder Ministerpräsident würde, auf den Thron konnte er höchstens durch einen erneuten Staatsstreich gelangen. Um den Ahnen die zeremoniell vorgeschriebene Ehre zu erweisen, mußte der Thron der auf T'ung-chih folgenden Generation übertragen werden. Das warf allerdings bei dessen Tod zu einem derart frühen Zeitpunkt schwierige Probleme auf, da er bislang noch keinen Erben gezeugt hatte. Interessant an Averys Bericht ist die Vermutung, die Krankheit werde dazu benutzt, einen bevorstehenden und bereits geplanten Regierungswechsel zu kaschieren.

Kurz bevor T'ung-chihs Krankheit sich als tödlich erwies, hatte es hitzige Debatten darüber gegeben, wie man die unvermutete Lücke am Hof füllen sollte. Es mußte irgendein Verfahren gefunden werden, mit dem die Regierung ihre Aufgabe auch ohne einen Monarchen erfüllen konnte. Nicht jedermann wünschte, daß Prinz Kung wieder seine beherrschende Rolle innerhalb der Koalition einnahm. Wenn es einen friedlichen Wechsel geben sollte, dann war jetzt die günstigste Gelegenheit dafür. Überraschenderweise bewog der trinkfeste Grantler Prinz Tun die Kaiserinwitwen dazu, ihren Ruhestand aufzugeben und die täglichen Regierungsgeschäfte zu übernehmen. T'ung-chih war am Ende, und der Thron würde bald verwaist sein, so daß sich erneut die Frage der Thronfolge stellen würde. Wenn die Kaiserinwitwen und nicht Prinz Kung das Staatsruder übernahmen, so hoffte Prinz Tun, dann würde er bei der Wahl eines Nachfolgers mehr mitzureden haben. Vielleicht konnte er dann die Ernennung eines seiner Söhne erreichen. Sein ganzes Leben lang hatte er danach getrachtet, Einfluß auf den Thron zu gewinnen.

Am 9. Januar 1875 notierte Robert Hart in seinem Tagebuch: »Kaiser ernsthaft krank... die Ärzte uneinig: [der Leibarzt des Kaisers] sagt, er müsse Medikamente einnehmen – die Ärzte außerhalb des Palasts meinen, er brauche Stärkungsmittel.« Zwei Tage darauf, am 11. Januar, schrieb Hart: »Besuch von Dr. Andera. Er sagt, daß der Kaiser an Syphilis und nicht an Blattern erkrankt ist.«

Ob er nun Syphilis oder die Pocken hatte, Stärkungsmittel halfen da überhaupt nicht. Am folgenden Tag, dem 12. Januar, starb T'ung-chih im zarten Alter von 19 Jahren.

Durch das Land ging ein allgemeines Aufatmen.

Tz'u-Hsi schwieg sich seitdem über ihren Sohn aus. Wenn es, wie sie später sagte, in ihrem Leben nur zwei Augenblicke des Glücks gegeben hatte, ihre Romanze mit Hsien-feng und die Geburt T'ung-chihs, so war die zweite Geschichte ebenso traurig ausgegangen wie die erste. Ihr Sohn war noch vor seinem zehnten Lebensjahr der Kontrolle entglitten, so daß nicht einmal seine Onkel, Prinz Kung, Prinz Tun oder Prinz Chun, ihn im Zaum halten konnten. Gegenüber Tz'u-An und Tz'u-Hsi hatte T'ung-chih immer den gehorsamen Sohn gespielt. Als seine Mutter verteidigte Tz'u-Hsi ihn deswegen anfangs nachdrücklich gegen alle Vorwürfe, doch schließlich wurde sie mit erdrückenden Beweisen dafür konfrontiert, daß ihr Sohn ein Ungeheuer war. Sie äußerte sich nie darüber, ob sie damals glaubte, sein Tod könnte von außen herbeigeführt worden sein. Sie weinte, als er starb, aber nicht nur aus Kummer.

Statt eine friedliche Zeit im Ruhestand zu verbringen, befanden sich die Kaiserinwitwen plötzlich inmitten einer kritischen Situation, in der ein Nachfolger für T'ung-chih bestimmt werden mußte. Er selbst hatte keinen Zettel mit dem Namen seines Thronerben in das versiegelte Kästchen gelegt, sondern die Führung der Staatsangelegenheiten unmittelbar seinen kaiserlichen Müttern und nicht der Kaiserin A-lu-te oder einem der königlichen Prinzen übertragen. In den kommenden Monaten gab es noch mehr Intrigen und Morde als sonst.

7

Selbstmord eines Phönix

Wissenschaftler, die die chinesischen Palastakten erneut untersuchten, haben kürzlich die Theorie in Zweifel gezogen, daß Kaiser T'ung-chih an Syphilis starb, obwohl sie darin übereinstimmen, daß er einem sehr lockeren Lebenswandel huldigte. Aus den betreffenden Dokumenten, die sich über die letzten 36 Tage seines Lebens erstrecken, geht hervor, daß er zumindest offiziell den Pocken zum Opfer fiel. In seinem Todesjahr und auch später wurde von manchen behauptet, man habe T'ung-chih mit einem Taschentuch angesteckt, das zuvor mit dem Virus infiziert worden war. Seit Generationen waren in China immer wieder Pockenepidemien ausgebrochen. In der Regel zog man sich das Virus beim Einatmen zu, doch es gibt berühmte Fälle, bei denen infizierte Taschentücher den Tod herbeiführten.

Die offizielle Diagnose »Pocken« widerlegt wohl kaum das Urteil zeitgenössischer ärztlicher Beobachter in Peking, das sich auf gutinformierte Kreise innerhalb der Ärzteschaft stützt, T'ung-chih habe sich schon mindestens vier oder fünf Jahre früher eine Syphilis zugezogen, und die Krankheit sei so stark fortgeschritten gewesen, daß er an ihren Folgen gestorben sei. Berücksichtigt man den damaligen Stand der Medizin in China und die politischen Folgen von Diagnosen des Gesundheitszustands der geheiligten Person des Himmelssohnes, dann waren sich die Hofärzte möglicherweise ihrer Sache gar nicht so sicher, oder sie wollten nicht alles sagen, was sie wußten. Nach etwa sechs Jahren ohne ärztliche Behandlung tritt die Syphilis in ihr drittes Stadium ein, bei dem die Hälfte der Fälle paralytisch wird oder stirbt. Jeder Körperteil kann infiziert werden, auch das Gehirn, das Nervensystem und die Arterien. In fortgeschrittenen Fällen einer tertiären Syphilis treten häufig Ausschläge wie bei Masern auf, zwei Jahre später gefolgt von pockenähnlichen Erscheinungen. Wenn also in den Hofberichten die tödliche Krankheit des jungen Kaisers als Pocken angegeben wird, kann es gut sein, daß hier eine Fehldiagnose gestellt oder der wahre Sachverhalt verschwiegen wurde und daß der junge Mann tatsächlich an einer Syphilis im Endstadium gestorben ist.

So gesehen schließen sich Syphilis und Pocken nicht gegenseitig aus. Ein syphilitischer Ausschlag hätte eine ideale Tarnung abgegeben, den Kaiser mit einem Taschentuch anzustecken, das mit Pokkenviren infiziert war, um auf diese Weise seiner erbärmlichen Regierung ein rasches Ende zu bereiten.

Welcher Krankheit er nun letztlich zum Opfer fiel, ist weniger wichtig als der Zeitpunkt und die politischen Umstände seines Todes. T'ung-chih war ein mißratener junger Mann und hatte zahlreiche mächtige Männer beleidigt, so daß sich die Vermutung eines Königsmordes aufdrängt. Noch ehe das Jahr 1875 vergangen war, bezeichnete denn auch die *New York Times* den Tod des Kaisers als »mysteriös«, ohne allerdings nähere Angaben zu machen.

An einem Motiv für eine solche Tat fehlte es nicht, vor allem nach den Querelen mit Prinz Kung im August und September 1874. Zudem war die Fortsetzung der Mandschu-Herrschaft in China durch T'ung-chih auf dem Thron gefährdet, so daß alle führenden Politiker Chinas verdächtig waren, einschließlich der Eisenhüte Prinz Tun und Prinz Chun, die beide hofften, Prinz Kung als tatsächlichen Regenten von seinem Platz zu verdrängen.

Der Königsmord ist eine Kunst für sich. Die physische Ausschaltung von Gegnern, Generälen und Kaisern ist seit Tausenden von Jahren gepflegt und immer weiter verfeinert worden. In seiner Abhandlung zu diesem Thema im dritten Jahrhundert n. Chr. pries der Philosoph Sün-tse Raffinesse und indirektes Vorgehen als höchste Tugend des politischen Mordes und empfahl die Ausschaltung eines Feindes, ohne auch nur den Anschein eines Zwists nach außen dringen zu lassen.

Für die künstlerischen Feinheiten fanden sich immer Helfer. Jede Fraktion verbarg ihre fähigen Parteigänger hinter den Kulissen. An besonders exponierter Stelle stand Vizekönig Li Hung-chang, der zu einer grauen Eminenz im Range eines Richelieu heranreifte und sich als willens und fähig erwiesen hatte, notfalls auch Mord als politisches Mittel anzuwenden, ohne dabei seine gute Laune zu verlieren. Prinz Kung war inzwischen auf die verschiedensten geheimen Dienste Lis angewiesen. Im Gegenzug konnte sich Li dafür auf die Protektion Kungs verlassen. Nach seinen spektakulären Erfolgen im Kampf gegen die Tai-ping-Rebellen und bei der Unterwerfung des Jangtse-Deltas wurde Li Prinz Kungs heimlicher Partner in der Koalition. Während der Krise von 1875 verließ sich der Prinz auf Lis Geschick und Einfallsreichtum, um bei der Auseinandersetzung um die Thronfolge schließlich die Oberhand zu gewinnen.

Als es 25 Jahre nach T'ung-chihs Tod Mode wurde, Tz'u-Hsi die Schuld an allen finsteren Machenschaften in Peking zu geben, behauptete der selbsternannte Reformer K'ang Yu-wei, sie habe ihren eigenen Sohn mit Pocken infizieren lassen, um den Thron für sich selbst zurückzuerlangen. Als Motiv ist das höchst unwahrscheinlich. Da sie einem Thronerben das Leben geschenkt hatte, genoß sie bereits höchstes Ansehen, und an der alltäglichen Regierungsarbeit war sie auch nicht interessiert. Alles übrige ist Phantasie. Es gibt keinerlei Hinweise auf ein Zerwürfnis zwischen Mutter und Sohn. Die wahrscheinlichsten Urheber eines Mordes waren jene, die etwas zu gewinnen hatten oder sich rächen wollten.

Die Ermordung des jungen Kaisers beseitigte ein heikles Problem, ähnlich wie der Mord an Caligula, auch wenn T'ung-chihs Verfehlungen nur von derselben Art, aber noch nicht von derselben Größenordnung waren. Unter den Prinzen und Ministern zeigte sich niemand überrascht, daß T'ung-chihs Zusammenbruch im Dezember im Januar den Tod zur Folge hatte, so als hätten sie alle ihre Hände im Spiel gehabt. Die Konspirationen über seine Nachfolge begannen bereits mit dem Augenblick seines Zusammenbruchs, und als sein Tod feststand, da kamen die rivalisierenden Prinzen und Clanführer bereits zu geheimen Sitzungen zusammen, die 24 Stunden währten und für die sie sich gut vorbereitet glaubten. Doch keiner von ihnen war so gut vorbereitet wie Vizekönig Li, der eine entscheidende Rolle spielte, ohne sich am Schauplatz des Geschehens zu befinden.

Wie bei früheren Thronfolgekrisen wurde auch dieses dynastische Gipfeltreffen von den königlichen Prinzen beherrscht, und alles lief auf einen Intrigenwettstreit zwischen Prinz Kung und Prinz Tun hinaus. Diesmal war das Roulette allerdings komplizierter als der Thronstreit von 1861, denn T'ung-chih war der einzige Mandschu-Herrscher seit zehn Generationen, der ohne legitimen Thronerben gestorben war. Zudem gab es lediglich zwei Prinzen aus der nächstfolgenden (P'u-)Generation: P'u-hsi, der etwas über 20 Jahre alt war, und P'u-lun, ein Säugling, der zwei Monate vor T'ung-chihs Tod zur Welt gekommen war. Beide kamen für den Thron nicht in Frage, da sie aufgrund der Besonderheiten der mandschurischen Genealogie äußeren Kreisen der königlichen Familie angehörten. Es mußten also andere Kandidaten gefunden werden, angefangen bei den königlichen Prinzen selbst. Es gab fünf noch lebende Brüder von Kaiser Hsien-feng: den Ältesten, Prinz Tun (der Fünfte Prinz), Prinz Kung (der Sechste Prinz), Prinz Chun (der Siebte Prinz) und zwei jüngere Brüder, den Achten und den Neunten Prinzen, die wenig Einfluß nehmen konnten, da sie über keine ausreichende Machtbasis verfügten. Von diesen fünf waren die Prinzen Kung und Tun am einflußreichsten.

Fünfundzwanzig Jahre lang hatte Prinz Tun, ein verdrießlicher, dem Trunk ergebener, dickschädeliger Reaktionär, einen Groll gehegt. Nur sechs Tage jünger als Kaiser Hsien-feng, war er überzeugt, man habe ihn um sein Geburtsrecht betrogen; eigentlich müsse er der Kaiser sein. Sein Anspruch war möglicherweise sogar berechtigter, als er selbst glaubte, denn nach Erkenntnissen der britischen Gesandtschaft war Prinz Tun mehrere Tage *älter* als Hsien-feng. Doch Kaiser Tao-kuang hatte versucht, seinen mißlaunigen Sohn kaltzustellen, indem er dessen Rang am Hof zurückstufte und ihn vom Viertgeborenen zum Fünftgeborenen erklärte und schließlich einem Onkel zur Adoption gab. Dieser ungewöhnliche Schritt schloß den Prinzen rechtlich von der Thronfolge aus, es sei denn, alle seine Brüder starben vor ihm, ohne männliche Erben zu hinterlassen. Diese Zurücksetzung wurmte ihn tief und führte zu einer erbitterten lebenslangen Fehde zwischen Prinz Tun und Prinz Kung, die dann auch den revanchelüsternen Ambitionen seiner Söhne zugrunde lag. Als Anführer der ausländerfeindlichen Eisenhut-Fraktion lag Prinz Tun beständig im Streit mit Kung und seinen pragmatischeren Anhängern. Sie konnten sich auf nichts einigen, ob es nun um Privilegien, Titel und das Vermögen der Mandschu-Adligen ging oder um die Frage, wer den Vorsitz im Clanrat oder im Clangericht innehaben oder wer den Thron besteigen sollte.

Falls die Regeln der Thronfolge verletzt würden, rechneten gut informierte Kreise in Peking damit, daß Prinz Tun, Prinz Kung oder Prinz Chun durch einen Putsch direkt auf den Thron gelangte. Von diesen dreien war Prinz Kung in der Bevölkerung der Beliebteste, doch Prinz Tun hatte mächtige Konservative und einige der brutalsten chinesischen und tatarischen Generäle hinter sich.

Andere Höflinge meinten, die drei Prinzen würden eher ihre Söhne als Strohmänner vorschieben.

Während Prinz Kungs ältester Sohn Tsai Cheng moralisch bedenklich erschien, da er sich an T'ung-chihs berüchtigten Streifzügen durch die Bordelle Pekings beteiligt hatte, waren die drei Söhne Prinz Tuns – Tsai Lien (später Prinz Tun II.), Prinz Tuan und Herzog Lan – die größten Hitzköpfe der Dynastie. Wäre einer von ihnen als Thronfolger gewählt worden, so hätte dies die ausländischen Gesandtschaften ernsthaft beunruhigt.

Prinz Chun war der einzige königliche Prinz von Rang mit einem Sohn, der mit drei Jahren noch so jung war, daß sein Charakter noch geformt werden konnte. Seine Mutter war eine jüngere Schwester der Kaiserinwitwe Tz'u-Hsi. Gegen den Jungen sprach, daß Ausländer in seinem Vater das dümmste Mitglied der mandschurischen Königsfamilie und einen »Gewalttäter« sahen und daß seine Mutter eine keifende Neurotikerin war.

Obwohl der Knabe als Thronfolger geeignet war, wollte Prinz Chun ihn nicht als Kandidaten vorschlagen. Durch seine zahlreichen Spione kam Vizekönig Li dahinter, daß Prinz Chun bestochen worden war, auf die Kandidatur des eigenen Sohnes zugunsten eines der Söhne von Prinz Tun zu verzichten. Um diesen Plan zu vereiteln, dachten sich der listige Li und Prinz Kung ein raffiniertes Komplott aus.

T'ung-chih war kaum gestorben, da stattete Prinz Kung Tz'u-Hsi einen Besuch ab und überzeugte sie davon, daß das Kind ihrer Schwester ein weit besserer Kandidat sei als alle anderen Bewerber, einschließlich seiner Söhne und der Söhne von Prinz Tun. Tz'u-Hsi mochte den Knaben, und da sie gerade ihren eigenen Sohn verloren hatte, willigte sie ein, daß das Kind ihrer Schwester in den Palast einziehen sollte. Auch Tz'u-An wurde überredet. Da Li mit seinem Schachzug die Konservativen überrumpeln wollte, wurde der Vater des Knaben nicht informiert. Auf Drängen Prinz Kungs schickte Tz'u-Hsi zwei zuverlässige Höflinge, den Diplomaten Chang Yinhuan und General Sheng-pao, zum Palast ihrer Schwester, um das Kind in die Verbotene Stadt zu bringen. Sodann beriefen die beiden Kaiserinwitwen den Clanrat ein.

Bei diesem Treffen verlangte die Etikette von allen Prinzen, Desinteresse zu heucheln. Niemand konnte von sich aus die Nominierung seines Sohnes verlangen, aber er konnte sie auch nicht ausschlagen, wenn sie ihm angeboten wurde. Als der Rat zusammengekommen war, wurden die Anwesenden von einer Erklärung Prinz Kungs überrascht, weder er selbst noch einer seiner Söhne oder ein anderes Mitglied seiner Familie würden für den Thron kandidieren. Das brachte die übrigen Prinzen in eine Zwickmühle, denn jetzt mußten sie so tun, als lehnten auch sie eine Nominierung ab.

Die Thronfolge von 1875 war vermutlich für Prinz Tun die letzte Chance, mittels seiner Söhne die Herrschaft über den Thron zu erringen, doch das Protokoll erlaubte ihm lediglich eine Wortmeldung, falls er einen Rat geben wollte. Als die versammelten Prinzen in einem angespannten Schweigen verharrten, blickte Tz'u-Hsi in die Runde und sagte: »Wenn keiner von euch sprechen will, wollt ihr mich anhören?« Sie blieben stumm. »Ich adoptiere ein Kind«, sagte Tz'u-Hsi, »den Sohn des Siebten Prinzen.«

»Der Fünfte Prinz [Prinz Tun] war wie vom Donner gerührt«, schrieb Robert Hart in sein Tagebuch, »der Sechste [Prinz Kung] blickte gelangweilt – doch der Siebte [Prinz Chun, nachdem er verblüfft einen mandschurischen Fluch ausgestoßen hatte] sagte... ›Jetzt schlägt's dreizehn‹.«

Obgleich diese Ratssitzung geheim abgehalten wurde, erfuhren die US-Gesandten, daß Tz'u-Hsi, »der man große Charakterstärke nachsagt«, sich erhob, den Raum verließ und »plötzlich mit ihrem kleinen Neffen an der Hand auftauchte und gebieterisch ausrief: ›Das ist euer Kaiser!‹«

Die ganze Szene war nach den sarkastischen Worten Harts sorgfältig inszeniert. Als Meister der Bühnentechnik kannte Li seine einzelnen Akteure nur zu gut. Tz'u-Hsi hatte man angewiesen, ihren kühnen Auftritt an Hsien-fengs Sterbebett in Jehol zu wiederholen. Prinz Tun war außer sich, weil er annahm, sein jüngerer Bruder habe ihn betrogen. Prinz Chun war zwar überrascht, doch blieb ihm nichts anderes übrig, als die große und unerwartete Ehre anzunehmen. Er war bekümmert, daß Prinz Tun in ihm einen Verräter sah, und völlig unvorbereitet auf die bevorstehenden Aufgaben, doch das Protokoll zwang ihn, gute Miene zum bösen Spiel zu machen.

»Unter uns«, schrieb Hart, »Prinz Kung ist *stärker* denn je, und mit seinen bisherigen Erfahrungen wird er meiner Einschätzung nach in den kommenden zehn Jahren im Amt gute Arbeit leisten.« Mit seinen 42 Jahren befand sich der Prinz auf dem Höhepunkt seiner Laufbahn.

Nach der Ratssitzung verlangte das Zeremoniell, daß Prinz Kung und Prinz Tun ihrem jüngeren Bruder in dessen Haus einen Besuch abstatteten. Sonst kam ihnen Prinz Chun bei derartigen Anlässen aus seinem Palast zur Begrüßung entgegen, doch diesmal nicht. Er war ohnmächtig geworden und lag darnieder. Als sie an sein Bett geführt wurden, sagte er benommen: »Was gibt es für Schwierigkeiten, wo bin ich?« Nachdem Prinz Tun sein Soll an Höflichkeit erfüllt hatte, zog er wütend wieder ab.

Einige haben in dem überraschten Fluch des Siebten Prinzen während der Ratssitzung und seinem späteren Ohnmachtsanfall einen Beleg dafür gesehen, daß er darüber besorgt war, was seinem Sohn in den Klauen Tz'u-Hsis passieren könnte. Es wäre allerdings ein Irrtum, Chun eine allzu große Sorge für das Wohlergehen seines Sohnes zu unterstellen. In der Vergangenheit hatte er seine Kinder drangsaliert; seine Frau hatte sie sogar mißhandelt, so daß die meisten ihrer Söhne bereits im Säuglingsalter starben. Dieser eine hatte es bis jetzt geschafft, zu überleben.

Innerhalb von 24 Stunden nach T'ung-chihs Tod schien alles geregelt zu sein: Ein Dekret im Namen Tz'u-Ans und Tz'u-Hsis verkündete, der dreijährige Vetter des verstorbenen Kaisers, Tsai Tien, werde unter der Devise Kuang-hsü – »Ruhmreiche Thronfolge« – der neue Kaiser sein. Dem folgte ein Edikt im Namen des Kindes, in dem es hieß, seine kaiserlichen Adoptivmütter würden während seiner Minderjährigkeit für ihn die Regentschaft übernehmen. Damit war die Angelegenheit abgeschlossen. Prinz Kungs Koalition würde an der Macht bleiben, und die Kaiserinwitwen würden alle Beschlüsse mit ihren Siegeln bestätigen. Nach der ungewöhnlichen Schnelligkeit zu urteilen, mit der diese Edikte erlassen wurden, mußte die Angelegenheit sehr dringlich gewesen sein. Aber noch war nicht alles überstanden.

Um die Bestätigung von Kuang-hsü zu vereiteln, machten Prinz Tun und seine Fraktion alle Welt mit der Enthüllung rebellisch, die junge Kaiserinwitwe A-lu-te sei schwanger, und sie würden sich für die Thronfolgerechte ihres Kindes einsetzen. Die ganze Debatte wurde erneut eröffnet.

Falls die Kaiserinwitwen und Prinz Kung, wie Vizekönig Li gegenüber Robert Hart andeutete, vorher gewußt hatten, daß die Kaiserin A-lu-te schwanger war, dann hatten sie die Wahl von Kuang-hsü bewußt vorangetrieben, um die Eisenhüte daran zu hindern, das ungeborene Kind als Argument für ein Verschieben der Thronfolgeregelung zu benutzen.

In Peking wurde eine Dringlichkeitssitzung der Prinzen und Clanältesten einberufen, an der diesmal auch die Minister und Vizekönige teilnahmen. Die Anhänger Prinz Kungs erwiderten auf die Vorwürfe ihrer Gegner, niemand wisse, ob A-lu-te mit einem Knaben oder einem Mädchen schwanger sei, und wenn man mit der Bestimmung eines Thronfolgers bis zur Geburt warten wolle, sei dies mit Gefahren und im ungünstigeren Fall mit unnützer Zeitvergeudung verbunden. Davon ließen die Eisenhüte sich jedoch nicht beeindrucken.

Als Kaiserin A-lu-te sich allerdings durch das Schlucken von Goldstaub das Leben nehmen wollte und nur durch das schnelle Eingreifen ihrer Dienerinnen gerettet werden konnte, änderte sich die Situation. Die junge Frau lag zweieinhalb Monate schwerkrank darnieder, bevor sie schließlich starb; ob an den Folgen der ursprünglichen Dosis oder weil jemand nachgeholfen hatte, ist nicht bekannt. Während dieser Zeit tobte Prinz Tun vor Wut, und China stand kurz vor einem Bürgerkrieg. Man berichtete von Truppenbewegungen, es gab Gerüchte von Aufständen in Peking, und es war die Rede von einer bevorstehenden Palastrevolte.

Ein unheilvolles Grollen wurde bis in die Redaktionsräume der *New York Times* vernommen, die am 31. Januar 1875 berichtete: »Unbestätigten Berichten zufolge ist es im Zusammenhang mit dem Streit um die Thronfolge in Peking zu Unruhen gekommen.« Und am 12. Februar: »Nach telegrafischen Mitteilungen wird in China ein Bürgerkrieg für unvermeidlich gehalten.« Und einen Tag später: »Nach wie vor herrscht Unsicherheit über die Nachfolge auf dem Kaiserthron. Obwohl der Sohn von Prinz Chun gewählt wurde... hält man es für möglich, daß an dieser Entscheidung gerüttelt wird.«

Die Truppenbewegungen und Straßenunruhen waren von Prinz Tun veranlaßt worden, der auf diese Weise den Clanrat unter Druck setzen wollte, die Bestätigung von Kuang-hsü als neuen Kaiser aufzuschieben. Tuns bisherige Versuche, Prinz Kung zu überlisten, waren fehlgeschlagen, so daß er jetzt die Muskeln spielen ließ und Horden von wilden moslem-chinesischen Reitern aus der Provinz Kansu nach Peking brachte. Diese waren ehemalige Banditen, die mit den Eisenhüten verbündet waren. Sie galoppierten durch die staubigen Straßen, wüteten in einigen Stadtteilen und lösten die Gerüchte von einem Bürgerkrieg oder einer militärischen Machtübernahme in Peking aus. Prinz Tun versuchte zwar, die wilde Meute als berittene Soldaten hinzustellen, die wegen rückständiger Soldzahlungen meuterten, doch davon ließ sich niemand täuschen. Daneben kam es zu Gewalttaten durch den Mob, die Prinz Tuns Behauptung bestätigen sollten, das Volk sei empört darüber, daß bei der Wahl des Thronfolgers die traditionellen Regeln der Generationenfolge verletzt wurden.

Die US-Gesandtschaft kabelte nach Washington: »Seit einem Monat tagt ein Großer Rat, der von Prinz Kung und seinen Mitarbeitern vom Tsungli Yamen einberufen wurde und aus acht weiteren Prinzen, sonstigen Vornehmen und Mandarinen besteht und über die Angelegenheiten des Reichs berät. Alle Versuche, etwas Zuverlässiges über den Zweck dieser ungewöhnlichen Versammlung in Erfahrung zu bringen, sind bislang gescheitert.«

Auch wenn kein Protokoll der Geheimverhandlungen vorliegt, so ist doch ein Blick auf die Abfolge der Ereignisse ganz aufschlußreich. Nur zwei Tage nach T'ung-chihs Tod, am 14. Januar, erfuhr Robert Hart bereits durch Vizekönig Li von A-lu-tes Schwangerschaft und ihrem mißglückten Selbstmordversuch. Diese Nachricht wurde der Öffentlichkeit wochenlang vorenthalten, während die Geheimverhandlungen über die Thronfolge fortgesetzt wurden. Diese endeten unvermittelt am 27. März 1875, als der Tod A-lu-tes – angeblich als Folge einer »schweren Krankheit« – offiziell bekanntgegeben wurde. Mit ihr zusammen starb der ungeborene Thronerbe, so daß die Eisenhüte ihres Kandidaten beraubt waren. Erst jetzt erklärte Prinz Tun sich widerwillig bereit, Kuang-hsü als Thronfolger anzuerkennen.

Zwei Monate, nachdem der Tod der jungen Kaiserin bekanntgegeben worden war, berichtete die *New York Times* im Mai 1875: »Die näheren Umstände von A-lu-tes Tod haben allgemein Argwohn über die Todesursache geweckt, und es wird mehr oder weniger unverhohlen die Vermutung geäußert, daß ihr Leben geopfert wurde, weil man Komplikationen bei der Thronfolge befürchtete, falls sie einen Jungen zur Welt bringen würde.«

Dem Bericht läßt sich entnehmen, daß dieser Tod politische Ursachen hatte, und Robert Hart notierte in seinem Tagebuch: »Das arme Mädchen mußte sterben.« Wer steckte dahinter? Wie Vizekönig Li Robert Hart mitteilte, hatte A-lu-te Goldstaub geschluckt. Goldstaub aber wurde in China üblicherweise für Mord verwendet, nicht für Selbstmord, da er vergleichsweise langsam wirkt und einen langen Todeskampf zur Folge hat. Bei Selbstmord benutzte man eigentlich Opium. A-lu-te mußte zweimal Opfer spielen: Der erste Versuch mißglückte, und die Nachricht von ihrer Schwangerschaft konnte nicht verhindert werden; der Anschlag zwei Monate später jedoch war erfolgreich.

Der Thronfolgestreit von 1875 entwickelte sich zu einer Mordserie nach dem Muster einer »Reise nach Jerusalem«. Sowohl aus Harts Tagebuchnotizen als auch aus den Zeitungsberichten geht hervor, daß A-lu-te sterben mußte, damit die Thronfolge Kuang-hsüs, von der vor allem Prinz Chun, Prinz Kung, Vizekönig Li und andere profitierten, nicht durch die mögliche Geburt ihres Sohnes gefährdet würde. Eine Machtübernahme durch Prinz Tun war nur durch Kuang-hsü als Kaiser zu verhindern.

Merkwürdigerweise wurden die Männer, die von diesem Mord den größten Vorteil hatten, weder verdächtigt noch direkt beschuldigt, seine Urheber zu sein. Statt dessen behaupten die Historiker, Tz'u-Hsi sei die Schuldige, sie habe das Mädchen zum Selbstmord gezwungen, weil sie befürchtete, ihre Vorrangstellung am Hof an die junge Kaiserin zu verlieren. Der Chinakenner Arthur Hummel schreibt, A-lu-te habe Selbstmord begangen, »da dies die letzte verbleibende Möglichkeit des Protests war, den sie gegen die Grausamkeiten ihrer Schwiegermutter erheben konnte«. Dabei stützt er sich auf die Interpretation von Bland und Backhouse. Das gesamte Drehbuch dieser Seifenoper war eine Erfindung von Backhouse.

Es haben sich jedoch bis heute keinerlei konkrete Anhaltspunkte dafür gefunden, daß Tz'u-Hsi A-lu-te in irgendeiner Weise mißhandelt hätte. Sie selbst war es gewesen, die A-lu-te zur Kaiserin für ihren Sohn bestimmt hatte; hätte diese einen Sohn bekommen, so wäre Tz'u-Hsi als Großmutter in ihrer Stellung am Hof für eine weitere Generation bekräftigt worden.

Was jedoch die Kaiserinwitwe als mögliche Attentäterin definitiv ausschließt, ist ein Umstand, von dem bislang so gut wie keine Notiz genommen wurde. Alle Personen, die in enger Verbindung zu ihrem Sohn standen, wurden das Ziel von Anschlägen. Noch vor dem Ende des Jahre 1875 war auch die Halbschwester T'ung-chihs, Prinzessin Jung An, gestorben. Und 48 Stunden nach dem Tod T'ung-chihs erlitt Tz'u-Hsi einen Kollaps und blieb während der gesamten Krise um den Thron schwerkrank ans Bett gefesselt. Es wurde ein schweres Leberleiden bei ihr festgestellt (als mögliche Folge einer Vergiftung, möglicherweise durch Schwermetalle oder Gold). Während der nächsten acht Jahre blieb sie bis auf wenige Ausnahmen kränklich. Für diese Zeitspanne ist ihre Amtsuntätigkeit gut belegt. Mehrmals rechnete man sogar mit ihrem baldigen Ableben. Am 29. März 1875, zwei Tage nach der Bekanntgabe von A-lu-tes Tod, berichtete beispielsweise die US-Gesandtschaft: »Die Kaiserinwitwe [Tz'u-Hsi], die einflußreichere der beiden Regentinnen, ist ebenfalls schwer krank.« (Während all dieser Jahre findet sich kein Hinweis darauf, daß auch Tz'u-An irgendwann ernsthaft erkrankt wäre.) Und später: »[Tz'u-Hsi] ist seit Monaten so krank, daß man täglich mit ihrem Tod gerechnet hat und er schon mehrfach als Gerücht verbreitet wurde.«

Wenn T'ung-chih, die schwangere Kaiserin, Prinzessin Jung An und auch Tz'u-Hsi auf das Konto einer Verschwörung gingen, warum wurde dann eines der Opfer dafür verantwortlich gemacht? Der Historiker Immanuel Hsu behauptet, »die Kaiserinwitwe... unternahm kaum etwas für die Genesung [T'ung-chihs], sondern tat alles, um sein Ende zu beschleunigen«. Die *Encyclopedia Britannica* bemerkt, daß des Kaisers Tod »den Tagesgerüchten nach durch die Machenschaften der Mutter herbeigeführt wurde«. Solche Gerüchte gab es damals nicht. Sie wurden Jahrzehnte später von Bland und Backhouse erfunden. John Fairbank schreibt in seinem Buch *China: Tradition & Transformation,* daß Tz'u-Hsi »der Legende zufolge [T'ung-chih] zu seinem ausschweifenden Leben, das zu seinem Tod führte, geradezu ermutigte«.

Doch wer vergiftete nun die Mitglieder von Tz'u-Hsis Familie? Prinz Kung hatte unstreitig das stärkste Motiv, doch er hätte sich die Hände nicht selbst schmutzig gemacht. In Vizekönig Li hatte er einen erfahrenen Mann, der ihm das Skalpell für die Operation führen konnte, nötigenfalls auch den Vorschlaghammer. Da T'ung-chih dem Prinzen in den vergangenen zehn Jahren große Schwierigkeiten gemacht und ihn mehrmals bloßgestellt hatte, ist Prinz Kungs Wut hier verständlich. Vielleicht hat sich diese Wut dann auch auf Tz'u-Hsi übertragen, weil diese nicht strenger mit ihrem Sohn umgegangen war und für den Prinzen Partei ergriffen hatte. Der Zeitpunkt von Tz'u-Hsis plötzlicher Erkrankung läßt jedenfalls nicht an einen Zufall glauben. Nachdem er die unausgesprochene Weisung erhalten hatte, T'ung-chih zu töten, mochte Li es von sich aus als sinnvoll erachtet haben, all jene zu beseitigen, die mit dem Kaiser eng verbunden waren, um mit dieser Radikalkur die angeschlagene Dynastie zu retten. Wie jeder Serienmörder zugeben wird, macht Mord mordlustig. Wer immer die Vorkehrungen getroffen hat, einer war entschlossen, T'ung-chih, seine Kaiserin, seine Mutter und seine Halbschwester zu töten. Und Tz'u-Hsi, die 1875 nur knapp mit dem Leben davonkam, wurde später als eigentliche Urheberin der Mordtaten hingestellt.

8
»Unser Hart«

Robert Hart wußte zweifellos einiges mehr über den Tod A-lu-tes, als er seinem Tagebuch oder seinen Kollegen anzuvertrauen wagte. Aufgrund seiner Diskretion genoß er jedoch fast ein halbes Jahrhundert lang das Vertrauen Prinz Kungs und Tz'u-Hsis als Leiter der kaiserlichen Zollbehörde. Seine Stellung ermöglichte es Hart, mehr als andere Westeuropäer hinter die Kulissen zu blicken. Während all der Jahre kam er allerdings nie auf die Idee, in Tz'u-Hsi eine Verschwörerin oder die Urheberin finsterer Machenschaften zu sehen. Ihm fiel lediglich ein starker Wille und eine leichte Reizbarkeit auf.

Für Hart war Tz'u-Hsi für einige der harten Strafen verantwortlich, die über die Mitglieder der Achterbande nach ihrem mißglückten Putsch verhängt worden waren. Am 9. Januar 1875 wird Tz'u-Hsi in seinem Tagebuch als »die Kluge« bezeichnet und Tz'u-An als »die Liebenswürdige«. Als Su Shun enthauptet wurde, notierte er, »das war Tz'u-Hsis Werk; sie gerät leicht in Zorn – aber sie ist auch eine fähige Frau«.

Noch vor seinem 30. Lebensjahr war Hart bereits der einflußreichste Westeuropäer in China und seine Behörde die Haupteinnahmequelle für die kaiserliche Regierung. Deshalb nannten ihn Tz'u-Hsi und Prinz Kung auch »unseren Hart«. Seit dem Tag seiner ersten Anstellung als geschäftsführender Generalinspektor des Zolls im Juni 1861, da war Hart gerade 26 Jahre alt, hatte er beide Ärmel hochgekrempelt, um das Durcheinander bei der Erhebung der Außenzölle in den Vertragshäfen in Ordnung zu bringen. (Die chinesischen Binnenzölle fielen nicht in seine Zuständigkeit.) Er erwies sich als tatkräftig, hartnäckig, schlau und geschäftstüchtig. Er nahm seine neue Aufgabe sehr ernst, kümmerte sich persönlich um die geringsten Kleinigkeiten, arbeitete bis spät in die Nacht und duldete von seinen Angestellten keine Mätzchen. Er war kein Zyniker wie Vizekönig Li – der andere Eckpfeiler der Koalition –, aber ein Puritaner. Er lernte die Mandschu-Prinzen und -Mandarine gut kennen, und seine unveröffentlichten Tagebücher und Briefe bleiben die zuverlässigste Quelle über das wirkliche Wesen Tz'u-Hsis.

Mit 19 Jahren kam Hart erstmals 1854 zwischen den Opiumkriegen nach China. Er sollte eine Stelle beim britischen Konsulat in der geschäftigen Flußhafenstadt Ningpo antreten. Der schlanke, glattrasierte junge Mann aus Ulster, dessen gelocktes Haar sich an der Stirn bereits zu lichten begann, sah zuweilen grimmig entschlossen aus, aber er hatte nichts von dem schwadronierenden Wesen, das die meisten fremden Teufel an der chinesischen Küste an den Tag legten.

Er muß den Geruch Ningpos lange in der Nase gehabt haben, bevor er die Stadt selbst zu Gesicht bekam, als die Brigantine *Erin* langsam um eine Biegung des verdreckten Yung manövrierte. Als Haupthafen der Provinz Tschekiang war Ningpo mit Shanghai, Su Chou und Hang-Chou durch ein Netz von Wasserwegen verbunden, die sich im Umkreis von Hunderten von Kilometern über das Jangtse-Delta erstreckten. Der Hafen lag am unteren Ende des Kaiserkanals, der das staubige Peking im Norden mit seiner Reisschüssel im Süden verband. Baufällig und vor Menschen wimmelnd, schien die 26 Kilometer vom Ozean entfernte Stadt auf einer Gabelung des schlammigen Yung zu kauern. Im Zentrum verbarg sich ein blühendes Handelszentrum, das von einheimischen Bankiers beherrscht wurde, die ihre Gold- und Silbervorräte vor den Augen Neugieriger verbargen. Einheimische Fischer zogen mit ihren Sampans durchs Watt, frisch geerntete Erzeugnisse aus dem ganzen Mündungsgebiet wurden hier umgeschlagen, die Bergwälder lieferten Holz für die rastlosen Sägewerke, und das heimische Gewerbe webte Baumwolltuch, baute Schiffe, dörrte und pökelte Fische und produzierte billige Waren für den Export. Die alteingesessenen Bankiersfamilien Ningpos stammten von Pfandleihern ab; sie kontrollierten die Lebensadern der Bewohner. Aus allen Rohren liefen die Abwässer in den Fluß. Der völlig verschmutzte Fluß und Wälle und Gräben, die man im 10. Jahrhundert unter der Tang-Dynastie angelegt hatte, dienten der Stadt als Schutz. Zwar mußten die Schiffe stromaufwärts segeln, um

Ningpo zu erreichen, doch war die Stadt durch ihre Binnenlage vor den direkten Auswirkungen von Taifunen geschützt. Seit dem 5. Jahrhundert war es leichter und sicherer, landeinwärts bis Ningpo zu segeln und seine Ladung dort zu löschen, als die lange Fahrt den Jangtse hinauf bis Nanking zu machen. Schiffe aus Japan, Korea, Taiwan und den Philippinen kamen ebenso hierher wie die Küstenfahrer aus Fukien und Kanton. 1545 landeten die Portugiesen hier, später Holländer und Engländer. Die Bedeutung Ningpos wird auch daraus ersichtlich, daß ein Mandarin über ein großes Zollamt in der Stadt herrschte und kaiserliche Truppen und Marinestreitkräfte hier stationiert waren, um Piraten zu verjagen, die auf den Wasserwegen ihr Unwesen trieben.

Das lärmende Geschäftsviertel entlang der von Osten nach Westen verlaufenden Hauptstraße war ein Gewirr von Ladenfronten und Nudelläden, von deren Decken frischglasierte Enten herabhingen. Hier fanden sich Textilläden, Druckereien und Bäckereien. Apotheken verkauften Wurzeln und Kräuter, zermahlenes Hirschhorn, getrocknete Frösche und Schlangengiftdrüsen. Jede schmale Gasse war einem eigenen Gewerbe vorbehalten, hier wurden Bambusartikel und dort Lampen angeboten. Alles war wie in einem Getto zusammengepfercht, das weniger als zweieinhalb Kilometer im Durchmesser maß. Am Flußufer wohnten die Ausländer. Unter ihnen gab es einige westeuropäische Händler und zwei Konsuln, einen Briten und einen Portugiesen, die darauf zu achten hatten, daß ihre Landsleute der chinesischen Regierung Zoll bezahlten und nicht in Schwierigkeiten gerieten.

In Ningpo sollte Hart vier Jahre lang Büroarbeiten für das britische Konsulat erledigen. Dabei erlernte er die chinesische Sprache in Wort und Schrift. Zwei Dutzend Missionare, zumeist ernste junge Männer mit ihren Frauen, dazu die alte, unverheiratete Missionarin oder eine minderjährige Tochter dienten ihm als Gesellschaft. Das Leben war eintönig, doch Robert Hart brauchte ein ruhiges Leben. Er hatte gesündigt und bezahlte den Preis dafür.

Er wurde am 20. Februar 1835, genau neun Monate vor Yehe Nara, in Portadown in der Grafschaft Armagh, einer Kleinstadt in der Nähe von Belfast in Nordirland, geboren. Er war das erste Kind von Henry Hart, einem bekehrten Christen und Betreiber einer Schnapsbrennerei, der mit der Flasche aneinandergeraten war, doch jetzt den geraden und schmalen Pfad wandelte. Robert wurde streng im methodistischen Glauben erzogen, was damals bedeutete, täglich zweimal in der Bibel zu lesen. Verdientes Geld wurde gespart und nicht zum Fenster hinausgeworfen. Das Leben bestand aus Arbeit; Vergnügen war Sünde.

Mit 15 Jahren hatte Robert die Aufnahmeprüfung für das Queen's College in Belfast bestanden, das voll war von »jungen Männern mit begrenzten Mitteln und großen Ambitionen«. Hart zeichnete sich aus und erwarb ein Stipendium, um nach dem Examen ein Jahr lang neuere Sprachen zu studieren. Zu dieser Zeit suchte das britische Außenministerium händeringend Dolmetscher für China. Der Gouverneur von Hongkong, Sir John Bowring, schlug vor, den konsularischen Dienst mit vielversprechenden jungen Sprachwissenschaftlern aufzubauen, die frisch vom College nach China geschickt würden, um dort vor Ort ihre Sprachstudien zu betreiben und in den Vertragshäfen als Bürodiener zu arbeiten. In Belfast bewarben sich 36 Studenten, doch Hart wurde genommen, ohne daß er ein Examen abgelegt hätte. Er erhielt 100 Pfund für die Reisekosten und ein jährliches Anfangsgehalt von 200 Pfund sowie folgenden Rat von einem Beamten des Außenministeriums: »Gehen Sie nie in der Sonne ohne Sonnenschirm, und gehen Sie nie auf Schnepfenjagd ohne Schaftstiefel, die Sie hoch über die Schenkel gezogen haben.«

Die Berufung nach China rettete ihn aus einer peinlichen Lage. Das College hatte ihn den wachsamen Augen der Kleinstadtbewohner entzogen, und er hatte eine Reihe von schwärmerischen Beziehungen zu jungen Damen aus bürgerlichen Kreisen gehabt, die allesamt auf eine Heirat aus waren. Was sie ihm nicht geben konnten, fanden Hart und seine Kumpane bei den Damen vom Fach in einschlägigen Belfaster Kneipen. Von denen gab ihm eine etwas mit, das sie für ihn unvergeßlich machen sollte.

Glücklicherweise konnte Harts Infektion in Ningpo bald geheilt werden. Ob seine morgendliche Bibellektüre, seine abendlichen Angstanfälle oder eine sechsmonatige Enthaltsamkeit dies bewirkten, läßt sich heute nicht mehr feststellen. Um die Weihnachtszeit 1854 jedenfalls lechzte er schon wieder nach weiblicher Gesellschaft.

Sein Vorgesetzter, der amtierende Vizekonsul John Meadows, ein großgewachsener, bärtiger Mann mit graumeliertem Haar und flakkernden blauen Augen – »ganz wie die eines Fanatikers« –, hatte bei chinesischen Schiffszimmerleuten ein kleines Segelboot in Auftrag gegeben. Dort wollte er leben, wenn sich seine Wege und die des konsularischen Dienstes trennen würden, womit bald zu rechnen war.

Meadows hatte die Sitten der Einheimischen angenommen und hielt sich eine chinesische Geliebte, die mit ihm in einem Seitentrakt des Konsulargebäudes lebte. Hart war bezaubert von »Mrs. Meadows« und stellte fest, daß sein Vorgesetzter sie mit derselben Ehrerbietung und Höflichkeit behandelte, wie die Missionare sie ihren westeuropäischen Frauen entgegenbrachten. Als er ihr eines Abends begegnete, machte sie einen bedrückten Eindruck. »Zufällig hatte ich eine schöne Rose in meinem Knopfloch, die ich ihr im Vorbeigehen überreichte. Danach schnitt ich ein paar Rosen im Garten des Konsulats und brachte sie ihr.«

Diese harmlosen Begegnungen mit einer jungen Chinesin standen in deutlichem Gegensatz zu Harts Arbeitstagen, die damit ausgefüllt waren, daß er Meadows behilflich war, Zollgebühren einzutreiben und sich mit Schmugglern, Piraten und Opiumladungen herumzuschlagen und kitzlige Verhandlungen mit Mandarinen und Flußpolizisten zu führen. Die Kapitäne westeuropäischer und amerikanischer Schiffe wollten keinen Zoll zahlen und zogen deshalb das Schmuggeln von Opium oder die Beförderung von Schmuggelgut in den Hafen unter dem Schutz einer ausländischen Flagge vor.

Der portugiesische Konsul Marques, ein dunkelhäutiger, verdrießlicher kleiner Mann mit langen, schwarzen Haaren, einer goldgeränderten Brille und vorstehenden Zähnen, die ihn nicht daran hinderten, auf seiner Mundharmonika eine Polka zu spielen, ignorierte die Gesetzesverstöße seiner Landsleute. Er half ihnen sogar beim Aufbau eines Schutzsystems, bei dem bewaffnete portugiesische Lorchas die Schiffe chinesischer Kaufleute vor Piraten schützten, wofür diese Schutzgelder zahlten, von denen Marques einen Anteil kassierte. Die Piraten schlugen zurück und jagten die Lorchas den Fluß hinauf bis nach Ningpo, wo die Portugiesen an Land flüchteten und selber Schutz suchten. Einige flohen zum britischen Konsulat und pochten wie wild gegen dessen Tore. Meadows weigerte sich, sie einzulassen, denn damit würde er sich der Mittäterschaft verdächtig machen. Die Portugiesen wurden in die Reisfelder gezerrt, wo man ihnen die Köpfe abschlug. Aus Vorfällen dieser Art lernte Hart eine Menge über die Erbarmungslosigkeit von Männern auf beiden Seiten des chinesischen Küstenhandels.

In den ersten zwei Monaten in Ningpo hatten seine Chinesischkenntnisse keine großen Fortschritte gemacht, doch Hart wollte lernen. Da machte er die Bekanntschaft des amerikanischen presbyterianischen Missionars W. A. P. Martin, mit dem ihn eine lebenslange Freundschaft verbinden sollte. Martin lebte nicht bei seinen protestantischen Glaubensbrüdern auf der anderen Seite des Flusses, sondern in einem Getto der Altstadt. Sein gutes Verhältnis zu den

Chinesen und seine Sprachkenntnisse beeindruckten Hart und spornten ihn an, sowohl Mandarin als auch den in Ningpo gesprochenen Dialekt zu lernen. Zudem wollte er sich mit den Regeln der chinesischen Etikette vertraut machen, da dies den Erfolg oder Mißerfolg aller formellen und gesellschaftlichen Kontakte im Reich der Mitte entscheidend beeinflußte. Hart hatte für sieben Dollar im Monat einen Chinesischlehrer engagiert – »ein merkwürdig aussehender alter Bursche... er läßt seine Augenwinkel und entsprechend die Mundwinkel auf eine höchst eigentümliche Art und Weise herunterhängen«. Doch dessen Hilfe reichte ihm nicht. »Die Sprache ist so eigenartig – in ihr wird soviel weggelassen, was in unserer Sprache ausgedrückt wird, und sie verwendet so viele zusätzliche Wörter, nur um einen Satz rund zu machen, daß es tatsächlich ein mühseliges Geschäft ist, hier zurechtzukommen.« Um das Lernen zu erleichtern, schlug sein Lehrer ihm vor, er solle eine Konkubine kaufen und den Lokaldialekt mit ihr erlernen. »Das ist eine große Versuchung«, schrieb Hart. »Einige der chinesischen Frauen sehen sehr gut aus; man kann sie für 50 bis 100 Dollar erwerben und für zwei bis drei Dollar im Monat unterhalten... Soll ich standhaft bleiben – oder soll ich nachgeben?«

Anfang Mai hatte er ein Wörterbuch gefunden, das bei ihm schlief; es hieß Ayaou. Er war gerade 20 geworden, und Ayaou hatte gerade die Pubertät hinter sich, war jedoch sehr klug für ihr Alter. Von nun an verlief sein Leben in ruhigen Bahnen: Er konnte sowohl seinen Pflichten im Konsulat als auch seinem Sprachstudium nachkommen, so daß er innerhalb kurzer Zeit Mandarin und den Ningpo-Dialekt beherrschte.

Seine Liaison mit Ayaou dauerte zehn Jahre. Bis er 30 Jahre alt war, hatte sie ihm drei Kinder geboren.

Vom ersten Tag in China an hatte Hart sich an dem Verhalten der Westeuropäer gegenüber den Chinesen gestört, so etwa in Hongkong nach einem abendlichen Spaziergang mit Mr. Stace: »Es hat mich schon erstaunt, wie er die Chinesen behandelte. Er schubste ihre Waren ins Wasser und stocherte mit seinem Rohrstock im Gemüse herum.« Solche Mißgriffe waren typisch für Dolmetscher des konsularischen Dienstes; man erwartete von ihnen, daß sie Sprachwissenschaftler und keine Diplomaten waren, da »die starke Konzentration, die für ein erfolgreiches Studium der chinesischen Sprache unerläßlich ist, den Geist nachteilig beeinflußt und dazu führt, daß die alltäglichen Dinge entstellt wahrgenommen werden«.

Unter den etwa gleichaltrigen britischen Dolmetschern in China stand Horatio Nelson Lay, der damals Mitarbeiter des Konsulats in Shanghai und seit seinem 15. Lebensjahr für den britischen Handelskommissar in Hongkong tätig gewesen war, Hart anfangs am nächsten. Lays Selbstbewußtsein als hart arbeitender, trinkfester Raufbold und Schürzenjäger beeindruckte Hart zunächst. Doch bald durchschaute er sein großspuriges Auftreten: »Er behandelt die Chinesen auf so beleidigende und unfreundliche Weise, daß es mich regelrecht verärgert.«

Ebenso wie der furchtbare Harry Parkes hatte Lay die Art und Weise, wie man mit Chinesen umgehen mußte, bei dem fettleibigen, preußischen Abenteurer, Missionar und Dolmetscher Karl Friedrich August Gützlaff gelernt. Sein – hauptsächlich negativer – Einfluß auf die Geschichte ist bislang zu wenig beachtet worden. Gützlaffs Wirkung auf Lay, Parkes und andere leicht zu beeindruckende junge Engländer führte für den Rest des 19. Jahrhunderts in China zu katastrophalen Auseinandersetzungen wie dem *Arrow*-Krieg, der Brandschatzung des Sommerpalasts und zu anderem Unheil, das unmittelbar auf ihre Unbedachtheit und ihre Blasiertheit zurückzuführen ist.

Gützlaff lebte als deutscher Lutheraner auf den vorgelagerten Posten der Missionierungsmanie in Asien. Je nach dem Zustand seines Geldbeutels machte er heute dies und morgen jenes.

Er war untersetzt und so fett, daß er watschelte, »[trug] Kleider, die ihm vielleicht vor langen Jahren in einem Dorf seiner pommerschen Heimat nach Maß geschneidert worden waren, [einen] breitkrempigen Strohhut, darunter das großflächige Gesicht mit den finster blickenden Augen!«. Als Sohn eines Schneiders wurde Gützlaff zunächst einem Gürtler in Stettin in die Lehre gegeben. Ein Gedicht, das er dem König von Preußen gewidmet hatte, verschaffte ihm die Zulassung zu einer Missionarsschule in Berlin. Eine holländische Missionsgesellschaft schickte ihn nach Siam, wo er Chinesisch lernte und eine wohlhabende Engländerin kurz vor deren Tod heiratete und eine große Summe erbte. Gützlaff legte das Kreuz nieder und buchte eine Passage auf einer Dschunke nach China, wo er als Dolmetscher auf der *Lord Amherst* anheuerte, die der Ostindischen Kompanie gehörte und die Möglichkeiten für einen unerlaubten Handel an der Küste erkundete. Der Handel war überall außerhalb Kantons streng verboten, doch Gützlaff bestach lokale Mandarine, um das Gesetz zu umgehen. Da er die Chinesen in ihrer eigenen Sprache einschüchtern und ihnen immer wieder lohnende Anreize bieten konnte, erhielt er eine feste Stelle bei der britischen Regierung als Dolmetscher während des ersten Opiumkriegs. Die Briten waren so angetan, daß sie ihn zum chinesischen Sekretär der neuen Regierung in Hongkong machten. Dort gab er seine Methoden der Einschüchterung an andere weiter.

Im Alter von 15 Jahren wurden Horatio Nelson Lay und sein dreizehnjähriger Bruder George von ihrer Mutter nach China geschickt, wo sie auf Gützlaff trafen. Sie waren die Söhne eines britischen Konsulatsbeamten in China, der in seinem Amt in Amoy 1845 vorzeitig verstorben war und eine völlig mittellose Familie hinterlassen hatte. Horatio fand Gützlaff zwar unerträglich beleidigend, wußte jedoch nicht, an wen er sich sonst hätte wenden können. Um seiner Lage zu entrinnen, lernte er, so schnell er konnte, Chinesisch, verzichtete auf eine normale viktorianische Ausbildung, lebte extrem sparsam, kümmerte sich um seinen Bruder und war sich stets der Not seiner Mutter bewußt. Ihm blieb keine Muße für die üblichen Freizeitbeschäftigungen junger Männer seines Alters oder für die Pflege einer feinen Lebensart. Nach einiger Zeit jedoch beherrschte Lay Chinesisch so gut, daß er über seine Vorgesetzten zum Dolmetscher für das neue britische Konsulat in Shanghai befördert wurde. Im Mai 1855 nutzte er die Chance, zum Zollinspektor von Shanghai aufzusteigen, was mit einem Jahresgehalt von 1450 Pfund verbunden war, das Dreifache seines Gehalts im konsularischen Dienst.

Lay erfüllte seine neue Aufgabe pflichtbewußt und schonte weder Chinesen noch Westeuropäer, die sich des Schmuggels, Betrugs und der Urkundenfälschung schuldig gemacht hatten. Die Mandschu schätzten ihn sehr und belohnten ihn ordentlich. »Lay ist der geriebenste der Barbaren«, bemerkte ein Mandarin anerkennend. »Wir müssen dafür sorgen, daß er auch weiterhin für alle Barbaren zuständig ist.«

Mit seinen 23 Jahren schonte sich Lay kein bißchen und brachte ganz allein den Unterhalt für seine verwitwete Mutter und drei Geschwister in England auf. Doch seine großen Machtbefugnisse in derart frühem Alter, verbunden mit seinem Geiz, machten aus ihm sehr bald einen ebenso selbstherrlichen und anmaßenden Tyrannen wie Gützlaff.

Der Vertrag von Tientsin veränderte das Leben von Hart und Lay grundlegend. Die Mandschu-Regierung dehnte die Zollaufsicht von Shanghai auf alle anderen Vertragshäfen aus und unterstellte sie einem Generalinspektor der Zollbehörde, dem sogenannten »I. G.« (der Abkürzung für »Inspector General«). Zu jedermanns Überraschung wählten die Mandschu Lay für diesen Posten aus. Sie beurteilten ihn zwar mit gemischten Gefühlen, doch seine Tätigkeit für Lord Elgin, bei der er ihre gerissensten Unterhändler überlistet hatte, nötigte ihnen – wenn auch widerwillig – Respekt ab. Lay sollte die Zölle für den gesamten Außenhandel an der chinesischen Küste erheben sowie weitere Ausländer auswählen, die in den Zollämtern der Vertragshäfen die Büroarbeiten verrichten würden. Im Juni 1859 warb er Robert Hart vom konsularischen Dienst ab und machte ihn zum stellvertretenden Zollkommissar für Kanton.

Von Belfast nach Ningpo, das war ein großer Sprung für einen jungen Mann. Im Vergleich dazu wechselte Hart von den Diensten der britischen in die Dienste der chinesischen Regierung lediglich die Seite. Das ständig anwachsende Zollwesen bot einem ehrgeizigen jungen Mann, der sprachbegabt war und der chinesischen Denkweise und Kultur aufgeschlossen gegenüberstand, vielversprechende Möglichkeiten.

Doch das Schicksal wollte es anders. Lay fiel dem versuchten Mordanschlag eines Messerstechers in Shanghai zum Opfer, von dem er sich nicht völlig erholte, so daß er 1861 einen längeren Urlaub nahm, um zu genesen. Der Augenblick war denkbar ungünstig. China hatte gerade große Schwierigkeiten, die Entschädigungssummen aufzubringen, die dem Land von den Alliierten nach der Einnahme Pekings aufgezwungen worden waren. Die Erhebung von Zöllen auf Auslandseinfuhren war eine der wenigen Möglichkeiten des Tsungli Yamen unter Prinz Kung, diese Gelder aufzubringen. Trotz einer persönlichen Einladung des Prinzen, zuerst nach Peking zu kommen, reiste Lay überstürzt nach England ab und brüskierte Kung damit. Vor seiner Abreise gab Lay jedoch Robert Hart den Auftrag, statt seiner nach Peking zu gehen.

Im Frühsommer 1861, während der Krise um die Achterbande, unternahm Hart seine erste Reise nach Peking. Im Tsungli Yamen kamen sich Hart und der Prinz näher. Dieser war überrascht, auf einen Barbaren zu stoßen, der ebenso höflich wie warmherzig war, und fand Gefallen an ihm. »Der Prinz wurde selbst in höchstem Maße freundlich und höflich«, berichtete der britische Gesandte in Peking, »und der Eindruck, den Mr. Harts Aufrichtigkeit und Offenheit hinterließ, war so günstig, daß er nachdrücklich aufgefordert wurde, in Peking zu bleiben und die chinesische Regierung zu unterstützen... Prinz [Kung] spricht von ihm stets als von ›unserem Hart‹, und die übliche Antwort auf jeden Vorschlag, der vernünftig erscheint, aber schwer zu verwirklichen ist, lautet: ›Wir könnten darauf eingehen, wenn wir 100 Leute wie Hart hätten.‹«

Prinz Kung war damals mit 28 Jahren gerade zwei Jahre älter als Hart und hatte zum erstenmal mit den verwirrenden politischen und wirtschaftlichen Auslandsangelegenheiten zu tun. Auf Hart wirkte er etwas unsicher und ein wenig schüchtern, so als befürchtete er, sein Kontakt mit Ausländern werde ihn für seine konservativen mandschurischen und chinesischen Gegner leicht angreifbar machen. Um seinen direkten Verkehr mit Westeuropäern zu begrenzen, hatte Kung bereits erfolglos versucht, den Thron dazu zu bewegen, die Erhebung der Außenzölle Wo Jens Steuerbehörde statt dem Tsungli Yamen zu übertragen. Hart gegenüber war er zunächst steif und förmlich, doch wurde er offener, als er feststellte, daß Hart über eine genaue Kenntnis der Verträge und der Häfen verfügte und alle Empfehlungen mit Zahlen und Fakten untermauerte, was dem Prinzen wiederum den Rücken stärkte.

Hart entwickelte nach und nach eine eigene Methode, die ihm unter allen bekannten Ausländern in China eine besondere Stellung verschaffte. Allmählich freundeten sich die Mandschu ebenso wie die Chinesen mit seiner Flexibilität und seiner raschen Auffassungsgabe an und ermöglichten ihm den Zugang zu hohen Beamten, den Prinzen im Regierungsapparat und nach einiger Zeit sogar zum kaiserlichen Hof. Im Laufe vieler Jahre konnte er so stundenlange Gespräche mit ihnen führen.

Hart erzählte diese frühen Erlebnisse mit Prinz Kung David F. Rennie, einem Sanitätsoffizier in der britischen Gesandtschaft, der diese Anekdoten jeden Abend nach dem Essen in einem Notizbuch festhielt: »Der Prinz stellte [Hart] eine lange Reihe von Fragen über das Zollwesen und bemerkte, [Hart] müsse ihn fast für naiv halten, weil er so viele und so offensichtlich einfache Fragen habe; die Wahrheit sei jedoch, daß er bislang nicht nur mit diesem Spezialgebiet, sondern mit geschäftlichen Dingen ganz allgemein völlig unvertraut gewesen sei, da er bis vor kurzem, als die Ereignisse ihn zur Übernahme seiner gegenwärtigen Aufgaben zwangen, wenig zu tun gehabt habe, außer seinen Liebhabereien nachzugehen.« Hart war beeindruckt von den Bemühungen des Prinzen, sich sachkundig zu machen: »So seltsam es klingt, der Prinz sieht den Vorteil, der dem Handel aus niedrigen Zöllen voraussichtlich erwachsen wird, während der erfahrenere und gewieftere [Wen-hsiang] das nicht einsehen kann und weiter auf hohen Zöllen besteht.«

Als Rennies Aufzeichnungen veröffentlicht wurden, war Hart empört und schwor sich, nie wieder den Inhalt seiner Privatgespräche oder seine persönliche Auffassung von Chinas Herrschern preiszugeben. Prinz Kung war ebenfalls beunruhigt. Hart hielt sich jedoch für den Rest seines Lebens an sein Gelübde, um sich und den Prinzen vor weiteren Indiskretionen zu bewahren. Aufgrund dieses Gelübdes muß man in seinen unveröffentlichten Tagebüchern zwischen den Zeilen lesen, um Harts Beobachtungen zu dem ungewöhnlichen Bild zusammenzufügen, das die Mandschu-Führer in unbeobachteten Augenblicken abgeben.

Doch vorläufig war Lay noch Harts Vorgesetzter. Zurück aus England, entwickelte er einen Plan für eine kaiserliche chinesische Kriegsmarine zur Verteidigung der Küste und zur Durchsetzung der Zollzahlungen. Er erhielt die Erlaubnis des Throns, eine Flotte dampfgetriebener Kanonenboote aus Europa zu kaufen, die mit britischen Mannschaften besetzt waren. Zu weit ging Lay jedoch, als er forderte, ihm als Chinas Großadmiral der Krone das Kommando über die Flotte zu übertragen. In dieser Funktion hätte Lay Befehle nur vom Kaiser entgegengenommen, ohne einen chinesischen oder mandschurischen Mittelsmann. Für einen Engländer war das zweifellos vernünftig, da die Flotte dann nicht von lokalen Mandarinen hätte für ihre Zwecke mißbraucht werden können. Doch Lays Plan kam den Absichten Vizekönig Li Hung-changs in die Quere, der eine Marine vorzog, die er allein befehligen und seinen Zwecken gefügig machen konnte. Der Vizekönig torpedierte Lays Flotte, indem er die britischen Besatzungen abwarb und seine Amtskollegen entlang der Küste aufhetzte, die allesamt gern ihre eigenen Marinegeschwader gehabt hätten. Das war zugleich das Ende von Lays kurzer Karriere als »I. G.« des chinesischen Zolls. Er wurde von den Mandschu großzügig abgefunden und verließ China mit der hübschen Summe von fast 21 000 Silbertael. Robert Hart nahm sogleich seinen Posten ein.

Unter Hart wurde die chinesische Zollaufsicht zu einer korrekt und effizient arbeitenden Behörde, in der überwiegend Ausländer angestellt waren. Er duldete keine anmaßenden Despoten wie Harry Parkes oder Horatio Lay unter seinen Untergebenen. Von den Europäern – Franzosen, Russen, Deutsche und Engländer – und den Amerikanern, die für ihn arbeiteten, erwartete er, daß sie gegenüber dem Gastland Respekt an den Tag legten: »Die Zollaufsicht ist eine chinesische und keine ausländische Behörde, und deshalb ist es die Pflicht eines jeden ihrer Mitarbeiter, sich gegenüber den Chinesen – Normalpersonen wie Beamten – so zu verhalten, daß sie alles vermeiden, was zu einer Kränkung oder Brüskierung führen könnte.« Ein britischer Konsul beklagte sich darüber, die Zollangestellten seien »in ihrer Mehrzahl viel chinesischer als die Chinesen selbst«.

Harts Behörde trug mit ihren Einnahmen nicht weniger als ein Drittel zu den gesamten Einnahmen der kaiserlichen Regierung bei und betrieb außerdem noch die kaiserliche Post. Die Gehälter und andere Einkünfte der Mitarbeiter überstiegen bei weitem das, was die Angestellten der ausländischen Gesandtschaften erhielten. Mit den niedrigen Kosten für Wohnung, Nahrung und Dienerschaft in China konnte ein umsichtiger Mann die Hälfte seiner Einkünfte auf die hohe Kante legen und einen frühzeitigen Austritt aus dem Erwerbsleben planen. Die chinesische Zollaufsicht bot mit die attraktivsten Karrieren, die einem Mann im Orient offenstanden. Britische Parlamentsabgeordnete und Mitglieder des Oberhauses begannen Hart zu bedrängen, ihre Söhne oder die Söhne von Verwandten in seinem Amt unterzubringen. Auch seine eigenen Verwandten ließen ihm keine Ruhe. Im Lauf der Jahre nahm er vorausschauend eine ganze Reihe von Bewerbern mit guten Beziehungen in den Zolldienst auf, und dank dieser klugen Personalpolitik schuf er sich nach und nach eine nützliche Anhängerschaft in London und anderen Hauptstädten.

1866 kontrollierte er den Zoll vollständig. Als einziger innerhalb der Zollaufsicht wurde Hart von der chinesischen Regierung anerkannt. Die Regierung stellte ihm jährlich eine feste Summe zur Verfügung, über deren Verwendung er niemandem Rechenschaft abzulegen brauchte.

Manchmal war er müde, seiner Arbeit überdrüssig, krank oder einsam, doch jedesmal, wenn er resignieren und sich aus seinem Posten zurückziehen wollte, dachte er daran, »welche Schwierigkeiten mein Ausscheiden aus dem Dienst gerade jetzt zur Folge haben würde, da ich allein die Fäden mehrerer noch laufender Experimente in der Hand hielt«. »Ich möchte China stark machen«, schrieb Hart, »und ich will, daß England sein bester Freund wird.«

Zu kämpfen hatte er vor allem mit seinen eigenen Landsleuten – hauptsächlich britische Kaufleute, die möglichst schnell reich werden und dann in die Heimat zurückkehren wollten. »Wir sind nicht zu unserer Erholung hier«, betonten sie und widersetzten sich allen Kontrollen, die ihre Gewinne schmälerten.

Unter den britischen Gesandten in Peking hatte er Feinde wie Freunde; letztere schätzten seinen Scharfblick, seine Fürsprache bei Hofe oder seine Fähigkeit, eine heikle Angelegenheit völlig geräuschlos hinter den Kulissen zu regeln. Obwohl er China sehr mochte und große Hoffnungen auf seine Zukunft in diesem Land setzte, lebte er nie wie ein Chinese. Seine Anzüge, Hemden, Schuhe, Socken, Mäntel und Unterwäsche kamen aus seiner Heimat. Dasselbe galt für die Süßigkeiten, seine alkoholischen Getränke und die Notenblätter für sein Geigenspiel. All das bestellte er aus britischen Katalogen.

Ende 1865 gab Prinz Kung seinem Generalinspektor einige Monate Urlaub, damit er in dringenden Privatangelegenheiten nach England reisen konnte. Es war seine erste Reise in die Heimat seit fast zwölf Jahren. Eine seiner dringenden persönlichen Angelegenheiten hieß Anna, Herbert und Arthur Hart.

Er hatte seit 1855 mit seiner chinesischen Geliebten Ayaou zusammengelebt, und inzwischen gab es drei gemeinsame Kinder: Anna, um die Jahreswende 1858/59 geboren, Herbert, der 1862, und Arthur, der 1865 auf die Welt gekommen war. Viele Jahre später, als alter Mann, der sich Gedanken um seine Nachkommen macht, ging Hart noch einmal seine Tagebücher durch und strich fast alle Stellen, die sich auf seine Beziehung zu Ayaou bezogen, so daß nicht bekannt ist, was aus ihr wurde. Vermutlich starb sie jedoch 1865 im Kindbett, nachdem sie ihr drittes Kind geboren hatte. Hart nahm alle drei Kinder mit nach England, brachte sie in einer Familie unter und finanzierte ihren Schulbesuch und Unterhalt, bis sie volljährig waren. Er hat sie nie wiedergesehen.

Obwohl er Ayaou selbst andeutungsweise auch später kaum erwähnte, konnte Hart sie nie vergessen. In einem Brief von 1875 schilderte er sie als »einen der liebenswürdigsten und klügsten Menschen, den man sich denken kann«, während er sich selbst düster als einen »Narren« charakterisierte.

Eine weitere dringende persönliche Angelegenheit war sein Entschluß, eine passende Frau zu finden und zu heiraten. Nachdem Ayaou nicht mehr lebte, fühlte er sich, wie er seinem Tagebuch anvertraute, »ziemlich einsam, und ich wünschte sehr, ich hätte eine Frau«. Inzwischen verdiente er mit 4000 Pfund im Jahr selbst für Londoner Verhältnisse ein hübsches Sümmchen.

Bei seiner Suche nach einer Frau steuerte er sein Ziel ebenso direkt an wie vor zehn Jahren, als er eine Konkubine gekauft hatte. In seiner nordirischen Heimat angekommen, machte er die Bekanntschaft von Hester Jane Bredon, der Tochter seines Hausarztes. Bereits fünf Tage später machte er ihr einen Antrag. Hessie war ein steifes, ernstes Mädchen von 18 Jahren, ein Musterbeispiel an viktorianischer Rückständigkeit in übermäßig verzierten Samtkleidern und mit einem Blick für seine einmalige Chance. Was Hart suchte, war keine große

Leidenschaft, sondern eine viktorianische Heirat, wie sie seinem Stand angemessen war. Als sie am 22. August 1866 heirateten, war sie gerade 19 Jahre alt und Hart 31, doch das war der richtige Altersunterschied gegenüber einem Mann, der sich bereits einen Namen im Osten gemacht hatte.

Hessie verbrachte die folgenden zehn Jahre mit ihm in China, wo sie ihr erstes Kind durch eine Fehlgeburt verlor und danach mit Evey eine Tochter und mit Edgar Bruce einen Sohn zur Welt brachte. In Peking ließ es sich für sie so angenehm leben wie überall unter der britischen Kolonialherrschaft. Es gab Harts Garten- und Abendgesellschaften, und wenn sie den Damen der Gesandtschaften ihre Gegenbesuche machte, wurde sie von vier Männern in einer grünen Sänfte getragen.

Die Harts vertrugen sich, wenn sie sich auch nicht heiß und innig liebten, und Robert war stolz auf Hessie und die Kinder. Wie bei vielen derartigen Kolonialehen waren die Kinder ein passender und angemessener Grund, sich zu trennen, bevor die Ehe verdrießlich endete. Nachdem sie ihren Pflichtteil absolviert hatte, kehrte Hessie 1876 mit den Kindern nach England zurück, um dort die Früchte ihrer Arbeit zu genießen – als Ehefrau des berühmten »I. G.«

Hart wohnte damals noch immer in einem chinesischen Haus in einer Pekinger Vorstadt, das er Hessie zuliebe hatte renovieren lassen. 1877 gestattete ihm der Mandschu-Hof, ein neues Quartier in der Marco-Polo-Straße in der Nähe der Gesandtschaften zu beziehen. Dort ließ er ein neues Haus, eine Villa in westlichem Stil in einem großen Garten bauen, mit Amtsräumen und Wohnungen für seine Mitarbeiter, was auch seine Arbeit erleichterte. Der Grundriß des Hauses war dem Buchstaben H nachgebildet; es enthielt Gesellschaftsräume, ein Billardzimmer, sein mit Papieren vollgestopftes Privatbüro und ein Empfangszimmer für chinesische Gäste. Wie die meisten anderen Wohnsitze in Peking war das Anwesen von einer hohen Mauer umgeben.

Als er im April 1878 nach Europa reiste, kamen sich er und Hessie für kurze Zeit wieder näher. Ihr letztes Kind, ein Mädchen mit dem Kosenamen Nollie, wurde gezeugt. Hester ging mit ihm nach Peking zurück, wo Nollie am 1. November 1879 geboren wurde. Hessie, die vom Leben im geheimnisvollen Osten immer weniger fasziniert war, schnappte sich 1882 jedoch erneut die Kinder und reiste nach Europa. Für weitere 24 Jahre blieben die Harts voneinander getrennt. Stets diskret, äußerte er sich nie über diese Trennung und hielt treu brieflichen Kontakt. Da er mit Geld schon immer sparsam umgegangen war, wurde er ein vermögender Mann und ermöglichte Hessie ein luxuriöses Leben in England und auf dem europäischen Kontinent. Das hatte sie sich schon immer gewünscht, und sie wurde nicht von ihm enttäuscht.

Die beiden bedeutendsten Diener des Drachenthrons waren zu dieser Zeit vollkommene Gegensätze: Vizekönig Li Hung-chang und Robert Hart, der mächtigste chinesische politische Bonze und der einflußreichste Westeuropäer. Zwischen ihnen entwickelte sich eine enge Arbeitsbeziehung, doch privat wahrten sie Distanz. Hart besuchte den Vizekönig, wenn dieser sich in Peking aufhielt, so oft wie möglich, um von abends gegen zehn Uhr bis in die frühen Morgenstunden mit ihm zu plaudern. In Harts Tagebüchern wird Li immer und immer wieder als Quelle wertvoller Informationen erwähnt. Hart bewunderte die Einfachheit, die im Hause Lis gepflegt wurde; der Vizekönig ließ Hart stets ein frugales Mahl vorsetzen, meistens Fisch, Huhn und eine große Schüssel mit Reis. Als Hart sich gegenüber einem Mitarbeiter im Yamen positiv darüber äußerte und bemerkte, wie sehr ihm die Festessen der Reichen mit ihren vielen Platten und Schüsseln zuwider seien, erfuhr Li sogleich davon. Als Hart das nächstemal zu ihm kam, stand ein vollendetes Mahl aus über 60 Gerichten auf dem Tisch, von der Haifischflossensuppe bis zu Litschipflaumen. Hart, der noch nie ein starker Esser gewesen war, mußte von jedem Gang kosten, während Li sich an seinem sichtlichen Unbehagen weidete und, ohne das Gesicht zu verziehen, bemerkte: »Sie sollen nicht wieder von hier fortgehen und erzählen können, Sie seien in meinen Haus wie ein Kuli abgespeist worden.«

Er erlebte Li von seinen guten und seinen schlechten Seiten. Als Robert Hart 1864 aufgefordert wurde, den Streit zwischen Li und Charles Gordon zu schlichten, bei dem es um die Enthauptung der Tai-ping-Prinzen ging, erzählte ihm Gordon einiges über Lis Verrat und Rücksichtslosigkeit.

Hart war zwar vor Li auf der Hut, doch auf der beruflichen Ebene achtete er den Vizekönig: »Li ist nicht schlecht«, sagte Hart, »aber seine Umgebung ist ziemlich anrüchig – viel Kompetenz, aber keine Aufrichtigkeit oder Wahrheitsliebe.«

Bei all seiner Korruptheit, Unehrlichkeit und seinem Opportunismus war Li ein Mann der Tat und außerordentlich kompetent in allem, was er sich vorgenommen hatte. Er kümmerte sich persönlich um die alltäglichsten und langweiligsten Aufgaben und achtete auf die geringste Kleinigkeit. Andere chinesische Beamte lagen faul in der Sonne und gingen jeder Arbeit aus dem Weg, doch Li arbeitete ununterbrochen, und dafür zollte ihm der Mann aus Ulster seine Bewunderung. »Er braucht Beschäftigung«, bemerkte Hart dazu, »und die anderen sind froh, wenn er für sie die Dreckarbeit macht.«

Während seines ganzen Erwachsenenlebens in China blieb Hart davon überzeugt, daß seine Bemühungen und die anderer Männer mit gutem Willen schließlich von Erfolg gekrönt sein und China den Weg zu Reform und Modernisierung ebnen würden. Nach seinen ersten zehn Jahren in Peking schrieb er an einen Freund: »Ich glaube, daß das schwere Schiff schließlich mit dem Heck herumkommt und dann auf dem richtigen Kurs liegt.«

1885 bot man Hart den Posten eines britischen Gesandten in Peking an. Als er seiner Frau diese Nachricht mitteilte, riet sie ihm, das Angebot abzulehnen. Das brachte ihn in ein Dilemma, denn eigentlich sehnte er sich »nach dem sentimentalen Glanz, [seine Karriere in China] an der Gesandtschaft zu beenden«.

Der unerwartete Tod des bisherigen Amtsinhabers, des umtriebigen Harry Parkes, der inzwischen Sir Harry geworden war, hatte ihm diese Möglichkeit eröffnet. Der Urheber des tragischen *Arrow*-Krieges hatte bei Hart einst ebenso Neid wie Entsetzen hervorgerufen: »Was für ein anmaßendes Wesen dieser Mann hat, und wie sehr er vom Glück begünstigt wird!« Hart fand das Angebot, den Posten von Sir Harry zu übernehmen, so verlockend, daß er bereits eine Abschiedsrede für die Zollverwaltung aufsetzte. Sein Bruder James sollte sein Nachfolger werden. Doch dessen Schwächen – hauptsächlich aufgrund seines Alkoholmißbrauchs – waren für andere zu offensichtlich: »Der Yamen hält ihn für ein wenig zu vergnügungssüchtig.« Außerdem wollte Vizekönig Li als Nachfolger Harts auf dem Posten des »I. G.« seinen eigenen Mann durchbringen.

Seine Wahl war auf Gustav Detring gefallen, einen intelligenten und zuverlässigen Deutschen mit schwarzgelocktem Haar, einem sauber gestutzten Knebelbart und kühl blickenden, scharfen Augen hinter seinem Kneifer, der vor 20 Jahren nach China gekommen war. Hart hatte ihn 1865 eingestellt und über ihn notiert, »er macht den Eindruck eines liebenswürdigen, gescheiten jungen Mannes, doch er lispelt etwas und wird Chinesisch immer mit einem Akzent sprechen«. 1872 war Detring zum Kommissar aufgestiegen, und sechs Jahre später wurde er als persönlicher Ratgeber Lis nach Tientsin berufen. Entgegen seiner normalen Praxis einer Ämterrotation bei seinen Untergebenen erlaubte Hart dem Vizekönig zuliebe, daß Detring schließlich 27 Jahre in Tientsin blieb. Als geheime

Ratgeber der chinesischen Regierung gerieten Hart und Detring gelegentlich aneinander.

Hart befürchtete, mit Detring an der Spitze der Zollverwaltung werde diese zum persönlichen Revier Lis werden. Wie bei allem anderen, das Li in die Finger bekam, würde die Behörde infiziert und ein Teil ihrer Einkünfte würde für Li abgezweigt werden, statt in die Staatskasse zu fließen. Er beklagte sich gegenüber einem Freund, ein von Li beherrschter Zoll werde »so verkrüppelt [sein]... daß damit sein Nutzen dahin und vielleicht überhaupt seine Tage gezählt wären«. Die einzige Möglichkeit, Li einen Strich durch die Rechnung zu machen, bestand für Hart darin, die Angelegenheit der Kaiserinwitwe persönlich vorzutragen. Tz'u-Hsi erklärte ihm, sie sähe es lieber, wenn »unser Hart« weiterhin »I. G.« bliebe.

Dieser Wunsch erleichterte Hart die Entscheidung, und er gab bekannt, daß er sein Amt weiterführen werde. Das tat er dann noch weitere 23 Jahre, als einziger Westeuropäer, der in Tz'u-Hsi unbeirrt eine Frau und kein Monster sah.

9
Ein Gefangener der Etikette

Kuang-hsü war erst drei Jahre alt, als er 1875 in die Verbotene Stadt gebracht wurde, um dort bei seiner offiziellen Mutter Tz'u-An und seiner Tante Tz'u-Hsi zu leben. Er war verwirrt und eingeschüchtert, fand sich nur schwer zurecht, und seine Umwandlung in den Sohn des Himmels war auch nicht einfach. Robert Hart vermerkte in seinem Tagebuch:

»[Prinz Kung] kümmert sich persönlich um den Kaiser – er sagt ihm, was er zu tun hat, und sorgt auch sonst für das Kind. Der [Vater des Kindes, der Siebte Prinz] war nicht dort; er ist krank und grämt sich wegen des Jungen, der seinerseits ebenfalls überhaupt nicht glücklich ist. Seine Mutter, seine Amme und eine weitere Frau [kamen], um ihn zu beruhigen, wurden jedoch wieder fortgeschickt; man machte einen weiteren Versuch mit der Amme, doch [Tz'u-Hsi] entließ sie nach einer Stunde erneut; die Kaiserinwitwe [Tz'u-An]... hat beschlossen, daß der Junge seine bisherige Umgebung gänzlich vergessen und so aufwachsen soll, als wäre er im Palast geboren worden.«

Späteren medizinischen Berichten läßt sich entnehmen, daß Kuang-hsü etwa zum Zeitpunkt seiner Volljährigkeit schwer traumatisiert war und unter zeitweiligen Störungen seiner Körperfunktionen litt. Die entscheidende Frage war natürlich, wieweit diese Traumatisierung auf das Leben in der Verbotenen Stadt zurückging. Die Forschung ging bislang einhellig davon aus, daß Kuang-hsü bis zu seinem Eintritt in den kaiserlichen Palast ein normaler, wenn auch nervöser Junge war, der zutiefst verstört wurde, weil man ihn der Geborgenheit der Familie entrissen und seiner Kindheit beraubt hatte. Anschließend war er von der »bösen Mörderin« Tz'u-Hsi gequält worden, bis er ein menschliches Wrack war, das praktisch bis zu seinem Tode als Gefangener im Palast lebte, von Tz'u-Hsi selbst oder auf ihr Geheiß ermordet wurde. Diese Version von Kuang-hsüs Geschichte geht auf den selbsternannten Reformator K'ang Yu-wei zurück, der die Kaiserinwitwe damit in Mißkredit bringen wollte. Weltverbesserer wie Alicia Little verbreiteten diese Fassung als die Wahrheit, und niemand hielt es je für angebracht, den Lügenmärchen dieser Clique schlechtinformierter Frömmler entgegenzutreten. Bland und Backhouse erfanden noch scheußlichere Einzelheiten. Die Wahrheit über Kaiser Kuang-hsü ist eine völlig andere und überdies viel interessanter.

Im Alter von drei Jahren war Kuang-hsü aufgrund der Mißhandlungen seiner Mutter, der Schwester Tz'u-Hsis, schon so verspannt und überreizt, daß er eine schwere Sprachbehinderung hatte.

Kuang-hsüs Mutter wird von einem anderen Mitglied der Familie, dem späteren Kaiser P'u-yi, plastisch geschildert: »Sie war eine fromme Buddhistin und ging im Sommer nicht in den Garten, weil sie angeblich befürchtete, sie könnte Ameisen tottreten. Während sie es mit den Ameisen so gut meinte, war sie andererseits unerbittlich, wenn es darum ging, Bedienstete zu prügeln. Wie es hieß, kam das unheilbare Zucken im Gesicht eines der Familieneunuchen davon, daß sie ihn einmal ausgepeitscht hatte.« Drei von Kuang-hsüs vier Geschwistern starben schon im Säuglingsalter. Ihre Mutter, schreibt P'u-yi, »erlaubte ihren Kindern nie, sich satt zu essen... [Ihr] vierter Sohn starb an Unterernährung, bevor er das fünfte Lebensjahr erreicht hatte«. Sie tyrannisierte ihre Kinder und mißbilligte es sogar, wenn diese lächelten oder lachten.

Selbst Kuang-hsüs Halbbruder, P'u-yis Vater Prinz Chun II., entging dem schädigenden Einfluß von Tz'u-Hsis Schwester nicht. Ebenso wie Kuang-hsü stotterte er zeitlebens und konnte in manchen Situationen nicht einmal einen zusammenhängenden Satz hervorbringen.

Nach diesen Schilderungen war Kuang-hsüs Mutter ein keifendes Weib, das ihre Kinder mißhandelte und sie anschließend in die Toilette sperrte, wo sie so lange weinten, bis sie vor Erschöpfung nicht mehr konnten. So war es kein Wunder, daß Kuang-hsü bereits schwer gestört war, als er in den kaiserlichen Palast gebracht wurde, um zum Ersatzkaiser herangezogen zu werden.

Tz'u-Hsi begrüßte die Wahl ihres Neffen als neuen Kaiser zum Teil deshalb, weil er so vor den Schlägen seiner Mutter gerettet wurde. Tz'u-Hsi wußte natürlich, was mit Kuang-hsüs Geschwistern passiert war, und er war der einzige noch lebende Blutsverwandte der nächsten Generation. Als Kuang-hsüs Mutter und die Amme in den Palast kamen, um das Kind zu »beruhigen«, war es Tz'u-Hsi, die sie sogleich wieder wegschickte. Einige Historiker nehmen an, daß sie die Ehe zwischen ihrer Schwester und Prinz Chun stiftete. Nach ihren eigenen Aussagen hatte sie jedoch kein gutes Verhältnis zu ihren Geschwistern und war offenbar entsetzt darüber, wie ihre Schwester die eigenen Kinder behandelte.

Die schwere Störung des Jungen wurde während der nun folgenden Jahre in der Verbotenen Stadt noch verstärkt, aber nicht durch Tz'u-Hsi, sondern durch die einschnürende Unterweisung in Speichelleckerei und eine übertriebene konfuzianische Hofetikette durch seinen obersten Erzieher Weng Tung-ho. Er wurde in die deformierte Welt der Verbotenen Stadt versetzt, wo er zum Gefangenen der Etikette gemacht wurde. Streng überwacht von seinen übereifrigen Erziehern, befand er sich ständig in der Defensive und wurde darauf gedrillt, sich gegenüber Tz'u-An und Tz'u-Hsi unterwürfig zu verhalten.

Bei der Erziehung des unglücklichen Kaisers T'ung-chih waren die Kaiserinwitwen und die Palasterzieher zu nachsichtig gewesen – was fatale Folgen hatte. Jetzt hatte man Kuang-hsü zwar vor den Verfolgungen seiner leiblichen Mutter gerettet, doch seine Erzieher wollten den früher begangenen Fehler wiedergutmachen und dressierten ihm ein extrem angepaßtes Verhalten an.

Tz'u-An, die ranghöhere der beiden Kaiserinwitwen, war verantwortlich für die Erziehung des Kindes. Im übrigen konnte Tz'u-Hsi sich allein schon wegen ihres Leberleidens wenig um Kuang-hsü kümmern. Bis zu seinem neunten Lebensjahr hatten in allen wichtigen Entscheidungen über seine Person Tz'u-An, sein Vater Prinz Chun und sein oberster Erzieher Weng Tung-ho das letzte Wort.

Die Palasteunuchen waren entschlossen, das Kind so zu erziehen, daß kein zweiter T'ung-chih aus ihm würde, und das gelang ihnen gründlich. Der Sohn des Himmels wurde bei einem Fehlverhalten nicht mehr nur in die Backe gekniffen. Der US-Botschafter Charles Denby berichtete: »Man sagt von ihm, ob zu Recht oder zu Unrecht,

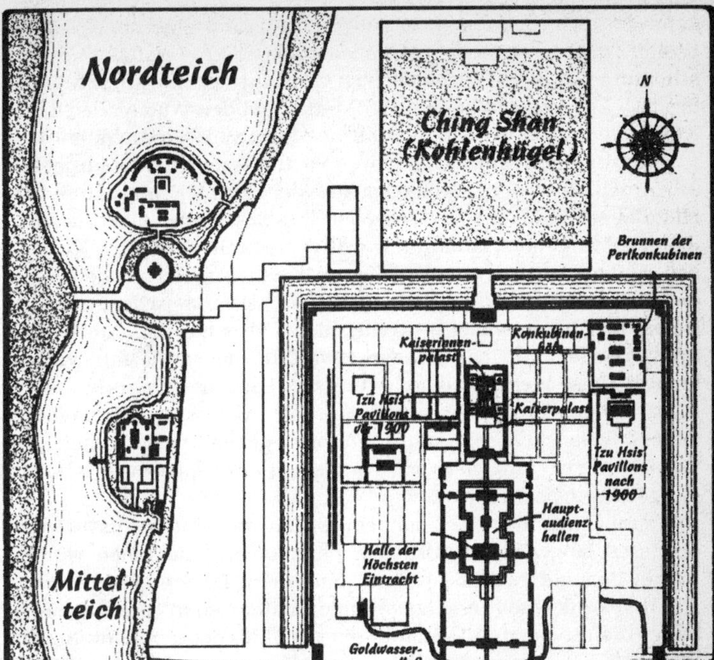
Nordteich
Ching Shan
(Kohlenhügel)
N
Brunnen der
Perlkonkubinen
Kaiserinnen-
palast
Konkubinen-
Tzu Hsis
Pavillons
Kaiserpalast
Tzu Hsis
Pavillons
nach
1900
Haupt-
audienz-
hallen
Halle der
Höchsten
Eintracht
Mittel-
teich
Goldwasser-
fluß
Tor des
Himmlischen
Friedens
Verbotene Stadt
und Seenpaläste
Fuß
0
500
0
200
Meter
© A. Karl/J. Kemp 1992

kann ich nicht beurteilen, er sei jähzornig und eigensinnig. Man erzählt, daß er bei seinen Anfällen ausländische Wand- und Taschenuhren kaputtgeschlagen habe, von denen er eine große Menge besitzt.« Die rohe Methode seiner Mutter, mit den Wutanfällen ihrer Kinder fertig zu werden, wurde auf Beharren seines Vaters bei Kuang-hsü fortgesetzt, nachdem er in der Verbotenen Stadt lebte. So ordnete der Obereunuch etwa an, »der Herr der 10000 Jahre hat Hitze in seinem Herzen: Wir wollen ihn eine Weile singen lassen, damit sie vergeht«. Daraufhin wurde der schreiende Knirps Kuang-hsü in das kleine, fensterlose Kämmerchen gesperrt, in dem sein Nachttopf stand. Dort mochte er dann jammern, kreischen, um sich treten oder bitten soviel er wollte, niemand nahm von ihm Notiz. Erst wenn er mit dem »Singen« aufhörte, ließen sie ihn wieder heraus. Diese elende Methode, ihn sich einfach selbst und seiner Einsamkeit zu überlassen, zeigte Wirkung und machte ihn zu einem zutiefst melancholischen und nach innen gekehrten Menschen. Im Gegensatz zu T'ung-chih war Kuang-hsü ein sehr sensibles Kind mit geringem Selbstvertrauen.

Wenn er nicht an den langen, eintönigen Unterrichtsstunden oder den langweiligen offiziellen Zeremonien teilnehmen wollte, wurde ihm mit einer Bestrafung durch den Donnergott gedroht. Auf den Wink eines Erziehers machten Eunuchen in einem benachbarten Raum einen Höllenlärm, als kündigte der Donnergott sein Kommen an. Das versetzte den kleinen Jungen in solche Angst, daß er sein Leben lang Donner und laute Geräusche fürchtete und zu gelegentlichen Panikanfällen neigte. Mit dem Eintritt in die Pubertät wurden diese Anfälle so schwer, daß er vor Angst tagelang wie gelähmt war.

Seine Mutter verfolgte ihn noch bis hierher. Entsprechend ihren Anweisungen mußte sich Kuang-hsü selbst im Palast an einen strengen Speiseplan halten: »Der Speiseplan des Kaisers ist streng vorgeschrieben... Sollte er den Wunsch nach einer Speise äußern, die nicht vorgesehen ist, muß erst der Rat konsultiert werden, dem die Aufsicht über die kaiserliche Tafel obliegt, bevor er sie bekommt.« Um sich für das fade Essen zu entschädigen, stopfte das Kind Unmengen davon in sich hinein. In solchen Fällen faßten ihn zwei Eunuchen an den Fußgelenken, hielten ihn mit dem Kopf nach unten und schlugen ihn damit auf den Boden, »um seinen Magen zu beruhigen«. Tz'u-Hsi äußerte später gegenüber einer Hofdame, zu der Zeit, als Kuang-hsü an den Hof kam, »war er ganz mager und schwach. Seine Eltern schienen Angst zu haben, ihm überhaupt etwas zu essen zu geben«. Doch sie war während dieser Zeit zu krank, um regelmäßig zugunsten des Kindes zu intervenieren.

Die ausgedehnten zeremoniellen Pflichten Tz'u-Ans führten dazu, daß das Kind die meiste Zeit über den Eunuchen anvertraut war. Wenn sie nicht befürchten mußten, dafür bestraft zu werden, konnten sie sehr bösartig sein. Den Kaiserinwitwen verschwiegen sie den Gesundheitszustand Kuang-hsüs, der stets so gebrechlich war, daß er nie richtig gesundete; mutwillig steckten sie ihn in mehrere Schichten von Kleidern, so daß er eingeschnürt war wie eine Puppe in einer Zwangsjacke; sie hänselten und piesackten ihn ständig. Nachdem man ihnen gestattet hatte, das Kind zu maßregeln, mußten sie gleich übertreiben und erzeugten so bei Kuang-hsü eine lebenslange Angst vor Bediensteten. In einem Aufsatz bezeichnete er die Eunuchen als Ursache schlimmer Übel und behauptete, der »Niedergang der Tang[-Dynastie] wurde allein durch die [Perversitäten der] Eunuchen herbeigeführt«. Als er volljährig wurde, ließ er sie die Folgen ihres Betragens spüren. Die schwerste Beschuldigung, die er ihnen gegenüber erhob, war die einer empörenden Unehrerbietigkeit gegenüber dem Sohn des Himmels, die mit Enthaupten zu bestrafen war. Ebenso wie Tz'u-Hsi, die auf eine tatsächliche oder vermeintliche Geringschätzung ihrer Person empfindlich reagierte, konnte Kuang-hsü als Erwachsener nicht das geringste Anzeichen fehlenden Respekts bei den Eunuchen ertragen. Wenn sie ihn wütend machten, ließ er sie verprügeln. Sie rächten sich, indem sie in den Teehäusern Klatschgeschichten verbreiteten, die auch den Verleumdern des Hofs zu Ohren kamen. Diese wiederum gaben sie an Missionare und Journalisten weiter. Die Eunuchen stahlen der kaiserlichen Familie nicht nur ihre Eßstäbchen aus Jade, sie konnten auch ihrem Ansehen schaden.

Die Geheimnistuerei um die Verbotene Stadt trug zweifellos dazu bei, daß absonderliche Gerüchte aufkamen und geglaubt wurden. Die Kaiserinwitwen sahen sich gezwungen, etwas dagegen zu unternehmen. Das taten sie mit dem Edikt vom 11. Juni 1878 »zur Wiederherstellung der Ordnung und um falschen Gerüchten und kursierenden Klatschgeschichten entgegenzutreten«. Wie die Kaiserinnen in dem Edikt ausführten, beklagten sich die Verfasser von Denkschriften für den Hof: »Während des letzten Monats oder noch länger kursieren Gerüchte, und im Ausland ist mehr als nur eine wilde und grausige Geschichte verbreitet worden, die Sorge und Bestürzung ausgelöst hat, während sie von Mund zu Mund ging.«

Einem Gerücht zufolge, das in der chinesischen Zeitung *Das Reich* veröffentlicht wurde, war Kuang-hsü ein Scharlatan mit zwei Pupillen in jedem Auge. Wie die Zeitung behauptete, hatten die Kaiserinwitwen im Rahmen eines üblen Komplotts der Mandschu ein Kind gegen ein anderes ausgetauscht. Nachdem diese Geschichte erschienen war, beging der Chefredakteur der Zeitung angeblich Selbstmord. Das Gerücht, Kuang-hsü sei ein untergeschobenes Kind, hielt sich jahrelang und wurde schließlich zu einem festen Bestandteil der vielen gegen Tz'u-Hsi gerichteten Verleumdungen. Es war ein geschickter Kunstgriff, um ihre Legitimität sowie die des Kaisers in Zweifel zu ziehen. Die Unterstellung, er sei nicht von königlichem Geblüt, kam bestimmten Fraktionen der Mandschu gelegen, die den Thron mit einem ihrer eigenen Abkömmlinge besetzen wollten. Um die Jahrhundertwende war die am meisten verbreitete Version dieser Verleumdung die, daß Tz'u-Hsi nach einer langen Liebesaffäre mit General Jung-lu heimlich ein Kind geboren habe. Anfangs hieß es, sie habe ein Mädchen zur Welt gebracht. Später wurde diese Geschichte mit dem Gerücht vom Wechselbalg vermischt, so daß aus dem illegitimen Kind ein Knabe wurde, der heimlich gegen Kuang-hsü ausgetauscht worden war.

Hätte die Welt außerhalb der Verbotenen Stadt Ende der 1870er Jahre von der Sprachbehinderung des Kaisers gewußt, wäre ein solches Gerücht höchstwahrscheinlich auf Unglauben gestoßen. Da auch der Vater des Kaisers, Prinz Chun, zum Prinzratgeber des Throns wurde, ist die Vorstellung, man habe sein Kind gegen ein anderes eingetauscht, geradezu albern. Vielleicht war er nicht gerade der hellste unter den Mandschu-Prinzen, aber er konnte auf jeden Fall seinen eigenen Sohn von einem fremden Kind unterscheiden.

Die Loyalität des Erziehers Weng stand völlig außer Zweifel. Sein negativer Einfluß auf Kuang-hsü wird jedoch bis heute noch nicht in seinem ganzen Ausmaß erkannt. Weng hatte in seiner Kindheit darunter gelitten, daß sein Vater von der Achterbande verfolgt und degradiert worden war. Als Prinz Kung und seine Koalition 1861 die Macht übernahmen, wurde Wengs Vater rehabilitiert; Weng selbst, der die höchsten kaiserlichen Prüfungen bestanden hatte, durfte den beiden Kaiserinwitwen die Klassiker vorlesen. In ihrer Gegenwart war er unterwürfig und servil, um seine Stellung am Hof zu behaupten und zu verbessern. Da er sich fortwährend bei den beiden Frauen einschmeichelte und andere Beamte dazu anhielt, ihnen ebenfalls zu schmeicheln und sie mit Geschenken zu überhäufen, wurde er von den dankbaren Kaiserinwitwen mit üppigen Privilegien ausgestattet und schließlich in das höchste Amt eines Großrats ernannt. Nach

Tz'u-Ans Tod wurde er zu einem entschiedenen Anhänger Tz'u-Hsis. Als der reizbare Prinz Tun einmal Tz'u-Hsis Milde beim Urteil über einen Korruptionsfall auf höchster Ebene kritisierte, wies Weng ihn zurecht. »Prinz Tun hat seine Worte schlecht gewählt. Seit dem Beginn der Regierungstätigkeit der Kaiserinwitwen hinter dem Gazevorhang wurde allein im Namen der Gerechtigkeit und Unparteilichkeit geschlichtet.« Eine derart unverhüllte Speichelleckerei wirft vielleicht ein schlechtes Licht auf Tz'u-Hsis Urteilsvermögen, da sie unter ihren Ministern einen Mann von solcher Unterwürfigkeit duldete. Dennoch war diese Sprache aufgrund der Etikette am chinesischen Hof gang und gäbe. Die Minister wetteiferten untereinander in der Kunst, besonders liebenswürdig zu erscheinen und ihre Bewunderung für den Herrscher in ausgesuchten Wendungen zum Ausdruck zu bringen. Das alles gehörte mit zum konfuzianischen Spiel und war nicht allzu weit entfernt von den gespreizten Schmeicheleien an den europäischen Höfen.

Wengs Beherrschung des konfuzianischen Rituals und Protokolls machte ihn in seinen Staatsämtern unangreifbar, und seine Liebedienerei bei den Kaiserinwitwen verlieh auch seinem persönlichen Auftreten größere Sicherheit.

Geradezu unermüdlich arbeitete er daran, Kuang-hsü noch ergebener und noch gehorsamer gegenüber Tz'u-Hsi und Tz'u-An zu machen. Sogar offizielle Erörterungen unterbrach er, um den jungen Kaiser an seine Verpflichtung zu erinnern, alle Fragen den Kaiserinwitwen vorzulegen und dabei vor allem aufrichtig zu sein.

Als Ergebnis dieser Gehirnwäsche wirkte Kuang-hsü in Gegenwart der Kaiserinwitwen wie erstarrt. Erwachsen geworden, erweckte er den Anschein, zwischen ihm und seiner Tante herrsche ein freundliches, entspanntes Verhältnis, doch insgeheim war er in ihrer Gegenwart (und überhaupt in Gegenwart von Frauen) so verkrampft, daß er unter spontan auftretenden Samenergüssen litt. Das wirkte sich natürlich verheerend auf seine Selbstachtung aus. Damals wußte er noch nicht, daß diese Orgasmen durch einen angeborenen Defekt verursacht wurden. Aus medizinischen Berichten nach 1898 geht hervor, daß seine Verkrampfung ihn sogar impotent machte; er war unfähig, mit einer Frau normalen Geschlechtsverkehr auszuüben oder ein Kind zu zeugen. Der französische Arzt, der ihn untersuchte, stellte die Diagnose, das Symptom gehe auf eine unerkannte Nierenerkrankung zurück, die von den Palastärzten nicht behandelt worden war, und werde durch die übermäßige innere Anspannung des Kaisers noch verstärkt.

Sein jahrelanges Leiden hatte jedoch auch eine positive Seite. Zum erstenmal in der chinesischen Geschichte beschränkte sich die Erziehung des jungen Kaisers nicht mehr nur auf die Beschäftigung mit den konfuzianischen Klassikern. Wo Jen, der kaiserliche Erzieher, der alle Versuche Prinz Kungs vereitelt hatte, T'ung-chih während seiner Ausbildung auch mit westlichem Gedankengut vertraut zu machen, war inzwischen tot. Bei all ihren sonstigen Mängeln erteilten die Erzieher Kuang-hsüs ihm immerhin Unterricht in westlichen Fächern und in der westlichen Begrifflichkeit, wie Charles Denby berichtet: »Der Kaiser hat einen sorgfältigen Unterricht nach chinesischem Brauch genossen, [doch auch] Bücher aus dem Ausland wurden zu seiner Unterweisung übersetzt.« Später teilt er mit, »sein Intellekt scheint gut entwickelt«, und noch später: »...der Kaiser hat mit dem Studium der englischen Sprache begonnen. Zwei Studenten vom Tung-wen-College sind seine Lehrer. Sie unterrichten ihn jeden Morgen um ein Uhr... Wie es heißt, hat er ein bemerkenswertes Gedächtnis und lernt schnell.« Das Tung-wen-College war eine Dolmetscherschule, die zusätzlich zu Prinz Kungs Tsungli Yamen eingerichtet wurde. Robert Hart hatte erreicht, daß sein Freund, der Missionar und Sprachforscher W.A.P. Martin, zum Verantwortlichen für die ausländischen Mitarbeiter gemacht wurde.

Zu seiner Ehre sei gesagt, daß Kuang-hsü mit zunehmendem Alter immer besser in die Rolle des Kaisers hineinwuchs, was die Kaiserinwitwen sehr befriedigt haben muß. Ab seinem zehnten Lebensjahr zog er ein mönchisches Leben der Selbstverleugnung und Einsamkeit vor. Im Gegensatz zu T'ung-chih verspürte er nicht das Bedürfnis, mit den Eunuchen herumzutollen oder sich aus dem Palast zu stehlen. Da Kuang-hsü sich in Gesellschaft stets unwohl fühlte, nahm er auch seine Mahlzeiten allein zu sich. So war er ein Gefangener aus eigenem Willen in einer Welt des übertriebenen Zeremoniells – ein Gefangener der Etikette.

Ähnlich wie Hamlet war er in allem zwiespältig. Er wollte entschlossen sein und war stets unschlüssig. Er wollte den Kriegerkönigen der Vergangenheit nacheifern, doch er war von schwächlicher Konstitution. Er wollte führen, konnte jedoch nur Gefolgsmann sein und wartete ständig auf jemanden, der ihm den Weg weisen würde. Obwohl er von schmächtiger Gestalt war, grazil und mit feinen Gesichtszügen und nie vollkommen gesund, war er weder ein Feigling noch ein Duckmäuser. Er trotzte den Elementen, unternahm lange Spaziergänge im Schnee und weigerte sich, von den ihn begleitenden Eunuchen einen Umhang oder sonst einen Schutz gegen die Kälte anzunehmen. Einmal machte er eine dunkle Andeutung, für ihn wie für Tz'u-Hsi sei der fallende Schnee eine Möglichkeit, sich vor den Menschen zu verbergen, die sich ständig in seiner Nähe aufhielten und ihn nie aus den Augen ließen. Wie alle Mandschu-Prinzen wurde er täglich in den Kriegskünsten unterrichtet, auch in Wu shu (im Westen fälschlich als Kung Fu bekannt), im Schwert- und Stockkampf, in der Falknerei und im Bogenschießen vom galoppierenden Pferd. Er hatte auch einige kleinere Erfolge auf dem Gebiet der Verwaltung zu verzeichnen; schon als Heranwachsender hielt er ein wachsames Auge auf das vielfach mißbrauchte Budget der kaiserlichen Hofhaltung; diesen Ausgabenposten kürzte er schließlich um ein Drittel.

Zwischen 1875 und 1881 war Tz'u-An nicht einen einzigen Tag krank gewesen. Anfang April 1881 brach sie völlig unerwartet zusammen. Ein Edikt meldete, »die erhabene Dame wurde plötzlich krank. Sofort wurde ihr ein Absud aus Arzneien eingeflößt, um das Leiden zu vertreiben... doch unerwartet wurde die Krankheit am nächsten Tag bedrohlich, die Atmung wurde durch starke Schleimbildung behindert, und schließlich wurde die Sache hoffnungslos. Zwischen sieben und neun Uhr abends [starb sie]«. Sie war erst 44 Jahre alt.

Natürlich kamen aus der Pekinger Gerüchteküche sogleich wieder die üblichen Geschichten von Mord und Intrigen. Die US-Botschaft berichtete: »Es kursieren Geschichten von Komplotten im Palast, doch vorläufig sind es nur Gerüchte, und es lohnt sich nicht, sie wiederzugeben.« Nachdem die ranghöhere der beiden Kaiserinwitwen nun tot war und Tz'u-Hsi noch immer an ihrer langwierigen Krankheit laborierte, wäre dies ein geeigneter Augenblick für einen Staatsstreich gewesen. Trotz der Gerüchte geschah aber nichts. 1910 schrieben Bland und Backhouse, die sich für keine Kolportage zu schade waren, schlicht und einfach: »[T'zu-An] erkrankte... an einem plötzlichen und mysteriösen Leiden... es wird angenommen... daß [Tz'u-Hsi]... den Tod ihrer Kollegin... durch Gift herbeigeführt hat.«

Die verfügbaren Quellen enthalten keinen einzigen Hinweis, der diese Behauptung stützen könnte. Im Jahr 1914, vier Jahre nachdem die Macht der Ching-Dynastie zu Ende gegangen war, entdeckten dieselben Autoren »Beweise«, daß »[Tz'u-Hsi] entschlossen war, [Tz'u-An] zu töten«. Die ruchlose Tat wurde nach ihren Worten mit vergifteten Keksen verübt. Der Grund war angeblich, daß Tz'u-An Tz'u-Hsi im Bett mit einem Schauspieler überrascht hatte. Das ist völlig abwegig, nicht nur, weil es stinkt, sondern weil Tz'u-Hsi zu dieser Zeit immer noch kränklich war. Es sollte noch zwei Jahre dauern, bis sie wieder gänzlich genesen war.

Dennoch findet sich in *Eminent Chinese of the Ching Period* von Arthur Hummel unter dem Stichwort »Tz'u-An«: »Es verbreitete sich das Gerücht, sie sei von Tz'u-Hsi vergiftet worden.« Er vergaß zu erwähnen, daß dieses Gerücht sich erst ein Vierteljahrhundert nach Tz'u-Ans Tod verbreitete. Auch in Immanuel Hsus *Modern China* wurde Tz'u-An »angeblich von Tz'u-Hsi vergiftet«. Der Angeber war Edmund Backhouse.

Der Tod Tz'u-Ans hatte zur Folge, daß die leidende Tz'u-Hsi nunmehr die einzige Kaiserinwitwe und die alleinige Regentin war. Es würde ihre Aufgabe sein, bei den Auseinandersetzungen zwischen den rivalisierenden Prinzen und Fraktionen am Hof zu vermitteln.

Die Unterstützung der einzigen Kaiserinwitwe zu gewinnen wurde nun zu einem wesentlichen Bestandteil der Politik am Hof. Nach wie vor wurden wichtige Entscheidungen von Hofbeamten getroffen und ihr anschließend zur Billigung vorgelegt.

Sie war jetzt 45, Kuang-hsü war neun Jahre alt. Vieles ist geschrieben worden, um den Eindruck zu erwecken, während dieser Zeit hätten zwischen Tz'u-Hsi und ihrem Neffen gravierende Meinungsverschiedenheiten bestanden, ohne daß dies Robert Hart oder dem scharfsichtigen US-Botschafter Charles Denby aufgefallen wäre. Ohne seine Quelle zu nennen, berichtet Denby, es sei bekannt, daß Kuang-hsü »ihr ergeben« sei. Dies traf höchstwahrscheinlich zu.

Robert Hart bemerkt hierzu in einem Brief aus dem Jahr 1886: »Der Kaiser ging gestern in den Tempel des Himmels und kehrte heute morgen in den Palast zurück. Wie es heißt, ist er ein intelligenter, hübscher junger Mann, und dieser Gang rückt für ihn den Tag näher, an dem er sein eigener Herr sein wird. Wie großartig die Kaiserin [Tz'u-Hsi] ausgeharrt und welch gute Arbeit sie geleistet hat – als Regentin während zwei langer Perioden kaiserlicher Minderjährigkeit.«

Bis Kuang-hsü das Mannesalter erreicht hatte, war Tz'u-Hsi für die Außenwelt die eigentliche Herrscherin Chinas, doch der wahre Herrscher war Prinz Kung, der die Koalition zusammengehalten und mit Unterstützung von Vizekönig Li und anderen dafür gesorgt hatte, daß sie funktionierte.

1884 hatte Prinz Kung China praktisch 23 Jahre lang regiert. Nur drei Mandschu-Kaiser waren länger am Ruder geblieben, doch kein

Regent oder Ratgeber war jemals für eine so lange Zeitspanne so mächtig gewesen.

Nur ein Jahr nachdem Tz'u-Hsi ihre Gesundheit wiedererlangt hatte und noch während Kuang-hsü in seinem gelben Seidenkokon nach Luft rang, geriet der Mandschu-Hof in den Strudel eines neuen Machtkampfs, der der segensreichen Herrschaft Prinz Kungs ein plötzliches Ende bereitete. Wie beim Putsch im Jehol 1861 und der Thronfolgekrise von 1875 war es ein Tauziehen zwischen Kungs Koalition aus Pragmatikern und der Fraktion der Eisenhüte. Eine neue Generation aus hitzköpfigen Eisenhüten war bis 1884 in mächtige Positionen vorgerückt. Unterstützt wurden sie von chinesischen Beamten, die ebenfalls allen Ausländern gegenüber feindselig eingestellt waren. Kuang-hsü und Tz'u-Hsi befanden sich zwischen den Fronten.

Als Realist war Li weniger daran interessiert, wer als Kaiser auf dem Thron saß, als daran, daß Prinz Kung oberster Minister blieb und in dieser Position Lis zahlreiche einträgliche Unternehmungen schützte. Als Gegenleistung für Lis jahrzehntelange Unterstützung hatte der Prinz dafür gesorgt, daß der Vizekönig mit einzigartigen Privilegien ausgestattet wurde. Nach sechs Jahren im Amt des Vizekönigs der Provinz Chihli, des begehrtesten Postens im Reich der Mitte, hätte Li 1878 eigentlich versetzt werden müssen. Doch dank der Intervention Prinz Kungs blieb er bis 1895 in diesem Amt; 23 Jahre hintereinander konnte Li so seinen Reichtum und seine Macht mehren. Er war immer ein gefährlicher Gegner für die Eisenhüte gewesen, und auch 1875 hatte er ihren letzten Versuch einer Machtergreifung vereitelt. Doch selbst einem so gerissenen Mann wie Li unterliefen aufgrund seiner Habsucht oder zufällig Fehler, die ihn verwundbar machten.

Kurz nach seiner Ernennung zum Vizekönig von Chihli hatte Li mit Unterstützung des Throns eine »neue« Armee aufgestellt. Mit seiner privaten Armee als Kerntruppe reorganisierte er die nördlichen Militärstreitkräfte mit dem löblichen Ziel, sie zu modernisieren. Unter dem Namen Peiyang-Armee (nördliches Heer) vereinigte er die Truppe schließlich mit seiner eigenen. Auf diese Weise kontrollierte er eine wesentlich größere Streitmacht und unterstellte die Feldkommandeure unmittelbar seinem eigenen Befehl statt dem Thron. Als Vizekönig konnte er seine ehemalige Privatarmee zudem aus den Einkünften der Provinz bezahlen statt aus seiner Privatschatulle.

Die Provinz Chihli schützte Peking theoretisch vor einer ausländischen Invasion. In der Provinzhauptstadt Tientsin wurden die Lieferungen von Tributreis aus dem Süden gelöscht. Diplomatisch war die Stadt ein zweites Peking; viele Staaten unterhielten in Tientsin Vertretungen; auch Li hatte seinen Amtssitz dort. Nachdem er sich nach seiner Ernennung zum Generalgouverneur alles angeeignet hatte, was er konnte, gehörte ihm ein Großteil der Stadt. Durch und durch habsüchtig, erwarb er im ganzen Reich Eigentum, das er seinen Feinden abpreßte oder als Pfand für unbezahlte Schulden nahm. Er besaß herrschaftliche Häuser in Peking, die er sich hatte überschreiben lassen, nachdem chinesische oder Mandschu-Beamte bei geheimen Geschäften zahlungsunfähig geworden waren. Als reichster Mann Chinas bot Li den höchsten Mandschu-Adligen Schutz und Hilfe an, von denen viele keine eigenen Mittel besaßen und von Zahlungen des Hofs lebten. Immer wieder lieh er verschwenderischen Mandschu-Vornehmen Geld, das er zurückforderte, wenn sie alles ausgegeben hatten. Da er sich einfallsreicher und diskreter statt brutaler und verhaßter Methoden bediente, wurde er mehr gefürchtet als verachtet.

Li kontrollierte die Erschließung und Ausbeutung der Ressourcen Nordchinas fast vollständig. Wenn er Unternehmungen einfädelte, an denen chinesisches und ausländisches Kapital beteiligt waren, behielt er stets einen Teil des Stammkapitals und sicherte sich oder einem Strohmann den Vorsitz im Aufsichtsrat. Auf diese Weise kontrollierte er die Arsenale von Su Chou, Shanghai und Nanking, Bergwerke in Schenxi und Shantung und die Kohle- und Erzgruben in Chihli. Er sorgte 1878 für den Bau einer fünf Kilometer langen Eisenbahnstrecke, der ersten in China, die zu den Kaiping-Bergwerken führte; er ließ die Telegrafenleitung in Chihli und die Baumwollspinnereien in Shanghai bauen und gründete die Militärakademie und die Torpedoschule in Tientsin.

Eine seiner erfolgreichsten Unternehmungen war die Dampfschiffahrtsgesellschaft chinesischer Kaufleute, die er 1872 ins Leben rief. Bis zu diesem Zeitpunkt wurde der Tributreis in Dschunken ehemaliger Piratensyndikate nach Norden transportiert, die inzwischen von der Zentralregierung subventioniert wurden. Chinesische Kaufleute waren die ersten in China, die ausländische Dampfschiffe charterten und hier heimisch machten. Li schlug Geschäftsleuten in Shanghai vor, ohne fremde Beteiligung die Kosten für den Bau einer eigenen Flotte von Dampfschiffen aufzubringen, die von der Zentralregierung zur Beförderung von Tributreis gechartert würden. Es gehörte mit zu den Geschäftsbedingungen, daß die Gesellschaft von

Männern geführt würde, die Li persönlich ausgesucht hatte. Danach hielt er das Monopol auf die Beförderung von Tributreis und kontrollierte die Dampfschiffflotte, ohne einen einzigen Silbertael Eigenkapital eingesetzt zu haben.

Als Oberaufseher der nördlichen Häfen war er dafür verantwortlich, daß der Tributreis in jeder Phase des Transports aus dem Süden geschützt wurde. Li stationierte seine eigenen Streitkräfte als »Korntruppen« entlang der Strecke von den Reisfeldern flußabwärts bis nach Shanghai. Lokale Beamte mußten bis zu einem Drittel ihrer Steuereinnahmen für den Unterhalt von Lis Soldaten abzweigen. Auf diese Weise versuchte er, alle Fäden in der Hand zu behalten; er konnte auf Kaufleute Druck ausüben, sich an einem Unternehmen zu beteiligen, konnte die nötigen Mittel zu seiner Finanzierung erpressen, einen großen Anteil des Geschäftskapitals kontrollieren, seine Strohmänner in den Aufsichtsrat lancieren, konnte das Unternehmen mit eigenen Truppen schützen und andere dazu vergattern, für den Unterhalt der Soldaten aufzukommen. Solche Männer sind nach dem Weisen Sun-tzu eine Freude für jeden Herrscher.

Lis Soldaten überwachten auch den Transport von Salz nach Peking, womit er die Aufsicht über die Salzmonopole hatte, die eine der Haupteinnahmequellen des chinesischen Staates waren. Alles in allem hatte Li die Organisation der Befriedigung der Grundbedürfnisse des Lebens so weit unter seine Kontrolle gebracht, daß die Mandschu zu ihrem Überleben völlig von ihm abhängig waren. Da Li seine Geschäfte ganz diskret abwickelte und überall seine Anhänger plaziert hatte, konnte er nicht aus seiner Machtstellung verdrängt oder ermordet werden, ohne den Staat selbst zu gefährden. Die Würgerfeige war zur Stütze des Wirtsbaums geworden.

Li fädelte Geschäfte ein, handelte Verträge aus, entsandte Armeen und sorgte dafür, daß das Herz des Reiches verwaltet, in Ordnung gehalten, ausspioniert und nötigenfalls angetrieben wurde und daß ausländische Interessen gehätschelt oder in Schach gehalten wurden. Das alles paßte den Eisenhüten nicht ins Konzept. Sie mißtrauten seinen Abmachungen mit ausländischen Regierungen, sie wußten, daß er durch seine geschäftlichen Unternehmungen und riesige Bestechungssummen aus dem Ausland immer reicher wurde, sie wollten nicht länger auf seine Patronage angewiesen sein, und sie argumentierten mit einer gewissen Berechtigung, daß es nur noch eine Frage der Zeit sei, bis Li einen Palastputsch inszenieren und den Thron für sich selbst beanspruchen würde. Im Tagebuch von Robert Hart, der ihn gut kannte, finden sich wiederholt Befürchtungen, daß Li jederzeit zuschlagen könne.

Die Krise, die 1884 als Vorwand diente, Prinz Kung zu Fall zu bringen, setzte ein, als Frankreich die alten chinesischen Tributstaaten Tonkin, Annam und Cochin in Indochina eroberte und den Roten Fluß und den Mekong zu erkunden begann. Damit wurde Chinas Vormachtstellung an seinen südlichen Grenzen herausgefordert. Während Paris mit dem Säbel rasselte, kreuzten gut bewaffnete französische Marinegeschwader im Südchinesischen Meer. Prinz Kung, dem die Eroberung Pekings 1860 durch die Alliierten noch lebhaft vor Augen stand, versuchte Frankreich zu beschwichtigen und mit Hilfe von Vizekönig Li einen Vertrag auszuhandeln. Diese Appeasementpolitik brachte die patriotischen Eisenhüte nur noch weiter gegen ihn auf.

Um ihren Staatsstreich mit Aussicht auf Erfolg durchführen zu können, brauchten die Eisenhüte starke chinesische Unterstützung. Auf ihrer Seite im Kampf gegen Prinz Kung und Vizekönig Li standen die Puristen, eine chinesische Interessengruppe unter der Führung des listigen Chang Chih-tung, des Vizekönigs der südlichen Provinzen Kwangsi und Kwangtung, die an Tonkin grenzten. Sowohl die Puristen als auch die Eisenhüte widersetzten sich jeder Vereinbarung mit den ausländischen Mächten und traten für einen sofortigen Krieg gegen Frankreich ein. Vizekönig Chang, der sein Mäntelchen gern nach dem Wind hängte, schloß sich mit anderen zusammen, um Prinz Chun, den Vater des Kaisers, mit Schmeicheleien und Lobhudeleien zu ermutigen, unter der Regierung seines Sohnes eine größere politische Rolle zu spielen; sie machten ihn zum Aushängeschild der Puristen und erhielten durch ihn Zugang zum jungen Kaiser und zu Tz'u-Hsi.

Kungs Erfolg als Führer der Koalition gründete sich auf seine Bereitschaft zu Kompromissen und Konzessionen. Jetzt sah er sich zunehmend Angriffen ausgesetzt, er sei ein unentschlossener Zauderer und Beschwichtigungspolitiker. Der Reihe nach machten die Cliquen seiner Gegner ihn zur Zielscheibe ihrer Angriffe. Im Vertrauen auf die Berichte seines Gesandten in Paris und auf die Beurteilung der Lage durch Robert Hart hoffte Prinz Kung zuversichtlich darauf, mit Frankreich einen Kompromiß zu finden. Er entsandte Li Hungchang als Unterhändler, dessen mit den französischen Vertretern erzieltes Abkommen vorsah, Indochina zu einem gemeinsamen Protektorat Chinas und Frankreichs zu machen. Darauf beschuldigten die Puristen Prinz Kung und Vizekönig Li des »Verrats«. Das war der Appell an die Eisenhüte. In einer konzertierten Aktion wurde der Thron mit Denkschriften überschwemmt, in denen die beiden Männer öffentlich beschuldigt wurden.

Angesichts der wachsenden Uneinigkeit am Hof kapitulierten Kuang-hsü und Tz'u-Hsi und befahlen Prinz Kung, zurückzutreten. Das Edikt, in dem seine Entlassung mitgeteilt wurde, befreite ihn vom Vorwurf des Verrats und beschuldigte ihn lediglich der Arroganz, Vetternwirtschaft und Ineffizienz.

Backhouse schildert diese Ereignisse etwas anders. Nach ihm wurde Kung entlassen, weil »[Tz'u-Hsi] glaubte, der Prinz intrigiere mit dem jungen Kaiser gegen sie«. Backhouse fügt hinterhältig hinzu, sie habe außerdem geglaubt, daß »[Prinz Kung]... für eine neuerliche Denkschrift verantwortlich sei, in der sie von einigen Zensoren unverhohlen verderbter Moral und grenzenloser Verschwendung bezichtigt worden war«. (Sowohl die Intrige als auch die kritische Denkschrift waren Backhouse' höchst eigene Erfindung.)

Um 1884 seine eigene Haut zu retten, wechselte Vizekönig Li im letzten Augenblick die Seiten, entzog Prinz Kung seine Unterstützung und sagte sie statt dessen Prinz Chun und den Eisenhüten zu – womit er in bester Wu-shu-Manier seine Gegner völlig überraschte. Sie fuchtelten mit ihren Dolchen herum, ohne auch nur einen einzigen Tropfen von Lis Blut zu vergießen. Kungs Platz als höchster Minister wurde nun von Prinz Chun eingenommen. Die auswärtigen Angelegenheiten wurden in die Hände des achtundvierzigjährigen Prinzen Ching gelegt, eines Mannes, der über keine erkennbaren Skrupel verfügte. (Prinz Ching kam aus einer Familie, in der Habsucht und Intrigen schon immer eine große Rolle gespielt hatten. Er war dafür berüchtigt, seine Geschäfte unter dem Ladentisch abzuwickeln, Bestechungsgelder anzunehmen und sich um die schlechte Laune von Reaktionären zu kümmern.)

Nachdem Prinz Kung aus seinem Amt verdrängt war und sich wieder seinem Fuchsfeengarten widmete, wandten die Eisenhüte und ihre Verbündeten bei den Puristen ihre Aufmerksamkeit Vizekönig Li zu. Doch bevor sie erneut Angriffsstellung beziehen konnten, wuchs sich der Konflikt mit Frankreich zu einem Krieg aus. Bisher konnten die Eisenhüte alle Fehlschläge in der Außenpolitik Prinz Kung und seinem Vasallen Li in die Schuhe schieben. Jetzt waren sie allein dafür verantwortlich, den Krieg zu gewinnen. Während sie noch über die richtige Schlachtordnung stritten, hatten die Franzosen Indochina schon fest unter ihre Kontrolle gebracht. Zähneknirschend mußten die Puristen sich an Vizekönig Li als obersten diplomatischen Unterhändler wenden, der für sie die Kastanien aus dem Feuer holen sollte.

Nachdem Prinz Chun als höchster Minister am Hof bestätigt worden war, machte er einen erstaunlichen Wandel durch und vertrat wesentlich vernünftigere Ansichten als vorher. Die Realitäten der alltäglichen Regierungspolitik brachten es mit sich, daß der politische Extremismus bei ihm schnell an Attraktivität verlor. Seit er an der Macht war, sahen viele Dinge für ihn anders aus. Der Siebte Prinz sah sich unvermittelt zu demselben Balanceakt genötigt, den sein Halbbruder seit über 20 Jahren vorgeführt hatte.

Zudem war Chun weder willens noch in der Lage, dem Machthunger Lis Zügel anzulegen. Der Prinz hatte keine Lust, mit ausländischen Regierungen und Banken zu verhandeln, und er hatte nicht den Nerv für jene Liebe zum Detail, die Li zu einem großen Verwaltungsfachmann machte. So kam es, daß innerhalb weniger Monate nach dem Sturz Prinz Kungs Li wie durch Zauberhand abermals als Chinas eigentlicher Herrscher hinter den Kulissen auftauchte – als Schatz-, Innen- und Außenminister, Chef des Geheimdiensts, als Transport- und Verkehrsminister und als Oberaufseher über den Handel. Einige dieser Funktionen übte er öffentlich aus, da der Thron ihn dazu angehalten hatte, doch viele seiner Unternehmungen erfolgten im verborgenen und wurden von seinem privaten Stab von *mu-fu* durchgeführt, deren Zahl in die Hunderte ging. Als Versicherungspolice schickte er unzählige Geschenke an Prinz Chun und die Kaiserinwitwe. Dem konnten beide schlecht widerstehen, womit Li gerechnet hatte. Doch Lis Versuche, auch Kaiser Kuang-hsü auf seine Seite zu ziehen, erwiesen sich als der große Fehlschlag in einer lebenslangen Kette von Erfolgen.

Kuang-hsü wurde 1887 15 Jahre alt und hätte als Vorbereitung auf seine wenige Monate später vorgesehene Thronbesteigung der Tradition gemäß heiraten müssen. Beide Zeremonien wurden jedoch um zwei Jahre verschoben. Angeblich hatte Tz'u-Hsi sich geweigert, auf die Macht zu verzichten. Die traurige Wahrheit war allerdings, daß Kuang-hsü auf diesen Schritt noch nicht vorbereitet war. Anfang des Jahres erkrankte sein Vater schwer. Prinz Chun entschied daraufhin, die Übergabe des Throns zu verschieben, und er überredete Tz'u-Hsi, noch einige weitere Jahre Regentin zu bleiben. Durch den Aufschub hatte sie mehr Zeit, um für Kuang-hsü eine Kaiserin und mehrere Konkubinen auszusuchen. Zur Kaiserin bestimmte sie ihre äußerst reizlose, jedoch vernünftige Nichte, die Tochter ihres Bruders, des stellvertretenden Generallieutenants Kuei Hsiang; sie sollte den Namen Kaiserin Lung-yu tragen. Sie war drei Jahre älter als Kuang-hsü, hatte vorstehende Zähne, war so schlicht wie ein Karnickel und doppelt so mager. Da Kuang-hsü Tz'u-Hsis Neffe war, sollten also Vetter und Base ersten Grades heiraten. Das war, wie auch im europäischen Adel, durchaus nichts Ungewöhnliches, doch im Hinblick auf eine Nachkommenschaft möglicherweise nicht unproblematisch. Aufgrund der bereits erwähnten Krankheitssymptome Kuang-hsüs spielte dieser Umstand allerdings keine Rolle.

Viele Autoren haben kritisiert, daß Tz'u-Hsi ihren Neffen zum Kaiser und ihre Nichte zur Kaiserin gewählt hatte. Sie war bereits allmächtig und wollte deshalb wie jeder andere Monarch nach Möglichkeit Familienangehörige um sich scharen, um im Alter Gefährten in ihrer Nähe zu haben. Jeder, der sie zusammen mit den beiden im Palast gesehen hatte, gewann den Eindruck, daß sie Kuang-hsü und Lung-yu wirklich mochte.

Als kaiserliche Konkubinen wählte sie zwei Schwestern aus dem Tatala-Clan. Die Mädchen standen hoch in der Gunst des obersten Erziehers des Kaisers, Weng Tung-ho, dessen Empfehlungen bei Tz'u-Hsi ein besonderes Gewicht hatten. Die erste, Chan Fei oder Perlkonkubine, war ehrgeizig, wirkte natürlich und hatte hübsche Gesichtszüge; ihre Schwester, die den Namen Chin Fei oder Strahlende Konkubine tragen sollte, war rundlich, mit einem sanften, aber fast unbewegten Gesichtsausdruck. Die eine wurde möglicherweise gewählt, weil sie intelligent, lebhaft und körperlich anziehend war, die andere, weil sie nichts Einschüchterndes an sich hatte. Mit einer von beiden, wenn überhaupt, sollte Kuang-hsü seiner Pflicht genügen.

Sogleich kam es zu Problemen. Weder die designierte Kaiserin noch der junge Kaiser waren über das Arrangement besonders glücklich. Lung-yu, offenbar ein Mädchen von großer Charakterstärke, stand angeblich der ganzen Idee von Anfang an ablehnend gegenüber und wurde von ihrer Familie zu dem Handel gezwungen. Kuang-hsü lehnte es dem Vernehmen nach ab, die Braut auch nur zu sehen oder gar die Ehe mit ihr zu vollziehen. Trotz alledem fand die Hochzeitszeremonie am 26. Februar 1889 statt.

Eine Woche später bestieg Kuang-hsü, inzwischen in seinem 17. Lebensjahr, den Thron. Am selben Tag, dem 4. März 1889, zog Tz'u-Hsi sich dankbar aus ihrem Amt als Regentin zurück. Die vierundfünfzigjährige Kaiserinwitwe nahm an, sie könne endlich zu einem einfachen Leben im Sommerpalast zurückkehren und den

Zwistigkeiten am Hof und der ganzen Politik den Rücken kehren. Um ihr Abtreten von der politischen Bühne hervorzuheben, zeichnete sie zahlreiche Personen aus. Insbesondere Robert Hart hatte Grund zum Feiern: »Der Kaiser heiratet; die Kaiserinwitwe zieht sich nach zwei Regentschaften, die sich über rund 30 Jahre erstreckten, ins Privatleben zurück. Ein halbes Dutzend wichtige Edikte werden erlassen, in denen allen gedankt wird, die während der Regentschaften gearbeitet haben – Lebenden und Toten, und ein Edikt... rühmt mich und mein Werk und [hat] mir den allerobersten (Cheng-) Rang für drei Generationen rückwirkend verliehen! Für einen Westeuropäer könnte nichts kurioser sein – für einen Chinesen nichts ehrenvoller.« Der Ahnenrang Erster Klasse Erster Ordnung für drei Generationen bedeutete, daß die Ehrung rückwirkend war und seinen Ahnen statt seinen Nachkommen verliehen wurde, das einzige Mal in der chinesischen Geschichte, daß diese Auszeichnung einem Ausländer zuteil wurde.

Tz'u-Hsi demonstrierte mit dieser Ehrung, daß sie trotz der Opposition ihrer Minister gelegentlich mit der Tradition brach. Einige der Höflinge waren empört, daß jetzt ein fremder Teufel einen höheren Rang innehatte als die meisten von ihnen samt ihren Ahnen. Eine ähnliche Geste der Anerkennung für einen Barbaren hatte zuletzt vor 150 Jahren Kaiser K'ang-hsi gemacht, als verdiente Jesuiten mit dem Rang eines Mandarins belohnt wurden. Tz'u-Hsis Auszeichnung Robert Harts und die darin enthaltene Zustimmung zu der Tätigkeit, die er ausübte, war ein großer Schritt in Richtung auf dringend notwendige Reformen innerhalb der chinesischen Regierung. Hart stand für jene Art der Veränderung, die unumgänglich war, wenn der Beamtenapparat effizient arbeiten sollte. Die Ironie des Schicksals wollte es, daß Tz'u-Hsi wegen der engherzigen Regeln der Etikette sich noch nicht mit Hart unter vier Augen getroffen hatte. Es sollten weitere 13 Jahre vergehen, bevor sie imstande war, sich über diese Vorschriften hinwegzusetzen und eine Privataudienz zu verabreden. Vorläufig konnte sie ihre zustimmende Haltung in der Öffentlichkeit allein durch die Ehrung zum Ausdruck bringen.

Theoretisch war Kuang-hsü jetzt der unumschränkte Herrscher; tatsächlich war er nur eine Marionette des Systems. Abgesehen von einigen Monaten im Jahr 1898 hatte er nie die volle Verantwortung. Während des ersten Teils seiner Regierung wurde er bei seinen Entscheidungen von seinem Erzieher Weng Tung-ho, von Prinz Kung und schließlich von seinem Vater, Prinz Chun, angeleitet. Als Prinz Chun 1891 starb, übernahm Prinz Ching, ein Werkzeug Vizekönig Li Hung-changs, seine Rolle. Kuang-hsü war stets das Opfer von Manipulationen; er behauptete sich niemals so, wie die Kaiser K'ang-hsi und Yung-cheng dies getan hatten, indem sie potentielle Rivalen rücksichtslos ausschalteten, und er bezahlte einen hohen Preis dafür. Allerdings war Kuang-hsü noch kein erwachsener Mann. Wenn die Audienzen ihm zu lang wurden, schlüpfte er vom Thron hinter den Gazevorhang, um eine Zigarette zu rauchen.

Was für ein Schmierentheater die Mandschu-Regierung inzwischen aufführte, zeigte sich daran, wie sie versuchte, mit der schweren Dürre fertig zu werden, von der die große nordchinesische Ebene 1890 heimgesucht wurde. Robert Hart schrieb über die Rolle des jungen Kaisers: »Der Kaiser und der Hof... beteten inbrünstig um Regen, und wir bekamen ihn auch, und nicht zu knapp! Jetzt beten sie um schönes Wetter, aber nicht inbrünstig genug! Wir hatten Seen in der Stadt... Flüsse in den Straßen – Schwimmbäder hinterm Haus – Duschbäder in allen Zimmern.«

Am 5. März 1891 hielt Kuang-hsü mit 19 Jahren erstmals Audienz mit ausländischen Gesandten, ihre erste Audienz mit einem Kaiser seit der flüchtigen Begegnung mit T'ung-chih 1873. US-Botschafter Denby charakterisierte den Kaiser mit folgenden Worten: »Er macht den Eindruck eines feingliedrigen Jugendlichen. Er ist klein und mager, und es sieht nicht so aus, als verfüge er über körperliche Robustheit. Er wirkt blaß und vergeistigt. Seine Augen sind groß und dunkel, und sein Gesicht ist glatt und bartlos.«

Den Gesandten fielen an ihm seine Sprachhemmung und andere Eigenschaften auf, die ihnen etwas merkwürdig vorkamen. Für Denby war »etwas Unschlüssiges in seiner Sprechweise, und... er spricht langsam und unter Schwierigkeiten. Trotz seiner normalerweise ruhigen Gemütsart soll er gelegentlich recht eigensinnig sein«. Dennoch, fuhr Denby fort, richteten alle große Hoffnungen auf den jungen Mann: »Eisenbahnen, elektrisches Licht, Naturwissenschaften, eine neue Marine, eine verbesserte Armee, ein allgemeines Bankensystem, eine Münze, das alles steckt noch in den Anfängen, wird sich jedoch bald zu voller Blüte entfalten... Die Regierung des jungen Kaisers wird die denkwürdigste Epoche in der Geschichte Chinas werden.«

Denby sollte recht behalten, sie wurde denkwürdig, aber nicht wegen der Eisenbahnen und Glühbirnen.

Kuang-hsüs Schicksal wollte es, daß er drei Jahre später, im Alter von 22 Jahren, mit dem schlimmsten militärischen Debakel des Reichs seit 1860 konfrontiert wurde, als 1894 der chinesisch-japanische Krieg ausbrach. Für Tz'u-Hsi brachte der Krieg den Hof erneut in eine Notlage, in der ihre Hilfe gebraucht wurde. So wurde sie am Vorabend ihres 60. Geburtstags von der japanischen Krise – und nicht von ihrem »unersättlichen« Machthunger – in den Mittelpunkt der politischen Bühne zurückversetzt.

10
Die neuen Eisenhüte

Seit Jahren hatte Japan versucht, Chinas Stellung als Oberlehensherr Koreas zu untergraben. Wenn die Japaner die Kontrolle über die koreanische Halbinsel erlangten, konnten sie Peking bedrohen und die noch immer bestehende Ching-Dynastie der größten Gefährdung in ihrer Geschichte aussetzen.

Korea selbst bot wenig Widerstand, weil seine Herrscherfamilie durch eine langanhaltende Fehde zerstritten war, in die sich Interessenvertreter Chinas, Japans und Rußlands bei jeder sich bietenden Gelegenheit einmischten. Bereits 1873 war der willensstarke koreanische Regent Taewon-gun, der Vater des schwachsinnigen Königs Kojong, zum Rücktritt gezwungen worden, und Königin Min und ihr machthungriger Clan hatten die Regierungsgewalt übernommen. Tokyo machte sich diesen innenpolitischen Zwist zunutze, entsandte eine Kriegsflotte und zwang Korea, seine Märkte für japanische Güter zu öffnen. Das alarmierte die Mandschu, die in jedem Gewinn für Japan einen Verlust für China sahen.

Bei einem von den Japanern unterstützten Versuch, Königin Min abzusetzen und den früheren Herrscher wieder auf den Thron zu bringen, stürmte 1882 eine Menschenmenge den Palast in Seoul. Das Herrscherpaar rettete mit knapper Not sein Leben; mehrere Minister des koreanischen Hofs wurden in Stücke gehauen. Das daraus entstehende Chaos bot China einen Vorwand zur Intervention: Vizekönig Li schickte seinen verheißungsvollsten Schützling, den dreiundzwanzigjährigen Yuan Shih-kai, mit 4000 Mann auf die Halbinsel, die dort stationiert werden sollten. Yuan wurde für die nächsten zwölf Jahre Lis wichtigster Mann in Korea, ein Mann voll Arglist, Renommiersucht und grenzenlosem Ehrgeiz und mit einem hemmungslosen Appetit auf Frauen, Essen, Geld und Macht.

Nach Yuans Ankunft machten Japan und China sich daran, den rivalisierenden Fraktionen in Seoul den Rücken zu stärken. 1884 inszenierten koreanische Radikale einen Putsch. Die Verschwörer wurden von Tokyo bezahlt und von einer Elitetruppe japanischer Geheimagenten, ehemalige Samurai, unterstützt, die sich als Koreaner ausgaben. Der Putsch wurde zwar von Yuan und seinen chinesischen Soldaten niedergeschlagen, doch einer der Haupträdelsführer, Kim Ok-kium, entkam nach Japan und bereitete von dort aus der chinesischen Regierung ständig Ärger.

Um zu vermeiden, daß sich die Lage in Korea zu einer militärischen Konfrontation auswuchs, schloß Vizekönig Li einen Vertrag mit dem japanischen Premierminister Ito Hirobuni, die Li-Ito-Konvention, die für die kommenden zehn Jahre den Korken auf der Flasche hielt, während beide Länder hinter den Kulissen unverdrossen weiter ihre Intrigen spannen. Während dieser Zeit versuchten die Chinesen mehrfach vergeblich, von den Japanern die Auslieferung des koreanischen Störenfrieds Kim Ok-kium zu erreichen. Yuan wollte ihn ermorden lassen, doch Kim wurde von Mitgliedern der japanischen Geheimgesellschaft Genyosha (Dunkles Meer) beschützt, einer ultranationalistischen Organisation aus japanischen Offizieren und Gangstern. Schließlich gelang es dem chinesischen Botschafter in Tokyo, Kim dazu zu überreden, sich heimlich nach Shanghai ins internationale Viertel zu begeben, wo er angeblich in Sicherheit sei; danach könne man ein Arrangement treffen, demzufolge Kim an der Spitze einer neuen Regierung in Seoul stehen sollte. Im März 1894 wurde er in einem japanischen Hotel im internationalen Viertel in Shanghai überrascht und erschossen. An den Vorbereitungen zu diesem Mord waren Vizekönig Li in China, General Yuan in Korea und der chinesische Botschafter in Japan beteiligt.

Nach dem Mord übermittelte der Vizekönig dem chinesischen Botschafter seinen persönlichen Dank: »Seine Ermordung hat nun rechtzeitig zu einer Lösung geführt. Ich habe einen Brief von Yuan Shih-kai erhalten, in dem es heißt, daß der koreanische Hof Freudentänze aufführt und... daß er Ihnen zu besonderem Dank verpflichtet ist für Ihre Hilfe, [Kim] nach China zu locken.«

Die Freudentänze waren verfrüht. Die Ermordung Kims führte

schließlich zum verheerenden chinesisch-japanischen Krieg von 1894–95. Aufgrund der engen Verbindungen Kims zur Genyosha konnte diese seine Ermordung als Vorwand benutzen, um für einen Krieg zu agitieren. Hohe Beamte des japanischen Außenministeriums und hohe Offiziere im Generalstab der Armee, die ebenfalls eng mit der Genyosha zusammenarbeiteten, waren überzeugt, Korea mit militärischer Gewalt nehmen zu können, doch sie wußten, daß Premierminister Ito nicht mitspielen würde, solange man die Krise nicht auf die Spitze trieb. Der Vizechef des japanischen Generalstabs riet der Genyosha, einen »Brand zu entfachen«, dann würde es Itos »Pflicht« sein, »das Feuer zu löschen«. Die Genyosha war bereitwillig zu Diensten.

In Korea einen Brand zu entfachen war einfach. Die koreanischen Bauern wurden so unterdrückt, daß viele ihre Zuflucht in der religiösen Sekte Tonghak suchten. Agenten der Genyosha überredeten die Tonghak zu einem bewaffneten Aufstand gegen die koreanischen Herrscher. Sowohl China als auch Japan entsandten daraufhin Interventionstruppen. Erschreckt von dem, was sie da angerichtet hatten, wollten die Tonghak-Bauern ihre Brandfackeln wieder austreten, doch das Feuer war bereits außer Kontrolle geraten.

Yuan erhielt lediglich 1500 chinesische Soldaten als Verstärkung, doch das japanische Militär meldete dem Premierminister bewußt höhere Zahlen, so daß Tokyo seinerseits 8000 Mann schickte. Die japanische Armee fiel in Korea ein, um einen Brand zu bekämpfen, den sie selbst gelegt hatte. Nachdem sie dort mit einem starken Kontingent stationiert waren, bestanden die Japaner darauf, eine gemeinsame Kommission einzusetzen, um die koreanische Regierung umzubilden. Auf diese Weise sollte Korea eine Regierung unter japanischer Kontrolle aufgezwungen werden.

Nachdem ein Krieg in Korea unvermeidlich schien, floh Yuan am 17. Juli 1894 heimlich nach Tientsin. Er war nicht bereit, sich zu diesem frühen Zeitpunkt seiner Karriere für eine verlorene Sache zu opfern.

Am 25. Juli 1894 meldeten Spione dem Kommandeur des japanischen Marinegeschwaders, weitere chinesische Soldaten und Munition würden an Bord eines gecharterten britischen Schiffs, der *Kowshing*, von Port Arthur nach Korea gebracht. Die japanische Marine fing die *Kowshing* ab und forderte den Kapitän auf, ihr mit seinem Schiff zu folgen, doch dieser ignorierte den Befehl. Darauf feuerten die Japaner zwei Breitseiten und einen Torpedo genau in das Mittschiff ab und versenkten die *Kowshing* mit ihrer Besatzung. Die wenigen

Überlebenden, die sich an Schiffstrümmer klammerten, wurden mit Maschinengewehren niedergemacht.

In Peking raufte Robert Hart sich die Haare, als er die Nachricht empfing: »China hält vielleicht einen oder zwei Tage still, um abzuwarten, was England tun wird, und um dem gemeinsamen Bemühen Englands, Deutschlands und Rußlands Zeit zu lassen... Japan dazu zu bewegen oder zu zwingen, die Kriegsfackel auszutreten. Doch nach ein oder zwei Tagen, wenn das Abwarten keine sichtbaren Resultate bringt, wird China selbst handeln; und ich fürchte, daß dies nur in einer Katastrophe enden kann. Die Japse werden am Anfang überall siegen, und China wird aus Angst zurückweichen.« Er sollte nur zu recht behalten.

Hart wußte nicht, daß Japan von England bereits die Zusicherung erhalten hatte, nicht zu intervenieren, und Rußland schloß sich dem an.

Seit dem Sturz Prinz Kungs befanden sich die Eisenhüte in Peking in den einflußreichsten Ämtern im Umkreis des Throns. So schlugen denn Tz'u-Hsi und der unerfahrene Kaiser auf Drängen dieser kriegstreiberischen Berater den Kriegskurs ein. Sowohl die mandschurischen wie die chinesischen Beamten verachteten die Japaner und bezeichneten sie in ihrer diplomatischen Korrespondenz und in kaiserlichen Dekreten als »Zwergpiraten« und »Zwergbanditen«. Die Zeiten hatten sich jedoch geändert. Seit der Meiji-Restauration 1868 hatten die Japaner begonnen, ihr Land zu industrialisieren und sich für einen Großangriff auf das bestehende Mächteverhältnis in Ostasien zu bewaffnen. Hart war einer der wenigen Zeitzeugen, die begriffen, daß China völlig den Boden unter den Füßen verloren hatte. Die meisten Westeuropäer gingen davon aus, daß China langfristig Japan allein schon aufgrund seiner zahlenmäßigen Überlegenheit besiegen werde. Sie begriffen nicht, daß die Japaner es mit allem, was sie sich einmal in den Kopf gesetzt hatten, todernst meinten, während China kaum seine rechte und seine linke Hand koordinieren konnte, um eine Nadel einzufädeln.

Als der Krieg begann, wurde der höchste kaiserliche Erzieher, Weng Tung-ho, der Meister hohler Zeremonien und der vollendeten Schmeichelei, zum Großrat ernannt und zum besonderen Ratgeber des Throns befördert, um dem Kaiser Ratschläge zu erteilen, wie er den Krieg führen sollte. Es war, als hätte man einem Tanzlehrer den Oberbefehl über die Armee gegeben. Weng hatte absolut keine Ahnung vom Krieg; seine Stärke lag darin, zu posieren und sich um eine klare Stellungnahme zu drücken. Das tat er denn auch und riet heute zu Krieg und morgen zu Frieden. Das hatte verheerende Folgen. China mußte fürchterliche Verluste hinnehmen, weil Peking weder in der Lage war, standzuhalten, noch sich zurückzuziehen.

Während der Krise wurde Tz'u-Hsi, die ebenfalls nichts vom Krieg verstand, beständig um Rat gefragt und sollte zwischen den Tauben und den Falken am Hof vermitteln. Zu diesem Zweck sollte sie auch aus der Zurückgezogenheit des Sommerpalasts in die Verbotene Stadt zurückkehren. Die Rolle der Schlichterin wurde ihr nicht etwa deshalb aufgebürdet, weil sie in Militärfragen kompetent gewesen wäre, sondern weil auch sonst niemand auf diesem Gebiet kompetent war. Man hatte sich so sehr an sie als zeremonielle Schiedsrichterin gewöhnt, daß Kaiser Kuang-hsü beim Prozeß der Entscheidungsfindung häufig völlig übergangen wurde. Um zu vermeiden, daß der Kaiser oder die Kaiserinwitwe beleidigt würden, sollten künftig alle Dokumente für den Thron gleichzeitig Tz'u-Hsi und Kuang-hsü vorgelegt werden. Sie arbeiteten gemeinsam in Tz'u-Hsis Amtsräumen auf der malerischen Ying-tai-Insel in einem der Seen vor der Verbotenen Stadt, in einem Pavillon, den Kaiser Ch'ien-lung vor langer Zeit hatte erbauen lassen.

Tz'u-Hsi hatte einige Lektionen Pragmatismus gelernt, die sie jetzt ihren streitenden Ministern eintrichtern wollte. Zwei Wochen vor Chinas Kriegserklärung hatte sie davor gewarnt, politische Entscheidungen dürften nicht mißverständlich, sondern müßten klar und entschieden sein (gerade das waren sie nicht). Die Eisenhüte zweifelten 1894 ebensowenig daran, daß sie Japan schlagen würden, wie die Achterbande 1860 an ihrem Sieg über die Truppen Lord Elgins gezweifelt hatte. Als der Krieg für sie eine katastrophale Wendung nahm, schürten sie bei Tz'u-Hsi Ängste, die Ahnengräber der Mandschu und Peking selbst könnten von den »Zwergpiraten« verwüstet werden. Das reichte bereits aus, sie auf die Seite der Falken zu treiben. Sie glaubte, sie könne auf Vizekönig Li rechnen, der über Strohmänner sowohl die Armee als auch die Marine kontrollierte. In der Vergangenheit hatte sie die Erfahrung gemacht, daß Li Wunder wirken konnte.

Es bedurfte mehr als eines Wunders. Chinas Kriegsmarine bestand aus mehreren Flotten, die in den verschiedenen Küstenprovinzen von Oberlehensherren mit jeweils eigenen, zum Teil engstirnigen Interessen befehligt wurden. Eine der größten war die Fukien-Flotte, die 1884 während des Krieges um Indochina gegen Frankreich versenkt worden war. Diese peinliche Schlappe hatte Peking gezwungen, die Marine umzuorganisieren, zu modernisieren und einem einheitlichen Kommando zu unterstellen. Li als mächtigster Staatsdiener an der Küste hatte seit Jahren eine zentral befehligte Marine gefordert und sich ohne falsche Scham als deren Befehlshaber empfohlen. Ein Marineministerium unter Prinz Chun, Prinz Ching und Vizekönig Li wurde eingerichtet. Es war von Anfang an eine leere Geste, da es nach wie vor in vier verschiedenen Küstenregionen vier Flotten gab, doch das Marineministerium bot eine neue und glänzende Gelegenheit zu Ämterwirtschaft und Kungelei. Li war verantwortlich für die nördliche Marine und die nördliche Armee. Er beauftragte ausländische Firmen mit dem Bau befestigter Hafenanlagen einschließlich ausgedehnter Stützpunkte in Port Arthur in der Mandschurei und Wei hai wei auf der Halbinsel Shantung. Er kaufte Schiffe von britischen und deutschen Werften; 1890 verfügte er über rund 25 Schiffe, darunter neun moderne Kriegsschiffe. Außerdem beschaffte er Kredite bei Auslandsbanken zur Gründung einer Marineakademie. Doch moderne Schiffe und Geschütze waren nutzlos, wenn sie nicht richtig bedient wurden.

Das Marineministerium diente lediglich den persönlichen Interessen der Prinzen. Prinz Chun als Chef des Ministeriums reklamierte die von Li aufgenommenen und für den Bau einer Marineakademie gedachten Kredite für sich und verwendete sie für den Bau von Motorrennbooten zur Unterhaltung des Hofs an den Seenpalästen in Peking und auf dem Kunming-See beim Sommerpalast. Der Vater des Kaisers durfte jederzeit Geld von Vizekönig Li fordern, dafür mischte er sich nicht in dessen Angelegenheiten. Andere Mittel des Marineministeriums wurden von den Prinzen Chun und Ching dazu benutzt, die Kaiserinwitwe mit Geschenken zu überhäufen und verschwenderische und überflüssige Projekte zu finanzieren, die ihr Gefallen finden würden, um ihre Unterstützung bei politischen Entscheidungen zu gewinnen.

Kostspielig waren etwa Prinz Chuns Pläne, einen Flügel des Sommerpalasts vollständig wiederherstellen zu lassen, der Tz'u-Hsi als Ruhesitz dienen sollte; dafür hatte er Li zur Kasse gebeten. Doch Li hatte bekanntermaßen seine eigenen Methoden, mit lästigen Prinzen fertig zu werden. Statt ausländische Banken um einen Kredit anzugehen, verschaffte er diskret Geld und bezeichnete seine Kampagne als geheime Finanzierung zur Aufrüstung der Marine. Die wohlhabende Oberschicht und hohe Beamte in allen Provinzen wurden zu einem Beitrag genötigt, der angeblich der Kaiserinwitwe zugute kommen würde. Später hieß es, Tz'u-Hsi habe alles Geld verschwendet, das für die Marine bestimmt gewesen sei, um damit eine Barke aus

Marmor auf dem Kunming-See bauen zu lassen. Nicht nur in sogenannten Sachbüchern, sondern auch in wissenschaftlichen Darstellungen wird dieser Vorwurf gebetsmühlenartig wiederholt. In Wirklichkeit wurde die Marmorbarke ein Jahrhundert früher unter Kaiser Ch'ien-lung erbaut. Nachdem die Alliierten sie 1860 verwüstet hatten, wurde sie schließlich auf Anordnung Prinz Chuns oberflächlich restauriert, um Tz'u-Hsi zu schmeicheln. Natürlich gefiel es Tz'u-Hsi, daß die Marmorbarke restauriert worden war, denn sie hielt sich gern dort auf und bewunderte ihre Wandmalereien (die 1900 von den Alliierten erneut beschädigt wurden). Doch die Vorstellung, China habe den Krieg gegen Japan verloren, weil Tz'u-Hsi Gelder, die eigentlich für die Marine bestimmt waren, für die Wiederherstellung der Barke ausgab, ist lächerlich. Zweifellos entging der Kaiserinwitwe nicht, daß Prinz Chun und andere große Summen für die Restaurierung des Sommerpalasts verschwendeten, doch gibt es keine Hinweise darauf, daß sie wußte, woher das Geld eigentlich stammte. Die einzigen, die die für die Marine bestimmten Gelder heimlich oder sonstwie in andere Kanäle leiten konnten, waren Vizekönig Li und die beiden ranghohen Prinzen in der Regierung, denn *sie* waren das Marineministerium.

Lis Hauptmarinestützpunkt befand sich in Port Arthur an der Südspitze der Mandschurei. Ein deutscher Militäringenieur erhielt den Auftrag für die Befestigungsbauten, und der ehemalige Dschunkenhafen wurde zu einem vorbildlichen Hafen für Großschiffe gemacht, dessen Grund gleichmäßig auf eine Tiefe von acht Metern ausgebaggert wurde. Hochaufragende Steilufer und über 40 moderne Kanonen bewachten die Einfahrt. Mit einem Trockendock, Maschinenwerkstätten, Stapelhäusern, einer Eisenbahn, elektrischem Strom und einem Torpedodepot waren es die modernsten Hafenanlagen Chinas.

Auf der anderen Seite des Golfs von Chihli lag der vorzügliche Hafen Wei hai wei an der Spitze der Halbinsel Shantung, mit drei befestigten Inseln, die seiner Einfahrt vorgelagert waren. Li befestigte auch den Ankerplatz Dairen und ließ Forts entlang der Küste errichten. Er wollte sich nicht ausschließlich auf die Marine verlassen. In den letzten Jahren vor der Jahrhundertwende wurde dampfgetriebenen Schlachtschiffen noch nicht überall vertraut.

Obwohl sie erst noch ihre Probe im Gefecht bestehen mußte, hatte Lis nördliche Marine bereits eine gute Presse. Die Zeitungen in Shanghai priesen seine »starken Panzerschiffe« und »schnellen Torpedoboote«. Er schickte seine sechs besten Kriegsschiffe auf Besuchsfahrten, so zum Beispiel 1891 nach Japan, wo japanische Fachleute sie näher in Augenschein nehmen konnten und Spione in die Mannschaften eingeschleust wurden.

Der US-Gesandte Denby äußerte sich überschwenglich: »Es kann mittlerweile kein Zweifel mehr daran bestehen, daß das [nördliche] Geschwader allein durchaus in der Lage ist, es mit jeder anderen Flotte aufzunehmen, die gegenwärtig in ostasiatischen Gewässern stationiert ist.«

Entgegen diesen Einschätzungen glich Lis Marine chinesischen Soldaten, die zwar in furchterregenden Uniformen mit Tigerstreifen steckten, aber über keinerlei Kampferfahrung verfügten. Es ging alles überraschend schnell. Der Krieg war erst vier Wochen alt, da schrieb Hart im September 1894: »Lis berühmte Flotte, seine Befestigungen, Kanonen und Mannschaften haben in keiner Weise gehalten, was man sich von ihnen versprechen durfte; im Augenblick haben sie Probleme mit der Munition – die südliche Flotte hat nur 25 Schuß je Geschütz, und in der nördlichen Flotte haben sie keine Granaten für die Krupp- und kein Pulver für die Armstrong-Kanonen.« Noch schlimmer war, wie Hart vermerkte, daß »einige hohe Tiere aus jeder Katastrophe noch Geld machen«. Er meinte damit unter anderem Lis gesamten betrügerischen Clan, der vom Krieg profitierte, indem er Lis eigene Schiffe mit mangelhafter Munition belieferte.

Am 17. September vernichteten die Japaner in der Mündung des Yalu an einem einzigen Nachmittag die Hälfte von Lis hochgelobter Flotte, ohne daß auch nur eines ihrer eigenen Schiffe ernsthaft beschädigt worden wäre. Seit Nelson es bei Trafalgar wissen wollte, war dies der bedeutendste Sieg in einer Seeschlacht. Hart stöhnte, »an der Küste ist jetzt buchstäblich die Luft rein, und Japan kann Truppen landen und auf Peking marschieren lassen«.

Als die Nachricht von der katastrophalen Niederlage in Peking eintraf, war Tz'u-Hsi wie vom Donner gerührt. Nach allem, was die Minister ihr gesagt hatten, war sie auf den Schock der wirklichen Ereignisse überhaupt nicht vorbereitet. Sie ließ alle Vorbereitungen zur Feier ihres Geburtstags im November stoppen. Nach chinesischer Rechnung war es ihr 60. Geburtstag, der eine besondere Bedeutung hatte, und schon lange vor dem Krieg hatte man mit ausgedehnten Vorarbeiten dafür begonnen. Die riesige Summe von zehn Millionen Silbertael war von der Regierung für die Zeremonien und Festlichkeiten bereitgestellt worden, und über eine Million Tael waren bereits von wohlhabenden Angehörigen der Oberschicht als

Geburtstagsgeschenk für sie eingegangen. Diese Zahlen sind insofern irreführend, als sie den Eindruck erwecken, die gesamte Summe wäre allein der Kaiserinwitwe zugeflossen; ein Großteil davon war jedoch für öffentliche Veranstaltungen bestimmt, und ein weiterer beträchtlicher Teil wurde traditionsgemäß auf dem Weg von unten nach oben unterschlagen. Große Beträge verschwanden als Trinkgelder und Entschädigungen für unterbezahlte Beamte auf allen Stufen der Stellenpyramide. Von Tz'u-Hsi selbst erwartete man, daß sie den übrigbleibenden Rest großzügig an Prinzen, Höflinge, Vizekönige, Gouverneure, Bürgermeister, Richter und andere Beamte und hochgestellte Persönlichkeiten in allen Provinzen verteilte, die ihr im Lauf der Jahre besondere Dienste geleistet hatten. Mit anderen Worten, ihr 60. Geburtstag war für den Großen Rat ein Vorwand, enorme Geldsummen beizutreiben und dann verschwinden zu lassen. Daß Tz'u-Hsi jetzt alle Vorbereitungen zu dem Fest abbrechen ließ, verprellte natürlich zahlreiche der genannten Personen, die damit gerechnet hatten, daß für sie bei dem Unternehmen ordentlich etwas abfallen würde.

Nach der Katastrophe am Yalu versuchte Kuang-Hsü über seine Tante etwas gegen Vizekönig Li zu unternehmen. Dem Vizekönig wurden alle Ehrentitel aberkannt, auch seine wertvolle zweiäugige Pfauenfeder und die gelbseidene Reitjacke eines Feldmarschalls, die er sich in den Feldzügen gegen die Tai-ping-Rebellen verdient hatte. Kuang-Hsü wollte reinen Tisch machen, Li entlassen und degradieren, doch Tz'u-Hsi hielt ihn davon ab. Der Vizekönig war mit einem derartigen Gesichtsverlust hinreichend bestraft. Alles, was darüber hinausging, wäre übereilt. Vorläufig durfte Li alle Ämter behalten, auch das des Vizekönigs von Chihli und des Befehlshabers der nördlichen Armee und Marine.

Jeder fürchtete Lis Rache, so daß die Mandarine auf allen Ebenen sich sorgsam hüteten, mit diesen Strafbefehlen in Verbindung gebracht zu werden. Offensichtlich war das Strafedikt also keiner kollektiven Entscheidung entsprungen, sondern von der Spitze ausgegangen. Die Feder und die gelbe Jacke waren Li vor vielen Jahren auf Drängen Prinz Kungs von Tz'u-Hsi verliehen worden. Sie war die einzige, die diese Ehrengeschenke zurücknehmen konnte. Somit brachte das Edikt unmißverständlich zum Ausdruck, daß die Kaiserinwitwe selbst erzürnt war über die schlechte Führung und die Demütigung der Marine.

Kaiser Kuang-hsü hatte die Gelegenheit nutzen wollen, um Li als Bedrohung des Regimes auszuschalten. Auch die Eisenhüte witterten darin eine einmalige Chance, Li auf die Knie zu zwingen. Doch sie alle übersahen, was Tz'u-Hsi bedachte. Als unsichtbarer Partner der Koalitionsregierung und als reichster und mächtigster Mann in China war Li zu wichtig und zu wertvoll, als daß man mit seiner Vernichtung nicht zugleich die Regierung verstümmelt hätte. Offenbar war die Kaiserinwitwe als einzige klug genug, maßvoll zu reagieren. Ihr war außerdem klar, daß sie Li nicht zu sehr reizen durfte, weil er sonst selbst nach der Macht greifen würde. (Zu dieser Zeit grübelte Hart verdrossen, »es sollte mich nicht wundern, wenn entweder Prinz Kung oder Li oder beide gemeinsam die Angelegenheit durch einen Staatsstreich bereinigen würden«.)

Trotz Lis Doppelzüngigkeit und Bestechlichkeit respektierte die Kaiserinwitwe ihn als einen außergewöhnlichen Mann, hochbegabt, vorausschauend, tatkräftig und effizient. Niemand hätte einen Krieg verhindern können, den Yamagata und die Genyosha um jeden Preis vom Zaun brechen wollten. Und nachdem der Krieg ausgebrochen war, hätte Li auch nichts unternehmen können, um die Vernichtung seiner so hoch eingeschätzten Schiffe und Befestigungsanlagen zu verhindern, denn China verfügte noch nicht über die militärische Kompetenz, die Lis Neuerwerbungen in Material und Ausrüstung entsprochen hätte. Angesichts der aggressiven japanischen Kommandeure hatte mehr als einer von Lis Kapitänen »die weiße Feder gezeigt« und entweder die Flucht ergriffen oder war mit seinem Schiff versenkt worden. Diejenigen, die standhielten und den Kampf aufnahmen, stellten fest, daß ihre Munition nichts taugte. Allerdings wäre es töricht gewesen, anzunehmen, daß dies mit Wissen und Billigung Lis geschehen war.

Offenbar hatte er die ganze Zeit über damit gerechnet, daß ihm die Schuld an dem verlorenen Krieg in die Schuhe geschoben würde. Er traf frühzeitig Vorkehrungen für seine Familie, teilte seinen bevorzugten Grundbesitz unter sie auf und machte einen Großteil der übrigen Besitztümer zu Bargeld. Falls man ihn wegen Hochverrats vor Gericht brachte und verurteilte, war nicht nur sein Leben, sondern auch sein Eigentum verwirkt. Seine Erben konnten froh sein, wenn sie mit dem Leben davonkamen. Er konnte lediglich dafür sorgen, daß den Hinterbliebenen seine Reichtümer zufielen.

Tz'u-Hsis maßvolles Vorgehen gegenüber Li zeigte ihre Kunst der Staatsführung, die sie auch weiterhin an den Tag legte. Zwölf Tage nach Lis Maßregelung wurde Prinz Kung auf den dringenden Rat Tz'u-Hsis von Kaiser Kuang-hsü an den Hof zurückbeordert und erhielt einmal mehr den Auftrag, China vor der Katastrophe zu retten. Zehn Jahre lang hatte Kung sich seiner Chrysanthemenzucht gewidmet und seinen Groll gegen die Männer gepflegt, die ihn damals aus der Koalition gedrängt hatten. Mittlerweile war er zwar etwas aus der Übung, doch hatte er immer noch die Erfahrung, die politischen Instinkte und das Format, die Prinz Ching fehlten. Er übernahm die Leitung des Kriegsministeriums, des Marineministeriums, des Tsungli Yamen und schließlich auch des Großen Rats. Trotz der zahlreichen Versuche, Tz'u-Hsi als leicht zu übertölpelnde Handlangerin der hitzköpfigen Eisenhüte darzustellen, hatte sie nur wenige Wochen gebraucht, um den pragmatischen Führer der alten gemäßigten Koalition wieder in Amt und Würden einzusetzen.

Selbst nachdem Prinz Kung Ende Oktober wieder im Amt war, sah Hart nur wenig Hoffnung: »Hier steht alles denkbar schlecht – kein starker Mann; die früheren Fehlentscheidungen haben zur gegenwärtigen Ohnmacht geführt.« Kaiser Kuang-hsü blieben nur noch Strohhalme, an die er sich klammern konnte. Auf den Rat von Prinz Kung berief er Konstantin von Hanneken, den deutschen Militäringenieur, der den Bau der Befestigungen von Port Arthur 1881 beaufsichtigt hatte. Der Kaiser willigte ein, Hanneken zum Oberbefehlshaber der chinesischen Armeen zu machen, und stattete ihn mit »umfassenden Geld- und Machtmitteln« aus. Er hoffte, daß unter der Führung eines westlichen Generals und eines westlichen Offizierskorps eine neue Ewig Siegreiche Armee eine Wende gegen Japan herbeiführen könnte. Vielleicht hätten sich seine Hoffnungen sogar erfüllt, wenn es wirklich dazu gekommen wäre. Doch schon am nächsten Tag überredeten die entrüsteten und vor Fremdenhaß blinden Eisenhüte den Kaiser, seine Entscheidung rückgängig zu machen und auf die Berufung Hannekens zu verzichten. »Wäre sie erfolgt«, schrieb Hart, »dann wäre China gerettet worden und Japan hätte dem Land am Ende eine Kriegsentschädigung bezahlen müssen. Doch dieses Schwanken... Es ist zum Jammern... An einem Tag wird eine Streitmacht von 100000 Mann mit 2500 ausländischen Offizieren bewilligt, und am nächsten wird der Beschluß wieder umgestoßen und statt dessen eine Entschädigung angeboten! Es ist kaum zu ertragen – diese Schlaffheit und dieser Mangel an Rückgrat.«

Von seinen Beratern der Eisenhutfraktion daran gehindert, jeden sinnvollen Rat auszuführen, unternahm Kaiser Kuang-hsü einen verzweifelten Versuch, seine Militärbefehlshaber zum Kämpfen zu zwingen. Er nahm ihnen alle Titel und Ehrenränge, erlaubte ihnen jedoch, unter der stillschweigenden Voraussetzung auf dem Kampfplatz zu verbleiben, daß eine verlorene Schlacht sie ihren Kopf kosten werde. Ihnen blieb kaum eine Wahl. Das unbezwingliche Port Arthur wurde im November 1894 erobert. Danach nahmen die Japaner mühelos den befestigten Hafen in Wei hai wei in Shantung. Sie bemächtigten sich seiner Kanonen, richteten sie auf die chinesischen Schiffe, die dort vor Anker lagen, und beendeten ihr Werk, das sie am Yalu begonnen hatten. Damit war das Mächtegleichgewicht in Ostasien entscheidend verschoben.

Statt sich zu ergeben, begingen Admiral Ting Ju-chang und seine Untergebenen Selbstmord. Damit tilgten sie ihre Schmach und bewahrten ihre Angehörigen vor dem Tod und der Konfiszierung ihres Vermögens. Damals gab es in China drei Möglichkeiten, einem unliebsamen Ereignis auszuweichen: sich für krank zu erklären, dem Land durch Flucht den Rücken zu kehren oder Selbstmord zu begehen. Robert Hart charakterisierte den liebenswürdigen Ting als reine Galionsfigur: »Er hatte in seinem Leben noch kein Schiff gesehen und [wurde] hauptsächlich ausgesucht, weil er eine gewisse Bescheidenheit und Sinn und Verstand hat und sich nicht dazu hinreißen läßt, seinen Männern zu befehlen, die Pumpen einzuholen, das Fallreep abzutakeln oder den Schornstein zu lichten.«

Mit dem Fall Wei hai weis war der Krieg im wesentlichen beendet. Ende Februar 1895 waren die Japaner im Besitz ganz Koreas und der mandschurischen Halbinsel Liaotung, und die Chinesen baten um Frieden.

Peking versuchte, durch verschiedene Mittelsmänner, darunter auch US-Diplomaten, zu einer Vereinbarung mit Japan zu gelangen. Tokyo hatte eine wesentlich realistischere Vorstellung davon, wie die Dinge in China lagen, und wollte mit keinem anderen als dem in Ungnade gefallenen Vizekönig Li verhandeln. Dementsprechend wurde Li am 13. Februar 1895 von seinen Pflichten als Vizekönig Chihlis entbunden und zum Leiter der Friedensdelegation ernannt. Erst jetzt erklärte Japan sich bereit, Gespräche über einen Friedensvertrag zu führen. Es stand für Li außer Frage, daß Kuanghsü und die Eisenhüte beabsichtigten, ihn zum Sündenbock für das erlittene Desaster zu machen.

»Der Frieden wird nur durch große Opfer zu haben sein«, schrieb Hart, »und der Mann, der sie mit seiner Unterschrift bringen muß, steht vor einer höchst undankbaren Aufgabe – das Volk wird ihn verfluchen, und die Regierung wird ihn zumindest an den Pranger stellen!« Hart sollte recht behalten, doch Li übte fünf

Jahre später, als der Boxeraufstand ausgebrochen war, auf spektakuläre Weise Vergeltung.

Li traf am 19. März 1895 mit einem Gefolge von 135 Mann in Shimonoseki in Japan ein. Fünf Tage darauf, als er gerade eine Sitzung mit Premierminister Ito verließ, schoß ein »Fanatiker« im Sold der Genyosha Li ins Gesicht, verletzte ihn jedoch nur leicht an der linken Wange. Dieser Vorfall gereichte China zum Vorteil, da nunmehr die Stimmen des Auslands, Japan solle sich in seinen Forderungen China gegenüber mäßigen, an Lautstärke zunahmen. In Japan wurde bekanntgegeben, die Kaiserin persönlich nehme sich der Verletzung Lis an.

Die Bedingungen, auf die sich die beiden Kontrahenten am 17. April einigten, umfaßten die endgültige Abtretung Formosas, der Pescadores-Inseln und der Halbinsel Liaotung an Japan, die Zahlung von 200 Millionen Silbertael, wobei der Hafen Wei hai wei bis zur endgültigen Tilgung der Schuld von den Japanern besetzt bleiben sollte, und die Anerkennung der »vollen und uneingeschränkten Autonomie und Unabhängigkeit Koreas«; das hieß im Klartext, das Land den Japanern zu überlassen.

Obwohl er sie vorausgesehen hatte, war Hart über die Niederlage Chinas bestürzt: »Ich fürchte, wir flicken an einem total lädierten Kessel herum.« Im privaten Kreis begann er darüber zu spekulieren, wie lange es noch dauern würde, bis die Mandschu an ihrer eigenen Unfähigkeit und Sturheit zugrunde gehen würden. 1895 vertraute er einem Freund an: »Ich fürchte, was die Dynastie angeht, ist die Lage hoffnungslos; in spätestens zehn Jahren wird die Revolution zum Ziel kommen.« Es sollten 16 Jahre werden. Andererseits hatte er viel Vertrauen zum chinesischen Volk und war überzeugt, daß das Land eines Tages als Großmacht erstehen werde.

Kuang-hsü reagierte auf die Niederlage nicht, indem er gerade jetzt seine kaiserlichen Vorrechte geltend machte. So eine Gelegenheit hätten sich seine Vorfahren Nurhaci, Dorgon, K'ang-hsi oder Yung-cheng nie entgehen lassen. Statt dessen befiel ihn große Angst, und er ließ bekanntgeben, er hege den Wunsch, dem Thron zu entsagen. Anfällen der Verzweiflung ausgesetzt, saß er weinend auf seinem Thron und erklärte offen, wie der unglückliche Kaiser Tao-kuang während des ersten Opiumkriegs, »wie soll ich es ertragen, Herrscher zu bleiben?«.

Mutiges Handeln war jetzt gefragt, nicht Verzweiflung. Verschwörung lag in der Luft. Die Nachricht vom Wunsch Kuang-hsüs, sich in ein Leben der Kontemplation zurückzuziehen, reizte den Appetit der königlichen Prinzen, die den Thron begehrten – oder der Drahtzieher im Hintergrund. »Es geht etwas Merkwürdiges vor in chinesischen Kreisen«, bemerkte Hart, »und ein Staatsstreich würde mich nicht erstaunen; Menschen scharen sich zusammen, die einen hinter dem Kaiser, die anderen hinter der Kaiserinwitwe, und im Augenblick sieht es so aus, als müßte die eine dieser illustren Persönlichkeiten die andere an die Wand drücken.«

Einzig kühn in Kuang-hsüs Generation (vielleicht auch stark und männlich) waren die anmaßenden und aggressiven Söhne von Prinz Tun, des fruchtbarsten von Prinz Kungs Brüdern. Er hatte bis zu seinem Tod 1889 acht Söhne gezeugt. Die drei ältesten von ihnen waren erfüllt von Mandschu-Patriotismus und besessen vom Gedanken an eine Verschwörung. Nach dem Tod ihres Vaters begannen sie ihre eigenen politischen Muskeln anzuspannen, und zur Zeit des chinesisch-japanischen Krieges waren sie in die Führung der Eisenhutfraktion aufgestiegen. Tsai Lien, der Älteste und Erbe des väterlichen Titels, war jetzt Prinz Tun II. und der Träger ausgedehnter Landgüter; ihm folgten Prinz Tuan und Herzog Lan, zwei stürmische, arrogante, ehrgeizige und ungeduldige Unruhestifter, die für den schwachen, zaudernden, sprachbehinderten und androgynen Kuang-hsü keine Sympathie aufbrachten. Sie waren alle Vettern des Kaisers, und gleich jungen Plantagenets sahen sie darin einen Freibrief für Intrigen, um selbst auf den Thron zu gelangen. Zusammen mit ihrem grüblerischen und widerborstigen Vetter Prinz Chuang, ebenfalls ein Eisenhut, erinnerten sie an die gewalttätigen feudalen Zeiten Dorgons und Nurhacis. Zu sehr behütet und verwöhnt in ihrer Kindheit, um mit den Widrigkeiten des wirklichen Lebens in Berührung gekommen zu sein, glaubten sie an taoistische Magie, befragten täglich ihre Wahrsager und sahen sich als die kommenden Heroen der Zeit. Wenn sie sich des Throns bemächtigen könnten, so waren sie überzeugt, dann könnten sie das Schicksal wenden und den alten Ruhm und die frühere Isolation Chinas einfach dadurch wiederherstellen, indem sie die fremden Teufel und japanischen »Zwergbanditen« bis zum letzten umbrachten oder verjagten. Jeder, der sich ein Mindestmaß an Wirklichkeitssinn bewahrt hatte, hätte vor diesem Vorhaben zurückschrecken müssen. In diesem Augenblick der Niederlage durch Japan und der nationalen Schande hatte ein derart grandioser Traum jedoch eine berauschende Wirkung auf die Eisenhüte und ihre Anhänger, die froh waren, Kuang-hsü an allem die Schuld geben zu können. Sie dachten nicht an die Lektion von Lord Elgin (von dem sie möglicherweise noch nie etwas gehört hatten) und glaubten allen Ernstes, die ausländischen Mächte würden nie wieder zurückkehren, wenn man sie erst einmal aus China vertrieben hatte.

Prinz Tuan und seine Brüder wurden hauptsächlich von ihrem Verlangen nach Rache angetrieben. Vor langer Zeit wäre beinahe ihr Vater anstelle Hsien-fengs Kaiser geworden. Und hätten Prinz Kung und Vizekönig Li während der Thronfolgekrise von 1875 nach dem Tod von T'ung-chih nicht ihre Pläne durchkreuzt, dann säße jetzt einer dieser Brüder oder einer ihrer Söhne auf dem Drachenthron und nicht Kuang-hsü. In ihren Augen war ihre Familie wiederholt um ihr kaiserliches Geburtsrecht betrogen worden, und dieses Unrecht wollten sie nicht länger hinnehmen.

Obwohl er nicht der Älteste war, bot sich doch der dreiste, anmaßende und prahlerische Prinz Tuan als ihr Führer an. Jetzt in seinen Mittdreißigern war er eigentlich schon zu alt, um den Thron für sich selbst anzustreben, falls man dem Schicksal nicht ein wenig nachhelfen konnte, doch für den Fall, daß Kuang-hsü abdankte, hatte Tuan einen Sohn in petto, P'u-chun, und wenn dieser erst einmal auf dem Thron saß, konnte der Prinz eine gesamte Regierungszeit hindurch die Herrschaft ausüben. P'u-chun glänzte zwar nicht gerade durch Intelligenz, gehörte jedoch der richtigen Generation an, um die Nachfolge Kuang-hsüs anzutreten.

Bevor er in den Jahren nach 1890 begann, seine Ansprüche geltend zu machen, war Prinz Tuan ein vergleichsweise unbedeutender junger Prinz gewesen, der sich hauptsächlich dadurch einen Namen gemacht hatte, daß eine Nichte Tz'u-Hsis seine Frau geworden war, eine Tochter des Bruders der Kaiserinwitwe, Herzog Kuei Hsiang. Damit erhielt er als Mitglied der Familie der Kaiserinwitwe einen privilegierten Zugang zu dieser und konnte ihr jederzeit seine Meinung vortragen. Prinz Tuan stellte seinen Sohn gegenüber Tz'u-Hsi bei jeder Gelegenheit ins rechte Licht, und nachdem er dem Kleinkindalter entwachsen war, wurde P'u-chun so fett, wendig und frech wie eine Bisamratte und legte eine Arroganz an den Tag, wie sie einem Thronprätendenten zustand.

Gleich vielen anderen Angehörigen der engstirnigen Mandschu-Adligen mied Prinz Tuan den Umgang mit Ausländern und beharrte auf seinen Ansichten. Für die Diplomaten waren die Eisenhüte aus Dummheit borniert, und in offiziellen Berichten bezeichneten sie diese als »die Reaktionäre, die sich hinter der Kaiserinwitwe scharen«. So entstand der Eindruck, Tz'u-Hsi sei deren Anführerin.

Obwohl Tuan ihr schmeichelte und die Familienbeziehung dazu nutzte, Einfluß zu nehmen, waren die Eisenhüte keineswegs die »Bande« der Kaiserinwitwe, noch war sie in irgendeiner Hinsicht deren Gönnerin. Nach den Mandschu-Regeln mußte Tz'u-Hsi sowohl die königlichen Prinzen als auch ihre Kabinettsminister konsultieren. In der voraufgegangenen Generation hatten sich lediglich die Prinzen Kung, Tun und Chun energisch an der politischen Entscheidungsfindung beteiligt. Da diese Männer tot waren, blieb ihr nichts anderes übrig, als ihren Rat bei der nächsten Aisin-Gioro-Generation zu suchen, in der es nur wenige Prinzen gab, die ein Interesse an Politik zeigten. Während Prinz Kungs vergnügungssüchtige Söhne eine Abneigung gegenüber der Politik hegten, waren die ungebärdigen Nachkommen Prinz Tuns in verhängnisvoller Weise machtbesessen, allen voran der ehrgeizige Prinz Tuan. Nach der Heirat mit Tz'u-Hsis Nichte trieb er sich ständig im Sommerpalast herum und suchte die Gesellschaft der Kaiserinwitwe, überreichte ihr Geschenke, machte auf sich aufmerksam und wurde allmählich zu einem festen Bestandteil ihrer täglichen Beratungssitzungen. Viel zu spät erkannte Tz'u-Hsi, daß er ihr allmählich die Zügel aus der Hand nahm.

Zwar hatten Prinz Tuan und seine Anhänger keine eigentliche Strategie, doch sie folgten in groben Umrissen einem Plan. In aller Stille übernahmen sie das Kommando über die Instrumente der Sicherheit und Herrschaft, einschließlich der besten Brigaden der Bannerheere, die besten Teile der chinesischen Armeen, die Hauptquartiere der Geheimpolizei, die nationalen Polizeikräfte und die Pekinger Gendarmerie, das entscheidende Ministerium für Staatseinkünfte und -finanzen, das Justizministerium, das Zensuramt und die Posten der Vizekönige und Gouverneure strategisch wichtiger Provinzen. In den Jahren 1893/94, als die chinesischen Armeen am Vorabend des Krieges reorganisiert wurden, beförderte man Prinz Tuan zum Generaladjutanten der Bannerheere, auf jenen entscheidenden Posten, den früher Su Shun bekleidet hatte. Tuan erhielt das Privileg, seine private Streitmacht aufzustellen, der er den Namen Husheng-Corps (Scharfschützen für die Tigerjagd) gab. Sie bestand aus 10000 Mandschu-Kriegern im Alter von 20 bis 35 Jahren, die Elite der besten Bannerleute.

Die Bedeutung des Namens und der eigentliche Zweck dieser neuen Armee waren für die in China lebenden Ausländer nicht von vornherein klar. Tiger war ein von den Eisenhüten verwendetes Codewort für die ausländischen Mächte. Da es in China keine

Elefanten gab, waren Tiger die größten Tiere, die den herrschenden Drachen bedrohen konnten. General Li Ping-heng, ein erfahrener han-chinesischer Kommandeur aus der südlichen Mandschurei, dessen außerordentliche Ehrlichkeit und Abneigung gegen alle Fremden ihn für die jungen Eisenhüte zu einem Idol machten, warnte davor, die ausländischen Mächte hätten »Tigeraugen«. Li Ping-heng war ein erbitterter Feind der Beschwichtigungspolitik gegenüber dem Ausland, die lange Zeit mit Prinz Kung und Vizekönig Li in Verbindung gebracht wurde. Er war überzeugt, die chinesischen Armeen könnten einen Krieg gewinnen, wenn sie nur richtig geführt würden, in der Tat ein ganz großes »Wenn«. Während des chinesisch-japanischen Kriegs protestierte er: »Die Auslandsmächte blicken mit der Gefräßigkeit eines Tigers [auf uns]. Ihr Vorgehen [in der Zukunft] wird davon abhängen, wie der Krieg gegen Japan ausgehen wird... Wenn die Generäle, Vizekönige und Gouverneure den strikten Befehl erhalten, bis auf den letzten Mann zu kämpfen, werden die Japaner innerhalb von sechs Monaten klein beigeben.« Leichter gesagt als getan. Auch Befehle, bis zum letzten Mann zu kämpfen, würden nichts an der althergebrachten Tradition der Armee ändern, schon beim ersten Schuß Fersengeld zu geben, wie Li Peng-heng schließlich zu seinem Entsetzen erfahren mußte. Im Köcher Chinas steckten lauter verbogene Pfeile. Dennoch machten diese harten Sprüche eines Mannes, den sie wie einen Helden verehrten, auf die Eisenhüte tiefen Eindruck. So lag es nur nahe, wenn sie der Meinung waren, es könne alles wieder ins rechte Lot kommen, wenn der Thron sich ihre Auffassung zu eigen mache.

Sie irrten, weil sie ihre militärischen Erfahrungen hauptsächlich in Westchina gegen schlecht bewaffnete Moslemrebellen gesammelt hatten. In diesen Wüstengebieten der Tataren betrieben die Armeen unter dem Befehl des Generals Tso Tsung-tang eine Politik der verbrannten Erde. Mannschaften und Offiziere wurden so hart behandelt, daß es nie zu einem Versuch der Rebellion oder Meuterei kam. Die Soldaten wußten, daß es besser war, nicht davonzulaufen; sie wären aufgespürt und verstümmelt worden. Das waren andere Methoden als in Nordchina, wo die Generäle politische Armeen und keine Schlachtmaschinen befehligten. Politische Armeen wurden nie in die Mangel genommen, und deshalb waren sie auch nicht auf die brutale Entschlossenheit japanischer Soldaten vorbereitet, die darauf gedrillt waren, zu kämpfen, wenn sie nicht enthauptet werden wollten. General Li Ping-heng mochte prinzipiell recht haben, doch als es darum ging, politische Armeen zu kommandieren, sollte sich zeigen, daß er einem katastrophalen Irrtum zum Opfer gefallen war.

In dieser gespannten Lage redete Prinz Tuan Tz'u-Hsi ein, seine persönliche Armee könne die Sicherheit der Palastbewohner beträchtlich erhöhen. Während die Mandschu-Banner als Streitkraft nutzlos sein mochten, da sie kaum in der Lage waren, auch nur zeremonielle Aufgaben zu übernehmen, gab es in den unteren Rängen einige begabte jüngere Männer. Für die Scharfschützen für die Tigerjagd hatte Prinz Tuan die besten Soldaten aus dem Weißen, dem Gelben und dem Gelbgesäumten Banner rekrutiert. Sie waren nach westlichen Methoden gedrillt und an modernen Waffen wie Sharp-Repetiergewehren und Schnellfeuergeschützen von Krupp ausgebildet.

Neben den kaiserlichen Garden, die für die Bewachung der Palasttore und die Erfüllung sonstiger Pflichten von Leibgarden verantwortlich waren, bildeten nach 1894 Prinz Tuans Scharfschützen für die Tigerjagd den innersten Schutzring um den Thron und bewachten das Lager des Drachen. Den zweiten Ring stellte die Pekinger Feldstreitmacht unter dem obersten Minister, Prinz Ching, dar. Der dritte Ring, unter dem Kommando von Jung-lu, war das Gardecorps, die am besten ausgebildete Armee in der Hauptstadt und Umgebung. Jung-lu, der lebenslange Freund Tz'u-Hsis, war als Kammerherr der kaiserlichen Garden für den Schutz des Throns und als Chef der Pekinger Gendarmerie für den Schutz Pekings verantwortlich. Doch seine ausschließliche Kontrolle über die Sicherheitskräfte des Palasts wurde durch die von Prinz Tuan eingeführten Änderungen durchlöchert. Indem sie den Launen des machthungrigen Prinzen nachgab und ihm die Aufstellung einer ihm persönlich unterstellten Armee gestattete, erlaubte Tz'u-Hsi ihm unabsichtlich, sich in den magischen Kreis Jung-lus einzuschleichen. Nicht lange, und der Prinz begann seine Muskeln zu zeigen und benutzte seine Sicherheitsleute dazu, die Mitglieder der kaiserlichen Hofhaltung zu bespitzeln und einzuschüchtern und schließlich sogar die Kaiserinwitwe zu drangsalieren und zu bedrohen, bis diese zu einer faktischen Geisel von ihm geworden war.

Prinz Tuans Geheimwaffe war ein Bündnis mit dem skrupellosen moslemchinesischen General Tung Fu-hsiang, der ein Heer von 12000 räuberischen Moslemkämpfern aus der Einöde von Kansu befehligte, die jetzt ihr Lager im kaiserlichen Park südlich der Hauptstadt aufgeschlagen hatten. Tung war ein ehemaliger Räuberhauptmann, der sich während des großen Moslemaufstands gegen die

Mandschu-Herrschaft von 1863 bis 1878 den Ruf der Grausamkeit erworben hatte. In den ersten sechs Jahren der Aufstände führten Tung und sein Vater ihre Männer von einem blutigen Sieg zum anderen über die Armeen der Mandschu und der Chinesen, die zu ihrer Niederwerfung ausgeschickt worden waren. Damals knapp über 30 Jahre alt, war Tung nicht nur ein tüchtiger Militärstratege, sondern auch ein hervorragender Geschäftsmann, und 1869 ging er mit der Mandschu-Regierung einen für ihn höchst ertragreichen Handel ein. Er sollte seine eigenen Leute verraten und samt seiner Armee auf die Seite der Regierung überlaufen und dafür alle Ländereien und Vermögenswerte, die er seinen ehemaligen moslemischen Verbündeten abnehmen konnte, für sich behalten dürfen. Jedesmal, wenn er einen rivalisierenden Rebellenführer besiegte oder gefangennahm, ergriff Tung Besitz von allen dessen Palästen, seinem Grundbesitz und Geldvermögen. Er tat sich denn auch bei der Erstickung des moslemischen Widerstands so sehr hervor, daß die Mandschu ihm am Ende 1878 einen erblichen Rang verliehen. Bis dahin war Tung ein sehr reicher und mächtiger Mann geworden; als Kriegsherr der Provinz Kansu konnte er seinen Einfluß über ein wesentlich ausgedehnteres Gebiet geltend machen; es erstreckte sich von den Bergen im Westen Pekings bis zu den kalten Hochwüsten entlang der russischen Grenze. Das Bündnis mit Tung verschaffte den Mandschu Frieden an der westlichen Grenze, und sie konnten mit Hilfe des käuflichen Generals im Notfall brutale Unterwerfungsfeldzüge führen. Man konnte sich General Tungs und seiner ungewaschenen Paladine für einen bestimmten Preis bedienen, doch die Unvorsichtigen machten bald die Entdeckung, daß sie es hier mit Meistern auf dem Gebiet der Erpressung und der Lösegeldzahlung zu tun hatten.

Obgleich General Tung unausgesprochen der obersten Militärkontrolle von Stabschef Jung-lu unterstand, gehörte seine persönliche Loyalität allein Prinz Tuan und dessen Vater, Prinz Tun. Ihre Blutsbande wurden erstmals geschmiedet, als Prinz Tun während der Moslemaufstände die geheime Allianz mit Tung durchsetzte.

Damals hatte Prinz Kung den Clanrat dazu bewogen, ihm zur Unterdrückung der Tai-ping-Rebellen Tseng Kuo-fans Armee aus chinesischen Söldnern in einer Größenordnung aufzustocken, wie die Mandschu dies seit ihrer Machtübernahme in China stets sorgsam vermieden hatten. Prinz Tun machte sich diese radikale Kehrtwendung in der Politik zunutze und forderte erfolgreich dieselbe Zustimmung für die westlichen Provinzen, um dort die Moslemrevolte endgültig niederzuschlagen. Durch den chinesischen General

Tso Tsung-tang als Mittelsmann schlug Prinz Tun Tung Fu-hsiang einen Handel vor. Als Tung auf den Vorschlag einging, seine moslemischen Mitkämpfer zu verraten, und als Gegenleistung die Zusicherung erhielt, er dürfe sich das Land und Vermögen seiner Opfer aneignen, wurde zwischen ihm und Prinz Tun ein Band geschmiedet, das regelmäßig durch die Zahlung enormer Schmiergelder aus der Staatskasse erneuert wurde. Für Tung war es wichtig, einen einflußreichen Fürsprecher am Hof zu haben, und für einen Prinzen war es immer nützlich, bewaffnete Männer bei der Hand zu haben, die seinen Argumenten bei Familienstreitigkeiten Nachdruck verleihen konnten. Beim Tod Prinz Tuns 1889 ging dieses Band auf seine Söhne über. General Tung machte es sich zur Pflicht, sich um Prinz Tuan und seine Brüder zu kümmern, als wären sie seine eigenen Kinder. Seine Wüstenfestung bedeutete für sie eine starke Militärbasis weit im Innern Chinas. Aus Kansu und Shenxi konnten sie Truppen von Tungs Kavallerie anfordern, sobald sie Feinde am Hof einschüchtern wollten. Ihr Vater hatte genau dies während der Thronfolgekrise von 1875 getan. Das bloße Auftauchen eines Trupps Kavallerie unter dem Kommando Tungs reichte aus, Chinesen und Westeuropäer gleichermaßen in Panik zu versetzen. Prinz Tuan brauchte lediglich Tungs Reiter durch die Straßen Pekings galoppieren zu lassen.

Die Eisenhüte durften sich somit sicher fühlen, da sie wußten, daß sie im Fall eines plötzlichen Putschs oder Staatsstreichs auf Tungs Reiter rechnen konnten, die im Süden vor der Stadt ihr Lager aufgeschlagen hatten.

Jung-lu erkannte die Gefahr, die der Dynastie durch Tungs Machenschaften drohte, und um ihn von Peking fernzuhalten, schickte er ihn im Oktober 1895 nach Shenxi, um bei der Niederschlagung eines vereinzelten Moslemaufstands mitzuwirken. Tung erfüllte diesen Auftrag mit solcher Hingabe, daß die Ausländer zu hören bekamen, »sein Name erfüllt heute das Herz eines jeden Chinesen mit Schrecken«.

Während Tung auf diese Weise beschäftigt war, kam die Gefahr unerwartet aus einer anderen Richtung. In Korea inszenierten die Japaner einen blutigen Putsch und entthronten Königin Min zugunsten des vorherigen Regenten. Am 7. Oktober 1895 erzwangen sich von Japanern ausgebildete Bataillone, begleitet von japanischen Polizisten in Zivil, ihren Weg in die Räumlichkeiten der Königin. Nachdem sie zwei ihrer Kammerzofen ermordet hatten, drangen sie auf Königin Min ein. Als der Minister der königlichen Hofhaltung sich schützend vor sie stellte, hieb ihm ein japanischer Schwertkämpfer beide Hände ab. Die Angreifer stachen mehrmals auf die wehrlose Königin ein, schleppten sie ins Freie, warfen die immer noch Lebende auf einen Scheiterhaufen, übergossen sie mit Kerosin und zündeten sie an. Tokyo wies jede Verantwortung von sich, doch die Untat war von Mitarbeitern der japanischen Botschaft in Seoul geplant und ausgeführt worden. Tokyo rief Sugimura Yotara, den Botschaftssekretär, und das übrige Personal aus Seoul zurück und befand sie in einem Scheinprozeß allesamt für unschuldig. Aufgrund der Nachforschungen von Sir Ernest Satow, dem britischen Botschafter in Tokyo, ergab sich für diesen jedoch »kein Zweifel daran, daß Königin Min von zwei Japanern ermordet wurde, von denen der eine [Sugimura] war«.

Der grauenhafte Mord an Königin Min erschütterte Tz'u-Hsi; ihre Angst, einem ähnlichen Angriff zum Opfer zu fallen, führte zu ihrem unklugen Entschluß, den Eisenhüten den Rücken zu stärken. Prinz Tuan versuchte, seine neue Machtstellung dazu zu benutzen, den Hof unter seine Kontrolle zu bringen. Doch sein Mangel an Weltklugheit und politischer Erfahrung führte dazu, daß weltläufigere und erfahrenere Mandarine, Liberale und gemäßigte Konservative gleichermaßen, ihren Einfluß am Hof besser zur Geltung bringen konnten. Während also die Macht der Eisenhüte in dem Maße zunahm, wie sie der Reihe nach ein Machtinstrument nach dem anderen unter ihre Kontrolle brachten, gelang es ihnen nicht, sich in den Debatten am Hof durchzusetzen. Das hatte zur Folge, daß sie ihre Gegner mit noch tieferer Verachtung behandelten.

Die in Peking lebenden Ausländer hatten zwar von dem furchtbaren Ruf gehört, der Tung Fu-hsiang vorauseilte, doch bis 1900 wußten sie kaum etwas von den Eisenhüten oder Prinz Tuan. Nur langsam begriffen sie, welche Bedeutung dieser neue Machtblock aus militanten, ausländerfeindlichen Prinzen hatte. Westliche Diplomaten sahen in ihnen lediglich »die Bande von Reaktionären, die sich hinter der Kaiserinwitwe scharen«. So ganz abwegig war die Furcht der Eisenhüte jedoch nicht, zu glauben, daß China in absehbarer Zeit von raubgierigen fremden Tigern in Stücke gerissen und verschlungen würde, wenn nicht drastische Maßnahmen ergriffen wurden. Japans müheloser Sieg in Korea und seine Annexion Taiwans bestätigten ihre schlimmsten Befürchtungen. Nacheinander hatte China Nepal, Birma, Indochina und nun Korea und Taiwan verloren; jetzt stand die Mandschurei auf der Kippe. Rund um die einzelnen Vertragshäfen hatten sich die Auslandsmächte bereits Teile der

Küste einverleibt. In jüngster Zeit hatte man den Japanern zugestanden, auf dem Territorium der Vertragshäfen Fabriken zu bauen. Dieses Recht wurde sogleich auch von den übrigen Großmächten im Rahmen der Meistbegünstigungsklausel beansprucht. Das hatte in den letzten Jahren vor der Jahrhundertwende einen internationalen Run auf Schürfrechte und ähnliche Konzessionen in China zur Folge, den viele Chinesen als einen Raubzug betrachteten.

China konnte sich dagegen jedoch kaum wehren. Seine Marine war vernichtet, seine Armee lag am Boden, und die Entschädigungszahlungen an Japan beanspruchten den Staatshaushalt so stark, daß Zehntausende Soldaten entlassen werden mußten. Diese sahen keine andere Möglichkeit, sich am Leben zu erhalten, als sich zu Banditenbanden zusammenzuschließen. Wenn die Eisenhüte beabsichtigten, die verhaßten fremden Teufel aus dem Land zu jagen, so bedurfte es dazu mehr als der Elitetruppen Prinz Tuans. General Li Ping-heng hatte eine geniale Idee für die Aufstellung einer riesigen Armee aus einfachen Leuten aus dem Volk und arbeitete bereits an seinem Plan.

Inzwischen versuchte Kaiser Kuang-hsü, der schließlich seine Angst vor einer Niederlage abschüttelte, der Herausforderung, vor der er stand, dadurch zu begegnen, daß er seine Ratgeber entließ und in der Manier eines wirklichen Weisen auf dem Königsthron einen kühnen, neuen Weg einschlug.

11
Der Tollwütige Fuchs

Chinas Niederlage gegen Japan brachte auch andere ehrgeizige Männer zusammen, die erkannt hatten, daß der Zeitpunkt für eine Veränderung gekommen war, wenn China auch im 20. Jahrhundert noch weiterbestehen wollte. Darüber, wie diese Veränderungen aussehen sollten, waren sie völlig anderer Meinung als die Konservativen. Die Reformer wollten das alte System aufgeben und den Staat modernisieren, wie Japan dies seit der Meiji-Restauration so erfolgreich betrieben hatte. Die Konservativen dagegen wollten die »Splendid isolation« des Reiches wiederherstellen, indem die traditionellen Kontrollen verschärft und alle Ausländer und ihre einflußreichen Vertreter vertrieben würden. Ein Zusammenstoß zwischen beiden Fraktionen schien unvermeidlich, wenn es dem jungen Kaiser nicht gelingen sollte, die gegensätzlichen Positionen mit viel Taktgefühl und Erfindungsgeist zu neutralisieren. Dazu war es erforderlich, daß er seine Tante, die Kaiserinwitwe, fest an seiner Seite hatte.

Keine der Parteien ahnte indessen, daß Vizekönig Li plante, sich zu rächen, indem er sie alle gegeneinander ausspielte. Dank der Manipulationen Lis wurden der Kaiser, der Hof und die ausländischen Mächte in Verschwörungen und Gegenverschwörungen hineingezogen, die für ihre Rivalen mit der großen Reformkrise von 1898 in einer Katastrophe endeten. Während der darauffolgenden Terrorherrschaft suchten diejenigen, denen die Flucht geglückt war, nach einem Sündenbock. Die Kaiserinwitwe diente bereits als Aushängeschild des Regimes, als viele der Reformer noch gar nicht geboren waren; deshalb wurde sie jetzt zur Zielscheibe ihrer Rachsucht und einer überbordenden Verleumdungskampagne, an der auch die internationale Presse sich beteiligte. Bevor das Jahr zu Ende ging, hatte sich ihr Bild in der Öffentlichkeit zu dem einer blutrünstigen Despotin gewandelt. Damit setzte die Dämonisierung von Tz'u-Hsi ein.

Robert Hart ahnte, daß es Probleme geben würde, konnte jedoch nicht herausfinden, was sich da zusammenbraute: »Es... sieht aus wie eine Menge Quecksilber auf einer glatten Oberfläche, wobei kleine, quer verlaufende Wirbel in größeren aufgehen, die sich wieder teilen und neue Wirbel bilden, das alles ohne Sinn und Zweck!... Es ist wie beim Hütchenspiel: Einen Augenblick lang sieht man die Stanniolkugel und könnte schwören, daß sie sich unter diesem Hütchen da befindet – und schwupp, da ist sie nicht!«

Neben der Gefahr einer Palastrevolte oder einer Revolution der Straße durch mandschufeindliche Elemente bestand auch die Gefahr, daß sich ausländische Mächte einmischten. Besonders Japan stand im Verdacht. Tokyos langfristige Strategie bestand darin, den Sturz des Mandschu-Kaisers *und* des russischen Zaren zu bewerkstelligen, so daß der Meiji-Kaiser in Ostasien eine unangefochtene Stellung einnehmen würde. Japan war es bereits gelungen, China aus Taiwan und Korea hinauszudrängen, und es machte Einfälle in die Mandschurei. Außerdem trieben japanische Agenten ihr Unwesen in der Mongolei und auf der Halbinsel Shantung, in Peking und in Tientsin.

Im Süden hatte Frankreich Indochina abgetrennt, während Großbritannien Birma in Besitz nahm und seiner indischen Kolonie einverleibte. Auf diplomatischer Ebene unternahmen England und die Vereinigten Staaten einen halbherzigen Versuch, die schwankende Mandschu-Regierung zu stützen, um zu verhindern, daß die Russen sich Vorteile verschafften, doch hinter den Kulissen untergruben die Einmischungen britischer und amerikanischer Journalisten, Abenteurer, Kaufleute und Missionare die Fundamente des Regimes. Ihre alles andere als zurückhaltende Ermutigung der Reformer nährte die Befürchtungen der Eisenhüte, daß die Reformbewegung in Wirklichkeit eine internationale Verschwörung sei unter der gemeinsamen Beteiligung der USA, Englands und Japans.

Auch der Umstand, daß Prinz Kung wieder einmal Premierminister war, tröstete Hart nicht, denn die Fähigkeiten seines alten Freundes waren aufgrund gesundheitlicher und privater Probleme beeinträchtigt. Kung war inzwischen 65 Jahre alt; es war sein Schwanengesang. Laut Hart verbrachte er den größten Teil seiner Zeit und Energie damit, sich an den Leuten zu rächen, die ihn 1884 von seinem Posten verdrängt hatten. Nach monatelanger Krankheit starb Prinz Kung schließlich im Mai 1898 und beraubte damit das Land seines stabilisierenden Einflusses zu einer Zeit, da es diesen besonders dringend gebraucht hätte.

Durch den Tod des Prinzen war Kaiser Kuang-hsü zum erstenmal in seinem Leben ganz auf sich allein gestellt. Bislang stand er immer unter dem Einfluß eines älteren Beraters: zunächst Prinz Kung, dann sein Vater, Prinz Chun, dann Prinz Ching und der kaiserliche Erzieher Weng Tung-ho und schließlich noch einmal Prinz Kung.

Im Alter von 26 Jahren war Kuang-hsü noch ein unerfahrener junger Mann, der ernsthaft nach Möglichkeiten suchte, die beinahe schon traditionelle Korruption und den Machtmißbrauch zu beheben, an denen China vor allem krankte. Im Gegensatz zur Clique um Prinz Tuan, die sich nach außen hin abschottete, hatte Kuang-hsü eine gewisse westliche Bildung genossen. Man hatte für ihn Bücher und Aufsätze aus dem Westen übersetzen lassen, und er hatte sich mit dem japanischen Modernisierungsprogramm beschäftigt, um herauszufinden, wie ein Inselvolk von »Zwergpiraten« praktisch über Nacht zu einer Weltmacht werden konnte. Wenn dies den Japanern gelungen war, dann konnte es auch China schaffen.

Kuang-hsü tat einiges, um seinen anämischen Regierungsapparat mit neuem Blut und neuen Ideen zu versorgen. Anfang 1898 eröffnete er eine allgemeine Diskussion über das Thema einer Reform, indem er alle Bürger aufforderte, Denkschriften zu verfassen und unter Umgehung der Wachhunde vom Zensuramt direkt an ihn zu schicken. Bislang war das Recht, beim Kaiser Denkschriften einzureichen, nur den Angehörigen der obersten Gesellschaftsschichten vorbehalten. Als Reaktion auf den Aufruf des Kaisers gab es eine Flut von Denkschriften, in denen das Alte verteufelt und das Neue gepriesen wurde. Diesmal waren die Kritiker keine Angehörigen der bornierten chinesischen Oberschicht, die sorgsam darauf bedacht waren, ihre Beschwerden für sich zu behalten, sondern eine Gruppe von Freidenkern und Bohemiens, die als *ming-shih* oder Gelehrtenprominente bekannt waren. Viele *ming-shih* ergriffen die Gelegenheit des kaiserlichen Aufrufs und äußerten sich offen darüber, was ihrer Meinung nach falsch lief und wie es zu beheben war. Statt ihre Ansichten und Ideen lediglich am Stammtisch zu verkünden, wurden sie politisch aktiv. Eines ihrer Ziele war der Große Rat des

Kaisers. Solange er von dogmatischen Großräten wie Weng Tung-ho, Kang Yi und Prinz Li umgeben sei, so lautete die Kritik der *ming-shih*, sei es dem Kaiser und seinen Leuten unmöglich, in einen konstruktiven Dialog über neue Ideen einzutreten. Diese Großräte waren Eisenhüte oder deren Anhänger. Die hauptsächliche Aufgabe eines Eisenhuts wie überhaupt eines jeden Helms bestehe darin, vor feindlichen Hieben zu schützen; zugleich würden damit aber auch fremde Ideen abgewehrt. Wenn Kuang-hsü neue Ideen wolle, dann müßten diese von außen kommen, von den *ming-shih*.

Das Rückgrat jeder chinesischen Regierung war die Gelehrtenoberschicht, das Aufgebot an Talenten für die Verwaltung auf nationaler, regionaler und kommunaler Ebene. Dynastien kamen und gingen, doch die kaiserliche Bürokratie erhielt sich mehr oder weniger unversehrt. Während die Männer die Beamtenexamina absolvierten, Beamtenposten übernahmen und sich auf der Karriereleiter durch das System nach oben bewegten, erwarben sie ihre Vorrechte und trugen Hutknöpfe und andere Rangabzeichen, an denen sich genau ablesen ließ, welche Privilegien ihnen im einzelnen zustanden. In einer Kultur, die dem Alter Ehrerbietung entgegenbrachte, wurde von einem weißhaarigen Großvater gleichwohl erwartet, daß er einem jungen Gelehrten seinen Stuhl als Sitzplatz anbot.

Natürlich gab es viele Kandidaten, die ihre Prüfungen nicht bestanden; andere verachteten das System und weigerten sich, an den Prüfungen teilzunehmen. Aus diesen Reihen kamen die *ming-shih*. Sie waren stolz darauf, auf ihre eigene Weise nach moralischer und geistiger Vollkommenheit zu streben. Ausgenommen in bestimmten Fällen lehnten sie einen Dienst für die Regierung ab und waren überzeugt, daß sie eine wichtige gesellschaftliche Aufgabe erfüllten, indem sie die Probleme Chinas unter einem anderen Blickwinkel erforschten. Manche *ming-shih* waren finanziell unabhängig und konnten sogar Schulen ihrer Anhänger unterhalten, doch die meisten mußten sich mit ihren geistigen Talenten begnügen und waren zum Überleben auf die Unterstützung wohlhabender Gönner angewiesen. Sie wurden von sittenstrengen Beamten umworben, die ihre unorthodoxen Meinungen und das, was sie von ihnen an Klatschgeschichten erfuhren, nach oben weitergaben und das Regime über abweichende Meinungen, Skandale und Verschwörungen auf dem laufenden hielten. Wie unter solchen Umständen zu erwarten war, tummelten sich in den Reihen der *ming-shih* zahlreiche Spitzel und Informanten.

Unter den *ming-shih* gab es auch eine Subkultur von ungestümen

Gelehrten, die, Bilderstürmern gleich, die Regeln mißachteten oder bewußt verletzten. Es waren die Tollwütigen Füchse, eine Bezeichnung, die in China mit Abnormität, Unheil und dem Übernatürlichen verbunden wurde. Diese Menschen waren nur noch einen Schritt weit entfernt von »Fuchsfeen«, Zauberwesen, die unterschiedliche Gestalt annehmen und nach Belieben erscheinen und wieder verschwinden konnten.

Bis vor wenigen Jahren noch hatten sich die *ming-shih* damit begnügt, in zwangloser Runde bei Wein und Nudelgerichten über Politik zu debattieren. Nach der Niederlage durch Japan begannen die Mutigeren unter ihnen, ihren Gedanken mehr Nachdruck zu verleihen, indem sie diese in Denkschriften Beamten mit Zugang zum kaiserlichen Hof übergaben. Ihre Botschaft lautete nicht einfach, daß die Mandschu sich ändern, sondern daß sie sich reformieren müßten. Die alten Machtblöcke wie die Eisenhutfraktion müßten verschwinden, das erstickende Prüfungssystem für Beamte müsse abgeschafft werden, und China müsse erwachen und wieder erstarken, um einen angemessenen Platz in der Welt einzunehmen. Es war ungefähr so, als verlangte man vom Vatikan, auch Frauen zum Priesteramt zuzulassen und für Geburtenkontrolle einzutreten. Kühnere *ming-shih* machten den unerhörten Vorschlag, China in eine konstitutionelle Monarchie nach japanischem Modell umzuwandeln – und die verhaßten Japaner aufzufordern, ihnen die Methode zu erklären.

Um der Idee einer Reform ihren Schrecken zu nehmen, schlugen die vorsichtigeren *ming-shih* vor, den konfuzianischen Sittenkodex unangetastet zu lassen, jedoch bestimmte Elemente westlicher Wissenschaft, Technik und Ökonomie zu übernehmen, die Chinas Stellung stärken würden. Das alles waren nur ein paar Gedanken, und dennoch hatte nach der jahrhundertelangen strengen Meinungskontrolle niemand mit der Angst und der Wut gerechnet, die durch diese Vorschläge ausgelöst wurden; auch damit nicht, daß deshalb Köpfe rollen würden.

Trotz ihrer klassischen Bildung und in vielen Fällen auch ihres Scharfsinns hatten die Gelehrtenprominenten und Tollwütigen Füchse eine wichtige historische Lektion nicht gelernt: Gelehrte wurden von den Mandschu schon immer als subversive Elemente angesehen. Die Ching-Dynastie gründete sich auf militärische Macht und politische Bündnisse, die mit dem Geld anderer erkauft wurden; nachdem sie eher zufällig das chinesische Reich unter ihre Herrschaft gebracht hatten, sicherten die Mandschu ihre Machtstellung, indem sie jeden Widerstand blutig unterdrückten und Hexen- und Ketzerverfolgung betrieben. Nachdem sie sich den Geruch nach Pferdeschweiß abgewaschen hatten, umgaben die Mandschu sich mit einer entlehnten konfuzianischen Tugend und stilisierten sich zu den Rettern der konfuzianischen Zivilisation, die, wie sie behaupteten, durch die Korruptheit der Ming-Kaiser nahezu ausgelöscht worden war. Seitdem wurden chinesische Gelehrte, die es gewagt hatten, die Mandschu zu kritisieren, unbarmherzig liquidiert, ihre Nachkommen und Verwandten wurden enthauptet, ihre Ahnentafeln zerstört. Das konfuzianische System wurde unter den Mandschu zu einer Übung in Form und Stil ohne Inhalt, und seine Praxis reduzierte sich auf ein Ritual zum Überleben. Verstöße gegen die Etikette waren ein todeswürdiges Vergehen, nicht gerade das, was der ehrwürdige Philosoph im Sinn gehabt hatte.

Eine unnachsichtige Haltung gegenüber den Gelehrten war nichts Neues in China. Der erste Kaiser der Han-Dynastie (206 v. Chr.–220 n. Chr.) zeigte seine Verachtung, indem er einem Gelehrten den Hut vom Kopf riß und hineinurinierte. Doch die Mandschu machten aus dem Sittenkodex des Konfuzianismus ein System der Herrschaft über die Gedanken. Besonders gefährlich war ein Gelehrtendasein unter den Kaisern Yung-cheng und Ch'ien-lung, die sich beide in Massenzensur und Vivisektion von Intellektuellen ergingen. Der große »Kunstmäzen« Ch'ien-lung vernichtete an die 2600 Bücher. Seitdem hatten die Gelehrten in China gelernt, so bedrohliche Themen wie Politik und Wirtschaft zu vermeiden; statt dessen verlegten sie sich auf ermüdende Rhapsodien der Textkritik und philologische Studien. Die Bücherverbrenner und Hexenjäger der Mandschu hatten im letzten Jahrzehnt des vorigen Jahrhunderts immer noch eine starke Position, zwar nicht als Individuen, aber als unnachgiebige Institution.

Die *ming-shih* waren nicht besonders gut dafür gerüstet, dem entgegenzutreten. Chinesische Autoren schilderten die *ming-shih* als Männer von überlegenem Intellekt, die jedoch zum Plappern und zu sinnlichen Genüssen neigten. Wenn sie gerade nicht damit beschäftigt waren, Gedichte vorzutragen oder beim Wein über Feinheiten im konfuzianischen Denken zu debattieren, machten sie eine Spazierfahrt auf einem Blumenboot, besuchten Bordelle oder auch ein Theater. Ein Tag im Theater konnte um die Mittagszeit beginnen und war am Abend noch nicht beendet. Begleitet von Flöten, Gongs und Trommeln stolzierten die Schauspieler der Pekingoper auf der Bühne und quietschten im Falsett, während das Publikum Tee trank,

Kürbiskerne kaute und gebackene Melonenschalen aß. Weibliche Rollen wurden von jungen Männern gespielt, die mit der schwankenden Grazie lotusfüßiger Mädchen über das Parkett trippelten.

Trotz ihres frivolen Zeitvertreibs gab es unter den *ming-shih* auch Männer, für die Kaiser Kuang-hsü Chinas Hoffnung verkörperte. Am Rande dieser Gruppen gab es Opportunisten und Egomanen. Der lauteste und dreisteste von ihnen war der Tollwütige Fuchs K'ang Yu-wei, der Mann, der Tz'u-Hsi als erster systematisch verleumdete.

K'ang stammte aus Kanton. Sein Vater starb an Tuberkulose, als er selbst gerade zehn Jahre alt war, so daß seine Erziehung seinem Großvater väterlicherseits, einem Lehrer und niederen Beamten, anvertraut wurde. Der Knabe neigte zu Diskussionen, Debatten und zur Eigenwerbung. Sein einziger prominenter Vorfahr war ein Urgroßonkel, der während der Niederschlagung der Tai-ping-Rebellen für kurze Zeit als geschäftsführender Gouverneur von Kwangsi amtiert hatte. Dieser Urgroßonkel kehrte Mitte der 1860er Jahre in das Dorf seiner Vorväter zurück und ließ sich in einem Landhaus mit einer großen Bibliothek und einem weitläufigen Garten nieder, wo er seine Kumpane bewirtete. Der kleine K'ang trieb sich in der Nähe des Hauses herum, und aufgrund seiner Frühreife und seiner komödiantischen Possen machten sich die alten Männer mit ihm ihren Spaß. Er ahmte ihre Manieren nach und kultivierte ihre Haltung der Überlegenheit. Dafür machten sie um ihn viel Aufhebens und redeten ihm ein, er sei dazu bestimmt, ein großer Weiser wie Konfuzius zu werden.

Leider glaubte er ihnen. Er wurde so überzeugt, zu den Auserwählten zu gehören, daß er faul, eigensinnig und so launisch wurde, daß die Leute im Dorf glaubten, er sei geisteskrank. In seinem Streben nach dem Rampenlicht begann er, die Leute zu schockieren und die lokalen Gebräuche zu verletzen.

K'ang wuchs allmählich zu einem mondgesichtigen kleinen Dickwanst heran, mit aufgeworfenen Lippen, die links und rechts von Schnurrbartfetzen eingerahmt waren, und verbreitete um sich eine Aura tiefer Selbstzufriedenheit. Er behauptete, bereits mit elf Jahren habe er »das besondere Geschick [gehabt], die Dinge der Menschen zu lenken«. Er glaubte, der Himmel habe ihn mit einer historischen Mission beauftragt. Er erzählte den Leuten, als er geboren wurde, »trat ein karminroter Glanz ins Haus, und mein Leben begann«.

Ein bewundernder Biograph, der ihn persönlich kannte, bescheinigt ihm: »Bescheidenheit und Demut... gehörten nicht zu seinen Tugenden... Von keinerlei intellektuellen Zweifeln geplagt, nahm er nur selten abweichende Meinungen, die von anderen Männern vertreten wurden, zur Kenntnis.« In seinem Dünkel sah K'ang sich als furchtlosen Kreuzritter. In Wirklichkeit war er nur ein Plagiator, der die Ideen anderer als seine eigenen ausgab.

Im Alter von 19 Jahren hatte er die Gelegenheit, das erste der Beamtenexamina zu absolvieren, doch er schlug sie aus. Während der folgenden elf Jahre führte er ein Wanderleben und ging zunächst nach Hongkong, wo er beeindruckt war von »der Eleganz der ausländischen Gebäude, der Sauberkeit der Straßen und der Effizienz ihrer Polizei«. Sein nächster Aufenthalt war Shanghai.

Trotz seiner Selbstgefälligkeit war K'ang kein Tugendbold. Er schätzte die schönen Dinge des Lebens und amüsierte sich gern. Neben einer Ehefrau vom Land erwarb er schließlich zwei Konkubinen, die eine davon ein Mädchen von 17 Jahren; da war er selbst 50 Jahre alt. Er hatte ein Sammelsurium westlicher Ideen aufgeschnappt und träumte davon, in China ein Utopia der freien Liebe zu errichten, in dem »alle Menschen ihren sexuellen Wünschen freien Lauf lassen... Es wird Menschen geben, die homosexuelle Beziehungen unterhalten... Es wird keinen Grund geben, solche Beziehungen zu verbieten, solange sie nicht das Ergebnis von Zwang sind«. 1882 ging er nach Peking, wo er bei seinen ersten Prüfungen durchfiel. Nach sechs Jahren »Selbststudium« kehrte er 1888 im Alter von 30 Jahren nach Peking zurück, um sich erneut den Prüfungen zu unterziehen, und fiel wieder durch. Diesmal blieb er in der Stadt und lernte die in Peking lebenden *ming-shih* und ihre reichen Mäzene kennen, zu denen auch die kaiserlichen Erzieher Weng Tung-ho und Li Hungtsao gehörten, die beiden Erzkonservativen mit einer heimlichen Neigung zu Obszönitäten.

K'ang war ein Neuling in dieser Boheme und in seinem wunderlichen Gebaren ein Außenseiter, doch er paßte sich schnell an. Während er sich an den äußeren Rändern dieses aufregenden Milieus bewegte, stellte er fest, daß ein Großteil seiner Faszination von den führenden Mitgliedern ausging, von Männern, die ihr Renommee und ihren politischen Einfluß ihren neuartigen Ideen, einem extravaganten Stil und persönlichem Mut verdankten. K'ang beschloß, sich zu einem ebensolchen Geschöpf zu wandeln und selbst die politische Bühne zu erklimmen. Als erstes richtete er eine Denkschrift an die Kaiserinwitwe und an Kaiser Kuang-hsü, in der er davor warnte, es werde zu einer Krise kommen, in der es nötig sein werde, den Mißbräuchen der Regierung ein Ende zu machen. Das war der Idee und dem Inhalt nach nichts Originelles, denn K'ang hatte einfach eine

Denkschrift eines Freundes umgeschrieben, der im Zensuramt angestellt war. Er hatte etwas entdeckt, was ihm für den Rest seines Lebens zur Gewohnheit werden sollte, das Plagiieren. Ohne einen Gönner konnte er die Denkschrift jedoch nicht übergeben, deshalb bewahrte er sie auf und wartete auf einen späteren Tag in seinem Leben, an dem er sie in seiner Autobiographie als »Beweis« für sein frühzeitiges Eintreten für Reformen aufnehmen würde.

Obwohl K'ang sich selbst gern als eigentlichen Führer der *ming-shih* sah, war er für diese weder ein ernstzunehmender Gelehrter noch ein origineller Geist, sondern lediglich ein Wichtigtuer. Von der gebildeten Schicht ignoriert, kehrte er zurück nach Kwangtung, wo er sich einem Kreis lokaler Gelehrter anschloß, die über die Klassiker disputierten. Dort gab er einige der ketzerischen Ansichten, die er in Peking und Shanghai aufgeschnappt hatte, als seine eigenen aus. Das verlieh ihm etwas Exotisches und Avantgardistisches, und er legte sich eine kleine Gefolgschaft von Anhängern aus der Provinz zu. Mit der für ihn typischen Übertreibung erklärte er sie zu einer »Akademie« und sich selbst zu ihrem Weisen und Lehrer.

Unter seinen »Studenten« befand sich auch ein intelligenter junger Journalist namens Liang Chi-chao, ein begabter Autor, dem das Auftreten fehlte, sich nach oben durchzukämpfen. Gemeinsam durchstöberten K'angs Schüler den Klatsch früherer Jahrhunderte und verfaßten Essays zu ausgefallenen Themen. Schließlich schrieb K'ang 1891 eine eigene Abhandlung auf der Grundlage von Arbeiten seiner Schüler, so wie mancher Universitätsprofessor sich der Vorarbeiten seiner Studenten bedient, ohne diese namentlich anzuführen. Sie trug den Titel »Die gefälschten Klassiker« und entwickelte die These, die ursprünglichen konfuzianischen Texte seien Hunderte von Jahren nach dem Tod des Philosophen geändert worden, um den Erfordernissen des Staats Rechnung zu tragen. Dieser Vorwurf wurde seit Jahrhunderten erhoben und stellte nichts Neues dar. Doch unter der Meinungskontrolle der Mandschu waren solche Debatten unterdrückt worden, und das Thema war seit längerem in Vergessenheit geraten. Indem er es aus der Mottenkiste hervorholte, wieder aufpolierte und als seine eigene Entdeckung verkaufte, zeigte K'ang schon jene Raffinesse, mit der er später die pornographischen »Geheimgeschichten« der »mörderischen« Kaiserin Wu aus einer Zeit vor 1000 Jahren ausgrub und sich bei seinen Verleumdungen von Tz'u-Hsi von ihnen inspirieren ließ.

In einer Gesellschaft, die an die Reinheit der alten Lehren glaubte, war die Wiederbelebung der alten Behauptung, die konfuzianischen

Texte seien im Lauf der Zeit geändert worden, etwas Aufregendes. K'angs Leistung bestand vor allem darin, daß er öffentlich etwas verkündete, was die *ming-shih* in der Regel klugerweise nur in kleinem Kreise erörtert hatten. Gleich fundamentalistischen Christen oder Muslimen wollten überzeugte Konfuzianer lieber daran glauben, daß die Klassiker bis ins letzte Detail authentisch seien. Viele Menschen, die etwas anderes behauptet hatten, waren deshalb einen Kopf kürzer gemacht worden.

K'angs Traktat löste eine lebhafte Auseinandersetzung aus, wobei es nicht darum ging, *was* er gesagt hatte, sondern *daß* er es gesagt hatte. Er stellte die unbescheidene Behauptung auf, Chinas Rettung liege darin, seiner eigenen Interpretation des Philosophen auf der Grundlage »unfrisierter« Texte zu folgen. In seiner neuerworbenen Bekanntheit wurde er von keinem Geringeren als dem konfuzianischen Tanzmeister, dem kaiserlichen Erzieher Weng Tung-ho, als garstiger »tollwütiger Fuchs« bezeichnet. K'angs skandalöse Abhandlung wurde dem Thron zur Kenntnis gebracht. Mächtige Gönner der *ming-shih* mußten eingreifen, um ihn vor einer Bestrafung zu bewahren; immerhin mußten die Druckstöcke, mit denen seine Broschüre gedruckt worden war, vernichtet werden. Der Vorgang machte ihn sogleich berühmt und verschaffte ihm damit den begehrten Zugang in die Reihen der *ming-shih*.

Das half ihm allerdings nicht bei seinen Beamtenprüfungen. 1894 machte er einen erneuten Versuch und scheiterte abermals. Im folgenden Frühjahr kehrte er nach Peking zurück, um es ein letztesmal zu versuchen. Diesmal schaffte er es – mit knapper Not. Doch danach prahlte er bei jeder Gelegenheit, wenn es mit rechten Dingen zugegangen wäre, hätte er den ersten Platz belegt. Sein schlechtes Ergebnis qualifizierte ihn nur für eine niedere Bürotätigkeit im Arbeitsministerium. Wie K'ang freilich später in seiner Autobiographie schrieb: »Ich hatte nicht vor, mich [für Reis] zu unterwerfen.«

Der chinesisch-japanische Krieg befreite ihn aus den Zwängen der Wirklichkeit. Gelehrte und Studenten, die sich den von Japan diktierten Friedensbedingungen widersetzten, verbreiteten Bittschriften, mit denen sie den Thron davon abhalten wollten, die Bedingungen anzunehmen. Einige dieser Bittschriften wurden Kaiser Kuang-hsü überreicht. K'ang behauptete später zu Unrecht, er habe bei diesen Bemühungen aktiv mitgewirkt, denn er schlug lediglich seinen Nutzen aus der Kampagne, indem er einen Essay darüber schrieb; dabei beutete er in bewährter Manier die Arbeiten anderer aus. Er wollte den Essay dem Kaiser zukommen lassen, doch die Bürokraten, auf deren Mithilfe er gehofft hatte, wiesen ihn zurück. Davon nicht entmutigt, ließ K'ang von dem Essay in Shanghai auf eigene Kosten mehrere Zehntausend Exemplare drucken. Sie fanden guten Absatz, und ohne daß er selbst viel dafür getan hätte, wurde er jetzt mit der Reformbewegung identifiziert. Angespornt durch diesen Erfolg, schrieb er den Essay um, gebrauchte diesmal gemäßigtere Formulierungen und stellte den Wiederaufbau nach dem Krieg in den Mittelpunkt. Er sprach vielen aus dem Herzen, wenn er behauptete, China müsse seine militärische Schlagkraft verbessern, seine Währung und sein Bankwesen zentralisieren, sein Eisenbahnnetz und die Dampfschiffahrt ausbauen, seine Bodenschätze erschließen und ein Postwesen einrichten. In Peking gelangte seine Denkschrift in ein Paket mit etlichen anderen Denkschriften, die der Kaiser an Provinzbeamte verschickte, damit sie sich dazu äußerten. Die Gouverneure schenkten dem Aufsatz K'angs wenig Beachtung, doch er hatte vom Ruhm gekostet.

Bis zum Jahresende 1898 hatte K'ang die Kaiserinwitwe noch nicht ein einziges Mal angegriffen, doch später behauptete er, schon immer einer ihrer Kritiker gewesen zu sein. So habe Tz'u-Hsi angeblich unter dem Einfluß des Obereunuchen Li Lien-ying Kuang-hsü gezwungen, den Vertrag mit Japan zu unterzeichnen: »Die Kaiserinwitwe, die stets auf [seinen] Rat hörte, stimmte deshalb beiläufig der Abtretung Taiwans [an Japan] zu.« Niemand erhob Einwände gegen diese absurde Behauptung, und so wurde sie zu einem Bestandteil seiner späteren Anklage gegen sie.

Um weitere Aufmerksamkeit auf sich zu lenken, schloß er sich einer der Gesellschaften zur Diskussion einer Reform an, wie sie damals im Schwange waren, und begab sich nach Shanghai, um dort eine Zweiggesellschaft zu organisieren, in der er den Ton angeben konnte. Diese Gruppe druckte eine Zeitung, deren Datum auf K'angs Weisung auf das Jahr 2737 (nach dem Tod des Konfuzius) lautete, statt auf das Jahr der Regierung Kuang-hsüs. Dieser Verstoß gegen die Tradition erregte solches Ärgernis, weil er beinahe an Landesverrat grenzte, daß sich die Gesellschaft in Peking und in Shanghai auflösen mußte. Derartige, vergleichsweise geringfügige Verstöße waren alles, was K'ang bislang erreicht hatte (es sollten noch zwei weitere Jahre vergehen, bevor seine Angriffe auf die Kaiserinwitwe einsetzten), doch der selbsternannte Weise sah sich jetzt als Anführer einer Bewegung. Er ließ verlauten, er arbeite an einer außergewöhnlichen Neubewertung der chinesischen Geschichte und der konfuzianischen Ethik.

1897 veröffentlichte er ein Buch mit dem Titel *Konfuzius als Reformer*, in dem er die abwegige These vertrat, der Philosoph habe nicht den Status quo bewahren wollen, sondern sei für einen Wandel eingetreten, der unvermeidbar gewesen sei. Kritiker fragten sich, ob K'ang tatsächlich ein Tollwütiger Fuchs war, ein Besessener, der allein den eigenen Wertmaßstäben folgte, oder nur ein hoffnungslos publizitätssüchtiger Fanatiker, der die Ideen anderer lediglich dazu benutzte, die Öffentlichkeit zu schockieren, um auf diese Weise Karriere zu machen.

In demselben Jahr, als Deutschland Kiautschou auf der Halbinsel Shantung unter dem Vorwand besetzte, eine antiwestliche Hetze durch dort ansässige Unruhestifter zu unterbinden, verfaßte K'ang eine Denkschrift für den Thron, in der er dringend eine Modernisierung Chinas empfahl, um weiteren Einfällen ausländischer Mächte begegnen zu können. Fachleute und Intellektuelle wie er selbst, so schrieb er, sollten Zugang zum Thron erhalten, um dem Kaiser behilflich zu sein, weise Entscheidungen zu treffen. Als die Beamten es ablehnten, seine Denkschrift weiterzuleiten, ließ K'ang sie in einer Shanghaier Zeitung veröffentlichen und außerdem auf eigene Kosten als Broschüre drucken. Geschickt nutzte er die Presse in den Vertragshäfen zur Eigenwerbung und Propaganda, da in China Zeitungen noch selten waren und der Druck von Büchern und Broschüren nach westlichem Vorbild gerade erst in Gang kam, weil kleine Missionsdruckereien sich zu kommerziellen Unternehmen mauserten.

K'ang erfuhr, daß in Schweden eine Konferenz zum Thema internationaler Frieden durch Abrüstung stattfinden sollte, und bewog einen Freund im Zensuramt, ihn auf die Liste der Delegierten für diese Veranstaltung zu setzen. Im Januar 1898 wurde er zu einem Gespräch im Tsungli Yamen aufgefordert. Vier hohe Beamte des Yamen nahmen an diesem Gespräch teil: der ehemalige Vizekönig Li Hung-chang, der kaiserliche Erzieher Weng Tung-ho, der Leiter der Mandschu-Sicherheitsbehörde, General Jung-lu und Sir Chang Yin-huan, der ehemalige Botschafter in Washington und London.

K'ang war in die höchsten Kreise hineingestolpert. Diese vier überaus mächtigen Männer, die verschiedene politische Blöcke vertraten, sollten eine herausragende Rolle bei den traurigen Ereignissen der kommenden Monate spielen, in denen der ernste junge Kaiser das Opfer byzantinischer Intrigen wurde und die Köpfe unschuldiger, wirklicher Reformer rollten. K'ang hatte überhaupt keine Vorstellung von der Bedeutung dieser Begegnung, doch sie wurde zum Wendepunkt in seinem Leben.

Mit Ausnahme des Botschafters, eines Gönners der *ming-shih*, der K'ang schon bei gesellschaftlichen Veranstaltungen in Peking begegnet war, hatten die Minister des Yamen nicht die Absicht, mit K'ang ein Gespräch zu führen, sondern einen potentiellen Unruhestifter unter die Lupe zu nehmen, als hätten sie es mit einem exotischen Käfer zu tun.

Sir Chang, wie er in den Gesandtschaften genannt wurde, war der erste Chinese, der von Großbritannien zum Ritter geschlagen worden war, und der erste Playboy Pekings von Weltrang. Ihm war außerdem die besondere Ehrung zuteil geworden, daß er 1875 das schreiende Kleinkind Kuang-hsü von seiner elterlichen Wohnung in die Verbotene Stadt bringen durfte. Mit seinen 61 Jahren war er immer noch ein flotter Bursche. In seiner Jugend war er bei den kaiserlichen Prüfungen durchgefallen, hatte sich jedoch mit Geld eine ausreichend hohe Stellung gekauft, um seinen Weg zu gehen. Mit einer Mischung aus List und Begabung brachte er es zum Militärsekretär von Li Hung-changs Bruder, womit er sich den Weg zum Ruhm ebnete. Mit der Erhebung von Steuern und Gebühren beauftragt, erhöhte er die eingetriebenen Summen so stark, daß Li ihn mit einem Amt im Tsungli Yamen belohnte. Als Seiteneinsteiger, der nie ein Examen bestanden hatte, wurde er schnell zur Zielscheibe des Neids. Dennoch ernannte man ihn von 1885 bis 1890 zum Gesandten in den Vereinigten Staaten, Peru und Spanien, wobei er den größten Teil dieser Zeit in Washington verbrachte, wo er in der chinesischen Vertretung den großzügigen Gastgeber spielte. Bei seiner Rückkehr nach Peking wurde er ein Intimfreund des kaiserlichen Erziehers Weng. Beide wirkten sie als Gönner der *ming-shih* und spendierten dann und wann ein paar Flaschen Wein als Freunde der Geisteswissenschaften. Dieser Einfluß zahlte sich aus, als Chang zu Königin Victorias sechzigjährigem Jubiläum entsandt und von ihr zum Ritter geschlagen wurde. Als Chinas am meisten vom Westen beeinflußter Mandarin fand er leicht Zugang zum Kaiser und befriedigte dessen Neugier im Hinblick auf den Westen. Wegen seines geselligen Naturells geriet Chang häufig mit Li Hung-chang aneinander, doch beide kollaborierten bei einem Geheimvertrag mit Rußland, bei dem sie nicht schlecht in die eigene Tasche wirtschafteten. Sir Chang hatte auch das Gespräch mit K'ang im Tsungli Yamen arrangiert.

Während der Sitzung kam die Abrüstungskonferenz in Schweden kein einziges Mal zur Sprache. K'ang hielt den hohen Würdenträgern während der ganzen Zeit eine Predigt über sein Lieblingsthema einer Reform und die Vorzüge einer konstitutionellen Monarchie. Weng hielt K'angs Benehmen für arrogant, für Li war es beleidigend, und General Jung-lu (der kein Blatt vor den Mund nahm) fand ihn einfach unsympathisch.

Einige Tage später, wiederum dank des Einflusses von Sir Chang, wurde K'ang aufgefordert, seine freimütigen Reformvorschläge für den Kaiser in schriftlicher Form zusammenzufassen. In diese neue Denkschrift nahm K'ang erneut die damals unter den prominenten Gelehrten in Peking verbreitete Idee mit auf, China solle dem Beispiel Japans nacheifern und dieselben Maßnahmen ergreifen, wie das Meiji-Regime sie ergriffen hatte, um das Land zu modernisieren und erstarken zu lassen. Dazu packte er noch einiges andere, was nicht auf seinem eigenen Mist gewachsen war: die Abschaffung der Korruption, die Einrichtung eines besonderen Amts im Palast, das die Einführung von Reformen koordinieren sollte, und die Schaffung eines »Meinungszugangs«, so daß Denkschriften dem Thron direkt übermittelt werden könnten, ohne daß sie von Bürokraten zurückgehalten würden.

Kuang-hsü hatte sich sehr für die Reformbewegung interessiert und Denkschriften der *ming-shih* gelesen, um einen Ausweg aus Chinas Zwangslage zu finden. Es spricht nichts dafür, daß die Ausführungen K'angs für ihn in irgendeiner Hinsicht ungewöhnlich gewesen wären. Sie waren lediglich eine von vielen Denkschriften, die der Kaiser las und an seine Vizekönige und Gouverneure weiterleitete, um ihre Meinung dazu zu erfahren. K'ang behauptete jedoch später, Kuang-hsü habe sich erst zu seinem Reformprogramm entschlossen, nachdem er K'angs *Untersuchung der Reformen in Japan* gelesen hatte. Nach K'angs Darstellung schickte der Kaiser der Kaiserinwitwe eine Botschaft, in der er ihr mitteilte, »ich habe nicht den Wunsch, der Herrscher eines Staates zu sein, der vor dem Zusammenbruch steht. Wenn Sie mir meine Macht nicht zurückgeben, werde ich abdanken«. An diesem Punkt gab die Kaiserinwitwe angeblich ihre Einwilligung. Diese Version wird allerdings durch keinerlei Tatsachen gestützt. Erstens hatte Tz'u-Hsi dem Kaiser überhaupt keine Machtbefugnisse entzogen, und zweitens befand sie sich damals in ihrer Zuflucht im Sommerpalast. Die Behauptung, sie habe die Macht ihres Neffen an sich gerissen, konnte nur von jemandem aufgestellt werden, der nichts von den wirklichen Vorgängen am Hof wußte oder böswillig die Unwahrheit verbreitete oder beides. Wie bei fast allem, was K'ang je über Tz'u-Hsi geschrieben hat, verließ er sich darauf, daß der Leser den Wahrheitsgehalt nicht überprüfen konnte.

Zu jedermanns Überraschung erließ Kaiser Kuang-hsü mit Zustimmung Tz'u-Hsis am 11. Juni 1898 sein erstes Reformdekret, in dem er Prinzen, Beamte und das Volk dazu aufforderte, sich nützliche Kenntnisse anzueignen, ohne jedoch die grundlegenden konfuzianischen Lehren aufzugeben. So begann die Hundert-Tage-Reform. Während der folgenden 102 Tage erließ der Kaiser rund 50 Reformedikte zu den Themen Regierungstätigkeit, militärische Entwicklung, Industrie, Bildungswesen und internationale Beziehungen. Jedes dieser Edikte erging vom Kaiser persönlich ohne Erwähnung der Großräte und stets nach Rücksprache mit Tz'u-Hsi, die er regelmäßig im Sommerpalast besuchte. Jede Meinungsverschiedenheit zwischen ihnen wurde ausgeräumt, bevor Kuang-hsüs endgültige Fassung veröffentlicht wurde. Sie verfügte wohl über genügend Möglichkeiten einzugreifen, falls sie das wollte, doch auch sie wußte nicht, wie China auf die Beine zu helfen war, und konnte nur darauf hoffen, daß der junge Kaiser allmählich seinen Weg selbst finden würde. Anstatt jedoch langsam und vorsichtig vorzugehen, stürmte Kuang-hsü so ungestüm nach vorn, daß er die etablierten Mandarine, Zensoren und Eisenhüte gleichermaßen in Schrecken versetzte. Sie waren zunehmend beunruhigt und legten bei der Kaiserinwitwe Protest ein. Doch während der folgenden drei Monate unterstützte sie unerschütterlich Kuang-hsüs Reformprogramm und verlor das Vertrauen erst, als die Eisenhüte ihr erfundene Beweise für eine angebliche Verschwörung vorlegten. Der US-Gesandte Charles Denby lobt denn auch die Rolle der Kaiserinwitwe: »Es wird von keinem bestritten, daß die Verbesserung und der Fortschritt [in China]... hauptsächlich dem Willen und der Stärke der Regentin zu verdanken sind.«

Diese Entschlüsse Kuang-hsüs, die in eine Zeit großer Unsicherheit über die Fähigkeiten der Regierung und die Standhaftigkeit des jungen Kaisers fielen, lösten eine weit heftigere Reaktion aus, als sie gerechtfertigt gewesen wäre. Die Reformen an sich waren gemäßigt, doch insgesamt gesehen waren sie von einem revolutionären Geist erfüllt und wurden von den Eisenhüten als gefährlich angesehen. Der Kaiser hatte noch keinen radikalen Wechsel der Regierungsform dekretiert, doch für die Hardliner stand außer Zweifel, daß er sich mit großen Schritten in diese Richtung bewegte. Am meisten alarmierte sie, daß seine Edikte den traditionellen *cordon sanitaire* umgingen, von dem der Thron durch die Prinzen und Ratgeber umgeben war.

Damit war die Stellung der Mandschu-Granden bedroht, und ihre Macht über die Zensur und das politische Verfahren, die sie seit Kaiser Yung-cheng innegehabt hatten, zerfiel.

Kuang-hsü hatte das Gespenst einer Änderung der Regierungsform heraufbeschworen, entweder durch einen friedlichen Wandel zu einer konstitutionellen Monarchie, wie sie nach außen hin von Japan übernommen wurde, oder gar durch die Vertreibung der Granden und ihre Ersetzung durch ein republikanisches Regime. Die Eisenhüte hatten allen Grund, sich verfolgt zu fühlen. Der Schreck über die Niederlage durch Japan steckte ihnen noch in den Knochen. Auf dem Land kam es durch die illegale Gesellschaft der Ältesten und Brüder (Kolaohui) in vielen Regionen zu Unruhen; in Shanghai und Kanton gewann die republikanische Bewegung mit Unterstützung Japans an Bedeutung.

Unter den Eisenhüten sprachen sich einige für einen sofortigen Präventivschlag aus, für einen Palastputsch, um Kuang-hsü durch den Sohn Prinz Tuans zu ersetzen. Andere warnten, die beste Möglichkeit bestehe darin, die Kaiserinwitwe für sich zu gewinnen, die sich möglicherweise überreden ließ, einzugreifen und die Regentschaft zu übernehmen. Die Frage war nur, wie man dabei vorgehen sollte.

12
Das Marionettentheater

Kuang-hsü eröffnete seinen Reformfeldzug, indem er Beamte entließ, die ihn mißbraucht und gedemütigt oder sich zu sehr in seine Entscheidungen eingemischt hatten.

Der erste, der seinen Hut nehmen mußte, war Großrat Weng Tung-ho, sein ehemaliger Erzieher. Nicht die geringste der Verfehlungen Wengs war es gewesen, dem Kaiser schlechten und widersprüchlichen Rat über die Kriegführung gegen Japan gegeben zu haben. Weng hatte seit so vielen Jahren eine Vertrauensstellung bekleidet, daß er seinen Einfluß auf den jungen Kaiser für eine Selbstverständlichkeit hielt.

Auf einer Sitzung aller Großräte am 15. Juni 1898 erregte Weng den Unmut des Kaisers, als er immer wieder umständlich zur Vorsicht mahnte und darauf bestand, Tz'u-Hsi an jedem Schritt des Reformprozesses bis hin zur Auswahl der für die Reformen zuständigen Beamten zu beteiligen. Hinter dieser ermüdenden Zurschaustellung einer Verehrung der Kaiserinwitwe stand Wengs Versuch, die Reformen dadurch zu blockieren, daß er hinter dem Rücken des Kaisers den Amtsschimmel losband. Obwohl er zu den prominentesten Gönnern der *ming-shih* gehörte, hatte sich der vorsichtige Weng, der Schwierigkeiten vermutete, von der Reformbewegung abgesetzt, als sie in der ersten Jahreshälfte 1898 an Einfluß gewann. Wenn es zur entscheidenden Kraftprobe zwischen den Reformern und den Eisenhüten kommen sollte, war klar, auf welcher Seite er stehen würde.

Der Kaiser hatte jahrelang Wengs hartnäckige Einmischungen ertragen müssen, und es reichte ihm jetzt. Nach einer kurzen Unterbrechung berief er den Rat erneut zu einer Sitzung ein, deren einziger Tagesordnungspunkt die Entfernung Wengs aus seinen Ämtern war. Die Sitzung endete damit, daß der Kaiser sich gegen die Empfehlung all seiner verbliebenen Räte stellte und gebieterisch Wengs Entlassung befahl.

Eine ganz andere Geschichte wird von Bland und Backhouse erzählt, nach deren Darstellung Weng von der Kaiserinwitwe abgesetzt wurde, weil er den Kaiser auf den Weg der Reform geführt habe. Von den meisten Historikern ist diese Fehlinformation bis heute so weitergegeben worden, obwohl die Schilderungen Harts und anderer dagegen sprechen. Als Weng entlassen wurde, befand sich Tz'u-Hsi im Sommerpalast, ohne zu wissen, was in der Verbotenen Stadt vor sich ging, da sie erst später darüber unterrichtet wurde.

Die Plötzlichkeit, mit der Weng aus seinen Ämtern entfernt wurde, und die Tatsache, daß der Kaiser nicht zuvor Tz'u-Hsi konsultiert hatte, zeugen davon, daß Kuang-hsü endlich erwachsen geworden war. Das alarmierte die Fraktion Prinz Tuns, zu der die übrigen Mitglieder des Großen Rats und andere mächtige Beamte am Hof gehörten. Seit Generationen war es nicht mehr vorgekommen, daß ein Kaiser aus eigener Machtvollkommenheit regiert hatte.

Nach dem Tod von Prinz Kung und der Entlassung Wengs waren nur noch vier Großräte übriggeblieben. Der einflußreichste von ihnen war Kang Yi, Prinz Tuans mächtigster Verbündeter; selbst der erlauchte, aber wirrköpfige Eisenhut Prinz Li kam gegen ihn nicht an. Kang Yi war nicht darum mächtig, weil er ein großer Staatsmann gewesen wäre, sondern weil er selbstgerecht, feindselig, unflexibel und einer Änderung jeglicher Art abhold war. All diese Eigenschaften zeugten am konservativen Mandschu-Hof von aufrechter Haltung und Vertrauenswürdigkeit. Statt Zwistigkeiten zu schlichten, wie es Prinz Kungs Art gewesen war, überzeugte Kang Yi die anderen Beamten davon, daß der Kaiser übereilt gehandelt habe und daß man ihm ohne eine leitende Hand nicht trauen könne. Wenn es für Kuang-hsü nicht möglich war, Entscheidungen zu treffen, die von allen mitgetragen wurden (zu deutsch: sich dem gemeinsamen Ratschluß seiner Ältesten zu unterwerfen), dann konnte es notwendig werden, ihn vom Thron zu entfernen. Wie es sich gerade ergab, war Prinz Tuans Sohn P'u-chun als ein geeigneter Nachfolger zur Stelle.

Um Kuang-hsü zu stürzen, mußten die Verschwörer äußerst vorsichtig vorgehen. Als erstes mußten sie die alternde Kaiserinwitwe überreden, daß diese die Regentschaft wieder übernahm, dann erst konnten sie Kuang-hsü von seinem Thron verdrängen.

Wenn der Beginn der verhängnisvollen Reaktion auf die Reformen datiert werden soll, dann war der 15. Juli 1898 der Tag X, vier Tage nachdem die Hundert-Tage-Reform eingeleitet wurde. Wiederum vier Tage später vernahm Robert Hart das erste Grollen von einer Verschwörung zu einem Umsturz. Nach Hart hatte Wengs »wirrer Konservativismus« dazu geführt, daß er seiner Ämter verlustig ging. Und das hatte wiederum »eine Palastintrige [ausgelöst], die Macht [wieder] in die Hände der Kaiserinwitwe zu legen«.

Die Macht wieder »in die Hände der Kaiserinwitwe zu legen« ist eine Formulierung, die leicht mißverstanden werden kann. Sie hatte zu keiner Zeit eine absolute Machtstellung inne, sondern lediglich zeremonielle Aufgaben übernommen. Wenn die Mandschu davon sprachen, sie »zurück auf den Thron« zu holen, dann hieß das nicht »an die Macht«, da diese das ausschließliche Privileg der Prinzen, Granden und hohen Mandarine blieb, deren Sicherung der eigentliche Inhalt der ganzen Auseinandersetzung war. Einmal mehr wurde sie als Aushängeschild benötigt, um denen, die wirklich über die Macht geboten, den Anschein der Legitimität zu verleihen.

George Morrison, der Peking-Korrespondent der Londoner *Times*, erhielt eine briefliche Nachricht von dieser Palastverschwörung von A. E. Hippsley, einem Angestellten Harts in der chinesischen Zollbehörde in Tientsin: »Die Edikte vom 15. [die Entlassung Wengs betreffend] stellen einen Staatsstreich dar«, schrieb Hippsley vollmundig an Morrison und wollte damit sagen, daß Kuang-hsü versucht hatte, alle Reaktionäre in seiner Umgebung loszuwerden. »Die Kaiserinwitwe soll sogar gesagt haben ... dem Kaiser, dessen Regierungstätigkeit China bereits an den Rand des Ruins getrieben habe, dürfe die Führung der Staatsgeschäfte nicht länger anvertraut werden, und sie müsse die Zügel wieder in die Hand nehmen. Wie ich erfahren habe, wurde sogar davon gesprochen... den Kaiser seines Throns zu entheben.«

Hippsley benutzte Klatschgeschichten von Insidern und gab sie in entstellter Form an die ausländische Presse weiter. Er arbeitete für Li Hung-changs Protegé Gustav Detring, den Leiter der Zollbehörde in Tientsin. Li dürfte Detring dann auch veranlaßt haben, Morrison diese Fehlinformation zukommen zu lassen. Hippsley schrieb seinen Brief an Morrison am 20. Juni 1898, nur fünf Tage nach Wengs Entlassung. Für einen kleinen Zollangestellten in Tientsin wußte er jedoch eine ganze Menge von dem, was sich angeblich viele Kilometer weit entfernt in Peking hinter den Kulissen abspielte, etwa daß die Kaiserinwitwe gesagt habe, dem Kaiser könne man nicht mehr vertrauen, und sie müsse das Staatsruder wieder in die Hand nehmen.

Es wird zu zeigen sein, daß Tz'u-Hsi erst drei Monate, nachdem Hippsley seinen Brief geschrieben hatte, zu diesem Schluß gelangte. Aus den Quellen ergibt sich, daß sie erst Mitte September ernsthaft beunruhigt war, nachdem Prinz Tuans Fraktion sie mit Unterstützung von ganz unerwarteter Seite erzürnt und aufgeschreckt hatte.

Möglicherweise war sie bekümmert darüber, daß Kuang-hsü Weng auf eine so brüske Art entlassen hatte, wenn man bedenkt, welche Unruhe er damit auslöste, doch es spricht nichts dafür, daß sie erzürnt oder auch nur verärgert darüber gewesen wäre. Bekümmert schon. Wie Robert Hart gegenüber Morrison erklärte, lief die ganze Aufregung um die Entlassung Wengs auf eine Frage des Takts, des Feingefühls und der Etikette hinaus; auf diesem Gebiet war die Kaiserinwitwe besonders empfindlich: »Schade, [daß] der Kaiser die Angelegenheit nicht dezenter angefaßt hat.« Tz'u-Hsis Neffe besuchte sie auch in den Tagen und Wochen danach im Sommerpalast; es gibt keine Hinweise darauf, daß es zwischen ihnen zu Auseinandersetzungen gekommen wäre, und sie billigte auch immer noch seine Reformedikte. (Als die Krise überstanden war, blieben die meisten dieser Reformen weiterbestehen.)

Am Tag nach Wengs Entlassung aus dem Großen Rat, am 16. Juni, fand das einzige Gespräch zwischen K'ang Yu-wei und dem Kaiser statt; arrangiert hatte es Sir Chang. Vor der Zusammenkunft hatten General Jung-lu und Großrat Kang Yi, die K'angs Fähigkeiten nicht allzu hoch einschätzten, den Vorschlag gemacht, ihm eine Stelle als gewöhnlicher Sekretär im Tsungli Yamen anzubieten, wo seine Begeisterung für Ideen aus dem Ausland praktisch nutzbar gemacht werden könnte. K'ang verschmähte dieses Angebot als unter seiner Würde und bildete sich ein, nachdem der Kaiser ihn schließlich empfangen hatte, werde ihn dieser zum kaiserlichen Berater in allen Reformfragen ernennen, sozusagen zum Großrat für eine Reform, wenn es dieses Amt gegeben hätte.

Die Begegnung war kurz und folgenlos. Alles, wozu Kuang-hsü sich verstehen mochte, war das bereits erwähnte Angebot im Außenministerium. Das war kaum mehr als K'angs ursprüngliche Ernennung in das Arbeitsministerium. Um seine gekränkte Eitelkeit zu beschwichtigen, redete er sich ein, der Kaiser sei von seinen konservativen Ratgebern irregeführt worden und habe deshalb nicht erkennen können, was für eine Kapazität ihm da eigentlich gegenüber gesessen hatte.

Unmittelbar nach dem enttäuschend verlaufenen Gespräch beklagte K'ang sich bei Sir Chang und verbreitete anschließend auch unter den *ming-shih,* die Berater des Kaisers hätten ihn sabotiert. Da er überwacht wurde, kam die Vergeltung schnell. Die Eisenhüte, die sich durch die Entlassung Wengs auf den Schlips getreten fühlten, versuchten die Scharte wieder auszuwetzen, indem sie zum Schlag gegen den Lebemann Sir Chang ausholten. Am 21. Juni wurde Sir Chang seines Amtes enthoben, weil er Bestechungsgelder entgegengenommen hatte. Trotz der Schwere der Anschuldigungen ließ Kuang-hsü den liebenswürdigen Sir Chang noch einmal davonkommen, indem er ihm auf die Finger klopfte. Die Eisenhüte faßten die milde Bestrafung als einen direkten Affront auf und beschwerten sich bei Tz'u-Hsi. Nach der ungnädigen Behandlung von Großrat Weng durch Kuang-hsü stieß dessen jetzige Milde der Kaiserinwitwe übel auf.

Die Freunde des Tollwütigen Fuchses K'ang im Zensuramt eröffneten einen Gegenangriff und beschuldigten gemeinsam einen weiteren führenden Eisenhut, den Vorsitzenden des Ritenministeriums, Hsü Ying-kuei, er sei mittelmäßig, anmaßend und despotisch. Hsü schlug zurück, umging die Zensoren und wandte sich direkt dem Kern des Problems zu, indem er K'ang Yu-wei als Unruhestifter anprangerte, als ausschweifenden Nichtstuer und falschen Westexperten. Wie Jagdhunde, die das aufgespürte Wild verbellen, beschuldigten andere konservative Beamte während der folgenden drei Wochen K'ang in ähnlicher Weise. Sie alle bezeichneten ihn als eigensüchtigen Scharfmacher und Großmaul. Bislang war dies ein reines Wortgefecht, doch es polarisierte die Teilnehmer an der Debatte in zwei entgegengesetzte Lager, Reformer gegen Reaktionäre, wobei Kuang-hsü und Tz'u-Hsi zwischen den Stühlen saßen. Das spielte dem Tollwütigen Fuchs in die Hände, da dieser zunehmend mit wirklichen Reformern identifiziert wurde, was diesen gar nicht recht sein konnte. Mit K'ang in Verbindung gebracht zu werden, wurde mit der Zeit gefährlich.

Die Gemäßigten am Hof, die bislang auf seiten der Reformer gestanden haben mochten oder zumindest nicht gegen deren Ideen eingestellt waren, setzten die Reform nach und nach mit dem rücksichtslosen und brüskierenden Verhalten K'angs gleich, der sich wie ein Blutegel an die Reformbewegung geheftet hatte. Gleichzeitig leistete K'ang dem noch Vorschub, indem er sich Ausländern gegenüber als der eigentliche Führer einer informellen Reformpartei ausgab und damit prahlte, er stehe in engster Verbindung mit dem Kaiser.

Die Konservativen am Hof waren mehr und mehr beunruhigt. Sie hatten das Gefühl, daß etwas Bedrohlicheres im Gange sei. Etliche Personen aus dem Westen waren begeistert von K'ang und der Idee radikaler Änderungen in der Regierung und ermutigten Dissidenten an der Hanlin-Akademie und in anderen Regierungsbehörden. Mandschu-Agenten berichteten, britische und amerikanische Missionare und englische Abenteurer mit militärischer Ausbildung agitierten heimlich für eine konstitutionelle Monarchie. Es war bekannt, daß die Gesandtschaften solche Leute einsetzten, wenn sie nicht unmittelbar mit subversiven Tätigkeiten in Verbindung gebracht werden wollten. Außerdem waren verstärkte Aktivitäten in der japanischen Vertretung zu beobachten und ein ständiges Kommen und Gehen verdächtiger Genyosha-Agenten in Peking und Tientsin. Alarmiert von diesen Berichten, wurden die bereits an Verfolgungswahn leidenden Eisenhüte darin bestärkt, daß die Reformbewegung möglicherweise einen bewaffneten und von den ausländischen Mächten unterstützten Umsturz tarnen sollte. Vorsichtshalber wurde beschlossen, die Sicherheitskräfte in Peking zu verstärken.

Einer der Männer, die vom Tollwütigen Fuchs lautstark und wiederholt während seiner Trinkgelage mit den *ming-shih* beschimpft wurden, war General Jung-lu, der dem Gespräch mit K'ang im Tsungli Yamen ebenfalls beigewohnt hatte. Der hochrangige Polizeibeamte war attraktiv, hatte einen gepflegten Bart und angeblich wenig Phantasie. Als junger Beamter war Jung-lu ein gutmütiger Schwadroneur gewesen. Mit seinen 62 Jahren war er zu einem würdigen und klugen Mann gereift, dem jedermann Vertrauen schenken konnte. Er stand Tz'u-Hsi seit langem sehr nahe und war vermutlich ein Vetter von ihr, wenn er auch ihrem Clan nicht angehörte. Jung-lu konnte seine Ahnen zurückverfolgen bis zu Nurhacis hervorragendstem General. Seitdem hatten die chinesischen Kaiser diesen illustren Vorfahren postum mit Titeln und Rängen überhäuft, so daß Jung-lu in Peking außergewöhnliches Ansehen genoß; seine Loyalität zur Dynastie war über jeden Zweifel erhaben. Seit 1888 bekleidete er den Posten eines Kämmerers der kaiserlichen Garden. Nach der Niederlage gegen Japan wurde er zum Beigeordneten Großsekretär und Vorsitzenden des Kriegsministeriums befördert und ins Tsungli Yamen berufen, um dort andere Minister zu beaufsichtigen. Die Sicherheit des Hofs und des Regimes überhaupt waren sein Hauptbetätigungsfeld, doch gleichzeitig sollte er auch ein Auge auf die ehrgeizigen Militärs haben, denen man die Modernisierung der chinesischen Armeen anvertraut hatte. Mit der Kaiserinwitwe im Ruhestand, einem unsicheren jungen Kaiser auf dem Thron und den hitzköpfigen Eisenhüten, die auf Rache brannten, mußte Jung-lu die Augen nach allen Seiten offenhalten. Seine Aufgabe war es, jeden Aufruhr zu unterdrücken.

Jung-lu empfahl, General Yuan Shih-kai mit dem Oberbefehl über die Neue Armee von insgesamt 7000 Mann zu betrauen. Im Unterschied zur alten An-wei- und zur Hunan-Armee, die von Tseng Kuo-fan und Li Hung-chang privat aufgestellt und bezahlt wurden, um gegen die Tai-ping-Rebellen zu kämpfen, stand die Neue Armee im Dienst und Sold der Zentralregierung. Ausgebildet wurde sie von dem Deutschen Konstantin von Hanneken, und ihre Waffen stammten aus westlichen Ländern. Als Kommandeur der Neuen Armee unterstand General Yuan unmittelbar Jung-lu. Noch immer schuldete er seinem lebenslangen Gönner Li Hung-chang Loyalität, konnte jedoch ein wesentlich größeres Rad drehen. General Yuan und seine Streitmacht waren in Hsiaochan in der Nähe Tientsins stationiert und bildeten dort die erste Verteidigungslinie gegen fremde Invasoren.

Mit Beginn der Hundert-Tage-Reform beförderte Kuang-hsü General Jung-lu erneut, diesmal auf Li Hung-changs früheren Posten als Vizekönig von Chihli und Oberaufseher über den Handel in den nördlichen Häfen. Damit unterstanden sämtliche Militäreinheiten in Nordchina dem zuverlässigsten Mandschu-Beamten: die Neue Armee unter Yuan sowie die Kontingente der Generäle Sung Ching, Tung Fu-hsiang und Nieh Shih-cheng, die alle strategischen Positionen rund um Peking einnahmen. Jung-lus Hauptquartier befand sich in Tientsin, doch 1898 war es möglich, die Strecke Tientsin-Peking mit der Eisenbahn in wenigen Stunden zurückzulegen.

Von diesen vier Armeen standen drei unter dem Befehl eines Han-Chinesen. Die Mandschu waren sich durchaus der Gefahr bewußt, daß die von einem Han-Chinesen befehligten Kräfte in einer Krise meutern konnten. Deshalb unterstützten die Eisenhüte General Tung Fu-hsiang, den ehemaligen Banditen, dessen Armee aus wilden moslemchinesischen Reitern und Kriegern aus der Provinz Kansu auf Befehl Prinz Tuans in das kaiserliche Jagdrevier vor den südlichen Toren Pekings verlegt wurde, wo die Soldaten angeblich an neuen westlichen Gewehren ausgebildet werden sollten. Wegen ihrer ethnischen Herkunft würden diese tatarischen Reiter keine Hemmungen haben, auf Han-Chinesen zu schießen.

Als weitere Vorsichtsmaßnahme gegen Unruhen wurde Jung-lus früheres Amt als Befehlshaber der Pekinger Gendarmerie einem weiteren Anhänger Prinz Tuans anvertraut, dem Polizeibeamten Chung Li; dessen Männer wurden mit neuen ausländischen Gewehren und Maschinengewehren ausgerüstet. Drei Mandschu-Banner und ein Artillerie- und Schützenbataillon wurden zur Verstärkung des Sommerpalasts heranbeordert. Großrat Kang Yi wurde zum Generaladjutanten der Aufklärungsdivision der Banner ernannt, und Jung-lus Soldaten wurden mit modernen Hinterladern bewaffnet.

Jeder, der diese ungewöhnlichen Veränderungen als Augenzeuge verfolgte, mochte sich mit Recht fragen, was eigentlich gespielt wurde. Wozu zog die etablierte Macht ihre Kräfte zusammen?

Einen Monat nach dem Beginn der Hundert-Tage-Reform hatte sich die konservative Opposition gegen die Reformen des Kaisers gefestigt, und die Verbündeten Prinz Tuans versuchten, die Kaiserinwitwe zur Rückkehr in ihr altes Amt zu bewegen. Eine ihrer Hofdamen weinte an ihrer Schulter; ihr Mann, ein Mitglied des Clans der Kaiserinwitwe, war vom Kaiser aus dem Ritenministerium entlassen worden. Als nächstes trug eine Delegation unter der gemeinsamen Führung eines Mandschu und eines Mongolen die wunderliche Beschwerde vor, Kuang-hsü verletze die Gesetze der Ahnen (indem er Neuerungen einführte). Tz'u-Hsi ließ sich durch keinen der Appelle dazu bewegen, etwas zu unternehmen.

An der Spitze dieser Bemühungen stand Großrat Kang Yi. Am meisten brachte ihn auf, daß ihm und den drei anderen Großräten nach der Entlassung Wengs nun dasselbe drohte. Der Kaiser hatte beschlossen, eine Gruppe junger Reformberater zu ernennen. Die Konservativen befürchteten, daß es nur noch eine Frage der Zeit sei, bis diese neuen Ratgeber an die Stelle des Großen Rats treten würden. Um alle Reformer in Mißkredit zu bringen und dem Kaiser sein Vorhaben auszureden, eröffneten die Konservativen einen neuen Angriff auf K'ang Yu-wei. Er wurde das Ziel einer Flut von Denkschriften, in denen seine Interpretation des Konfuzius als Ketzerei gebrandmarkt und er selbst der »ideologischen Volksverhetzung« bezichtigt wurde. Seine Freunde unter den *ming-shih* waren beunruhigt. K'angs Bemühungen, die Aufmerksamkeit auf sich zu lenken, brachte sie alle zu einem Zeitpunkt in Schwierigkeiten, da die gerade erst vom Kaiser ins Leben gerufenen Reformen hätten gehegt werden müssen. Um ihn von Peking wegzubekommen, verfaßte einer der Freunde des Tollwütigen Fuchses im Zensuramt eine formelle Bittschrift, in der er den Kaiser bat, K'ang nach Shanghai zu schicken, um dort mit Unterstützung der Regierung eine reformistische Zeitung zu leiten. Der Kaiser stimmte bereitwillig zu. Doch K'ang ließ sich Zeit; er und sein Schüler, der Journalist Liang Chi-chao, prahlten, sie würden in kürzester Zeit aufbrechen, um in die »kaiserliche Kommission« einzutreten, blieben jedoch bis September, um ihren großartigen Abgang möglichst lange auszukosten.

In der Annahme, die Sache mit K'ang sei geregelt, machte sich der Kaiser daran, vier junge chinesische Männer auszuwählen, die seine Reformberater werden sollten. Sie sollten die Verwirklichung seiner Reformedikte überwachen. Diese Männer – Tan Ssu-tung, Yang Ju Yi, Liu Kuang-ti und Lin Hsü – konnten dem Kaiser ihren Rat direkt anbieten und seine Reformedikte aufsetzen. Dadurch wurde der Große Rat ebenso umgangen wie das Zensuramt und die Hanlin-Akademie. Bei dieser Regelung blieben nicht nur die Eisenhüte, sondern überhaupt alle Mandschu über die Reformedikte des Kaisers so lange im unklaren, bis sie erlassen wurden, so daß sie nicht rechtzeitig Gegenmaßnahmen planen konnten.

Damit war die Grenze des Zumutbaren erreicht.

Drei der neuen Reformberater waren vielversprechende Protegés von Vizekönig Chang Chih-tung, der als Führer der konservativen Puristen an den Rockschößen der Eisenhüte Karriere gemacht hatte. Inzwischen hatte er jedoch auf eigene Faust ein großes Vermögen erworben, indem er in den von ihm beherrschten Provinzen gemeinsame Investitionsprojekte mit ausländischen Firmen in die Wege leitete. Seit der Degradierung von Vizekönig Li war Chang Chih-tung zum einflußreichsten chinesischen Vizekönig aufgestiegen. Als der Kaiser bekanntgab, er suche begabte junge Reformer als Ratgeber im Palast, empfahl ihm Chang sogleich seine Schützlinge.

Der interessanteste von ihnen war der dreiundzwanzigjährige Gelehrte und Abenteurer Tan Ssu-tung, der selbst ein Tollwütiger Fuchs war und aus der Provinz Hunan stammte. Schon als Knabe fiel er durch seine glänzenden schulischen Leistungen auf; daneben widmete er sich besonders der Kunst des Schwertkampfs. Sein Vater wurde 1889 Gouverneur von Hubei, was für seinen Sohn mit Vorteilen verbunden war. Nachdem er allerdings fünfmal bei den Beamtenprüfungen durchgefallen war, gab Tan seine Bemühungen auf und verwünschte das System, das begabte Männer daran hinderte, auf normalem Weg nach oben zu kommen. Er gründete seine eigene

Reformgesellschaft und reiste nach Peking in der Hoffnung, dort anderen Bilderstürmern, darunter auch K'ang Yu-wei, zu begegnen. Er verpaßte ihn zwar, machte dafür jedoch die Bekanntschaft seines Anhängers Liang Chi-chao. Um seinen Sohn auf den traditionellen Weg zurückzubringen, hatte sein Vater ihm inzwischen eine Stelle als niederer Beamter besorgt und den hierzu erforderlichen Rang einfach gekauft. Tan weigerte sich, die Stelle anzunehmen, weil er nicht für einen »Hungerlohn« arbeiten wollte. Er strebte danach, aus den Zwängen auszubrechen (wie sein Vater es ausdrückte), »so wie Vögel und andere Tiere aus ihren Käfigen ausbrechen wollen«. Er nahm das Angebot des fortschrittlichen Gouverneurs seiner Heimatprovinz an, bei der Einführung von Reformen mitzuwirken. Deshalb war er auch nicht in Peking, als die Hundert-Tage-Reform einsetzte. Als charismatischer Führer der Reformbewegung in Hunan gab er einen hervorragenden Kandidaten für den inneren Kreis der neuen Berater des Kaisers ab.

Nachteilig für Tan war, daß er mit den Gepflogenheiten der Macht völlig unvertraut war. So konnte er geschickten Manipulationen wenig entgegensetzen. Das zeigte sich etwa in seiner Empfänglichkeit für japanische Schmeicheleien. Tokyo verfolgte die Entwicklungen in Peking mit besonderem Interesse. Anfang 1898, einige Monate, bevor Tan zum kaiserlichen Berater ernannt wurde, kamen drei Offiziere des japanischen Generalstabs nach China. Angeblich wollten sie mit Vizekönig Chang über den Aufbau einer neuen Armee in den Provinzen Hunan und Hubei sprechen, die durch japanische Berater eine moderne Ausbildung erhalten sollte. Während ihrer Zeit in Hunan bemühten sich die Offiziere um den jungen Tan und sprachen von einem Geheimbündnis zwischen Japan und China. China würde nicht nur lernen, sich nach dem Vorbild Japans unter der Meiji-Verfassung zu modernisieren und zu erstarken, sondern Tokyo würde dem Land auch den Weg dazu weisen – heimlich selbstverständlich, um die Mandschu-Adligen nicht unnötig zu beunruhigen. Sie versicherten Tan, Japan werde dabei allein von altruistischen Motiven geleitet. Leider ging Tan ihnen auf den Leim.

Als er nun sein Amt als einer der neuen Reformsekretäre des Kaisers antrat, sprach Tan sich nachdrücklich dafür aus, ranghohe Japaner nach Peking einzuladen, wo sie sich als persönliche Ratgeber des Ching-Kaisers niederlassen könnten. Hier opponierten die Eisenhüte zu Recht, denn eine solche Vorstellung war hanebüchener Unsinn, wenn man etwa die blutige Rolle bedachte, die Japan gespielt hatte, als es Korea mit seiner »Reform« beglückte. Doch Tan war noch jung.

Der zweite neue Berater des Kaisers, der Gelehrte Yang Ju Yi, war ebenso wie Tan der Vorsitzende der Reformgesellschaft in seiner Heimatprovinz Setschuan. Der dritte, der neununddreißigjährige Liu Kuang-ti, stammte ebenfalls aus Setschuan und hatte einen Posten im Justizministerium innegehabt. Der vierte und letzte der neuen Berater Kuang-hsüs war Lin Hsü, ein junger Gelehrter aus Fukien, auch er Vorsitzender der Reformgesellschaft in seiner Provinz und ein ehemaliger Anhänger des Tollwütigen Fuchses K'ang.

Zwei Tage nach dem Amtsantritt der neuen Ratgeber und nachdem er ihre Vorschläge geduldig angehört hatte, verfügte Kaiser Kuang-hsü eine neue Entlassungswelle. Zur Überraschung der Gesandtschaften traf es diesmal sowohl Sir Chang als auch den großen Li Hung-chang vom Tsungli Yamen sowie zwei weitere Minister des Yamen, die zu Lis Seilschaft gehörten. Auf den ersten Blick schien Lis Karriere damit endgültig beendet. Doch es hatte sich noch immer gerächt, Li zu unterschätzen, vor allem jetzt, da er mit dem Rücken zur Wand stand.

Der weißhaarige, großväterliche Li Hung-chang war inzwischen 75 Jahre alt und hatte in der letzten Zeit einen kränkenden Schlag nach dem anderen einstecken müssen, was mit einem enormen Verlust an Ansehen und Vermögen verbunden war. Er mußte als Prügelknabe für die Fehler der Mandschu und als Sündenbock für das Versagen des chinesischen Systems herhalten.

Obgleich Li Hung-chang nicht mehr das Amt eines Vizekönigs bekleidete, war er noch immer der mächtigste Mann Chinas. Zu seinen Protegés zählten Generäle, Admirale, Gouverneure, Polizeichefs und Bürgermeister, die Direktoren chinesischer Banken und Unternehmen, Reedereibesitzer, Leiter von Post- und Telegrafenämtern, die Anführer von Sekten und Geheimgesellschaften und die Paten der neuen Unterweltsyndikate im Stil Chicagos, wie die Grüne Bande, die die Macht in Hafenstädten entlang der Küsten und Flüsse übernommen hatte. Durch diese Schützlinge und durch seine zahlreichen Verbindungen zu westlichen Diplomaten, Geschäftsleuten und Journalisten verfügte Li noch immer über unvergleichliche Machtmittel. Durch sie würde er jetzt zurückschlagen. In seinem Alter blieb ihm nur noch wenig Zeit, und deshalb ließ er nicht locker, bis er seinen Gesichtsverlust wieder wettgemacht hatte.

Er umwarb Morrison von der *Times*, wenn auch nur von dritter Seite wie etwa durch Detring, und begann eine kalkulierte Kampagne zum Aufbau eines bestimmten Images. Es kam ihm darauf an, bei möglichst vielen gesellschaftlichen Veranstaltungen von Ausländern gesehen zu werden, so auch bei Robert Harts Gartenpartys: »Der große Mann geht aus, wenn er eingeladen wird, und er war auf [Sir Claude] MacDonalds Maskenball an Silvester ziemlich deplaziert mit seinem Spucknapf, den er immer vor sich her trägt!« Niemand wußte, was Li eigentlich im Schilde führte, und so sollten sie sich in diesem alten Fuchs alle schwer täuschen. Innerhalb weniger Wochen würde er das Blatt zu seinen Gunsten wenden, und die Reformer würden ebenso wie die Eisenhüte teuer bezahlen. Der arglose Kuang-hsü war kein bißchen vorbereitet auf die Welle von Verschwörung und Verrat, die ihn verschlingen sollte.

Li hatte in einer geheimen Vereinbarung Rußland die Kontrolle über die südliche Mandschurei zugesagt, um ein weiteres Vordringen der Japaner zu verhindern. Doch Kuang-hsü suchte nunmehr japanische Hilfe und hatte sein Küchenkabinett aus jungen, japanbegeisterten Reformern gebildet, die ihn sogleich drängten, sich von Li und allen anderen hohen Beamten zu trennen, die in ihren Augen rußlandfreundlich waren. Sie begriffen nicht, daß Lis Einvernehmen mit Rußland lediglich einem Kalkül entsprang. Als das Gehirn und Nervensystem Chinas hatte Li weit mehr im Sinn als die Entgegennahme von Schmiergeldern. Bei all seiner Habsucht und Eigennützigkeit verkörperte Li doch viel von dem, was den chinesischen Charakter an Weisheit und Scharfsinn auszeichnete. Die Mandschu hätten sich möglicherweise schon vor Jahren an ihren rotlackierten Dachbalken aufgehängt, hätte Li sie nicht vor ihrer eigenen Unfähigkeit beschützt. Dabei bediente er sich zugegebenermaßen anrüchiger Mittel und schreckte auch nicht vor Mord zurück, doch er hatte mehr als einmal die Gunst der Stunde ungenutzt gelassen, sich selbst des Throns zu bemächtigen. Im Gegensatz zu den niedrigeren Sterblichen hatte er erkannt, daß ein Vorsitz im Aufsichtsrat besser war als ein Kaiserthron. Kuang-hsü wäre besser beraten gewesen, Li zur Belohnung für dessen Hilfe mit all der Macht und dem Ansehen auszustatten, die dieser begehrte. Prinz Kung und Tz'u-Hsi hatten dies getan. Statt dessen handelte der Kaiser übereilt und machte sich den klügsten seiner Beamten zu seinem heimtückischsten Feind. Später sorgte Li dafür, daß es so aussah, als wären die Eisenhüte die alleinigen Unruhestifter, doch bei den Aufführungen des Marionettentheaters von 1898 und 1900 hielt Li alle Fäden in der Hand.

Durch seine eigenen Spione und zaristische Geheimdienstagenten hatte Li bereits herausgefunden, daß Kuang-hsü sich mit dem Gedanken an einen Geheimvertrag mit dem Architekten der Meiji-Restauration, Ito Hirobumi trug, der während des chinesisch-japanischen Kriegs Premierminister und nunmehr Japans Graue Eminenz war. Nach außen hin wurde sein Besuch in China als reine Privatangelegenheit dargestellt. Tatsächlich sollte in Peking jedoch darüber gesprochen werden, daß Kuang-hsü ihn als Sonderberater bei der Umbildung der chinesischen Regierung benötigte – ohne daß zuvor der Große Rat oder der Clanrat ihre Zustimmung hierzu erteilt hätten. Als Realist widersetzte Li sich jeder Abmachung, derzufolge sich japanische Regierungsvertreter in der Verbotenen Stadt niederlassen und japanische Agenten den chinesischen Beamtenapparat durchsetzen durften. Lis Freunde in Rußland waren ebenfalls beunruhigt und drängten ihn, die japanische Initiative zu vereiteln.

Als jüngstes Opfer des jungen Kaisers befand Li sich in merkwürdiger Gesellschaft: Er stand auf der Seite derselben Eisenhüte, die noch vor kurzem, am Ende des chinesisch-japanischen Kriegs, gegen ihn konspiriert hatten. Wenn er sie über das Geheimabkommen informierte, das mit Ito geschlossen werden sollte, würde er an ihren Verfolgungswahn rühren und ihre schlimmsten Befürchtungen bestätigen. Wieder einmal befand er sich in einer Position, in der er als Katalysator oder als Spielverderber auftreten konnte. Er wußte, daß Prinz Tuan und seine Anhänger dabei waren, ihre Machtpositionen in der Polizei, im Militär, im Steuerwesen und sonstigen Kontrollorganen auszubauen; ihre Ambitionen auf den Thron waren ihm ebenso bekannt wie ihr langfristiges Ziel, alle Ausländer aus China zu vertreiben. Einem so durchtriebenen Kopf wie Li erschien es als das Naheliegendste, die beiden Gruppen seiner Feinde – Eisenhüte und Reformer – aufeinander zu hetzen und sich dann zurückzulehnen und die weitere Entwicklung aus der Distanz zu beobachten.

In Tientsin begrüßte Vizekönig Jung-lu am 11. September 1898 Ito Hirobumi; nach der offiziellen Sprachregelung fand die Begegnung in einer freundlichen Atmosphäre statt. Bei seiner Ankunft in Peking mit dem Zug einige Tage später führte Ito mit seinem alten Gegner Li Hung-chang ein Gespräch und kam mit Vertretern des Tsungli Yamen zusammen.

Mit seinen mittlerweile 60 Jahren wirkte Ito in den baufälligen, engen Gassen Pekings besonders beeindruckend und weltmännisch. Sein akkurat geschnittener Schnurr- und Kinnbart hob sich hellweiß von einer gesunden Gesichtsfarbe ab, und er trug die königliche

Haltung eines Samurai zur Schau, obwohl er einen maßgefertigten Dreiteiler trug wie der Direktor einer britischen Bank. Hier in der heruntergekommenen Hauptstadt der erschöpften Ching-Dynastie befand sich nun der Urheber der Meiji-Verfassung.

Oberflächlich betrachtet hatte Itos Verfassung dem Kaiser von Japan jene Staatsgewalt wiedergegeben, die jahrhundertelang von den fremdenhasserischen Shogunen ausgeübt worden war. Zudem waren dem äußeren Schein nach Grundrechte eingeführt und war das Fundament zu demokratischen Institutionen gelegt worden. In Wirklichkeit bestimmte nunmehr lediglich eine andere Gruppe von Drahtziehern die Geschicke des Meiji-Kaisers: Industrielle, Militaristen und Expansionisten hatten unter dem Motto der Modernisierung und Reform die alten feudalen Machtblöcke beseitigt, um sie durch andere zu ersetzen. Die offensichtlichen Ähnlichkeiten mit der Situation in Peking entgingen den Mandschu-Granden natürlich nicht. Eine Nachahmung des japanischen Modells würde die Eisenhüte dem Kehrichthaufen der Geschichte überantworten.

Der Kaiser und die Reformer sahen nur das, was sie sehen wollten. Dem idealistischen Kuang-hsü schien das Meiji-Beispiel die Wiedereinsetzung des Kaisers in seine frühere Vorrangstellung als oberster Herr im Staat zu verheißen. Außerdem erhoffte er sich eine neue Regierungsform nach dem Vorbild des japanischen Parlaments, wo ein Großteil der alltäglichen Regierungsarbeit scheinbar auf die Abgeordneten des Volkes übergegangen war. Kuang-hsü stellte sich anscheinend vor, daß es bei dieser Renaissance lediglich darum ging, alle Reaktionäre zu entlassen und ihre Stellen mit jungen, fortschrittlich denkenden Männern zu besetzen. Er begriff nicht, daß das japanische Parlament hinter den Kulissen von einflußreichen Männern wie dem Militaristen Yamagata Arimoto und den Genyosha-Paten beherrscht wurde, die entgegen den guten Absichten Itos gemeinsam den chinesisch-japanischen Krieg herbeigeführt hatten.

Ito selbst, der den Gemäßigten angehörte, stellte für China keine Bedrohung dar. Obwohl vor seiner Abreise angeblich eine Geheimaudienz zwischen ihm und seinem Kaiser stattgefunden hatte, sieht es so aus, als habe er die Reise nicht als Provokateur unternommen, sondern als abgeklärter Weiser in dem ernstlichen Bemühen, zu helfen. Es gibt keine Hinweise darauf, daß er etwas mit den japanischen Intrigen zu tun hatte, die zur gleichen Zeit in China auf Initiative Yamagatas und der Genyosha-Gesellschaft gesponnen wurden. Berichte über japanische Geheimagenten, die versuchten, die Reformkrise in Peking anzuheizen, werden von Dokumenten in den Genyosha-Archiven bestätigt. Mit Hilfe der Genyosha konnten Geheimagenten in China eingesetzt werden, ohne daß dies in Tokyo offiziell wurde; die Regierung wusch ihre Hände dabei in Unschuld. Wo immer es zu Mordanschlägen, Entführungen und Erpressungen durch Genyosha-Agenten kam, wurden sie von japanischen Militärs, Diplomaten und Handelsvertretern der großen japanischen Handelshäuser, den *zaibatsu*, unterstützt. Von Zeit zu Zeit bediente selbst Ito sich der Genyosha (so auch während seines Besuchs in Peking), doch es war Yamagatas Traum, Korea zum Frühstück und die Mandschurei zum Mittagessen zu verspeisen, um sich dann abends das ganze China als Festschmaus vorsetzen zu lassen.

Der ehemalige Premier- und Kriegsminister Yamagata, der im Herbst 1898 noch einmal Premierminister werden sollte, hatte seine Ziele schon immer mit ungewöhnlichen Mitteln verfolgt, indem er etwa im Krieg irreguläre Truppen und im Frieden Geheimagenten einsetzte. Er war der führende Vertreter einer japanischen Expansionspolitik, gehörte zum innersten Kreis des Tenno und war der wichtigste Schutzherr der Genyosha. Bereits 1879 hatte er mit Blick auf die Unterwanderung Chinas ein Spionagenetz aufgebaut. Geführt wurde es von Agenten der Genyosha, die zur Tarnung eine Kette von Apotheken mit der Bezeichnung »Hallen der köstlichen Freuden« betrieben. Sie reisten als Händler über das Land und verkauften Kantharidis und andere Aphrodisiaka, *rin-no-tama*-Glöckchen und pornographische Bilder von der Art, wie der Boß der Genyosha, Tayoma Mitsuru, sie besonders schätzte. Diese Potenzmittelchen und erotischen Darstellungen sollten dazu dienen, die Angehörigen der lokalen Oberschicht zu umwerben und zu unterwandern, sobald man sie davon abhängig gemacht hatte. Das nominelle Oberhaupt der Genyosha, Hiraoko Kotaro, wurde den Beamten in Peking so vertraut, daß sie ihn als »inoffiziellen Botschafter Tokyos« bezeichneten.

Die Angst, die die Ankunft Itos unter den Eisenhüten auslöste, war für Li Hung-chang das Signal, Rache zu nehmen. Er bediente sich dazu eines seiner Strohmänner, eines chinesischen Sicherheitsbeamten namens Yang Chung Yi, dessen Tochter mit Lis Enkel verheiratet war. Yang war einer der eifrigsten Gesinnungsschnüffler im Zensuramt, das die chinesische Bürokratie beaufsichtigte und nötigenfalls auch den Kaiser zur Ordnung rief. Ebenso wie die Hanlin-Akademie beschäftigte das Zensuramt Mitarbeiter unterschiedlichster Geisteshaltungen, selbst einige Dissidenten, die K'ang Yu-wei anhingen. Die gefährlichsten Zensoren waren scharfsichtige

Geheimpolizisten und selbsternannte Sittenwächter, die fortwährend ideologische Abweichler und potentielle Verräter aufspürten. Zu dieser letzteren Kategorie gehörte Yang als Wachhund für die Erzkonservativen. Zwar war er ein Schützling des Mandschu-Sicherheitschefs Jung-lu, doch seine eigentliche Loyalität gehörte aufgrund der Heirat seiner Tochter dem alten Li.

Sogleich nach der Ankunft Itos in Peking setzte Zensor Yang, angestiftet von Li, eine ausführliche Denkschrift auf, in der er die Kaiserinwitwe vor einer Reihe beunruhigender Entwicklungen warnte und unter anderem behauptete, der Kaiser habe keinen anderen als den Tollwütigen Fuchs K'ang zu seinem geheimen Ratgeber gemacht. Er drängte Tz'u-Hsi, unverzüglich einzuschreiten und ihr früheres Amt als Regentin wieder einzunehmen.

Yang schlug nichts anderes als die Amtsenthebung Kaiser Kuang-hsüs vor, so daß es eine höchst heikle Aufgabe war, einen hohen Beamten zu finden, der bereit wäre, der Kaiserinwitwe ein derart brisantes Dokument zu übermitteln. Niemand durfte wissen, daß Li hinter der ganzen Sache steckte. Zunächst legte Yang die Denkschrift Vizekönig Jung-lu vor. Dieser lehnte es vorsichtshalber ab, sich an der Intrige zu beteiligen, und verwies ihn an Prinz Ching. Auch dieser gab sich zurückhaltend, da die Lage noch nicht als wirkliche Krise bezeichnet werden konnte. Man würde sicher noch einen anderen finden. In den beiden folgenden Tagen hielten sich Yang und damit Li zurück.

Der bei weitem schlimmste Ränkeschmied unter Lis Strohmännern war natürlich General Yuan Shih-kai, der jetzt auf eine für ihn typische Weise ins Spiel kam. Am 14. September, dem Tag, an dem Zensor Yang seine hetzerische Anklage aufgesetzt hatte, hatte der Kaiser die erste von zwei Privataudienzen mit General Yuan, bei der es vordergründig um die Probleme einer Heeresreform ging. Seit seiner übereilten Rückkehr aus Korea am Vorabend des letzten Krieges beaufsichtigte Yuan die Ausbildung der chinesischen Soldaten in westlicher Taktik und an westlichen Waffen. Das verführte viele, auch die radikalen Reformer, dazu, ihn für einen Liberalen zu halten. Der neununddreißigjährige General hatte indes viele Gesichter und konnte ebenso wie Jago außerordentlich liebenswürdig sein. Kuang-hsü war nur zu rasch davon überzeugt, Yuan stehe auf seiner Seite und sei bereit, sich samt seiner Neuen Armee hinter alle Entscheidungen des Kaisers zu stellen. Zwei Tage später erhielt Yuan die Mitteilung, der Kaiser habe ihn in Anerkennung seiner Verdienste zum Vizepräsidenten des Kriegsministeriums ernannt.

Am 20. September wollte der Kaiser in der Verbotenen Stadt mit Ito eine feierliche Audienz abhalten, an der die Kaiserinwitwe, Prinz Ching und viele andere ranghohe Beamte teilnehmen würden. Noch wußte allerdings keiner der Kritiker des Kaisers, daß Kuang-hsü inzwischen für den 18. September eine geheime Unterredung mit dem japanischen Staatsmann angesetzt hatte und ihm ein Angebot machen wollte, das die alte Garde in Schrecken und Wut versetzt hätte. Kuang-hsü war sich zweifellos darüber im klaren, daß seine Maßnahmen einen Gegenschlag provozieren würden, und er muß über Gerüchte informiert gewesen sein, daß die Eisenhüte einen Präventivschlag planten. Wie aus Robert Harts Tagebüchern eindeutig hervorgeht, waren diese Gerüchte in Peking, Tientsin und Shanghai bereits wenige Tage nach der Entlassung Großrat Wengs durch den Kaiser vor drei Monaten aufgekommen. Unter den gegebenen Umständen lag es für Kuang-hsü nahe, General Yuan zu fragen, ob er im Ernstfall auf der Seite des Throns stehen würde. Wenn Yuan tatsächlich so liberal war, wie er sich den Anschein gab, dann konnte er als einziger einen Putschversuch der Eisenhüte zunichte machen. Doch Yuans Loyalitätsbekundungen waren noch nie aufrichtig gewesen, ausgenommen gegenüber Li. Deshalb hatte der Kaiser in dem Augenblick, da er Yuan um Unterstützung bat, sein eigenes Grab geschaufelt.

13
Der Verrat

Der Tollwütige Fuchs K'ang behauptete später, am selben Tag, an dem der Kaiser General Yuan empfing, am 14. September, habe Kuang-hsü ihm eine geheime Nachricht zukommen lassen, daß sein (des Kaisers) Leben in Gefahr sei. Es war derselbe Tag, an dem Zensor Yang seine Denkschrift für die Kaiserinwitwe aufsetzte; somit war der Kaiser tatsächlich in Gefahr. Nach Angaben K'angs wurde ihm die Nachricht in Form eines Geheimdekrets durch einen Mittelsmann überbracht und erreichte ihn erst vier Tage später, am 18. September, also an dem Tag, als der Kaiser zum zweitenmal mit General Yuan zusammenkam.

Diese Geschichte K'angs enthält einige Ungereimtheiten. Bereits zwei Monate zuvor hatte der Kaiser grünes Licht für die Abreise K'angs nach Shanghai gegeben, wo er an der Gründung einer Zeitung mitwirken sollte, doch der Tollwütige Fuchs befand sich immer noch in Peking, zeigte sich auf Gesellschaften der *ming-shih*, verbreitete Gerüchte, verleumdete die alte Garde und goß Öl ins Feuer. Inzwischen wandten sich konservative Beamte aus den Provinzen an den Kaiser und forderten, den Tollwütigen Fuchs K'ang und seinen Schüler Liang Chi-chao als Ketzer und Unruhestifter zu enthaupten. Leichtsinnig prahlte K'ang in Gesellschaft, er und sein jüngerer Bruder Kuang-jen hätten geheime nächtliche Audienzen beim Kaiser. Wäre dem wirklich so gewesen, dann hätte es keiner geheimen Nachricht bedurft. Diese Geschichten, die, ob erfunden oder nicht, ein schlechtes Licht auf das Urteilsvermögen des Kaisers warfen, gelangten Beamten zu Ohren, die K'ang als selbstgefälligen Scharlatan verachteten. Auf jeden Fall gefährdete K'angs Renommiersucht die gesamte Reformbewegung und verriet außerdem seine eigene Torheit. Als Kuang-hsü am 16. September seine Tante im Sommerpalast aufsuchte, erfuhr er über sie von den Prahlereien K'angs. Einen Tag später erließ er ein öffentliches Dekret, in dem er K'ang befahl, unverzüglich nach Shanghai aufzubrechen, und stellte unmißverständlich klar, daß er mit K'ang nur ein einziges Gespräch geführt hatte, um so der Vorstellung entgegenzutreten, K'ang habe ihn beeinflußt und sei heimlich mit ihm zusammengekommen. K'ang behauptete, zum Zeitpunkt der Veröffentlichung des Dekrets habe er sich auf einer Gesellschaft im Haus des kaiserlichen Zensors aufgehalten, dort Wein getrunken und ein Konzert angehört. Er habe zum erstenmal von dem Dekret erfahren, als er es an den Straßen angeschlagen sah. Er nahm die Sache auf die leichte Schulter und traf keine Vorbereitungen für eine sofortige Abreise. In den folgenden vier Tagen tat er dasselbe, was er den ganzen Sommer über getan hatte: Er besuchte Freunde, erschien auf Abendgesellschaften und hielt sein Süppchen am Kochen.

Am frühen Morgen des 18. September hatte Kuang-hsü seine zweite Privataudienz mit General Yuan. Der General nahm bei dieser Gelegenheit seine Ernennung zum Vizepräsidenten des Kriegsministeriums entgegen. Doch das war der unbedeutendste Punkt, über den der Kaiser sprechen wollte. Kuang-hsü zog den General nunmehr in sein Vertrauen in einer Sache, die er bisher geheimgehalten hatte: Der Kaiser beabsichtigte, sein Reformprogramm um jeden Preis fortzuführen; er würde sich in wenigen Stunden in der Verbotenen Stadt mit Ito treffen, ohne daß jemand von der alten Garde darüber informiert war, nicht einmal die Großräte, das Tsungli Yamen oder gar die Kaiserinwitwe. Bei diesem Anlaß wollte der Kaiser den japanischen Staatsmann fragen, ob er bereit sei, einen Posten als Sonderberater in Peking zu übernehmen. Das konnte man so verstehen, daß damit einem Ausländer die Kontrolle über den gesamten Verwaltungsapparat in China in die Hände gelegt wurde, der zudem vom Kaiser persönlich die Befugnis hatte, ähnliche Änderungen in China einzuleiten, wie Ito sie in Japan durchgeführt hatte.

Als Yuan mit seiner Leibwache den Sommerpalast in der frühen Abenddämmerung verließ, war es zur Residenz Prinz Chings nicht sehr weit. Zu diesem Haus, in dem ihn verabredungsgemäß Prinz Ching und Li Hung-chang bereits ungeduldig erwarteten, lenkte er jetzt seine Schritte. Obgleich der Inhalt der Gespräche bei dieser konspirativen Zusammenkunft nicht überliefert ist, ergibt sich aus den folgenden Ereignissen, daß Yuan den Kaiser verriet und Li und Prinz Ching alles berichtete, was Kuang-hsü ihm kurz zuvor unter dem Siegel der Verschwiegenheit anvertraut hatte. Li befand sich in Begleitung seines Handlangers, des Zensors Yang, der den Entwurf seiner Denkschrift für die Kaiserinwitwe mit sich führte. Diese Anklageschrift konnte jetzt auf den neuesten Stand gebracht werden; anschließend würde es ein leichtes sein, die Eisenhüte dazu zu bewegen, die Denkschrift der Kaiserinwitwe gemeinsam zu überreichen.

Dringend dazu aufgefordert, kamen Prinz Tuan, Herzog Lan und die übrigen Führer der Eisenhüte bald danach an den Hof und wurden von Prinz Ching und Zensor Yang informiert. (Währenddessen verhielten sich Li und General Yuan, die den Eisenhüten ein Greuel waren, möglichst unauffällig.) Nach dem Informationsgespräch berief Prinz Ching den gesamten Clanrat ein. Nachdem sie ihre Sache erörtert und vorbereitet hatten, gingen sie gemeinsam den kurzen Weg zum Sommerpalast, um Tz'u-Hsi über die jüngsten Entwicklungen zu unterrichten und sie formell zu bitten, die Regentschaft wieder zu übernehmen; mit anderen Worten, sie sollte sich einverstanden erklären, daß die Eisenhüte hinter ihrer Kittelschürze wieder die Macht übernahmen. Vor allem teilten sie ihr mit, daß der Kaiser soeben eine Geheimaudienz mit Ito abhielt und die Absicht hegte, ein chinesisch-japanisches Bündnis vorzuschlagen, in dessen Rahmen Ito – hier übertrieben sie bewußt – an die Spitze der chinesischen Regierung treten sollte. Das würde sie alle in Gefahr bringen; insbesondere werde dadurch Tz'u-Hsis Stellung als Kaiserinwitwe im Ruhestand bedroht. Dies alarmierte sie mit Sicherheit, denn sie mußte wohl kaum an das Schicksal von Koreas Königin Min erinnert werden, die von gedungenen Mördern der Genyosha auf spektakuläre Weise niedergestochen und lebendig verbrannt worden war, um den Weg für die Übernahme Koreas durch Japan freizumachen.

Die Männer, die Tz'u-Hsi im Audienzsaal neben ihrer Residenz am Kunming-See aufgesucht hatten, waren junge Unruhestifter, selbstzufriedene Granden und altgediente Politiker. Sie alle verband ein zynisches Eigeninteresse, das es leichtmachte, die dreiundsechzigjährige Frau zu beeinflussen.

Wenn China in die Fußstapfen Meiji-Japans trat, warnten die Besucher, bedeute dies das Ende der Mandschu-Herrschaft; die Macht würde in die Hände der verantwortungslosen Demagogen neuer chinesischer Parteien übergehen, die nicht besser seien als der Eiferer K'ang Yu-wei oder der republikanische Kläffer Sun Yat-sen, und der törichte Kaiser werde ihnen bestenfalls als Aushängeschild dienen. Es würde das Ende der Welt bedeuten, die sie gekannt hatten.

Der Wortführer bei der Kaiserinwitwe war Zensor Yang, dessen Augenblick schließlich gekommen war. Tz'u-Hsi hörte ihm anfangs scheinbar gelassen zu, dann flammte Zorn in ihren Augen auf, sie unterbrach ihn gebieterisch und befahl Yang, seine Denkschrift von Anfang bis Ende laut vorzulesen.

Yang erinnerte sie zunächst an die zahlreichen konspirativen Aktivitäten der *ming-shih* in den letzten Jahren und schilderte K'ang Yu-weis unheilvollen Einfluß in jüngster Zeit. K'ang habe sich, nicht persönlich, sondern durch Mittelsmänner in die Innenhöfe der Verbotenen Stadt eingeschlichen. Unter dem Einfluß K'angs und der *ming-shih* sei der Kaiser dazu überredet worden, erfahrene Männer zu entlassen. Letztlich folge Kuang-hsü dem Rat dieses Unruhestifters und seiner Gefährten und setze diese in Positionen ein, die der von Großräten gleichkämen; damit verletze er die traditionellen Gepflogenheiten. Als wäre das noch nicht genug, so Zensor Yang, wolle Kuang-hsü den japanischen Staatsmann Ito in eine Stellung berufen, in der nur noch der Kaiser über ihm stehe. Ito wäre dann de facto Premierminister Chinas und hätte darüber zu bestimmen, wie und von wem das Land regiert würde.

Erneut unterbrach Tz'u-Hsi den Zensor in seinem Vortrag. Wenn es je eine Situation gab, in der ihre berühmte Wut für alle sichtbar war, dann diese. Yang beschuldigte einen Kaiser des Verrats, was schwer genug wog. Doch in diesem Fall war der Kaiser ein junger Mann, den sie aus den Fängen ihrer Schwester gerettet hatte, ein mißhandeltes Kind, das sie, als Ersatz für ihren toten Sohn, gehegt und gepflegt hatte, ein Knabe, der durch chronische Krankheit so stark benachteiligt war, daß er nie in der Lage sein würde, sich gegen seine königlichen Vettern angemessen zur Wehr zu setzen. In einem Rückfall in ihre Stammesvergangenheit in Ostsibirien hatten Prinz Tuan und seine Anhänger Kuang-hsü wie eine Meute wilder Hunde verfolgt, die einem verkrüppelten Pony zusetzen, bis sie es zu Fall bringen. Keiner von ihnen hatte freilich eine Vorstellung davon, daß nach dem Tod von Tz'u-Hsis eigenem Sohn Kuang-hsü für sie zu einer Art wiedergeborenem Sohn geworden war. Tz'u-Hsi hatte sich ihm gegenüber stets wohlwollend und mütterlich gezeigt. Die beiden lebten beinahe in einer symbiotischen Mutter-Kind-Beziehung zusammen in den Palästen. In Edikten sprach Kuang-hsü von ihnen häufig als von Mutter und Sohn und nannte sie zuweilen kaiserliche Mutter oder einfach Mutter. Ein anderer wäre vielleicht imstande gewesen, die Anschuldigungen schweigend anzuhören, doch Tz'u-Hsi erkannte mit zunehmender Wut, daß die Männer, die vor ihr standen, sie dazu bringen wollten, ihr adoptiertes Kind zugrunde zu richten. Und mit der Wut kam auch die Angst.

Sie wollte von Yang wissen, welche Beweise er für diese Anschuldigungen vorlegen könne. Zwar räumte dieser ein, einige der Vorwürfe stützten sich eher auf Gerüchte als auf konkrete Tatsachen, doch gab es durchaus Gründe für die Annahme, daß K'ang Yu-wei und andere Mitglieder der Reformbewegung in eine geplante Verschwörung verwickelt waren, die unter stillschweigender Duldung Englands von Japan beeinflußt und unterstützt wurde. Yang sprach sich nicht gegen Reformen an sich aus, sondern war, wie er der Kaiserinwitwe versicherte, lediglich dagegen, daß derart weitreichende Entscheidungen von Tollwütigen Füchsen und »Zwergbanditen« getroffen würden.

Diese erschütternde Beschuldigung, hinter der auch kaiserliche Clanmitglieder standen, auf deren Ratschläge sie sich bisher verlassen hatte, sollte Tz'u-Hsi so in die Enge treiben, daß sie nur noch ihre Zuflucht verlassen und erneut die Regentschaft übernehmen konnte. Trotzdem teilte sie dem Clanrat mit, sie wolle sich nicht zu einem sofortigen Entschluß drängen lassen; doch am 18. September 1898 kam es in Peking zu einer verhängnisvollen Machtverschiebung.

Tz'u-Hsi war keineswegs ahnungslos über die Aktivitäten ihres Neffen, zumindest bis zu seiner geheimen Unterredung mit Ito. Der Sommerpalast lag nur zehn Kilometer von der Verbotenen Stadt entfernt. Während der Hundert Tage hatte Kuang-hsü seine Tante mindestens zehnmal besucht, und sie hatte diese Besuche mehrfach erwidert. Sie waren nicht voneinander isoliert, ausgenommen in der Phantasie westlicher Gesandtschaften und der Missionarsgemeinde, die sich für gut informiert hielten. Während dieser Besuche hatte die Kaiserinwitwe ausgiebig Gelegenheit, von ihrem Neffen selbst zu erfahren, welche Pläne er hatte, welche Reformen er einführen und welche Beamten er entlassen wollte. Die Quellen enthalten keinen Hinweis darauf, daß Tz'u-Hsi dabei in irgendeiner Weise interveniert oder versucht hätte, ihn von seinem Vorhaben abzubringen. Bis zu diesem Zeitpunkt stand sie keiner seiner Reformen ablehnend gegenüber. Sie hätte wahrscheinlich überhaupt nichts gegen ihn unternommen, wenn Prinz Ching, Prinz Tuan und andere Konservative sich nicht die größte Mühe gegeben hätten, auf sie einzuwirken. Der Text von Yangs Denkschrift läßt eindeutig erkennen, daß Tz'u-Hsi nicht die Initiatorin der nun folgenden Ereignisse war, auch wenn man sie in der Folgezeit immer wieder dafür verantwortlich gemacht hat. Der eigentliche Drahtzieher hinter den Kulissen war Li, der die Eisenhüte und den Clanrat durch seine Intrige aufgehetzt hatte.

Tz'u-Hsi hatte nicht damit gerechnet, daß es Probleme geben würde. Deshalb brauchte sie Zeit zum Nachdenken und mußte Forderungen nach sofortigen Maßnahmen erst einmal abwehren.

Als weibliches Oberhaupt der Dynastie trug Tz'u-Hsi schwer an ihrer Verantwortung. Einstmals stolz auf ihre Kraft und Willensstärke, war sie inzwischen müde geworden. Sie hatte ihr Leben hartnäkkig darauf verwandt, den Zusammenbruch der Dynastie abzuwehren, während sie die Hoffnung nicht aufgab, die sich befehdenden Prinzen und Mandarine könnten untereinander wieder Einigkeit herstellen. Statt die Dynastie neu zu beleben und auf eine Wiedergeburt Chinas hinzuarbeiten, waren sie zerstrittener denn je. Das einzige, was sie interessierte, waren hausinterne Intrigen. Die Aussicht, daß Kuang-hsü das letzte Opfer dieser Familienkrankheit sein sollte, war zu beunruhigend, als daß sie übereilt reagieren durfte. Sie würde ihre eigenen, geheimen Erkundigungen einholen müssen.

Sie hatte zwei Kaiser überlebt, und jetzt sah es ganz danach aus, als würde sie auch noch den dritten überdauern.

Währenddessen trafen drei verschiedene Telegramme Vizekönig Jung-lus aus Tientsin ein, in denen dieser warnte, sieben britische Kriegsschiffe seien unangemeldet vor den Forts bei Taku aufgekreuzt. Dieses ungewöhnliche Ereignis war alarmierend. Später erklärte die britische Gesandtschaft, dies sei »rein zufällig« geschehen, als routinemäßiges Befahren der Bucht von Chihli, doch bei derartigen Dingen fällt es meist schwer, an einen bloßen Zufall zu glauben. Die Vermutung, England habe sich einem Komplott Japans in Verbindung mit dem Besuch Itos angeschlossen, hatte bereits neuen Auftrieb erhalten, nachdem in Peking der aufdringliche Missionar und politische Aktivist Timothy Richard aufgetaucht war.

Richard, ein Vertreter der Londoner Missionsgesellschaft mit guten Beziehungen, war nach China gekommen, um zunächst in der dürregefährdeten Provinz Schenxi im Westen Pekings zu arbeiten. Unfähig, etwas gegen die Schrecken einer bäuerlichen Hungersnot zu unternehmen, erlitt er einen Nervenzusammenbruch, um schließlich festzustellen, daß er eine natürliche Begabung für den Umgang mit *ming-shih*-Dilettanten in Shanghai und Peking hatte. Richard warf sich zu ihrem Tutor in westlicher Wissenschaft auf. Er war für die Übersetzung einiger Bücher ins Chinesische verantwortlich, die das Denken der Reformer beeinflußten. Das alles geschah keineswegs aus rein altruistischen Motiven; Richard hatte einen Sinn für Politik und tat, was er konnte, um den Kontakt zu abtrünnigen Hanlin-Gelehrten zu pflegen, die an Reformen lediglich interessiert waren, weil sie darin einen politischen Hebel sahen. Richard und andere in seiner Gruppe brachten die *ming-shih* zu der Überzeugung, das konservative Establishment in China lasse sich ebenso leicht entmachten, wie die Torys in England von den Liberalen verdrängt wurden, und ihnen stehe eine neue Welt offen. Ihm und seiner Umgebung entging völlig, wie wichtig es in China war, dezent und im verborgenen vorzugehen; fast ein Jahrhundert später und unter einem anderen politischen System sollten die Ereignisse auf dem Platz des Himmlischen Friedens in Peking 1989 einmal mehr zeigen, daß blauäugige Vorstellungen von der Leichtigkeit, mit der sich das etablierte Machtsystem in China aushebeln lasse, tragische Folgen nach sich ziehen können. Doch die jungen Radikalen von 1898 fühlten sich durch die westliche Aufmerksamkeit ähnlich geschmeichelt und wurden dadurch ähnlich irregeleitet. Richard, der in Reformkreisen einen unverhältnismäßig starken Einfluß ausübte, wurde in der Öffentlichkeit mit dem Tollwütigen Fuchs K'ang identifiziert, als er dessen engsten Anhänger, den Journalisten Liang Chi-chao, als seinen chinesischen Sekretär einstellte. In den Augen der Mandschu war dies endgültig der Beweis, daß die britische Regierung mit dem extremen Flügel der Reformbewegung paktierte.

Unterstützt wurde Richard von dem amerikanischen presbyterianischen Missionar Gilbert Reid, der die Idee verbreitete, das Christentum müsse sich mit dem Konfuzianismus vereinigen. Die beiden Männer gaben ihrer Bewegung den wunderlichen Namen »Mission unter den höheren Klassen Chinas«.

Robert Hart, der auf alle Neuankömmlinge in Peking stets ein wachsames Auge hatte, stellte fest, daß Richard nicht ohne Ehrgeiz war. Viele Ausländer versuchten, über ihre Position Einfluß auf China zu nehmen. Zu ihnen gehörte Richard jedoch nicht: »Die Hanlin[-Gelehrten], die auf Reid und Richard hören, tun dies offenbar in politischer Absicht und benutzen die beiden R's, statt von diesen benutzt zu werden... Richard ist ein Schwärmer und neigt dazu, seinen Hoffnungen mehr zu vertrauen als seinen Augen. Beides ehrenwerte Leute, doch die Vorstellung, sie könnten

China reformieren, seine Institutionen umgestalten und kurz gesagt seine Regierungsgeschäfte führen, ist doch sehr ergötzlich!«

Mit von der Partie war außerdem der britische Glücksritter Hauptmann Mortimer O'Sullivan, der privat nach China gekommen war und Empfehlungsschreiben von ranghohen Persönlichkeiten in der britischen Regierung mit sich führte. Seitdem hatte er sich damit beschäftigt, mit denselben Dissidenten von der Hanlin-Akademie zu intrigieren, deren Gesellschaft auch Reid und Richard gesucht hatten. Aufgrund seiner militärischen Ausbildung, seines früheren Dienstes in Südafrika im Burenkrieg und seiner beeindruckenden Beziehungen zu London konnte man O'Sullivan leicht für einen Geheimagenten halten.

Einige Tage, bevor die britischen Kriegsschiffe vor den Forts bei Taku aufkreuzten, war Richard aus Shanghai in Peking eingetroffen. Nach seinen eigenen Angaben hatte ihn K'ang eingeladen, um »einer der Berater des Kaisers zu werden«. Daß K'ang ihn beeindruckte, war nichts Neues; Richard hatte schon drei Jahre zuvor im *North China Herald* geschrieben, K'ang sei »der Weise des modernen China«.

Richards unvermitteltes Auftauchen in Peking, seine Verbindungen zu dem verdächtigen Hauptmann O'Sullivan und seine mysteriösen, ständigen Besuche in der britischen Gesandtschaft bestärkten die Eisenhüte in ihrer Überzeugung, daß zwischen England, Japan und den Reformern eine Verschwörung im Gange sei. Das unerklärliche Aufkreuzen der britischen Flotte tat ein übriges.

Ohne die geringste Ahnung von dem, was sich da im Sommerpalast zusammenbraute, hielt Kaiser Kuang-hsü am 18. September in der Verbotenen Stadt seine Geheimaudienz mit Ito, der sein Angebot sinnigerweise ablehnte. Itos Tagebuch, das eigentlich erst Jahre später für ein öffentliches Publikum verfaßt wurde, vermeidet diskret die Nennung irgendwelcher Aktivitäten in Peking zwischen dem 18. und 22. September. Lediglich die formelle offizielle Audienz mit dem Kaiser, der Kaiserinwitwe und anderen Höflingen vom 20. September wird hervorgehoben. Sir Ernest Satow, der scharfsichtige britische Gesandte in Japan zu jener Zeit, unterrichtete allerdings Lord Salisbury in London, Ito habe mit Kuang-hsü eine Privatunterredung am 18. gehabt. (Satow fügte hinzu, der Präventivschlag, der nunmehr von den Eisenhüten unter dem Deckmantel der Kaiserinwitwe vorbereitet werde, sei von Li Hung-chang eingefädelt worden.)

Falls der Kaiser erwartet hatte, Ito könne ihm Patentlösungen für Chinas Probleme oder seine eigenen Dienste bei der Ausmistung des

Augiasstalls anbieten, so wurde er herb enttäuscht. Schriftliche Quellen über das geheime Gespräch zwischen dem Kaiser und Ito liegen nicht vor, doch einige Tage zuvor hatte der japanische Staatsmann ein aufschlußreiches Gespräch mit Morrison von der *Times* geführt, in dem er einige entschiedene Ansichten über China äußerte. Nach Morrison hatte Ito die Hoffnung auf Reformen in China verloren:

»...Es gibt keinen Staatsmann, niemanden, der bereit wäre, die Verantwortung zu übernehmen, keinen, der kühn und deutlich sichtbar vor den anderen herausragte. Edikte, in denen Reformen beschlossen werden, gibt der Kaiser eines nach dem anderen heraus, doch befolgt wird keines von ihnen. Eine kaiserliche Verfügung, daß die Beamten tugendhaft, rechtschaffen und unbestechlich sein sollen, kann Menschen nicht ändern, die hoffnungslos verdorben sind durch die Korruption, die im Verlauf Hunderter von Generationen auf sie als Erbschaft überkommen ist. China muß seine Staatseinkünfte überprüfen. – Das kann es durch... eine Senkung oder Abschaffung der Ausgaben in Höhe von mittlerweile drei Milliarden [Pfund Sterling] im Jahr, die von einer großen Menge von Mandschu-Gefolgsleuten, die vom Hof abhängig sind, verzehrt werden. Das könnte am einfachsten und effektivsten in der Weise erfolgen, daß der Hof aus Peking verlegt würde. Es ist keine Reform des Hofs möglich, solange der Kaiser [von den Höflingen umgeben] in Peking bleibt.

China braucht dringend eine Armee, und angesichts der hoffnungslosen Korruptheit der Bevölkerung muß die Armee nach ausländischen Grundsätzen gedrillt und von ausländischen Offizieren befehligt werden – und das müssen Offiziere aus England und Japan sein. Die Ereignisse müssen England, Japan und China einander näherbringen. Die russische Aggression... Niemand kann sagen, wo sie einmal enden wird...

Das Zensuramt muß abgeschafft werden. Das Zensuramt ist die Wurzel allen Übels und aller Korruption. Der Schaden, den es durch die Blockierung jeglicher Reformbemühungen angerichtet hat, ist unermeßlich. Es gibt kein System, das verdorbener wäre. Die Zensoren verrichten ihre Arbeit unentgeltlich, sie leben alle von Erpressung. Die Drohung mit einer Amtsenthebung wird noch dem hartgesottensten Mandarin Geld entlocken; wer seines Amtes enthoben wird, hat den Zensor nicht genügend geschmiert.«

Ito muß in seinen Ratschlägen gegenüber Kuang-hsü ebenso aufrichtig gewesen sein: Aufhebung aller Vorrechte der Mandschu, Verlegung des Regierungssitzes in eine andere Stadt, Unterstellung der Armee dem Kommando von Ausländern und Abschaffung des Zensuramts. Jede einzelne dieser Maßnahmen konnte leicht einen Palastputsch oder gar einen Königsmord auslösen. Vermutlich bat Kuanghsü seinen Gast wie beabsichtigt, die Bürde einer Reformierung der chinesischen Regierung als Sonderberater auf sich zu nehmen, doch offenbar erklärte Ito sich lediglich bereit, den Vorschlag zu überdenken und zu gegebener Zeit darauf zurückzukommen. Das war unter den gegebenen Umständen gleichbedeutend mit einer Ablehnung. Er hatte allen Grund, daran zu zweifeln, daß der junge Kaiser den Tiger besteigen oder ihn gar reiten könne.

Am selben Tag, an dem die Geheimaudienz zwischen Ito und Kuang-hsü stattfand und die Eisenhüte und Zensor Yang die widerstrebende Kaiserinwitwe zum Eingreifen nötigen wollten, empfing der Tollwütige Fuchs K'ang das geheime Hilfeersuchen des Kaisers, das vermutlich vier Tage zuvor an ihn abgeschickt worden war. Angeblich beriet er mit Freunden, welche Maßnahmen zu ergreifen seien, und sie beschlossen, der junge Reformsekretär des Kaisers, Tan Ssu-tung, solle General Yuan in seinem Hauptquartier in der Nähe Tientsins aufsuchen und seine Hilfe erbitten. Als Yuan dort am späten Nachmittag ankam, kurz nach seinem Verrat am Kaiser, traf er dort wirklich auf Tan, der ihn bereits ungeduldig erwartete. Von dem, was zwischen den beiden Männern besprochen wurde, existieren zwei Darstellungen: eine von dem unzuverlässigen K'ang Yu-wei und die andere von dem nicht minder unzuverlässigen Yuan, doch von ausschmückenden Details abgesehen stimmen sie im wesentlichen überein.

K'ang, der seine Schilderung nur wenige Monate später niederschrieb, behauptete, der Grund für Tans Besuch bei General Yuan sei allein die geheime Botschaft des Kaisers an ihn gewesen, die nach seinen Angaben folgenden Wortlaut hatte: »Meine Stellung ist bedroht. Ich befehle Ihnen und allen, die so denken wie Sie, insgeheim einen Plan zu meiner Rettung auszudenken.« Yuan sollte dem Kaiser zu Hilfe kommen: »Wir forderten ihn auf, mehrere hundert entschlossene Männer zum Schutz des Kaisers anzuführen, das ruhmreiche Südtor einzunehmen, Jung-lu zu töten und die konservative Fraktion zu vernichten.«

Nach K'ang gab Yuan folgende Antwort: »Jung-lu zu töten wäre so einfach wie das Töten eines Hundes. Doch alle Offiziere in meinem

Lager sind seine Leute, und die Gewehre, Kugeln und das Pulver befinden sich in seinem Gewahrsam. Außerdem liegt [mein Hauptquartier] mehr als [100 Kilometer] Eisenbahnstrecke von der Hauptstadt entfernt. Noch bevor meine Truppen die Hauptstadt erreicht haben, wird sich möglicherweise schon die Nachricht von ihrem Kommen verbreiten. Wenn der Kaiser jedoch während der [für den Oktober geplanten] Inspektion der Truppen in Tientsin mein Lager betritt, dann kann ich auf Befehl des Kaisers die aufständischen Prinzen [Prinz Tuans Eisenhüte] töten.«

Tan war von den Loyalitätsbekundungen des listigen Generals gegenüber dem Kaiser völlig eingenommen. Nach K'angs Darstellung verließ der junge Mann das Hauptquartier des Generals mit dem Eindruck, dieser stehe auf ihrer Seite und werde den Kaiser schützen, wenn auch nicht durch einen sofortigen Schlag. K'ang tönte laut, Yuan sei »ein Kommandeur auf unserer Seite [und] dem Kaiser sehr gewogen«. K'angs Anhänger Liang Chi-chao pries Yuan ebenfalls als einen Mann mit Courage, der loyal zum Kaiser stand und die »Skrupellosigkeit [der Kaiserinwitwe] kannte«. Erst sehr viel später dämmerte es dem Tollwütigen Fuchs, daß Yuan sie allesamt zum Narren gehalten hatte.

Nach Yuans eigener, zehn Jahre danach veröffentlichten Version hatte Tan ihm mitgeteilt, er trage ein geheimes Dekret des Kaisers bei sich, in dem dieser Yuan den Befehl gab, Jung-lu festzunehmen und zu töten und den Sommerpalast zu umstellen.

Yuan suchte Ausflüchte, begann herumzudrucksen und wandte ein, er könne die Worte des jungen Mannes nicht einfach für bare Münze nehmen. Als Tan auf eine Antwort drängte und ihm sagte, er werde mit einem Befehl zurückkommen, der in kaiserlichem Zinnober geschrieben sei, wehrte Yuan ab: »Nein, nichts darf schriftlich festgehalten werden. Es darf keinen Auftrag im kaiserlichen Zinnober geben. Bitte lassen Sie mir Zeit zum Nachdenken. Ich werde Ihnen in zwei bis drei Wochen Bescheid geben.« (Yuan wußte natürlich, daß die Eisenhüte in wesentlich kürzerer Zeit losschlagen würden.)

Tan entgegnete: »Seine Majestät wünscht ein rasches Handeln. Wir müssen noch heute abend zu einer Entscheidung gelangen, damit ich ihm Bericht erstatten kann. Ich bin in der Lage, Ihnen bereits hier ein Mandat in der kaiserlichen Handschrift vorzulegen.« Wie Yuan behauptet, hatte Tan ihm lediglich eine Abschrift in schwarzer Tusche gezeigt, und der Inhalt des Schriftstücks war unbestimmt und enthielt keinen Befehl zu einem Palastputsch. Nach

Yuan hieß es darin: »Wir haben Uns zu Reformen entschlossen, doch die alten Minister sträuben sich, ihre Unterstützung zuzusagen. Wir können das Tempo nicht beschleunigen, um nicht das Mißfallen Ihrer Erhabenen Majestät der Kaiserinwitwe zu erregen. Wir befehlen hiermit [den vier Reformberatern], eine bessere Lösung zu finden.«

Das klingt ganz anders als K'angs Version: »Meine Stellung ist bedroht. Ich befehle Ihnen und allen, die so denken wie Sie, insgeheim einen Plan zu meiner Rettung auszudenken.«

General Yuan beruhigte Tan, ohne sich zu verpflichten, und versprach lediglich: »Ich werde mein Leben für meinen Kaiser und mein Land wagen.« Der junge Reformer kehrte in der Überzeugung nach Peking zurück, daß der General auf ihrer Seite stehe.

Seitdem hat es zahlreiche Kontroversen um diese Botschaften gegeben. Letztlich ging der Streit darum, ob die geheime Botschaft des Kaisers wirklich echt war und welchen Wortlaut sie in diesem Fall hatte. Wissenschaftler, die K'angs eigenhändige Abschrift des »Geheimdekrets« untersuchten, haben sie zu einer Fälschung erklärt.

Wenn das Geheimdekret eine Fälschung war, dann ging diese auf Li Hung-chang zurück, der sie auf den 14. September datieren und K'ang am Morgen des 18. September aushändigen ließ, um den letzten Nagel in den Sarg der Reformer zu schlagen und die Eisenhüte zu zwingen, ohne weiteren Aufschub loszuschlagen. Das Fälschen von Dokumenten ist eine alte und geschätzte Kunst in China, und viele Hanlin-Gelehrte waren darin geübt, die Handschrift des Kaisers nachzuahmen, um Neujahrsgrüße und Empfehlungen für kaiserliche Ehrungen abzufassen. Alles, was Li brauchte, um den gewaltsamen Gegenschlag auszulösen, war ein »Beweis«, daß die Reformer tatsächlich eine Verschwörung angezettelt hatten, um mit oder ohne die Beteiligung Japans und Englands einen bewaffneten Aufstand zu inszenieren. Es gehörte zu den berühmtesten Methoden des Weisen Sun-tzu, gefälschte Botschaften zu entwerfen, um Feinde zu unüberlegten Handlungen zu provozieren. In dieser Hinsicht hätte ein gefälschtes Hilfeersuchen Kuang-hsüs dieselbe Wirkung gehabt wie ein echtes.

Li hatte Agenten unter den Reformern, die ein solches gefälschtes Ersuchen hätten überbringen können. Tan hatte den Kaiser seit einigen Tagen nicht gesehen, da Kuang-hsü seine Tante im Sommerpalast besuchte und erst zu seiner geheimen Zusammenkunft mit Ito in die Verbotene Stadt zurückkehrte. Deshalb konnte Tan die Echtheit der Geheimbotschaft schwerlich feststellen. In ihrer Leichtgläubigkeit haben die Reformer vermutlich überhaupt nicht mit einer Fälschung gerechnet, da sie tatsächlich davon überzeugt waren, der Kaiser befinde sich in Gefahr. Zudem hatten sie seit langem von einer bewaffneten Kraftprobe geträumt, bei der die »Bande« der Kaiserinwitwe verhaftet, getötet oder in die Flucht geschlagen würde.

In keiner der beiden Versionen von Yuan oder K'ang wird die Kaiserinwitwe selbst als Zielscheibe erwähnt, sondern lediglich ihre »Bande«, die alte Garde. Die Freunde des Tollwütigen Fuchses stellten Tz'u-Hsi gern als das Haupthindernis von Reformen dar und deuteten an, Kuang-hsü wäre sie am liebsten losgeworden. Wie Kuang-hsü jedoch in einer als echt festgestellten Botschaft an Yang Ju Yi, einen seiner Reformsekretäre, schrieb, wollte er bei allen seinen Reformvorhaben und Personalentscheidungen auf keinen Fall seine Tante brüskieren.

General Yuan hielt sich an seinen ursprünglichen Zeitplan. Man hatte ihn nach Tientsin geschickt, um die Gründe für das Aufkreuzen der britischen Flotte aufzuklären; am folgenden Abend sollte er nach Peking zurückkehren, um dem Kaiser Bericht zu erstatten. Am 19. September um fünf Uhr nachmittags nahm er den Abendzug nach Peking, und in den frühen Morgenstunden des folgenden Tages, noch vor der offiziellen Audienz Itos, betrat er die Verbotene Stadt zu seinem dritten privaten Zusammentreffen mit Kuang-hsü in dieser Woche. Nachdem er über die offiziell erklärte Harmlosigkeit der britischen Flotte berichtet hatte, warnte Yuan, wie er später erklärte, den Kaiser vor der Gefahr, die diesem von den Eisenhüten drohte, wenn er sich zu weit vorwagte. Es gibt keinen zweiten Bericht von diesem Gespräch. Der Tollwütige Fuchs K'ang behauptete später, der Kaiser habe Yuan während der Unterredung ein Geheimedikt ausgehändigt, dessen Inhalt er jedoch nicht kannte. Angesichts einer Atmosphäre, die so stark von Doppelzüngigkeit und Lügen geprägt war, wäre es interessant gewesen, auch Kuang-hsüs Version kennenzulernen, doch sie bleibt ein Geheimnis.

General Yuans schnelle Reise nach Peking bot ihm die Möglichkeit, sich erneut mit Li zu beraten. Danach kehrte der General nach Tientsin zurück und begab sich unverzüglich zu General Jung-lu, um den Kaiser erneut zu verraten, indem er diesem von Tans Besuch und den Plänen der Reformer berichtete, im Namen des Kaisers die Macht zu übernehmen. Yuan spielte die Sache herunter und bezeichnete sie als Dummejungenstreich – so als wären die Befürchtungen der Reformer grundlos, der Kaiser könnte entmachtet werden. Yuan teilte Jung-lu außerdem mit, man habe von ihm verlangt, den Kaiser zu schützen, Jung-lu zu töten und die Eisenhüte festzunehmen.

Nach Angaben eines Untergebenen des Vizekönigs eilte Jung-lu nach Peking, kam jedoch zu spät am Abend im Sommerpalast an, um noch bei der Kaiserinwitwe vorzusprechen, die bereits schlief. Statt dessen gab er die Information an Prinz Ching weiter, der ihm versprechen mußte, gleich am nächsten Morgen Tz'u-Hsi zu unterrichten. Danach kehrte der Vizekönig nach Tientsin zurück.

An dem, was Tan dem General vorgeschlagen hatte, war nichts Verbrecherisches. Der Kaiser befand sich legal an der Macht, und Tan war einer seiner Beamten. Ob Kuang-hsüs Reformen und sein Vorhaben, Ito daran zu beteiligen, von den Mandschu-Prinzen gebilligt wurden oder nicht, es waren legitime Maßnahmen des chinesischen Herrschers. Wenn irgendwelche Clanmitglieder dagegen etwas unternahmen, war dies eine strafwürdige Verschwörung, solange der Kaiser nicht erfolgreich seines Amts enthoben war. Angesichts eines derartigen Komplotts hatten der Kaiser und seine loyalen Anhänger das Recht auf ihrer Seite, wenn sie drastische Gegenmaßnahmen ergriffen. Wenn hier jemand gegen das Gesetz verstieß, dann waren es die Eisenhüte.

Auf der anderen Seite waren die Clanmitglieder davon überzeugt, sie hätten Kaiser Kuang-hsü die Macht unter der Voraussetzung anvertraut, daß er die Dinge ließ, wie sie waren, also in Übereinkunft mit den hohen Ratgebern am Hof herrschte und keine einseitigen Änderungen vornahm, nur weil er glaubte, jetzt sei der richtige Zeitpunkt dafür gekommen. Ob mit Recht oder nicht, sie waren überzeugt, daß er kurz davorstand, China den Japanern auszuliefern. Sie glaubten, sie hätten jedes Recht, ihn aus seiner Machtstellung zu entfernen und den alten Zustand wiederherzustellen, indem sie die Kaiserinwitwe wieder in ihre Rolle als Galionsfigur und mit Prinz Tuans Sohns P'u-chun eine zuverlässigere Marionette als Kaiser einsetzten. In ihren Augen war dies weniger ein Putsch als eine Rettungsaktion. Schließlich würde ihr Handeln dann keinen Rechtsbruch bedeuten, wenn es ihnen gelang, die Kaiserinwitwe auf ihre Seite zu ziehen; die Sache ließ sich so darstellen, daß sie den höheren Rang bekleidete als der Kaiser. Auch würde sie ihn nicht entthronen, sondern lediglich wieder ihre Rolle als Vormund für ein gutes Regieren übernehmen, was bedeutete, daß er bei allen Entscheidungen ihre Rückendeckung benötigte.

Tz'u-Hsi war immer noch unschlüssig. Es gibt keine Hinweise darauf, daß sie ebenso aufgebracht gewesen wäre wie die Eisenhüte.

Sie hatte zu keiner Zeit der Macht vollständig entsagt; im Grunde genommen hatte sie noch immer das Recht, gegen die Entscheidungen des Kaisers ihr Veto einzulegen. Doch in ihrem Refugium hatte sie auf diesem Privileg immer seltener bestanden, bis sie ganz aufgehört hatte, Gebrauch davon zu machen. Der Kaiser legte ihr auch nach wie vor aus Höflichkeit die meisten seiner Entscheidungen vor. Obwohl ihre Kritiker in späteren Jahren behaupteten, sie wollte die Macht zurückerlangen, ist nicht ersichtlich, warum ihre Situation sich dadurch bessern sollte. In ihrer Zuflucht im Sommerpalast wie auch in der Verbotenen Stadt genoß sie alle Vorzüge der Macht. Alles, was sie wirklich aufgegeben hatte, war die administrative Kleinarbeit, und die war nun wirklich nicht besonders erstrebenswert.

Am 19. September reiste sie schließlich inkognito vom Sommerpalast nach Peking, um am folgenden Tag an der offiziellen Audienz für Ito teilzunehmen. Sie wurde vom Kaiser empfangen, doch nach den Palastberichten wußten nur wenige Beamte, daß sie sich in der Verbotenen Stadt befand. Sie bezog wieder ihren alten Pavillon, zeigte sich jedoch nicht. Während der Audienz blieb sie wie üblich hinter dem Gazevorhang den Blicken entzogen. Unter den Teilnehmern an der Audienz befanden sich Prinz Ching, einige Mandschu-Würdenträger und hohe mandschurische Beamte sowie eine große Zahl von Hofeunuchen. Nach dem Austausch der Begrüßungsworte wurde Ito ein Stuhl angeboten, und es folgte eine kurze Unterhaltung.

Kuang-hsü: »Gegenwärtig zwingt die Notwendigkeit unserem Land Reformen auf. Wir sind bereit, die Meinung Eurer Exzellenz anzuhören, und wir bitten Eure Exzellenz, unseren Prinzen und Großministern des Tsungli Yamen im einzelnen den Ablauf und die Methoden einer Reform zu erläutern und sie zu beraten.«

Ito: »Ich habe ehrerbietig Ihr Dekret entgegengenommen. Wenn Ihre Prinzen und Großminister Fragen haben, dann wird Ihr ausländischer Diener in Übereinstimmung mit dem, was er bereits gesehen hat, ihnen zweifellos aufrichtig darlegen, was für Ihr ruhmreiches Land von Nutzen sein wird.«

Ito beabsichtigte, sich während der nächsten 8 bis 14 Tage in der japanischen Botschaft aufzuhalten; die chinesischen Minister konnten dort seine Ansichten in Erfahrung bringen. Die hochgespannten Hoffnungen verpufften. Es gab keine dramatische Ankündigung.

Nach der Audienz wurde Ito mit einem Bankett geehrt. Als die Formalitäten beendet waren, wünschte Kuang-hsü ihm eine gute

Reise zurück nach Japan. Tz'u-Hsi kehrte nicht sogleich in den Sommerpalast zurück, sondern blieb in ihren Räumlichkeiten in der Verbotenen Stadt und versuchte anscheinend, den Wahrheitsgehalt der von den Eisenhüten vorgebrachten Beschuldigungen zu erkunden. Erst nach der Audienz mit Ito rief sie General Yuan zu sich, um seinen Bericht über das Komplott der Reformer zu einem Präventivschlag entgegenzunehmen. Er traf wie befohlen am 21. September ein. Nachdem sie seine Version angehört hatte, bat sie Prinz Ching und den Großrat Kang Yi zu einer Beratung hinzu. Erst jetzt entschied sie sich endgültig, erneut die Regentschaft zu übernehmen. Offenbar war sie schließlich doch zu der Überzeugung gelangt, daß Prinz Ching und die anderen recht hatten und daß Kuang-hsü zum allermindesten ein schlechtes Urteilsvermögen bewiesen und auf den Rat von Männern gehört hatte, die ihn zu übereilten Maßnahmen drängten. Gleichzeitig mußte sie bei ihrer Entscheidung aber auch die Feindseligkeit der Eisenhüte berücksichtigen. Es gab nur eine Möglichkeit, drohenden Schwierigkeiten von Radikalen oder von Reaktionären vorzubeugen: Sie mußte wieder die Rolle übernehmen, die Prinz Kung ihr vor langen Jahren zugedacht hatte, nämlich die einer repräsentativen Regentin an der Spitze einer Koalition.

Falls sie noch irgendwelche Zweifel gehegt hatte, ob die Eisenhüte die Gefahr möglicherweise übertrieben, wurden diese spätestens am Tag der Audienz mit Ito ausgeräumt, als einer der Gefährten des Tollwütigen Fuchses K'ang, Yang Shen-hsiu, dem Thron in einer Denkschrift offen eine Allianz zwischen China, England und Japan vorschlug. Zensor Sung Po-lu, ebenfalls ein Anhänger K'angs, sprach einen Tag später in einer Denkschrift dieselbe Empfehlung aus. Er schlug außerdem vor, K'ang zum obersten Ratgeber des Kaisers zu machen, um die Einzelheiten auszuarbeiten, und Li Hung-chang sowie den Missionar Timothy Richard zu den Beratungen mit Ito hinzuzuziehen. Die Erwähnung Lis war ein durchsichtiges Manöver, den Vorschlag ausgewogen und vernünftig erscheinen zu lassen. Der Zeitpunkt für die Übergabe dieser Denkschriften war äußerst schlecht gewählt, denn sie trugen dazu bei, Tz'u-Hsi zu überzeugen, daß sie nun ihrem Neffen die Stirn bieten müsse.

Es ist zwar nicht bekannt, was zwischen der Kaiserinwitwe und Kuang-hsü besprochen wurde, aber auf jeden Fall war es ein trauriger Augenblick für beide. Das Edikt vom 21. September, das der Kaiser abgefaßt hatte, brachte seine Stellung (und die seiner Tante) deutlich zum Ausdruck:

»Die Angelegenheiten des Staates befinden sich gegenwärtig in einer schwierigen Phase, und alles wartet auf Reformen. Ich, der Kaiser, arbeite Tag und Nacht mit meiner ganzen Kraft... Doch trotz meiner Anstrengungen fürchte ich beständig, von der Last meiner Arbeit erdrückt zu werden...

Bewegt von tiefer Sorge um das Wohlergehen des Volkes habe ich mich wiederholt an Ihre Majestät gewandt, sie möge mir in Ihrer erhabenen Güte mit Ihrem Rat bei der Regierung beistehen, und habe Ihre Zustimmung erhalten.

Damit ist das Wohlergehen des gesamten Staates, der Beamten und des Volkes gesichert.«

So wie schon zuvor bei der Niederlage Chinas durch Japan 1895 geriet Kuang-hsü anschließend in eine Phase äußerster Verzweiflung. Er zog sich in den Ying-tai-Pavillon auf einer Insel in dem See zurück, der in der Nähe der Verbotenen Stadt liegt und die Bezeichnung Südliches Meer trägt. Seine Abwesenheit vom Hof während der nächsten drei Tage, in denen er seine Fassung wiedergewann, brachte die Gesandtschaften dazu, Gerüchten Glauben zu schenken, der Kaiser sei entthront und ermordet worden. Das bot dem Tollwütigen Fuchs K'ang eine einmalige Gelegenheit. Er behauptete, Tz'u-Hsi habe ihren Neffen einkerkern, foltern und töten lassen, weil dieser es gewagt hatte, die Regierung zu reformieren. Ein besonders hartnäkkiges Gerücht besagte, der Kaiser sei nicht tot, sondern werde im Ying-tai-Pavillon gefangengehalten. Ursprünglich führten drei Brükken zu der Insel. 1898 stand jedoch nur noch eine einzige von ihnen, und deshalb war Kuang-hsü angeblich auch dorthin gebracht worden. Nach einem anderen Gerücht, das Sarah Conger, der Frau des US-Botschafters, zu Ohren gekommen war, hatte der Kaiser versucht, von seinem Inselgefängnis zu fliehen. K'ang Yu-wei behauptete, mehrere Reformer, angeführt von Tan Ssu-tung, hätten den Plan gehabt, die südliche Mauer der Pavillonumfriedung zu erklettern, um den Kaiser zu retten. An dem Unternehmen sei auch ein Japaner, Prinz Langschwert V., beteiligt gewesen, es sei jedoch fehlgeschlagen. Erstaunlicherweise findet sich diese Legende von der Gefangenschaft des Kaisers bei fast allen namhaften Chinaforschern des 20. Jahrhunderts. Der Kaiser war jedoch weder tot noch eingesperrt, sondern kehrte nach drei Tagen an seine Arbeit zurück, die er noch eine Zeitlang fortführte. Der Ying-tai-Pavillon beherbergte den Amtsraum, den er stets mit Tz'u-Hsi geteilt hatte, wenn sie gemeinsam arbeiteten. Die Quellen belegen, daß seine Regierungstätigkeit lediglich für drei Tage unterbrochen war, offenbar verursacht durch Kummer und Desillusionierung, nicht jedoch durch Verhaftung und Folter. Ein Gefangener des Systems war er schon immer gewesen. Backhouse und Bland übertrieben diesen dreitägigen Rückzug maßlos und behaupteten, der Kaiser sei für den Rest seines Lebens ein Gefangener Tz'u-Hsis geblieben; Forscher, die sich diesem Mythos anschlossen, haben dies trotz erdrückender Gegenbeweise getan.

Tz'u-Hsi kehrte in den Sommerpalast zurück, anscheinend durch die Erfahrungen der letzten Tage ebenso deprimiert wie ihr Neffe, und überließ es den Eisenhüten, ihre Feinde zu verfolgen. Da die Eisenhüte nicht genau wußten, wer in das Komplott der Reformer verwickelt war, kam es zu einer Welle von Verhaftungen. Am 21. September, am selben Tag, an dem Kuang-hsü die erneute Übernahme der Regentschaft durch Tz'u-Hsi dekretierte, wurde ein Edikt erlassen, das den Tollwütigen Fuchs K'ang beschuldigte, er habe sich »mit anderen zu verborgenen Zwecken zusammengerottet« und »Entscheidungen des Hofs durch abweichende Auffassungen beeinflußt«. Diese Formulierung war erstaunlich zurückhaltend angesichts der Aussagen General Yuans, K'ang und seine Freunde hätten sich verschworen, Vizekönig Jung-lu zu ermorden und eine bewaffnete Machtübernahme zu inszenieren. K'angs Verhaftung wurde befohlen. Auch sein jüngerer Bruder sollte festgenommen werden.

Da K'ang am Tag zuvor mit dem Zug nach Tientsin abgereist war, suchte man ihn vergebens an seinen üblichen Aufenthaltsorten. Sein Bruder wurde im Nan-Hai-Club, auf einem Nachttopf sitzend, verhaftet. »Kuang-jen befand sich zu diesem Zeitpunkt auf der Toilette und hätte entkommen können«, schrieb K'ang, »doch der Hauptdiener, der einen Groll gegen Kuang-jen hegte... zeigte den Polizisten, wo sie ihn finden konnten.«

Am 23. September traf ein Telegramm von Vizekönig Jung-lu ein, in dem es hieß, seine Untersuchungsbeamten hätten die Reformverschwörung in groben Zügen bestätigt, und er werde bei seiner nächsten Reise nach Peking die entsprechenden Unterlagen mitbringen. Aufgrund dieser Nachricht und unter starkem Druck von Prinz Ching und Großrat Kang Yi befahl die Kaiserinwitwe die Verhaftung von Tan Ssu-tung und sechs weiteren Reformern. Auch nach K'angs engstem Gefährten, dem Journalisten Liang Chi-chao, wurde gefahndet.

Kaiser Kuang-hsü hatte bis zu den frühen Morgenstunden des 24. September seine Kräfte wieder gesammelt und las wie gewöhnlich die Denkschriften von Beamten durch, versah sie mit Anmerkungen und überließ die heikleren Entscheidungen seiner Tante, die gemeinsam mit ihm im Ying-tai-Pavillon arbeitete. Daneben saß er weiterhin wie früher bei formellen Audienzen neben ihr; das sollte er für den Rest seines Lebens so beibehalten. Entgegen den Gerüchten, die zwischen den Gesandtschaften ausgetauscht wurden, hatte man ihn weder körperlich mißhandelt noch abgesetzt, sondern lediglich dazu vergattert, sich wie früher der Aufsicht seiner Tante zu unterstellen. Es war gewiß eine unglückliche und traurige Geschichte, aber kein Schauerroman. In der Zwischenzeit machten die Eisenhüte Jagd auf Ketzer.

Es folgten weitere Verhaftungen. Die prominentesten Opfer waren der ehemalige Botschafter Sir Chang Yin-huan, der K'ang in Peking gefördert und ihn häufig bei sich bewirtet hatte, und zwei weniger ranghohe Beamte, die angeblich mit K'ang unter einer Decke steckten und seine Denkschriften dem Kaiser vorgelegt hatten. Als die Soldaten Sir Chang verhafteten, durchwühlten sie sein ganzes Haus, offenbar auf der Suche nach K'ang. Die vier Reformberater des Kaisers, Yang Ju Yi, Lin Hsü, Tan Ssu-tung und Liu Kuang-ti, wurden ebenfalls in Gewahrsam genommen. Yang Ju Yi, der noch im Bett lag, als die Polizei auftauchte, wurde in Handschellen gelegt und in seiner Unterwäsche davongezerrt. Ohne Böses zu ahnen, begab sich Lin Hsü in die Verbotene Stadt, um seinen Pflichten wie gewöhnlich nachzugehen, und wurde prompt eingesperrt. Als Liu Kuang-ti von seinem Verhaftungsbefehl erfuhr, stellte er sich freiwillig der Polizei. Auch Tan machte keinen Versuch, seiner Festnahme zu entgehen.

Die Anklage gegen die vier Reformberater lautete zu diesem Zeitpunkt lediglich auf Verdacht einer »Verbindung« mit dem Tollwütigen Fuchs K'ang. Den drei anderen verhafteten Männern, darunter Sir Chang, warf man »verdeckte Zusammenarbeit« mit K'ang vor. Ihr Prozeß wegen dieser vergleichsweise milden Anklagepunkte sollte drei Tage später, am 27. September beginnen. Als das Verfahren jedoch eröffnet wurde, hatte man die Anklage unter dem extremen Druck der Eisenhüte verschärft; jetzt wurden die Angeklagten der Volksverhetzung beschuldigt.

Die Eisenhüte zeigten ihre Muskeln und fühlten sich durch ihre neue Macht verjüngt. Diese Gelegenheit durften sie sich nicht entgehen lassen. Warum sollte man diese Radikalen so leicht davonkommen lassen? Es war besser, ein grausames Exempel zu statuieren, um Gleichgesinnte abzuschrecken.

Der Prozeß fand in der großen Halle des Justizministeriums statt. Am 28. September, nach lediglich eintägiger Verhandlung, wurde das Verfahren beendet. Der Palast hatte in einem Dekret die Hinrichtung von sechs der Angeklagten befohlen. Das Edikt war von Kaiser Kuang-hsü unterzeichnet.

Um vier Uhr nachmittags wurden K'ang Yu-weis Bruder Kuang-jen, sein Freund Yang Shen-hsui sowie die vier Reformsekretäre aus dem Gefängnis gebracht und enthauptet. Sie wurden als die Sechs Märtyrer der Hundert Tage bekannt.

K'ang Yu-wei schrieb später darüber: »Es gab eine große Menge von Zuschauern. Kuang-jen sollte als erster hingerichtet werden. Er blickte um sich, als wollte er noch etwas sagen, doch es befand sich niemand in seiner Nähe, zu dem er hätte sprechen können. Die übrigen fünf Männer folgten ihm gefaßt in den Tod.« Als Kuang-jen enthauptet wurde, trug er lediglich eine kurze Jacke. Nach den Ausführungen K'angs suchte ein Diener der Familie nach einigen passenden Kleidungsstücken, nähte den Kopf wieder an den Körper, kaufte einen Sarg und begrub die Leiche neben dem Tempel der Kuan-yin, der Göttin der Barmherzigkeit. Doch das war wohl wieder eine der vielen Erfindungen K'angs; nach einem Bericht im *North China Herald* fand niemand den Mut, sich um Kuang-jens Leichnam zu kümmern, und er wurde am folgenden Tag von den Henkern weggeschleppt und in eine offene Grube geworfen, die als Gemeinschaftsgrab für Arme und Verbrecher diente.

Nachträglich wurde ein Edikt veröffentlicht, in dem die plötzliche Entscheidung des Hofs erklärt wurde, die sechs Männer, die jetzt als Rebellen und Verräter bezeichnet wurden, hinrichten zu lassen: »Sogleich erklärten die Verfasser von Denkschriften, wenn es bei diesem Prozeß zu Verzögerungen komme, drohe die Gefahr eines Aufstands. Wir haben uns eingehend mit der Befragung der besagten Rebellen [durch Jung-lu] beschäftigt. Ihr Vergehen war schwer und ohne Beispiel, und sie durften den Schlingen des Gesetzes nicht entgehen. Wenn man ihnen erlaubt hätte, auszusagen, hätten sie viele andere in die Sache hineingezogen; deshalb konnten Wir den Bericht des Justizministers nicht abwarten; gestern haben Wir den Beschluß gefaßt, daß die Schuldigen unverzüglich hingerichtet werden sollen.«

Daß möglicherweise »viele andere« in die Sache verwickelt würden, bezog sich auf die wachsende Zahl von Gemäßigten in der Regierung, die der Reformbewegung wohlwollend gegenüberstanden. Zu ihnen gehörten die weltoffenen Beamten des Tsungli Yamen, von denen viele als Diplomaten im Ausland gewirkt hatten, und die wohlhabenden und mächtigen Gönner der gebildeten *ming-*

shih-Oberschicht. Wäre der Prozeß fortgesetzt worden, so wären viele dieser aufgeklärten Beamtengelehrten namentlich genannt und den Angriffen der Eisenhüte ausgesetzt worden. Um sich zu retten, hätten sie zu einem Gegenangriff übergehen müssen, was zu einer verhängnisvollen Konfrontation zwischen Gemäßigten und Reaktionären geführt hätte, die Tz'u-Hsi um jeden Preis vermeiden wollte. Die Eisenhüte, angespornt von den ehrgeizigen Plänen Prinz Tuans, hatten Blut geleckt. Der Prinz übte mittelbar und unmittelbar Druck auf Tz'u-Hsi aus, die kleine Gruppe von Reformern, die man verhaftet hatte, müsse hingerichtet werden. Es war typisch für Tuan, daß er immer nur an das Nächstliegende dachte; so hätte er seinen Feinden einen wesentlich nachhaltigeren Schlag versetzen können, wenn er dem Prozeß seinen Lauf gelassen und die Angeklagten gezwungen hätte, weitere Namen zu nennen. Indem Tz'u-Hsi und Kuang-hsü der Forderung Tuans nach einer Enthauptung der späteren Sechs Märtyrer nachgaben, verhinderten sie eine wesentlich schlimmere Tragödie und gebrauchten eine schmerzhafte Aderpresse, um einer tödlichen Blutung zuvorzukommen.

In den Palastberichten heißt es, »jemand warnte, wenn es einen Aufschub gebe, könnte sich etwas Widriges ereignen«, unter anderem ein Aufstand der Massen. Tatsächlich galt die Angst vor Unruhen in Peking nicht den vielen Bürgern, die für die Reformer auf die Straße gingen, sondern den moslemchinesischen Truppen des Generals Tung Fu-hsiang, die in den südlichen Vorstädten Pekings stationiert waren und immer wieder durch die Stadt galoppierten, um den Thron einzuschüchtern und ihn zu harten Maßnahmen zu zwingen. Am Tag nach den Hinrichtungen griffen Tungs Leute innerhalb des kaiserlichen Jagdgeheges Angestellte der britischen und amerikanischen Gesandtschaften an, die dort ein Picknick veranstalteten. Das wurde als deutliche Warnung verstanden, sich nicht weiter in die inneren Angelegenheiten Chinas einzumischen.

Es hat demnach den Anschein, daß Kuang-hsü und Tz'u-Hsi gezwungen waren, die sechs Reformer hinrichten zu lassen, um zu verhindern, daß die Kansu-Reiterheere Amok liefen. Deren Wüten wäre zweifellos als spontaner Ausbruch des öffentlichen Unmuts über die Schonung dieser Radikalen hingestellt worden. Drei Wochen später fielen Tungs Männer auf dem Bahnhof über eine Gruppe ausländischer Ingenieure und Mitarbeiter der britischen Gesandtschaft in Peking her und schlugen sie zusammen. Ein Aufschrei des Entsetzens ging daraufhin durch die diplomatische Gemeinde, die von der Regierung verlangte, Tung und seine Truppen aus Peking zu verbannen. Da die Regierung eine bewaffnete Auseinandersetzung mit dem für seinen Eigensinn berüchtigten General scheute, löste sie das Problem, indem sie Tung mit einer großzügigen »Abfindung« versah. Dieser zog anschließend mit seinen Soldaten gehorsam nach Kipochei zurück, das 120 Kilometer von Peking entfernt lag. Vorläufig hatte der General seine Aufgabe erfüllt, den Eisenhüten während der Hundert Tage den Rücken zu stärken und Druck auf den Kaiser und die Kaiserinwitwe auszuüben, damit sie gegen Regimekritiker eine harte Gangart einschlugen. Er konnte es sich leisten, ein wenig Urlaub zu nehmen. In Rufweite Prinz Tuans konnte er geduldig abwarten, bis dieser das Signal zu Tungs Rückkehr nach Peking geben würde, um im Kampf um die Ausrottung der fremden Teufel erneut eine Rolle zu spielen.

Sir Chang wurde durch die Intervention der westlichen Gesandtschaften davor bewahrt, das Schicksal der Sechs Märtyrer zu teilen. Sir Claude MacDonald und andere Botschafter sowie Ito, der sich noch immer in Peking aufhielt, setzten sich persönlich für ihn ein. Es wurde beschlossen, Sir Changs gesamtes Vermögen zu konfiszieren und ihn in die abgelegene Provinz Singkiang zu verbannen. In einem Edikt wurde erklärt, »sein Handeln war betrügerisch, wankelmütig und fand im verborgenen statt, zudem suchte er die Gesellschaft der Reichen und Mächtigen«. Als sie erfuhren, daß Sir Chang verbannt werden sollte, verabredeten Morrison von der *Times*, Hugh Grosvenor von der britischen Gesandtschaft und andere, ihn auf der Fahrt ins Exil zu entführen und in die britische Vertretung zu bringen. Sir Chang, der von diesem Vorhaben erfuhr, ließ Morrison jedoch wissen, er verspüre nicht den Wunsch, in den Gang der kaiserlichen Justiz einzugreifen. Zwei Jahre später wurde er an seinem Verbannungsort ermordet, anscheinend von einem gedungenen Mörder General Tungs auf Befehl Prinz Tuans.

Einem weiteren Reformer, den man verhaftet hatte, blieb Hinrichtung oder Verbannung erspart. Der zweiundsiebzigjährige Hsü Chihcheng, der dem Thron einige der Denkschriften K'angs unter seinem eigenen Namen unterbreitet hatte, wurde lediglich in Peking ins Gefängnis gesteckt. Dreißig weitere Männer wurden festgenommen, inhaftiert, aus ihren Ämtern entlassen, unter Hausarrest gestellt oder verbannt und mußten mitansehen, wie im weiteren Verlauf der Säuberungsaktionen der Eisenhüte auch ihre Familienangehörigen verhaftet wurden. Fünf von ihnen hatten sich gar nicht unmittelbar an der Reformbewegung beteiligt, sondern waren lediglich Verwandte oder Freunde von Reformern. Eine Zeitlang wurde befürchtet, man werde 200 weitere Leute verhaften, zumeist Mitglieder der Reformgesellschaften und Zeitungsredakteure, die sich für Reformen ausgesprochen hatten. Doch dann wurden die politischen Verfolgungsmaßnahmen plötzlich eingestellt.

Die Historiker verurteilen in einer Einschätzung der Hundert Tage fast einhellig die Kaiserinwitwe als Schurkin mit einer immensen Machtfülle, die nichts als Böses im Sinn gehabt habe (wobei Reformen per definitionem für das Gute stehen). Bland und Backhouse behaupten wahrheitswidrig, die Kaiserinwitwe und Kuang-hsü hätten sich fortwährend wegen der Reformen auseinandergesetzt, und noch 1970 heißt es ähnlich in einem historischen Werk über China: »Über das Thema der Reformen kam es nunmehr zu einem Machtkampf zwischen dem Kaiser und der Kaiserinwitwe, und der Konflikt spitzte sich zu nach dem Tod ... der Mutter des Kaisers, der Schwester der Kaiserinwitwe, die zwischen den beiden eine Mittlerrolle gespielt hatte.«

Bei anderen Autoren findet sich: »Kurz gesagt, als sein [Reform-] Programm voranschritt, sah der Kaiser sich einer Front des gesamten Establishments und nicht zuletzt ... der Kaiserinwitwe gegenüber«, und »die Kaiserinwitwe sah ihre ganze Welt durch K'ang Yu-weis Angriff auf diese beiden Eckpfeiler ihres Regimes bedroht, die Kenntnis der Klassiker und die organisierte Korruption«. In seinem Buch *China since 1800* behauptet John A. Harrison, das Tz'u-Hsi »spätestens seit 1865 die größte Machtfülle Chinas« in ihrer Person vereinigt habe, und schließt mit der Bemerkung, »die Kaiserin demonstrierte nicht nur ihren Abscheu gegenüber jeder Reform, sondern auch gegenüber China«. Von Fairbank ist zu erfahren, daß Tz'u-Hsi am Ende der Hundert-Tage-Reform »die Radikalen hinrichtete, deren sie habhaft werden konnte«. Jonathan Spence, der die Hinrichtung der sechs Reformer am Ende der Hundert-Tage-Reform schildert, bemerkt: »Tz'u-Hsi versetzte der Reformperiode Kuang-hsüs den Todesstoß.«

Viele der Edikte Kuang-hsüs vom Sommer durften fortbestehen, vor allem jene, die auf eine effektivere Verwaltung im Militär- und Wirtschaftsbereich abzielten und eine Verbesserung des Bildungssystems vorsahen. Aufgehoben wurden dagegen jene Reformen, vor denen die Eisenhüte sich am meisten fürchteten, das heißt diejenigen, die eine Öffnung des bestehenden politischen Systems bezweckten. Die Behandlung der Reformer, ihre Verhaftung und Hinrichtung, führte nicht zum Ende aller Reformen in China, sondern dazu, daß deren Befürworter vorsichtiger wurden.

In einem Edikt vom 16. November 1898 formulierte die Kaiserinwitwe deutlich ihre eigenen Reformpläne:

»Gesetze und Institutionen sind nicht schlecht, wenn sie zum erstenmal eingeführt werden, doch im Lauf der Zeit häufen sich die Mängel, wodurch es notwendig wird, sie zu ändern, um den Erfordernissen der Zeit Rechnung zu tragen... Tag und Nacht leiste ich mühselige Arbeit im Palast... Es vergeht kein Augenblick, ohne daß ich daran denke, wie sich eine Stärkung des Landes bewerkstelligen läßt...

Obwohl die Gebräuche und Regierungssysteme der westlichen Länder in mehr als einer Hinsicht von denen in China abweichen, [sind] ihre Methoden und Techniken... in der Regel geeignet, [einem Land] zu Wohlstand und Stärke zu verhelfen... Wenn wir auswählen können, welche wir für gut halten, und sie nach und nach anwenden, werden wir in der Lage sein, die gewünschten Ergebnisse schnell und in Harmonie zu erreichen.

Es steht jedoch zu befürchten, daß Personen mit oberflächlichem Denken unsere Absichten mißverstehen und glauben, die Regierung habe beschlossen, dem ausgetretenen Pfad zu folgen, und beschäftige sich nicht mehr mit weitsichtigen Plänen. Das wäre völlig entgegen unserer Absicht... eine gute Verwaltung zu erreichen.«

Henry Cockburn, der chinesische Sekretär der britischen Gesandtschaft in Peking, beurteilte 1898 die Lage am Hof mit folgenden Worten:

»Meiner Meinung nach spricht alles dafür, daß der Kaiser sich von Visionen eines neuen, von seiner Hand erneuerten China hinreißen ließ und daß... er die Schwierigkeiten auf seinem Weg nicht erkannte. Das war bei ihm entschuldbarer als bei [seinen Reformberatern], denn er hatte keinerlei Erfahrung mit der Außenwelt. Sie brachten ihn wohl ähnlich in Wallung wie ein Volksredner daheim [in England] den Mob in Wallung bringt; der Mob läßt sich einreden, daß der Maßkrug eines Tages zwei Liter fassen wird. Die Zukunftsvisionen des Kaisers waren zweifellos höhergesteckt und weniger eigennützig, aber kaum wirklichkeitsnäher.«

Cockburn stand mit seinem Urteil ziemlich allein. Die meisten »Kapazitäten« bezeichneten Tz'u-Hsis Rückkehr zur Macht als »brutal« und behaupteten in der Regel unzutreffenderweise, sie habe alle Reformen wieder »abgeschafft«. Nach Darstellung einiger Historiker »quälte [sie] den unglücklichen Kuang-hsü«. »Für den Rest seines Lebens lebte Kuang-hsü in tiefster Unterwürfigkeit gegenüber seiner Tante.« Das ist mehr als übertrieben, denn er war ihr gegenüber auch schon vorher stets unterwürfig gewesen. Das lag zum Teil an seinem Wesen, zum Teil aber auch hatte er sich dazu entschlossen, da er aufgrund seiner sich verschlechternden physischen und psychischen Verfassung zunehmend auf seine Tante angewiesen war. Ihr Gefangener jedenfalls war Kuang-hsü nicht; statt dessen lebte er im Sommerpalast während der meisten Zeit des Jahres in Pavillons in ihrer nächsten Nähe, und sie machte sich fortwährend Sorgen um ihn und drängte die Ratsminister, sie sollten bessere Ärzte für die Behandlung seiner chronischen Krankheiten finden. Kuang-hsüs wirkliche Einstellung gegenüber dem Tollwütigen Fuchs K'ang und den Übertreibungen der Reformbewegung kommt sehr deutlich in einem Edikt zum Ausdruck, das er 1901 nach dreijährigem Nachdenken aufgesetzt hatte:

»Seit 1897 und 1898 sind fortwährend Scheinargumente vorgebracht worden, die eine falsche Trennungslinie zwischen dem Neuen und dem Alten ziehen. Die schwierige Situation, die durch den Verräter K'ang entstanden ist, war noch gravierender als diejenige, welche [durch die Belagerung der Gesandtschaften 1900 durch die Boxer] hervorgerufen wurde... Das Gerede des Verräters K'ang von ›neuen Institutionen‹ lief darauf hinaus, die Institutionen zu zerstören statt sie zu reformieren. Der besagte Verräter und seine Mitstreiter machten sich Unsere Krankheit zunutze, um heimlich aufrührerische Pläne zu schmieden. Deshalb flehten wir die Kaiserinwitwe inständig an, die Regierung anzuleiten... [Sie] hat keine Einwände gegen Reformen. [Andererseits], wenn wir Gesetze und Verordnungen abändern, so beabsichtigen wir nicht, alles Alte zu beseitigen... Daß Mutter und Sohn ein und derselben Überzeugung anhängen, sollte für jedermann deutlich sein...«

Zwei Frauen, die Kuang-hsü nach den Hundert Tagen drei Jahre lang fast ununterbrochen aus der Nähe erleben konnten, schildern ihn als schüchtern und traurig. Diese Charaktereigenschaften hat er sein ganzes Leben lang nicht abgelegt. Kuang-hsü lebte damals in dem teilweise restaurierten Sommerpalast am Kunming-See in Pavillons, die ebenso luxuriös und elegant ausgestattet waren wie die nebenan gelegenen Räumlichkeiten Tz'u-Hsis. Dort führte er sein eigenes

Leben, beschäftigte sich mit seinen Studien, las sehr viel und lernte Englisch und Klavierspielen. Er zeigte kein Interesse an einer Heirat oder an Konkubinen, mochte Kinder jedoch sehr gern. »Er hatte nur wenige Menschen im Palast in sein Herz geschlossen und ignorierte die hübschen jungen Mädchen und Frauen in der Umgebung Ihrer Majestät.« Den Pflichten des Hofes kam er nur widerwillig nach. Gelangweilt von den Audienzen, stahl er sich bei der ersten Gelegenheit davon und beruhigte sich mit Kettenrauchen. Keinem Beobachter fielen Anzeichen dafür auf, daß der Kaiser seiner Tante grollte. »Ihr Verhältnis, das sehr förmlich ist... macht doch einen äußerst freundschaftlichen Eindruck. Falls er noch ein Ressentiment darüber verspüren sollte, daß seiner Regierung durch den ›Staatsstreich‹ von 1898 Zügel angelegt wurden, so scheint er jedenfalls nicht Ihrer Majestät die Verantwortung dafür zuzuschieben.«

Sir Robert Hart hatte zwiespältige Empfindungen über den Ausgang der Krise:

»Die Lage hier hat sich im Handumdrehen geändert... die Kaiserinwitwe hat den Kaiser in den Hintergrund gedrängt und die Zügel der Herrschaft wieder selbst in die Hand genommen; doch ich fürchte, es ist die prorussische Partei [Li Hung-chang], die am Ende triumphiert, und daß die (Quasi-)Absetzung des Kaisers die Antwort [des russischen Gesandten] Pawlow auf Li Hung-changs Vertreibung aus dem [Tsungli] Yamen ist!... Es wird kolportiert, der Kaiser habe bei Ito Zuflucht gesucht, und darauf gehe ein Großteil des plötzlichen Angriffs der Kaiserinwitwe zurück; die alte Dame hatte sich seit Wochen ganz still – etwas zu still – verhalten, und zweifellos wurde alles, was sich ereignet hat, von ihr selbst und ihren Leuten ausgedacht und vorbereitet. Sie ist eine wunderbare Frau, und sie hat den Kaiser mit einem ebenso verblüffenden Staatsstreich überrumpelt wie einst, als sie ihn auf den Thron setzte.«

Der eigentliche Sieger am Ende der Hundert Tage war Li Hung-chang. Wie bereits in der Vergangenheit hatte er die Krise so gelenkt, daß die Dinge die denkbar schlechteste Wendung nahmen. Als er anschließend wie so oft gerufen wurde, die Dynastie zu retten, forderte er einen gepfefferten Preis, und dieser mußte bezahlt werden, bevor er auch nur einen Finger gerührt hatte. Das war nicht mehr und nicht weniger als Erpressung, in den Rang einer hohen Kunst erhoben.

Da seine Unterstützung der Eisenhüte hinter den Kulissen entscheidend gewesen war, wurde Li bald wieder in den Rang eines Vizekönigs erhoben. Diesmal erhielt er einen weit entfernten Posten als Generalgouverneur der südlichen Provinzen in Kanton, wo er nach Meinung der Eisenhüte eine geringere Bedrohung für sie darstellte. Doch wieder einmal hatten sie sich getäuscht. Lis eigentliche Rache sollte erst noch kommen.

Da die Gruppe um Prinz Tuan davon überzeugt war, sie hätte nunmehr den Hof ganz unter ihrer Kontrolle, wurden in den folgenden Monaten Vorbereitungen für den Tag getroffen, an dem alle Ausländer aus China vertrieben werden sollten. Diese Vorbereitungen äußerten sich auf die unterschiedlichste Weise, doch wurden sie allesamt von den Gesandtschaften falsch interpretiert und von den Missionaren nur vage begriffen. Prinz Tuan, der von seinem Streben nach Ruhm verzehrt wurde, warf sich zur höchsten Obrigkeit in Peking auf und verbreitete Furcht um sich. Er maßte sich die Rolle eines Sonderberaters der Kaiserinwitwe an. Je unentschlossener sich Tz'u-Hsi zeigte, desto fester saß sie in Tuans Falle. Jahrelang hatte sie ihn falsch beurteilt und angenommen, er sei lediglich der tatkräftigste unter den jüngeren königlichen Prinzen. Jetzt nahm seine Dynamik eher die Züge eines Verfolgungswahns an, und seine Sicherheitskräfte im Palast verhielten sich weniger wie Beschützer und weit eher wie Gefangenenwärter.

14
Auf der Flucht

Während in Peking blutige Vergeltung geübt wurde, verspeiste K'ang Yu-wei gemeinsam mit den übrigen Zwischendeckpassagieren auf dem britischen Schiff *Chungking,* das entlang der chinesischen Küste nach Shanghai unterwegs war, gedünstete Klöße mit Hackfleischfüllung, ohne die geringste Ahnung davon zu haben, daß er das Ziel einer um sich greifenden Menschenjagd war. Zwar machte er sich später damit wichtig, er sei in geheimer Mission für den Kaiser in den Süden gereist, doch sein Verhalten bestätigt diese Version keineswegs.

Nachdem er ein letztesmal an einer Reihe nächtlicher Abschiedsfeiern teilgenommen hatte, verließ er Peking am 20. September mit dem Morgenzug nach Tientsin. Als ein Mensch, der sich ungern etwas versagte, gönnte er sich ein Abteil erster Klasse und erreichte Tientsin am frühen Nachmittag, übernachtete in einem Hotel und buchte am folgenden Tag eine Passage auf dem bereits erwähnten Dampfer der Schiffahrtslinie P & O. Da die Kabinenplätze schon alle belegt waren, mußte er sich mit dem Zwischendeck begnügen, wo es nach dem Erbrochenen seekranker Passagiere stank. Nach dreitägiger Reise passierte der Dampfer das weitverzweigte Delta des Jangtse und fuhr in die Mündung des kleineren Huangpu ein, um den Hafen von Shanghai anzulaufen. Als das Schiff sich der armseligen Vorstadt Woosung mit ihrem unerträglichen Fäkaliengestank näherte, kam eine schnelle Barkasse längsseits, und wenige Minuten später wurde K'ang an der Reling von J.O.P. Bland, dem Shanghai-Korrespondenten der Londoner *Times* angesprochen. Bland, dessen Gesicht von der Sonne gerötet war und dessen pomadisiertes Haar einen Lavendelduft verströmte, hielt eine Fotografie in der Hand, blickte erst auf diese und dann auf K'ang und fragte ihn: »Sind Sie der Mann auf dem Foto? Haben Sie in Peking jemanden umgebracht?«

Bland hatte vom Geschäftsführenden britischen Generalkonsul Byron Brenan den Auftrag erhalten, K'ang abzufangen. In Peking hatte sich Timothy Richard auf schnellstem Weg zur britischen Gesandtschaft begeben, wo er in beinahe hysterischem Ton Sir Claude MacDonald beschwor, etwas zu tun, um K'ang vor der chinesischen Justiz zu retten. Alle britischen Konsulate an der chinesischen Küste wurden angewiesen, nach K'ang Ausschau zu halten und ihn in Sicherheit zu bringen, bevor er den Chinesen in die Hände fiel. Doch diese Nachricht erreichte das Konsulat in Shanghai erst, nachdem Brenan durch die Aufregung der lokalen Behörden selbst hellhörig geworden war. Am 26. September 1898 schilderte er in einer Nachricht an MacDonald die groteske Situation:

»Am Morgen des 23. erhielt ich einen Brief des Taotai [der Bürgermeister von Shanghai], in dem dieser mir mitteilte, er habe die geheime Anweisung erhalten, [K'ang Yu-wei] bei dessen Ankunft in Shanghai zu verhaften. Gleichzeitig ließ mir der Taotai durch seinen Sekretär mitteilen, der Kaiser sei tot und K'ang stehe unter Anklage, er habe Seiner Majestät bestimmte Pillen verabreicht, die eine tödliche Wirkung gehabt hätten. Der Taotai richtete an mich die Bitte, alle britischen Schiffe, die aus Tientsin hierherkämen, durchsuchen zu lassen und der Stadtpolizei [der internationalen Siedlung] Anweisung zu geben, die verschiedenen Landekais zu beobachten, sobald die Schiffe eingelaufen seien. Um die Identifizierung zu erleichtern, schickte er [der Taotai] mir eine Fotografie von K'ang Yu-wei und fügte hinzu, auf dessen Ergreifung sei eine Belohnung von 2000 Dollar ausgesetzt. Im Lauf des Morgens kam das britische Dampfschiff *El Dorado* hier an, und als es in den Hafen einlief, wurde es von einer offiziellen chinesischen Barkasse gestoppt. Ein Inspektor der chinesischen Flußpolizei in Uniform (ein britischer Staatsbürger) kam an Bord und durchsuchte das Schiff nach K'ang Yu-wei. Da dies ohne eine Vollmacht oder sonst eine Genehmigung von meiner Seite erfolgt war, beschwerte ich mich beim Taotai über diese ungesetzliche Maßnahme...

Im Lauf des Tages (23. September) erhielt ich mehrere Botschaften vom Taotai und anderen Beamten des Inhalts, inzwischen sei bekannt, daß K'ang Yu-wei am 24. des Monats an Bord der *Chungking* hier eintreffen werde. Die chinesischen Kriminalbeamten und Polizisten befanden sich durch die in Aussicht gestellte Belohnung in einem Zustand höchster Erregung, und ich befürchtete, das Schiff würde bei seiner Ankunft von einer Horde Yamen-Agenten [aus dem Bürgermeisteramt] gestürmt.

Die Tatsache, daß sich der Anlegeplatz der *Chungking* auf dem Gelände der französischen Siedlung befindet, machte es schwierig für mich, Maßnahmen zum Schutz des Dampfers zu treffen. Nach der Erfahrung vom vorigen Tag mit der *El Dorado* mußte ich außerdem befürchten, daß die chinesischen Behörden erneut einschreiten würden, bevor das Schiff sich innerhalb der Hafenzone befand, und deshalb hielt ich es für das beste, den Dampfer schon vor Woosung abzufangen. Da ich keinen Konsulatsbeamten sichtbar damit in Verbindung bringen wollte, daß K'ang Yu-wei von einem Dampfer auf einen anderen gebracht wurde, habe ich das Angebot von Herrn J.O.P. Bland, sich in dieser Sache einzuschalten, angenommen. Da er gut Chinesisch spricht, war er für diesen Zweck hervorragend geeignet.

Am frühen Morgen des 24. September fuhr Bland in einer Barkasse einige Meilen flußabwärts hinter Woosung und fing die *Chungking* ab. Mit Hilfe des Fotos, das der Taotai mir geschickt hatte, war es für ihn nicht schwer, den Mann ausfindig zu machen. Dieser hatte nicht die geringste Ahnung davon, welche Gefahr ihm drohte, und erst als man ihm das... Ersuchen um seine Festnahme zeigte, wurde er sich seiner gefährlichen Lage bewußt.«

Bland zeigte K'ang das Dekret des Shanghaier Taotai, in dem es hieß, er habe »den Kaiser vergiftet, indem er ihm rote Pillen verabreichte«, und mit dem der Befehl erteilt wurde, ihn »heimlich zu verhaften und auf der Stelle hinzurichten«. Bland informierte K'ang von der Verhaftung der Reformer und insbesondere seines Bruders, worauf dieser in Tränen ausbrach. Als er sich wieder gefaßt hatte, übergab er Bland Abschriften von fünf Geheimdekreten, die er angeblich vom Kaiser erhalten hatte. Bland erklärte, er sei vom britischen Konsul geschickt worden, der »weiß, daß Sie [K'ang] ein loyaler Untertan des Kaisers sind und dieses Verbrechen unmöglich begangen haben können. Deshalb hat er mich eigens angewiesen, Sie auf ein Kriegsschiff in Sicherheit zu bringen. Sie müssen sofort mit mir auf die Barkasse kommen. Es ist keine Zeit zu verlieren, da der Bezirksgerichtsvorsteher von Shanghai unterwegs ist, um das Schiff durchsuchen zu lassen.«

Man hat bisher stets angenommen, der Taotai habe sich die Geschichte mit dem Mord an Kuang-hsü ausgedacht, um sicherzustellen, daß K'ang den Behörden ausgeliefert würde, obwohl die ausgesetzte Belohnung bereits einen genügend starken Anreiz hierfür bot. Dabei wird jedoch übersehen, daß der Taotai einer von Lis Leuten war, ein wohlhabender Kaufmann aus Ningpo, der seine Karriere und insbesondere seinen Regierungsposten Li verdankte. Er arbeitete Hand in Hand mit Lis wichtigstem Protegé in Shanghai, Sheng Hsuan-kuai, der bei den Westeuropäern als »Telegrafen-Sheng« bekannt war, weil er an der Spitze des kaiserlichen Telegrafennetzes, eines von Li errichteten Privatunternehmens stand. Er war für westliche Journalisten eine erstrangige Quelle falscher und sensationeller Geschichten über die Vorgänge in Peking. Indem sie die Meldung verbreiteten, der Kaiser sei vergiftet worden, trugen der Taotai und Telegrafen-Sheng zu dem in Shanghai, Hongkong und der Außenwelt allgemein vorherrschenden Eindruck bei, daß die Mandschu-Regierung kurz vor dem Zusammenbruch stehe. Li verstand es, jene Befürchtung bei jeder Gelegenheit geschickt zu schüren, um eine solche Krise herbeizureden, so daß seine Feinde in Verwirrung gerieten und ihn zu Hilfe holten.

Da zuverlässige Informationen aus Peking fehlten, gingen Meldungen aus Shanghai um die Welt, Kaiser Kuang-hsü sei von den Mandschu-Prinzen durch einen gewaltsamen Putsch entmachtet worden. Überall brachten die Zeitungen abenteuerliche Berichte, darunter die lächerliche Falschmeldung in der *New York Times*, Kaiserinwitwe Tz'u-Hsi und der ehemalige Vizekönig Li Hung-chang hätten am Morgen des 22. September geheiratet, seien im Zug nach Tientsin geflohen und hätten hinter sich die Eisenbahnschienen gesprengt, um eine Verfolgung unmöglich zu machen.

Die meisten dieser gewollt reißerischen Berichte wurden zuerst im Shanghaier Untergrund an der beliebten Langen Bar oder in anderen westlichen Etablissements entlang der Band Road verbreitet, einer pieksauberen viktorianischen Flußpromenade der geschäftigen Stadt, die durch Schilder für Hunde und Chinesen gesperrt war.

Innerhalb weniger Jahrzehnte war Shanghai aus einem schäbigen Dorf von Küstenpiraten und Schweinezüchtern zu einer belebten internationalen Großstadt angewachsen, die das Mündungsdelta des Jangtse ebenso beherrschte wie den gesamten Handel bis zu

1000 Meilen flußaufwärts in das immer noch geheimnisvolle Innere Chinas. Weißgetünchte Kolonialgebäude, die Stammhäuser großer Handelsfirmen wie Jardine Matheson, Russell & Company oder Dent & Company, säumten inzwischen die Promenade. Hier konkurrierten gerissene Kaufleute aus Edinburgh oder Boston mit persischen und sephardischen Juden und ruinierten ihre Leber bei nächtlichen Trinkgelagen mit chinesischen Prostituierten in riesigen Bordellen, die von der Grünen Bande betrieben wurden. Der Müll ihrer Sünden türmte sich in den Straßen und wurde vom Regen weggespült oder von Kulis in den Fluß gefegt, wo man (wenn man den Fehler beging, näher hinzuschauen) Morgen für Morgen die Gliedmaßen toter Babys sehen konnte, eingeklemmt zwischen den Kadavern toter Hunde und Beuteldachse, die zusammen mit verfaultem Obst und tintenverschmierten Bilanzbögen auf den hochgehenden Wogen des Empires davonschwammen. Unter den Dampfern, Klippern und Seelenverkäufern, die sich im Hafen drängten, befanden sich fünf abgetakelte Frachthulke mit verrosteten Eisendecks, die als Lager für die Opiumvorräte der großen Handelshäuser dienten. Die Flußpromenade war inzwischen gepflastert, und Stiefmütterchen blühten im Schatten großblättriger Platanen, die das Flußufer säumten, und dahinter, auf der stillen Straße, trotteten magere Rikschakulis vorbei an Sikh-Verkehrspolizisten in gestärkten Khakishorts und mit einem Turban auf dem Kopf. Manche Dinge ändern sich nie in einer Stadt, auch wenn sie noch so groß wird: Von der gegenüberliegenden Seite des Flusses, wo das unsägliche Elendsquartier Pootung lag, wurde der allgegenwärtige, die Nasenschleimhäute reizende Gestank von fermentierendem Schweinekot herübergeweht, eine ständige Erinnerung daran, daß Shanghai seinem Charakter nach immer eine Stadt von Schweinezüchtern bleiben würde.

Die aufrührerischen Gerüchte über den Kaiser, von Lis Spießgesellen in die Welt gesetzt, wurden noch verstärkt durch ein Telegramm aus Peking von K'angs Gefolgsmann Liang Chi-chao, in dem dieser K'angs Anhänger in Shanghai informierte, er selbst sei am Leben und wohlauf, und kurz und bündig behauptete, der Kaiser sei getötet worden. Der britische Generalkonsul Brenan schenkte dem Gerücht Glauben und telegrafierte die Nachricht von dem Mord an Lord Salisbury. Am folgenden Tag wurde die Meldung von dem in Shanghai erscheinenden *North China Herald* gebracht, was sie bei den Westeuropäern, von denen die meisten die ostentative Verachtung der Zeitung für alles Chinesische teilten, noch glaubwürdiger machte.

Von jetzt an entwickelte die Geschichte – wie der schlaue Li vorhergesehen hatte – ihre eigene Dynamik.

Die *New York Times* brachte die peinliche Schlagzeile: CHINESISCHER KAISER GETÖTET – MÖGLICHERWEISE NACH FOLTERUNG – MAN GLAUBT AN VERGIFTUNG DURCH VERSCHWÖRER. In dem darunterstehenden Bericht hieß es, zwar sei der Tod des Kaisers »bestätigt« worden, doch unterschieden sich die Meldungen im Hinblick auf die Mittel, mit denen er »aus der Welt geschafft« wurde. In einer Version starb er an Gift, in einer anderen durch Erhängen, während es in einer dritten Meldung hieß, »er wurde furchtbaren Folterqualen ausgesetzt, bei denen man ihm ein rotglühendes Eisen in den Unterleib trieb«. Mandschu-Quellen (d. h. Lis Mittelsmänner in Shanghai) hatten außerdem »bestätigt«, daß der Kaiser mit kleinen roten Pillen vergiftet worden war, die ihm die Reformer verabreicht hatten, während die Reformer erwiderten, der Kaiser habe die roten Pillen von nicht näher bekannten Leuten in der Verbotenen Stadt erhalten.

Niemand unterrichtete Kuang-hsü davon, daß er eigentlich tot war. Als K'ang in Shanghai eintraf und von dem leichtgläubigen Bland abgefangen wurde, hegten die Westeuropäer starke Sympathie sowohl für K'ang wie für den armen »toten« Kaiser.

Wie Brenan MacDonald brieflich mitteilte, verlor Bland keine Zeit:

»Innerhalb weniger Minuten begab [K'ang] sich auf die Barkasse und wurde anschließend [von Bland] auf die Halbinsel und den orientalischen Dampfer *Balaarat* gebracht, der damals vor Woosung lag. Die *HMS Esk* [ein Kriegsschiff] hatte man vorsichtshalber nach Woosung beordert, und die Leute auf der *Chungking* gelangten zu dem Schluß, daß K'ang Yu-wei Zuflucht auf dem englischen Kanonenboot gesucht habe, so daß, als die *Chungking* in Shanghai einlief, die dort postierten Polizisten und Beamten, die nach K'ang Yu-wei Ausschau hielten, informiert wurden, dieser befinde sich an Bord der *Esk*. Am selben Abend und während des ganzen folgenden Tages trafen bei mir Nachfragen von offiziellen Stellen über den Aufenthalt [K'angs] ein, doch nach einiger Zeit schien ihnen klar geworden zu sein, daß der Flüchtling einen sicheren Unterschlupf gefunden hatte...

Während die *Balaarat* vor Woosung vor Anker lag, war ich etwas besorgt, daß einige chinesische Mietlinge, verlockt durch eine ausgesetzte große Belohnung, einen Anschlag auf K'ang Yu-weis Leben versuchen könnten, doch die von Kapitän Field von der *Balaarat* getroffenen Vorsichtsmaßnahmen waren ausreichend, und Tag und Nacht stand ein Posten vor seiner Kabinentür Wache.«

Das war in der Tat eine erstklassige Behandlung für den mondgesichtigen Aktivisten in Sachen Eigenwerbung, dessen leichtsinniges Benehmen so viel dazu beigetragen hatte, die Eisenhüte in Harnisch zu bringen, die Reformer scheitern zu lassen, den ernsten jungen Kaiser zu demütigen und die Reformen unwiderruflich zurückzuwerfen.

Als die *Balaarat* vor Woosung lag, suchte der britische Konsul Frederick S. A. Bourne K'ang in der Hoffnung auf, von ihm einige wertvolle Informationen zu erhalten. Später teilte er dem Foreign Office jedoch mit, daß K'ang nichts von dem wisse, was in Peking vorging, und lediglich vorgebe, über Insiderkontakte zu verfügen. Nach seinen Worten hatte K'ang nur eine höchst oberflächliche Kenntnis von den Vorgängen am Hof »und gab das wieder, was er an allgemeinen politischen Spekulationen aufgeschnappt hatte«. Das war eine der wenigen zutreffenden Beobachtungen von einem Westeuropäer; sie wurde jedoch übersehen in dem fast hysterischen Drang, für K'ang die Werbetrommel zu rühren und »die Kaiserinwitwe und ihre Bande« zu verdammen.

Bournes scharfsinnige Beurteilung K'angs als bloßen Scharlatan konnte Bland nicht davon abhalten, von K'angs Mixtur aus Geschichten vom Hörensagen und Erfindungen, die seinen rassistischen und politischen Vorurteilen so sehr entgegenkamen, ausgiebigen Gebrauch für die Weltpresse zu machen. Was K'ang ihm aufgetischt hatte, versetzte er mit seinen eigenen irrigen Annahmen und übermittelte der *Times* das folgende Kabel:

»Er teilte mir mit, er habe Peking... aufgrund einer Geheimbotschaft des Kaisers verlassen, in der dieser ihn vor der Gefahr gewarnt hatte. Des weiteren sagte er, die jüngsten Ereignisse seien das alleinige Werk der Mandschu-Partei, an ihrer Spitze die Kaiserinwitwe und Vizekönig Jung-lu unter Einschluß aller hohen Mandschu-Beamten. Die letzteren hatten daran Anstoß genommen, daß der Kaiser der Reformpartei zuneigte, und beschlossen, die Kaiserinwitwe erneut als Regentin einzusetzen. Die Partei der Kaiserinwitwe ist durch eine Vereinbarung mit den Russen gebunden, wobei die letzteren in Erwägung der Unterstützung russischer Interessen die Absicht haben, die Mandschurei als Sitz der Dynastie zu bewahren und die Mandschu-Herrschaft in China aufrechtzuerhalten... Die gegenwärtige Bewegung geht allein von den Mandschu aus... Der Einfluß von Li Hung-chang tritt jetzt hinter dem Jung-lus zurück und wird vermutlich noch stärker zurückgehen.«

Das war genau das, was das viktorianische England hören wollte, nachdem es den größten Teil des 19. Jahrhunderts damit zugebracht hatte, sich über Rußlands territoriale Expansion den Mund zu zerreißen. Doch Bland mischte seine Akteure wie gewöhnlich durcheinander und schrieb Tz'u-Hsi, Jung-lu und den Eisenhüten ein Kunststück zu, das allein Li fertigbringen konnte.

»K'ang Yu-wei«, fuhr Bland fort, »legt besonderen Wert auf die Feststellung, England habe die Chance, einzugreifen und den Kaiser wieder auf den Thron zu setzen... Außerdem stellt er fest, wenn man den Opfern des Staatsstreichs keinen Schutz gewähre, werde es hinfort keinem chinesischen Beamten mehr möglich sein, die britischen Interessen zu unterstützen.«

Am 27. September legte K'angs Dampfer, begleitet vom Kriegsschiff *Esk*, nach Hongkong ab. Einer von K'angs Mitpassagieren während der Reise war der kluge Henry Cockburn von der britischen Gesandtschaft in Peking, der sich auf dem Weg nach England befand. Er befragte K'ang Yu-wei ausführlich zwischen Shanghai und Hongkong und war ebensowenig wie Konsul Bourne beeindruckt vom Tollwütigen Fuchs oder dessen Urteilen über den Hof. Er gelangte zu dem Schluß, K'ang sei als Informationsquelle wertlos und verdiene es lediglich, daß man sich über ihn lustig mache. Leider blieben die Ansichten Cockburns auf das Foreign Office beschränkt. Im Hinblick auf Tz'u-Hsi und ihren Generaleunuchen Li Lien-ying berichtete Cockburn sarkastisch an Sir Claude MacDonald, K'ang lasse dunkle, versteckte Hinweise fallen, daß »dieser Li und die Kaiserinwitwe miteinander auf so vertrautem Fuß stehen, daß es vor Gericht als Scheidungsgrund ausreichen würde«.

Die Weltpresse gab während der beiden ersten Wochen, nachdem Tz'u-Hsi die Regentschaft wieder übernommen hatte, mehrfach den Tod des Kaisers bekannt. Einige Zeitungen berichteten, ein Enkel von Prinz Kung sei am 1. Oktober auf den Thron gefolgt. Die *New York Times* überschüttete diesen jungen Mann, dessen Namen sie als Prinz Yin angab, mit Lob und schilderte ihn als »gutaussehend, intelligent... entschieden ausländerfreundlich«. Engländer, die mit Yin zusammengekommen seien, so das Blatt, »erklären, er werde keine Marionette wie sein Vorgänger sein«.

Marionette war nicht gerade ein wohlwollender Nachruf auf Kaiser Kuang-hsü, den hoffnungsvollen Reformer, der noch vor kurzem der Liebling der diplomatischen Gemeinde und der Journalisten gewesen war. Aber es sollte noch schlimmer kommen.

K'angs Dampfer, die *Balaarat*, lief am Abend des 29. September in

Hongkong ein. K'ang selbst wurde vom reichsten chinesischen Händler der Kolonie, Ho Tung (dem späteren Sir Robert Hotung), gemeinsam mit dem Verwalter der Kolonie, Generalmajor Sir Wilsone Black, und Polizeichef Francis H. May willkommen geheißen, die allesamt darauf brannten, von diesem merkwürdigen Vogel einen Blick zu erhaschen.

Dank einer ganz ungewöhnlichen britischen Umsicht konnten K'angs Frau, seine Konkubine und seine Töchter, die in Südchina lebten, allesamt nach Macao und von dort nach Hongkong fliehen; seine Mutter wurde direkt nach Hongkong geschafft, und die Witwe und die Tochter seines Bruders trafen drei Tage später ebenfalls hier ein. Das war höchst ungewöhnlich und verstärkte den Eindruck, daß England tiefer in die Sache verwickelt war, als je zugegeben wurde. Als sich herausstellte, daß die nächsten Familienangehörigen K'angs alle entkommen waren, wurde ihr gesamtes Vermögen konfisziert. Der Tollwütige Fuchs beklagte sich, selbst entfernte Verwandte seien von »skrupellosen Leuten« zur Kasse gebeten worden, »die sofort die Gelegenheit ausnützten, ihre dunklen Pläne auszuführen. Viele meiner Verwandten hatten unter ihrer Erpressung zu leiden«.

Auch Helden aus der Retorte können eine Last sein. Da er Chinese war, brachte K'ang die britischen Behörden in eine heikle Situation. Es war unmöglich, ihn in offiziellen Gebäuden oder in den Privathäusern britischer Beamter einzuquartieren, und deshalb mußte der wohlhabende Ho Tung einspringen. Großzügig sorgte der Händler dafür, daß die Familie K'angs in seinem Landhaus untergebracht wurde; außerdem versorgte er sie mit ein paar Tausend Dollar Taschengeld. Auch andere reiche Chinesen trugen ihr Scherflein bei. K'angs »dramatische Flucht« und angebliche Freundschaft mit dem »erschlagenen« Kaiser hatte ihn über Nacht zu einer Berühmtheit gemacht. Er wurde von den größten chinesischen Bonzen in der Kronkolonie zu Gast gebeten.

Trotz dieser Großzügigkeit, Gastfreundschaft und der sorgfältigen Beachtung aller einheimischen Gepflogenheiten auf britischer Seite hielt es K'ang nicht in Hongkong. Seine wahren Verbündeten sah er in den Japanern. Er hatte bereits mit dem japanischen Konsul in Shanghai Kontakt aufgenommen, der Tokyo telegrafisch darüber informierte, daß K'ang sich in Japan niederlassen wollte. Am 9. Oktober erhielt er eine formelle Einladung durch den beinamputierten Außenminister Okuma Shigenobu sowie die Zusicherung, er werde von der diplomatischen Vertretung der Chinesen in Tokyo nicht belästigt werden.

Da er von Westeuropäern aus nah und fern nun als der Weise des modernen China begrüßt wurde, revanchierte sich K'ang bei seinen britischen Gastgebern, indem er sich den Journalisten stellte. Sein erstes ausführliches Exklusivinterview gab er der *China Mail.* Sein Gönner und Gastgeber Ho Tung, der lediglich als »ein bekannter Händler« erwähnt wurde, fungierte als Dolmetscher. Nach einigem Räuspern, bei dem K'ang erklärte, er sei bedrückt durch die Nachricht von der Enthauptung seines Bruders und der kolportierten Ermordung des Kaisers, dankte er »dem britischen Volk für den freundlichen Schutz, den es ihm hatte angedeihen lassen, und für das Interesse, welches das englische Volk an der Beförderung der politischen und sozialen Stellung Chinas und an der Emanzipation des Kaisers genommen hat«. Dann ging er zu einem heftigen Angriff auf Tz'u-Hsi über:

»Seit der Kaiser begonnen hat, ein Interesse an den Staatsangelegenheiten zu zeigen, hat die Kaiserinwitwe auf seine Absetzung hingearbeitet. Sie verleitete ihn zum Kartenspiel und setzte ihm berauschende Getränke vor, um ihn davon abzuhalten, sich den Angelegenheiten des Staats zu widmen. Während des größten Teils der beiden letzten Jahre war der Kaiser entgegen seinen eigenen Wünschen praktisch nur noch eine Galionsfigur.

Sie wissen alle, daß die Kaiserinwitwe keine Bildung genossen hat, daß sie sehr konservativ ist, daß sie sich nach Kräften dagegen gewehrt hat, dem Kaiser bei der Führung der Staatsgeschäfte wirkliche Macht zuzugestehen. Im Jahr 1887 wurde beschlossen, 30 Millionen Tael für den Aufbau einer Marine bereitzustellen... Die Kaiserinwitwe nahm die gesamte Summe für die Wiederherstellung [des Sommerpalasts] in Beschlag...

Sie hat nie viele Menschen von außerhalb gesehen – nur einige Eunuchen im Palast und einige Staatsminister, die Zugang zu ihr haben.«

Nachdem er sich als Kenner intimster Vorgänge am Hof dargestellt hatte, ging K'ang zu sexuellen Andeutungen über. »Es gibt einen falschen Eunuchen im Palast, der faktisch mehr Macht hat als jeder Minister. Li [Lien-ying] ist der Name des falschen Eunuchen. Er stammt aus Chihli. Nichts konnte geschehen, ohne daß er zuvor bestochen wurde. Alle Vizekönige haben ihre offiziellen Stellungen erhalten, indem sie diesen Mann bestachen, der ungeheure Reichtümer besitzt. Li Hung-chang läßt sich mit ihm überhaupt nicht vergleichen.« (Die Behauptung, jemand in Peking sei reicher als Vizekönig Li, war absurd, aber K'angs Publikum war nicht in der Lage, seine Aussagen zu überprüfen.)

K'ang ließ sich über seine eigene Machtstellung aus und behauptete, er habe Tz'u-Hsi persönlich von Angesicht zu Angesicht gesehen. »Sie ist von mittlerer Körpergröße, gebieterischem Auftreten und ziemlich impulsivem Gebaren. Sie hat einen dunkelgelben Teint, mandelförmige Augen, eine große Nase, sieht recht intelligent aus und hat einen sehr ausdrucksvollen Blick.« Es gibt keinerlei Hinweise, daß K'ang die Kaiserinwitwe je zu Gesicht bekommen hätte, nicht einmal aus der Entfernung. Selbst Sir Robert Hart hatte sie bisher noch nie gesehen. Zu der Zeit, als K'ang seine einzige kurze Audienz mit Kuang-hsü in der Verbotenen Stadt hatte, hielt sich die Kaiserinwitwe im Sommerpalast auf.

Angetan von der Reaktion auf dieses erste große Interview, schrieb K'ang an die westlichen diplomatischen Vertreter in Peking und forderte sie auf, den Kaiser zu retten. In ähnlichen Briefen an Edwin Conger und Sir Claude MacDonald nannte K'ang die Kaiserinwitwe »die falsche Kaiserin«, eine »ausschweifende und lasterhafte Palastkonkubine«, eine »machtgierige, mörderische Diebin«, ein »liederliches, geiziges altes Weib« und »die Plage des Volkes«. Das war das erste Mal, daß derartige Verunglimpfungen geäußert wurden, und sie bedeuteten einen dramatischen Wendepunkt im Leben Tz'u-Hsis und in der Geschichte des kaiserlichen China. Seit 1898 trat üble Propaganda an die Stelle der Wahrheit. Nachdem er sich für sein Thema erwärmt hatte, führte K'ang skandalöse Einzelheiten aus dem Leben Tz'u-Hsis an, die er freizügig den Klatschgeschichten entnahm, die ihm bei den Weinabenden der *ming-shih* zu Ohren gekommen waren. »Die falsche Kaiserin hat einen illegitimen Sohn namens Chin-ming, und es muß ihr daran gelegen sein, ihn auf den Thron zu setzen... Wie kann Ihr angesehenes Land es zulassen, sich mit einer solchen liederlichen, falschen, gewalttätigen und verderbten Person gemein zu machen, einer Diebin, die das Staatsoberhaupt absetzt und den Thron für sich usurpiert?« (Tz'u-Hsi war im Jahr 1898 seit 37 Jahren in dieser oder jener Form Chinas Staatsoberhaupt gewesen und hatte weder Kuang-hsü abgesetzt noch den Thron an sich gerissen.)

K'ang warnte die Botschafter: »Die falsche Kaiserinwitwe ist konservativ, ignorant, gewalttätig und verschwenderisch. Sie hat unsere Kaiserin [Tz'u-An], die Gemahlin des Kaisers Hsien-feng vergiftet, ebenso unsere Kaiserin [A-lu-te], die Gemahlin von T'ung-chih, der anschließend an seinem Zorn und Kummer starb.« (Der Tod von

Tz'u-An lag siebzehn Jahre zurück, lange genug, um eventuelle Gerüchte über einen Giftmord aufkommen zu lassen, doch ein solcher Vorwurf wurde hier zum erstenmal erhoben. K'ang brachte außerdem die Chronologie der Ereignisse beim Tod A-lu-tes durcheinander: In Wirklichkeit war T'ung-chih vor ihr gestorben. Offensichtlich wußte er nichts davon, daß man versucht hatte, auch Tz'u-Hsi zu vergiften.)

In K'angs Anschuldigungen heißt es weiter: »Jetzt hat sie im Bündnis mit einem oder zwei verräterischen Staatsmännern unseren Kaiser an einen abgeschiedenen Ort bringen lassen und plant heimlich, den Thron an sich zu reißen, wobei sie nach außen hin vorgibt, sie berate die Regierung... Alle Gelehrten meines Landes sind empört, daß diese intrigante Palastkonkubine [den Kaiser] eingesperrt hat... Sie hat die Einnahmen aus dem Verkauf von Staatsanleihen dazu verwendet, um... in Tientsin einen Palast bauen zu lassen, wo sie ihre fleischlichen Begierden ungehemmt ausleben kann. Sie hat kein Empfinden für die Erniedrigung des Staats und das Leiden der Bevölkerung.«

Es war alles hanebüchener Unsinn, doch die Westeuropäer und Amerikaner kannten kaum etwas von China und wußten nicht, was sie glauben sollten. Selbst diejenigen unter ihnen, die schon seit langem in Peking lebten, hatten keine Ahnung von den inneren Vorgängen am Hof, dem Leben in der Verbotenen Stadt, der wahren Geschichte der Ching-Dynastie oder ihres wechselvollen Geschicks, seit die beiden Kaiserinwitwen 1861 zu Regentinnen ernannt wurden. Selbst bei den Botschaften begriffen nur wenige, daß es damals eine Zeitlang zwei Kaiserinwitwen gegeben hatte.

In Hongkong suchte K'ang Miyazaki Torazo auf, einen wichtigen Agenten der Genyosha, der seit Mitte der neunziger Jahre Sun Yatsen finanziell unterstützt hatte. K'ang, der von Miyazakis Verbindungen zur Unterwelt wußte und nicht sehen konnte, daß sein eigentlicher Feind Prinz Tuan war, suchte bei ihm Hilfe, um Tz'u-Hsi umbringen zu lassen. Er sagte seinem Gesprächspartner, »daß die Kaiserinwitwe das einzige Hindernis für eine Reform Chinas sei, und äußerte den Wunsch, einen japanischen *soshi* [Killer] anzuheuern, um sie loszuwerden«. Miyazaki war jedoch der Meinung, dies sei ein Geschäft, das besser von einem von K'angs begeisterten jungen Anhängern statt von einem Japaner übernommen werden sollte. Am folgenden Tag erschien ein nervöser junger Mann, den K'ang für den Mord ausersehen hatte, bei Miyazaki, bat um dessen Unterstützung und verabschiedete sich unter Tränen von ihm.

In den nächsten acht Jahren zettelte K'ang eine Reihe von Anschlägen auf Tz'u-Hsi an. Einer seiner Freunde, der zu diesem Zweck nach Peking geschickt wurde, war vom Wein und den Blumenmädchen so hingerissen, daß er für sie das ganze Geld ausgab, das er für den Auftrag erhalten hatte. Ein weiterer von K'ang ausgeschickter Attentäter wurde verhaftet und hingerichtet. Weder die Kaiserinwitwe noch der Kaiser vergaben K'ang jemals seine Verleumdungen und Mordpläne. Kuang-hsü, der keineswegs in einem Mandschu-Folterkeller schmachtete, erließ eine Reihe von Edikten, in denen er K'ang verurteilte; das spricht für sich selbst.

Sir Robert Hart schrieb, »die alte Dame ist wütend über die Affäre K'ang Yu-wei – was nicht verwunderlich ist, und dieser Held wird in Hongkong interviewt, und seine Aussprüche werden veröffentlicht und richten international Schaden an«.

Sir Claude MacDonald und andere europäische Gesandte in Peking waren sehr empfänglich für das, was sie als »dieses Shanghai-Gerücht« bezeichneten, demzufolge der Kaiser in Gefangenschaft gehalten und vielleicht sogar Folterungen ausgesetzt wurde. Um sich Gewißheit zu verschaffen, machten sie sich ein Edikt zunutze, das Kuang-hsü am 25. September, am Ende seines dreitägigen Rückzugs, erlassen hatte. Darin war von seinem seit langem schlechten Gesundheitszustand die Rede, der durch die Behandlung der Ärzte am Hof nicht gebessert werden konnte, und es erging eine Aufforderung: »Falls es Personen gibt, in der Hauptstadt oder in den Provinzen, die in der Behandlung von Krankheiten erfahren sind, dann sollen die Beamten sie sogleich zum Thron vorlassen.« Die Gesandtschaften drängten die chinesische Regierung gemeinsam, einem westlichen Arzt zu erlauben, Kuang-hsü zu untersuchen, da sie annahmen, daß er sich noch am Leben befand. Sie wiesen darauf hin, allein eine solche ärztliche Untersuchung könne den Gerüchten ein Ende machen und das britische und internationale Vertrauen in das Regime wiederherstellen. Als ausgebildeter Arzt versuchte George Morrison, zum Kaiser vorgelassen zu werden; es wäre ein beispielloser Knüller geworden. Er behauptete, er sei zur Zeit von den ausländischen Ärzten derjenige mit der längsten Chinaerfahrung, wurde jedoch von Sir Claude mit der Begründung abgewiesen, er sei zugleich der Korrespondent der *Times*. Ein weiterer britischer Privatarzt, Dr. Curwan, wurde abgelehnt, weil er ein enger Freund von K'ang Yu-wei und Timothy Richard war. Sir Claude entschied sich schließlich für den Arzt der französischen Gesandtschaft, Dr. Dethève, den einzigen verfügbaren Botschaftsarzt in Peking, da der Arzt der britischen Gesandtschaft gerade Urlaub hatte.

Dr. Dethève besuchte Kaiser Kuang-hsü am 18. Oktober 1898 in Begleitung des Prinzen Ching und eines Dolmetschers der italienischen Botschaft. Wenn die Kaiserinwitwe tatsächlich eine so überzeugte Fremdenhasserin war, wenn sie ihren Neffen Kuang-hsü verabscheute und ihm den Tod wünschte, wenn sie die allmächtige Unholdin war, wie K'ang sie dargestellt hatte, dann hätte sie in eine derart aufschlußreiche Untersuchung Kuang-hsüs durch einen Ausländer niemals eingewilligt. Tatsächlich war sie während der ganzen Untersuchung anwesend, und dadurch legt das anschließende ärztliche Gespräch in seiner Offenheit ein um so beredteres Zeugnis ab vom Verhältnis des Kaisers zu Tz'u-Hsi. Zunächst einmal konnte Dr. Dethève sich davon überzeugen, daß Kuang-hsü am Leben war und daß man ihn weder gefoltert noch vergiftet hatte. Physisch litt der Kaiser nach Dethèves Diagnose offenbar an der Brightschen Krankheit – einer Nierenentzündung – sowie an etlichen Nebenwirkungen. Psychisch war er ziemlich mitgenommen, doch ob man daran der Kaiserinwitwe oder einer anderen Person die Schuld geben wollte oder einfach bestimmten biologischen Anlagen, der Mißhandlung durch seine leibliche Mutter oder seiner Erziehung in der Verbotenen Stadt, darüber kann man nur Vermutungen anstellen.

Dethèves ärztlicher Befund in französischer Sprache wurde allen Gesandtschaften übermittelt, und diese kabelten ihn wiederum an ihre Heimatregierungen. Trotz seines intimen Inhalts sickerten die wesentlichen Tatsachen nach kurzer Zeit an die Öffentlichkeit durch und gaben Anlaß zu ungeheuerlichen Klatschgeschichten in China, Europa und Nordamerika, wodurch auch die letzten Reste des ohnedies angeschlagenen Rufs von Kuang-hsü zerstört wurden. Der Bericht ist außerordentlich anschaulich und aufschlußreich:

»Auf den ersten Blick ist [sein] Körper allgemein schwächlich, furchtbar mager, gedrückte Haltung, blasse Gesichtsfarbe. Der Appetit ist sehr gut, die Verdauung dagegen träge... Häufiges Erbrechen... Das Abhören der Lungen mit dem Stethoskop, das Seine Majestät bereitwillig erlaubte, ließ nicht auf einen guten Gesundheitszustand schließen. Zahlreiche Kreislaufstörungen. Puls schwach und schnell, Kopfschmerzen, Hitzeempfindungen auf der Brust, Ohrenklingen, Schwindelgefühle und ein Stolpern, das den Eindruck erweckt, als ob ihm ein Bein fehlte. Zu diesen Symptomen kommt die ständige Empfindung von Kälte in Beinen und Knien, die Finger fühlen sich erstarrt an, Wadenkrämpfe, Juckreiz, leichte Schwerhörigkeit, mangelhaftes Sehvermögen, Schmerzen in den Nieren. Doch am schlimmsten sind die Probleme mit den Harnwegen... Seine Majestät läßt häufig Wasser, doch immer nur in kleinen Mengen, wobei die Gesamtmenge in 24 Stunden unter dem Normalmaß liegt. Seine Majestät weist auf seine Samenergüsse hin, zu denen es in der Nacht kommt, stets gefolgt von wollüstigen Empfindungen. Diese nächtlichen Ergüsse schränkten die Fähigkeit ein, am Tag willkürliche Erektionen zustande zu bringen. Nach Erwägung all dieser unterschiedlichen Symptome bin ich zu der Überzeugung gelangt, daß die Krankheit auf eine Schädigung der Nieren zurückgeht, die in Europa als Nephritis bezeichnet wird, eine chronische Entzündung der Nieren. Bei dieser Krankheit lagert das Blut beim Durchgang durch die Nieren Produkte ab, die... für den Organismus giftig sind. Scheidet die Niere aufgrund einer Funktionsstörung diese Produkte nicht mit dem Harn aus, so werden diese vom Blut zu verschiedenen Organen weitertransportiert, wo sie sich ansammeln und Störungen der geschilderten Art hervorrufen. Es ist eine Diät angezeigt, welche die Nieren schont... Am besten wäre eine reine Milchdiät ohne weitere Nahrung. Dabei sollte der Patient täglich drei bis vier Liter Kuh- oder Muttermilch trinken, in der 50 Gramm Laktose (Milchzukker) gelöst sind. Diese Diät muß mehrere Monate eingehalten werden. Zur medizinischen Behandlung hat sich Digitalis in Pulverform bewährt. Die Nierenschmerzen lassen sich durch Massagen und Schröpfköpfe lindern... Was die unwillkürlichen Ejakulationen angeht, so sind diese ein Zeichen für die allgemein schwächliche körperliche Konstitution, vor allem der unteren Rückenmuskulatur... Das ist meine unmaßgebliche Empfehlung, die ich Seiner Majestät in der tiefen Hoffnung unterbreite, daß ich damit eine Linderung herbeiführen kann.«

Daß Kuang-hsü imstande war, in Anwesenheit von Tz'u-Hsi mit solcher Offenheit zu sprechen, ist in der Tat erstaunlich und hätte alle Gerüchte über eine Mauer des Hasses und des Mißtrauens zwischen ihnen zum Verstummen bringen müssen. Der Bericht schloß mit Dr. Dethèves Urteil: »Keine unmittelbare Gefahr.« Jedenfalls vom ärztlichen Standpunkt aus.

Das größte Problem bestand nach Meinung Dethèves darin, daß die Krankheit des Kaisers jeden Geschlechtsverkehr unmöglich machte, und ohne geschlechtlichen Verkehr würde es keinen Thronerben geben. Kuang-hsü litt außerdem unter plötzlichen, unwillkürlichen Samenergüssen während des Tages, wenn er sich unter starker psychischer Anspannung befand, eine der Nebenwirkungen der Nierenentzündung und der nervlichen Belastung. Er hätte sich seiner Kaiserin oder einer seiner Konkubinen nicht einmal dann intim nähern können, wenn er sich zu ihnen hingezogen gefühlt hätte, was nicht der Fall war. Um seine Würde zu wahren, durfte er sich nicht in eine solche Situation mit einer Frau bringen. Er würde kinderlos bleiben, doch die Gegenwart der Kaiserin und der Konkubinen würde ihn ständig an seine Impotenz erinnern. Das Bewußtsein von diesen Mängeln hatte Kuang-hsü nicht daran gehindert, echte Charakterstärke zu beweisen, als er Weng Tung-Ho aus dem Großen Rat entfernte und die Hundert-Tage-Reform in Angriff nahm. Vielleicht hätte er über die Eisenhüte gesiegt und dramatische Änderungen in China zuwege gebracht, wäre er nicht physisch und psychisch so stark beeinträchtigt gewesen.

Dr. Dethève äußerte sich nicht über die psychische Verfassung des Kaisers. Ein weiterer westlicher Arzt, der die Symptome Kuang-hsüs später untersuchte, faßte seinen Befund als eine durch die Funktionsstörung der Nieren verstärkte Neurasthenie zusammen, nach dem *Webster* »eine Störung des Gefühls- und Seelenlebens, erkennbar an einer Beeinträchtigung zwischenmenschlicher Beziehungen, häufig auch an Müdigkeit, Depressionen, Gefühlen der Unzulänglichkeit, Kopfschmerzen, einer Überempfindlichkeit gegenüber Sinnesreizen (wie durch Licht oder Geräusche) und psychosomatischen Störungen (Verdauungs- und Kreislaufbeschwerden)«. Alle diese Symptome waren bei Kuang-hsü von Kindheit an zu beobachten, was zu einem großen Teil erklärt, warum die Eisenhüte mit ihm leichtes Spiel hatten.

An diesem Punkt lassen sich einige einfache Schlußfolgerungen ziehen. Wie immer Kuang-hsüs seelische Verfassung als mißhandeltes Kind beschaffen war – die auch sein Stottern hervorrief –, sie wurde noch verschlimmert durch seine Erziehung in der Verbotenen Stadt unter der ständigen Nörgelei und dem Perfektionswahn von Tutor Weng und inmitten von Eunuchen, die den Knaben boshaft kujonierten. Weng brachte dem jungen Kaiser bei, vor seiner Tante zu katzbuckeln. Er wuchs zum Mann heran, um feststellen zu müssen, daß alles, was man ihm über seine Verantwortung und seine Pflichten als Kaiser gesagt hatte, Lügen waren und daß er in Wirklichkeit nur ein Werkzeug in den Händen der Clique von reaktionären Prinzen und Mandarinen war, die gemeinsam die Macht hinter dem Thron in Händen hielten.

In Rußland sollte wenige Jahre später die Tatsache, daß der einzige Sohn und Thronerbe von Zar Nikolaus II. an der Bluterkrankheit litt, ein strenggehütetes Staatsgeheimnis bleiben. Doch Kuang-hsüs schlechte physische und psychische Verfassung gelangte durch die Nachlässigkeit oder Arroganz der Gesandtschaften an die Öffentlichkeit. Die von Dr. Dethèves ärztlichem Befund ausgelöste Unruhe fiel zusammen mit einer Reihe geheimer Sitzungen des Clanrats im Sommer 1898, auf denen es den Eisenhüten gelang, die vertrauliche Ernennung eines Thronerben durchzusetzen. Nachdem sie alle Gemäßigten durch ihre brutale Behandlung der Reformer eingeschüchtert hatten, saßen die Eisenhüte jetzt fest im Sattel. Deshalb hielten sie den Zeitpunkt für gekommen, ihren Kandidaten durchzubringen.

Sir Robert Hart erfuhr, »sechs junge Männer werden im Palast einer näheren Prüfung unterzogen, und wie es heißt, soll einer von ihnen noch vor Monatsende der neue Kaiser werden«. Die Rivalität unter den Prinzen, die jeweils einen eigenen Kandidaten favorisierten, war sehr stark, währte jedoch nicht lange. Im Unterschied zur Thronfolgekrise von 1875 gehörten diesmal alle Kandidaten der »richtigen« Generation an und waren kleine Prinzen mit dem Beinamen P'u. P'u-lun wurde wie schon 1875 wegen seiner Blutlinie und wegen der Beteiligung seines Vaters an der Verschwörung der Achterbande 1860 abgelehnt. Andere Kandidaten fanden zuwenig Unterstützung. Ein bislang völlig unbekannter Bewerber, der Sohn des Prinzen Ching, kam nicht in die engere Wahl, weil er nicht unmittelbar der kaiserlichen Familie angehörte. Die Wahl fiel schließlich zwangsläufig auf den Sohn von Prinz Tuan, den zwölfjährigen P'u-chun. Obwohl diese Wahl eigentlich »geheim« sein sollte, wußte Morrison von Gerüchten, daß sie schon am 12. Oktober erfolgt war (zwei Wochen nach der Enthauptung der Sechs Märtyrer).

Es gab gute Gründe dafür, die Wahl von P'u-chun vorläufig nicht öffentlich zu machen. Eine allgemeine Bekanntmachung wäre von den Gesandtschaften und der Außenwelt als Bestätigung aufgefaßt worden, daß es tatsächlich eine Verschwörung zur Absetzung Kuang-hsüs gab, was im Ausland noch mehr böses Blut hervorgerufen hätte. Zwar wurde die Wahl P'u-chuns geheimgehalten, doch sie war allen am Hof bekannt und stärkte die Position von Prinz Tuan als Machtfigur hinter dem Thron.

Im selben Herbst wurden der Kaiserinwitwe weitere Konzessionen an die Eisenhüte abgepreßt. Der *North China Herald* berichtete am 31. Oktober 1898, sie habe dem Prinzen Tuan und seinem älteren

Bruder, Prinz Tun II. (Tsai Lien) die Shangfang-Schwerter überreicht, womit sie das Recht erworben hatten, jedermann zu jeder Zeit und an jedem Ort unabhängig von seinem Rang und Ansehen zu enthaupten. Es war ein altes Privileg aus grauer Vorzeit, das sie zu den obersten Leibwächtern des Throns machte, womit Prinz Tuan allerdings auch zugleich oberster Richter und Henker wurde. Es hätte kaum eine unheildrohendere Warnung geben können, doch Morrison und die Gesandtschaften nahmen davon keine Notiz, weil sie viel zu sehr auf die Kaiserinwitwe als die eigentliche Schurkin fixiert waren.

Zum erstenmal seit dem Putsch in Jehol vor knapp 40 Jahren konzentrierte sich die Macht in den Händen der aggressivsten, borniertesten und am meisten chauvinistischen Fraktion am Hof. Obwohl es noch immer viele Gemäßigte in der Regierung gab, die anderer Meinung waren als die Eisenhüte, brachte man sich mit einer Kritik an den Prinzen der Shangfang-Schwerter in große persönliche Gefahr. Tuan hatte seine Späher überall in der Stadt, die ihn stets auf dem laufenden hielten.

Merkwürdigerweise war Tuan der Ausländergemeinde so gut wie unbekannt. Hätten sie während der Hundert Tage ihre Augen offengehalten, dann wäre ihnen nicht entgangen, daß Tuan und seine Brüder besonders vehement gegen die Reformen zu Felde zogen. Es hatte fortwährend Gerüchte gegeben, er plane, den Kaiser abzusetzen oder zu ermorden. Es wäre allerdings ein Fehler, in ihm nur einen rachsüchtigen und verrückten Mann zu sehen, verzehrt von seinem persönlichen Ehrgeiz, der nach absoluter Macht für sich selbst und nach dem Thron für seinen Sohn strebte. Tuan war offenbar ein echter, wenn auch übertriebener Patriot, an dessen Aufrichtigkeit nie ein Zweifel herrschte. Er hatte ganz das Zeug zu einem homerischen Helden, einschließlich einer entscheidenden Schwäche. Er war verwegen, sympathisch, konnte beeindrucken und war unter den übrigen Prinzen ein geborener Führer. Sein Vater, Prinz Tun I., war ähnlich imposant, doch gefährlich, wenn er getrunken hatte. In den Augen der Eisenhüte bestand das vordringlichste politische Ziel darin, die Vorherrschaft der Mandschu in China dadurch wiederherzustellen, daß sie die fremden Eindringlinge vertrieben, die dem Reich nichts als Demütigungen eingebracht hatten.

Der Fehler, der Prinz Tuan und die Eisenhüte für andere und für sich selbst gefährlich machte, war ihre entschiedene Abkehr von der Wirklichkeit, ihre absolute Weigerung, sich mit fremden Menschen oder Ideen, fremden Kanonen und Armeen vertraut zu machen –

während sie zugleich törichterweise annahmen, unter ihrer Führung würden die Truppen kämpfen statt davonzulaufen und das chinesische Volk werde sich wie ein Mann erheben, um die Fremden und ihre Armeen ins Meer zu werfen. Sie wollten nicht einsehen, daß die Entwicklung an ihnen vorbeigegangen war, daß die Welt nicht mehr dieselbe war, daß ihre Feinde überlegene Waffen hatten und daß die Regeln des Spiels geändert worden waren. Schließlich führte ihre Weigerung, diese Änderungen zur Kenntnis zu nehmen, in die Katastrophe. Sie glaubten noch immer an Magie, doch die Magie half ihnen jetzt nicht mehr weiter.

Obwohl auch Tz'u-Hsi über keine nennenswerte Erfahrung mit Ausländern verfügte, beschloß sie, eine eigene PR-Kampagne zu starten, indem sie die Damen des Diplomatischen Corps zum Tee bat, ein Ereignis, das in der Geschichte Chinas ohne Beispiel war. Besondere Überraschung sollte die Tatsache auslösen, daß auch der Kaiser bei dem Empfang anwesend sein würde. Bei dieser Gelegenheit konnten die Gesandtschaften beruhigt feststellen, daß Kuang-hsü am Leben und einigermaßen bei Gesundheit war, die Damen konnten sich davon überzeugen, daß es zwischen der Kaiserinwitwe und ihrem Neffen nichts als gegenseitige Zuneigung gab, und die Ausländer allgemein würden durch eine Demonstration des kaiserlichen guten Willens gewonnen werden. Bislang hatte überhaupt noch nie eine Ausländerin Tz'u-Hsi zu Gesicht bekommen. Sie hatte vor sechs Monaten, Mitte Mai 1898, zusammen mit Kuang-hsü bei einer formellen Audienz, bei der sie nicht hinter dem Gazevorhang sitzenblieb, Prinz Heinrich von Preußen empfangen – das erstemal, daß sie sich einem Ausländer gezeigt hatte. Prinz Heinrich, der damals als Admiral der deutschen Flotte den Flottenstützpunkt China bereiste, war der Bruder von Kaiser Wilhelm II. und ein Enkel von Königin Victoria, eine Persönlichkeit, die Tz'u-Hsi faszinierte, was vermutlich erklärt, warum sie mit der Tradition brach. Weng Tung-ho war entrüstet über diesen Verstoß gegen die Etikette und beklagte sich bitter bei ihr wegen dieser Zusammenkunft mit einem fremden Teufel. Sie hatte jedoch beschlossen, ihre Neugier auf Persönlichkeiten aus dem Westen zu befriedigen und sei es auch nur in diesem kleinen Rahmen. Es wäre für jede Chinesin aus der Oberschicht ein revolutionärer Schritt gewesen, um so mehr galt dies für die Kaiserinwitwe. Sie handelte in diesen Dingen nie überstürzt. Neun Jahre zuvor hatte sie am Hof für großen Aufruhr gesorgt, weil sie Robert Hart in den Rang eines Mandarins erhoben hatte. So lange hatte sie seither gebraucht, um den nächsten Schritt zu tun. Diese Erfahrung ermutigte sie, erneut mit der Tradition zu brechen.

Es war etwas Unerhörtes, daß eine Mandschu-Kaiserin ausländische Damen zu Gast hatte, und sie mußte sich erst gegen ihre Großräte durchsetzen, bevor sie die Einladung aussprechen konnte. Die Teegesellschaft wurde auf den 13. Dezember 1898 im Winterpalast angesetzt, einem der Seenpaläste in der Nähe der Verbotenen Stadt. Der US-Botschafter Edwin Conger hatte böse Ahnungen, denn er war soeben mit Briefen K'ang Yu-weis eingedeckt worden, in denen dieser Tz'u-Hsi als ränkevolle, blutrünstige Mörderin hingestellt hatte, doch Conger hoffte, daß »etwas Gutes daraus erwachsen [könnte]«. Er unterrichtete das Außenministerium von seiner Ansicht, »wenn es sich erst einmal in der chinesischen Bevölkerung herumgesprochen hat, daß die Kaiserinwitwe selbst bereit ist, Ausländer zu empfangen und zu bewirten, wird sich ihre Abneigung [gegenüber Fremden] zum Teil wieder legen«.

Auf beiden Seiten gab es Verwirrung, was Robert Hart irritierte: »Zuerst paßte ihnen der Termin nicht, an dem I. M. sie empfangen wollte – dann, als das zweite festgesetzte Datum heranrückte, konnten sie nicht gehen, weil sie sich nicht auf einen gemeinsamen Dolmetscher einigen konnten, da jede auf ihrem eigenen bestand (ausgenommen Lady MacDonald) – und dann tauchte eine weitere Schwierigkeit auf, weil die Frauen der Botschaftssekretäre und die Töchter der Botschafter behaupteten, auch sie gehörten dem Diplomatischen Corps an, und darauf bestanden, ebenfalls empfangen zu werden.« Am Ende nahmen an der offiziellen Gesellschaft nur die Frauen der Botschafter Großbritanniens, Rußlands, Deutschlands, Frankreichs, Hollands, der Vereinigten Staaten und Japans teil.

Lady MacDonald war ebenfalls irritiert:

»Die Kaiserin war sehr neugierig, uns kennenzulernen, doch ihre Räte widersetzten sich mit allen Kräften diesem neuartigen und ausländerfreundlichen Vorgehen und versuchten auf die verschiedenste Weise, unsere Audienz zu vereiteln, indem sie so widerstrebend wie möglich in die Bedingungen einwilligten, die von unseren Männern gestellt wurden, daß man uns nämlich mit allen Zeichen des Respekts empfangen müsse. Einige der Bedingungen, auf denen wir Eingeladenen bestanden, erschienen selbst unseren Männern anspruchsvoll, und Prinz Ching sagte bei einem der Vorbereitungstreffen scherzhaft zu [Sir Claude], den ausländischen Frauen könne man es fast ebensowenig recht machen wie den chinesischen. Die

Verhandlungen zogen sich über fast sechs Wochen hin, doch wir blieben in allen wichtigen Punkten fest, und schließlich siegte die weibliche Neugier über die Opposition der Männer... Vier europäische Dolmetscher und zwei Chinesen... begleiteten uns zum Palast.«

Um zehn Uhr an diesem kalten Morgen begab sich eine berittene chinesische Eskorte, die das Tsungli Yamen geschickt hatte, der Reihe nach zu den Botschaften, um die Damen und Dolmetscher zur britischen Gesandtschaft zu begleiten, da Lady MacDonald die Rangälteste war. Jede Dame saß in einer Sänfte und hatte fünf Sänftenträger und zwei berittene Begleiter oder *mafoos*. Als sie das erste Tor des Seepalasts erreichten, mußten die Damen ihre Sänften, Träger, Begleiter und Eskorten zurücklassen. Sie wurden dann in das Innere des Parks zu einem eleganten Eisenbahnzug geleitet, einem Geschenk Frankreichs an China. Lady MacDonald fiel auf, daß die einzelnen Wagen »üppig gepolstert und reich mit Spiegeln bestückt waren, doch die jahrelange Sonnenstrahlung hatte sich auf die dunkelroten Seidenvorhänge ausgewirkt, und die Kissen waren abgewetzt und schäbig«. Mrs. Conger schilderte die Ereignisse: »Wir bestiegen diesen Wagen, und schwarzgekleidete Eunuchen schoben und zogen ihn zu einem anderen Halteplatz... Nach einer kleinen Teepause wurden wir von ranghohen Beamten in den Thronsaal geleitet. Unsere schweren Kleidungsstücke wurden uns am Eingang abgenommen, und man führte uns in den Audienzsaal des Kaisers und der Kaiserinwitwe.«

An der Spitze der Prozession ging Lady MacDonald der Kaiserinwitwe entgegen, die in einem Raum wartete, der klein »und bis auf einige herrliche Holzstiche und mehrere Spiegel unmöbliert [war]; ein scheußlicher europäischer Teppich mit vorsintflutlichem Muster bedeckte den Steinboden, und von der Decke hingen unzählige gläserne Kerzenleuchter und chinesische Laternen herab«. Noch interessanter waren die Menschen, die sich in dem Raum befanden: »In ihm drängten sich grellbunt gekleidete und geschminkte Hofdamen, vorwiegend in Rosa und Gelb, deren Wangen und Lippen es an Farbenpracht mit ihren Unterröcken aufnehmen konnten. Auch viele Beamte waren anwesend, und ich stelle mir vor, daß wir für die meisten von ihnen und für alle anwesenden Damen der Gegenstand eines beträchtlichen Interesses waren; die Damen hatten ihre ausländischen Schwestern noch nie so nahe zu Gesicht bekommen, und viele hatten uns überhaupt noch nie gesehen.«

Tz'u-Hsi saß erhöht hinter einem langen, schmalen Tisch, der mit Obst und Blumen geschmückt war, »und musterte unseren Eintritt mit größter Neugier«, wie Lady MacDonald bemerkte,

»und nicht weniger neugierig blickten wir auf diese furchtbare Lady, der man einen so eisernen Willen und unbeugsamen Charakter nachsagt. Obwohl schon über sechzig, ist sie noch immer eine jung aussehende Frau mit glänzend schwarzem Haar und freundlichen dunklen Augen; solange sie das Gesicht nicht bewegt, ist dessen Ausdruck finster, doch wenn sie lächelt, hellt es sich auf, und alle Anzeichen von Strenge verschwinden; ihr Gesicht ist nicht wie das der meisten Chinesen und Mandschu geschnitten, und in anderen Teilen der Erde könnte man sie für eine italienische Bäuerin halten. Von Statur ist sie klein und schmächtig ... Hände und Füße sind klein und wohlgeformt, und die größte Verunstaltung an ihr sind nach unseren Begriffen die beiden vergoldeten Fingernagelhülsen ... Vor dem Tisch, hinter dem die Kaiserinwitwe Platz genommen hatte, und ein wenig zur Seite saß der Kaiser. Es war eine angenehme Überraschung für uns alle, als wir feststellten, daß er an der Audienz teilnehmen würde, da man uns gesagt hatte, nur die Kaiserinwitwe werde uns empfangen. Ein feingliedriger junger Mann mit melancholischen Augen, dessen Gesicht fast nichts von seinem Charakter verriet, blickte er während unseres Empfangs kaum auf.«

Es war das erste Mal, daß der Kaiser sich ausländischen Frauen zeigte, und so betrachteten sie ihn fasziniert, sie, die von ihren Männern oder durch die in den Gesandtschaften verbreiteten Klatschgeschichten jede Einzelheit seiner physischen Verfassung kannten, so daß er sich äußerst unbehaglich fühlen mußte. Zugleich war es das erste Mal, daß Kuang-hsü westliche Frauen zu sehen bekam, zumindest aus solcher Nähe. Für östliche Augen boten die Besucherinnen einen wahrhaft entsetzlichen Anblick. Mit Ausnahme der Frau des japanischen Botschafters, die einen fein bestickten seidenen Kimono mit Obi trug, waren sämtliche Damen in einer Weise gekleidet, die sie für den Gipfel des guten Geschmacks ihres Landes und ihrer Zeit hielten – mit anderen Worten der Belle Epoque auf ihrem Höhepunkt, des viktorianischen Zeitalters, des Fin de siècle oder wie auch immer –, so daß jede von ihnen zurechtgemacht war wie eine Tiffanylampe, mit enggeschnürten Korsetts und Hüten, die aussahen wie ein Salat *à la chef*, garniert mit Pfauenfedern. Sie ähnelten am ehesten einer Gruppe berühmter Operndivas in voller Montur, die gleich anfangen würden, Arien von Verdi und Puccini zu singen. In dem schlecht geheizten Palast froren sie alle. Die bei weitem attraktivste der Damen war die hübsche Ethel MacDonald, eine schlanke, anmutige Frau von Anfang Vierzig, deren blonde Locken und ihre ernste Klugheit viel dazu beitrugen, den Eindruck zu mildern, sie wohnten einem Staatsbegräbnis bei.

Sarah Conger, eine mißvergnügte Anhängerin des Szientismus, erinnerte sich, daß die Besucherinnen »entsprechend ihrem Rang (die in Peking verbrachte Zeit) Aufstellung nahmen und sich verbeugten. Unser erster Dolmetscher stellte Prinz Ching jede Dame einzeln vor, und dieser wiederholte die Vorstellung gegenüber Ihren Majestäten«. Sodann verlas Lady MacDonald eine kurze Ansprache auf englisch im Namen der geladenen Damen: »Wir sind erfreut, daß Ihre Kaiserliche Hoheit diesen ersten Schritt zu einer persönlichen Bekanntschaft mit den Damen ausländischer Nationen getan hat. Wir möchten der Hoffnung Ausdruck geben, daß Ihr erhabenes Beispiel von den Frauen Chinas nachgeahmt wird und daß die Völker in Ost und West einander auch weiterhin näherkommen werden.« Die Kaiserinwitwe ließ durch Prinz Ching antworten. Lady MacDonald hatte beim Zuhören den Eindruck, Tz'u-Hsi habe »eine harte Stimme, die unangenehm in den Ohren klingt, und sie spricht in einer lauteren Tonlage, als man es bei chinesischen Damen gewöhnt ist«, während die übrigen Gäste ihre Stimme melodisch und angenehm fanden.

»Eine weitere tiefe Verbeugung von unserer Seite, und dann wurde jede einzeln zum Thron geleitet, wo sie sich vor dem Kaiser, der jeder die Hand reichte, verbeugte und einen Knicks machte. Dann traten wir vor Ihre Majestät und verneigten uns mit einem tiefen Knicks. Sie streckte beide Hände aus, und wir gingen auf sie zu. Mit ein paar Grußworten nahm Ihre Majestät unsere Hände und streifte jeder Dame einen schweren, mit einer großen Perle besetzten Ring aus getriebenem Gold über den Finger. Nachdem wir Ihrer Majestät gedankt hatten, gingen wir vom Thron wieder an unsere Plätze zurück. Nach einer letzten tiefen Verbeugung verließen wir die kaiserliche Audienz.«

Die Damen wurden anschließend zu einem Bankettsaal geführt, wo sie von Prinz Ching und fünf Mandschu-Prinzessinnen bewirtet wurden. Nach Lady MacDonalds Schilderung »befand sich Prinz Ching zwar im Raum, teilte jedoch nicht das Mahl mit uns, sondern saß würdevoll da, rauchte Zigaretten und blickte auf die Gesellschaft«. Diese Trennung der Geschlechter entsprach der chinesischen Etikette. Nach dem Essen begaben sich die Besucherinnen in einen anderen Raum, um Tee zu trinken und zu rauchen. Wie Lady MacDonald schrieb, »tauten die Palastdamen [nach und nach] etwas auf, erlaubten uns, ihre hübschen Gewänder zu bewundern und zu mustern, und betasteten ihrerseits den Stoff unserer Kleider«. Danach kamen die Diplomatengattinnen erneut mit Tz'u-Hsi zusammen, und Mrs. Conger schrieb darüber: »Sie war fröhlich und glücklich, und ihr Gesicht leuchtete vor gutem Willen. Es waren keinerlei Anzeichen für Grausamkeit zu erkennen.« Den übrigen Damen fiel ihr »bezauberndes Lächeln« auf. Nach dieser erneuten Begrüßung begab sich das Gefolge in das Palasttheater, um eine Varietévorführung anzusehen, die eine Stunde dauerte. Als diese beendet war, kamen sie ein letztesmal mit der Kaiserinwitwe zu einer Teezeremonie zusammen, die auf ein Friedensangebot hinauslief: »Als uns der Tee gereicht wurde, trat sie vor, hob jede Tasse an ihre Lippen und nahm einen Schluck, dann führte sie die Tasse mit der anderen Seite an unsere Lippen.« Es entsetzte ihre Minister und die Prinzen, daß sie mitansehen mußten, wie sie fremden Teufeln eine so außergewöhnliche Ehrung zuteil werden ließ. Danach erhielt jede Besucherin weitere Geschenke.

Die westliche Presse fand die ganze Episode widerwärtig, anstößig und lächerlich. Morrisons Auslandsredakteur bei der *Times*, Valentine Chirol, schrieb seinem Korrespondenten: »Ich habe meine eigenen Ansichten darüber daß die Vertreterinnen der kultivierten europäischen Weiblichkeit den zotigen Witzen von Palasteunuchen und der beleidigenden Neugier chinesischer Mandarine ausgesetzt werden, die natürlich die Zeremonie als einen tiefen Kotau vor der Kaiserinwitwe und der Hofgesellschaft darstellen werden. Aber nun ist es einmal passiert, und es hat keinen Sinn, an vollendeten Tatsachen etwas ändern zu wollen.«

Morrison berichtete der *Times*, »Ihre Majestät war gegenüber Lady MacDonald von ausgesuchter Liebenswürdigkeit, und einmal während des Gesprächs tätschelte sie ihr sogar freundschaftlich die Wange«.

Sir Claude MacDonald meldete dem Foreign Office begeistert, »die Kaiserinwitwe machte durch ihre Höflichkeit und Leutseligkeit einen höchst vorteilhaften Eindruck. Wer zum Palast gegangen war und damit gerechnet hatte, dort einer kalten und hochmütigen Person von strengem, herrischem Gebaren zu begegnen, war angenehm überrascht, in der Person Ihrer Majestät eine freundliche und liebenswürdige Gastgeberin anzutreffen, die sowohl das Taktgefühl wie die Sanftmut einer weiblichen Natur an den Tag legte«.

Als sie später in einer britischen Zeitschrift eine besinnliche Würdigung Tz'u-Hsis veröffentlichte, vermittelte Lady MacDonald einen höchst ungewöhnlichen und wichtigen Einblick in das Wesen der Kaiserinwitwe:

»Ich darf sagen, daß die Kaiserinwitwe eine Frau von einer gewissen Charakterstärke war, auf jeden Fall herzlich und liebenswürdig... Das ist die Meinung aller Damen, die sich in meiner Begleitung befanden. Ich hatte das Glück, als Dolmetscher den chinesischen Sekretär unserer Gesandtschaft [Henry Cockburn] an meiner Seite zu haben, einen Herrn mit über zwanzigjähriger Erfahrung mit China und dem Chinesischen; er spricht und schreibt die Sprache gut und verfügt über große Fähigkeiten und ein gesundes Urteil. Vor unserem Besuch entsprach seine Ansicht von der Kaiserinwitwe dem, was ich als die allgemein akzeptierte Meinung bezeichnen möchte. Mein Mann hatte ihn gebeten, sich von allem, was vorging, Notizen zu machen, und vor allem sollte er versuchen, ihren wahren Charakter einzuschätzen. Bei seiner Rückkehr berichtete er, alle seine vorgefaßten Meinungen seien durch das, was er gesehen und gehört habe, umgestoßen worden, und er faßte ihren Charakter in den vier Worten zusammen: ›an Schwäche grenzende Liebenswürdigkeit‹.«

Cockburn hatte erwartet, auf eine berechnende, heimtückische Frau mit einem Herz aus Eis zu treffen, die fähig war, ihre Söhne und ihre Liebhaber zu vergiften und falschen Eunuchen den Befehl zu geben, dem jungen Kaiser rotglühende Eisen auf das Hinterteil zu drücken – alles Dinge, die man ihr in den letzten Wochen in Zeitungen auf der ganzen Welt unterstellt hatte. Statt dessen begegnete er einer traurigen und unsicheren Frau, die geliebt werden wollte, eine Frau, die von einer lebenslangen Traurigkeit befallen war und zunehmend darunter litt, daß sie nicht in der Lage war, die Ereignisse zu steuern. Als sie sah, wie ihr Ruf zerstört wurde, versuchte sie sich zu wehren, indem sie die Frauen der Botschafter für sich einnahm. In diesem Verhalten sah Cockburn zunächst nichts als eine Torheit aus Schwäche.

Das war genau derselbe Eindruck und auch dieselbe Schlußfolgerung, wie sie sich dem scharfsinnigen Tseng Kuo-fan (in jeder Hinsicht ein außergewöhnlicher Menschenkenner) aufgedrängt hatten, als er 29 Jahre früher Tz'u-Hsi zum erstenmal begegnet war. Er hatte ihre Fähigkeit als »alles andere als außergewöhnlich« beurteilt und festgestellt, daß sie kein einziges Wort von Bedeutung zu sagen hatte. Das war wohl kaum das, was man von einer fleischgewordenen Kaiserin Wu erwartet hätte.

Obwohl es eine Reihe von schlechten Eigenschaften gab, die Tz'u-Hsi von Leuten zugeschrieben wurden, die gar nichts von ihr wußten – und von Wissenschaftlern, die es besser hätten wissen müssen –, lautet die einfache Wahrheit, daß sie so unspektakulär war wie Trinkwasser. Alles übrige ist Unsinn, Verleumdung und Mutwillen, ausgelöst durch Gier, Rassismus, Sexismus und ganz banale Boshaftigkeit. Deshalb muß jeder, der sich mit ihrer Person befaßt, letztlich den Personen nachgehen, von denen sie dämonisiert wurde. Trinkwasser ist natürlich nur so lange unspektakulär, solange man keines braucht.

15
Schreibtischtäter

Die Menschenjagd auf den Journalisten Liang Chi-chao in Peking wurde abgeblasen, nachdem es ihm gelungen war, nach Japan zu entkommen, wo er mit K'ang Yu-wei zusammentraf. Ein Edikt, in dem seine Verhaftung und sofortige Enthauptung befohlen wurde, verwendete ein Begriffszeichen, das ein kleines Tier mit kurzen Beinen darstellt, das auf einem Wolf reitet; der Wolf (oder der Tollwütige Fuchs) war K'ang Yu-wei. Liang, das kleine Tier, das auf K'angs Rücken ritt, befand sich noch in Peking, als die Stadttore geschlossen wurden, um seine Flucht zu verhindern. Er suchte Zuflucht in der japanischen Botschaft. Der einzige ranghohe diplomatische Vertreter eines anderen Landes, der sich während der Krise in der Stadt aufhielt (alle anderen hatten Urlaub genommen und waren ans Meer oder in die Berge gereist), war der Geschäftsführende japanische Botschafter, der für Ito Hirobumi den Gastgeber spielen mußte. Auf Anweisung Itos wurde Liang sogleich Asyl gewährt.

Ito blieb noch eine Woche lang, bis zum 29. September, in Peking. Während dieser Zeit unterhielt er sich ausführlich mit Liang und erfuhr von der Verhaftung, dem Prozeß und der Hinrichtung der Sechs Märtyrer, die Itos entschiedenste Parteigänger bei Hof gewesen waren. Inzwischen wurde in der ganzen Stadt nach Liang gefahndet. Auf Anweisung Itos wurde Liang als Japaner verkleidet und durch einen Geheimagenten der Genyosha namens Hirayama Shu nach Tientsin gebracht. Nachdem sie den Ankerplatz bei Taku erreicht hatten, brachten der Geheimagent und der japanische Konsul in Tientsin den Flüchtling sicher an Bord des Kanonenboots *Oshima*. Hier trafen telegrafisch verschlüsselte Befehle direkt vom japanischen Außenminister Okuma ein; die *Oshima* lichtete Anker und fuhr aufs offene Meer hinaus, wo sie prompt von einem Schiff der chinesischen Kriegsmarine aufgebracht wurde. Die Agenten Jung-lus hatten die Japaner gut überwacht, aber nicht gut genug. Chinesische Marinesoldaten gingen an Bord und forderten die Herausgabe von Liang, doch der japanische Kapitän weigerte sich. Den allgemeinen Blicken entzogen, blieb Liang in seiner Kabine und kritzelte seine, wie er glaubte, letzten Botschaften an seine nächsten Angehörigen und Freunde. Doch das Glück blieb ihm treu. Die Soldaten kehrten unverrichteter Dinge wieder auf ihr Schiff zurück, und die *Oshima* nahm ihren alten Kurs erneut auf.

In Japan enthüllte der in Kobe erscheinende *Chronicle* am 22. Oktober, daß die *Oshima* ein »höchst wertvolles Geschenk« an Bord mitbrachte. Das war möglicherweise zutreffend, wenn man Liang mit K'ang Yu-wei vergleicht. Die beiden Männer waren eine chinesische Ausgabe von Boswell und Dr. Johnson: K'ang war rührig, während Liang Aufzeichnungen machte. Bis zu diesem Zeitpunkt hatte der Journalist eine relativ unbedeutende Rolle gespielt, er war ein Ideenlieferant für K'ang gewesen, ein Geschöpf – wie das Begriffszeichen zum Ausdruck brachte –, dessen eigene Beine zu kurz waren, um großspurig aufzutreten. Ihm fehlte K'angs Aggressivität; er zog es vor, seine Ziele mit Hilfe seiner Artikel zu erreichen. Die Rettung durch die Japaner katapultierte Liang ins Licht der Öffentlichkeit und machte ihn zu einem der wirkungsvollsten Verleumder seiner Zeit, zu einem Meister der Propaganda. Sein Hauptziel war Tz'u-Hsi.

Mochten seine Beine auch zu kurz sein, seine Begabung reichte jedenfalls aus. Für den Sohn eines Bauern aus der Provinz Kuangtung war er ungewöhnlich intelligent. Im Alter von neun Jahren schrieb er Essays aus 1000 Begriffszeichen und nahm die Verse des Tang-Dichters Li T'ai-po in sich auf. Bereits mit 16 Jahren machte er sein *shu-jen*-Examen. Willkürlichen Formalismus verachtete er jedoch und beklagte sich: »Man könnte meinen, es gebe nichts anderes auf der Welt als Kommentare und gepflegten Stil.« 1890 unterzog er sich dem Hauptstadtexamen in Peking und fiel durch. Während seiner Heimreise nach Kanton begegnete er K'ang Yu-wei, wurde einer seiner ersten Schüler auf dessen »Akademie« und schließlich einer seiner Dozenten. Noch dreimal, 1892, 1894 und 1895, als K'ang es mit knapper Not schaffte, machte er einen Anlauf bei den Beamtenprüfungen, fiel jedoch immer wieder durch und gab seine Versuche schließlich ganz auf.

Doch dann hatte Liang eine seiner wichtigsten Bekanntschaften mit Ausländern gemacht und war als chinesischer Sekretär des Missionars Timothy Richard eingestellt worden. Es war ein Glücksfall für beide. Liang war Richard behilflich, mit den *ming-shih* und dem konspirativen Flügel der Hanlin-Akademie in Kontakt zu kommen, während Richard Liang zu einer Karriere verhalf, indem er ihn bei den Ausländern als einen der intelligenten jungen Reformer anpries, die das neue China führen würden.

Mit Hilfe dieser Unterstützung schrieb Liang Artikel für eine Reihe von Reformzeitungen und -zeitschriften. Aufgrund dieser Artikel wurde ihm 1897 von einem Vertrauensmann des Vizekönigs Chang Chih-tung, dem Gouverneur von Hunan, die Stelle eines obersten Lehrbeauftragten an der neugegründeten Akademie für Gegenwartsfragen in Ch'ang sha angeboten, einer der Brutstätten der Reform. Dort tat er sich mit Gesinnungsgenossen zusammen, die eine Reformgesellschaft organisierten, und befreundete sich mit Tan Ssu-tung, der zum beliebtesten Reformberater des Kaisers und einer der Sechs Märtyrer wurde.

Kurz vor dem Beginn der Hundert-Tage-Reform ging Liang nach Peking, um K'ang behilflich zu sein, die Tore der Verbotenen Stadt aufzustoßen. Nachdem Sir Chang sich für ihn verwendet hatte, wurde Liang schon bald nach K'ang zu einer Audienz beim Kaiser gebeten. Da er bei diesem einen weitaus günstigeren Eindruck machte, bot Kuang-hsü ihm eine wesentlich bessere Stelle an als K'ang Yuwei: Er sollte das neue regierungsamtliche Übersetzerbüro leiten, obwohl er keine einzige Fremdsprache lesen oder sprechen konnte. Liang arbeitete unauffällig im Hintergrund, bis das Schicksal im September zuschlug und Ito ihn vor dem Henkersschwert rettete.

Das Kanonenboot *Oshima* lief in Miyajima in der Sagami-See ein, wo Liang bereits von einem Mitarbeiter des japanischen Außenministeriums erwartet wurde, der ihn nach Tokyo in eine vorbereitete Unterkunft brachte. Ende Oktober kam auch K'ang Yu-wei dort an, den Miyazaki Torazo von Hongkong sicher hierher begleitet hatte.

Etliche Monate zuvor hatten die Japaner auch dem Führer der chinesischen republikanischen Bewegung, Dr. Sun Yat-sen, in Yokohama Asyl gewährt, nachdem dessen Aufstand in Kanton gescheitert war. Obgleich die Persönlichkeiten und politischen Vorstellungen von Sun und K'ang sich nicht miteinander vertrugen, konnten die

Differenzen zwischen ihnen durch die Vermittlung der Genyosha überbrückt werden.

Japanische Intellektuelle, Politiker und Führer der Genyosha sahen in K'ang und Liang wertvolle Spielfiguren in ihrer langfristigen Strategie, die westlichen Kolonialmächte, vor allem Rußland, aus dem Orient zu vertreiben und den gesamten ostasiatischen Raum japanischem Einfluß zu unterwerfen. In diesem Plan war die Genyosha ein gefährlicher Partner: Als die Geheimgesellschaft zehn Jahre zuvor der Meinung war, Okuma Shigenobu verhalte sich gegenüber ausländischen Regierungen zu duldsam, verlor er durch einen fanatischen Attentäter ein Bein. Jetzt arbeiteten das Außenministerium unter Okuma und die Genyosha erneut zusammen, diesmal bei der Unterstützung von K'angs mandschufeindlicher Propaganda und Sun Yat-sens republikanischen Umtrieben.

Bei seiner Ankunft in Japan wurde K'ang als sachkundiger Informant vorgestellt, als intimer Kenner des Mandschu-Hofs und als besonderer Günstling von Kaiser Kuang-hsü. Er erzählte allen Leuten, er sei durch das schnelle Eingreifen von Timothy Richard und Sir Claude MacDonald vor dem sicheren Tod gerettet worden; bei der Aktion seien auch britische Konsulatsbeamte in Shanghai und Schiffe der Royal Navy beteiligt gewesen. Dadurch erschien er wesentlich bedeutender, als er tatsächlich war. Er erzählte jedem, der es wissen wollte, er sei von einem Korrespondenten der Londoner *Times*, J. O. P. Bland, auf Herz und Nieren befragt worden, und dieser habe vor aller Welt bestätigt, daß er, K'ang, ein großer Intellektueller und ein aufrichtiger Reformer sei.

Von nun an sorgte die überzogene Werbung, die überall auf der Welt für K'ang betrieben wurde, dafür, daß sein Einfluß auf die revolutionäre Bewegung in China maßlos überschätzt wurde und daß westliche Regierungen ihn ernst nahmen, die sich von ihm ferngehalten hätten, wenn sie im Besitz der Wahrheit gewesen wären. Fast alle fielen auf ihn herein.

Von 1898 bis 1900 wiederholten ausländische Zeitungen, die mit den Reformern in China sympathisierten, bereitwillig und unkritisch die Propaganda, die von K'ang und Liang eifrig ausgeheckt wurde. Die Hauptquelle war Liangs Zeitschrift *China Discussion*, die, finanziell unterstützt von den Japanern, erstmals am 23. Dezember 1898 in Yokohama erschien, drei Monate, nachdem Liang aus China herausgeschmuggelt worden war. Artikel, die zuerst in *China Discussion* veröffentlicht worden waren und ein falsches oder verzerrtes Bild von den Ereignissen und Personen in Peking wiedergaben, wurden gekürzt und von Liang in einer Artikelsammlung unter dem Titel *Account of the Coup d'Etat of 1898* erneut herausgebracht. Das Buch wurde 1899 in Shanghai und Yokohama in einer überarbeiteten Fassung neu aufgelegt und zur maßgeblichen Darstellung der Hundert Tage, zur Bibel der Reformbewegung.

Englischsprachige Zeitungen in China – wie die *North China Daily News* und ihre wöchentliche Ausgabe, der *North China Herald* (beide gedruckt in der Internationalen Ansiedlung in Shanghai, wo sie der Mandschu-Zensur nicht unterworfen waren) – übernahmen die von der *China Discussion* verbreitete Version. Der *Herald* brachte häufig Übersetzungen von Artikeln aus der Feder K'angs oder Liangs, gab sie als amtliche Meldungen aus und machte sie damit attraktiv für Zeitungen in England und den Vereinigten Staaten. Meinungen, die im *Herald* zu Wort kamen, wurden selten mit dem Namen K'angs oder Liangs kenntlich gemacht, doch die Ähnlichkeiten sind so auffällig, daß kein Zweifel an ihrer wahren Herkunft bestehen kann. Die Redakteure des *Herald* verbargen keineswegs ihre Abneigung gegenüber Tz'u-Hsi oder ihre Sympathien für die Reformbewegung, als deren selbsternannter Ziehvater K'ang nunmehr auftrat. Was der *Herald* in Shanghai brachte, wurde von Bland an die *Times* in London weitergegeben und anschließend von der *New York Times* übernommen, den beiden Zeitungen, die überall in der englischsprachigen Welt als seriös galten. (Völlig aberwitzige Berichte über die Kaiserinwitwe, die in Lokalzeitungen in den USA erschienen sind, lassen sich mühelos auf die *Chicago Tribune* und von dort zur *New York Times* über die *Times* in London und den *Herald* in Shanghai bis zu Liangs *China Discussion* in Yokohama zurückverfolgen.)

Liangs gegen die Mandschu gerichtete Zeitschrift war natürlich bei den Auslandschinesen sehr beliebt. Ein Artikel, der im März 1899 erschien, identifizierte Tz'u-Hsi, Jung-lu und Kang Yi als die Schuldigen an Chinas Untergang. »Vielleicht«, schrieb Liang, »wird ihnen das Dilemma, in dem sie stecken, zu Bewußtsein kommen, und dann werden sie zweifellos ihre Vorstellungen ändern. Ich aber sage: Einer Schildkröte können keine Haare wachsen, einem Kaninchen keine Hörner, ein Hahn kann keine Eier legen und ein verdorrter Baum keine Blüten treiben, weil es ihrer Natur widerspräche. Anteilnahme muß aus dem Herzen kommen... Nun ist alles, was Tz'u-Hsi kennt, ein Leben in Vergnügungssucht, und alles, was Jung-lu kennt, ist die Gier nach Macht – hat einer von beiden jemals auch nur einen Gedanken auf das Wohl des Landes verschwendet?« Und Liang setzte hinzu: »Sie sind so töricht, daß sie lieber sterben als zur

Vernunft kommen wollen.« Kaiser Kuang-hsü aber wurde von ihm mit Lob überhäuft: »Der Himmel hat diesen Heiligen geschickt, um China zu retten... Obwohl man ihn ins Gefängnis geworfen und entthront hat, weilt er zum Glück noch immer unter uns, der Himmel hat China noch nicht aufgegeben! Landsleute, laßt nicht nach in eurer Entschlossenheit, spannt alle eure Kräfte an für die Sache des Kaisers!« (Spätestens zu diesem Zeitpunkt wußte Liang genau, daß Kuang-hsü weder ein Gefangener noch daß er entthront worden war.)

Trotz der Bemühungen kaiserlicher Behörden, jede neue Nummer der Zeitschrift zu konfiszieren, fand diese in China große Verbreitung. Hohe Beamte, darunter auch der einst engagierte Anhänger der Reformer, Vizekönig Chang Chih-tung, lasen die Zeitschrift und waren empört; Chang warnte das Tsungli Yamen, sie vernebele den Leuten den Kopf. Angeblich zeigte Großrat Kang Yi Tz'u-Hsi eine Ausgabe von *China Discussion*, nach deren Lektüre sie »sehr wütend« war. Es war in jeder Hinsicht Verrat. Im Februar 1899 wurde ein Edikt erlassen, in dem ein Kopfgeld von 100000 Silbertael auf K'ang und Liang »tot oder lebendig« ausgesetzt wurde. Unterzeichnet war es von Kuang-hsü.

Bedauerlicherweise machten sich die egozentrischen Mandschu keinen Begriff von internationaler Propaganda und wie man sie außerhalb Chinas für sich nutzbar machen oder bekämpfen konnte. Sie reagierten langsam und merkten anscheinend nie, welch schwerer und dauerhafter Schaden ihnen durch Zeitungen, Zeitschriften und Bücher zugefügt wurde, die Behauptungen enthielten, die man bestreiten oder widerlegen konnte. Unter den hohen Beamten des Kaisers war Vizekönig Li die einzige bemerkenswerte Ausnahme. Er arbeitete weiterhin mit Propaganda und manipulierten Presseberichten, womit er während des Boxeraufstands besondere Erfolge verbuchen konnte, doch auch in diesem Fall waren die Mandschu die Opfer. Letztlich geht es bei dem ganzen Mythos um Tz'u-Hsi um üble Propaganda, und die Lüge wurde zur hauptsächlichen Waffe im Kampf um den Sturz der Dynastie. Vielleicht wäre alles ganz anders gekommen, wenn die Mandschu diese Gefahr erkannt hätten; doch sie waren merkwürdig blind dafür, immer noch befangen im Denken früherer Jahrhunderte, wie es sich in der Armee aus Terrakottasoldaten manifestiert, die in exakter militärischer Formation das Grab des vor Jahrtausenden verstorbenen Kaisers Chin Shih Huang-ti bewachen.

Vizekönig Chang Chih-tung, der ehemalige Gönner von dreien der

Sechs Märtyrer, gehörte zu denen, die sich die Belohnung verdienen wollten. Unermüdlich tat er alles, um zu erreichen, daß K'ang und Liang aus Japan wieder ausgewiesen würden. Er schickte Attentäter nach Tokyo, die sich als Studenten ausgaben. Im Gegenzug denunzierten K'ang und Liang ihn in *China Discussion* als »wetterwendischen Mandarin« und als Reaktionär, der von Anfang an die Verschwörung der Eisenhüte gegen die Reformer gekannt und daran mitgewirkt habe. Nach nur einjährigem Betrieb wurde die Druckerei der Zeitschrift in Yokohama von einem mysteriösen Brand zerstört, dessen Ursache nie geklärt werden konnte.

Es kann nicht überraschen, daß die Japaner es bald satt hatten, für den Aufschneider K'ang die Gastgeber zu spielen. Er war erst seit fünf Monaten Hausgast des japanischen Außenministers Okuma, als dieser ihn überredete, eine Reise nach Europa und Nordamerika zu unternehmen, um Geldgeber für seine Sache zu gewinnen. K'ang mußte nicht mit leeren Händen gehen; Okuma und die Genyosha ebneten ihm den Weg mit einem Taschengeld von mindestens 9000 Dollar, und im März 1899 brachte ihn ein Schiff nach Kanada. In die Vereinigten Staaten durfte er nicht einreisen, da die amerikanischen Einwanderungsbehörden von den Mandschu-Behörden ausgestellte Formulare verlangten; deshalb begab er sich nach British Columbia, wo er von kanadischen Regierungsvertretern ernst genommen wurde und eingewanderte chinesische Kaufleute ihm die Sammelbüchse füllten. Anschließend reiste er weiter nach London, wo Sir Charles Dilke, der Führer der Liberalen, im Unterhaus die Idee einer britischen Intervention in China zur Diskussion stellte, weil Tz'u-Hsi »korrupt und dumm« sei. Die Konservativen (die die Berichte des britischen Botschafters aus Peking kannten) erwiderten, K'ang selbst habe sich ein »unüberlegtes Verhalten« zuschulden kommen lassen.

Daran gewöhnt, es sich mit dem Geld anderer Leute gutgehen zu lassen, brachte K'ang seine Ersparnisse bald durch und ließ sich in Singapur nieder, wo Lim Boon-keng, ein reicher und gebildeter Kosmopolit, für ihn die Rechnungen bezahlte. K'ang mußte bald etwas Entscheidendes unternehmen, wenn er nicht in Vergessenheit geraten wollte; Lims Mitstreiter in Singapur waren bereit, einen bewaffneten Aufstand zu unterstützen. Mit dieser vielversprechenden Aussicht brachte K'ang bei Chinesen im Ausland die sich das Wohlwollen eines neuen Regimes sichern wollten, Spendengelder in Höhe von 300000 Dollar zusammen. Als Ziel wählte er die Stadt Hankou in der Provinz Hubei, wo die Genyosha eine ihrer chinesischen Kramladenketten als Tarnung für ihre Geheimoperationen aufgezogen hatten. Seitdem waren viele Angehörige der Oberschicht und viele Händler aus Hankou der Genyosha verpflichtet, so daß K'ang annahm, mit ihrer Unterstützung werde es leicht sein, einen Aufstand zu inszenieren.

Die Verschwörung ging von Anfang an schief. Versorgungs- und Militärgüter, die über eine Tarnfirma für Eisenwaren in Hongkong von Japan nach China geschmuggelt werden sollten, trafen niemals ein. Die Rebellen in Hankou schlugen vorzeitig los, und es kam alles heraus. Diese Schlappe kostete K'ang einen Großteil seiner bisherigen finanziellen Unterstützung. Während er sich noch in Singapur befand, redete er sich ein, Sun Yat-sen habe einen Attentäter auf ihn angesetzt. So beschloß er, mit seiner jüngeren Tochter und seiner Konkubine Ferien in Darjeeling zu machen. In der Zuflucht des Himalaya mietete er ein Haus und lebte jahrelang von dem Geld, das man ihm für den Aufstand in Hankou anvertraut hatte.

Dem kleinen Tier, das auf K'angs Rücken ritt, erging es in Japan etwas besser. Liang konnte es vermeiden, seine japanischen Gastgeber zu brüskieren; mit ihrer Hilfe setzte er seine Propagandafeldzüge fort. Insbesondere pflegte er die Beziehung zu Okuma, indem er Empfänge und Bankette für ihn gab.

Inzwischen hatten Liang und K'ang sich ein internationales Leserpublikum geschaffen, das nach immer neuen Enthüllungen über die böse Mandschu-Kaiserin hungerte. Vor 1898 wußten nur wenige von ihrer Existenz; jetzt wurde sie zu einer der finstersten Gestalten der chinesischen Geschichte. In den Vereinigten Staaten wurde diese Tendenz noch verstärkt durch die sogenannte »gelbe Gefahr«, die von weißen Politikern, Gewerkschaftsbossen, religiösen Fundamentalisten und illegalen Landnehmern wiederholt heraufbeschworen wurde. In Verbindung mit Männerphantasien von einer Herrscherin in einem orientalischen Land löste dies merkwürdige Reaktionen aus. Die Vorstellung, daß die korrupten Chinesen von einer Schlangenfrau mit abartigen Sexualgelüsten beherrscht wurden, hielt die amerikanischen Männer in Atem.

Um sich neue Anregungen zu holen, vertieften sich K'ang und Liang in die historischen Kolportageromane von Pekinger Intellektuellen, die sich ein besonderes Vergnügen daraus machten, Tz'u-Hsi mit der Verkörperung des Bösen, der Kaiserin Wu, zu vergleichen. Den Westeuropäern und Nordamerikanern, die mit der Tradition der chinesischen Geheimgeschichten nicht vertraut waren, mußte entgehen, daß ein Großteil von dem, was K'ang und Liang über Tz'u-Hsi verbreiteten, früher bereits über Kaiserin Wu geschrieben worden war. Eines ihrer beliebtesten Themen war die Geschichte, wie Tz'u-Hsi, nachdem sie zahlreiche Rivalinnen und Rivalen umgebracht hatte, daranging, Kuang-hsü zu vergiften. Dieses Thema wurde eigens für die britischen Leser von K'angs Gastgeber in Singapur, Lim Boon-keng, aufpoliert, der unter dem Pseudonym Wen Ching schrieb, denn, wie er sagte, »das Mandschu-Messer reicht weit«. Es war dennoch zu kurz.

George Morrison, der das Vergnügen hatte, 1901 mit Lim zu speisen, beschrieb ihn als »etwas wichtigtuerisch«. Bland kannte Lim ebenfalls und wurde von ihm beeinflußt. Reginald Johnston, der spätere britische Lehrer von Kaiser P'u yi, schilderte ihn als »hochgebildeten« Chinesen. In den 1890er Jahren war der Sohn wohlhabender Eltern, deren Vorfahren aus Fukien nach Singapur eingewandert waren, einer der einflußreichsten Männer der Malaiischen Halbinsel. Seine Bildung erwarb er sich an der renommierten Raffles Institution in Singapur, und als erster Chinese in der Kolonie erhielt er ein Queen's Scholarship, das er ebenso wie Morrison zu einem Medizinstudium in Edinburgh nutzte. Nach fünf Jahren in Großbritannien, darunter ein Jahr in Cambridge, kehrte er 1893 nach Singapur zurück, um eine Arztpraxis zu eröffnen und in die Politik zu gehen. Letzteres wurde ihm durch seine Fähigkeit erleichtert, daß er die fünf wichtigsten Sprachen der Hauptinsel beherrschte – Fukienesisch, Kantonesisch, Malaiisch, Englisch und Tamil. Im Alter von 26 Jahren wurde er 1895 in den Gesetzgebenden Rat Singapurs berufen. Ein Jahr später, nachdem er die Tochter eines Gefährten von Sun Yat-sen geehelicht hatte, begann Lim mit der Veröffentlichung von mandschufeindlicher Propaganda.

Besonders zugute kam ihm, daß er sich zwischen unterschiedlichen Kulturen zu bewegen verstand und chinesische Vorstellungen in einen westlichen journalistischen Stil ummünzen konnte. Als Podium diente ihm eine englischsprachige Zeitschrift, *Straits Chinese,* die er mitgegründet hatte und die unermüdlich dazu aufrief, die Kaiserinwitwe zu stürzen. Als K'ang nach Singapur kam, wich Lim ihm Tag und Nacht nicht mehr von der Seite.

Lim schrieb als Wen Ching einige Artikel für die in Singapur erscheinende *Free Press* über die Tragödie der Hundert-Tage-Reform und die Bösartigkeit von Tz'u-Hsi. Dabei schmückte er das Rohmaterial von K'ang und Liang weiter aus. Diese Artikel wurden gesammelt und in London als Buch unter dem Titel *The Chinese Crisis from Within* veröffentlicht. Im Vorwort stritt Lim jede Urheberschaft ab. Er war Freunden verpflichtet, »von denen einige über außergewöhnliche Möglichkeiten verfügten, genaue Informationen zu erhalten«. Er mußte sich jedoch damit abfinden, daß diese in hohen Stellungen befindlichen Freunde ungenannt blieben. Um seine britischen Leser zu beruhigen, versicherte Lim, er habe diese Artikel allein zu seinem »Vergnügen« geschrieben.

Er begann mit einem kurzen Abriß des Werdegangs von K'ang Yu-wei und bezeichnete ihn als »Nestor der Reform«. »Was die Chinesen von heute angeht«, meinte er, »so markieren die historischen Werke von K'ang Yu-wei den Beginn einer neuen Epoche in ihrer Geistesgeschichte.«

Dann wandte er sich seinem eigentlichen Thema zu und schilderte den Engländern Tz'u-Hsi als »lebhaft, temperamentvoll und leidenschaftlich«. Als junge Frau hatte sie Kaiser Hsien-feng von seinen Pflichten als Monarch abgehalten. »Während er die erwartungsvolle [Yehe Nara] liebkoste, eroberten die Tai-ping-Rebellen eine Stadt nach der anderen, und die ›rothaarigen Teufel‹ marschierten auf die Hauptstadt zu.« Lim behauptete, Kaiser T'ung-chih habe noch vor dem Tod von Tz'u-Hsis Sohn einen der jungen Mandschu-Prinzen als Thronerben auserkoren, doch Tz'u-Hsi habe statt dessen Kuang-hsü gewählt. Dieses »adoptierte Kind« von T'ung-chih war den Ausführungen Lims zufolge noch am Leben und »einer der wenigen liberal denkenden und fortschrittlichen Prinzen in Peking«.

Zu der Frage, ob beim Tod von Tz'u-An ein Verbrechen im Spiel war, meinte Lim: »In China heißt es, sie habe einige [Leckerbissen] zu sich genommen, die von Verwandten [Yehe Naras] eigens für sie zubereitet worden waren. Bald darauf wurde sie von furchtbaren Schmerzen gepeinigt, und bevor die Hofärzte geholt werden konnten, war sie gestorben.« Lim ließ seine Leser darüber im ungewissen, warum bisher noch niemand diese Geschichte berichtet hatte.

Als nächstes bot er seinen Lesern Sexgeschichten aus dem Sommerpalast. Mit einem falschen Eunuchen allein habe Tz'u-Hsi sich nie begnügt. Ebenso wie Messalina und Katharina die Große wollte sie immer gleich mehrere Männer. »Die junge [Yehe Nara] zeigte ihre Reize vielen Eunuchen!« Der wahre Grund, warum sie sich stets in kunstvolle Gewänder hüllte, war angeblich, weil sie damit ihren Liebessklaven gefallen wollte. »Stolz auf ihre Reize, scheute sie keine Kosten, sie zur Geltung zu bringen... Nach dem Tod ihres Mannes wollte sie ihre Schönheit auch den gemeinen Blicken in ihrem Palast darbieten.«

Um die Phantasie seines viktorianischen Publikums anzuregen, teilte er ihm quasi hinter vorgehaltener Hand mit, unter normalen

Umständen wäre ein Liebesspiel mit richtigen Eunuchen völlig risikolos gewesen, doch Tz'u-Hsis Obereunuch Li Lien-ying sei in Wahrheit gar kein Eunuch. Li »war um die übliche barbarische Prozedur herumgekommen und wurde mit der Zeit zum Lieblingskammerherrn von [Yehe Nara]«.

Lim enthüllte, Li Lien-ying habe extravagante Pariser Modekonfektion aus Shanghai bestellt, um zusammen mit Tz'u-Hsi in diesen Kostümen auf der Bühne aufzutreten. »Wie bezaubernd für eine Kaiserin, die Rolle der Sklavin zu spielen, und für den Kammerdiener, den Liebhaber der Sklavin abzugeben!« (Wie bei jeder wirksamen Propaganda gab es auch hier ein Körnchen Wahrheit: Tz'u-Hsi führte häufig »Laienspiele« auf, in denen sie und ihre Hofdamen sich verkleideten, und manchmal wurde der Obereunuch genötigt, mitzumachen; eine Fotografie aus dem Jahr 1903 zeigt eine solche Bühnenszene, wobei der Eunuch recht unbehaglich dreinblickt.)

Nach und nach geriet Lim in Fahrt. »Es fiel auf, daß die Eunuchen zumeist junge Männer mit schlanken Gliedmaßen und schönen Gesichtszügen waren. Die einfache Bevölkerung Pekings erkannte unter den Eunuchen des Westlichen Palasts die Gesichter vieler junger Männer wieder, die kurz zuvor Studenten gewesen waren, die sich auf ihre Prüfungen vorbereiteten.« Nach kurzer Dienstzeit, so Lim, verschwanden diese jungen Männer plötzlich: Sie waren einem »unverhofften Tod in den Mauern der kaiserlichen Stadt« zum Opfer gefallen.

Der bleibende Eindruck von Tz'u-Hsi, den Lim beim Leser hinterlassen wollte, war der einer giftmischerischen und bösartigen Herrscherin: »Sie... zögerte nicht, fast bis ins letzte Detail die Verbrechen und Intrigen einer Katharina von Medici nachzuahmen.«

Lims Angriffe waren außerdem rassistisch. Viele Han-Chinesen aus der Oberschicht hielten die Mandschu für eine unverbesserliche, korrupte Sippschaft, und Lim sprach ihnen aus dem Herzen, wenn er schrieb: »Doch was kann man von einer jungen Mandschu-Frau erwarten, die ihre Ausbildung in dem verdorbenen und zügellosen Serail des ausschweifenden Kaisers Hsien-feng empfangen hat?«

Diese Behauptungen über sexuelle Abnormitäten mochten für westliche Leser in einem Zeitalter der Prüderie unterhaltend und stimulierend sein, für Chinesen und Mandschu war die Keuschheit einer Witwe nichts, worüber man Witze machte. Im Fall der Kaiserinwitwe war ihre Keuschheit das Wichtigste überhaupt. Wenn sich herausstellte, daß sie seit dem Tod ihres Gemahls eine oder mehrere Affären gehabt hatte, dann hatte sie alle Ansprüche auf ihre hohe

Stellung verwirkt. In früheren Generationen wäre sie in diesem Fall unverzüglich hingerichtet worden. Es gab keinen Grund anzunehmen, daß sich daran etwas geändert hatte.

Tz'u-Hsi war mit 26 Jahren Witwe geworden und starb erst mit 73 Jahren. War es möglich, daß sie 47 Jahre lang völlig enthaltsam gelebt hatte? Auf der Grundlage des bislang verfügbaren Materials läßt sich darüber nichts Endgültiges sagen. Alle Behauptungen über Tz'u-Hsis Liebesleben sind frei erfunden. Mehr als jedes andere Mitglied der kaiserlichen Familie war sie gezwungen, peinlich genau den Schein zu wahren. Gegenüber Angriffen auf ihren Charakter, und mochten sie auch noch so versteckt sein, war sie verwundbarer als die meisten anderen Frauen. Ihre Machtstellung am Hof beruhte hauptsächlich darauf, daß sie ihre zeremonielle Rolle als letzte Schiedsrichterin erfüllte. Dies verlangte von ihr den *Anschein* absoluter Tugendhaftigkeit. Sie befand sich unter der ständigen Beobachtung Tausender von Eunuchen: Jede Abweichung vom Pfad der Tugend wäre sogleich wirklichen oder potentiellen Feinden hinterbracht worden. Ihre Legitimität wäre bereits durch bloße Gerüchte von einer sexuellen Freizügigkeit in Frage gestellt worden. Sie war von ständig intrigierenden Prinzen und Mandarinen und von allgegenwärtigen Zensoren umgeben, die bereit waren, gegen entsprechende Zahlungen jedermann zu denunzieren. Es war deshalb reine Selbstverteidigung, wenn sie so streng darauf achtete, die Form zu wahren, und über jede Kränkung, die ihr widerfuhr, in Rage geriet. Und deshalb war es für ihre Kritiker nur naheliegend, sie durch sexuelle Klatschgeschichten in Verruf zu bringen.

Beweise waren eine andere Sache. Hätte sie etwa tatsächlich ein Verhältnis gehabt und wäre schwanger geworden, wie die Leute um K'ang gern behaupteten, so hätten ihre zahlreichen Dienerinnen und Eunuchen es gewußt, da sie von ihnen tagtäglich gebadet und angekleidet wurde. Und es ist unvorstellbar, daß diese ein solches Geheimnis an einem Ort wie der Verbotenen Stadt in einer Atmosphäre allgemeiner Korruption, die hier seit Tausenden von Jahren herrschte, für sich behalten hätten.

Bei all ihrer Wichtigtuerei waren die Verleumdungen, die von K'ang und seinen Leuten verbreitet wurden, vom frivolen Zuschnitt der Witze, wie sie von den *ming-shih* bei ihren Trinkgelagen gemacht wurden, aber bei weitem nicht so vernichtend, wie sie ein ehrgeiziger Höfling unter den Tudors in dem Versuch vorgebracht hätte, eine Königin zu stürzen. Die Westeuropäer konnten den Unterschied nicht erkennen.

Der entscheidende Punkt ist der: Wenn die Achterbande oder die Eisenhüte wirklich jemals in der Lage gewesen wären, dem Clangericht hieb- und stichfeste Beweise für ein sexuelles Fehlverhalten Tz'u-Hsis vorzulegen, dann hätten sie Tz'u-Hsi aus dem Palast jagen und einen Mann ihrer Wahl auf den Thron setzen können. Deshalb ist die Vorstellung, sie habe es mit Hunderten falscher Eunuchen getrieben und dann und wann einen illegitimen Sohn zur Welt gebracht, einfach lächerlich.

Vor K'ang hatte überhaupt noch niemand derartige Behauptungen über Tz'u-Hsi in die Welt gesetzt. Als der US-Botschafter Charles Denby neun Jahre zuvor eine eingehende Untersuchung ihres Rufs abgeschlossen hatte, telegrafierte er nach Washington: »Sie hat sich als mildtätig und sparsam erwiesen. Ihr Charakter war bislang makellos.«

Aber warum wurde dann dieses abstoßende Zerrbild, das von K'ang und Liang gezeichnet und von Lim in ein kultiviertes Englisch übersetzt wurde, seitdem jeder größeren Biographie der Kaiserinwitwe zugrunde gelegt? Ganz einfach, weil man sich damit begnügte. Lim überzeugte seine Leser von der Vorstellung, daß die Schuld an allen Übeln Chinas in der Vergangenheit und Gegenwart diesem Ungeheuer zuzuschreiben war. Kein Verbrechen war zu furchtbar, keine Verschwörung zu grotesk, kein Mord zu scheußlich. Nach allgemeiner Übereinstimmung war die Frau, die auf dem chinesischen Drachenthron saß, ein Reptil. Allerdings kein ruhmreicher chinesischer Drache – gelassen, gütig, gutmütig, ein Wasserbewohner –, sondern ein höhlenbewohnender, feuerspeiender westlicher Drachen, dessen Atem bereits giftig war. Eine Drachenfrau. Das erklärte und rechtfertigte alles.

Jetzt waren die Berufsschreiber an der Reihe – Morrison, Bland und Backhouse –, um aus diesen chinesischen Verunglimpfungen eine elegantere und vernichtendere »maßgebliche« Geschichtsdarstellung zu machen. Dabei fügten sie zahlreiche Erfindungen hinzu und trugen damit zum Sturz der Dynastie bei.

16
Der Pornograph

Morrison war seit etwas mehr als einem Jahr in Peking tätig, als die Hundert-Tage-Reform abrupt beendet wurde. Selbst langjährige Bewohner der Stadt aus dem Ausland wurden von der plötzlichen gewaltsamen Niederschlagung der Reformbewegung überrascht und hatten Mühe, zu begreifen, was geschehen war und welche Rolle K'ang dabei gespielt hatte. Robert Hart war anscheinend der einzige, der sich nicht aus der Ruhe bringen ließ.

Fast während des gesamten Sommers und während der blutigen Septembertage war Morrison im Mündungsgebiet des Gelben Flusses auf Schnepfenjagd gegangen oder hatte sich zu Schäferstündchen in eine abgelegene Ferienwohnung in den Bergen hinter Peking zurückgezogen. Als er zurückkehrte, wußte er wenig von den Ereignissen, die zur Verhaftung und Hinrichtung der Sechs Märtyrer geführt hatten, und er bemühte sich, das Versäumte nachzuholen, indem er seine Gewährsleute befragte, die ihm die verschiedensten Verschwörungstheorien anboten. Als Peking-Korrespondent der Londoner *Times* mußte Morrison schleunigst den Staub von seinen Stiefeln klopfen und einen hellseherischen Akt vollführen, um über Nacht in die Rolle eines Sehers zu schlüpfen, der sich informiert und ausführlich über alle Aspekte des vermuteten Putschs und seiner Drahtzieher auslassen konnte.

Morrison wußte absolut nichts von K'ang. Diese obskure Gestalt war aus dem Nichts aufgetaucht und galt auf einmal als Führer der

Reformpartei, als prominenter Intellektueller des neuen China, als Intimus des jungen Kaisers, enger Gefährte der Sechs Märtyrer, größter Feind der Kaiserinwitwe, als Berühmtheit in Hongkong, Freund Japans und als chinesischer Messias. Das war zumindest das, was die leichtgläubigeren Westeuropäer in Peking sagten.

Da er annahm, Bland wisse mehr als er, schrieb Morrison seinem Kollegen in Shanghai und befragte ihn über die Bedeutung K'angs. Seine Frage zeigte bereits, wie schlecht er informiert war: »Halten Sie es für denkbar, daß es einfach daran lag, daß er ein friedfertiger und forschender Reformer war, warum K'ang Yu-wei diese heftige Empörung bei der Kaiserinwitwe und das folgende Blutbad ausgelöst hat?«

Bland war wohl kaum der richtige Mann, um Morrisons Bild zu korrigieren, nachdem er selbst der erste gewesen war, der mit seinen entstellenden und ungenauen Artikeln in der *Times* aus K'ang eine internationale Berühmtheit gemacht hatte. K'angs Geschichten vom Hörensagen, vermischt mit eigenen Erfindungen, bestätigten hervorragend Blands Vorurteile über die Mandschu. Statt mißtrauisch zu werden wie Henry Cockburn und Frederick Bourne, hatte Bland alles geschluckt, was K'ang ihm aufgetischt hatte, und es durch seine eigenen irrigen Annahmen über die Kaiserinwitwe ergänzt. So hatte Blands Versuch, Morrison aufzuklären, die gegenteilige Wirkung und verstärkte nur noch dessen Vorurteile. Morrison gelangte zu einer Schlußfolgerung, die einen grundlegenden Fehler in seinem Denken enthüllte. Er sagte sich mit Recht, daß die Niederschlagung der Reformbewegung, die Kaltstellung Kuang-hsüs, die Rückkehr der Kaiserinwitwe und die Wahl von P'u-chun zum Thronprätendenten allesamt Bestandteile eines konspirativen Plans waren. Doch er brachte diese Verschwörung mit Tz'u-Hsi statt mit Prinz Tuan und seinen Eisenhüten in Verbindung. Da er von diesen obskuren Angehörigen der Königsfamilie keine blasse Ahnung hatte und auch nichts davon wußte, daß die Mandschu-Prinzen schon immer hinter den Kulissen der Macht intrigiert hatten, sah Morrison in ihnen nicht mehr als »Tz'u-Hsis Bande« und glaubte, sie allein stecke dahinter und Kuang-hsü sei »abgesetzt« und vegetiere nur noch dahin. »Die beste Lösung...«, schrieb Morrison in einem Brief, »ist im Augenblick der keineswegs unwahrscheinliche Tod der Kaiserinwitwe.« Er begnügte sich damit, daß sie die Schuld an dem ganzen Elend trug und daß ihre Ermordung ein Akt der Befreiung sein würde. Morrison hielt an seiner Meinung selbst dann noch fest, nachdem er sich eingehend mit Dr. Dethèves Bericht vertraut gemacht hatte. Er verabscheute Tz'u-Hsi, wie er die Franzosen verabscheute. So konnte er auch nicht erkennen, was Prinz Tuan und seine Verbündeten wirklich waren: eine eigene und gefährliche politische Machtgruppe, die innerhalb kurzer Zeit über die Mittel verfügen würde, in einem der großen Irrtümer der Zeit China entsetzlichen Schaden zuzufügen. Ohne jede Ahnung davon, was da eigentlich im Gange war, mißverstand Morrison alle Signale und stolperte schwerfällig in den Ruhm.

Morrisons fixe Idee lag all seinen Berichten über China und die Kaiserinwitwe während der folgenden zehn Jahre zugrunde. Während seine persönliche politische Unterstützung langsam von Vizekönig Li zu General Yuan wechselte, ganz im Einklang mit der britischen Politik, revidierte er niemals sein negatives Urteil über Tz'u-Hsi. Für ihn war nur eine tote Kaiserinwitwe eine gute Kaiserinwitwe. Zwischen den Zeilen unterstützte die *Times* diese Auffassung nach Kräften.

Sir Robert Hart fühlte sich von Morrison angezogen, als die beiden Männer sich 1897 zum erstenmal begegneten, weil er in ihm den tüchtigen, aber einsamen Romantiker erkannt hatte, der er selbst war, doch die Beziehung zwischen ihnen kühlte ab, als Hart feststellte, daß Morrison im Grunde seines Herzens ein Zyniker war, die Chinesen und ihre Kultur verachtete und seine ethischen Grundsätze seinem beruflichen Fortkommen unterordnete. Nach Morrisons manipulativer Berichterstattung während des Boxeraufstands im Jahr 1900 sprachen die beiden Männer kaum noch miteinander.

Gleich vielen anderen Imperialisten, die Hart begegnet waren, konnte Morrison nicht begreifen, daß die westliche Medizin, die sie China in den Rachen stopften, den Patienten umbrachte, und sie alle weder willens noch in der Lage waren, es mit einem anderen Rezept zu versuchen; am besten, man schnallte den alten Mann immer fester, bis er nicht mehr um sich treten konnte. Englands Widerstreben, sich durch eine schlichte Annexion Chinas zu übernehmen, beförderte bei den Briten im Lande das Gefühl einer königlichen Zurückhaltung und einer blasierten Selbstzufriedenheit, die begleitet war von einer ebenso großen Abneigung, den Japanern oder Russen das Feld zu überlassen. Als Journalist, der genötigt ist, in solche Zwiespältigkeiten einen Sinn zu bringen, fand Morrison es wesentlich einfacher, die Schuld an allen Ereignissen in China der starrsinnigen, ungebildeten Kaiserinwitwe in die Schuhe zu schieben, die die Hoffnungslosigkeit der Situation kaum einschätzen konnte.

Als China noch nahezu unbekanntes Gebiet war und nur wenige

Ausländer Erfahrungen mit dem gefährlichen Landesinneren gemacht hatten, schien Morrison eine ideale Besetzung für den Posten eines Peking-Korrespondenten der *Times*. Er war damals 36 Jahre alt, schlank, kräftig, breitschultrig und gutaussehend, mit einer gehörigen Portion Verwegenheit. Er war ein guter Schütze, ein geübter Reiter und hatte China zu Fuß und zu Pferd bis zur Nordgrenze von Birma durchquert. Bei diesem gefährlichen Unternehmen war so mancher Begleiter unterwegs von Banditen ermordet worden. Für Morrison waren die Wonnen und Gefahren solch ausgedehnter Erkundungsreisen eine lebenslange Gewohnheit, und die Verbindung von Intelligenz, Charme, Wagemut und einem gefälligen Schreibstil trug ihm das begeisterte Vertrauen seiner Umgebung ein. Da er für das Land, über das er schrieb, eine imperiale Verachtung empfand, machte er sich nie die Mühe, Chinesisch zu lernen. Nicht einmal ein Experte in der chinesischen Sprache wie Henry Cockburn war frei von diesen viktorianischen Lastern; als er 1906 seinen Posten in Peking nach zehnjähriger Amtszeit verließ, hielt sich Cockburn etwas darauf zugute, daß während der ganzen Zeit außer seinen Dienern kein einziger Chinese einen Fuß über die Schwelle seines Hauses gesetzt hatte.

Aufgrund seines Desinteresses an der Landessprache war Morrison auf Dolmetscher, Übersetzer und Zwischenträger als Informationsquellen angewiesen. Er konnte keine eigenen Berichte verfassen oder den Wahrheitsgehalt einer Geschichte selbst überprüfen. Als die *Times* Morrison die Stelle anbot, war bekannt, daß er nicht Chinesisch sprach; der Gerechtigkeit halber muß man hinzufügen, daß die Beherrschung dieser Sprache ein jahrelanges Studium erfordert hätte. Doch weder er noch die Leute von der *Times* sahen darin ein ernsthaftes Handikap. Ebenso wie im konsularischen Dienst blieb das Erlernen von Sprachen den unteren Rängen vorbehalten. Kein Mann, der wirklich auf sich hielt, hätte seine Zeit mit dem Erlernen einer Fremdsprache verschwendet, gab es doch mehr als genug Personal, das einem diese Arbeit abnehmen konnte. Morrison sollte über alle Angelegenheiten berichten, die britische Interessen in China betrafen. Da Morrison ebenso wie die Redakteure der *Times* den britischen Imperialismus kritiklos unterstützte, kam ihnen die Frage nach den wohlverstandenen Interessen Chinas gar nicht erst in den Sinn. Sie marschierten Schulter an Schulter mit Whitehall.

In der ersten Zeit nach seiner Ankunft in Peking war Morrison weitgehend auf den »allwissenden« William Pethick angewiesen, den amerikanischen Sekretär Vizekönig Lis, der vertrauliche Informationen weitergab. Morrison fuhr ständig mit dem Zug nach Tientsin, um Pethick zu treffen. Das erklärt die Geschwindigkeit und Exaktheit einiger seiner frühen Erstberichterstattungen. Sir Robert Hart wußte nicht, daß Pethick an Morrison Insiderinformationen über Lis Verhandlungen mit den Russen weitergab, und machte dem Journalisten Komplimente wegen seines »Geschicks, seinem Material die Wahrheit zu entlocken«. Hätte Hart davon gewußt, dann hätte er Morrison warnen können, daß Pethick keine uneigennützige oder objektive Quelle war, sondern ein besonders treu ergebener Agent Lis, der seinerseits die Presse außergewöhnlich gut zu manipulieren verstand. Pethick und Li versorgten Morrison die meiste Zeit über mit guten Informationen, um sein Vertrauen zu gewinnen und seine Einstellungen zu formen, so daß sie ihn und seine Zeitung auf subtile Weise beeinflussen konnten. Li hatte andere Journalisten, die er für dreiste Lügengeschichten und Schockeffekte benutzen konnte. Morrison und die *Times* waren etwas Besonderes.

Für den alltäglichen Klatsch und Tratsch über die Chinesen und das, was sie dachten, verließ Morrison sich einfach auf seinen Hauswirt und seine Hausdiener. Er hatte kaum Gelegenheit, mit Mandschu und Chinesen, die über intime Kenntnisse der Hofpolitik verfügten, zusammenzukommen. Trotz seiner Abhängigkeit von Pethick (oder vielleicht gerade deshalb) begegnete er Vizekönig Li nur ein einziges Mal. Ein andermal wäre er zufällig beinahe auf Prinz Ching gestoßen, als dieser sein Haus mit dem Gebäude der britischen Gesandtschaft verwechselte.

Zudem brauchte George Morrison eine zuverlässige Informationsquelle, einen Assistenten in Peking. Während seiner ersten 18 Monate schlug er sich ständig mit diesem Problem herum. Er hatte einen einsamen Job, der durch seine Eigenschaften und durch die dringende Notwendigkeit, zumindest dem äußeren Anschein nach stets über alles glänzend informiert zu sein, für ihn noch einsamer wurde.

Es sollte sich als Ironie des Schicksals erweisen, daß unter all den Westeuropäern in China seine Wahl schließlich auf den 25 Jahre alten Edmund Trelawny Backhouse als den Mann seines Vertrauens fiel. Backhouse genügte von Anfang an mehreren Bedürfnissen Morrisons: Er war ein intellektuell gleichrangiger Gesprächspartner, konnte gewandt dolmetschen und übersetzen und hatte Verbindungen zu Informationsquellen über die verborgensten Geheimnisse des Mandschu-Hofs.

Sie begegneten sich zum erstenmal, als der junge Backhouse auf einem von Harts wöchentlichen Gartenfesten im Frühjahr 1899 auftauchte. Dieser hatte sich nach einem Studium in Oxford, wo er unter anderem gute Kenntnisse der chinesischen Sprache erworben hatte, um eine Stelle in Harts Zollbehörde beworben. Hart bemerkte hierzu: »Ein äußerst fähiger Bewerber ist nach Peking gekommen – ein Mr. Ed. Backhouse – (mit Empfehlungsschreiben von Lord Salisbury, dem Duke of Devonshire, und Mr. Chamberlain), der Sohn eines Direktors bei Barclay & Co., der Russisch und Chinesisch spricht und 25 Jahre alt ist; er wäre eine echte Bereicherung, aber ich kann keine neuen Leute mehr brauchen.« Der Zolldienst war personell überbesetzt.

Eine Woche später nahm Backhouse sein Frühstück zusammen mit Morrison ein, der in seinem Tagebuch schwärmte: »E. Backhouse zum Frühstück, Winchester-Stipendiat. Sohn eines Mannes, über den vor kurzem ein Bericht in *Vanity Fair* erschien. Spricht, liest und schreibt Russisch, Neugriechisch. Kennt 2500 chinesische Begriffszeichen... Französisch, Spanisch, Italienisch, Deutsch. Begabter Bursche.« Danach trafen sie sich häufig zum Frühstück oder zum Dinner. Für Morrison, den seine Alltagsgeschäfte in Peking zutiefst langweilten, bedeutete dies eine willkommene Anregung.

Edmund Backhouse war äußerst schüchtern und introvertiert, eine sensible weiße Maus mit sanftem Gesichtsausdruck. Er eignete sich schlecht für die albernen Freizeitspäße der Männer in Botschafterkreisen wie Ponyrennen und Picknicks und hatte ein Haus außerhalb Pekings in den Bergen gemietet. Die beiden Männer unternahmen an diesem Tag gemeinsam einen langen Eselsritt, um dem Staub und der Hitze der Stadt zu entfliehen. Dieser Ausflug wurde Morrison zur regelmäßigen Gewohnheit. Er verließ Peking gegen neun Uhr morgens und ritt in die Berge zu Backhouse, um dort eine gemeinsame Mahlzeit einzunehmen. Sie hatten vieles miteinander gemeinsam: Beide waren Junggesellen mit intellektuellen Ambitionen, sie interessierten sich für Bücher und Schriften, waren besessen von kleinen sexuellen Sünden aller Art, und beide beabsichtigten, in Peking zu bleiben. Mit seinen 37 Jahren war Morrison alt und erfahren genug, sich als Ersatzvater des Jüngeren zu sehen, und was er im Augenblick nötiger brauchte als eine Frau, war ein Schützling, der ihm zur Hand gehen konnte. Backhouse war die perfekte Maske: Hinter seiner Schüchternheit verbarg sich ein außergewöhnliches Wissen. Jeder von beiden fühlte sich durch das Interesse des anderen geschmeichelt.

Backhouse verriet kaum etwas von sich persönlich. Wie er sagte, stammte er aus einer Quäkerfamilie in Lancaster, die im 19. Jahrhundert eine Familienbank besaß und ihr Geld in Kohlengruben und Eisenbahnen angelegt hatte. Sein Vater Jonathan brach mit dem strengen Quäkergeist der Familie und heiratete in eine Anglikanerfamilie in Cornwall ein; seine Braut war Florence, die Tochter von Sir John Salisbury-Trelawny. Nach der Hochzeit verkaufte er die Bank an die Barclays, wurde Direktor bei der Barclay-Bank und lebte das Leben eines Gutsbesitzers auf dem Land. Er betätigte sich politisch und wurde nach einiger Zeit wegen seiner Verdienste für die Partei der Liberalen Unionisten in den Stand eines Baronets erhoben.

Edmund war der älteste Sohn. Seine Geschwister machten sich gut; zwei Brüder wurden Admirale, ein dritter war erfolgreicher Soldat, und seine Schwester Harriet heiratete den Gouverneur einer Grafschaft. Edmund Backhouse ging in Winchester zur Schule und anschließend aufs Merton-College in Oxford, wo er Altphilologie hörte und das Studium europäischer und asiatischer Sprachen aufnahm. Er verfügte über eine natürliche mimetische Begabung, und seine literarischen und sprachlichen Fähigkeiten grenzten ans Geniale. Er lernte eine Fremdsprache nicht mühselig durch harte Arbeit und Fleiß, sondern eignete sie sich spontan an, durch ein außergewöhnliches visuelles und akustisches Gedächtnis und eine besondere Sprechbegabung. Neben seiner Muttersprache beherrschte er nach eigenen Angaben schließlich elf weitere Idiome: Chinesisch, Japanisch, Mongolisch, Mandschu, Russisch, Alt- und Neugriechisch, Pali, Deutsch, Französisch, Italienisch und Dänisch, von denen er die meisten angeblich auch lesen und schreiben konnte.

Morrison war keineswegs naiv; er war sogar ein guter Menschenkenner und streng in seinem Urteil. Er warnte die *Times*, »wir hatten hier einen Mann beschäftigt, der wegen Brandstiftung vor Gericht stand, weil die Beweise für eine Anklage wegen eines Mordes, den er ohne jeden Zweifel begangen hatte, nicht ausreichten; einen weiteren, der eine siebenjährige Gefängnisstrafe abgesessen hatte, und einen dritten, [den man] wegen Veruntreuung verurteilt [hatte]«. Es war nicht einfach, in diesem Teil der Welt »gutes Personal« und qualifizierte Mitarbeiter zu finden, ein weiterer Grund, warum er von Backhouse so angetan war.

Backhouse begann sogleich mit der Übersetzung von chinesischen Nachrichtenmeldungen und offiziellen Dokumenten, die Morrison benutzte, um seine Berichte für die *Times* zusammenzustellen. Endlich hatte Morrison seinen eigenen Peking-Assistenten, Reporter, Dolmetscher und Experten für Mandschu-Interna.

Dank ihrer Zusammenarbeit war Morrison nicht mehr ausschließlich auf Pethick und Bland angewiesen, und aufgrund der täglichen Auswertung von Hofdokumenten und der Berichterstattung in der chinesischen Presse durch Backhouse verbesserten sich für ihn auch die Möglichkeiten einer politischen Analyse. Im Gegensatz zu Pethick und Bland, die eine feste politische Meinung vertraten, schien Backhouse extrem auf Distanz bedacht und blieb in jeder Hinsicht korrekt und höflich. Er war der perfekte Schreibgehilfe und setzte gelegentlich sogar für Morrison einzelne Artikel auf, vor allem, wenn es um Gebräuche und Personen am Hof ging. Backhouse hatte die besondere Fähigkeit, von einem Augenblick zum anderen in jede Rolle zu schlüpfen, die Morrison wünschte. Daß er vermutlich geistesgestört war, zeigte sich erst sehr viel später. Morrison gab ihm weder eine feste Anstellung, noch bezahlte er ihn für seine Arbeit. Backhouse hatte keine finanziellen Sorgen, da sein Vater ihm jährlich eine Summe von rund 300 Pfund überwies, von der man in China sehr gut leben konnte, wenn man nicht übertrieben verschwenderisch war. Als Korrespondent der *Times* verdiente Morrison zum Zeitpunkt ihrer ersten Begegnung lediglich 500 Pfund im Jahr, von denen er auch seine beruflichen Ausgaben bestreiten mußte, wozu auch die Einladungen von Freunden aus den Gesandtschaften zum Abendessen zählten. Diese freiwillige, unentgeltliche Mitarbeit ging möglicherweise auf einen Vorschlag Backhouse' zurück, der sich damit einschmeicheln wollte, so wie er es in Oxford gelernt hatte. Andererseits entschädigte Morrison ihn durch Geschenke, Darlehen und durch geschäftliche Transaktionen, indem er durch ihn als Mittelsmann bestimmte chinesische Bücher und Schriften erwarb, die in seinen Augen besonders wertvoll waren.

Seit seiner Ankunft in Peking hatte Morrison damit begonnen, eine Sammlung seltener chinesischer Bücher und Schriften sowie von Büchern über China auf englisch und in anderen Sprachen aufzubauen, die ihm in späteren Jahren als Alterssicherung dienen sollte. Da er nicht Chinesisch lesen konnte, mußte Backhouse ihm bei der Auswahl alter Manuskripte behilflich sein. Morrison investierte große Summen aufgrund der Empfehlungen seines Freundes, und nur dieser wußte, woher das Erworbene stammte.

Die Beziehung zwischen den beiden Männern war herzlich, beinahe liebevoll. Sie saßen bis spät in die Nacht zusammen; Backhouse übersetzte Dokumente, und Morrison formulierte daraus Zeitungsberichte. Die Briefe von Backhouse an Morrison lassen seine Ergebenheit erkennen. »Mein lieber Morrison, vielen Dank für Ihre Nachricht, bitte machen Sie sich nicht die Mühe, für mich Schokolade aufzutreiben, ich mache mir nichts daraus.« »Mein lieber Morrison, vielen, vielen Dank für die Marmelade, die Sie mir freundlicherweise geschickt haben. Bitte erlauben Sie mir, daß ich sie Ihnen bezahle, sobald wir uns wiedersehen.«

Backhouse machte es sich zur Gewohnheit, stets in Peking zu sein, wenn Morrison abwesend war; er hielt seinen Freund und Gönner über alle Ereignisse und den Klatsch und Tratsch in der Hauptstadt, die das tägliche Brot eines Auslandskorrespondenten sind, auf dem laufenden. Er wurde Morrisons Auge und Ohr: »Mein lieber Morrison, vielen Dank für Ihren überaus freundlichen Brief... Ich hoffe, Sie hatten eine angenehme Zeit in der Heimat und sehen bei Ihrer Rückkehr wesentlich besser aus als bei Ihrer Abreise. Ich habe gestern bei Bischof Scott gegessen, und er kam auf den Mord an Brooks in Shantung zu sprechen... Er ist wohl nicht besonders zufrieden mit den Anstrengungen, die bislang unternommen wurden, um den Mörder zu fassen.«

Backhouse teilte seine Wohnung außerhalb Pekings mit G. P. Peachey, einem angehenden Dolmetscher, der gezwungen war, nach einer unangebrachten Liebesaffäre seine Stelle bei der britischen Gesandtschaft aufzugeben. Angeregt durch die Lektüre von Morrisons Abenteuern bei seiner Reise durch China einige Jahre früher, reisten Backhouse und Peachey zusammen in die Mongolei und kehrten erst im Juni 1900 zurück.

Während Backhouse ein scheues Einsiedlerdasein führte und das Leben an den Gesandtschaften mied, fühlte Morrison sich von diesem Treiben angezogen wie ein Kater von rolligen Katzen. Er war fasziniert und zugleich abgestoßen von seinen Landsleuten, die er in der Mehrzahl verachtete. Peking war das Inbild der Rückständigkeit und zog viel menschliches Strandgut an. Auf der einen Seite brauchte Morrison ständig neue Informationen von seinen Gewährsleuten in den Gesandtschaften, auf der anderen Seite suchte er weibliche Bewunderung in einer Hauptstadt, in der westeuropäische Frauen dünn gesät waren. »Die einzigen unverheirateten Frauen, die überhaupt ein Interesse an mir zeigen, sind die ältlichen Verschmähten mit schmachtendem Blick und falschen Zähnen, die an Verdauungsbeschwerden leiden, mit feuchtkalten Händen... und für eine Ehe völlig ungeeignet.« Er gestand, er habe alles ausprobiert, von der Masturbation bis zum Gang ins Bordell. Das eine sei ihm zu langweilig, und vor dem anderen müsse er sich in acht nehmen. Als Arzt und Journalist hatte er ein wachsames Auge auf alle Westeuropäer in Peking, die gerade eine Syphilis oder einen Tripper auskurierten. Er wurde von zahlreichen Männern in dieser Angelegenheit um Rat gefragt, so daß er über deren Frauen mehr wußte, als er eigentlich sollte. »G. hat mich aufgesucht und roch nach Chloroform. Er hat eine Lymphdrüsenschwellung in der Leistengegend, die er behandeln läßt... und es geht ihm besser. Dieses Andenken hat ihm eine Chinesin mit auf den Weg gegeben.«

Eine Reihe belangloser Affären mit Frauen war peinlich genau in seinen Tagebüchern festgehalten. In einem Fall ging es um »Maysie«, die blondgelockte Tochter eines millionenschweren US-Senators. In Begleitung einer Anstandsdame, deren Pflichten rein nomineller Art waren, schenkte »Maysie« ihre Gunst Morrison und nicht nur diesem. Ihre Freigebigkeit und seine Erregung füllen drei Seiten seines Tagebuchs.

»Seit sie zurückdenken kann, daran gewöhnt, jeden Morgen mit sich zu spielen, auch wenn sie sich unwohl fühlt oder die Nacht mit einem Mann im Bett verbracht hat. Verführt von... einem Arzt in dem französischen Restaurant in San Francisco, das unter dem Namen Huhn und Hühnchen oder Hühnervieh oder so ähnlich bekannt ist. Schwanger... Ging nach Washington [und] entledigte sich des Problems... schlief des öfteren mit dem Kongreßabgeordneten Gaines... Vier Aborte. Auf der *Siberia* auf dem Weg von Honolulu während der ganzen Fahrt vom [Kapitän] ›geküßt‹ [Morrisons Umschreibung für Cunnilingus]. Trieb es mehrere Tage hintereinander mit Martin Egan... Mrs. Goodnow hat [Maysie] gesagt, wenn sie einmal von einer Frau geküßt worden sei, werde sie nie [wieder] den Wunsch verspüren, von einem Mann geküßt zu werden. Jetzt sucht sie ein japanisches Dienstmädchen, das sie in die Staaten begleiten und jeden Morgen küssen soll.«

Die Affären in Peking faszinierten ihn, und häufig machte er ordinäre Eintragungen in sein Tagebuch. »Speiste bei Simpson und traf dort Bredon [Harts Schwager], einen Gentleman, für den er viel Sympathie empfindet und dem er die längsten Hörner aufgesetzt hat, die je ein Hahnrei in China tragen mußte!« »Speiste auf einer Gesellschaft der Familie Bredon. Lily [Bredon] und der Hebräer Simpson [seine verunglimpfende Bezeichnung für Bertram Lenox-Simpson], der an einer schweren Syphilis laboriert... Lily hat vermutlich [ebenfalls] Syphilis.« »Mrs. Hill hat die meisten der Männer hier gehabt. Will nichts anderes, als mit einem Mann in den Federn liegen.« »Lucy [Gray; die Frau des britischen Gesandtschaftsarztes] sagt, außer einem Dasein als Schauspielerin fände sie es am schönsten, eine ungebundene Frau auf Männerjagd zu sein und täglich ihre Liebhaber zu wechseln.« »F. und Mrs. J. P. Grant: Sie lagen ... im Bett, als J. P. hereinkam: ›Raus hier! Wie können Sie es wagen, Sie mieser glatzköpfiger Schuft‹, [sagte F.]. Allein schon seine Ausdrucksweise lähmte bei Grant jede Bewegung.« »Jamieson sagt mir, daß der Stenograf [des US-Botschafters] eine amerikanische Nutte geheiratet hat und deshalb nach Manila versetzt wurde.« »Madame Legendre [die Frau eines französischen Schriftstellers und Arztes] wurde in Peking von einem Hund gebissen, bei dem sich später Anzeichen von Tollwut gezeigt haben. Sie muß nach Tomsk reisen und sich dort impfen lassen. Und was wird aus Casenave [Maurice Casenave, französischer Diplomat], fragt man sich jetzt hier?«

Er war ein Voyeur, den der Gedanke an lesbische Frauen erregte: »Sie mag keine Männer, aber wenn sie Frauen liebt, müssen es schöne Frauen sein.« »Sie war als eine Lesbierin bekannt, die aus dem presbyterianischen Mädchenpensionat geflogen war.« »Ich sehe, daß Mrs. S. und sie einander erkannt haben und beobachte, daß sie sich heimlich treffen.« »Vielleicht benutzt sie das japanische [Dienstmädchen], um sich von ihr lutschen zu lassen, wie es viele Frauen mit gottlosen Trieben tun.«

Sir Robert Hart war so unklug, mit Morrison über sein Privatleben zu plaudern, und Morrison vermerkte alles genau in seinem Tagebuch: »I. G. bis spät in die Nacht von Mrs. Key bezaubert.« »Speiste mit dem I. G. und wurde Zeuge seiner erotischen Leidenschaft für junge Mädchen.«

Während Morrison Backhouse mit den jüngsten Klatschgeschichten aus den Gesandtschaften amüsierte, revanchierte sich dieser mit exotischen Geschichten über die Dekadenz der Mandschu, die er von seinen Bekannten unter den *ming-shih* zusammengetragen hatte. Die kränkenden Vorwürfe, die K'ang gegen die Kaiserinwitwe wegen angeblicher sexueller Ausschweifungen erhob, faszinierten beide Männer, und nachdem Backhouse entdeckt hatte, wie sehr Morrison sich für diese vermutete dunkle Seite der Kaiserinwitwe interessierte, bemühte er sich, weitere skandalöse Beschuldigungen aufzuspüren und darüber zu berichten.

Nach außen wirkte Backhouse so unschuldig wie ein Chorknabe, hatte so gepflegte Manieren und war so sanft, daß sein Verhalten zuweilen fast masochistische Züge annahm. Auf diese Weise verbarg er seine wahre Natur, die so abstoßend war, daß er sich genötigt sah, sie ebenso zu verheimlichen wie Renfield seinen Appetit auf Fliegen und Küchenschaben. Backhouse' Hände waren wohlgeformt und feminin, mit langen, spitz zulaufenden Fingern, doch sie befanden sich während seiner ausgedehnten Unterhaltungen mit Morrison vor innerer Erregung oder Spannung ständig in Bewegung. Das Bemerkenswerteste an ihm waren seine Augen, die nahe daran waren, ihn zu verraten. Ihr Ausdruck änderte sich beständig und wechselte unvermittelt von dem eines in tiefe Gedanken versunkenen Gelehrten zu einer religiösen Verzückung, dann wieder in die überschäumende Lust eines jungen Satyrs und schließlich in die gierige Schläue eines lüsternen alternden Lebemannes, wenn er sich an den erotischen Schilderungen der Kaiserinwitwe und ihrer Orgien mit falschen Eunuchen ergötzte.

Gegenüber Morrison unterließ der scharfsinnige Backhouse nie den Hinweis, daß dies Geschichten waren, die er von Gewährsleuten aus Kreisen der *ming-shih* gehört hatte, von chinesischen und Mandschu-Gelehrten, die aufgrund ihrer herausgehobenen Stellung regelmäßig am Hof verkehrten und das Erzählte aus erster Hand hatten. Von Anfang an hatte er in Peking die Bekanntschaft der *ming-shih* gesucht, ihre bevorzugten Theater und Weinlokale besucht und war dank seiner Sprachbegabung und ähnlicher sexueller Vorlieben von den Exzentrischeren unter ihnen mit der Zeit akzeptiert worden. Durch sie, so behauptete er, habe er Zugang zu geheimen chinesischen Quellen auf höchster Ebene erhalten, die die von K'ang erhobenen Anschuldigungen gegen die Kaiserinwitwe bestätigten.

Die Mitglieder der *ming-shih* mit ihren Klatschgeschichten und die Autoren von Geheimgeschichten waren nicht die einzigen Urheber verleumderischer Gerüchte über Tz'u-Hsi. Morrison und Lim Boonkeng waren Freunde, die an derselben medizinischen Fakultät studiert hatten; Lim konnte Morrison endlose Lügengeschichten über die Kaiserinwitwe erzählen. Verschiedene Hinweise lassen vermuten, daß Backhouse Lim ebenfalls kannte, sich mit ihm jedoch nicht vertrug. Nachdem Lim Backhouse mit einem Großteil seines Originalmaterials versorgt hatte, das dieser in seiner Biographie der Kaiserinwitwe dazu benutzte, diese zu verunglimpfen, wandte Backhouse sich gegen Lim und bezeichnete ihn als anmaßenden Orientalen, der sich zu sehr mit westlicher Bildung vollgestopft habe:

»Indem dieser Schriftsteller seinen Besitz an ›westlicher Bildung‹ auf Babumanier* stark in Anspruch nimmt, vergleicht er die Kaiserin mit Circe, Semiramis, Katharina von Medici, Messalina, Fulvia und – Julia Agrippina. Er führt Dante Gabriel Rossetti als Bekräftigung seiner Beweise an und säuert seinen Verleumdungsteig mit einer mäßigen Dosis von wirklichen Tatsachen, um seiner Erzählung etwas Wahrscheinlichkeit zu geben. Aber sein Urteil ist durchweg oberflächlich... so daß sein Werk eben fast wertlos ist.«

Im Hinblick auf die Fähigkeit, die Kaiserinwitwe in Verruf zu bringen und dabei geschickt pornographische Details einzustreuen, konnte es weder Lim noch sonst einer mit dem redegewandten Backhouse aufnehmen.

Niemand wußte damals, daß Edmund Backhouse das Produkt einer absonderlichen und traurigen Kindheit war, die jeden Psychoanalytiker neugierig gemacht hätte. Wie er sich bitter beklagte, waren seine »Kinderjahre zutiefst unglücklich, denn ich war das Kind wohlhabender Eltern, die alles hatten, was sie wollten, und dennoch erbärmlich waren... Ich hörte weder ein freundliches Wort, noch empfing ich ein widerwillig gewährtes Zeichen der Sympathie, dafür jedoch Haß und nur Haß den lieben langen Tag, während [meine Mutter] über meine kindlichen Tränen spottete«. »Ihre Wutausbrüche waren regelrechte Eruptionen.« Einmal verprügelte ihn sein Vater, und sein jüngerer Bruder Roger »war immer sehr grob zu mir«.

Sie haßten ihn alle, denn Edmund war nicht nur ein Lügner, ein Schwindler und ein Dieb, sondern zugleich auch unübersehbar homosexuell, eine Kombination, die um einiges über das hinauszugehen schien, was seine Eltern verkraften konnten. Keine dieser Eigenschaften, ob einzeln oder in mehrfacher Verknüpfung, war bei einem Jungen seines Alters etwas Ungewöhnliches, doch bei Edmund kam noch eine Funktionsstörung hinzu. Er war hochbegabt, aber höchst unstet, ein echter Exot, der sich in einer blühenden Phantasiewelt bewegte und unter lange anhaltenden depressiven Anfällen zu leiden hatte.

Als er acht Jahre alt war, wurde er nach Ascot auf die St. Georgs-Schule geschickt, die mit glühendem Eifer von Reverend Herbert Sneyd-Kynnersley geleitet wurde, dessen besonderes Vergnügen darin bestand, seinen Zöglingen den blanken Hintern zu verprügeln.

* Babu: Verächtliche Bezeichnung für einen Inder mit oberflächlicher westlicher Bildung (A. d. Ü.).

Hier brachte man dem bereits aus dem Gleis geratenen Edmund bei, ein vollkommener Gentleman zu werden und den älteren Schülern der Reihe nach willfährig zu sein. Von dort ging er nach Winchester, wo seine Mitschüler ihn als verlogen, diebisch und absonderlich beurteilten. Statt auf dem Merton-College in Oxford sein Studium zu beenden, vergeudete er sein Erbe in dem verzweifelten Versuch, in den Kreis der Homosexuellen um Oscar Wilde aufgenommen zu werden, die ihn jedoch nur verhöhnten und mißbrauchten. Er vertraute Morrison lediglich an, er sei ein Freund von Alfred Douglas, dessen Verführung durch Wilde und anschließende Liebesgeschichte mit diesem 1895 in London für einen der größten Skandale sorgte.

Nach einem schweren Nervenzusammenbruch während seines letzten Studienjahrs kehrte Edmund im Sommer 1895 Oxford plötzlich den Rücken und floh aus England, hinterließ unbezahlte Rechnungen in Höhe von 23000 Pfund und entrann einem peinlichen Skandal. Er war gezwungen, den Bankrott zu erklären, um sich vor den Schuldnern in Sicherheit zu bringen, die sich nunmehr an den Vater hielten. Dieser schaffte die Schulden aus der Welt, um die Familienehre zu retten, beglich allerdings nur ein Zehntel der ursprünglichen Forderungen. Edmunds Aufenthalt während der folgenden drei Jahre liegt im dunkeln, doch schließlich schlug er sich bis nach China durch, wo er im Frühjahr 1899 ankam.

Nachdem seine Schulden im selben Jahr endgültig geregelt waren und sein Vater sich weigerte, ihn im bisher gewohnten, großzügigen Rahmen zu unterstützen, lebte Edmund im Ausland und erhielt Geld dafür, daß er nicht in die Heimat zurückkehrte. Er sah sich gezwungen, Ruhm und Reichtum aus eigener Kraft zu erwerben. Daß sein Vater ihm keine größere monatliche Summe zukommen lassen wollte, erzeugte in ihm einen Groll, der zeitlebens an ihm nagte.

Als Backhouse Sir Robert Hart wegen einer Anstellung in der Zollbehörde aufsuchte, führte er Empfehlungsschreiben mehrerer Peers mit sich. Es läßt sich nicht mehr feststellen, wie er an diese Schreiben gelangte und ob sie überhaupt echt waren. Wie auch immer, in seinen unveröffentlichten Erinnerungen, die er während seines letzten Lebensjahres verfaßt hatte, schilderte er eine Liebesaffäre, die er um die Mitte der 1890er Jahre mit einem Premierminister gehabt haben will.

»Er führte mich in seine prachtvolle Bibliothek und zeigte mir Literatur über Napoleon mit großen Flugschriften und Karikaturen sowie Briefe des Kaisers an Marie-Louise und an Papst Pius VII. Unter den

Souvenirs aus seiner Studienzeit befanden sich zwei Birkenruten aus Eton, geschmückt mit den hellblauen Bändern der Schule, die daran erinnerten, daß man dort die Knaben mit der Rute gezüchtigt hatte. Wie es hieß, fand er wie Swinburne Vergnügen daran, sich gegenseitig zu peitschen... doch während des Verkehrs mit mir kam er mit keiner Silbe auf die Prozedur zu sprechen. Meine Leser werden mir zustimmen, daß wenn ein junger Mann den Vorzug genießt, sexuellen Verkehr mit einem Premierminister zu haben, jeder Vorschlag in bezug auf den ›modus operandi‹ von dem letzteren ausgesprochen werden muß, und was meine Person angeht, so befand ich mich in der Rolle des ›locataire‹ (des Mieters, wie der Franzose es geistreich ausgedrückt hat), und in der Tagesordnung war ausnahmslos Passivität vorgesehen.«

Backhouse konnte wenigstens gut erzählen.

Diese unveröffentlichten Erinnerungen sind Teil einer pornographischen literarischen Tradition, die Backhouse als Heranwachsender ausgiebig in sich aufgenommen hatte, exemplarisch vorgeführt in den *Venice Letters*, einer Sammlung von Briefen an Backhouse' Vetter Charles Masson Fox von einem exzentrischen Engländer namens Frederick William Rolfe, der unter dem Pseudonym Baron Corvo schrieb. Rolfe war ein Mann, den es nirgends hielt und der sich als Schriftsteller, Maler, Musiker, Fotograf, Lehrer, Theologiestudent und Prostituierter durchs Leben schlug. Er strebte eine Laufbahn in der katholischen Kirche an, wurde jedoch als ungeeignet abgelehnt, weil er seine Zeit damit zubrachte, italienische Knaben zu fotografieren, die lediglich mit einem Lendenschurz bekleidet waren, und weil er riesige Schulden gemacht hatte. Er ließ sich in Italien nieder, wo er auf die Freundlichkeit von Fremden angewiesen war und für den Rest seines Lebens seine Liebhaber und Gönner schröpfte. Wenn diese versuchten, ihn wieder loszuwerden, revanchierte er sich für deren Wohltaten, indem er mit peinlichen Prozessen drohte, um weitere Zahlungen aus ihnen herauszupressen. Als prominenter Exzentriker in Venedig wohnte er in einem alten Palazzo am Canal Grande, und wenn er eine Gesellschaft besuchte, ließ er sich auf einem Leopardenfell ausgestreckt von vier Ruderern in einer Gondel dorthin bringen. Hier lernte er auch Backhouse' Vetter Charles Masson Fox kennen und traf mit ihm eine Vereinbarung. Von da an begann zwischen den beiden eine merkwürdige Korrespondenz, von der lediglich Rolfes Briefe erhalten geblieben sind, die nach dem Ersten Weltkrieg im Privatdruck unter dem Titel *Venice Letters* erschienen. In ihnen wird anschaulich eine wilde Serie erotischer Abenteuer geschildert, die Rolfe angeblich mit zahlreichen Knaben und Männern erlebt hatte. Als Gegenleistung für diese Briefe schickte Fox an Rolfe Geld, in der Regel ziemlich kleine Beträge in Höhe von jeweils einigen Pfund. Fox und sein Kreis in London und Cornwall wurden auf diese Weise zu ihrer Unterhaltung mit bislang unveröffentlichter Pornographie beliefert.

Als Knabe verbrachte Edmund Backhouse einige Zeit bei seinen Großeltern in Cornwall, wo er in die Gesellschaft seines um sieben Jahre älteren Vetters geriet. Wir wissen nicht, ob Backhouse irgendwann auch Rolfe kennengelernt hat, doch er wurde schon früh in die privat zirkulierende homosexuelle Pornographie eingeweiht, für die die Briefe des Barons Corvo nur eines von vielen Beispielen sind.

Worin auch immer seine Tricks und Perversitäten bestehen mochten, Edmund Backhouse war ein geborener Geschichtenerzähler, der zu diesem Beruf unverhofft am Vorabend der Revolution im kaiserlichen China fand. Dabei vermengte er raffiniert Pornographie und Journalismus, wie ein Kind, das seinen Kot zu Dünger anrührt. Sein ganzes Leben lang schien er ein besonderes Vergnügen dabei zu empfinden, jedem, der es hören wollte, Tz'u-Hsis angebliche Perversitäten aufzutischen. In seiner Anfangszeit in Peking pflegte er skandalöse Leckerbissen auszuschmücken, die er bei den *ming-shih* aufgeschnappt hatte, und gemeinsam mit Morrison und anderen als Gerücht unters Volk zu bringen. Der Klatsch sickerte durch die Gesandtschaften und wurde für wahr gehalten. Sodann bestätigte Backhouse sein Gerücht und reicherte es durch die Entdeckung neuer »Tatsachen« an. Fasziniert lernte er die chinesische Tradition geheimer pornographischer Geschichten und Biographien kennen und begann, davon eine Sammlung anzulegen, um sie in sein Repertoire einzubauen. Als er dann mit seinem chinesischen Material vertrauter wurde, fabrizierte er »offizielle« Dokumente (Tagebücher und Denkschriften), kritisierte seine eigenen gefälschten Quellen, wies die Fehler in den Theorien anderer Autoren (wie Lim) nach und führte seine gläubige Leserschar zu dem unausweichlichen Schluß, daß von allen nur einer recht hatte – Backhouse.

Die von Edmund Backhouse fabrizierte Version von den Ereignissen im Innern der Verbotenen Stadt wurde im Lauf der Jahre außerordentlich komplex. Er begann mit dem leicht anzüglichen Bild eines »orientalischen Trianon« und errichtete nach und nach eine ganze geheime Welt aus Orgien mit falschen Eunuchen, illegitimen Kindern und ermordeten Konkubinen. Das Ganze erinnerte in seinem

Ausmaß an Jonathan Swift, wurde jedoch bewußt glaubhaft gemacht. Sein Zerrbild von Tz'u-Hsi umschloß mit der Zeit das ganze Panorama von der Nymphomanie über Ausschweifung, Perversion und Mord, das traditionell mit Kaiserin Wu in Verbindung gebracht wurde. Viele dieser Behauptungen wurden zuerst in der *Times* veröffentlicht, ohne daß Backhouse als Autor in Erscheinung getreten wäre; die Zeitungsleser mußten annehmen, daß diese Berichte sorgfältig recherchiert waren, fundierte Tatsachen enthielten oder auf Erkenntnissen von Insidern wie dem bekannten George Morrison beruhten. Die Wahrheit war natürlich, daß Backhouse diese Geschichten erfand und sie als »informierten Klatsch« an Morrison weitergab, der sie arglos in seinen Berichten für die *Times* unterbrachte. Anschließend wurden sie von Zeitungen in aller Welt gedruckt und von den Lesern für bare Münze genommen. Als für Backhouse der Zeitpunkt gekommen war, seine eigenen Biographien der Kaiserinwitwe zu veröffentlichen, berief er sich immer wieder auf die *Times* als seine maßgebliche Quelle, um Behauptungen zu bekräftigen, die nach seinen Angaben von chinesischen Beamten stammten oder die er in geheimen Mandschu-Tagebüchern aufgespürt haben wollte. Das Ganze war eine raffinierte Übung in scholastischem faulen Zauber, die nur von einem Mann mit außergewöhnlicher Geduld und mit viel Witz so lange durchgehalten werden konnte.

Die Westeuropäer in Peking, darunter auch Morrison und Hart, wurden nicht müde zu beteuern, wie unbezahlbar es sei, aus dem Munde eines Insiders zu erfahren, was wirklich hinter den Mauern der Verbotenen Stadt vorging. Zwar verständigte sich Backhouse mit Bland auf eine Zusammenarbeit bei ihrem ersten Buch erst nach dem Tod Tz'u-Hsis 1908, doch offenbar begann er mit der Arbeit daran schon mehrere Jahre zuvor, möglicherweise um 1900, angeregt von K'ang Yu-wei und Lim Boon-keng. Während all der Jahre, in denen er mit Morrison lange abendliche Gespräche über das angebliche Geheimleben der Kaiserinwitwe führte, bereitete Backhouse emsig sein Meisterstück vor. Die Idee, eine wissenschaftliche Biographie nach westlichem Muster mit erfundenen pornographischen Details nach chinesischem Vorbild zu versetzen, entsprach Backhouse' exzentrischen Vorlieben, seinem Sinn für Humor, seiner hervorragenden schriftstellerischen Begabung und seinen mimetischen Fähigkeiten – und stellt seinen »großen« Beitrag zur Literatur dar: den Schwindel mit der Kaiserinwitwe als Ungeheuer. Angefangen mit den Geheimgeschichten alter Königreiche, beschloß er ein »geheimes Tagebuch« zu schaffen, das angeblich von einem ehemaligen ranghohen Beamten aus Tz'u-Hsis eigener Hofhaltung geführt worden war. Ursprünglich schrieb er das Tagebuch auf englisch und bediente sich dabei großzügig aus westlichen und chinesischen Quellen. Teile davon wurden anschließend ins Chinesische übersetzt und von Backhouse' Spießgesellen niedergeschrieben, wobei eine fortlaufende Schrift wie bei einem Tagebuch verwendet wurde. Es ist mehr als erstaunlich, daß sein Coautor Bland nie versucht hat, Backhouse' Quellen eingehender zu prüfen; als andere das später nachholen wollten, erklärte Backhouse, sie seien verlorengegangen, gestohlen worden, verkauft oder Bränden zum Opfer gefallen, die seine »Sammlung« praktischerweise in regelmäßigen Abständen heimgesucht hatten.

Die beiden Biographien von Tz'u-Hsi, die er zusammen mit Bland verfaßte, machten die darin verwobene Pornographie für Westeuropäer genießbar, da in ihnen angeblich eine »fremde« Lebensweise dargestellt wurde. Diese sollten die Leser durchaus verurteilen, wenn sie die »schockierenden« Enthüllungen lasen, weil Backhouse sie als die Bruchstücke des geheimen Tagebuchs eines hohen Mandschubeamten hinstellte, die mit klinischer Distanz zu lesen waren, so wie der Bericht eines Zoologen über das abscheuliche Verhalten einer weit entfernt lebenden Orang-Utan-Art.

Als Werke der Gelehrsamkeit sind Backhouse' Bücher gelungene Beispiele für edwardianische Prosa. Der Leser wird beständig durch die Aura einer Autorität und durch die geschickte Verwendung rhetorischer Mittel umgarnt. Erst wenn man sich bewußt macht, daß der Inhalt dieser Bücher *keine* Tatsachen sind, sondern Teil eines fein gesponnenen Schwindels, kann man das Kunstvolle daran wirklich würdigen.

Insgesamt verbrachte Edmund Backhouse fast 45 Jahre in Peking. Einen Großteil der ersten Hälfte dieser Zeit widmete er seinen Studien und den Fälschungen von Hofdokumenten, während er in den beiden letzten Jahrzehnten andere dazu anhielt, dasselbe zu tun. Gegen Ende wurde sein Gesundheitszustand immer labiler, und in seinen letzten Lebensmonaten enthüllte er sich in zwei schwülstigen und verrückten Memoirenbänden, die eine starke Ähnlichkeit mit den *Venice Letters* aufweisen, diese jedoch an Umfang und Phantasie weit übertreffen. Die seltsamsten Passagen dieser wunderlichen Erinnerungen schildern eine angebliche Liebesaffäre Backhouse' mit Tz'u-Hsi. Zwar sind diese Manuskripte nie publiziert und von den meisten Chinaforschern gar nicht zur Kenntnis genommen worden, doch kein anderes Dokument verrät so deutlich seinen Geisteszustand.

»Mein intimer Umgang mit Tz'u-Hsi«, schrieb Backhouse, »begann 1902 und währte bis zu ihrem Tod. Ich hatte ungewöhnlich ausführlich über meine geheime Verbindung mit der Kaiserinwitwe und anderen Buch geführt und war im Besitz von Mitteilungen und Notizen, die mir von Ihrer Majestät persönlich übersandt wurden, doch zu meinem großen Leidwesen sind alle diese Manuskripte und Aufzeichnungen verlorengegangen.«

Die extravagante Schilderung dieser ausschweifenden sexuellen Posse mit der Kaiserinwitwe und der grotesken Details ihrer Begegnung machen schmerzhaft deutlich, daß man es hier mit der entflammten sexuellen Phantasie eines völlig zerrütteten Geistes zu tun hat. Was viele Jahrzehnte zuvor als erfinderische, bösartige Satire – im Gewand einer historischen Darstellung – begonnen hatte, entartete jetzt zu verrückten Schmierereien.

Wie konnte Backhouse diesen Schwindel überhaupt bewerkstelligen? Was bewog Generationen von Chinaforschern, ihn ernst zu nehmen? Die Antwort liegt in einem umfassenden stillschweigenden Einverständnis. Natürlich erhielt Backhouse Unterstützung von George Morrison, der ihm den Anfang erleichterte, und von J. O. P. Bland, der so leichtgläubig war, daß er alles schluckte, was K'ang Yuwei und Backhouse erzählten, solange es den Mandschu schadete. Dank Morrison und Bland wurden alle wesentlichen Erfindungen von Backhouse über Tz'u-Hsi in der *Times* als belegte Tatsachen gebracht, Belege, auf die Backhouse sich später stützen konnte, ohne zu enthüllen, daß er sich auf sich selbst berief. Doch Morrison und Bland unterstützten Backhouse nicht allein. Als Auslandskorrespondenten waren sie lediglich die Dolchspitze eines Bewußtseinszustands. Es gab ein geheimes Einverständnis in den Vorurteilen über China – die Leser wollten diese Dinge glauben. Um die Jahrhundertwende war das in Peking gang und gäbe; fast jeder fälschte die Tatsachen. Dazu braucht man sich lediglich genauer anzusehen, auf welche Weise der Boxeraufstand von Morrison und anderen dargestellt wurde, damit sie Tz'u-Hsi als die Schuldige hinstellen konnten.

Nach fast einem halben Jahrhundert Regierungszeit präsentierte sich die Kaiserinwitwe Tz'u-Hsi dem holländisch-amerikanischen Künstler Hubert Vos 1905 kurz vor ihrem 70. Geburtstag in strenger, aber anziehender Erscheinung. Kritiker zogen es vor, Fotos zu veröffentlichen, auf denen ihr Gesicht, nach einem Schlaganfall teilweise gelähmt, aufgedunsen und verzerrt erscheint und die so eine bösartige und degenerierte Persönlichkeit suggerieren. Vos war vollkommen bezaubert von ihr.

(Fogg Art Museum, Harvard University)

Chinas eigentlicher Herrscher in den ersten Jahrzehnten von Tz'u-Hsis Regierungszeit war ihr Schwager Prinz Kung, der eine instabile Koalition aus hitzköpfigen Mandschu-Prinzen, Mandarinen und Vizekönigen der Provinzen anführte. Vorher nichts weiter als ein prahlsüchtiger Playboy, bewahrte er die Dynastie vor ausländischer Invasion und innerem Aufruhr.
(Foto: John Thomson)

Verärgert über die Weigerung der Chinesen, dem Westen ihr Land für Handel und missionarische Bemühungen zu öffnen, marschierten die Briten und Franzosen 1860 ein, sprengten die Forts bei Taku, die den Weg nach Peking sicherten, und plünderten die Umgebung aus. Die nördliche Festung ist übersät mit toten Chinesen, die mit Armbrüsten (auf dem Wall) und alten Musketen gegen moderne Geschütze angetreten waren.

(Graphics International, Washington, D. C.)

Es reichte den Alliierten nicht, den Mandschu-Kaiser gedemütigt und seine Armeen geschlagen zu haben – sie verwüsteten auch noch den herrlichen Sommerpalast vor den Toren von Peking. Sie sprengten ihn dann in Stücke und brannten ihn bis auf die Grundfesten nieder. Von Hunderten von Palästen, Tempeln, Bibliotheken und Galerien sowie mehreren tausend Hektar Parkanlagen entging lediglich der Pavillon der Schönen Wolken auf dem Hügel des Langen Lebens der Zerstörung durch die britischen Soldaten.

(Foto: John Thomson)

Lord Elgin
(Privatsammlung)

Horatio Lay

Harry Parkes
(Stanley Lane-Poole)

In der festen Absicht, den Chinesen eine Lehre zu erteilen, entschloß sich Lord Elgin 1860, die Rolle des »unbeherrschbar wilden Barbaren« zu spielen. Unterstützt wurde er dabei von Harry Parkes und Horatio Lay, zwei britischen Dolmetschern, die im Herumkommandieren und Tyrannisieren chinesischer Mandarine viel Übung besaßen. Sie prägten einen Stil westlicher Anmaßung in China, der die Kaiserinwitwe zum Sündenbock aller Probleme im Reich machte.

In Wahrheit lag das Schicksal des chinesischen Reichs in den Händen des schlauen Staatsmanns Vizekönig Li Hung-chang. Li, der private Armeen und Geheimagenten befehligte, Schiffe, Eisenbahnen, Telegrafenleitungen und Banken kontrollierte und über einen immensen Reichtum verfügte, hatte alle Macht inne, während dem Mandschu-Thron die Schuld an den Ereignissen zugewiesen wurde. Ihm war bewußt, daß das Amt des Verwaltungspräsidenten wesentlich günstiger für ihn war als der Kaisertitel.

(Foto: John Thomson)

Der aus Ulster stammende Robert Hart, der China liebte und loyal auf der Seite Prinz Kungs und Tz'u-Hsis stand, wurde zum einflußreichsten westlichen Ausländer im Peking des 19. Jahrhunderts. Als Generalinspektor des chinesischen Zolls zog er gewissenhaft die Abgaben ein, die den Mandschu-Thron in die Lage versetzten, die erdrückende Last der Reparationszahlungen an die Westmächte zu leisten. Er wurde von dem Prinzen und der Kaiserinwitwe »unser Hart« genannt.

(Harvard University)

Die Ziegeldächer der Verbotenen Stadt in lebhaftem Orange und ihre Mauern von dunklem Rosa schirmten die Ching-Dynastie vor der harten Realität ab, wenn sich die Dämmerung herabsenkte. In ihren duftenden Gärten wuchsen die jungen Kaiser, von Tausenden von Eunuchen umhätschelt, hinter einem gelben Schleier auf, ohne mit dem Wissen und den Gefahren der modernen Welt in Berührung zu kommen. Das Bild zeigt das südliche Panorama, das sich vom Ching Shan (Aussichtshügel) aus bietet, einem künstlich aus Schutt aufgetürmten Hügel, der zum Gegenstand humoriger Wortspielereien durch Edmund Backhouse, den Fälscher von Tz'u-Hsis Biographie, wurde.

Kaiser Kuang-hsü
(Philip W. Sergeant)

K'ang Yu-wei
(Philip W. Sergeant)

Liang Chi-chao
(B. P. Putnam Weale)

Als Kind von seinem Vater und seiner Mutter verachtet und mißhandelt, kämpfte Kaiser Kuang-hsü gegen Stottern und massive körperliche Leiden an und wurde zu einem der führenden Betreiber unumgänglicher Reformen in China. Egoistische Förderer wie K'ang Yu-wei und sein Anhänger Liang Chi-chao hängten sich an den Reformkarren und konspirierten mit den Ausländern. Als die beunruhigten Mandschu-Prinzen die Führer der Reformbewegung köpfen ließen, flohen K'ang und Liang nach Japan. Kaiser Kuang blieb, seiner Macht beraubt, zurück; die Geschichte beschuldigte fälschlicherweise Tz'u-Hsi. (Privatsammlung)

George Morrison, der berühmte Peking-Korrespondent der Londoner Times, *war ein viktorianischer Abenteurer und Kosmopolit, Arzt und geschickter Lügner. Unter seiner Feder verwandelte sich die Geschichte nach britischem Geschmack, Tz'u-Hsi wurde als Ungeheuer dargestellt, und die groteske »Belagerung der Pekinger Gesandtschaften durch die Boxer« im Jahre 1900 wurde zum Heldenepos, in dem er selbst die Hauptrolle spielte. Morrison führte ein geheimes privates Tagebuch, das den Darstellungen in seinen vielgelesenen Zeitungsartikeln widerspricht.*

(Mitchell-Bibliothek, Sydney, Australien)

Der Inbegriff der Unschuld in der Fremde: Der junge Hochstapler Edmund Backhouse (oben) wurde zur lauernden grauen Maus von Peking und hielt sowohl Morrison als auch J. O. P. Bland (unten), den Shanghai-Korrespondenten der Londoner Times, *zum Narren. Als angeblich intimer Kenner des Mandschu-Hofes lieferte er Morrison Material für Leitartikel, in denen Tz'u-Hsi als bösartige Tyrannin dargestellt wurde. Der leichtgläubige Puritaner Bland ließ sich überreden, gemeinsam mit Backhouse zwei Biographien zu verfassen, die mit ihrem Gemisch aus Lügen und hintergründiger Pornographie die Historiker hinters Licht führten.*

(Backhouse-Familienarchive und News International Plc.)

DIE SCHLÜSSELFIGUREN DER BELAGERUNG VON PEKING

Edwin Conger,
der ohne sein Zutun beteiligt war

Herbert Squiers,
der ein Vermögen erbeutete

Sir Claude MacDonald,
der stets in Abendgarderobe auftrat

Baron von Ketteler,
der sich zur Zielscheibe macht

(Polly Candit Smith)

Nachdem die Armeen der Alliierten fröhlich brandschatzend und plündernd durch Nordchina gezogen waren, marschierten sie 1900 erneut in Peking ein, um die Belagerung der Gesandtschaften zu beenden. Sie paradierten durch die Verbotene Stadt, und als sie heimkehrten, waren Zehntausende von Chinesen ermordet, die Paläste und Privathäuser ausgeplündert, die meisten Archive vernichtet, der Mandschu-Hof war mittellos, und die Dynastie hing an einem seidenen Faden. Und an alledem gaben die Historiker Tz'u-Hsi die Schuld. (Library of Congress)

Eskortiert von Dolmetschern in vollem Ornat (oben) brechen die Ehefrauen führender ausländischer Diplomaten in Peking zur ersten Audienz mit der Kaiserinwitwe in der Geschichte Chinas auf. Aufgeputzt wie Operndivas, haben sich, von links nach rechts, die Frau des deutschen, holländischen, französischen, britischen (Lady MacDonald), russischen, japanischen und amerikanischen (Sarah Conger) Botschafters aufgestellt. Auf dem unteren Bild ist die Kaiserinwitwe (sitzend), umgeben von einigen ihrer Hofdamen, zu sehen. Ganz links steht Kaiserin Lung-yu, die Ehefrau des Kaisers Kuang-hsü; zu Tz'u-Hsis Rechter steht Yu Derling, deren Bruder das Foto aufnahm. Die westlichen Damen waren beim Abschied entzückt, und die Teegesellschaften wurden über Jahre fortgeführt.

(Harvard University)

Der intrigante General Yuan Shih-kai hinterging praktisch jedermann irgendwann einmal. 1911 setzte er sich über die schwer angeschlagene Ching-Dynastie hinweg, täuschte die republikanischen Revolutionäre und machte sich selbst zum Diktator. Noch nicht zufrieden mit der erlangten Macht, krönte er sich selbst zum Kaiser und schmückte sich mit dem kaiserlichen gelben Drachengewand. Aber der Himmel entzog ihm seine Gunst. Nachdem er kopfüber in eine Latrine gestürzt war, verzichtete er auf den Thron, starb bald darauf in tiefem Elend und überließ Chinas Schicksal einer Gruppe zerstrittener Kriegsherren.

(Philip W. Sergeant)

Sir Edmund Backhouse mit seinem prachtvollen Bart überdauerte alle anderen und wurde zum legendären Guru von Peking, zur weltweit führenden Kapazität in allem, was die Kaiserinwitwe Tz'u-Hsi und den gestürzten Mandschu-Hof betraf. Wissenschaftler in der ganzen Welt nahmen sein geniales Porträt der blutrünstigen Tyrannin für bare Münze. Obwohl so mancher den Schwindel ahnte, nahm die Welt seine dämonische Vision des kaiserlichen Chinas dankbar auf. Backhouse trat 1943 lachend als einer der größten Schwindler der Geschichte von der Bühne des Lebens ab.

(Bodleian Library, Oxford)

17
Gesindel

Der Boxeraufstand und die sogenannte »Belagerung der Gesandtschaften« von 1900 sind seit jeher als Bestandteile eines irrsinnigen Plans mit Unterstützung der Kaiserinwitwe und als Musterbeispiel für chinesischen Verrat dargestellt worden. Kaum ein Ereignis in der Geschichte Asiens ist in Westeuropa und Nordamerika bekannter geworden, und keines wurde so mißverstanden. In der Vergangenheit glaubte man, die Boxer seien eine Massenbewegung gewesen; entstanden aus den traditionellen Geheimgesellschaften Chinas, erhoben sich die asiatischen Kampfsportler gegen die Mandschu, wurden jedoch dazu bewogen, statt dessen gegen die fremden Teufel zu kämpfen. Dies habe dann zu der berühmten Belagerung geführt. Nichts daran entspricht den Tatsachen. Neuere Untersuchungen haben ergeben, daß die Boxer eine weitgehend spontane Erscheinung auf dem Land waren: Bauern, die sich wie durch Zauberei unverwundbar fühlten, aber nicht, damit sie das Mandschu-Regime stürzen konnten, sondern um gegen die verhaßten christlichen Konvertiten unter den Chinesen vorzugehen, denen sie die Schuld an ihrer Not gaben, und um alle ausländischen Missionare aus China zu verjagen.

Wenn die Boxer schon keine Aufständischen waren, waren sie dann wenigstens Teil einer Verschwörung gegen die Ausländer mit Rückendeckung durch Tz'u-Hsi? Und verlief die Belagerung tatsächlich so, wie sie immer dargestellt wurde – tapfere westliche Verteidiger, die immer neuen Angriffen aufgehetzter Boxer mit roten Stirnbändern trotzten, bis sie von einem Expeditionscorps aus acht Nationen gerettet wurden? Oder war alles erstunken und erlogen, um Fehler zu kaschieren, Karrieren zu fördern, die Entdeckung schwerer Verbrechen zu verhindern und die Schuld Tz'u-Hsi in die Schuhe zu schieben?

Während inzwischen feststeht, *daß* es eine Verschwörung gab, bei der den Boxern ursprünglich eine wichtige Rolle zugedacht war, wußten die meisten von ihnen gar nichts davon, und Tz'u-Hsi war ebenso ihr Opfer wie Kaiser Kuang-hsü. Noch verwirrender ist, daß die berühmte Belagerung übertrieben dargestellt wurde, wenn sie nicht sogar ein reines Phantasieprodukt ist. Soviel heute bekannt ist, wurde der maßgebliche Bericht in der *Times* von Morrison bewußt gefälscht, der eine geheime und völlig andere Chronik der Ereignisse in seinem Tagebuch festhielt. Die meisten Toten vor und während der Belagerung gingen auf das Konto von Westeuropäern und Nordamerikanern und nicht auf das der Chinesen. Die Militärbefehlshaber der Kaiserinwitwe (und nicht der Gegenseite) waren während der meisten Zeit der Belagerung bemüht, dem Schießen ein Ende zu machen, und zudem wirkten die Boxer bei der Belagerung überhaupt nicht mit. Sie befanden sich zu dieser Zeit nicht einmal in Peking.

Während die Gesandtschaften die Krise selbst provozierten, völlig überzogen reagierten und dann Lügen verbreiteten, um sich nicht bloßzustellen, war der eigentliche Drahtzieher hinter der Bühne Vizekönig Li Hung-chang, dessen Rolle in der ganzen Affäre bisher nie deutlich wurde. Li bewog die ausländischen Mächte geschickt dazu, in China militärisch einzugreifen, indem er westlichen Zeitungen völlig unzutreffende Berichte über entsetzliche chinesische Greueltaten zukommen ließ. Die Befehlshaber der Alliierten, die den Befehl hatten, die Situation auszunützen, begannen einen heißen Krieg mit China nicht, um die Gesandtschaften zu befreien, sondern um möglichst viel Territorium zu besetzen, bevor das Reich auseinanderfiel, womit jeden Augenblick gerechnet wurde. Deshalb war der Boxeraufstand keineswegs ein Musterbeispiel für chinesischen Verrat, sondern für die Heuchelei der Westeuropäer.

Doch der Reihe nach. Es war tatsächlich eine Verschwörung im Gange. Ausgeheckt wurde sie von den Eisenhüten, doch keine Verschwörung ist vollkommen oder in ihrem Ablauf vorhersehbar; Zufall und Glück führen selbst bei den durchdachtesten Plänen immer wieder zu wichtigen Änderungen. Die Eisenhüte zeigten sich unfähig, als es darum ging, große Strategien in die Praxis umzusetzen; sie hatten keine klare Vorstellung, wie sie vorgehen sollten, und versuchten lediglich, sich der jeweils gegebenen Lage anzupassen. Das einzige Ziel, das ihnen klar vor Augen stand, war die Entfernung aller Ausländer aus China und die Ausschaltung jeglicher ausländischen Einflußnahme; auf diese Weise wollten sie das Rad der Geschichte in die Zeit früherer Ruhmestaten zurückdrehen.

Die Idee, sich der Boxer für den Aufbau einer geheimen, irregulären Streitmacht zu bedienen, um mit ihrer Hilfe die Ausländer loszuwerden, kam anscheinend zuerst dem erfahrensten Militärkommandeur in der Eisenhutfraktion, General Li Ping-heng. In der Vergangenheit waren Bauernaufstände immer subversiv gewesen und hatten die Machtstellung des Mandschu-Regimes bedroht. Die Gewalttätigkeiten in den neunziger Jahren des 19. Jahrhunderts im Südosten Pekings waren etwas anderes. Sie richteten sich gegen ausländische Missionare oder deren Konvertiten in den Dörfern und nicht gegen die Mandschu. Wenn man es geschickt anstellte und die Gewalt der Aufständischen in die richtigen Bahnen lenkte, konnte daraus eine fremdenfeindliche Massenbewegung in ganz Nordchina werden, ohne daß die Mandschu nach außen hin etwas damit zu tun hatten. Empörte Reaktionen des Westens und militärische Repressalien ließen sich vermeiden, wenn man für die Ausschreitungen die chinesischen Bauern verantwortlich machte. So hatten es sich jedenfalls die Eisenhüte gedacht.

Ausgangspunkt der Ereignisse war die Provinz Shantung im Südosten von Chihli, die als Halbinsel in das Chinesische Meer hineinragt. Der Westen Shantungs war eine dichtbesiedelte, extrem arme landwirtschaftliche Region, eben, karg, baumlos und salzhaltig, ausgelaugt von periodischen Dürren und den Überschwemmungen durch den Gelben Fluß, den »Kummer Chinas«. Hier wurden die Männer durch Naturkatastrophen und von den fremden Teufeln verursachte Not in das Banditentum getrieben. Unter anderem hatten durch die Einführung von Dampfbooten und die Einrichtung von Eisenbahnstrecken viele Kahnschiffer ihren Unterhalt verloren. Viele dieser Männer schlossen sich den Geheimgesellschaften und Gangsterbanden an, die zur ungebärdigen Grenzregion Shantungs gehörten, wo sie Salz und Opium schmuggelten oder Reisende überfielen und ausraubten. Das war Chinas Sherwood Forest, der Schauplatz des großen Epos der Straßenräuber und Superhelden, der *Geschichte vom Flußufer*, die in Deutschland unter dem Titel *Die Räuber vom Liangschan Moor* bekannt wurde, und anderer romantischer Geschichten, die von wandernden Schauspieltruppen oder Puppenspielern auf

Dorfmessen und in Tempeln aufgeführt wurden. Der Zerfall Shantungs aufgrund des chinesisch-japanischen Krieges, die anschließende Finanzkrise und die Entlassung mittelloser Soldaten verschlimmerten noch das Elend der Landbevölkerung, so daß sich die Bauern 1895, nach einer weiteren Mißernte, erhoben.

Von einer Gesamtbevölkerung von über 400 Millionen hatte nur ein winziger Bruchteil der auf dem Land lebenden Chinesen bis zum Ende des vorigen Jahrhunderts je einen Weißen zu Gesicht bekommen. Die Dorfbewohner waren von ihrem Naturell her Fremden gegenüber offen und freundlich, doch in Zeiten der Krise mußte alles Fremde bedrohlich wirken. Man glaubte, westliche Missionare und ihre Konvertiten vergifteten die Luft und störten die *feng-shui*-Geister, von denen alle Dinge bewohnt werden. Das Glück fiel nur dem in den Schoß, der die *feng-shui* glücklich machte. Von Ausländern erbaute Häuser und Gebäude, insbesondere Kirchen mit hohen Türmen, waren den Vorstellungen der Bauern zufolge den Geistern ebenso ein Ärgernis wie Telegrafenleitungen und Eisenbahnschienen, die zum Teil durch Begräbnisstätten der Ahnen verliefen. Hatte man die Geister gekränkt, dann gab es eine Katastrophe. Kränkte man dagegen die ausländischen Ingenieure oder Missionare, dann gab es diplomatische Proteste. Der Gedanke, die Ausländer zersetzten die chinesische Gesellschaft, indem sie fremde Drogen, eine fremde Religion und fremde Erzeugnisse ins Land brachten, war eine wirkungsvolle Propagandawaffe. Schon 30 Jahre zuvor hatte Prinz Kung dem britischen Gesandten erklärt: »Nehmen Sie Ihre Missionare und Ihr Opium wieder mit, und alles wird wieder gut.«

Um 1870 konnten etwa 250 katholische Missionare eine chinesische Herde von 400000 neubekehrten Christen um sich scharen. Die 350 protestantischen Missionare, die vor allem untereinander stritten, konnten gerade 6000 Konvertiten für sich verbuchen. Während sie immer tiefer ins Landesinnere vorstießen, Schulen und Kirchen, Waisenhäuser und Krankenstationen errichteten, kamen die Missionare in direkten Konflikt mit den Angehörigen der ländlichen Oberschicht und den Dorfbewohnern, da sie das traditionelle Leben störten und ein neuartiges und fremdes Denken einführten. Im westlichen Teil Shantungs, wo die Bevölkerung so arm war, daß es dort kaum wohlhabende Chinesen gab, entbrannte der Konflikt zwischen den Dorfbauern und christlichen Konvertiten. Die Missionare untersagten den Neubekehrten, sich an jeglicher Ahnenverehrung zu beteiligen oder Rituale und Feste finanziell zu unterstützen, die im Dorf die einzige Zerstreuung in einem Leben aus mühseliger

Arbeit boten. Damit grenzten die Missionare die chinesischen Christen aus der Dorfgemeinschaft aus und verstärkten die Belastungen, die von allen übrigen zu tragen waren. In ihrem einzigen Bemühen, Seelen zu retten und Buch über die Bekehrungen zu führen, gaben sich die Missionare häufig mit Neubekehrten zufrieden, die den Bodensatz der Gesellschaft darstellten – Schnorrer, die von ihren Landsleuten verächtlich als »Reischristen« bezeichnet wurden –, und forderten für sie rücksichtslos eine Vorzugsbehandlung bei Gerichtsverfahren und Streitigkeiten um Grund und Boden.

In Ningpo, wo Robert Hart seinen ersten Arbeitsplatz in China hatte, standen fast alle protestantischen Konvertiten bei den Missionaren, von denen sie »bekehrt« worden waren, in Lohn und Brot. Indem sie sich zum Christentum bekannten, erwarben sie einen sicheren Arbeitsplatz.

Im letzten Jahrzehnt des vorigen Jahrhunderts wurde der Groll gegen diese Reischristen und die Missionare als ihre Gönner bewußt durch geschickt gemachte antichristliche Propagandaheftchen geschürt, die überall kostenlos an die Kunden der Pfandhäuser in den Provinzen Kiangsi, Hubei, Honan, Shantung und Chihli abgegeben wurden. In einigen Flugschriften wurden das Privatleben und die religiösen Praktiken christlicher Missionare in einer Weise dargestellt, daß dies die chinesischen Leser in Wallung bringen mußte. Robert Hart schilderte eine solche Broschüre als »sehr geschickt... eine seltsame Mixtur aus Wahrem und Falschem... Offensichtlich das Werk eines belesenen Mannes, und ich hege keinen Zweifel, daß die Angehörigen der Intelligenz es zusammen mit weiteren ähnlichen Erzeugnissen bei sich zu Hause im Bücherschrank haben«. Darin wurden die Christen beschuldigt, sie trieben Inzest, Sodomie, kastrierten kleine Knaben und bedienten sich der Magie, um schlechte Ziele zu erreichen. Angeblich wurden die genannten Praktiken auch von chinesischen Christen gegenüber nichtchristlichen Chinesen angewandt. Die Brutalität dieser Flugschrift wird an folgendem Auszug deutlich:

»Während der ersten drei Lebensmonate wird in den Darmausgang aller [christlichen] Säuglinge – Knaben und Mädchen – ein kleines leeres Röhrchen gesteckt, das während der Nacht herausgenommen wird. Sie nennen es ›Zurückhalten der Lebensessenz‹. Es bewirkt eine Erweiterung des Anus, so daß später ein Analverkehr erleichtert wird. Alljährlich zu Sommeranfang verschaffen sich die Knaben Menstruationsblut von den Frauen, beschmieren damit ihr Gesicht und gehen in die christliche Kirche, um dort zu beten. Sie nennen das ›Waschung des Gesichts, bevor dem Allerheiligsten gehuldigt wird‹ und halten es für eines der ehrfurchtsvollsten Rituale, mit dem der Herr verehrt werden kann.«

Man erzählte den Chinesen, die Missionare gebrauchten Drogen, um Konvertiten zu gewinnen, stellten Arzneien aus Föten her und eröffneten ihre Waisenhäuser nur zu dem Zweck, die kleinen Kinder zu kochen und zu verspeisen. Tz'u-Hsi hat einigen dieser Beschuldigungen anscheinend Glauben geschenkt. Sie sagte zu einer ihrer Hofdamen: »Missionare stechen auch den armen chinesischen Kindern die Augen aus und gebrauchen diese als eine Art Medizin.« In ihren Kommentaren zeigt sich, wie wenig Tz'u-Hsi von der christlichen Religion wußte und wie sehr sie bei der Bildung ihrer Meinungen und Einstellungen auf ihre Ratgeber angewiesen war. Trotz ihrer Neugier verfügte sie doch nicht über ein analytisches Denken. Wenn man ihr etwas oft genug sagte, akzeptierte sie es als die Wahrheit. Ihre Einstellungen waren für das China ihrer Zeit normal und wurden ebenso von den hohen Beamten wie von den Gelehrten der Hanlin-Akademie geteilt. Der hochbegabte Tseng Kuo-fan hatte für alle Ausländer, insbesondere Christen, nur Verachtung übrig. Ihr ganzes Leben lang in der Verbotenen Stadt oder im Sommerpalast eingesperrt, hatte Tz'u-Hsi keinen Grund, an dem zu zweifeln, was ihre Minister und Generäle ihr einredeten. Sie kannte die Welt nur durch deren Augen.

Der Druck und die Verteilung dieser Broschüren bis in entlegene Provinzen erforderte beträchtliche finanzielle Mittel. Es ist nicht bekannt, wer hinter dieser Kampagne stand und dafür aufkam, doch die auf diese Weise angestachelte Wut gegen Ausländer und Christen nahm gegen Ende des Jahrhunderts zu; Missionare und Konvertiten wurden angegriffen und umgebracht, Missionseigentum wurde zerstört. In der Zeit von 1890 bis 1900 kam es in allen 18 Provinzen zu Ausschreitungen gegen das Missionswesen. Missionare wurden beschuldigt, sie seien Spione, gewinnsüchtige Kaufleute und Hedonisten.

1891 kam es überall im unteren Tal des Jangtsekiang zu Gewalttaten gegen Missionare, 1895 in Setschuan und später im selben Jahr in Fukien zu einem Massaker an elf Männern, Frauen und Kindern. England drohte mit militärischem Eingreifen, falls die chinesische Regierung die Regionalbeamten, die man für die Ausschreitungen verantwortlich machte, nicht bestrafte. Peking lenkte ein, entließ und degradierte den Gouverneur von Setschuan sowie sechs weitere Mandarine und ließ 31 Bauern hinrichten; weitere 38 wurden ins Gefängnis gesteckt oder verbannt. Der Kaiser erließ Edikte, aus denen unmißverständlich hervorging, daß weitere Angriffe auf Missionare aus dem Ausland, ihre Kirchen und ihre chinesischen Konvertiten nicht geduldet würden. Außerdem warnten Edikte die Lokalbehörden, man werde sie zur Rechenschaft ziehen, wenn es zu weiteren Vorfällen komme. Diese Bemühungen, die westlichen Mächte zu beschwichtigen, wurden von einer Regierung unternommen, in der noch immer die Gemäßigten die Oberhand hatten. Die Botschaft war laut und deutlich, daß die Christen von nun an unter kaiserlichem Schutz standen. Sowohl Kaiser Kuang-hsü als auch die Kaiserinwitwe Tz'u-Hsi bezogen in dieser Sache klare Position.

Das Ergebnis in Gegenden wie dem ländlichen Westen von Shantung war, daß lokale Beamte das Risiko einer Auseinandersetzung mit Missionaren oder ihrer Herde scheuten, und es kam zu zahlreichen Konversionen von Chinesen, die bei den Missionaren Schutz vor ihren Feinden im Dorf suchten oder versuchten, sich der Verfolgung durch die Lokalbehörden wegen der unterschiedlichsten Vergehen zu entziehen. Ganze Räuberbanden stellten sich unter den Schutz katholischer Priester. Nachbarn, die gegeneinander prozessierten, ließen sich taufen, weil sie sich davon einen Vorteil vor Gericht versprachen. Da sie eine günstige Gelegenheit für weitere Bekehrungen sahen, übernahmen katholische Priester nolens volens die gerichtliche Verteidigung ihrer neuen Schutzbefohlenen und drängten darauf, daß solche Fälle vor Regierungsbeamten verhandelt wurden oder ließen in Provinzhauptstädten und selbst durch den Bischof Druck auf die Gesandtschaften in Peking ausüben. Jede Demonstration des christlichen Einflusses zog neue und nicht immer die charakterfestesten Konvertiten an. Der Gouverneur von Shantung, General Li Ping-heng, bezeichnete sie als »Gesindel«. Ein Teufelskreis hatte sich geschlossen, bei dem einzelne Missionare sich ermutigt fühlten, ihre vorläufige Machtstellung dazu zu mißbrauchen, ihre himmlischen Dividenden zu erhöhen. Im Vertrauen auf die militärische Unterstützung ihrer Heimatregierungen wurden viele katholische und protestantische Missionare anmaßend und fühlten sich allem Chinesischen überlegen. Die Mandschu schickten sich in eine Forderung, den katholischen Bischöfen in China denselben Rang zuzugestehen wie einem Vizekönig, etwa Li Hung-chang.

Shantung geriet zunehmend unter deutschen Einfluß; am schlimmsten trieben es dort deutsche Katholiken, die in ihrem Heimatland eine starke Wählerschicht repräsentierten. 1896 gab es überall in Shantung Überfälle auf chinesische Christen von einer chinesischen Gruppe, die sich die »Großen Schwerter« nannte und ihr Unwesen in den von Räubern heimgesuchten südwestlichen Bezirken an der Grenze zu Kansu trieb. Das erboste die deutschen Katholiken, und Gouverneur Li Ping-heng sah sich gezwungen, umgehend festzustellen, ob die Großen Schwerter eine Geheimgesellschaft wie der Weiße Lotus waren – eine verbotene Organisation, die den Sturz des Mandschu-Regimes betrieb – oder lediglich eine dörfliche Selbstschutzgruppe im Stil Robin Hoods. Da die Großen Schwerter ähnliche Rituale befolgten, glaubten die Missionare, sie seien eine Neuauflage des Weißen Lotus. Als eine der ältesten Geheimgesellschaften Chinas, deren Anfänge sich bis ins 12. Jahrhundert zurückverfolgen lassen, hatte der Weiße Lotus beim Widerstand gegen die Besetzung Chinas durch die Mongolenkhans im 13. und 14. Jahrhundert eine wichtige Rolle gespielt. Später unterstützte er die Ming-Kaiser gegen die Mandschu und inszenierte 1774 und 1794 zwei Aufstände, um sie aus dem Land zu vertreiben. Im Jahr 1813 versuchten bewaffnete Kräfte des Weißen Lotus, die Verbotene Stadt zu erobern und wären damit fast erfolgreich gewesen. Jeder Fehlschlag löste bei der Gegenseite grausame Vergeltungsmaßnahmen aus, und bis zur Mitte des 19. Jahrhunderts waren so viele Führer dieser Gesellschaft hingerichtet worden, daß die Organisation nur noch im Untergrund weiterlebte, obwohl ihre Mitglieder weiterhin Pläne zum Sturz der Mandschu schmiedeten.

Der Weiße Lotus wurde zum Vorbild für zahlreiche weitere Geheimgesellschaften. Im Kern war er eine bäuerliche Organisation mit starken buddhistischen und taoistischen Zügen. Der Taoismus mit seiner Mehrdeutigkeit, seiner Metaphysik und der von ihm propagierten Gelassenheit sprach Gelehrte, Künstler und Dichter ebenso an wie die einfachen Leute, die seine okkulten Lehren buchstäblich auffaßten und darin den Weg des armen Mannes zur Unsterblichkeit sahen. Um sich und ihre Angehörigen zu schützen und um eine geistige Eintracht zu erreichen, übten sich die Mitglieder des Weißen Lotus in asiatischen Kampfsportarten wie Thai Chi oder Wu shu (Karate). Einige Führer verfügten über Geschicklichkeit, Beweglichkeit und Körperkraft, die ans Übernatürliche grenzten. Andere verlegten sich auf schamanistische Beschwörungen, um die Hilfe chinesischer Götter herabzurufen, und warfen magische Bohnen, um Geisterarmeen aufzustellen. Die neuen Mitglieder aus der Bauernschaft glaubten, sie könnten einen Stand der Gnade erlangen, wenn sie schwer arbeiteten, die richtigen Speisen aßen, ihrem Denken eine bestimmte Richtung gaben und die richtigen Beschwörungsformeln aufsagten. Vor allem redete man ihnen ein, wenn sie Amulette verschluckten, könnten sie sich in die Luft erheben, sich unsichtbar und gegen Gift oder Verletzungen durch Waffen immun machen.

Gouverneur Li Ping-heng konnte allerdings feststellen, daß die Großen Schwerter sich wesentlich vom Weißen Lotus unterschieden. Die Großen Schwerter waren keine konspirative Gesellschaft, sondern vor allem eine Selbstschutzorganisation aus Bauern und lokalen Grundbesitzern, die sich gegen das überhandnehmende Bandenunwesen zur Wehr setzten, wobei viele von ihnen sich als Christen ausgaben, um Vergeltungsmaßnahmen unwahrscheinlicher zu machen. Als ihre Gegner sahen sie nicht die Mandschu, sondern die Christen und die Ausländer in China. Mit den mandschufeindlichen Kulten hatten sie nichts zu tun außer dem Kampfsport, den sie von wandernden Meistern auf dörflichen Boxkampfplätzen lernten, um sie bei Überfällen durch Banditen oder in anderen Gefahrensituationen anzuwenden. Bei diesen Übungen war nichts Übernatürliches im Spiel; die Bauern lernten den Kampf Mann gegen Mann und bestimmte Techniken der Muskelanspannung, um es einem potentiellen Gegner zu erschweren, sie mit gewöhnlichen Messern, Schwertern oder Speeren zu verletzen. Sie gebrauchten zwar Beschwörungsformeln und magische Rituale, doch nur, um ihre Mitglieder zu gemeinsamer besonderer Anstrengung zu motivieren.

Da sie die Mandschu nicht politisch bekämpften und keine Verbindung zu staatsfeindlichen Sekten hatten, wurden die Großen Schwerter von Gouverneur Li Ping-heng als inoffizielle bäuerliche Miliz geduldet. Der Gouverneur sollte die Banditen im südwestlichen Shantung ausrotten; diese Aufgabe übertrug er einem lokalen Mandschu-Beamten namens Yu Hsien. Sowohl Li Ping-heng als auch Yu Hsien waren beeindruckt, welche Erfolge die Großen Schwerter bei der Bekämpfung des Bandenunwesens zu verzeichnen hatten, denn sie entlasteten damit das ohnedies stark strapazierte Provinzheer. Das brachte sie auf die Idee, die Großen Schwerter als Kerntruppe für eine Geheimarmee aus Irregulären unter stillschweigender Rückendeckung durch die Mandschu-Regierung zu machen.

Als Li Ping-heng Mitte der achtziger Jahre noch als Offizier in der kaiserlichen Armee diente, hatte er sich im chinesisch-französischen Krieg ausgezeichnet und wesentlich zum Sieg der Chinesen bei Liangschan beigetragen. Während seiner Zeit in Indochina hatte er die Operationen einer Armee aus Guerillapartisanen, den Schwarzen Fahnen, beobachtet, einer Triade, die im Grenzgebiet zwischen Kuangsi und Tongking Schmuggelhandel betrieb und dabei enorme Summen verdiente. Die Schwarzen Fahnen wurden von Lis Kommandeur, General Tso Tsung-tang, als geheime Guerillaarmee angeworben, um mit den Chinesen gegen die Franzosen zu kämpfen. Sie schlichen sich in französische Stellungen ein und operierten mit Hilfe chinesischer Geschäftsleute in Hanoi ungehindert hinter den französischen Linien. Ihre Feuerüberfälle, nach denen sie stets sogleich wieder verschwanden, verübten sie mit der Unbekümmertheit einer Verbrecherbande, und das waren sie ja schließlich auch. Um ihnen einen Anreiz zu bieten, setzten die Mandschu auf jeden Kopf eines französischen Soldaten eine Prämie aus. Da sie ihre Operationen unsichtbar und außerhalb der Legalität ausführten, konnten die Schwarzen Fahnen Sabotageakte und Attentate ausführen, ohne direkte Vergeltungsmaßnahmen gegen Peking zu provozieren. Die Regierung konnte ihre Existenz jederzeit abstreiten.

Als Gouverneur von Shantung während des chinesisch-japanischen Krieges wurde Li Ping-heng unmittelbar Zeuge der Niederlage der regulären chinesischen Streitkräfte in seinem Gebiet und versuchte, daraus seine Lehren zu ziehen. Damals war Li bereits 65 Jahre alt, kein hitzköpfiger, unerfahrener junger Prinz, sondern ein bewährter Verwaltungsfachmann mit beträchtlichen organisatorischen Fähigkeiten, korrekt bis in die Knochen, integer, effizient und engagiert. »Nach 25 Jahren Staatsdienst«, schrieb er, »ist alles, was ich angesammelt habe, eine Schuld von 20000 Tael; die Nahrungsmittel aber reichen nicht einmal für einen einzigen Monat.« Er hatte volles Verständnis für die armen Bauern, die gegen die Überfälle der Banditen zu Mitteln der Selbsthilfe griffen. Und seine Erfahrung mit den Schwarzen Fahnen hatte ihm gezeigt, daß Selbstschutzgruppen, die als irreguläre Guerillatruppen operierten, in den Plänen der Eisenhüte, alle Fremden aus dem Land zu jagen, eine wichtige Rolle spielen konnten. Deshalb suchte und fand er Mittel und Wege, die Großen Schwerter durch Yu Hsien zu fördern.

Die Großen Schwerter nahmen immer mehr Banditen gefangen und übergaben sie den örtlichen Behörden zur Bestrafung. Diese waren durch die große Zahl der Abzuurteilenden bald überfordert, so daß die Großen Schwerter die Banditen im Schnellverfahren an Ort und Stelle hinrichteten. Yu Hsien lobte sie dafür insgeheim. Bei einer Gelegenheit verkleidete er sich als Wahrsager, um einen Jahrmarkt aufzusuchen, auf dem er die Großen Schwerter beobachten und sich von ihrer wachsenden Popularität überzeugen konnte. Auch jenseits der Grenzen, in den Nachbarprovinzen, hatten sie inzwischen Zulauf gefunden, und ihre Mitgliederstärke betrug mindestens 30000 Mann – manche sprachen sogar von 100000. In aller Stille begann Yu Hsien die besten Kämpfer der Großen Schwerter zu einer Spezialeinheit der Provinzmiliz zusammenzustellen.

Eine der größten Räuberbanden in der Gegend wurde von Reishorn Yue dem Zweiten angeführt, der 3000 völlig verarmte Bauern befehligte, die der Reihe nach die Dörfer überfielen und ausplünderten. Als es den Großen Schwertern gelungen war, Yue zu ergreifen und hinzurichten, bekehrten sich Tausende seiner Anhänger sogleich zum katholischen Glauben und verhöhnten die Großen Schwerter, deren angebliche Unverwundbarkeit gegen Messer, Schwerter und Speere sei ein Schwindel und die heidnischen Götter Chinas seien machtlos. Das Ganze artete in einen Wettstreit aus, wer am weitesten pinkeln konnte, den die Katholiken um jeden Preis für sich entscheiden wollten. Sie deckten die Behörden mit einer Flut von Beschwerden über die Großen Schwerter ein und behaupteten, diese beschädigten ihre Kirchen. Der Streit wurde auch in die Provinz Kiangsu getragen und eskalierte so weit, daß Kirchen in Brand gesetzt und christliche Dörfer geplündert wurden. Ausländische Missionare mußten evakuiert werden, und auf Anweisung von Gouverneur Li Ping-heng wurde Yu Hsien gezwungen, einzuschreiten. Er regelte die Angelegenheit, indem er die beiden prominentesten Anführer der Großen Schwerter festnehmen und enthaupten ließ. Alle übrigen konnten als freie Männer nach Hause gehen, niemand sonst von den Großen Schwertern wurde bestraft. Das war ein eindeutiges Signal nach unten, daß Bauern, sofern sie sich nicht gegen das Mandschu-Regime wandten, ihre eigenen Selbstschutzgruppen organisieren und sich alles erlauben durften, auch die Verfolgung von Christen, solange sie die ausländischen Mächte nicht provozierten und Peking dadurch in Schwierigkeiten brachten. Innerhalb der nächsten zwei Jahre nahmen dementsprechend die dörflichen Selbstschutzgruppen drastisch zu, vor allem in den bitterarmen Dörfern an der Grenze zur Provinz Chihli. Dort, im Bezirk Kuyeh, brachte im November 1897 ein besonders aggressiver deutscher Priester namens Georg Stenz die Bauern so sehr gegen sich auf, daß eines Nachts eine Bande bewaffneter Männer ausgeschickt wurde, um ihn umzubringen. Diese töteten jedoch statt seiner zwei andere deutsche Missionare, denen Stenz zufällig für diese Nacht sein Zimmer abgetreten hatte, während er selbst bei den Dienern schlief. Durch diese Verkettung von Umständen wurde Stenz unvermittelt zum Ausgangspunkt einer internationalen Krise.

Deutschland hatte seit einiger Zeit nach einem Vorwand gesucht, um die Bucht von Kiautschou in Shantung in Besitz zu nehmen, um daraus einen Flottenstützpunkt in China zu machen. Der deutsche Gesandte in Peking, Baron von Heyking, suchte nach Möglichkeiten, einen Zwischenfall zu provozieren; Bischof Johann Baptist von Anzer, der sich zu diesem Zeitpunkt gerade in Berlin aufhielt, drängte das Auswärtige Amt, den Mord an den deutschen Missionaren zu einer Staatsaffäre zu machen. Nachdem der russische Zar Nikolaus II. telegrafisch versichert hatte, er werde keinen Protest einlegen, entsandte Kaiser Wilhelm II. ein Flottengeschwader, das die Forts vor der Stadt Tsingtao einnehmen und Kiautschou besetzen sollte. Im Dezember folgten Verstärkungstruppen.

Gouverneur Li Ping-heng beschwor Peking vergeblich, den Kampf aufzunehmen; statt dessen sah er sich plötzlich unter starkem Druck, da die deutsche Gesandtschaft ihn für die Morde verantwortlich machte und sich dafür einsetzte, daß er von seinem Amt enthoben würde. Sie war über seine Abneigung gegen alle Ausländer im Bilde und glaubte, daß er zu den im ganzen Land an Christen verübten Gewalttaten angestiftet habe. Li wehrte sich auch gegen deutsche Vorstöße, Schürfrechte in Shantung zu erwerben und dort Fabriken zu errichten, eine Sache, die für Berlin wesentlich wichtiger war als das Schicksal zweier Missionare. Als Entschädigung für den Mord forderte Deutschland das alleinige Recht, in der Provinz eine Eisenbahn zu bauen und Kohlengruben anzulegen, einen Flottenstützpunkt in Kiautschou, 6000 Silbertael für die Hinterbliebenen der Ermordeten und die Entlassung von Li Ping-heng. Peking gab klein bei, gewährte die verlangten Konzessionen und schloß mit Deutschland einen auf 99 Jahre befristeten Pachtvertrag über Kiautschou und Tsingtao ab.

Die Deutschen hatten zwar gewonnen, mit ihrem Vorgehen jedoch unwissentlich die Position der fremdenfeindlichen Eisenhüte am Hof gestärkt, da sie die bisher gemäßigten Regierungsvertreter so in Harnisch brachten, daß diese vorübergehend in das Lager von Prinz Tuan überliefen.

Der Thron hatte beabsichtigt, Li Ping-heng für seine besonderen Verdienste bei Dammbaumaßnahmen in seiner Provinz gegen die Überschwemmungen des Gelben Flusses und seine außerordentlich korrekte Verwaltung zu ehren und zum Vizekönig der weit im Westen gelegenen Provinz Setschuan zu machen. Baron von Heyking beharrte jedoch darauf, Li dürfe nie wieder gestattet werden, eine Provinz zu verwalten. In Erinnerung an die jüngste Demütigung durch Japan verlor der Hof die Nerven und zog die mehr als berechtigte Beförderung Li Ping-hengs zurück. Die Eisenhüte setzten sich dafür ein, daß der alte Kämpe eine nichtöffentliche Berufung in seine Heimatprovinz in der südlichen Mandschurei erhielt, wo er bei der Ausbildung einer Geheimarmee mitwirken sollte, um zur rechten Zeit den Schlag gegen die fremden Teufel zu unterstützen, doch der Held von Liangschan hatte viel von seinem Gesicht verloren. Weder er noch seine Freunde würden diese Schmach vergessen. Der Januar 1898 bezeichnete den Wendepunkt in den Träumen der Eisenhüte, alle Ausländer zu töten oder zu verjagen; die Wahrsager begannen jetzt, ein geeignetes Datum auszudeuten. Ende 1899 sorgte Prinz Tuan dafür, daß Li Ping-heng zum Oberkommandierenden aller chinesischen Schiffe auf dem Jangtsekiang innerhalb der britischen Einflußzone ernannt wurde. Die Wahrsager hatten sich inzwischen für den Juli 1900 entschieden; bis dahin waren es nur noch sieben Monate. Auf dem Jangtse konnten westliche Schiffe tief ins Innere des Reichs vorstoßen; diese Flanke hätte sich dem Feind ungeschützt dargeboten; als die Kämpfe begannen, versperrte Li Ping-heng an der Mündung des Flusses allen feindlichen Kriegsschiffen die Durchfahrt.

Sein Nachfolger auf dem Gouverneursposten in Shantung war Chang Ju-mei, ein weniger orthodoxer Konfuzianer und ein gewiefter Verwaltungsbeamter, der seine ganze Energie dem Aufbau einer Provinzmiliz widmete, worin er von demselben Yu Hsien unterstützt wurde, der bereits als Li Ping-hengs Vertrauensmann die Großen Schwerter und andere dörfliche Selbstschutzgruppen unterstützt hatte. Yu Hsien wurde zum stellvertretenden Gouverneur ernannt, und er und Chang Ju-mei vertieften sich so sehr in ihr Geheimprojekt, daß sie darüber Maßnahmen gegen die Überschwemmungen und die Instandhaltung der wichtigsten Deiche des Gelben Flusses vergaßen, eine der wesentlichsten Aufgaben eines jeden Gouverneurs dieser Provinz. Li Ping-heng hatte dieser Aufgabe allein sechs Monate im Jahr vorbehalten. Im Sommer 1898, nach Li Ping-hengs Entlassung, durchbrach der Gelbe Fluß die vernachlässigten Uferdämme, und es kam zu einer furchtbaren Katastrophe. Tausende von Quadratkilometern in Nordchina wurden überflutet, die Ernten vernichtet, und es folgte eine Hungersnot. Hunderttausende Bauern und ihre Familien waren ruiniert, eine Million Menschen verloren ihr Obdach, und Shantung war reif für eine Tragödie von kosmischen

Ausmaßen. Eine anschließende Heuschreckenplage und eine zweijährige Dürreperiode verschärften die Hungersnot noch. In einem Flugblatt hieß es, »ehe nicht alle Fremden ausgerottet sind, kann uns der Regen nie mehr besuchen«.

Da war sie wieder, die anhaltende, gegen die Ausländer gerichtete Propaganda. Die Reihen der Dorfmilizen schwollen an, und die Feindseligkeiten gegen die Missionare verstärkten sich. Der Erfolg der katholischen Priester bei der Bestrafung von Gouverneur Li Ping-heng bewirkte einen Ansturm dubioser Elemente, die sich bekehren lassen wollten. Das »Gesindel« und die Missionare, von denen es beschützt wurde, übertrieben maßlos ihre Proteste und Forderungen und erzwangen immer höhere Bußgelder. Nichtchristliche Dorfbewohner, die bei Streitgesprächen mit Konvertiten den kürzeren zogen, wurden gezwungen, den Siegern im Innern der Kirche ein Festessen vorzusetzen und jeden Gang auf Knien rutschend hereinzutragen, während die Konvertiten johlten und Feuerwerkskörper abbrannten. Hier sammelten sich Blutschulden an, und der Tag rückte immer näher, an dem man sie eintreiben würde.

»Diese chinesischen Christen sind die schlimmsten Leute in ganz China«, sagte Tz'u-Hsi zu ihrer Hofdame Derling. »Sie rauben den armen Bauern auf dem Land ihr Geld und Gut, und die Missionare beschützen sie natürlich, um sich einen Anteil zu sichern.«

Wegen seiner Versäumnisse beim Deichbau wurde Gouverneur Chang im März 1899 seines Amtes enthoben und durch Yu Hsien ersetzt. Mit seinem Nationalismus, seiner Fremdenfeindlichkeit und der Vision eines von allen fremden Einflüssen gereinigten China gehörte er ganz der Welt Prinz Tuans an. Yu Hsien wurde der neue Vorreiter der Eisenhüte in Shantung, wo der Konflikt mit den Ausländern immer explosiver wurde. Er war nicht das, was die Deutschen sich wünschten: ein willfähriger Mandarin, der ihren Interessen den Vorrang vor allen anderen einräumte. Im Gegenteil, er war noch fanatischer als Li Ping-heng.

Auch die Gruppen, die den Feldzug gegen die Christen in Shantung anführten, hatten sich verändert. Eines der Probleme mit den Selbstschutzgruppen wie den Großen Schwertern war der Aufwand an Zeit und Mühe, um aus einem einzelnen Bauern einen brauchbaren Kämpfer zu machen. Wenn die Kampagne gegen die Christen jemals die Unterstützung der Massen gewinnen wollte, dann mußte sie einfacher und schneller zu erzielende Ergebnisse anbieten. Wie um dem abzuhelfen, entstand eine neue Bewegung, die sich Geisterboxer nannte und die magischen Aspekte des Wu shu betonte, während sie dem strengen Körpertraining nur geringe Bedeutung beimaß. Statt Monate oder Jahre auf das Erlernen der chinesischen Kampfsportarten zu verwenden, bis sie den unbewaffneten Kampf Mann gegen Mann beherrschten, sollten die Geisterboxer innerhalb weniger Tage – oder sogar weniger Stunden – die Kunst erlernen, unter Zuhilfenahme von Zaubergegenständen, Ritualen und Beschwörungsformeln einen Trancezustand zu erreichen. In diesem Zustand, der von einigen Minuten bis zu einer Stunde oder länger anhalten konnte, würden die jungen Männer von ihren Lieblingshelden aus den chinesischen Epen und Dorfopern besessen sein, und sie konnten während dieser Zeit von keinen Messern, Schwertern, Lanzen oder Kugeln verwundet werden. Dabei zeigten sie Symptome eines epileptischen Anfalls, verfielen in heftige Zuckungen und führten die typischen Bewegungen des Thai-Boxens aus, das jeder Chinese schon als kleiner Junge kennengelernt hat. Das war ein Schnellkurs in Wu shu, den jeder ohne die geringste Mühe absolvieren konnte. Auf das Boxen selbst kam es weniger an als auf die Besessenheit, denn es war der kollektive Wahn einer Unverwundbarkeit, die den Boxern das Gefühl gab, unüberwindlich zu sein.

Ihre Lehrer waren umherziehende »Meister« im Gewand buddhistischer oder taoistischer Mönche, die scheinbar aus dem Nichts auftauchten und von Dorf zu Dorf zogen, zum Teil gut bewandert in schamanistischen Ritualen und begabt mit hypnotischen Fähigkeiten. Sie waren darin geübt, einen Besessenheitszustand zu simulieren, und fanden großen Zulauf bei den ungebildeten Dorfjugendlichen, die sich durch die Verheißung, den Kampf gegen die Christen aufzunehmen, leicht begeistern ließen. Möglicherweise waren die jungen Geisterboxer eine spontane Erscheinung auf dem Land, doch woher die umherziehenden Meister kamen, was sie gerade zu dieser Zeit in den Westen Shantungs und später immer näher in Richtung Peking trieb, ist eine andere Frage.

Diese Lehrer waren als Organisatoren und Provokateure in ähnlicher Weise ausgeschickt worden, wie propagandistische Handzettel und Flugblätter verteilt wurden, um die Landbevölkerung aufzuwiegeln. Wahrscheinlich wurden sie für die Eisenhüte vom ehemaligen Bandenchef General Tung Fu-hsiang angeworben, der über enge Verbindungen zu Geheimgesellschaften aus Räubern und Bauernfängern auf Jahrmärkten verfügte; einer von Tungs Blutsbrüdern führte später einen harten Kern von Boxern an, der hauptsächlich aus diesen Meistern bestand. Es paßt ins Bild.

Die ersten Geisterboxer kamen 1896 im Nordwesten Shantungs

auf, etwa um dieselbe Zeit, als die tauglichsten der Großen Schwerter in die Miliz integriert wurden. Li Ping-heng und Yu Hsien hatten ihr Wachstum gefördert und auf verschiedene Weise versucht, sie zu lenken und zu steuern.

Von Bertram Lenox-Simpson läßt sich erfahren, warum die Gesandtschaften zu dieser Zeit die Boxer nicht ernst genommen haben:

»Ordnungsgemäß ausgewiesene Offiziere der Krone haben gesehen, wie neuangeworbene Mitglieder, die alle entsetzlichen Riten mitgemacht hatten und initiiert wurden, furchtlos einem richtigen Boxer gegenübertraten; haben gesehen, wie der Boxer seine Donnerbüchse mit Pulver geladen und einen Ladepfropf in den Lauf gestoßen hat; haben gesehen, daß anschließend eine Handvoll Eisenschrot geladen wurde, jedoch ohne Pfropf, der die Ladung gehalten hätte; haben bemerkt, daß der Meisterboxer mit seiner tödlichen Waffe herumfuchtelte, um bei den Zuschauern noch mehr Eindruck zu machen, bevor er feuerte; haben jedoch nicht feststellen können, daß der Eisenschrot den rostigen Lauf verlassen hätte, da er von keinem Ladepfropf gehalten wurde; und schließlich, als die furchtbare Waffe auf eine Entfernung von einer Mannslänge zum Neuling Feuer spie und ein ohrenbetäubendes Krachen von sich gab, haben sie und mit ihnen Tausende von Zuschauern gesehen, daß nichts passiert war.«

Es gab gelegentlich Unfälle, bei denen einmal ein Mann von einer Kanonenkugel in Stücke gerissen wurde, während es einem anderen nicht gelang, die auf ihn abgefeuerten Gewehrkugeln wirksam mit der Hand abzulenken. Solche Pannen wurden mit mangelhaften Vorbereitungen erklärt: Die Opfer hatten die Rituale nicht mit der genügenden Sorgfalt ausgeführt. Ob die Westeuropäer dem Ganzen nun Glauben schenken mochten oder nicht, die meisten chinesischen Bauern und viele Großgrundbesitzer ließen sich jedenfalls überzeugen. Mit dem Glauben verbreitete sich die Angst. Um ihre Propaganda in Umlauf zu bringen, verschickten die Boxer einschüchternde Kettenbriefe. »Wer diese Botschaft nicht weitergibt... wird eines unnatürlichen Todes sterben. Wer sie dagegen einmal abschreibt und weitergibt, dessen Familie ist sicher. Wer sie zehnmal abschreibt und an zehn Männer weitergibt, dessen Dorf ist sicher.«

Was sich da in Shantung machtvoll Bahn brach, war eine große Wut, geboren aus bitterer Armut, bewaffnet nur mit Knüppeln und Brandfackeln und der Parole folgend: Schützt den Thron, vernichtet die Fremden! Unter der Bezeichnung »Faustkämpfer für Eintracht und Gerechtigkeit« begannen sie, angriffslustig über christliche Konvertiten herzufallen, sie zu mißhandeln und schließlich ihre Häuser zu plündern und in Brand zu stecken. Abgesehen von diesen Tätlichkeiten wurden anfangs nur wenige Christen schwer verletzt, doch als die Zwischenfälle sich häuften, wurden Vorwürfe wegen Körperverletzung von den Missionaren zu Beschuldigungen wegen Totschlags aufgebauscht, und die Gesandtschaften in Peking sahen sich genötigt, zu protestieren.

Im Mai, August und Oktober 1898 kam es zu Überfällen auf Niederlassungen der Londoner Missionsgesellschaft. Im Oktober erhielt der Vetter von General Yuan Shih-kai den Auftrag, eine große Bande von Boxern zu zerschlagen, die christliche Konvertiten terrorisierten. Er trieb über 1000 von ihnen in ein Tempelgelände in der Nähe der Stadt Pingyuan und eröffnete das Feuer. Lediglich mit Keulen, ein paar Musketen und einer uralten Kanone bewaffnet, wehrten sich die Boxer tapfer und schlugen den Vetter Yuans in die Flucht. Bald trafen Verstärkungstruppen ein und töteten 28 Boxer, darunter einen ihrer lokalen Anführer. Als der Kampf beendet war, wurde ein Dorfälterer, der sich für die jugendlichen Boxer einsetzen wollte, von den Soldaten einfach erschossen. Dieser Mord erzürnte Gouverneur Yu Hsien, der Peking empfahl, dem Vetter von General Yuan Shih-kai das Kommando zu entziehen und ihn auf einen anderen Posten zu versetzen. In den Dörfern Shantungs wurde dies als unmißverständlicher Hinweis verstanden, daß die Boxer den Schutz des Gouverneurs genossen.

Aufgrund dieser Unterstützung liefen den Boxern die verschiedensten Elemente zu: junge Dorfburschen, Bauern, entlassene Soldaten, arbeitslose Flußschiffer, Vagabunden, Ganoven, Scharlatane und Opportunisten. Sie schmückten sich mit roten Stirnbändern, roten Bändern um Hand- und Fußgelenke und roten Schärpen, verbeugten sich nach Südosten, schrieben Zaubersprüche auf Zettel, die sie anzündeten, um dann die Asche zu schlucken, begaben sich in effektvolle Trancezustände und wurden von ihren Lieblingshelden besessen. Anschließend durchkämmten sie das Land auf der Suche nach dem gemeinsamen Feind.

Im November 1899 geriet eine große Boxerbande unter der Führung des berühmten Rote Laterne Chu auf dem Rückweg von einem Plünderungszug durch mehrere christliche Dörfer in einen Hinterhalt chinesischer Katholiken. Die Boxer starteten einen Gegenangriff, verwundeten drei ihrer Gegner und töteten zwei; anschließend steckten sie deren Stadt in Brand. Nach diesen Morden eskalierte der

Konflikt schlagartig. Gouverneur Yu Hsien war gezwungen, etwas zur Wiederherstellung der Ordnung zu unternehmen – mit rebellischen Bauern konnte man leben, aber Mord war Mord. Einige Tage darauf, als die Anführer der Boxer miteinander in Streit gerieten, schlugen unvermittelt die Regierungstruppen zu; Rote Laterne Chu wurde gefaßt, als er in der Verkleidung eines Tagelöhners, der die Felder mit Jauche düngte, fliehen wollte.

Gouverneur Yu Hsien versprach sich von der Verhaftung von Rote Laterne Chu anscheinend eine Beschwichtigung der Gesandtschaften, wie dies vor einigen Jahren bei der Hinrichtung der beiden Anführer der Großen Schwerter schon einmal der Fall gewesen war. Statt dessen verschob sich das Interesse plötzlich von den katholischen Missionaren zu den amerikanischen Protestanten, die in der Nähe tätig waren. Ihre Proteste beim US-Botschafter in Peking, Edwin Conger, zeigten endlich Wirkung. Anfang Dezember informierte das Tsungli Yamen Gouverneur Yu Hsien, Conger habe »die Notwendigkeit und Angemessenheit einer Versetzung [des Gouverneurs] angesprochen«. Da Conger im allgemeinen als zurückhaltender Diplomat bekannt war, glaubte das Tsungli Yamen, sein Protest sei nicht ganz ungerechtfertigt. Am folgenden Tag wurde Yu Hsiens Posten von General Yuan Shih-kai übernommen, der (als loyaler Anhänger Vizekönig Lis und nicht der Eisenhüte) sich sofort daranmachte, Yu Hsiens Haltung gegenüber den Boxern zu revidieren.

Gleich nach seiner Ankunft in Shantung erließ Yuan Shih-kai eine Proklamation, mit der er harte Maßnahmen zur Unterdrükkung aller Räuberbanden und Unruhestifter gleich welcher Couleur ankündigte. Hätte er diese Maßnahmen vom Schreibtisch weg in die Tat umsetzen können, dann wäre die Boxerbewegung höchstwahrscheinlich innerhalb kurzer Zeit am Ende gewesen. Doch innerhalb des ersten Monats nach seiner Amtsübernahme erhielt Yuan nicht weniger als drei Edikte aus Peking, die zweifellos auf Prinz Tuan zurückgingen und in denen ihm geraten wurde, »mit äußerster Vorsicht« vorzugehen.

Die bedeutsamste Entwicklung in jenem Dezember war jedoch das Eintreffen eines neuen Feldkommandeurs aus Shanxi. Der charismatische Bandit Li Lai-chung, ein Waffenbruder des moslemischen Generals Tung Fu-hsiang und durch diesen unmittelbar mit Prinz Tuan verbunden, sollte Yu Hsiens Platz bei den Boxern einnehmen. Seine Ankunft in der Provinz Shantung kündigte eine neue Phase der Gewalt an. Yu Hsien war inzwischen zum Gouverneur von Shanxi im Westen Pekings, am Rand von General Tungs Grenzterritorium, ernannt worden.

Die Aktivitäten der Boxer flammten sogleich wieder auf. Wie üblich waren ihre bevorzugten Ziele zum Christentum konvertierte Chinesen, doch wie es der Zufall wollte, stolperte ihnen ein Missionar vor die Füße. Am 31. Dezember 1899 kehrte der Reverend S. M. Brooks von der anglikanischen Kirche im Schneetreiben zu seiner Niederlassung in Pingyin am Gelben Fluß zurück, als er von einer mit Schwertern bewaffneten Boxerbande umringt wurde. Statt sich mit dem Unvermeidlichen abzufinden – beraubt und unter Umständen in sonstiger Weise gedemütigt zu werden –, wehrte sich Brooks und erhielt Schläge auf den Kopf und die Arme. Die Boxer nahmen ihm bis auf die Unterwäsche alle Kleidung ab und schleppten ihn mit sich. In der bitteren Kälte versuchte Brooks zu verhandeln und bot ein Lösegeld für seine Freilassung. Als die Bande vor einem Gasthaus am Weg Rast machte, wurde Brooks an einen Baum gebunden. Während die Boxer einen Imbiß einnahmen, löste der Wirt dem Gefangenen die Fesseln, und dieser versuchte zu fliehen, wurde jedoch von seinen Verfolgern eine Meile vor einer Kirche der Gesellschaft zur Verbreitung des Evangeliums eingeholt. Sie schlugen ihm den Kopf ab und warfen den Leichnam in einen Graben.

Der Mord an Brooks löste bei der diplomatischen Gemeinde in Peking eine erstaunlich teilnahmslose Reaktion aus. Dr. Robert Coltman, ein amerikanischer Arzt und Missionar, schrieb an Morrison, »Sir C[laude MacDonald] sieht die Sache sehr gelassen und läßt durchblicken, [daß Brooks] sich nicht in diesen unruhigen Teil des Landes hätte begeben sollen«. Edmund Backhouse teilte Morrison mit, nach Aussage des anglikanischen Bischofs von Nordchina »sieht es ganz danach aus, daß Brooks bewußt in ein Dorf gegangen ist, vor dem man ihn ausdrücklich gewarnt hatte, und es ablehnte, sich von einer Wache begleiten zu lassen«.

Dennoch legten die Gesandtschaften lautstark offiziellen Protest ein und forderten, der Kaiser solle die Boxer verurteilen und den Aufstand niederschlagen. Am 11. Januar 1900 erließ der Hof, in zwei gleichstarke Fraktionen aus Gemäßigten und militanten Fremdenhassern gespalten, ein Dekret in einer so gewundenen Sprache und so voller Zweideutigkeiten, daß Conger »gewisse Befürchtungen im Hinblick auf die Wirkung seiner merkwürdigen Formulierung« äußerte. In dem Dekret hieß es unter anderem:

»Seit kurzem nimmt das Räuberunwesen in allen Provinzen fast täglich mehr überhand, und Vorfälle mit den Missionaren wiederholen sich häufig. Die meisten unserer Ratgeber nennen als Ursache die Geheimgesellschaften und fordern ihre rigorose Unterdrückung und Bestrafung. Es gibt jedoch Gesellschaften von ganz unterschiedlicher Art. Wenn nichtswürdige Vagabunden sich zu Banden und verschworenen Bünden zusammenschließen... kann das Gesetz keinerlei Milde gegen sie walten lassen. Wenn aber andererseits friedliebende und gesetzestreue Leute ihre Fähigkeiten... zur eigenen Sicherheit und der ihrer Familie einsetzen... so ist das lediglich eine Sache der gegenseitigen Hilfe und des gegenseitigen Schutzes. ... die Vizekönige und Gouverneure der Provinzen sollen den Lokalbehörden strenge Anweisungen erteilen, daß diese in Fällen der genannten Art lediglich danach fragen, ob der und der ein Räuber ist oder nicht, ob er die Leute aufgehetzt hat oder nicht, und sich nicht mit der Frage beschäftigen, ob er einer Gesellschaft angehört oder nicht oder ob er einer Religionsgemeinschaft angehört oder nicht.«

Der französische Gesandte Stéphane Pichon bemerkte, die Begriffe des Edikts seien »unbestimmt und dehnbar« und verrieten eine »Doppelsinnigkeit«. Peking gab lediglich zu verstehen, wenn die neuen dörflichen Selbstschutzgruppen nicht staatsgefährdend seien, sollte nichts gegen sie unternommen werden.

Die Gesandtschaften wußten nicht so recht, was sie mit der Doppelnatur der Boxerbewegung anfangen sollten. Auf der Grundlage neuer Erkenntnisse durch einen Gewährsmann schrieb Edwin Conger im Februar 1900: »Die Kaiserinwitwe ist ohne Zweifel in großer Furcht und schreckt davor zurück, mit der nötigen Energie und Entschlossenheit gegen die ›Boxer‹ vorzugehen... da sie es anscheinend für unklug und riskant hält, starke und bewaffnete Organisationen, die durchaus geeignet sind, die Keimzellen eines allgemeinen Aufstands zu bilden, gegen die Regierung aufzubringen.«

Daß Tz'u-Hsi tatsächlich in größter Sorge war, wissen wir von einer ihrer Hofdamen, der sie später sagte, »ich hätte sofort ein Edikt erlassen müssen, um den Boxern Einhalt zu gebieten... aber sowohl Prinz Tuan als auch Herzog Lan beruhigten mich, sie glaubten fest daran, die Boxer seien vom Himmel gesandt, um China in den Stand zu setzen, sich aller unerwünschten und verhaßten Ausländer zu entledigen«. Dann fügte sie hinzu, »nie hätte ich mir träumen lassen, daß die Boxerbewegung so gravierende Folgen für China haben würde«.

Mochten die Gesandtschaften über diese Vorgänge auch im dunkeln tappen, für die Westeuropäer und Nordamerikaner auf dem Land stand jedenfalls zweifelsfrei fest, daß dies alles Elemente eines einzigen finsteren Plans waren. Einen Monat vor dem Mord an Brooks wurde die US-Gesandtschaft in einem Telegramm von Missionaren aus Shantung gewarnt, daß »die Amerikaner dort die Lage für nahezu hoffnungslos halten, sofern nicht die vier Gesandtschaften einen gemeinsamen Druck ausüben«. Zwei Tage vor dem Erlaß des zweideutigen Edikts vom 11. Januar telegrafierten britische Missionare aus Taiyuan, der Hauptstadt Shanxis, wo der beherrschte Fanatiker Yu Hsien gerade Gouverneur geworden war, an Sir Claude: »Aussichten sehr düster... Geheime Befehle des Throns ermutigen die Boxer.« Doch die Diplomaten waren der Meinung, die Missionare seien Panikmacher. Als das schicksalhafte Jahr 1900 begann, schrieb Sir Robert Hart: »Wie es heißt, wollen die Boxer aus Shantung wirklich nach Peking kommen und hier Unruhen anstiften, aber hier kursieren immer wieder Gerüchte von irgendwelchen Unruhen!«

Anfang Januar begannen die wandernden Boxmeister wie auf ein verabredetes Signal die Dörfer der nordchinesischen Ebene in Richtung Peking zu durchwandern. Entgegen dem Eindruck, der sich manchen Westeuropäern aufdrängte, auf die Hauptstadt rolle eine Welle von Shantung-Boxern zu, scharten die Meister keine Boxer um sich, sondern warben immer neue Schüler an und erteilten ihnen Unterricht, je näher sie sich auf Peking zubewegten. Damit bestätigten sie die Vermutung, daß die Meister und nicht die Schüler hinter der gesamten Bewegung steckten und das Bindeglied zwischen den Boxern und den Eisenhüten darstellten. In einem eigenen, aber nicht zufällig zu diesem Zeitpunkt erfolgenden Vorstoß rückte der Shanxi-Räuber Li Lai-chung aus Shantung mit seiner eigenen handverlesenen Streitmacht und einer Truppe lokaler Boxer an und tat sich in den südlichen Ausläufern Pekings besonders hervor, ganz in der Nähe der Truppen seines Blutsbruders General Tung Fu-hsiang. Li war vermutlich das treibende Element in der Boxerstrategie, möglicherweise der Rädelsführer. Von diesem Zeitpunkt an ist es schwierig, die verschiedenen Gruppen auseinanderzuhalten, da sie alle in Peking zusammenströmten. Danach waren die Ereignisse bald nicht mehr unter Kontrolle zu halten.

Ende Januar übermittelten die Gesandtschaften Englands, der Vereinigten Staaten, Frankreichs, Deutschlands und Italiens dem Hof gleichlautende Protestnoten, in denen sie ein unmißverständliches Dekret verlangten, mit dem die völlige Niederschlagung der Boxerbewegung befohlen wurde. Unter diesem Druck wies die Regierung ihre Vertreter in Chihli und Shantung an, das Treiben der Boxer zu unterbinden und die Landbevölkerung davon in Kenntnis zu setzen, daß diese Gesellschaft gesetzlich verboten sei. Den Gesandtschaften genügte das nicht, und am 6. April drohten sie eine bewaffnete Intervention durch ausländische Kriegsschiffe und Truppen an, wenn ihre Forderungen nach einer völligen Unterwerfung der Boxer nicht innerhalb von zwei Monaten erfüllt würden.

Mitte April wurde ein weiteres Dekret voller Zweideutigkeiten erlassen, das erneut bestimmte, Selbstschutzgruppen würden geduldet, die Bevölkerung jedoch zugleich aufforderte, die Übergriffe auf Chinesen, die sich zum Christentum bekehrt hatten, zu unterlassen. Die Boxer faßten dies als offizielle Anerkennung ihrer Organisation auf und ließen verkünden, ab jetzt stünden sie unter dem Schutz des Kaisers.

Anfang Mai schlugen die Eisenhüte vor, die Boxer vollständig in lokale Milizen zu integrieren, wo sie ausgebildet, verpflegt und besoldet werden sollten. Der Hof befahl Yu Lu, dem neuen Vizekönig von Chihli, und Yuan Shih-kai, dem Gouverneur von Shantung, den Vorschlag der Eisenhüte zu beraten und anschließend Bericht zu erstatten. Beide Männer erhoben Einwände, soweit sie dies aufgrund ihrer Stellung wagen konnten. Yu Lu, der Ältere, den eine enge Freundschaft mit dem britischen Konsul in Tientsin verband, ließ durchblicken, seiner Meinung nach seien die Boxer Verbrecher und Scharlatane. Gouverneur Yuan nahm kein Blatt vor den Mund, als er sagte: »Von diesen Boxern, die Leute um sich scharen, die auf der Straße Krawall schlagen und noch in einer Entfernung von mehreren hundert Kilometern auf Plünderungen ausgehen, kann man nicht mehr behaupten, daß sie sich und ihre Familien schützen wollen... da sie plündern, einfache Leute töten und Unruhe schüren, kann man sie [auch] nicht als bloße Christenfeinde bezeichnen... Der Vorschlag, die Boxer von staatlicher Seite ausbilden zu lassen, ist überhaupt nicht praktikabel.«

Yuans Warnung stieß auf taube Ohren.

18

Sicher naht ein Sündensohn

Im Spätfrühling des Jahres 1900 begann sich der Gestank des offenen Abwasserkanals, der von der Verbotenen Stadt aus durch das Gesandtschaftsviertel verlief, allmählich auszubreiten. Für das Botschaftspersonal war es ein normaler Frühling, mit den üblichen Aufständen hungernder Bauern in den Provinzen, doch die meisten ausländischen Angestellten hatten gelernt, die Bauern und den Gestank zu ignorieren. Bald würde man packen und sich in das Sommerdomizil begeben, in umgebaute Tempel in den westlichen Bergen, 25 Kilometer südwestlich von Peking. Picknicks und Tanzabende, Pferderennen, Tennis und Ausflüge erfüllten die verbleibenden Wochen mit angenehmer Zerstreuung.

Das große Ereignis des Monats Mai war eine Abendgesellschaft in der britischen Botschaft anläßlich des 81. (und letzten) Geburtstags von Königin Victoria. Von den 59 Gästen waren zwei Drittel Männer und nur ein Drittel Frauen, und eine strahlende Lady MacDonald führte Dr. George Morrison und Sir Robert Hart an ihre Plätze. Nach dem Essen wurde auf den Tennisplätzen beim Schein chinesischer Papierlampions zu der Musik des neuen Streichorchesters des »I. G«. getanzt.

Zwei Wochen zuvor, am 10. Mai 1900, brachten die *North China Daily News* einen nicht namentlich gezeichneten Bericht von »einem einheimischen Korrespondenten« in Peking, offenbar einem niederen Beamten aus guter Familie, der westliche Freunde hatte. Die

Scharfsicht und die Prophezeiungen des Artikels waren bemerkenswert:

»Ich schreibe in aller Ernsthaftigkeit und Offenheit, um Sie darüber zu informieren, daß es eine große Verschwörung gibt, deren Ziel es ist, alle Ausländer in China zu vernichten und ihnen die ›verpachteten‹ Gebiete wieder zu entreißen... Die Hauptanführer dieser Bewegung sind die Kaiserinwitwe, Prinz Ching, Prinz Tuan, Kang Yi, Chao Shu-chiao [Eisenhut und Chef des Justizministeriums] und Li Ping-heng... Die Truppen, die eingesetzt werden sollen, [sind] die Feldstreitmacht Peking (50000 Mann) unter Prinz Ching; das Husheng-Corps oder die Ruhmreichen Tiger (10000 Mann) unter Prinz Tuan; und die verschiedenen Banner der kaiserlichen Garden (insgesamt 12000 Mann) unter Kang Yi und anderen. Diese 72000 Soldaten sollen den Kern der Armee der Rächer bilden, während die Boxer als Hilfstruppen eingesetzt werden sollen in dem großen Kampf, der drohender bevorsteht, als die Ausländer in Peking oder anderswo ahnen... Alle Chinesen der Oberschicht wissen das, und diejenigen, die Ausländer zu ihren Freunden zählen, haben diese bereits gewarnt, wurden jedoch meines Wissens dafür ausgelacht.«

Diese deutliche Warnung vor einem bevorstehenden Blutvergießen wurde völlig ignoriert. Trotzdem war die Gefahr viel ernster, als die Ausländer in Peking sich vorstellten, denn die Eisenhüte standen im Begriff, den »spontanen«, gegen die Christen gerichteten Aufstand der Boxer als Vorwand für einen eigenen Schlag zu nutzen. Der unnachgiebige deutsche Druck und weitere Schwierigkeiten mit westlichen Missionaren und Reischristen in Shantung und Chihli lösten sogar unter den Gemäßigten in der chinesischen Regierung eine solche Empörung aus, daß der Einfluß der Eisenhüte erheblich gestärkt wurde.

Prinz Chuang und Herzog Lan waren nun die beiden Chefs der Pekinger Gendarmerie und hatten dadurch den Apparat von Polizei und Geheimpolizei unter ihrer Kontrolle. Dadurch konnten sie gemäßigte Regimegegner in hohen Stellungen überwachen und einschüchtern. Innerhalb des Palasts befand sich Prinz Tuan in einer ähnlichen Position, da sein persönlicher Einfluß auf die Kaiserinwitwe und seine Kontrolle über den inneren Ring der Sicherheitskräfte im Palast für Jung-lu oder andere Gemäßigte eine Einmischung sehr schwer machten. Zur Fraktion der Eisenhüte gehörten außerdem der Bürgermeister von Peking, der Leiter des Justizministeriums, der stellvertretende Finanzminister, der Vorsitzende des Ritenministeriums sowie mehrere Großsekretäre und Großräte. Dies verstärkte die Allmachtsgefühle bei den Falken, obwohl sie am Hof noch keine wirklich beherrschende Stellung innehatten. Noch immer konnten sie von den Gemäßigten gebremst werden. Als Datum für die Vernichtung aller fremden Teufel war der Juli 1900 festgesetzt worden. Es war von den Wahrsagern wegen einer ungewöhnlichen Konvergenz der Ergebnisse zahlenmystischer und kalendarischer Berechnungen ausgewählt worden. Die Tatsache, daß die Eisenhüte sich für dieses Datum entschieden hatten, bedeutete nicht, daß sie die Unterstützung der Kaiserinwitwe und des Hofs hatten. Viele Gemäßigte widersetzten sich dem Plan, so daß die Eisenhüte sich bald genötigt sehen würden, ein blutiges Terrorregiment zu führen, um ihre Gegner zum Schweigen zu bringen.

Trotz wiederholter Proteste wegen der Boxer und Drohungen, ausländische Truppen ins Land zu holen, nahmen die Botschaften die Gefahr nicht sehr ernst; sie waren hauptsächlich damit beschäftigt, sich das vom Leibe zu halten, was in ihren Augen die größte Gefahr in Peking darstellte – die Langeweile. Sowohl Edwin Conger als auch Sir Claude MacDonald bagatellisierten die Boxer als »ein paar Fanatiker«. Es hatte in diesem Frühjahr keinen Regen gegeben, und in ganz Nordchina war kein Getreide ausgesät worden. Sie waren fest davon überzeugt, daß sich nach einigen Tagen schwerer Regenfälle alles wieder beruhigen würde.

Robert Hart hatte schon seit einiger Zeit Unheil gewittert. Er wurde einfach das Gefühl nicht los, daß die Ausländer es irgendwann mit den Chinesen zu schlimm treiben würden. Er machte sich Sorgen wegen der unsicheren Lage der Ausländer in Peking: »Hier in Peking sitzen wir in einer Mausefalle und sind den Chinesen auf Gedeih und Verderb ausgeliefert; wenn wir uns zusammenschließen könnten, könnten wir auch einem Mob standhalten, aber wir sind verstreut ... und wenn es einen Aufruhr geben sollte, bezweifle ich, daß viele von uns sich retten können.« Er fügte hinzu: »Ich halte es durchaus für möglich, daß sich eines Tages die Verzweiflung [Chinas] mit größter Wut entladen wird und daß wir Ausländer in Peking einer wie der andere vernichtet werden.« Acht Monate vor dem Beginn der Belagerung schrieb er, »alle Ausländer in Peking sollen vernichtet werden, und Chinas Goldenes Zeitalter soll zurückkehren«. Er setzte hinzu: »Tung Fu-hsiangs wilde Reiterarmee (12000 Mann) lagert drei Meilen vor der Stadt, und wenn man sie losläßt, wird es uns schlecht ergehen.«

Im Mai 1900 schrieb er: »Gerüchten zufolge ist die Kaiserinwitwe selbst ›angesteckt‹ und sympathisiert [mit den Boxern]. Tatsächlich wissen wir jedoch nur wenig von der Stimmung am Hof und sehen lediglich die Oberfläche.« Falls Tz'u-Hsi tatsächlich angesteckt war, so hing dies möglicherweise damit zusammen, daß die unflätigen Angriffe von K'ang Yu-wei, Liang Chi-chao und Lim Boon-keng in der westlichen Presse veröffentlicht und damit scheinbar bestätigt wurden. Dies konnte nur dazu geführt haben, daß die alte Frau für die Schmeicheleien von Prinz Tuan und Kang Yi noch empfänglicher wurde. Die Menschen sind bekanntlich leicht für einen Chauvinismus zu gewinnen, und Tz'u-Hsi bildete da keine Ausnahme. Hart erfuhr später, daß die besten Kampfsportler der Boxer aufgrund einer Einladung der Eisenhüte ihre Kunst zuerst vor Prinz Tuan und dann vor dem Kaiser und der Kaiserinwitwe vorgeführt hatten. Mit ihren Tricks, die sie auf Hunderten von Jahrmärkten verfeinern konnten, überzeugten sie mühelos alle bis auf die hartgesottensten Skeptiker. Der kollektive Wunsch, betrogen zu werden, gewinnt in solchen Augenblicken die Oberhand. Tz'u-Hsi wußte ja kaum etwas von der Welt außerhalb Pekings. Vor dem chinesisch-japanischen Krieg hatte man ihr eingeredet, Vizekönig Lis neue Flotte sei unverwundbar und seine von einem deutschen Ingenieur angelegten befestigten Häfen seien uneinnehmbar. Warum sollte sie also nicht auch an Prinz Tuans Wunderwaffe glauben? Später erzählte sie, Prinz Tuan habe ihr versichert, er habe mit eigenen Augen gesehen, »daß ein Boxer mit einem Revolver auf einen anderen [schoß], die Kugel diesen traf, ihn aber nicht im geringsten verletzte«. Es steht völlig außer Zweifel, daß Prinz Tuan dies wirklich geglaubt hat. Als Tz'u-Hsi mit Jung-lu darüber sprach, spottete dieser über Prinz Tuans Dummheit und sagte, »ein einziger ausländischer Soldat könne hundert Boxer ohne weiteres töten«. Er verhehlte auch nicht seine Meinung, Prinz Tuan sei »völlig verrückt«, und bis alles überstanden sei, würden die Boxer noch »eine Menge Ärger« machen. Doch in China übten Magie und Taschenspielerei noch immer eine ungeheure Wirkung aus, und Tz'u-Hsi, von ihren Beratern hin- und hergerissen, blieb unentschlossen.

Die Gesandtschaften kümmerten sich um Harts Befürchtungen so wenig wie um die offene Warnung in den *Daily News*. Die Westeuropäer und Nordamerikaner in Peking litten unter keinerlei Selbstzweifeln; sie hatten Gott auf ihrer Seite, waren die unverwundbaren Überbringer der Zivilisation an die unwissenden Chinesen und geschützt durch ihre moralische Überlegenheit, ebenso unverwundbar wie die Boxer für westliche Kugeln. Es war der Gipfel des Schwachsinns.

So wurde nichts unternommen. Vorsichtshalber erbat Sir Claude eine Demonstration der Macht durch die Kriegsmarine, so daß zwei britische Kriegsschiffe in der Bucht vor den Forts bei Taku in Stellung gingen. Mitte April kamen ein amerikanisches, ein französisches und zwei italienische Kanonenboote hinzu. Innerhalb eines Monats lagen 24 ausländische Kriegsschiffe vor Taku. Ähnlich wie das Erscheinen eines britischen Geschwaders im Golf am Ende der Hundert-Tage-Reform versetzte auch dies den Hof in Aufregung, alarmierte die Gemäßigten und erzürnte die Eisenhüte.

Von den rund 500 Ausländern, die um 1900 in Peking wohnten, waren die Hälfte Missionare, die Kirchen, Krankenhäuser, Apotheken, Waisenhäuser und Schulen betrieben; wegen ihrer unterschiedlichen Konfessionen sprachen sie kaum miteinander. Daneben gab es das Gesandtschaftsviertel, das eine selbstgefällige Welt für sich darstellte. Insgesamt waren elf Länder durch Botschafter vertreten: Österreich-Ungarn, Belgien, Großbritannien, Frankreich, Deutschland, Holland, Italien, Japan, Rußland, Spanien und die Vereinigten Staaten. Sie waren nicht auf einem einzigen umfriedeten Gelände untergebracht, sondern die Botschaftsgebäude verteilten sich auf einem Quadrat von ungefähr 400 Meter Seitenlänge an einer Ecke der Verbotenen Stadt. Im Süden wurde das Gesandtschaftsviertel durch die Mauer begrenzt, von der die Tatarenstadt umschlossen wurde, hinter deren Zinnen der Gestank und der Lärm der Chinesenstadt lagen, im Osten durch die Hauptstraße, die zum Ha-ta-men-Tor führte, im Norden durch die Außenmauer der Verbotenen Stadt und im Westen durch die Verbindung zwischen dem Tor des Himmlischen Friedens (Tien an men), dem Haupteingang zum kaiserlichen Palastkomplex, und das Kaisertor. Durch das Gesandtschaftsviertel verlief der faulig stinkende Abwasserkanal, in dem sich brodelnde Massen von schwarzem Schlamm dahinwälzten, auf beiden Seiten gesäumt von einer baumbestandenen Straße, der die britische Botschaft und die benachbarte Hanlin-Akademie von den weitläufigen Gärten von Prinz Sus Palast trennte. Das Gelände, auf dem die britische Botschaft stand, hatte ursprünglich zu Prinz Sus Palast gehört und wurde erst nach der alliierten Besetzung 1860 von den Engländern erworben.

Außer den eigentlichen Botschaften befanden sich in dem Viertel zahlreiche Geschäfte, Warenhäuser, Banken, Büros und ein Hotel, die zum Teil reichen Chinesen und zum Teil ausländischen Firmen gehörten. Hier lagen die Bank von Hongkong und die Bank von Shanghai, die russisch-chinesische Bank, das Handelshaus Jardine Matheson, zwei gut sortierte Gemischtwarenläden, Imbeck's und Kierulff's, und das Peking Hotel unter der Leitung des Schweizers Auguste Chamot und seiner amerikanischen Frau, Annie Elizabeth MacCarthy. Die westeuropäischen Angestellten von Robert Harts chinesischem Post- und Zollamt wohnten in einem eigenen Gebäude in der Nähe; schließlich gab es noch ein paar Lehrer an der neuen Pekinger Universität.

Angeführt wurde diese isolierte Gemeinschaft von Sir Claude MacDonald, einem großen, mageren, intelligenten Schotten von 48 Jahren, mit einem liebevoll getrimmten Schnurrbart und einem militärischen Gebaren, das er sich bei den englischen Ägyptenfeldzügen Anfang der achtziger Jahre zugelegt hatte. Als ernsthafter Mann und guter Mensch war er streng, zurückhaltend und nachdenklich, außerdem verläßlich, mutig und ein tüchtiger Militärkommandeur. Es fehlte ihm an Geduld und Phantasie, und er war in seinem Verständnis für orientalisches Denken nicht so scharfsinnig wie sein Kollege in Tokyo, Sir Ernest Satow, der ebenso wie Hart den größten Teil seines Lebens als Erwachsener im Fernen Osten verbracht hatte. Der Doyen des diplomatischen Corps war der spanische Minister, doch Sir Claude war der Repräsentant der größten der Großmächte, und seine Botschaft war das Zentrum der Gemeinschaft. Morrison, der in seinem persönlichen Urteil weder Freund noch Feind schonte, schilderte Sir Claude als einen Mann, der »so wenig Klugheit wie Urteilsvermögen besitzt«.

In diesem Mai kam es zu einem plötzlichen Aufflammen der Boxerunruhen außerhalb Pekings. In der Stadt Lai shui, wo sich der Anteil von Christen und Nichtchristen die Waage hielt, hatten chinesische Christen einen Jahrmarkt überfallen und Schrifttafeln der lokalen Gottheiten zerbrochen. Zur Vergeltung wurde ihre Dorfkirche geplündert. Als Mandschu-Beamte der Regierung für die Christen Partei ergriffen, schwoll die Empörung an. Am 12. Mai 1900 steckte ein Mob von Boxern die Kirche und alle christlichen Häuser in Brand und tötete 30 christliche Familien. Dieselben Boxer besiegten anschließend eine kaiserliche Strafexpedition und töteten deren Befehlshaber. Die Boxer selbst verloren bei dem Kampf 60 Mann. Einige Tage darauf brannten Boxer eine Londoner Missionskapelle nieder, die nur 65 Kilometer von der Hauptstadt entfernt lag. Zwei Tage später warnte der Vikar von Peking, Bischof Favier, den französischen Botschafter, Stéphane Pichon, man habe ein Datum für einen

Boxerangriff *innerhalb* Pekings festgesetzt. Wenn die Eisenhüte sich mit ihren Absichten durchsetzten, schrieb Favier an Pichon, werde als erstes die katholische Nordkathedrale, die sogenannte Peitang zerstört, dann seien die Botschaftsgebäude an der Reihe. »Ich flehe Sie an... mir zu glauben; ich bin gut unterrichtet, und ich spreche nicht unbegründet. Diese religiöse Verfolgung ist nur ein Vorwand, das letzte Ziel ist die Vertreibung aller Europäer. Die Freunde der Boxer warten auf sie in Peking; sie werden zuerst die Kirchen, dann die Gesandtschaften angreifen. Für uns, für unsere Kathedrale, ist das Datum des Angriffs schon festgelegt. Jeder weiß es, es ist bereits Stadtgespräch.« Der Bischof bat um 40 bis 50 Seesoldaten zu seinem Schutz. Doch als die Vertreter der Gesandtschaften gemeinsam Faviers Warnung erörtern wollten, gelangten sie zu dem Schluß, ein Boxerangriff in Peking sei undenkbar, so daß kein Anlaß bestehe, aus Tientsin Marinetruppen anzufordern. Sir Claude teilte dem Foreign Office mit, daß »ich zu wenig erfahren habe, um die düsteren Voraussagen des französischen Kirchenmannes bestätigen zu können«. MacDonalds Begriffsstutzigkeit war typisch für die Einstellung in den Botschaften. Überdies konnte man von einem Vertreter Großbritanniens kaum erwarten, daß er seine Entscheidungen von dem Geschwätz eines Franzosen und zudem eines Katholiken abhängig machte. Vorgefaßte Meinungen, Eifersüchteleien und Verleumdungen innerhalb der Gemeinschaft der Westeuropäer und Amerikaner sollten ein weiteres Kennzeichen des Boxeraufstands werden.

Am 27. Mai hatte einer der Hauptverbände der Boxer, der auf fast 10000 Mann angewachsen war, die Stadt Cho-chou an der Eisenbahnlinie knapp 80 Kilometer südwestlich der Hauptstadt erobert und begonnen, Bahnhöfe, Brücken und Telegrafenlinien in beiden Richtungen anzugreifen und niederzubrennen. Die Anführer der Boxer waren entschlossen, die Lokalpolitiker das Fürchten zu lehren. Da sie sich aus unterschiedlichsten ländlichen Bevölkerungsschichten zusammensetzten – darunter etliche Straßenräuber, Betrüger, Raubmörder und Tagediebe –, verprügelten und beraubten sie Chochous Mandarine und Angehörige der Oberschicht. Das hätten sie besser bleibenlassen sollen. Sogleich gab es einen Aufschrei der Empörung in Peking. Hohe Beamte wie Jung-lu hegten ernsthafte Zweifel an der Klugheit der Boxerstrategie, nicht nur, weil diese die ausländischen Mächte zu Repressalien provozieren würde, sondern auch, weil die Boxer selbst ein ungezügelter Pöbelhaufen waren, der jederzeit außer Kontrolle geraten und möglicherweise sogar die Regierung stürzen konnte. Zwischenfälle wie in Cho-chou ermutigten die Gemäßigten, bei kaiserlichen Ratssitzungen ihre Stimme zu erheben oder dem Thron Denkschriften zu übergeben. Tz'u-Hsi war so unsicher, daß sie mal dies, mal jenes dachte.

Robert Hart spürte die Stimmung: »Der Hof befindet sich anscheinend in einem Dilemma: Wenn die Boxer nicht niedergeschlagen werden, drohen die Botschaften, etwas zu unternehmen – versucht man dagegen, sie zu unterdrücken, schlägt diese zutiefst patriotische Organisation in eine gegen die Dynastie gerichtete Bewegung um!« Eines der wirkungsvollsten Argumente von Prinz Tuan gegenüber der Kaiserinwitwe war die Drohung, daß die Boxer, sollte man sie nicht voll und ganz unterstützen, den Thron stürzen würden. Später erinnerte Tz'u-Hsi sich an ihre damalige verzwickte Lage:

»Eines Tages brachte Prinz Tuan den Anführer der Boxer in den Sommerpalast, rief alle Eunuchen in den Innenhof der Audienzhalle und untersuchte jeden Eunuchen am Kopf, um festzustellen, ob sich dort ein Kreuz befand. [Der Anführer der Boxer] sagte: ›Dieses Kreuz ist für euch nicht sichtbar, aber ich kann einen Christen daran erkennen, daß er ein Kreuz auf seinem Kopf trägt.‹ Dann kam Prinz Tuan in meine Privatgemächer und berichtete, der Boxerführer habe unter den Eunuchen zwei Christen gefunden, und fragte mich, was zu tun sei. Ich wurde sofort sehr ärgerlich und sagte, er habe nicht das Recht, ohne meine Erlaubnis irgendwelche Boxer in den Palast zu bringen; aber er sagte, dieser Führer sei so mächtig, daß er fähig sei, alle Ausländer zu töten, ohne die Waffen der Fremden zu fürchten, da er unter dem Schutz sämtlicher Götter stehe... Dann machte Prinz Tuan den Vorschlag, ich solle diese beiden angeblich christlichen Eunuchen dem Boxerführer überlassen, was ich auch tat. Später habe ich erfahren, daß man die beiden Eunuchen enthauptet hatte... Am anderen Tag mußte ich überrascht feststellen, daß alle meine Eunuchen wie Boxer gekleidet waren... Herzog Lan überreichte mir einen Boxeranzug als Geschenk.«

Danach ließ sie Jung-lu zu sich bitten, »da ich mich mit ihm beraten wollte... Jung-lu machte ein bekümmertes Gesicht, als er erfuhr, was sich im Palast zugetragen hatte, und meinte, diese Boxer seien nichts Besseres als Revolutionäre und Aufwiegler... Ich sagte ihm, daß er wahrscheinlich recht habe, und fragte ihn, was wir machen sollten. Er erklärte, er wolle mit Prinz Tuan sprechen, doch am nächsten Tag erzählte mir Prinz Tuan, daß er mit Jung-lu über die Boxerfrage in Streit geraten sei, und erklärte... wenn wir versuchen sollten, sie [die Boxer] niederzuschlagen, dann würden sie alles in ihrer Macht Stehende tun, alle Bewohner Pekings, auch den Hof, umzubringen«.

Tz'u Hsi war sehr verängstigt und erkannte – zu spät –, daß sie praktisch eine Gefangene Prinz Tuans geworden war. Wäre sie eine gefährliche, intrigante Autokratin gewesen, so hätte sie ihn unverzüglich festnehmen und hinrichten lassen können. Doch sie war diesen Intrigen weder politisch noch intellektuell gewachsen und litt unter ihrer Entschlußlosigkeit. Erst als Prinz Tuan als Anführer der Gruppe hervortrat, von der sie zu einer Verurteilung Kuang-hsüs gedrängt wurde, kam ihr der Verdacht, er könnte sich wie eine Viper um ihren Knöchel gelegt haben. Als er sie dann noch beschwor, ihm das zweifelhafte Privileg des Shangfang-Schwerts einzuräumen und das damit verbundene Recht, jeden nach seinem Willen auf der Stelle enthaupten zu lassen, bekam sie Angst vor der dunklen Seite seines Wesens, seinem immer deutlicher werdenden Verfolgungswahn. Doch königliche Prinzen, die bereit gewesen wären, sich auf ihre Seite zu schlagen, um sie gegen Tuan und seine mächtige Clique zu verteidigen, waren rar. Selbst Jung-lu war vorsichtig geworden und sträubte sich dagegen, den Eisenhüten offen die Stirn zu bieten. 1878 hatte er in einem Konflikt mit dem Vater Prinz Tuans den kürzeren gezogen und war gezwungen worden, sich frühzeitig aus dem politischen Leben zurückzuziehen. Erst sieben Jahre später wurde er rehabilitiert, deshalb mußte er sich in acht nehmen.

Eine weitere Boxerbande überfiel die Bahnstation in Fengtai zwischen Peking und Cho-chou, brannte das Depot, den Lokomotivschuppen und die Häuser ausländischer Ingenieure nieder und sprengte die von Ausländern über den Peiho errichtete Stahlbrücke in die Luft. Da die Boxer außer Speeren, Schwertern und ein paar altersschwachen Kanonen keine Waffen hatten, kämpften sie hauptsächlich mit der Brandfackel. In den Bergen hinter Fengtai beobachteten zwei Amerikanerinnen, Harriet Squiers und Polly Condit Smith, von der efeubewachsenen Terrasse eines zu einem Sommerhaus umgebauten taoistischen Tempels den schwarzen Rauch. Sie konnten sich denken, was geschehen war, und sie hatten Angst. Fengtai war der Knotenpunkt, an dem die Eisenbahnlinie Peking-Tientsin auf die Linie von Peking nach Paotingfu traf, und es lag direkt am Rande des von Tung Fu-hsiang beherrschten Territoriums. Wenn aufgebrachte Boxer – oder General Tungs wilde Reitertruppen – den Bahnhof in Brand steckten, was würden sie dann als nächstes tun?

Harriet Squiers' Ehemann Herbert war Erster Sekretär der US-Botschaft, und ihr Gast, Polly Condit Smith, war eine lebhafte junge

Frau aus Boston, die ihre Ferien im Orient verbrachte und von Japan aus nach Peking gekommen war. In ihrer Gesellschaft befanden sich die drei Kinder der Squiers, eine deutsche und eine französische Gouvernante sowie 40 verängstigte chinesische Dienstboten. Man hatte ihnen am Vortag zu ihrem Schutz einen Trupp lanzenbewaffneter chinesischer Soldaten geschickt, der sich jedoch bald darauf verdrückt hatte.

Aus der Richtung, wo der Rauch zu sehen war, kam eine staubige Gestalt langsam den Hügel heraufgeritten, und die beiden Damen waren erleichtert, als sie in dem Reiter den Korrespondenten der *Times* erkannten. George Morrison, ein enger Freund von Herbert Squiers, der eine Schwäche für hübsche Frauen hatte, kam den Damen zu Hilfe. Einige Stunden bevor die ersten Berichte von Unruhen in Fengtai eintrafen, war er aus Peking weggeritten, um sich selbst ein Bild zu machen und nach den Damen zu sehen. Herbert Squiers hatte in der amerikanischen Botschaft zu tun und war wahrscheinlich nicht in der Lage, Peking zu verlassen, bevor die Tore für die Nacht geschlossen wurden. Währenddessen bewog Morrison die Damen, ihre Koffer zu packen, und die verängstigten Dienstboten, die Wagen zu beladen, um am nächsten Morgen schnell nach Peking zurückkehren zu können.

Bald nach Morrisons Ankunft kam Herbert Squiers mit einem Kosaken angeritten, den er sich von der russischen Gesandtschaft ausgeliehen hatte. Aufgrund des russisch-chinesischen Vertrags von 1689 hatten die Russen als einzige Gesandtschaft die Erlaubnis, eine ständige Wachmannschaft von sieben Kosaken zu unterhalten. Squiers war groß, kräftig und gutaussehend, er lächelte ständig und trat auf wie ein Mann von der Ostküste mit guter Kinderstube. Er fühlte sich in einem dreiteiligen Anzug ebenso wohl wie jetzt in seiner Reitkleidung aus Tweed, mit einem Mausergewehr unter dem Arm. Squiers hatte 15 Jahre als Offizier in der US-Kavallerie gedient, bevor er in den diplomatischen Dienst ging. Er war ehrgeizig, wohlhabend, hatte eine kluge Frau und aufgeweckte Kinder, und seine wertvolle chinesische Porzellansammlung war bei den Direktoren von Museen und Galerien in Amerika und Europa bekannt.

Am nächsten Morgen brachen sie nach Peking auf, ein Zug von 40 Chinesen, Wagen, Maultieren und Eseln, bewacht von den drei bewaffneten weißen Männern zu Pferde. Fünf Stunden später erreichten sie die Hauptstadt.

Am selben Tag kam es noch zu einer kühneren Rettungstat. Ausländische Ingenieure einer Eisenbahnstation hinter Fengtai waren von Boxern abgeschnitten worden und konnten weder nach Peking noch nach Tientsin mit der Eisenbahn fliehen. Der Schweizer Hotelier Auguste Chamot und seine Frau Annie ritten an der Spitze einer schwerbewaffneten Rettungsmannschaft und brachten die Flüchtlinge in die Sicherheit der Gesandtschaften. Andere westeuropäische Familien im Bahnhof von Paotingfu, die auf einem Schiff den Peiho hinab nach Tientsin fliehen wollten, wurden von Boxern angegriffen und waren gezwungen, auf dem Landweg weiterzureisen; bis sie sich in Sicherheit befanden, hatten sie neun ihrer Leute verloren.

Obwohl sich die Zustände auf dem Land verschlimmerten, zeigten sich die Botschaften noch immer kaum beunruhigt. Als der Bahnhof von Fengtai niedergebrannt wurde, beschlossen die Gesandten, nach Taku zu telegrafieren und so viele Marineinfanteristen anzufordern, wie für den Schutz der Botschaften notwendig waren. Das Ersuchen wurde übermittelt, doch als das Tsungli Yamen davon erfuhr, verweigerte es seine Zustimmung. Doch die Botschaften blieben hartnäckig, und das Yamen gab unter der Bedingung nach, daß nicht mehr als 30 Soldaten für jede Gesandtschaft kämen. Bei elf Gesandtschaften hieß das 330 Mann.

Nach einigen Schwierigkeiten, den Bahntransport zu arrangieren, verließ die kleine internationale Truppe Tientsin und brachte die 120 Kilometer lange Fahrt ohne Vorkommnisse hinter sich. Zwischen dem Bahnhof in Peking und den Gesandtschaften schwärmten 6000 moslemchinesische Soldaten von General Tungs Kansu-Armee durch die engen Straßen, um die Neuankömmlinge einzuschüchtern, aber sie wurden plötzlich abgezogen, um die Kaiserinwitwe und den Kaiser, die sich im Sommerpalast aufhielten, zu schützen. Durch diesen Abzug der Soldaten der Kansu-Armee war es den Gemäßigten am Hof gelungen, einen unmittelbaren Zusammenstoß mit den westlichen Soldaten vorläufig zu verhindern. Um acht Uhr abends marschierte die aus Amerikanern, Briten, Franzosen, Italienern, Japanern und Russen zusammengesetzte Truppe mit aufgepflanzten Bajonetten die Botschaftsstraße herauf – ihr einziger Akt der Einmütigkeit in diesem Jahr. Alle führten Maschinengewehre mit sich; die Russen hatten zwar Munition für ihr Feldgeschütz mitgebracht, jenes jedoch in Tientsin vergessen.

Zu dieser Zeit lagen 17 Kriegsschiffe unterschiedlicher Nationalität bei Taku vor Anker, und weitere waren unterwegs. Sir Claude telegrafierte dem britischen Flottenadmiral Sir Edward Hobart Seymour: »Keine weiteren Schiffe mehr in Taku erwünscht, es sei denn, die Lage kompliziert sich, was ich nicht glaube.« Die Kriegsschiffe waren nicht gekommen, um zu helfen, sie waren zur Eroberung da. Die Heimatregierungen gingen kein Risiko ein. Falls es Ärger gab, wollte keine Nation das Nachsehen haben, während die anderen riesige Portionen chinesischer Schnellgerichte verschlangen. In einem Brief an Seymour, der dem Telegramm folgte, versicherte Sir Claude, es würden keine weiteren britischen Truppen benötigt, solange es nicht zu einem Sturz der chinesischen Regierung komme und man gezwungen sei, sich mit Rußland und Frankreich um die Beute zu balgen. MacDonald fügte zuversichtlich hinzu, »die Gesandtschaften werden das letzte sein, was man angreifen wird«.

Bischof Favier hatte unmißverständlich dargelegt, *daß* sie angegriffen würden, und während ihn niemand ernst nahm, zeigten sich Anfang Juni die ersten kleineren Boxereinheiten mit roten Stirnbändern in den Straßen Pekings. Auf Befehl Prinz Tuans erlaubten ihnen die Wachen an den äußeren Toren nur den Zutritt in die Chinesenstadt – das untere Drittel Pekings südlich der Tatarenmauer. Die Eisenhüte luden sie unverzüglich als Wächter in ihre Paläste ein. Erst im Juni 1900 konnte man behaupten, daß Boxer und Eisenhüte am selben Strick zogen. Bis dahin hatten sie lediglich auf chaotische Weise über Mittelsmänner wie den Banditen Li Lai-chung zusammengearbeitet. Was immer sich die Eisenhüte in Augenblicken der nationalistischen Begeisterung oder des Größenwahns erträumt hatten, das Zusammengehen von Prinzen und Bauern währte weniger als zwei Wochen und erwies sich für beide Seiten als ein Desaster, vor allem für die Boxer, von denen die meisten noch vor Jahresende tot waren.

Überall in Peking wurden Hunderte von Boxeraltären errichtet und mit großen Begriffszeichen Volksbelustigungen angekündigt. In dieser Rummelplatzatmosphäre begannen einheimische Männer und Jugendliche, diesen Helden vom Lande nachzueifern und in den Straßen und Parks der Stadt Geisterboxen zu üben. Eunuchen im Sommerpalast trugen rote Bänder um die Stirn, die Arm- und Fußgelenke und rote Schärpen (hauptsächlich, um Prinz Tuans Hofhunde abzuwehren), und überall wurden Weihrauchgefäße angezündet, um zu demonstrieren, daß hier keine Christen waren. Wohlhabende chinesische und mandschurische Bewohner Pekings, die sich die Eisenhüte zum Vorbild nahmen, gelangten zu der Einsicht, daß sie gut beraten seien, Boxer als Wachen einzustellen, bezahlten ihnen Schutzgeld und ließen Weihrauchwolken aufsteigen, um Ärger zu vermeiden. Als immer neue Boxer ankamen, erst zu Hunderten, dann zu Tausenden, wurde der Versuch unternommen, sie auf die Chinesenstadt hinter der Tatarenmauer zu beschränken. Sie bedrohten die Botschaften in keiner Weise und kamen noch nicht einmal in deren Nähe. Es vergingen mehrere Tage, bevor auch nur ein einziger Boxer in der Nähe des Gesandtschaftsviertels gesehen wurde, und auch dann nur von weitem.

Als Morrison sich einmal in die Chinesenstadt wagte, um zu sehen, was eigentlich vorging, beobachtete er einen jungen Boxer, der seine Fertigkeiten zur Schau stellte: »Er gibt vor, einen Geist vom Himmel zu empfangen, und zerschneidet in Trance die Luft mit Schwert und Messer. Ihm können nicht nur die Kugel und das Schwert der Fremden nichts anhaben, sondern auch das Gift... mit dem der Ausländer die heimischen Brunnen vergiftet.« Morrison fügte hinzu, daß der kräftige Tritt eines Westeuropäers (er meinte sich selbst) den Jungen schließlich zu Boden streckte. Sicher ein Mordsspaß, aber auch eine unnötige Provokation. Morrison hielt es allerdings nicht für angebracht, in seinen Artikeln für die *Times* auch zu erwähnen, daß er Chinesen zu schlagen und zu treten pflegte.

Die einzige chinesische Militärstreitmacht außerhalb Pekings, die den Boxern im Weg zu stehen schien, war die Armee von General Nieh Shih-cheng, die östlich der Hauptstadt in der Nähe Tientsins ihren Standort hatte. General Nieh gehörte der Fraktion der Gemäßigten an, seine Loyalität galt eher dem Oberbefehlshaber Jung-lu als den Eisenhüten. Am 3./4. Juni schlug Niehs Frontdivision eine Boxerbande zurück, die versucht hatte, die wichtige Eisenbahnbrücke bei Yangtsun in die Luft zu sprengen, womit sie die Eisenbahnverbindung zwischen den Schiffen der Alliierten vor Taku und den Gesandtschaften in Peking abgeschnitten hätte. Das machte General Nieh bei den Eisenhüten nicht gerade beliebt; er war nun gebrandmarkt und sollte in Kürze von einem seiner eigenen Leute eine Kugel in den Rücken bekommen.

Am 3. Juni kamen weitere deutsche und amerikanische Marinesoldaten, die zurückgeblieben waren, als das ursprüngliche Kontingent auf den Weg geschickt worden war, und erhöhten so die gesamte Truppenstärke im Botschaftsviertel auf 451 Mann. Davon wurden schließlich zwei Offiziere und 41 Mann zum Schutz von Bischof Favier und der Nordkathedrale abgestellt, so daß 17 Offiziere und 391 Mann übrigblieben, um die verstreut liegenden Gesandtschaften zu schützen. Alles schien so ruhig, daß Lady MacDonald ihre beiden hübschen Töchterchen von drei und fünf Jahren, Stella und Ivy, mit einer Eskorte Marinesoldaten in das frisch renovierte Sommerhaus der britischen Botschaft in die westlichen Berge schickte. Ihre Schwester, Miss Armstrong, die sie begleitete, nutzte die Gelegenheit, ein wenig auszuspannen, und brachte sie zwei Tage später zurück. Es war der 5. Juni und keinen Tag zu früh.

Nachrichten verbreiteten sich auf dem Land nur langsam, aber kurz nachdem die Kinder in die britische Botschaft zurückgekehrt waren, wurde bekannt, daß vier Tage zuvor zwei englische Missionare bei Yungtsing, 80 Kilometer südlich von Peking, umgebracht worden waren. Charles Robinson und H. V. Norman hatten, von einer Volksmenge bedroht, Zuflucht in den Amtsräumen des Bürgermeisters gesucht; von dort mußten sie durch die Hintertür fliehen, wurden jedoch ergriffen und niedergemacht. Als Sir Claude mit seinem Übersetzer Henry Cockburn in das Tsungli Yamen ging, um zu protestieren, bemerkte er, daß einer der vier anwesenden chinesischen Minister während seiner Ausführungen ein Nickerchen machte. Der schlafende Minister sollte später als Beispiel für die Gefühllosigkeit einer kaiserlichen Regierung angeführt werden, die sich schon längst einer Politik der völligen Ausrottung der Ausländer verschrieben hatte. In der *Times* schrieb Morrison dazu: »Während die Krise unmittelbar bevorstand, lud die Kaiserinwitwe im Sommerpalast zu einer Reihe von Bühnenaufführungen ein.«

Tatsächlich jedoch gewann die gemäßigte, boxerfeindliche Partei während der ersten Juniwoche am Hof kurzfristig die Oberhand. Dies war auf die Exzesse der Boxer bei der Einnahme von Cho-chou und auf die jüngsten Befürchtungen im Hinblick auf eine Intervention des Auslands zurückzuführen, die durch die Ankunft der Botschaftswachen ausgelöst wurden. Es gab immer noch Leute, die sich an die Invasion der Alliierten von 1860 erinnerten; Prinz Tuan und seine Brüder waren dafür zu jung. Wie der *North China Herald* berichtete, hatte am 4. Juni im Sommerpalast eine geheime Sitzung stattgefunden, auf der versucht wurde, die Differenzen zwischen den Eisenhüten und jenen älteren Regierungsbeamten beizulegen, die gegen die Boxerbewegung eingestellt und über die sich bei Taku sammelnden fremden Kriegsschiffe und die Anwesenheit der Marinesoldaten in den Botschaften beunruhigt waren. Der *Herald* berichtete, die Falken hätten sich dafür ausgesprochen, die Boxer weder zu unterdrücken noch sich ihnen zu widersetzen, da sie der Dynastie ergeben und bei ausreichender Bewaffnung nützliche Verbündete seien. Diejenigen, die die Boxer unterstützten, waren nach diesem Bericht Prinz Tuan, sein Bruder, Herzog Lan, der in die Jahre gekommene Großsekretär Hsu Tung, Großrat Kang Yi und Großherzog

Chung, der Vater der unglücklichen Kaiserin A-lu-te. Dagegen waren als einzige der Oberkommandierende Jung-lu und der Vorsitzende des Großen Rats, der betagte Prinz Li. Wie der *Herald* schrieb, saß Großrat Wang Wen-shao schweigend da, und »die Kaiserinwitwe ... behielt ihre Meinung für sich«. Schweigen war jetzt Tz'u-Hsis einzige Verteidigung gegen Prinz Tuan. Sollten die Gemäßigten doch auf ihn einreden, um die unausweichliche Kraftprobe hinauszuzögern; sie würde sie unterstützen, wo immer sie konnte, doch die Angst machte sie unfähig, ihm vor aller Augen in einer Audienz die Stirn zu bieten. Wäre jemand bereit gewesen, ihr zu Hilfe zu kommen, hätte sie vielleicht seine Verhaftung befohlen, aber Tuans Bundesgenossen hatten jetzt so viele Schlüsselpositionen inne, daß sie einzig auf Jung-lu oder Yuan Shih-kai zählen konnte. Yuan war weit weg in Shantung, und Jung-lu war vorsichtig; er blockierte Tuan, wo er konnte, war aber nicht mehr sicher, wer bei einer Kraftprobe auf seiner Seite stehen würde.

Sie hatten Angst, ohne Vizekönig Li etwas zu unternehmen. Was den Umgang mit Situationen wie dieser betraf, waren sie alle von Li abhängig geworden; selbst Jung-lu wartete besorgt darauf, daß Li ihnen zu Hilfe kommen und ihnen das Denken abnehmen würde. Aber aus Gründen, die nur er selbst kannte, ließ sich Li unten in Kanton Zeit und wartete darauf, daß die Sache in Gang kam. Inzwischen hegte niemand mehr einen Zweifel daran, daß jede direkte Opposition gegen Prinz Tuan im Palast die Vergiftung Kuang-hsüs und die Einsetzung P'u-chuns als neuen Herrscher zur Folge hätte.

Die späteren Versuche von Morrison, Bland, Backhouse und anderen, Tz'u-Hsi als eigentliche Drahtzieherin hinter der Verschwörung gegen die Ausländer hinzustellen, waren Erfindungen, die von den nachfolgenden Ereignissen nicht bestätigt werden. Morrison hatte in seinem Bericht für die *Times* über die Belagerung behauptet: »Die gegen die Ausländer und gegen die Christen gerichtete Bewegung ... wurde von Anfang an von der Kaiserinwitwe und den ignoranten Reaktionären, die sie zu ihren Beratern auserkoren hatte, unterstützt und gefördert.«

Die Tatsachen sprechen eine andere Sprache. Der Hof war gespalten, und die Kaiserinwitwe, durch ihre Unentschlossenheit gelähmt, neigte bald zu dieser, bald zu jener Seite. Jung-lu stand zweifellos auf der Seite der Gemäßigten und war gegen die Boxer. Vizekönig Chang Chih-tung, Vizekönig Jung-lu und Telegrafen-Sheng benutzten die Gelegenheit und schickten Telegramme an das Tsungli Yamen, in denen sie mit überraschender Offenheit die Unterdrückung dieser sogenannten »Rebellion«, die unter »dem Vorwand der Christenfeindlichkeit« inszeniert werde, forderten. Für kurze Zeit hatte bei den Chinesen die Vernunft gesiegt. Doch in dieser heiklen Situation, da die geringste Provokation sich am Hof zugunsten der Eisenhüte auswirken konnte, schienen sich die Westeuropäer die größte Mühe zu geben, ihnen genau dazu zu verhelfen. Es ist ein Wunder, daß die Gemäßigten so lange aushielten.

Am Tag der geheimen Beratung im Sommerpalast, am 4. Juni, beschlossen die ausländischen Gesandten auf einer Sitzung des diplomatischen Corps, ihren Regierungen als Vorsichtsmaßnahme gleichlautende Depeschen folgenden Inhalts zu schicken: »Wir können hier jederzeit belagert und von den Eisenbahn- und Telegrafenverbindungen abgeschnitten werden.« Die Kommandanten der Kriegsschiffe vor Taku sollten angewiesen werden, ihnen in diesem Fall zu Hilfe zu kommen. Einen Tag später unterbrachen die Boxer die Eisenbahnlinie Peking–Tientsin, indem sie ganze Schienenstükke herausrissen. Beunruhigt ging Sir Claude zum Tsungli Yamen, wo er mit Prinz Ching ein privates Gespräch führte. Er kehrte mit der Überzeugung zurück, daß der Prinz die Kontrolle über die Ereignisse verloren hatte.

Am 8. Juni setzten die Boxer die Haupttribüne der Pekinger Rennbahn in Brand. Das war eine beispiellose Provokation, denn die Rennbahn war der beliebteste gesellschaftliche Treffpunkt der ausländischen Gemeinde. Hier war tatsächlich etwas passiert, wofür man Blut vergießen konnte. Die Rennbahn war auf einem Teil des kaiserlichen Jagdgeheges, 16 Kilometer südlich von Peking, angelegt worden, wo sie mit dem Zug auf der Spazierfahrt nach Fengtai leicht zu erreichen war, während die Tatkräftigeren zu Pferd dorthin gelangen konnten. Die Dolmetscherstudenten sattelten ihre Pferde und ritten los, um sich den Schaden anzusehen, bewaffnet und schwindlig vor Erregung. Einer von ihnen, Lancelot Giles, schrieb in seinem Tagebuch:

»Als wir ankamen, rauchten noch die Trümmer der Tribüne, während ein Haufen Männer aus einem benachbarten Dorf die Mauerziegel wegschleppte... Wir ritten auf sie los, und sie stoben nach allen Seiten auseinander. Nach einer Pause beschlossen wir, weiter nach Westen zu reiten, um festzustellen, welche Schäden die Boxer bei ihrem Vorrücken sonst noch angerichtet hatten. Wir waren kaum eine Viertelmeile geritten, als wir sahen, daß die Straße vor uns von einer dichten Menschenmenge blockiert war. Sobald sie uns sahen, begannen sie zu schreien... ›töten, töten‹ [*Sha, Sha*]. Wir rückten weiter vor, bis wir knapp 100 Meter von ihnen entfernt waren. Dann begannen sie, vorwärts zu stürmen, wobei sie Schwerter und Speere schwangen, die unheilvoll in der Sonne blitzten. Wir machten auf dem Absatz kehrt und galoppierten davon, unsere Verfolger schnell hinter uns lassend, die dennoch die Jagd noch eine Weile fortsetzten.«

Ein anderer Dolmetscherstudent, W. Meyrick Hewlett, fügte in seinem Tagebuch hinzu, daß zwei weitere angehende Dolmetscher, H. H. Bristow und R. D. Drury, später noch einmal zur Rennbahn ritten und derselben wütenden Menge begegneten, worauf Bristow seine Pistole zog und einem Chinesen in den Unterleib schoß. Damit war in Peking der erste Schuß gefallen und der erste Chinese von einem Engländer getötet worden.

Dieser wichtige Zwischenfall wurde von keinem einzigen der Historiker jener Ereignisse, die zu der Belagerung führten, festgehalten, und sowohl Morrison in seinem Bericht für die *Times* als auch Sir Claude in seinen veröffentlichten Darstellungen haben ihn wohlweislich unerwähnt gelassen. Morrison schilderte den Vorfall mit den Studenten lediglich mit folgenden Worten: »Studenten wurden während eines Ausritts auf dem Land angegriffen; unsere Rennbahn, die Haupttribüne samt den Ställen, wurde niedergebrannt... Europäer konnten sich nicht auf den Straßen außerhalb des Ausländerviertels bewegen, ohne beleidigt zu werden.« Er versäumte hinzuzufügen, daß Chinesen einen Ausländer nicht beleidigen konnten, ohne erschossen zu werden.

An diesem Abend schickte Sir Robert Hart die Frauen und Kinder seiner Zollbeamten voll schlimmer Vorahnungen zum Schlafen in die britische Gesandtschaft.

Die Brandschatzung der Rennbahn, bemerkte Sir Claude, vermittelte den Europäern in Peking stärker als alles andere »ein Gefühl für die gefährliche Lage, in der sie sich befanden«. Wie Morrison berichtete, »war es (mit dem Brand der Rennbahn) unausweichlich, daß wir kämpfen mußten«. Zweifellos wirkte sich der tödliche Schuß auf den Chinesen besonders auf die Eisenhüte aus, denn der Vorteil, den die Gemäßigten in der Woche zuvor errungen hatten, war nun verloren. Sir Claude kam ein Gerücht zu Ohren, die Stimmung am Hof habe sich geändert, und dieser sei nun vollends entschlossen, alle Ausländer zu »vernichten«. Tz'u-Hsi gab später ihre Sicht der Ereignisse wieder:

»Die Dinge wurden von Tag zu Tag schlimmer, und Jung-lu war noch als einziger gegen die Boxer, doch was konnte ein einzelner Mann gegen so viele ausrichten? Eines Tages kamen Prinz Tuan und Herzog Lan zu mir und forderten von mir den Erlaß eines Edikts, das den Boxern befahl, zuerst alle Bewohner der Gesandtschaften und dann alle übrigen Ausländer zu töten. Ich war sehr aufgebracht und weigerte mich, diesem Ansinnen nachzukommen. Nach längerer Diskussion sagte Prinz Tuan, dies müsse unverzüglich geschehen, weil die Boxer Anstalten träfen, die Gesandtschaften zu beschießen, und damit schon am nächsten Tag beginnen würden. Ich war wütend und wies einige Eunuchen an, ihn hinauszuwerfen; beim Hinausgehen sagte er: ›Wenn Sie sich weigern, dieses Edikt zu erlassen, werde ich es für Sie tun, ob Sie es wollen oder nicht‹, und er tat es. Was danach geschah, wissen Sie. Er erließ dieses Edikt ohne mein Wissen und war verantwortlich dafür, daß sehr viele Menschen sterben mußten.«

Prinz Tuans Machtübernahme im Palast war nun vollkommen. Er gab sich nicht länger den Anschein, der Kaiserinmutter wie ein Sohn ergeben zu sein. Wie Su Shun damals in Jehol hatte er sie brüsk davon unterrichtet, daß er das Recht des Throns, Dekrete und Edikte zu erlassen, an sich reißen werde; er schien nicht im geringsten besorgt, daß sie ihn für seine Vermessenheit hinrichten lassen könne. Tuans Männer waren überall, und seine Anhänger kontrollierten nun die Geheimpolizei, die Gendarmerie, das Justizministerium und alle anderen Schlüsselpositionen der inneren Sicherheit. Ebenso wie er zwei Jahre zuvor Kuang-hsü ausgeschaltet hatte, terrorisierte er jetzt den Hof und setzte auch Tz'u-Hsi schachmatt. Die einstmals so mächtigen Mandschu waren so tief gefallen, daß niemand es wagte, den Thron zu verteidigen, und der Thron scheute sich, darum zu bitten. Alles, was von nun an geschah, muß im Kontext dieser lähmenden Angst gesehen werden. Da ihm Zehntausende Soldaten zur Verfügung standen, die die Gesandtschaften noch vor dem Frühstück hätten überrennen können, war das einzige, was den Prinzen davon abhalten konnte, seinen Sohn zum Herrscher zu erklären und seine Pläne unbekümmert weiterzuverfolgen, seine eigene verwirrende Unfähigkeit. Als Prinz Tuan sich 1900 ins Gefecht stürzte, kämpfte er bildlich gesprochen mit stumpfen Waffen. Die Ausländer machten unbedachterweise den offenherzigen Jung-lu für die Belagerung verantwortlich, doch war er der einzige Mandschu, der Prinz Tuan offen als »geisteskrank« bezeichnete.

Am folgenden Tag, dem 9. Juni, erhielt die britische Gesandtschaft Besuch von Lien Fang, einem ungewöhnlich gebildeten Mandschu-Beamten vom Tsungli Yamen, der im Ausland gearbeitet hatte und ein wenn auch unverständliches Französisch sprach. Er gehörte zum engeren Kreis von Prinz Ching und zog eine Vermittlung der Konfrontation vor. Sir Claude schrieb in einer Depesche an Lord Salisbury: »Als ich mit ihm über das Gerücht sprach, demzufolge die Kaiserinwitwe und ihre Berater beschlossen hatten, alle Ausländer in Peking zu vernichten und sie aus China zu vertreiben... und daß General Tung Fu-hsiang dafür einstand, daß seine Kansu-Truppen in der Lage seien, den diesbezüglichen Befehl seiner kaiserlichen Gebieterin auszuführen, machte Lien Fang, statt den unvorstellbaren Wahnsinn der Politik, der damit seinen Vorgesetzten unterstellt wurde, zu belächeln, durch sein Verhalten unmißverständlich klar... daß das Gerücht, von dem die Rede war, von ihm zumindest nicht als leeres Geschwätz betrachtet wurde.«

Danach telegrafierte Sir Claude an Admiral Seymour: »Lage ungewöhnlich ernst; falls nicht Vorbereitungen für unverzüglichen Vormarsch auf Peking getroffen werden, wird es zu spät sein.« Er berief das diplomatische Corps zu einer Dringlichkeitssitzung ein, um über das, was er veranlaßt hatte, zu berichten.

Die anderen Gesandten nannten MacDonald einen Schwarzseher und teilten ihm mit, daß soeben die Meldung eingegangen sei, die Kaiserinwitwe und der Kaiser hielten sich nicht mehr im Sommerpalast auf, sondern seien in die Verbotene Stadt zurückgekehrt; das hätten sie wohl kaum getan, wenn ein Angriff gedroht hätte. Sie forderten Sir Claude auf, ein weiteres Telegramm an Seymour zu schicken, in dem er seine Bitte um weitere Truppen zurücknehmen sollte. Morrison notierte in seinem Tagebuch: »Nach der Rückkehr von Kaiser und Kaiserin liegen die Dinge hundertmal besser.«

Dann kam jedoch die Nachricht, daß die Kaiserinwitwe von General Tungs blutrünstigem Pöbel begleitet worden war, dessen bloße Anwesenheit in Peking den Europäern die Haare zu Berge stehen ließ.

General Tung und die Ausländergemeinde waren sich nicht grün. Während der Hundert-Tage-Reform hatte Tung sein Quartier im südlichen Jagdgehege genommen, in dem sich auch die Rennbahn der Ausländer befand. Am 30. September 1898 hatten einige seiner Männer Angestellte der britischen und amerikanischen Gesandtschaft angegriffen; die Botschafter forderten daraufhin von ihren Chinaflotten Marinesoldaten an. Einen Monat später griffen Tungs

Männer am Pekinger Bahnhof, der in seinem Militärgebiet in der Chinesenstadt lag, eine Gruppe ausländischer Ingenieure und Mitarbeiter der britischen Gesandtschaft an. Die Gesandtschaften forderten den Abzug seiner Armee aus der Umgebung Pekings, und nach großen Schwierigkeiten wurden Tung und seine Männer 130 Kilometer weiter nach Osten versetzt. Nach dem Historiker Hosea Ballou Morse wurde dies durch »Mittel, die das Bankkonto von Tung und seinen Generälen gewaltig anschwellen ließen«, bewerkstelligt. Ende 1899 jedoch hatte Prinz Tuan Tung und seine Männer nach Peking zurückgeholt, diesmal in enger Zusammenarbeit mit den Boxern unter dem Kommando von Tungs Blutsbruder, dem Banditen Li Laichung. Tung Fu-hsiang wurde später von den Alliierten offiziell wegen seiner Kollaboration mit Prinz Tuan bei der Ausführung »des Plans zur Vernichtung der Ausländer in China« verurteilt.

Das Auftauchen von General Tungs Männern in den Straßen Pekings mußte beunruhigen. Bertram Lenox-Simpson schilderte die Lage: »Als es heute dunkel wurde, brach eine neue Welle der Erregung über die Stadt herein und löste fast eine Panik aus. Der Hauptteil von Tung Fu-hsiangs wilden Kansu-Kriegern – das heißt seine ganze Armee – kehrte in die Hauptstadt zurück und schlug rasch auf den offenen Plätzen vor den Tempeln des Himmels und des Ackerbaus sein Lager auf. ...Damit war, dem Himmel sei Dank, schließlich alles klar. Endlich kamen die Gesandtschaften ins Zittern.«

Hätten sie gewußt, daß Tz'u-Hsi und Kuang-hsü keinen Schritt ohne die Begleitung von General Tung tun konnten, so wären sie vermutlich noch mehr ins Zittern geraten.

Beunruhigter denn je sandte Sir Claude am gleichen Abend um halb neun ein drittes Telegramm mit einem unverhohlenen Hilferuf an Admiral Seymour: »Die Lage in Peking wird stündlich ernster... Es müssen Truppen an Land gebracht und unverzüglich sämtliche Vorbereitungen für einen Marsch auf Peking getroffen werden.« Ähnlich lautende Telegramme wurden auch von den anderen Botschaftern abgesandt.

Am 9. Juni um elf Uhr nachts erhielt Admiral Seymour vor Taku Sir Claudes letztes Telegramm und sah sich zu sofortigem Handeln veranlaßt. Er informierte seine Kollegen auf den Kriegsschiffen der übrigen westlichen Staaten, daß er auf der Stelle eine Truppe Richtung Peking führen werde, und forderte sie auf, sich ihm anzuschließen.

Am folgenden Morgen war Sir Robert Hart so besorgt, daß er

Vizekönig Li Hung-chang nach Kanton telegrafierte, ihn über die jüngste Lage unterrichtete und ihn als »ältesten und vertrautesten« Berater der Kaiserinwitwe aufforderte, sie telegrafisch zu ermahnen, daß die Liaison mit den Boxern eine gefährliche Politik sei. Doch am selben Tag wurde Prinz Tuan im Tsungli Yamen überraschend die gesamte Führung der Außenpolitik übergeben, die er zusammen mit »dem rückgratlosen« Prinzen Ching ausübte. Dies bestätigte Sir Claudes Eindruck, daß Prinz Ching nicht einmal mehr sein eigenes Ministerium unter Kontrolle hatte.

Bevor der Tag zu Ende ging, wurden die Botschaften telegrafisch davon unterrichtet, daß Seymour sich auf den Weg gemacht habe. Dann wurden die Telegrafenleitungen gekappt, und Peking war von der Außenwelt abgeschnitten. Alle offiziellen Darstellungen von ausländischer Seite über die Ereignisse nach diesem Datum wurden nachträglich verfaßt und geben allein den Chinesen die Schuld, während jegliche Provokation von Ausländern ignoriert wurde. Diplomaten und Generäle waren so sehr darauf bedacht, den Eindruck zu vermitteln, sie hätten sich während der Krise tadellos verhalten, daß sie ihre Berichte schönten, um ihr eigenes Verhalten auf Kosten der Wahrheit vorteilhaft zur Geltung zu bringen. Zum Glück sind einige unzensierte und unfrisierte Tagebücher und persönliche Berichte erhalten geblieben, die der Wahrheit etwas näherkommen.

Während die Botschaften mit wachsender Furcht die Hilfstruppen Seymours erwarteten, stieg die Zahl der Boxer in der Stadt dramatisch auf rund 30000 Mann. Unter ihnen befanden sich zwangsläufig viele Vagabunden und Verbrecher, die die Gelegenheit nutzten, sich unter den Schutz eines der Prinzen zu stellen und eine kostenlose Mahlzeit zu ergattern. Die Boxer sollten den äußeren Verteidigungsring gegen Seymour und alle nach ihm kommenden Truppen bilden, General Tungs 12000 Kansu-Krieger den mittleren und die Pekinger Feldtruppen und »Tigerjäger« den inneren Ring. In der Praxis entpuppte sich diese Strategie als ein weiteres Hirngespinst der Eisenhüte. Die drei in Peking und Umgebung stationierten kaiserlichen Truppenverbände waren politische Armeen, deren eigentlicher Zweck darin bestand, die Machtbasis ihrer Befehlshaber zu stärken. Deshalb würden Prinz Tuan und General Tung weder ihre Männer noch ihre Ausrüstung für echte Militäroperationen zur Verfügung stellen. Und entgegen den Wünschen der Eisenhüte hielt Jung-lu natürlich seine große Armee zurück. Die Boxer waren bis zum bitteren Ende nur mit Messern, Schwertern, Knüppeln und einigen Musketen mit Museumswert bewaffnet – und mit Amuletten, die sie kugelfest machen sollten.

Die Spannungen nahmen ständig zu. Weil er jeden Augenblick mit dem Eintreffen der Hilfstruppen Seymours rechnete, warf sich der japanische Botschaftskanzler Sugiyama Akira am 11. Juni in Frack und Zylinder und machte sich mit seinem Diener in einer Kutsche auf, um die alliierten Truppen am Bahnhof der Chinesenstadt zu begrüßen. Es wäre klüger von ihm gewesen, zu Hause zu bleiben, denn die alliierten Hilfstruppen waren noch weit weg und hatten ihre eigenen Probleme. Vor dem Yung-ting-men-Tor, wo Sugiyama die Chinesenstadt betrat, wurde er von General Tungs Soldaten gestellt, von seinem Wagen gezerrt und in Stücke gehauen.

Warum ausgerechnet Sugiyama für diesen Mord ausgewählt wurde, konnte nie geklärt werden; immerhin war er vermutlich mit daran beteiligt, daß zwei Jahre zuvor Liang Chi-chao aus China herauskam – damit hatte er sich die Feindschaft der Eisenhüte eingehandelt. Morrison berichtete, Sugiyamas Herz »wurde herausgeschnitten und, wie wir annehmen müssen, dem grausamen General Tung Fu-hsiang persönlich als Trophäe übersandt«. Morrison fügte die völlig unbegründete Behauptung hinzu, der Mord sei vom »Lieblingsleibwächter der Kaiserinwitwe« verübt worden. Er unterließ jeden Hinweis auf das Edikt, das unmittelbar nach Sugiyamas Ermordung von Tz'u-Hsi erlassen wurde: »Diese Nachricht hat uns mit tiefer und aufrichtiger Trauer erfüllt... Die Mörder... sollen, wenn man ihrer habhaft wird, mit äußerster Strenge behandelt werden.«

Als der siebenundvierzigjährige Baron Freiherr von Ketteler, der damalige deutsche Gesandte – »ein Mann von strengen Ansichten und großem Mut« –, am Tag nach dem Mord an Sugiyama über die Gesandtschaftsstraße ging, begegnete er einem Karren mit Verdeck, der von einem Maultier gezogen wurde. Auf dem Bock saß ein Mann, der wie ein Boxer gekleidet war und rote Bänder um Stirn und Handgelenke geschlungen hatte, wie es mittlerweile bei vielen gewöhnlichen Chinesen in Peking in Mode gekommen war. Dieser wetzte sein Messer auf »herausfordernde Weise« an seinem Stiefel. Das war zuviel für Baron von Ketteler, der mit seinem bleibeschwerten Spazierstock auf den Mann losging. Dieser nahm Reißaus, aber als der Baron in das Innere des Karrens blickte, entdeckte er einen Jungen von zehn oder elf Jahren, der auf ähnliche Weise gekleidet war. Er zerrte den Jungen heraus und verprügelte ihn mit seinem Spazierstock, dann schleppte er den benommenen Jungen in die deutsche Botschaft und sperrte ihn dort ein. Bitten von offizieller Seite, den Knaben freizulassen, blieben unbeachtet. Diese beiden »mutmaßlichen« Boxer, Vater und Sohn, waren die ersten und einzigen, die man bislang irgendwo in der Nähe der Botschaften zu Gesicht bekommen hatte, doch die Attacke des Barons auf sie sollte einer der Hauptgründe für die Belagerung der Botschaften werden.

Aufgebracht über Baron von Kettelers grundlose Tätlichkeit gegen den Mann und seine Mißhandlung und Entführung des Kindes, ließen Tausende von Chinesen, unter ihnen auch Boxer und Krieger General Tungs, vom 13. bis 16. Juni ihrem Zorn freien Lauf. Teile von Pekings Tatarenstadt und ein großer Teil der an das Gesandtschaftsviertel angrenzenden Chinesenstadt waren der Schauplatz von Ausschreitungen, Plünderungen und Brandstiftungen. Am ersten Tag der Unruhen drangen Boxer durch das Ha-ta-men-Tor in die Tatarenstadt ein und plünderten Geschäfte der chinesischen Kaufleute, die mit Ausländern Handel trieben. All dies fand in einiger Entfernung von den Botschaften statt und stellte keine unmittelbare Bedrohung für sie dar, doch die verlassenen Zollgebäude und das vor kurzem geräumte Haus Sir Robert Harts und sein Garten wurden niedergebrannt; dabei wurde ein Großteil von Harts Büchern und Papieren vernichtet. Die katholische Ost- und die Südkathedrale fielen den Flammen zum Opfer. Auch das Haus des anglikanischen Bischofs, das Gebäude der Londoner Missionsgesellschaft und das Blindeninstitut wurden niedergebrannt. Die standhaft verteidigte Nordkathedrale, in der Bischof Favier und viele Gläubige mit einem kleinen Trupp von Marinesoldaten eingesperrt waren, wurde belagert.

Viele westliche Nonnen und Priester waren am Vortag in die Botschaften gebracht worden, aber in der Umgebung der Ost- und Südkathedrale gab es große Gemeinden chinesischer Katholiken, die man sich selbst überlassen mußte. Ein Westeuropäer erinnerte sich später: »Wir konnten die gellenden Schreie der Fanatiker hören, die ihr zerstörerisches und mordendes Handwerk betrieben, und ebenso die ihrer Opfer: Wie wir später erfuhren, hatten viele einheimische Christen ihre Zuflucht [in der Südkathedrale gesucht] und wurden dort niedergemetzelt oder verbrannten in ihrem Innern.«

Die Plünderungen und Brandstiftungen beschränkten sich zumeist auf wohlhabendere Bezirke, in denen die Geschäfte, Lagerhäuser und Wohnungen reicher Chinesen lagen, die unter anderem mit Schmuck und Edelsteinen, Seide und Pelzen, Stickereien und seltenen und kostbaren Metallen Handel trieben. Hier wurden alte Rechnungen beglichen. In anderen Teilen Pekings, einschließlich des größten Teils der Tatarenstadt, kam es zu keinerlei Ausschreitungen; Märkte und Geschäfte blieben geöffnet, und das Leben in den Vierteln nahm seinen gewohnten Gang. General Tungs Truppen und den Boxern waren offenbar nur bestimmte Bezirke zum Angriff freigegeben worden.

In den Gesandtschaften begannen chinesische Dienstboten, Gärtner, Sänftenträger und Dolmetscher, sich davonzumachen. Die Ausländer sahen darin weniger einen weiteren Grund zur Besorgnis, sondern eher ein großes Ärgernis, weil nun einige der Damen in den Botschaften die Lasten der Hausarbeit, Kochen, Saubermachen, Waschen und Bügeln, selbst übernehmen mußten. Alle Missionare in der näheren Umgebung Pekings hatten bereits bei den Diplomaten Asyl gesucht. Andere flohen auf dem Landweg nach Sibirien oder zu den Vertragshäfen.

Nichtchristliche Chinesen, die in der Nähe der Gesandtschaften lebten, ergriffen die Flucht. Lenox-Simpson berichtete: »Niemals sah ich solches Rasen und Treiben in den Straßen Pekings; niemals hätte ich geglaubt, daß chinesische Frauen mit ihren kleinen Füßen... so gewandt und schnell laufen konnten. Alle waren von panischem Schrecken ergriffen und schrien wie wahnsinnig. Sie rannten, rannten, rannten. ... Weit entfernt konnte man noch den Lärm der Boxer hören, und Flammen, die zum Himmel schossen, kennzeichneten nun ihren Weg; aber von den gefürchteten Männern hatten wir nicht einen einzigen gesehen.« Man könnte hinzufügen: mit Ausnahme des Vaters mit seinem Sohn, die von Baron von Ketteler angegriffen worden waren.

Der Baron stand nur mit dem österreichisch-ungarischen Gesandten, Arthur von Rosthorn, auf vertrautem Fuß. Vielleicht verhielten sie sich in diesen letzten Tagen vor der Belagerung deshalb ähnlich. Am 13. Juni wurde eine Wachmannschaft von fünf Österreichern zur belgischen Botschaft geschickt, wo sie mit ihrem Maschinengewehr die Straße vor dem Gelände der Zollbehörde bestreichen konnten. In der Nacht tauchten einige Chinesen mit Fackeln in der Hauptstraße auf. Anscheinend beabsichtigten sie, die Trümmer des Zollgebäudes nach Wertgegenständen zu durchstöbern. Jedenfalls wurden sie für Boxer gehalten, die neue Brände legen wollten. Als sie nahe genug herangekommen waren, eröffneten die MG-Schützen das Feuer. »Es war ein befriedigendes Geräusch«, bemerkte Morrison beifällig. »Die Fackeln verschwanden... Aber es gab keinen einzigen Toten.« Am nächsten Morgen stellte man fest, daß die Österreicher Telegrafendrähte über der Straße zerschossen hatten.

Am Nachmittag des 14. Juni ging Baron von Ketteler wieder auf die »Jagd« und spazierte oben auf der Tatarenmauer. Dabei beobachtete er eine Gruppe von Boxern, die in knapp 200 Meter Entfernung auf einem Platz der Chinesenstadt ihre gewohnten Übungen machten. Der Baron eilte in die Gesandtschaft zurück, nahm einen Trupp deutscher Seesoldaten mit, führte sie zu einem günstigen Punkt auf der Mauer und zeigte mit dem Finger auf die Boxer. Die Deutschen krochen die Mauer entlang, um ungesehen in Schußweite der Boxer zu gelangen, und feuerten in die Menge der Boxer. Sie ließen mindestens sieben Tote und 20 Verwundete zurück. Morrison kommentierte mit einer gewissen Genugtuung: »Ketteler und seine wackeren Männer haben soeben sieben Boxer von der Mauer herab erschossen... sie haben sich mustergültig herangepirscht.« Den Lesern der *Times* wollte er diesen Zwischenfall oder seine Meinung dazu allerdings nicht zumuten.

Auf diese erneute Provokation hin strömten Chinesen und Boxer wie in Wut geratene Ameisen durch das Ha-ta-men-Tor in die Tatarenstadt. In größter Eile riegelten die Seesoldaten alle Gesandtschaften mit Ausnahme des außerhalb gelegenen belgischen Botschaftsgebäudes ab und stellten Wachen auf. Als immer mehr Boxer versuchten, durch das Chien-men-Tor in die Tatarenstadt zu gelangen, wurden sie von chinesischen Truppen daran gehindert, die das Tor schlossen. Ein lautloser Kampf hatte begonnen, in dem General Jung-lu als Oberbefehlshaber des Militärdistrikts mit beträchtlichem Erfolg versuchte, den Deckel auf dem Topf zu halten, während Prinz Tuan und seine Mitverschwörer versuchten, den Topf zum Überkochen zu bringen. Hart schrieb: »Was für ein Glück, daß die Boxer zumeist nur Schwerter haben. Hätten sie Gewehre, sie könnten uns in einer Nacht vernichten, so zahlreich sind sie.«

Am 15. Juni erließen die Kaiserinwitwe und Kaiser Kuang-hsü ausdrückliche Anordnungen gegen die Aufrührer. »Alle Verbrecher, die mit einer Waffe in der Hand angetroffen werden und ›*Sha*‹ [Töten] rufen, sind unverzüglich festzunehmen, der Gendarmerie zu übergeben und auf der Stelle hinzurichten... Von jetzt an wird es keine Milde mehr geben... Die Altäre (der Boxer), die in der inneren und äußeren Stadt errichtet wurden, sind allesamt niederzureißen.« Sie beauftragten Jung-lu, Prinz Ching, Prinz Tuan und Herzog Lan, dafür zu sorgen, daß diese Befehle ausgeführt würden. Wieder einmal wurde Tz'u-Hsi durch die Ereignisse davon überzeugt, daß das Vorhaben der Eisenhüte reiner Wahnsinn war.

Am selben Tag führte Morrison eine berittene Gruppe von Russen und Amerikanern zu der zweieinhalb Kilometer entfernten Südkathedrale, um etwaige überlebende chinesische Christen zu retten. Der Dolmetscherstudent Giles begleitete ihn dabei: »Viele waren bei lebendigem Leib verbrannt oder wiesen solche Verstümmelungen auf, daß ihre Leichen kaum mehr kenntlich waren.«

Am folgenden Tag organisierte Morrison einen weiteren Reitertrupp, um anderswo nach christlichen Flüchtlingen Ausschau zu halten. Sie gelangten an einen Tempel, wo Boxer Weihrauchkörner entzündet hatten, psalmodierten und Gefangene hinrichteten. Nach einem zehnminütigen Feuergefecht lagen 46 Boxer tot am Boden, und die Gefangenen waren frei. Morrison behauptete, er habe eigenhändig sechs Boxer getötet. Über 2000 chinesische Christen auf der Flucht wurden jetzt vorübergehend neben dem Abwasserkanal auf der Kanalstraße untergebracht, an der auch die Gesandtschaftsgebäude der Briten, Russen und Amerikaner lagen, gegenüber den mit einer Mauer umfriedeten Gärten von Prinz Su. Damit brachte man die Gesandtschaften in Verlegenheit, denn niemand wollte diese Flüchtlinge haben; es gab keinen Platz außer auf der Straße, wo sie den Passanten im Weg waren. Barmherzigkeit erwies sich als knappes Gut. Morrisons Befreiung der verhaßten Konvertiten, möglicherweise weniger durch Sportsgeist als durch echtes Mitgefühl ausgelöst, sollte tragische Reaktionen auslösen.

Lenox-Simpson schrieb: »Etliche der Missionschefs waren erneut höchst beunruhigt über unsere jüngste Maßnahme, Chinesen in aller Öffentlichkeit nur deshalb zu retten, weil sie zweifelhafte Glaubensbrüder waren. Sie meinen, daß wir dafür teuer mit unserem Leben bezahlen müßten, daß die Gesandtschaften Angriffen zum Opfer fallen werden.«

Bisher war die Ausländergemeinde noch nicht direkt attackiert worden. In Peking hatten die Boxer ausschließlich Chinesen angegriffen. Kein Boxer oder kaiserlicher Soldat hatte bislang einen einzigen Schuß auf die Gesandtschaften abgegeben; niemand innerhalb der Botschaften war getötet oder verwundet worden. Edwin Conger schätzte, daß bis zum 15. Juni an die 100 mutmaßliche Boxer von den Soldaten der einzelnen Gesandtschaften *grundlos* erschossen worden waren. Hierzu zählten auch jene Boxer, an die sich Baron von Kettelers deutsche Soldaten »herangepirscht« hatten, jedoch nicht die vielen Boxer, die Morrison und seinen Begleitern zum Opfer gefallen waren, und auch nicht diejenigen, die bereits früher von Dolmetscherstudenten und anderen Überfallkommandos aus westlichen verwegenen Reitern erschossen worden waren und deren Zahl in die Hunderte ging. Nach Angaben von Polly Condit Smith hatte eine Gruppe von höchstens 20 Marineinfanteristen von sich behauptet, sie hätten bis Mitte Juni 350 »Diebe, Boxer und kaiserliche Soldaten« getötet. Alle Darstellungen der Belagerung haben sich bemüht, diese Zahlen zu bagatellisieren, sofern sie sie überhaupt erwähnenswert fanden.

Demgegenüber war bis zum 31. Mai, dem Tag, an dem die angeforderten Verstärkungen aus Tientsin angekommen waren, nur ein einziger Ausländer von den Boxern getötet worden: der Missionar Brooks, von dem selbst seine eigenen Leute sagten, er habe sich ungeschickt verhalten. Nachdem man die Verstärkung der Gesandtschaftswachen angefordert hatte, wurde der japanische Botschaftskanzler Sugiyama von General Tungs Leuten umgebracht, vier französische und belgische Eisenbahningenieure wurden auf der Flucht nach Tientsin bei einem Schußwechsel getötet, und zwei britische Missionare waren in der Nähe von Yungtsing erschlagen worden. Damit waren bislang alles in allem acht Ausländer ums Leben gekommen. Von allen übrigen Boxerzwischenfällen in Peking und Umgebung waren ausschließlich Chinesen betroffen. (Die meisten Gewalttaten der Boxer im Jahr 1900 ereigneten sich in dem kleinen Dreieck Peking–Tientsin–Paotingfu, während in den westlichen Darstellungen der Eindruck erweckt wird, als wäre ganz Nordchina von ihnen heimgesucht worden.)

Die gespaltene Haltung des Hofes zu den Boxern hing zum Teil auch mit deren Rücksichtslosigkeit zusammen. Am 13. Juni, als in Peking die Unruhen einsetzten, drangen Boxer in die Residenz des ergrauten Großsekretärs Hsu Tung ein, einer der führenden Anhänger der Boxer und ein notorischer Fremdenhasser, und plünderten sie. Weitere Opfer der Boxer waren Großsekretär Sun Chia-nai, der Kanzler der Hanlin-Akademie, ein Vizepräsident des Zensuramts und ein Vizepräsident des Amts für die Ernennung der kaiserlichen Beamten. Der soeben ernannte Gouverneur von Kuei-Chou wurde aus seiner Sänfte gezerrt, mußte sich in den Straßenstaub knien und wurde anschließend seiner Seidengewänder beraubt. Wieder einmal bekamen die Gegner von Prinz Tuan Oberwasser. Am 17. Juni erhielt Jung-lu von der Kaiserinwitwe und Kuang-hsü den Befehl, seine Truppen in die Stadt zu führen: »Sorgen Sie für einen wirksamen Schutz der einzelnen Gesandtschaften. Es darf keine Nachlässigkeit geben.« Als Jung-lu jedoch bei den Gesandtschaften anfragte, ob sie diesen Schutz haben wollten, lehnte das diplomatische Corps höflich ab, da die Botschafter annahmen, daß Jung-lu als engster Vertrauter der Kaiserinwitwe ein Massaker plane. In einem von Morrisons Telegrammen, das von der *Times* veröffentlicht wurde, hatte dieser behauptet, Angriffe auf die Gesandtschaften »wurden von der Kaiserinwitwe befohlen und von Jung-lu ausgeführt«. Am Ende war die Tatsache, daß fast alle westlichen Zivilisten die zweimonatige Belagerung ohne eine einzige Schramme überlebten, mehr Jung-lus Fürsprache und seiner Kontrolle über die Streitkräfte zu verdanken als den kühnen Ausfällen, Postenketten und den Gefechten, die von den Belagerten geführt wurden. Die Schüsse der Gesandtschaftswachen aus dem Hinterhalt, die Überfälle von Morrisons Kavallerie, seine Rettung der Konvertiten und vor allem die Provokationen des Barons von Ketteler hätten den Gemäßigten am Hof fast den Boden unter den Füßen weggezogen.

Am 16. Juni begab sich der Bürgermeister von Peking, Chung Li, ein Mann aus dem inneren Kreis um Prinz Tuan, persönlich in die deutsche Gesandtschaft, um Baron von Ketteler zu bitten, den von diesem als Geisel festgehaltenen Jungen freizulassen. Von Ketteler konnte dieser Bitte leider nicht entsprechen, da der Knabe inzwischen tot war. Der Baron hatte den Knaben offenbar in einem Tobsuchtsanfall erschossen. Die deutsche Gesandtschaft hatte diesen Vorfall vertuscht, er war jedoch zur Kenntnis der britischen Regierung und Morrisons gelangt, der mit Sir Henry Blake, dem Gouverneur von Hongkong, und dessen Frau privat darüber sprach, ohne ihn je in einem Bericht für die *Times* zu erwähnen.

Zwei Tage später wandte sich das Tsungli Yamen mit der Bitte an die Gesandtschaften, ihren rauhen Reitern keine weiteren bewaffneten Streifzüge zu erlauben, da dies »die Bevölkerung aufbrachte«. Noch immer hielten die Boxer sich mit Angriffen auf die Vertretungen zurück.

Während Tz'u-Hsi Prinz Tuan anscheinend mit tiefem Respekt begegnete und seinen Wünschen immer mehr nachgab, wurde sie gleichzeitig auch von den Gemäßigten hart bedrängt und schlug sich bald auf die eine und bald auf die andere Seite. Wie sowohl Tseng Kuo-fan als auch Henry Cockburn festgestellt hatten, war Tz'u-Hsi keine starke Führerin, sondern eine leicht zu beeinflussende Galionsfigur. Sie hatte ihren Status am Hof gewahrt, indem sie ihre eigene Meinung so lange für sich behielt, bis eine Gruppe in einer Frage deutlich das Übergewicht hatte. Die Geheimhaltung sorgte dafür, daß dieses Schwanken nicht sichtbar wurde, so daß die Haltung des Throns den Gesandtschaften zielstrebiger erschien, als es tatsächlich der Fall war.

Dank der zahlreichen westlichen Provokationen nahm der Einfluß der Eisenhüte am Hof in der zweiten Juniwoche wieder zu, nachdem Kang Yi und Chao Shu-chiao von ihren Untersuchungen der Boxerunruhen in Paoting und Cho-chou zurückgekehrt waren. Die beiden Mandarine waren ausgeschickt worden, um die Boxer im Südwesten Pekings aufzufordern, sich anständig zu verhalten und auseinanderzugehen, sonst würden sie von Jung-lus Truppen getötet. Sie kehrten am 16. Juni nach Peking zurück und berichteten, die Boxer planten in Wirklichkeit keinen Aufstand gegen die Regierung oder die Dynastie, der gegenüber sie ihre Loyalität erklärten, und die Ausschreitungen wie das Niederbrennen von Kirchen und die Ermordung von Konvertiten und Missionaren seien das Werk von Mitgliedern verbrecherischer Geheimgesellschaften und nicht der Boxer. Diese Ausflucht war während der ganzen Zeit von den Eisenhüten gebraucht worden. Wie Kang Yi berichtete, seien die Boxer bei seiner Ankunft in Cho-chou vor ihm auf die Knie gesunken und hätten zu seiner Begrüßung in die Hände geklatscht. Er schob die Schuld an allen Exzessen und kriminellen Handlungen auf seiten der Boxer den Mitgliedern des mandschufeindlichen Weißen Lotus zu, die angeblich die Boxer dazu benutzten, nach Peking einzusikkern und hier regierungsfeindliche Verschwörungen anzuzetteln. Er und andere Eisenhüte versicherten der Kaiserinwitwe und dem Hof, unter diesen Umständen sei es keineswegs notwendig, die Boxerbewegung niederzuschlagen, da diese an den Vorfällen keine Schuld trügen.

Um darüber zu entscheiden, berief der Thron an diesem Tag die erste von mehreren außerordentlichen Sitzungen ein, zu der alle Prinzen, die Leiter der sechs Regierungsministerien und neun Ämter und Mitglieder der kaiserlichen Hofhaltung eingeladen waren – alles in allem über 100 Mandarine, Prinzen und Generäle. Bei der ersten Sitzung wurden Berichte verlesen über die Übergriffe der Boxer, einschließlich ihrer Angriffe auf hohe Staatsbeamte; man debattierte darüber, wie man auf Admiral Seymours Expeditionsheer reagieren sollte, von dem bekannt war, daß es Tientsin verlassen hatte, und von dem man annahm, daß es jeden Augenblick vor den Toren der Stadt erscheinen werde; und man erörterte die Gefahren, die von den zahlreichen Kriegsschiffen drohten, die in der Bucht vor Taku Anker geworfen hatten. Die erste Sitzung schloß mit einer Reihe von Edikten, in denen angekündigt wurde, daß Jung-lus kaiserliche Truppen die Boxer in Peking unter Kontrolle bringen würden, nicht nur um weitere Plünderungen und Mißhandlungen von Mandarinen zu verhindern, sondern um es völlig überflüssig zu machen, daß Admiral Seymours Truppen überhaupt nach Peking kamen, um den Gesandtschaften zu Hilfe zu eilen. Die Kaiserinwitwe forderte Junglu erneut auf, die Gesandtschaften mit seinen Soldaten zu schützen, ob sie es wollten oder nicht. Ein am folgenden Tag erlassenes Edikt ließ die Besorgnis des Hofs erkennen: »Falls sich einzelne Personen unter den Familien oder Mitarbeitern der Gesandtschaften vorübergehend nach Tientsin begeben möchten, so sollen sie unterwegs ausreichenden Schutz erhalten. Doch im... Augenblick sind die Eisenbahnverbindungen unterbrochen, und wenn sie übereilt die Reise auf Straßen und Wegen antreten, kann es schwierig werden, für ihre Sicherheit zu garantieren. Deshalb sollten sie in aller Ruhe dort bleiben, wo sie sich gegenwärtig aufhalten, bis die Eisenbahn wieder instand gesetzt und die Lage genauer untersucht ist, so daß die erforderlichen Maßnahmen getroffen werden können.«

Am 17. Juni wurde eine zweite dringende Sitzung einberufen, in der Prinz Tuan konterte und ein Ultimatum vorlegte, das er angeblich von den Alliierten erhalten hatte. Nach dem einzigen Augenzeugenbericht, der von dieser Sitzung vorliegt, teilte die Kaiserinwitwe aufgrund dieses gefälschten Dokuments der Versammlung mit, die fremden Mächte hätten vier Forderungen gestellt: Erstens müsse angesichts anhaltender Gerüchte, Kaiser Kuang-hsü werde nach wie vor als Gefangener gehalten, ein bestimmter Palast zur Residenz des Kaisers benannt werden. Zweitens müßten, um den schädlichen Auswirkungen der Korruption in der Beamtenschaft entgegenzuwirken, die Ausländer das Recht erhalten, nicht nur die ausländischen Zollgebühren, sondern überhaupt alle Steuern im Land im Auftrag der Regierung zu erheben. Drittens müßten, um der Korruption in den Streitkräften des Landes ein Ende zu machen, die Ausländer die höchste Autorität in allen militärischen Fragen des Landes erhalten. Viertens müsse Kaiser Kuang-hsü wieder voll in seine alten Rechte als Herrscher auf dem Kaiserthron eingesetzt werden.

Es gibt keinerlei Hinweise darauf, daß zu diesem Zeitpunkt irgendeine der in China vertretenen ausländischen Regierungen solche Forderungen erhoben hätte. Bei dem vorgelegten Dokument muß es sich somit um eine Fälschung handeln. Möglicherweise war es eine Fälschung der Eisenhüte mit dem Ziel, die Gemäßigten umzustimmen und die Kaiserinwitwe dazu zu bewegen, drastische Maßnahmen zu ergreifen. In der Rückschau spricht allerdings mehr dafür, daß der Urheber des gefälschten Ultimatums Vizekönig Li

Hung-chang in Kanton war, der einen Angriff der Alliierten provozieren wollte.

Sinnigerweise erging genau zu diesem Zeitpunkt von den Admiralen der vor Taku liegenden Kriegsflotten tatsächlich ein Ultimatum, das China in den Krieg zwingen sollte, doch sein Inhalt war ein ganz anderer als der des Dokuments, das Prinz Tuan der Kaiserinwitwe vorgelegt hatte.

Was Admiral Seymours Streitmacht aus 2000 Mann anging, die Tientsin vor einer Woche in Richtung Peking verlassen hatte, so schien sie wie vom Erdboden verschluckt. Morrison bezeichnete die Hilfsstreitmacht *(relief party force)* in seinem Tagebuch ironisch als »relief party farce«, und Sir Robert Hart machte aus Admiral Seymour einen »Admiral See-No-More«.

19
Ein wahnwitziger, ruinöser Plan

Seitdem sie vor vielen Wochen jenseits der Hafeneinfahrt von Taku Anker geworfen hatten, stritten die Kommandanten der ausländischen Geschwader über das weitere Vorgehen. Admiral Sir Edward Hobart Seymour war der dienstälteste anwesende Offizier, und die britische Flotte bildete den Kern, um den die Kriegsschiffe anderer Nationen sich scharten. Seymour war der Neffe von Admiral Sir Michael Seymour. Dieser hatte 1860 die Belagerung von Kanton und Tientsin angeführt, die im Angriff der Alliierten auf Peking und der Plünderung und Zerstörung des Sommerpalasts gegipfelt hatte. Edward hatte als Junge auf dem Flaggschiff seines Onkels gedient und konnte seinen Männern erzählen, wie sehr ihn das gegenwärtige Flottenaufgebot vor den Forts bei Taku an 1860 erinnerte. Am 6. Juni berief Seymour den Rat der Flottenkommandanten von Frankreich, Deutschland, Italien, Rußland, Österreich, den Vereinigten Staaten und Japan an Bord seines Flaggschiffs *H. M. S. Centurion* ein, der die Einzelheiten für ein gemeinsames Manöver festlegte und die Landung der Truppen für den Bedarfsfall vorbereitete. Die Admiralität erteilte Seymour am 7. und 8. Juni telegrafisch freie Hand, jedoch hatten ihn die Ereignisse zu dem Zeitpunkt, als die Telegramme eintrafen, bereits gezwungen, die Initiative zu ergreifen. Die Entscheidung fiel am 9. Juni um 23 Uhr, als er durch Sir Claudes dringendes Telegramm gebeten wurde, unverzüglich Truppen über

Land auf den Weg zu schicken. Seymour forderte seine Verbündeten auf, sich dem von ihm angeführten Marsch auf Peking anzuschließen. Am 10. Juni um ein Uhr – nur zwei Stunden, nachdem er das Telegramm erhalten hatte – war er bereit, mit annähernd 500 Mann in Tonghu, dem Landeplatz flußaufwärts von Taku, an Land zu gehen. Dort konfiszierte er einen Zug, und um drei Uhr waren sie bereits die 25 Meilen bis Tientsin, ihrer ersten Marschstation, vorgedrungen. Sie schlugen den Widerstand am Bahnhof von Tientsin rasch nieder und brachten weitere Züge für die nächste Etappe bis Peking in ihre Gewalt. Am 10. Juni um neun Uhr dreißig – weniger als elf Stunden nach der Bitte um militärische Unterstützung – dampfte Seymour mit seinem Truppenkontingent der Hauptstadt entgegen, eine Strecke von weniger als 90 Meilen, die man gewöhnlich in vier bis fünf Stunden zurücklegen konnte. Weitere 1500 Mann aus acht Nationen schifften sich aus, um ihnen zu folgen.

Seymour hatte kühn und couragiert gehandelt; er war vollkommen überzeugt, daß er Peking noch am selben Abend erreichen würde. Seine Offiziere hatten in Erwartung der Gesandtschaftsempfänge ihre Galauniformen mitgenommen. Bedauerlicherweise war der Admiral, obwohl er durchaus lobenswerte Fähigkeiten besaß, nicht der richtige Mann, um Truppen über Land zu führen, und so kam es, daß sie schon bald strandeten.

Seymour war über die Situation in Peking oder die Lage in dem Landstrich, den er zu durchqueren hatte, nur unzureichend in Kenntnis gesetzt, da seine einzige Information von W. R. Charles, dem britischen Konsul in Tientsin, stammte, den die drohende Gefahr für die britischen Bürger in seinem unmittelbaren Verantwortungsbereich in einen Zustand höchster Aufregung versetzt hatte. Unklugerweise überließ Seymour es auch anderen, Nachschub und Nachrichtendienst zu organisieren. Zu allem Übel veranlaßte ihn seine Ausbildung, als er auf massiven Widerstand stieß, bei seinem Schiff – in diesem Falle seinem Zug – zu bleiben, anstatt über Land auszuschwärmen, wie es ein Offizier der Landstreitkräfte getan hätte.

Anfangs ging alles gut. In Yangtsun, 15 Meilen hinter Tientsin, erreichten sie die Eisenbahnbrücke über den Peiho, die von 4000 chinesischen Soldaten unter dem gemäßigten General Nieh bewacht wurde. Er war von Jung-lu aus Peking herbeordert worden, um die Eisenbahnlinie gegen die Boxer zu verteidigen, und gehörte zu den wenigen chinesischen Generälen, die den Boxern nichts durchgehen ließen. Niehs chinesische Soldaten waren wohlwollend und winkten

Seymour salutierend durch. Seymour drängte weiter zur Eile, bis er am Nachmittag gezwungen war, in Lofa, auf halbem Wege nach Peking anzuhalten, um Schienen reparieren zu lassen, die die Dorfmilizen aufgerissen hatten. Von hier an hatten sie immer wieder Ärger mit Schienen und Brücken, und am nächsten Tag, dem 11. Juni, näherten sie sich Langfang nur noch im Schneckentempo. Immer noch lagen 40 Meilen vor ihnen.

Kurz vor Langfang stießen sie zum erstenmal auf aktiven Widerstand. Etwa 200 Bauern der Gegend, meist Halbwüchsige mit roten Stirnbändern, die erst seit kurzem zu den Boxern zählten, attackierten sie mit Keulen, Speeren, Schwertern, Musketen und riesigen, Jingal genannten Donnerbüchsen, die hauptsächlich Rauch und Lärm verursachten. Einer von Seymours Männern, der sich während seines langjährigen Aufenthalts in China eine geringschätzige Meinung von den kaiserlichen Soldaten gebildet hatte, meinte: »Es war ein fast unglaublicher Anblick, denn niemand zeigte ein Zeichen von Angst oder Zaudern... sie griffen an, bis sie fielen.« Fünfzig bis sechzig Jungen wurden getötet, bevor die übrigen die Flucht ergriffen.

Die Bahnstation Langfang war zerstört, aber dadurch, daß Seymour dort so lange aufgehalten worden war, schafften es die 1500 Mann starken alliierten Einheiten, die später an Land gegangen waren, ihn in vier weiteren beschlagnahmten Zügen einzuholen.

Die Bauernmilizen formierten sich neu, und ihre Angriffe wurden druckvoller. Die für einen kurzen Marsch berechneten Vorräte gingen zur Neige. Am 14. Juni konnte der letzte Zug, dessen Aufgabe es war, die Versorgung zwischen der Expedition und Tientsin aufrechtzuerhalten, Yangtsun nicht passieren. General Niehs Truppen waren abgezogen worden, und die Brücke war nun in der Hand der Boxer.

Seymour kam nicht weiter als bis Langfang. Eine Gruppe Marineinfanteristen drang auf ihrem Erkundungszug ein paar Meilen weiter vor, stellte aber fest, daß die Schienen herausgerissen und die Schwellen verbrannt worden waren. Sie saßen fest.

Seymour hätte die gesamte Strecke von Tientsin nach Peking zu Fuß mühelos in weniger als einer Woche zurücklegen können. Von Langfang aus hätte es nur zwei Tage gedauert. Aber der Admiral hatte beschlossen, Züge zu befehligen, und wenn die Züge nicht weiterkamen, kam er eben auch nicht weiter. Es herrschte drückende Hitze, und das Trinkwasser wurde knapp.

Die chinesische Regierung hatte zwar Kenntnis von seinem langsamen Vorwärtskommen, ging aber immer noch davon aus, daß er den

Weg nach Peking über Land fortsetzen würde. Wiederholt appellierten Minister des Yamen an Sir Claude, den Admiral zum Umkehren zu bewegen, doch dieser weigerte sich beharrlich. Die Erinnerung an Lord Elgins Besatzung im Jahr 1860 löste tiefe Unruhe bei Hofe aus. Viertausend Soldaten von General Tungs Moslem-Kavallerie wurden von Peking abbeordert. Sie sollten den vorrückenden alliierten Truppen, die in Wirklichkeit gar nicht mehr vorrückten, den Weg abschneiden.

Der Admiral hatte, was weder Sir Claude noch der Mandschu-Hof wußten, beschlossen, den Rückzug anzutreten. Als er in Yangtsun eintraf, stellte er fest, daß die Brücke unpassierbar gemacht worden war. Wohin er sich auch wandte, nach Peking oder nach Tientsin, fest stand, daß er gezwungen war, seine Züge aufzugeben und sich zu Fuß durchzuschlagen. Bisher hatte er es nur mit unzulänglich bewaffneten Bauern und ein paar jugendlichen Boxern zu tun gehabt, aber das sollte sich bald ändern. Seymours deutsche Truppen, noch immer als Nachhut in Langfang, gerieten unter schweren Beschuß durch die Moslem-Kavallerie, die ihren Zug über Meilen verfolgte. Bis zum 23. Juni ließen die Angriffe der Moslem-Kavallerie nicht nach. Da Seymour die Brücke in Yangtsun nicht mehr überqueren konnte, entschloß er sich widerstrebend, die Züge aufzugeben und sich flußabwärts nach Tientsin zurückzuziehen. Für den Transport der Waffen, der Vorräte und der Verwundeten wurden vier Dschunken requiriert. Die Dschunken mußten geschleppt werden, während die Truppen den Weg zu Fuß zurücklegten. Ebensogut wie diese 30 Meilen, die jetzt zwischen Yangtsun und Tientsin vor ihnen lagen, hätten sie die 40 Meilen quer durchs Binnenland marschieren können, denn ihre Gegenwart hier wurde von den Bauern keinen Deut freudiger begrüßt. Ein hübsches Mädchen stürzte sich kopfüber in einen engen Brunnenschacht, um ihrer Vergewaltigung zu entgehen, und nur dem schnellen Eingreifen eines deutschen Offiziers war es zu verdanken, daß sie, unter schwerem Schock stehend, gerettet wurde. Inzwischen hatte sich die Lage in Tientsin verschärft: Man konnte aus der Ferne das Feuern schwerer Geschütze hören.

In Abwesenheit des Admirals hatten seine Mitkommandanten (ein jeder ausgestattet mit dem strikten Befehl, ein Stück von dem Kuchen zu ergattern) auf ihren Kanonenbooten einen regelrechten Krieg mit China heraufbeschworen. Am 14. Juni, wenige Tage, nachdem Seymour Tientsin verlassen hatte, gingen 2400 ausländische Soldaten, unter ihnen 1700 Russen, an Land, um die ausländischen Niederlassungen außerhalb der Stadtmauern zu sichern. Ungeachtet dessen brannten Boxer in der Nacht zum 15. Juni den größten Teil der französischen Siedlung nieder.

Vor der Hafeneinfahrt von Taku schritten die Kommandanten der Verbündeten auf ihren Decks auf und ab. Peking war abgeriegelt, Seymour verschwunden, die französische Siedlung lag in Schutt und Asche, und jeden Moment konnten die Chinesen die Eisenbahnverbindung zwischen Tientsin und der Peiho-Mündung in Taku unterbrechen, wo die Kriegsschiffe zwölf Meilen weit draußen, außerhalb der Schußweite der befestigten Stellungen, ankerten. Es war zu beobachten, wie Versorgungsgüter und Verstärkung für die Festungen eintrafen, Geschützrohre wurden von den Chinesen aufgestellt, und es war anzunehmen, daß im Flußbett Minen ausgelegt wurden. Nicht mehr lange, und die alliierten Geschwader würden handlungsunfähig sein. (Bei keiner dieser Überlegungen spielte das Schicksal der Gesandtschaften eine Rolle.) Schließlich ebbte das Gezänk ab, und eine Mehrheit der Kommandanten sprach sich dafür aus, zu handeln, solange sie noch den Vorteil auf ihrer Seite hatten. Notfalls wollten sie die Forts bei Taku mit Gewalt einnehmen. In einem Ultimatum, das dem Vizekönig in Tientsin überbracht wurde, war eine Übergabefrist bis zum 17. Juni um zwei Uhr morgens gesetzt.

Dieser besonders kritische Augenblick gehört zu jenen, über die seither immer wieder Lügen verbreitet wurden, denn es herrschte kein Kriegszustand zwischen den Alliierten und China; genaugenommen waren die Feinde aufrührerische Boxer, nicht aber die chinesische Regierung selbst. Folglich war der alliierte Angriff auf die Festungen ein einseitiger kriegerischer Akt gegen China. Aber, so argumentierten die Kommandanten, wenn sie die Festungen nicht besetzten, würde sich die Befreiung der Gesandtschaften zu einem späteren Zeitpunkt um so schwieriger gestalten. Es war nicht der einzige Weg, der sich den Admiralen und Generälen bot. Sie hätten ohne weiteres wie 1860 drei Meilen nördlich im Mündungsgebiet des Peitang an Land gehen, unverzüglich nach Peking marschieren, die Gesandtschaften befreien und somit das Ultimatum (und den kriegerischen Akt) überflüssig machen können. Da die menschliche Natur aber nun einmal wunderlich ist, war der Plan, auf den die Wahl fiel, der einzige, für den eine einfache Mehrheit zu gewinnen war. So erwies es sich, daß ihnen weniger an der Befreiung der Gesandtschaften als an der Eroberung und Verteidigung von Territorium gelegen war; diesen gemeinsamen Nenner begriffen alle halbwegs. So kam es, daß die Alliierten zu einem Zeitpunkt, als weit über 200 getöteten Chinesen lediglich acht getötete Ausländer gegenüberstanden, die

Initiative ergriffen und sich für den Krieg entschieden. In ihrem Ultimatum forderten sie zwar nur die Übergabe der Forts bei Taku, aber das war gleichbedeutend mit Krieg.

An der Mündung des Peiho gab es vier Festungen – zwei an jedem Ufer – die während des Opiumkriegs zweimal von den Alliierten belagert worden waren. Der erste Angriff blieb in hüfthohem Schlamm stecken, der zweite endete, durch einen Überlandangriff von der Rückseite her, mit einem Sieg. Inzwischen waren die Festungen von Vizekönig Li Hung-changs deutschen Ingenieuren wiederaufgebaut, modernisiert und mit Schnellfeuergewehren von Krupp ausgerüstet worden. Demzufolge baute die Entscheidung, diesmal wieder frontal von der Seeseite her anzugreifen, sozusagen eher auf Glück als auf kriegerisches Geschick. Der Angriff sollte über dieselbe mit spitzen Pfählen durchsetzte Schlammzone erfolgen, die 1859 zu der schmählichen und verlustreichen Niederlage der Alliierten geführt hatte.

Am Vorabend des Tages, an dem das Ultimatum auslief, bezogen Kanonenboote mit geringem Tiefgang unterhalb der Festungsmauern Stellung. An Bord befanden sich 900 Mann, Briten, Russen, Franzosen und Japaner. Die Amerikaner hielten sich an ihren Befehl, sich in keine militärische Auseinandersetzung verwickeln zu lassen, solange keine Kriegserklärung vorlag (ein Punkt, der bald darauf nur noch hypothetischen Charakter hatte). Es gab nicht den geringsten Zweifel daran, was die Alliierten zu tun beabsichtigten, sofern der chinesische Kommandant sich dem Ultimatum bis zum 17. Juni zwei Uhr nicht gebeugt haben würde. Folgerichtig eröffneten die Chinesen um null Uhr fünfundvierzig, wenig mehr als eine Stunde vor seinem Ablauf, das Feuer auf die vorrückende Truppe. Sechs Stunden lang tobte der Kampf, dessen Ausgang entschieden war, als etliche Salven der Alliierten durch Zufall riesige Pulverkammern in den Festungen sowohl auf der Nordseite als auch auf der Südseite der Flußmündung trafen. Die Detonationen waren so gewaltig, daß die Verteidiger wie gelähmt waren. Im Schutz der Staubwolken stürmten Marineinfanteristen die nördlichen Festungen mit aufgepflanzten Bajonetten. Nach der zweiten Explosion ergaben sich die Verteidiger der südlichen Festungen kampflos. Der chinesische Befehlshaber beging Selbstmord. Stromaufwärts wurden alle vier von den Deutschen gebauten Zerstörer der chinesischen Kriegsflotte unversehrt erobert.

Der Angriff auf die Forts bei Taku war so etwas wie eine Kriegserklärung; aus diesem Grund eröffnete die chinesische Artillerie auch das Feuer auf die ausländischen Niederlassungen außerhalb von Tientsin; am nächsten Tag belagerten 10000 kaiserliche Soldaten die Siedlungen. In Anbetracht des Kriegszustands erging von Washington die Weisung an Konteradmiral Kempff, die amerikanischen Truppen nunmehr in das Geschehen eingreifen zu lassen. Eine internationale Truppe von insgesamt 14000 Mann setzte sich daraufhin von Taku aus in Bewegung, um Tientsin zu befreien.

Die Entlastungskolonne traf am Morgen des 23. Juni bei den ausländischen Niederlassungen von Tientsin ein. Unfähig, sich auf ein gemeinsames Vorgehen zu einigen, dauerte es weitere zwei Wochen, bis die nahe gelegene befestigte chinesische Stadt eingenommen werden konnte. Unter den wachsamen Augen der anderen ergriffen die Japaner die Initiative. Mit einer gewaltigen Explosion zerstörten sie das südliche Stadttor, worauf der Widerstand der Chinesen in sich zusammenfiel.

In der Zwischenzeit hatte Admiral Seymours zerlumpte Truppe, die sich am seichten Lauf des Peiho vorkämpfte, einen Erfolg ganz eigener Art zu verzeichnen, als sie etwa drei Meilen vor Tientsin unerwartet auf das Waffenlager von Hsiku stieß, wo sie ohne großen Nachdruck beschossen wurde. Unter ihrem Gegenangriff schmolz der Widerstand überraschend dahin, und sie fand sich im Besitz eines 20 Hektar großen Waffenarsenals voller Maschinengewehre, Feldgeschütze und Gewehre und mit mehreren Millionen Schuß Munition. Zwar waren sie nur noch weniger als eine Marschstunde von Tientsin entfernt, doch waren Seymours Männer so erschöpft, daß sie fünf Tage in dem Waffenlager blieben, die Schlacht um Tientsin verpaßten und die letzte Etappe der großen Tour erst am 26. Juni, als Tientsin bereits von den alliierten Eroberern lärmend geplündert wurde, zurücklegten. Seymours Expedition bezeichnete der neunundzwanzigjährige Kommandant David Beatty, im Ersten Weltkrieg Flottenadmiral bei der Schlacht von Jütland, als den »wahnwitzigsten, irrsinnigsten, ruinösesten Plan, der einem menschlichen Hirn entspringen kann«. Nicht ganz zu Recht, es sollte noch schlimmer kommen.

Der Hof in Peking erfuhr von dem Ultimatum in Taku erst am 19. Juni, als die Festungen bereits seit beinahe drei Tagen in der Hand der Verbündeten waren. Yu Lu, der Vizekönig von Chihli, sah keinen Grund, den berittenen Kurieren derartig deprimierende Nachrichten mitzugeben. Er war ein alter Mann, dem sein Leben lieb war und der keinen Hehl aus seiner Sympathie für die Briten machte. Bevor die Festungen angegriffen wurden, gab Lord Salisbury telegrafische Anweisung, Yu Lu auf den Schiffen der Royal Navy Asyl zu bieten; dies wurde ihm durch den britischen Konsul mitgeteilt.

Als Tz'u-Hsi von dem Ultimatum (nicht aber davon, daß die Festungen bereits gefallen waren) erfuhr, befahl sie allen Vizekönigen und Gouverneuren, sich auf die Verteidigung ihrer Provinzen gegen ausländische Angriffe einzustellen. Bland und Backhouse veröffentlichten über die Ereignisse bei Hofe an diesem Tag später einen Schwindelbericht, in dem die Daten und Fakten der Vorgänge völlig durcheinander gerieten. Ihren Angaben zufolge zeigte Prinz Tuan der Kaiserinwitwe an diesem Tag eine Fälschung des Ultimatums und forderte sie auf, abzudanken. Tz'u-Hsi war außer sich: »Die Unverschämtheit dieser Ausländer kennt keine Grenzen. Wir werden sie vernichten, bevor wir das Frühstück zu uns nehmen.« (Backhouse war ein so durchtriebener Fuchs, daß er nie der Versuchung widerstehen konnte, Tz'u-Hsi geistreiche Bemerkungen in den Mund zu legen. Diese Worte hat er anscheinend bei der Lektüre chinesischer Theaterstücke gefunden und für seine biographische Fälschung entliehen.) Die Kaiserinwitwe erhielt die Nachricht von den Kämpfen um die Forts bei Taku und Tientsin am 21. Juni, doch Yu Lu informierte sie auch zu diesem Zeitpunkt noch nicht, daß die Festungen längst gefallen waren. In Peking war lediglich bekannt, daß die Alliierten ein Ultimatum gestellt hatten, in feindlicher Absicht vor den Forts aufmarschiert waren und daß dort geschossen wurde. Demgemäß erließ die Kaiserinwitwe zwei Tage nachdem der Angriff der Alliierten den Krieg heraufbeschworen hatte, ein Dekret, in dem festgestellt wurde, daß es zu feindlichen Handlungen gekommen war und daß sich China mit den Alliierten im Kriegszustand befand.

Fast ein Jahrhundert lang beharrte nun die westliche Geschichtsschreibung darauf, daß Tz'u-Hsi mit diesem Dekret »der Welt den Krieg erklärt« und daß sie den Verstand verloren habe. Aber dem war durchaus nicht so. Die Mehrheit der alliierten Flottenkommandanten hatte sich für den Angriff auf die Festungen ausgesprochen, während diejenigen, die dagegen gestimmt hatten, sich ausdrücklich darauf beriefen, daß dies den Tatbestand eines kriegerischen Akts erfüllen würde. Das geschah am 15. Juni ohne das Wissen der heimatlichen Regierungen, die erst vier Tage später von dem Ultimatum erfuhren und Informationen über Angriff und Einnahme der Forts bei Taku gar erst am 21. Juni erhielten. Demnach war die Schuldzuweisung an die Kaiserinwitwe eine bewußte Geschichtsfälschung, die sofort nach den Ereignissen um sich griff und bis zum heutigen Tag ihre Gültigkeit behielt.

Die Shanghaier *Daily News* verkündete am 19. Juni in einem furiosen Leitartikel:

»China befindet sich mit allen Weltmächten gleichzeitig im Kriegszustand, und es führt Krieg, weil es die Kaiserinwitwe und ihre Bande so wollten. In ihrer unvorstellbaren Ignoranz und Selbstgefälligkeit haben sie sich eingeredet, sie könnten den Westmächten gefahrlos die Stirn bieten... Was auch geschieht, fest steht, daß diese Bande, sofern sie nicht von selbst geht, aus Peking vertrieben werden muß. Es bleibt zu hoffen, daß Kaiser Kuang-hsü befreit werden und den Thron wieder einnehmen kann. In der Zwischenzeit müßte den Chinesen in aller Deutlichkeit klargemacht werden, daß es die Kaiserinwitwe war, die diesen Krieg angezettelt hat und daß wir nicht gegen China Krieg führen, sondern gegen die widerrechtliche Regierung in Peking.«

Entgegen der Hoffnung des Prinzen Tuan und seiner Anhänger, alle Ausländer mit Hilfe der Boxer aus dem Land jagen zu können, war der Krieg in dem Augenblick, als er begann, bereits beendet. Die Einnahme von Tientsin und der Festungen von Taku verschaffte den Alliierten freien Zugang zu Peking. Es war nur eine Frage der Zeit, bis sie sich neu formiert und den Marsch auf die Hauptstadt strategisch vorbereitet hatten. Die chinesischen Streitkräfte, die zum größten Teil unfähig und ungenügend bewaffnet waren, konnten sie nicht aufhalten. Diejenigen, die über Schlagkraft und moderne Schußwaffen verfügten, waren politische Einheiten, die nicht im Kampf aufgerieben wurden.

Zum Schaden der bedrängten Gesandtschaften gelang es den alliierten Befehlshabern in Tientsin weitere zwei Monate nicht, sich in der Frage eines Marschs auf Peking zu einigen. Während dieser Zeit der Verzögerung kam es zur Belagerung der Botschaften. Mithin war der Irrwitz dieser Belagerungen wiederum weitgehend den zerstrittenen alliierten Kommandanten in Tientsin anzulasten.

Zudem gab es den familieninternen Streit am Mandschu-Hof: Gemäßigte Kräfte fanden immer noch Wege, die Strategie der Eisenhüte zu unterlaufen. In den langen Wochen des Abwartens hätte die chinesische Armee jederzeit Gelegenheit gehabt, die unzulänglich verteidigten Botschaften einzunehmen, aber dank Jung-lu und anderen Gemäßigten wurde Zurückhaltung geübt.

Am 17. Juni kam es, wieder einmal auf Betreiben des Barons von Ketteler, zum ersten Schußwechsel. Der Dolmetscherstudent Giles hielt die Ereignisse in seinem Tagebuch fest:

»An diesem Tag [17. Juni] eröffneten Österreicher und Deutsche um die Mittagszeit das Feuer auf einige von Tung Fu-hsiangs Männern, die europäische Soldaten mit Steinen beworfen hatten. Das ist überaus bedauerlich, da jede Auseinandersetzung mit den chinesischen Truppen vermieden werden sollte. Überall flogen Kugeln durch die Luft, und unser Vorposten wurde vorübergehend von der Nordbrükke zurückgezogen. Keiner unserer Männer [Briten] beteiligte sich an dem Schußwechsel. Später am Abend hatte Sir Claude eine Unterredung mit einem der chinesischen Offiziere, in der beide Seiten übereinkamen, sich gegenseitig aus dem Weg zu gehen und den Zwischenfall als Versehen zu betrachten.«

In Unkenntnis der Tatsache, daß Admiral Seymour aufgegeben und den Rückzug nach Tientsin angetreten hatte, und gleichzeitig darauf bedacht, weitere derartige Zwischenfälle zu vermeiden, versuchte das Tsungli Yamen als nächstes, die Diplomaten zum freiwilligen Räumen der Botschaften zu bewegen. Am 19. Juni wurden den elf Gesandten und Sir Robert Hart zwölf rote Umschläge überbracht: »Das Yamen... fordert Eure Exzellenz auf, vor Ablauf von 24 Stunden in Begleitung der Botschaftswache aufzubrechen... und sich nach Tientsin zu begeben, um unvorhergesehenen Zwischenfällen vorzubeugen.« Gleichzeitig informierte das Yamen die Botschaften über das Ultimatum von Taku. Sir Claude war entsetzt. In einer Depesche, die Konsul Charles in Tientsin heimlich überbracht wurde, beklagte er sich bitter, daß die alliierten Befehlshaber »das Totengeläut für die Ausländer in Peking angeschlagen« haben. Im Außenministerium bezeichnete er später das Ultimatum als »übereilt und unnötig provozierend«. Dem Yamen selbst teilte er mit, die Gesandten seien erstaunt und wüßten »nicht das geringste von den Vorgängen um die Taku-Forts«.

Alle Gesandten mit Ausnahme des streitlustigen von Ketteler hatten es jetzt eilig, Peking zu verlassen. Nach ausgiebiger Beratung sandten sie eine Depesche an das Yamen, in der sie um ein Gespräch um neun Uhr morgens nachsuchten, um die Bedingungen ihres Abzugs auszuhandeln. Sie alle blickten der Reise mit sehr gemischten Gefühlen entgegen. Ein Gesandtschaftsangehöriger bemerkte bitter: »Zu bleiben hieße wahrscheinlich, ein Massaker zu riskieren, zu gehen heißt sichere Vernichtung.« Giles bezog sich vor allem auf die jüngeren Botschaftsangestellten, als er bemerkte: »Im Hinblick auf das historische Beispiel von Cawnpore waren wir alle strikt dagegen [Peking zu verlassen].« Damals war die britische Garnison während der Meuterei von Sepoy niedergemacht worden. Auf Befehl von Edwin Conger wurden 100 Wagen angefordert, die die Familien und ihre Habe nach Tientsin bringen sollten. Für Morrison, dem eine Auseinandersetzung eher ins Konzept gepaßt hätte, gereichte dieses Verhalten Conger zur »ewigen Schande«. Im Antwortschreiben aus dem Yamen hieß es: »Die Prinzen und Regierungsbeamten würden es sehr begrüßen, eingehend über die Lage zu beraten, aber angesichts der gereizten Stimmung, die in den letzten Tagen geherrscht hat, steht zu befürchten, daß den Botschaftsvertretern auf ihrem Weg zum Yamen Gefahr droht [die Sicherheit konnte nicht garantiert werden]....« In seinem offiziellen Bericht behauptete Sir Claude, diese Botschaft mit ihrer verschleierten Warnung habe um acht Uhr, dem Zeitpunkt, als von Ketteler nervös zu werden begann und beschloß, sich gegen den Rat seiner Kollegen allein auf den Weg zu machen, noch nicht vorgelegen. Sir Claude erinnerte sich, daß der Baron mit der Faust auf den Tisch schlug und sagte: »Ich gehe allein und bleibe dort sitzen, bis sie kommen, und wenn ich die ganze Nacht warten muß.« Für von Ketteler sollte es eine ungewöhnlich lange Nacht werden.

Der Baron brach gegen acht Uhr dreißig in Begleitung seines Gesandtschaftsdolmetschers Heinrich Cordes auf. Sie legten den Weg in zwei Sänften zurück, vor ihnen und hinter ihnen je ein unbewaffneter chinesischer Lakai zu Fuß. Das in den Farben Rot und Grün gehaltene Verdeck seiner Sänfte verriet sein öffentliches Amt. Nach Lenox-Simpsons Beschreibung rauchte von Ketteler eine Zigarre und »stützte sich mit den Armen auf die vordere Strebe seiner Sänfte, als unternehme er einen Picknickausflug«. Die beiden Sänften hatten soeben eine kleine Polizeistation in der belebten Ha-tamen-Straße passiert, als Cordes einen Blick nach links warf und sah, wie ein uniformierter Mandschu-Bannerträger, ein Obergefreiter des Pekinger Truppenverbands, ein Sharp-Gewehr anlegte und auf von Kettelers Kopf zielte. Im selben Augenblick, als Cordes einen warnenden Ruf ausstieß, schoß der Soldat und tötete den Baron auf der Stelle. Die Träger ließen die Sänften fallen, Cordes sprang hinaus und wurde von Kugeln in die Beine getroffen. Niemand verfolgte ihn, und er schaffte es, sich unter Schmerzen in die Methodistenmission zu schleppen.

Es gibt keinen vernünftigen Grund, zu bezweifeln, daß das Attentat von Prinz Tuan und seinen Anhängern angezettelt wurde, aus Rache für von Kettelers aggressives Verhalten: das grundlose Verprügeln und Einkerkern des jungen Boxers, das mit der Erschießung desselben geendet hatte; die wiederholten Todesschüsse im chinesischen Zentrum gegen unbewaffnete Boxer, lange, bevor es zu irgendwelchen Feindseligkeiten gegen die Gesandtschaften gekommen war; die Schüsse auf General Tungs Truppen durch deutsche und österreichische Marinesoldaten. Von Kettelers Auftreten hatte unter seinen Kollegen schon lange für Unmut gesorgt. Wie viele deutsche Offiziere zur damaligen Zeit versuchte von Ketteler Kaiser Wilhelms polternde Arroganz und hochtrabende Art zu imitieren. Auch die Erinnerung an seinen Vorgänger Baron von Heyking, der die Besitznahme von Tsingtao und Kiautschou zuwege gebracht hatte, setzte einen Akzent, dem von Ketteler nachzueifern suchte. Journalisten zitierten ihn in dem Sinne, daß es für China das beste sei, wie eine Bratwurst aufgeschnitten und von den Großmächten verspeist zu werden, wobei ein gutes Stück der nördlichen Regionen an Deutschland fallen sollte. Solche Worte irritierten natürlich die Engländer, Russen und Japaner, die im Grunde genommen nichts anderes im Sinn hatten. Sir Claude war so erzürnt, daß das Auswärtige Amt in London auf sein Drängen hin Beschwerde in Berlin einlegte, worauf der deutsche Staatssekretär im Auswärtigen Amt Bernhard von Bülow eine verschlüsselte Depesche schickte, in der er von Ketteler zu verschiedenen Sachverhalten Verweise erteilte und auf die negativen Konsequenzen hinwies, die es haben würde, wenn die chinesische Regierung von seinen Zwistigkeiten mit anderen Mitgliedern des Diplomatischen Corps in Peking erfuhr. Der Baron war sogar bei den gewöhnlich nachsichtigen Missionaren verhaßt, die darauf hinwiesen, daß »seine herrische Art zu diesem Zeitpunkt bei den Chinesen auf besondere Abneigung stieß«. Kein Wunder also, daß er die Eisenhüte zum Mord provozierte.

Von Kettelers Mörder Enhai wurde nach dem Attentat so berühmt, daß ihn die Japaner später aufspüren und festnehmen konnten, worauf er von den Deutschen hingerichtet wurde. Er sagte aus, daß ihm von seinem Vorgesetzten eine Beförderung und 70 Silbertael in Aussicht gestellt worden waren, daß er aber lediglich 40 erhalten habe. Kurz bevor ihm der Kopf abgeschlagen wurde, konnte man ihn über die »dummen Prinzen« fluchen hören. Die ausdrückliche Warnung aus dem Yamen an die Gesandten, sich nicht auf die Straße zu begeben, war Morrison bekannt, doch berichtete er unter Verdrehung der Tatsachen an die *Times*, daß »die Kaiserinwitwe und Prinz Tuan..., an diesem Morgen ein Massaker unter den ausländischen Gesandten geplant hatten«.

Das entsprach ganz und gar nicht der Wahrheit, denn bei von Ketteler lag die Sache ganz anders. Der Plan seiner Ermordung mußte bereits gefaßt worden sein, als die Eisenhüte von der Ermordung des gefangengehaltenen chinesischen Jungen erfahren hatten, denn der Mord wurde (erstaunlicherweise) in Tientsin und Shanghai bereits Tage, bevor er tatsächlich stattfand, diskutiert. Die Nachricht von dem Mord, der am 20. verübt wurde, stand am 16. (also vier Tage zuvor) in den Londoner Abendzeitungen und am nächsten Morgen in der *Times*. Ein amerikanischer Missionar in Peking bemerkte dazu: »Es geschieht nicht oft, daß ein so außergewöhnliches Verbrechen vier Tage bevor es stattfindet, um die Welt geht.« Da die Telegrafenleitungen vor dem Mord an von Ketteler unterbrochen wurden, war das Nachrichtendefizit so groß, daß zwölf Tage lang niemand außerhalb von Peking etwas Genaues über seinen Tod wußte. So dauerte es, auf eine spezifisch orientalische Art, zwölf Tage, bis man über ein *tatsächliches* Ereignis informiert wurde, aber man konnte bereits vier Tage im voraus etwas erfahren, das noch gar nicht geschehen war.

Wenige Stunden, nachdem die Schüsse gefallen waren, ließ das Yamen die Gesandtschaften wissen, daß das Ultimatum zum Verlassen der Botschaften verlängert worden war. Nach dem Mord an von Ketteler aber hatten die Gesandten ihre Meinung geändert: die Diplomaten waren nicht mehr bereit, nach Tientsin aufzubrechen, und wenn ihnen eine noch so starke Eskorte zur Verfügung gestellt werden würde.

Nach dem Attentat strömten wie auf ein verabredetes Zeichen Ausländer aus ihren Verstecken in ganz Peking in die Botschaftsgebäude. Das Gesamtgelände innerhalb der Verteidigungsgrenzen des Gesandtschaftsviertels bedeckte eine Fläche von etwa 35 Hektar. Es wurde von 20 Offizieren und 389 Männern aus acht Nationen verteidigt. Ebenfalls bewaffnet wurden die Angehörigen des diplomatischen Corps, die Dolmetscherstudenten und Zivilisten unterschiedlicher Provenienz, unter ihnen ein Gruppe selbsternannter Möchtegern-»Kavalleristen«, für die Morrison nur Verachtung übrig hatte. In dem Viertel drängten sich bald 900 Männer, Frauen und Kinder – 451 Militärangehörige, 245 Zivilisten, 149 Frauen und 79 Kinder. Die meisten von ihnen fanden schließlich Aufnahme in der weiträumigen britischen Gesandtschaft, wo jeder Nationalität ein eigenes Gebäude zugewiesen wurde. Das Gelände der britischen

Botschaft umfaßte fast fünf Hektar mit zahlreichen Gebäuden, einschließlich der Stallungen für 150 Pferde – in der Hauptsache Rennpferde. Es gab überdies eine große Anzahl von Packeseln, eine Schafherde und eine Kuh, die der ausschließlichen Verantwortung von Pokotilow, dem Direktor der Russo-Chinesischen Bank, unterstellt wurde. Sodann verfügte die britische Gesandtschaft über die größten Vorräte an Nahrungskonserven, unter anderem Unmengen an Dosenrindfleisch, und über günstige Schützenpositionen, ohne unmittelbar in der Blicklinie der Tatarenmauer zu liegen. Normalerweise beherbergte sie 60 bis 80 Personen. Am Nachmittag des 20. Juni hatte sich die Zahl vervielfacht. Amerikanische Missionare und ihre chinesischen Konvertiten, darunter 126 chinesische Schulmädchen, wurden in der Botschaftskapelle untergebracht. Sir Robert Hart und seine Zollbeamten zogen mit ihren Familien sowie allen ihren Nahrungs- und Getränkevorräten und Wertsachen ein. »Es wimmelte von Frauen, Missionaren, greinenden Kindern und ganzen Heerscharen schafsgesichtiger Konvertiten«, beklagte sich Lenox-Simpson mit beißender Ironie, »deren Anwesenheit auf so engem Raum absolut unerträglich war.«

Hunderte von Konvertiten trieben sich in den Straßen vor der britischen Gesandtschaft herum und schliefen, da sie nicht wußten, wohin, in der Gosse. Da feststand, daß die Botschaftsangehörigen in Peking ausharren würden, mußte etwas unternommen werden, um die Massen chinesischer Christen wegzuschaffen, sie aus der Schußlinie zu bringen – nicht so sehr aus Sorge um sie, sondern um der Sicherheit der wachhabenden Marinesoldaten willen und um zu verhindern, daß der Feind sich im Schutz der Konvertiten heimlich vom Kanal her anschlich. Morrison kam eine glänzende Idee.

Der britischen Gesandtschaft gegenüber befand sich das Palastareal des Prinzen Su, des Oberhaupts einer der acht großen Mandschu-Familien. Dieser unter dem Namen Fu bekannte Besitz umfaßte sechs Hektar mit üppigem Baumbestand und blühendem Buschwerk, insgesamt 30 Pavillons, Paläste und Pagoden, und war umfriedet von einer fast sieben Meter hohen Mauer. Für Sir Claude war der Fu »eines der Hauptglieder der Verteidigung... da mit seinem Verlust die britische Gesandtschaft kaum noch zu halten sein würde«. Der zweite strategische Faktor war die Tatarenmauer: »Wenn sie sich in der Hand des Feindes befand, so konnte dieser mühelos den gesamten Verteidigungsgürtel kontrollieren.« Die Tatarenmauer befand sich in den Händen der Marineinfanterie.

Der Fu, im unmittelbaren Windschatten der Verbotenen Stadt

gelegen, war ein Pekinger Erbbesitz, der über neun Generationen bis an den jetzigen Prinzen weitergegeben worden war. Prinz Su war ein ungewöhnlich weltoffener Mann, der sich weitgehend aus der Verschwörung der Eisenhüte heraushielt. So aufgeklärt er aber auch sein mochte, hätte er doch sicherlich seinen Besitz mit all seinen Schätzen nicht freiwillig einer Meute chinesischer Flüchtlinge überlassen, die noch dazu Reischristen waren.

Polly Condit Smith berichtete darüber, wie Huberty James, der exzentrische Professor an der Pekinger Universität, der an Morrisons tolldreister Rettung der Konvertiten beteiligt war, bei den »Verhandlungen« mit dem siebenunddreißigjährigen Prinzen Su als Dolmetscher auftrat:

»Sie [die chinesischen Flüchtlinge] konnten nicht auf der Straße bleiben, und die Gesandtschaften konnten sie nicht aufnehmen. Da kamen Dr. Morrison und Dr. H. James auf eine geniale Idee – nämlich die Inbesitznahme des herrlichen Parks, der… Prinz Su gehörte… Dr. H. James begab sich persönlich zu Prinz Su und gab ihm zu verstehen, daß es nicht nur ein Akt der Freundlichkeit, sondern auch der Klugheit sei, wenn er seinen von den kaiserlichen Soldaten verfolgten Mitbürgern Palast und Park zur Verfügung stellen würde… Dabei deutete Dr. James an, daß man den Park, sofern der Prinz nicht freiwillig darauf verzichtete, ohne seine Einwilligung konfiszieren würde. Prinz Su gab sich überaus verbindlich und erklärte, daß er mit dem allergrößten Vergnügen zustimme. Sicherlich enthielten seine Worte ein Körnchen Wahrheit. Er brachte sich nur zu gern in größtmögliche Distanz zu diesen Botschaftsleuten, auch wenn er dazu auf seinen Palast verzichten mußte. Es mochte höchste Gefahr für sein Leben bestehen, sofern er auch nur einen Augenblick lang in den Verdacht geriet, daß er mit den Ausländern sympathisierte. Und das konnte leicht geschehen, wenn er weiterhin in seinem Palast wohnte, was wir ihm anboten, da wir nur seinen großen Park für die Christen haben wollten.«

Nach Morrisons Bericht an die *Times* war es Huberty James' »Einfluß« auf Prinz Su zu verdanken, daß er den chinesischen Christen seinen Palast und Park überließ. Er vergaß dabei, die Drohungen und Einschüchterungen zu erwähnen, die diesen Einfluß ausmachten.

Der Prinz ließ »sein gesamtes Vermögen und seinen halben Harem zurück«, wie Polly Smith es ausdrückte. Unmittelbar danach wurden die Palastgebäude durch Ausländer geplündert. Antiquitäten, Kunstgegenstände, kostbarstes Porzellan und Schätze aus der Bibliothek des Prinzen wurden gestohlen und sämtliche Seiden- und Satinstoffe von den Wänden gerissen und als Material für Sandsäcke davongeschleppt. Sus Paläste und Pavillons wurden bis auf die baulichen Ornamente kahlgefegt. Von den beträchtlichen Geldmengen, die man in verschiedenen Verstecken aufspürte, wurden nur 34000 Dollar offiziell bestätigt. Ein Teil dieser Summe sollte für die Errichtung eines Denkmals zur Erinnerung an die Belagerung verwendet werden. Es gibt keinerlei Belege dafür, daß dem Prinzen etwas von diesem Geld zurückgezahlt wurde oder daß er später eine Entschädigung für die Plünderung und Zerstörung seines Besitzes erhielt. Die chinesischen Christen wurden nun auf dem zum Flüchtlingslager umfunktionierten Gelände untergebracht. Das erwies sich als äußerst praktisch, da zahlreiche Köche und Wäscher der Gesandtschaft bereits die Flucht ergriffen hatten. Die Konvertiten traten für die Zeit der Belagerung als Hausangestellte an ihre Stelle.

Da die japanische Botschaft unmittelbar hinter dem Fu lag, übernahm der dortige Militärattaché Oberst Shiba mit 24 japanischen Marinesoldaten und 32 bewaffneten Konvertiten die Verantwortung für die Bewachung des Palastareals und den Schutz der Flüchtlinge. Shiba, der sich als Student in China aufgehalten hatte, kannte das Land gut. Er sprach Chinesisch und hatte sich im chinesisch-japanischen Krieg hohe Auszeichnungen erworben. Außerdem war er als Militärattaché in London gewesen. Fast alle japanischen Botschaftsangehörigen sprachen Chinesisch, im Gegensatz zu allen anderen ausländischen Armeeoffizieren und den meisten Mitgliedern der diplomatischen Corps.

Im Verlauf der Belagerung konzentrierten sich organisierte militärische Angriffe der Chinesen ausschließlich auf den Fu. Sie galten eher den chinesischen Christen als den Ausländern in ihrer Nachbarschaft. Im Fu ließ sich, nachdem er einmal seiner Wertsachen beraubt war, kein Weißer mehr blicken. Morrison und Hauptmann Ben Strouts, der stellvertretende Kommandant der militärischen Abwehr der Gesandtschaften, unternahmen gelegentlich Kontrollgänge. Männer westlicher Nationalitäten durchstreiften die Parkanlagen bei Nacht auf der Suche nach arglosen Konvertitinnen, und es kam zu Vergewaltigungen, die von den diplomatischen Corps vertuscht wurden.

Am 20. Juni um vier Uhr waren Schüsse von der abseits gelegenen österreichischen Botschaft zu hören. In panischem Schrecken flüchteten sich ihre Bewohner Hals über Kopf in das benachbarte französische Botschaftsgebäude. Aus Sicht der Menschen, die sich in den

Gesandtschaften aufhielten, kennzeichnete diese Panik den Beginn der Belagerung, obwohl niemand genau sagen konnte, warum es überhaupt dazu gekommen war. Ob es, außer in den Köpfen der Leute, eine Belagerung gab, sei auch dahingestellt.

Morrison war erbost über den Rückzug der Österreicher, weil sein Haus dem ihren benachbart war. Er warf dem österreichischen Befehlshaber von Thomann, einem Marineoffizier, feiges Verhalten vor. Nachdem die Österreicher ihr Botschaftsgebäude aufgegeben hatten, war Morrison gezwungen, seine vielgepriesene Bibliothek zusammenzupacken und in die britische Gesandtschaft zu bringen, wo Lady MacDonald im hinteren Teil ihres Wohnhauses Platz für ihn schuf. Rund um eine Matratze auf dem Fußboden, auf der er schlief, stapelte er seine Bücher bis zur Decke. Kurze Zeit später wurde sein leerstehendes Haus bis auf die Grundfesten niedergebrannt.

Am Abend des 20. Juni, nach dem überstürzten Auszug der Österreicher, wurden Schaulustige, die vor den Toren der britischen Gesandtschaft herumlungerten, Zeugen, wie Professor Huberty James, dicht gefolgt von einem chinesischen Soldaten, aus dem Fu gestürzt kam. Bevor er die Brücke über den Abwasserkanal überqueren konnte, tauchten mehrere chinesische Scharfschützen aus dem jenseitigen Gebüsch auf und nahmen James gezielt unter Beschuß. Das ganze erinnerte an die Hinrichtung von Kettelers. Während britische Marinesoldaten Salven in Richtung der Scharfschützen abfeuerten, schleppte sich James langsam die Böschung hinunter in die schwarzen Abwässer und starb.

Seine Ermordung rief allen Ausländern die Gefahr, in der sie vermeintlich schwebten, deutlich ins Bewußtsein. Es hatte einige vereinzelte Hinweise darauf gegeben, daß Personen, die sich aus diesem oder jenem Grund die besondere Feindschaft der Eisenhüte zugezogen hatten, gezielt hingerichtet wurden, wie die Beispiele Sugiyamas und von Kettelers zeigten. Ihr drittes Opfer war nun Dr. James, der für die Vertreibung des Prinzen Su und die Plünderung seines Besitzes verantwortlich gewesen war. Jetzt war jeder Bewohner der Gesandtschaften überzeugt, daß er als nächster an die Reihe kommen würde. Bisher war nicht das Geringste unternommen worden, die britische Botschaft, die nach übereinstimmender Auffassung aller das Herzstück der Verteidigung bildete, wirksam zu verbarrikadieren. Lediglich ein paar Sandsäcke hatte man an ihrem Haupttor abgeworfen. An diesem Abend fand wie üblich ein elegantes Bankett unter Leitung von Sir Claude in untadeliger

Abendgarderobe statt. Nach dem Abendessen schlenderte er, eine ägyptische Zigarre rauchend, nachdenklich über das Gelände.

Am nächsten Tag waren die Fenster mit Sandsäcken verbarrikadiert, die lediglich kleine Schießscharten offenließen, und die Tore waren befestigt. Auf seinem Rundgang durch den Randgürtel des Botschaftsviertels fiel Sir Robert Hart auf, daß aus irgendeinem unerfindlichen Grund nur noch kaiserliche Truppen in den leuchtenden Seidenstoffen der verschiedenen Verbände zu sehen waren. Die Boxer mit ihren roten Stirnbändern hatten sich in Luft aufgelöst.

20
Die Belagerung von Peking

Was war aus den Boxern geworden? Sie hatten sich in Luft aufgelöst. Nachdem der Krieg mit den Westmächten zur unumstößlichen Tatsache geworden war, gab es keinen Grund mehr für die Behauptung, daß die Boxerbewegung ein Aufstand der Bauern sei, den die Regierung nicht zu verantworten hatte. Nachdem die Boxer Mitte Juni drei Tage lang randaliert und geplündert hatten, was die Frage aufkommen ließ, ob es klug war, sie frei herumlaufen zu lassen, beschloß der Hof, eine beträchtliche Anzahl der jugendlichen Hitzköpfe für das kaiserliche Heer, die Miliz oder die Polizei zu rekrutieren. Sie wurden offiziell dem Kommando des kaiserlichen Sonderberaters Kang Yi, dem Polizeichef und Eisenhut Prinz Chuang und dem stellvertretenden Polizeichef Herzog Lan unterstellt, die ausnahmslos auch militärische Befehlsgewalt innehatten. Die älteren Boxer, unter ihnen viele unverbesserliche Unruhestifter, wurden als menschlicher Milizschild gegen die Alliierten nach Osten abkommandiert. Um ihre Gemüter zu besänftigen und sie zum Gehorsam zu bewegen, wurden den Boxern und den moslemischen Haudegen des Generals Tung vom Hof 20000 Pikul Reis (mehr als 1300 Tonnen) und 100000 Silbertael zugesagt. Die einzige Gruppe von Boxern, die weiterhin in Peking operieren durfte, war die handverlesene Truppe, die unter Prinz Chuangs wachsamen Augen die verbarrikadierte Nordkathedrale stürmte, in der Priester, Nonnen und Konvertiten Zuflucht gesucht hatten. Abtrünnige Boxer, die sich der Vergleichszahlung und der Rekrutierung widersetzten und fortfuhren, zu randalieren und zu plündern, wurden von Regierungsbeauftragten zur Strecke gebracht. Demnach hatten die Boxer zu dem Zeitpunkt, als die berühmte Belagerung der Boxer begann, bereits aufgehört zu existieren und mit der Sache überhaupt nichts mehr zu tun.

Im Umkreis der Gesandtschaften waren noch immer sämtliche Regierungseinheiten präsent. An ihren leuchtenden bunten Seidenstoffen und den Bannern ihrer Kommandanten waren sie leicht zu erkennen. Die Mehrheit dieser Truppen unterstand jetzt aber Jung-lu und war auf Befehl der Kaiserinwitwe mit dem Schutz der Gesandtschaften betraut.

Jung-lu befand sich in einer schwierigen politischen Situation. Einerseits mußte er den Erlaß der Kaiserinwitwe, die Gesandtschaften zu schützen, befolgen und gleichzeitig die Zahl der Chinesen, die alliierten Scharfschützen zum Opfer fielen, gering halten. Andererseits mußte er die Eisenhüte davon überzeugen, daß seine Männer die Ausländer ernsthaft bedrängten, während sie in Wirklichkeit Schüsse in die Luft abgaben und eine Unmenge von Feuerwerkskörpern zündeten. Bedauerlicherweise begriffen die Botschaftsangehörigen nichts von alledem. Während also Jung-lus Postenkette den Gesandtschaften eigentlich größere Sicherheit verschaffte, führte die wachsende Unruhe zu der allgemeinen Überzeugung, daß Jung-lus Anwesenheit dort die Gefahr vermehrte. Auf diese Weise entstand eine paradoxe Situation: Die Belagerung begann in den Köpfen der Botschaftsbewohner in dem Augenblick, als sie eigentlich schon beendet war. Was sie für eine Belagerung hielten, war tatsächlich ein hinhaltender Waffenstillstand.

Jung-lu, der kein großer Denker oder Stratege war, nutzte die Wochen der Belagerung dazu, die Pufferzone rund um die Gesandtschaften zu erhalten. Ansonsten wartete er hilflos darauf, daß Li Hung-chang nach Peking zurückkehrte und die Dynastie rettete. So kam es schließlich auch, allerdings erst, nachdem Vizekönig Li dem Hof einen hohen Preis abgefordert und dafür gesorgt hatte, daß den Eisenhüten Daumenschrauben angelegt wurden.

In den Gesandtschaften griff Hysterie um sich. Obwohl es zu keinem ernsthaften Angriff gekommen war, sorgte die Angst vor Angriffen für Nervosität unter den Bewohnern der exponiert gelegenen Botschaften, die befürchteten, daß man sie isolieren, grausam foltern und dann umbringen würde. Am 22. Juni um neun Uhr brach aus unerfindlichen Gründen eine weitere Panik aus, in deren Verlauf die deutschen, italienischen, französischen, japanischen und russischen Wachen in der britischen Botschaft Zuflucht suchten. Der erwartete Angriff blieb aus, jedoch nutzten die Chinesen die Gelegenheit, eine verlassene Barrikade in der Zollstraße zu übernehmen und die italienische Gesandtschaft niederzubrennen. Der italienische Gesandte, Marchese di Salvago-Raggi und seine Frau verloren in dem Feuer ihre gesamte Habe bis auf die Geldkassette, die sie, geistesgegenwärtig genug, mit sich nahmen. Wenig später waren sie aufs Eleganteste mit geliehenem Prunk ausstaffiert. Dem österreichischen Marineoffizier, Oberst von Thomann, der bis dahin der befehlshabende Offizier der Gesandtschaften gewesen war, wurde die Schuld an der neuerlichen Panik und an der Aufgabe der österreichischen Botschaftsgebäude gegeben. Das Kommando wurde ihm entzogen und Sir Claude MacDonald einstimmig zum obersten Kommandanten für die übrige Dauer der Belagerung ernannt. Die Wachen, die kopflos geflohen waren, wurden schmachvoll zu ihren Stellungen zurückbeordert. Die nunmehr heimatlos gewordenen Italiener gesellten sich zu den Österreichern in der französischen Gesandtschaft.

Während chinesische Soldaten die im Fu eingesperrten Konvertiten immer wieder in Bedrängnis brachten, war der Rest des Gesandtschaftsviertels nur gelegentlichem Störfeuer ausgesetzt, das meist, über die Dächer ins Blaue gerichtet, von General Tungs moslemischer Truppe ausging. Wenn sie von den Barrikaden auf der Tatarenmauer oder vom Verteidigungsgürtel aus beschossen wurden, erwiderten General Tungs Männer das Feuer. Auf beiden Seiten gab es Tote und Verwundete. Verschärft wurde die Lage dadurch, daß sich die amerikanischen Marinesoldaten, die zu dem allseits verhaßten Dienst an der Barrikade eingeteilt wurden, mit Whisky eindeckten und praktisch ständig betrunken waren. Morrison bemerkt in seinem Tagebuch hämisch, daß der amerikanische Marinehauptmann Newt Hall »keinerlei Kontrolle über seine Männer hatte, die sich hemmungslos besoffen und ihren Unteroffizier ungestraft beschimpften und beleidigten«.

Soldaten und bewaffnete Zivilisten an den Schießscharten und Feuerposten beschossen weiterhin jeden Chinesen, der ihnen vors Visier kam, unter dem Vorwand, daß es sich um Boxer handeln müsse. Etliche Chinesen wurden ergriffen, gefoltert und dann erschossen. Beispielsweise wurden in den frühen Morgenstunden des 24. Juni zwei als »gefangengenommene Boxer« bezeichnete, schwer mißhandelte Chinesen von den Engländern in ihren nördlichen Stallungen hingerichtet und ihre Leichen zur Reinkarnation in den

Abwasserkanal geworfen. Als die Schatten kürzer wurden und die drückende Hitze den Gestank der verwesenden Leichen und der versickernden Abwässer unerträglich werden ließ, schlich sich eine Gruppe von österreichischen Wachsoldaten zu den Trümmern der italienischen Gesandtschaft und erschoß dort 60 chinesische Zivilisten, die in den Ruinen nach Wertsachen stöberten. Wenn so etwas von seiten der Chinesen geschah, wurde es »Plündern« genannt, wenn es die Ausländer taten, hieß es »Nahrungsbeschaffung«. So erklärt es sich, daß der Dolmetscher Hewlett am selben Tag sagen konnte: »Heute morgen wurde mit der systematischen Durchforstung der Gesandtschaftsstraße begonnen, und eigens zu diesem Zweck eingesetzte Wachen transportierten alle Lebensmittel aus den noch verbliebenen Geschäften ab und verteilten sie dann.«

In der Zwischenzeit versuchte General Jung-lu vergeblich, sich mit den Gesandtschaften auf eine Waffenruhe zu einigen. Seine fruchtlosen Bemühungen beschrieb er in einer Depesche an den weit entfernt am Jangtsekiang weilenden Vizekönig Chang Chih-tung:

»Nach dem Tod des deutschen Gesandten ließ der britische Botschafter Prinz Su aus seinem Palast vertreiben und quartierte Tausende von konvertierten Christen dort ein. Die verschiedenen Botschaften schlossen sich zusammen. Kein Tag verging, ohne daß sie ihre Gewehre abfeuerten; dabei wurden zahllose Beamte und Zivilisten erschossen.

Aus diesem Grund sahen sich das Hauptquartier und Tung Fuhsiangs Truppen gezwungen, die Stellungen zu verteidigen und zu Gegenangriffen überzugehen... Am 25. Juni ließ ich ein Schild anfertigen, auf dem in großen Buchstaben geschrieben stand, daß wir im Einvernehmen mit dem Kaiserlichen Dekret [der Kaiserinwitwe] die Gesandtschaften schützen würden, daß wir Schießereien untersagt hatten und an einer Verständigung interessiert waren. [Aus den Gesandtschaften] kam keine Reaktion, sie eröffneten im Gegenteil das Feuer... Das Problem besteht darin, daß man nicht [mit den Ausländern] ins Gespräch kommt.«

Jung-lu fügte hinzu, daß mehrere Unterhändler, Mandarine und kaiserliche Offiziere, erschossen worden waren, während sie auf eine Antwort von Sir Claude gewartet hatten. Dies war bezeichnend für den Irrwitz der Belagerung und spielte sich folgendermaßen ab: Nachdem sie mit Hilfe eines Fernglases die Schrift auf Jung-lus Schild entziffert hatten, schickten die Gesandtschaften einen Unterhändler zur nördlichen Brücke über den Abwasserkanal, doch unterwegs verlor der Mann die Nerven und stürzte hinter die nächstbeste Deckung. Verwundert über sein rätselhaftes Verhalten, verließen Jung-lus Unterhändler – Offiziere und Mandarine – ihrerseits die Deckung und wurden von Botschaftswachen erschossen. Hewlett behauptete unbekümmert, die Unterhändler seien »von Japsen und Italienern im Fu« erschossen worden. Ungeachtet dieser Ereignisse gelang es Jung-lu schließlich, für die nächsten Tage einen Waffenstillstand zu vereinbaren.

Der junge Giles fand die Waffenruhe beeindruckend: »Um 18 Uhr 15 kletterten einige von uns... über die Ruinen zur Nordspitze des Hanlin. Wir unterhielten uns mit einem der (Mandschu)-Soldaten, der auf uns zukam... Ein Stück hinter ihm... waren etwa 200 bis 300 Soldaten aus allen Regimentern... Ihre roten, grünen und blauen Uniformen sahen ausgesprochen malerisch aus.« Hewlett und Giles fotografierten eifrig. Sie hatten vor, ein Buch über die Belagerung zu schreiben und wollten die Negative schon einmal zur Veröffentlichung in englischen Zeitungen an Giles' Vater schicken, natürlich nicht, ohne ausdrücklich an die Sicherung der Urheberrechte zu erinnern. Sie verbrachten ihre gesamte Freizeit während der Belagerung damit, zu fotografieren und Dinge zu »beschaffen«. Ganz außer sich vor Freude geriet Hewlett, als sie in unbewohnten Häusern am Mongolenmarkt ganze Ballen mit Seide entdeckten, die sie umgehend »konfiszierten«.

Problematisch an der Berichterstattung über die Belagerung war, daß die Verfasser alle Feuersalven als Angriffe bezeichneten, obwohl überhaupt kein Angriff stattfand und ein Waffenstillstand in Kraft war, an den sich die chinesischen Soldaten hielten, die in die Luft schossen und Feuerwerkskörper knallen ließen. Einige der »Salven« rührten von langen Feuerwerksketten her und wurden von den Botschaftsangehörigen irrtümlich für Gewehrschüsse gehalten. Beispielsweise kam es am Abend des 25. Juni, dem Beginn der Feuerpause, zu einer beeindruckenden, fast eine Stunde anhaltenden »Schießerei« von allen Seiten, wobei die Chinesen offensichtlich in die Luft feuerten, da weder eine Person noch ein Gebäude getroffen wurde. Bewohner der Gesandtschaften nannten es »den bisher schwersten Beschuß«. Eines Nachmittags, schrieb Giles, »ertönte der Alarm, und wir stürzten alle zu unseren Posten. Es war ein heftiger Angriff, aber da sich die Chinesen nie die Mühe machen zu zielen, hatten wir keine Verluste zu beklagen. Ein Treffer auf 15000 abgeschossene Kugeln ist eine armselige Quote«. Nachdem er sich mit einer Reihe von Militärexperten unterhalten hatte, wußte Giles zu berichten: »Die chinesischen Truppen... feuern enorme Mengen Munition ab, ohne überhaupt zu zielen. Sie ducken sich hinter eine Mauer, laden durch, halten ihre Gewehre über die Mauer (ohne sich dabei aufzurichten) und feuern – auf kein spezielles Ziel.« Er machte sich Gedanken über den Sinn und Zweck des ganzen. Einmal »kam es zu einem heftigen Beschuß des Hanlin. Es war überwältigend. Das Gewehrfeuer hielt nicht lange an, aber die Jingals waren noch bis vier Uhr morgens zu hören. Den Chinesen muß wohl allmählich die Gewehrmunition ausgehen, wenn sie gezwungen sind, auf derartig antiquierte Waffen zurückzugreifen«. Eines Nachts ließen die Chinesen, grob geschätzt, 200000 Schuß ins Blaue los, ohne einen einzigen Menschen zu töten. Den aufgeschreckten Botschaftsbewohnern ging nicht auf, daß es sich bei dieser harmlosen Knallerei hauptsächlich um Feuerwerkskörper handelte.

Allerdings waren einige der Schießereien auch handfester, zumindest an den Barrikaden. In den ersten beiden Wochen der Belagerung wurden 38 Marinesoldaten, zumeist im direkten Schußwechsel an den Barrikaden, getötet und 25 Menschen beim allzu sorglosen Umherschlendern auf dem Gesandtschaftsgelände vor allem durch Querschläger verwundet. Morrison bemerkt in seinem Tagebuch trocken, daß, abgesehen von gelegentlichen Irrläufern, nur wenige Kugeln ihr Ziel getroffen hätten, wenn die Leute so klug gewesen wären, den Kopf einzuziehen und allzu ungeschützte Plätze zu meiden.

Den Truppen, die das Gesandtschaftsviertel eingekesselt hatten, kam es darauf an, ein gutes Bild abzugeben, massenhaft Munition zu verschießen und mit Hilfe von Feuerwerkskörpern viel Lärm zu machen. Von den fünf Heereseinheiten, die auf dem Gebiet von Peking stationiert waren, stellten allenfalls die Truppen General Tungs, die früher mit den Boxern gemeinsame Sache gemacht hatten, eine ernsthafte Gefahr für die Gesandtschaften dar, weil zwischen dem General und Prinz Tuan eine enge Verbindung bestand. Aber bis zu diesem Zeitpunkt war es lediglich eine latente Bedrohung, da Jung-lu dafür gesorgt hatte, daß ihre Stellungen nur an zwei oder drei Punkten direkt an den Randgürtel des Botschaftsviertels grenzten. Tungs Männer waren draufgängerisch, aber nicht besonders gut ausgebildet; einige verfügten über Hinterladergewehre, aber die meisten waren nur mit Musketen, Stinkbomben und Jingals bewaffnet. Sie waren für die chinesischen Einwohner Pekings eine ebenso große Gefahr wie für die ausländische Gemeinde.

Ernsthafte Schußwechsel gingen in den meisten Fällen von beiden Seiten aus. Viele Menschen, die in den Botschaften Schutz gefunden hatten, weigerten sich, Schußwaffen bei sich zu tragen und aus dem Hinterhalt auf Chinesen zu schießen, aber es gab wiederum auch Dutzende von Westlern, die sich Tag und Nacht die Zeit damit vertrieben, an den Schießöffnungen auf ein Ziel – irgendein Ziel – zu lauern. Sie betrachteten es als Sport. Polly Smith berichtete vom belgischen Botschaftssekretär, dem Flamen Merghelynckem, er sei »ein guter Schütze, aber ziemlich unberechenbar. Kürzlich brachte er mir fünf lange Chinesenzöpfe als Trophäe seines Tagewerks mit; sie stammten von Boxern, die er getötet hatte... und diese Trophäen, die ein paar Tage lang in unserem Wohnzimmer hingen, erschreckten unsere chinesischen Dienstboten zutiefst, obwohl sie von den Köpfen ihrer gefürchteten Feinde stammten«. Was sie so sicher machte, daß es sich um Boxer handelte, sagte sie nicht. Jeder Chinese, den man erschoß, wurde zum Boxer erklärt. Wenige Tage später nahm ein Trupp Franzosen 18 Chinesen, die sich in einem Tempel in der Nähe der Gesandtschaften aufhielten, fest. Obwohl die Chinesen abstritten, Boxer zu sein und, wie Morrison später berichtete, »umfangreiche, offensichtlich falsche Informationen lieferten«, wurden sie in der französischen Gesandtschaft ohne Ausnahme getötet, und zwar, indem ein französischer Obergefreiter ihnen, um Kugeln zu sparen, ein Bajonett in den Bauch stieß. Sie starben einen langsamen Tod.

Nicht alle Staatsangehörigen der Westmächte hatten gleich zu Beginn Schutz in den Gesandtschaften gesucht. Edmund Backhouse nutzte am 27. Juni Jung-lus Waffenstillstand, um durch die Reihen der Chinesen zu schlüpfen und sich in die britische Botschaft zu begeben. Indem er vorgab, sich das Knie oder den Knöchel verstaucht zu haben, hielt er das ihm auferlegte Arbeitspensum so gering wie nur irgend möglich. »Ich glaube nicht, daß er für irgend jemanden eine große Hilfe war«, berichtete einer seiner Verwandten. »Wie ich gehört habe, hat er es geschafft, auf seinen eigenen Hauptfeldwebel zu schießen.« Lancelot Giles, der ungefähr im selben Alter war wie Backhouse, sagte über ihn: »Ich sehe Backhouse gelegentlich. Er hat sich zu Beginn der Belagerung irgendeinen Muskel gezerrt und mußte seither das Bett hüten. Jetzt ist er soweit, daß er ein bißchen herumhumpeln kann. Er verbringt seine Tage auf unnachahmliche Weise. Jeden Tag liest er das chinesisch-englische Goodrich-Taschenwörterbuch von vorne bis hinten durch!«

Jeder, der wollte, konnte arbeiten, und wenn er Sandsäcke aus Prinz Sus Seiden- und Satinstoffen anfertigte. Eintausend davon wurden an jedem Vormittag gemacht, von den Frauen genäht und von den chinesischen Christen, die jetzt als Kulis dienten, gefüllt und weggebracht. So verstrichen die ersten Julitage gemächlich, auch wenn drüben im Fu gelegentlich Gefechtslärm zu vernehmen war. Auch der 6. Juli verlief ruhig und ohne Zwischenfälle: Pärchen schlenderten über die Gerichtsstraße, die am westlichen Rand des russischen und britischen Botschaftsgeländes vom Mongolenmarkt zum kaiserlichen Fuhrpark führte, während andere Paare auf den Rasenflächen picknickten. Nichts wies darauf hin, daß Belagerungszustand herrschte.

Beim Durchstöbern einer verlassenen Gießerei in der Nähe der Gesandtschaften stieß irgend jemand auf das verrostete Rohr eines von den Alliierten 1860 zurückgelassenen Feldgeschützes. Nach sorgfältiger Reinigung konnte die Neun-Pfund-Munition, die die Russen mitgebracht hatten (während sie die entsprechenden Geschütze vergessen hatten) damit abgeschossen werden. Im Verlauf eines der frühen Panikausbrüche, noch vor Beginn der Belagerung, hatten sie die nutzlose Munition, damit sie den Chinesen nicht in die Hände fiel, in einen Brunnen geworfen; nun mußten sie sie wieder herausfischen. Der erste Schuß aus dem alten Geschütz mit dem Spitznamen »Betsy« ging gegen die Verbotene Stadt und flog über die hellrote Mauer in Richtung des kaiserlichen Palasts. Jung-lu zufolge wurde der Palast etliche Male von solchen Schüssen aus dem Gesandtschaftsviertel getroffen.

Die ganze Zeit über konnten die Belagerten Mutmaßungen darüber anstellen, was wohl aus Admiral Seymour geworden war und wie es um die Hauptverbände der Alliierten stand, die Tientsin gestürmt hatten. Beunruhigende Auskünfte wurden ihnen von einem chinesischen Kuli erteilt, der von Gesandtschaftswachen »erwischt« worden war. Laut Hewlett wußte der Kuli offenbar eine Menge: »In Tientsin herrschte nach dem Einmarsch der alliierten Truppen großes Chaos... Taku war eingenommen, und es hielten sich dort 100 [ausländische] Kriegsschiffe auf... Die Boxer und Soldaten stritten gestern in den Straßen [von Peking] ständig um Kriegsbeute... viele von Jung-lus Männern waren desertiert, nachdem sie sich ihren Teil der Beute gesichert hatten. Tung Fu-hsiang hielt sich ständig in der Stadt auf; Jung-lu und [Prinz] Tuan führen in der Stadt das Regiment. [Prinz] Ching hatte mit der ganzen Sache nichts zu tun. Das Hauptquartier der Boxer war in Tuans Palast untergebracht.« Der Kuli war so gut informiert, daß man ihn zum Spion erklärte. Er hatte Glück, daß er nicht für einen Boxer gehalten wurde.

In der Morgendämmerung des 13. Juli wurde die Eintönigkeit von zwei gewaltigen Explosionen unterbrochen. Am Rand des Gesandtschaftsviertels, unweit des französischen Areals, war es zu mehreren ernsthaften Gefechten gekommen. In der vorangegangenen Woche hatten französische Marineinfanteristen aus der Deckung verlassener Häuser heraus mehr als 100 Chinesen erschossen und damit die Trefferquote der Gesandtschaften auf insgesamt über 500 erhöht. Die Chinesen schlugen zurück, indem sie einen Tunnel unter der Verteidigungslinie der Franzosen hindurch gruben. Zwei Fässer Schwarzpulver wurden gezündet. Bei der Explosion wurden zwei Marinesoldaten getötet und zahlreiche andere schwer verwundet.

Doch bald machte sich wieder Langeweile breit. Es herrschte drückende Hitze, und zum erstenmal war der Gestank verwesender Leichen stärker als der faulige Geruch aus dem Abwasserkanal. Große Raben pickten an den Kadavern im Abwassergraben. Marineinfanteristen, die Chinesen mit dem Bajonett umbrachten, um keine Munition zu vergeuden, gaben zum Spaß zahllose Schüsse auf die Raben ab und schickten die Aasfresser den chinesischen Christen zum Verzehr.

Morrison amüsierte sich mehr als je zuvor. Er wurde von anderen als der »bestinformierte Mann im Gesandtschaftsviertel« beschrieben. »... Ein kühles Urteilsvermögen, völlige Gleichgültigkeit gegenüber Gefahren, Verantwortungsgefühl und Hilfsbereitschaft für andere.« Polly Smith hielt ihn für den »attraktivsten Mann in diesem ganzen unvorhergesehenen Chaos – ein Held, so schmutzig, sorglos und gesund, wie er im Buche steht«.

Am 16. Juli wurden Morrison und Hauptmann Ben Strouts, Sir Claudes stellvertretender Kommandant der Gesandtschaftsabwehr, auf dem Rückweg von einer Inspektionsrunde durch den Fu, von Kugeln getroffen. Morrison wurde nur leicht, Strouts dagegen tödlich verwundet. Die Eisenhüte hatten in ihm einen der Hauptdrahtzieher hinter den britischen Angriffen auf chinesische Soldaten und Mandarine ausgemacht; damit war seine Beseitigung beschlossene Sache gewesen.

Morrison wurde ins Gesäß getroffen – oder wie er es ausdrückte, in die Weichteile »des rechten Oberschenkels«. Die peinliche Verwundung, die an einer so ungünstigen Stelle des verlängerten Rükkens lag, daß sie nicht leicht zu ignorieren war und weder Krücke noch Gehstock etwas nützten, legte ihn für den Rest der Belagerung lahm. Er war gezwungen, in liegender Position auszuharren, was sich als überaus vorteilhaft für das Vorankommen seines ausführlichen Berichts über die Belagerung für die *Times* erwies. Bertram Lenox-Simpson, der den berühmten Journalisten für einen eingebildeten Wichtigtuer hielt, äußerte die Vermutung, daß Morrison die Zeit seiner Genesung nutzte, um zwei Versionen der Belagerung zu Papier zu bringen, eine schönfärbende und heroisierende für die Veröffentlichung in der *Times* und eine zweite, etwas wahrheitsgetreuere, die nur für ihn selbst bestimmt war. Der junge Lenox-Simpson mochte seine Fehler haben, aber er besaß die Fähigkeit, Verstellungen zu durchschauen. Tatsächlich war Morrison damit beschäftigt, zum einen seinen verfälschten Zeitungsbericht über die Belagerung zu verfassen und gleichzeitig eine vollkommen andere Version in seinem Tagebuch niederzuschreiben.

Die Sprengstoffexplosion unter der französischen Gesandtschaft und Hauptmann Strouts Ermordung aus dem Hinterhalt gehörten zu den vereinzelten Zwischenfällen in einer ansonsten ruhigen Phase zwischen dem 25. Juni und dem 16. Juli. Im Anschluß daran kam es bereits einen Tag später (wiederum dank der Bemühungen von Jung-lu) zu einer erneuten zehntägigen Feuerpause. Erstaunlich für eine Situation, die als gnadenlose Belagerung charakterisiert werden sollte. Im Verlauf dieser Waffenruhe überbrachte ein älterer chinesischer Unterhändler zwei Kommuniqués. Das eine, verschlüsselt und an Conger gerichtet, kam vom Außenministerium und war irgendein typisch bürokratischer Unsinn; es besagte lediglich: »Mitteilen Nachrichten an Überbringer.« Das zweite, von »Prinz Ching und seinen Mitarbeitern« an Sir Claude, enthielt das Versprechen der chinesischen Regierung, »auch künftig nach besten Kräften die Ordnung aufrechtzuerhalten und die Sicherheit zu gewährleisten«. Prinz Ching wies darauf hin, daß es zur Entspannung der Situation beitragen würde, wenn der Beschuß chinesischer Staatsbürger ein Ende hätte. Rückblickend kann man sagen, daß der Prinz es sicherlich aufrichtig meinte, aber die Gesandten befanden sich in einem von den Erinnerungen an das Massaker von Cawnpore gespeisten Zustand der Hysterie, der ihnen eine eigene Definition von Wahrheit suggerierte. Die zwei Sehweisen waren so weit voneinander entfernt, daß es unmöglich war, die Parallaxe zwischen ihnen zu überwinden. Was für den einen die Wahrheit war, mußte zwangsläufig für den anderen Lüge sein. Conger gab herablassend zur Antwort, daß die ausländischen Truppen sich vom ersten Augenblick an »lediglich selbst verteidigt hatten und dies auch weiterhin zu tun gedachten«.

Eine Friedensgabe, bestehend aus Gemüse, Obst und Wassermelonen, wurde den Gesandtschaften überbracht, und zwei chinesische Soldaten gaben Jung-lus Visitenkarte zusammen mit einer Botschaft ab, in der es hieß, daß er sich in diesem Augenblick um eine vollständige Feuereinstellung bemühte. Tatsächlich hörte um sechs Uhr jegliche Feuertätigkeit auf. Da es ihnen nicht gelang, die Gesandtschaften zu einem offiziellen Waffenstillstandsabkommen zu bewegen, hörten die Chinesen einfach auf, den Beschuß zu erwidern.

Da die Chinesen es für denkbar hielten, daß die amerikanische Regierung sich für einen Frieden einsetzen würde, wurde Conger gebeten, an Washington zu telegrafieren. Doch Conger formulierte seine Botschaft mit Bedacht so, daß sie das Gegenteil bewirkte: »Seit einem Monat werden wir jetzt unter fortgesetztem Beschuß durch die chinesischen Truppen in der englischen Botschaft belagert; nur sofortige Intervention kann ein allgemeines Massaker verhindern.«

Westliche Ausländer, die des Chinesischen mächtig waren, nutzten die Feuerpause. Sie schlenderten um die Barrikaden herum und unterhielten sich, Zigaretten verteilend, mit den chinesischen Soldaten. Lenox-Simpson, der sich an diesem Zeitvertreib beteiligte, stellte dabei fest, daß die Operationen beider Seiten auf Lügen und falschen Annahmen beruhten:

»Als wir umherwanderten, stießen wir auf einige gegnerische Soldaten, die bereit waren, sich auf eine Unterhaltung einzulassen... Die Rekruten aus Shanxi und Tung Fu-hsiangs Männer hatten eigentlich keine Ahnung, warum sie uns angriffen; sie hatten, wie sie sagten, die Aufgabe, uns daran zu hindern, in den Palast einzudringen und den Kaiser zu töten... Jemand versuchte, ihnen zu erklären, daß die Boxer ihnen das alles eingebrockt hatten. Aber darauf entgegneten sie, die Boxer seien unter Schimpf und Schande davongejagt worden, und es gebe keinen einzigen mehr in Peking. Sie wiederum fragten uns, warum nicht auch wir unsere Soldaten, die so viele von ihnen getötet hatten, wegschickten... Das zeigt deutlich, daß sich nicht nur anderswo etwas getan hat, sondern daß der Plan der Boxer auch in Peking selbst fehlgeschlagen ist. Daraus wird nur allzu ersichtlich, daß dieser ungewöhnliche Waffenstillstand auf eine Reihe von Ereignissen zurückzuführen ist, von denen wir nicht die geringste Ahnung haben... Es ist offenkundig, daß niemand mehr an [die Boxer] glaubt und daß die Lage in Peking sich von Tag zu Tag ändert. Die Boxer, die sich als unfähig erwiesen haben, haben Wind gesät und Sturm geerntet. Sie werden bald ganz verschwunden sein. Es ist immerhin zwei Wochen her, daß der letzte [Boxer] vor den Stellungen der Japaner bei Nacht erschossen wurde... ein Junge von nur 15 Jahren.«

Lenox-Simpson lag mit all seinen Vermutungen richtig, nur in bezug auf die Boxer irrte er sich: Sie hatten bereits aufgehört zu existieren.

Claude Pelliot, Sprachwissenschaftler im französischen Diplomatendienst, überkletterte eines Tages die chinesischen Barrikaden in der Gesandtschaftsstraße; die Soldaten boten ihm Tee an und brachten ihn zum Tsungli Yamen, wo ihn Jung-lu interessiert nach den Lebensbedingungen im Gesandtschaftsviertel befragte. Pelliot versicherte Jung-lu, daß es den Menschen dort an nichts fehlte außer an frischem Obst. Er wurde mit einem opulenten Mahl mit 21 Gängen bewirtet und dann, die Taschen vollgestopft mit Pfirsichen, nach Hause eskortiert. Er überbrachte die Neuigkeit, daß Vizekönig Li Hung-chang in Kürze eintreffen sollte, um eine Lösung auszuhandeln.

Abgesehen davon, daß sie nicht wußten, was vorging und gewöhnlich die falschen Schlüsse zogen, hatten die westlichen Ausländer, die im Gesandtschaftsviertel eingeschlossen waren, eigentlich keine Not zu leiden. Lebensmittel waren genügend vorhanden. Sie hatten jeden Laden, jedes Geschäft und jedes Lager in der Gegend geplündert und waggonweise Nahrungsmittel und Getränke in die Gesandtschaften gekarrt. In der Gesandtschaftsstraße waren sie auf eine verlassene Getreidehandlung gestoßen, in der sie 200 Tonnen Weizen und dazu noch Reis, Mais und andere Lebensmittel gefunden hatten. Dank der Plünderung der beiden Gemischtwarenläden Imbeck und Kierulff gab es Alkohol und Tabak in rauhen Mengen, darunter mindestens 1000 Kisten Champagner. Die meisten der Botschaftsangehörigen tranken gewöhnlich Champagner statt Wasser. Hewlett vertraute seinem Tagebuch an, daß »in unseren Kantinen immer gute Laune herrschte dank des erbeuteten Champagner- und Zigarrensegens«. Ein typisches Abendessen im Juli bestand, nach seinen Worten, unter anderem aus »Erbsen, eingemachtem Maispudding und ›Schampus‹«. Sir Robert Hart stellte fest, daß alle in bemerkenswert guter Verfassung waren. Der Schweizer Auguste Chamot und seine Frau Annie taten keinen Schritt vor die Tür ihres

Pekinger Hotels, wo sie täglich 300 Laib Brot buken. Sie betrieben einen Service, der diejenigen, die es sich leisten konnten, mit Speisen und Getränken belieferte. Die Szenerie im Hotel beschrieb Lenox-Simpson so: »Alle verrichteten friedlich ihre Arbeiten, mahlten Weizenmehl, wuschen Reis und schlachteten Tiere.«

Einige der Botschaftsbewohner ließen es sich ausgesprochen gutgehen. Am besten hatten es Polly Smith und (vor seiner Verwundung) Morrison getroffen. Sie speisten Dosenfrüchte aus Kalifornien, Corned beef, Dosenbohnen, Sardellenpaste, Rinderbouillon und Makkaroni und tranken dazu Champagner und Kaffee in rauhen Mengen. In Lady MacDonalds Eßzimmer nahmen zu jedem der festlichen Diners 40 Gäste in eleganter Abendgarderobe Platz – Missionare waren nicht erwünscht.

Wie Lenox-Simpson berichtete, gab es einen blühenden Schwarzmarkt mit den Chinesen, eine Angabe, die von anderen bestätigt wurde: »Desertierte Soldaten aus Tung Fu-hsiangs Lager treiben immer noch einen schwunghaften heimlichen Handel mit Eiern und Munition. Unmengen von Eiern werden gegen die Zahlung großer Geldsummen von den freundlicher gesonnenen Soldaten in unserer Umgebung geliefert, die sich mit Körben und Säcken hereinstehlen und als Gegenleistung Dollarbündel in Empfang nehmen. Die Eier werden dann von einem Komitee verteilt. Manche bekommen mehr als die anderen... während Dutzende armer Frauen aus der Mission große Not leiden.«

Zur Verpflegung der gemeinen Soldaten und der Missionare errichtete man Kochstellen in den prachtvollen Steingärten der britischen Gesandtschaft. Darauf wurde in riesigen Töpfen, überwacht von schweißgebadeten chinesischen Christen in Chintzschürzen, Dosenfleisch mit Reis gekocht.

Es gab Tausende von Rindfleischkonserven, aber alle waren begeistert, als der Zufall ihnen zur Abwechslung Ponycurry bescherte. Am 24. Juni schwärmte Lancelot Giles: »Ich war froh, zur Abwechslung einmal frisches Fleisch zwischen die Zähne zu bekommen, denn wir haben seit vergangenem Mittwoch ausschließlich von Konserven gelebt. Das Pferdefleisch oder vielmehr Ponyfleisch ist gar nicht so übel; fast wie Rindfleisch, nur ein bißchen zäh vielleicht.« Bei den Feinschmeckern unter den Bewohnern der Gesandtschaften ergänzten Elstern und Spatzen, »Wild« genannt, das Ponyfleisch. Das Fleisch der Aaskrähen, die im Abwasserkanal herumhüpften und sich um die Leichen darin zankten, verschmähten sie allerdings; dieses wurde den chinesischen Christen zum Essen geschickt.

Während sich die Botschaftsangehörigen bitter über Dosenfleisch und Champagner beklagten, waren die 2000 Konvertiten im Fu dem Hungertod nah. Die in den Gesandtschaften gehorteten Getreidevorräte – 250 Tonnen Weizen, Reis und Roggen – wurden nicht mit den chinesischen Christen geteilt. Als die kargen Rationen, die sie mitgebracht hatten, zu Ende gingen, besannen sie sich auf die uralten Diätrezepte der Chinesen: Baumrinde, Blätter, Zweige, Wurzeln und schließlich Erde. Das Gras und die meisten Blätter waren bereits weitgehend von den Gesandtschaftspferden verspeist worden.

Polly Smith wußte zu berichten: »Bis jetzt waren wir in der Lage, sie mit einer täglichen Ration Lebensmittel zu versorgen, aber das können wir uns nur noch ein paar Tage leisten... Jeden Morgen, wenn, wie üblich, zwei Pferde im Schlachthaus erschossen und an die Küchenmannschaften verteilt werden, schlingen diese ausgehungerten Menschen die Hälfte der ungenießbaren Teile gierig hinunter.« Und zwar roh, wie sie hinzufügte.

Der Fu wurde in regelmäßigen Abständen zum Angriffsziel der Eisenhüte. Anfangs setzten sie neun bis zehn Feldgeschütze ein, mit denen sie die Bausubstanz erheblich zerstörten, als sie in den ersten Tagen der Belagerung die Dächer im Gesandtschaftsviertel beschossen. Sie wurden jedoch auf Jung-lus Befehl hin zurückgezogen, bevor sie allzu viele Opfer unter den Menschen gefordert hatten. Lediglich im Fu wurden diese Geschütze noch eingesetzt, um die Parkmauern dem Erdboden gleichzumachen, so daß die dahinter in Deckung liegenden Konvertiten den Angriffen schutzlos preisgegeben waren. Andere Waffen, über die die Chinesen verfügten, wie zum Beispiel Krupp-Schnellfeuergewehre, wurden, mit Ausnahme der letzten Nacht, nicht eingesetzt.

Die Botschaftsbewohner müssen einen Großteil des Mythos vom Drama der Belagerung den Leiden der Konvertiten entliehen haben. Am 13. Juli, der Kampf um den Fu dauerte inzwischen 23 Tage, befanden sich drei Viertel des Areals in der Hand der kaiserlichen Truppen. Der Beherztheit, Klugheit und Unbeirrbarkeit des buddhistischen Generals Shiba und seiner japanischen Marinesoldaten war es zu verdanken, daß die Eisenhüte darauf verzichteten, den Park zu überrennen und sämtliche chinesischen Christen über die Klinge springen zu lassen.

Den westlichen Ausländern jenseits des Kanals war es nur recht, diese Aufgabe den Japanern zu überlassen, denn sie hatten andere Probleme. Obwohl 90 Prozent von ihnen niemals einen Boxer mit eigenen Augen gesehen hatten, lebten die meisten (Männer wie

Frauen) hinter verschlossenen Türen in ständiger Todesangst oder betranken sich mit einer Kombination aus erbeutetem Champagner, Gin, Whisky oder Cognac. Die Belagerung war ein einziges Fest für Alkoholiker. Einige der Botschaftsbewohner gaben sich in der Öffentlichkeit betont ruhig und sorglos. Grammophone und Musiktruhen wurden aus dem Kaufhaus Kierulff davongeschleppt. Die Frau des Direktors der Russo-Chinesischen Bank, Madame Pokotilow – eine ehemalige Opernsängerin aus St. Petersburg –, gab beim geringsten Anzeichen einer Ermunterung ihre Arien zum besten. Die Briten spielten Kricket. Wenn der Regen das Gelände überschwemmte, bauten die Menschen Floße und paddelten umher. Der Botschaftsrat der Deutschen, von Bülow, trank Schnaps und spielte Klavier. Polly Smith erzählte: »Im Verlauf... [eines] bedrohlichen Angriffs wurde er von der Ahnung befallen, daß nun das Ende gekommen sei... Er spielte... voll inbrünstiger Seelenqual, wurde jedoch einige Stunden später unsanft aus seiner Versunkenheit gerissen, um zu erfahren, daß der Angriff vorüber war und daß er, zumindest dieses eine Mal, sein Leben nicht in einem Rausch der Musik lassen würde.« Überall machten sich Mißmut und Unzufriedenheit breit. Man hatte das Gefühl, daß sich die Diplomaten vor jeglicher Verantwortung drückten.

Sarah Conger, die Frau des amerikanischen Gesandten und überzeugte Anhängerin des Szientismus, ging allen mit ihrem Optimismus auf die Nerven. »Sie versicherte uns allen Ernstes«, schrieb Polly Smith, »daß nicht die Zeiten, sondern wir selbst die Quelle der Unruhe und Disharmonie seien, und sie beharrte darauf, daß die kriegerischen Feindseligkeiten um uns herum nur in unseren Köpfen existierten... Keine Kugel drang, ihrer Auffassung nach, in den Raum ein, sondern es war immer nur unser empfängliches Bewußtsein, das uns fälschlicherweise solche Dinge vorgaukelte.« Aber Sarah Conger hatte recht. Die Belagerung spielte sich *tatsächlich* vor allem in den Köpfen der Menschen ab, und nur wenige Kugeln kamen einem möglichen Ziel auch nur nahe; der größte Teil der Belagerung verging im Zustand der Waffenruhe. Es handelte sich also weniger um eine Belagerung als um ein Abwarten auf Distanz.

Herbert Squiers, der geschäftstüchtige Botschaftsrat der Amerikaner, wurde gnädiger beurteilt als die meisten anderen. Ein amerikanischer Missionar schrieb: »Wäre Mr. Squiers unser Gesandter, so würden wir uns nicht in der gegenwärtigen schrecklichen Lage befinden.« Nach Hauptmann Strouts' Ermordung wurde Squiers Sir Claudes Stabschef.

Der französische Gesandte war der ehemalige Journalist Stéphane Pichon, ein kräftiger Mann mit majestätischem Schnurrbart. Ihn hörte man ständig murmeln: »*Nous sommes perdus!*« [Wir sind verloren. A.d.Ü.] Über Pichon herrschte in den englischsprachigen Gesandtschaften eine einhellige Meinung. Lenox-Simpson nannte ihn einen »Waschlappen«, Morrison einen »feigen Hund«, »das Gespött des ganzen Viertels« und einen »schrecklichen Angsthasen«. Niemand konnte verstehen, warum die Chinesen ausgerechnet unter die französische Botschaft einen Tunnel gegraben hatten, es sei denn, in der Absicht, den hervorragenden Weinkeller zu vernichten.

Zu Beginn der Belagerung verbrannte Pichon mit Hilfe der Botschaftswachen seine sämtlichen diplomatischen Unterlagen, während Madame Pichon hektisch herumrannte, auf Papierfetzen, die davonflogen, trat und sie noch einmal anzündete. Um nicht für rückständig gehalten zu werden, verbrannte der russische Gesandte Baron von Giers seine Papiere am darauffolgenden Tag. Morrison, der seine eigenen Ansichten über den relativen Wert der französischen und russischen Diplomatie hatte, bot 5000 Dollar für die französischen und 50000 Dollar für die russischen Dokumente.

Sir Robert Hart, der bis dahin bei bester Gesundheit gewesen war, veränderte die Enttäuschung, die er erlebte, von einem Tag auf den anderen. Inzwischen 65 Jahre alt und von zunehmend zerbrechlicher Statur, setzte er nach außen hin eine tapfere Miene auf. Obwohl er aufgefordert wurde, eine schwarze Krawatte anzulegen und sich Sir Claudes vornehmer Gesellschaft anzuschließen, zog er es vor, darauf zu verzichten und statt dessen mit seinen jüngeren Mitarbeitern zu essen. Er hatte vor lauter Sorgen in der ersten Woche der Belagerung drei Pfund abgenommen – bei einem Menschen seines Alters und seiner Statur eine durchaus ernstzunehmende Angelegenheit. Lenox-Simpson wußte zu berichten, daß er »ein ziemlich furchterregendes Waffenarsenal mit sich herumschleppte – mindestens zwei schwere Colts um seine magere Taille geschnallt und wahrscheinlich einen dritten in seiner Hüfttasche verstaut«. Er lehnte es ab, sich aus der Champagner- und Zigarrenbeute zu bedienen. Auf seine Anweisung hin war die Verpflegung in der Küche der Zollabteilung unverändert bescheiden: Reis, Tee und Marmelade zum Frühstück, Pferdecurry und Reis zum Mittagessen und Pferdecurry, Reis und Marmelade zum Abendessen. Hart war überzeugt, daß der Mandschu-Hof von einer Welle des Wahnsinns erfaßt und nun alles verloren war. Da er in der Gesandtschaft eingeschlossen und außerstande war, Einfluß auf die Ereignisse zu nehmen, fühlte er sich ohnmächtig und kraftlos.

Nach dem Ende der Belagerung schrieb Hart in einem Brief: »Ich fühle mich durch das, was geschehen ist, zutiefst verletzt.« Abgesehen von der Enttäuschung darüber, daß er sein Heim und den Erinnerungsschatz eines ganzen Lebens verloren hatte, war sein Selbstwertgefühl schwer angegriffen. Er wurde den Gedanken daran nicht los, daß die Chinesen versuchten, ihn, ihren treuesten und verläßlichsten Diener, zu ermorden. Das zumindest suggerierte ihm seine Phantasie, die durch die allgemein im Gesandtschaftsviertel verbreitete Angst gespeist wurde, sie alle würden das Schicksal der britischen Familien während der Meuterei von Sepoy erleiden und abgeschlachtet werden. Da Hart ein Insider war wie kein anderer vor ihm, war es um so kränkender für ihn, daß man ihn nicht vorgewarnt hatte. Ihm war bewußt, daß er die vielen Zeichen nicht richtig gedeutet hatte, wie zum Beispiel den Brief in der *Daily News*, in dem die Ausländer deutlich gewarnt worden waren. Er hatte zwar alle Warnsignale in seinem Tagebuch verzeichnet, aber irgendwie war er über die Jahre behäbig geworden, und es hatte in der Vergangenheit so viele warnende Hinweise gegeben, daß er aufgehört hatte, ihnen Beachtung zu schenken. Nicht von Anfang an bewußt allerdings wurde ihm, daß seine Beschützer bei Hof, einschließlich der Kaiserinwitwe, die Lage nicht mehr unter Kontrolle hatten, daß also eine außer Kontrolle geratene Situation ihn in diese mißliche Lage gebracht hatte, nicht jedoch ein Vertrauensbruch seiner Freunde. Das Schlimmste aber war für Hart, daß ihm bei seinem Einzug in die britische Gesandtschaft von seiten der westlichen Diplomaten eine viel tiefere Abneigung entgegengebracht wurde, als er es je für möglich gehalten hatte. Sie gaben ihm sehr deutlich zu verstehen, daß sie nun das Ruder in der Hand hatten und die Befehle erteilten, nicht Hart. Als fünftes Rad am Wagen fühlte er sich nutzlos und von niemandem erwünscht.

Das Wetter tat ein übriges. Es war Hochsommer, über 37 Grad warm, und die Luft stickig vom Sand, den ein heißer Wind aus der Wüste Gobi herübertrug. Überall waren Fliegen, und die Leichen wimmelten von Maden. Der Gestank war bestialisch.

Da es zahlreiche Süß- und Brackwasserbrunnen gab, bereitete die Wasserbeschaffung keine Probleme, wenn auch die Brunnen im Gesandtschaftsviertel unvernünftig nah am Abwasserkanal angelegt waren und das Trinkwasser nur selten die erforderliche halbe Stunde abgekocht wurde. So litten alle Botschaftsbewohner unter der Ruhr.

Während der Feuerpause im Juli schlüpfte ein ehemaliger Hornist aus Sir Robert Harts Kapelle herein. Er war einem Mandschu-Offizier in die Hände gefallen, der ihn für einen Spion gehalten und ihm ein Ohr abgeschnitten hatte; er war gekommen, weil er wußte, daß die Ausländer gute Ärzte hatten. Er berichtete, daß die alliierten Truppen in Taku einen triumphalen Sieg errungen und Tientsin besetzt hatten und daß General Tung und die Boxer aufgebrochen waren, um ihr Vordringen nach Peking zu verhindern.

Am 18. Juli erreichte den japanischen Botschafter Baron Nishi die Nachricht, daß sich ein Interventionsheer von 33 300 Mann »am oder um den 20. Juli« von Tientsin nach Peking in Marsch setzen würde. (Morrison, der ein glühender Bewunderer Japans war, behauptete von Baron Nishi, er habe eine »verblüffende Ähnlichkeit mit einem Menschenaffen«.) Die Neuigkeit löste große Begeisterung bei allen aus, aber leider sollte das die letzte Nachricht für die nächsten zehn Tage sein.

Die Niederlage in Taku und Tientsin weckte Erinnerungen an 1860 und versetzte den Hof in Peking in größte Aufregung. Die Folge war ein plötzlicher und empfindlicher Rechtsruck. Die Gemäßigten sahen die Entwicklung kommen, und das Tsungli Yamen erneuerte besorgt seine Aufforderung an die Gesandten, Peking zu verlassen. Unter den ausländischen Botschaftern brach daraufhin ein heftiger Streit aus. Einige wollten der Aufforderung folgen, aber aufgrund der herrschenden Rivalitäten und persönlichen Differenzen konnten sie sich nicht einmal auf eine gemeinsame Verhandlungsstrategie für ihren Abzug einigen. Sir Claudes Antwort an das Yamen enthielt zwar keine direkte Ablehnung, fiel aber so vage aus, daß die Gemäßigten im unklaren blieben, was sie als nächstes versuchen sollten.

Noch einmal versuchte Jung-lu, die Gesandten von seinem guten Willen zu überzeugen, indem er chinesische Händler schickte, die im Botschaftsviertel einen Markt mit Eiern, Melonen, Gurken und anderem frischen Gemüse aufmachten. In einer Depesche wurde nach Harts Befinden angefragt.

Mittlerweile schrieb man den 25. Juli, und die Gemäßigten warteten allmählich verzweifelt auf sichtbare Ergebnisse ihrer Bemühungen, bevor es zu spät war; sei es, indem die Gesandten sich bewegen ließen, umgehend aus Peking abzuziehen, oder, wenn das fehlschlug, indem sie einwilligten, ihren Regierungen in unverschlüsselten Botschaften zu versichern, daß ihnen keine Gefahr drohte, damit die Verstärkungstruppe der Alliierten, die sich in Tientsin zum Marsch auf Peking formierte, zurückbeordert werden konnte. Nur wenn es ihnen innerhalb der nächsten 24 Stunden gelang, eines dieser Ergebnisse vorzuweisen, konnten die Gemäßigten beweisen, daß Verhandlungen erfolgversprechender waren als Krieg. Danach konnte es möglicherweise zu spät sein.

Das Yamen bedrängte die ausländischen Gesandten, einen Termin für ihren Abzug nach Tientsin festzulegen und Entwarnungen an ihre Regierungen zu senden. Die Gesandten palaverten weiter und waren weder zum einen noch zum anderen bereit. Zwei Tage später, am 27. Juli, schickte das Yamen, in einem letzten verzweifelten Akt der Beschwörung, 15 Wagenladungen mit Mehl, Melonen und etwas Eis, ein Teil davon eigens für Hart bestimmt mit der dringenden Bitte, die Abreise der Gesandten zu betreiben. Zornig über die Behandlung, die ihm die Mandschu hatten angedeihen lassen, und voller Verachtung für die diplomatischen Corps, lehnte Hart ab, ohne sich bewußt zu machen, daß er damit die letzte Tür zuschlug.

Der Grund für den plötzlichen rätselhaften Umschwung in Peking war die Ankunft von Li Ping-heng in der Nacht zuvor. Li Ping-heng, der ehemalige Gouverneur von Shantung, war das militärische Vorbild der Eisenhüte. Er hatte das kämpferische Potential bäuerlicher Selbstschutzgruppen bereits Jahre bevor aus ihnen die Boxerbewegung hervorgegangen war, zu schätzen gewußt. Zwar konnte man ihm kaum die Verantwortung für Prinz Tuans besessenen Wunsch nach der Vertreibung aller ausländischen Teufel und der Rückkehr zum glorreichen Kaiserreich anlasten, aber seine unerschütterliche Überzeugung, daß die Chinesen im Kampf siegen konnten, flößte Tuan ein Vertrauen ein, das durch nichts gerechtfertigt war. Solange Li Ping-heng mit von der Partie war, bestand die (wenn auch noch so vage) Möglichkeit, daß es dem alten General gelingen würde, die Regierungsarmeen und Offiziersstäbe wieder zu einer schlagkräftigen Waffe zu schmieden. Seinem unerwarteten Abzug aus Nordchina war es zuzuschreiben, daß die Eisenhüte, sich selbst überlassen, nur mit Ach und Krach zurechtkamen. Li Ping-heng war, nachdem ihn die Deutschen aus dem Amt gedrängt und gedemütigt hatten, zum Admiral am Jangtsekiang ernannt worden. Dort auf dem Fluß war er weit weg von den Entscheidungen bei Hofe. Als die Eisenhüte dann nach der Macht griffen, konnte er sie weder beraten noch zügeln. Da sie kaum Erfahrung in Fragen der Kriegführung und Politik hatten, hatten sie ihre Sache gründlich verpatzt, sich bei der Führung der Boxer verrannt, ihren Schwung vergeudet und die Zeit damit vertan, haarspalterische Zänkereien mit den Gemäßigten am Hof auszutragen. Li hatte das Jangtsekiang-Delta bei Shanghai überwacht, als die Forts bei Taku gefallen waren. Er war einer der wenigen leitenden Provinzbeamten, die mit Begeisterung auf ein kaiserliches Dekret vom 21. Juli reagierten, in dem die Provinzen aufgefordert wurden, umgehend Verstärkung zur Verteidigung der Hauptstadt gegen den Vormarsch der Alliierten zu entsenden. Drei Tage später rief ihn eine weitere Depesche persönlich nach Peking, und selbstverständlich folgte er der Aufforderung, ohne zu zögern.

Die Rückkehr des alten Schlachtrosses gab den Eisenhüten gewaltigen Auftrieb und die Macht, derer sie bedurften, um ihre gemäßigten Gegner zunichte zu machen und ans Messer zu liefern. Diese hatten unter dem Zwang, bis zum 27. Juli Ergebnisse vorweisen zu müssen, einen allerletzten dringlichen Appell an Sir Claude MacDonald und Sir Robert Hart gerichtet und waren auch damit hoffnungslos gescheitert. Für die Eisenhüte war das der endgültige Beweis für die Untauglichkeit jeglicher Einlenkungsversuche, und mit Li Ping-hengs Unterstützung und unter seiner Führung bliesen sie zum Gegenangriff.

Die Gesandtschaftsbewohner merkten von dieser tiefgreifenden Veränderung erst etwas, als kurz nach der Lieferung der Melonen am 27. Juli Feldgeschütze eintrafen. Gleich darauf beendeten Schüsse die Feuerpause. Erst an diesem Tag begann die eigentliche Belagerung, und sie dauerte nur knapp zwei Wochen.

Sir Claude überschüttete das Yamen mit Protestnoten gegen diese unglaublichen Vorgänge, die Schüsse, die über sie hinwegfegten, die Feldgeschütze, die an den Gesandtschaften ausgetestet wurden, aber es war zu spät, um einen der Friedensanhänger zu erreichen. Die Kriegsbefürworter hatten jetzt das Sagen. Prinz Ching hängte sein Fähnlein nach dem Wind und antwortete Sir Claude (diesmal mit beträchtlicher Ironie), es handele sich nur um »ein kleines chinesisches Feuerwerk«.

Die Wirkung, die die Bestimmtheit Li Ping-hengs an dem von Unverbindlichkeit geprägten Hof zeigte, war überwältigend. Die Verbotene Stadt hatte schon lange keine zielstrebigen und kriegerischen Soldaten mehr erlebt, die ihre Meinung in den Debatten rücksichtslos durchfochten. Li brachte die Konservativen hinter sich, indem er an ihren Patriotismus und die zwingende Notwendigkeit, die Hauptstadt zu verteidigen, appellierte, veranlaßte die Eisenhüte zu einer Säuberungsaktion gegen die gemäßigtsten Kräfte am Hof und säte Angst und Schrecken in den Herzen all derjenigen, die sie unterstützt hatten. Achtundvierzig Stunden nach seinem Einzug in Peking überwachte Li die Enthauptung der beiden fähigsten und weltoffensten Minister, die sich Prinz Tuan von Anfang an entgegengestellt hatten: Hsü Chih-cheng war früher Botschafter in Frankreich, Deutschland, Holland, Österreich, Belgien und Rußland gewesen, und Yuan Chang war einer der führenden Gemäßigten im Tsungli Yamen. Als überzeugte und erklärte Verfechter einer liberalen und realitätsorientierten Politik hatten sie seit Mitte Juni die Meinung verfochten, daß die Boxer gefährliche Unruhestifter waren, die es auszuschalten galt, daß jeder Angriff gegen die Gesandtschaften ein schwerer Bruch des internationalen Rechts war und daß am Beispiel von 1860 deutlich wurde, daß jeder Widerstand gegen die ausländischen Truppen reiner Selbstmord war. Als geübte Diplomaten und hochqualifizierte Wissenschaftler hatten Hsü und Yuan dem ausländerfeindlichen Wortschwall des Prinzen Tuan ausgewogene und einleuchtende Argumente für ein Streben nach friedlichen Lösungen entgegengesetzt. Solange diese beiden Männer Einfluß auf die Kriegführung nehmen konnten, waren den Eisenhüten die Hände gebunden. Genau darin bestand für Li Ping-heng das Problem: »Nur wenn man kämpfen kann, kann man um den Frieden verhandeln.« Von sich aus hatten es die Eisenhüte nicht gewagt, offen gegen die Gemäßigten vorzugehen. Jetzt aber brachten sie alle möglichen Anklagen gegen ihre Gegner vor, zwangen sie, Fehler einzugestehen und brachten so viele Stimmen hinter sich, daß sie die beiden Friedensanwälte zum Tode verurteilen konnten. Am nächsten Morgen wurden sie enthauptet. Zwei Wochen später zahlten drei weitere führende Friedensverfechter mit ihrem Leben, unter ihnen der Leiter des Finanzministeriums, der den Boxern Geldmittel verweigert hatte, sowie der Leiter des Kriegsministeriums, der Prinz Tuans grandiose Strategie abgelehnt hatte. Als letzten Racheakt bereiteten die Eisenhüte aus der Ferne die Ermordung ihres alten Feindes vor, des kultivierten und weltgewandten Sir Chang Yin-huan, der seit dem Ende der Hundert Tage in Singkiang im Exil lebte. Diese Hinrichtungen verbreiteten Angst und Schrecken am Hof und brachten alle diejenigen zum Schweigen, die glaubten, durch Verhandlungs- und Kompromißbereitschaft die drohende Katastrophe von der Regierung abwenden zu können. Ranghohe Gemäßigte wie Jung-lu waren zu sicher verwurzelt in der Mandschu-Hierarchie und standen der Kaiserinwitwe zu nahe, um den Säuberungen zum Opfer zu fallen. Aber selbst sie verstummten. Unter diesen Umständen drohte selbst der Kaiserinwitwe, ebenso wie Kuang-hsü, Gefahr.

Um ihrem Meister die Macht zu verschaffen, die er brauchte, um Peking wirkungsvoll zu verteidigen, ernannten die Eisenhüte ihn zum obersten Befehlshaber neben Jung-lu. In dieser Atmosphäre drohenden Unheils ließ er die zahlenmäßig stärksten Regierungseinheiten nach Osten und Süden vorrücken, um den Vormarsch der Alliierten aufzuhalten. Er selbst wollte das Kommando übernehmen. Bevor er die Stadt verließ, schickte er 200 Wagen und mehr als 6000 Soldaten in die Verbotene Stadt, die den kaiserlichen Haushalt verpacken und verladen sollten. Die Kaiserinwitwe und der Kaiser wurden aufgefordert, sich auf die Abreise zum Sommerpalast vorzubereiten.

In den Gesandtschaften wußte man nichts von alledem. Dort herrschte heillose Verwirrung angesichts der Entwicklungen. Anfang Juli hatte ein fünfzehnjähriger chinesischer Junge mit einer Botschaft von Sir Claude an die alliierte Heeresführung in Tientsin unbemerkt das Gesandtschaftsviertel verlassen. Er kehrte, ein rätselhaftes Antwortschreiben in den Kragen seiner Jacke genäht, am 28. Juli zurück. Der Inhalt des Briefs, der von dem leicht erregbaren britischen Konsul W. R. Charles, stammte, lautete:

»Ihr Brief vom 4. Juli. Es sind jetzt 24 000 Mann gelandet und 19 000 Soldaten hier. General Gaselee wird in Taku erwartet. Nach seiner Ankunft hoffe ich auf größere Aktivität. Die Russen sind in Peitang. Tientsin steht unter ausländischer Verwaltung, und die Macht der Boxer hier ist gesprengt. Versuchen Sie mich über Ihre Lage auf dem laufenden zu halten. Es sind starke Truppen unterwegs, wenn Sie mit Ihren Lebensmittelvorräten noch eine Weile auskommen, dann müßte sich alles zum Guten wenden. Das Konsulat ist für Ihre Ankunft vorbereitet und renoviert. Fast alle Frauen haben Tientsin verlassen. Freundliche Grüße an alle in der Botschaft.«

Als der Zettel ausgehängt wurde, damit alle ihn lesen konnten, reagierte Morrison mit einem Wutausbruch: »Wir erfuhren daraus nicht, ob die Truppen nun von Tientsin nach Peking oder von Europa nach Tientsin unterwegs waren, wer diese Soldaten waren und wie viele, ob die Zahl der gelandeten Männer 24 000 insgesamt oder 43 000 betrug, während die Bemerkung, daß die Truppen kommen würden, wenn wir noch eine Weile mit unseren Vorräten auskamen, den Schluß nahelegte, daß sie nach Tientsin zurückkehren würden, wenn sie uns ausgingen.«

Andere teilten seine Empörung. »Einige Männer entfernten sich«, schrieb Morrison, »um ihren Gefühlen außer Hörweite der Frauen Luft zu machen.«

Zum Glück für das Ansehen des diplomatischen Dienstes Ihrer Majestät traf zwei Tage später eine gleichermaßen undurchschaubare Mitteilung vom amerikanischen Konsul in Tientsin an Edwin Conger ein. Sie begann mit den Worten: »Letzte Nacht habe ich von Ihnen geträumt«, enthielt keinerlei Neuigkeiten und endete: »Ich hoffe aufrichtig, daß Sie alle verschont werden.«

Schließlich kam am 1. August eine Botschaft des japanischen Konsuls in Tientsin an, die zusammenhängendere Informationen enthielt: »Ihren Brief vom 22. erhalten, Truppenabmarsch von Tientsin wegen Transportschwierigkeiten verzögert, rücken aber in zwei bis drei Tagen vor.«

21
Chinesisch zum Mitnehmen

Als das Interventionsheer der Alliierten endlich in Tientsin zusammengezogen war, belief es sich auf mehr als 16000 Mann aus acht Nationen. Ihnen standen – jedenfalls auf dem Papier – 5000 kaiserliche Soldaten, ehemalige Boxer und örtliche Milizen gegenüber. Die beinahe zweimonatige Verzögerung beim Formieren und Aufbruch des Entlastungsheeres ergab sich aus einer Kombination von Angst, Unfähigkeit und Rivalität. Angst deshalb, weil die Alliierten den Grund verkannten, aus dem Admiral Seymours Expedition gescheitert war; sie nahmen an, daß im Landesinneren große Gefahren in Gestalt finsterer Chinesenhorden auf sie lauerten. Die zahlenmäßige Stärke des Heeres, die für den Befreiungsangriff als notwendig angenommen wurde, wuchs in den Köpfen der Alliierten mit jeder Woche, die verging. Seymour bestand darauf, daß mindestens 40000 Soldaten benötigt wurden. Die Japaner, die darauf aus waren, ganz Nordchina zu kontrollieren, wenn sich die Gelegenheit dazu ergab, nannten die Zahl 70000. Und der amerikanische Konteradmiral Kempff, der sich nicht ausstechen lassen wollte, riet zu 80000 Mann. Es brauchte seine Zeit, bis so viele Soldaten China erreicht hatten.

Und während sie sich nicht entscheiden konnten, intrigierten die Alliierten gegeneinander. Sollte das Mandschu-Regime infolge der gegenwärtigen Krise zusammenbrechen, so wollte sich jede der alliierten Nationen ihr Stück vom Kuchen sichern, und die Nation mit dem stärksten Heer würde sich das größte nehmen. Kaiser Wilhelm gelang es, Feldmarschall Graf Alfred von Waldersee das Amt des Oberbefehlshabers der europäischen Interventionstruppen zu sichern, obwohl dieser erst nach Beendigung des Feldzugs in China eintreffen sollte.

Tatsächlich dachte niemand ernsthaft an die Notwendigkeit eines sofortigen Eingreifens zur Befreiung der Gesandtschaften, bevor der britische General Alfred Gaselee am 27. Juli in Tientsin ankam. Der russische Oberbefehlshaber, General Linewitsch, ließ sich Zeit, während der amerikanische General Adna Chaffee, ein grimmiger und rachsüchtiger Indienkämpfer, der bis vor kurzem noch Philippiner massakriert hatte, auf seine Artillerie wartete. Verglichen mit ihnen, war der gutmütige General Gaselee ein Mann von außerordentlich gesundem Menschenverstand, dem sofort klar war, daß es vor allem darum ging, die Bewohner der Gesandtschaften zu retten. Er machte sich die Rivalität unter seinen Mitkommandanten zunutze und ließ durchblicken, daß er, sofern sie sich nicht zusammenraufen konnten, allein mit den Briten losziehen würde. Endlich einigte man sich darauf, am 5. August 1900 – siebenundfünfzig Tage nach Sir Claudes dringender Bitte um Hilfe – aufzubrechen.

Die Japaner, Russen, Briten und Amerikaner stellten die größten Kontingente; die Franzosen entsandten 1000 Tonkinesen – »der Abschaum der französischen Armee«, wie der Oberleutnant der Royal Navy Roger Keyes höhnisch bemerkte. Die Deutschen, Österreicher und Italiener schickten kleine symbolische Truppen, um bei der Verteilung der Beute mit von der Partie zu sein.

Die Alliierten nahmen dieselbe Route wie 1860 Lord Elgin – über den Treidelpfad entlang des Peiho, gefolgt von einem sechs Meilen langen Dschunkenzug mit Versorgungsgütern. In Peitang trafen sie zum erstenmal auf chinesischen Widerstand. Die japanischen Truppen bildeten die Angriffsspitze. Mit ihrer feudalen Mentalität, die sich so vollkommen von der chinesischen unterschied, stürzten sie sich ohne das geringste Zaudern in den Kampf. Die Chinesen waren, genau wie im chinesisch-japanischen Krieg zuvor, auf einen so ungestümen Angriff nicht gefaßt und traten augenblicklich den Rückzug an. Am zweiten Tag erreichten die Alliierten, auf halbem Wege nach Peking, Yangtsun und somit den von Tientsin am weitesten entfernten Punkt, den Admiral Seymour erreicht hatte. Dort stürmten die Amerikaner und Briten gemeinsam die bäuerlichen Verteidigungslinien. Bis zum Abend war Yangtsun erobert, und der Rückzug der Chinesen wurde zur wilden Flucht. Bauernmilizen, ehemalige Boxer und kaiserliche Soldaten liefen Hals über Kopf davon und machten nur hier und dort halt, um den Bauern der Gegend Lebensmittel zu stehlen. Nachdem sie sich zwischen den staubigen Stoppeln von Hirsefeldern einen Tag Ruhe gegönnt hatten, griffen die Alliierten, jetzt nur noch 30 Meilen von Peking entfernt, erneut an. Das kleine Häuflein von Franzosen, Österreichern, Deutschen und Italienern fiel so weit zurück, daß die jeweiligen Befehlshaber beschlossen, zur »Neugruppierung« nach Tientsin zurückzukehren. Wären die Chinesen über sie hergefallen, hätte es Mord und Totschlag gegeben, aber es fiel niemand über sie her. Es gab keinen Widerstand mehr. Nachdem sie die Gefahr, die vor ihnen lag, gewaltig übertrieben hatten, schenkte keiner der alliierten Befehlshaber der Tatsache Beachtung, daß sich diese Gefahr in Wohlgefallen aufgelöst hatte. Statt dessen prahlten sie ständig mit ihrer Kühnheit und Unerschrockenheit und ließen, wenn irgend möglich, den Japanern beim Angriff den Vortritt.

Tung-chou war die letzte größere Stadt vor Peking. Als die alliierten Truppen am 12. August dort eintrafen, war sie bereits verlassen. Japanische Pioniere sprengten das Haupttor und stellten fest, daß die Bewohner die Flucht ergriffen hatten. Die Alliierten unterbrachen ihren staubigen Marsch und nutzten die Zeit, um die Stadt auszuplündern. Während sich zu dieser Zeit der Hof in verhältnismäßiger Sicherheit auf dem Weg zum Sommerpalast befand, versuchte Li Ping-heng, der Oberbefehlshaber über vier Regierungsheere, die Lage zu retten. Seine Aufgabe war es, den Vormarsch der Alliierten um jeden Preis zu stoppen. Der alte General nahm seine Mission sehr ernst. Aber sein größter Feind waren seine eigenen Landsleute – die Offiziere und Soldaten, die zuerst in Peitang und dann in Yangtsun sich nur halbherzig den Alliierten in den Weg stellten. Hätten die Eisenhüte angemessene Vorbereitungen für diese Begegnung getroffen, so hätten Li Ping-heng vielleicht gutausgebildete Truppen und eine zuverlässige Befehlskette zur Verfügung gestanden. Statt dessen waren in seinen vier Heeren die Besten und die Schwächsten zu einem Haufen zusammengewürfelt, in dem auch die edelsten Absichten zunichte gemacht werden mußten. Die meisten seiner Soldaten und Offiziere gehörten den typischen Zeremonieneinheiten an, wie sie in und um Peking stationiert waren, ohne Kampferfahrung, dafür aber mit einem seit altersher überlieferten Kodex der Bestechlichkeit und einer instinktiven Abneigung dagegen, Risiken einzugehen. Zwar begleiteten ihn anfangs viele der Mandschu-Prinzen und hohen Mandarine wie zum Beispiel Kang Yi, die den Rang von Generaladjutanten innehatten, aber sie schlossen sich schon bald der

Horde der Fliehenden an und überließen die Kämpfenden ihrem Schicksal. Die eine Hälfte von General Tungs tapferen Moslems, die als Leibwächter des kaiserlichen Haushalts in Peking geblieben waren, bekam bald Gesellschaft von der zweiten Hälfte, die auf schweißgebadeten Pferden von der Front herbeigestürmt kam und sich fortan dicht an den Troß der fliehenden Hofgesellschaft hielt. Prinz Tuans gepriesenes Spielzeug, das Husheng-Corps, verschwand spurlos aus den Annalen, mit Ausnahme der Palastwache, die dem Prinzen mit Leib und Seele ergeben war. So blieb es bedauerlicherweise der einzigen heldenhaften Gestalt im Komplott der Prinzen überlassen, die Flucht der anderen zu decken.

Am 11. August, einen Tag vor der Einnahme von Tung-chou, sandte General Li eine letzte verzweifelte Depesche an den Hof:

»Ich habe mich von Matou nach Changchiawan zurückgezogen. In den vergangenen Tagen haben Zehntausende von chinesischen Soldaten sämtliche Straßen blockiert. Sie haben die Flucht ergriffen, sobald sie Kunde vom Herannahen des Feindes bekamen. Sie haben in den Dörfern und Städten, durch die sie kamen, Brände gelegt und geplündert, und zwar in einem solchen Maße, daß nichts mehr für die Armeen, die ich befehlige, zum Kauf übrig war, mit dem Ergebnis, daß Männer und Pferde hungrig und erschöpft waren. Ich habe von der Jugend bis in meine alten Tage viele Kriege miterlebt, aber etwas Derartiges habe ich noch nicht gesehen... Wenn wir nicht die Disziplin wiederherstellen und die fliehenden Generäle und Soldaten exekutieren, können wir nirgends mehr unsere Stellungen halten... Die Lage gerät außer Kontrolle. Es ist keine Zeit mehr, neue Stellungen einzunehmen. Aber ich werde mein möglichstes tun, die fliehenden Männer zusammenzutreiben und bis zum Ende zu kämpfen, um mich für die Güte Eurer Majestät erkenntlich zu zeigen und wenigstens einen Bruchteil der Pflicht eines Ministers zu erfüllen.«

Nachdem all seine Bemühungen fehlgeschlagen waren, schluckte Li Ping-heng am nächsten Tag Gift. Yu Lu, der alternde Vizekönig von Chihli, der schließlich doch noch auf einem britischen Kriegsschiff Zuflucht gesucht hatte, besann sich eines anderen und beging ebenfalls Selbstmord.

Von Tung-chou aus teilten sich die Alliierten und hielten auf unterschiedliche Tore im äußeren Mauerring um Peking zu. General Frey, der Oberbefehlshaber der französischen Einheiten, die zurückgefallen waren, bemühte sich, aufzuholen. Um den Nachzüglern Gelegenheit dazu zu geben, kamen die Hauptstreitkräfte überein, drei Meilen vor Peking über Nacht eine Marschpause einzulegen. Der abschließende Angriff sollte in den Morgenstunden des 14. August erfolgen.

In Peking hatten die Gesandtschaften immer noch keine definitiven Informationen über das Nahen der Interventionstruppen. Man ging dort der alltäglichen Routine nach. Ein paar Tage früher, am 8. August, waren hier Spekulationen aufgekommen, nach denen Vizekönig Li Hung-chang vom Thron beauftragt worden war, Friedensverhandlungen zu führen. Am 10. August herrschte große Aufregung, als eine Nachricht von General Gaselee hereingeschmuggelt wurde, die besagte: »Starke alliierte Einheiten auf dem Vormarsch. Feind zweimal besiegt. Bleibt guten Mutes.« Zwei Tage später traf eine Botschaft mit etwas genaueren Informationen von General Fukushima ein, der die japanische Vorhut befehligte.

Während der nächsten zwei Tage wurden die Gesandtschaftsbewohner unter zunehmend schwereren Beschuß genommen, und zwar durch neue Einheiten unter Bannern, die die Namen ihnen bisher vollkommen unbekannter Generäle trugen. Der fanatische, ausländerfeindliche Gouverneur von Shanxi, Yu Hsien, hatte eine neue Division unter dem Kommando eines Offiziers nach Peking gesandt, der behauptete, die Gesandtschaften innerhalb von fünf Tagen stürmen zu wollen. Aber es kam anders; durch den Zusammenbruch einer Barrikade war er schutzlos den Kugeln der Gegner ausgeliefert und wurde mit 26 seiner Männer erschossen. Durch ein Plakat, das in ihre Hände fiel, erfuhren die Gesandtschaftsbewohner, daß die Eisenhüte eine Prämie auf den Kopf eines jeden ausländischen Teufels ausgesetzt hatten.

In der Nacht des 13. August, als die Alliierten fünf Meilen vor den Stadtmauern ihr Lager aufgeschlagen hatten, um auf die Nachzügler zu warten, setzten die Truppen von Shanxi zum letzten Versuch an, den Gesandtschaften den vernichtenden Schlag zu versetzen. Eines von Chinas neuesten Krupp-Schnellfeuergeschützen (die Jung-lu mit Bedacht in ihrem Versteck belassen hatte) wurde auf der Mauer der Verbotenen Stadt in Stellung gebracht; unmittelbar darauf wurden die Gesandtschaften gezielt beschossen. Dieses Geschütz richtete in zehn Minuten mehr Schaden an als die alten chinesischen glattläufigen Flinten in fünf Wochen gelegentlicher Attacken. Sir Claude ordnete die unverzügliche Erwiderung mit dem amerikanischen Colt-Maschinengewehr und der österreichischen Maxim an. Das

Krupp-Geschütz war nach der siebten Salve zum Schweigen gebracht.

Der vereinbarte Plan der Alliierten sah vor, daß am Morgen des 14. August die Russen das Tung-chih-Tor stürmen sollten, die Japaner das Chih-hua-Tor, die Amerikaner das Tung-pien-Tor und die Briten das Sha-kou-Tor. Dabei sollten alle gleichzeitig vorrücken, damit nicht eine Nation die Ehre für sich beanspruchen konnte, Peking vor den anderen angegriffen zu haben. Aber gegen Mitternacht, wenige Stunden vor dem geplanten Angriff, begann es zu regnen, und vom Tung-pien-Tor her waren Schüsse zu hören.

Die Russen hatten sich klammheimlich in Marsch gesetzt. Sie begründeten es damit, daß sie schweres Geschützfeuer aus der Richtung der Botschaften gehört hatten – das Feuergefecht zwischen der Krupp, der Colt und der Maxim. General Wassiliewski, der russische Generalstabschef, war daraufhin im Schutze der Dunkelheit mit einem Spähertrupp zu dem Tor gezogen, wo sie die verschlafenen chinesischen Wachen überrumpelt und bis auf den letzten Mann getötet hatten. Ihren Vorteil nutzend, brachten die Russen noch vor der Morgendämmerung zwei Geschütze in Stellung und schossen ein Loch in das Tor, wodurch Wassiliewski der erste war, der den Fuß auf Pekinger Boden setzte.

Als sie dies erfuhren, bliesen die Alliierten zum Angriff. Die Japaner stürmten das vereinbarte Tor. Da die Russen sich das Tor der Amerikaner vorgenommen hatten, erklommen General Chaffees Männer die angrenzende Mauer und eilten zum Gesandtschaftsviertel. Die Briten sprengten ein Loch in das Sha-kou-Tor und drangen in Peking ein, ohne auf Widerstand zu stoßen. Auch sie eilten auf direktem Weg zu den Botschaften. Als sie sich der inneren Tatarenmauer näherten, sahen die Sikhs und Rajputs, die die britische Vorhut bildeten, auf ihr drei Flaggen: die amerikanische, die britische und die russische. Ein Melder auf der Mauer signalisierte ihnen in Morsezeichen: »Kommt durch die Kanalisation.« Er meinte damit den fauligen Abwasserkanal, der aus der Verbotenen Stadt kam, durch das Gesandtschaftsviertel floß und unterhalb der Tatarenmauer aus einem mit rostigen Eisenstangen und einem provisorischen Strebengewirr versperrten Rohr von zwei Metern Durchmesser austrat. Die Stäbe wurden eilends durchgesägt, und wenige Minuten später wateten die Sikhs und Rajputs durch den schwarzen Schlick zur Kanalstraße.

In den Gesandtschaften wurden die ersten Schüsse der Interventionstruppen – eine Reihe von dumpfen Schlägen, der russische

Sturm auf das Tung-pien-Tor – zwischen zwei und drei Uhr am Morgen des 14. August vernommen. Damit hatten die Bewohner dort zum erstenmal Gewißheit, daß Hilfe eingetroffen war. »Es war schier unglaublich, was sich in der britischen Gesandtschaft abspielte«, berichtete Sir Claude. Großer Jubel breitete sich aus, Hände wurden geschüttelt. Li Hung-changs Sekretär William Pethick, ein Amerikaner, der sich einen Spaß daraus machte, seinen Gefährten den Wind aus den Segeln zu nehmen, mahnte sie, nicht allzu zuversichtlich zu sein, da es sich doch nur um die Geschütze der näher rückenden chinesischen Verstärkung handle. In Wirklichkeit gab es zu diesem Zeitpunkt nicht mehr viele chinesische Soldaten in Peking, abgesehen von denjenigen, die die äußeren Stadttore kurzzeitig verteidigt hatten und den wenigen Palastwachen an den Zugängen zur Verbotenen Stadt. Aber auch die waren bald verschwunden, und zurück blieb nur eine Gruppe diensthabender Eunuchen.

Gegen Morgen waren nur noch gelegentlich chinesische Salven um die Gesandtschaften zu hören – »von Zeit zu Zeit das Ffft einer Kugel und das Zirpen der Zikaden« –, während die letzten Soldaten aus Shanxi das Weite suchten.

Hewlett erinnerte sich: »Ich schlief im Hanlin, als mich jemand weckte ... um mir zu sagen, daß wir befreit seien ... Ich rannte hinaus, und dort bot sich mir der willkommene Anblick einer Truppe von Schwarzen (die Sikhs und Rajputs), die in das Gesandtschaftsviertel drängten.«

Als Mrs. Squiers und Polly Smith hinauseilten, um die Sikhs zu begrüßen, sprang General Gaselee vom Pferd, ergriff ihre Hände und sagte mit Tränen in den Augen: »Gottlob, Männer, hier gibt es zwei Frauen, die noch am Leben sind.« Die Alliierten hatten geglaubt, die Boxer hätten sämtliche Frauen der Gesandtschaften vergewaltigt und dann geköpft. Polly Smith gestand, daß sie, »für den schlimmsten Fall«, in der Zeit der Belagerung eine kleine Pistole mit sich herumgetragen hatte.

Viele der Belagerten tauchten jetzt in frisch gestärkten Hemden und Krawatten auf, die Damen in langen Kleidern und mit Sonnenschirmen. Sir Claude trug einen untadeligen Flanell. Lenox-Simpson bemerkte bissig: »Leute, die man seit Wochen nicht zu Gesicht bekommen hatte, die hundertmal hätten gestorben sein können, ohne daß es jemand gemerkt hätte, tauchten jetzt zum erstenmal aus ihren Zimmern auf, in denen sie sich versteckt gehalten und hysterisch aufgeführt hatten.«

Gegen vier Uhr dreißig traf als nächster General Chaffee mit seinem 14. Infanterieregiment im Gesandtschaftsviertel ein, eine Stunde später kam General Linewitsch, gefolgt von General Fukushima. Lady MacDonald ging mit glückstrahlendem Gesicht von Gruppe zu Gruppe und sagte allen, sie wüßte zwar nicht, wer sie seien, aber sie sei »einfach glücklich«, sie zu sehen.

Im nachhinein betrachtet, war alles gar nicht so schlimm. Jetzt kam der lustige Teil der Geschichte. Es wäre ein Zeichen von Menschlichkeit gewesen, hätten die siegreichen Alliierten ihre Aufmerksamkeit jetzt der Peitang-Kathedrale am anderen Ende der Stadt zugewandt, wo Bischof Favier mit einer Handvoll Priester, Nonnen, Konvertiten sowie einem Grüppchen von beherzten französischen und italienischen Matrosen über 3000 Flüchtlinge – Männer, Frauen und Kinder – verteidigten. Das waren mehr als alle Bewohner der Gesandtschaften zusammen. Niemand wußte, ob sie überhaupt noch am Leben waren. Da jedoch nur 100 westliche Staatsbürger unter ihnen waren, maß man der Sache keine große Dringlichkeit bei. Es gab eine Menge zu feiern, mit den Befreiern mußte erst noch Champagner getrunken werden. Der Mammon war gesichert, Gott konnte warten. Pater d'Addosio, ein bejahrter katholischer Priester, der die Belagerungszeit im Gesandtschaftsviertel verbracht hatte, bedrängte die Alliierten, den Menschen in der Peitang-Kathedrale sofort zu Hilfe zu kommen, aber niemand hörte auf ihn. Er machte sich allein auf einem Esel auf, wurde aber nach nicht einmal der Hälfte des Weges ermordet.

General Chaffee hatte sich in den Kopf gesetzt, die Verbotene Stadt vor allen anderen zu stürmen. Die Russen waren ihm in Peking, die Briten im Gesandtschaftsviertel zuvorgekommen. Ohne sich mit den anderen Kommandanten abzusprechen, führte er seine Männer am 15. August zum Südtor der Verbotenen Stadt und brach, unter Einsatz von Rammböcken und schwerer Artillerie, durch die eisenverkleideten Holztore in die Vorhöfe der Verbotenen Stadt ein. Sogleich wurden sie von Wachtürmen aus, die die Höfe überblickten, unter Beschuß genommen und glaubten sich der kaiserlichen Garde gegenüber. In Wirklichkeit hatten alle chinesischen Soldaten die Flucht ergriffen. Aber die Franzosen hatten, was Chaffee nicht wußte, ihre Artillerie auf der Tatarenmauer gegenüber dem Gesandtschaftsviertel in Stellung gebracht, um die Verbotene Stadt zu sichern. Sie eröffneten plötzlich das Feuer auf Chaffees Männer – wie sie sagten, in der irrtümlichen Überzeugung, daß es sich um chinesische Soldaten handelte. Chaffee stürmte zu den französischen Stellungen hinüber und hatte eine lebhafte Unterhaltung mit General Frey und

Botschafter Pichon. Frey, der nicht verstand, was der Amerikaner ihm entgegenbrüllte, erklärte in seiner eigenen Sprache, daß seine Männer zu Ehren Frankreichs schossen. Nachdem bereits 15 Amerikaner getötet und zahlreiche andere verwundet waren, brach General Chaffee den Sturm auf die Tore der Verbotenen Stadt ab. In einer Beratung der Truppenkommandanten wiesen die Russen darauf hin, daß eine Zerstörung der Verbotenen Stadt sinnlos sei, und Chaffee (der genau das vorgehabt hatte) gab widerstrebend klein bei.

Am nächsten Tag, dem 16. August, kam man überein, bezüglich der Peitang-Kathedrale etwas zu unternehmen. Eine aus Franzosen, Briten und Russen zusammengesetzte Truppe drang durch die leeren Straßen um die Seepaläste an der Westmauer der Verbotenen Stadt vor, um festzustellen, daß die Japaner die Sache längst in die Hand genommen und die Kathedrale allein befreit hatten.

Die Verteidigung der Kathedrale und des dazugehörigen weitläufigen Areals, auf dem sich ein Waisenhaus, das Wohnhaus des Bischofs, ein Kloster, eine Apotheke, mehrere Schulen, eine Druckerei, eine Kapelle, ein Museum, etliche Läden, Ställe und andere Gebäude befanden, hatten zwei junge französische Offiziere und 41 Matrosen bewerkstelligt. Dreitausendvierhundert chinesische Verfolgte drängten sich hier mit weniger als 100 Europäern. Ein großes Problem stellte die Ernährung dar. Am 6. Juli wurden die täglichen Essensrationen auf ein Pfund Reis reduziert, drei Wochen später auf ein Drittel Pfund. Am 10. August wurden der letzte Esel und die letzten 400 Pfund Reis für die kämpfenden Männer reserviert; die Flüchtlinge aßen Rinde von den Bäumen und die Dahlien- und Lilienknollen aus dem Klostergarten. Mindestens 300 Konvertiten, 75 Waisenkinder und 60 Europäer wurden getötet oder verhungerten, bevor die Japaner eintrafen. Die Boxer behaupteten, ihr Zauber habe beim Sturm auf die Kathedrale nicht gewirkt, weil die katholischen Frauen im Innern ihnen ihre entblößte Scham an den Fenstern gezeigt hatten.

Die Belagerung des Gesandtschaftsviertels hatte 55 Tage gedauert. Die Statistik weist einige aufschlußreiche Daten auf. Die einzigen ernsthaften Gefechte während der ganzen Zeit spielten sich zwischen Marinesoldaten und chinesischen Truppen an den Barrikaden ab, wie beispielsweise auf der Tatarenmauer oder aber in den Parkanlagen des Fu, wo japanische Soldaten die vom Hunger gezeichneten chinesischen Flüchtlinge verteidigten. Lediglich in den ersten fünf Tagen, vom 20. bis zum 25. Juni, waren schwere und andauernde Feuersalven von chinesischer Seite zu vermelden, wobei die Schüsse in den meisten Fällen nur um des Effekts willen abgefeuert wurden. Von den insgesamt mehr als 4000 Artilleriesalven waren die meisten auf leerstehende Gebäude innerhalb des Gesandtschaftsviertels oder aber auf den Fu gerichtet, und die ganze Schießerei forderte, alles in allem, nicht mehr als 14 Opfer. Vom 25. Juni bis 17. Juli folgte eine dreiwöchige faktische Feuerpause, in deren Verlauf es lediglich zu gelegentlichen Schüssen aus dem Hinterhalt und vielen Feuerwerken kam, die lärmend gezündet wurden. Die darauffolgenden neun Tage, vom 18. bis 27. Juli, herrschte offizielle Waffenruhe, während der Obst- und Eisverkäufern Zutritt zum Gesandtschaftsviertel gewährt wurde. Nach den ersten fünf Tagen bestand die Belagerung also hauptsächlich aus offiziellen oder inoffiziellen Waffenruhen, und die Damen verlustierten sich beim Picknick unterm Sonnenschirm, während die verfeindeten Seiten Scherze miteinander austauschten. Für die Gesandtschaften mag dies eine Belagerung gewesen sein, aus chinesischer Sicht jedoch war es der fehlgeschlagene Versuch, eine Bande von schießwütigen ausländischen Teufeln zum friedlichen Verlassen der Hauptstadt zu bewegen. Am Tag nach Li Ping-hengs Rückkehr flammten die Feindseligkeiten wieder auf, und zweieinhalb Wochen lang flogen die Kugeln ziellos hin und her, bis zur Nacht des 13. August, als das Krupp-Geschütz aufgefahren und prompt wieder zum Schweigen gebracht wurde. Am Tag darauf wurden die Gesandtschaften befreit. Zu keinem Zeitpunkt wurden die Angriffe der Chinesen, die doch bei weitem in der Überzahl waren, mit Nachdruck geführt, und die meisten westlichen Ausländer waren sich dieses Maßhalteappells durch die Mandschu-Regierung die ganze Zeit über bewußt.

Lediglich 66 Ausländer, vor allem Marinesoldaten unterschiedlicher Nationalität, die an den Barrikaden Dienst taten, wurden getötet, 150 weitere verwundet. Zwei Erwachsene und sechs Kleinkinder fielen Krankheiten zum Opfer. Über die Zahl der chinesischen Christen im Fu, die getötet wurden oder an Hunger und Krankheiten starben, liegen keine Zahlen vor. Dies legt zumindest die Vermutung nahe, daß man es in den Gesandtschaften nicht für klug hielt, die Aufmerksamkeit auf die katastrophalen Lebensbedingungen der Konvertiten zu lenken.

Kurzum, die Belagerung war eigentlich zu keiner Zeit eine Belagerung, außer in der aufgewühlten Phantasie vieler Botschaftsbewohner – derjenigen, die sich einbildeten, das Ende sei gekommen, und derjenigen, die, wie Morrison, MacDonald, Squiers und andere, in ihrer Eitelkeit, ihrem Ehrgeiz und Egoismus erwarteten, daß die

Ereignisse wie eine Operninszenierung betrachtet wurden, in der sie selbst die Helden, »die Kaiserinwitwe und ihre Bande« die Bösewichter und der Rest der Beteiligten (Chinesen wie westliche Ausländer) die feige Meute darstellten. Die Alliierten und Gesandtschaftsangehörigen zeigten sich nun von ihrer schlechtesten Seite. Sie schafften alles, was nur von Wert war, aus Peking fort (wobei die Diplomaten beim Ausfindigmachen der kostbarsten Beute oft die Nase vorn hatten), denunzierten die unselige Kaiserinwitwe und Jung-lu, der sich mit beträchtlichem Erfolg bemüht hatte, sie zu schützen, und fertigten eine bösartige verfälschte Darstellung der Ereignisse an.

Gleichzeitig mit den Plündereien wurde ein blutiger Rachefeldzug gegen die Chinesen geführt, der in keinem Verhältnis zu ihrer behaupteten Schuld stand.

Bei den Angriffen gegen Taku, Tientsin, Peking und die auf dem Weg liegenden Landstriche waren Tausende von kaiserlichen Soldaten und Milizangehörigen ums Leben gekommen oder schwerverwundet und sterbend zurückgelassen worden. Dörfer waren geplündert und niedergebrannt, scheußliche Greueltaten verübt worden, und in den darauffolgenden zwei Jahren unternahmen die alliierten Truppen immer wieder »Strafexpeditionen« oder »Strafausflüge« im Umkreis von Peking, wobei sie ihre Opfer nicht zählten und Beobachter die vielbenutzte Phrase wiederholten: »Die Flüsse färbten sich rot mit dem Blut der Getöteten.« Die Einheiten von General Yuan Shih-kai töteten in den ersten Monaten nach der Belagerung allein in der Provinz Chihli 45 000 »Boxer«. Außerdem brachten sie Tausende von jugendlichen Boxern unter der Landbevölkerung im Norden Shantungs um, wo Yuan nach wie vor Gouverneur war. Diesen grausigen Säuberungsfeldzug führte Yuan auf Drängen der Briten und Amerikaner durch, mit denen er immer auf sehr gutem Fuße gestanden hatte.

In Peking selbst begingen viele Mandarine Selbstmord, die die Pläne des Prinzen Tuan und der Boxer zur Vernichtung der Ausländer unterstützt hatten. Bertram Lenox-Simpson berichtete: »Hsu Tung... der kaiserliche Berater... baumelt jetzt hoch oben an seinem eigenen Gebälk und mit ihm sein gesamter Haushalt – Ehefrauen, Kinder, Konkubinen, Dienerschaft, alle. Es sind sechzehn insgesamt, sechzehn, die an Seilen hängen, die sie mit eigenen Händen festgebunden haben, während sie auf den Stühlen standen, die man unter ihren Füßen weggetreten hat.«

Viele kostbar ausgestattete Paläste und Herrenhäuser standen leer, nachdem ihre Bewohner entweder geflohen oder wie seidene Fledermäuse an ihren rotlackierten Dachbalken erhängt worden waren. Überall in Peking stürzten sich junge Frauen in den Tod, um ihrer brutalen Vergewaltigung zu entgehen.

Einzeln und in Banden machten sich die westlichen Ausländer auf die Suche nach lohnender Beute. Die Leute aus den Gesandtschaften wußten genau, wo sie beginnen mußten, und verloren keine Zeit. Führende Persönlichkeiten aus den einzelnen Botschaften, einschließlich der Gesandten selbst, die bevorzugten Zugang zu den unter ständiger alliierter Bewachung stehenden Bereichen hatten, stahlen im Wettstreit miteinander, soviel sie nur tragen konnten aus der Verbotenen Stadt, den Seepalästen und dem Sommerpalast. Weniger privilegierte, aber wohlinformierte Veteranen der Belagerung wie Edmund Backhouse und George Morrison räumten ohne Zögern ausgewählte Mandschu-Paläste und Häuser chinesischer Adliger aus, während die gewöhnlichen Soldaten Tempel, Geschäfte, Werkstätten und Lagerhäuser plünderten und über junge Frauen herfielen, die zu viel Angst hatten, sich in den Tod zu stürzen.

Peking wurde in Zonen aufgeteilt, die von verschiedenen Besatzungsmächten verwaltet wurden. Drei Viertel der Bevölkerung waren geflohen. Von denen, die blieben, wurden Tausende in den ersten paar Tagen von den Soldaten der Siegermächte in ihren Häusern oder auf offener Straße erschlagen. Übrig blieben, wie es einer der britischen Dolmetscher verächtlich ausdrückte, »die winselnden Feiglinge«. Chinesen hängten Schilder an ihre Türen, auf denen sie die »Edlen und Wohltätigen Herren« anflehten, sie nicht zu erschießen.

W. Meyrick Hewlett beschrieb seine Erlebnisse folgendermaßen:

»Ich sah mir alle verbotenen Plätze des Himmelstempels an, die Bauten sind prachtvoll, riesige Gartenanlagen und herrlicher Rasen... wir nehmen Seidensachen, Pelze und Silber mit und bieten die Sachen zum Verkauf an. Als Adjutant und Dolmetscher des Chefs [Sir Claudes] kann ich das Gesandtschaftsgelände nicht verlassen und komme darum selbst nicht an Beutestücke heran, aber ich werde von den Kameraden, die heimlich Sachen mitbringen, nicht vergessen... Organisierte Soldatenbanden werden ausgeschickt, um Sachen zum Verkauf zu beschaffen, und sie wetteifern mit einem Haufen von [westlichen] Feiglingen, die während der Belagerung kein Gewehr angerührt haben und jetzt plötzlich Wagenladungen von Silber, Seide und Pelzen besitzen.

Lenox-Simpson wußte zu berichten: »Eine Transporteinheit aus japanischen Kulis... die zu einem britischen Regiment gehörten, zog eine ganze Reihe kleiner Karren herein, und innerhalb von Minuten boten diese Männer Hunderte von Seidenballen allerbester Qualität zum Kauf an, die sie auf dem Weg durch die Stadt zusammengetragen hatten... Dabei erfuhren wir, daß die Soldaten von der Küste bis nach Peking alles ausgeplündert hatten...«

»Infolge dieses Überflusses... hat ein regelrechter An- und Verkauf eingesetzt, und unsere Armeen sind Armeen von Händlern geworden. Es werden offizielle Auktionen veranstaltet... auf denen man legal und nach bewährtem Verfahren jede erdenkliche Ware kaufen kann. Die besten Sachen werden allerdings privat beiseite geschafft.

In Prinz Tuans Palast bot sich mir ein unvorstellbarer Anblick – Tausende von Porzellangegenständen und Körbe voller herrlicher *objets de vertu* waren von den Soldaten, die als erste gewaltsam eingedrungen waren, in Scherben geschlagen worden. Sie waren nur an Gold und Silber interessiert...

Fast jedermann hat eine Unmenge von den kleinen Tauschbarren aus Silber, und ich bin inzwischen fast sicher, daß einige unserer *chefs de mission* sich hier eine goldene Nase verdienen.

Er beschrieb in einer Szene Beutezüge des jungen Edmund Backhouse: »Eines Morgens kam zu sehr früher Stunde ein junger Engländer, der auf geheimnisvolle Weise ein paar Jahre lang in Peking gelebt hat, in Begleitung einiger Chinesen auf mich zugesteuert... Ich hatte den Eindruck, daß es sich bei seinen Begleitern um Schatzwächter der Steuerbehörde handelte... und ihren Angaben nach zu schließen, wußten sie genau, wo die Schätze in den geheimen Regierungsgewölben verborgen lagen.« Wie Lenox-Simpson weiter berichtete, entdeckten sie bei ihrer Ankunft vor Ort, daß die Japaner bereits alles leergeräumt hatten.

Den Lesern zu Hause versicherte Morrison in der *Times*, daß die kaiserlichen Wohngemächer in der Verbotenen Stadt verschont worden seien. In seinem privaten Tagebuch beschrieb er jedoch am 28. August 1900 seinen eigenen Besuch dort ganz anders: »Heute Morgen triumphaler Zug durch den Palast... Es ist mir gelungen, ein wunderschönes mit Gold gesprenkeltes Jadestück, Symbol der Hand Buddhas, in Form einer Zitrone zu ergattern... War am Thron des Kaisers eingelassen... alles, was mitgenommen werden konnte, abgeräumt von... Gesandten und anderen... Jetzt also völlig erschöpft wieder zu Hause mit meinem kostbaren Jadeschatz.« Morrison merkte an, daß Sir Robert Hart nicht unter den hochrangigen Plünderern war.

Offiziell war der Zutritt zu den Palästen in der Verbotenen Stadt und in ihrer Umgebung streng untersagt. Die kaiserlichen Wohngemächer wurden zuerst nur einem auserwählten Kreis von Generälen, ranghohen Diplomaten und ihren Frauen geöffnet, wobei dann kleine Kostbarkeiten wie Morrisons Jadezitrone verschwanden. Als die strenge Sarah Conger, die Frau des amerikanischen Gesandten, am 10. September eine Runde durch die Verbotene Stadt machte, wurde ihr versichert, daß »in diesen Räumen nichts angetastet« worden war. Alle Einschränkungen wurden hinfällig, als es jedermann möglich gemacht wurde, sich durch eine Genehmigung von einem der alliierten Generäle, die leicht zu erlangen war, Zutritt zu der Verbotenen Stadt zu verschaffen. Nach wenigen Wochen war kein tragbarer Gegenstand mehr zu finden. Den Soldaten, die vor den Palästen Wache standen, blieben nur noch die schweren Möbelstücke und großen Porzellangefäße zum Stehlen übrig. Lenox-Simpson erzählte, wie die Soldaten es nach ihren eigenen Angaben bewerkstelligten, diese größeren Gegenstände aus den Palästen zu schaffen: »... Vasen, kleine Tische, Schnitzereien, Krüge, Schalen – einfach alles. Wir wickeln sie in Mäntel und Futterbeutel und schaffen sie am Morgen fort: niemand merkt etwas davon. Es wird in allen Palästen hier genauso gemacht. Die Yankees, die Russen und alle anderen sitzen doch in einem Boot. Die ganze Nacht klettern sie die Mauern hoch, um an die Beute zu kommen. Gib ihnen noch sechs Monate, und es ist kein Ding mehr übrig.« Sechzehn Monate später berichtete Morrison in einem Brief an einen Freund von einem reichen Russen, der »ungeheuer viele Kostbarkeiten mit einem Wert von Zehntausenden von Tael aus den Palästen erworben« hatte und sie dem Kaiser und der Kaiserinwitwe zurückgeben wollte.

Zwei Wochen nach dem Ende der Belagerung vertraute Morrison seinem Tagebuch an: »Habe mich heute morgen damit befaßt, meine Seidensachen und Pelze zu ordnen... Ich habe einiges von beträchtlichem Wert, außerdem Porzellan und Bronzestücke, vielleicht 3000 [Pfund Sterling] insgesamt.« (Das war ein ansehnlicher Notgroschen an Diebesbeute, war es doch annähernd das Dreifache von Morrisons Jahresgehalt.)

Um ihre Häuser und Besitztümer vor Übergriffen zu bewahren, stellten sich viele Chinesen unter den Schutz eines westlichen Staatsbürgers. Die chinesischen Frauen waren dennoch nicht sicher. Morrison erzählte: »Sir Robert bestätigte die Geschichte eines seiner Orchestermitglieder... Als die russischen Soldaten kamen und über die Frauen in seinem Haus herfielen, ergriff er in Todesangst sein Kornett und spielte die russische Hymne. Daraufhin nahmen alle Russen Haltung an, und als die Melodie zu Ende war, salutierten sie und marschierten hinaus.«

Sir Claude stellte mit Verärgerung fest, daß aus den Räumen, die er Morrison während seiner Genesung zur Verfügung gestellt hatte, Gegenstände verschwunden waren. Er schrieb an Morrison: »Hat Ihr Bursche ein Tintenfaß mit silbernem Deckel von hier mitgehen lassen? Wenn ja, dann ›stillgestanden und heraus damit‹.«

Diejenigen, die wie Herbert Squiers wußten, wo die wertvollsten Stücke zu finden waren und ihre Auswahl mit Kennerblick trafen, machten ein Vermögen. Seine Beute war so phantastisch, daß sie am 3. September 1901 Erwähnung in der *New York Times* fand: »H.G. Squiers, amerikanischer Botschaftsrat in Peking, hat heute einen Heimaturlaub angetreten. Er bringt eine Sammlung chinesischer Kunstgegenstände mit, die mehrere Eisenbahnwaggons füllt und von Experten als eine der vollständigsten der Welt bezeichnet wird. Mr. Squiers beabsichtigt, die größtenteils aus Porzellan, Bronzestükken und Schnitzereien bestehende Sammlung, die er von Missionaren und auf Auktionen des Militärs erworben hat, dem New Yorker Metropolitan Museum of Art anzubieten.« Es muß nicht erst gesagt werden, daß Squiers sich nicht die Mühe gemacht hatte, die Gegenstände zu kaufen; er und Morrison waren die ersten gewesen, die Prinz Sus Palast durchstöbert hatten.

Ein Reporter der *New York Times* erkundigte sich bei der Museumsleitung, wie sie eine solche durch Plünderungen erworbene Gabe aufnehmen würde, und erhielt eine frostige Antwort durch den Kurator George H. Story:

»Das Metropolitan Museum of Art nimmt keine erbeuteten Gegenstände an. Ich finde es allerdings ungeheuerlich, eine solche Anschuldigung im Zusammenhang mit Mr. Squiers' Angebot zu erheben. Er ist ein Ehrenmann und besitzt eine der kostbarsten Porzellansammlungen im Land... Einem Mann, der sich mit einem solchen Werk befaßt – der Sammlung chinesischer Kunst –, ist wohl kaum zu unterstellen, daß er Diebesbeute annehmen oder anbieten würde... Das Museum geht davon aus, daß Mr. Squiers, dessen Ehrenhaftigkeit außer Zweifel steht, seine Sammlung auf ehrliche Weise erworben hat.«

Squiers wurde später amerikanischer Gesandter in Kuba und Peru. Nach Morrisons Angaben beklagte sich Squiers bei ihm darüber, daß man ihn lediglich aufgrund von Zeitungsberichten über seine Plündereien nicht zum Gesandten in Peking ernannt habe und daß ebendiese Berichte auch verantwortlich dafür seien, daß er nicht für das Gouverneursamt von New York habe kandidieren können. Er gestand allerdings auch, er habe so viel Geld gemacht, daß es keine Rolle spiele. Einen kleinen Teil dieses Geldes verwendete er für den Kauf der 400-Tonnen-Yacht *Invincible*, die in England im Hafen von Cowes vor Anker lag.

Ein anderer, der sein Beutegut mit nach Amerika nahm, war Auguste Chamot, der Schweizer Besitzer des Peking-Hotels. Er und seine Frau Annie hatten 1895 in San Francisco geheiratet und waren dann nach Peking ausgewandert. Als sie acht Jahre später zurückkehrten, war der sechsunddreißigjährige Chamot ein reicher Mann. Die Lage seines Hotels im Gesandtschaftsviertel von Peking hatte ihm ausgezeichnete Gelegenheit verschafft, Diebesgut zu erwerben. Außerdem erhielt er eine Entschädigung von 200 000 Dollar für die erlittenen Gebäudeschäden an seinem Hotel. Einen Teil dieses Reichtums verwendeten die Chamots 1903 darauf, oberhalb der Tomales-Bucht in Inverness, im kalifornischen Marin County, ein Herrenhaus zu errichten. Die dreistöckige Villa mit Mansardendach war mit Beutestücken verschönt, zu denen ein Wandschirm des Kaisers Ch'ien-lung und ein aus den privaten Gemächern von Tz'u-Hsi entwendeter Kopfputz gehörten. Chamot unterhielt auf seinem Besitz eine Menagerie mit Pythons, Affen, Bären und Panthern. Er konsumierte an Bord seiner Yacht in der Bucht von San Francisco Champagner in zerstörerischen Mengen; eines dieser Gelage endete gar damit, daß das Schiff an der Hafenmole zerschellte. Nach drei Jahren hatte er sein gesamtes Vermögen verspielt, und als sein Haus beim großen Erdbeben 1906 zerstört wurde, war er gezwungen, sich vom Rest seiner erbeuteten Wertgegenstände zu trennen. Auf einer Reise nach New York, wo er die Sachen zum Verkauf anbieten wollte, verliebte er sich in eine Maniküre namens Betsy Dollar. Nach der Scheidung von seiner Frau heiratete er Betsy und hinterließ ihr, als er drei Jahre später seinem Alkoholismus erlag, 15 Cent – ein miserabler Wechselkurs.

Auch der Sommerpalast wurde »gnadenlos ausgeplündert«. Selbst die riesigen Buddhastatuen im Freien wurden umgestürzt, um ihr kostbares Inneres freizulegen. Der Tempel der Fünfhundert Buddhas, einer der wenigen Tempel, die 1860 der vollkommenen

Zerstörung entgangen waren, wurde diesmal niedergebrannt. Vom Ufer des Kunmingsees bis auf den Hügel hinauf erstreckte sich das Bild der Zerstörung, funkelnde Bahnen von zersplittertem Glas, Porzellan und Kristall.

Der neue britische Gesandte, Sir Ernest Satow, der als Nachfolger Sir Claude MacDonalds aus Tokyo kam, beschrieb eine Teestunde mit General Gaselee: »Wir unterhielten uns über die Kunstschätze im Sommerpalast, die sich die britischen und italienischen Offiziere gern aneignen möchten, und der General schlug vor, der Queen einen schönen Wandschirm, der hinter dem Thron steht, zum Geschenk zu machen. Ich riet ihm, sich lieber vorher zu erkundigen, ob Ihre Gnaden ein solches Geschenk überhaupt annehmen würde, und erinnerte ihn daran, wie wir die Russen wegen ihrer Plündereien angeprangert hatten.«

Das Tatarenviertel gegenüber den Gesandtschaften im Südwesten der Stadt stand unter amerikanischer Aufsicht. General Chaffee schlug sein Hauptquartier im Tempel der Landwirtschaft auf, einem über 100 Hektar großen, zypressenbestandenen Areal gegenüber dem Tempel des Himmels, den der Kaiser alljährlich im Frühjahr zu besuchen pflegte, um eine gute Ernte zu erbitten. Chaffee ließ große Löcher in die Tempelmauern brechen und Spiegelglasfenster einsetzen.

Als militärisches Hauptquartier der Briten diente der Tempel des Himmels, ein prachtvolles Bauwerk mit blauen Kuppeldächern, das die Ahnentafeln der Ching-Dynastie beherbergte. An der Nordseite war eine riesige Tafel für den kaiserlichen Himmel angebracht sowie acht Tafelkästen für alle Kaiser, die in den vergangenen 256 Jahren geherrscht hatten. Sie wurden ausnahmslos herausgebrochen und die Tafeln von britischen Offizieren für das Britische Museum fortgeschafft.

Graf Alfred von Waldersee, der Oberbefehlshaber der alliierten Truppen, der erst nach der Eroberung von Peking am Schauplatz der Ereignisse auftauchte, quartierte sich selbst im Palast der Kaiserinwitwe ein und installierte sein Hauptquartier in Tz'u-Hsis Arbeitsräumen im Ying-tai-Pavillon am südlichen See. Aus Deutschland hatte er sich zwar eine Feldbaracke aus Asbest mitgebracht, gab dann aber doch Tz'u-Hsis Privatgemächern den Vorzug. Von Waldersee erwarb zu seinem Zeitvertreib in Peking eine kostspielige chinesische Konkubine, mit der er sich im Bett der Kaiserinwitwe amüsierte. Als der Winter nahte, stellten seine Adjutanten Kanonenöfen auf, um die hohen Arbeits- und Wohnräume warmzuhalten. In der Nacht des

17. April 1901 setzten die Kanonenöfen die seidenen Wandbehänge im Ying-tai-Pavillon in Brand, und das herrliche Gebäude wurde zerstört. Von Waldersee rettete sich durch ein Fenster, während sein Stabschef, der zurückeilte, um Dokumente in Sicherheit zu bringen, in den Flammen umkam.

Auch die Kleriker bekamen ihren Anteil. Die amerikanischen Presbyterianer und Methodisten nisteten sich in den Häusern reicher chinesischer Adliger ein. Dies geschah mit Einvernehmen der Besitzer, die hofften, auf diese Weise den völligen Verlust ihres Eigentums vermeiden zu können. In Abwesenheit der Hauseigentümer verschafften sich die Missionare Geld, indem sie die Pelze und Kleidungsstücke, die sie fanden, verhökerten. Reverend E. G. Tewksbury bewohnte den Palast von Prinz Yu, einem Mitglied der Eisenhüte und direkten Nachfahren Nurhacis. Als Tewksbury sämtliche Besitztümer des Prinzen versteigerte, war Morrison unter den Käufern. Fünf Jahre später schrieb er in sein Tagebuch: »Ich eilte nach Hause, um den jungen Prinzen Yu zu begrüßen... Er war gekommen, um sich das Porträt einer seiner Ahninnen und zwei Ahnentafeln, die ich bei der Versteigerung gekauft hatte, zurückzuholen... Er kam in vollem Zeremoniengewand und mit großem Gefolge und muß hocherfreut gewesen sein über den Dienst, den ich ihm erwiesen habe. Die Sachen wären ihm längst ausgehändigt worden, aber er war nie gekommen, um sie zu holen. Ich wollte sie ihm selbst übergeben, um nicht von den Vermittlern unter Druck gesetzt zu werden.«

Da sein eigenes Haus niedergebrannt war, beanspruchte Morrison den Palast eines chinesischen Prinzen für sich, »ein richtiges Museum«, einschließlich einer großartigen Bibliothek. »Ich habe ihm die Scheiben in den Fenstern gelassen, sonst aber auch nichts.« Morrison ließ den Inhalt des Hauses an einen »sicheren Ort« verschiffen.

Zusammen mit den echten Beutestücken kam eine Flut von Fälschungen und Imitaten auf den Markt. Sie erzielten ebenso hohe Preise und fanden ihren Weg in die Museen, Kunstgalerien und Privatsammlungen in der ganzen Welt. Das Fälschen und Kopieren von Kunstwerken war in China, wo die Kaiser stets Kopien ihrer Sammlungen anfertigen ließen, eine anerkannte Praxis und galt seinerseits als Kunst. Den Angaben von Experten zufolge blühte der Handel mit Kunstfälschungen aus China in den Jahren nach dem Boxeraufstand auf.

Nicht einmal die Verwaltungsunterlagen der chinesischen Regierung blieben verschont, was einer der Gründe dafür ist, weshalb über diese Periode so wenig bekannt ist. Ein amerikanischer Missionar bemerkte: »Es existiert kein einziges Dokument mehr, weder von einem der sechs Ministerien, noch von irgendeiner Behörde, mit Ausnahme des Tsungli Yamen ... In der Nacht des 4. Juni 1901 wurde das Wu Ying Tien, ein Gebäude in der südwestlichen Ecke der Verbotenen Stadt, durch einen Brand, dessen Ursache umstritten ist, zerstört... In dem Gebäude waren die Staatsarchive mit sämtlichen Aufzeichnungen, Büchern, Erlassen und Entwürfen der Regierung aufbewahrt, und angegliedert war das Protokollbüro und das Büro eines der Staatssekretäre.«

Auf diese Weise gingen viele der Dokumente verloren, die geholfen hätten, Einzelheiten aus Tz'u-Hsis Leben zu rekonstruieren. Aber wozu sollten schon derartige Dokumente gut sein, da man doch im Begriff war, eine vollkommen neue Version der Geschichte zu erfinden?

Edmund Backhouse behauptete später, während der alliierten Besatzung von 1900 bis 1901 im Hause eines Hofbeamten namens Ching Shan, den er (fälschlicherweise) als den Rechnungsprüfer des kaiserlichen Haushalts bezeichnete, gewohnt und dessen geheimes Tagebuch sowie ungefähr 25 000 Bände seltener Werke der chinesischen Literatur entdeckt zu haben. Darauf stützte er dann seine Behauptungen über Tz'u-Hsi, die er im Verlauf des darauffolgenden Jahrzehnts mit allen Mitteln verunglimpfte. Das Tagebuch stammte aus seiner eigenen Feder.

22
Gespaltene Zunge

Kaum war die Belagerung beendet, wurden Berichte über das Martyrium veröffentlicht. Der Schnellste von allen war Morrison, der bereits während seiner Genesung eine chronologische Aufzeichnung für die *Times* angefertigt hatte. Sie war »innerhalb weniger Stunden nach der Befreiung« fertiggestellt – die Zeit, die es brauchte, um General Gaselee und andere zu den Vorgängen in Taku und Tientsin zu befragen. Dieser zuerst in der *Times* veröffentlichte und dann in verschiedenen Zeitungen in der ganzen Welt nachgedruckte Bericht wurde zur offiziellen Lesart der historischen Ereignisse. Doch er hatte seine dunklen Seiten, derer sich nur die wenigsten so bewußt waren wie Bertram Lenox-Simpson, dessen abfällige Bemerkung während der Belagerung hier Erwähnung verdient: »Das Schlimmste von allem ist, daß unser Oberbefehlshaber den einzigen Korrespondenten, M–, der sich von einer kürzlich erlittenen Schußverletzung erholt, unter seine Fittiche genommen hat, so daß seine Lippen versiegelt sein werden, wenn wir hier herauskommen... Es wird eine offizielle Darstellung und, unabhängig davon, eine geheime Version geben, und so wird niemand je begreifen, wieviel Unfähigkeit und Fahrlässigkeit im Spiel waren.«

Schon die Einleitung seines Berichts, der in zwei Teilen am 13. und am 15. Oktober 1900 erschien, sicherte Morrison die uneingeschränkte Zustimmung seiner Leser im Westen. Er lastete der Kaiserinwitwe die ganze Schuld an.

»Einer der alten chinesischen Weisen sagte voraus, daß China durch eine Frau vernichtet werden wird. Die Weissagung geht nun in Erfüllung. Wer hätte im September 1898, als die Kaiserinwitwe erneut nach der Macht griff, vorhersehen können, daß sie ihr Land in so kurzer Zeit in den Ruin führen würde? Die ausländerfeindliche, antichristliche Bewegung, die nun in der Besetzung Pekings durch die alliierten Mächte gipfelte... wurde vom ersten Augenblick an durch die Kaiserinwitwe und die ignoranten Reaktionäre, die sie sich als Ratgeber auszusuchen beliebte, unterstützt und gefördert.«

Seine Schuldzuweisung schmeichelte allen viktorianischen und eduardischen Vorurteilen, und sie lag ganz auf der bigotten Linie der nordchinesischen *Daily News*, die die »Kaiserinwitwe und ihre Bande« verteufelte und gleichzeitig die Rolle der Engländer glorifizierte. Das war vielleicht nicht weiter verwunderlich, aber dennoch war es auch eine Schande, da Morrison über das intellektuelle Rüstzeug verfügte, die Ereignisse in China gründlich und eigenständig zu bewerten. Morrison war jedoch kein objektiver und unabhängiger Beobachter mehr, sondern hatte sich auf die Seite der herrschenden Mächte geschlagen und bemühte sich, die westlichen Fehler zu vertuschen. Er hatte mitgeholfen, die Belagerung und die dadurch ausgelösten westlichen Vergeltungsschläge zu provozieren, die Angst der Belagerten nach seinem Geschmack in bestimmte Bahnen zu lenken, Privathäuser und -paläste auszuplündern, und nun half er mit, die ganze Sache zu vertuschen und bei der Schuldzuweisung das chauvinistischste Ziel anzuvisieren – die alternde und zunehmend desorientierte Kaiserinwitwe.

Als Beispiel mag sein wahrheitswidriger Bericht über die bis zum heutigen Tag mit einem Lügengespinst umwobene Zerstörung der unersetzlichen Hanlin-Bibliothek in unmittelbarer Nachbarschaft zur britischen Gesandtschaft dienen. Historisch und im Sinne allgemein anerkannter Wertvorstellungen stellt sie die wichtigste Einzeltat der westlichen Ausländer im gesamten Verlauf der Belagerung dar. Morrison behauptete in der *Times*, das Hanlin sei von den Chinesen selbst in einem sinnlosen Akt der Zerstörung niedergebrannt worden.

Die Hanlin-Akademie war ein etwa zwei Hektar großes Areal, das an den nördlichen Rand der britischen Gesandtschaft grenzte. Architektonisch bestand es aus einer Gruppe von typischen, um Höfe angeordneten chinesischen Ornamentalbauten mit verziertem Gebälk und Dächern aus glasierten Ziegeln. Um den hintersten Hof, der beinahe an die Stallungen und Dienstbotenquartiere der britischen Gesandtschaft stieß, standen ein paar Gebäude, in denen der wertvollste Schatz des Reichs aufbewahrt wurde – das gewissenhaft erhaltene Erbe der chinesischen Kultur aus Jahrtausenden, darunter Schrifttafeln, Werke der Geschichte, Literatur, Gedichtkunst, Philosophie und das einzige existierende Exemplar des großen *Yung Lo Ta Tien*, einer über 11 000 Bände zählenden Enzyklopädie, die unter dem Ming-Kaiser Yung Lo von Gelehrten zusammengetragen und 1408 vollendet worden war. Es handelte sich um ein Kompendium, in dem alles vereinigt war, was in China aus den vorangegangenen 2000 Jahren an Literatur und Wissen überlebt hatte. Zwei handschriftliche Kopien des Originals waren unter Kaiser Chia-ch'ing angefertigt worden. Die Urschrift und eine der Kopien waren bei der Belagerung der südchinesischen Provinzhauptstadt Nanking während des Taiping-Aufstands zerstört worden. Das Exemplar im Hanlin blieb als einziges seiner Art übrig. Die Hanlin-Bibliothek war in jeder Hinsicht das Nationalarchiv des chinesischen Volkes.

Am Morgen des 21. Juni, kurz nach dem offiziellen Beginn der Belagerung und zu einem Zeitpunkt, als sich die Stimmung noch am Rande einer Panik befand, wurden die Gesandtschaften vom Kriegsministerium am Ende des Wagenparks und vom Dach des großen Tempels auf dem Hanlin-Gelände aus beschossen. Niemand wurde getroffen, weil die Schüsse wie gewöhnlich einfach in die Luft abgegeben wurden, aber die Menschen, die sich in der britischen Gesandtschaft aufhielten, waren überaus nervös. Sie befürchteten, daß die Chinesen versuchen würden, sie auszuräuchern, indem sie die angrenzenden Gebäude anzündeten.

In der darauffolgenden Nacht, die italienische Gesandtschaft war gerade niedergebrannt worden, zündeten die Russen ein paar leerstehende chinesische Häuser zwischen ihren Botschaftsgebäuden und den Stallungen der Briten an und leisteten damit der Angst vor möglichen Brandstiftungen weiteren Vorschub. Vorschläge wurden laut, das nächststehende Hanlin-Gebäude, das sich sehr dicht neben dem Haus der britischen Sprachstudenten und Dienstboten befand, niederzureißen. (Es wird immer wieder behauptet, daß diese Gebäude nur eine Armlänge voneinander entfernt waren, an die Gesandtschaft stießen und die Dienstbotenquartiere überkragten, aber in Wahrheit trennten sie ungefähr fünf Meter.)

Morrisons Bericht in der *Times* liest sich folgendermaßen:

»Dem Vorschlag, ein zur Hanlin-Akademie gehörendes unbedeutendes Gebäude, das im Norden an die Gesandtschaft stößt, abzureißen, wurde die Zustimmung verweigert. Eine solche Entweihung, hieß es, würde das Feingefühl der chinesischen Regierung verletzen. Es sei ›das heiligste Bauwerk in China‹. Hand daran zu legen, und sei es, um das Leben belagerter Frauen und Kinder zu schützen, war aus Furcht, das Feingefühl der chinesischen Regierung zu verletzen, undenkbar!...

Vom Hanlin wehte ein kräftiger Wind in die Gesandtschaften herüber, da zwischen dem nächstgelegenen Gebäude und der Residenz des Botschafters nur wenige Meter lagen. Im Falle eines Feuers wäre das Haus des Botschafters in Gefahr gewesen. Plötzlich hörten wir einen Feueralarm. Rauch stieg aus dem Hanlin auf. Das ehrwürdigste Gebäude Pekings, die Kaiserliche Akademie, Mittelpunkt chinesischer Gelehrtheit mit seiner unersetzlichen Sammlung an Büchern und Handschriften, stand in Flammen. Jeder, der gerade keinen Dienst tat, eilte zur hinteren Begrenzung der Gesandtschaft. Das Hanlin war im Verlauf der Nacht von kaiserlichen Soldaten besetzt worden, die in ihrer Besessenheit, die Ausländer zu vernichten, nicht zögerten, die Gebäude anzuzünden. Als erstes mußte der Tempel geräumt werden. Eine Bresche wurde in die Mauer geschlagen; mit Hauptmann Poole an der Spitze stürmte ein Trupp Marinesoldaten und Freiwillige herein, der sich teilte, die Höfe durchkämmte und zum Hauptpavillon mit seinen prachtvollen Säulen und Gedenktafeln zurückkehrte. Chinesen rannten von anderen brennenden Pavillons zum Haupteingang [des Hanlin]. Sie waren völlig überrumpelt, und viele von ihnen wurden getötet, aber sie hatten ihr böses Werk vollbracht. Weitere große Bibliotheken wurden von den siegreichen Eindringlingen vernichtet. Was soll man von einer Nation halten, die ihr heiligstes Bauwerk, den Stolz und Ruhm ihrer Gelehrten über Jahrhunderte, zerstört, um Rache an den Ausländern zu üben?

Zum Schutz der Gesandtschaft war es notwendig, das Werk der Zerstörung fortzusetzen und die Bibliotheksgebäude niederzureißen. Unter großen Schwierigkeiten, mit unzulänglichem Werkzeug, wurde der Abbruch der Gebäude bewerkstelligt. Bäume, die unsere Stellung gefährdeten, wurden gefällt. Es wurde der Versuch unternommen, Teile der wertvolleren Handschriften zu retten, aber da unmittelbar Gefahr im Anzug war, gelang es nur in wenigen Fällen. Sobald das Feuer entdeckt wurde, schickte Sir Claude MacDonald einen Boten in das Tsungli Yamen, der die Verantwortlichen über den Brand informierte und sie drängte, Beamte herüberzuschicken und die Bände, die zu retten waren, wegzuschaffen, aber dieser höflichen Aufforderung wurde keine Beachtung geschenkt.«

Dieser Bericht fand sein Echo in den Erzählungen anderer britischer Botschaftsangehöriger, die den Eindruck machten, als verfolgten sie alle dasselbe Ziel. In seiner für die Veröffentlichung überarbeiteten Tagebuchfassung hatte Hewlett für den 22. Juni eingetragen: »Sir Claude gab den Befehl, ein Loch in die Mauer zum Hanlin zu brechen, um eine Verbindung zu schaffen, falls Feuer gelegt oder Gebäude abgerissen werden sollen...«

Lancelot Giles, dessen Tagebuch ebenfalls für die Veröffentlichung redigiert wurde, schrieb unter demselben Datum: »In der Nacht wurde eine Lücke in die Nordmauer der Gesandtschaft geschlagen und eine Patrouille in das Hanlin geschickt.«

Alle diese Berichte beschreiben ein und dasselbe Ereignis, aber sie enthalten eine Reihe merkwürdiger Abweichungen.

Dem britischen Autor und Journalisten Peter Fleming beliebte es, in seinem Ende der fünfziger Jahre erschienenen, spannend geschriebenen Buch *Die Belagerung zu Peking* der von Morrison, Giles und Hewlett vertretenen offiziellen Version zu folgen. Er stellt die Ereignisse übereinstimmend dar und fügt hinzu: *»Die Chinesen setzten das Hanlin in Brand, indem sie sich systematisch von Hof zu Hof vorarbeiteten... Ein paar unversehrte Bücher und Handschriften wurden mehr oder weniger zufällig von Sinologen vor der Vernichtung gerettet«* (Hervorhebung durch den Autor). Fleming schließt: »Ein so mutwilliger und hemmungsloser Vandalismus wäre schwer zu verzeihen, hätte er sich in einer eroberten Stadt als Vergeltungsschlag zugetragen. Die Geschichte kennt kein vergleichbares Beispiel eines kulturellen *felo de se* (das heißt, einer Kultur, die sich selbst einen solchen Akt der Zerstörung zufügt).« Tatsache ist, daß die Chinesen es auch nicht taten. Die Wahrheit ist viele Jahre lang vertuscht worden. Tatsächlich drangen am Abend vor dem »Brand« britische Soldaten über die Mauer in das Hanlin ein und trafen dort keine Chinesen außer ein paar weiblichen Aufsichtspersonen an. Hauptmann Francis Garden Poole, ein britischer Soldat, der gerade rechtzeitig zur Belagerung nach Peking geschickt worden war, um Chinesisch zu lernen, war für diesen Verteidigungsabschnitt verantwortlich und liefert in seinem stichwortartigen, unveröffentlichten Tagebuch die wirklichen Daten und Fakten:

»22. Juni: Heute nachmittag drei Uhr zündete F[eind] unter heftigem Beschuß ein Haus im südwestlichen Winkel [der Gesandtschaft] unweit der Stallungen an. Sie versuchten, unsere Botschaft in Brand zu setzen... Ich befürchtete, sie könnten uns vom Hanlin aus unter Beschuß nehmen, also Aufbruch in der Dämmerung mit [Hauptmann] Strouts. Fünfzehn Leute, zehn Marinesoldaten, drei Männer vom Zoll, Ben und ich selbst überkletterten die Mauer mit einer Leiter. Vermutlich war ich der erste Europäer, der (je) den Fuß in das Hanlin setzte... Wir erkundeten das Gelände bis hinunter zur Kanalstraße, fanden aber niemanden außer ein paar chinesischen Frauen... Kehrten zurück, erstatteten Vorgesetztem Bericht, daß alles klar, unmöglich, das Gelände die ganze Nacht über zu besetzen, zu wenig Leute.«

MacDonald befahl ihnen am nächsten Morgen, dem 23. Juni, zurückzukehren. Poole berichtete darüber so: »Mußte Trupp hineinführen, F[eind] vertreiben und Hanlin besetzen... Mit zehn b[ritischen] Marinesoldaten, fünf Freiwilligen der Zolltruppe, Morrison und Barr eine Bresche in die Gesandtschaftsmauer schlagen und unverzüglich eindringen.«

Hauptmann Poole berichtete, daß er lediglich im großen Tempel am Eingang des Hanlin auf 250 Männer der Moslemtruppen stieß, die er rasch in die Flucht schlug, worauf diese analphabetischen Soldaten den großen Tempel aus Rache anzündeten. Das Feuer griff auf das nächste der Bibliotheksgebäude über, das Pooles Männer, um das Feuer unter Kontrolle zu bekommen, ohne Zögern niederreißen mußten. Da der Wind bald darauf drehte, war das Feuer innerhalb von 30 Minuten unter Kontrolle. Es gab keine weitere Brandstiftung.

Was dann folgte, ist in dem Bericht eines anderen Betroffenen der Belagerung, des amerikanischen Missionars Arthur H. Smith, nachzulesen. Er gehörte zu den westlichen Ausländern verschiedenster Nationalitäten, die sich an den Löscharbeiten im Hanlin beteiligten. Sein unspektakuläres, 1901 in niedriger Auflage veröffentlichtes Bändchen fand wenig Beachtung. Smith war kein Gesandtschaftsangehöriger und konnte sich keinen Vorteil versprechen, wenn er log; sein Bericht ist also nüchtern und unverhohlen:

»Jeder verfügbare Mann wurde herangezogen, Wassereimer vom nächsten Brunnen weiterzureichen, die kleinen Feuerspritzen zu bedienen und Bäume zu fällen – unter großen Mühen und nicht geringer Gefahr, unter den Stämmen begraben zu werden... Eines der großen Gebäude in der Nähe der Gesandtschaft mußte zu unserer Sicherheit abgerissen werden. Es war ein schwieriges und gefährliches Unterfangen, denn es handelte sich um ein hohes Gebäude mit soliden Stützen und schwerem Dachgebälk.« In der Zwischenzeit schwärmten viele Schaulustige, unter ihnen Edmund Backhouse, wie Ameisen in einer Zuckerschale umher und schleppten Berge unbezahlbarer chinesischer Bücher, Handschriften und Schriftrollen davon. Sir Claude ordnete an, daß die Bücher aus der Bibliothek in die Gesandtschaft gebracht werden sollten, um ihren Diebstahl zu verhindern, aber in den meisten Fällen kam die Bemühung zu spät.

Smith fährt fort:

»Etwa zu dem Zeitpunkt, als die Gefahr am größten war, konnten die Feuerwehrleute und ihre Helfer neuen Mut schöpfen, da der Wind plötzlich nach Nordwesten drehte. In dem Gebäude, das dem abgerissenen unmittelbar benachbart war, reihten sich dicht an dicht Bücherschränke mit den erwähltesten Werken der Hanlin-Universität, insbesondere einer gewaltigen, nach ihrem kaiserlichen Schirmherrn benannten Sammlung namens *Yung Lo Ta Tien*, einer Enzyklopädie chinesischer Literatur von enormem Umfang, die nie gedruckt, sondern handschriftlich kopiert worden war. Es heißt, daß dies das einzige noch existierende Exemplar in China sei...

Die Bücher der Enzyklopädie mit ihren gelbseiden bezogenen Einbänden füllten eine ganze Reihe der schweren Schränke. Jeder Band war fünfzig Zentimeter hoch, dreißig Zentimeter breit und etwa zweieinhalb Zentimeter dick, und auf dem Einband war ein leuchtender Seidenstreifen mit den vier Schriftzeichen seines Titels aufgeklebt. Für die Marinesoldaten und viele andere, die an den Löscharbeiten beteiligt waren und halfen, das bedrohte Gebäude leerzuräumen, unterschieden sich diese Bücher nicht von den vielen anderen unentzifferbaren Werken, die in der Verwirrung dieses denkwürdigen Tages umherflogen...

Als nicht mehr auszuschließen war, daß dieses Gebäude mit den anderen ein Raub der Flammen werden würde, waren die wertvollen Bände bald unter Bergen anderer Bücher verschwunden. Zwar wurde der Versuch unternommen, diese grandiose Enzyklopädie des Wissens zu bergen, aber es konnten nur wenige hundert Bände zusammengetragen werden, der Rest war nicht mehr zu finden. Einige wurden zusammen mit anderen Büchern und Handschriften in den Lotusteich geworfen und unter Schutt begraben, damit sie nicht massenweise Feuer fingen. Zu einem späteren Zeitpunkt, als sie bereits durch die Löscharbeiten und vom Regen so durchweicht waren, daß sie anfingen zu modern, wurde (von Sir Claude) die Anordnung erlassen, sie mit Erde zu bedecken, damit sich der Schimmel nicht ausbreitete. Mit der Ausführung dieses Befehls wurde alles, was von der alten kaiserlichen Akademie Chinas übrig war, offiziell zu Grabe getragen!

Auf dem gesamten Gelände des Hanlin entgingen den Flammen lediglich ein Ching Yi ting genanntes Gebäude (inzwischen leer bis auf elf Tafeln mit den eingeschnitzten Worten des Weisen Ts'engtzu), *das Gebäude, das die erwähnte Enzyklopädie beherbergte* [Hervorhebung durch den Autor], sowie drei kleinere dahinterliegende Pavillons. Im ersten Bau waren, wie in vielen anderen, Hanlin-Aufsätze und die Druckstöcke für zahlreiche chinesische Werke, in der Hauptsache Dichtung, untergebracht, die, wenn sie sich erst einmal entzündet hatten, rasch ein Raub der Flammen waren. Die Druckstöcke, die verschont blieben, wurden auf dem ganzen Gelände verstreut, als Feuerholz oder als Baumaterial für die Barrikaden verwendet.

Das größte literarische Monument des ältesten Volkes der Welt wurde an einem einzigen Nachmittag ausgelöscht, und die hölzernen Druckstöcke der wertvollsten Werke wurden vom Feuer zerstört oder von britischen Soldaten für den Barrikadenbau und als Brennmaterial mißbraucht. Unersetzliche Schätze der Literatur wurden in Lotusteiche geworfen, vom Wasser durchtränkt zum Löschen benutzt und später, nachdem sie zu modern begonnen hatten, vergraben, damit sich der unangenehme Geruch nicht ausbreitete. Kostbare Kampferholzschränke, in denen Yung Los einzigartige Enzyklopädie aufbewahrt worden war, wurden nun, mit Erde gefüllt, zu Bestandteilen der Verteidigungsanlagen, während sich die unzähligen Bände, aus denen sich dieser großartige Wissensschatz zusammengesetzt hatte, in alle Winde zerstreuten und vermutlich in allen Bibliotheken Europas und zahllosen Privatsammlungen verschwanden. Nicht wenige der Bücher moderten auf den allgemeinen Papierbergen vor sich hin und wurden mit den anderen vergraben.

Tausende von Hanlin-Aufsätzen flogen in der Gegend herum und wurden vom Wind zerfleddert oder dienten den Soldaten zum Feuermachen. Seltene Ausgaben der erlesensten Werke ersetzten fast zwei Monate lang das Makulaturpapier der gesamten Botschaft; sie fanden sich in den Küchenräumen, von den Kulis als Schulterpolster unter ihren Lasten verwendet, und lagen stapelweise auf der Straße, wo sie von vorüberrollenden Rädern zu Fetzen zermalmt wurden.

Von 20 oder 25 Gebäuden blieben nur zwei erhalten, und auch von diesen war wenige Monate später [nach der Belagerung] keine Spur mehr zu sehen. Sie waren vom Gelände des Hanlin entfernt worden, das nun zum Areal der britischen Gesandtschaft gehörte.«

Smith weist also, was andere bestätigen, in schonungsloser Deutlichkeit darauf hin, daß das Hauptgebäude der Hanlin-Bibliothek *nicht* von den Chinesen niedergebrannt wurde, sondern – dank einer Änderung der Windrichtung – zu den beiden Bauten gehörte, die noch standen, als die Belagerung zu Ende ging und erst *nach der Belagerung* abgerissen wurde, als man die britische Gesandtschaft um das Hanlin-Gelände erweiterte. Die Bestände dieses großartigen Archivs wurden nicht etwa von den Chinesen zerstört, sondern von Briten, Amerikanern, Russen, Franzosen und Europäern anderer Nationalitäten geplündert. (Die Russen gaben später als diplomatische Geste 15 Bände des *Yung Lo Ta Tien* zurück.)

Das läßt Flemings schulmeisterhafte, an früherer Stelle zitierte Bemerkung in einem ganz anderen Licht erscheinen: »Ein so mutwilliger und hemmungsloser Vandalismus wäre schwer zu verzeihen, hätte er sich in einer eroberten Stadt als Vergeltungsschlag ereignet.« (Die meisten Wissenschaftler und Autoren teilten Flemings Meinung und waren der Überzeugung, daß den Chinesen die Schuld zuzuweisen war.)

Offensichtlich erfüllten die Vorkommnisse während der ersten angespannten Tage der Belagerung, einschließlich der Plünderung und Zerstörung des Hanlin, Sir Claude mit Unbehagen, so daß er es vorzog, der chinesischen Regierung weiszumachen, die Bibliothek und ihre Schätze seien von den Chinesen selbst angezündet und zerstört worden. Morrison erklärte, wie wir gesehen haben, in der *Times*, ein Bote sei mit Sir Claudes Mitteilung zum Tsungli Yamen geschickt worden, aber niemand habe seiner »höflichen Aufforderung Beachtung geschenkt«. Hewlett dagegen, Sir Claudes Sekretär und später für seine Verdienste als Diplomat in China geadelt, ließ in seinem Tagebuch durchblicken, daß zwar *geplant* war, einen Boten zum Tsungli Yamen zu schicken, daß dieser Plan aber nie durchgeführt wurde, weil sich niemand bereit fand, zu gehen. Morrisons Behauptung, die Chinesen hätten Sir Claudes Botschaft ignoriert, ist also nicht nur eine Lüge, sondern zielt bewußt darauf ab, Entrüstung bei den Lesern hervorzurufen. Immer wieder unterstellt Morrison, daß all diese Ereignisse ohne die Kaiserinwitwe und ihre Bande nicht stattgefunden hätten.

In seinen »Persönlichen Erinnerungen an die Belagerung« streift Sir Claude die ganze Episode lediglich und bemerkt vorsichtig: »Es blieb nur ein einziges Gebäude, dessen schwere Holztraufen die Studentenquartiere der Gesandtschaft überschatteten und beinahe berührten, vollkommen unversehrt.«

In seinem privaten unveröffentlichten Tagebuch gesteht Morrison ein, daß die Hanlin-Bibliothek durch den Brand, den die chinesischen Soldaten an den Außentoren gelegt hatten, nur geringfügig beschädigt wurde und daß das eigentliche Niederbrennen der Gebäude, die Zerstörung der Bibliothek und das Verschwinden ihrer literarischen Schätze auf das Konto der Ausländer aus den Gesandtschaften ging: »Es wurde beschlossen, die zwei nächststehenden Gebäude leerzuräumen. Die leicht entflammbaren Bücher darin, die wertvollsten im ganzen Reich, wurden massenweise in den Teich vor dem Sommerhaus geworfen, dann wurde das Gebäude unter großen Mühen abgerissen... Cockburn [der leitende Dolmetscher der Briten] fürchtete, daß Horden von chinesischen Soldaten herbeistürmen würden, um die Zerstörung dieses historischen und heiligsten Bauwerks im ganzen Reich zu rächen.«

Aber nichts dergleichen geschah. Die Soldaten gegenüber dem Hanlin und auf der Tatarenmauer waren zu diesem frühen Zeitpunkt der Belagerung moslemische Chinesen aus Kansu und Turkestan, die, des Lesens und Schreibens unkundig, die Tragweite dessen, was geschehen war, gar nicht erfassen konnten. Es ist unwahrscheinlich, daß sie überhaupt wußten, was die Hanlin-Akademie war. Das eigentlich Erstaunliche ist, daß der Mandschu-Hof selbst nicht auf die Freveltat reagierte, doch war er oft unzureichend informiert.

Morrison gab sich in der *Times* alle Mühe, die britische Öffentlichkeit gegen die Chinesen aufzubringen und ihnen (oder den Franzosen und Österreichern) alle Schuld für das, was während der Belagerung schiefgegangen war, in die Schuhe zu schieben. Um die erlittenen Entbehrungen in den Gesandtschaften anschaulicher zu machen, log er: »Keine Lebensmittel durften die Linien der Chinesen passieren, aber am 18. Juli schickten chinesische Beamte der britischen Gesandtschaft in einer Geste der Überheblichkeit ein paar Melonen, Eis und einen Sack Mehl.« Morrison unterließ es, zu erwähnen, daß die Gesandtschaften während der Unruhen vom 13. bis 16. Juni einen Wagenzug in ihre Gewalt brachten, der Tributgetreide aus der Provinz Honan in die Verbotene Stadt bringen sollte – 200 Tonnen Weizen, eine entsprechende Menge an weißem und braunem Reis und Mais. Er vergaß auch, den von Jung-lu geförderten Markt mit frischem Gemüse und Obst, den Schwarzhandel mit Eiern und die Tausenden von erbeuteten Champagnerkisten zu erwähnen.

In seinem Zeitungsbericht über den Mord an von Ketteler verschwieg Morrison die Schikanen und Schüsse des Barons gegen die Chinesen in den Tagen vor der Belagerung ebenso wie die Mißhandlung und Ermordung des chinesischen Jungen. Für dieses Versäumnis wurde Morrison in einem Brief von Edith Blake, der Frau des Gouverneurs von Hongkong, Sir Henry Blake, getadelt: »Soeben habe ich mit großem Interesse Ihren Bericht über die Belagerung gelesen. Meinen Sie nicht, daß die Tatsache, daß Baron von Ketteler den Boxerjungen in der deutschen Botschaft erschossen hat und die deutschen Wachsoldaten in den Straßen der Chinesenstadt auf singende Boxer schießen ließ... einiges mit seiner Ermordung zu tun hat? Mir wurde berichtet, daß Baron von Ketteler das getan hat, bevor die Belagerung der Gesandtschaften begann.«

In der *Times* schrieb Morrison:

»Im übrigen ist es offensichtlich, daß die chinesischen Gesandten im Ausland die ganze Zeit über versuchten, die ausländischen Regierungen durch die Behauptung hinters Licht zu führen, die Angriffe auf die Gesandtschaften und der Beschuß des Geländes, das von Frauen und Kindern wimmelte, seien das Werk gesetzloser Rebellen gewesen, denen die Regierung gern das Handwerk gelegt hätte, gegen die sie aber machtlos sei. In Wirklichkeit waren die Angriffe auf die Gesandtschaften von der Kaiserinwitwe angeordnet und von den hohen Regierungsbeamten Jung-lu, Tung Fu-hsiang und Li Ping-heng geplant worden, mit dem ausdrücklichen kaiserlichen Befehl, die Gesandtschaften durch Feuer, Schwert oder Hunger zu entvölkern.«

Edith Blake griff auch dieses Thema auf und hielt Morrison vor: »Mir scheint, wenn die Regierenden in China die Westmächte hinters Licht führen wollten, hätten sie ihre Gesandten in London und Washington ganz sicher nicht wissen lassen, welches Spiel sie in Peking spielten.«

Als Morrisons Bericht über die Belagerung erschien, wurde er als Held gefeiert. Man nannte ihn den »Chinesen-Morrison« und »Morrison von Peking«, und seine Journalistenkollegen gingen ihm um den Bart. Der Auslandskorrespondent H. A. Gwynne schrieb ihm aus Südafrika: »Ich habe... Ihren brillanten Bericht über die Ereignisse in Peking gelesen. Es war ein wirklich erstklassiger Bericht, und er war vor allen Dingen sehr objektiv. Denn man konnte unschwer erkennen, daß jede Tatsache überprüft und ohne Übertreibung und

Beschönigung gewissenhaft wiedergegeben wurde. Diesen Eindruck hat er jedenfalls auf mich und alle anderen, die ihn gelesen haben, gemacht.«

Sofern die Redakteure der *Times* überhaupt Zweifel an Morrisons Version der Ereignisse hatten, ließen sie es sich nicht anmerken. Sie priesen Morrisons »klaren Blick und sachliches Urteil« und verteidigten ihn gegen seine Kritiker:

»Seine Aussagen wurden oft von offizieller Seite in Frage gestellt, und manchmal wurde ihnen offiziell widersprochen. Sie haben sich jedoch, in kleinen wie in großen Dingen, fast ausnahmslos als richtig erwiesen... Was er erzählt, ist in der Hauptsache das, was er mit eigenen Augen sah, als er in der britischen Gesandtschaft um sein Leben kämpfte. Irrtümer sind ausgeschlossen. Weder die Urteilsfähigkeit noch die Glaubwürdigkeit des Zeugen sind zu bestreiten. Seine Aussage rechtfertigt die schwersten Befürchtungen, die gegen die Kaiserinwitwe und ihre Anhänger gehegt wurden. Er bestätigt, daß sie persönlich verantwortlich sind für die schlimmsten von den ›Boxern‹ verübten Verbrechen.«

Indem sie Morrison auf die Schulter klopften, klopften sie sich selbst auf die Schulter und erhoben seine Bosheiten für fast das ganze kommende Jahrhundert zum Evangelium.

Morrison warf dem Oberbefehlshaber Jung-lu vor, die »Befehle der Kaiserin« befolgt und die Gesandtschaften angegriffen zu haben. Dafür wurde er von seinen japanischen Freunden kritisiert und der Tatsachenverdrehung bezichtigt. Der Schaden war jedoch schon angerichtet, und er versuchte die Japaner zu beschwichtigen, indem er in seine späteren Berichte positive Bemerkungen über den Mann einstreute, der (mit Tz'u-Hsis Unterstützung) ihm und allen seinen Freunden höchstwahrscheinlich das Leben gerettet hatte. Er schrieb an Bland: »Wie recht ich hatte, ein Wort zu Jung-lus Gunsten zu sagen... Die Japaner bestehen sehr energisch darauf, daß wir Jung-lu unterstützen und die Versicherungen von Yuan [Shih-kai], Chang [Chih-tung] und Liu [Kun-yi, Vizekönig von Kiangsu, Kiangsi und An-wei] glauben, die behaupten, er habe im entscheidenden Kampf der Seite der Ausländer sehr gedient.«

Offensichtlich war in Morrison die Erwartung geweckt worden, daß er mit einigem Recht hoffen konnte, geadelt zu werden, sofern er Großbritannien in seinem Bericht über die Belagerung in einem ausreichend günstigen Licht erscheinen ließ. Es gibt zwar keine direkten Beweise dafür, daß Sir Claude ihm ein solches Versprechen gab, aber andere Bewohner der Gesandtschaft waren davon überzeugt.

Robert Hart gab sich keiner Täuschung über Morrisons feindselige Berichterstattung hin: »Es wäre interessant, eine wirklich verläßliche chinesische Darstellung dessen, was 1900 im Palast und in Peking vorging, zu bekommen. Wie die Dinge liegen, stellen wir Vermutungen an, ziehen Schlüsse, zählen dies und das zusammen, kennen aber die Tatsachen nicht.«

Hart hatte Morrison bei ihrer ersten Begegnung im Jahre 1897 sympathisch gefunden, aber die Beziehung zu ihm kühlte ab, als er Morrisons Zynismus, seine Verachtung für die Chinesen und ihre Kultur und die Unbekümmertheit, mit der er seine Moralvorstellungen dem Vorantreiben seiner Karriere anpaßte, zu durchschauen begann. Was er während der Belagerung an Morrison und anderen beobachtete, verärgerte ihn. Aber er war Großbritannien gegenüber loyal. Obwohl er später ausführlich über die Boxeraffäre schrieb, ging er mit keinem Wort auf die Plünderung und Brandschatzung des Hanlin ein, weder öffentlich noch privat. Seine Reaktion auf Morrisons Artikel in der *Times* war zurückhaltend und unverbindlich: »Ich nehme an, daß ihn seine eigenen leidvollen Erfahrungen bewegt haben, einen rachsüchtigeren Ton anzuschlagen, als er das normalerweise getan hätte: dies ist nicht der Zeitpunkt für Sentimentalitäten – der *gesunde Menschenverstand* ist es, der jetzt am meisten not tut.« Er erwähnte auch weder die Umstände, die zur Ermordung von Kettelers geführt hatten, noch die Beschlagnahmung und Plünderung von Prinz Sus Palast oder die sträfliche Vernachlässigung der chinesischen Christen im Fu – alles Einzelheiten, die er zu peinlich fand, um darüber zu reden. Einen bissigen Kommentar gab er lediglich im Hinblick auf Admiral Seymour ab, der seiner Meinung nach den Ablauf der Ereignisse verändert hätte, wenn er auf seine Züge verzichtet und die letzten 30 Meilen bis Peking zu Fuß zurückgelegt hätte. Hart sah die Schuld an der Belagerung berechtigterweise eindeutig bei den Alliierten, und er äußerte sich überrascht darüber, daß die Chinesen das Gesandtschaftsviertel nicht gestürmt hatten: »Es scheint denkbar, daß sich irgend jemand für unseren Schutz verwandte: Die Angriffe wurden nicht in der zahlenmäßigen Stärke durchgeführt, die der Regierung zur Verfügung stand – sie wurden nie bis zum Ende geführt, sondern flauten immer gerade dann ab, wenn wir ihren Sieg zu befürchten begannen... Ihr merkwürdig halbherziger Charakter ermöglichte es uns nicht nur, sie unbeschadet zu überstehen, sondern ließ auch den Interventionstruppen Zeit, zu kommen und uns zu befreien.« Er gestand den Boxern eine im Grunde patriotische Motivation zu: »In 50 Jahren wird es Millionen von Boxern geben... Die Saat, die in der Erde ist, wird früher oder später aufgehen.« Mit diesem Urteil hatte er, wie in vielen anderen Dingen, recht.

Morrisons Verteufelungen der Kaiserinwitwe in seinen Artikeln für die *Times* gingen in die Geschichte ein. Lim Boon-keng sprach in seinem 1901 erschienenen Buch von ihrer »Komplizenschaft in der Kampagne gegen Ausländer« und nannte sie die »Seele der verbrecherischen Verschwörung«, die »imstande war, alle Mandschu und die von ihnen befehligten Soldaten zu beherrschen«.

Mit einer einzigen Ausnahme decken sich alle Biographien Tz'u-Hsis mit Morrisons Linie. In der von Charlotte Haldane 1965 verfaßten Biographie heißt es zum Beispiel: »Am 13. Juni 1900 stießen die chinesischen Wölfe, endlich durch die Kaiserinwitwe, ihre Mütterliche Schutzpatronin, entfesselt, auf ihre Feinde nieder und bliesen zum erbarmungslosen Sturm auf die Gesandtschaften, entschlossen, sie dem Erdboden gleichzumachen.« Blanker Unsinn. Dennoch wird sogar in der *Cambridge History of China* behauptet, die Kaiserinwitwe habe einen »Vernichtungsangriff auf die Gesandtschaften« für notwendig erklärt.

Die vielleicht schändlichste Lüge westlicher Autoren war der Versuch, Tz'u-Hsi die Verantwortung für die grausige Ermordung von 45 Ausländern – Missionare und ihre Frauen und Kinder – am 9. Juli 1900 im Haus des Gouverneurs Yu Hsien in Taiyuan anzulasten. Erst nach dem Einmarsch der Alliierten in Tientsin, der Besetzung der Stadt und dem daraus folgenden offiziellen Beginn des Kriegszustands war es an anderen Orten zu ernsthaften und brutalen Ausschreitungen gegen Ausländer gekommen, nicht durch Boxer, sondern durch erbitterte und rachsüchtige Mandschu und chinesische Beamte. Dabei tat sich insbesondere Yu Hsien hervor – einer der beiden Männer, die den Boxern anfangs in Shantung den Rücken gestärkt hatten, und der sich dort mit den ausländischen Missionaren eine permanente Schlacht geliefert hatte, bevor er nach Shanxi versetzt worden war. Er befahl in kalter Wut, alle Missionare der Provinz, angeblich zu ihrem Schutz, in die Hauptstadt zu bringen, und überwachte dann persönlich die Enthauptung aller dieser Menschen – Männer, Frauen und Kinder. Ein großer Teil des Schreckens, der sich in der westlichen Vorstellung mit den Boxern und der Belagerung von Peking verbindet, geht auf dieses schreckliche Ereignis im weitab gelegenen Westen Chinas zurück. Ein Augenzeuge beschrieb die Hinrichtungen:

»Der erste, der nach vorn geführt wurde, war Mr. Farthing. Seine Frau klammerte sich an ihn, aber er wies sie sanft weg, trat vor die Soldaten und kniete nieder, ohne ein Wort zu sagen, und sein Kopf wurde mit einem Schwertstreich des Scharfrichters abgeschlagen. Gleich darauf folgten Mr. Hoddle und Mr. Benyon, Dr. Lowitt und Dr. Wilson; alle wurden mit einem Streich vom Scharfrichter enthauptet. Dann wurde der Gouverneur Yu Hsien ungeduldig und befahl seinen Leibwächtern, die schwere Schwerter mit langen Griffen trugen, die anderen töten zu helfen...

Als die Männer erledigt waren, kamen die Frauen an die Reihe. Mrs. Farthing hielt ihre Kinder, die sich an sie klammerten, an der Hand, aber die Soldaten trennten sie und enthaupteten die Mutter mit einem Streich. Der Scharfrichter enthauptete alle Kinder und tat es geschickt, mit nur einem Schlag... Mrs. Lowitt trug ihre Brille und hielt die Hand ihres kleinen Jungen sogar noch fest, nachdem sie getötet worden war.

Nachdem die Protestanten getötet waren, wurden die Katholiken nach vorn geführt. Der Bischof... fragte den Gouverneur, warum er diese üble Tat beginge. Soweit ich hörte, gab ihm der Gouverneur keine Antwort, er zog sein Schwert und hieb es dem Bischof mit einem schweren Streich übers Gesicht; Blut floß über seinen weißen Bart, und er wurde enthauptet. Die Priester und Nonnen folgten ihm rasch nacheinander in den Tod...

An diesem Tag wurden im ganzen 45 Ausländer enthauptet... Alle Leichen wurden bis zum nächsten Morgen am Ort der Hinrichtung liegengelassen... Einige der Köpfe... wurden in Käfigen auf die Stadtmauer gestellt. Jedermann war überrascht über die Festigkeit und Ruhe der Ausländer, von denen niemand außer zwei oder drei Kindern geweint oder einen Laut von sich gegeben hatte.«

Drei Wochen später, Ende Juli, als die alliierten Truppen nach Peking vorrückten, wurde tatsächlich in einem Aufruf die Enthauptung aller Ausländer angeordnet. Dieser Hinrichtungsbefehl wurde persönlich und unter seinem Siegel von dem Mitglied der Eisenhüte Prinz Chuang ausgegeben, nicht von der Kaiserinwitwe.

Die Welt erfuhr erst etliche Wochen nach Ende der Belagerung von den Massenmorden in Taiyuan. Als Morrison und andere Bewohner des Gesandtschaftsviertels schließlich von dem Massaker in Shanxi erfuhren, machten sie sich diese abscheuliche Tat sogleich zunutze, um ihrer Behauptung, gerade noch mit dem Leben davongekommen zu sein, mehr Gewicht zu verleihen.

In seiner Bewertung der Ereignisse in Shanxi sah Sir Ernest Satow, ebenso wie alle anderen Gesandten, die Schuld eindeutig bei Gouverneur Yu Hsien. Keiner der Botschafter versuchte zu unterstellen, daß dies das Werk Tz'u-Hsis gewesen sei; Gouverneur Yu Hsien handelte aus eigenem Antrieb.

Dennoch wurde Tz'u-Hsi unmittelbar nach ihrem Tod die Greueltat angelastet. Die *Times* machte daraus in ihrem Nachruf auf die Kaiserinwitwe eine verbürgte Tatsache: »Es besteht kaum ein Zweifel daran, daß die Kaiserinwitwe das grausame Massaker in Shanxi guthieß und daß ein Wort von ihr genügt hätte, es zu verhindern.« Dieser Nachruf wurde zwar J. O. P. Bland zugeschrieben, dem Shanghai-Korrespondenten der *Times*, stammte aber aus der Feder von Edmund Backhouse.

Als Backhouse und Bland 1910 ihre erste Biographie der Kaiserinwitwe veröffentlichten, zitierten sie ausführlich aus dem Tagebuch Ching Shans. Diesem Tagebuch zufolge hatte Tz'u-Hsi in den ersten Tagen der Boxerbelagerung die Einmischungen der Ausländer schließlich satt und erklärte bei einer geheimen Ratsversammlung: »›Die Ausländer sind wie Fische in der Schmorpfanne. Vierzig Jahre lang habe ich ihretwegen auf Dornen gelegen und Bitterkeit geschluckt.‹« Sie wies Prinz Chuang persönlich an, in seinem Amt als Polizeichef der Stadt eine Verordnung herauszugeben, die besagte, daß »jeder für den Kopf eines männlichen Barbaren 50, für den einer Frau 40 und für den eines Kindes 30 Tael« erhalten sollte. Nach Bland und Backhouse war es Tz'u-Hsi, die die Enthauptung der Missionare in Shanxi anordnete, nicht der Gouverneur Yu Hsien. »›Ich befehle, daß alle Ausländer – Männer, Frauen und Kinder, Alt und Jung – unverzüglich hingerichtet werden. Nicht einer soll entkommen, damit mein Reich von dieser schädlichen Quelle der Verderbtheit gereinigt werde.‹« In dem Tagebuch wird behauptet, daß Tz'u-Hsi dem Gouverneur Yu Hsien am 24. Juni einen geheimen Befehl zukommen ließ: »›Tötet alle Ausländer, wo immer Ihr sie finden mögt; auch wenn sie bereit sind, Eure Provinz zu verlassen, müssen sie getötet werden.‹« Backhouse, der der Versuchung nicht widerstehen konnte, seinen Phantasien auch noch ein letztes Stück Grausamkeit hinzuzufügen, schrieb: »Yu Hsien informierte den Thron, daß er die Ausländer geschickt in eine Falle gelockt und in Ketten hatte legen lassen, worauf sie ausnahmslos in seinem Yamen geköpft worden waren. Nur einer Frau war die Flucht gelungen, nachdem man ihr die Brüste abgeschnitten hatte [ein typisches Backhouse-Detail]. Sie hatte sich unter der Stadtmauer versteckt und war tot, als man sie fand.«

Die ausländischen Diplomaten in Peking und ihre Regierungen ließen diese hemmungslosen Lügen als verbürgte Tatsachen gelten, obwohl viele von ihnen wußten, daß sie nicht der Wahrheit entsprachen. Nicht ein einziger offizieller Vertreter der Westmächte zog diese Behauptungen je in Zweifel, obwohl die privaten Aufzeichnungen darauf hinweisen, daß sie die Kaiserinwitwe nicht für die Schuldige an den Ereignissen hielten. Morrison war es zu verdanken, daß sie zur Alleinverantwortlichen für die Belagerung wurde. Backhouse war es zu verdanken, daß sie zur Massenmörderin wurde.

23

Die Drachen fliehen

Während Peking geplündert wurde, legte der verängstigte Hofstaat der Kaiserinwitwe auf der Flucht in die erhoffte Sicherheit 700 Meilen zurück, eskortiert von Tausenden der rotuniformierten Moslemsoldaten General Tungs, Prinz Tuans treuem Gefährten.

Zum Mythos der Boxerbelagerung – der zur Rechtfertigung der maßlosen Ausschreitungen durch die siegreichen Alliierten diente – gehört auch die Behauptung, daß Peking bis zum bitteren Ende schwer umkämpft war, daß Tz'u-Hsi erst im Lauf des 14. August die Flucht antrat und daß sie dies auf höchst unehrenhafte und mörderische Weise tat. Legendenspinner und Historiker erzählen übereinstimmend, daß die Kaiserinwitwe in der Verbotenen Stadt am Nachmittag, als die Alliierten gerade im Gesandtschaftsviertel einmarschierten, ihrem Obereunuchen Li Lien-ying befahl, Verkleidungen zu bringen. Sie zog eine schwarze Moslemjacke aus grobem Tuch und eine Hose nach Art der chinesischen Frauen an, schnitt ihre sehr langen Fingernägel, band die Haare wie eine Bäuerin zu einem schlichten Knoten zusammen und ließ Kaiser Kuang-hsü rufen. Kuang-hsü erschien, so wird berichtet, in Begleitung seiner Perlenkonkubine Chan Fei, die sich zu Boden warf und die Kaiserinwitwe anflehte, mit Kuang-hsü in Peking bleiben zu dürfen, damit er Verhandlungen führen könne. Die Kaiserinwitwe wurde wütend und befahl ihren Eunuchen (ebenfalls westlichen Darstellungen zufolge), das kleine Persönchen aus dem Weg zu schaffen. Sie packten das zappelnde Mädchen, schleppten es zu einem Brunnen in einem kleinen Hof vor dem Palast des Friedens und des Langen Lebens und warfen es in seinem seidenen Kokon kopfüber in die Tiefe. Als die böse Tat vollbracht war, floh die Kaiserinwitwe wie eine gemeine Verbrecherin in einem Eselskarren zum Tor des Himmlischen Stolzes auf der Rückseite der Verbotenen Stadt hinaus.

Diese Geschichte tauchte zuerst in der *Times* auf, in einem Artikel nach dem Tod der Kaiserinwitwe, der offiziell vom Shanghai-Korrespondenten Bland stammte, den in Wahrheit aber Edmund Backhouse für Bland verfaßt hatte. Bland war zu diesem Zeitpunkt so schwer an Grippe erkrankt, daß er überhaupt nichts schreiben konnte. 1910 hatte Backhouse die Geschichte erheblich ausgeschmückt und behauptet, die Einzelheiten dem geheimen Tagebuch Ching Shans entnommen zu haben. Nach Backhouse' Darstellung ignorierte die Kaiserinwitwe Kuang-hsüs Fürsprache für die Perlenkonkubine und befahl: »Werft dieses elende Weib in den Brunnen!« In seinem zweiten Buch sprach er von neuen Tagebüchern, die den Todeskampf der Konkubine ausmalten. Er führte aus, daß die Eunuchen schwere Steine auf die Konkubine hinabwarfen und »den Kaiser in seinem Leid verhöhnten«. Es gibt keinerlei Beweise, die diese düstere Fabel belegen. Die gehässigen Details und der geistreiche Dialog sind Originalton Backhouse.

Das wahre Schicksal der Perlenkonkubine kennt niemand. Möglicherweise gab es Feindseligkeiten zwischen ihr und Tz'u-Hsi. Sie hatte dasselbe Temperament wie die Kaiserinwitwe als Mädchen, und nach ihrem Einzug in den Palast brachte sie sich durch Machtkämpfe in Schwierigkeiten. Einige Quellen beharren darauf, daß sie mit dem Kaiser intim war und ihn, wie es eine Geliebte vielleicht getan hätte, anspornte, sich in verschiedenen Angelegenheiten der Kaiserinwitwe zu widersetzen. Das paßt allerdings nicht zu den glaubwürdigeren medizinischen und anderen Indizien, daß Kuang-hsü seine Kaiserin und beide Konkubinen mied, weil ihm seine peinliche Impotenz und seine nervliche Verfassung zu schaffen machten. Es ist möglich, daß sich das Mädchen entschloß, allein zurückzubleiben, und daß sie von den Eunuchen aus eigenem Antrieb beseitigt wurde oder sich selbst in den Brunnen stürzte. Viele junge Frauen begingen nach dem Einmarsch der Alliierten Selbstmord. Lenox-Simpson bemerkte: »Die Brunnen am Osttor, haben Sie sie gesehen, in die all die jungen Frauen und Mädchen gesprungen sind? Sie sind voll mit jungen Frauen und Mädchen.« Chan Feis pausbäckige Schwester, die Strahlende Konkubine Chin Fei, blieb noch Jahre danach ein ergebenes Mitglied von Tz'u-Hsis Hofstaat. Dies legt die Vermutung nahe, daß nichts derartig Verwerfliches geschehen war. Ohnehin ist der fragliche Brunnen so eng, daß nicht einmal der Körper einer Sechsjährigen hineingepaßt hätte.

Infolge der Zerstörung und Plünderung der Hofarchive ist nicht viel darüber bekannt, was in jenen letzten Tagen in Peking wirklich geschah, aber das, was vorliegt, läßt auf eine völlig andere Folge der Ereignisse schließen. Zum einen hielten sich Tz'u-Hsi und Kuang-hsü am 14. August nicht in der Verbotenen Stadt auf, weil sie schon Tage zuvor geflohen waren. Das hätte jedem klar sein müssen, der die Beweise, die frei zugänglich sind, einer sorgfältigen Prüfung unterzogen hätte, aber da alle Welt an die von Morrison, Backhouse' und K'ang Yu-wei verbreitete Charakterisierung der Kaiserinwitwe als teuflisches Weib glauben wollte, wurde nie eine Neubewertung dieser Episode unternommen.

Berichten in den Tagebüchern der Belagerten zufolge erfuhren die Bewohner der Gesandtschaften bereits am 27. Juli, also zwei Wochen zuvor, von einem chinesischen Soldaten, daß 200 Wagen und 6500 Soldaten, darunter 4800 von Tungs Kansu-Kriegern, in der Verbotenen Stadt Einzug gehalten hatten, »was alles darauf hindeutete, daß sich Kaiser und Kaiserinwitwe auf die Flucht vorbereiteten«. Zu diesem Zeitpunkt hatte General Li Ping-heng bereits die Leitung militärischer Aktionen im Gebiet um Peking übernommen. Da er den Ernst der Lage schnell erfaßte, forderte er den Hof auf, sich in den Sommerpalast zu begeben, um Kaiser und Kaiserinwitwe aus der unmittelbaren Gefahrenzone zu bringen und um zu verhindern, daß die Alliierten sie als Geiseln benutzten. Danach verließ General Li Peking und unternahm den zum Scheitern verurteilten Versuch, den Vormarsch der Alliierten aufzuhalten. Am 8. August stellte Lenox-Simpson fest, daß die Belagerer der Gesandtschaften sich aus völlig anderen Einheiten zusammensetzten als zuvor. Entsprechend verließen irgendwann zwischen dem 27. Juli und dem 8. August die Truppen von General Tung, Jung-lu, Prinz Ching und Prinz Tuan, einschließlich der Pekinger Streitkräfte und des Husheng-Corps – der gesamte innere Verteidigungsring um den Thron also –, das Stadtzentrum von Peking und wurden durch Provinztruppen aus Shanxi, die der Gouverneur Yu Hsien entsandt hatte, ersetzt. Der Abzug dieser Streitkräfte bestätigt, daß die Kaiserinwitwe und der Kaiser zumindest bereits in den Sommerpalast umgesiedelt waren. Zwei Tage später, am 10. August, beobachteten Bewohner der Gesandtschaften mit Ferngläsern, daß am Chien-men-Tor, dem Hauptzugang zur Verbotenen Stadt, »chinesische Soldaten ein und aus gingen, Wagen in großer Zahl hinausfuhren und Möbel geschleppt wurden, ein sehr interessantes Schauspiel«. Die Wagen transportierten die wichtigsten kaiserlichen Schätze und persönlichen Besitztümer ab.

Das geschah am selben Tag, an dem der Oberbefehlshaber Jung-lu, der kaiserliche Sonderberater Kang Yi, der kaiserliche Minister Hsu Tung und der Großherzog Chung den Befehl erhielten, zurückzubleiben, um nach der Abreise des Hofs gen Norden und Westen in Peking die Regierungsgeschäfte zu übernehmen. Es ist demnach anzunehmen, daß die Kaiserinwitwe die Verbotene Stadt spätestens am 8. August – eine volle Woche vor Ankunft der Alliierten – verließ, sich dann zwei Tage im Sommerpalast aufhielt, vermutlich um zu entscheiden, was sicherheitshalber fortgeschafft werden sollte, und in der Nacht des zehnten, vier Tage bevor die Alliierten einmarschierten, Peking endgültig den Rücken kehrte. Folglich ist die oben beschriebene Abschiedsszene eine unterhaltsame Erfindung, die auf einem Mißverständnis der Geschehensabfolge basiert. All das hatte Tz'u-Hsi 1860 schon einmal durchgemacht; damals war sie eine Schachfigur der Achterbande gewesen, diesmal waren es die Eisenhüte, die ihre Züge bestimmten.

Wie Tz'u-Hsi später einer Hofdame erzählte, geriet Prinz Tuan, als er vom Heranrücken der alliierten Truppen erfuhr, »so sehr in Angst, daß er uns alle drängte, Peking zu verlassen«. Dann sprach sie darüber, daß sie sich von Prinz Tuan hatte täuschen lassen, und sagte unter Tränen: »Du mußt mich nicht bemitleiden für das, was ich durchgemacht habe; du mußt mich dafür bemitleiden, daß mein guter Name verdorben ist. Das [Prinz Tuan in der Sache der Boxer klein beigegeben zu haben] ist der einzige Fehler, den ich im ganzen Leben begangen habe, und es ist in einem Augenblick der Schwäche geschehen.«

Wie Lady MacDonald festgestellt hatte, war Tz'u-Hsi eine Frau, die, hin- und hergerissen zwischen dieser und jener Seite, völlig abhängig war von ihren Ratgebern. Henry Cockburn, der leitende Dolmetscher der britischen Gesandtschaft, bestätigte diesen Eindruck, nachdem er Lady MacDonald zur Teegesellschaft der Kaiserinwitwe begleitet und alle seine vorherigen Vorstellungen von ihrer Kraft, Energie und Klugheit revidiert hatte. Zusammenfassend bezeichnete er Tz'u-Hsis Charakter als »liebenswürdig an der Grenze zur Schwäche«.

Gegenüber Derling erinnerte sich die Kaiserinwitwe weiter:

»Prinz Tuan und Herzog Lan rieten zum unverzüglichen Aufbruch. Sie rieten uns auch, Verkleidungen anzulegen, worüber ich sehr erbost war und mich weigerte. Als der Hof nach Peking zurückgekehrt war [ein Jahr später], erfuhr ich, daß viele Menschen davon überzeugt waren, ich sei wirklich in den Kleidern einer meiner Dienerinnen und in einem kaputten alten Eselskarren fortgefahren, während die alte Frau als Kaiserinwitwe verkleidet in meiner Sänfte reiste. Ich frage mich, wer sich diese Geschichte ausgedacht hat? Natürlich glaubte sie jeder, und eine solche Geschichte mußte den Ausländern in Peking unweigerlich zu Ohren kommen...

Die junge Kaiserin [ihre Nichte] war das einzige Mitglied meiner Familie, das mich begleitete. Eine gewisse Verwandte, die ich sehr gern hatte... weigerte sich, mitzugehen. Der Grund für ihre Weigerung war meines Wissens, daß sie fürchtete, die ausländischen Soldaten würden uns einholen... und alle umbringen.

Es war sehr anstrengend, vom frühen Morgen vor Sonnenaufgang bis zur Dunkelheit in einer Sänfte zu reisen...

Der Kaiser und die [junge] Kaiserin fuhren die ganze Strecke in einem Wagen, der von einem Esel gezogen wurde... Eines Tages passierte etwas. Es regnete in Strömen, und einige der Sänftenträger liefen davon. Ein paar Esel starben völlig überraschend. Es war furchtbar heiß, und der Regen prasselte auf unsere Köpfe herunter...

Ich kann dir nicht sagen, wie erschöpft ich war, und dann machte ich mir so große Sorgen, daß ich fast drei Monate lang krank davon war. Solange ich lebe, werde ich das nicht vergessen.«

Dieser Bericht, den die Hofdame Derling in Mandarin aufzeichnete und später ins Englische übersetzte, deckt sich genau mit dem, was über Prinz Tuan und Jung-lu bekannt ist.

Derling war zu jung, um die beiden persönlich gekannt zu haben; abgesehen davon hielt sie sich in den Jahren zwischen 1899 und 1903 auch nicht in Peking auf. Das läßt den Schluß zu, daß ihre Wiedergabe von Tz'u-Hsis Bemerkungen, auch wenn sie durch die unbeholfene Übersetzung vielleicht ein wenig verloren hat, im wesentlichen authentisch ist. Tz'u-Hsis Niedergeschlagenheit angesichts der Boxeraffäre wurde von vielen beobachtet, die in den Monaten nach dem Debakel mit ihr zusammentrafen. Für Tz'u-Hsi war es der Tiefpunkt in ihrem Leben. Sie und Kuang-hsü warfen Prinz Tuan vor, sie tyrannisiert und in dieses Unglück gestürzt zu haben. Er war daran schuld, daß sie wie eine Törin, wie ein Feigling oder Schlimmeres aussah. Die Mitglieder ihrer eigenen Familie weigerten sich, sie auf ihrer Flucht zu begleiten, aus Angst, verfolgt und ermordet zu werden. Auf ihrer nordwestwärts führenden Reise entlang der Großen Mauer hatte sie große Entbehrungen zu erdulden, die die erlittene Demütigung noch verschärften. Daß sie in ihrem Alter die Strapazen überhaupt überstand, spricht dafür, daß sie noch über einige Kraftreserven verfügte.

Prinz Su, dessen Palast und Gärten von den Gesandtschaften für die ungeliebten chinesischen Konvertiten konfisziert worden waren, schloß sich der Kaiserinwitwe auf der Flucht an und beschrieb einen Teil ihrer Reise ausführlich.

Vom Sommerpalast aus zogen sie, eskortiert von 3000 Soldaten der unterschiedlichsten Einheiten, zuerst nach Kuanshih, 20 Meilen nördlich von Peking. Weitere Truppen waren ihnen vorausgeeilt. In Kuanshih wurden sie mit Maultiersänften versorgt und kamen von da an 20 Meilen am Tag voran. Als sie auf der Straße nach Jehol die Große Mauer erreichten, setzten sie ihren Weg auf deren breiter steinbefestigter Fahrbahn fort, auf der sechs oder mehr Pferde nebeneinander Platz hatten, und folgten der gewundenen Linie durchs Gebirge von Jehol weg Richtung Westen zum Palast in Hsuan-Huan, einer 120 Meilen von Peking entfernten befestigten Stadt an der Mauer. Dort hielten sie sich bis in die späten Augusttage auf. Die Strapazen der Reise und die Demütigung durch die Alliierten erwiesen sich als zuviel für Kang Yi, der unterwegs starb. Der Hof, der immer noch befürchtete, von den Truppen der Alliierten verfolgt zu werden und in Gefangenschaft zu geraten, setzte die Flucht am 25. August fort. Der Troß folgte weiterhin der Mauer bis nach Kalgan, einer ebenfalls befestigten Stadt am Rande der mongolischen Hochebene, und erreichte Ende des Monats Tatung in der Provinz Shanxi. Prinz Su zufolge tat die Kaiserinwitwe während der langen Reise kaum mehr, als zu weinen und diejenigen zu verfluchen, denen sie die Schuld an der Katastrophe gab. Kaiser Kuang-hsü, so berichtete Prinz Su, »verwünschte sie alle«. Die Eisenhüte hatten seine Reformversuche zunichte gemacht, seine reformfreudigen Ratgeber ermordet und ihn persönlich gedemütigt, dann hatten sie sich – nachdem sie Tz'u-Hsi eingeschüchtert und so Macht über den Thron gewonnen hatten – völlig verkalkuliert und die schwärzeste Niederlage der Ching-Dynastie heraufbeschworen. Verglichen mit den wirtschaftlichen und politischen Folgen der Boxertorheit – der Intervention der Alliierten und der Besetzung Pekings sowie der Plünderungen und Verteilung des Beuteguts – erschienen alle vorangegangenen Konfrontationen zwischen China und den ausländischen Mächten nebensächlich. Die Dynastie sollte sich von diesem Schlag nie mehr erholen.

Die Prozession, die sich langsam Richtung Nordwesten bewegte, wuchs in dem Maße, in dem sie von fliehenden Eisenhüten und ihren Truppen eingeholt wurden, die sich anschlossen. In Tatung wandten sie sich nach Süden und durchquerten die Provinz Shanxi, durch eine Bergkette vor den Streitkräften der Alliierten in Peking abgeschirmt. Am 10. September erreichten sie die Provinzhauptstadt Taiyuan, die von dem mörderischen Gouverneur Yu Hsien regiert wurde, dem ehemaligen Gouverneur von Shantung, der die Langen Schwerter und die Boxerbewegung von der ersten Idee bis zur Entstehung unterstützt hatte. Tz'u-Hsi wurde unter strenger Bewachung im Haus des Gouverneurs untergebracht, in dem Yu Hsien neun Wochen zuvor die Massenenthauptungen westlicher Missionare, ihrer Frauen und Kinder überwacht hatte. Angeblich stolzierte Prinz Tuans Sohn, der designierte Thronfolger P'u-chun, im Hof herum und schwenkte eines der für die Hinrichtungen verwendeten Schwerter.

Während des dreiwöchigen Aufenthalts in Taiyuan demonstrierte Tuan seinen unveränderten Einfluß auf den Hof, indem er sich in Nachfolge des verstorbenen Kang Yi kaiserlicher Sonderberater nannte. Hier in Gouverneur Yu Hsiens abgeschiedener Provinzhauptstadt, in einem Gebiet, das militärisch von General Tung kontrolliert wurde, behauptete Prinz Tuan trotz der verhängnisvollen Fehler seiner Politik seine Machtstellung. Die Tatsache, daß der Prinz weiterhin mächtig war und seine Gegner noch viele Monate lang einschüchtern sollte, um sich dann jeglicher Bestrafung für sein Handeln zu entziehen, zeigt deutlich, wie wenig Macht Tz'u-Hsi in Wahrheit besaß. General Tung wachte über den Thron, schränkte ihn aber auch in seiner Freiheit ein. Er verdankte seinen Wohlstand und seine Macht als Kriegsherr im Nordwesten Chinas Prinz Tuans Familie. Solange Prinz Tuan die militärische Unterstützung Tungs genoß und über die Machtinstrumente, einschließlich der Shangfang-Schwerter verfügte, wagte niemand, ihn herauszufordern. Auch die Mandschu-Aristokratie, die die Alliierten und nicht die Eisenhüte für die Schuldigen hielt, stärkte ihm nach wie vor den Rücken. Ein gescheiterter Mandschu-Held blieb doch immer noch ein Held. Der abrupte Zusammenbruch der Strategie der Eisenhüte lag erst so kurze Zeit zurück, daß der Donnerschlag der Konsequenzen die Betroffenen noch nicht erreicht hatte. Die Wirklichkeit war

Hunderte von Meilen weit entfernt. So unglaublich es klingen mag, sprachen sich die kompromißloseren Kräfte doch immer noch für eine Fortsetzung des Krieges aus; sie beharrten darauf, daß die Niederlage von Tientsin und Peking das Werk von Verrätern war und daß man Tungs Armee nur auf 50 000 Mann verstärken mußte, um die Alliierten schließlich doch zu vertreiben.

Tz'u-Hsi hatte erstmals einen Fuß ins Innere des Reichs gesetzt. Nach ihren eigenen Angaben befand sie sich in so etwas wie einem Schockzustand. Sie und der Kaiser hatten keine andere Wahl, als dahin zu gehen, wohin man sie führte; sie war jetzt eine unsichere alte Frau, die auf die Siebzig zuging, während Kuang-hsüs Wort bei den Eisenhüten keinerlei Gewicht hatte.

Am 1. Oktober verließ der Hof Taiyuan und war fast einen Monat lang in westlicher Richtung nach Xian im benachbarten Shanxi unterwegs, das ein Jahrtausend zuvor die Hauptstadt der Tang-Dynastie gewesen war. In der Nähe befand sich eine heiße Quelle namens Lintung, die von Palästen und Pavillons umgeben war. Der Umzug nach Xian wurde notwendig, nachdem die Alliierten von dem Massaker an den Missionarsfamilien erfahren hatten und man befürchten mußte, daß sie eine Strafexpedition nach Shanxi unternehmen würden. Xian lag tief in dem von General Tung kontrollierten moslemischen Steppengebiet; hier konnten sie sich über eine unbegrenzte Zeit halten. Einer Quelle zufolge stand der Hof in Xian unter ständiger Überwachung durch Tung, der hier »nicht nur eine besonders treu ergebene Wacheinheit stationiert hatte, sondern auch ein Heer von Spionen und Agenten unterhielt, die ihm auch die unbedeutendsten Geschehnisse zutrugen. Die Kaiserinwitwe konnte offensichtlich mit keinem ihrer Berater sprechen, ohne daß Tung alles über die Zusammenkünfte erfuhr...«

Tung ließ die Kaiserinwitwe durch seine Männer überwachen. »Zwar gibt es eine Mandschu-Einheit – bestehend aus ungefähr 250 Mann –, deren Mitglieder den Ehrentitel ›kaiserliche Wachsoldaten‹ tragen und die am Haupttor des Gouverneurs-Yamen postiert sind, das jetzt der Kaiserinwitwe und dem Kaiser als Palast dient... aber die eigentliche Palastwache wird von einem Kansu-Bataillon gestellt, das sich ausschließlich aus General Tung Fu-hsiangs Leuten aus Ningxia zusammensetzt, alles zutiefst ergebene Männer, die keine andere Autorität anerkennen als ihn.«

Auch in Xian war Tz'u-Hsi niedergeschlagen und deprimiert. Sobald die Sprache auf ihre Lage kam, stiegen ihr Tränen in die Augen. Oft stand sie mitten in der Nacht unter schwermütigen

Seufzern auf. Kaiser Kuang-hsü, der die Eisenhüte immer wieder bitter verfluchte, behandelte sie mit auffallender Freundlichkeit. Sie hatten ihr Schicksal nicht mehr in der Hand.

Nun war es an den Alliierten, Forderungen zu stellen. Dazu diente Vizekönig Li Hung-chang, der damit die ersehnte Gelegenheit gekommen sah, Rache an den Mandschu zu üben. Wie sich Li die Boxerkrise zunutze machte, indem er die aus Peking kommenden Nachrichten manipulierte und so Empörung und Entsetzen im Westen schürte und das Eingreifen der alliierten Truppen herbeiführte, gehört zu den Fragen der Belagerung, die bisher völlig unbekannt sind. Hier wird zum erstenmal der Versuch unternommen, seine Rolle zu rekonstruieren.

Li betrachtete die Verschwörung, die sich 1898 zum Ziel gesetzt hatte, Kaiser Kuang-hsüs Reformbewegungen zunichte zu machen, nur als Teilerfolg. Li war es nicht gelungen, sein verlorenes Amt als Vizekönig von Chihli wiederzuerobern; statt dessen hatte man ihm den sehr viel weniger attraktiven Posten des Vizekönigs von Kanton tief im Süden angeboten, den sein Bruder zuvor innegehabt hatte; auch stellte Li dort für die Eisenhüte eine geringere Bedrohung dar. Durch Lis Abreise nach Kanton war sein Wirtschaftsimperium im Norden von Mukden und Tientsin bis Shanghai in Gefahr. Der kaiserliche Minister Hsu Tung und der kaiserliche Sonderberater Kang Yi schlugen der Regierung auch unverzüglich die Übernahme einiger seiner Unternehmen vor, unter anderem der Chinesischen Handelsdampfschiffahrtsgesellschaft, des Kaiserlichen Telegrafenamts und der Kaiping-Minen. Sie kritisierten, daß der Thron Li erlaubt hatte, eine Reihe von westlich orientierten Unternehmen zu gründen, von denen er behauptet hatte, sie würden sich positiv für China auswirken und der Regierung dringend benötigte Steuergelder einbringen, während in Wahrheit nie ein Jota seines Gewinns nach Peking geflossen war. In Kanton angekommen, setzte sich Li mit Hilfe seiner Statthalter zur Wehr, und es wurde ausgehandelt, daß er künftig 20 Prozent der Gesamterträge seiner Unternehmen an den Mandschu-Hof abführen sollte. Kang Yi, den man hinter seinem Rücken den Großen Wucherer nannte, bemängelte das Angebot als vollkommen unzureichend, aber für den Augenblick hatte Li die Wogen geglättet.

Bevor die Belagerung der Gesandtschaften begann, telegrafierte Tz'u-Hsi an Vizekönig Li und beorderte ihn nach Peking. Ihr war bewußt, daß Li der einzige Mann Chinas war, der die Ausländer bewegen konnte, die Hauptstadt freiwillig zu verlassen, bevor Prinz Tuan ernsthaft Unruhe stiftete. Auch schien ihr Lis Anwesenheit in Peking als Garantie, daß die Alliierten keine Vergeltungsmaßnahmen ergreifen würden. Zudem hoffte sie, daß Li genug indirekten Druck auf die Eisenhüte ausüben würde, um ihre wachsende Macht am Hof zu beschneiden. Er hatte in der Vergangenheit Wunder bewirkt. Aber Li hatte seine eigenen Pläne.

Es folgten elf weitere dringende Aufforderungen an Li, nach Peking zu kommen. Er fand immer wieder neue Ausflüchte, um die Reise in den Norden aufzuschieben. Wenn er dem Mandschu-Hof zu Hilfe eilen sollte, so mußte dieser sich auf seinen Preis einlassen.

Nachdem die Telegrafenleitungen nach Peking unterbrochen waren, wurden Tz'u-Hsis Depeschen von berittenen Kurieren zur Telegrafenstation in Shantung gebracht, die ihren Betrieb unter den wachsamen Augen von Lis Günstling General Yuan Shih-kai die ganze Zeit über aufrechterhielt.

Inzwischen nutzte Li die Zeit, die er durch diese Verzögerungen gewann, um die ausländischen Gesandten in Kanton in seinem Sinne zu beeinflussen, und verbreitete unter Journalisten, mit denen er auf gutem Fuß stand, die ersten von vielen Falschinformationen, die dazu dienten, die Welt gegen die Eisenhüte aufzubringen. Es blieb ihm auch genug Zeit, eine Fälschung des Ultimatums vom 17. Juni zu entwerfen.

Am 18. Juni 1900, einen Tag nach dem Angriff auf die Forts bei Taku, erhielt Li den unmißverständlichen Befehl, sich umgehend nach Peking zu begeben. Er beorderte für die Reise nach Norden einen der Dampfer seiner Schiffahrtsgesellschaft nach Kanton. Als er von der Einnahme der Forts hörte, änderte er sein Ziel und steuerte Chinwangtao an, von wo aus er, wie er behauptete, einen Zug nach Peking besteigen wollte, obwohl er genau wußte, daß die Eisenbahnlinie unterbrochen war. Das Ganze war eine Finte. Am 21. Juni schließlich hatte er es sich wieder anders überlegt und beschlossen, zu bleiben, wo er war, bis er weitere Nachrichten aus Peking bekam.

Li erschien es offenbar problematisch, Tz'u-Hsi zu Hilfe zu kommen, wenn er damit gleichzeitig die drohende Katastrophe von den Eisenhüten am Mandschu-Hof abwendete. Sie hatten einen großen Teil seines Lebenswerks zerstört. Dem amerikanischen Botschafter in Kanton vertraute er an, daß Chihli zu seiner Zeit als Vizekönig »ein Ort des Friedens und des Wohlstands war, an dem es keine Rebellion gab. Jetzt haben sich dort Räuber [Boxer] eingenistet, und ich muß hingehen und sie ausmerzen«.

Seitdem er das Amt des Vizekönigs in Kanton angetreten hatte, bildete Li einen neuen Machtblock mit vier einflußreichen Chinesen: mit Chang Chih-tung, der inzwischen Vizekönig von Hubei und Hunan war, mit Liu Kun-yi, dem Vizekönig von Kiangsu, Kiangsi und An-wei, mit Yuan Shih-kai, dem Gouverneur von Shantung und Befehlshaber der modernsten der fünf Nördlichen Armeen, sowie mit Telegrafen-Sheng, dem Leiter des Kaiserlichen Telegrafenamts. Gemeinsam beherrschten sie die wichtigsten chinesischen Machtorgane. Sie lehnten es ab, sich oder ihre Truppen in Prinz Tuans Pläne verwickeln zu lassen und schlossen insgeheim ein eigenes Friedensabkommen mit den Westmächten.

Sie manipulierten die Nachrichten, die von Peking über Shantung liefen, mit verheerendem Effekt. Lis Kontrolle des chinesischen Fernmeldesystems machte dies möglich. Ungeachtet seines offiziellen Namens war das Kaiserliche Telegrafenamt eine private Gesellschaft, die einen Teil von Lis Wirtschaftsimperium bildete. Es hatte seinen Hauptsitz in Shanghai und wurde von Telegrafen-Sheng geleitet. Alle Nachrichten aus Peking gelangten durch berittene Kuriere ins Gouverneursbüro in Shantung zu General Yuan und von dort aus über das Telegrafenamt in Telegrafen-Shengs Direktionsbüro in Shanghai.

Sheng wurde von seinen Freunden »der alte Fuchs« genannt. In jungen Jahren war er einer von Lis vielversprechendsten Mitarbeitern gewesen und hatte es zum leitenden Direktor und Hauptaktionär der Chinesischen Handelsdampfschiffahrtsgesellschaft gebracht. Im Laufe der Jahre baute er noch viele Geschäfte für Li auf und sammelte bei seinen Verhandlungen mit Ausländern wertvolle Erfahrung; sein größter Erfolg war die Gründung der Aktienkapitalgesellschaft 1880, die das erste Telegrafenleitungsnetz in China aufbaute. Es war in den folgenden 22 Jahren Shengs und (Lis) privates Betätigungsfeld, das sie für ihre schändlichen Zwecke nutzten.

Da alle Botschaften, die von Norden nach Süden telegrafiert wurden, durch Shengs Hände gingen, war es ihm möglich, jede noch so unbedeutende Nachricht zu manipulieren, bevor sie die Außenwelt erreichte. Er blieb ständig mit Li in Verbindung.

Zu Beginn der Krise forderte Telegrafen-Sheng Li in einem Telegramm auf, den Thron dahingehend zu beeinflussen, daß er mit militärischer Gewalt gegen die Boxer vorging: »Die kaiserlichen Berater Jung-lu und Wang Wen-shao begreifen die Situation genau, aber sie brauchen die Unterstützung der Provinzregierungen, um sich gegen die irrigen Ansichten [der Eisenhüte] durchzusetzen und die Höchste Gewalt [Tz'u-Hsi] zu überzeugen.« In seiner Antwort deutete Li unmißverständlich darauf hin, daß er es für ratsam hielt, sie eine Weile in ihrem eigenen Saft schmoren zu lassen.

Diese Einstellung teilte ein weiteres Mitglied von Lis Machtblock. Yuan Shih-kai war Auge und Ohr der Gruppe im Norden. Da sein Gouverneurssitz in Shantung die Hauptverbindung zum isolierten Hof bildete, war er der am besten informierte Mensch im Reich. Er hielt ebenfalls ständigen Kontakt mit Li. Li sandte seine Telegramme an die Kaiserin über Yuan, der sie durch zehn unabhängige Kuriere mit übereinstimmenden Depeschen nach Peking bringen ließ. Als die Nachricht vom Mord an dem japanischen Botschaftssekretär Sugiyama Akira am 11. Juni in Shantung eintraf, riet Yuan General Jung-lu umgehend, entweder die Gesandtschaften unter Bewachung zu stellen oder sämtliche Diplomaten zu evakuieren. Das markierte den Beginn von Jung-lus Bemühungen, einen Sicherheitsgürtel um die Gesandtschaften zu ziehen. Als Yuan von Admiral Seymours Befreiungsexpedition erfuhr, kabelte er an Telegrafen-Sheng: »Etwa 8000 Mann starkes ausländisches Heer vor Tientsin und Peking; 10000 weitere unterwegs. Wage keine Vermutung, was passieren wird. Bitte um Ratschlag. Haben die Vizekönige Liu Kun-yi und Chang Chih-tung irgendwelche brauchbaren Vorschläge?«

Als sich die Krise zuspitzte, wurde Li von den Vizekönigen im Süden bedrängt, etwas zur Rettung der Situation zu unternehmen. Li blieb ungerührt. »Es ist sinnlos, darauf zu dringen«, antwortete er. Er wußte, daß Tz'u-Hsi durch die zunehmenden Auseinandersetzungen zwischen Gemäßigten und Eisenhüten unsicher und machtlos geworden war.

Die ganze Zeit über benutzten Li und Sheng insgeheim die Journalisten in Shanghai, um Druck auszuüben. Je bedrohlicher die Nachrichten, um so größer war das ausländische Interesse, das sie erregten. Man war allgemein auf ein Massaker in den Gesandtschaften gefaßt. Am 17. Juni, noch bevor die Belagerung überhaupt begonnen hatte, wurde in Zeitungen in London und New York die Nachricht verbreitet, »alle Gesandtschaften in Peking [seien] zerstört«. Am selben Tag wurde über die Ermordung des deutschen Gesandten Baron von Ketteler berichtet, obwohl sich die Tat erst Tage später zutragen sollte. Am 3. Juli lautete die Schlagzeile der *New York Times*: WENIG HOFFNUNG FÜR BOTSCHAFTER IN PEKING. Und am 5. Juli verkündete dasselbe Blatt: ALLE AUSLÄNDER IN PEKING TOT. Alle diese Berichte hatten ihren Ursprung in Shanghai und stammten angeblich von Botschaftsbediensteten, die dem Massaker entkommen waren.

»Sie erzählen, daß die Ausländer, ungefähr 1000 an der Zahl ... in der britischen Gesandtschaft die Stellung hielten, bis ihnen die Munition ausging. Danach wurde die Gesandtschaft niedergebrannt und die Ausländer getötet.« Die Quellen beschrieben, daß Nahrung und Munition immer knapper wurden und fuhren fort: »In den Botschaftsräumen drängen sich Kranke und Verwundete, und die unbeerdigten Toten stapeln sich zuhauf.«

Einige westliche Beobachter blieben skeptisch, bis am 16. Juli in einem Artikel, der ursprünglich in der Londoner *Daily Mail* erschienen und von Zeitungen in der ganzen Welt aufgegriffen worden war, die schlimmsten Befürchtungen bestätigt wurden. Die Geschichte erschien in der *New York Times* unter der Schlagzeile: ALLE AUSLÄNDER NACH STANDHAFTER VERTEIDIGUNG ERMORDET. Darunter der furchterregende Untertitel: ERSCHOSSEN ZUERST IHRE FRAUEN – HATTEN KREIS UM SIE UND DIE KINDER GEBILDET – KÖPFE AUF BAJONETTE AUFGESPIESST.

Der Bericht las sich folgendermaßen:

»Ein offizielles Telegramm vom Gouverneur [Yuan Shih-kai] bestätigte [am 15. Juli], daß nach heldenhafter Verteidigung, als die Munition zu Ende ging, eine Bresche in die Mauer [der britischen Gesandtschaft in Peking] geschlagen wurde und alle Ausländer ermordet wurden.

Der Shanghai-Korrespondent der *Daily Mail* erklärt: ›Ich kann mit Bestimmtheit versichern, daß die chinesischen Verantwortlichen [in Shanghai] die Nachricht aus Peking vor einer Woche erhielten und daß [Telegrafen-Sheng] wußte, daß in Peking kein Ausländer mehr am Leben war ... Am 6. Juli um sechs Uhr abends‹, berichtet der Korrespondent, ›eröffnete Artillerie das Feuer auf die britische Gesandtschaft, in der sich die Ausländer versammelt hatten. Zwei Stunden lang waren die Mauern unter schwerem Beschuß, und es entstanden gewaltige Breschen darin ... Die Gesandtschaftsangehörigen bildeten einen Block und nahmen Frauen und Kinder schützend in ihre Mitte ... Die Ausländer waren wahnsinnig vor Angst und töteten ihre Frauen und Kinder mit Revolvern ... Die Boxer stürmten herein, schlugen und stachen auf Tote und Verwundete ein, dann spießten sie ihre Köpfe auf Bajonette und trugen sie durch die Straßen der Stadt.‹«

Dieses grausige Bild ließ die Welt in Entsetzen erstarren. Kaiser Wilhelm schwor Rache, die Briten hielten einen Gedenkgottesdienst in der St. Pauls Cathedral ab, und die Generäle schmiedeten Vergeltungspläne. Die *Times* veröffentlichte ausführliche Nachrufe auf Sir Robert Hart, George Morrison und Sir Claude MacDonald. Die *Illustrated London News* druckte Bilder von Sir Claudes hübscher Ehefrau und den beiden engelhaften Töchtern. Der düstere Begleittext lautete:

»Vor fünf Jahren trat Sir Claude MacDonald seinen Posten als Botschafter in Peking an. Mit ihm reiste seine treuergebene Ehefrau, die schon früh eine leidvolle Erfahrung hatte durchmachen müssen. Ihr erster Mann, der in Indien stationierte Verwaltungsbeamte Craigie Robertson, und ihre zwei Kinder waren an ein und demselben Tag an Cholera gestorben. Das Schicksal hat sich auf grausame Weise wiederholt. Auch in ihrer zweiten Ehe hatte sie zwei Kinder, Ivy und Stella, letztgenannte ein dreijähriges Mädchen, das in China geboren war: und wieder mußten Ehemann und zwei Kinder das Leben lassen, aber diesmal gemeinsam mit der Ehefrau und Mutter.«

Die Leser waren aufgefordert, sich ausgiebig in ihre Leiden hineinzuversetzen. Mehr als zwei Wochen lang verweilten die Zeitungen und Zeitschriften in der ganzen Welt bei den grausigen Einzelheiten und sprachen düstere Warnungen aus. Tausende von Soldaten schifften sich nach China ein, um Vergeltung für etwas zu üben, das nie geschehen war.

Der Reporter, der die Geschichte über das Massaker aus Informationen konstruiert hatte, die ihm Telegrafen-Sheng geliefert hatte, war der Shanghai-Korrespondent der *Daily Mail*, ein Amerikaner namens F.W. Sutterlee, auch unter dem Namen W.F. Sylvester bekannt. »Dieser Mann«, berichtete Morrison später dem Chefredakteur der *Times*, »war Geschäftsführer der Firma Kern Sutterlee & Co. in Philadelphia. Nach dem Zusammenbruch der Firma verkaufte er ein und denselben Bestand an Wolle mit Hilfe gefälschter Lagerscheine dreimal und setzte sich mit dem Gewinn nach Tientsin ab ... wo er sich mit Louis Spitzel zusammentat ... der in England mit der Polizei in Konflikt geraten war, weil er Waren besessen hatte, von denen er wußte, daß sie gestohlen waren ... Bei Ausbruch des Krieges zwischen den Vereinigten Staaten und Spanien (1898) ... betrieben die beiden ein lukratives Geschäft mit Waffen, die sie an die philippinischen Aufständischen verkauften.«

Lis Gerüchteküche in Shanghai begnügte sich nicht mit einigen wenigen Falschmeldungen. Am 5. Juli informierte Telegrafen-Sheng den Korrespondenten der *Daily Mail* darüber, daß Kuang-hsü und Tz'u-Hsi von Prinz Tuan gezwungen worden seien, ein giftiges Gebräu zu schlucken. Während der Kaiser der Wirkung des Gifts erlegen sei, habe die Droge bei der Kaiserinwitwe »zum Wahnsinn geführt«. Am nächsten Tag erschien ein weiterer Bericht, in dem zwei Mandschu zitiert wurden, »die soeben in Shanghai eingetroffen sind und die Behauptung bestätigen, daß Prinz Tuan den Palast aufsuchte und Kaiser und Kaiserinwitwe vor die Wahl stellte, sich für das Schwert oder Gift zu entscheiden. Der Kaiser, so sagen sie, nahm Gift und starb innerhalb einer Stunde. Die Kaiserinwitwe entschied sich ebenfalls für das Gift, schluckte aber listigerweise nur einen Teil des gereichten Tranks und überlebte«.

In der Verbotenen Stadt der Wirklichkeit wuchs inzwischen die Angst vor einer ausländischen Intervention, und der Hof drängte Gouverneur Yuan, seine Truppen von Shantung nach Tientsin zu schicken, um sich den Alliierten entgegenzustellen. Yuan schickte demonstrativ 3000 Mann auf den Weg, rief sie aber wegen angeblicher Disziplinvergehen zurück, noch bevor sie die Provinzgrenze überschritten hatten. Zwei Tage später sandte Vizekönig Chang eine symbolische Einheit nach Peking und begründete seinen Schritt damit, daß irgend jemand ein Zeichen von Loyalität zeigen müsse.

Im gesamten Verlauf der Krise versicherten Li und sein Machtblock unbeirrbar und wahrheitsgemäß, daß nicht die Kaiserinwitwe, sondern die Eisenhüte den Konflikt heraufbeschworen hatten. Nach dem Angriff auf die Forts bei Taku informierte Li die chinesischen Diplomaten im Ausland, daß »die Kämpfe um Taku nicht auf einen Befehl vom Thron« zurückgingen, und forderte sie auf, dies den Regierungen ihrer Gastländer mitzuteilen und um eine Waffenruhe anzusuchen, um den Konflikt auf dem Verhandlungsweg beizulegen (wobei er selbst als Verhandlungsführer fungieren wollte). Li unterrichtete Sheng darüber, daß er auch eine formelle Kriegserklärung nicht als authentisch akzeptieren würde, weil er davon ausging, daß sie ohne Billigung des Throns von Prinz Tuan ausgegangen sein müsse. (Das bestätigt Derlings Bericht, nach dem Tuan Tz'u-Hsi angedroht hatte, selbst Dekrete zu erlassen, sofern sie sich weigerte, mit ihm an einem Strang zu ziehen.)

Lis Machtblock war überzeugt, daß die Kaiserinwitwe nicht aus freien Stücken handelte, sondern manipuliert wurde. Um sie aus ihrer Zwickmühle zu befreien, sollte Yuan, einem Vorschlag Shengs zufolge, an der Spitze seines überlegenen Heeres nach Peking marschieren, der Kaiserinwitwe und dem Kaiser Schutz gewähren und den Hof von Prinz Tuans Anhängern reinigen. Aber Yuan war zu schlau, sich derartig zu exponieren und antwortete darauf: »Es ist eine innere Krankheit, und sie muß im Innern geheilt werden.« Als General hielt er es für unklug, sich in eine interne Auseinandersetzung der Mandschu einzumischen. Wie Li schon gesagt hatte: sollten sie doch in ihrem eigenen Saft schmoren. Fünf Tage später erreichte Yuan eine Botschaft des japanischen Gesandten, in der dieser ihn bat, einzugreifen. Aber auch diesmal lehnte Yuan ab: »Wenn ich ohne kaiserlichen Befehl mit meinen Truppen den ausländischen Gesandten in Peking zu Hilfe komme, muß ich befürchten, unterwegs angegriffen und besiegt zu werden. Das kann ich wirklich nicht riskieren.«

Li und seine Freunde wollten, daß Jung-lu die Sache in die Hand nahm, aber dieser hatte seine eigenen Probleme, wie er Mitte Juni in einem Telegramm an die Vizekönige der Südprovinzen erklärte: »Das Gefolge Ihrer Majestäten und die Prinzen gehören zur Hälfte zu den Boxerverbänden, ebenso wie die Mehrheit der Mandschu- und chinesischen Truppen. Sie [die Boxer] schwärmen zu Zehntausenden durch die Straßen der Hauptstadt wie Heuschrecken, und es ist überaus schwierig, die Ordnung wiederherzustellen.« Er konnte sich nicht gleichzeitig um die Boxer, die Eisenhüte und die Gesandtschaften kümmern.

Als die alliierten Truppen Tientsin einnahmen, forderte der Thron Li auf, unverzüglich nach Peking zu kommen. Drei Tage später erreichte ihn erneut der Befehl, sich sofort auf den Weg zu machen. In ihrer Verzweiflung gaben ihm die Mandschu schließlich am 8. Juli, was er ihrer Meinung nach wollte. Li wurde zum Vizekönig von Chihli und Handelsinspektor der nordchinesischen Häfen ernannt und bekleidete somit wieder die Ämter, die er zwischen 1870 und 1895 fünfundzwanzig Jahre lang innegehabt und nach dem chinesisch-japanischen Krieg verloren hatte.

Aber Li reagierte immer noch nicht. Der Hof hatte ihm nur die Hälfte von dem gegeben, was er wollte. Weitere Telegramme wurden geschickt, in denen er nach Peking beordert wurde.

Am 16. Juli reiste Li von Kanton nach Shanghai, aber nur, um enger mit Telegrafen-Sheng zusammenarbeiten zu können. Obwohl der Hof drängte und befahl, blieb Li in den folgenden zwei Monaten in Shanghai, im Hause des wohlhabenden Besitzers der Lotteriegesellschaft Weiße Taube in der Straße der Sprudelnden Quelle. Telegrafen-Sheng gegenüber äußerte er sich entschlossen, in Shanghai zu bleiben, bis die Eisenhüte aus ihren Träumen aufwachten. Er konnte schwerlich mit den Alliierten verhandeln, wenn er vom Hof nicht mit allen Vollmachten ausgestattet war. Er wußte, daß die Eisenhüte schließlich nachgeben würden. Die ganze Zeit über, die er sich in Shanghai aufhielt, traf Li gemeinsam mit Sheng insgeheim täglich mit ausländischen Diplomaten zusammen, die nur »als gewisse Mitglieder des konsularischen Corps« bezeichnet wurden.

Das für die Eisenhüte bestimmte, gefälschte Ultimatum und Lis erfundene Massakerberichte für die internationale Presse waren ein klassisches Beispiel für die Art von Fehlinformation, wie sie bereits 2000 Jahre zuvor von dem Meisterstrategen Sun-tzu empfohlen worden war, und sie hatte für Li Früchte getragen, hatte sie doch die Intervention der Alliierten in China bewirkt. Nun richtete es Li, um den Weg für Verhandlungen zu bereiten, so ein, daß ein kleiner Teil der Wahrheit durchsickern konnte. Das Massaker in den Gesandtschaften hatte, so schien es, also letztendlich doch nicht stattgefunden. Am 2. August begannen Redaktionen in aller Welt Entschuldigungen und Richtigstellungen zu veröffentlichen. In der *New York Times* hieß es:

»... Im Verlauf eines ganzen Jahrhunderts ist der Öffentlichkeit nichts Scheußlicheres und Abstoßenderes präsentiert worden als dieses Bild [vom Massaker]... Die Erklärungen der Korrespondenten, vor allem derer in Shanghai, zerstreuten praktisch alle Zweifel daran, daß diese Menschen ausnahmslos unter den grausamsten Umständen abgeschlachtet wurden... In den Kabinetten fast aller Regierungen wurde überlegt, wie man China die schnellstmögliche und nachdrücklichste Bestrafung zukommen lassen konnte. Die so erzeugten Emotionen waren um so heftiger, als die Berichte prompt um den ganzen Globus gingen... Nun stellt sich heraus, daß beinahe alle Informationen, die aus China und besonders aus Shanghai verbreitet wurden, im wesentlichen falsch und die Einzelheiten ausnahmslos erfunden waren.«

Natürlich waren alle diese Berichte durch Telegrafen-Sheng an die westliche Presse in Shanghai gelangt, und dieser wiederum hatte seine Informationen von Yuan Shih-kai in Shantung und seine Instruktionen von Li Hung-chang in Kanton erhalten.

Li erreichte am Ende, was er wollte. Während der Hof aus Peking floh, wurde Li zum Unterhändler ernannt, der vollkommen freie Hand hatte. Als die Alliierten am 14. August in Peking einmarschierten, tat Li den letzten Schritt zur triumphalen Rückkehr an seinen langjährigen Standort in Tientsin, indem er sich selbst zu Chinas wahrem Regierenden, zum Ministerpräsidenten machte.

Li wußte, daß die Deutschen die Auslieferung der Eisenhüte fordern würden, bevor sie sich auf Friedensverhandlungen einließen. Ihm war überdies klar, daß es für den Mandschu-Hof einen Unterschied machte, ob er selbst Strafen verhängte oder die Vettern des Kaisers und hohe chinesische Mandarine der Folter und Demütigung durch die ausländischen Teufel auslieferte. Innerhalb ihrer eigenen Gesellschaft ertrugen Chinesen Grausamkeiten mit stoischer Gelassenheit, aber die Aussicht auf Folterungen durch Fremde brachte sie völlig aus der Fassung. Diese Urangst machte sich Li geschickt zunutze, als er den Eisenhüten und den Alliierten einen Kompromiß aufzwang.

Bevor er von Shanghai nach Tientsin reiste, griff Li den Deutschen vor, indem er der Kaiserinwitwe eine Liste mit den Namen derjenigen fünf Männer schickte, die nach seinem Dafürhalten bestraft werden mußten – unter ihnen seine persönlichen Feinde Prinz Tuan und der kaiserliche Sonderberater Kang Yi (dessen Tod sich noch nicht herumgesprochen hatte). Weiterhin befanden sich auf der Liste Prinz Chuang, Ying Nien, stellvertretender Leiter der Steuerbehörde, sowie Chao Shu-chiao, der Leiter der Strafverfolgungsbehörde. Li schlug vor, diese fünf Männer umgehend ihrer Ämter zu entheben, und überließ es der kaiserlichen Rechtsprechung, die Art ihrer Bestrafung festzulegen. Er wies darauf hin, daß es für den Hof günstiger sei, Mandschu-Prinzen selbst zu bestrafen, als dies den ausländischen Teufeln zu überlassen.

Hier bot sich die einmalige Gelegenheit, den Hof von den militantesten und unbelehrbarsten Mandschu und Chinesen zu säubern sowie eine alte Rechnung zu begleichen. Da Li ein alter Mann von 77 Jahren war, um dessen Gesundheit es nicht mehr zum besten stand, hatte er keine Zeit zu verlieren.

Es ist kein Dokument überliefert, das belegt, wie der Hof reagierte, als Lis Liste der Schuldigen in Taiyuan eintraf, aber es muß ein denkwürdiger Augenblick gewesen sein. Vier der genannten Männer waren anwesend und in Amt und Würden. Lediglich Kang Yi, der auf der Flucht aus Peking auf der Großen Mauer das Leben gelassen hatte, fehlte.

Niemand konnte Lis Argument widersprechen, daß es besser war, von den eigenen Leuten bestraft zu werden als von den Barbaren. Gerissen hielt Li den Männern, die in der Falle saßen, einen Strohhalm hin. Er unterschätzte dabei nicht den Erfindungsreichtum, den General Tung an den Tag legen würde, um Prinz Tuan zu helfen. Am 25. September gab der Hof seinen ersten Straferlaß aus. Er enthielt neben den fünf Männern auf Lis Liste fünf weitere Namen. Alle wurden ihrer Ämter enthoben und den zuständigen Strafverfolgungsbehörden übergeben.

Drei Tage darauf entließ die Regierung auch den blutrünstigen Gouverneur Yu Hsien. Wieder zwei Tage später informierte Vizekönig Li den Thron, daß die Alliierten die Todesstrafe für insgesamt neun Minister sowie für General Tung Fu-hsiang und den ehemaligen Gouverneur Yu Hsien forderten.

Sir Ernest Satow bestand darauf, »daß dem Hof die Abscheulichkeit des Versuchs, die Gesandtschaften zu vernichten, vor Augen geführt werden müsse«. Er sprach mit allen, von Sir Robert Hart bis Oberst Shiba. Bei seiner Unterredung mit dem Oberst erfuhr er, daß dieser, während die anderen alle Hände voll mit dem Plündern zu tun gehabt hatten, etliche Kisten mit Dokumenten aus der Verbotenen Stadt entfernt hatte, die die Namen der an der Boxerverschwörung beteiligten Regierungsbeamten enthielten. Er weigerte sich mit der Begründung, es könne »viel Schaden damit angerichtet werden«, diese Namen preiszugeben, und nannte Satow nur einige wenige. Die übrigen wurden geheimgehalten und die Dokumente nach Tokyo gebracht, wo sie Japan in der Zukunft noch nützlich sein sollten. Vizekönig Chang drängte Li, General Tung Fu-hsiang die ganze Verantwortung zuzuschieben. Li hielt ihm entgegen, daß die alleinige Bestrafung des alten Kansu-Banditen die Alliierten nicht zufriedenstellen würde. Im übrigen wäre es ein ungeschickter Schachzug gewesen, Tungs Kopf zu fordern, solange sich die Kaiserinwitwe und der Kaiser, von seinen Armeen umringt, in seinem Territorium aufhielten. Gegen Ende Oktober drangen weitere grausige Details von Yu Hsiens Massaker an den Missionaren an die Öffentlichkeit und entfachten neue Feindseligkeiten unter den Ausländern. Inzwischen hatten die Alliierten Yu Hsien als Initiator und treibende Kraft hinter der Boxerbewegung ausgemacht. Edwin Conger bezeichnete Yu Hsien und General Tung als »die Schlimmsten von allen«. Morrison erklärte (mit der ihm eigenen unerschütterlichen Bestimmtheit), der Ursprung der Boxer sei auf »einen einzigen Mann, nämlich Yu Hsien«, zurückzuführen. Sir Satow berichtet von einer Zusammenkunft mit Li am 29. Oktober, während derer er (Satow) »fast die Fassung verlor, als mir die ermordeten Frauen und Kinder in den Sinn kamen, aber ich drängte den Gedanken daran zurück und behielt die Nerven«. Beim Feilschen um die Art und das Maß der Strafen wurde Satow im Dezember hart von Li bedrängt:

»Zeigte [Li] die Bekanntmachung ... die Belohnungen für die Ergreifung von ausländischen Männern, Frauen und Kindern versprach und von Prinz Chuang, Herzog Lan und Prinz Tun II. zu verantworten war. Verdienten solche Menschen nicht den Tod? [Li] erwiderte, sie hätten ihr Ziel schließlich nicht erreicht. Ich hielt ihm entgegen, daß in den Gesandtschaften 60 Menschen getötet und 160 ... verwundet worden waren. Er entgegnete, es seien unbedeutende Personen [das heißt vorwiegend Marinesoldaten] gewesen. Ich sagte, daß jeder Engländer genausoviel zählte wie ein Chinese. Er gab zu bedenken, daß die Eisenhüte alle Vettern des Kaisers seien. Ich fragte ihn, was er davon halten würde, wenn der Prince of Wales und Vettern der Queen einen Angriff auf den chinesischen Gesandten in London geführt hätten. Darauf warf er ein, sie [die Eisenhüte] seien törichte Menschen. Er bat mich, ihm einen Brief zu schreiben und eine Abschrift der Bekanntmachung hinzuzufügen, und versprach, den Thron daran zu erinnern.«

Die Situation der Kaiserinwitwe, die faktisch eine Gefangene der Eisenhüte war, änderte sich, als ihr oberster Beschützer Jung-lu an der Spitze seiner eigenen Armee in Xian eintraf. Als Jung-lu zu einem früheren Zeitpunkt aufgefordert worden war, in Peking zu bleiben, um einen Waffenstillstand auszuhandeln, hatte er sich klugerweise in die nahe gelegene Stadt Paoting zurückgezogen, wohin er auch das Hauptkontingent seiner Truppen beorderte, um einer direkten Konfrontation mit den Alliierten aus dem Weg zu gehen. Er blieb in Paoting, bis Vizekönig Li ihn darauf hinwies, daß sein Leben dort in Gefahr sei, worauf er seine Truppen westwärts verlagerte. Jung-lus Ankunft am 11. November änderte das militärische Gleichgewicht in Xian, und die Kaiserinwitwe ernannte ihn als Prinz Tuans Nachfolger mit sofortiger Wirkung zum kaiserlichen Berater.

Jung-lus Ankunft bedeutete für Tz'u-Hsi, nach Monaten unter den wachsamen Augen von General Tungs wilder Horde, eine große Erleichterung. Als Oberbefehlshaber übernahm er die Verantwortung für die Sicherheit von Thron und Hof. General Tung erhielt den Befehl, mit seinen Truppen in das südlich gelegene Gebiet zwischen Shanxi und Honan zu ziehen. Ihm blieb keine andere Wahl. Zwei Wochen später erreichte ihn der Befehl, seine Einheit um 2500 Mann zu reduzieren, kurz darauf mußte er sie um weitere 2500 kürzen.

Nachdem das Moslemheer erst einmal in sicherer Entfernung war, spielte Jung-lu eine entscheidende Rolle als Unterhändler, der den Rat der Dynastie davon überzeugte, die zwischen Vizekönig Li und den Alliierten ausgehandelten Friedensbedingungen zu akzeptieren. Im Westen lange ungeliebt und gewöhnlich als Schurke dargestellt, ging Jung-lu schließlich mit mehr Format aus der Boxerepisode hervor als irgendein anderer Mandschu-Beamter. Viele Bewohner des Gesandtschaftsviertels verdankten ihm ihr Leben.

Am 13. November verkündete die Kaiserinwitwe in einem Dekret die ersten Strafen: Prinz Tuan und sein Vetter Prinz Chuang sollten eine lebenslange Freiheitsstrafe in Mukden in der Mandschurei verbüßen. Sein älterer Bruder Prinz Tun II. wurde unter Hausarrest gestellt. Sein jüngerer Bruder Herzog Lan wurde um eine Rangstufe degradiert und verlor alle seine Privilegien. Ying Nien wurde um zwei Rangstufen degradiert. Auf die Festlegung einer Strafe für Kang Yi wurde verzichtet, da er inzwischen verstorben war. Yu Hsien wurde zu lebenslanger Verbannung und Zwangsarbeit im entferntesten Grenzgebiet in Turkestan verurteilt. Gegen die beiden anderen Prinzen wurden Freiheitsstrafen verhängt.

Den Alliierten gingen die Strafen jedoch nicht weit genug. Drei Monate später wurden in einem zweiten Dekret strengere Strafen verhängt, aber auch sie stellten die Alliierten nicht zufrieden. Aber sie verschwendeten ihre Energie. Welche Strafen auch immer auf dem Papier vorgesehen waren – die Wirklichkeit sah völlig anders aus. Am Ende mußten lediglich zwei Eisenhüte mit dem Leben bezahlen.

Im Februar 1901 wohnte Morrison auf dem Gemüsemarkt in der Straße der Gemüsehändler der öffentlichen Hinrichtung von zwei Eisenhüten bei, die nicht davongekommen waren: Chi Hsiu, Präsident des Zeremonienamtes, der sich als einer der führenden Verfolger der Gemäßigten hervorgetan und geprahlt hatte: »Die Fremden in Peking und im Inland werden vom patriotischen Volk vertrieben oder ausgemerzt werden« – und Hsu Cheng-yu, Sohn des kaiserlichen Beraters Hsu Tung, der als Verantwortlicher für die Enthauptung der Gemäßigten galt. Seine Familie engagierte einen erfahrenen Scharfrichter. Morrison notierte in seinem Tagebuch:

»Hsu [stand] offensichtlich unter starken Narkotika [und] wurde von einem gewöhnlichen Henkergehilfen zur Hinrichtung geführt. Chi Hsiu legte große Würde an den Tag. Er fuhr, vom japanischen Gefängnis kommend und von Japanern eskortiert, in einer Kutsche vor... Während er noch in der Kutsche saß, hob er den Vorhang, um einen Brief entgegenzunehmen, den er mit großer Fassung las. Ein junger Mann, den ich vorher noch nie gesehen hatte, nahm [die Enthauptungen] vor, aber der alte Mann [der offizielle Scharfrichter]... war auch da in seiner blutigen Schürze. Der Scharfrichter war nicht der blutrünstig aussehende Schlächter, den alle fotografierten, sondern ein liebenswürdiger junger Mann, der sein Handwerk erstklassig beherrschte... Man kann sich nicht ausmalen, wie hoch das Honorar ist, das dem Scharfrichter gezahlt wurde. Zwei Matten wurden ausgebreitet. Eine große Menschenmenge hatte sich versammelt, zahlreiche Korrespondenten waren anwesend, und es wurden Unmengen von Fotos gemacht. Selten hat eine Hinrichtung so viele Nationen gesehen... Er brauchte nur einen Schlag für jeden der Verurteilten.«

Die Alliierten hatten das Todesurteil für zwölf führende Persönlichkeiten gefordert, aber es wurden nur diese beiden Hinrichtungen bezeugt. Prinz Chuang, Ying Nien und Chao Shu-chiao hatte man angeblich ermöglicht, in Ehren Selbstmord zu begehen, aber ob sie es wirklich taten oder nicht, sei dahingestellt. Hsu Tung hatte sich bereits zu einem früheren Zeitpunkt erhängt, und Kang Yi war auf der Flucht gestorben.

Yu Hsiens tatsächliches Schicksal bleibt vollkommen im dunkeln. Im Oktober 1900 teilten die Vizekönige Li Hung-chang und Chang Chih-tung den Alliierten mit, Yu Hsien habe Selbstmord begangen. Robert Hart berichtete am 1. November in einem Brief, daß Yu Hsien »bereits verstorben« sei. Aber aus Shanxi erfuhr man, daß Yu Hsien nach seiner Verurteilung zu Verbannung und schwerer Zwangsarbeit in Turkestan die Reise dorthin am 13. November antrat – also nach seinem angeblichen Selbstmord. Drei Monate später wurde Yu Hsien im zweiten Strafdekret zum Tode verurteilt, er war zu dem Zeitpunkt, als es erlassen wurde, also wohl noch am Leben. Backhouse und Bland behaupteten Jahre später, er sei vor den Augen der Bürger von Lan-chou, der Hauptstadt von Kansu, hingerichtet worden. Lan-chou wurde jedoch von General Tung, Yu Hsiens Verbündetem und Beschützer, kontrolliert, der sich inzwischen auch vom Haken der Strafverfolgung befreit hatte, und Backhouse und Bland sind ohnehin eine völlig unglaubwürdige Quelle. Es hatte zu Yu Hsiens Strategien als Verwaltungsbeamter in Shantung gehört, Anführer der Langen Schwerter für eine Weile verschwinden zu lassen, anstatt sie zu köpfen, so daß sie nach einer Weile ihre Aktivitäten unter neuem Namen wieder aufnehmen konnten. Es ist durchaus möglich, daß der »Schlächter von Taiyuan« den Rest seines Lebens in Tungs ausgedehntem Herrschaftsgebiet in behaglichem Exil verbrachte.

Über das Schicksal von General Tung selbst diskutierte man sich die Köpfe heiß. Obwohl die Alliierten ursprünglich auf seiner Hinrichtung bestanden hatten, begriffen sie schließlich, daß es unbesonnen war, die Angelegenheit allzu energisch zu betreiben. Tung war gefährlich. Gegen Ende November des Jahres 1900 riet Edwin Conger in einem Brief an Washington, Tungs Namen von der Liste jener, deren Bestrafung die Alliierten forderten, zu streichen und ihn die »kaiserlichen Befehle zur Hinrichtung anderer« ausführen zu lassen. Ein spitzfindiger Einfall, der sich jedoch kaum verwirklichen lassen würde. Satow schrieb in sein Tagebuch: »In bezug auf Tung Fu-hsiang hat seine Regierung die Meinung geäußert, es könnte politisch unklug sein, die Todesstrafe für ihn zu fordern... Ich habe festgestellt, daß [Morrison] ebenfalls zu der Auffassung neigt, man könne Tung vielleicht laufen lassen.« Ein vorsichtig formuliertes Dekret von Tz'u-Hsi sprach dem General zwar seinen offiziellen Rang ab, gestattete ihm aber, Kriegsherr von Kansu zu bleiben, unter der Voraussetzung, daß er unverzüglich dorthin zurückkehrte. Vor seiner Abreise erhielt er einen großen Teil der annähernd 400 000 Silbertael, die Yuan Shih-kai »zur Verwendung durch den Thron« nach Xian geschickt hatte. Tung wurde am Ende also ausbezahlt und behielt seine Armee und seine Besitztümer.

Von einem chinesischen Beamten, der die Kaiserinwitwe in Xian aufgesucht hatte, erfuhr Sir Ernest, daß General Tungs Abreise heilsam auf Tz'u-Hsi gewirkt hatte. Der Beamte stellte fest, daß sie »wieder Herr der Lage sei«. Weit davon entfernt, die bestimmende Kraft zu sein, die Generäle und Prinzen beeinflußte, war sie, ebenso wie Kuang-hsü, das eingeschüchterte Unterpfand ehrgeiziger Prinzen und unfreiwilliger Gast im Haus eines Kriegsherrn gewesen.

Von Xian brach General Tung gemeinsam mit Prinz Tuan und Herzog Lan, beide Vettern ersten Grades des Kaisers, und vermutlich mit Yu Hsien in die entlegensten Gebiete Turkestans auf. Anstatt in ein Gefängnis in der Mandschurei, wie es ein Edikt vorgeschrieben hatte, begab sich Prinz Tuan in einen Palast vor den Toren von Urumtschi, der Provinzhauptstadt von Sinkiang unweit der russischen Grenze, einer Region von einsamer und verwegener Schönheit, die von den Siebentausendergipfeln des Tienschan oder Himmlischen Gebirges beherrscht wurde. Er teilte sein abgelegenes, aber luxuriöses Exil mit seinem Bruder Herzog Lan. Dank General Tung führten sie ein behagliches und sorgenfreies Leben.

Der alte Verbrecher Tung verbrachte die letzten Jahre seines Lebens im Luxus des Ningxia-Palasts, bis er im Februar 1908 im Alter von 69 Jahren eines natürlichen Todes starb.

Die Westmächte konnten sich nicht entscheiden, was mit Prinz Tuans Sohn, dem designierten Thronfolger P'u-chun, geschehen sollte, obwohl sie sich einig waren, daß er wegen der Verbrechen seines Vaters als Thronfolger ausschied. Sein ungehobeltes Betragen in Taiyuan und Xian hatten den Kaiser und die Kaiserinwitwe aufs äußerste erzürnt. Prinz Su berichtete Sir Ernest Satow, daß »der designierte Thronfolger schwere Schläge vom Kaiser und von der Kaiserinwitwe« einzustecken hatte. Ende November 1901 wurde er seinem Vater ins Exil nachgeschickt, langweilte sich aber bald in Turkestan und lebte, Berichten zufolge, ab 1904 »als Ehrengefangener« in Peking.

Nachdem sie Nordchina gesäubert hatten, wandten die Alliierten ihre Aufmerksamkeit dem Thema der Wiedergutmachung zu und setzten den Schlußstrich unter eine traurige Episode. Li und die Alliierten unterschrieben am 7. September 1901 in Peking als endgültige Friedensvereinbarung das Boxerprotokoll. Die Bedingungen umfaßten offizielle Entschuldigungsnoten an Deutschland und Japan wegen der Morde an Sugiyama und von Ketteler, den dauerhaften Abriß der Forts bei Taku, zwölf militärische Stützpunkte der Alliierten entlang der Küste sowie die Zahlung der riesigen Summe von 450 Millionen Silbertael an die Alliierten als Ausgleich für die Militärausgaben und die Zerstörung persönlicher Besitztümer der Ausländer während des Aufstands.

Damit bot sich ein letztes Mal die Gelegenheit, von der politischen Katastrophe zu profitieren. Archive in der ganzen Welt sind voll von Entschädigungsforderungen aus der Zeit der Boxeraufstände, wie zum Beispiel die eines Amerikaners, der einen Ausgleich für den Verlust einiger Bücher seiner Bibliothek geltend machte: *Uncle Toms Cabin $2,50; Bound Babyland $2,00; Robert's Rules of Order $0,75; Jungle Book $1,00; Diseases of the Rectum $1,00.* Er forderte darüber hinaus Schadenersatz für drei Zahnstocherhalter, fünf Pfund Teigwaren, eine dreiviertel volle Tüte Zucker, vier Dosen Weizenbier, ein Dutzend Wiener Würstchen (groß), vier Türschlösser, eine Wärmflasche und vier Zitronenbonbons.

Morrison, der Pelze, Bücher, Handschriften und andere Preziosen im Wert von mehreren tausend Pfund an sich gebracht hatte, verlangte 1500 Pfund für sein Haus, 515 Pfund für eine Fotokollektion, 484,10 Pfund für Bücher, 417 Pfund für Möbel und Inventar, sieben Pfund für chinesische Kostüme und 2625 Pfund für »Schmerzen... Schock und Seelenqualen«, die er durch seine Verwundung erlitten hatte.

Morrisons Ansprüche waren schamlos übertrieben. Er hatte es sich zur Gewohnheit gemacht, am Anfang eines jeden Jahres eine Aufstellung seiner Besitztümer anzufertigen. Ende 1899 hatte er den Gesamtwert mit 1249 Pfund und zehn Shilling beziffert, wobei er für sein Haus 250 Pfund (nicht 1500 Pfund), für seine Bücher 250 Pfund und für diverse persönliche Gegenstände 200 Pfund angesetzt hatte und der Rest des Guthabens auf einem Londoner Bankkonto ruhte. Aber dies sollte nicht das letzte Mal sein, daß er die Bücher zu seinen Gunsten manipulierte.

24
»Diese verabscheuungswürdige Frau«

Nachdem der Friedensvertrag unterzeichnet war, trat der Hof die erste Etappe der Rückreise über 700 Meilen nach Peking, die Strecke bis nach Chengtingfu, an. Es war eine prachtvolle Prozession geschlossener, mit Fahnen und wehenden Bannern geschmückter Kutschen, und Kaiser und Kaiserin wurden von den verbliebenen Mandschu-Prinzen und einer eindrucksvollen Kavallerieeskorte in leuchtenden Seidenuniformen begleitet. Nach dem überstürzten Auszug aus Peking 14 Monate zuvor gab man sich jetzt alle Mühe, das Gesicht wiederzugewinnen und die Reise würdevoll zu gestalten. Provinzbeamte sorgten dafür, daß jeder Stein, der im Weg lag, von Hand beiseite geräumt wurde; Heerscharen von Menschen fegten die Straßen und bestreuten sie mit gelbem Kalkstaub. Morrison (der sich eben noch an den Plünderungen der Verbotenen Stadt und der Hanlin-Bibliothek beteiligt hatte) äußerte in der *Times* sein Mißfallen darüber, daß das Herrichten der Straße »1000 Pfund pro Meile« gekostet habe und natürlich »für den normalen Verkehr auf dem Lande kaum zu gebrauchen« war.

In Chengtingfu bestieg Tz'u-Hsi zum erstenmal in ihrem Leben einen Zug, der aus 21 von einer Lokomotive gezogenen, fröhlich geschmückten Waggons bestand. Am Bahnhof von Peking standen 2000 Prinzen und Mandarine, ein unüberschaubares Meer von Pelzen und Seidengewändern, zu ihrer Begrüßung bereit. Als der Kaiser erschien, warfen sich die Menschen zu Boden, bis er in einer mit gelber Seide und Zobel ausgeschlagenen Sänfte Platz genommen hatte. Sein Zug setzte sich langsam in Trab, vorneweg die Kavallerie, danach ein Block von Beamten auf zottigen Ponys, schließlich uniformierte Banner-, Schirm- und Speerträger in Reih und Glied. Die Kaiserinwitwe folgte unter identischem Geleit. Hinter ihrer Sänfte ritt der allmählich ergrauende Jung-lu, der jetzt Premierminister war. Dies sollte die Bemühung verdeutlichen, der Regierung ein neues Gesicht zu geben. Knieende Soldaten säumten die Wegstrecke mit präsentiertem Gewehr, während Bläser ihre Fanfaren ertönen ließen.

Wie gewöhnlich durften sich keine Bürger in den Straßen sehen lassen, aber zum erstenmal war es ihnen erlaubt, zu Tausenden von den Dächern aus zuzusehen, eine tiefgreifende Änderung der Gepflogenheiten in China. Nachdem Prinz Tuan und seine fanatischen Anhänger vertrieben waren, gab man sich jetzt alle Mühe, den Hof zu entmystifizieren und den Menschen näherzubringen. Die Ausländer durften mehr von dem Ereignis miterleben, als es an den meisten europäischen Höfen möglich gewesen wäre. Auf der Hufeisenmauer um das Chien-men-Tor drängten sich europäische Diplomaten, Armeeoffiziere, Missionare, Frauen, Fotografen und Journalisten. Die Botschafter von Großbritannien, Frankreich, Rußland und Amerika ließen sich zwar nicht blicken, aber sämtliche Damen der Gesandtschaften waren auf einem Balkon versammelt, von dem aus sie die Prozession verfolgen konnten.

Als Tz'u-Hsi an ihrem Balkon vorübergetragen wurde, neigte sie sich auf ihrem Sitz vor und erwiderte den Gruß der Damen mit einem freundlichen Lächeln, einem Kopfnicken und einem angedeuteten Winken. Das hatten sie nicht erwartet. Sarah Conger fand das Erlebnis berauschend: »Ein wundervoller Tag«, lautete ihr Kommentar.

Um die durch den Beschuß der Alliierten entstandenen Schäden zu verbergen, hatte man das Tor mit Bannern und Seidenstoffen behängt. Andere Zeichen der Zerstörung und Plünderung ließen sich nicht so leicht vertuschen. Tz'u-Hsi beklagte sich bei einer ihrer Hofdamen: »Es war ein schreckliches Gefühl, als ich meinen eigenen Palast wiedersah. Wie sehr hatte sich alles verändert; Unmengen von wertvollen Ornamenten waren abgeschlagen oder gestohlen worden. Aus den Seepalästen waren sämtliche Wertgegenstände verschwunden, und jemand hatte meinem weißen Jadebuddha, vor dem ich tagtäglich zu beten pflegte, die Finger abgebrochen.« Von

Waldersee hatte ihren Privatpalast mit seiner Konkubine bewohnt und den Ying-tai Pavillon niedergebrannt.

Sie bezog den Palast des Kaisers Ch'ien-lung, eine Gruppe flacher Pavillons im nordöstlichen Winkel der Verbotenen Stadt, die vom Zerstörungswerk der Ausländer verschont geblieben waren.

Wenige Tage nach der Rückkehr des Hofes überbrachten sechs ausländische Gesandte Tz'u-Hsi und Kaiser Kuang-hsü, in einer bislang beispiellosen Audienz innerhalb der Mauern der Verbotenen Stadt, ihre Akkreditierungsschreiben. Dabei setzten ausländische Diplomaten das erstemal mit offizieller Einladung einen Fuß in die Verbotene Stadt; vorher hatten Audienzen stets außerhalb ihrer Mauern stattgefunden. Als sich der Hof in Xian im Exil aufgehalten hatte, waren die Ausländer durch alle Räume gestreift, hatten sich auf dem kaiserlichen Thron zum Fotografieren in Pose gesetzt und alles, was irgend tragbar war, mitgenommen. In den Boxerprotokollen war festgelegt, daß der Kaiser seine Audienzen von nun an in einem offiziellen Thronsaal abzuhalten hatte. Morrison, der nicht zu der Audienz gebeten worden war, bediente sich der Eindrücke von Oberst G. F. Browne, dem britischen Militärattaché: »Sie [ist] mächtig [und] gebieterisch, wie es der Herrscherin eines Landes angemessen ist. Wie sie auf dem schmucklosen Thron saß, sah man ihr ihr wahres Alter von 65 nicht an, sie wirkte wie 50, und etwas tiefer saß... der Kaiser... dem man kaum Bewunderung oder Ehrerbietung entgegenbringen würde... und er sah sich zu ihr um... wie ein Schulkind, das sich vor Strafe fürchtet, zu seiner Lehrerin. Es war ein trauriger Anblick, läßt aber keinen Zweifel daran, wer das Sagen im Lande hat.«

Sicherlich war Oberst Browne beeindruckt von Tz'u-Hsi auf ihrem erhabenen Thron, in vollem Hofstaat und mit dem aufwendigen Kopfputz der Mandschu geschmückt, aber die Wunden, die die Ching-Dynastie davongetragen hatte, waren tödlich.

Sir Ernest Satow vermerkte: »Ich hatte den Eindruck, daß Tz'u-Hsi von starken Gefühlen überwältigt war und um Fassung ringen mußte, bevor sie zu sprechen begann... Sie sagte, daß sie die Ereignisse sehr bedauere... und schloß ihre Ansprache damit, daß sie den Gesandten Glück und Gesundheit wünschte. Dann entließ sie uns mit wohlwollendem Kopfnicken.«

Wie hätte sie den versammelten Diplomaten und Offizieren erklären sollen, was sie niemandem erklären konnte: daß sich der Palast nahezu ein Jahrzehnt lang im Klammergriff eines Machtkampfs befunden hatte, der zuerst in der Zerschlagung der Hundert-Tage-

Reform gegipfelt und dann zum Boxeraufstand und der Belagerung der Gesandtschaften geführt hatte. Seit 1893, als Prinz Tuan begonnen hatte, sich in die inneren Kreise des Hofs zu drängen, hatte sie keine Ruhe mehr gefunden. Erbarmungslos hatten er und seine Brüder, Vettern und Anhänger sich ihre Orientierungslosigkeit nach dem chinesisch-japanischen Krieg zunutze gemacht, hatten sie mit List und Tücke dazu gebracht, die Regentschaft wieder zu übernehmen und im Zuge dieser Entwicklung dem armen Kuang-hsü jeglichen Einfluß entzogen. Kühner geworden, hatten sie P'u-chun als Thronerben und ihre eigene Geheimpolizei im Palast eingesetzt, die Boxer in die Verbotene Stadt geholt, die Kaiserinwitwe so eingeschüchtert, daß sie keinen Widerspruch wagte, und sich das Recht genommen, in ihrem Palast Dekrete zu erlassen. Ihr guter Ruf war 1898 durch K'ang und 1900 durch Morrison ruiniert worden. Die Eisenhüte und die Alliierten hatten nun ihre ganze Welt zerstört. Es schien unmöglich, die Dinge wieder ins Lot zu bringen. Alle ihre Versuche, Wiedergutmachung zu leisten, schlugen ins Gegenteil um. Sir Robert Hart bemerkte grollend: »Die Audienzen sind so angenehm verlaufen, daß Kritiker hinter der freundlichen Fassade Unaufrichtigkeit wittern.«

Dank des düsteren Bildes, das Morrison und K'ang von der Kaiserinwitwe entworfen hatten, war jedermann auf der Hut und hielt sie für eine gefährliche Frau. Die Diplomaten waren nicht zu bewegen, ihre vorgefaßte Meinung zu revidieren; ihre Frauen jedoch zeigten, wie schon 1898 und 1900, als sie Tz'u-Hsis Teegesellschaften im Seepalast besucht hatten, mehr Abenteuergeist. Als sie die Damen nun wiederum zum Tee einlud, diesmal in den Sommerpalast, zeigte sich Morrison empört: »Diese verabscheuungswürdige Frau«, schrieb er in sein Tagebuch.

Diesmal übernahm die strenge Sarah Conger die führende Rolle, die Lady MacDonald früher gespielt hatte, und zu Beginn der Teegesellschaft ergriff sie im Namen aller anwesenden Gäste das Wort: »Wir gratulieren Ihnen und dem kaiserlichen Hof herzlich, daß die unerfreuliche Situation, die Sie dazu gezwungen hat, Ihre wunderschöne Hauptstadt zu verlassen, ein so glückliches Ende gefunden hat.« Tz'u-Hsi erwiderte, es habe im Palast eine »revolutionäre« Auseinandersetzung stattgefunden, die zu den tragischen Umständen, unter denen sie zu ihrer »hastigen Abreise« gezwungen worden war, geführt hatte. Als die Formalitäten erledigt waren, wurden die Damen in einen Vorraum geführt und sahen – dem Bericht Morrisons in der *Times* zufolge – zu ihrem Erstaunen, daß die Kaiserinwitwe ihnen folgte und unter Tränen Sarah Congers Hand ergriff. Zitternd und haltlos weinend, schrieb Morrison, brachte sie nur mühsam heraus, daß der Angriff auf die Gesandtschaften ein furchtbarer Fehler gewesen sei, den sie zutiefst bedauere. Als Sarah Conger ihr versicherte, daß man die Vergangenheit ruhen lassen würde, streifte sie ein paar Armbänder und Ringe ab und schmückte Mrs. Congers Arme und Finger damit.

Nach Sarah Congers Aussage hat Morrison die ganze tränenreiche Szene erfunden. Gewiß hatte ein Hauch von Ergriffenheit mitgeschwungen, aber Morrison bauschte das Pathos auf, um die Kaiserinwitwe und Mrs. Conger lächerlich zu machen. »Die Kaiserinwitwe hing mir nicht weinend am Hals... Keine von uns hat etwas von Vergeben und Vergessen gesagt.« Sie schrieb Morrisons Entstellungen einem Vorurteil zu, das unter den westlichen Männern in Peking herrschte. »Die Damen wurden scharf kritisiert, weil sie die kaiserliche Einladung angenommen hatten. Bei vielen hat die Bitterkeit noch nicht ihr Gift verloren, so daß sie daran interessiert sind, die Bresche, die zwischen China und dem Westen klafft, offenzuhalten oder, wenn möglich, gar zu vergrößern.« Beispielhaft für diese feindselige, überhebliche Haltung der Männer ist ein Brief, den Bland an Morrison schrieb: »In meinen Augen war die Annahme von Geschenken durch die Frauen der Gesandtschaften ebenso unwürdig wie überflüssig. Die Verwicklung der Kaiserinwitwe in die Boxergeschichte steht außer Zweifel... Die Rede, die Mrs. Conger unpassenderweise vorlas, empfinde ich wie eine kalte Dusche närrischer Dummheit.«

Morrison bezog die Informationen für seine gehässigen Artikel über diese Teegesellschaften ausnahmslos von derselben Quelle. Da Sir Ernest Satow nicht mit einer Engländerin verheiratet war (er hatte eine japanische Frau und zwei Kinder in Tokyo), ging Lady Susan Townley, deren Mann Erster Botschaftssekretär war, als Vertreterin der britischen Gesandtschaft zu den Teegesellschaften der Kaiserinwitwe. Lady Susan, eine hochgewachsene, gutaussehende Frau, war eines jener unbekümmerten Geschöpfe des Fin de siècle und eine unverbesserliche Klatschbase, von der Morrison das bezog, was in seinen Augen als typisch weiblicher Scharfblick gelten konnte. Ihre Darstellungen des gesellschaftlichen Lebens in Peking und der Teenachmittage am Mandschu-Hof zielten darauf ab, bei Männern Eindruck zu schinden. Kaiser Kuang-hsü, der einst ein gutaussehender junger Mann mit strahlenden, lebhaften Augen gewesen war, nun aber aufgrund seiner Nervenschwäche solche Ereignisse nicht mehr ohne starke Beruhigungsmittel überstehen konnte, beschrieb sie als regelrechten Schwachkopf mit hängendem Unterkiefer, »glasigen Augen und starrem Blick... durch seine opiumbedingte Verblödung. Er wurde auf Befehl [der Kaiserinwitwe] unter Drogen gehalten«. Dieses Gerücht hatte K'ang in die Welt gesetzt, und Lady Susan griff gerne darauf zurück, um ihre intime Kenntnis der Verhältnisse zu unterstreichen.

Sie verspottete Mrs. Conger als »komische Alte«, die »uns zu äußerster Höflichkeit gegen Ihre Chinesische Majestät anhielt und uns ans Herz legte, weiße bestickte Unterröcke zu tragen, damit das Feingefühl der umstehenden chinesischen Würdenträger nicht verletzt würde, falls wir bei der Ausübung dieser Höflichkeiten über unsere eigenen Füße stolperten!« Tz'u-Hsi empfing ihre Gäste auf einem Diwan sitzend und in ein locker fallendes hellblaues Seidengewand gekleidet. »Ihre stechenden dunklen Augen wanderten, wenn sie nicht gerade auf die Damen blickten, neugierig im Raum umher... sie sieht wesentlich jünger aus.« Damit sie sich wie zu Hause fühlten, wurden ihnen verschiedene Sorten Tee, Bier und Champagner serviert, und diesmal setzte sich Tz'u-Hsi dazu und aß chinesische Delikatessen mit ihnen. Kaiser Kuang-hsü war die ganze Zeit über anwesend, aber der chinesischen Sitte der Geschlechtertrennung folgend, hielt er sich abseits vom Tisch und rauchte eine Zigarette nach der anderen.

Noch vertrauter war die Gesellschaft, die am 27. Februar 1902, auch diesmal wieder im Sommerpalast, stattfand. Sarah Conger war wieder dabei: »Wir wurden in eines der Privatgemächer geführt. Ihre Majestät schien sehr erfreut und deutete mit der Hand zu einem üppig behangenen und mit Kissen ausgelegten Kang [Bett], der über die ganze Stirnseite des langen Raums reichte. Auf der Wandseite des Kang befand sich ein Regal, auf dem herrliche Kunstgegenstände aus Jade und anderem Material sowie sieben ziemlich kleine, funktionierende Uhren aufgereiht waren... Ihre Majestät kniete sich auf den Kang und bedeutete uns, ihrem Beispiel zu folgen. Sie nahm einen kleinen Jadejungen vom Regal, drückte ihn mir in die Hand und gab mir mit Gesten die unausgesprochenen Worte zu verstehen: ›Sagen Sie es niemandem.‹« Diese Geheimniskrämerei hatte ihre Ursache in der negativen Reaktion, die frühere Geschenke der Kaiserinwitwe an die Damen in den Gesandtschaften und der Presse ausgelöst hatten. In China war es üblich, solche Geschenke zu machen, aber die westlichen Ausländer, die sich auf ihr ablehnendes Urteil festgelegt hatten, unterstellten der Kaiserinwitwe sogleich eine Bestechungsabsicht. Die alte Frau, die so gern offen und freundlich sein wollte, war lediglich ein bißchen überschwenglich.

Das einzige Mal, daß Morrison Tz'u-Hsi je selbst zu Gesicht bekam, allerdings auch nur aus der Ferne, war gegen Ende April 1903, als der Hof von einer Pilgerfahrt zu den Westlichen Gräbern zurückkehrte. Sein einziger Eindruck war: »Farblos und mit Zahnlücken.« Als Lady Susan ihm später im selben Jahr von einer Audienz berichtete, betonte sie, das Tz'u-Hsi »durch einen leichten Kropf entstellt« war. Und nachdem sie alles getan hatte, um Morrisons Karikatur auszuschmücken, bat sie die Kaiserinwitwe um das Andenken, das ihr am besten gefiel: einen Teller, von dem sowohl Tz'u-Hsi als auch Kaiser Kuang-hsü schon einmal gegessen hatten.

Von da an erhielten die Damen regelmäßig Einladungen zum Tee und Picknick im Sommerpalast. Sehr oft wurde die Stimmung bei diesen Gelegenheiten durch die Konkurrenzkämpfe der ausländischen Damen beeinträchtigt. Eine Amerikanerin äußerte sich empört über das abstoßende Benehmen der anderen Gäste. »Jede schien die andere eifersüchtig zu beäugen, in der ständigen Angst, jemand könnte sich zu sehr in den Vordergrund drängen. Einige hielten sich nicht einmal zurück, ihre Feindseligkeiten am Fuße des Throns oder vor ihren Gastgeberinnen bei Tisch zu zeigen. Sie schienen anzunehmen, daß die Chinesinnen, da sie die Sprache nicht verstanden, auch sonst nichts begreifen würden.«

Tz'u-Hsi reagierte verärgert, als unter ihren Gästen eine Frau in einem wollenen Reisekostüm mit riesigen Taschen war, in die sie die Hände steckte, als ob extreme Kälte herrschte. Dazu trug sie einen Hut aus demselben Tweedstoff. Später erkundigte sich Tz'u-Hsi bei einer ihrer Hofdamen, ob sie die Frau mit den Kleidern aus »Reissäkken« bemerkt hätte. Die Kaiserinwitwe hielt sie für einen ungebetenen Gast, aber es war nur Alicia Little, die Favoritin von K'ang.

Darüber entsetzt, entschloß sich Tz'u-Hsi, vorsichtiger mit ihren Einladungen zu sein, um das missionarische Element ebenso wie »andere unerwünschte« Personen herauszuhalten. Die Verachtung, die ihr und ihrem Land von einigen der westlichen Frauen entgegengebracht wurde, entging ihr keineswegs, und sie bemerkte: »Sie scheinen zu denken, wir sind nur Chinesen und verstehen nichts, und sie blicken auf uns herab. Ich merke so etwas sofort, und manchmal wundere ich mich, wenn sich Menschen, die sich für gebildet und zivilisiert halten, so benehmen.«

Als ihre Einladungen mit der Zeit weniger spektakulär wurden, blieben einige der westlichen Damen fern. Die Frau des österreichischen Botschafters, Frau von Rosthorn, Tochter eines Wiener Zahnarztes, erklärte naserümpfend, sie ginge nicht zum Tee bei der Kaiserinwitwe, weil es »so gewöhnlich« sei.

Diese Begegnungen bildeten, so oberflächlich sie uns erscheinen mögen, den ersten ungezwungenen gesellschaftlichen Kontakt, den der Mandschu-Thron je mit Fremden gepflegt hatte. Sie trugen dazu bei, Ängste der Mandschu zu zerstreuen, und hätten sich vielleicht positiv auf den Verlauf der Geschichte ausgewirkt, wenn sie 40 oder 50 Jahre früher aufgenommen worden wären. Was das Bild der Kaiserinwitwe im Westen betraf, kamen sie leider zu spät.

Mrs. Conger war »betroffen über die entsetzlichen, ungerechten Karikaturen [von Tz'u-Hsi]«. Damit sich die Welt ein besseres Bild davon machen konnte, wie sie »wirklich war«, bat sie die Kaiserin um die Erlaubnis, sie porträtieren zu lassen.

Man kam überein, daß die amerikanische Künstlerin Katherine Carl sie für die Louisiana Purchase Exhibition in St. Louis malen sollte. Sie hielt sich von August 1903 bis Mai 1904 in Tz'u-Hsis Gemächern im Sommerpalast auf. Als Morrison von dem Vorhaben erfuhr, schrieb er an Valentine Chirol, Mrs. Conger stehe »auf ziemlich vertrautem Fuß mit dem alten Satansweib«. In den Augen seines Journalistenkollegen Bland wickelte Tz'u-Hsi »die einfältige Gattin des amerikanischen Gesandten« um den Finger.

Kate Carl, die Tochter eines deutschen Söldners und einer Irin, die sich auf einer Reise durch Mississippi kennengelernt und dort niedergelassen hatten, war Ende vierzig. Sie hatte einen älteren Bruder namens Francis und war als das zweite Kind der Carls in New Orleans geboren. Ihr Vater, Hauptmann Augustus Carl, hatte eine Kompanie für die Konföderierten zusammengestellt und war im Bürgerkrieg ums Leben gekommen. Seine Witwe hatte eine Stelle als Lehrerin am Tennessee State College für Mädchen in Memphis bekommen und es dort schließlich zur Direktorin gebracht. Kate selbst hatte 1882 dort ihre Collegeausbildung abgeschlossen und war dann nach Paris gegangen, um Kunst an der Académie Julien zu studieren. Sie besaß nur mäßiges Talent und erzielte ein paar Achtungserfolge in Pariser Ausstellungen.

Kates Mutter, eine geborene Breadon, war eine entfernte Verwandte der Harts; Francis arbeitete beim chinesischen Zoll. Die Harts begegneten Kate auf einer Reise nach Paris, und Sir Robert bezeichnete sie als »sehr stürmisch – ein richtiger Tornado«. Im Winter des Jahres 1902 reiste Kate mit der transsibirischen Eisenbahn nach China. Sie wurde von ihrer Mutter begleitet, die, von Todesahnungen geplagt, ihren Sohn noch einmal sehen wollte. Tatsächlich erkrankte sie schon einen Monat nach ihrer Ankunft in China an Lungenentzündung und starb.

Kate war 1,65 Meter groß und von der Statur eines Hydranten, ihr Gesicht war mit Sommersprossen übersät und ihr Haar von Geburt an schlohweiß. Im Sommerpalast wurden ihr ein Atelier und einige Wohnräume zur Verfügung gestellt, wo sie sich von ihrer Arbeit am Porträt ausruhen konnte. Die Nächte verbrachte sie im nahe gelegenen Palast von Kaiser Kuang-Hsüs Vater, Prinz Chun I.

Als Kate im August 1903 zur ersten Sitzung mit der Kaiserinwitwe zusammentraf, war sie überrascht, »eine reizende kleine Dame mit einem strahlenden Lächeln« vor sich zu haben. In ihrer Begleitung trat der Kaiser ein, »eine fast jungenhafte Erscheinung«. Keineswegs der opiumumnebelte Schwachkopf, den Lady Susan Townley in ihm gesehen hatte.

»Ich hatte so viel über sie gehört und gelesen... und nichts davon... hatte mich auf die Realität vorbereitet... Sie war so umsichtig und taktvoll und schien mir so aufrichtig freundlich im Umgang mit den Menschen um sie herum... Sie war fast kindlich und doch gleichzeitig eine Frau mit einer starken, lebhaften Ausstrahlung.«

Mit fortschreitender Arbeit an dem Porträt sah sich Kate zunehmend durch chinesische Beamte genötigt, sich den Kunstvorstellungen des Landes anzupassen – das bedeutete ein Minimum an Details, keine Perspektive und keine Schatten. »Die Kaiserinwitwe merkte jedoch nichts von meinen Schwierigkeiten und schien vollkommen zufrieden mit den Fortschritten, die das Porträt machte.«

Das fertige Bild sollte alle Insignien ihres Amts enthalten: Zeremonienfächer, einen dreiteiligen Wandschirm, neun Phönixe, Bambusrohre und Pyramiden einer aromatischen Zitrusfrucht, die Buddhas Hand genannt wurde und der die Zitrone aus Jade und Gold nachgebildet war, die Morrison gestohlen hatte. Tz'u-Hsi trug für das Porträt ein Wintergewand aus steifem, zobelgefüttertem und mit Perlen gesäumtem Satin; in ihren Mandschu-Kopfputz waren Perlenketten und Zeremonienedelsteine eingearbeitet. Ihre Haltung war steif, und da sich jeder am Hof einmischte, war häufiges Übermalen erforderlich.

Die Kaiserinwitwe war erfreut über das Ergebnis, sie kritisierte lediglich, daß ihre eine Gesichtshälfte dunkler war als die andere, was nicht dem chinesischen Kunstgeschmack entsprach. »Ich hatte ihr erklärt, daß das die Schattenwirkung war«, berichtete Derling, »aber Ihre Majestät bestand darauf, daß ich Miss Carl bitten sollte, beide Gesichtshälften gleich aussehen zu lassen. Das führte zu einer ziemlich hitzigen Diskussion zwischen Miss Carl und mir, aber schließlich sah sie ein, daß es keinen Sinn hatte, sich den Wünschen Ihrer Majestät zu widersetzen.« Das fertige Porträt war statisch und nichtssagend. Seine Bedeutung liegt in der Tatsache, daß es Kate Carl Zugang zu Tz'u-Hsi verschaffte, wodurch eines der wenigen Zeugnisse ihrer Eigenarten überliefert wurde, die sie als normales menschliches Wesen zeigten.

Kate Carl wurde gut bezahlt für die vier Porträts, die sie im Lauf des einen Jahres malte, und hatte nicht die Absicht, über ihre Erlebnisse zu schreiben. »Nach meiner Rückkehr in die Vereinigten Staaten entdeckte ich in den Zeitungen andauernd ... irgendwelche angeblichen Aussagen von mir, die ich in Wirklichkeit nie gemacht hatte. Es wurde darin behauptet, Ihre Majestät habe mich argwöhnisch überwacht und gezwungen, sie als eine junge, schöne Frau darzustellen! Es hieß auch, sie habe sich geweigert, mir ein Honorar für die Porträts zu zahlen, und viele andere, ebenso unwahre Dinge waren täglich in den Zeitungen zu lesen.«

Morrison hatte in der *Times* geschrieben: »Jemand hat über die Kaiserinwitwe gesagt, ›sie hat die Seele einer Tigerin im Körper einer Frau‹, und Miss Carl fand die alte Dame scharfzüngig und aufbrausend.«

Kate Carl war wütend: »Ich fand diese letzte Bemerkung, die ich nie gemacht habe, schwer genug zu ertragen, aber der Artikel wurde auch noch in amerikanischen Zeitungen abgedruckt.« So entschloß sie sich schließlich, die Dinge richtigzustellen: »Ich bin die einzige Europäerin, die je Gelegenheit hatte, diese bemerkenswerte Frau in ihrer eigenen Umgebung zu beobachten und ihr Leben aus der Perspektive des ihr vertrauten Kreises kennenzulernen.« Ihre Memoiren, *With the Empress Dowager of China,* erschienen 1905, und sie widmete sie Sir Robert Hart.

Sie war keine geübte Schriftstellerin, und die Kritiker bemängelten ihre Überschwenglichkeit. In der *New York Times* hieß es: »Leider kann Miss Carl weder beobachten noch schreiben ... Die Passagen, die sich auf die Kaiserinwitwe beziehen, sind, ebenso wie das Porträt, flächenhaft, ohne Tiefe ... [auch wenn] man gelegentlich mit verhältnismäßig ungeschminkten Wahrheiten konfrontiert wird ... Sosehr wir uns eine etwas ausgewogenere Beurteilung der Herrscherin von China und ihres Hofs gewünscht hätten, können wir Miss Carl doch keine Vorwürfe für ihren Enthusiasmus machen.«

Vielleicht ärgerten sich die Kritiker vor allem darüber, daß Kate

Carl die Vorstellung von Tz'u-Hsi als einem tückischen Reptil, die sich in ihren Köpfen festgesetzt hatte, nicht bestätigte. Während die männliche Sicht der Kaiserinwitwe eine fernöstliche Lucrezia Borgia suggerierte, präsentierte ihnen Kate Carl ein alterndes weibliches Pendant des arglosen Zauberers von Oz.

Bei den Gesprächen, die Kate Carl im Sommerpalast mit der Kaiserinwitwe führte, war meistens die Hofdame Derling als Dolmetscherin anwesend. Sie hatte Kate Carl in Paris kennengelernt, als ihr Vater dort als Gesandter akkreditiert war. Ihr familiärer Hintergrund war etwas fragwürdig, was selbst Hart in Erstaunen versetzte. »Die Familie Yu Keng ist nirgendwo besonders gut angesehen«, schrieb er, »aber der alte Mann selbst hat mächtige Fürsprecher – ich weiß nicht, warum. Mrs. Yu ist die eurasische Tochter eines kleinen amerikanischen Ladenbesitzers, der sich in Shanghai niedergelassen hatte, und soweit es Yu betrifft, scheint es eine Liebesheirat gewesen zu sein.«

Vermutlich verdankte Yu Keng seine Stellung irgendwelchen schmutzigen Diensten, die er Vizekönig Li erwiesen hatte. In China hatte man den Spruch geprägt: »Ein Hund, der für Li bellt, ist ein fetter Hund.« Dieser zweifelhafte Ruf haftete auch Derling an, deren Privatleben wie aus einem Roman Zolas entlehnt anmutete in einem Land, das noch nie von Emile Zola gehört hatte. Die gutaussehende junge, hellwache Frau von Anfang zwanzig war für Peking zu weltoffen. Sie hatte eine Erziehung an Missionsschulen in China und in einem französischen Kloster genossen, sprach fließend Englisch und Französisch, und auch Liebesbeziehungen waren ihr nicht fremd. Morrison unterstellte ihr in seinem Tagebuch eine Affäre mit einem »großväterlichen« italienischen Militärattaché. Prinz Chings ältester Sohn Tsai Chen, der sich als Frauenkenner verstand, war einer ihrer frühen Gönner. Er sorgte auch dafür, daß Derling, ihre Mutter, ihre Schwester und ihre zwei Brüder vom Sommer 1903 an im Sommerpalast angestellt wurden, damit der Kaiserinwitwe während ihrer Audienzen mit den Frauen aus dem Westen welterfahrene Dolmetscher zur Verfügung standen und ihr keine Feinheiten in der Unterhaltung entgingen.

Wie die Bücher von Sarah Conger und Kate Carl ernteten Derlings Memoiren ungerechtfertigten Spott. Sie machte sich angreifbar, indem sie, offenbar auf Anraten amerikanischer Freunde, den Titel »Prinzessin Derling« benutzte, als ihre Bücher im Westen veröffentlicht wurden. Dennoch liefern Derlings Erinnerungen wertvolle Einblicke in Tz'u-Hsis Privatleben. Kritiker warfen ihr vor, kein Talent zum Schreiben zu haben und ein banales Bild vom Wesen der Kaiserinwitwe zu entwerfen. Wie sollte sich hinter der exotischen Fassade einer fernöstlichen Potentatin eine harmlose Matriarchin verbergen, eine Bridge-Club-Matrone, die Blumen, Schoßhündchen und übertrieben prunkvolle Kleidung liebte und neuerdings nah am Wasser gebaut hatte? Wo blieb ihre Gefährlichkeit? Offensichtlich hatten alle diese Frauen als Beobachterinnen versagt. Oder etwa nicht?

Einer von Derlings Brüdern arbeitete als Elektroinstallateur im Sommerpalast, der andere steuerte Tz'u-Hsis Dampfbarkasse auf dem Kunming-See. Der Installateur war nebenbei ein begeisterter Fotograf. Mit der Glasplattenkamera der damaligen Zeit machte er zwischen 1903 und 1905 Aufnahmen von Tz'u-Hsi; ihm sind die ersten Fotografien zu verdanken, die je von der Kaiserinwitwe und ihrem Hof gemacht wurden. Jedes bebilderte Buch über das kaiserliche China enthält seine Aufnahmen. Aber man hat den Hoffotografen Yu nie mit Derling in Verbindung gebracht. Seriöse Wissenschaftler haben Derlings Buch ebensowenig beachtet wie diejenigen von Conger und Carl, weil es die Werke törichter Frauen waren, aber sie haben die Fotografien von Derlings Bruder verwendet, ohne zu wissen, wer er war. Die Bilder zeigen alle dieselbe Person, aber sie gestatten es dem Betrachter, schlimme Charakterzüge in sie hineinzuprojizieren.

Tz'u-Hsi begann sich für die Kunst des Fotografierens zu interessieren, und sie unterzog Yus Kamera einer genauen Inspektion, wobei sie die gleiche Wißbegierde und Auffassungsgabe an den Tag legte wie bei ihrem Interesse für westliche Uhren. »Nachdem er ihr den Vorgang des Fotografierens genau erklärt hatte«, berichtete Derling, »forderte sie einen der Eunuchen auf, sich vor die Kamera zu stellen, um zu sehen, wie es war, durch den Sucher zu blicken. Dann fragte Ihre Majestät erstaunt: ›Wie kommt es, daß er auf dem Kopf steht?«

Von da an ließ sie sich mit Begeisterung fotografieren und präsentierte sich gern in immer neuen Kleidern. Manchmal zeigte sie sich im traditionellen Staat der Göttin der Gnade, Kuan-yin, und bestand darauf, daß ihr Obereunuch, der mißtrauische alte Li Lien-ying, sich ebenfalls herausputzte und mit ihr vor der Kamera posierte, wobei er sich allerdings unbehaglich zu fühlen schien und äußerst mißmutig dreinschaute. Tz'u-Hsi sah beim Entwickeln der Platten und Abzüge zu. Derling erklärte sie: »Wenn ich mich ärgere oder mir Sorgen mache, ziehe ich mich an wie die Göttin der Gnade, und das hilft mir, mich zu beruhigen und die Rolle der Gestalt, die ich darstelle, zu spielen... Indem ich mich in dieser Verkleidung fotografieren lasse, kann ich mich so sehen, wie ich eigentlich immer sein möchte.« Die westlichen Betrachter dieser Bilder zogen es vor, das »teuflische alte Weib und ihren falschen Eunuchen« und die »scharfzüngige und aufbrausende Hexe« zu sehen.

In der Zeit, als Derling in ihren Diensten stand, erlitt Tz'u-Hsi einen Schlaganfall, der ihre rechte Gesichtshälfte teilweise lähmte. Sie war jetzt fast siebzig. Die Wirkung des Schlaganfalls veränderte ihre normale Mimik, so daß ihr Gesicht auf den von Yu fotografierten Bildern schlaff und ausdruckslos wirkt – im Gegensatz zu der Lebhaftigkeit, die praktisch jeder, der ihr bisher begegnet war, bemerkt hatte.

Tz'u-Hsi war alt und müde. Die Jahrzehnte des Überlebenskampfes in den Zeiten politischer Katastrophen hatten an ihren Kräften gezehrt. Sie hatte, ständig von Eunuchen und Höflingen überwacht, mehr als 40 Jahre die Rolle gespielt, die ihr 1861 zugewiesen worden war. Während die anderen ihre Spielchen spielten und wieder abtraten, hielt sie die Stellung und nahm die Schuld auf sich. Seit der Kaiserin Wu war niemand so erbittert verteufelt worden. Aber ihre Röcke waren sehr weit und boten jedem Platz, sich darunter zu verkriechen. Nachdem Kate Carl und Derling den Hof bereits verlassen hatten, fand deren positive Beurteilung der Kaiserinwitwe 1905 Bestätigung durch einen männlichen Ausländer, der für ein paar Tage Zugang zu ihr hatte. Der Maler Hubert Vos fertigte zwei Porträts von Tz'u-Hsi. Das eine, das heute im Sommerpalast hängt, zeigt sie als junge Frau von 25 Jahren, das andere hatte Vos ausschließlich aus persönlichem Interesse gemalt und zeigt sie so, wie sie mit siebzig war. Dieses Altersbild wurde in China nie gezeigt und hängt jetzt im Fogg-Museum der Harvard-University.

Hubert Vos war ein geradliniger Mann von gewinnendem Wesen und ein scharfer Beobachter mit großem erzählerischen Talent. Seine Briefe aus Peking entwerfen ein Bild von seinen Begegnungen mit Tz'u-Hsi, das sich wohltuend von dem seiner Zeitgenossen unterscheidet.

Vos war aus der holländischen Schule hervorgegangen und hatte an führenden Akademien in Paris, Rom und Brüssel studiert. Er hatte sich mit James Abbott McNeill Whistler angefreundet und war Mitbegründer der Society of British Portrait Painters. 1893 ließ er sich in Amerika nieder, begann sich mit Rassenmerkmalen zu beschäftigen und bereiste die ganze Welt, um klassische ethnische Typen zu porträtieren: Sioux- und Chippewa-Indianer in Dakota, südamerikanische Indianer in Britisch-Guayana, orientalische Archetypen in Korea, Hawaii, Japan, Java und Tibet. Als Vos 1899 zum erstenmal nach China kam, bemühte er sich um die Erlaubnis, Tz'u-Hsi porträtieren zu dürfen, hatte aber keinen Erfolg. Er malte allerdings während dieser Reise hervorragende Porträts von Vizekönig Li Hung-chang, Prinz Ching und General Yuan Shih-kai. Sie führten dazu, daß er 1905 erneut nach China gerufen wurde. Man sagte ihm lediglich, daß er einer Bitte Folge leisten sollte, einige Beamte des Auswärtigen Amts zu malen. Erst im Juni, als er ein Zimmer im wiederaufgebauten Peking-Hotel bezog, erfuhr er, daß die Kaiserinwitwe sein Modell sein sollte. »Wenn ich das gewußt hätte«, sagte er, »hätte ich vielleicht meinen Preis verdoppelt.« Die Sitzungen sollten in einem der Seepaläste am Rande der Verbotenen Stadt stattfinden, und Tz'u-Hsi wollte zu diesem Zweck für drei Tage aus dem Sommerpalast herüberkommen. Man bat ihn, sich am 20. Juni um vier Uhr dreißig mit seiner ganzen Ausrüstung im Auswärtigen Amt einzufinden, weil sie den Beginn der Sitzung für fünf Uhr angesetzt hatte. Vos nahm es gelassen. »So früh bin ich noch nie im Leben aufgestanden... Man stelle sich vor, morgens um fünf ein Foto zu machen.« Da viele seiner Objekte vielbeschäftigte Menschen waren, hatte er es sich zur Gewohnheit gemacht, sie zu fotografieren, damit er in den Zeiten zwischen den Sitzungen in seinem Hotelzimmer weiterarbeiten konnte, und das hatte er auch im Fall der Kaiserinwitwe vor. »Das Schlimme ist nur, daß es in zehn Minuten passieren muß, weil sie hinterher zehn Minuten posieren will und ich dann vielleicht nur noch zwei weitere Sitzungen von jeweils zwanzig Minuten bekomme. Ich werde eine kleine Leinwand nehmen, den Kopf während der zwei Sitzungen vom Original malen und später nach dieser Vorlage und nach den Fotografien eine größere Leinwand anfertigen... Wahrscheinlich wird mir vor Sorgen der Kopf brummen, und ich werde Schwierigkeiten ohne Ende haben.«

Zu seiner Freude erfuhr Vos, daß ein Japaner namens Yamamoto Fotos von Tz'u-Hsi gemacht hatte, die man an alle Gesandtschaften und ausländischen Königshäuser verschickt hatte und deren Negative dann vernichtet worden waren. »Ich konnte den holländischen Gesandten überreden, mir heimlich eines zu leihen. Ich werde eine Skizze auf kleiner Leinwand anfertigen, damit ich gleich mit Malen loslegen kann, ohne vorher skizzieren zu müssen, und damit ich mich mit meinem Objekt vertraut machen kann, bevor es mir gestattet ist, einen Blick auf ihr Gesicht zu werfen.«

Am Abend vor seinem ersten Besuch im Palast aß er frühzeitig, legte seinen Abendanzug mit allen Auszeichnungen, ein Taschentuch in die Brusttasche gesteckt, bereit und bestellte für drei Uhr dreißig die einzige offene viktorianische Kutsche in ganz Peking, um seine Ausrüstung verstauen zu können. Beim Aufwachen stellte er jedoch zu seinem Entsetzen fest, daß das Hotel in tiefem Schlaf lag und keine Kutsche bereitstand. Es war auch keine Rikscha zu sehen, nur ein verschlafener chinesischer Diener, der ihm den Tee brachte.

»Ich war schrecklich aufgeregt und kramte meine schlimmsten Schimpfwörter heraus, von denen die chinesischen Dienstboten den größten Teil natürlich nicht verstanden. Aber irgend etwas an meiner Stimme oder meinem Gesichtsausdruck müssen sie begriffen haben, denn sie rannten ins chinesische Viertel, um eine Rikscha aufzutreiben. Nach zwanzig Minuten kamen endlich zwei. Wir packten sie voll und rannten, so schnell wir konnten, zu Wu Ting-fangs Haus, wo ebendieser Gentleman ungeduldig wartete und bereits Eilboten geschickt hatte, um nach mir zu suchen.«

Auf ihrem Trab quer durch die Stadt kam ihnen Prinz Chings Sohn Tsai Chen entgegen, der Vos zu der Kaiserinwitwe führen sollte. »Prinz Tsai Chen ist Handelsminister und ihr Günstling unter den jüngeren Beamten... ein fetter, munterer Bursche... prachtvoll gekleidet, der keine Fremdsprache spricht, so daß wir uns nur angrinsen konnten, aber wir tauschten Zigaretten aus.« Sie hasteten durch den Park der Seepaläste, und Vos war »sprachlos angesichts der Schönheit und Sauberkeit... und vor uns dehnte sich eine weite, lotosüberzogene Lagune... verbotenes Land!« Vos wurde in einen überdachten Hof geführt, wo er seine Ausrüstung aufbauen durfte. Am Ende des Hofs befand sich ein Thron vor einem Hintergrund, der einen Bambushain darstellte. Zu beiden Seiten des Throns standen Pflanzenkübel, Pyramiden aus Früchten und je zwei Pekinesen, deren Haar am Kopf mit goldenen Pfauenspangen zurückgebunden war.

Dann erschien Tz'u-Hsi.

»Ihre Erscheinung beeindruckte mich wirklich sehr«, berichtete Vos. »Ich hatte das Bild [von Kate Carl] auf der Ausstellung in St. Louis gesehen, das völlig nichtssagend war. Ich hatte auch das Foto gesehen, das der Japaner in Peking aufgenommen hatte... aber sie wirkte vollkommen anders auf mich; sehr aufrecht und von außerordentlicher Willensstärke, mehr als ich je an einem Menschen entdeckt hatte... und dazu diese Güte und Liebe zum Schönen. Ich verliebte mich auf der Stelle in sie.«

Er begann sie zu fotografieren. »Das erste Bild war ein Mißerfolg. Ich wagte nicht, sie darum zu bitten, sie solle mich ansehen, niemand darf sie um etwas bitten... Also bat ich ihren Lieblingseunuchen, sich hinter mich zu stellen, so daß sie ihn ansehen konnte, und dann machte ich ein paar Aufnahmen von ihr, ohne sie anzusehen. Ich machte sechs Bilder. Einmal versagte der Verschluß den Dienst, und ich konnte die Kamera nicht scharf einstellen. Danach sagte man mir, daß Ihre Majestät müde sei, und ich mußte aufhören.« Vos mußte versprechen, die Fotos unter Verschluß zu halten und später zu vernichten.

Am Tag darauf kam er zur zweiten Sitzung wieder.

»Ich malte drauflos, bis man mir nach ungefähr einer dreiviertel Stunde sagte, sie sei müde. Sie kam und sah sich meine Arbeit an, redete und zeigte auf verschiedene Stellen meines Bildes, und Wu Ting-fang übersetzte und sagte mir, ich solle die Augen höher ansetzen, sie offener zeigen und keine Schatten darunter oder darüber, den Mund voll und geschwungen, keine hängenden Mundwinkel, die Augenbrauen gerade, die Nase ohne Schatten, keine Schatten, keine Schatten, keine Falten! Ich verneigte mich, sie ging hinaus, und wir... diskutierten ausführlich über das Thema. Die Eunuchen alle aufgeregt und fröhlich. Endlich begriff ich, daß ich kein realistisches Porträt malen durfte. Ich hatte sie, so gab man mir zu verstehen, so zu malen, ›wie sie es mir sagte‹... Ich kam gegen neun Uhr dreißig im Hotel an, und nach einem kalten Bad und einem Whisky-Soda fing ich mit einem neuen Kopf an, diesmal jung und schön und mit sehr hellen Schatten... Ich arbeitete bis vier Uhr nachmittags daran, dann war meine Skizze fertig gezeichnet und ausgemalt: die Kaiserin mit fünfundzwanzig.«

Vos mußte Tz'u-Hsi so malen, wie sie den Menschen in Erinnerung bleiben wollte, wie sie 1860 gewesen war, als junge Kaiserinwitwe und Mutter des kleinen Kaisers, auf dem Höhepunkt ihres Lebens – nicht als alte Frau.

»Am nächsten Morgen wieder auf dem Weg... Ich mit meinen zwei Skizzen, der ersten und der neuen... als ich den Eunuchen, Prinz [Tsai] Chen und Wu Ting-fang den neuen Entwurf zeigte, waren sie enorm beeindruckt... Ich vermute, daß die Kaiserin und ihre Hofdamen ebenfalls einen ausgiebigen Blick auf das Bild warfen, bevor wir endlich aufgefordert wurden, einzutreten... Man sagte mir, daß Ihre

Majestät sehr angetan sei. Also änderte ich so wenig wie irgend möglich, hielt mich nur an die allgemeine Farbgestaltung. Ich bat um die Erlaubnis, mir ein paar Notizen in mein kleines Buch machen zu dürfen. Ihre Majestät zeigte mir, die Augen sollten mehr aufwärts gebogen, schräger sein – sie scheinen vernarrt zu sein in die charakteristische Unregelmäßigkeit ihrer Gesichtszüge. Ich machte mir ein paar Notizen über Mund, Augen und Nase, und die Kaiserin stand auf, kam zu mir, nahm meinen Stift und zeichnete eine Linie in mein Notizbuch, das ich für sie hielt. So nah wie ich in diesem Augenblick ist ihr niemals ein weißer Mann gewesen.

Als sie an diesem Tag hinausging, drehte sie sich noch einmal um und lächelte mir zu. Das erste Lächeln von ihr, ich werde mehr davon bekommen! – Im Vorhaus wurde mir erzählt, daß Ihre Majestät gesagt hat, ich gefiele ihr. Während dieser dritten Sitzung rauchte sie zwei Pfeifen und ließ sich einen herrlichen Umhang bringen, weil ihr angeblich kalt war. Ich glaube, es war Koketterie, und sie wollte sich von ihrer besten Seite zeigen.«

Es ist das einzige Mal, daß in den Überlieferungen von einer Koketterie der Kaiserinwitwe die Rede ist.

Am nächsten Tag fand die letzte Sitzung statt. »Durch die Scheibe sah ich Ihre Majestät beim Frühstück sitzen, umringt von einer Heerschar schöner Mädchen, überall die herrlichsten Kostbarkeiten ... Ich wählte den Platz aus, den sie einnehmen sollte und packte mein Bild aus. Als sie hereinkam, verneigte sie sich sehr huldvoll, und ich begann zu malen ... nach der Sitzung erkundigte sie sich bei Wu Ting-fang, was ›sehr gut‹ auf englisch heiße. Dann sagte sie mit einem Lächeln zu mir: ›Sehr gut!‹«

Den ganzen heißen Sommer über arbeitete Vos in seinem Hotelzimmer, um das Jugendporträt zu vollenden. Morrison sah es sich an und war so begeistert, daß er es am liebsten behalten hätte. »Das beste, das er je gesehen habe«, sagte er zu Vos. Was immer auch das Bild hatte, um bei Morrison romantische Gefühle auszulösen, es änderte doch seine vorgefaßte Meinung nicht.

Vos kehrte ziemlich erschöpft nach Amerika zurück. In seinem New Yorker Atelier nahm er die Arbeit an dem wirklichkeitsgetreuen Porträt von Tz'u-Hsi wieder auf, das er in Peking begonnen und dann beseite gelegt hatte. So, wie es ihre Stärke und Haltung enthüllt, kommt es dem Wesen dieser Frau vermutlich am nächsten.

Der zweite männliche Ausländer, dem je so etwas wie ein persönlicher Zugang zu Tz'u-Hsi gewährt wurde, war Sir Robert Hart. Sie lebte so abgeschirmt, daß Hart sie bis 1902 niemals in einer Audienz aufsuchte und sie nur ein einziges Mal aus der Ferne gesehen hatte, als sie 1901 aus Xian in die Verbotene Stadt zurückgekehrt war.

Diese Zurückhaltung war notwendig, weil Hart eine einzigartige Stellung in Peking einnahm. Als »unser Hart« war er kein beliebiger Fremder, sondern ein Diener des Throns. Darum stand das Protokoll wie eine Mauer zwischen ihm und der Kaiserinwitwe. Erst geraume Zeit nach dem Boxeraufstand, als der Hof seine traditionelle Separierung erheblich gelockert hatte, wurde Hart 1902 zu seiner ersten Privataudienz mit Tz'u-Hsi gebeten. Inzwischen arbeitete er seit 41 Jahren für sie und war in dieser Zeit die einzige verläßliche und dauerhafte Steuereinnahmequelle für den Thron gewesen. Paradoxerweise offenbart sich in der strengen Absonderung von einem Menschen in der Position Harts eher Schwäche als Stärke. Hätte sie das Mandschu-Regime so autokratisch geführt wie einst Kaiserin Wu den Tang-Hof, wäre es ihr ein leichtes gewesen, die Regeln nach Gutdünken zu brechen, und sie hätte Hart ebenso problemlos begegnen können wie Kaiser Ch'ien-lung Lord MacCartney. So aber verhinderte die rigide Hofetikette nicht nur jegliche private Zusammenkunft, sondern Hart durfte auch an Audienzen der ausländischen Diplomaten bei Kaiser Kuang-hsü nicht teilnehmen. Er konnte nur über Dritte verhandeln: Prinz Kung, Prinz Ching oder Vizekönig Li.

Unter den veränderten Umständen nach ihrer Rückkehr in die Hauptstadt jedoch beriefen Tz'u-Hsi und Kaiser Kuang-hsü umgehend eine Sonderaudienz für Hart ein, um ihn so für die Leiden und Enttäuschungen, die er während der Belagerung der Gesandtschaften erfahren hatte, zu entschädigen. Er war inzwischen ein gebrechlicher Sechsundsechzigjähriger, also im selben Alter wie Tz'u-Hsi, und er durfte in ihrer Gegenwart in einem Sessel sitzen, was eine beispiellose Ehre war. Die Audienz dauerte nur 20 Minuten, aber da Hart ausgezeichnet Mandarin sprach, ging keine Zeit für umständliche Übersetzungen oder Formalitäten verloren. Tz'u-Hsi weinte unverhohlen in seiner Gegenwart. Sie versicherte ihm wiederholt, daß das ganze Boxerunheil auf »Unwissenheit« zurückzuführen sei. Dann fuhr sie fort: »Wir haben schon lange den Wunsch, Sie zu treffen und mit Ihnen zu sprechen, aber das war bisher nicht möglich.«

Zu einem peinlichen Augenblick kam es, als sie Sir Robert nach seinem Haus fragte: »Wo wohnen Sie, und was für ein Haus haben Sie?« Sie hatte keine Ahnung, daß sein geliebter Bungalow von den Boxern niedergebrannt worden war und mit ihm alle seine Arbeitspapiere und Erinnerungen an fast ein halbes Jahrhundert in China. (In sein Tagebuch hatte er geschrieben: »Mein armes Orchester, wie alles andere verloren und dahin.«) Nach dem Ende der Belagerung hatte er ein provisorisches Zollbüro in einem kleinen Tempel unterhalb der Stadtmauern eingerichtet. Für sich selbst hatte er zwei kleine Hinterräume im Kaufhaus Kierulff gemietet und wohnte dort, bis sein neues Haus 1902 fertig war. Zu dem Zeitpunkt aber, als Tz'u-Hsi ihre arglose Frage stellte, wohnte er noch in den zwei Hinterzimmern bei Kierulff, und eisiges Schweigen senkte sich über den Audienzsaal.

Bevor Hart seine Fassung wiedergefunden hatte, warf sich Prinz Ching auf die Knie: »Es ist wie all die anderen zerstört.« Tz'u-Hsi wischte sich die Tränen aus den Augen. »Es ist schrecklich«, sagte sie, »aber an allem ist die Unwissenheit schuld.«

Was sonst sollte sie Hart sagen – daß auch sie alles verloren hatte und über eine leere Hülle herrschte? Sie hatte ein Leben lang nichts anderes getan, als den Schein zu wahren. Die Lebenskraft der Dynastie, die Macht und Stärke der Mandschu hatte sich längst aufgelöst, bevor sie als hübsches sechzehnjähriges Mädchen in den Mandschu-Hof einzog. Für die kurze Amtszeit ihres Ehemannes war keine Energie mehr vorhanden. Es hatte nur noch zur Henkersmahlzeit gereicht. Es gab für Tz'u-Hsi nun nichts mehr zu tun, als sich um ihr eigenes Grab und das für Kuang-hsü zu kümmern. Sie sollten bald genug darin ruhen.

Nach der Audienz faßte sich Hart, noch immer sehr aufgeregt, bei seinem Tagebucheintrag über das Ereignis sehr kurz und bündig. Er kämpfte, zwischen Haß und Liebe für China und sein eigenes Mutterland hin- und hergerissen, gegen ein Wechselbad der Gefühle an. In bezug auf China, weil seine Treue und Ergebenheit durch die Torheit der Eisenhüte ins Wanken geraten war. In bezug auf Großbritannien, weil er Zeuge der Geschichtsfälschungen seiner Landsleute und ihrer hemmungslosen Gier während der Besatzung durch die Alliierten geworden war. Obwohl er nicht gut auf Morrison zu sprechen war, konnte er sich dennoch nicht enthalten, Morrison nach der Audienz darüber zu unterrichten, was er nunmehr mit eigenen Augen gesehen hatte, daß Kuang-hsü nämlich kein verblödeter Schwachkopf war. »Er ist klug und wartet, bis seine Zeit kommt.« Von der Kaiserinwitwe berichtete er: »Sie sprach mit freundlicher, sanfter Stimme.« Zu mehr war er in seiner Verbitterung nicht zu bewegen.

Zwei Jahre später wurde Sir Robert erneut zu einer Audienz vor den Thron gerufen und stellte fest: »Die Kaiserin sah sehr jung aus, nicht älter als vierzig. Der Kaiser schmaler als beim letzten [Mal].«

Im März 1905 bestellte ihn die Kaiserinwitwe zu sich, um ihm eine selbstgefertigte Schriftrolle als Geschenk zum 70. Geburtstag zu übergeben. Diesmal, so notierte er, »wirkte sie gealtert«.

Nachdem er seine Pensionierung viele Jahre hinausgeschoben hatte, weil er China nicht verlassen wollte, wurde es 1908 für Hart Zeit zur Rückkehr in die Heimat. Eine Abschiedsaudienz wurde einberufen, und Hart stellte fest, daß Tz'u-Hsi besser aussah als bei seinem letzten Besuch, aber auch älter. Kuang-hsü »sagte kein einziges Wort, sondern schaute wach und intelligent um sich«. Tz'u-Hsi gab Hart ein paar »Andenken« mit auf den Weg. Hart verschlug es, von Gefühlen überwältigt, völlig die Sprache, so daß er vergaß, die angemessenen Dankesworte zu sagen. Er brachte nicht mehr hervor als ein in chinesischer Sprache gemurmeltes »Dankeschön« ohne allen Zierart. Einer der anwesenden Minister warf sich neben ihm auf die Knie und rezitierte die Höflichkeitsfloskeln, aber weder Hart noch Tz'u-Hsi beachteten ihn. Er sollte ihr das letztemal begegnen. Obwohl er – um das Gesicht zu wahren – offiziell nur einen Heimaturlaub antrat, war klar, daß er China für immer verließ. Er hatte oft von einem Leben im ländlichen Ulster geträumt. Nun fiel ihm der Abschied schwer. »Der Gedanke, allein von hier wegzugehen, gefällt mir überhaupt nicht... So fern von allen Freunden... Lieber würde ich in den Himmel gehen... via London.«

»Ich erinnere mich«, schrieb seine Nichte Juliet Breadon, »daß der Morgen seiner Abreise schön und klar war. Sein Orchester war gekommen und spielte *Auld Lang Syne*. Als der I. G. am Ende des Bahnsteigs aus seiner Sänfte stieg, machte er ein verwundertes Gesicht, aber nur einen Augenblick lang. Dann wandte er sich an den diensthabenden Offizier, sagte: ›Ich bin soweit‹ und schritt in aufrechter Haltung die Reihe der salutierenden Soldaten ab, während das Orchester *Home, Sweet Home* spielte.« Es blieb ihm erspart, das Ende der Kaiserinwitwe miterleben zu müssen.

25
Schnepfenjagd

Für alle war dies der Anfang vom Ende. Nachdem er seine ärgsten Feinde aus dem Palast gefegt hatte, wurde Vizekönig Li Hung-chang wieder zum mächtigsten Mann im Land, aber er sollte sich seines Triumphs nur kurze Zeit erfreuen. Nach der Unterzeichnung der Boxerprotokolle, mit denen er den Alliierten Hunderte Millionen von Dollars an Reparationszahlungen zugesagt und darüber hinaus weitgehende Einschränkungen der Souveränität Chinas hingenommen hatte, wurde Li im Herbst 1901 krank. In einem Brief an den Thron beschrieb er sein Befinden plastisch:

»In der Nacht des 19. erbrach ich plötzlich so viel Blut, daß es einen halben Spucknapf füllte; es war dunkelrot und enthielt einige Klumpen. Mir brach kalter Schweiß aus, ich fühlte mich schwindelig, und mein Zustand wurde kritisch. Ich rief sofort einen westlichen Arzt und nahm Medikamente gegen das Erbrechen ein. Ich habe jetzt glücklicherweise seit zwei Tagen nicht mehr erbrochen, kann aber gegenwärtig weder aufstehen noch sitzen. Sobald ich mich aufsetze, wird mir schwindelig. Der Arzt sagt, daß ein kleines Blutgefäß in meinem Magen geplatzt ist. Ich muß eine Weile still liegen und mir Ruhe gönnen. Ich nehme nur Milch, Hühnerbrühe, gemahlene Lotoswurzel und dünnen Haferschleim zu mir. Ich darf keine festen und trockenen Speisen essen, weil das die Gefahr erhöhen würde, daß sich das Blutgefäß nicht schließt... Ich werde meiner Genesung besondere Aufmerksamkeit widmen und hoffe, bald wieder ganz gesund zu sein.«

Zu dieser Zeit befand sich der Hof immer noch auf dem Rückweg von Xian nach Peking. Er hatte die Reise in der nördlichen Bergregion der Provinz Hunan kurz unterbrochen, als am 7. November 1901 ein Telegramm mit der Nachricht von Vizekönig Lis Tod eintraf. Durch seine besondere Gabe und seinen politischen Spürsinn hatte Li das Schicksal Chinas in dem halben Jahrhundert entscheidend mitgeprägt, in dem Tz'u-Hsi dem Hof vorstand. Während sie allmählich zum festen Inventar auf dem Thron, zum Symbol der Macht und zum Hauptziel für den angestauten Haß auf die Mandschu wurde, übte Li den eigentlichen ökonomischen, politischen und militärischen Einfluß weitgehend unbemerkt aus. Im Gegensatz zum diktatorischen Mandschu-Regime war Li eher gefürchtet als verhaßt – eine Samthand im eisernen Handschuh. Er war die unsichtbare Kraft, die die Eisenhüte im Streit um die Thronfolge 1875 ausmanövrierte und die bewirkte, daß Tz'u-Hsi in der Reformkrise von 1898 gegen ihren Willen den Thron wieder bestieg. Li stürzte durch Yuan Shih-kai Kaiser Kuang-hsü. Und er war es auch, der die ausländische Presse mit Falschmeldungen von angeblichen Greueltaten so manipulierte, daß der empörte Westen die alliierten Interventionstruppen 1900 zum Einmarsch nach China schickte. Während er also zum einen mehr als jeder andere tat, um die Kaiserinwitwe und die Dynastie, die ihm immerhin den Erhalt seiner einzigartigen Privilegien garantierten, zu stützen, war er zum anderen gleichzeitig einer der Hauptverantwortlichen dafür, daß das Ansehen der Dynastie und der Kaiserinwitwe so negativ in die Geschichte einging. Als er starb, hinterließ er den Mandschu-Hof wie eine herrenlose Handpuppe, die nicht aus eigener Kraft spielen kann; zweifellos eine eiserne Faust, aber diese Faust funktionierte nur durch die Berührung ihres Meisters.

Li hatte seine Machtstellung mit der Hilfe von Herzog Tseng erlangt, und bei seinem Tod übergab er den Zauberstab an Yuan Shih-kai. Bedauerlicherweise unterschied sich der Lehrling in entscheidenden Punkten vom Meister: Während Li kaltblütig und leidenschaftslos gehandelt hatte, war Yuan eitel, aufbrausend und ständig in Gefahr, sich selbst ein Bein zu stellen.

An dem Tag, an dem Li starb, wurde General Yuan zu seinem Nachfolger als Vizekönig von Chihli und Handelsbeauftragter für die Vertragshäfen im Norden ernannt. Yuan nahm die Neuigkeit seiner

Beförderung in seiner gewohnt vorsichtigen Art auf. Er lehnte die Ämter mit dem Ausdruck des Bedauerns und der Begründung ab, daß er es für unklug hielt, das Gouverneursamt in Shantung abzugeben, bevor die öffentlichen Projekte, die er begonnen hatte – Schulen und andere Einrichtungen, ganz zu schweigen natürlich von den Goldadern, auf die er gestoßen war, und das Imperium, das er gerade aufbaute –, auch vollendet waren. Als Telegrafen-Sheng ihn drängte, die neuen und einflußreicheren Ämter anzunehmen, entgegnete Yuan: »Meine angegriffene physische und psychische Gesundheit erlaubt es mir nicht, der kaiserlichen Anweisung Folge zu leisten. Wenn ich gehe, bricht über Shantung sicher das Chaos herein wie über Mukden. Und wie soll Chihli sich schützen, wenn in Shantung und in Mukden Aufruhr herrscht? Meine Abreise... könnte in der gegenwärtigen heiklen Situation nur schaden.« Yuan hatte seine Lektion bei Herzog Tseng und Vizekönig Li vorzüglich gelernt. Was er sagte, klang, als würden die beiden ein Duett aus ihrer chinesischen Lieblingsoper zum besten geben.

Telegrafen-Sheng erfaßte die verborgene Botschaft hinter Yuans Worten rasch. Er gab den Anstoß zu einem Vorschlag an den Thron, Yuans neue Verantwortung als Vizekönig von Chihli auf seinen alten Verwaltungsbereich Shantung auszudehnen, was de facto nichts anderes bedeutete, als daß er beide Posten bekleiden würde. Premierminister Jung-lu befürwortete den Vorschlag, und am 17. November 1901 hatte Vizekönig Yuan den gesamten Nordosten Chinas in der Tasche.

In den Monaten der Besatzung durch die Alliierten hatte Yuans Licht wie ein heller Stern geleuchtet. »Alle sind voll des Lobes über das, was Yuan Shih-kai bereits vollbracht hat«, schieb Morrison vollmundig aus Peking. Er pries die »ausgezeichnete Disziplin der Leute dank Yuan Shih-kais Militärpolizei«. Er bezeichnete Yuan nicht als skrupellosen Tyrannen, weil er den präfaschistischen Stil des Mannes bewunderte. Yuan gab zu, im Norden mehr als 40000 »Boxer« umgebracht zu haben, was ein wenig verwunderlich war, weil es nie viel mehr als 12000 von ihnen gegeben hatte. Aber solange Yuan mit den Boxern aufräumte und auch sonst für Ordnung sorgte, gab es schließlich keinen Grund, sich über das Abschlachten von 25000 oder 30000 Erwerbslosen mehr oder weniger aufzuregen. Man kann es Bekämpfung der Hungersnot oder Maßnahmen zur Minderung der Arbeitslosigkeit nennen.

Im März 1902 führte George Morrison sein erstes offizielles Interview mit dem aalglatten, durchtriebenen dreiundvierzigjährigen Vizekönig. Mit Hilfe von Dolmetschern unterhielten sie sich fast zwei Stunden lang bei heißem grünen Tee und eisgekühltem Champagner. Yuan verstand es hervorragend, Menschen für sich zu gewinnen, denen er imponieren wollte. Morrison war (wie er seinem Tagebuch anvertraute) derartig beeindruckt, daß er aus seinem Artikel für die *Times* die allzu übertriebenen Lobeshymnen herausstreichen mußte, aus Angst, daß man ihm vorwerfen würde, Yuan habe ihn um den Finger gewickelt. Hart hatte ihn vor Yuans »unstetem Blick« gewarnt. Aber es gab nichts, was Morrison mehr an einem Menschen bewunderte als großspuriges Auftreten, Witz, Schlauheit und unumschränkte Macht, auch wenn dieser Mensch zufällig klein, fett und ein Chinese war. Der berühmte Journalist wurde eine der wichtigsten Eroberungen des Vizekönigs, und Yuan spielte ihn – obwohl er Morrison ehrliche Zuneigung entgegenbrachte – gekonnt aus. Er überhäufte den Australier so sehr mit Gunstbeweisen, daß es ihn süchtig machte und seine Unabhängigkeit allmählich untergrub, bis er 1912 seine Mitarbeit bei der *Times* gänzlich aufkündigte und gegen ein ansehnliches Gehalt die Öffentlichkeitsarbeit für Yuan Shih-kai übernahm. Ganz im Sinne Yuan Shih-kais.

Von 1902 bis 1912 verteidigte Morrison den Vizekönig unbeirrbar in seinen Artikeln, stellte sich in jeder politischen Auseinandersetzung auf seine Seite und nahm allen Kritikern den Wind aus den Segeln. Als er erfuhr, daß Yuan mit einer Japanerin verheiratet war, notierte er in seinem Tagebuch: »Ich kann es nicht glauben.« Tatsächlich führte der Vizekönig ein ziemlich ausschweifendes Leben, hatte einen Harem und 30 legitime Sprößlinge. Wie so häufig in der Geschichte, brachte die Voreingenommenheit des Beobachters eine bemerkenswerte Doppelmoral hervor: Morrison fand zahllose Mittel und Wege, den Ruf der Kaiserinwitwe zu schädigen, während er den Machtgelüsten eines der skrupellosesten Männer Chinas völlig unkritisch diente. Durch geschickte Selbsttäuschung brachte er es fertig, Yuans grausame Unterdrückungsfeldzüge zu loben und gleichzeitig Tz'u-Hsis erdichtete Schlechtigkeit zu verdammen. Er sah das, was er sehen wollte. Aber es soll ihm hier nicht unrecht getan werden: Morrison spiegelte lediglich die britische Politik und die öffentliche Meinung im Westen wider, die Yuan als den starken Mann sah, der die Dinge wieder ins Lot bringen konnte.

Yuan scheute keine Mühe, um bei den westlichen Ausländern in gutem Licht zu erscheinen, und er tat auch alles, um die Kaiserinwitwe bei Laune zu halten. So sorgte er dafür, daß sie große Summen (zum größten Teil Provinzbeamten, dem Landadel und Geschäftsleuten abgepreßt) für Projekte erhielt, die ihr am Herzen lagen. Zudem überschüttete er sie mit Geschenken. Durch die Plünderungen der Paläste während der Besatzung lebte sie in bescheideneren Verhältnissen als zuvor, relativ gesehen natürlich. Viele Mandschu-Adlige waren nicht mehr in der Lage, sich im Wettstreit um ihre Gunst finanziell mit Yuan zu messen. Sein Zugriff auf die Steuereinnahmen von Chihli, Shantung und der Nordhäfen verschafften ihm ein dickes Polster.

Eine der kleinen Aufmerksamkeiten, die er Tz'u-Hsi zukommen ließ, war ein mit einem Thron ausgestattetes Automobil. (Sie fuhr niemals darin, weil ein Chauffeur unmöglich in ihrer Gegenwart sitzen durfte.) Als sie sich 1903 zu den Grabstätten im Westen begab, um die rituelle Ahnenverehrung zu verrichten, baute er eigens für diese Reise eine Eisenbahnstrecke von 25 Meilen Länge. Unterwegs sorgte er für Kurzweil in einem Palast, der zu diesem Zweck wiederaufgebaut worden war, und zwar mit einer phantastischen Parkanlage, in deren Bäumen ausgestopfte Vögel, Eichhörnchen und Äffchen saßen und wo Miniaturboote auf winzigen Teichen schaukelten. Sie war entzückt über Yuans Aufmerksamkeiten und Geschenke und ließ sich ohne Bedauern von einem Menschen mit seinem Stil benutzen. Er schien ehrlich darauf bedacht, der alten Dame Gutes zu tun und in ihrer Gunst an oberster Stelle zu stehen, während er gleichzeitig die Pfründe für sich sicherte.

Die ganze Zeit über vergrößerte er unermüdlich seine Machtbasis. Niemand wußte besser als Yuan, wie sinnlos eine Armee war, sofern die Soldaten ihr Handwerk nicht verstanden. Er widmete sein Augenmerk der Modernisierung des Heeres und hatte 1906 seine Nordarmee auf volle sechs Divisionen erweitert. Im selben Jahr und noch während Yuan die Regierung drängte, ihm die Modernisierung und Reorganisation der Staatspolizei zu übertragen – und sie damit seiner Kontrolle zu unterstellen –, wurde ein terroristischer Bombenanschlag auf die kaiserliche Gesetzeskommission verübt. In der daraus resultierenden Aufregung bat eine besorgte Tz'u-Hsi Yuan, mit 1000 seiner Männer im Sommerpalast einzuziehen und die Angelegenheit persönlich aufzuklären. Das Ergebnis war, daß der Hof ihm die Leitung eines neugegründeten Polizeipräsidiums übertrug, was mehr war, als er gefordert hatte. Es ging das Gerücht, Yuan habe das Bombenattentat arrangiert, um sein Ziel zu erreichen, denn Anschläge und Attentate zum richtigen Zeitpunkt waren durchaus nach seinem Geschmack. Seine Rolle als Leiter der chinesischen Staats- und Geheimpolizei verdoppelte seinen Einfluß und sein materielles

Vermögen. Selbst Morrison schrieb (in seinem Tagebuch wohlgemerkt, nicht öffentlich in der Zeitung): »[Yuans] Geheimdienst ist ein übler Haufen von Erpressern und Räubern.« Aber das hatte seine Ordnung, denn Yuan war ein Mensch, den er verstand.

Als Tz'u-Hsis alter Freund und Beschützer Jung-lu im Frühjahr 1903 an Altersschwäche starb, ernannte sie Prinz Ching (»den Rückgratlosen«) zum neuen Premierminister. Manche Beobachter werteten das als Zurücksetzung für Vizekönig Yuan Shih-kai, da Prinz Ching als sein »Feind« betrachtet wurde. Aber die beiden hatten so viele Jahre mit Li Hung-chang unter einer Decke gesteckt, daß sich ihre Vorgehensweisen, auch wenn sie sich im Stil unterschieden, hervorragend ergänzten. Ihre unsichtbare Partnerschaft hielt die Regierung ein Jahrzehnt länger zusammen, als es zu erwarten gewesen wäre. Prinz Ching hielt jetzt den Griffel in der Hand, dessen Spitze Yuan war. Yuan schickte dem durch den Boxeraufstand völlig verarmten Prinzen als Geschenk zu seiner Amtsernennung 100000 Silbertael. Von nun an wurde nur noch Gouverneur, wer Yuans Mann war. Mit Chings stillem Einvernehmen besetzte Yuan sämtliche Ämter in der Militär- und Zivilverwaltung mit seinen Anhängern. So klug er war, begriff Yuan doch nicht, was Li nie übersehen hatte: die Stellung des Ministerpräsidenten war wesentlich einflußreicher als die des Kaisers. Li hatte bereits früh im Leben durchschaut, wie machtlos der Thron aufgrund der weitreichenden Einschränkungen durch die Hofetikette und das endlose Intrigenspiel der Prinzen und Mandarine war. Yuan aber war unvorsichtig und sah nicht, daß er als Kaiser verwundbar sein würde. Schon 1897 hatte Robert Hart geschrieben: »Wenn es zu einem Wettlauf um den Thron kommen sollte, wird Yuan nicht der letzte im Rennen sein.« 1906 war Morrison »zu der Überzeugung gekommen, daß Yuan Shih-kai nach dem Thron strebt. Alle Macht geht allmählich in seine Hand über... Der Vizekönig hat sämtliche Machtpositionen Chinas unter sich«.

Es gab Stimmen am Hof, die Yuan seinen Verrat an Kaiser Kuang-hsü im Jahre 1898 nicht verziehen hatten und die voraussahen, daß ihn sein unstillbarer Ehrgeiz dazu treiben würde, selbst nach dem Thron zu greifen und seine eigene Dynastie zu begründen. Seine erbittertsten Gegner gehörten zu einer neuen Generation junger, aufwieglerischer Mandschu, die von General Liang Pi angeführt wurden, einem in Japan ausgebildeten Offizier Mitte zwanzig, sowie von Kaiser Kuang-hsüs zwanzigjährigem Bruder Prinz Chun II., dessen Sohn inzwischen inoffiziell zum Thronfolger designiert war. Sie versuchten, Yuans Macht zu beschneiden, indem sie ihm das

Kommando über vier seiner sechs Divisionen entzogen und General Liang Pi übertrugen. Im August 1907 wurden ihre Bemühungen mit einem weiteren Erfolg belohnt, und Yuan Shih-kai mußte seine Ämter als Vizekönig von Chihli und Hochkommissar für militärische und auswärtige Angelegenheiten niederlegen. Doch schon wenige Tage später wurde er, nach einer Privataudienz mit der Kaiserinwitwe, bei der er seinen ganzen Charme spielen ließ, zum Außenminister und Mitglied der kaiserlichen Ratsversammlung ernannt. Tz'u-Hsi brauchte einen Beschützer. Der weitsichtige Li Hung-chang hatte Yuan genau zu dem Zweck herangezogen, die sterbende Dynastie zu bewachen wie einer der steinernen Dämonen auf dem Weg zu den westlichen Gräbern. Yuan war ihre Palastwache, der Löwenhund auf ihrer Schwelle, wie ihr schwarzer Lieblingspekinese Shadza. Sie brauchte sich keine Sorgen darum zu machen, ob er stubenrein war. Yuan würde ihr Ende abwarten, bevor er sich im Sessel breitmachte.

In diesem schicksalsträchtigen Moment waren die drei mächtigsten Kabinettsminister oder kaiserlichen Berater im Land Prinz Ching, Yuan Shih-kai und der frühere Vizekönig Chang Chih-tung. Prinz Ching hatte Yuan bereits in der Tasche, und Chang Chih-tung schaltete er aus, indem er die Kaiserinwitwe überredete, die Heirat zwischen Yuans Sohn und Changs Tochter zu arrangieren.

In der britischen Gesandtschaft war man hocherfreut über Yuans neueste Beförderung. Morrison stellte fest, daß »er zuviel herumhurte und zuviel aß, ohne sich weiter sportlich zu betätigen, als in seine Kutsche ein- und wieder auszusteigen und gelegentlich einen Beamten zur Tür zu begleiten. Im Palast [als kaiserlicher Berater] wird er zumindest seinen Kotau machen müssen«. Jeder Mandarin, der etwas auf sich hielt, nahm an der Feier zu seinem (nach chinesischer Rechnung) 50. Geburtstag im September 1908 teil, einem zweitägigen Fest, das in dem früher von Vizekönig Li bewohnten Pekinger Palast ausgerichtet wurde. Morrison war nicht in der Stadt, aber Walter Hillier, Rechtsberater der chinesischen Regierung, schilderte ihm das Ereignis in einem Brief:

»Ich habe wirklich noch nie im Leben eine solche Menschenansammlung gesehen... Im gesamten Eingangshof, den Korridoren im Innern und den Empfangsräumen drängte sich dicht an dicht die ganze Pekinger Prominenz... Auf der von Soldaten gesäumten Straße stand ein Wagen am anderen, und in der Zeit, als ich dort war, trafen in einer langen Prozession von gelben Sänften Geschenke von der Kaiserinwitwe, dem Kaiser und der Kaiserin ein. Musiker begleiteten den Zug, und am Tor wartete bereits Yuan, der sich zu Boden warf... und diese Geste der Ehrerbietung siebenundzwanzigmal wiederholte... Ich glaube nicht, daß je ein Beamter in China seinen 50. Geburtstag so aufwendig gefeiert hat, und in meinen Augen könnte es keinen besseren Beweis dafür geben, welch hohen Rang Yuan in der kaiserlichen Gunst innehat.«

Tz'u-Hsis Empfänglichkeit für Yuans Aufmerksamkeiten ist kaum verwunderlich. Er war ein kluger, charmanter und fähiger Mann, auf den sie sich immer verlassen konnte. Und er wußte äußerst geschickt mit den Ausländern umzugehen: ein perfekter Kabinettsminister. Aber Morrisons Begeisterung für Yuan war Teil einer gefährlichen persönlichen Entwicklung. Obwohl zu dieser Zeit auf dem Höhepunkt seiner Karriere bei der *Times*, begann er in seinem beruflichen wie privaten Urteil nachlässig zu werden. Die Redakteure in London konnten die Gedanken ihrer Korrespondenten nicht lesen, und sie hatten auch keinen Einfluß darauf, welche Menschen ihren Journalisten als Informanten und Helfer dienten (oder wußten es zum größten Teil nicht einmal).

Morrison fühlte sich intellektuell und emotional vereinsamt. Dennoch unternahm er keine besonderen Anstrengungen, eine Frau zu finden. Er war besessen von der Vorstellung, daß westliche Frauen »hysterisch, neurotisch und untreu« seien. Andererseits konnte er als überzeugter Rassist natürlich auch nicht dem Beispiel Satows und anderer folgen und eine chinesische oder japanische Frau heiraten. Als er Lady Hart bei einem ihrer seltenen Besuche in Peking begegnete, war er entsetzt: »Sie redete ohne Pause mit starkem irischem Akzent und vollkommen monoton. Der I. G. will, daß sie wieder nach Hause fährt. Er kann nicht arbeiten, wenn sie da ist... Sie muß den I. G. zu Tode langweilen.«

Um sich abzulenken, unternahm Morrison immer längere Vogeljagdexpeditionen; im August 1907 bemerkte er triumphierend, daß er allein in diesem Monat 229 Schnepfen zur Strecke gebracht hatte.

Aufgrund seiner Einsamkeit und der unabdingbaren Notwendigkeit, sich in einer Stadt, in der ihn Sprache und Etikette so sehr isolierten, auf dem laufenden zu halten, geriet er in eine gefährliche Abhängigkeit von Edmund Backhouse. Es bestand nie ein offizielles Arbeitsverhältnis zwischen ihnen, lediglich eine praktische Freundschaft, die aber eine verführerische und heimtückische Wirkung hatte. Edmund besaß die ungewöhnliche Fähigkeit, immer genau das zu sein, was Morrison gerade brauchte: intellektueller Gesprächspartner, Erzähler schlüpfriger Anekdoten, Ratgeber, wenn es um seltene chinesische Handschriften ging, Dolmetscher, Übersetzer, Quelle neuer Informationen, Redakteur, der Spannung in journalistische Texte brachte, Berater in allen chinesischen und Mandschu-Fragen.

Wie Morrison hatte sich Backhouse an den Plünderungen der Hanlin-Bibliothek in den frühen Tagen der Belagerung beteiligt. Anschließend war es Backhouse gelungen, sich um den Verteidigungsdienst zu drücken, indem er eine Muskelzerrung vorgeschoben hatte, während Morrison sich von seiner Schußverletzung erholte. In den darauffolgenden Tagen wurde er in den Gebäuden und auf dem Gelände des Hanlin gesehen, wo er so unauffällig wie möglich beiseite schaffte, was er an Büchern und Handschriften finden konnte. Nach der Belagerung hatte er seine Beutezüge gemeinsam mit seinem Zimmergenossen G. P. Peachey bis nach Cho-chou ausgedehnt, wo die beiden wegen Plünderei, Erpressung und Raubes festgenommen wurden. Nach seiner Entlassung erhielt Backhouse die Genehmigung, sich in einem Haus im britischen Sektor von Peking, innerhalb der Tatarenstadt, niederzulassen. Die räumliche Nähe machte es Morrison um so leichter, sich seiner Übersetzungsdienste und Klatschgeschichten vom Hof zu bedienen.

Morrisons Neid war geweckt, als Backhouse' Vater zum Baronet ernannt wurde, ein Titel, der beim Tod des Vaters auf den ältesten Sohn überging. Während des Boxeraufstands, als er durch seine Beherztheit zum Liebling der Gesandtschaften avanciert war und seine Berichte von der Belagerung nach dem Geschmack seiner Landsleute verfälscht hatte, war Morrisons Hoffnung auf einen Adelstitel und eine politische Karriere enorm gewachsen. Als er 1902 einen Heimaturlaub in Australien antrat, wurde ihm in Melbourne von Mitgliedern der Regierungspartei ein herzlicher Empfang bereitet. Ihre Aufmerksamkeit schmeichelte ihm, und er hatte »eigenartige Träume«, in denen er sich als »Premierminister von Australien« sah. Aber weder sein Traum vom Adelstitel noch vom Ministeramt erfüllten sich, und als er nach Peking zurückkehrte, wurde er allmählich nachlässig und geriet in den Bannkreis von Yuan Shih-kai. Diese Nachlässigkeit ermöglichte es Edmund Backhouse, immer größeren Einfluß als Redakteur und Ratgeber zu gewinnen: Der Diener übernahm die Herrschaft über den Meister. Backhouse »las meinen Artikel sehr kritisch und schlug zahlreiche Änderungen vor«. Backhouse übernahm immer mehr die journalistische Kärrnerarbeit für Morrison: »Hof nach Peking zurückgekehrt... Backhouse anwesend... Kaiserinwitwe braucht Opernglas.« »Backhouse schreibt mir, daß Chang Chih-tung... zu geschwächt ist, um in der Hauptstadt zu bleiben und neue Pflichten zu übernehmen.« »Backhouse hat hereingeschaut. Glaubt, daß Prinz Ching in schlechter Verfassung ist. Sagt, daß Yuan Shih-kai verhaßt ist und als der tyrannischste Vizekönig betrachtet wird, den die Provinz je hatte.« »Backhouse schreibt mir, daß Prinz Ching ernsthaft krank ist – innere Blutungen, erholt sich vielleicht nicht mehr. Berichte von wiederholten Erkrankungen sind also vermutlich wahr.« »Backhouse ist gerade um elf Uhr fünfzehn nach einem sehr unterhaltsamen und lehrreichen Abend gegangen. Sagt... der Obereunuch Li Lien-ying ist der Mörder des Journalisten Shen Chin. Er ist als Falsches-Lächeln-Li bekannt... Alle außer Li Lien-ying werfen der Kaiserinwitwe die Hinrichtung Shen Chins vor.« Morrison hatte keine Möglichkeit, den Wahrheitsgehalt dieser Informationen zu überprüfen. Backhouse gab sich Mühe, nicht allzu dick aufzutragen und paßte seine Klatschgeschichten Morrisons Vorurteilen an. Morrison sollte unter keinen Umständen merken, daß er manipuliert wurde.

Im Frühjahr 1902 ertappte Morrison Backhouse bei einer Lüge in irgendeiner privaten Angelegenheit, und ihre Freundschaft kühlte kurzzeitig ab. Jetzt hieß es über den charmanten Edmund in Morrisons Tagebuch: »Ein kluger Kopf, aber verlogen.« Morrison hatte einen flüchtigen Blick auf Backhouse' ängstlich gehütetes Geheimnis – seinen Anflug von Wahnsinn – geworfen. Eine Zeitlang sahen sie sich immer seltener. Im November 1902 versuchte Morrison, die Sache mit einem großzügigen Geschenk wieder ins reine zu bringen. »Ich schenkte ihm einen Band aus der Großen Enzyklopädie« – gemeint war das *Yung Lo Ta Tien*, die Enzyklopädie aus der Ming-Dynastie, die aus dem Hanlin gestohlen war; Morrison besaß mindestens 14 Bände davon. Das Geschenk nützte nichts, denn Backhouse hatte sich tief in einen seiner paranoiden Zustände zurückgezogen, in denen er alles und jeden verabscheute. Sechs Monate später, im April 1903, beschwerte sich Backhouse darüber, daß ihn sein alter Freund mit seinem Besuch »belästigt« habe. Eines Tages sah ihn Morrison, wie er in einem Wagen vorüberfuhr: »Er fuhr an mir vorbei, als ob ich die Pest persönlich sein. Sein krankhafter Zustand verschlimmert sich offensichtlich.«

Wie viele Junggesellen seiner Zeit war Morrison ein etwas verschrobener Kauz: reizbar, egoistisch, egozentrisch, wegen jeder Kleinigkeit in heller Aufregung. In einem Brief an Backhouse versuchte er der Ursache des Problems auf die Spur zu kommen, und Backhouse antwortete: »Es schmerzt mich, daß Sie mein Fernbleiben irgendeinem anderen Grund zuschreiben könnten als meinen langen Arbeitsstunden ... und der Unmöglichkeit, auch nur einen Augenblick Zeit für mich zu finden. Halten Sie es für wahrscheinlich, daß ich, obwohl Sie die Güte haben, mich sehen zu wollen, jemals wünschen könnte, mich Ihnen fernzuhalten? Ich komme mit dem größten Vergnügen heute nach dem Abendessen vorbei.«

Morrison war nicht der einzige, der sich der sprachlichen Talente Backhouse' bediente. 1903 beherrschte Backhouse bereits so viel Mandschu, Mongolisch und Mandarin, daß der britische Gesandte Sir Ernest Satow ihn gelegentlich als Spion einsetzte. Im Herbst 1903 erwog Satow, ihn in geheimer Mission in die Mongolei zu schicken, aber Backhouse hielt ihn mit der Begründung hin, daß seine Teilzeitverpflichtung als Sprachlehrer an der kaiserlichen Universität einen so plötzlichen Aufbruch nicht erlaube und im übrigen auch sein Gesundheitszustand zu wünschen übrig ließe. Satow brauchte einen Agenten in der mongolischen Hauptstadt Urga, der ihn über die Aktivitäten der Russen auf dem laufenden hielt. Deshalb schrieb er Lord Lansdowne, dem Staatssekretär im Auswärtigen Amt, daß er die Absicht habe, Backhouse diese Aufgabe zu übertragen. Im Mai 1905 erklärte sich Backhouse schließlich zu der Reise bereit, aber es kam nie dazu.

Auch Morrison interessierte sich für die Pläne der Russen. Rußland galt von allen asiatischen Ländern als Englands Nemesis, und Japan profitierte von dieser Feinschaft. Morrison versuchte Rußland in Mißkredit zu bringen, indem er in der *Times* eine zaristische Verschwörung enthüllte, sich die Mandschurei durch ein Abkommen mit dem verstorbenen Vizekönig Li einzuverleiben. Er war besessen von dem Ziel, die Russen ganz aus Asien zu verdrängen, indem er Japan zuerst ermutigte, dann offen aufforderte und schließlich provozierte, die Russen in der Mandschurei anzugreifen. Er betrieb diese Politik so erfolgreich, daß der russisch-japanische Krieg von 1904–1905 als »Morrisons Krieg« bezeichnet wurde. Als die Japaner einen überraschenden Torpedoangriff auf ein russisches Schiff in Port Arthur unternahmen, war Morrison begeistert. Rußland war bald besiegt, und Morrison wurde von der *Times* nach Portsmouth in New Hampshire geschickt, um über die dort stattfindende Friedenskonferenz zu berichten. Bei dieser Gelegenheit stellte er fest, daß er in Amerika eine Berühmtheit war.

In den neun Monaten seiner Abwesenheit siedelte J. O. P. Bland von Shanghai als Berichterstatter für die *Times* nach Peking um.

Backhouse, der in ihm ein leichtes Opfer vermutete, heftete sich ihm sofort an die Fersen, und schon bald sah sich Bland als Beschützer dieses »schrecklich schüchternen« jungen Mannes, der eine so wertvolle Hilfe sein konnte.

Als Morrison Mitte des Jahres 1906 nach Peking zurückkehrte, hatte er jedes Interesse an seinem Posten als Chinakorrespondent verloren. Er hatte den Journalismus satt. Er hatte China satt. Und bald war er auch Japans überdrüssig. Er konnte jetzt, da er Bland am Steuer und Backhouse zur Unterstützung an seiner Seite wußte, längere Jagdausflüge unternehmen. Bland räumte seine Bedenken aus: »Gehen Sie in Frieden! Ich werde hier eine Zeitlang die Stellung halten, und sollte der Alte Buddha sterben oder sonst etwas Interessantes passieren, werde ich die *Times* auf dem laufenden halten. Mögen Sie 100 Schnepfen schießen und sich dabei keinen Sonnenstich holen.«

Im Oktober 1908 wollte Morrison einen neuerlichen Jagdausflug unternehmen, verschob seine Abreise jedoch, als er erfuhr, daß Kaiser Kuang-hsü ernsthaft erkrankt sei. Nach einem Eintrag in seinem Tagebuch vom 11. Oktober hatten zwei im Westen ausgebildete Ärzte den Kaiser aufgesucht, »aber es war ihnen nicht gestattet, ihn gründlich zu untersuchen«. In den Gesandtschaften war bekannt, daß Kuang-hsü seit vielen Jahren unter chronischer Niereninsuffizienz und einer daraus resultierenden Nervenschwäche litt. Es war also im Grunde kein Geheimnis um seine Krankheit und keine Verschwörung zu wittern, aber es verbreitete sich sofort die typische diplomatische Hektik. Im Oktober nahm der Kaiser nicht an den Winteropfern teil. »Die Abwesenheit des Kaisers«, schrieb Morrison aufgeregt, »gibt der Befürchtung, daß er im Sterben liegt, neue Nahrung.« Seiner Verärgerung darüber, daß die Ereignisse seinem lange geplanten Jagdausflug in die Quere kamen, machte er am 9. November in seinem Tagebuch mit verächtlicher Spitzzüngigkeit Luft: »Der Kaiser leidet an Verstopfung und die Kaiserinwitwe an Diarrhöe... das kaiserliche Gleichgewicht ist gestört. Durch die Kaiserinwitwe läßt der Kaiser sogar stellvertretend seinen Stuhl entleeren.«

Bei einem Empfang in der britischen Botschaft begegnete Morrison Prinz Kungs Sohn, Prinz Kung II., der ihm versicherte, daß die Krankheit des Kaisers »nichts Ernstes« sei. Der Leiter des Auswärtigen Amtes von China hingegen warnte ihn: »Gehen Sie lieber nicht weg. Ich habe schlechte Neuigkeiten vom Kaiser.«

Morrison unternahm seine Reise dennoch und brachte mit seinen

Gefährten im Schlammdelta des Gelben Flusses bei Kwantai fröhlich Schnepfen zur Strecke, als der Kaiser am 14. November starb. Am Nachmittag des nächsten Tages folgte ihm die Kaiserinwitwe Tz'u-Hsi in den Tod. Morrison hatte von beiden Ereignissen keine Ahnung, bis er am Abend des 15. November nach Peking zurückkehrte.

An die *Times* war bereits eine Depesche abgeschickt worden.

KAISER UND KAISERINWITWE TOT
(Von unserem Korrespondenten in Peking, 15. November)

»Der Tod des Kaisers am gestrigen Abend ist offiziell verkündet worden.

Es kursieren zahlreiche Gerüchte über die Natur seiner tödlichen Erkrankung und die Art seines Todes. Obwohl derzeit keine gesicherte medizinische Diagnose verfügbar ist, deutet eine allgemeine Beschreibung der Symptome auf Neurasthenie als Todesursache hin. Offiziellen Berichten aus dem Palast zufolge befand sich der Kaiser seit Dienstagabend im Koma, aus dem er erst gestern für kurze Zeit erwachte, als die Kaiserinwitwe den Obereunuchen Li Lien-ying an sein Krankenlager schickte. Es wird bestätigt, daß es Seine Majestät ablehnte, sich in den Pavillon des Friedlichen Langen Lebens bringen zu lassen, womit er gegen den Brauch verstieß, der den chinesischen Herrschern den Ort ihres Todes vorschreibt. Er starb kurze Zeit später, ohne die dem Anlaß angemessenen Gewänder angelegt zu haben, in denselben Räumen, in denen er seit dem Staatsstreich 1898 unter Hausarrest gestanden hatte. Seine Beziehung zur Kaiserinwitwe blieb bis zum Schluß getrübt.

Berichten zufolge, die von verschiedenen Seiten bestätigt wurden, erlitt die Kaiserinwitwe heute morgen [15. November] einen Zusammenbruch und starb um 15 Uhr. Ein Bulletin, das mittags herausgegeben wurde, verkündete ihren bevorstehenden Tod.«

Diesen unverfrorenen, mit böswilligen Andeutungen gespickten Bericht hatte weder Morrison noch sein Stellvertreter Bland verfaßt. Morrison befand sich noch in den Deltaniederungen südlich von Tientsin, und Bland hatte das Pech, mit hohem Fieber ans Bett gefesselt zu sein, als ihn die Nachricht von den beiden Todesfällen erreichte. Außerstande, sein Krankenlager zu verlassen, benachrichtigte er in aller Eile Backhouse, der die Gelegenheit ohne Zögern beim Schopf packte. Backhouse, der mit seiner leichten Auffassungsgabe die chinesische Etikette rasch durchschaut hatte (und sich seit Jahren als intimer Kenner aller höfischen Geheimnisse ausgab), war in der Lage, den Bericht auf der Stelle aus dem Ärmel zu schütteln, ohne weitere Nachforschungen anstellen zu müssen. Der bettlägerige Bland brauchte nichts weiter zu tun, als den Text zu lesen und sich zu vergewissern, daß er seinem eigenen Schreibstil entsprach; er fand an dem Bericht nichts auszusetzen. Backhouse' erfundene Behauptung, daß des Kaisers »Beziehung zur Kaiserinwitwe bis zum Schluß getrübt« war, sowie die Unterstellung, der Kaiser sei über lange Zeit hinweg ihr Gefangener gewesen, bestätigte nur die Vorurteile, die sich in Bland festgesetzt hatten, seitdem er sich von K'ang 1898 in Shanghai an der Nase hatte herumführen lassen. Als er daher seine Unterschrift unter Backhouse' Artikel setzte, fühlte sich der naive Bland lediglich eines Plagiats schuldig. Er überschüttete Backhouse mit Dankbarkeit und lobte ihn namentlich und überschwenglich in einem Brief an die *Times*. Backhouse lehnte jegliche Bezahlung ab, aber aus der Selbstverständlichkeit, mit der er in dieser Notlage für Bland eingesprungen war, ergab sich eine ungesunde Verbindung, die das berühmteste Autorenteam in der chinesischen Geschichte hervorbringen sollte. Bland war weit gutgläubiger als Morrison, und Backhouse konnte sich seiner auf mannigfaltige Weise bedienen. Bei Morrison hätte er sich vielleicht nicht so weit vorgewagt. Kurz nach dem Tod der Kaiserinwitwe schrieb Backhouse in unnachahmlich vorgespielter Bescheidenheit an Bland: »Ich kann nicht anders, aber ich habe das Gefühl, daß das Hinscheiden der Kaiserinwitwe, so beklagenswert es in anderer Hinsicht ist, für mich ein glückliches Ereignis war, gab es mir doch die unschätzbare Gelegenheit, Ihre Bekanntschaft machen zu dürfen.«

Als Morrison am 15. November mit dem Zug in Peking eintraf und erfuhr, was geschehen war, eilte er »unverzüglich zu Backhouse und braute mit ihm eine Nachricht zusammen ... die ich herausschickte«. Am nächsten Morgen war er früh auf den Beinen. »Den ganzen Tag geschuftet ... um den peinlichen Schnitzer auszubügeln, daß ich während der kritischen Ereignisse nicht in Peking war. Mit Backhouse' Hilfe fertigte ich drei Berichte an und schickte sie heraus.«

Und das war ganz gewiß nicht das erste Mal. Viele von Morrisons Artikeln waren in Wirklichkeit von Backhouse verfaßt, insbesondere diejenigen, die sich mit den internen Belangen des Hofs befaßten. Er begründete seine angeblich intime Kenntnis dieser Dinge immer damit, daß ihm besondere geheime Quellen zugänglich seien, anonyme Mandarine oder *ming-shih*, die ihm einen beispiellosen Einblick in das gaben, was hinter den Kulissen des Throns geschah. Auf diese Quellen berief er sich, wann und wo immer sich die Notwendigkeit ergab – und sie (oder zumindest ihre Authentizität) waren ausnahmslos erfunden. Er versorgte Sir Ernest Satow mit Hinweisen von einem »Freund«, angeblich einem Mongolen in exponierter Stellung; daß dieser Mongole überhaupt nicht existierte, war der Grund dafür, daß er Satows Angebot, als Spion für ihn in die Mongolei zu gehen, ablehnte. Jetzt erfand Backhouse einen neuen Informanten, diesmal eine Freundin, eine dem Thron nahestehende Mandschu, die ihm als seine angebliche Geliebte alle erdenklichen Einzelheiten des Lebens und der Intrigenspiele am Hof zutrug und eine der Hauptstützen seines Anspruchs auf Authentizität wurde. Er gab die Identität seiner Informantin nicht preis, aber ein Geschäftsmann, der Backhouse engagierte, um über ihn geschäftliche Beziehungen zu den Mandschu aufzunehmen, bestätigte, daß sich die Informationen »immer als richtig erwiesen, außer wenn es um Termine und andere Nebensächlichkeiten ging«. Es ist durchaus möglich, daß Backhouse eine Reihe von Affären mit Mitgliedern der *ming-shih* hatte, über die er seine Klatschgeschichten bezogen haben mag. In seinen unveröffentlichten Memoiren klärt er uns auf, daß seine heimliche Geliebte, wie könnte es anders sein, in Wahrheit die Kaiserinwitwe selbst gewesen sei.

Dementsprechend weisen die Artikel über die Geschehnisse am Hof, die Morrison von diesem Zeitpunkt an mit der Hilfe von Backhouse »ausbrütete«, die intime Kenntnis eines scheinbaren Insiders auf. Wann immer zusätzliche Details nötig waren, um den trockenen Tatsachen ein bißchen Farbe zu geben – wie zum Beispiel Kuang-hsüs Fauxpas, nicht in korrekter Kleidung und im richtigen Pavillon gestorben zu sein –, konnte Backhouse damit dienen, und Morrison und Bland waren ihm zutiefst dankbar dafür.

Morrison schrieb in der *Times* erstaunlich kenntnisreich:

»Die Krankheit Ihrer Majestät nahm am 1. November ihren Anfang, als sie den Hof mit einem Wutausbruch in Angst und Schrecken versetzte. Am 12. November erlitt sie, nachdem man ihr die Nachricht vom kritischen Gesundheitszustand des Kaisers überbracht hatte, einen Schlaganfall... Ein hoher Beamter gibt an, daß die Kaiserin den Folgen des Schlaganfalls erlegen ist und bis wenige Stunden vor ihrem Tod noch in der Lage war, zu sprechen. Beide Majestäten erwarteten ihren Tod in vollem Zeremoniengewand und im Kreise Hunderter von Hofbeamten und Gefolgsleuten.

Kaum hatte sich der Tod der beiden Majestäten im Palast herumgesprochen, kam es zu panischen Reaktionen. Die Witwe von T'ung-chih versuchte Selbstmord zu begehen, als sie erfuhr, daß sie nicht die Nachfolge als Kaiserinwitwe antreten würde. Es brach ein Jammern und Klagen und ein wahrer Höllenspektakel los. Viele der Palasteunuchen ergriffen die Flucht und nahmen mit, was ihnen in die Hände fiel.«

Kein Wort davon war wahr, aber wer wußte das schon? Morrison ganz gewiß nicht. Die Vorstellung, daß die Kaiserinwitwe an einem Wutausbruch gestorben war, der zu einem Blutgerinnsel in ihrem Gehirn geführt hatte, mußte seinen Gefallen finden, und Backhouse konnte sich insgeheim ins Fäustchen lachen.

Nach dem Tod der Kaiserinwitwe und des Kaisers stellte die *Times* fest, daß sie peinlicherweise keine vorbereiteten Nachrufe besaß. Gewöhnlich werden sie Monate oder Jahre vor dem Ableben von prominenten Persönlichkeiten verfaßt. Aus irgendeinem Grund hatte die Redaktion der *Times* es versäumt, darauf zu achten, und Morrison hatte ihnen den Bedarf nicht rechtzeitig angekündigt. Der Redakteur Moberly Bell schrieb ihm daraufhin einen verärgerten Brief: »Es bereitet uns beträchtliche Ungelegenheiten, daß wir nicht über Nachrufe für den Kaiser und die Kaiserin von China verfügen – und wir sind der Meinung, daß Sie sie uns schon vor geraumer Zeit hätten zukommen lassen sollen ... Darf ich Sie bitten, uns mit Nachrufen auf alle prominenten Persönlichkeiten des Fernen Ostens, über die Sie etwas in Erfahrung bringen können, auf dem laufenden zu halten ... Ihre Briefe und Artikel werden immer interessanter ... Ihre Telegramme sind immer ausgezeichnet, aber sie enthalten nicht all jene Informationen, die man von einem so riesigen und fast unbekannten Terrain erwarten kann.«

Bell hatte Morrisons hastig dahingepfuschte Berichterstattung durchschaut und fand offensichtlich, daß er in den vergangenen Jahren seine Pflichten als Korrespondent mit seinen 200-Worte-Telegrammen vernachlässigt hatte. Diese enthielten weitgehend von Backhouse angefertigte Übersetzungen aus der chinesischen Presse, ausgeschmückt mit seinen Erfindungen; von den Lesern hingegen wurden sie für bare Münze und das Wissen des Eingeweihten genommen. Morrison war tief gekränkt und schrieb zurück: »Ich bedaure sehr, daß Ihnen keine Nachrufe zur Verfügung standen ... Ich will mich der Verantwortung nicht entziehen, aber mich trifft keine Schuld ... Wie hätte ich wissen sollen, daß Sie Nachrufe haben wollen, da mir das niemals jemand gesagt hat?«

Die *Times* veröffentlichte den Nachruf auf Tz'u-Hsi erst zwei Monate nach ihrem Tod am 29. Dezember, weil er für ein Telegramm zu lang war und mit der Post geschickt werden mußte. Er wurde nicht Morrison, sondern »unserem Shanghai-Korrespondenten« Bland zugeschrieben. Tatsächlich aber war er von Backhouse verfaßt, während Bland immer noch mit Grippe im Bett lag.

Daß Backhouse ihren Nachruf schreiben sollte, hatte Folgen, tauchte doch bereits hier ein großer Teil der versteckten Andeutungen und der üblen Propaganda auf, die von nun an ihr Bild in der Geschichte bestimmen sollten. Als kritische Zusammenfassung des Lebens einer Verstorbenen gab der Nachruf Edmund Backhouse die Gelegenheit, auf den Seiten einer seriösen und vertrauenswürdigen Zeitung alle Grundelemente dessen zusammenzufassen, was einmal sein verlogenes Porträt einer grausamen Kaiserinwitwe, sein Meisterstück der Fälschung werden sollte. Es war eine Glanzleistung in der Kunst der arglistigen Täuschung. Danach konnte er sich auf die *Times* als Quelle seiner Behauptungen berufen, wie es chinesische und westliche Wissenschaftler taten, die sich der wahren Identität des Autors nicht bewußt waren. Da diese biographischen Angaben in der *Times*, dem führenden Nachrichtenorgan der Welt, erschienen, wurden daraus offizielle Wahrheiten, obwohl sie in Wirklichkeit frei erfunden waren.

Vom Anfang ihrer Laufbahn an – damit bezog sich der Nachruf auf den Jehol-Putsch von 1861 – war Tz'u-Hsi angeblich die treibende Kraft, die hinter allen Ereignissen am Hof und in China stand. »Sie war imstande, den Spieß [gegen die Achterbande] umzudrehen.« Auf die Ereignisse 1875 und den Tod des Kaisers T'ung-chih bezogen, hieß es in dem Nachruf: »Seine Mutter, die Kaiserinwitwe, lehnte es ab, kompetenten Rat einzuholen... nachdem bekanntgemacht worden war, daß er an Pocken erkrankt war.« Damit wurde unterstellt, daß die Kaiserinwitwe den Tod ihres Sohnes bewußt in Kauf genommen hatte. Über den Tod von T'ung-chihs schwangerer Witwe A-lu-te wußte der Nachruf zu berichten: »Es wird allgemein angenommen... daß der unglücklichen Frau auf Tz'u-Hsis Geheiß Gift verabreicht wurde: unter den gegebenen Umständen eine unvermeidliche Schlußfolgerung.« Über die Ernennung Kuang-hsüs zum neuen Kaiser: »Ihre Majestät sah in den körperlichen Gebrechen des neuen Kaisers eine zusätzliche Garantie für ihre eigene Machtstellung, da es unwahrscheinlich war, daß er je Vater werden würde« – womit unterstellt wurde, daß er als Kleinkind von drei Jahren bereits ein physisches Wrack war, dem die normalen Reproduktionsorgane fehlten. Das erinnert an eine frühere üble Nachrede in chinesischen Kreisen, derzufolge er zwei Pupillen in jedem Auge hatte. Am Ende der Hundert-Tage-Reform »war sein [Kuang-hsüs] Tod ganz ohne Zweifel eine beschlossene Sache«. Über ihre Rolle im Boxeraufstand heißt es im Nachruf, »ihr Obereunuch Li Lien-ying überzeugte die abergläubische Kaiserinwitwe von der Unverwundbarkeit der Boxer, und dieser Mann ist darum mehr als alle anderen für die Bewegung und das von ihr verursachte Blutvergießen verantwortlich zu machen«. Ihr wurde die Schuld an dem Massaker in Shanxi und an der Säuberungswelle und Enthauptung der Gemäßigten in Peking zugeschrieben; nach Backhouse' Darstellung ließ sie die Opfer allerdings »in zwei Stücke sägen«. Das konnte auch niemanden wundern, denn »ein Mandschu-Beamter, der sie gut kannte, beschrieb sie als anfällig für plötzliche Wutausbrüche«. Tz'u-Hsis Flucht vor den 1900 nach Peking heranrückenden alliierten Truppen wurde ebenfalls im Nachruf kommentiert: »Sie trug die Kleider einer Bäuerin und war nach chinesischer Art frisiert... Aber selbst in diesem Augenblick des Chaos und der Gefahr fand sie noch Zeit und Gelegenheit, die Rolle der rachsüchtigen Diktatorin zu spielen. Ihre letzte Handlung vor dem Aufbruch war die Ermordung der Lieblingskonkubine des Kaisers (gegen die sie schon lange einen tiefen Groll hegte), indem sie sie in einen Brunnen werfen ließ.« »Was ihr Privatleben betrifft, so hat die Kaiserinwitwe mit der Macht und dem Ansehen, die sie den Eunuchen einräumte, die schlimmsten Traditionen der Ming-Dynastie wiederaufleben lassen.« Und zusammenfassend: »Man wird sie nach ihrem Ruf in der Öffentlichkeit beurteilen müssen.«

Schließlich zitiert der Nachruf noch Alicia Little, die glühende Anhängerin von K'ang, der seine wüstesten Beschimpfungen der Kaiserinwitwe in ihrem 1901 erschienenen Buch *Intimate China* verbreitet hatte, mit ihrer Ansicht, »daß die Kaiserinwitwe in den Augen kommender Generationen mit größerem Schrecken betrachtet werden wird als selbst die Kaiserin Wu«.

Nach einem Jahrzehnt der dunklen, niemals durch Gegendarstellungen entkräfteten Andeutungen über ihren Charakter mußte der nahezu gleichzeitige Tod von Tz'u-Hsi und Kuang-hsü zwangsläufig zu argwöhnischen Spekulationen führen. Unter den Bewohnern Pekings, Chinesen wie Ausländern, kursierten alle möglichen Gerüchte und Verdächtigungen. Die Leser der *Times* mußten zu der Überzeugung gelangen, daß Tz'u-Hsi, um sich nicht von Kuang-hsü überleben zu lassen, ihren Obereunuchen mit dem Auftrag an sein

Lager geschickt hatte, dafür zu sorgen, daß er vor ihr sein Leben beendete. Diese Version war schon in der kurzen Todesnachricht von Backhouse und Bland angedeutet worden. Zu diesem Zeitpunkt hatte sich Backhouse damit begnügt, den Gedanken an Gift ins Spiel zu bringen. Später »enthüllte« er, daß Tz'u-Hsi ihren Eunuchen angewiesen hatte, den Kaiser zu erdrosseln.

Tatsächlich suchten zahlreiche Hofbeamte den Kaiser in den Stunden vor seinem Tod auf, aber Backhouse erwähnte ausschließlich den Besuch des Obereunuchen Li Lien-ying, weil er so die Vermutung nahelegen konnte, daß er geschickt worden war, um ihn zu ermorden. In Wahrheit sieht es dagegen so aus, als habe Tz'u-Hsi ihren Eunuchen zu dem sterbenden Kuang-hsü geschickt, um ihm durch ihn zu versichern, daß sie in Übereinstimmung mit einer seit 1901 zwischen ihnen bestehenden Vereinbarung unverzüglich die offizielle Ernennung von P'u yi, dem Sohn seines Bruders, zum designierten Thronfolger bekanntgeben würde. Morrison und Bland hätten das vielleicht in Erfahrung bringen können, hätten sie sich selbst die Mühe gemacht, ernsthafte Recherchen anzustellen, aber ihre Meinung zu diesem Thema war bereits gefaßt.

Die britische Regierung wußte sehr wohl, daß weder der Kaiser noch die Kaiserinwitwe einem Mord zum Opfer gefallen waren. Es gab zwei medizinische Gutachten, die dieser Behauptung widersprachen. Das eine stammte von Dr. G. Douglas Gray, dem Arzt an der britischen Botschaft, und war als Bericht für den Nachrichtendienst des Königreichs nach London geschickt worden. Das andere gelangte fast 30 Jahre später, im Jahr 1936, an die Öffentlichkeit und stammte von Dr. Chu Kwei-ting, einem im Westen ausgebildeten Chinesen, der den Kaiser vor seinem Tod behandelt hatte. Der chinesische Bericht macht deutlich, wie die Krankheit des Kaisers in den Wochen unmittelbar vor seinem Tod durch den Hof aufgenommen wurde.

In Dr. Chus Bericht heißt es, daß sich der Kaiser während einer Audienz mit leitenden Militärberatern Anfang September 1908 plötzlich vor Schmerzen krümmte. Tz'u-Hsi sagte: »Der Kaiser ist schon so lange krank, warum empfehlen die Minister nicht endlich einen guten Arzt, der ihn behandeln kann?« Prinz Ching schlug Dr. Chu vor, der ihn selbst vor kurzem erfolgreich behandelt hatte, und Tz'u-Hsi stimmte zu. Yuan Shih-kai wurde beauftragt, den Arzt aus Tientsin zu holen. Chu traf am 10. September ein und wurde von Prinz Ching empfangen, der ihn anwies: »Gehen Sie gleich weiter. Tun Sie Ihr Bestes. Wenn Gefahr besteht, dann lassen Sie es mich wissen. Ich kann die Kaiserinwitwe unter vier Augen beraten, was zu tun ist.« Chu wurde zuerst zu Tz'u-Hsi gebracht, die sich nach seinen Behandlungsmethoden erkundigte; dann erhielt er die Erlaubnis, Kuang-hsü zu untersuchen. Seine Symptome waren unter anderem spontane Samenergüsse, Kopfschmerzen, Fieber, Rückenschmerzen und Appetitlosigkeit und wiesen auf eine Nierenerkrankung hin. Dieselbe Diagnose hatte Dr. Dethève von der französischen Botschaft 1898 gestellt. Seine Lungen waren angegriffen, und es bestand der Verdacht auf Tuberkulose, was aber ohne eingehendere Untersuchung nicht mit Sicherheit festgestellt werden konnte. Er war blaß, sein Puls sehr schwach. Er hatte nie eine besonders starke Konstitution gehabt, und er war schwer nervenkrank. Jede Stimulation, jede Belastung und sogar laute Geräusche bewirkten, daß er ejakulierte. Dr. Chu verordnete dem Kaiser ein westliches Medikament. Er erklärte nicht, was es war, sagte aber, daß es entweder eingenommen oder äußerlich angewendet werden konnte. Da es während der Ming-Dynastie zu spektakulären Giftmorden gekommen war, durfte der Kaiser kein Rezept erhalten, ohne daß sofort Kopien an alle Mitglieder des kaiserlichen Rats und des kaiserlichen Haushalts gingen.

Dr. Chu kam jeden Morgen, und Kuang-hsü nahm seine Medizin sehr vorsichtig und nach eingehender Untersuchung ein. Nach vielen Tagen normalisierte sich sein Atem, und die Nierenschmerzen ließen nach.

Am 18. Oktober erlitt Kuang-hsü einen schweren Rückfall. Er krümmte und wälzte sich mit schweren Krämpfen im Bett und rief: »Ich habe entsetzliche Bauchschmerzen!« Es waren nur zwei Eunuchen anwesend. »Da die Kaiserinwitwe ebenfalls sehr krank war«, erinnerte sich Chu, »war der ganze Hof in schrecklicher Aufregung. Ich untersuchte den Kaiser. Er hatte die ganze Nacht nicht schlafen können, Verstopfung, Herzrasen, sehr schwach, Gesichtsfarbe schwarz, die Farbe seiner Zunge gelb und schwarz.« Er sah wenig Hoffnung. Es war nur noch eine Frage der Zeit. Vier Wochen später war Kuang-hsü tot.

Dr. Gray untersuchte den Kaiser und die Kaiserinwitwe weder vor noch nach ihrem Tod. Er erstellte seinen medizinischen Bericht für den Nachrichtendienst auf der Basis der Auskünfte von chinesischen Ärzten mit westlicher Ausbildung; unter ihnen waren einige Stabsärzte, die sich alle sehr für die Krankheitssymptome des Kaisers und der Kaiserinwitwe interessierten.

Morrison, Bland und Backhouse wußten, daß Dr. Gray die Möglichkeit einer Vergiftung in Erwägung gezogen, aber nach intensiven Nachforschungen ausgeschlossen hatte. Douglas Gray war Morrisons, Blands und Backhouse' behandelnder Arzt und eng mit allen dreien befreundet; seine Frau Lucy war eine von Morrisons bevorzugten Lieferantinnen für Klatschgeschichten.

Dr. Gray hatte unter anderen auch eine Reihe chinesischer Patienten und interessierte sich besonders für die Probleme der Eunuchen mit ihren Harnwegen, so daß er ungewöhnlich vertraut war mit den Krankheiten der männlichen Geschlechtsorgane. In seiner Analyse für den britischen Nachrichtendienst beschäftigte er sich, zuerst auf die Anamnese des Kaisers eingehend, mit der 1898 von Dr. Dethève aufgestellten und 1908 durch Dr. Chu erhärteten Theorie von der Niereninsuffizienz:

»Er hatte von Geburt an keine kräftige Konstitution. Es ist kaum zu bezweifeln, daß er an einer bestimmten angeborenen Mißbildung der Harnröhre litt. In fast allen vergleichbaren Fällen kommt es zu einem früheren oder späteren Zeitpunkt zu einem Entwicklungsstillstand der Hoden und des Skrotums und zu einer Beeinträchtigung der Zeugungsfähigkeit. Der lokale Reiz, der durch die Krankheit verursacht wird, führt zu einer Spermathorrhöe oder vielmehr einer unechten Spermathorrhöe, bei der es zum Erguß einer samenartigen Flüssigkeit kommt, die keine Spermatozoen enthält. Eine solche Beschwerde hätte zur Folge gehabt, daß er sein Leben lang unter einer geschwächten Verfassung – einem Mangel an Virilität – litt. Die anstrengenden Pflichten des höfischen Lebens, von denen ihm nie eine Atempause gegönnt war, die Ratssitzungen, die um vier Uhr morgens begannen, und all die Belastungen seiner besonderen Stellung waren sicher dazu angetan, einen neurasthenischen Zustand hervorzurufen. Von Zeit zu Zeit hatte er Anfälle von Schlaflosigkeit. Der nie endende Arbeitsdruck bei einem Individuum, dessen physischer Leistungsfähigkeit Grenzen gesetzt waren, sowie die allgemeine Krankheitsgeschichte begründen die Annahme einer neurasthenischen Konstitution ... Die fortschreitende, durch die Neurasthenie verursachte Schwäche war, wie es im späten Stadium der Krankheit häufig vorkommt, von Herzbeschwerden und allgemeiner Kreislaufschwäche begleitet; Darmbeschwerden und Probleme mit den Geschlechtsorganen, unter denen er im letzten Stadium seiner Krankheit vermutlich litt: 1. Schwellung der unteren Extremitäten, 2. schwere Verstopfung, 3. zunehmende Spermathorrhöe. Der so entstandene ›Circulus Vitiosus‹ – je schwächer er wurde, um so schwerwiegender wurden die Symptome und umgekehrt – gibt eine recht einleuchtende Erklärung, wie es zu seinem Tod kam.«

Einfach ausgedrückt, starb der Kaiser, nachdem sich sein lebenslanger Krankheitszustand verschlimmert hatte, an Erschöpfung. Aber Morrison, Bland und Backhouse deuteten in der *Times* wiederholt die Möglichkeit des Mordes an.

Als nächstes wandte sich Dr. Gray der Kaiserinwitwe zu:

»Bei der letzten Audienz ... wurde von den Anwesenden festgestellt, daß die Kaiserinwitwe zwar gut aussah, aber äußerlich gealtert wirkte, und seit einiger Zeit war die Rede davon, daß ihr Gesundheitszustand zu wünschen übrigließe. Anfang Oktober erlitt sie einen Schwächeanfall, und von chinesischer Seite wurde berichtet, sie sei an Grippe erkrankt ... Zu dieser Zeit grassierte die Grippe in Peking, und sehr viele Chinesen litten darunter. Es ist sehr gut möglich, daß sie ebenfalls daran erkrankt war, da sie, abgesehen von einem Zustand allgemeiner körperlicher Erschöpfung, keine eindeutig einzuordnenden Symptome aufwies. An ihrem Geburtstag aß sie, nach allem, was man hört, mehr als gewöhnlich und nahm dabei eine überreife Frucht zu sich. Am nächsten Tag litt sie an ruhrartigen Symptomen, und die akute, von Blutverlust begleitete Diarrhöe schwächte sie erheblich. Bei älteren Menschen sind Durchfallerkrankungen immer gefährlicher als bei jüngeren Patienten ... Jedenfalls schien sie sich von dieser Erkrankung nie mehr richtig erholt zu haben und spürte, daß sie zunehmend schwächer wurde. Als sie angesichts ihrer Verfassung Prinz Ching beauftragte, sich um ihre Grabstätte zu kümmern, und in seiner Abwesenheit von dem kritischen Zustand des Kaisers erfuhr, trat ihre Nervosität in ein akutes Stadium ein, wodurch sich ihre Verfassung zweifellos verschlechterte. Wenige Stunden nach Prinz Chings Rückkehr – gegen zwanzig Uhr – starb der Kaiser. Die Nachricht von seinem Tod im Zusammenhang mit der noch ungeklärten Frage der Thronfolge und dazu das Fehlen von angemessenen Medikamenten, Beruhigungsmitteln oder ähnlichem, mußten ihre Kräfte aufs äußerste beansprucht haben. Sie berief um zwei Uhr morgens, nach einem langen, sorgenvollen Tag, eine Ratsversammlung ein, und als die Mitglieder des kaiserlichen Rats am frühen Vormittag zu einer neuerlichen Beratung zu ihr kamen, konnte sie nur noch abwinken und ihnen zu verstehen geben, daß sie zu schwach war zum Reden. Sie starb am nächsten Nachmittag – ohne daß sich die Symptome der Diarrhöe gebessert hatten. Wenn man die Umstände dieser beiden Tode hinsichtlich der Gerüchte um eine mögliche Vergiftung, die im Ausland grassieren, sorgfältig überprüft, *deutet zwar im Falle des Kaisers nichts darauf hin* [Hervorhebung durch den Autor], aber das plötzliche Auftreten der Darmerkrankung der Kaiserinwitwe könnte einen solchen Verdacht nahelegen. Ich *glaube allerdings aus folgenden Gründen nicht daran* [Hervorhebung durch den Autor]: Die Gifte lassen sich in drei Hauptgruppen unterteilen; 1. ätzende Gifte, 2. betäubende Gifte, 3. reizend-narkotische Gifte. Sofern es keine breite Verschwörung zur Unterdrückung der Wahrheit gab, litt sie an keinem der Symptome, die für die ersten beiden Gruppen typisch sind. Die Symptome der Ätzgifte sind eindeutig und unverkennbar, und auch Betäubungsgifte sind auszuschließen – es kam weder ganz plötzlich zum Tod wie bei der Blausäure noch zum Koma wie bei einem Betäubungsgift oder zu plötzlichen Erstickungsängsten wie beim Strychnin. Man hätte ihr ein Reizgift verabreichen können: Da keine Gelegenheit zur Untersuchung bestand, wäre es schwierig gewesen, das mit Sicherheit festzustellen, aber es ist unwahrscheinlich, daß es so war. Es wird nichts davon erwähnt, daß sie unter Übelkeit, Erbrechen oder großen Schmerzen litt, und ihr Krankheitszustand verschlechterte sich nicht konstant bis zu ihrem Zusammenbruch und Tod. Soviel in Erfahrung zu bringen ist, ließ jedoch ihre Behandlung möglicherweise einiges zu wünschen übrig, und bei angemessener medizinischer Versorgung hätte sie die Krise vielleicht überwinden können; *sie starb eines natürlichen Todes* [Hervorhebung durch den Autor], und meine Diagnose lautet auf eine durch Überarbeitung und allgemeine Altersschwäche verstärkte Diarrhöe.«

Kurz gesagt, die Kaiserinwitwe war alt, müde und kummerbeladen und starb an den Komplikationen einer Grippeerkrankung. Den Rest gab ihr die Trauer über Kuang-hsüs Tod und ihre Entschlossenheit, ihr Versprechen einzulösen, seinem Neffen P'u yi die Thronfolge zu sichern. Sie konnte derartig wichtige Angelegenheiten nicht den Ministern oder zerstrittenen Prinzen überlassen.

Trotz dieses ausführlichen Berichts durch Dr. Gray und (später dann) durch Dr. Chu beharrten Stimmen vom Hof (darauf bedacht, alles in rosigem Licht erscheinen zu lassen) zur damaligen Zeit unsinnigerweise nach Kuang-hsüs Tod darauf, daß der Kaiser »bei bester Gesundheit und nur selten im Leben krank gewesen« sei. Dies goß natürlich Öl in die Flammen der haltlosen Gerüchte, er sei eines plötzlichen und unerwarteten Todes gestorben. Obwohl die medizinischen Berichte von chinesischer wie von westlicher Seite vorlagen, haben es die Wissenschaftler vorgezogen, auf die Version von Backhouse zurückzugreifen. Der Historiker Immanuel C. Y. Hsu schreibt: »Nach der Überlieferung frohlockte er [Kuang-hsü] unbesonnenerweise insgeheim über den bevorstehenden Tod der Kaiserinwitwe. Daraufhin schwor die Kaiserin Rache: ›Ich darf nicht vor ihm sterben!‹ *Es deutet einiges darauf hin, daß sie ihn am Tag, bevor sie starb, vergiftete* [Hervorhebung durch den Autor].« Selbst in der *Encyclopaedia Britannica* heißt es, daß Kuang-hsü »vermutlich vergiftet« wurde.

In seinem biographischen Werk *Eminent Chinese of the Ching Period,* das sich in seinen Quellenangaben immer wieder auf Backhouse beruft, zog Arthur Hummel in seinem Eintrag über Kuang-hsü den Schluß: »Ob er eines natürlichen Todes starb oder ermordet wurde, ist nie mit Sicherheit geklärt worden.«

Die britischen und chinesischen Befunde und andere Beweise für den natürlichen Tod des Kaisers und der Kaiserinwitwe stehen jedem, der einigermaßen gewissenhafte Nachforschungen betreibt, seit vielen Jahrzehnten zur Verfügung. Diese Unterstellungen dienen also nur dazu, die schlimmsten Instinkte zu befriedigen. In ihrem 73. Lebensjahr war die Kaiserinwitwe eine sehr kranke alte Frau, und die Vorstellung, daß sie eine Bedrohung für irgend jemanden gewesen sein sollte, wäre lachhaft, hätte sie nicht so viele Anhänger unter den Wissenschaftlern gefunden.

Zu jener Zeit schien jeder eine Lieblingstheorie zu verfechten. Wer die Schuld nicht bei Tz'u-Hsi suchte, machte Yuan Shih-kai verantwortlich.

In dem Buch *Court Life in China,* das 1909 erschien, werden die beiden Todesfälle von den Headlands erörtert; das waren Missionsärzte, die viele Frauen des kaiserlichen Hofstaats behandelten. Für sie war Tz'u-Hsis Tod »unzweifelhaft das Werk der Natur«. Aber »Feinde von Yuan Shih-kai« hatten ihnen berichtet, »daß der Kaiser von einem ›chinesischen Arzt‹ behandelt worden war, dem der große Vizekönig 33000 Dollar für seine Dienste bezahlt hatte«. Die Headlands deuteten damit an, daß der Arzt dieses Geld für die Vergiftung des Kaisers erhielt. Dr. Chus eigenen Angaben zufolge war er jedoch aufgrund eines mehrheitlichen und durch Tz'u-Hsi bestätigten Beschlusses des geheimen Militärrats konsultiert worden. Dr. Chu schwieg sich bis 1936 über seine damalige Rolle aus, um zu vermeiden, daß er ungerechtfertigterweise mit den Giftgerüchten in Verbindung gebracht wurde.

Der Hongkonger Zeitungsredakteur Philip Sergeant, dessen bemerkenswert objektive und sachliche Biographie der Kaiserinwitwe 1910 erschien, äußerte sich zu der Gifttheorie der Headlands so: »Damit die Geschichte [von der Vergiftung] glaubwürdig wird, muß man sich vorstellen, daß es eine weitreichende Palastintrige gab, in die nicht nur Yuan Shih-kai, sondern... auch ein Heer unbedeutenderer Personen verwickelt war.« Sergeants Biographie wurde, da sie dem Bild einer intriganten Kaiserinwitwe keinen Vorschub leistete, weitgehend ignoriert und geriet in Vergessenheit.

Kuang-hsüs Nachfolger auf dem Kaiserthron, sein Neffe P'u yi, berichtete, was er durch einen alten Eunuchen über die »verdächtigen Umstände« von Kuang-hsüs Tod erfahren hatte:

»Seiner Darstellung zufolge ging es Kuang-hsü am Tag vor seinem Tod verhältnismäßig gut, und was ihn erst wirklich krank machte, war ein Medikament, das er einnahm. Später fand man heraus, daß das Medikament von Yuan Shih-kai geschickt worden war... Ein Abkömmling eines der Beamten des kaiserlichen Haushalts erzählte mir irgendwann, daß Kuang-hsü vor seinem Tod nur an einer gewöhnlichen Grippe litt; er hatte den Befund mit eigenen Augen gesehen, und darin stand, daß Kuang-hsüs Puls normal war. Zudem hatte er gesehen, wie er in seinem Zimmer stand und sich unterhielt, als sei er ganz gesund, so daß die Leute völlig vor den Kopf gestoßen waren, als sie von seinem kritischen Zustand erfuhren. Noch seltsamer war, daß die Nachricht von seinem Tod nur vier Stunden später kam. Alles in allem war Kuang-hsüs Tod sehr eigenartig. Wenn die Geschichte des Eunuchen wahr ist, erhärtet sie die Annahme, daß es eine Verschwörung, und eine sehr schlau eingefädelte noch dazu, zwischen Yuan Shih-kai und Prinz Ching gab.«

Warum fand die Verschwörungstheorie so viele überzeugte Verfechter? Die Antwort ist in den politischen Interessen zu suchen. Fragen der Thronfolge führen immer zu Rivalitäten; es kann davon ausgegangen werden, daß ein großer Teil des Geredes um eine Verschwörung von der Wahl P'u yis zum neuen Kaiser herrührte. Nachdem P'u-chun 1901 als Thronfolger ausgeschieden war, wurde nicht unmittelbar ein offizieller Nachfolger verkündet. Da aber die Eisenhüte nunmehr ausgeschaltet waren, gab es eine geheime Übereinkunft, daß der zukünftige Nachkömmling von Kuang-hsüs heranwachsendem Bruder Prinz Chun II. und seiner Gemahlin, einer Tochter von Jung-lu, die Thronfolge antreten sollte. Darin zeigt sich, wie es scheint, Tz'u-Hsis Versuch, Kuang-hsü für die Trostlosigkeit seiner Regierungszeit und die Demütigungen durch die Eisenhüte zu entschädigen. Aus Prinz Chuns Verbindung mit Jung-lus Tochter ging erst 1906 ein Sohn hervor. Als Tz'u-Hsi ihn jedoch zwei Jahre später von ihrem Sterbelager aus zum Thronfolger ernannte, war das keine Torschlußhandlung, sondern die letzte Geste der Loyalität und Zuneigung einer alten Frau für ihren Neffen und die Einlösung eines Versprechens, das sie ihm 1901 gegeben hatte. Demzufolge wurde der dreijährige P'u yi 1908 Kaiser, und sein junger Vater übernahm die Regentschaft. Wie gewöhnlich setzte durch die Thronfolge in Peking ein Bäumchen-wechsel-dich-Spiel ein; zahlreiche Beamte verloren ihre Posten, andere nahmen ihre Plätze ein. Hieraus läßt sich ein großer Teil der Rufmordkampagnen erklären, die auf den Tod von Kuang-hsü und Tz'u-Hsi folgten. Die rivalisierenden Parteien waren auf der einen Seite diejenigen, die mit P'u yis Familie in Beziehung standen, auf der anderen Seite diejenigen, die Yuan Shihkai gerne an seiner Stelle auf dem Thron gesehen hätten. Das Gerücht, Yuan habe Kuang-hsü vergiften lassen, war eine gefährliche Waffe in den Händen seiner Gegner. Es kann daher kaum überraschen, daß P'u yi, als er erwachsen wurde, dazu neigte, das Schlimmste von Yuan anzunehmen. Und es ist ebensowenig verwunderlich, daß Morrison jede Gelegenheit ergriff, Yuans Sache zu nützen, indem er der Kaiserinwitwe die Schuld an allen möglichen Ereignissen zuschob.

Die Geschichte nahm eine Wendung zum Grotesken, als Edmund Backhouse mit »Décadence Mandchoue« die intimen Memoiren seines Privatlebens in China schrieb. Nichts könnte die Geisteshaltung des Mannes deutlicher entlarven, der die gutgläubig von der *Times* veröffentlichten Meldungen verfaßt und (gemeinsam mit Bland) die Texte geschrieben hatte, auf die sich Historiker bis heute beziehen.

»Die Palasteunuchen... hatten auf Befehl der Kaiserinwitwe... am 5. November 1905... vier Unzen P'i Shuang oder Arsenpulver gekauft... Der ursprüngliche Plan sah vor, den Kaiser allmählich durch die Beigabe kleiner... Mengen im Sandkuchen zu vergiften... Aber der Arzt der britischen Gesandtschaft [Dr. Gray] sollte im Auftrag des Staatssekretärs im Auswärtigen Amt, Sir Edward Grey... um die Erlaubnis bitten, Kuang-hsü aufsuchen und seine Krankheit diagnostizieren zu dürfen... daher also die Abkehr von den ursprünglichen Vergiftungsplänen zugunsten der wesentlich einfacheren und schnelleren Methode des Erdrosselns.«

Nachdem Tz'u-Hsi den Kaiser hatte erdrosseln lassen, schrieb Backhouse, wurde sie von Yuan Shih-kai und dem Mandschu-General Liang Pi zur Rede gestellt. Sie forderten sie auf, abzudanken und ihnen die Regentschaft für den minderjährigen P'u yi zu übertragen. Als Tz'u-Hsi sich weigerte, schrieb Backhouse, »feuerte Yuan ... drei gezielte Schüsse ab ... und traf sie ›au bas ventre‹ [wörtlich: in den Unterleib]«. Letzteres war ein typischer Backhouse, denn wo sonst würde man eine verhaßte Frau treffen wollen als in den Bauch.

26

»Die Konkubine auf dem Drachenthron«

Tz'u-Hsi gehörte nun der Geschichte an, über ihr Leben aber war kaum etwas bekannt. Die *New York Times* brachte einen langen, von Irrtümern wimmelnden Nachruf, in dem die Kaiserinwitwe Tz'u-An – so hieß ihre Mitregentin, die schon seit 27 Jahren tot war – genannt wurde. Die dazugehörige Abbildung zeigte eine völlig andere Frau, weder Tz'u-Hsi noch Tz'u-An; es war eine der noch lebenden Konkubinen von T'ung-chih. Wenn die Redakteure der führenden Zeitung Amerikas nicht einmal den Namen Tz'u-Hsi kannten, ist es kaum verwunderlich, daß sie über die elementaren Tatsachen ihres Lebens im ungewissen waren. Wie war sie beispielsweise dazu gekommen, ihr Land ein halbes Jahrhundert lang zu regieren, und wie hatte sie es bewerkstelligt, ihren Ehemann, ihren Sohn, seine Frau, ihre Mitregentin und den Kaiser, den sie zehn Jahre lang in grausamer Gefangenschaft gehalten hatte, zu ermorden, ganz zu schweigen von den zahllosen anderen Opfern, die ihre Regentschaft forderte?

Es fehlte ein objektiver Rückblick auf ihr Leben durch einen westlichen Wissenschaftler, der mit den Interna des Mandschu-Hofs vertraut war.

Edmund Backhouse hatte dies begriffen und legte 1910 ein 525 Seiten unfassendes Buch mit dem Titel *China under the Empress Dowager* vor. Es war zwar nicht das Werk eines anerkannten Wissenschaftlers, aber der nächstbeste Ersatz: das Buch eines bekannten

Chinakorrespondenten (Bland) und eines gutinformierten westlichen Sinologen (Backhouse), die ihr Wissen aus dem geheimen Tagebuch eines Mandschu-Beamten mit den Kenntnissen eines Eingeweihten bezogen.

Backhouse' Wahl eines Mitautors wäre vielleicht auf George Morrison gefallen, wenn dieser nicht so häufig von Peking abwesend (und von Natur aus so mißtrauisch) gewesen wäre; statt dessen arbeitete Backhouse mit dem leichtgläubigen und wichtigtuerischen Bland zusammen. Blands Erstlingswerk *Houseboat Days in China* war gerade bei Edward Arnold in London erschienen, und er erklärte in einem Brief an Arnold sein neues Vorhaben: »Ich bereite gerade in Zusammenarbeit mit einem sehr namhaften Chinakundler, der über außergewöhnliche Informationsquellen und viele einzigartige Dokumente verfügt, eine Biographie der verstorbenen Kaiserinwitwe vor, die Licht auf zahlreiche ungeklärte Ereignisse der chinesischen Geschichte werfen soll... Mein Partner ist ein Gelehrter und ein ungeheuer arbeitsamer Mensch, und ... meine Aufgabe wird lediglich darin bestehen, das Ganze zu überarbeiten und in eine gut lesbare Form zu bringen.«

Backhouse legte dem Buch eindrucksvolle höfische Dokumente und Memoiren der Chinesen und Mandschu zugrunde, die er angeblich im Begriff war zu übersetzen. Und er war erstaunlich schnell. Vier Monate nach dem Tod der Kaiserinwitwe war das Buch in seiner Rohfassung fertig. Bland feilte es stilistisch, und im April 1910 war das Buch vollendet. Arnold wollte es nicht verlegen, aber es kam ein Vertrag mit William Heinemann zustande, der sich von dem Buch einen Erfolg versprach. Er war fasziniert von den ausführlichen Auszügen, die Backhouse aus einer bislang unbekannten Quelle zitierte, dem »Tagebuch Seiner Exzellenz Ching Shan«, eines Mandschu-Höflings, der einen beispiellosen Einblick in die höfischen Ereignisse, insbesondere während des Boxeraufstands im Sommer 1900, lieferte. Ching Shans Tagebuch war genau die Art von Dokument, von der das westliche Ausland immer geträumt hatte, indem es ein klares Verständnis der Mandschu und der Boxerbewegung vermittelte. Maßgeschneidert, versteht sich. Erstmals lag hier aus der Sicht des Eingeweihten eine Einschätzung der tiefen Kluft zwischen den antiwestlichen Eisenhüten, die die Boxer für unverwundbar hielten, und den gemäßigten und vernünftigen Mandarinen vor, die Reformen im Land und eine versöhnliche Haltung dem Westen gegenüber befürworteten. Ching Shans Tagebuch bestätigte und unterstrich all die boshaften kleinen Intrigen, die Morrison (mit

Backhouse' Hilfe) von Anfang an in seinen Berichten von der Belagerung und ihren Hintergründen gesponnen hatte.

In einem langen Brief erklärte Backhouse, wie er in den Besitz des Tagebuchs gelangt war. Seiner Behauptung nach hatte Ching Shan 1900 das Amt des Rechnungsprüfers im kaiserlichen Haushalt innegehabt. Sein ältester Sohn hatte sich den Boxern angeschlossen und seinen eigenen Vater in der Zeit der Belagerung ermordet. Nach Beendigung der Belagerung und während der Besatzung durch die Alliierten durfte Backhouse nach seinen eigenen Angaben Ching Shans innerhalb des britischen Sektors gelegenes Haus beziehen. (Er erwähnte allerdings nicht, daß er gemeinsam mit seinem Zimmergenossen Peachey wegen Plünderei, Erpressung und Raubes inhaftiert worden war.) Ein Hauptmann Rowlandson »gestattete mir, alle Bücher und Papiere zu verwenden, mit der Auflage, daß ich ihn über etwaige Funde von Boxerdokumenten oder Unterlagen über die Besetzung des Hauses durch Boxer informierte«, behauptete Backhouse.

»Ich kehrte in mein neues Quartier zurück und... betrat... Ching Shans früheres Arbeitszimmer. Ein Tisch, Stühle und zwei große Schränke befanden sich darin. Auf dem Ziegelboden standen mehrere Kisten, deren Inhalt durchwühlt worden war. Ich machte mich gleich daran, die Papiere zu sichten... Das erste, was mir in die Augen fiel, war das Datum auf einem langen Bogen, denn es lag nur ganz kurz zurück. Bei näherem Betrachten stellte ich fest, daß es sich um eine Beschreibung des höfischen Aufbruchs [aus Peking] handelte... Je eingehender ich den Wust von Papieren untersuchte, um so mehr war ich von der Bedeutung meines Fundes überzeugt. Da die Handschrift mit derjenigen übereinstimmte, die ich von anderen mit Ching Shans Unterschrift versehenen Dokumenten kannte, kam ich zu dem Schluß, daß die Aufzeichnungen zweifelsfrei von ihm stammten. Ich informierte Hauptmann Rowlandson umgehend über meine Entdeckung, die ihn sehr interessierte... Als Ching Shans ältester Sohn einige Tage später verhaftet wurde, verwies das Kriegsgericht auf die Anklage, die sein Vater gegen ihn erhoben hatte. Er wurde des Mordes und der heimlichen Beherbergung von Boxern für schuldig befunden. Die Todesstrafe durch Erschießen wurde unterhalb der Mauer der Verbotenen Stadt vollstreckt...

Als Sir Ernest Satow in Peking eintraf, informierte ich ihn gleich bei meinem ersten Besuch über das gefundene Dokument... Er riet zur Veröffentlichung, empfahl aber, bis nach dem Tod der Kaiserinwitwe damit zu warten.«

Satow war schon vor langer Zeit in den Ruhestand getreten, und man konnte kaum von ihm erwarten, daß er sich noch an eine derartige Nebensächlichkeit erinnerte. In seinen detaillierten privaten Tagebüchern findet sich kein Hinweis auf ein solches Gespräch. Backhouse ließ nahezu ein Jahrzehnt verstreichen, bevor er seine Entdeckung offenbarte, eine Zeitspanne, nach der kein westlicher Ausländer mehr in der Lage war, seine Behauptungen zu überprüfen, und kein chinesischer oder Mandschu-Beamter auch nur annähernd ahnte, was er im Schilde führte. In Peking war der Verwaltungsapparat vollkommen umgekrempelt worden, das gesamte diplomatische Corps war ausgetauscht, der Kaiser und die Kaiserinwitwe waren tot, und die Ching-Dynastie stand unmittelbar vor ihrem endgültigen Zusammenbruch. Und Ching Shan war ohnehin nur ein untergeordneter Sekretär im kaiserlichen Haushalt gewesen und keineswegs, wie Backhouse behauptete, dessen Rechnungsprüfer. Aber mehr darüber weiter unten.

»Nach dem Tod der Kaiserinwitwe im November 1908«, fuhr Backhouse fort, »begann ich über eine Veröffentlichung meiner Entdeckung nachzudenken ... Ich war natürlich hocherfreut, als sich Mr. Bland, den kennenzulernen ich vor kurzem die Ehre hatte, erbot, an einer Biographie der Kaiserinwitwe, die er wie ich außerordentlich bewunderte und verehrte, mitzuarbeiten.«

Ching Shans Tagebuch bestätigte nur die schlimmsten Befürchtungen, die man im Westen hinsichtlich der Korruption in China und des reptilhaften Charakters seiner Herrscherin hatte; Backhouse brachte also nichts vor, was sich nicht in der Vorstellung der Menschen bereits festgesetzt hatte. Jedermann hatte von den furchtbaren Greueltaten gehört, der Enthauptung unschuldiger Missionarskinder, den Giftmorden im Palast, den Intrigenspielen der Eunuchen – all dies wurde nun bestätigt. Um Zweifeln vorzubeugen, täuschte Backhouse laufend Bewunderung für Tz'u-Hsi vor. Er schmückte jede Passage mit so vielen vagen Andeutungen, Einzelheiten, Namen und Stimmungsbildern aus, daß die Leser ganz benebelt waren, so wie ein guter Zauberer sein Publikum erst einlullt und dann sein Spiel der Illusionen mit ihm treibt. Backhouse' Stil war so überladen mit schmückendem Beiwerk, daß man seine Texte sofort erkannte, wenn sie von einem anderen Autor ohne Überarbeitung benutzt wurden. (Ein Beispiel hierfür war die an früherer Stelle zitierte erste

Todesnachricht in der *Times* mit ihren geschwätzigen Auslassungen darüber, an welchem Ort und in welchen Gewändern der Kaiser von Rechts wegen hätte sterben müssen.)

Als *China under the Empress Dowager* im Oktober 1910 erschien, waren die Namen der Autoren in der Reihenfolge genannt, die Heinemann für die verkaufsträchtigste hielt: J.O.P. Bland und E.T. Backhouse. Mit diesem Buch lag der erste spannend geschriebene und aus »authentischer« chinesischer Quelle bezogene Bericht über Tz'u-Hsis gesamte Regierungszeit vor. Seltsamerweise warf Bland, obwohl er selbst fließend Chinesisch sprach, nie einen Blick in die Originaldokumente, sondern begnügte sich mit Backhouse' »Übersetzungen«. Selbstgefällig wie er war, stellte Bland seine eigenen Überzeugungen nie in Frage.

Das Buch überzeugte, weil es scheinbar auf offiziellen chinesischen Staatsdokumenten beruhte. Backhouse zog die geheimen Tagebücher chinesischer Beamter und private Gespräche mit ihnen aus dem Ärmel wie ein Zauberkünstler. Hier wurden die Geheimnisse des internen Palastgeschehens enthüllt und außergewöhnliche Einblicke in die orientalische Psyche geboten, und das alles in lockerem, gefälligem und kultiviertem Ton, mit dem Stempel des selbstsicheren eduardischen Gentleman versehen. Für den gebildeten Leser im Westen war es (und ist es immer noch) eine lehrreiche und kurzweilige Lektüre. Die Kritiker waren einhellig von dem Werk begeistert. Es machte »das rätselhafte Wesen der Kaiserinwitwe Tz'u-Hsi so verständlich, wie es einem Buch überhaupt möglich ist, und dieses Wesen ist ohne Frage beeindruckend. Tz'u-Hsi war grausam und zügellos, aber ihr gesellschaftliches Umfeld und die Traditionen ihrer Kultur erklären vieles, für das es nach englischen Maßstäben keine Entschuldigung gäbe«. Der *Spectator* gratulierte den Autoren zur erstmaligen Veröffentlichung von »Dokumenten, die ohne ihre aufmerksame Bearbeitung den Engländern sicher nie unter die Augen gekommen wären«. Ein paar Jahre später, als Sir Claude MacDonald einen Vortrag vor der Royal United Service Institution hielt, rief er seinem Publikum das Buch in Erinnerung und nannte es »eines der interessantesten Werke, die je über die Verhältnisse in China geschrieben wurden«, zutreffender hätte er es als »eines der interessantesten Werke, die je über die Verhältnisse in China erdichtet wurden«, bezeichnen sollen, aber Ching Shans Tagebuch stützte immerhin die Theorie, das Hanlin sei von den Chinesen selbst abgebrannt worden, und das begrüßte Sir Claude sicherlich dankbar.

In den ersten 18 Monaten nach seinem Erscheinen wurden acht

Auflagen des Buchs nachgedruckt, und es wurde in mehrere Sprachen, unter anderem auch ins Chinesische, übersetzt, so daß es selbst für chinesische Wissenschaftler zu einer trügerischen Informationsquelle wurde. Da im Jahre 1900 so viele offizielle Papiere gestohlen, so viele Archive zerstört worden waren, besaßen die Chinesen nur noch wenige Dokumente und waren außerstande, Backhouse' Veröffentlichungen zu widerlegen – was ihnen ohnehin angesichts der allgemein herrschenden revolutionären Aufbruchstimmung fern lag. In der Volksrepublik werden heute noch Filme für den Hausgebrauch produziert, in denen Tz'u-Hsi als Inbegriff des imperialistischen Bösen ihre Minister enthaupten, in Stücke sägen oder in Brunnenschächte werfen läßt.

Als seien sie ängstlich darauf bedacht, die Kaiserinwitwe vor grundlosen Beschuldigungen zu schützen, prangerten die Autoren am Anfang ihres Buches Tz'u-Hsis Kritiker an. Sie verurteilten die »vielen haltlosen und absurden Gerüchte, die in den letzten Jahren über sie in Umlauf gesetzt wurden... Viele davon sind nichts als die Blüten eines billigen Sensationsjournalismus... Andere wiederum verdanken ihre Entstehung zweifellos dem Neid, dem Haß und der Intriganz am Hof, den Umtrieben der Eisenhut-Prinzen und anderer hoher Beamter des älteren Zweiges der kaiserlichen Familie, von denen viele darauf aus waren, die Familie und den Charakter Tz'u-Hsis in den Schmutz zu ziehen«.

Als nächstes brachten sie ihre westlichen Konkurrenten in Mißkredit:

»Ebenso wertlos im Hinblick auf ihre historische Gültigkeit sind die Berichte und Eindrücke derjenigen Europäer (und hier sind insbesondere die Damen des diplomatischen Corps und ihre Freunde gemeint), die die Person und die Absichten der Kaiserin in dem falschen Glanz sahen, der den Drachenthron bei zeremoniellen Anlässen umgibt, und die dem Einfluß des charmanten Betragens, das sie so geschickt nach außen hin einzusetzen wußte... und ihrer scheinbar ungekünstelten Herzlichkeit erlagen – alles Mittel, die dazu eingesetzt wurden, in den Köpfen der europäischen Damen, die ihr begegneten, einen günstigen Eindruck entstehen zu lassen, der allem gesunden Menschenverstand und aller Erfahrung widersprach.«

Nachdem sie alle anderen Quellen in Verruf gebracht und selbst diejenigen, die Tz'u-Hsi persönlich kannten, der Lächerlichkeit preisgegeben hatten, machten sie sich daran, ihr eigenes Bild der Kaiserinwitwe zu komponieren. Gelüftet waren die Schleier über den ärgerlichen Geheimnissen ihres Lebens als junge Frau, ihres Ehemannes, ihres Sohnes und anderer Menschen, denen die Meinungsverschiedenheiten mit ihr zum Verhängnis geworden waren. Es war nun nicht mehr nötig, nach anderen Erklärungen zu suchen. Mit dem Buch und seiner Fortsetzung, *Annals and Memoirs of the Court of Peking,* verwandelten Backhouse und Bland Tz'u-Hsi und ihren Hof von einem Objekt historischer Nachforschung in ein ordentlich geschnürtes Bündel historischer Überlieferung. Die vielen Rätsel der Mandschu-Geschichte ihrer Zeit ließen sich erklären, wenn man Ursache und Wirkung ausschließlich bei der »Konkubine auf dem Drachenthron« suchte. Sie allein war die »treibende Kraft in der Verbotenen Stadt«.

Seite um Seite beschworen sie die »weitsichtige Intelligenz« der jungen Yehe Nara, ihre »ehrgeizige und charismatische Persönlichkeit«, ihre »lebendige und unermüdliche Energie«. Um »den einen Widersacher gegen den anderen auszuspielen, schmiedete sie zielsicher ihre Pläne«, bis ihre »Rachsucht« und ihre »Machtbesessenheit« sie zur »faktischen Herrscherin über das Reich« gemacht hatten.

Ihre Feinde fürchteten sie, weil sie »prompt durch bittere Erfahrung lernen mußten, daß Tz'u-Hsi keinen Widerspruch duldete und daß nur friedlich mit ihr im Palast zusammenleben konnte, wer sich bedingungslos ihrem Willen unterwarf«. Verantwortlich dafür war »ihre Unfähigkeit, Kritik über sich ergehen zu lassen, und die Skrupellosigkeit, mit der sie sich aller Personen entledigte, die ihrem Ehrgeiz im Wege standen«. Sie war »so fest entschlossen, ihre Machtstellung zu erhalten, daß sie emotionalen, religiösen oder anderen Überlegungen keinerlei Bedeutung einräumte«. Ihre »einzige Motivation war ihr persönlicher Ehrgeiz«, und darum »erzielte sie einen leichten und vollkommenen Sieg«.

Als sie ihr Ziel erst einmal erreicht hatte, entwickelte sich diese »tyrannische Frau« zu einer Herrscherin von »enormem persönlichem Einfluß und Einfallsreichtum«. Sie besaß die »Kühnheit maskuliner Intelligenz, die es ihr ermöglichte, alle Hindernisse zu überwinden«. Und während sie im Geist männlich war, hatte sie ein weibliches Gemüt. »*Souvent femme varie,* und Tz'u-Hsis Stimmung war starken Schwankungen unterworfen.«

Was hätte Tseng Kuo-fan wohl zu diesem Charakterbild gesagt? Backhouse und Bland mochten vielleicht ein Zerrbild der Kaiserin

Wu entworfen haben, aber ganz sicher sprachen sie nicht von der Kaiserinwitwe, wie er sie gekannt hatte.

Nachdem sie die Leser davon überzeugt hatten, daß Tz'u-Hsi uneingeschränkte Macht besessen hatte – eine Margaret Thatcher der Mandschu, die Freunde und Feinde gleichermaßen einschüchterte –, brachten sie nun das Shakespearesche Thema des Mordes als alltägliches Geschehen bei Hof ins Spiel.

»Europäer, die sich vom Standpunkt westlicher Moral mit den vielen komplexen und außergewöhnlichen Aspekten ihrer Persönlichkeit befaßten, haben gewöhnlich ihre kaltblütige Grausamkeit und Mordgier betont und verurteilt. Ohne die Tatsachen leugnen oder ihre Schuld abschwächen zu wollen, muß man aber einräumen, daß es ungerecht wäre, von ihr zu erwarten, daß sie sich moralischen Verhaltensregeln unterwarf, die ihr ganz einfach unbekannt waren, und daß sie, an den Maßstäben ihrer eigenen Vorfahren und Zeitgenossen und nach dem Urteil ihrer Untertanen gemessen, nicht als schlechter Mensch angesehen werden kann.«

Jahrelange Forschungen haben keine Bestätigung für den Wahrheitsgehalt dieses Absatzes zutage gebracht. Kein einziger Europäer hatte »ihre kaltblütige Grausamkeit und Mordgier betont und verurteilt«, bevor K'ang 1898 ins Exil gegangen und dieses Bild von ihr in die Öffentlichkeit getragen hatte. Die einzigen westlichen Ausländer, die sie zwischen 1898 und ihrem Tod gern so charakterisierten, waren Alicia Little und ihr von K'ang beeinflußter Kreis – und Morrisons eigenes kleines Grüppchen, dem natürlich auch Bland und Backhouse zuzurechnen waren. Erst durch die Veröffentlichung ihres Buchs wurde die beschworene »kaltblütige Grausamkeit und Mordgier« zur gültigen Wahrheit.

»Tz'u-Hsi spielte ihre Rolle im großen Spiel... Wenn sie einen Menschen in den Tod schickte, dann deshalb, weil er zwischen ihr und dem uneingeschränkten und sicheren Genuß ihrer Machtliebe stand«, schrieben Backhouse und Bland. »Ihre Methoden waren im Grunde eher elisabethanisch als florentinisch. Sie schien die geborene und unumgängliche Herrscherin einer im Niedergang begriffenen Dynastie, und wenn sie zum Gesetz per se wurde, dann lag das vor allem daran, daß es um sie herum nur wenige gab, die das Zeug zum Lenken und Beherrschen des staatlichen Geschicks gehabt hätten.« Ihre Handlungsweise »erinnert stark an die Methoden, mit denen Königin Elizabeth Widerständen begegnete«. »Darüber hinaus hatte sie eine bismarcksche Art, die öffentliche Meinung zu beeinflussen und unterschwellige Informationsströme durch Eunuchen und den Teehausklatsch in Bahnen zu lenken, die an die Instinkte der Intellektuellen und Bürger appellierten.« Sie besaß »eine stark ausgeprägte natürliche Gabe im Umgang mit staatlichen Angelegenheiten (darin glich sie Königin Victoria, die sie zutiefst bewunderte)«. »Unweigerlich kommt dem Engländer die Erinnerung an eine andere willensstarke Königin in den Sinn, in deren Gärten die Köpfe der Gärtner und Unkenrufer nicht sehr fest auf den Schultern saßen.«

In Backhouse' Darstellung der Geschichte treten Prinz Kung und seine Bündnispartner kaum in Erscheinung. Geschichte wurde für ihn durch die Grausamkeit einer einzigen Frau geschrieben. Aber Backhouse' Werk war keine Geschichtsschreibung, sondern reine Dichtung. Er hatte in den Jahren, in denen er George Morrison beobachtet und einen großen Teil seiner Arbeit übernommen hatte, so viel gelernt, daß er für niemanden angreifbar war. Wie Moberly Bell von der *Times* Morrison gegenüber bemerkt hatte, war »China ein riesiges und nahezu unbekanntes Terrain«. Wenn man es mit einem so geheimnisvollen Gebiet zu tun hatte, war gut geschriebene und wohlinformierte Dichtung fast ebenso gut wie Geschichtsschreibung und noch dazu wesentlich kunstvoller. Hatte Napoleon Geschichte nicht als die »Streiche, die wir den Toten spielen« bezeichnet?

»Tz'u-Hsi starb, wie sie gelebt hatte, über dem Gesetz stehend... Sie starb, wie sie gelebt hatte, ein Geschöpf von impulsivem und sprunghaftem Wesen, eine Frau von unendlicher Vielschichtigkeit.« »Dieser persönliche Charme, diese subtile und charismatische Ausstrahlung, war sicherlich das Geheimnis der erstaunlichen Macht, mit der sie, zum Guten oder zum Schlechten, ein halbes Jahrhundert lang über ein Drittel der Weltbevölkerung herrschte.«

Morrison hielt sich gerade in England auf, als *China under the Dowager Empress* erschien, und schrieb Backhouse einige Briefe zu dem Thema. Es war ein eigenartiger Briefwechsel, in dem hinter jedem Wort Gehässigkeit, Neid und Ungläubigkeit lauerten. Morrison war einigermaßen erstaunt, daß Backhouse die Entdeckung dieses sensationellen Ching-Shan-Tagebuchs ihm gegenüber nie erwähnt hatte.

Backhouse reagierte mit gespielter Bescheidenheit. »Im Hinblick auf Blands und meinen Versuch zur Zusammenarbeit bin ich sehr dankbar für Ihre freundlichen Worte. Aber im Grunde hätte mein Name gar nicht erwähnt werden dürfen«, schrieb er, »und ich hatte mich tatsächlich entschlossen, ihn zurückzuziehen, mußte aber feststellen, daß es dazu zu spät war... Ich habe das Tagebuch in dem Haus gefunden, das ich nach der Belagerung bewohnte – sicher erinnern Sie sich an die Unverschämtheit dieses En Chu, Ching Shans ältestem Sohn, der verhaftet und später hingerichtet wurde, weil er Boxern Unterschlupf gewährt hatte? Er war derjenige, den Sie so heftig geohrfeigt haben!... Anfangs maß ich den Papieren keine große Bedeutung bei, bis... Bland mir dringend empfahl, sie zu veröffentlichen... In jedem Fall ist der eventuelle Verdienst des Buchs Bland zuzuschreiben. Mein Anteil daran war rein mechanischer Natur.«

Morrison antwortete: »Was das Buch betrifft, sind Sie viel zu bescheiden. Es ist ein hervorragendes Buch und macht Ihnen alle Ehre. Chirol hat in seiner Rezension im Wochenmagazin der *Times* höchst schmeichelhafte Dinge über das Buch und über Sie geäußert.«

Es folgten weitere derartige Lippenbekenntnisse, aber hinter diesem Austausch von Höflichkeiten tanzten die Buchstaben um eine bittere und überraschende Anklage. Etwas war durch und durch faul an dem Buch von Backhouse und Bland, und der ewig mißtrauische Morrison war der erste, der den Finger darauf legte. Offensichtlich las er die Fahnenabzüge von *China under the Empress Dowager*, als er Bland im August 1910 kurz vor Erscheinen des Buchs in London begegnete, und sagte ihm unverblümt, daß er das Tagebuch für eine Fälschung hielt. Bland war erstaunt über die »Heftigkeit seiner Reaktion«. Morrison schien »regelrecht angewidert zu sein von dem Buch und schimpfte hemmungslos auf Backhouse«. Er erklärte Bland, er habe sich übers Ohr hauen lassen, und Ching Shans Tagebücher seien eine Erfindung von Backhouse. Morrison wies darauf hin, daß Ching Shan nicht 1900 gestorben war, wie Backhouse behauptete, sondern erst zwei Jahre später. Wie konnte Backhouse also das Tagebuch eines Toten in die Hände gefallen sein, wenn dieser Tote in Wirklichkeit noch quicklebendig war? Das Ganze war ein von dem »hochbegabten, aber verlogenen Backhouse« eingefädelter Schwindel. In einem Brief an Bland führte Backhouse zu seiner Verteidigung an, Morrison habe offensichtlich den Tagebuchschreiber Ching Shan mit einem anderen Mann gleichen Namens verwechselt. In der Einführung des Buchs bemühte sich Backhouse, jeden Zweifel zu zerstreuen, indem er die Aufmerksamkeit der Leser auf diesen Punkt lenkte: »Wir sollten darauf hinweisen, daß Ching Shan von Ching Hsin zu unterscheiden ist, der im Jahre 1904 starb.«

Schließlich fand Bland eine beruhigendere Ursache für Morrisons

Zorn. Er kam zu dem Schluß, daß Morrison wütend war und »Backhouse nie verzeihen würde, daß er ihm das Tagebuch all die Jahre vorenthalten hatte«. Er hielt Backhouse auf dem laufenden über Morrisons fortgesetzte Sticheleien in England, die allmählich den Charakter böswilliger Verleumdung annahmen, und schließlich stellte Backhouse Morrison in einem Brief zur Rede.

Morrison, der sich selbst auf dünnem Eis bewegte, wenn es darum ging, die Leser mit Backhouse' Unterstützung übers Ohr gehauen zu haben, legte eilends den Rückwärtsgang ein:

»Irgend eine unbekannte Person hatte Heinemann erzählt, ich habe behauptet, das Tagebuch Ching Shans sei eine Fälschung. Ich habe nie etwas Derartiges gesagt. Bland hat das Tagebuch so stürmisch verteidigt, daß ich glaube, er selbst hat den Eindruck erweckt – sofern ein solcher Eindruck entstanden ist –, er habe seine Zweifel ... Wenn es einen Menschen auf der Welt gibt, von dem ich stets mit größter Bewunderung gesprochen habe, so sind Sie es. Sie haben Talente ... über die niemand sonst in meinem Bekanntenkreis verfügt, und ich habe das jeden wissen lassen, mit dem ich je über Sie gesprochen habe.«

Backhouse hatte Morrison vollkommen in der Hand.

Morrison wußte, daß es nicht leicht sein würde, vor einem britischen Gericht zu beweisen, daß das Tagebuch eine Fälschung war. Nachdem Heinemann das Buch auf den Markt gebracht hatte, stand nicht nur der Ruf von Backhouse und Bland, sondern auch der des Verlegers auf dem Spiel. Morrison wäre in einen Skandal verwickelt worden, der mit Anwaltskosten und einem größeren Papierkrieg verbunden war. Er hatte sich schon vor langer Zeit auf die düstere Seite von Edmund Trelawny Backhouse ziehen lassen, und das brachte ihn jetzt in eine unangenehme Situation. Im Zuge eines Gegenschlags konnte Backhouse leicht beweisen, daß er viele von Morrisons berühmten Artikeln geschrieben hatte, während dieser sich auf Schnepfenjagd befand. Die Herausgeber der *Times*, die Morrison als Nachfolger für Chirol in der Auslandsredaktion ins Auge gefaßt hatten, wären entsetzt gewesen, hätten sie erfahren, daß er sich zehn Jahre lang auf einen Menschen verlassen hatte, von dem er wußte, daß er ein Lügner, ein Dieb und ein Fälscher war. Und wenn dies an die Öffentlichkeit drang, hätte das vor allem für die *Times* peinliche Folgen gehabt. Und dann gab es da noch Morrisons wahrheitswidrige Berichte über die Boxerbelagerung, die nie in Frage gestellt worden waren und immer noch als authentische Darstellung der Ereignisse galten. Die Enthüllung der traurigen Wahrheit über die heroische Verteidigung der Gesandtschaften hätte England selbst zum Gespött gemacht. Morrison hätte also, um Backhouse zu entlarven, selbst die Hosen herunterlassen müssen.

Über seine Begegnung mit Backhouse am 11. März 1911, nachdem er nach Peking zurückgekehrt war, schrieb Morrison: »Er errötete heftig, als die Sprache auf Ching Shans Tagebuch kam.« Die beiden verstanden sich nur zu gut. Insgeheim verurteilte Morrison das Tagebuch weiterhin als Fälschung, aber nach außen erwähnte er das Thema nicht mehr.

Es gab noch einen weiteren peinlichen Grund, warum Morrison Backhouse unmöglich als Fälscher und Hochstapler entlarven konnte. Jahrelang hatte Morrison seltene chinesische Bücher und Handschriften gekauft, gestohlen und anderweitig erworben. Er hatte damit eine einzigartige Sammlung zusammengestellt, die er eines Tages als seine Alterssicherung zu verkaufen dachte. Für ihn war der Besitz einer solchen Bibliothek so etwas wie ein journalistisches Totem. Im Laufe der Zeit hatte er einige chinesische Handschriften von Backhouse erstanden, deren zweifelhafter Ursprung ihm erst später klar wurde.

Außerdem hatte Morrison auf Backhouse' Rat hin chinesische Raritäten, Kunstgegenstände und Schriftrollen gekauft, die möglicherweise von einem Fälscherkreis stammen konnten, mit dem Backhouse, wie Morrison wußte, in Verbindung stand. Wenn Morrison also enthüllte, was er über Backhouse wußte, brachte er seine eigene kostbare Sammlung in Gefahr. Um 1910 waren seine finanziellen Verhältnisse etwas angespannt, nachdem er so viel Geld für Bücher, Schriftrollen und Kunstgegenstände ausgegeben hatte; er mußte seine Schritte also sorgfältig abwägen. »Um meine Finanzen steht es schlecht – verdammt schlecht... Ich habe mich ziemlich in die Bredouille gebracht.«

Er hatte den dunklen Verdacht, daß Backhouse ihm beim Katalogisieren seiner Bibliothek mehr als eine echte Handschrift gestohlen hatte. In seinem Tagebuch beschrieb er Backhouse als »wunderbar intelligent, aber moralisch unzuverlässig, und ich befürchte, daß er mir meine Bücher stiehlt«. Andere beunruhigende Hinweise untermauerten die Ahnung einer neurotischen Disposition bei Backhouse. Einer von Backhouse' früheren Klassenkameraden berichtete Morrison, daß man »Backhouse in Winchester für wahnsinnig hielt. Er lieh sich dauernd Geld und gab es unter dem Vorwand, Opium zu rauchen, nicht zurück... [er war] ein Lügner und Kleptomane und galt als jemand, den man nicht zur Verantwortung ziehen konnte«.

Morrison stand mit seinem Mißtrauen nicht allein. Auch Sir John Jordan, der neue britische Gesandte in Peking, war, ebenso wie der italienische Diplomat Daniele Vare, davon überzeugt, daß es sich bei dem Tagebuch Ching Shans um eine Fälschung handelte. In seiner eigenen vielgelesenen Biographie der Kaiserinwitwe zitierte Vare zwar ausführlich aus dem Tagebuch, erklärte aber unverhohlen, daß Morrison es für eine Fälschung hielt, die Backhouse gemeinsam mit seinem Mandschu-Lehrer angefertigt habe. Zudem merkte Vare, nicht ganz zutreffend, an: »Mr. J.O.P. Bland beteiligte sich nicht an der Kontroverse, aber er deponierte das Dokument, dessen Besitzer er war, im Britischen Museum, damit es von Sinologen untersucht werden konnte. Diese Gelegenheit nutzten zahlreiche Wissenschaftler.«

J.J.L. Duyvendak, ein holländischer Sinologe, untersuchte das Dokument 1924 und erklärte es für echt. Reginald Johnston, P'u yis späterer Erzieher, hielt es ebenfalls für authentisch. Johnston behauptete, eine Abneigung gegen Backhouse zu hegen, aber in seinen Jahren als britischer Verwaltungsbeamter in Wei hai wei hatte er zahlreiche Reisen nach Peking unternommen und war bei diesen Gelegenheiten regelmäßig zusammen mit Backhouse in den Volkstheatern dunkler Gassen gesehen worden. Johnston behauptete, Backhouse erst 1914 kennengelernt zu haben, aber bei einer der Einladungen der britischen Gesandtschaft für die Mandschu-Damen des Hofs fungierten sie 1903 beide als Dolmetscher. Duyvendaks und Johnstons Aussagen stärkten Backhouse' Stellung als Sinologe, aber zumindest Johnston sagte nicht die Wahrheit.

Duyvendaks Urteil wurde oft in Zweifel gezogen, und 1936 brachte der britische Journalist und Chinakenner William Lewisohn überzeugende Argumente für die Fälschungstheorie vor. Er untersuchte das Tagebuch Ching Shans, als er einen Artikel über die Boxerbelagerung schrieb, und fand viele Stellen, an denen die Darstellung im Tagebuch unrichtig und unglaubwürdig war. Viele Formulierungen, so stellte er fest, waren Zitate von so bekannten westlichen Persönlichkeiten wie Talleyrand, und ganze Passagen waren wortwörtlich dem zeitgenössischen Bericht des kaiserlichen Sekretärs Wang Wen-shao entnommen. Offensichtlich hatte sich Backhouse nicht damit begnügt, kluge Sätze aus chinesischen Theaterstücken zu kopieren, sondern lieh sich ganze Textteile aus, wo immer sie ihm passend erschienen. Lewisohn schickte Kopien seines Artikels an Bland und

Backhouse, und Bland war zutiefst betroffen, während Backhouse sich lediglich für die Übersendung des Artikels bedankte, ohne auf das angesprochene Thema einzugehen.

Professor Duyvendak (der das Tagebuch ja immerhin für echt erklärt hatte) war wütend und trat, nachdem es ihm nicht gelungen war, die Veröffentlichung von Lewisohns Artikel zu verhindern, erneut in die Auseinandersetzung ein. Er hatte die Absicht, seine ursprüngliche Meinung zu untermauern, indem er Teile des Tagebuchs heranzog, die Backhouse angeblich in Peking aufbewahrte. Leider, informierte Backhouse Duyvendak daraufhin, sei er gezwungen gewesen, diese Teile des Dokuments zu verkaufen; der ursprüngliche Käufer habe sie jedoch bereits an andere Kunden weiterveräußert und sei im übrigen inzwischen ermordet worden. Es gab also praktischerweise keine Möglichkeit, die Papiere aufzufinden.

Backhouse versuchte sich vollends aus der Affäre zu ziehen, indem er behauptete, er habe dem kaiserlichen Sekretär Wang Wenshao das Tagebuch geliehen, und dieser müsse Passagen daraus abgeschrieben haben – nicht umgekehrt. Am Ende mußte sich Duyvendak Lewisohns Urteil, daß es sich bei dem Tagebuch um eine Fälschung handelte, anschließen. Aber er hielt sich bedeckt, indem er die Überzeugung äußerte, daß Backhouse den eigentlichen Fälschern auf den Leim gegangen sei und selbst nichts mit der Sache zu tun habe.

Blands Vertrauen war erschüttert, aber seine eigene Glaubwürdigkeit war so eng mit der von Backhouse verknüpft, daß er weiterhin auf der Echtheit des Tagebuchs beharrte und Backhouse als »einen der größten Orientalisten« bezeichnete. Insgeheim hegte er ernsthafte Zweifel. Als er im Alter von 70 Jahren seine nie veröffentlichten Memoiren schrieb, erwähnte er den Namen Backhouse nicht ein einziges Mal darin.

Die Auseinandersetzungen um die Echtheit des Ching-Shan-Tagebuchs nahmen kein Ende, aber niemand zweifelte je das Bild an, das es von Tz'u-Hsi und den Ereignissen, in denen sie angeblich eine zentrale Rolle spielte, zeichnete. Niemand stellte sich je die Frage, was Backhouse dazu bewegt haben konnte, das Tagebuch zu erfinden. Niemand verlor je ein Wort über die Tatsache, daß Backhouse seine Mutter abgrundtief haßte, sie für sein Unglück und die lange Verbannung aus England verantwortlich machte und sich später in seinen privaten Tagebüchern in auffallend ähnlicher Weise gegen sie ereiferte, wie er es mit Tz'u-Hsi getan hatte. Obwohl die Echtheit des Tagebuchs immer wieder zur Debatte stand, wurde Backhouse' Buch in aller Welt zur maßgeblichen Informationsquelle über die Mandschu. Der normale Leser war sich in aller Regel nicht bewußt, daß seine Echtheit umstritten war. Lewisohns Anschuldigungen hatten keine nennenswerte Wirkung auf die Sinologen, die sich weiterhin unbeirrbar auf Backhouse beriefen.

In ihrem ersten Buch machten Backhouse und Bland versteckte Andeutungen über eine Liebesaffäre, die Tz'u-Hsi angeblich mit Jung-lu unterhielt, aber sie hielten sich noch weitgehend zurück. In ihrer zweiten Coproduktion widmeten sie Tz'u-Hsis angeblichem Intimleben, für das es, wie gezeigt wurde, keinerlei Anhaltspunkte gab, viele Seiten.

Im Juni teilte Backhouse Morrison in einem Brief mit, daß er daran denke, ein zweites Buch zu schreiben, eine »Verteidigung der Mandschu«. Er behauptete, weitere Tagebücher und Memoiren gefunden zu haben, die einen interessanten Rahmen für das Buch abgeben würden, in dem er die Geschichte Chinas unter den Mandschu vom Niedergang der Ming-Dynastie bis zum Zusammenbruch der Ching-Dynastie nachzeichnen wolle. Als das zweite Gemeinschaftswerk, *Annals and Memoirs of the Court of Peking*, 1914 erschien, waren die Autoren diesmal als »E. Backhouse & J. O. P. Bland« genannt, weil Bland es offenbar leid war, immer wieder darauf hinweisen zu müssen, daß das brisanteste Material von Backhouse stammte.

Auch diesmal waren die Rezensenten voll des Lobes. In der *New York Times* hieß es: »Dieses Buch darf sich niemand, der sich mit den Angelegenheiten Chinas befaßt, entgehen lassen.« Aha. Aber gleich darauf wurde hinzugefügt, daß das Buch »abstoßend und manchmal gar schockierend« sei. Der schlaue Backhouse hatte hierfür vorgesorgt. Er wußte mittlerweile sehr viel genauer, was er sich alles erlauben durfte.

Er und Bland wichen der heiklen Frage des guten Geschmacks aus, indem sie aus einem »zeitgenössischen Werk« von vier chinesischen Autoren zitierten, »damit der Leser einen Eindruck davon gewinnen konnte, wie die große Kaiserinwitwe in ihrer Lebenszeit angesehen war ... ein beklagenswertes Bild des Lebens in der Verbotenen Stadt, in der die Fäulnis an den Grundfesten des Drachenthrons nagte«.

Mit Hilfe dieser anonymen Informationsquellen – die nur Backhouse kannte und die er zweifellos aus den pornographischen »Intimen Geschichten«, die er seit Anfang 1899 sammelte, zusammengebraut hatte – dehnten die beiden Autoren ihre Karikatur von Tz'u-Hsi zu einem Bild aus, das alle nymphomanischen, ausschweifenden und perversen Komponenten enthielt, die man gewöhnlich mit der

Kaiserin Wu in Verbindung brachte. Die *Annalen* wiesen einwandfrei nach, daß Tz'u-Hsi, wenn alle anderen Mittel versagten, skrupellos zum Mord griff und entsprechend, wenn gemordet wurde, sicherlich niemand anders als Tz'u-Hsi dahintersteckte. Von nun an wurde es den Historikern, die ihr Wissen an Bland und Backhouse orientierten, zur Gewohnheit, auf Schritt und Tritt zu ebendieser Schlußfolgerung zu gelangen.

Der Erfolg der beiden Bücher verhalf Edmund Backhouse zu einem internationalen Renommee als Chinakenner. Und warum auch nicht? Als Morrison die Echtheit des Ching-Shan-Tagebuchs angezweifelt hatte, war dies nicht geschehen, weil er mit der darin vertretenen Darstellung der Ereignisse nicht einverstanden war – er hatte es, ganz im Gegenteil, selbst für richtig befunden, die Geschichte zu fälschen. Aber es war eine Sache, wenn George Morrison die Tatsachen im Interesse seines Landes verdrehte, und eine andere, wenn Edmund Backhouse dies einzig und allein zu seinem Vergnügen tat. Trotz seiner gelegentlichen Schwächen war George Morrison im Grunde ein moralisch denkender Mensch, dessen Geschichtsfälschungen, subjektiv gesehen, durchaus auch hehre Motive hatten. Edmund Backhouse dagegen verzerrte das Bild einer ganzen Epoche aus purer Bosheit. Heute, fast ein Jahrhundert später, haben sich solche feinen Unterschiede verwischt.

Das von Backhouse überlieferte Bild einer bösen Giftschlange, die ihre eigenen Jungen verschlingt, besteht bis zum heutigen Tag nahezu unverändert fort. Sein Geist schwebt noch über Peking, hoch über dem Kohlenhügel, der von dem Aushub für die Baugruben der Seepaläste am Rande der Verbotenen Stadt aufgeworfen ist, einem künstlichen Hügel aus Schutt, der im Chinesischen den Namen Ching Shan hat. An dieser Art von Wortspielereien hatte Backhouse das größte Vergnügen.

Epilog
Das Ende der Dynastie

Während sich Bland und Backhouse zu den führenden Kennern der Kaiserinwitwe im Westen entwickelten, kehrte Morrison dem Journalismus den Rücken, um sich ganz seiner Aufgabe als politischer Berater Yuan Shih-kais zu widmen. Die *Times* hatte ihm die Nachfolge Valentine Chirols als Auslandsredakteur in London angetragen, ein Angebot, das mit einem hohen Maß an Einfluß und Ansehen verbunden war, aber Morrison lehnte ab. Er hatte zu lange im freizügigen Orient gelebt, um sich noch in den enggesteckten Grenzen der Londoner Gesellschaft wohl fühlen zu können. In Peking war Morrison nur sich selbst Rechenschaft schuldig; in London würde er sich erbitterter Konkurrenz und permanenter Überprüfung gegenübersehen. Dafür waren seine journalistischen Gewohnheiten viel zu nachlässig geworden. Schließlich kam es zum Machtkampf mit seinen Herausgebern. Als er im russisch-japanischen Krieg 1904 bis 1905 die Sache der Japaner verteidigte, lag er auf einer Linie mit der britischen Politik, aber dann vollzog er eine unerwartete Kehrtwendung und begann, die Exzesse der Japaner in China anzuprangern. Das stand im Gegensatz zur japanfreundlichen Politik des Auswärtigen Amts, die von der *Times* unterstützt wurde. Als sich Morrison weigerte, auf diese Linie einzuschwenken, wurden seine Meldungen von der Redaktion so geändert, daß sich ihr politischer Standpunkt verkehrte. Morrison war wütend.

Die unangenehme Begegnung, die er während seines verlängerten

Aufenthalts in England 1910 bis 1911 mit Sir Robert Hart hatte, tat ihr übriges.

Hart hatte Peking nicht als ein in Vergessenheit geratener Mann verlassen. Abgesehen von den Ehrungen durch die chinesische Regierung war er von 13 Ländern, darunter dem Vatikan, mit Orden dekoriert und von verschiedenen Universitäten, unter anderem seiner Alma mater, dem Queen's College in Belfast, mit Ehrendoktoraten ausgezeichnet worden. Und er war alles andere als arm. Morrison schätzte, daß Hart die Jahre in China, wenn man sein Gehalt, seine Ehrenauszeichnungen und die Boxerentschädigung zusammenzählte, einen Reingewinn von einer halben Million Pfund eingebracht hatten. Zudem vermerkte Morrison ungnädig, daß sich die Gehälter, die er für diverse Familienmitglieder bei der Zollbehörde ausgehandelt hatte, auf eine weitere Viertelmillion beliefen. Weitsichtige Investitionen auf dem Immobilienmarkt am Anfang seiner Laufbahn hatten seinen Wohlstand vermehrt, zu dem auch der sogenannte »Familiensitz« Kilmoriarty in Nordirland zählte, den er später mit ansehnlichem Gewinn verkaufte. Der Ertrag aus dem Verkauf ging an seine Frau und seinen Sohn. Gemeinsam mit Lady Hart bezog er seinen Wohnsitz in Great Marlow in der Grafschaft Buckinghamshire, von wo aus er es nicht weit nach London hatte. Harts Wohlstand erboste Morrison, der hoch verschuldet war und sich um den erhofften Adelstitel betrogen fühlte.

In seinem Tagebuch beschrieb er die Begegnung mit Hart voller Bitterkeit: »Sir Robert wirkte extrem zittrig und gebrechlich, geistig und körperlich angeschlagen. Er hofft, im April [nach Peking] zurückkehren zu können und hängt immer noch am Mammon ... Es ist schrecklich mühsam, mit ihm zu reden. Elend schwache Kreatur, hat in seiner Zeit maßlose Leiden verursacht und war beispiellos ungerecht. Offenbar klammert er sich an die Hoffnung, nach China zurückkehren und dort sein Leben beenden zu können. Er war beinahe weinerlich und schrill.« Wenige Monate später, am 20. September 1911, starb Sir Robert Hart in England, drei Wochen, bevor die Dynastie, die er ein Leben lang unterstützt hatte, endgültig gestürzt wurde.

Während er sich noch in England aufhielt, stellte Morrison eine Privatsekretärin ein, die in China für ihn arbeiten sollte. Die dunkelhaarige Jennie Wark Robin war eine betörend schöne Neuseeländerin von 22 Jahren. Jennie beherrschte Französisch und Deutsch und hatte vorher als Privatsekretärin bei Lord Balfour of Burleigh gearbeitet. Sie war 27 Jahre jünger als Morrison und sollte, wie er sagte, »ihm helfen, die Papiere und Dokumente, die ich in den letzten 15 Jahren erworben habe, zu ordnen«.

Kaum war sie in Peking, hatten sich sämtliche westlichen Schürzenjäger an ihre Fersen geheftet. Bald hatte sie zwei Heiratsanträge und war für kurze Zeit mit Herbert Philips, dem Sekretariatsassistenten des britischen Konsulats, verlobt. Morrison mußte schnell handeln, wenn er sie nicht verlieren wollte. Mitte Mai 1912 vertraute er seinem Tagebuch an: »Ich habe mich verliebt.« Sie statteten Edmund Backhouse einen Besuch ab, und Jennie fand Backhouse »überaus angenehm und zuvorkommend«. Ende August, nach einer Stippvisite in England, wo sie die Einwilligung ihrer Eltern eingeholt hatten, heirateten Morrison und Jennie Wark Robin.

Nach dem fast gleichzeitigen Tod von Tz'u-Hsi und Kuang-hsü spaltete sich der ruderlose Mandschu-Hof auf klassische Weise in zwei rivalisierende Lager, die darauf aus waren, die Kontrolle über den neuen kleinen Kaiser an sich zu reißen. Auf der einen Seite stand die Fraktion um Prinz Ching und Yuan Shih-kai, die eine exekutive Regierungsform befürwortete. Ihr Kontrahent war die monarchistische Fraktion um den neuen Regenten Prinz Chun II. und den in Japan ausgebildeten Kommandeur der kaiserlichen Wache, General Liang Pi; ihr Ziel war es, den Hegemonialanspruch der Mandschu in China mit Unterstützung der Japaner zu festigen.

Die Monarchisten waren ebenso wie die Japaner überzeugt, daß Yuan die Absicht hatte, bei der erstbesten Gelegenheit die Macht an sich zu reißen und eine Militärdiktatur zu errichten. Prinz Chun II., der jüngere Bruder des verstorbenen Kaisers Kuang-hsü, war entschlossen, Yuans Verrat während der Hundert-Tage-Reform im Jahre 1898 zu rächen. Die Japaner erboten sich zwar, ein Attentat auf ihn zu organisieren, aber die Monarchisten fürchteten sich vor Vergeltungsschlägen seiner militärischen Protegés, die Teile der Armeen im Norden befehligten. Sie versuchten statt dessen, ihn politisch auszuschalten. Im Januar 1909, zwei Monate nach Tz'u-Hsis Tod, glaubten sie einen genialen Weg gefunden zu haben, um ihn aus dem Amt zu drängen. Yuan hatte seit langem die Gewohnheit, sich vor unliebsamen Aufgaben zu drücken, indem er Krankheiten vorschützte, und diesen Trick kehrten seine Feinde nun gegen ihn. Ein Dekret des Regenten Prinz Chun ordnete an, daß er sich unter dem Vorwand einer nicht existenten Fußverletzung Krankheitsurlaub von allen seinen Ämtern zu nehmen hatte, bis der Hof entschied, daß sein Fuß wieder gesund war.

Der Westen reagierte verärgert auf die Amtsenthebung Yuans, der sich zum Verbindungsmann der ausländischen Regierungen im kaiserlichen Rat entwickelt hatte. Sir John Jordan, Sir Ernest Satows Nachfolger in der britischen Gesandtschaft, beklagte sich bei Morrison: »Warum stellt sich Yuan Shih-kai nicht an die Spitze von 10000 Mann und fegt den Haufen einfach weg?« Yuan kaufte statt dessen einen Wohnsitz auf dem Lande und gab vor, das Leben eines Beamten im Ruhestand zu führen. Hinter dieser Maskerade zog er eifriger denn je durch seine Protegés die Fäden in der Politik.

Die Mittel, zum Gegenschlag gegen die Monarchisten auszuholen, standen ihm fraglos zur Verfügung. Mit dem Beginn des 20. Jahrhunderts hatten sich die Zeiten in China geändert. In Shanghai kontrollierten von der Grünen Bande angeführte Gangster nach Chicagoer Vorbild den Drogenhandel, die Prostitution und organisierte Erpressung. Wo ein politischer Mord einst ein vergiftetes Taschentuch oder eine seidene Bogensehne bedeutet hatte, waren jetzt selbstgebastelte Sprengsätze und revolverbehangene Berufskiller an der Tagesordnung.

Yuan brauchte nichts weiter zu tun, als abzuwarten, denn die Ereignisse entwickelten sich zu seinen Gunsten. Bereits im Sommer 1911 steckten die Monarchisten tief in der Krise. Ausgeblutet durch die in den Boxerprotokollen festgelegten Reparationszahlungen, bemühte sich die Dynastie erfolglos um Notanleihen bei einem ausländischen Bankenkonsortium. Südchina stand, aufgewiegelt von Sun Yat-sens revolutionären Republikanern, am Rande eines Aufstands. Unter der chinesischen Oberschicht hatte der Haß auf die Mandschu Hochkonjunktur.

Am 9. Oktober 1911 explodierte während der Vorbereitungen zum geplanten Aufstand einer Gruppe unzufriedener Armeeoffiziere in Wuhan am Jangtsekiang versehentlich eine der selbstgebastelten Bomben. Die Polizei sperrte die Zugänge zur Stadt und umstellte die Kasernen. Die bedrängten Offiziere hatten nichts mehr zu verlieren und beschlossen, das begonnene Werk fortzuführen. Unter ihrer Führung erhoben sich vier Bataillone und brachten die Stadt am 10. Oktober – dem als »Doppelzehnter« bezeichneten, schicksalsträchtigen zehnten Tag des zehnten Monats – in ihre Gewalt. Die Aufständischen in Wuhan waren politisch ein unbeschriebenes Blatt und standen in keinerlei Verbindung mit Sun Yat-sen, aber sie brachten durch Zufall etwas zuwege, was andere in jahrzehntelanger Bemühung nicht geschafft hatten. Am 12. Oktober hatte sich in Wuhan eine provisorische republikanische

Regierung gebildet, und eine Provinz nach der anderen folgte dem Beispiel und erklärte ihre Unabhängigkeit von der Zentralregierung der Mandschu.

Um die Dynastie vor dem Untergang zu bewahren, beschwor Prinz Ching verzweifelt den jungen Prinzregenten, Yuan Shih-kai aus dem Ruhestand zurückzubeordern. Yuan berief sich auf seine immer noch nicht ausgeheilte Fußverletzung. Nach mehrfachen Bitten unterbreitete er eine Liste von Bedingungen, zu denen auch die absolute Befehlsgewalt über das Militär gehörte. In ihrer hoffnungslosen Situation sahen sich die Mandschu gezwungen, klein beizugeben, und am 27. Oktober wurde Yuan zum kaiserlichen Hochkommissar aller militärischen Einheiten im Kampf gegen die Republikaner ernannt. Der Thron richtete auch ein provisorisches Parlament ein und nominierte Yuan an Prinz Chings Stelle als Premierminister eines Kabinetts, das sich fast ausschließlich aus seinen Freunden und Anhängern zusammensetzte. Yuan inszenierte klug durchdachte militärische Angriffe gegen die Republikaner, wobei stets kurz vor dem Sieg zum Rückzug geblasen wurde. Sein Ziel war es, selbst die Oberhand zu gewinnen, ohne die Position der Mandschu ernsthaft zu stärken, bis sowohl die Republikaner als auch die Mandschu am Ende ihrer Kräfte sein würden. Vizekönig Li wäre stolz auf seinen Schüler gewesen.

Prinz Chun, der mit der Situation nicht fertig wurde, dankte als Regent ab und überließ es General Liang Pi, die Dynastie vor Yuan und den Republikanern zu retten. Am 26. Januar 1912 wurde Liang Pi bei einem Bombenattentat tödlich verwundet, eine jener gezielten Operationen, die Yuan mit dem gleichen sicheren Gespür wie seinerzeit Vizekönig Li durchführte. Jetzt stand Yuan kein ernstzunehmender Gegner mehr im Weg. Er beeinflußte die Gespräche zwischen Thron und Republikanern dahingehend, daß die erzwungene Abdankung des Kindes P'u yi als Kaiser gegen den Verzicht Sun Yatsens auf das Amt des provisorischen Präsidenten der Republik zugunsten von Yuan selbst als Verhandlungsergebnis herauskam. Der alleinige Sieger war Präsident Yuan Shih-kai.

Durch das positive Bild, das er in der *Times* stets von ihm gezeichnet hatte, war Morrison mitverantwortlich dafür, daß man Yuan im Westen für die große Hoffnung Chinas hielt. Ihm entging dabei, daß er erstens von Yuan benutzt wurde und daß dieser, skrupellos und schlau wie er war, weder das politische Geschick noch die Geduld besaß, um China zu regieren.

Aber Morrison brauchte dringend Geld. Er notierte in seinem

Tagebuch: »Ich bin entschlossen, die *Times* zu verlassen... Die Chinesen reden davon, daß sie mir eine Anstellung geben und mich nicht mehr aus China weggehen lassen wollen. Der britische Gesandte will sich mit all seinen Kräften dafür einsetzen, daß ich in den Adelsstand erhoben werde, aber ich brauche kaum zu erwähnen, daß ich nichts auf seine Worte gebe.« Was ihm die Chinesen zu bieten hatten, war der Posten eines politischen Beraters für Yuan Shih-kai, in diesem Fall ein Euphemismus für Pressereferent oder Leiter der Öffentlichkeitsarbeit.

Im September 1912, einen Monat nach seiner Heirat mit Jennie, kündigte er seine Stellung bei der *Times* und arbeitete von nun an bei Yuan zum dreifachen Gehalt plus Spesen. Sein australischer Journalistenkollege W. H. Donald, der den New Yorker *Herald* in Peking vertrat, berichtete: » Morrison fragte mich..., warum ich nicht in den Regierungsdienst eintrete. Ich antwortete, daß der Einfluß eines Mannes dahin sei, wenn er erst in die bezahlten Dienste eines Chinesen tritt. Damals machte sich Morrison über mich lustig – heute gibt er es zu... Als Korrespondent der *Times*... genoß er doppelt so hohes Ansehen und hatte dreimal mehr Einfluß.« Das Geld oder vielmehr der akute Mangel an demselben hatte Morrisons normalerweise sicheres Urteilsvermögen beeinträchtigt, aber in der Not frißt der Teufel eben Fliegen.

Morrison brauchte eine Weile, um zu erkennen, daß er einen schweren Fehler gemacht hatte. Yuan traf seine eigenen Entscheidungen, und seine ausländischen Berater fühlten sich bald von der Außenwelt isoliert und durch den Mangel an Arbeit unterfordert. Schon nach drei Monaten beklagte sich Morrison: »Mein Job wird allmählich unmöglich. Ich bin ihn wirklich aus tiefster Seele leid und werde kündigen, sobald ich meine Schulden los bin.«

Der Präsident hatte keine Zeit für Morrison, er war viel zu sehr damit beschäftigt, seine Gegner auszuschalten. Auf Yuans Anregung hin gründete Sun Yat-sen ein Parteibüro der »nationalen Volkspartei« Kuomintang in Peking und übertrug dem angesehenen Politiker Sung Chiao-jen dessen Leitung. Sungs wachsende Popularität war eine unmittelbare Bedrohung für Yuans Ambitionen, und als der Politiker am 20. März 1913 einen Zug in Shanghai besteigen wollte, wurde er von zwei Kugeln in den Bauch getroffen. Zwei Tage später war er tot. Aus Dokumenten ging hervor, daß Yuan und sein Kabinett in den Mordanschlag verwickelt waren.

Sungs Ermordung war der Auftakt zu einem Terrorregime, das zu verteidigen Morrison zu seiner Bekümmerung gezwungen war, als er 1914 zu einer hastig organisierten Reise nach England aufbrach und seine eigene Vertrauenswürdigkeit aufs Spiel setzte, um einen Diktator in tugendhaftem Licht erscheinen zu lassen. Die Zahl seiner Kritiker wuchs unaufhaltsam.

Jetzt war der Weg für Yuan geebnet, sich selbst zum Kaiser ausrufen zu lassen. Nach vier Jahrhunderten der Mandschu-Herrschaft würde nun ein Chinese den Thron besteigen. Morrison ermutigte Yuan ebenso wie dessen ältester Sohn, den die Aussicht auf eine Dynastie, deren Kaiser er eines Tages sein würde, begeisterte.

Eine Bewegung, die Yuan als Kaiser sehen wollte, formierte sich, ein einstimmiges Votum der Nationalversammlung sowie eine Unterschriftenkampagne machten es Yuan »unmöglich«, sich dem Mandat des Himmels zu entziehen. Am 11. Dezember 1915 schrieb Morrison in sein Tagebuch: »Heute hat Yuan Shih-kai der Thronbesteigung zugestimmt. Welch eine Überraschung!!! Das also ist des Pudels Kern.«

Morrison erlebte die Generalprobe für Yuans Krönungsfeier nicht mit, aber ihm wurde darüber berichtet: »Yuan saß mit der Krone auf dem Kopf da; neben ihm auf absteigender Ebene die drei Throne seiner ersten, zweiten und dritten Ehefrau. Die erste Frau kam mürrisch herein, machte ihren Kotau und nahm den ihr zustehenden Platz ein. Lange Pause, doch die zweite Frau, seine koreanische Ehefrau, tauchte nicht auf. Eiligst wurde nach ihr geschickt. Sie kam, weigerte sich aber, ihren Platz einzunehmen, weil ihr Yuan angeblich einen Thron auf derselben Höhe mit der ersten Frau versprochen hatte. Als sie das hörte, sprang Nummer eins von ihrem Thron und stürzte sich auf Nummer zwei. Der Zeremonienmeister... wollte seine unwürdige Hand nicht an die streitlustigen Kaiserinnen legen, worauf Yuan selbst vom Thron heruntergewatschelt kam und versuchte, die beiden zu trennen. Schließlich war die Ordnung wiederhergestellt, aber die Probe wurde verschoben.« Nicht gerade ein vielversprechendes Omen.

Die Regierungszeit von Yuans Dynastie unter dem Herrschernamen Hung-hsien sollte als »Große Konstitutionelle Ära« offiziell am 1. Januar 1916 beginnen. Laute und anhaltende Proteste wurden erhoben; Yuan hatte die öffentliche Meinung völlig falsch eingeschätzt. Morrison schrieb, ohne sich der Ironie seiner Bemerkung bewußt zu sein, in sein Tagebuch: »Von Speichelleckern umringt, vernimmt der Kaiser die Wahrheit nicht.« Militärkommandanten aus Yünnan verweigerten Yuan in einem offenen

Telegramm die Gefolgschaft und erklärten die Unabhängigkeit ihrer Provinz. Andere Provinzen schlossen sich an.

Als die Lage immer angespannter wurde, schleppte sich Kaiser Yuan nur noch fettleibig und ungewaschen durch den Palast, in einem alten Samtmantel, den Morrison als ein »altersgraues... Gewand« bezeichnete, »das seit Anfang 1912 Sommer wie Winter im Gebrauch war«. Entnervt und widerwillig legte Yuan Ende März 1916 die Krone ab und übernahm wieder die Präsidentschaft. Dreiundachtzig Tage lang war er Kaiser von China gewesen.

Als Morrison ihm gegen Ende des darauffolgenden Monats begegnete, war er erschrocken. »Deutliche Veränderungen, seit ich ihn das letzte Mal gesehen habe. Hat abgenommen, sein Gesicht ist irgendwie abgehärmt... Litt an Zahnschmerzen und rieb seine Zähne mit einem watteumwickelten, in Alkohol getauchten Eßstäbchen ab. Sagte... er sei müde im Kopf und im Körper. Er würde gern zurücktreten und sich ein bißchen Ruhe gönnen, und das sah man ihm auch an.«

Einen Monat später war Präsident Yuan so krank, daß er die Amtsgeschäfte nicht mehr führen konnte. Die Medikamente, die ihm verabreicht wurden, regten seine Darmtätigkeit an:

»Yuan hatte heftiges Bauchgrimmen, und er rief lautstark Leute herbei, die ihm aus dem Bett und auf den Abort helfen sollten. Wäre er ein Südchinese gewesen, hätte er einfach nur zu einem Nachtstuhl in der Zimmerecke gehen müssen, da er aber aus Honan stammte, war er es gewohnt, sich in einem Außenhaus hinzuhocken. Er wurde dorthin gebracht – nicht ohne Mühe, denn er war ungeheuer beleibt –, aber sobald er da war, fiel er kopfüber um, und als ihn die Dienstboten aufhoben, bot er keinen erfreulichen Anblick. Als sie das Geschrei hörten, kamen sämtliche Konkubinen herbeigerannt, blieben dann aber wie angewurzelt stehen und hielten sich die Nase zu.«

Der Himmel hatte ein Zeichen seines Mißfallens gesandt. Yuan Shihkai, das Dreiundachtzig-Tage-Wunder, starb am 6. Juni 1916 um drei Uhr im Alter von 56 Jahren. Als offizielle Todesursache wurde Harnvergiftung angegeben. Auf dem Totenbett machte Yuan seinem ehrgeizigen Sohn Yuan Ko-ting, soeben noch hoffnungsvoller designierter Thronfolger, schwere Vorwürfe: »Du hast mich so weit gebracht.« Die letzten Worte des großen Mannes lauteten: »Er war mein Untergang.«

Obwohl sein Arbeitgeber nicht mehr war, kassierte Morrison

weiterhin sein Jahresgehalt von 3500 Pfund von der chinesischen Regierung und wurde Zeuge eines flüchtigen und theatralischen Wiederauflebens der Ching-Dynastie. Am 1. Juli 1917 wurden die Bürger von Peking beim Erwachen mit der Tatsache konfrontiert, daß sie erneut die Untertanen eines Mandschu-Kaisers waren, nämlich des elfjährigen P'u yi, der 1912 seinen Platz für Yuan geräumt hatte. Wieder huschten die Menschen in höfischen Kostümierungen aus einem anderen Jahrhundert, mit falschen Mandschu-Zöpfen aus Pferdehaaren geschmückt, durch die Straßen, und die Schneider kamen mit dem Nähen von Drachenfahnen nicht nach.

Der Spuk dauerte nur zwölf Tage. Einen Monat später verkaufte Morrison seine Bibliothek für 35000 Pfund an einen reichen Japaner und erwog, nach Australien zurückzukehren. Bevor er und Jennie zu einem Entschluß gekommen waren, wurde er nach Paris geschickt, um die chinesischen Angelegenheiten für die Friedensgespräche von Versailles vorzubereiten. Seine Frau begleitete ihn dorthin.

Morrison ging es, trotz seiner robusten Konstitution, gesundheitlich nicht gut, und sein Zustand verschlechterte sich plötzlich in alarmierendem Tempo. Jahrelang hatte er darum gekämpft, sein Gewicht zu halten, plötzlich schwand es rapide. Es fiel ihm schwer, seine Aktenmappe zu tragen, und er beschrieb sich selbst als »abstoßend krank«, »gelblich, ausgezehrt und totenbleich«. Ein Arzt diagnostizierte Gelbsucht. Die Morrisons fuhren zur Behandlung der Krankheit nach England. Dort wurde eine akute Bauchspeicheldrüsenentzündung festgestellt, und er begab sich in ein teures Sanatorium, in dem sich die Patienten zum Abendessen feinmachten. Im Oktober 1919 war er auf 90 Pfund abgemagert. Niedergeschlagen bezog er im März 1920 mit Jennie und den Söhnen ein Haus in Devon, »in der Hoffnung, daß ich in der wohltuenden Luft dort... soweit wieder zu Kräften komme, um nach China zurückkehren zu können«. Hätte seine letzte Begegnung mit Robert Hart jetzt stattgefunden, so wäre seine Totenrede auf ihn vielleicht etwas gnädiger ausgefallen.

Nachdem er seine gesamte Laufbahn damit zugebracht hatte, die britische Kultur auf Kosten der chinesischen zu pflegen, wollte Morrison nun, da es ans Sterben ging, in China sein, »unter den Chinesen, die mich so viele Jahre lang mit so viel Zuvorkommenheit behandelt haben«. Jennie fuhr nach London, um ihre Reise nach Peking vorzubereiten, wurde von dort aber durch ein dringendes Telegramm nach Devon zurückgerufen, wo sie am Lager ihres Mannes wachte, als er kurz darauf starb. Sie war so außer sich vor

Schmerz, daß sie ihrem Mann drei Jahre später im Alter von 34 Jahren in den Tod folgte.

Backhouse überlebte sie alle, um schließlich zum Guru von Peking zu werden. Mehrmals wurde er fast als Schwindler entlarvt, aber er entkam seinen Opfern immer. 1915 beauftragte ihn der britische Gesandte in Peking, Sir John Jordan, von seinen »geheimen chinesischen Quellen« Waffen zu erwerben. Nachdem die Überweisung von 2 Millionen Pfund Sterling an eine Bank in China in die Wege geleitet worden war, zogen sich die Verhandlungen monatelang hin, bis klar wurde, daß Backhouse ein falsches Spiel trieb. Klugerweise wählte Backhouse diesen Augenblick für eine seiner diskreten Reisen nach England, um seine Schenkungen »seltener und wertvoller« chinesischer Handschriften an die Bodleian Library in Oxford zu überwachen. Im Laufe der Jahre vermachte Backhouse dieser Bibliothek ungefähr 27000 chinesische Bücher und Schriftrollen. Viele davon waren nur Kopien oder schlechte Fälschungen, aber die Bibliothek merkte nichts davon und verewigte seinen Namen auf der marmornen Ehrentafel neben denen von Paul Mellon und der Rockefeller-Stiftung.

1916 bot Backhouse der amerikanischen Notenbank in New York seine Dienste an. Er wollte ihr über seine hervorragenden Verbindungen in Peking die Genehmigung verschaffen, Geld für China zu drucken. Er legte unterzeichnete Verträge vor und nahm dafür annähernd 6000 Pfund Provision und eine Spesenerstattung entgegen. Als die Bank mit den Verträgen bei den Chinesen erschien, erklärten diese empört, daß sie keinen Backhouse kannten und die Unterschriften gefälscht waren. Backhouse setzte sich nach Kanada ab, bis Gras über den Skandal gewachsen war.

In derselben Zeit bot er einem amerikanischen Regierungsbeamten seltene chinesische Kunstgegenstände, die er im Laufe der Jahre erworben hatte, sowie Perlen, die angeblich einmal Tz'u-Hsi gehört hatten, an. Die Kunstgegenstände erwiesen sich als billige Imitationen, die Perlen waren reine Erfindung.

1918 erbte Backhouse den Baronettitel seines Vaters und wurde Sir Edmund Backhouse, was seiner zur Schau getragenen Autorität durchaus zuträglich war. Aber das war auch alles, was er erbte.

1921 nahm er ganz das Leben eines chinesischen Bürgers an. Er wohnte in der Tatarenstadt abseits von allen westlichen Ausländern, in der Shih-Fuma-Straße 19, kleidete sich in ein langes, weißes chinesisches Seidengewand und ließ seinen Bart wachsen – der allmählich ebenfalls weiß wurde –, bis er einem leibhaftigen Weisen glich. Wenn er ausging, schickte er seinen chinesischen Diener voraus, der ihn vor etwaigen Ausländern auf dem Weg warnen mußte. Wenn er in der Rikscha an ihnen vorbeifuhr, versteckte er sein Gesicht hinter einem Taschentuch. Er sagte alle gesellschaftlichen Einladungen ab. Zwei anglikanische Bischöfe behielten ihn ein wenig im Auge und kümmerten sich um seine Geldangelegenheiten.

Backhouse lebte wie ein Einsiedler, aber wenn es darum ging, anrüchige Geschichten zu erzählen, war er immer dafür zu haben. Hope Danby, ein Schriftsteller und Maler, der von 1926 bis 1942 in Peking lebte, hielt ihn für einen gutmütigen, zerstreuten Professor mit einer »intimen Kenntnis der chinesischen Geschichte«. Andere, die ihn in seiner zurückgezogenen Behausung aufspürten, waren Maurice Collis und Harry Hussey, deren Werke zu den böswilligsten und vernichtendsten Darstellungen der Kaiserinwitwe gehören. Die Bibliotheken sind voll von ihnen.

Mit dem Ausbruch des Pazifikkrieges im Dezember 1941 drohte Backhouse die Internierung durch die Japaner, aber mit Rücksicht auf sein Alter und seine Gebrechlichkeit wurde ihm gestattet, einen Raum innerhalb des britischen Gesandtschaftsgeländes zu beziehen, womit er an den Schauplatz seiner frühen Betrügereien zurückgekehrt war. Dort nahm ihn der Schweizer Honorarkonsul Dr. Reinhard Hoeppli unter seine Fittiche. Der gebürtige Deutsche Hoeppli hatte in der kaiserlichen Marine gedient, bevor er Schweizer Staatsbürger geworden war. Als reisebegeisterter Junggeselle war er seit 1930 durch die Welt gezogen und hatte sich dann am Union Medical College in Peking eingeschrieben. Als die Schweiz die Interessenvertretung für die Amerikaner, Holländer und Briten in den japanisch besetzten Gebieten übernahm, wurde Hoeppli das Amt des Schweizer Konsuls in Peking übertragen.

Hoeppli war fasziniert von dem exzentrischen Engländer in der britischen Gesandtschaft, und er konnte viele Stunden damit zubringen, Backhouse' Geschichten zu lauschen. Sein erster Eindruck von ihm war der eines »vornehm aussehenden gebildeten alten Herrn ... der einen ausgeprägten Charme hatte und eine feine, etwas altmodische Höflichkeit an den Tag legte«.

»Sein langer weißer Bart gab ihm ein ehrwürdiges Aussehen, sein Gang war langsam, fast unsicher ... Das Auffallende an seinen Augen war der rasche Ausdruckswechsel, dessen sie fähig waren ... Sie konnten in dem einen Moment den ruhigen Blick eines alten

Gelehrten zeigen, der gut zu dem weißen Bart, der Kleidung und der höflichen Kultiviertheit paßte; und im nächsten waren es die Augen eines Mönchs in religiöser Verzückung, um sich gleich darauf in die eines alten Lüstlings mit verschlagenem Blick zu verwandeln... Es waren seine Augen, die verrieten, daß der erste und vorherrschendste Eindruck eines alten Gelehrten nur einen Teil seiner Persönlichkeit preisgab. Nach näherem Kennenlernen entdeckte man allmählich eine vollkommen andere Seite an ihm, nämlich einen Menschen, der sich ungeachtet seines Alters und seiner Gebrechen eine stark ausgeprägte Sexualität bewahrt hatte und der, nachdem ein paar äußere Hemmungen überwunden waren, die erotische Seite seiner Persönlichkeit mit genießerischer Freude offenbarte. Bei solchen Gelegenheiten bot er manchmal tatsächlich das Bild eines alternden Satyrs, der in glücklichen Erinnerungen schwelgt.«

Im April 1943 wurde Sir Edmund im französischen Krankenhaus St. Michel in Peking aufgenommen, wo er die letzten fünf Monate seines Lebens verbrachte. Hoeppli traf ihn reizbar und mißmutig und mit dem Gedanken an seinen bevorstehenden Tod beschäftigt an und kam auf die Idee, seinem Patienten etwas zu geben, womit er sich beschäftigen und ein bißchen Taschengeld verdienen konnte. (Sir Edmunds Überweisungen waren seit Kriegsbeginn verebbt.) Hoeppli gab zwei Manuskripte in Auftrag: »The Dead Past« und »Décadence Mandchoue«. Hoeppli erklärte, daß er allein verantwortlich war für ihre Existenz. »Die beiden Werke waren im Grunde eine Sammlung der vielen Geschichten, die Sir Edmund [mir] während [meiner] regelmäßigen Besuche im ersten Jahr des Pazifikkrieges erzählt hatte. Welchen historischen Wert diese Geschichten auch haben mögen, schien es mir immerhin ein Jammer, sie verlorengehen zu lassen.«

»The Dead Past« war ein hemmungsloser Ausfluß an Gehässigkeit und Verbitterung gegen alle, die er vor seinem Rückzug nach China in seiner Kindheit und in seinen Studententagen gekannt hatte (dabei kam seine Mutter besonders schlecht weg). »Décadence Mandchoue« umfaßte annähernd 150000 Wörter und gab einen Überblick über seine sexuellen und anderen Beziehungen zum Mandschu-Hof von seiner Ankunft in Peking im Jahre 1899 bis zur Plünderung der kaiserlichen Grabstätten 1928.

Wirklich sonderbar wird es in den beiden Memoiren da, wo er auf die langjährigen sexuellen Beziehungen eingeht, die er angeblich mit Tz'u-Hsi von ihrem 68. Lebensjahr an unterhielt. Jahrzehntelang hatte er gutgläubige Zuhörer mit diesen Geschichten amüsiert. Er fand auch reichlich Gelegenheit in seinen Erinnerungen, seine ehemaligen Freunde ein letztes Mal zu schmähen oder der Lächerlichkeit preiszugeben. Dabei wurden auch Morrison, »dieser Erzlügner (der jetzt in den Flammen der Hölle heult)« und Bland, »ein verabscheuenswerter Charakter«, nicht verschont.

Ob Sir Edmund die *Venezianischen Briefe* zum Vorbild nahm oder nicht, jedenfalls hielten sich seine Memoiren dicht an die Tradition viktorianischer Pornographie, mit dem Unterschied, daß seine handelnden Personen keine venezianischen Schiffer und Gondolieri waren, sondern Chinesen, Mandschu und britische Premierminister. Hoeppli hatte keine Möglichkeit, zu entscheiden, ob seine Geschichten wahr oder erfunden waren, aber er kannte Sir Edmunds Reputation als namhafter Sinologe und berühmter Historiker und schloß daraus zu Recht, daß die Memoiren in den Augen der Wissenschaftler Bedeutung haben würden. Welche Bedeutung genau sie haben würden, spielte dabei keine Rolle, solange sie der Forschung vorbehalten blieben.

Hoeppli war überzeugt, daß beide Werke Elemente enthielten, die von großem historischem Wert waren, wie zum Beispiel die Umstände des Todes von Kaiser Kuang-hsü und Kaiserinwitwe Tz'u-Hsi. »Seiner Darstellung zufolge wurden sowohl Kuang-hsü als auch Tz'u-Hsi ermordet... Als ich das alte Gerücht erwähnte, demzufolge Kuang-hsü nach dem Genuß vergifteter Törtchen gestorben war, erklärte Sir Edmund, daß ein solcher Versuch unternommen worden und fehlgeschlagen war. Ein Wissenschaftler mit Zugang zu den Archiven des britischen Auswärtigen Amts wird keine Schwierigkeiten haben, Sir Edmunds Darstellung in ›Décadence Mandchoue‹ zu überprüfen, da er damals, wie er mir sagte, die britische Regierung über die ganze Sache informiert hat.«

Hoeppli wollte die Memoiren in einer limitierten Auflage für Wissenschaftler herausgeben, aber der französische Konsul Roland de Margerie, dem Hoeppli die Manuskripte zeigte, äußerte Zweifel an ihrer Authentizität. Ähnliche Unrichtigkeiten, wie sie Lewisohn und andere Kritiker im Tagebuch Ching Shans ausgemacht hatten, kennzeichneten »Décadence Mandchoue«. Hoeppli war bereit, solche Dinge zu übersehen, da Sir Edmund ohne Anmerkungen und Quellennachweise gearbeitet hatte.

Unter den vielen bizarren Szenen in »Décadence Mandchoue« fand sich ein Besuch, den Sir Edmund angeblich dem Grab der

Kaiserinwitwe machte, um ihr, so muß man wohl sagen, die letzten Zeichen seiner Mißachtung zu erweisen.

Im Sommer 1928 wurden die Grabstätten des Kaisers Ch'ien-lung und der Kaiserinwitwe Tz'u-Hsi von Soldaten der nationalistischen chinesischen Truppen aufgebrochen und ausgeplündert. General Tschiang Kai-schek machte keine Anstalten, die Grabschänder ausfindig zu machen und zu bestrafen, und ein Teil des aus den Gräbern entwendeten Schmucks – Gold, Perlen, Rubine, Saphire, Smaragde und Diamanten – fand seinen Weg in den Besitz der Familie Tschiang, wo einige von Tz'u-Hsis Perlen Madame Tschiangs Schuhe zierten.

Eine Kommission aus Mandschu-Adligen, die die Gräber aufsuchte und wieder in Ordnung brachte, erstattete dem zweimal vom Thron verjagten Kaiser P'u yi einen offiziellen Bericht. Am Schauplatz bot sich ein Bild der Verwüstung; keine Pinie stand mehr, und die geöffnete Gruft Ch'ien-lungs war durch Stürme in den vergangenen Wochen überflutet. Die Männer und Frauen nahmen all ihren Mut zusammen und »krochen wie Schlangen« durch einen Tunnel zur Grabkammer Tz'u-Hsis. Im Laternenschein sahen sie den leeren Sarg, der aufgestellt an der Wand lehnte. Rituelle Einrichtungsgegenstände waren ausgeräumt, aber der Deckel des äußeren Sarkophags stand aufrecht in einer Ecke. Über dem Sarkophag selbst lag ein Brett, und als sie es beiseite schoben, sahen sie, nach 20 Jahren, Tz'u-Hsi vor sich. Sie lag auf dem Gesicht, die linke Hand auf dem Rücken, mit wirrem Haar, nackt bis zur Taille, nur noch mit Hosen und Strümpfen bekleidet. Man hatte sie ihrer reichverzierten Totengewänder und aller Schmuckstücke beraubt.

»Sehr vorsichtig«, hieß es im Bericht der Kommission, »drehten wir den Jadeleichnam auf den Rücken. Ihr Gesicht hatte eine wunderbare helle Tönung, aber ihre Augen waren tief eingesunken und sahen wie zwei schwarze Höhlen aus. Auf der Unterlippe waren Spuren einer Verletzung zu sehen.« Die Mandschu-Damen machten sich daran, den Leichnam zu säubern und in Seidenstoffe zu hüllen. Danach legten sie Tz'u-Hsi in ihren Sarg zurück und verschlossen den Deckel.

In »Décadence Mandchoue« behauptete Sir Edmund, gemeinsam mit einem chinesischen Freund als erster an Ort und Stelle gewesen zu sein, um sich von dem angerichteten Schaden zu überzeugen. Es überrascht nicht, daß seine Beschreibung des Anblicks, der sich dort bot, keinerlei Ähnlichkeit mit dem Bericht der Mandschu aufweist:

»Vor unseren entsetzten Augen lag in dieser sengenden Sonne ... ein kleines, abstoßendes Häuflein von menschlicher Gestalt, vollkommen nackt und grausig anzusehen ... Ihr herrliches pechschwarzes Haar in furchtbarer Unordnung, halb stockfleckiges, halb verrottetes Ebenholz, ihr Gesicht verzerrt und gespenstisch, aber mit Zügen, so vertraut wie bei meiner letzten Begegnung mit ihr ... vor 20 Jahren; ihr Mund zu einem entsetzlichen breiten Grinsen verzogen, die Augen halb geöffnet und mit einem gelblichen Schleier überzogen, die Brüste mit Tausenden von häßlichen schwarzen Flecken übersät, der Körper verkrümmt und in der Färbung von Leder oder Pergament, die linke Bauchseite von anderer Farbe als der übrige Körper, wahrscheinlich durch die Blutungen nach Yuans Todesschuß, ihre einst so schöne Scham, die ich (zu ihrem und meinem Vergnügen) einmal so spielerisch liebkost hatte ... zur Schau gestellt in ihrer ganzen entwürdigenden Nacktheit, das Schamhaar immer noch üppig und dicht.«

Wie alles andere, das er über sie geschrieben hatte, waren seine letzten Worte pornographische Phantasien.

»Unter Schwierigkeiten (denn alles war ausgeplündert) beschafften wir uns ein Stück Mattengeflecht und bedeckten das Geschlecht Ihrer Majestät vor den Blicken des Pöbels.«

Anhang

Anmerkungen

Prolog: Blumen im Garten

Die Szene bei Harts Gartengesellschaft stützt sich auf die Briefe, Tagebücher und veröffentlichten Werke zahlreicher Westeuropäer und Amerikaner, die bei diesen Veranstaltungen zugegen waren. Morrison hielt die Schwächen dieser ausländischen Besucher unbarmherzig in seinen Tagebüchern fest. Auch Hart führte ein Tagebuch, war jedoch ein Ausbund an Diskretion. Harts umfangreiche Korrespondenz umfaßt veröffentlichtes und unveröffentlichtes Material, das sich an der Queens University in Belfast in Nordirland befindet. Harts Handschrift wurde im Lauf der Jahre immer schlechter, so daß jeder interessierte Forscher gezwungen ist, lange Stunden mit der Entzifferung seiner Briefe zuzubringen. Als wir mit den Recherchen für dieses Buch begannen, waren von der Korrespondenz Harts lediglich seine Briefe an seinen Londoner Agenten James Duncan Campbell veröffentlicht: John K. Fairbank, Katherine Frost Bruner und Elizabeth McLeod Matheson (Hg.), *The I. G. in Peking, Letters of Robert Hart/Chinese Maritime Customs, 1868–1907*, 2 Bde., Harvard 1975. Soweit nichts anderes vermerkt, sind alle in diesen Anmerkungen aufgeführten Hinweise auf Harts Korrespondenz diesen beiden Bänden entnommen. Später (1986) erschien ebenda ein erster Band der Tagebücher Harts: Katherine F. Bruner, John K. Fairbank und Richard J. Smith (Hg.), *Entering China's Service: Robert Hart's Journals, 1854–1863.* Der größte Teil von Harts Korrespondenz ist unveröffentlicht.

Auch Morrisons Briefe sind zum Teil veröffentlicht. Die größte Sammlung, herausgegeben von Lo Hui-men, *The Correspondence of G. E. Morrison*, 2 Bde., Cambridge 1976–78, enthält auch Briefe, die an Morrison geschickt wurden. Los enzyklopädische Arbeit enthält zahlreiche biographische Einblicke in das Leben Morrisons und seiner Zeitgenossen und ist ein unschätzbares Quellenwerk. Aus Platzgründen mußte Lo bestimmte Passagen der Korrespondenz weglassen, und in vielen Fällen haben wir den ungekürzten Text der Originalbriefe herangezogen, von denen sich ein Teil in der Mitchell-Bibliothek in Sydney befindet.

Ebenso wie Hart führte Morrison während seiner fast 20 Jahre in China täglich und ausführlich Tagebuch. Auch diese Tagebücher befinden sich in der Mitchell-Bibliothek, und wir haben sie alle durchgesehen. Glücklicherweise hatte Morrison eine lesbare Handschrift. 1928 wurde ein Teil seiner Tagebücher – aus den Jahren 1899–1901 – von John B. Capper, einem Mitarbeiter der *Times*, herausgegeben. Als Capper sein Manuskript beendet hatte, wurde die Veröffentlichung von den Kuratoren der Morrison Papers (unter ihnen Sir Miles Lampson, der damalige britische Gesandte in China) verhindert, da sie die Dokumente für politisch brisant hielten. Mitte der sechziger Jahre nahm der Autor Cyril Pearl Einblick in die Originaltagebücher und zitierte daraus ausführlich in seinem 1967 erschienenen Buch *Morrison of Peking*. Anscheinend nahmen die Kuratoren an einigen der obszöneren Bemerkungen Anstoß, die von Pearl zitiert wurden, da festzustellen ist, daß inzwischen manche Einträge aus dem Original verschwunden waren. Sofern nichts anderes angegeben, wird unmittelbar aus den Originalen zitiert.

Seite 21: »Verschlagen und wankelmütig«: Sir Claude MacDonald an Morrison, [September] 1898, zitiert nach Lo Hui-men.

»Die beiden Sehenswürdigkeiten Pekings«: Stanley Bell, *Hart of Lisburn*, S. 73.

Programme für diese Gartenfeste befinden sich in der Hart Collection der Queen's University Library in Belfast.

Seite 22: »Eiserner Autokrat«: Paul King, *In the Chinese Customs Service*, S. 246. King war einer von Harts Angestellten, der lange Jahre, von 1874 bis 1920, beim chinesischen Zoll gearbeitet hatte.

Seite 24: »Im Zweifelsfall«: Vgl. dazu einen Artikel in der *Times*: »Ein Vierteljahrhundert lang lassen sich zumindest die letzten Instruktionen, die jedem neuen britischen Gesandten nach Peking mitgegeben wurden, in wenige Worte fassen: ›Fragen Sie im Zweifelsfall Sir Robert Hart‹«, zitiert nach Pearl, S. 83.

»Den I. G. treffe ich nur selten«: Brief von Morrison an J. O. P. Bland am 26. Mai 1897, zitiert nach Lo Hui-men.

»Bereue ... aufs bitterste«: Tagebucheintrag Morrisons vom 7. Januar 1899.

»Dank [Morrison]«: *China Mail*, 8. September 1899. Morrison klebte den Ausschnitt in sein Tagebuch.

»Das intelligente Erahnen von Ereignissen«: Peter Fleming, *Die Belagerung zu Peking*, S. 61–62.

Seite 25: »Dick und schwärmerisch«: Pearl, S. 121.

Seite 26: Die Anekdote über Jack the Ripper ebd., S. 83. Die wirkliche Identität dieses Verbrechers ist bis heute umstritten. Neuere Veröffentlichungen versuchen, Lord Salisbury mit einer Verschwörung zum Schutz des Throns in Verbindung zu bringen, an der auch Jack the Ripper beteiligt war, doch die hierfür vorgebrachten Belege halten einer ernsthaften Prüfung nicht stand. Morrison hatte es nicht ernst gemeint.

Daß di Martino eine japanische Geliebte hatte, findet sich bei Pearl.

Vizekönig Li reichte einmal dem zukünftigen US-Präsidenten Hoover ein Glas Champagner. Hoover wollte witzig sein und enthüllte, Li habe denselben Champagner schon anderen Gästen angeboten, ihre halbleeren Gläser in die Flasche zurückgeschüttet und deren Inhalt erneut offeriert. Hoover gehörte zu einem Konsortium, das Lis Kohlenbergwerke in Kaiping erwarb. Seine zwielichtigen Geschäfte in China werden ausführlich dargestellt in: Ellsworth Carlson, *The Kaiping Mines*, und George Nash, *The Life of Herbert Hoover*.

In veröffentlichten Quellen wird Juliet nicht als die Tochter Robert Bredons bezeichnet, sondern genauer als die Tochter Lily Bredons. In seinen Tagebüchern schrieb Morrison: »Juliet Bredon ist die Frucht eines Ehebruchs zwischen Charlie Begg und Lady Bredon. Das erklärt, warum sie nie verheiratet war.«: Tagebucheintrag vom 19. April 1909.

Morrisons boshafte Bemerkungen über Lily Bredons Liebesaffären finden sich an zahlreichen Stellen in seinem Tagebuch; siehe vor allem die Einträge vom 8. Mai 1900 und vom 19. September 1907.

Seite 27: »Echt walisisch«: Tagebucheintrag Morrisons vom 28. Juli 1899.

Pearl hat zahlreiche Anekdoten über Nestegaard den Tagebüchern Morrisons entnommen; Pearl. S. 121.

Seite 28: Die Zahlen über die Konversionen in: Morrison, *An Australian in China;* nach diesen Angaben gewannen etwa 1500 protestantische Missionare lediglich etwas mehr als 3000 Chinesen für ihren Glauben (von denen die wenigsten echte Konvertiten waren) mit einem Kostenaufwand von 350000 Pfund Sterling.

»Aufdringlicher Engländer«: Hart an Campbell, 17. Dezember 1899.

»Dieses schreckliche Weib«: Tagebucheinträge Morrisons vom 7. und 17. Mai 1903.

Die Anekdote über die Fotos mit nackten einbandagierten Frauenfüßen steht bei: Nigel Cameron, *Barbarians and Mandarins*, S. 368.

Seite 30: »K'ang Yu-wei hat den Pferdefuß gezeigt«: Undatierter Eintrag in Morrisons Tagebuch aus dem Jahr 1898.

Seite 32: »So nahe kommen, wie dies überhaupt in einem Buch möglich ist«: *The Book Review Digest*, 1910, S. 37.

»Die Bedeutung des Werks«: *New York Times*, 26. Nov. 1910.

»Selten ist ein Buch«: *Spectator*, 22. Okt. 1910.

Seite 33: Die von Backhouse benutzten chinesischen Manuskripte, die sich heute in der Bodleian Library befinden, sind in den letzten 80 Jahren mit unterschiedlicher Begründung in Zweifel gezogen worden. In der Hauptsache geht es dabei um die Echtheit bestimmter Werke, die von einigen für Fälschungen und von anderen für Texte jüngeren Datums gehalten werden. Backhouse selbst vermischte in seiner Darstellung geschickt Tatsachen und Erfindungen. Ernsthafte Fragen ergeben sich außerdem im Hinblick auf die Herkunft der Manuskripte – wie sie in seine Hände gelangten, bevor sie an die Bodleian Library gingen. Zahlreiche seltene und unschätzbare Manuskripte wurden von Westeuropäern aus der großen Hanlin-Bibliothek in Peking geraubt, bevor diese während des Boxeraufstands niedergebrannt wurde. Diese Barbarei schoben sie geflissentlich den Chinesen in die Schuhe.

1. Kapitel: Yehe Nara

Seite 21: Bland und Backhouse verbreiteten, Yehe Nara habe als kleines Mädchen den Namen Orchidee getragen, doch dafür gibt es keinerlei konkrete Anhaltspunkte; es spricht alles dafür, daß Backhouse sich bei seiner Darstellung die Dinge nach eigenem Geschmack zurechtgelegt hat.

Seite 23: Der mandschufeindliche Propagandist Wen Ching wiederholt (und bestreitet anschließend) die Geschichte von der Sexsklavin; eine rhetorische Wendung, die von ihm und Backhouse gern benutzt wird – eine Verleumdung zu veröffentlichen und sodann deren Wahrheit in dem Bewußtsein zu bestreiten, daß die Verleumdung sich behaupten wird.

Harry Hussey erfand in *Venerable Ancestor* Details über ihren Taugenichts von Vater und wiederholte die Mär vom russischen Großvater, bestritt jedoch ihre Echtheit.

»Ihr Vater«: Bland und Backhouse, *China unter der Kaiserin-Witwe,* S. 1 f. Im folgenden wird dieses Werk mit *China* abgekürzt.

»Daß ihr Vater ein ehrlicher Mann war«: Marina Warner, *The Dragon Empress,* S. 16.

»Eine Dame von großen Fähigkeiten«: *China,* S. 7.

Seite 42: Daß ihre Mutter eine Schönheit gewesen sei, wird von Maurice Collis in seinem Stück *The Motherly and Auspicious* (1944) behauptet. Das Stück wird hier nur deshalb als Beispiel für eine gefälschte Biographie erwähnt, weil Collis in seiner Vorrede ausdrücklich die Echtheit seines Materials, zahlreiche bislang unbekannte Quellen über das Leben der Kaiserinwitwe, beteuert.

»Das Zeichen des Fuchses«: Harry Hussey, *Venerable Ancestor,* S. 11 f. und S. 23. Die Behauptungen von Backhouse, Collis, Hussey und anderen Autoren bezüglich der Quellen ihrer Darstellungen ähneln sich auffällig. Hussey nennt als eine seiner wichtigsten Quellen einen »alten Mandschu-Gelehrten«, dessen Namen er jedoch nicht nennt; tatsächlich beziehen sich alle späteren Autoren allein auf die Darstellung von Bland und Backhouse.

Seite 43: »Man [weiß] nicht genau«: Daniele Varè, *Die letzte Kaiserin,* S. 16. Varè schöpfte reichlich aus Backhouse' Klatschgeschichten, doch er war einer der ersten, die in einer Veröffentlichung die Echtheit großer Teile von *China,* insbesondere des Ching-Shan-Tagebuchs angezweifelt haben.

»Die [falsche] Geschichte«: Backhouse, *China,* S. 2.

»Ihren schlanken, hohen Wuchs«: Hussey, *Venerable Ancestor,* S. 55 f.

»Anscheinend wurde [er] nie«: ebd., S. 50.

»Lernte [sie] geschickt zu malen«: *China,* S. 8.

Seite 44: »Konnte kaum, wenn überhaupt, lesen und schreiben«: Wen Ching, *The Chinese Crisis from Within,* S. 74. Diese Aussage (eine der wenigen bei Wen Ching, die zutrifft) wurde von dem Geschichtsforscher Luke Kwong bestätigt, der viel dazu beigetragen hat, das Image von Tz'u-Hsi als böse Drahtzieherin zu erschüttern.

»Setzte sie ihren Namen selbst auf die Liste«: Hussey, *Venerable Ancestor,* S. 59.

Seite 45: Die Schilderung der ärztlichen Untersuchung Yehe Naras findet sich bei: Dorn, *The Forbidden City,* S. 202.

»Geruch des Fuchses«: Hussey, *Venerable Ancestor,* S. 172 f.

»Britischer Autor«: Gemeint ist Maurice Collis.

Seite 46: Das Zitat findet sich bei: Pearl S. Buck, *Das Mädchen Orchidee,* München, 1957, S. 47 f.

Seite 47: Die Geschichte von dem gekauften Thronerben findet sich bei: Haldane, *The Last Great Empress of China.*

Seite 48: »Ich hatte ein sehr hartes Leben«: Princess Derling, *Two Years in the Forbidden City.* Das Buch von Derling wurde von Reginald Johnston, dem Tutor des Kaisers P'u yi als Fälschung bezeichnet und deshalb ignoriert. Tatsächlich hat Derling fast zwei Jahre in der Verbotenen Stadt gelebt und als Dolmetscherin für Tz'u-Hsi gearbeitet. Während dieser Zeit hielten sich auch ihre Schwestern und Brüder am chinesischen Hof auf. Daß Derling und ihre Geschwister der Kaiserin sehr nahestanden, ist unbestreitbar – ihr Bruder machte eine Reihe von Aufnahmen von der Kaiserinwitwe und ihrem Hofstaat, auf denen sie zu verschiedenen Anlässen gemeinsam zu sehen sind. Viele dieser Fotografien sind Derlings Erinnerungen als Bildmaterial beigegeben. Die Gründe für Johnstons Verleumdung liegen auf der Hand: Er war intim mit Backhouse befreundet, und Derlings Darstellung von Tz'u-Hsi stellte das von Backhouse gemalte Zerrbild in Frage.

Seite 52: In dem Getümmel entkam Bandit Li nach Peking, wo er General Wus Vater, die Konkubine und alle übrigen Familienmitglieder umbrachte. Nachdem er seinen Häschern entkommen war, suchte Li Zuflucht in der Provinz Hubei, wurde dort jedoch von Bauern beim Diebstahl von Nahrungsmitteln überrascht und zu Tode geprügelt.

Prinz Kungs Geburtsname lautete Yi Hsin.

Viele biographische Einzelheiten über die Chings sind Arthur Hummels Buch *Eminent Chinese of the Ching Period* entnommen. Trotz der Tatsache, daß Hummel sich in einigen Fällen auf die Arbeiten von Bland und Backhouse stützte, bleibt sein Werk für diese historische Periode bedeutsam. Außerdem lassen sich die eingestreuten Erfindungen von Backhouse stilistisch mühelos identifizieren.

Insgesamt hatte Kaiser Tao-kuang zehn Töchter und neun Söhne, von denen drei bereits im Säuglingsalter starben: Hummel, *Eminent Chinese,* S. 576.

Seite 53: Der Geburtsname von Prinz Tun lautete Yi Tsung.

»Wurde der Kronprinz mit einem Mädchen des Niuhuru-Clans verheiratet«: Es war derselbe Clan wie der von Hsien Fengs Mutter. Der Niuhuru-Clan erwarb sich ein enormes Ansehen, als sein Anführer von dessen eigenem Sohn erschlagen wurde, weil er sich gegenüber Nurhaci, dem Begründer der Dynastie, anmaßend verhalten hatte. Als Anerkennung erhob Nurhaci den jungen Niuhuru in einen hohen Stand und militärischen Rang, die beide erblich waren. Die Clans der Niuhuru und der königlichen Aisin Gioro verbanden sich von nun an durch Heiraten miteinander: Hummel, *Eminent Chinese,* vgl. S. 221 f. und 286. Zu den prominenten Mitgliedern des Niuhuru-Clans zählten Kaiser Ch'ien-lungs Mutter und seine berüchtigte Favoritin Ho Shen: ebd., S. 288 und 369.

Seite 54: »Nirgendwo sonst wurden die Frauen...«: Daran hat sich seit dem dritten Jahrhundert wenig geändert, wie der Ausgang eines Prozesses im konfuzianischen Südkorea 1989 zeigt: Eine junge Frau hatte sich gegen den Versuch von zwei Männern gewehrt, sie zu vergewaltigen, und dem einen Mann ein Stück seiner Zunge abgebissen; daraufhin wurde sie vom Gericht wegen »übertriebener Selbstverteidigung« schuldig gesprochen.

Das Gedicht ist zitiert nach: Alasdair Clayre, *The Heart of the Dragon,* S. 68 f.

Seite 59: »Einige von ihnen waren kaum 15 Jahre alt«: Tz'u-Hsis Sohn, Kaiser T'ung-chih, hinterließ mehrere junge Frauen, die zu der Zeit, als sie ihm angetraut wurden, 13 Jahre alt waren und zwei Jahre später Witwen wurden. 1924, 13 Jahre nach der Gründung der Republik China, lebten noch immer Konkubinen ehemaliger Kaiser innerhalb der Verbotenen Stadt.

Seite 60: »Betrat sie 1852 die Verbotene Stadt«: Das Datum stammt von: Luke Kwong, *A Mosaic of the Hundred Days*, S. 31. Zur einjährigen Vorbereitung außerhalb der Mauern der Verbotenen Stadt siehe: Reginald Johnston, *Twilight in the Forbidden City*. Kwong hat Tz'u-Hsis tatsächlichen Status am Hof während ihres Aufstiegs von einer Konkubine bis zur Kaiserin sorgfältig rekonstruiert: »Imperial Authority in Crisis«, S. 235.

Die vier Stämme des Nara-Clans waren die Yehe, Ula, Hada und Hoifa; von ihnen waren die Yehe die kriegerischsten. »Yehe« ist das mongolische Wort für »großer Stamm«. Nach der Überlieferung erhielten die Nara ihren Namen, nachdem der Gründer des Clans einen Angriff der Mongolen abgewehrt hatte. Erstaunt über seine Tapferkeit, fragten die Mongolen ihn nach seinem Namen. Er antwortete mit der Herausforderung »Nara«, was soviel bedeutet wie »Kommt und holt ihn euch!« Die Mongolen hielten es für klüger, der Aufforderung keine Folge zu leisten. Die Yehe Nara und die Ula Nara waren ursprünglich Feinde von Nurhaci und widerstanden seinen Versuchen, sie mit Frauen auf seine Seite zu ziehen. Nurhaci wurde zornig, als eines der Mädchen, die er den Ula Nara geschenkt hatte, als Zielscheibe für ihre Schießübungen mit Pfeil und Bogen benutzt wurde; 1620 unterwarf er sie: Hummel, *Eminent Chinese*, S. 17f.

Seite 59: Die genaue Zahl der kaiserlichen Gemahlinnen und Konkubinen bei: Robert van Gulik, *Sexual Life in Ancient China*, S. 17. Er nennt die jeweiligen Zahlen der Konkubinen mit den zugehörigen Rängen und Rollen der verschiedenen Nebenfrauen.

Einzelheiten der taoistischen Sexualbräuche und Einstellungen finden sich bei: Reay Tannahill, *Sex in History*; Eric Chou, *The Dragon and the Phoenix*, und Gulik, *Sexual Life in Ancient China*.

Seite 61: Zu den präkoitalen Vorschriften siehe: Gulik, *Sexual Life*, S. 18 und S. 190.

Seite 62/63: Die Vorschriften für eine gesunde Empfängnis und Schwangerschaft finden sich bei: Miyazaki Ichisada, *China's Examination Hell*, S. 13; Gulik, *Sexual Life*, S. 17, und Tannahill, *Sex in History*, S. 173.

Seite 62: Einige kurze Bemerkungen über Prinzessin Jung An bei: Hummel, *Eminent Chinese*, S. 380.

Seite 64: »Als ich an den Hof kam«: Derling, *Two Years*, S. 251. Mit dieser Äußerung schmeichelt Tz'u-Hsi zwar sich selbst, sie wird jedoch durch die neueren Untersuchungen von Luke Kwong mehr oder weniger bestätigt.

Yehe Naras Sohn erhielt zwar den Namen Tsai-chun, regierte jedoch als T'ung-chih, und so wird er aus Gründen der Einfachheit auch hier genannt. Vgl. »Tsai Chun« in: Hummel, *Eminent Chinese*, wobei zu berücksichtigen ist, daß Hummel sich hier auf Backhouse stützt.

Seite 65: Daß Yehe Nara anfangs über keinerlei politische Macht verfügte, wird von Kwong bestätigt.

Seite 66: »Wie so oft«: Derling, *Two Years*, S. 252

Seite 68: »Ich war glücklich«: Ebd., S. 251. Diese 1911 veröffentlichte Äußerung wird von Kwong und Sue Fawn Chung bestätigt.

»Kam es häufig zu Auseinandersetzungen«: Derling, *Two Years*, S. 252. Zweifellos nagte es an Tz'u-Hsi, daß sie den zweiten Platz hinter Tz'u-An einnehmen mußte, obwohl diese zwei Jahre jünger war als sie.

Der zweite Sohn wird erwähnt bei: Kwong, »Imperial Authority…«, S. 235, und Hummel, *Eminent Chinese*, S. 380.

Seite 70: Die britische Sicht der Dinge stellt Christopher Hibbert in *The Dragon Wakes* dar; maßgeblich sind: John Fairbank, *Trade and Diplomacy on the China Coast*, und H. B. Morse, *The International Relations of the Chinese Empire*. Am ausgewogensten ist das Buch von Shen Wei-tai, *China's Foreign Policy, 1839–1860*.

Seite 71: Im 19. Jahrhundert wurde Opium in England und Frankreich als nicht schädlicher denn Alkohol betrachtet; es war als Medikament und für Meditationszwecke gleichermaßen im Schwange, als Rohopium zum Rauchen oder Essen und als Wirksubstanz in Stärkungsmitteln wie Godfreys »Cordial« und Dalbys »Carminativa«. Aufrechte Briten kultivierten in der Heimat Mohnpflanzen auf ihren Beeten. In China wurde Mohn zur Opiumherstellung seit Jahrhunderten angebaut, doch den Handel kontrollierten wenige mächtige Familien.

Seite 72: »Wie kann ich sterben«: Shen Wei-tai, *China's Foreign Policy*, S. 63.

Kommissar Lin Tse-hsu hatte einen so makellosen Ruf, daß er den Beinamen »Wolkenloser Himmel« trug. Zum Opiumkrieg vgl.: Arthur Waley, *The Opium War Through Chinese Eyes*.

»Eine lange Zeit«: Ssu-yu Teng und John Fairbank, *China's Response to the West*, S. 24 f. Lin glaubte, wenn er die Rhabarberlieferungen nach England unterband, würden die Briten an Verstopfung eingehen. Er überredete den Kaiser, ein Edikt zu erlassen, das den Westen verpflichtete, für Rhabarber mit Silber zu bezahlen, um damit dem Abfluß von wertvollem Edelmetall einen Riegel vorzuschieben.

Seite 74: »Ungerechtfertigte Verhaftung«: Shen Wei-tai, *China's Foreign Policy*, S. 72. Lin löste das Opium in Leim auf und leitete es ins Meer, nachdem er sich zuvor beim Meergeist entschuldigt hatte.

Ein Komitee des britischen Unterhauses gelangte zu dem Schluß, daß der Opiumhandel »mit stillschweigender oder gar ausdrücklicher Billigung...« der britischen Regierung betrieben wurde: ebd., S. 73.

»Die Schuldigen an dieser Tat«: Ebd., S. 78. Privat vertrat Elliot die Ansicht, das Opium »befleckt den britischen Charakter mit tiefer Schande«, es sei nicht besser als die Piraterie, doch er wurde dafür bezahlt, es zu beschützen: Ebd., S. 86, Anm. 104. Wie die *Times* vom 6. April 1843 bemerkte: »Moral und Religion und das Glück der ganzen Menschheit und freundschaftliche Beziehungen zu China und neue Märkte für britische Hersteller waren allesamt großartige Dinge... [doch] der Opiumhandel hatte einen Wert... von 1200000 Pfund im Jahr.«

Seite 75: »Ein Krieg, der weniger berechtigt«: Shen Wei-tai, *China's Foreign Policy* S. 87 f.

Die tragikomische Konfrontation bei Ningpo wird geschildert von Pei in: Waley, *The Opium War*.

Chinas Vertrag mit den Vereinigten Staaten wurde von Caleb Cushing ausgehandelt, der diesen Auftrag zufällig während der ständigen Ämterumbesetzungen in den letzten Monaten der Regierung Tyler erhielt. Cushing kaufte eine formelle Diplomatenuniform mit Goldlitzen, »weil ein Volk, das zu Kriegszeiten darauf setzt, ein Invasionsheer durch furchtbare Bilder von wilden Tieren zurückzuschlagen... großen Wert auf die äußere Erscheinung legen muß«.

Seite 76: Tao-kuangs bitteres Ende wird geschildert von: William Speer, *The Oldest and the Newest Empire*, S. 368.

China war in der Macht eines guten Menschen gewesen, der nichts richtig machen konnte. Er hatte nicht einmal ein ordentliches Grab für sich bauen lassen. Bescheiden hatte er lediglich eine kleine Summe für diesen Zweck bestimmt, und die Erbauer hatten ein Billiggewölbe errichtet, das so wasserdurchlässig war, daß es aufgegeben werden mußte. Schließlich wurde an einer anderen Stelle ein Grab gebaut, das nicht leckte.

Sofern nicht anders aufgeführt, geben wir das Alter nach westlichen Maßstäben an. Nach chinesischer Rechnung war Hsien-feng seit dem Zeitpunkt seiner Zeugung 20 Jahre alt.

Der französische Orientalist Henri Cordier (1849–1925) urteilte: »Hsien-feng hatte keine einzige Eigenschaft, die seine Schwächen aufgewogen hätte. Ihm fehlte die Intelligenz, um zu erkennen, daß die Mandschu-Dynastie, als Fremde in einem ihr feindlich gesonnenen Land, ihrer Vernichtung entgegensah, wenn die Richtung ihrer Politik nicht völlig verändert wurde; er zog in keiner Hinsicht die Lehren aus der Vergangenheit, erkannte nicht, daß die in seinem Reich ausbrechenden Aufstände lediglich die Vorboten eines Sturms waren, der sein Geschlecht hinwegfegen würde... [er] ließ sein Schiff im Strom der Ereignisse treiben, unfähig, es durch den mit Felsen gespickten Kanal zu steuern, den es durchfuhr.« Anders ausgedrückt, die Ereignisse waren schneller als das Schiff, so daß dessen Steuerruder nutzlos war. Zitat nach: Shen Wei-tai, *China's Foreign Policy*, S. 137.

Seite 77: Zu diesen Skandalen siehe: Hummel, *Eminent Chinese*, und Miyazaki, *China's Examination Hell*.

Seite 78: 1861, nach dem Pekinger Debakel, wurde Bowring nach Italien zurückversetzt, wo er 1872 starb, ohne daß seine Träume sich erfüllt hätten.

Unser Urteil über Parkes stützt sich auf Hart. Vgl. seine Tagebucheintragung vom 20. März 1858 zu einer Personenbeschreibung aus erster Hand.

»Hauptsächlich, indem er niemals nachgab«: Stanley Lane-Poole, zitiert nach: Shen Wei-tai, *China's Foreign Policy*, S. 137.

Die Portugiesen fingen Zehntausende Chinesen (reiche und arme) ein und verschleppten sie als Sklaven oder Kontraktkulis in alle Erdteile. Die Unmenschlichkeit dieses Handels entzieht sich jeder Beschreibung.

Seite 78/79: Die besten Darstellungen des *Arrow*-Vorfalls bei: J. Y. Wong, »The Arrow Incident«, und Shen Wei-tai, *China's Foreign Policy*.

Seite 80: »Lachten über mich...«: Wong, »Arrow Incident«, S. 378.

»Auf britischem Boden«: Shen Wei-tai, *China's Foreign Policy*. Britische Untersuchungsbeamte stellten fest, daß die *Arrow* ein Hehlerschiff für Piraten war, die chinesischen Soldaten sich korrekt benommen hatten und daß Parkes im Unrecht war. Doch der Schaden war nicht wiedergutzumachen.

Michael Seymour war der Onkel von Edward Seymour, der 1900 auf MacDonalds Bitte reagierte, die Gesandtschaften zu retten. Der Neffe diente unter seinem Onkel Anfang der sechziger Jahre des 19. Jahrhunderts: Admiral Sir Michael Seymour, *My Naval Career and Travels*, S. 115.

»Sie haben einen Konsul zu einem Diplomaten gemacht«: Shen Wei-tai, *China's Foreign Policy*.

Seite 81: Frankreich benutzte als Vorwand die Ermordung des Abbé Auguste Chapdelein im Februar 1856.

Lord Elgins Reise von England wurde durch den Sepoyaufstand unterbrochen, was ihn dazu nötigte, Soldaten nach Kalkutta zu entsenden. Die von Sepoys an britischen Männern, Frauen und Kindern begangenen Grausamkeiten beeinflußten die öffentliche Meinung in England gegen die »Asiaten« allgemein. Als die Sepoys niedergerungen waren, nahm Elgin seine Chinamission mit dem neuen Befehl wieder auf, Kanton gewaltsam zu erobern.

Der US-Botschafter William Reed, ein Politiker aus Philadelphia, hatte von Präsident Buchanan die Instruktion erhalten, zu erklären, daß die USA keine territorialen oder politischen Absichten mit China hätten, sondern lediglich dasselbe wollten, was den Briten und Franzosen gewährt würde. In den Worten W. A. P. Martins war Reed ein Mann von »wenig festen Grundsätzen«. Reed schrieb am 16. Mai 1857 an den US-Außenminister, »alle Folgen [des ersten Opiumkriegs]... waren für den Welthandel vorteilhaft...«

Nach Angaben von Reeds Sohn, der seinen Vater begleitete, war Kommissar Yeh von Harry Parkes »erwischt worden, als er gerade über eine Mauer klettern wollte. [Als Gefangener auf der *H. M. S. Inflexible*] war er jetzt ein höchst unliebsamer Gast... trank jeden Tag drei Flaschen Champagner [und] wusch sich während der ganzen Zeit nicht, noch wechselte er seine Kleider«. Tagebuch von William Reed. jr., Manuscript Collection, Library of Congress. Yeh wurde nach Kalkutta gebracht, in Fort William und Tolly Gunge eingesperrt, wo er mit 51 Jahren starb. Epitaph von einem chinesischen Essayisten: »Er kämpfte nicht, hielt keinen Frieden, verteidigte die Stadt nicht, kapitulierte nicht und floh auch nicht, als er in Gefahr war, noch starb er, als man ihn gefangennahm: ...eine solche Seelenruhe hat nicht ihresgleichen...«: Shen Wei-tai, *China's Foreign Policy*, S. 148.

Seite 82: »Ein Bild der Verwüstung«: Tagebucheintragung des jugendlichen William Reed, jr. »Wo früher Fabriken standen, waren nur noch Trümmer übriggeblieben; niemand hätte sich mehr vorstellen können, was Kanton einmal gewesen war.«

Oberst Thomas Holloway und Hauptmann F. Martineau des Chavez regierten zu dritt mit Parkes.

Die Provinz Chihli schützte die östlichen Zugänge nach Peking vom Meer; ihre Hauptstadt Tientsin war der wichtigste Hafen Nordchinas: Stapelplatz für Reis und andere zollpflichtige Waren aus Südchina.

Die Alliierten wußten, daß die chinesischen Kanonen fest ummauert waren und nicht gedreht werden konnten. England machte denselben Fehler in Singapur. Der junge Reed schrieb: »Die Vorbereitungen für den Angriff boten ein glänzendes Schauspiel... Von jedem Schiff aus zog sich eine Kette von Booten dahin, vollbeladen mit Männern, Seeleuten und Soldaten mit ihren weißen Mützen und Helmen, Franzosen und Engländer bunt durcheinandergemischt, blau-weiß-rote und rote Fahnen... alle im Schlepp britischer Kanonenboote.«

Der Hauptunterhändler war der dreiundsiebzigjährige Großsekretär Kueiliang, Schwiegervater von Prinz Kung, »altersgebeugt und etwas taub... doch der Glanz seiner dunklen Augen zeigt, daß er sich den größten Teil seiner Geisteskraft bewahrt hat...«: *New York Times*, 23. September 1858. Zu seinem Stuhl geführt wurde er von Hua-sha-na, einem heiteren Mann mit großer Nase und einer Vorliebe für guten Wein: Hummel, *Eminent Chinese*, S. 430. In ihrer Gesellschaft befand sich Kiying, der den Vertrag von Nanking ausgehandelt hatte und jetzt schwerkrank und halb blind war: ebd., S. 133.

Seite 83: Zu dieser Zeit stand Lay in chinesischen Diensten als Leiter der Zollaufsichtsbehörde in Shanghai, nahm jedoch auf Drängen Elgins Urlaub, um seine Dienstherren in Tientsin zu drangsalieren. Seine Fähigkeit, zwei Herren gleichzeitig zu dienen, machte Lay schlüpfrig wie einen Aal. Die Tatsache, daß die Führer der Alliierten nicht Chinesisch sprachen, gab Lay eine gewisse Macht, und er wurde in den Worten eines Mandarins »unhöflich bis zum Äußersten«. Als Kuei-liang flehte, er werde seinen Kopf verlieren, wenn er die Forderungen der Alliierten erfüllte, erwiderte Lay: »Je mehr ich nach außen hin sichtbar mache, daß Sie unter Zwang handeln, um einen Marsch auf die Hauptstadt zu verhindern, desto sicherer wird Ihre persönliche Immunität sein.«

Einige Westeuropäer waren über Lays Methoden empört. Reed und Admiral Putjanin beschworen Elgin, ihn zu zügeln. Elgin wies Reed zurecht, er solle sich um seine eigenen Angelegenheiten kümmern, und gab sich überzeugt, daß der Zweck die Mittel heilige. »Obwohl ich gezwungen war, beinahe brutal zu handeln, bin ich in der ganzen Sache der Freund Chinas.« Solche und ähnliche Äußerungen finden sich in der Biographie von: John Lyle Morison, *The Eighth Earl of Elgin*.

Frederick Bruce erhielt Weisung, sich von Shanghai aus auf dem Landweg nach Peking zu begeben. Da ihm dies zu beschwerlich schien, segelte er nach Norden, um vor den Forts bei Taku zu ankern, womit er sich Ärger einhandelte.

Seite 84/85: »Es bekümmert mich« und »Berichte aus China«: Shen Wei-tai, *China's Foreign Policy*, S. 169.

Seite 85: Kommodore Tattnall, der John Ward begleitet hatte, schickte den Briten neutrale US-Streitkräfte zu Hilfe und schwadronierte, »Blut ist dicker als Wasser«, und er wolle »verdammt sein, wenn er untätig mitansehen solle, wie weiße Männer vor seinen Augen abgeschlachtet würden«.: Shen Wei-tai, *China's Foreign Policy*, S. 169, Anm. 113. Die *New York Times* berichtete in ihrer Ausgabe vom 26. September 1859: »... Bei der Landung standen die Männer bis zu den Knien im Schlamm... von den 1000 Mann, die gelandet waren, erreichten kaum 100 die ersten von insgesamt drei ausgedehnten und tiefen Gräben... höchstens 20 war es gelungen, ihre Gewehre oder ihre Munition trocken [zu halten].«

Elgin war bedrückt über seinen »unwillkommenen Auftrag«. Die Strafaktion, die er durchführen sollte, war maßlos und übertrieben. »Kann ich irgend etwas tun, um England daran zu hindern, den Fluch Gottes auf sich herabzubeschwören für die Grausamkeiten, die es an einer weiteren schwachen orientalischen Rasse begeht? Oder sollen alle meine Bemühungen nur die Ausdehnung des Gebiets zur Folge haben, auf dem die Engländer zur Schau stellen können, wie hohl und oberflächlich ihre Zivilisation und ihr Christentum sind?«: Theodore Walrond (Hg.), *Letters and Journals of James Eighth Earl of Elgin*, S. 325. Die Franzosen standen unter dem Befehl von General Cousin de Montauban, einem fähigen, aber verdrießlichen Offizier. Der britische Befehlshaber, Sir James Hope Grant, war ein genialer Mann und ein Cellist von hohen Graden, der seinen Erfolg einer extremen Umsicht und großer Beliebtheit bei den Soldaten verdankte. Der britische Marinekommandant war der gallige Admiral Hope, der in den Worten von Karl Marx, dem damaligen Londoner Korrespondenten der New Yorker *Daily Tribune*, »die englischen Streitkräfte so glorreich in den Dreck geführt hatte«.: Marx-Engels-Werke, Bd. 15, S. 13.

Diesmal griffen die Alliierten von der Rückseite aus an. General Seng, der den Befehl hatte, das eigene Leben nicht aufs Spiel zu setzen, überließ einem Stellvertreter den Befehl über ein Bollwerk aus mongolischen Reitern. Sie wurden von Armstrong-Feldgeschützen in Stücke gerissen, und die kleinen mongolischen Ponys wurden von den schweren irischen Chargenpferden einfach weggedrückt. Die Kanoniere der Alliierten trafen die Pulvermagazine, und damit war die Schlacht beendet. China verlor 1400 Mann, die Alliierten 34: Christopher Hibbert, *The Dragon Wakes*, S. 262.

Die Kapitulation der Forts bei Taku wurde von Harry Parkes in Vertretung für Horatio Lay arrangiert, der in Shanghai blieb und nicht wagte, mit alliierten Truppen im Norden zu erscheinen. Lay wurde von Messerstechern, die von der rachsüchtigen Shanghaier Oberschicht bezahlt waren, schwer verletzt. Näheres zu seiner Person findet sich in dem nützlichen und unterhaltenden Buch von: Jack Gerson, *Horatio Nelson Lay and Sino-British Relations*.

Nach der Einnahme von Tientsin kam es zu monatelangen Plünderungen und Verwüstungen durch britische und französische Truppen. In den englischen Darstellungen wird das Verhalten der Franzosen verurteilt. Die Franzosen behaupteten ihrerseits, nachdem die Briten ihr Werk vollendet hatten, habe man »nicht einmal mehr einen Nagel« finden können. Sie tranken alle zuviel Samshoo, ein lokales Gebräu: Vgl. dazu die Erinnerungen von Garner Wolseley. Elgin war verzweifelt. Die Chinesen verzögerten die Verhandlungen törichterweise so lange, daß eine alliierte Streitmacht aus 19000 Mann zusammengezogen werden konnte. »Jetzt haben wir glücklich unseren Stützpunkt mitten im Herzen des Landes errichtet... und diese Hornochsen brüskieren mich auch noch, was mich dazu nötigt, mit ihnen zu brechen.« Offenbar mußte man die Daumenschrauben noch etwas stärker anziehen, um Peking »zur Räson zu bringen«. Elgin ignorierte alle Friedensofferten, bis er in Tungtschou, acht Kilometer östlich von Peking ankam. Vgl. hierzu die Militärkarten in: H. B. Morse, *The International Relations of the Chinese Empire*, Bd. 1.

Seite 86/87: General Seng stellte seine Armee als Schutzschild vor Peking auf, da er befürchtete, die Barbaren würden einen Überraschungsangriff eröffnen, um den Kaiser gefangenzunehmen. Zwei Heere von gleicher Größe, aber ungleicher Bewaffnung standen sich auf einer ausgedehnten Ebene aus sonnenverbranntem Lehm gegenüber, die mit Brennöfen und Gräbern der ortsansässigen Oberschicht übersät war. Außer den 20000 mongolischen Reitern gab es 86000 Mandschu-Bannerleute in Peking und Umgebung. Mongolische Bogenschützen nahmen Parkes und seine Begleiter gefangen, darunter Bowlby von der *Times*.

Seite 87: »Die Hinterlist der Chinesen«: Shen Wei-tai, *China's Foreign Policy*, S. 176.

Graf d'Hérisson berichtet: »Bei der Auffahrt zur Brücke stand ein Tatar von ungeheurem Wuchs... und hielt eine riesige gelbe Fahne in seinen Händen...« Bogen und Pfeile waren nutzlos gegen Kartätschen, die den mongolischen Pferden die Beine wegrissen. »Der Feind befand sich in vollem Rückzug... doch dieser Tatar stand dort immer noch allein, verlassen von seinen Gefährten... Die Granaten explodierten, und die Kugeln pfiffen ihm um den Kopf, doch er harrte unbeweglich aus; sein Mut hatte etwas Erhebendes, und General Montauban rief: ›Rettet ihn‹... Doch in diesem Augenblick wurde er von den Granatsplittern getroffen, und das große Banner sank zu Boden und mit ihm der Arm, von dem es gehalten worden war.« (Montauban wurde später Graf von Palikao.)

Seite 88/89: Ch'ien-lungs Erweiterungen des Sommerpalasts wurden von dem Zustrom an britischem Silber für Seide und Tee aus China finanziert, bevor das Opium das Silber verdrängte. Fasziniert von Erzählungen vom Vatikan, ließ Ch'ien-lung an der nördlichen Ecke des Palastgeländes italienische Renaissancegebäude errichten, deren Entwürfe von dem Jesuitenpater Giuseppe Castiglione stammten, umgeben von Gärten, die Michel Benoist, ebenfalls ein Jesuit, angelegt hatte.

Seite 91: »So etwas hat die Welt nicht mehr erlebt«: Hibbert, *The Dragon Wakes*, S. 272. Die Berichte der Soldaten waren überschwenglich, doch der amerikanische Missionar William Speer war entsetzt: »In diese großartigen Aufbewahrungsräume orientalischer Reichtümer, die seit Jahrhunderten hier angehäuft worden waren, stürmten die Regimenter aus europäischen und Hindusoldaten, durch den Genuß von Branntwein wie von Sinnen und von den Offizieren in keiner Weise gezügelt, einfach hinein, um alles an sich zu raffen, was ihnen in ihrer trunkenen Stimmung gefiel, und aus reiner Zerstörungslust das übrige in Scherben zu schlagen ... Niedrige und gemeine Männer bereicherten sich an den geheimen Schätzen der Kaiserfamilie.« Die Feldkapläne kürzten die Sonntagsmesse ab, um sich zusammen mit den Soldaten an den Plünderungen zu beteiligen.

Im Sommerpalast fanden die Soldaten Pekinesen, die damals Löwenhündchen genannt wurden. Einer mit dem bezeichnenden Namen Looty (loot = Kriegsbeute) wurde Königin Victoria übergeben, die ihm täglich ein anderes Halsband umlegte. Looty wurde zwölf Jahre alt und von Hofmalern wie Sir Edwin Henry Landser porträtiert.

»Der Krieg ist ein widerwärtiges Geschäft«: L. Carrington Goodrich und Nigel Cameron, *The Face of China as Seen by Photographers & Travelers*, S. 117.

3. Kapitel: Die Palastrevolte

Seite 92: Der Hof verließ den Sommerpalast am 22. September und kam am 2. Oktober in Jehol an. Luke Kwong, »Imperial Authority«, hat die näheren Umstände der Revolte untersucht. Wertvoll ist auch Tony Tengs Untersuchung über Prinz Kung. Eine hervorragende Karte und Zeichnungen der Reise MacCartneys auf derselben Route aus dem Jahr 1793 sind enthalten in: Alain Peyrefitte, *L'Empire Immobile*.

Ch'ien-lung hielt die Mongolen unter Kontrolle, indem er in Jehol Lamaklöster errichten ließ. Da der mongolische Lamaismus dazu verpflichtete, daß innerhalb jeder Familie mindestens ein männliches Mitglied ein zölibatärer Mönch wurde, verringerte dies die Zahl der rebellischen Männer um die Hälfte. Ch'ien-lung spottete: »Besser ein Kloster als 10000 Soldaten.«

Seite 93/94: »Eines der traurigsten Jahrzehnte«: Mary Wright, *The Last Stand of Chinese Conservatism*, S. 7.

Seite 94: »Der zaghafte und unentschlossene Kaiser«: Hibbert, *The Dragon Wakes*, S. 265.

»Wie gewöhnlich träumte [Hsien-feng]«: Shen Wei-tai, *China's Foreign Policy*, S. 174–176.

»Ein ungewöhnlich guter konfuzianischer Monarch«: Paul Cohen und John Schrecker (Hg.), *Reform in Nineteenth Century China*, S. 89.

»Nach einer Kindheit«: Wolseley, *Narrative of the War with China in 1860*, S. 287.

»Kein solcher Trottel«: ebd., S. 372.

»In den Aufzeichnungen«: Bland und Backhouse, *China*, S. 12.

Seite 96: »Die Augen öffnete ihr«: Die Rekonstruktion dieser Ereignisse stützt sich auf ein kaiserliches Edikt, das weiter unten in diesem Kapitel zitiert wird.

Seite 97: »Der Prinz ist nicht besonders geschickt«: Brief von Hart an Charles Hannen vom 9. August 1861, zitiert nach: Morse, *The International Relations*, Bd. 2, S. 53, Anm. 16.

Seite 98: Eine Schilderung von Prinz Kungs Palast findet sich bei: H. S. Chen und G. N. Kates, »Prince Kung's Palace«.

Während der ersten fünf Regierungsjahre Hsien-fengs unterstützte Prinz Kung seinen Bruder in vielfältiger Weise und beschaffte enorme »Spenden« bei wohlhabenden Chinesen für Verteidigungsmaßnahmen gegen westliche Einfälle und Plünderungen durch Tai-ping-Rebellen. Als diese Peking bedrohten, wurde der zwanzigjährige Prinz zum Großrat ernannt und zum Generalleutnant gemacht. Seitdem waren der Kaiser und sein Halbbruder durch den Einfluß Su Shuns zerstritten. Als seine Mutter 1856 starb, wurde Kung wegen mangelnder Trauer gerügt, aller Ämter enthoben und in die Schule zurückbefohlen, um noch einmal zu lernen, was kindliche Ergebenheit sei. Von seinen Pflichten befreit, schrieb er Gedichte, beschäftigte sich mit Geschichte und widmete sich seinen Chrysanthemen.

Seite 99: Sheng-pao, der persönliche Leibwächter Prinz Kungs, hatte unter Seng-ko-lin-chin gegen die Tai-ping-Rebellen und später gegen die Nien gekämpft.

»Pioniere erhielten den Befehl«: Charles Gordon (»China-Gordon«) nahm die Aufgabe auf die leichte Schulter, da die Mauer schlecht errichtet war. Doch Wolseley, der jüngste Oberstleutnant in der britischen Armee, hatte ein ungutes Gefühl. Als der entscheidende Tag immer näher rückte, »hielt ich den Atem an... Es war ein Pokerspiel. Denn... mit der Munition, die wir dabei hatten, konnten wir auf keinen entscheidenden Durchbruch hoffen«.

Seite 100: »Parkes [war] erbost«: Hierzu bemerkte der US-Gesandte John Ward: »Parkes... wurde lediglich dadurch gedemütigt, daß man ihn dazu nötigte, auf eine völlig andere Weise nach Peking zu gelangen, als er es sich vorgestellt hatte. Zunächst wurde er gefesselt und auf einen Bauernkarren geworfen und gezwungen, bei jedem Mandarin, dem er begegnete, den Kotau zu machen und sein Gesicht in den Staub zu drücken. Dies und gelegentliche Hiebe mit dem Bambusstock waren die ganze Strafe, die über ihn verhängt wurde, keine besonders harte Behandlung in den Augen derer, die mit seinem Treiben in China und dem Unrecht und den Kränkungen vertraut sind, die er den Chinesen zugefügt hat.« National Archives, Record Group 59. Für die übrigen 20 Gefangenen, die zum Sommerpalast gebracht und gefoltert wurden, konnte Prinz Kung nichts tun. Bowlby von der *Times* brachte die Achterbande so sehr gegen sich auf, daß ihm der Tod der tausend Hiebe bereitet und sein Leichnam den Schweinen zum Fraß vorgeworfen wurde. Prinz Kung erklärte sich bereit, den Familienangehörigen der Opfer eine Entschädigung in Höhe von 300000 Silbertael zu bezahlen. Einige Wochen später erschien in der *New York Times* ein Bericht unter der Schlagzeile »Furchtbare Behandlung der englischen Gefangenen«.

Elgin, der die Verbotene Stadt von der höchsten Stelle ihrer Mauern aus betrachtete, erblickte »ein großes ummauertes Gebiet mit einer Vielzahl von Gebäuden mit gelben Dächern... dazwischen einige Bäume. Es ist schwer, sich vorzustellen, wie die Unglücklichen, die dort eingesperrt sind, sich genügend

Bewegung machen sollen. Ich wundere mich nicht darüber, daß der Kaiser [den Sommerpalast] vorgezogen hat.«: Walrond, *Letters and Journals*, S. 369. Wolseley hat seinen Eindruck so beschrieben: »Allein die Pracht [des Sommerpalasts]... war eine der Hauptursachen für den Luxus und die Verweichlichung, die dazu beigetragen haben, die letzten Herrscher Chinas zu verderben, und dazu geführt haben, daß die Nachfahren kühner Krieger zu bloßen entkräfteten Wüstlingen degeneriert sind.«: Wolseley, *Narrative of the War with China in 1860*, S. 287. Wolseley war um die Mitte des vorigen Jahrhunderts die fleischgewordene militante viktorianische Moral und befand sich bereits auf dem Weg, zum berühmtesten Offizier in der britischen Armee zu werden, in der er es schließlich zum Feldmarschall und Oberbefehlshaber brachte.

»Am 18. Oktober«: Wolseley, *Narrative of the War with China in 1860*, S. 278.

Die Zerstörung: An einem sonnigen Oktobernachmittag, drei Jahre nach der Plünderung und Zerstörung des Sommerpalasts, unternahmen Anson Burlingame, der neue US-Gesandte in Peking, und seine Frau ein Picknick inmitten der Ruinen. Am 11. Oktober 1863 schrieb sie nach Hause, »es ist genug übriggeblieben, um seine frühere Pracht ahnen zu lassen, die hinter nichts von dem zurückgestanden haben muß, was wir in den Arabischen Nächten gelesen haben... Ich kann selbst heute seine Schönheit nicht beschreiben, und das, was er einmal gewesen sein muß, erfüllte unsere Phantasie mit Staunen«.: Burlingame Papers, Manuscript Collection, Library of Congress.

Seite 101: An dem Tag, als die Konvention von Peking unterzeichnet wurde, dem 24. Oktober 1860, wurde Prinz Kung von Sheng-pao und 400 Reitern in den südlichen Teil der Kaiserstadt eskortiert; dort nahm er nur noch 20 Mann mit sich und betrat die Haupthalle des Zeremonienrats. Elgin verspätete sich absichtlich um drei Stunden und zog in großem Pomp mit 2000 Mann Begleitung in Peking ein, in einer Sänfte, die ähnlich geschmückt war wie die des Kaisers, allerdings nicht in Gelb, sondern in Karmesinrot, und von 16 Männern getragen wurde (ein Privileg, das in China allein dem Kaiser zustand). Trotz dieses massiven Affronts bemühte Prinz Kung sich, freundlich zu sein, verbeugte sich leicht, faßte Elgins Hände und schüttelte sie nach chinesischer Manier. Doch seine Gefühle ließen sich nicht verbergen. Wie Wolseley sich erinnert, blickte der Prinz »auf die versammelten ›Barbaren‹ fast finster; doch dieser hochmütig spöttische Gesichtsausdruck mochte zum Teil aus seinen merkwürdig gestellten Augen herrühren. [Seinem] jugendlichen Aussehen... widersprach bei näherer Prüfung ein erschöpfter Gesichtsausdruck, das bei allen asiatischen Machthabern bekannte Anzeichen einer ausschweifenden Lebensführung...«.: Wolseley, *Narrative of the War with China in 1860*, S. 293. Nach der Unterzeichnung sah Kung sich verpflichtet, die westliche Delegation zu einem Bankett einzuladen, doch Elgin lehnte ab, da er befürchtete, man würde sie alle vergiften.

Das Tsungli Yamen wurde am 11. März 1861 ins Leben gerufen. Bis 1840 wurden die förmlichen Kontakte mit tributpflichtigen Staaten durch den Zeremonienrat abgewickelt; russische und Grenzangelegenheiten durch den Rat für Kolonialfragen und der Handel mit westlichen Ländern durch den Generalgouverneur in Kanton. Zwischen dem ersten Opiumkrieg und dem *Arrow*-Krieg, von 1842 bis 1856, amtierten die Generalgouverneure in Kanton und Nanking als die inoffiziellen Außenminister Chinas. Die Zulassung ausländischer diplomatischer Gesandtschaften in Peking 1860 machte ein Außenamt notwendig, das Diplomaten empfing, Wohnungen zuwies, Entschädigungen bezahlte, Vertragshäfen öffnete usw. Es fungierte als Unterausschuß des Großen Rats. Theoretisch oblag ihm nur die Ausführung, nicht jedoch die Gestaltung der Außenpolitik: alle politischen Entscheidungen verblieben beim Kaiser und seinem Großen Rat. In der Praxis wurden die Empfehlungen des Yamen unter Kung in der Regel vom Thron angenommen: Immanuel C. Y. Hsu, *The Rise of Modern China*, S. 325; S. M. Meng, *The Tsungli Yamen: Its Organization and Functions*, S. 27.

»Wenn wir unsere Wut nicht zügeln«: Teng und Fairbank, *China's Response*, S. 47f.

»Ein schmutziges, freudloses, kahles Gebäude«: Meng, *The Tsungli Yamen*, S. 25.

Seite 102: »Ein Esel unter einer schweren Last«: ebd., S. 75.

»Er hüpfe ... mit Schauspielerinnen herum«: Chou, *The Dragon and the Phoenix*, S. 91. In diesem Winter 1860/61 befahl der Kaiser der gesamten Gesellschaft des kaiserlichen Amts für Unterhaltung, in Jehol Theateraufführungen zu veranstalten: Tony Teng, *Prince Kung*, S. 69.

Seite 103: Der letzte Versuch, eine Audienz mit Kaiser Hsien-feng zu erreichen, wurde 1859 von dem US-Gesandten John Ward unternommen, der sich bereit erklärt hatte, auf dem Landweg nach Peking zu gelangen. Es wurde ein abgewandeltes Zeremoniell vorgeschlagen, bei dem Ward lediglich mit einem Knie und anschließend mit den Fingerspitzen den Boden berühren sollte, doch dieser, ein affektierter Südstaatler, lehnte den Kompromiß mit der Begründung ab, er kniee nur vor Gott und den Frauen. Seine Audienz wurde abgesagt.

»Während des letzten Jahres«: Derling, *Two Years in the Forbidden City*, S. 251f.

Seite 104: »Eine lange Geschichte von Thronstreitigkeiten«: Der erste Mandschu-Herrscher, der sich dieses Problems tatkräftig annahm, war der große K'ang-hsi, der dritte Sohn des Kaisers Shun-chih. Mit knapp sieben Jahren zum Kaiser ernannt, wurde K'ang-hsi von mehreren Beratern angeleitet, deren mandschurischer Anführer namens Oboi auf die verschiedenste Weise versuchte, die Macht an sich zu reißen. Nach acht Jahren ständiger Rangeleien mit Oboi, als K'ang-hsi seine Volljährigkeit erreicht hatte, setzte er Oboi sogleich ab, ließ ihn ins Gefängnis werfen und übernahm selbst die Macht. Unter K'ang-hsi wurde die Macht der Eunuchen über die kaiserliche Hofhaltung gebrochen. Er griff zu harten Maßnahmen, um sich korrupter Beamten zu entledigen, und baute seinen eigenen Geheimdienst auf, indem er zuverlässige Chinesen als seine persönlichen Spitzel ins Feld schickte.

Ihm folgte sein Sohn Yung-cheng auf den Thron, der tyrannischste aller Mandschu-Herrscher. Es wurde gemunkelt, K'ang-hsi habe einen anderen Sohn zum Herrscher bestimmt, doch der verschwörerische Yung-cheng habe sich selbst des Throns bemächtigt, indem er mit Hilfe ehrgeiziger Prinzen und der Banner einen Putsch inszenierte. Anschließend ließ Yung-cheng den einen Prinzen töten und den anderen in den Kerker werfen und schloß damit die Möglichkeit aus, daß ein anderer ehrgeiziger Mann ihm die Macht entriß. Durch ein außerordentliches Terrorregime schaltete Yung-cheng die gesamte Opposition im Land aus. Damit war er so erfolgreich, daß während des größten Teils des folgenden Jahrhunderts kein rivalisierender Prinz und keine rivalisierende Fraktion den Thron herausforderten, was seinem Sohn und Nachfolger, Kaiser Ch'ien-lung, das Leben leichtmachte.

Unter seiner Herrschaft genoß China inneren Frieden und einen bescheidenen Wohlstand, weitgehend aufgrund des Polizeistaats, den sein Vater aufgebaut hatte. Der Luxus war Wirklichkeit, doch glanzvolle Leistungen und eine gute Staatsführung waren eine Illusion. Ch'ien-lungs beispiellose Verschwendungssucht wurde mit dem Silber bezahlt, das für die Ausfuhren chinesischer Güter wie Tee, Seide, Porzellangeschirr und anderer exotischer Waren in den Westen ins Land strömte. Er gewöhnte sich daran, einen Geldbeutel ohne Boden zu haben.

Um 1780 zeigten sich bei Ch'ien-lung die ersten Anzeichen jenes Schwachsinns, der seine Herrschaft beeinträchtigte. Im Alter von 66 Jahren entbrannte in ihm eine Leidenschaft für den jungen Mandschu-Kavallerieoffizier Ho Shen. Der volkstümlichen Überlieferung nach zeigte der schneidige Fünfundzwanzigjährige eine starke Ähnlichkeit mit einer schönen Moslemprinzessin, die der Kaiser in seiner Jugend einmal geliebt hatte. Ch'ien-lung gelangte zu der Überzeugung, daß Ho Shen seine wiedergeborene Geliebte sei, und ernannte ihn zum Vizepräsidenten des Steueramts, womit diesem die gesamten Steuereinkünfte unterstanden. Außerdem wurde er zum Großrat und zu einem Minister des kaiserlichen Hofs ernannt und durfte sein Pferd innerhalb der Verbotenen Stadt reiten. Ho Shen berief seine Freunde in Schlüsselpositionen und überredete den Kaiser, eine Prinzessin von königlichem Geblüt mit seinem Sohn zu verheiraten, womit er diesen unmittelbar mit der kaiserlichen Familie verband. Danach ging er zur unverhüllten Erpressung der reichsten Männer des Landes über und erwarb auf diese Weise ein Vermögen im Wert von eineinhalb Milliarden Dollar. Es erboste die Prinzen, daß ein Eindringling wie Ho Shen über soviel Macht und Reichtum verfügte, doch sie konnten nichts dagegen unternehmen.

Erst mit Ch'ien-lungs Tod 1799 wurde Ho Shen schließlich verwundbar. Der neue Kaiser Chia-ch'ing ließ ihn mit Hilfe seiner Brüder verhaften und zwang ihn zum Selbstmord. Sein Geld und seine Ländereien wurden unter die Prinzen und Vornehmen verteilt, als Belohnung für ihre Dienste und um ihre künftige Loyalität sicherzustellen. Doch Chia-ch'ing beging einen entscheidenden Fehler. Im Gegensatz zu K'ang-hsi und Yung-cheng entledigte er sich nicht all derer, die seiner ausschließlichen Machtstellung gefährlich werden konnten. Chia-ch'ing und alle auf ihn folgenden Kaiser wollten das Fundament der Mandschu-Politik nicht mehr begreifen.

Seite 105: »Man hatte Kaiserinnen zum Selbstmord gezwungen«: Als der Begründer der Dynastie, Nurhaci, im Alter von 66 Jahren gestorben war, entbrannte unter seinen 16 Söhnen ein Machtkampf. Die Mutter Dorgons wurde gezwungen, sich umzubringen, um den Weg zum Thron für seinen älteren Bruder Abahai freizumachen. Als Abahai starb, hatte auch er versäumt, einen Nachfolger für sich zu bestimmen, und ein Staatsrat wählte den sechs Jahre alten Shun-chih. Dorgon nahm Revanche und ernannte sich zum Regenten bis zur Volljährigkeit des Kindkaisers. Als Shun-chih mit 23 Jahren den Pocken zum Opfer fiel, hinterließ er acht Söhne, hatte jedoch ebenfalls keinen Nachfolger bestimmt. Die Wahl fiel auf den sieben Jahre alten K'anghsi, der von vier Regenten angeleitet wurde. Die nächsten vier Kaiser waren zwar volljährig, als sie auf den Thron gelangten, schafften die Machtergreifung jedoch nur durch Komplotte. Somit waren Verschwörungen bei der Thronbesetzung eher die Regel als die Ausnahme.

Seite 106/107: Die offizielle Verlautbarung über den bevorstehenden Tod des Kaisers ist abgedruckt bei: Tony Teng, *Prince Kung*, S. 73.

Seite 108: »Wer soll Euer Nachfolger sein?«: Derling, *Two Years in the Forbidden City*, S. 251 f.

»Ich möchte keinem wünschen«: Derling, *Two Years in the Forbidden City*, S. 252.

Hsien-feng hatte die Pläne seiner Widersacher durchkreuzt; die Achterbande wollte Yehe Naras Sohn nicht auf dem Thron sehen und versuchte, ihn durch einen anderen Prinzen zu ersetzen. Ihre Wahl wurde durch die Hausregeln der Mandschu begrenzt; um Anfechtungen ihres Kandidaten vor dem Clangericht vorzubeugen, mußten sie jemanden aus der richtigen Generation wählen. Anscheinend sollte ein schwarzes Schaf namens Tsai-chih statt Yehe Naras Sohn zum Marionettenkaiser gemacht werden. Zwar gehörte er der richtigen Generation an, doch war Tsai-chih nicht von königlichem Geblüt: er war der Adoptivsohn von Kaiser Tao-kuangs ältestem Sohn, der seit langem tot war. Mit seinen mittlerweile 50 Jahren war Tsai-chih bestenfalls eine willfähige Puppe. Sein Sohn, P'u-lun, wurde später zweimal, 1875 und 1908, als möglicher Kaiser ins Gespräch gebracht.

Seite 110: Es gibt viele Theorien über diese Siegel und wer welches von ihnen besaß. So heißt es etwa bei Tony Teng: »Ein kaiserliches Siegel, das die Begriffszeichen ›Seine Majestät hat gelesen‹ trug, wurde der Achterbande zur Aufbewahrung übergeben; das andere mit den Begriffszeichen ›der kaiserliche Saal von Tung-tao‹ (Thronsaal des Östlichen Weges) befand sich in der Obhut von Hsien-fengs verwitweter Kaiserin Tz'u-An.

Nach Tony Teng wurde Tz'u-Hsi 24 Stunden später als Tz'u-An zur Kaiserinwitwe ernannt. Während die täglichen Palastprotokolle dafür keine Erklärung geben, nimmt Teng an, daß es einen heftigen Streit zwischen Yehe Nara und Su Shun über die Ehrenbezeigungen nach Hsien-fengs Tod gab. Es ist wahrscheinlich, daß Tz'u-An sich für Yehe Nara einsetzte und daß Su Shun vor den beiden Frauen kapitulierte: Tony Teng, *Prince Kung*, S. 79. Lange Zeit in ihrem Leben lebten Tz'u-Hsi im westlichen und Tz'u-An im östlichen Teil der Verbotenen Stadt: von daher rühren ihre Bezeichnungen »westliche« und »östliche Kaiserin«. Während der alliierten Besatzung 1900 wurden diese Pavillons von Westeuropäern geplündert und verwüstet. Nur die Räume der im Ruhestand lebenden Konkubinen im nordöstlichen Sektor wurden verschont. Als Tz'u-Hsi 1901 nach Peking zurückkehrte, nahm sie ihren Wohnsitz in diesem nordöstlichen Teil, dem einzigen Teil, der nicht entweiht/beschmutzt worden war. Deswegen ist auf später gedruckten Karten ihr Wohnsitz im Osten statt im Westen vermerkt.

Seite 115: »Kaum hatte er sich dem Leichnam genähert«: Tony Teng, *Prince Kung*, S. 85.

Seite 116: Zu den hohen Beamten, die begannen, Denkschriften nach Jehol zu schicken, gehörten auch die Großsekretäre Chia Chen und Chou Tz'u-pei; die erwähnte Petition stammte vom Zensor Tung Yuan-shan: Mary Wright, *The Last Stand*, S. 17.

Seite 148: »Angemessener und überzeugender«: Tony Teng, *Prince Kung*, S. 87 f. In dem Edikt hieß es ferner: »Obwohl die Aufzählung der Sonderregenten loyale und gelehrte Männer umfaßt, ist Ihr bescheidener Diener der Meinung, daß es zweckmäßiger und überzeugender wäre, darüber hinaus ein oder zwei weitere enge Mitglieder des kaiserlichen Clans als kaiserliche Regenten hinzuzuziehen, um den Kaiser anzuleiten und die Kaiserinwitwe in Staatsangelegenheiten zu beraten.«

Seite 117: »Niemals in der Geschichte unseres Volkes«: Tony Teng, *Prince Kung*, S. 89.

Seite 119/120: Text des Edikts vom 8. November bei: Bland und Backhouse, *China*, S. 47.

Seite 120: Ching-shou, der für Prinz Kung den Spitzel gemacht hatte, war mit Kungs älterer Halbschwester verheiratet, doch diese war inzwischen verstorben, so daß ihre Gefühle keine Rolle spielten, als es darum ging, Ching-shous Schuld oder Unschuld an der Verschwörung in Jehol festzustellen.

Seite 121: »Kühner Plan«: Bland und Backhouse, *China*, S. 33.

»Prinz Kung... in geheimem Briefwechsel«: Bland und Backhouse, *China*, S. 37.

Collis ist nur einer von vielen Autoren, die besonders herausstreichen, Yehe Nara sei sexuell unersättlich gewesen. Weng Ching behauptet, der Kaiser sei gegenüber Su Shun mißtrauisch geworden, weil dieser »ein zu glühender Bewunderer von [Yehe Nara] war«. Dorn und Haldane erfanden abenteuerliche Geschichten über ihr Liebesleben mit Jung-lu und schmückten damit Gerüchte aus, die ihren Ursprung bei Bland und Backhouse hatten. Hussey erzählt uns, in Jehol »verfiel Hsien-feng zusehends. Es war für jedermann erkennbar, daß ihm nur noch wenige Wochen oder gar Tage zu leben blieben. Um seine Schmerzen zu lindern, wurde er fast ständig unter Opium oder Medikamente gesetzt. Während in diesem Zustand seine Einstellung zu [Yehe Nara] allmählich von Su Shun vergiftet wurde... beschuldigte dieser [Yehe Nara] unerlaubter Beziehungen zu [Jung-lu]. Wie weit es den Verschwörern gelang, den Kaiser davon zu überzeugen, wissen wir nicht, doch gelang es [ihnen], den Kaiser zur Unterzeichnung eines Edikts zu bewegen, mit dem sie zu Regenten bestimmt wurden... Des weiteren erreichten sie, daß der Kaiser ein Dekret erließ, mit dem [Yehe Nara] gezwungen wurde, bei seinem Ableben Selbstmord zu begehen«.: Hussey, *Venerable Ancestor*, S. 115. Das alles ist natürlich reine Erfindung.

Die Behauptung, Yehe Nara habe den Kaiser mit Gift zugrunde gerichtet, wurde von Collis verbreitet, der schreibt, ein Hofarzt habe dem Kaiser täglich zwei Teelöffel eines Tranks verschrieben, doch auf den Rat Yehe Naras habe der Kaiser davon täglich zwei Trinkschalen zu sich genommen. Als der Arzt von dieser Überdosis erfuhr, war er völlig entsetzt. Nach Collis erschien der Eunuch Li Lien-ying mit einer weiteren Schale des Tranks und nötigte sie dem Kaiser mit den Worten auf: »Es ist von [Yehe Nara] selbst zubereitet worden... Seine Majestät weiß, daß Ihre Hoheit eine hervorragende Köchin ist.« Der Kaiser tat bald seinen letzten Atemzug, doch der Arzt hatte vor Yehe Nara so viel Angst, daß er eine natürliche Todesursache diagnostizierte. Collis wußte offensichtlich nichts von den komplizierten Sicherheitsvorkehrungen, mit denen jede Vergiftung am Hof verhindert werden sollte. In ihrer Unbedarftheit ist die Schilderung von Collis typisch für die Behandlung von Tz'u-Hsi durch Roman- und Theaterautoren. In Filmen der Volksrepublik China läßt Tz'u-Hsi ihre Feinde in Stücke schneiden, die in Brunnen geworfen werden.

Das Dekret, das Tz'u-An angeblich die Vollmacht gab, Yehe Nara hinrichten zu lassen, geht zurück auf Gustav Detring, Harts Zollkommissar in Tientsin und Vizekönig Lis Handlanger, der plante, eine dynastische Geschichte zu schreiben. Auf diese Idee verfiel er nicht zur Zeit der Auseinandersetzung um die

Thronfolge 1875, sondern erst 20 Jahre später aufgrund von Klatschgeschichten, die gegen die Mandschu in die Welt gesetzt wurden. Hart notierte sich das, was Detring erzählte, ohne Kommentar.

Seite 123: Lady Jane Grey: Die Intrigen des Tudorhofs während der englischen Thronfolgekrise von 1553 vermitteln interessante Einblicke in das gefährliche Geschäft von Monarchie und Regentschaft. Auf dem Sterbebett wurde der fünfzehnjährige tuberkulosekranke König Edward VI. von seinem mächtigen Ratgeber, John Dudley, Herzog von Northumberland, dazu bewogen, seine Halbschwester Maria als Bastardin zu verleumden. Unter Mißachtung der englischen Erbfolgegesetze und des Willens seines Vaters, König Heinrichs VIII., benannte Edward seine Cousine Lady Jane Grey zu seiner Nachfolgerin. Die fünfzehnjährige Lady Jane Grey (die zugleich Northumberlands Schwiegertochter war) brach ohnmächtig zusammen, als sie die Nachricht vernahm, wurde jedoch dessenungeachtet zur Königin von England ausgerufen. Ihre Regierung war eine der kürzesten in der Geschichte. Nur neun Tage später errangen Maria, die legitime Thronerbin, und ihre Anhänger den Sieg, und Lady Jane Grey wurde in den Londoner Tower geworfen. Verraten von denselben skrupellosen Politikern, die sie zur Annahme der Krone gezwungen hatten, bekannte sich die kleine Königin wider Willen des Hochverrats schuldig, dessen man sie angeklagt hatte, und wurde zum Tod verurteilt. Wegen mildernder Umstände wurde die Strafe umgewandelt. Leider sah Lady Janes Vater in dieser Milde eine Schwäche der Königin Maria und hielt den Augenblick für gekommen, selbst einen Aufstand zu inszenieren. Es wäre zuviel verlangt gewesen, hätte Maria auch diesen Frevel jenes aufsässigen Zweigs ihrer Familie hingenommen, und so wurde Lady Jane Grey am 12. Februar 1554, vier Monate nach der Feier ihres 16. Geburtstags, enthauptet.

Seite 124: »Es gab eine Palastrevolution in Peking«: National Archives, Record Group 59.

4. Kapitel: Hinter einem Gazevorhang

In den letzten Jahren haben Luke Kwong und Sue Fawn Chung mit als erste eine Neubewertung des Persönlichkeitsbilds der Kaiserinwitwe Tz'u-Hsi vorgenommen. Diejenigen, die sich nach der Jahrhundertwende zu ihren Verteidigern aufschwangen, wie Sarah Conger, Yu Derling und Katherine Carl, wurden von zeitgenössischen »Fachleuten« wie J. O. P. Bland als Dummköpfe abgetan. Doch ihre Sicht der Dinge wurde inzwischen als die richtige bestätigt.

Seite 127: »Unsichere und beschwerliche Zeiten«: Kwong, *A Mosaic*, S. 29.

Seite 129: Die nackten Tatsachen sind die, daß Wu 625 n. Chr. geboren wurde, kurz nach Begründung der Tang-Dynastie. Im Alter von 13 Jahren wurde sie eine von 120 offiziellen Konkubinen des Gründers der Dynastie, Kaiser T'ai-tsungs. Von Hunderten von Kaisern während 2000 Jahren waren nur ein Dutzend große Männer, die mit eiserner Faust regierten, das Reich umgestalteten und ihm eine neue Richtung gaben, die auf Generationen hinaus Bestand haben sollte. Kaiser T'ai-Tsung war einer von ihnen. Indem er China einigte, bereitete er den Boden für eine Renaissance, eine schöpferische Blütezeit, wie sie nach Meinung zahlreicher Wissenschaftler bis heute nicht mehr erreicht wurde. Die Verwirklichung dieser Veränderungen und ihre Institutionalisierung gehen zu einem Großteil auch auf das Konto der Kaiserin Wu, die nach dem Tod T'ai-tsungs die Macht übernahm und China ein halbes Jahrhundert lang regierte. Soweit reichen die wenigen biographischen Fakten. Danach wird ihre Geschichte zu einer Oper für Falsettstimmen, voll von sexueller Verdorbenheit, Mord und Verschwörung – aufschlußreich weniger im Hinblick auf Wu als auf die chinesischen Männer sowie darauf, welches Bild sie von Frauen, vor allem von erfolgreichen Frauen haben. Auch Charles Fitzgerald hat in seiner berühmten Biographie *The Empress Wu* keinen Unterschied zwischen Fakten und Männerphantasien gemacht.

Seite 130: Nachdem sie sich ihrer Rivalinnen entledigt hatte, schaltete Wu alle lästigen politischen Berater aus. In einem Land, in dem Grausamkeit eine Kunstform ist, wurden Wus Methoden als außergewöhnlich betrachtet. Sie hetzte sie zu Tode und ließ obendrein ihre Familienangehörigen mitbüßen. Bei männlichen Herrschern war ein solches Vorgehen in China nichts Ungewöhnliches, doch Wu war eine Frau, und deshalb war sie böse und pervers.

Seite 131: »Ihren Körper zu erniedrigen«: Fitzgerald, *The Empress Wu*, S. 44. Chinesische Liebesspiele werden unterhaltsam und ausführlich beschrieben in: Chou, *The Dragon and the Phoenix*; Gulik, *Sexual Life in Ancient China*, und Tannahill, *Sex in History*.

Im Einklang mit der Tradition der chinesischen Anekdotengeschichte waren ihre Liebhaber von der Natur üppig ausgestattet, was besonders für einen gewissen jungen Glücksspieler zutraf. Angeblich machte Wu einer ihrer Hofdamen den Vorschlag, sich von der Qualität der von ihm feilgebotenen Ware durch eine Probe zu überzeugen, doch die Frau sträubte sich schon beim Anblick und rief: »Es muß von einem Maultier sein. Ich bitte Euch, mich von dieser Tortur zu verschonen.« Statt dessen wurde ihr gestattet, mitanzusehen, wie die Kaiserin selbst ihr Maultier bestieg: Chou, *The Dragon and the Phoenix*, S. 29. Einer von Wus »Weißgesichtern« war angeblich ein fahrender Händler namens Hsueh, der sich auf Aphrodisiaka spezialisiert hatte und deren Wirkung persönlich vorführte. Die dankbare Wu machte diesen heiligen Mann prompt zum Abt des Klosters zum weißen Pferd: Fitzgerald, *The Empress Wu*, S. 129–135.

Seite 132: Die Changs erlangten so viel Macht, daß selbst die Satrapen am Hof um ihre Gunst wetteiferten. Ein schamloser Mandarin rief verzückt, der jüngere Chang müsse die Reinkarnation eines berühmten Weisen der Chou-Dynastie sein, der auf dem Rücken eines Kranichs in den Himmel aufgestiegen war. Der Kaiserin Wu gefiel dieses Bild so gut, daß sie ein Festspiel inszenierte, bei dem Chang ein Federkostüm trug und auf dem Rücken eines mechanisch bewegten künstlichen Kranichs zum Himmel auffuhr: Fitzgerald, *The Empress Wu*, S. 163–167.

Das Gedicht ist zitiert nach: Hilda Hookham, *A Short History of China*, S. 25.

Seite 134: Die Beurteilungen Tsengs stammen aus: Kwong, *A Mosaic*, S. 36 f.

Seite 136: »Der grenzenlose Einfallsreichtum«: Bland, *Recent Events*, S. 66.

Seite 137: Zur Bildung der Kaiserinwitwen vgl. Kwong, *A Mosaic*, S. 21.

Seite 138: Die Definition einer »Standeswitwe« (dowager) ist dem *Webster's Dictionary* entnommen.

Der *North China Herald* in Shanghai berichtete Ende November 1861, Tz'u-An sei »schön, mutig, fähig und ausländerfreundlich«, ohne daß deutlich wäre, worauf sich dieses Urteil stützte. Zwar erwähnt Robert Hart Tz'u-

An kurz in seinem Tagebuch, jedoch nicht in seiner umfangreichen geschäftlichen Korrespondenz mit London, abgesehen von einer beiläufigen Bemerkung über ihre Beerdigung in einem Brief vom 30. Oktober 1881. Eine kurze Biographie gibt: Hummel, *Eminent Chinese*.

Seite 141: Zum Bedürfnis der Kaiserin nach ständig frischer Luft vgl.: Carl, *With the Empress Dowager in China*, S. 36.

Seite 142: »Ich rede nicht... über diese Räume«: Derling, *Two Years in the Forbidden City*, S. 320f.

Seite 143: Die zuverlässigste Darstellung dieser alltäglichen Verrichtungen stammt von Carl und Derling, die monatelang in der unmittelbaren Umgebung Tz'u-Hsis gelebt haben. Zwar machten sie ihre Beobachtungen erst nach der Jahrhundertwende, doch waren die Einzelheiten der Verbotenen Stadt und der Pavillons von Tz'u-Hsi gleich geblieben.

Seite 147: »Es war allgemein bekannt«: Bland und Backhouse, *China*, S. 90.

5. Kapitel: Zwei Männer auf einem Pferd

Seite 150: J. Roberts, der Kaiser Hung als Lehrer betreut hatte, schrieb: »Ich bin [jetzt] davon überzeugt, daß er den Verstand verloren hat, vor allem in religiösen Dingen... Er bezeichnet seinen Sohn als den jungen Welterlöser und sich selbst als den echten Bruder Jesu Christi.«: Li Chien-lung, *The Political History of China*, S. 81.

Ein Historiker meinte, nachdem Hungs Versuch gescheitert war, in den Beamtenstand aufgenommen zu werden, habe er »angefangen, nachzudenken«.: Forbes, *Chinese Gordon*, S. 32f. Der Gedanke, ein jüngerer Bruder Christi zu sein, war nicht völlig abwegig. Nach *Jesus, the Evidence* hatte Jesus tatsächlich einen jüngeren Bruder, doch blieb dieser Umstand ebenso wie andere biographische Einzelheiten unerwähnt, als die Jesus-Legende durch das Konzil von Nikäa ab dem Jahr 325 umgeschrieben wurde; danach durfte ein in den göttlichen Stand erhobener Jesus keinen sterblichen oder gar einen orientalischen Bruder haben.

Seite 151: Schon immer hatte die chinesische Oberschicht solche Aufstände dadurch überlebt, daß sie im letzten Augenblick ins Lager der Sieger überlief und diesen einen intakten Verwaltungsapparat zur Verfügung stellte. Der entscheidende Fehler der Tai-ping-Rebellen bestand darin, daß sie das Überleben der Oberschicht als die allgemein anerkannte Bürokratie in Frage stellten und sie auf diese Weise in ihrer Existenz bedrohten. Hätten sie das konfuzianische System vorläufig unangetastet gelassen, dann hätten sie möglicherweise die Unterstützung der Bürokraten gefunden, bis die Mandschu verjagt waren. Doch die Rebellen waren zu aufrichtig.

Ein Großteil des Materials in diesem Kapitel, das sich auf Tseng bezieht, ist der ausgezeichneten Untersuchung von Porter, *Tseng Kuo-Fan's Private Bureaucracy*, entnommen.

Die außergewöhnliche Provinz Hunan war auch die Heimat Mao Tse-tungs.

Yung Wing, der erste Chinese, der in den Vereinigten Staaten studierte, schildert Tseng so: »Sein Gesicht war offen und etwas behaart. Er ließ seine Koteletten ungehindert wachsen: Sie hingen ihm zusammen mit seinem Vollbart auf eine breite Brust herab und verliehen seiner gebieterischen Erscheinung eine zusätzliche Würde. Seine Augen waren zwar nicht groß, blickten jedoch scharf und durchdringend. Sie waren von klarer, brauner Farbe. Sein Mund war groß, aber wohlgeformt, mit dünnen Lippen, die einen starken Willen und Zielstrebigkeit signalisierten.«: Yung Wing, *My Life in China and America*, S. 145 f.

Seite 152: In ihrer Anfangszeit erlitt auch Tsengs Armee in Hunan ihre Niederlagen; diese Rückschläge machten Tseng so mutlos, daß er zweimal versuchte, sich zu ertränken, doch wurde er von seinen Leuten gerettet.

Im Westen sind die meisten Darstellungen der inneren Mechanismen des Mandschu-Hofs oberflächlich und erscheinen in umfassenderen Büchern über China von westlichen Autoren, die an den Mandschu selbst kein Interesse zeigen. Wer sich hier zuverlässig informieren will, sei auf die Untersuchung von Hsieh Pao-chao, *The Government of China*, verwiesen.

Seite 153: Der Ausdruck »Mitregentinnen« stammt vom (englischen) Übersetzer und darf nicht wörtlich verstanden werden.

Über die organisatorischen und Führungsqualitäten Tsengs hat ein Chinese gesagt: »Die Begabungen strebten ihm zu wie die Speichen zur Nabe eines Rads.« Ein anderer verglich seine Führungskunst mit dem Handwerk eines »großen Zimmermanns: Vom besten Holz bis zu den schäbigsten Abfällen gab es nichts, für das er keine Verwendung gehabt hätte. Um ihm seine Form zu geben, vermaß er es zunächst, dann bearbeitete er es mit dem Stemmeisen, und schließlich glättete er seine Oberfläche. Nachdem er ihm seine endgültige Bestimmung als Pfeiler, Dachsparren, Traufe oder Keil zugewiesen und alles meisterlich zusammengefügt hatte, erfüllte jeder Mann genau die Aufgabe, die [Tseng] ihm zugedacht hatte.« Beide Zitate nach: Porter, *Tseng Kuo-Fan*, S. 23 f.

Tseng lebte nach den Regeln des Sün-tse, der gesagt hatte: »Der General muß in den Mühen und Strapazen des Heeres in vorderster Linie stehen. In der Hitze des Sommers trägt er keinen Schirm und in der Kälte des Winters keine warme Kleidung. An gefährlichen Stellen muß er absteigen und zu Fuß gehen. Er trinkt erst, nachdem für das Heer Brunnen gegraben wurden, nimmt erst dann Nahrung zu sich, wenn das Essen für die Soldaten gekocht ist, sucht erst dann für sich Schutz, wenn die Verschanzungen der Soldaten fertiggestellt sind.«

Seite 154: Li Hung-changs Großvater und Urgroßvater verkauften Gelehrtendiplome von derselben Art, wie General Tseng sie verkaufte, um Geld für seine Feldzüge gegen die Tai-ping-Aufständischen zu beschaffen. Lis Vater war dagegen ein hochverdienter Gelehrter und hatte das höchste Beamtenexamen im selben Jahr wie Tseng Kuo-fan bestanden. Zwischen Männern mit demselben Examensgrad bestand eine besondere Bindung.

Seite 155: »Ich bin der Sohn eines armen Mannes«: Liu Kwang-ching, »The Confucian...«, S. 24.

Insgesamt standen vier Li-Brüder in Tsengs Diensten: Spector, *Li Hung-chang*, S. 17.

Ein »zu seichtes Gewässer«: Spector, *Li Hung-chang*, S. 18. Tseng stand noch vor dem Morgengrauen auf, um zusammen mit seinen Helfern zu frühstücken, während Li sich noch genüßlich im Bett räkelte. Aufgebracht ließ Tseng ihm ausrichten, der General könne nicht essen, bis alle seine Mitarbeiter anwesend seien. Li eilte ins Essenszelt, wo das Frühstück unter Schweigen eingenommen wurde. Bevor die Tafel aufgehoben wurde, knurrte Tseng: »Was wir hier am meisten schätzen, ist das Wort ›Offenheit‹, mehr nicht.« Schließlich entband

Tseng ihn von seiner Pflicht. Beleidigt blieb Li dem General über ein Jahr lang fern. Tseng konnte ihn nur zurückgewinnen, indem er ihm einen Klagebrief schickte: »Ich bin krank von innen und von außen... Wenn Sie mir nichts nachtragen, hoffe ich, daß Sie zu mir zurückkommen.« Im Herbst 1861 kehrte Li zurück.

Seite 157: Tschekiang lag 70 Kilometer östlich von Nanking am Zusammenfluß von Jangtsekiang und Kaiserkanal, auf den die Zentralregierung wegen des Transports von Tributwaren und Steuergeldern angewiesen war. Shanghai war ebenfalls bedeutend und wurde bald zum Trichter für den Küstenhandel und die Wasserwege, die das Jangtse-Delta mit dem Hinterland verbanden, so daß Kanton als Zentrum des Tee- und Seidenhandels in den Hintergrund gedrängt wurde: Spector, *Li Hung-chang*, S. 27f.

Tseng verteidigte Shanghai nur widerwillig, da die Stadt alles repräsentierte, was er an den Fremden und an seinen Landsleuten verabscheute, die sich mit ihnen in Geschäften und Vergnügungen zusammentaten. Er gab den Westeuropäern die Schuld am Tai-ping-Aufstand, da sie das Christentum nach China gebracht hätten: Spector, *Li Hung-chang*, S. 28.

Um einen Bewohner Shanghais zu zitieren: »Vornehme Männer flohen aus ihren Wohnorten und suchten hier Zuflucht. Und während sie sich dem Spiel hingaben, tranken, sich mit Gesprächen und Dichtung die Zeit vertrieben, hätten sie beinahe das Wüten des Krieges vergessen.«: Cohen, *China and Christianity*, S. 34.

Die Armee Gouverneur Hsuehs bestand aus »Raufbolden und Halunken von der Straße, die zum Kämpfen so gut wie untauglich waren«.: Spector, *Li Hung-chang*, S. 31.

Zu der Geschichte vom Bauern und dem Hasen vgl.: Spector, *Li Hung-chang*, S. 36.

Seite 158: Songjiang fiel am 16. Juli 1860, wurde jedoch bald von den Tai-ping-Rebellen zurückerobert. Zu einer Karte der Feldzüge der Ewig Siegreichen Armee vgl.: Morse, *The International Relations*, Bd. 2.

»Die erste und beste Nachricht«: Morse, *The International Relations*, Bd. 2, S. 71, Anm. 27.

Seite 159: »Was ist wichtiger«: Spector, *Li Hung-chang*, S. 53.

Lis Armee wuchs auf 40000 Mann an, von denen 10000 mit Sharp-Gewehren ausgerüstet waren. Sein Hauptquartier in der Nähe der Ausländersiedlung brachte ihm den Einfluß der westlichen Ausländer in Shanghai sowie die Tatsache, daß die Chinesen vor ihnen auf dem Bauch lagen, schmerzhaft zu Bewußtsein. Ihn beunruhigten Vermutungen, daß nach der Niederschlagung der Tai-ping-Rebellen Shanghai und seine Einkünfte unter westliche Kontrolle kommen sollten. Es braute sich viel Unheil zusammen. »Wir folgen dem Frost über das Eis«, schrieb er, »es lauert tatsächlich eine versteckte Gefahr.«: Liu Kwang-ching. »The Confucian..., S. 18.

»Dieser verteufelte Gouverneur«: Burlingame Papers, Manuscripts Collection, Library of Congress.

Seite 160: Der Schuß in Wards Rücken: Little, *Li Hung-chang*, S. 15. Ward erhielt ein Ehrenbegräbnis wie ein chinesischer General. Sein Hund, »eine große, struppige, schwarzweiß gefleckte Kreatur«, starb passenderweise wenige Tage später und wurde neben ihm begraben.

»China«-Gordon schilderte Burgevine als »Mann von großen Versprechungen« und sagt von ihm, er sei immer wieder »heftigen Wutanfällen ausgesetzt, so daß jedermann sich in Gefahr brachte, der ihm einen Ratschlag anbot, der nicht nach seinem Geschmack war. Er war extrem auf seine Würde bedacht«.: Spence, *To Change China*, S. 79f.

Gordon übernahm das Kommando am 23. März 1863.

Der Leser sei vor bestimmten Teilen von Charles Trenchs Biographie *The Road to Khartoum* gewarnt, worin die Beurteilung Lis sich weitgehend auf Erinnerungen stützt, die von William Mannix in *Memoirs of Li Hung Chang* gefälscht wurden. Obwohl diese Memoiren schon 1923 als Fälschungen entlarvt wurden, erwähnt Trench 55 Jahre später lediglich, daß »ihre Echtheit nicht über jeden Verdacht erhaben« sei.

Seite 161: Gordon war ein merkwürdiger Mensch: Obwohl er Nichtschwimmer war, hatte Gordon die exzentrische Angewohnheit, sich von Zeit zu Zeit in ein geeignetes Gewässer zu stürzen, um sich anschließend von den bestürzten Umstehenden retten zu lassen: Smith, *Mercenaries and Mandarins*, S. 125.

Gordon bemerkte von den Männern der Ewig Siegreichen Armee, »[sie] waren sehr empfindlich auf ihre jeweilige Vorrangstellung bedacht und konnten sich wegen der kleinsten Kleinigkeit in eine heftige Erregung des Gemüts steigern ... Gewöhnlich befand sich die eine Hälfte von ihnen in einem heftigen Zustand des Streits mit der anderen Hälfte«.: Spence, *To Change China*, S. 82.

Als Burgevine versuchte, über den US-Gesandten Burlingame seine Wiedereinstellung zu erreichen, ging er nach Peking und war dort der Gast der Familie Burlingame. »Er kam mit Geschenken überladen bei uns an«, schrieb Mrs. Burlingame. »Für mich brachte er zwei Sänften mit ... ein paar Bücher und Bilder, für Gertie [ihre Tochter] eine hübsche Schachtel mit französischem Konfekt, für Anson sechs Flaschen kalifornischen Wein, einen Globus und einen großen Atlas ... Gertie ist ganz begeistert von General Burgevine und sitzt jetzt neben ihm ... während er ein Kleid für ihre Puppe näht.«: Briefe vom 11. und 24. Mai 1863, Burlingame Papers, Manuscript Collection, Library of Congress.

Seite 162: »Vorsätzlichen Verrat«: Smith, *Mercenaries and Mandarins*, S. 161.

Die Anekdote mit dem Haupt des getöteten Prinzen findet sich in Juliet Bredons Biographie *Sir Robert Hart*, in der auch die Erinnerung ihres Onkels an diese Ereignisse enthalten ist.

Gordons Porträt, das ihn in der kaiserlich gelben Reitjacke zeigt, hängt im Speisesaal der Königlichen Pioniere in Chatham. Li erhielt seine gelbe Jacke im Februar 1864: Little, *Li Hung-chang*, S. 38. Zu der Jacke und ihrer Bedeutung vgl.: A. C. Scott, *Chinese Costume in Transition*, S. 25.

Alicia Little schrieb 1904: »Man hat von Li Hung-chang behauptet, daß es während seiner Laufbahn immer wieder Zeiten gegeben habe, vor allem während des Tai-ping-Aufstands, in denen er insgeheim den Thron anstrebte. Gordon erwähnte dieses Gerücht in Briefen, die er 1863 von China aus geschrieben hatte, ohne ihm allerdings mehr Bedeutung beizumessen, als es verdiente.« Vgl. auch: Bland, *Li Hung-chang*, S. 99f.

Im Mai 1864 wurde die Ewig Siegreiche Armee mit 100000 Silbertael abgedankt. Während der beiden letzten Jahre ihres Bestehens hatte sie fast drei Millionen US-Dollar gekostet. Ihr Beitrag zur Niederschlagung der Tai-ping-Rebellen war unbedeutend, doch aufgrund ihrer Existenz genoß Li eine unangefochtene Autorität.

Seite 163: »Rauch und Flammen«: Hookham, *A Short History of China*, S. 287.

»Weiß wie Schnee«: ebd., S. 286.

Li wurde es nicht gestattet, an der letzten Schlacht teilzunehmen. Tseng wollte allein seinem Bruder den Sieg und dessen Früchte zukommen lassen. Li war damit beschäftigt, Geld aus Kaufleuten in Shanghai herauszupressen, um dieses letzte barbarische Gemetzel zu finanzieren. Tseng litt unter akutem Geldmangel, und nur durch die Plünderung von Nanking konnte er gewährleisten, daß seine Soldaten friedlich auseinandergingen: Spector, *Li Hung-chang*, S. 95.

»Beim Blick zurück auf unsere Geschichte«: Teng, *Prince Kung*, S. 134.

Die Geheimbotschaft wird erwähnt bei: Hsu, *The Rise of Modern China*, S. 302.

Seite 164: Die Nien waren an den Grenzen von Shantung, Kiangsu, An-wei und Honan tätig. Hungersnot und höhere Steuern zur Finanzierung der Feldzüge gegen die Tai-ping-Aufständischen erhöhten ihre Popularität. Li hatte den Kern seiner Privatarmee aus denselben Banden und Geheimgesellschaften in An-wei rekrutiert: Chesneaux, *Secret Societies in China*, S. 40.

Weil es ihm nicht gelungen war, Lord Elgin aufzuhalten, wurden Seng von der Achterbande alle militärischen Ränge und Titel aberkannt. Nach dem Putsch von Jehol setzte Prinz Kung sich für ihn ein und sorgte dafür, daß er zu einem Prinzen zweiten Grades gemacht und wieder zu einem Günstling am Hof wurde.

Die Soldaten Tsengs und Lis sollten mit Seng zusammenarbeiten, doch er war nicht in der Lage, sie zu kontrollieren. Ihre Kommandeure weigerten sich, Sengs Befehle auszuführen, wenn diese nicht mit Tseng und Li abgesprochen waren, was mehrere Tage dauern konnte: Spector, *Li Hung-chang*, S. 10.

Einige von Harts Assistenten gingen mit zu Sengs Beerdigung in Peking. Hart schrieb: »Nach dem Gesetz ist es verboten, einen Leichnam nach Peking zu bringen, doch bei besonderen Anlässen, wenn ein besonders verdienstvoller Mann zu ehren ist, werden die Bestimmungen etwas gelockert... Dem von 124 Trägern getragenen Sarg ging das Pferd des Verstorbenen voran, und hinter ihm kam sein Sohn als Haupttrauernder, gefolgt von den Sänften und Wagen, die der Tote zu seinen Lebzeiten benutzt hatte.«: Tagebucheintragung Harts vom 13. Juli 1865.

Tseng ließ verlauten, er würde gern nach Nanking zurückgehen, doch inzwischen hatte man einem Beamten namens Ma dieses Amt übertragen. Bald darauf wurde Ma auf dem Weg in seine Behörde erstochen. Der Verdacht kam auf, daß der Mörder Hintermänner hatte, darunter einen von Lis engsten Mitarbeitern namens Ting (später Admiral Ting). Obwohl Ting entlastet wurde, nahm er klugerweise einen vierjährigen Urlaub, um seine verstorbene Mutter zu beweinen. Todesfälle und Krankheiten waren geeignete Vorwände. An einer schweren Krankheit leidende Beamte wurden auf wunderbare Weise kurz nach einem Wechsel des politischen Klimas wieder gesund. Ting wurde von Li reich belohnt – ob für seinen Anteil an der Ermordung Mas oder für zahlreiche andere Dienste, muß allerdings offenbleiben. Durch den Mord an Ma konnte Tseng jedenfalls seinen Posten als Vizekönig von Nanking wieder einnehmen, während Li dadurch Vizekönig von Chihli wurde.

6. Kapitel: Leben in einem Schleier von Gelb

Die Schilderung des Palastlebens für einen Kindkaiser stützt sich zum Teil auf die Autobiographie von: Pu Yi (P'u yi), *Ich war Kaiser von China,* München 1987. In der Verbotenen Stadt änderten sich die Dinge, wenn überhaupt, im Schneckentempo, vor allem im Hinblick auf die Erziehung der Kind-kaiser. Weitere Einzelheiten sind den verschiedensten Quellen entnommen. Eine andere Perspektive auf P'u yis Kindheit vermitteln die Erinnerungen seines Erziehers: Reginald Johnston, *Twilight in the Forbidden City*. Zum Leben der Eunuchen vgl.: Stent, »Chinese Eunuchs«, Tannahill, *Sex in History*, und Mitamura, *Chinese Eunuchs*. Fotografische Aufnahmen von einem »tonsurierten« Eunuchen in: Warner, *The Dragon Empress*. Daß T'ung-chih ein kraftloser Mann war, scheint keinem Zweifel zu unterliegen; dennoch stehen zu einem Großteil seines Lebens und vor allem zu seinem Tod noch zahlreiche Fragen offen.

Seite 166: Einiges über Wo Jen findet sich bei: Hummel, *Eminent Chinese;* umfassender informiert: Chang Hao, »The Antiforeignist Role of Wo-jen«.

Seite 167: Hibbert, *The Dragon Wakes*, und viele andere erzählen die Geschichte von Ch'ien-lung und Ho Shen.

Seite 168: Das »Hauptinstrument«: Shen Han-yin, »Tseng Kuo-fan in Peking«, S. 70.

Um Wo Jen zu einem Kontakt mit Ausländern zu zwingen, berief Prinz Kung ihn in das Tsungli Yamen. Chang Hao schildert, wie Wo Jen sich vom Pferd fallen ließ, um sich den Fuß zu verletzen, Krankheit vorschützte und von allen Pflichten mit Ausnahme der Erziehung T'ung-chihs entbunden wurde. Jahre später erfand Yuan Shih-kai einfach einen schlimmen Fuß.

Seite 170: Eine »ordentliche Tracht Prügel«: Brief von Mrs. Anson Burlingame vom 18. Januar 1863, Burlingame Papers, Manuscript Collection, Library of Congress.

Seite 171: »Wie es heißt, ist er kindisch«: *New York Times* vom 3. November 1872.

»Sooft ich an meine Kindheit zurückdenke«: Pu Yi, *Ich war Kaiser von China,* S. 35.

Seite 172: George Carter Stent trat 1869 in Harts Zollbehörde ein und verfaßte ein Jahrzehnt später eine bahnbrechende Studie über die chinesischen Eunuchen: »Chinese Eunuchs«. Eine gekürzte Fassung wurde dem US-Außenministerium übersandt und befindet sich in den National Archives, Record Group 59. Trotz der »rohen Art und Weise, wie die Operation vorgenommen [wurde]«, kam es dabei kaum zu Todesfällen.

Seite 173: »Halbmann« war der Begriff, den Matteo Ricci gebrauchte, ein Jesuit und Ratgeber in der Verbotenen Stadt von 1601 bis 1610.

Hsi-tsung war als der »Tischler-Kaiser« bekannt, da er seine Tage damit zubrachte, Holz zu schnitzen. Der Eunuch Wei liquidierte Hunderte von Beamten, weil sie ihn mit den Beschwerden des Volkes belästigt hatten.

Mitamura, *Chinese Eunuchs,* und Tannahill, *Sex in History,* enthalten Hintergrundinformationen zur Eunuchengesellschaft.

Osbert Sitwell, *Escape with Me,* hat mit diesen verwelkten Geschöpfen nach dem Zusammenbruch der Ching-Dynastie Gespräche geführt. Vgl. dazu auch: Burke, »Eunuchs of Peiping«.

Seite 174: »[Keine] Begabung«: Kwong, *A Mosaic,* S. 42 f.

Seite 175: Er »treibe sich ständig mit Eunuchen herum«: Denkschrift von 1874, die Prinz Kung an T'ung-chih wegen dessen Benehmen übersandte. Für Kwong war es ein Machtkampf, während hier die Distanz zwischen den beiden Männern ausschlaggebend war. Tengs Dissertation ist eine der wenigen Untersuchungen, die das ausschließliche Augenmerk auf die Rolle Prinz Kungs am Hof lenkt. Dessen Person ist bislang von der Forschung zu wenig beachtet worden.

Seite 177: Tsai Tseng wird erwähnt in: Kwong, *A Mosaic*, S. 43 f. Kungs Söhne gerieten immer wieder in Schwierigkeiten. Robert Hart notierte am 15. Juli 1880, einer der Söhne habe ein Mädchen geraubt. Tsai Cheng starb kinderlos mit Anfang zwanzig.

Seite 178: »Er hatte offenbar einen ungeheuren sexuellen Verschleiß«: Tagebucheintragung Harts vom 11. Januar 1875. Hart vermerkte nur selten Klatschgeschichten und Gerüchte in seinem Tagebuch und niemals Tratsch sexuellen Inhalts. Demnach hatte er diese Aussage für mehr als nur ein Gerücht gehalten. Das Schicksal Chinas hing von dem Knaben ab.

Der erwähnte Romantitel war *P'in Hua Pao Chien*, vgl.: McAleavy, *Wang T'ao*.

»Karnickel«, vgl.: Chou, *The Dragon and the Phoenix*. Eric Chou war ein chinesischer Journalist, der für Brian Crozier arbeitete, den jahrelangen Chinakorrespondenten des *Economist*. Er kannte die einschlägigen Kreise aus eigener Anschauung, und nachdem er sich vom Journalismus zurückgezogen hatte, sammelte er Material über das chinesische Sexualleben und vermischte in seinem Buch Tatsachen, Gerüchte und eigene Spekulationen – mit gewissen Abstrichen ein informatives Werk.

Seite 181: »Eine Geste der Versöhnung«: Vgl. US-Botschafter Frederick Low an Staatssekretär Hamilton Fish, 25. März 1872, National Archives, Record Group 59.

Seite 184: Nach Angaben damaliger diplomatischer Beobachter sagte T'ung-chih den Kaiserinwitwen, er wolle, daß ihre Regentschaft mit seiner Hochzeit beendet würde, doch diese hätten das Ersuchen abgelehnt: Vertrauliche Denkschrift Low an Fish, 5. Juni 1872, National Archives, Record Group 59.

Der Streit wurde von den Kaiserinwitwen in einem Edikt vom 2. Juni 1872 heruntergespielt, mit dem ein Beamter gerügt wurde, weil er das Verhalten des Kaisers kritisiert habe. »Am 19. dieses Monats legte [ein Beamter] dem Thron eine Denkschrift vor, in der er Seine Majestät bat, mehr auf seine Kindespflicht zu achten ... und in glücklicher Eintracht mit Ihren Majestäten, den Kaiserinnen [zu] leben. Was ist das für eine kühne Sprache! Seit der Kindheit Seiner Majestät ... während der elf Jahre, in denen er auf dem Thron saß, hat er seine Pflichten uns gegenüber treulich erfüllt. In dieser ganzen Zeit hat sich an seiner Erfüllung der Kindespflicht nichts geändert. Daß er stets beständig war in der Ausübung seiner Kindespflicht, kann jeder der Minister am Hof bestätigen. [Der Beamte] bittet in seiner Denkschrift Seine Majestät, uns gegenüber in seinen Vorhaltungen gemäßigter und unseren Wünschen gegenüber weniger gleichgültig zu sein ... Wir suchen vergeblich den Zweck einer solchen Sprache zu ergründen. Sie erscheint uns als das Geifern von einem, der sich selbst etwas ausgedacht hat – eine durch und durch falsche und böse Sprache. [Der Beamte] soll der entsprechenden Behörde zur schwersten Bestrafung übergeben werden. Seine Denkschrift wird ihm mit Verachtung zurückgegeben.«: Pekinger *Staatsanzeiger* vom 2. Juni 1872.

Seite 185: »Seine Majestät gibt der Hoffnung Ausdruck«: Low an Fish, 10. Juli 1873, National Archives, Record Group 59.

»Die Zeremonie verlief zu jedermanns Zufriedenheit«, schrieb Hart an Campbell am 5. Juli 1873, »und obwohl es immer noch ein weiter Weg ist, bis

Gesandten in Peking dieselbe Stellung eingeräumt wird wie in Paris, ist dies dennoch ein weiterer Schritt, ein weiterer Punkt, der für den Fortschritt erzielt wurde. Die Dinge sehen schon jetzt etwas rosiger aus, und nachdem sie den Sprung gewagt haben, stellen [die Mandschu] fest, daß das Wasser nicht einmal halb so kalt ist, wie sie befürchtet hatten.«

Seite 186: »...Sie halten Arbeit für etwas zu Lästiges«: Teng, *Prince Kung*, S. 178 f.

Seite 188: Avery berichtet am 22. Dezember 1874 an Fish von der Krankheit des Kaisers: National Archives, Record Group 59. Ein Dekret, das am 18. Dezember 1874 im Pekinger *Staatsanzeiger* veröffentlicht wurde, beschreibt die Krankheit: »Während des gegenwärtigen Monats, in dem... wir die Wohltat der himmlischen Blumen erfahren haben, kamen der kaiserliche Prinz Tun und andere zu uns mit einer ernsthaften und gemeinsamen Bitte: Um unseren Geist zu beruhigen, sollten wir uns eine Zeitlang von den Staatspflichten zurückziehen... Wir haben persönlich beide kaiserlichen Majestäten, die Kaiserinwitwen, mehrfach inständig gebeten, der Notwendigkeit Rechnung zu tragen, jetzt auf unsere Gesundheit Rücksicht zu nehmen, und gebeten, sie mögen geruhen, alle Berichte und Denkschriften durchzusehen, die von Beamten in der Hauptstadt und der Provinz eingereicht werden, und ihnen zu entsprechen oder sie zu überarbeiten, so wie es ihnen am besten erscheint.«

7. Kapitel: Selbstmord eines Phönix

Die Darstellung der Ereignisse um T'ung-chihs Tod – die Mandschu-Intrige bei der Wahl eines Nachfolgers, der Tod von Kaiserin A-lu-te und das Wechselspiel zwischen den älteren Aisin-Gioro-Prinzen (Tun, Kung und Chun) – gehen auf die unten angeführten Quellen zurück. Durch das Zusammenfügen verstreuter Belege für die Vorgänge in Peking vom Dezember 1874 bis Ende März 1875 entsteht ein neues Bild vom Hof und der Rolle der Kaiserinwitwe Tz'u-Hsi.

Seite 190: »Aus den betreffenden Dokumenten«: Kwong, *A Mosaic*, S. 256, Anm. 12.

Seite 190/191: Zu den grundlegenden medizinischen Daten bei einer Syphiliserkrankung vgl.: *Brockhaus Enzyklopädie*, 17. Aufl., Bd. 18.

»Pockenähnliche Erscheinungen«: Lady Antonia Fraser diskutiert diese Möglichkeit in ihrer Biographie *Mary Queen of Scots* und berichtet über Marias zweiten Ehemann, Lord Darnley, dessen Kopf von scheinbaren Pockennarben gezeichnet war, die jedoch auf eine virulente Syphilis zurückgingen. Vgl. dazu auch: W. Armstrong Davison, *The Casket Letters*, Fraser; S. 339, Fußnote.

Seite 264: »An einem Motiv... fehlte es nicht«: Der US-Botschafter berichtete über Zeichen der Unzufriedenheit mit T'ung-chihs Regierung: »Der verstorbene Kaiser... hatte wenig Einfluß in praktischen Dingen, und seine kurze Zeit als nominelles Staatsoberhaupt ließ auch nicht erkennen, ob er am Ende jene Eigenschaften entwickeln würde, die ein Herrscher Chinas in dieser Epoche haben mußte, in der die Elemente der Dekadenz und Auflösung allein durch eine energische Zentralregierung unter der klugen Führung eines eigenständigen Kopfes hätten neutralisiert werden können.«: Avery an Fish, 27. Januar 1875, National Archives, Record Group 59.

Seite 193: Wie Morse schreibt, wurde die Entscheidung gegen P'u-lun »von den Kaiserinwitwen« getroffen, doch das war seine Annahme, da zahlreiche mächtige Mandschu-Vornehme bei den Versammlungen anwesend waren. Möglicherweise gab es einen ganz anderen Grund. Tz'u-Hsi machte einmal eine dunkle Bemerkung über einen »schlechten« Neffen Tz'u-Ans, der 1860 den Thron in Jehol begehrt hatte; sie konnte nur P'u-luns Vater Tsai-chih meinen. Demnach konnte die Ablehnung P'u-luns zwangsläufig erfolgt sein, da sein Vater sich mit der Achterbande eingelassen hatte.

»Sein Anspruch war möglicherweise ... berechtigter«: Der britische Gesandte Sir Thomas Wade unterrichtete das Foreign Office von gewissen Erkenntnissen, die aus den Blaubüchern getilgt worden waren: »Man nimmt an, daß Hsien-feng eigentlich nicht der vierte Sohn [von Tao-kuang] ist, sondern einige Tage später als Prinz Tun geboren wurde.« Nachdem Hsien-feng zum Erben bestimmt war, wurde Prinz Tun von der Erbfolge ausgeschlossen, indem man ihn seinem Onkel zur Adoption gab. Weiter heißt es bei Wade: »Manche nahmen an, daß einer von [T'ung-chihs] Onkeln, Prinz Tun, Prinz Kung oder Prinz Chun, auf den Thron folgen würde. Doch dagegen wurde eingewandt, daß Prinz Tun, obendrein ein großer Trunkenbold, aufgrund seiner Adoption nicht in Frage kam... daß Prinz Chun, der einfach ein gewalttätiger Mann ist, mit Sicherheit nicht Prinz Kung vorgezogen würde.« Einige glaubten, es werde ein Sohn von Prinz Tun gewählt, doch Kung überlistete seinen Halbbruder. »Man ist der Meinung, P'u-lun sei unrechtmäßig übergangen worden und man habe den Sohn des Prinzen Chun durch eine Intrige der Schwester seiner Mutter [Tz'u-Hsi] nominiert.« Wie Wade mitteilt, hatte Prinz Kung alle Mitglieder seiner eigenen Familie von der Thronfolge ausgeschlossen, weil er den »Wunsch [hatte], die Eifersucht seines Bruders, Prinz Chun, nicht zu wecken...« Letztlich behielt Kung also seine Kontrolle über die Regierung, indem er Prinz Chun gegen Prinz Tun unterstützte.

Seite 195: »Das ist euer Kaiser!«: Avery an Fish, 27. Januar 1875, National Archives, Record Group 59.

Seite 196: Um die Traditionalisten zufriedenzustellen, wurde Kuang-hsü gewissermaßen T'ung-chihs Klon. Als Kuang-hsü einen Sohn bekam, wurde dieser als Sohn T'ung-chihs anerkannt.

»Eine Dringlichkeitssitzung«: Hart notierte in seinem Tagebuch, daß die Anhänger Prinz Kungs darauf bestanden, »nach Li zu schicken und eine Versammlung hoher Beamter einzuberufen, die über die Thronfolge beschließen sollte«. Während seiner drei Jahre in Shanghai, von 1862 bis 1865, hatte Li seine Huai-Armee aufgebaut und die Einkünfte der Stadt einschließlich der Außen- und Binnenzölle (»Likin-Abgaben«) und der Salzsteuer unter seine Kontrolle gebracht. Er schuf sich einen privaten Beamtenapparat und wurde Chinas einflußreichster Gouverneur. Als seine Huai-Armee zur Kerntruppe der neuen Nordarmee wurde, stieg er außerdem zu einem der mächtigsten Militärführer Chinas auf. Als Drahtzieher hinter den Kulissen war seine Stellung unangefochten.

Seite 197: Die Situation änderte sich: Li hatte des öfteren den Tod eines Menschen verkündet, der noch nicht tot war, wie im Fall des Barons von Ketteler im Jahr 1900. Dies legt zumindest die Vermutung nahe, daß er jemanden kannte, der die Absicht hegte, den Betreffenden zu ermorden. Wenn er so etwas in die Welt setzte, tat Li dies in der Regel über Dritte, um mit Hilfe der Presse politischen Druck auszuüben; manchmal lag er allerdings wegen schlechter Nachrichtenverbindungen mit seinen Prognosen schief. Li teilte Hart privat mit, A-lu-te habe sich umgebracht, indem sie Goldstaub schluckte.

Vorliegende Darstellung von der Wahl des neuen Kaisers und des Tods von A-lu-te stützt sich auf die unveröffentlichten Tagebücher Harts, die den meisten Forschern offenbar unbekannt sind. Vgl. Harts Tagebuchnotizen für die beiden ersten Januarwochen 1875 und eine kurze Erwähnung in einem Brief Harts an Campbell vom 10. Februar 1875.

Seite 198: »Seit einem Monat«: Avery an Fish, 29. März 1875, National Archives, Record Group 59.

Seite 199/200: Daß Tz'u-Hsi von ihrem schweren Leberleiden ausgerechnet zu der Zeit befallen wurde, als T'ung-chih starb und A-lu-te »Selbstmord beging«, ist höchst aufschlußreich. Kwong, *A Mosaic*, berichtet über Tz'u-Hsis Krankheit. Er sagt zwar nichts darüber, wann sie begann, doch dauerte sie nach seinen Angaben bis 1883. Aus vorliegenden diplomatischen Dokumenten geht jedoch der Beginn ihrer Krankheit hervor.

8. Kapitel: »Unser Hart«

Das Porträt von Robert Hart stützt sich auf zahlreiche Quellen, vor allem seine Tagebücher und Briefe. Die einzige bedeutende Biographie über ihn, *Hart and the Chinese Customs*, stammt von Stanley Wright, ohne allerdings die persönlicheren und lebendigeren Details zu enthalten, die wir der Schilderung seiner Nichte, Juliet Bredon, verdanken. Eine kurze Skizze Harts findet sich bei: Spence, *To Change China*. Die kurze Studie von Bell, *Hart of Lisburn*, enthält informatives Material über Harts familiäre Herkunft.

Seite 201: »Sie gerät leicht in Zorn«: Tagebucheintragung vom 9. Januar 1875.

Seite 202: Im 18. Jahrhundert wurde Ningpo von Schiffen aus Westeuropa und den Vereinigten Staaten ebenso häufig angelaufen wie Kanton. Aus Furcht, die fremden Teufel würden alsbald entlang der Küste einen unkontrollierten Handel treiben, den Zoll umgehen und Schmuggelware absetzen, erhöhte Peking überall mit Ausnahme Kantons die Zollgebühren. Als westliche Kapitäne dieses Signal ignorierten, wurden alle Häfen bis auf Kanton geschlossen und bis zum Ende des ersten Opiumkriegs 1842 nicht mehr geöffnet, als China gezwungen wurde, Ningpo und die übrigen Vertragshäfen wieder zugänglich zu machen. Als Hart ankam, um im britischen Konsulat zu arbeiten, lag die Öffnung Ningpos bereits elf Jahre zurück.

Einzelheiten aus Harts frühen Lebensjahren finden sich bei: Bruner et al., Bell, Stanley Wright, Spence sowie Fairbank et al.

Seite 204: »Gehen Sie nie in der Sonne«: Breadon, *Sir Robert Hart*, S. 24 f.

»Ganz wie die eines Fanatikers«: Tagebuch Hart, 19. Oktober 1854.

Das britische Konsulat, wo Meadows lebte und arbeitete, war in einem renovierten chinesischen Gebäude untergebracht, das etwas landeinwärts vom Fluß gegenüber dem nördlichen Stadttor lag. Hart wohnte im ersten Stock, gegenüber von Meadows und seiner chinesischen Konkubine. Nach kurzer Zeit hatte Hart eine winzige Junggesellenwohnung gefunden. Wenn er Gäste hatte, schlief er auf dem Fußboden: Tagebuch, 20. November 1854.

Seite 205: »Zufällig hatte ich eine schöne Rose«: ebd., 2. Mai 1855.

Die Portugiesen waren dafür berüchtigt, daß sie ihren Schiffen den Anschein britischer oder holländischer Schiffe gaben; die Holländer waren wiederum dafür bekannt, daß sie die Chinesen vor britischen oder portugiesischen Schmugglern warnten, und die Amerikaner waren sich nicht zu schade dafür, ihre Flagge als Tarnung zur Verfügung zu stellen.

Die Beschreibung von Marques in: Harts Tagebuch, 20. Oktober 1854.

»Die Portugiesen wurden in die Reisfelder gezerrt«: Breadon, *Sir Robert Hart*, S. 41 f.; Bruner et al., S. 160.

Seite 206: »Ein merkwürdig aussehender alter Bursche«: Hart, Tagebuch, 21. Oktober 1854.

»Die Sprache ist so eigenartig«: ebd., 29. Dezember 1854.

»Das ist eine große Versuchung«: ebd., 29. Oktober 1854.

»Es hat mich schon erstaunt«: ebd., 28. August 1854.

Seite 207: »Er behandelt die Chinesen«: ebd., 2. Dezember 1854.

»Mit den finster blickenden Augen«: Waley, *The Opium War through Chinese Eyes* S. 233 – eine gute Charakterstudie Gützlaffs. Als England Ningpo besetzte, wurde Gützlaff zum Richter ernannt; mit seinem rohen Begriff von Gerechtigkeit setzte er die Chinesen in Erstaunen. Ein ortsansässiger Barde schrieb über ihn ein Gedicht, in dem er ihn als »Papa Kuo« bezeichnete: »Hinauf auf das hohe Podium/ steigt Papa Kuo./ Wenn jemand Schwierigkeiten hat,/ Bringt er alles ins Lot./ Ist jemandem ein Unrecht geschehen,/ So wird er zu Hilfe kommen./ Wenn jemand keinen Ausweg sieht,/ Weiß er Rat zu schaffen./ Er ist ein Meister der chinesischen Sprache./ Kein Begriffszeichen, das er nicht lesen kann,/ Papa Kuo ist beinahe ein Genie!« Stets unorthodox in seinen Methoden, stellte Gützlaff zur Verwaltung Ningpos kriminelle Elemente ein. Sein Polizeichef war ein Mann, der Mädchen verkaufte und Listen mit den Namen reicher Leute anlegte, die man erpressen konnte. Bei der Unterzeichnung des Vertrags von Nanking war Gützlaff einer der drei Dolmetscher. Später verkaufte er den Chinesen Bibeln mit einem kleinen, aber nicht unbedeutenden Gewinn durch Hausierer, die er in Opiumhöhlen angeworben hatte. Nach eigenen Angaben hatte Gützlaff die Bibel ins Chinesische übersetzt, eine Behauptung, mit der er nicht alleinstand. Als Evangelist war er ein Betrüger. Seine eigentliche Begabung war die eines Drahtziehers.

Die zweite Frau Gützlaffs war eine Cousine von Harry Parkes. Als sie 1849 starb, reiste Gützlaff nach England, um für seine Missionstätigkeit Unterstützung zu finden. Dort lernte er seine dritte und letzte Frau kennen, Dorothy Gabriel. Die Freuden des Ehelebens währten allerdings nur kurz, da der gichtgeplagte Gützlaff kaum ein Jahr später in China an der Wassersucht starb.

Seite 208: Zu Horatio Lay vgl.: Spence, *To Change China,* und Gerson.

Lays Vater, George Tradescant Ley, war Sprach-, Musik- und Naturwissenschaftler, Vertreter der British and Foreign Bible Society in China und während des ersten Opiumkriegs Dolmetscher. Im Gegensatz zu Gützlaff war er ein Mensch von sanfter Wesensart, der mit den Chinesen so gut zurechtkam, daß »er es nicht fertigbrachte, bei den Mandarinen auf den Tisch zu hauen«.: Fairbank, *Trade and Diplomacy*, S. 162.

»Lay ist der geriebenste der Barbaren«: Spence, *To Change China*, S. 99.

Seite 209: Während des zweiten Opiumkriegs wurde Robert Hart von Ningpo nach Kanton versetzt, um während der alliierten Besetzung der Stadt als Parkes' Sekretär zu fungieren.

Zu dem Anschlag auf Lays Leben vgl.: Gerson, S. 123 f. und 298 f., Anm. 150 und 151.

In der ersten Zeit hatte Hart hauptsächlich mit Wen-hsiang zu tun, seinem Urteil nach ein kluger und fähiger Mann und die eigentliche Triebkraft des Tsungli Yamen. Hart lobte ihn als »einen der fähigsten, gerechtesten, freundlichsten und intelligentesten Mandarine, mit denen Ausländer jemals zusammengekommen sind«.: Meng, S. 52. In Gesprächen, die gelegentlich einen ganzen Tag in Anspruch nehmen konnten, legte Hart (stets mit Dokumenten und statistischem Material vorbereitet) Prinz Kung die wichtigsten Umstände der jeweiligen handelspolitischen Lage dar; bei seinen Vorträgen referierte er frei und ohne Manuskript.

»Unser Hart«: Spence, *To Change China*, S. 106.

Seite 210: Harts Bemerkungen gegenüber Rennie: Bruner et al.

Seite 211: Lay bestand darauf, daß die Flotte von einem Mann seiner Wahl befehligt würde, Kapitän Sherard Osborn, einem britischen Marineoffizier. Hätte Lay mit seinem Plan Erfolg gehabt, so wäre seine Flottille beim Fall von Nanking dabeigewesen und hätte aufgrund eines Abkommens mit Prinz Kung ein Anrecht auf 30 Prozent der Beute gehabt, auf die Tseng Kuo-fans Bruder hätte verzichten müssen. Nicht einmal Li Hung-chang durfte sich an der Belagerung beteiligen.

»Unter Hart wurde die chinesische Zollaufsicht«: Spence, *To Change China*, S. 112.

Seite 212: Der britische Konsul, der sich beklagte, war E. L. Oxenham.

1864 erhielt ein Mitarbeiter von Harts Hafenbehörde zwischen 240 und 600 Pfund im Jahr, was durchaus den in London gezahlten Gehältern entsprach. Die im Haus beschäftigten Mitarbeiter begannen als Dolmetscherschüler mit jährlich 400 Pfund einschließlich Unterkunft. Ein Mann, der mit der Sprache und dem Leben im Land gut zurechtkam, konnte im zweiten Jahr 600 Pfund verdienen; wenn er hart arbeitete, war er nach acht Jahren Hafenkommissar und verdiente 3000 Pfund. Urlaub gab es alle fünf Jahre: zwölf Monate zu halbem Gehalt: Stanley Wright, S. 267 f. und 275.

»Mehrere noch laufende Experimente«: Hart an Campbell, 1. September 1871.

»Ich möchte China stark machen«: ebd., 16. Oktober 1881.

Seite 213: Hart teilte Campbell in London von seinen Schwierigkeiten mit, seine chinesischen Kinder angemessen zu versorgen: »1866 schickte ich meine drei Schützlinge [Anna, Herbert und Arthur Hart] nach Hause, und Smith Elder & Co. gaben sie in die Obhut der Frau ihres Buchhalters, Mrs. Davidson ... Allzu lange habe ich die Aufgabe vor mir hergeschoben, mich um die Zukunft dieser Kinder zu kümmern. ...« Die Jungen sollten für den britischen Verwaltungsdienst in Indien ausgebildet werden; Anna kam auf eine Schule in Vevey in der Nähe von Montreux. Die Kinder kamen in der Schule nicht gut mit, und 1879 bat Hart Campbell verzweifelt, die Jungen in irgendeine Lehre zu geben – »machen Sie aus dem einen einen Drogisten und aus dem anderen einen Wollwarenhändler«. Hart befürchtete, daß sein Schwager James Maze, der ihn um Geld angegangen war, von seinen unehelichen chinesischen Kindern Wind bekommen und ihn erpressen könnte. »Ich werde keinen einzigen Penny bezahlen, um einen Mann zum Schweigen zu bringen.« Dennoch »lieh« er Maze sechs Wochen später 700 Pfund und erklärte sich bereit, dessen Söhne beim chinesischen Zoll unterzubringen. Maze ließ ihn allerdings nicht in Ruhe: Hart an Campbell, 15. September 1895. Hart bezeichnete ihn als »Verrückten«; Hart an Campbell, 12. Februar 1899. Wright vermeidet es, auf dieses Thema einzugehen. Schließlich erreichte Hart mit Hilfe eines Anwalts namens Foss eine Regelung für seine Kinder. Am 19. August 1905 schrieb er in sein Tagebuch: »Betrifft [meine] Verbindung mit Ayaou (1857–1866) und ihre Kinder Anna, Herbert und Arthur. Ich war mit Ayaou nicht verheiratet, und ihre Kinder... sind unehelich. Ich war nur einmal verheiratet – 1866 mit Hester Jane Bredon, und mein einziger legitimer Sohn ist Edgar Bruce: Er ist der legitime Erbe der Baronswürde.«: Hart, Tagebuch, 19. August 1905.

»Einer der liebenswürdigsten Menschen«: Hart an Campbell, 23. November 1875.

»Ich wünschte sehr, ich hätte eine Frau«: Hart, Tagebuch, 6. März 1865.

Seite 214: Die Marco-Polo-Straße wurde später in Rue Hart umbenannt.

»Weitere 24 Jahre«: Diese Trennung wurde lediglich 1906 für kurze Zeit unterbrochen, als Hester und Nollie zu einem Besuch nach Peking zurückkehrten.

Seite 215: »Sie sollen nicht wieder von hier fortgehen«: Bredon, *Sir Robert Hart*, S. 144 f.

Seite 216: »Er braucht Beschäftigung«: Hart an Campbell, 13. Juni 1897.

Harts Bemühungen blieben nicht unbemerkt. Er wurde von Belgien, Schweden, Österreich und Frankreich mit einem Orden ausgezeichnet. Aber er sollte 16 Jahre lang als Generalinspektor tätig sein, bevor England den Wert seiner Tätigkeit anerkannte. Doch selbst dann wurde er lediglich zum C. M. G., einem Ritter des erst vor kurzem wieder ins Leben gerufenen St.-Michaels- und St.-Georgs-Ordens ernannt – die niedrigste aller Ehrungen. Das war eine gezielte Beleidigung, die er mit Würde trug. »Ich habe offiziell in schriftlicher Form meinen ehrerbietigsten Dank zum Ausdruck gebracht, jedoch eine private Note hinzugefügt, daß ich als Einzelperson die Ehrung zwar zu schätzen wisse, persönlich jedoch zugeben müsse, daß sie (ein einfacher C. M. G.) allgemein nicht als Kompliment gegenüber meiner Tätigkeit, meiner Stellung oder der Regierung [Chinas], der ich diene, angesehen wird.«: Hart an Campbell, 11. Oktober 1879. Man hatte zwar eine höhere Ehrung vorgeschlagen, diese wurde jedoch von Sir Thomas Francis Wade, dem britischen Gesandten in Peking, abgelehnt: Hart an Campbell, 11. Oktober 1879. Unter dem Druck von Freunden in Peking und London wurde die Beleidigung drei Jahre später, im April 1882, wiedergutgemacht, als Hart der Titel und Rang eines Komturs des St.-Michaels- und St. Georgs-Ordens verliehen und er zum Ritter geschlagen wurde: Stanley Wright, S. 425 f.

In seinen unveröffentlichten Tagebüchern vermerkte Hart, Hessie habe über den ihm angebotenen diplomatischen Posten in Peking geschrieben: »Ich bin kein bißchen froh darüber, und wirklich froh wäre ich nur gewesen, wenn man in dieses Amt einen anderen berufen hätte.«: Hart, Tagebuch, 25. Juni 1885. Erstaunlicherweise bestehen alle veröffentlichten Quellen darauf, Lady Hart habe gewollt, daß er die Ernennung akzeptieren solle; so z. B.: Fairbank et al., *The I. G. in Peking*, S. 592, Anm. 1.

»Was für ein anmaßendes Wesen«: Hart, Tagebuch, 7. Mai 1865.

»Das Yamen hält ihn für ein wenig zu vergnügungssüchtig«; Hart an Campbell, 8. April 1888.

Seite 216: Zu Detring vgl. Morse, Bd. 2, S. 386–372.

»Er macht den Eindruck eines gescheiten jungen Mannes«: Hart, Tagebuch, 22. Oktober 1865.

Seite 217: Harts Befürchtungen im Hinblick auf den Zoll unter Li Hung-chang kommen in einem Brief an Campbell vom 29. August 1885 zum Ausdruck. So lesen wir bei Stanley Wright: »Den ganzen Juli hindurch war Li damit beschäftigt, die Ansprüche seines Kandidaten Detring geltend zu machen... In der Gerüchteküche brodelte es heftig. Detrings Verdienste und große Fähigkeiten wurden durchaus anerkannt, doch wurde auch betont, daß man sich nicht darauf verlassen könne, daß er sich gegen seinen Gönner Li stellen werde, wenn die Interessen der Behörde auf dem Spiel standen. Einige verstiegen sich sogar zu der Behauptung, zwischen Li und Detring gebe es eine Vereinbarung im Hinblick auf die Personal- und Unterhaltungskosten der Zollamts. Auch Prinz Ching als Leiter des Tsungli Yamen wollte Lis Einfluß und Macht nicht noch vergrößern; auch er war überzeugt, daß Detrings Loyalität eher seinem Gönner Li gehörte als dem Yamen.«

9. Kapitel: Ein Gefangener der Etikette

Leser, die sich für die physischen und psychischen Probleme von Kaiser Kuang-hsü interessieren, seien auf die Kapitel 14 und 25 verwiesen, in denen ärztliche Untersuchungsberichte erörtert werden.

Seite 218: Kuang-hsü wurde am 14. August 1871 geboren. Hart bezeichnete Tz'u-An als offizielle Adoptivmutter Kuang-hsüs und Tz'u-Hsi lediglich als Tante des Jungen: Hart, Tagebuch, 25. Februar 1875.

Seite 219: »Sie war eine fromme Buddhistin«: Zitiert nach der englischen Ausgabe der Autobiographie P'u Yis, *From Emperor to Citizen*, Bd. 1, S. 23 f.; das Zitat ist in der deutschen Ausgabe nicht enthalten (A. d. Ü.). Im Gegensatz zu der Ansicht aller früheren Autoren wurde Kuang-hsü von seiner leiblichen Mutter und nicht von Tz'u-Hsi terrorisiert.

Seite 220: »Man sagt von ihm«: US-Botschafter Charles Denby an US-Außenminister Thomas F. Bayard, 11. Januar 1889, National Archives, Record Group 59.

Seite 222: Kuang-hsüs Neffe wurde Kaiser P'u yi. Die Disziplinierung beider Kinder lag in den Händen ihrer Väter, Prinz Chun I. und Prinz Chun II. P'u yi erinnerte sich, daß die Eunuchen ihn auf diese Weise traktiert hatten. Doch diese merkwürdige Behandlung war keine Erfindung der Eunuchen, sondern eine Familientradition, die von den Eunuchen ausdrücklich befolgt werden sollte.

Zu Kuang-hsüs Angst vor Gewittern: Kwong, *A Mosaic*, S. 250 und 259, Anm. 60.

»Der Speiseplan des Kaisers«: Denby an Bayard, 28. Dezember 1891, National Archives, Record Group 59.

»Um seinen Magen zu beruhigen«: Dieselbe Methode wurde bei P'u yi angewandt: Pu Yi, *Ich war Kaiser*, S. 45.

»Seine Eltern schienen Angst zu haben«: Derling, *Two Years in the Forbidden City*, S. 253.

Seite 223: »Niedergang der Tang[-Dynastie]«: Kwong, *A Mosaic*, S. 48.

»Wenn sie ihn wütend machten«: ebd., S. 48 f.

»Während des letzten Monats«: *New York Times*, 20. Oktober 1878.

Seite 223/224: Die Geschichte aus der Zeitung *Das Reich* wurde zitiert in der *New York Times* vom 22. Oktober 1879. Vermutlich stammte sie aus der in Shanghai erscheinenden Zeitung *Himmlisches Reich*. Zu ihr und zu ähnlichen chinesischen Presseerzeugnissen vgl.: Frank H. King und P. Clarke.

Seite 225: »Prinz Tun hat seine Worte schlecht gewählt«: Kwong, *A Mosaic*, S. 52. Das meiste von dem, was wir über die Erziehung Kuang-hsüs durch Weng wissen, verdanken wir den Forschungen Kwongs.

Die ärztlichen Krankheitsberichte werden ausführlich in den Kapiteln 14 und 25 behandelt.

Seite 226: »Der Kaiser hat einen sorgfältigen Unterricht ... genossen«: Denby an Bayard, 11. Januar 1889, National Archives, Record Group 59.

»Wie es heißt, hat er ein bemerkenswertes Gedächtnis«: ebd., 28. Dezember 1891.

Seite 227: »Fallender Schnee«: Kwong, *A Mosaic*, S. 53–55 und Anm.

Das Edikt, das den Tod von Tz'u-An bekanntgab, ist enthalten in einem Telegramm an das US-Außenministerium, 11. April 1881, National Archives, Record Group 59.

»Es kursieren Gerüchte«: ebd.

»[Tz'u-An] erkrankte«: Bland und Backhouse, *China*, S. 150 f.

»[Tz'u-Hsi] war entschlossen, [Tz'u-An] zu töten.«: Diese Version stammt aus: Backhouse und Bland, *Annals and Memoirs*, S. 482 und 487 f. Backhouse schrieb diese Äußerungen einer ungenannten chinesischen Quelle zu, eine Methode, auf die er häufig zurückgriff.

Seite 228: Kuang-hsüs Ergebenheit gegenüber Tz'u-Hsi: Denby an Bayard, 11. Januar 1889, National Archives, Record Group 59.

»Der Kaiser ging gestern«: Hart an Campbell, 22. Dezember 1886.

Seite 229/230: Als die Zentralregierung versuchte, die Einkünfte aus den chinesischen Binnenzöllen (im Unterschied zu Harts Außenzöllen) für sich zu reklamieren, weigerte Li sich, diese Gelder an Peking abzuführen, und behauptete, die Gegebenheiten in dem ihm unterstellten Gebiet machten es erforderlich, daß er und nicht die Regierung das Geld erhalte. Er fälschte seine Rechnungsbücher, wie Tseng Kuo-fan es ihm beigebracht hatte, und machte über seine Einnahmen und Ausgaben nur allgemeine Angaben, so daß niemand ihn zur Verantwortung ziehen konnte: Spector, *Li Hung-chang*, S. 217 und 219.

Seite 232: Der Begründer der Puristen war der konservative Hauslehrer Wo Jen, der mit einem zweiten Erzieher für die katastrophale Erziehung Kaiser T'ung-chihs verantwortlich gewesen war. Als es 1884 zur Kraftprobe kam, wurde der Angriff auf Prinz Kung vom Zensor Sheng Yu aus der Eisenhut-Familie des Prinzen Su geführt. Ihr schlossen sich chinesische Beamtengelehrte an, die sogenannten Vier Ermahnenden Beamten, die es als ihre Aufgabe ansahen, die Macht Prinz Kungs als oberster Entscheidungsträger zu brechen. Prinz Chun machte sich die umlaufenden Gerüchte und die Kritteleien des Zensors Sheng Yu, der Puristen und der Vier Ermahnenden Beamten zunutze und mischte sich in den Streit mit seinem Bruder ein. Er hatte in dieser Angelegenheit drei Privataudienzen mit Tz'u-Hsi, weil er sie auf seine Seite ziehen wollte: Kwong, *A Mosaic*, S. 34 und 254, Anm. 90.

Seite 233: Der Text des Entlassungsedikts findet sich in: Tony Teng, *Prince Kung*, S. 191–195.

»[Tz'u-Hsi] glaubte, der Prinz intrigiere«: Bland und Backhouse, *China*, S. 153.

Li rettete nicht nur seine Haut, sondern war bald wieder obenauf und betrieb den Sturz der Beamten, die sich an die Spitze der Angriffe gegen ihn gestellt hatten. Er schleuste seine Agenten in den kürzlich umorganisierten Großen Rat und in das Tsungli Yamen. Er kaufte Zensor Sheng Yu, der den Angriff auf Prinz Kung geführt hatte, und zog einen der Vier Ermahnenden Beamten so weit auf seine Seite, daß dieser sogar Lis Tochter heiratete. Statt in Ungnade zu fallen, blieb Li Hung-chang der mächtigste chinesische Beamte des Reichs. Um einen Mann wie ihn zu Fall zu bringen, brauchte es mehr als ein paar herumkommandierende Schwadroneure.

Seite 235: Die Schilderung der äußeren Erscheinung Lung-jus wirkt vermutlich weniger unfreundlich, wenn man die Fotografien von ihr bei Derling, *Two Years in the Forbidden City*, und eine Zeichnung von Katherine (Kate) Carl in deren Memoiren gesehen hat.

Kuang-hsüs Konkubinen aus dem Tatala-Clan: Denby an Bayard, 11. Februar 1889, National Archives, Record Group 59. Die beiden Konkubinen waren Cousinen von Chih Ju Yi, einem Hanlin-Gelehrten. Sowohl Derling als auch Kate Carl kannten die mollige Strahlende Konkubine; und auch von ihr finden sich Aufnahmen in den zitierten Memoiren.

Denby vermerkt: »Es gab Berichte, nach denen die [designierte Kaiserin] schwerwiegende Einwände gegen die Heirat hatte.«: Denby an Bayard, 8. März 1889.

Die *New York Times* vom 24. November 1889 behauptet, Kuang-hsü habe sich sogar geweigert, die designierte Kaiserin auch nur zu sehen, und sei darin von Tutor Weng Tung-ho bestärkt worden.

Seite 236: »Der Kaiser heiratet«: Hart an Campbell, 25. Februar 1889. (Wenigstens die Mormonen übertragen ihre Religion auf ihre Vorfahren.)

Seite 237: Die Anekdote mit der Zigarette stammt von Kate Carl. Sie und Derling zeigen echte Sympathie und wirkliches Verständnis für Kaiser Kuang-hsü.

»Beteten inbrünstig um Regen«: Hart an Campbell, 24. Juli 1890.

»Er macht den Eindruck eines feingliedrigen Jugendlichen«: Denby an Bayard, 10. März 1891, National Archives, Record Group 59.

»Es ist etwas Unschlüssiges in seiner Sprechweise«: ebd., 11. Januar 1889.

Trotz seiner Behinderungen kam Kuang-hsü unermüdlich seinen Verpflichtungen als Kaiser nach, obwohl die Anforderungen seines Amts auch einen wesentlich kräftigeren Mann aufgezehrt hätten. Seine Tage waren lang und arbeitsreich. Denby berichtet: »Er besitzt beträchtliche Festigkeit und Entschlossenheit. Ich vermute, daß er mehr arbeitet als jeder andere Souverän auf der Erde. Sein Tag beginnt um [Mitternacht]. Zunächst berät er sich mit den Ministern seines Staatsrats; danach widmet er eine Stunde dem Studium der mandschurischen Sprache; dann lernt er Englisch; dann empfängt er ein oder mehrere Mitglieder der verschiedenen Ministerien und dann die Gouverneure Vizekönige und andere Beamte, die nach Peking gekommen sind... um In struktionen zu erhalten. Der Kaiser empfängt sie allein... Nachdem die Empfänge vorüber sind, übt sich der Kaiser im Reiten und im Bogenschießen. Diese Übungen... sind vorgeschrieben und können nicht umgangen werden... Der Kaiser zieht sich gegen 14 Uhr zurück.« (Offensichtlich war er kein Schwächling.): ebd., 28. Dezember 1891.

10. Kapitel: Die neuen Eisenhüte

Nur wenige Chinaforscher haben den internen Machtkämpfen der Mandschu-Prinzen ihre Aufmerksamkeit gewidmet. Allzuoft konzentrieren sie sich allein auf die herausragende Rolle chinesischer Vizekönige, z. B. Li Hung-changs, und erwecken beim Leser den Eindruck, der Mandschu-Hof sei nach der Herrschaft von Kaiser Ch'ien-lung machtlos geworden, ein Spielball chinesischer Vizekönige (bis die »böse« Tz'u-Hsi auf den Plan trat). Tatsächlich waren die chinesischen Vizekönige und die Mandschu-Prinzen voneinander abhängig wie in einer Symbiose; keiner konnte ohne den anderen überleben. Noch lange, nachdem ihre Armeen bereits ohnmächtig geworden waren, behaupteten die Mandschu ihre Macht, indem sie eine starke und anhaltende Furcht vor Denunziationen verbreiteten – ähnlich der katholischen Inquisition, den Nazis, den Bolschewiki, den japanischen Militaristen, dem US-Ausschuß für antiamerikanische Umtriebe –, eine Form des Terrors durch Einschüchterung und Drohung, die Generäle und Heilige lähmen kann. Führend bei der Aufrechterhaltung dieses Terrorsystems waren die erzkonservativen Prinzen und ihre chinesischen Speichellecker, einschließlich einer Reihe von sogenannten Prinzen der eisernen Helme oder Eisenhüte. Aus Gründen der Vereinfachung haben wir sie alle unter der Gattungsbezeichnung »Eisenhüte« zusammengefaßt, eine Metapher für ihren Geisteszustand. Die brauchbarste wissenschaftliche Untersuchung über die Machtelite der Mandschu stammt von: Hsieh Pao Chao, *The Government of China 1644–1911*, Baltimore 1925.

Seite 239: Das Schicksal hing davon ab, wie Vizekönig Li auf die japanischen Provokationen reagieren würde: Einige Monate nachdem Kuang-hsü den Thron bestiegen hatte, am 8. August 1889, wurde Lis Bruder (Li Han-chang) zum Vizekönig der südlichsten Provinzen in Kanton ernannt (er bekleidete diesen Posten bis April 1895). Gemeinsam kontrollierten die Brüder fast die gesamte chinesische Küste von Vietnam bis Korea, und ihre Macht erstreckte sich bis weit in das Landesinnere einschließlich des landwirtschaftlichen Kernlands, der bevölkerungsreichsten Städte, der gewinnträchtigsten Häfen sowie des zwischen ihnen betriebenen Handels und der erhobenen Steuern. Ein Jahr später, am 9. September 1890, wurde Lis Adoptivsohn zum Botschafter in Japan ernannt, der wichtigste diplomatische Posten, da China von diesem Land unmittelbar bedroht wurde, und der lukrativste im Hinblick auf die damit verbundenen Schmiergelder, Provisionen, Handels- und Industrieverträge. Er wurde »Herr Li« genannt und war gleichzeitig der Neffe und Adoptivsohn des Vizekönigs (Lis einziger natürlicher Sohn war von Geburt an geistig behindert). Herr Li blieb bis 1892 in Tokyo, als die Beziehungen zu Japan einen gefährlichen Punkt erreichten und sein Vater ihn durch einen seiner gerissensten Leute ersetzte. Herrn Lis Rückzug aus Tokyo erfolgte unter dem Vorwand, er müsse seine verstorbene Adoptivmutter betrauern. Der Mann, der ihm auf seinen Posten nachfolgte, war Lis Stellvertreter in Tokyo, der gemeinsam mit Li in Tientsin und Yuan Shih-kai in Seoul ein intrigantes Dreieck bildete. Die Tatsache, daß es ihnen nicht gelang, die Japaner zu überlisten, war der eigentliche Grund dafür, daß ein Krieg unvermeidlich wurde (1895 tauchte Herr Li wieder auf als Li Hung-changs Begleiter bei den Verhandlungen über den Vertrag von Shimonoseki.)

Der Regent in Korea wurde von den Soldaten Yuan Shih-kais festgenommen und nach Paoting in die Verbannung verbracht, wo er bis zum Sommer 1885 festgehalten wurde.

Seite 240: Der Putsch von 1884: Bei einem Festbankett aus Anlaß der Eröffnung des ersten Postamts in Seoul, an dem alle ausländischen Gesandten mit Ausnahme des japanischen Botschafters anwesend waren, fand der Putschversuch statt. Der US-Botschafter schilderte die Szene: »Als das Essen sich seinem Ende näherte, wurde Feueralarm gegeben, und fast alle Gäste zogen sich von der Tafel zurück und begaben sich ins Freie, um sich das Feuer anzusehen, das scheinbar in der Nähe ausgebrochen war. Einen Augenblick später betrat [der stellvertretende koreanische Außenminister] den Raum, Gesicht und Kleidung überströmt von Blut, das aus sieben oder acht häßlichen Wunden strömte.« Als Festgäste verkleidete Mörder hatten den Anschlag verübt: Michael Montgomery, *Imperialist Japan*, S. 126.

Beide Länder setzten die Intrigen um Korea unter dem Tisch fort: Zur Stärkung des chinesischen Einflusses machte Yuan sich daran, koreanische Soldaten als königliche Garden und Polizeitruppen auszubilden.

Seite 240/241: Ein chinesisches Kanonenboot brachte den Leichnam Kims nach Korea, wo er zerstückelt und öffentlich zur Schau gestellt wurde, was bei den Japanern Wut und Empörung auslöste. Die Wahrheit über das Mordkomplott gegen Kim kam ans Licht, als chinesische Forscher die ursprünglichen Entwürfe von Briefen fanden, die Vizekönig Li seinem Stellvertreter in Japan, dem Missionschef in Tokyo, über den Mord geschickt hatte. Es war ein Rohentwurf, die Endfassung enthielt die aufschlußreiche Passage nicht mehr: Chow Jen Hwa, *China and Japan*, S. 181 und 294, Anm. 174. Das Buch ist eine nützliche Quelle über die Mandschu-Botschafter in Japan.

Toyama, der oberste Boss der Genyosha, kündigte die Gründung einer Gesellschaft der Freunde von Mr. Kim an. Näheres hierzu bei: M. Montgomery, *Imperialist Japan*.

Seite 241: »Das Feuer zu löschen«: E. H. Norman, »The Genyosha«, S. 281.

Sechs Tage, nachdem Yuan Korea bei Nacht und Nebel verlassen hatte, verschafften sich japanische Soldaten gewaltsam Zutritt zum Palast und zwangen König Kojong, die Vertreibung aller chinesischen Truppen zu befehlen und ein neues Kabinett unter der Führung seines Vaters, des projapanischen ehemaligen Regenten zu ernennen.

Näheres zum *Kowshing*-Zwischenfall bei: Rawlinson, *China's Struggle for Naval Development*, und Montgomery, *Imperialist Japan*.

»China hält... still«: Hart an Campbell, 27. Juli 1894.

Seite 242: Zusicherung Englands an Japan: Richard Storry, *Japan and the Decline of the West in Asia*, S. 23.

Zur ambivalenten Rolle von Weng Tung-ho vgl.: Kwong, *A Mosaic*.

Seite 243: Die ausführlichste Untersuchung über Li Hung-chang und die chinesische Marine bietet: Rawlinson, *China's Struggle*.

Seite 244/245: Die gesamten Kosten für den Wiederaufbau des Sommerpalasts, der unter T'ung-chih begonnen und unter Kuang-hsü erneut aufgenommen wurde, werden auf bis zu 100000 Tael geschätzt. 1894 schrieb Robert Hart, das Marineministerium müsse eigentlich über ein Vermögen von 36 Millionen Tael verfügen, sei jedoch gänzlich zahlungsunfähig. Man beschuldigte das Ministerium, für den Wiederaufbau des Palasts 8,5 Millionen abgezweigt zu haben, doch wo waren die restlichen 27,5 Millionen geblieben? Offenbar weiß das niemand. Das kann kaum überraschen angesichts der schamlosen Käuflichkeit der Beamten des Marineministeriums. Hart erfuhr von Vizekönig Li, dieser und die beiden regierenden Prinzen hätten der Kaiserinwitwe »erlaubt«, das Geld für verschiedene Vorhaben auszugeben, doch diese Bemerkung diente nur der Selbstbeweihräucherung. Li und die anderen verschwendeten Geld für die Kaiserinwitwe, um sich bei ihr in Gunst zu setzen, ohne ihr zu sagen, woher das Geld überhaupt stammte. Li war ein Meister der Doppelzüngigkeit und hatte bei allem, was er sagte, seine Hintergedanken, denn die Pfade der Patronagewirtschaft sind äußerst gewunden. Rawlinson nennt Zahlen und spricht von den »Geheimfonds«, schiebt am Ende jedoch unverständlicherweise der Kaiserinwitwe die Schuld zu. Ihre Mittäterschaft ist jedoch höchst fragwürdig. Es ist unwahrscheinlich, nachdem ihre Streitkräfte von den Franzosen gedemütigt worden waren, daß sie der Abzweigung von für die Marine bestimmten Mitteln wissentlich zugestimmt hätte. Das wird auch durch ihr späteres Verhalten bestätigt, als sie aus Kummer über weitere Niederlagen der Marine persönlich kostspielige Vorhaben zur Feier ihres 60. Geburtstags abblasen ließ.

Seite 245: Trotz des Aufkommens von Dampfschiffen wurden bis 1905 auf britischen Kriegsschiffen immer noch Enterübungen mit Schwert und Entermesser veranstaltet. Die Marinestrategen waren noch nicht bereit, auf den Rammsporn und den Kampf Mann gegen Mann zu verzichten und sich statt dessen auf große Bordkanonen zu verlassen.

Li erhöhte seine Einkünfte, indem er seine Kriegsschiffe gleichzeitig als Passagier- und Trampschiffe einsetzte. Sie transportierten Frachtgüter, die als Passagiergepäck deklariert waren: Rawlinson, *China's Struggle*, S. 144.

Seite 246: »Es kann ... kein Zweifel bestehen«: Denby in Rawlinson, S. 163.

»Lis berühmte Flotte«: Hart an Campbell, 2. September 1894.

»Einige hohe Tiere«: ebd., 11. November 1894.

Die Kriegsgewinnler aus Lis Clan: Für die Versorgung der Marine mit Munition war Vizekönig Lis Neffe verantwortlich. Im November wurde Lis Schwiegersohn Chang Pei-lun unehrenhaft aus dem Militär entlassen und wegen Veruntreuung vor Gericht gebracht. Er und Lis Neffe wurden für schuldig befunden, der Flotte mangelhafte Munition geliefert zu haben: Hummel, *Eminent Chinese*, S. 49; Fairbank et al., *The I. G. in Peking*, S. 996, Anm. 3.

»An der Küste«: Hart an Campbell, 23. September 1894.

Seite 247: In ihrer Biographie über Li Hung-chang teilt Alicia Little mit, daß dieser am 17. September degradiert wurde.

Seite 248: »Es sollte mich nicht wundern«: Hart an Campbell, 23. September 1894.

Die Rückberufung Prinz Kungs an den Hof erfolgte am 29. September.

Seite 249: »Wäre sie erfolgt«: Hart an Campbell, 11. November 1894.

»Am einen Tag wird eine Streitmacht«: ebd., 4. Nov. 1894.

»Von seinen Beratern ... gehindert«: Morse, *The International Relations*, Bd. 3, S. 38.

Seite 250: Admiral Ting erweckte nicht den Anschein, ein Seemann zu sein. Einem Untergebenen gegenüber äußerte er: »Hören Sie, ich bin Admiral der Flotte. Mache ich mir etwas vor? Bilde ich mir ein, etwas von einem Schiff oder von Navigation zu verstehen? Sie wissen, daß ich das nicht tue, also nehmen Sie sich an mir ein Beispiel und machen Sie sich nichts mehr vor!«: Rawlinson, *China's Struggle*, S. 166.

Die Entlassung Li Hung-changs als Vizekönig von Chihli erfolgte im Herbst 1895.

»Der Frieden wird nur«: Hart an Campbell, 24. Februar 1895.

Seite 251: »Ich fürchte, wir flicken«: Hart in: W. A. P. Martin, *A Cycle of Cathay*, S. 411.

»Ich fürchte, was die Dynastie angeht«: Hart an Campbell, 3. November 1895.

»Wie soll ich es ertragen«: Kwong, *A Mosaic*, S. 58.

Hart schrieb: » Es heißt, daß der Kaiser zurücktreten will«: Tagebuch, 5. Juni 1895.

Seite 252: »Es geht etwas Merkwürdiges vor«: Hart an Campbell, 8. Dezember 1895.

Die Eisenhut-Prinzen waren bereits seit über einem Jahrhundert unter der Regierung des Tyrannen Yung-cheng von einer direkten Beteiligung an der exekutiven und militärischen Gewalt ausgeschlossen worden. Um zu verhindern, daß ein potentieller Rivale einen Schlag gegen ihn führte, stellte Yung-cheng die Prinzen kalt, indem er ihnen ihre Titel und Ländereien ließ, sie jedoch der traditionellen Militärkommandos und der hohen Beamtenposten am Mandschu-Hof beraubte. Von nun an war es ihnen verwehrt, die Position eines Prinzberaters oder eines Mitglieds im Großen Rat zu bekleiden. Seit über 100 Jahren, bis zu Prinz Kung, war kein Eisenhut und kein königlicher Aisin-Gioro-Prinz mehr in den Großen Rat berufen worden. Statt dessen gaben sie sich der Muße hin, züchteten Goldfische und Singvögel, gingen der Falknerei in den Wüsten nach, spielten Kriegsspiele mit ihren Gefährten oder erfreuten sich an den Blumen im Hofgarten. Indirekt übten sie Macht aus, indem sie sich an Hofintrigen beteiligten und informelle Machtblöcke anführten, die in der Manier von Renaissancefürsten endlose Verschwörungen anzettelten. Während sie die Macht hatten, das Denunziantentum zu fördern, Angst zu verbreiten und politische Morde zu verüben, waren Generationen vergangen, seit sie Armeen in der Schlacht befehligt hatten, und sie hatten keine Ahnung davon, was es zu einem guten Staatsmann brauchte. Ihre kurze Erfahrung mit der Exekutive unter der Achterbande hatte gezeigt, daß sie fähig waren, zu intrigieren und einzuschüchtern, aber unfähig, Schlachten gegen die Tai ping oder die fremden Teufel zu gewinnen, die sich nicht einschüchtern ließen, weil beide sich außerhalb des Systems befanden. Die Tatsache, daß die Eisenhüte von Geburt an adlig waren, machte es ihnen unmöglich, ihre eigene Unfähigkeit zu erkennen. Trotz ihres Patriotismus erwies sich dies als ihr verhängnisvollster Fehler.

Seite 253: Tuan als Reaktionär: Robert Hart äußerte sich darüber in seinem Buch, *These from the Land of Sinim*. Er vertraute darauf, daß Tuan mit der Zeit vernünftig werden würde.

Seite 254/255: Lord MacCartney sah kaiserliche Truppen in Tigerfellen während seiner Reise nach China 1793. Diese Bekleidung wurde auch von kaiserlichen

Truppen während der Opiumkriege benutzt. Der Zweck bestand weniger darin, den Feind in Angst und Schrecken zu versetzen, als darin, den eigenen Leuten Mut zu machen.

Sue Fawn Chung erzählt von der Tigerjagd in *The Much Maligned Empress Dowager*, S. 93.

Seite 256/257: Die Geschichte von Tung Fu-hsiang ist kaum bekannt. Nachfolgende Titel liegen den Untersuchungen zugrunde: W. L. Bales, *Tso Tsungt'ang*; H. B. Morse, *The International Relations*; Lo Hui-men, *Correspondence Morrison*; Hummel, *Eminent Chinese*; Harts Tagebücher; Fairbank (Hg.), *The I. G. in Peking*; die Tagebücher Morrisons und Satows. Er ist eine weitere wichtige Persönlichkeit, die von der historischen Forschung weitgehend vernachlässigt wurde.

Seite 259: »Königin Min von zwei Japanern ermordet«: George Lensen, *Korea and Manchuria between Russia and Japan*, S. 92.

11. Kapitel: Der Tollwütige Fuchs

Traditionelle Darstellungen K'ang Yu-weis, die seine Rolle in der Hundert-Tage-Reform glorifizieren, finden sich in folgenden Werken: Lo Jung-pang, *Kang Yuwei*; Hsiao Kung-chuan, *A Modern China*; Jonathan Spence, *Das Tor des Himmlischen Friedens*. Diesem Bild nimmt Luke Kwong mit seiner bahnbrechenden Studie, *A Mosaic of the Hundred Days*, seinen Nimbus. Was in allen Arbeiten, auch der von Kwong, übersehen wird, ist die Tatsache, daß K'ang und seine Clique als erste Verleumdungen über die Kaiserinwitwe in die Welt gesetzt haben, die Backhouse als Hauptquelle gedient und wesentlich zu einer Verfälschung der Geschichtsschreibung geführt haben. Somit ist die Enthüllung, daß K'ang Yuwei ein Betrüger, ein Poseur, ein Plagiator und ein Lügner war, grundlegend für jedes Verständnis des kaiserlichen *und* des modernen China. Kuang-hsü selbst hat K'ang Yu-wei verurteilt.

Seite 262: »Eine Menge Quecksilber«: Die schwer faßbare Natur von Kuanghsüs Macht als Kaiser wurde von Hart bereits zwei Jahre zuvor beobachtet. Hart an Campbell, 12. Januar 1896.

Seite 263: Kungs Rachdurst: »Prinz Kung«, schrieb Hart, »eliminiert offenbar all diejenigen, die ihn und seine Parteigänger aus dem Amt verdrängt hatten.«: Hart an Campbell, 11. August 1895.

Seite 266: Eine unnachsichtige Haltung gegenüber den Gelehrten: Der Kaiser, der die Große Mauer erbauen ließ, um die Barbaren fernzuhalten, ließ alle Bücher vernichten, die nichts mit Medizin, Arzneimittelkunde, Wahrsagerei und Landwirtschaft zu tun hatten, und selbst *Die Sprüche des Konfuzius* wurden unter seiner Regierung verboten; der Besitz eines proskribierten Buchs wurde mit der Brandmarkung des Delinquenten und lebenslanger Schwerarbeit geahndet. Fünfhundert Gelehrte wurden bei seinen Säuberungsmaßnahmen liquidiert, Tausende mußten in die Verbannung gehen.

Weitere Einzelheiten über die *ming-shih* bei: Kwong, *A Mosaic*, Miyazi, *China's Examination Hell*, und McAleavy, *Wang T'ao*.

Zum Peking-Theater: Nur die Stars hatten Gehälter; junge Männer, die von mittellosen Eltern als Schüler zum Theater geschickt wurden, verdienten ihr Geld damit, »daß sie bei den Gelagen der Chinesen in der Stadt aufwarteten;

wenn sie gerade nicht [auf der Bühne] spielen, gehen sie nach oben in die Privatlogen der reicheren Besucher und unterhalten diese mit den neuesten Klatschgeschichten«.: A. B. Freeman-Mitford, *The Attaché at Peking*, S. 347–355.

Seite 267: K'ang Yu-weis Jugend wird geschildert in Lo Jung-pang, *Kang Yu-wei*; J. Spence, *Das Tor des himmlischen Friedens*; Howard Boorman, *Biographical Dictionary of Republican China*. Hsiao Kung-chuan, *A Modern China*, enthält einiges Material über die philosophischen Verdrehungen K'ang Yu-weis.

K'ang brüstete sich damit, daß er aus einer Familie von Gelehrten und Lehrern stammte, doch die meisten seiner Vorväter waren Kaufleute.

Verletzung der lokalen Gebräuche: Nachdem für ihn eine traditionelle Hochzeit arrangiert worden war, weigerte K'ang sich, die Füße seiner Tochter einzubandagieren, was im ganzen Dorf einen Skandal hervorrief. Das führte später zu seiner profitablen Verbindung mit den Anhängern der Britischen Liga gegen das Fußebandagieren, unter denen die unermüdliche Mrs. Alicia Little eine besondere Rolle spielte.

Ein bewundernder Biograph: Hsiao Kung-chuan schreibt über K'ang, dieser habe ein »ausgeprägtes Selbstbewußtsein [gehabt], das an Eigendünkel grenzte«. Einer von K'angs Schülern sagte, »er weigert sich, seine Auffassungen den Tatsachen anzupassen«.: Hsiao, *A Modern China*, S. 18 f.

Seite 268: »Die Eleganz der ausländischen Gebäude«: Spence, *Das Tor des Himmlischen Friedens*, S. 15.

Er schätzte die schönen Dinge des Lebens. Hierzu schreibt Hsian: »Als ein Mann von handfesten Wünschen und starken Gefühlen neigte er dazu, den Genuß sinnlicher Vergnügen und menschlicher Wohltaten als legitime Bestandteile des guten Lebens zu betrachten.«

»Ein Mädchen von 17 Jahren«: Hsiao, *A Modern China*, S. 10.

Seite 269: »Beweis für sein frühzeitiges Eintreten für Reformen«: vgl. Kwong, *A Mosaic*, S. 84 f.

In seinem Vorwort würdigte K'ang ganz allgemein die Mitarbeit seiner Studenten, ohne freilich zuzugestehen, daß er diese »Entdeckung« und anderes Material unmittelbar ihren Texten entnommen hatte. Es sollte so aussehen, als komme das Verdienst allein ihm zu: Kwong, S. 87.

In den puritanischen Vereinigten Staaten von 1891 wäre ein vergleichbarer Skandal ausgelöst worden, wenn jemand öffentlich verkündet hätte, die fundamentalen Tatsachen des Christentums seien 325 n. Chr. durch das Konzil von Nikäa und im Jahr 451 durch das Konzil von Chalcedon geändert worden, eine Behauptung, die einen ernsthaften Bibelforscher nicht überraschen würde, christliche Fundamentalisten jedoch zutiefst erschreckt und empört hätte.

Seite 270: »Tollwütiger Fuchs«: Kwong geht ausführlich auf das Verhältnis zwischen Weng Tung-ho und K'ang Yu-wei ein.

Hätte er den ersten Platz belegt: »K'angs spätere Behauptung, er habe eigentlich in allen drei Graden der Prüfung den ersten Platz verdient, ist zu sehr geprahlt, um ernst genommen zu werden«.: Kwong, *A Mosaic*, S. 90 f.

»Ich hatte nicht vor«: Lo Jung-pang, *Kang Yu-wei*, S. 67.

Seite 271: »Die Kaiserinwitwe«: ebd., S. 66.

Während er sich noch in Peking aufhielt, schloß K'ang sich einer »Gesellschaft zur Erforschung der nationalen Erstarkung« an. Da er es nicht schaffte, sich in den hochgeistigen Intellektuellenzirkeln Pekings hervorzutun, begab K'ang sich in das aufstrebende Shanghai, um dort einen Zweig der Gesellschaft zu organisieren, und konnte dort eine selbstherrliche Kontrolle über diese Splittergruppe ausüben. Die Zeitung, deren erste Nummer nach K'angs Wünschen das Todesdatum des Konfuzius tragen sollte, löste einen Tumult aus, doch die in ihr aufgeworfenen Streitfragen hatten keine reale Bedeutung. Wie ein Forscher K'angs Werdegang bis zu diesem Zeitpunkt zusammenfaßte, wurde seine Niederlage herbeigeführt durch eine »Kombination der Banalität seiner Reformideen und seiner Überschätzung ihrer Wirkung«.: Kwong, *A Mosaic*, S. 103.

Seite 272: Zu Sir Chang Yin-huan, den Salonlöwen und Liebling der Ausländergemeinde in Peking vgl.: Hummel, *Eminent Chinese*, S. 60–63. Sir Chang kannte K'ang Yu-wei seit 1894. Zu seiner Protektion K'angs vgl. Kwong, *A Mosaic*, S. 138.

Seite 274: Mit Hilfe seiner ausländischen Freunde bereitete K'ang außerdem eine knappe Geschichte der Reform in anderen Ländern vor, wobei er sich besonders mit den Methoden von Peter dem Großen beschäftigte. Sowohl diese Geschichte als auch die Denkschrift wurden dem Kaiser zusammen mit den unzähligen übrigen Denkschriften überreicht, die dieser nach der Lektüre an die Vizekönige und Gouverneure mit der Bitte um Kommentare weitergab.

K'angs Version der Geschichte findet sich bei Lo Jung-pang, *Kang Yu-wei*, S. 91.

Seite 275: Kuang-hsüs regelmäßige Besuche im Sommerpalast: Sue Fawn Chung, *Much Maligned*, S. 29 f. Dieses Buch hat ebenso wie die Arbeit von Kwong viel dazu beigetragen, den falschen Eindruck zu korrigieren, Tz'u-Hsi habe sich von Anfang an den Reformen widersetzt.

»Es wird von keinem bestritten«: Denby in: Cohen und Schrecker, *Reform*.

Eine Zusammenstellung der von Kuang-hsü während der Hundert Tage erlassenen Dekrete findet sich bei Morse, *The International Relations*, Bd. 3, S. 137–139.

12. Kapitel: Das Marionettentheater

Viele Fragen über die »Helden« und »Schurken« des Sommers 1898 lassen sich unmittelbar auf die Schriften von K'ang Yu-wei und Yuan Shih-kai zurückverfolgen. Beide waren ungeheuer eitle und ehrgeizige Männer, und ihre selbstgerechten Darstellungen verzerrten die Hundert-Tage-Reform zu einer Karikatur und wurden zur Hauptquelle für fast alle späteren Untersuchungen der Krise. Die seit langem überfällige Neubewertung dieser Periode wurde mit den Arbeiten Luke Kwongs und Sue Fawn Chungs eingeleitet, doch noch immer fehlen wichtige Untersuchungen, insbesondere zur Rolle Japans während dieser kritischen Monate in der chinesischen Geschichte.

Seite 278: Zur Person Kangs I. vgl. Kwong, *A Mosaic*.

Seite 279: »Wirrer Konservatismus«: Hart an Campbell, 19. Juni 1898.

»Die Edikte vom 15.« und »den Kaiser seines Throns zu entheben«: Hippsley an Morrison, 20. Juni 1898, in: Lo Jung-pang, *Kang Yu-wei*, S. 87.

Seite 280: »Schade«: Hart an Morrison, 18. Juni 1898, in: Lo Jung-pang, *Kang Yu-wei*, S. 86.

Seite 281: Milde (stieß) der Kaiserinwitwe übel auf: Kwong, *A Mosaic*, S. 179.

Jung-lu: Nach seinen anfänglichen Erfolgen bei der Errichtung eines Sicherheitsrings um Peking für Prinz Kung während der Invasion der Alliierten 1860 und seiner Beteiligung an der Festnahme der Achterbande 1861 war Jung-lu als Kommandeur der zur Bewachung Pekings eingesetzten Banner verantwortlich für die Polizei- und Sicherheitskräfte. Von 1879 bis 1887 zog er sich aus dem öffentlichen Leben zurück. Angeblich hatte er Tz'u-Hsi beleidigt, da er mit einer ihrer Kammerzofen eine Affäre hatte, und entzog sich mit seinem Rücktritt einer Bestrafung, doch mit Vorwänden dieser Art pflegten die Höflinge die Absetzung eines Mannes zu begründen, der zu mächtig zu werden drohte. Jung-lu war einfach Prinz Tun in die Quere gekommen.

Seite 285: Yuan Shih-kai: Seine Biographen Stephen MacKinnon und Jerome Chen sehen in Yuan jemanden, der an den Entwicklungen, die zu den Hundert Tagen führten, keinen Anteil hatte.

Chung Li war zufällig der Schwiegervater von Kuang-hsüs Bruder, Prinz Chun II.

Seite 284: Tz'u-Hsi ließ sich von keinem der beiden Appelle zum Eingreifen verleiten. Sowohl Chung als auch Kwong argumentieren überzeugend, daß die Kaiserinwitwe und Kuang-hsü weder über die Reform noch über andere politische Fragen miteinander im Streit lagen. Nachdem die Eisenhüte sie genötigt hatten, die Regentschaft wieder aufzunehmen, machte Tz'u-Hsi die Reformen Kuang-hsüs nicht rückgängig.

Seite 285: Der Freund K'angs im Zensuramt war Sung Po-lu.

K'ang ließ sich Zeit: Zwar war K'ang nur ein unbedeutender Mitspieler in einem weit größeren Drama, doch wenn er abgetreten wäre, als die Gelegenheit sich zum erstenmal bot, dann hätten die Eisenhüte sich vielleicht beruhigt, und die Reformen hätten eine Chance gehabt. Es waren bescheidene Reformen, für sich allein betrachtet ohne besondere Substanz oder revolutionäre Auswirkungen. Es ist wahrscheinlich, daß keine einzige dieser Reformen abgelehnt worden wäre, hätte man sie ohne die Begleitmusik höhnischer Bemerkungen, Beleidigungen und Provokationen vorgestellt, die zu K'angs Kampagne gehörten, die Aufmerksamkeit auf seine eigene Person zu lenken. Deshalb wäre mit seiner Abwesenheit das störendste Element beseitigt gewesen. Während seines Aufenthalts in Peking reichte K'ang beim Thron insgesamt elf Denkschriften ein, ohne damit eine nennenswerte Wirkung zu erzielen. Trotz seiner nachträglichen Behauptungen war er nicht der Führer der Reformbewegung und nicht einmal *einer* ihrer Führer; er war einfach der Lauteste. Kuang-hsü war daran interessiert, ein möglichst breites Meinungsspektrum zu erhalten und konzentrierte sich nicht auf eine Einzelperson als Quelle der Inspiration. Die Tatsache, daß Gelehrte für K'ang schwärmten, hat andere Gründe.

Vizekönig Chang Chih-tung war ein alter Rivale von Vizekönig Li. 1884 hatte Chang die Puristen geführt, die mit den Prinzen gemeinsame Sache gemacht hatten, um Prinz Kung aus seinen Ämtern zu vertreiben. Er war 1837 in Kuei-Chou geboren, galt jedoch als aus der Provinz Chihli stammend, wo seine Vorfahren sich im 15. Jahrhundert niedergelassen hatten. Als Schüler war er ungewöhnlich frühreif, bestand seine ersten Prüfungen mit 13 Jahren und hatte 1863, mit 26 Jahren, sämtliche Examina hinter sich gebracht, als man ihn an die Hanlin-Akademie berief; 1879 wurde er zum Tutor an der Kaiserlichen Akademie befördert. Nach diesem Erfolg wurde Chang mit der Ernennung zum Vizekönig von Hunan und Hubei belohnt, ein Amt, das er 18 Jahre lang bekleidete, obwohl die Amtszeit normalerweise nur drei Jahre gedauert hätte.

Mit einem ähnlichen Werdegang wie Vizekönig Li wurde Chang zu einem Superhändler, eröffnete die erste moderne Münze in China und ließ die ersten Eisen- und Stahlwerke errichten. Er bestellte eine Schmelzhütte aus England, verstand jedoch so wenig von dem Verfahren, daß er für diese einen falschen Standort wählte. Damit gab er sich der Lächerlichkeit preis, doch er ließ sich nicht beirren und wurde zur führenden Persönlichkeit bei der Einführung westlicher Wissenschaft und Technik in China; er regte die Gründung von Schulen, Zeitungen und Übersetzungsbüros an und stellte begabte junge Gelehrte ein. Letztlich war es dies, was ihn für kurze Zeit zu einem Fürsprecher der Reform machte.

Tan Ssu-tungs Vater war ein Witwer, der viele öffentliche Ämter bekleidete, seinen Sohn überallhin mitnahm und schließlich 1889 zum Gouverneur von Hubei ernannt wurde. Zu seiner Person vgl. Cohen und Schrecker, *Reform in Nineteenth Century China.*

Seite 286: Tokyo verfolgte die Entwicklungen in Peking: Anfang 1898 kamen drei Offiziere des japanischen Generalstabs, Kamio Mitsuomi, Kajikawa Jutaro und Utsunomiga Taro, nach China, weil sie angeblich Vizekönig Chang Chih-tung aufsuchen wollten, um mit ihm über die Ausbildung einer neuen Armee durch japanische Offiziere zu sprechen, eine Idee, die gerade erst aufgekommen war. Im Unterschied zu Tan war der Vizekönig kein Provinztölpel, der die Beweggründe hinter dem japanischen Hilfsangebot nicht durchschaut hätte. Er bestand darauf, zunächst über ein Moratorium der Reparationen zu sprechen. Das lehnten die Offiziere ab.

Seite 287: Yang Ju Yi wurde von Vizekönig Chang Chih-tung praktisch adoptiert und hatte seit über zehn Jahren in seinem Sekretariat gearbeitet. Als Yang Ju Yi zu einem der Reformsekretäre des Kaisers berufen wurde, kam Chang für seinen Lebensunterhalt in Peking auf: William Ayers, *Chang Chih-tung,* S. 142.

Liu Kuang-ti war seit über zehn Jahren Sekretär im Justizministerium gewesen: Cohen und Schrecker, *Reform in Nineteenth Century China,* S. 299.

Seite 288: »Der große Mann geht aus«: Hart an Campbell, 3. Januar 1897.

Seite 289: Lis Freunde in Rußland: Hart an Campbell, 25. September 1898. Hart war im Sommer 1898 nicht in Peking, doch seine Briefe werfen ein Licht auf die Ereignisse jener Monate.

Seite 290: Bekannt ist, daß die Agenten der Genyosha Ito während seines Chinabesuchs ständig beobachteten, entweder um das Vermögen der Gesellschaft zu schützen oder um ihren Nutzen daraus zu ziehen, falls sich aus Itos Audienz in Peking wirtschaftliche Möglichkeiten ergaben.

Seite 291: Yamagata verfolgte eine grandiose Strategie, nach der die japanische Armee Nordchina, die Mandschurei und Rußland erobern sollte, während die Marine dasselbe in Südchina, Indochina und auf den Pazifischen Inseln tun sollte. Er war 1838 geboren und entstammte einer Familie von niederem Samurairang, die in Opposition zu der Militärdiktatur stand, die in Japan seit dem 17. Jahrhundert herrschte. Er empfing seine Bildung auf einer Privatschule, begann seine Laufbahn als Informant der Polizei und schloß sich der Bewegung an, die die Shogune stürzte und den Kaiser wieder auf den Thron setzte. Frühzeitig hatte Yamagata erkannt, daß Berufssoldaten gegen Spione, Agitatoren und irreguläre Truppen machtlos waren. 1871 hatte er die Kaiserliche Garde aufgestellt und wurde zum Vizeminister für Militärangelegenheiten und schließlich zum Chef des Generalstabs befördert. 1889 wurde er der erste Premierminister Japans und widmete sich danach als persönlicher Berater des Kaisers dem Plan einer Eroberung Asiens durch Japan. 1900 entsandte Yamagata das größte ausländische Truppenkontingent zur Entsetzung der belagerten Gesandtschaften in Peking. Nach Itos Ermordung 1909 wurde Yamagata faktisch zum Diktator Japans. 1921 mischte er sich in Hirohitos Heiratspläne ein, wurde öffentlich gemaßregelt und starb am 1. Februar 1922 in Ungnade: Vgl. M. Montgomery, *Imperialist Japan*.

Pornographische Bilder: Norman, »The Genyosha«, S. 278 f.

»Inoffizieller Botschafter Tokyos«: Montgomery, *Imperialist Japan*, S. 143.

Seite 292: Sogleich nach der Ankunft Itos in Peking: Das ist die zeitliche Abfolge, wie Sue Fawn Chung sie dargestellt hat. Nach Kwong wurde dieser Entwurf der Denkschrift am 14. September abgefaßt und am 18. September vorgelegt.

13. Kapitel: Der Verrat

Die blutigen Ereignisse, mit denen der Hundert-Tage-Reform ein Ende gemacht wurde, sind durch die Tatsache stark vernebelt worden, daß einige wichtige Zeitzeugen – K'ang Yu-wei, Liang Chi-chao und Yuan Shih-kai – ihre Memoiren, Tagebücher und Autobiographien frisiert haben, um sich nachträglich in ein gutes Licht zu setzen. Im Fall Yuans beging dieser seinen schmutzigen Verrat, um als Held des Tages zu erscheinen. Als K'ang und Liang entdeckten, wie sehr Journalisten aus dem Westen bereit waren, der Kaiserinwitwe das Schlimmste zuzutrauen, zeichneten sie sich selbst als die Fürsprecher des »gefangenen« Kaisers und ließen es sich in ihrem Exil gutgehen. Um uns von einem fast ein Jahrhundert alten Gespinst aus gefälligen Lügengeschichten zu befreien, wurde ein breites Spektrum von Quellen herangezogen, damit eine Chronologie der Ereignisse rekonstruiert werden konnte, aus der sich manche interessanten zeitlichen Übereinstimmungen ablesen lassen. Manche dieser Übereinstimmungen ermöglichen Aufschlüsse darüber, wie Yuans Verrat tatsächlich zustande kam und wie K'ang, der keine blasse Ahnung von dem Palastputsch hatte, die westliche Leichtgläubigkeit skrupellos dazu ausnutzte, als selbsternannter Märtyrer berühmt zu werden. Ungeklärt ist freilich bis heute die unheilvolle Rolle der Japaner in diesem Stück.

Seite 294: Das Geheimdekret ist offenbar ebenfalls eine von K'angs zahlreichen Erfindungen. Wissenschaftler, die K'angs eigenhändige Abschriften dieses und fünf weiterer sogenannter Edikte in seinem Besitz untersucht haben, gelangten zu dem Schluß, daß es sich um Fälschungen handelte: Lo Jung-pang, *Kang Yu-wei*, S. 164, Anm. 63.

Seite 295: Er habe zum erstenmal von dem Dekret erfahren: Lo Jung-pang, *Kang Yu-wei*, S. 125.

Zweite Privataudienz: Chung, *Much Maligned*, S. 65.

Seite 295/296: Zu diesem Haus ... lenkte er seine Schritte: Nach Chung geschah dies am 17. oder 18. September, nach Kwong am 18. September.

Seite 296: Geheimaudienz mit Ito: Nach den Worten des britischen Gesandten in Tokyo, Satow, hatte »Ito den Kaiser am 18. [September] aufgesucht, und eine weitere Begegnung sollte am 20. stattfinden, dem Tag, an dem die konservative

Partei unter der Kaiserinwitwe sich zum Handeln genötigt sah«.: Vgl. Lo Hui-men, *Correspondence Morrison*, Bd. 1, S. 91.

Seite 297: Die Rolle des Zensors Yang wird geschildert in Kwong, *A Mosaic*. Yangs Tochter war mit dem Enkel Vizekönig Lis verheiratet. Yang war ein Hexenjäger und ein exponierter Gegner der *ming-shih*, die in seinen Augen einen subversiven Einfluß ausübten. 1896, als Vizekönig Li wegen des Friedensvertrages, mit dem der chinesisch-japanische Krieg beendet wurde, von den *ming-shih* heftig angegriffen wurde, führte Yang gegen diese einen Angriff, der auch gegen den Zensor Wen Ting-shih gerichtet war. Im September 1898 hoffte Yang, der eine führende Rolle bei der Denunzierung der einseitigen Maßnahmen des Kaisers und der bedrohlichen Einmischung Japans spielte, möglicherweise darauf, die *ming-shih* als Gruppe in Mißkredit zu bringen und eine volle Rehabilitierung Li Hung-changs zu bewerkstelligen.

Seite 298: Yang sprach sich nicht gegen Reformen an sich aus; er trat für eine kollektive Entscheidungsfindung ein. Wir kennen die Einzelheiten von Yangs Bericht vor der Kaiserinwitwe, da nach der Audienz aus den Gesprächsnotizen eine Zusammenfassung erstellt wurde: Kwong, *A Mosaic*.

Nach Chung hatte Jung-lu erfahren, daß Yuan sich in Peking aufhielt, und beorderte ihn unter dem Vorwand nach Tientsin, zwischen Rußland und England sei ein Krieg ausgebrochen: Chung, *Much Maligned*, S. 66.

Seite 300: »Die Hanlin[-Gelehrten]«: Hart an Campbell, 8. Dezember 1895.

Zu den Intrigen mit abtrünnigen Gelehrten: Hart an Campbell, 12. Januar 1896.

Seite 301: Morrison berichtete von Kuang-hsüs Geheimaudienz mit Ito in einem Brief an Chirol vom 20. September 1898. Weitere Informationen zu dieser Begegnung in: Lo Hui-men, *Correspondence Morrison*, Bd. 1, S. 90 f. Anm. 2.

Seite 302: »Es gibt keinen Staatsmann«: Morrison an Chirol, 20. September 1898, in Lo Hui-men, *Correspondence Morrison*.

Seite 303: K'angs Version dieser Ereignisse findet sich in seiner Autobiographie. Vgl. dazu auch: Lo Jung-pang, *Kang Yu-wei*.

Seite 304: Yuan (hatte) sie allesamt zum Narren gehalten: »Ich hatte gehört«, schrieb K'ang später, »daß Yuan von [den konservativen Plänen zu] dem Staatsstreich wußte und sich deshalb weigerte, den Befehlen des Kaisers Folge zu leisten«.: Lo Jung-pang, *Kang Yu-wei*, S. 127.

Seite 304/305: Yuans Version der Unterredung mit Tan findet sich in seinen Erinnerungen. Aus diesen wird ausführlich zitiert bei: Jerome Chen, *Yuan Shih-kai*. Angeblich wurden die Erinnerungen von Yuan am 10. Oktober 1898 in seinem Hauptquartier niedergeschrieben, jedoch (auf chinesisch) erst 1926 veröffentlicht. Andere Versionen tauchten in Yuans privatem Tagebuch auf, das ebenfalls erst viele Jahre später veröffentlicht wurde. Es wird allgemein angenommen, daß Yuan diese Darstellungen lange nach den Ereignissen fingiert und rückdatiert hat. Es ist wahrscheinlich, daß Yuan dabei von ausgedehnten Gesprächen mit einem seiner Bewunderer, George Morrison, profitierte, der Yuan bei der Imagepflege behilflich war. Nach Yuans Darstellung sagte Tan zu ihm: »Unsere Probleme liegen im eigenen Land, nicht im Ausland ... Seine Majestät befindet sich in ernster Gefahr, und Sie sind der einzige, der helfen kann!« Tan fuhr fort: »Jung-lu hat vor kurzem vorgeschlagen, den Kaiser zu entthronen und umzubringen. Haben Sie das gewußt?« Yuan erwiderte, das sei zweifellos nichts als ein haltloses Gerücht. Tan blieb jedoch hartnäckig und sagte: »Wenn Sie wirklich Seiner Majestät aus seiner schwierigen Lage heraushelfen wollen, ich habe einen Plan.« In seinen Erinnerungen schrieb Yuan: »Darauf zieht Herr Tan ein Stück Papier aus der Tasche... auf dem folgende Worte stehen: ›Jung-lu plant, S. M. vom Thron zu stürzen und zu ermorden. Verräter! Muß sobald wie möglich beseitigt werden – andernfalls S. M. Position unhaltbar. Yuan reist am 20. nach Tientsin. Geben Sie ihm ein Mandat in kaiserlichem Zinnober und befehlen Sie ihm, Jung-lu zu verhaften und hinrichten zu lassen. Yuan übernimmt das Amt des Vizekönigs und des Kommissars. Machen Sie Jung-lus Verrat bekannt... Yuan und seine Truppen müssen sodann nach Peking kommen, um die Verbotene Stadt zu bewachen und den Sommerpalast zu belagern. Selbstmord begehen in Gegenwart S. M., falls Plan abgelehnt.‹« Spätestens dieser letzte Satz muß Yuan nachdenklich gestimmt haben. Leider sind sämtliche Quellen mit größter Vorsicht zu genießen.

Seite 306: Er wollte... auf keinen Fall seine Tante brüskieren: Auch hier wird der jahrzehntelange Mythos einer Feindschaft zwischen der Kaiserinwitwe und Kuang-hsü widerlegt: Kwong, *A Mosaic*, S. 214.

Die konventionelle Darstellung, in der Yuan des Verrats am Kaiser beschuldigt wird, stammt von: Bland und Backhouse, *China unter der Kaiserin-Witwe*. Nach ihrer Version wurde Yuan am 20. September zum Kaiser gebeten, um über eine Heeresreform zu sprechen, doch statt dessen befahl der Kaiser Yuan in einer Privataudienz, sich unverzüglich nach Tientsin zu begeben und dort Jung-lu hinzurichten. Danach sollte er seine Truppen in die Hauptstadt führen und Tz'u-Hsi verhaften und ins Gefängnis werfen. Nach dieser Geschichte verließ Yuan Peking mit dem Morgenzug, kam um die Mittagszeit an und unterrichtete Jung-lu von dem Anschlag; dieser eilte in den Sommerpalast und enthüllte alles Tz'u-Hsi, die ihrerseits sofort nach Peking reiste und die Macht übernahm. Vgl. dazu auch: Lo Jung-pang, *Kang Yu-wei*, S. 168 f., Anm. 64. Heute läßt sich anhand der rekonstruierten Zeittafel feststellen, daß das alles Gewäsch ist. Es gab in der Tat einen Verrat, aber nicht in der angegebenen Weise.

Es hat eine ausgedehnte Kontroverse darum gegeben, ob Jung-lu die Fahrt tatsächlich unternahm oder ob er die Nachricht von dem Komplott Tz'u-Hsi auf eine andere Weise zukommen ließ. Kwong behauptet, Jung-lu habe die Kaiserinwitwe erst informiert, als er am 27. mit ihr zusammenkam, was seiner Meinung nach erklärt, warum die Märtyrer bis zu diesem Tag nicht wegen Aufruhr unter Anklage gestellt wurden. Andererseits telegrafierte US-Botschafter Conger am 24. an das Außenministerium, es sei mit Sicherheit die Verschwörung gegen die Kaiserinwitwe, was die Verhaftung der Märtyrer ausgelöst habe, die an diesem Tag erfolgte. »Es wird außerdem von maßgeblicher Stelle behauptet und angenommen, daß der Kaiser die Verhaftung und Einkerkerung der Kaiserinwitwe geplant hat... Jung-lu, der eigentliche Befehlshaber des gesamten in der Hauptstadt-Provinz stationierten Militärs, ist ein enger Freund und Anhänger der Kaiserinwitwe, und dasselbe gilt für die meisten ihm unterstellten Offiziere.«: National Archives, Record Group 59. Es muß noch eine andere Erklärung geben, warum nicht von Anfang an Anklage wegen Aufruhr erhoben wurde. Die plausibelste Erklärung ist, daß Tz'u-Hsi zögerte, lediglich aufgrund des Berichts von General Yuan einzugreifen, und abwartete, bis Jung-lu und andere in der Lage waren, eine Untersuchung durchzuführen, um die Einzelheiten zu bestätigen, und diese war erst am 27. beendet. Sie hatte schon zuvor gezögert, lediglich aufgrund der von Zensor Yang am 18. mitgeteilten Gerüchte tätig zu werden, und Yang mußte ja auch zugeben, daß viele seiner Beschuldigungen sich tatsächlich auf Berichte vom Hörensagen und auf Gerüchte stützten.

Seite 308: Es muß daran erinnert werden, daß die Kaiserinwitwe sich nicht aus finsteren Absichten hinter einem Vorhang versteckte. Die Etikette forderte von ihr ein solches Verhalten, das eine gewisse Ähnlichkeit hat mit der moslemischen Praxis der Frauen, einen *purdah* zu tragen.

Das Gespräch zwischen Ito und Kuang-hsü bei: Teng und Fairbank, *China's Responses to the West*, S. 180.

Seite 309/310: Das Edikt vom 21. September ist zitiert nach den britischen *Blue Books*.

Seite 310: Trotz der Gerüchte, die sie von der angeblichen Einkerkerung des Kaisers gehört hatte, blieb Sarah Conger eine unerschütterliche Anhängerin und Verteidigerin der Kaiserinwitwe.

K'angs Version von Tans Versuch, den Kaiser zu retten, in: Lo Jung-pang, *Kang Yu-wei*, S. 134.

Seite 312: Daneben saß er weiterhin ... neben ihr: Chung, *Much Maligned*, S. 72.

Die genauen Umstände von Tans Verhaftung sind nicht bekannt. Keiner der übrigen fünf Männer, die an diesem Tag verhaftet wurden, sah einen Grund zur Besorgnis, so daß es auch für Tan keinen Grund zu geben schien, Gefahr zu wittern. Bedauerlicherweise hielten es später viele Leute für nötig, heroische Szenarien zu erfinden, darunter auch eines, in dem Tan plante, den »gefangenen« Kaiser mit Hilfe von Schwertkämpfern im Ninja-Stil aus dem Ying-tai-Pavillon zu retten. Nach einer anderen Version weigerte er sich, von den Japanern Hilfe anzunehmen, und sah dem sicheren Tod allein entgegen.

»Verdeckte Zusammenarbeit«: Kwong, *A Mosaic*, S. 220.

Seite 313: Kwong behauptet, erst jetzt sei Jung-lu zum erstenmal während der turbulenten Woche mit Tz'u-Hsi zusammengekommen. Der Vizekönig traf am 27. September in Peking ein, brachte Nachrichten von weiteren Einzelheiten der Verschwörung von seinen Untersuchungsbeamten mit und wurde von Tz'u-Hsi am selben Tag empfangen.

Hinrichtungsdekret: Text in: Chung, *Much Maligned*, S. 151.

Yang Shen-hsui war ein Anhänger von Vizekönig Chang Chih-tung. Geboren 1849, stammte er aus Shanxi, ein *chin-shih* von 1889, und hatte an der Fakultät von Vizekönig Changs Lin-te-Akademie in Shanxi gelehrt. In Peking war er einer der Zensoren, die dem Kaiser (von K'ang und anderen *ming-shih* verfaßten) Denkschriften unterbreiteten.

Kuang-jens Leichnam: *North China Herald*, 10. Oktober 1898, zitiert nach Morse, *The International Relations*, Bd. 3, S. 148, Anm. 56.

Diese Übersetzung des Edikts wurde am 30. September 1898 nach Washington übermittelt: National Archives, Record Group 59.

Seite 314: »Könnte sich etwas Widriges ereignen«: Lo Jung-pang, *Kang Yu-wei*, S. 172, Anm. 69.

Tungs Erscheinen in Peking: Morse, *The International Relations*, Bd. 3, S. 151 f.

Robert Hart beschrieb exakt die Rolle, die Tungs Truppen damals zugedacht war: »Die Chinesen glauben, daß wir uns vor Tungs Männern fürchten, und so sagen sie sich: ›genau die Leute, die wir hier brauchen!‹ Tung und seine Männer... sind jetzt so viele Dohlen in Pfauenfedern.«: Hart an Campbell, 13. November 1898.

Zum Plan, Sir Chang zu retten, vgl. einen Brief von Sir Claude MacDonald an

Morrison von 1898, zitiert in: Lo Jung-pang, *Kang Yu-wei*. Sir Chang wurde nach Urumtschi verbannt, der Hauptstadt der Provinz Singkiang. Sowohl Rußland als auch England versuchten, dieses Gebiet unter ihre Kontrolle zu bekommen. Urumtschi war seit jeher ein Bollwerk der Muslime.

Seite 315: Hsü Chih-cheng blieb im Gefängnis, bis er befreit wurde, als die Truppen der Alliierten 1900 während des Boxeraufstands in Peking einmarschierten; bald darauf starb er.

Seite 318: »Über das Thema der Reformen«: Hsu, *The Rise of Modern China*, S. 449.

»Der Kaiser [sah] sich einer Front gegenüber«: Fairbank und Reischauer, *China*, S. 375.

»Die Kaiserinwitwe sah ihre ganze Welt bedroht«: ebd., S. 376.

Tz'u-Hsi »richtete die Radikalen hin«: Fairbank, *Great Chinese Revolution*, S. 135.

Seite 317: Edikt vom 16. November, zitiert nach: Cohen und Schrecker, *Reform in Nineteenth Century China*, S. 104.

Nach den Hundert Tagen blieben viele von Kuang-hsüs Reformen weiterbestehen. Aufgehoben wurden lediglich jene Reformen, die den Eisenhüten und den Gelehrten der Oberschicht zu lästig waren. Tz'u-Hsi führte auch von sich aus Reformen ein, schreckte allerdings davor zurück, radikale Änderungen am Regierungsaufbau oder an den Sonderprivilegien und Pensionen vorzunehmen, in deren Genuß die Mandschu seit 200 Jahren gestanden hatten. Man vergleiche dies mit der Reaktion von Lyndon B. Johnson, der nach der Ermordung John F. Kennedys unverzüglich den größten Teil der neuen außenpolitischen Schritte seines Amtsvorgängers rückgängig machte, z. B. dessen Bemühungen um eine Verständigung mit Kuba und der Sowjetunion und um einen Abzug aller US-Soldaten aus Vietnam. Es gibt zahlreiche interessante Parallelen zwischen diesen beiden Amtswechseln; vgl. dazu: Jim Marr, *Crossfire*, New York 1989.

Cockburns Beurteilung der Kaiserinwitwe stammt aus den unveröffentlichten Akten des Foreign Office: Public Records Office, London.

Seite 318: »Seit 1897 und 1898«: Chung, *Much Maligned*, S. 262.

Zwei Frauen: Derling, *Two Years in the Forbidden City*, und Carl, *With the Empress Dowager in China*.

Seite 319: »Ihr Verhältnis ... macht ... einen äußerst freundschaftlichen Eindruck«: Carl, *With the Empress Dowager in China*, S. 68.

»Die Lage hier hat sich im Handumdrehen geändert«: Hart an Campbell, 25. September 1898. Wie die meisten Mitglieder der Ausländergemeinde war auch Hart vor der Sommerhitze in Peking geflohen.

Derselben Meinung wie Hart war Yeh Chang-chih, ein chinesischer Gelehrter jener Zeit, der einige der Akteure in der Tragödie näher kannte: »K'ang und Liang verfolgten in ihrer Reformbewegung ein Bündnis mit Japan und England, um ihnen den Rücken zu stärken, und die Rückkehr der Kaiserinwitwe an die Macht wurde in Wirklichkeit durch die Russen veranlaßt. Das war der Grund, warum der Putsch so plötzlich erfolgte und [warum] England und Japan nicht wagten, zu intervenieren.«: Lo Jung-pang, *Kang Yu-wei*, S. 156, Anm. 41.

Die Hundert-Tage-Reform war beendet. Doch manche Dinge ändern sich nie. Fast ein Jahr nach der Enthauptung der Sechs Märtyrer schrieb Morrison von der *Times* aus Peking einen Brief an sein Ebenbild in Shanghai, J. O. P. Bland. Darin erwähnte er Informationen, die er gerade von W. V. Drummond erhalten hatte, der eine Zeitlang Geschäftsführender britischer Kronanwalt in Shanghai war: »Es ist eine Verschwörung im Gange, die Kaiserinwitwe zu stürzen und den Kaiser und die Reformpartei wieder an die Macht zu bringen. Die Japaner sollen die Gelegenheit nutzen, Peking zu besetzen und Rußland zurückzudrängen... Japan soll nach Möglichkeit gemeinsam mit England handeln.«: Morrison an Bland, 14. Juli 1899. Lo Hui-men, *Correspondence Morrison*.

14. Kapitel: Auf der Flucht

K'ang Yu-weis angeblicher vertrauter Umgang mit Kaiser Kuang-hsü verlieh seinen Bemerkungen über die Kaiserinwitwe, die von Ausländern und Chinesen außerhalb Chinas als letzte Wahrheiten hingenommen wurden, großes Gewicht. Historiker und Biographen haben fast ausnahmslos die unmittelbaren Zeugnisse weiblicher Personen aus dem Westen als sentimentalen Kitsch abgetan, während sie die Aussagen K'angs völlig unkritisch übernahmen.

Seite 321: Über die Ereignisse seiner Flucht veröffentlichte K'ang mehrere Versionen, darunter die Gespräche, die der *Times* von ihrem Shanghai-Korrespondenten J. O. P. Bland übermittelt wurden, ein weiteres Interview mit einem Journalisten in Hongkong und seine eigene »offizielle« (geschönte) Darstellung, die in Lo Jung-pang, *Kang Yu-wei,* wiedergegeben ist. Daneben wurde er von mehreren britischen Diplomaten befragt, unter ihnen Byron Brenan und Henry Cockburn, die ihm nicht auf den Leim gingen. Ihre zurückhaltenden Urteile blieben in den britischen diplomatischen Akten und gelangten deshalb nie ans Licht der Öffentlichkeit.

Seite 322: »Sind Sie der Mann auf dem Foto?«: K'angs Darstellung bei Lo Jung-pang, *Kang Yu-wei*.

»Am Morgen des 23.«: Dieser Teil des Berichts von Brenan an MacDonald erschien in: *The Blue Books,* China No. 1, 1899, S. 307f.

Seite 323: Zu den »roten Pillen« vgl.: Chung, *Much Maligned,* S. 175 und 197, Anm. 86.

Seite 324: Das Gerücht von der Heirat und der Hochzeitsreise von Tz'u-Hsi und Li Hung-chang wurde von der *New York Times* am 2. Oktober 1898 veröffentlicht. Die Vermutung liegt nahe, daß es in der ursprünglichen Quelle möglicherweise geheißen hatte »die Kaiserinwitwe und der Vizekönig« – nämlich Jung-lu –, während daraus fälschlich Li Hung-chang gemacht wurde. Die Nennung von Jung-lu hätte die Ente bestätigt, daß er seit langem eine heimliche Liaison mit Tz'u-Hsi unterhielt, doch die Erwähnung von Li Hung-chang machte die Story zu einem echten Knüller.

Seite 326: »Ein rotglühendes Eisen in den Unterleib«: *New York Times,* 2. Oktober 1898. Jemand machte sich einen Spaß auf Kosten der *Times*. Diese Story ging zweifellos ebenso auf Telegrafen-Sheng zurück wie die von der Hochzeitsreise Tz'u-Hsis.

Seite 327: Blands Telegramm wird zitiert in der *New York Times* vom 26. September 1898.

Seite 328: Cockburns Bericht ist enthalten in den unveröffentlichten Akten des

Foreign Office, Public Records Office, London. Er wurde in die offiziellen *Blue Books* nicht aufgenommen. Zu weiteren Beurteilungen K'angs durch Bourne und Cockburn vgl.: Lo Jung-pang, *Kang Yu-wei*.

Der Artikel über Prinz Yin erschien in der *New York Times* vom 2. Oktober 1898.

Seite 329: Näheres zur Person Sir Robert Hotungs bei: Boorman, *Biographical Dictionary*, Bd. 2, S. 75.

K'angs Kontaktaufnahme mit dem japanischen Konsul in Shanghai: Der Name des Konsuls war Ueno Suesaburo.

Zu den Zusicherungen an K'ang durch Okuma vgl.: Lo Jung-pang, *Kang Yu-wei*, S. 173, Anm. 73.

Seite 330: K'angs Interview mit der *China Mail* erschien im selben Wortlaut in der *North China Daily News* vom 15. Oktober 1898.

In den Quellen finden sich keinerlei Hinweise darauf, daß K'ang jemals die Kaiserinwitwe zu Gesicht bekommen hätte. Er ist der einzige, der dies jemals behauptet hat.

Seite 331: Zu K'angs »Enthüllungen« an die Gesandtschaften vgl.: Foreign Office 223/122, Public Records Office, London, Brief von K'ang Yu-wei an Sir Claude MacDonald, geschrieben in Hongkong etwa am 15. Oktober 1898. Ein fast gleichlautender Brief wurde an die US-Botschaft geschickt: National Archives, Record Group 59.

Seite 332/333: Zu K'angs Versuchen, Tz'u-Hsi umbringen zu lassen: Sein Gespräch mit Miyazaki findet sich bei: Hsiao, *A Modern China*, S. 238 f. und Anm. 162. Vgl. außerdem *New York Times*, 23. Juni 1904, und Chung, *Much Maligned*, S. 267.

Seite 333: »Die alte Dame ist wütend«: Hart an Campbell, 23. Oktober 1898.

Das kaiserliche Edikt wird in den *Blue Books* zitiert.

Morrison versuchte, selbst vorgelassen zu werden: MacDonald an Gwynne, 16. Oktober 1898: Lo Jung-pang, *Kang Yu-wei*.

Seite 334: Dr. Dethève wurde von dem Dolmetscher Vissière begleitet.

Die ursprüngliche Diagnose von Dr. Dethève wurde von den Botschaftern an ihre Heimatregierungen übermittelt. Das uns zugängliche Exemplar stammte von Conger an Hay, 19. Oktober 1898, National Archives, Record Group 59. Vgl. auch: Kwong, *A Mosaic*, S. 259, Anm. 79, und Chung, *Much Maligned*, S. 177.

Seite 335: Digitalis hat unter anderem eine harntreibende Wirkung.

Seite 337: »Sechs junge Männer«: Hart an Campbell, 16. Oktober 1898. Der Leser sei daran erinnert, daß ebenso, wie Verletzungen der Etikette zur Entlassung eines Beamten führen konnten, ein schlechter Gesundheitszustand ein traditioneller Vorwand war, der es ermöglichte, daß Beamte von ihrem Posten freiwillig zurücktraten oder zum Rücktritt gezwungen werden konnten. Daß diese Regel auch beim Kaiser selbst Anwendung finden konnte, ist nicht ganz von der Hand zu weisen.

Ein bislang völlig unbekannter Kandidat: Diese Situation ist von Morse, *The International Relations*, Bd. 3, S. 150, geschildert worden. Nach Morse führte Jung-lu die Opposition gegen den Sohn von Prinz Ching an. Doch zu dieser Zeit gehörte Jung-lu entgegen den Ausführungen von Morse nicht dem Rat des Tsungli Yamen an; der einzige, der als Anführer der Opposition in Frage gekommen wäre, war Chung Li, obwohl er nicht dem kaiserlichen Clan angehörte.

Die Rekonstruktion der Stammbäume von Mandschu- oder Chinesenfamilien ist ein mühseliges Geschäft. Dem Leser sollten viele dieser Abschweifungen im Text erspart werden, doch soll an dieser Stelle ein Beispiel angeführt sein: P'u-chun war der Sohn von Prinz Tuan. Als er zum Thronprätendenten gekürt wurde, gab es angeblich zwei weitere Kandidaten in der direkten kaiserlichen Linie: den fünfundzwanzigjährigen P'u-lun und dessen Bruder P'u-tung. Doch P'u-lun – und damit auch sein Bruder – waren bereits 1875 mit der Begründung abgelehnt worden, daß sie nur durch die Adoption ihres Vaters der kaiserlichen Familie angehörten. Ein weiterer möglicher Kandidat war P'u-wei, der Enkel des verstorbenen Prinz Kung und der Sohn von Tsai Ying. Aufgrund einer Anordnung der Kaiserinwitwe wurde P'u-wei zum Adoptivsohn von Prinz Kungs ältestem Sohn Tsai Cheng (1858–1885) gemacht, der kinderlos gestorben war. Auf diese Weise wurde P'u-wei schließlich Prinz Kung II. und war den Japanern in den Jahren nach 1930 behilflich, als diese die Marionettenregierung Mandschukuo unter dem letzten Mandschu-Kaiser P'u yi einsetzten. Nach Liang Chi-chao war ein weiterer möglicher Kandidat Tsai Chen, ein Sohn von Prinz Ching, doch er gehörte derselben Generation an wie T'ung-chih und Kuang-hsü und war damit von der Thronfolge ausgeschlossen. Außerdem war Prinz Tsai Cheng ein notorischer Herumtreiber. Neben anderen Eroberungen hielt er sich als Konkubine Yang Tsui-hsi, eine Kurtisane, die als Sängerin und wegen ihrer winzigen einbandagierten Füße berühmt war. Ob Kuang-hsü erwogen hatte, abzutreten, sobald P'u-chun das 16. Lebensjahr erreicht hatte, ist nicht bekannt. Zur Genealogie von P'u-chun vgl.: Lo Jung-pang, *Kang Yu-wei*, S. 99, Anm. 1. Näheres zur Person Prinz Tuans bei: Chung, *Much Maligned*, und Hummel, *Eminent Chinese*.

Rein rechtlich war P'u-chun Tz'u-Hsis Neffe, da ihre Nichte mit Prinz Tuan verheiratet war, obwohl die biologische Mutter des Jungen eine Konkubine war.

Zum obersten Tutor des Thronerben P'u-chun wurde Großherzog Chung ernannt, der Vater von Kaiserin A-lu-te. Er war jetzt einer der glühendsten Anhänger von Prinz Tuan.

Seite 338: Die Geschichte mit den Shangfang-Schwertern stammt von: Morse, *The International Relations*.

Seite 339: Über Prinz Heinrichs Audienz im Sommerpalast am 15. Mai 1898 wird im *North China Herald* vom 6. Juni 1898 berichtet. Vgl. dazu auch: Isaac Headland, *Court Life in China*, S. 155, Morse, *The International Relations*, Bd. 3, S. 110, und Kwong, *A Mosaic*, S. 148. Hart schildert den Prinzen als einen Mann, »der mit seinem sympathischen Gesicht und seinem bezaubernd natürlichen Wesen alle für sich einnimmt«. Hart an Campbell, 22. Mai 1898. Vor der Audienz wurde der Prinz angeblich von Lady MacDonald gebeten, bei der Kaiserinwitwe darauf hinzuwirken, daß diese den Frauen der Botschafter ebenfalls eine Audienz gewährte: P. Sergeant, *The Great Empress Dowager of China*, S. 198.

Seite 340: »Etwas Gutes daraus erwachsen«: Conger an Hay, 14. Dezember 1898, National Archives, Record Group 59.

»Zuerst paßte ihnen der Termin nicht«: Hart an Campbell, 4. Dezember 1898.

»Die Kaiserin war sehr neugierig«: Lady Ethel MacDonald, »My Visits to the Dowager Empress of China«. Sofern nichts anderes vermerkt ist, stammen sämtliche Zitate von Lady MacDonald in diesem Kapitel aus dieser Quelle. Sarah Congers Kommentar wird zitiert aus ihrem Buch *Letters from Peking*.

Eine Fotografie der Damen mit ihren Dolmetschern findet sich in diesem Buch auf S. 193.

Seite 343: Lady MacDonalds Ansprache: Foreign Office 223/122, Public Records Office, London.

Seite 346: »Ich habe meine eigenen Ansichten«: Chirol an Morrison, 16. Dezember 1898, Lo Hui-men, *Correspondence Morrison*.

»Ihre Majestät war... von ausgesuchter Liebenswürdigkeit«: *Times*, 16. Dezember 1898.

»Die Kaiserinwitwe machte... einen höchst vorteilhaften Eindruck«: *Blue Books*.

Seite 495: »An Schwäche grenzende Liebenswürdigkeit«: Ethel MacDonald, *Empire Review*.

15. Kapitel: Schreibtischtäter

Die historischen Auswirkungen der Propaganda gegen die Kaiserinwitwe werden in späteren Kapiteln behandelt, in denen es um biographische Arbeiten von Backhouse und um seine Beziehung zu George Morrison und J. O. P. Bland geht.

Seite 347: Das Begriffszeichen ist abgebildet in J. Levenson, *Liang Chi-chao and the Mind of Modern China*, S. 33.

Seite 348: Der Geschäftsführende Konsul war Hayashi Gonsuke: Lo Jung-pang, *Kang Yu-wei*, S. 171, Anm. 67.

Kurz bevor K'ang Peking im September verließ, wurde ein neuer chinesischer Botschafter nach Tokyo entsandt: Li Sheng-to war 38 Jahre alt, stammte aus der Provinz Kiangsi, gehörte der Hanlin-Akademie an und wurde 1895 als kaiserlicher Zensor berufen. Während der Anfänge der Reformbewegung war Zensor Li mit K'ang Yu-wei eng verbunden, doch von einem Tag zum anderen nahm er eine reformfeindliche Haltung ein; möglicherweise war er gegen eine Beteiligung Japans an den Reformen. Im Mai 1898 war er sogar einer der drei Zensoren, die K'ang beim Thron anklagten. Während der Verhaftungswelle im September wurde Li plötzlich zum Botschafter in Japan ernannt, um dort einen Gesandten abzulösen, der dieses Amt nur sechs Wochen lang bekleidet hatte. Das war höchst ungewöhnlich, da Botschafter normalerweise auf drei Jahre ernannt wurden. Als K'ang überlegte, ob er die japanische Einladung nach Tokyo annehmen sollte, äußerte er auch Befürchtungen über den neuen Botschafter. Es wurde angenommen, daß dieser sein neues Amt dem Einfluß Jung-lus verdankte, der eine der Zielscheiben der Verschwörer war. Weniger als einen Monat nachdem er in Tokyo angekommen war, erhielt Li Anweisungen aus Peking, K'ang Yu-wei festnehmen zu lassen. Aus irgendeinem Grund ignorierte er die Order und erwies sich als K'angs gute Fee. Möglicherweise hatten ihn die Japaner bestochen, die K'ang beruhigen konnten, daß er in Japan überhaupt nichts zu befürchten habe.

Ein »höchst wertvolles Geschenk«: zitiert nach Levenson, *Liang Chi-chao*, S. 55.

Biographische Daten zu Liang Chi-chao: Levenson, *Liang Chi-chao*; Boormann, *Biographical Dictionary*; Lo Jung-pang, *Kang Yu-wei*, und Spence, *Das Tor des Himmlischen Friedens*.

Seite 349: Der Gouverneur von Hunan war damals Chen Pao-chen.

Der Mitarbeiter des japanischen Außenministeriums war Takahashi Kichitaro.

Miyazaki war ein Genyosha-Agent, der bei den verschiedensten Intrigen seine Hände im Spiel hatte, darunter auch bei der Lieferung von Waffen an die philippinischen *insurrectos*. Er und Hirayama waren die persönlichen Geheimagenten von Inukai Takeshi, dem Stellvertreter von Außenminister Okuma.

Seite 350: Mit Hilfe der Genyosha wurden schwierige Situationen bereinigt. Sun Yat-sen machte wiederholt den Vorschlag, sich mit K'ang Yu-wei zu verbünden. Hirayama fungierte als Vermittler zwischen ihnen.

Zu den Hauptinitiatoren der japanischen Bestrebungen, das gesamte Ostasien unter Kontrolle zu bekommen, gehörten Sugawara Den, Miyazaki Torazo, Inukai Ki, Okuma Shigenobu und Soejima Taneomi. Inukai Ki förderte die Genyosha-Strategie, K'ang in Nordchina zu unterstützen, Sun Yat-sen in Südchina und Emilio Aguinaldo auf den Philippinen. Die Realisierung dieser Pläne vor Ort lag in den Händen von Toyama Uchida, einem der führenden Köpfe der Genyosha, und seiner Agenten. Sie wurden unterstützt von den japanischen Militärstreitkräften zu Wasser und zu Land, von Regierungsbehörden und den großen Handelshäusern, den *zaibatsu*. Toyamas Zusammenarbeit mit Inukai Ki begann vor der Jahrhundertwende, als sie gemeinsam Sun Yat-sen unter ihre Fittiche nahmen. Inukai wurde schließlich in den dreißiger Jahren nach einer Meinungsverschiedenheit von Toyamas Gangstern umgebracht.

Okuma Shigenobu setzte sich sehr dafür ein, das japanische Steuerwesen nach der Meiji-Restauration zu modernisieren und neu zu organisieren. Als englischsprechender Liberaler, der für ein parlamentarisches System eintrat, rief er die Fortschrittspartei ins Leben und diente als Außenminister, bis er durch den Anschlag eines nationalistischen Fanatikers, der ihn fast das Leben gekostet hätte, ein Bein verlor. Der Anschlag ging von der Genyosha aus, die Okumas Politik der Verhandlungen mit ausländischen Mächten mißbilligte. Nachdem er sich mit der Genyosha geeinigt hatte, war Okuma seit 1896 erneut als Außenminister und kurze Zeit auch als Ministerpräsident tätig. Diesen letzteren Posten hatte er auch zu Beginn des Ersten Weltkriegs inne. Er starb 1922.

Sue Fawn Chung, *Much Maligned*, behandelt ausführlich die Zeitschrift *China Discussions* und Liangs Propagandaapparat sowie die Reaktionen auf die Propaganda innerhalb der Verbotenen Stadt.

Seite 351: »Einer Schildkröte können keine Haare wachsen«: Liang Chia-chao, »Why the future of China depends on the emperor«, 22. März 1899. Englische Übersetzung aus dem Original von Clio Whittaker.

Seite 352: Vizekönig Chang Chih-tung hatte gute Gründe, bei der Verfolgung der Verbannten einen besonderen Eifer an den Tag zu legen. Mehrere Reformsekretäre, die man im September 1898 enthauptet hatte, waren dem Kaiser von ihm empfohlen worden. Infolgedessen hätte Chang beinahe sein Amt als Generalgouverneur von Hubei und Hunan verloren. Seine engsten Mitstreiter in der hunanesischen Reformbewegung (Gouverneur Chen Pao-chen und sein Sohn) wurden in Ungnade entlassen. Warum Chang selbst verschont blieb, ist nie ganz geklärt worden, doch manche Autoren vermuten, daß allein seine enge Freundschaft mit Tz'u-Hsi ihn vor einer Enthauptung bewahrt habe. Um seine Haut zu retten, wechselte Chang sogleich die Fronten und bekämpfte die Reformer besonders vehement, weil er nur so die Anerkennung der Eisenhüte erwerben konnte. Von diesem Verhalten angewidert, gaben die überlebenden Reformer Chang den Beinamen »wetterwendischer Mandarin«. Lim sagte von Chang, er sei »eine Art Patriot«, aber »ein Verräter an seinem rechtmäßigen Souverän« – womit er sagen wollte, Chang verrate den Kaiser, um die Kaiserinwitwe zu unterstützen, eine Beschuldigung, die ganz auf K'angs Parteilinie lag. »In den beiden letzten Jahren«, fuhr Lim fort, »ist [Chang] kaum noch derselbe aufrichtige Mann, den wir vor Jahren bewunderten. Er hat sich sehr zum Schlechten verändert... seine Untergebenen verachten ihn heimlich...«: Wen Ching, *The Chinese Crisis from Within*.

Im Jahr 1899 überreichte Okuma Liang Chi-chao die hübsche Summe von 7000 Tael für eine Reise nach Hawaii. Liang schrieb in seinem Tagebuch: »Fürwahr, in Japan habe ich das Gefühl, daß hier meine zweite Heimat ist.« Er kehrte nach China zurück, um am Hankou-Aufstand teilzunehmen, kam jedoch zu spät. Nachdem er seine alte Zuflucht in Japan wieder bezogen hatte, richtete er sich in seiner lebenslangen Rolle als führender Kritiker der Mandschu ein.

Seite 355: »Das Mandschu-Messer reicht weit«: Wen Ching, *Chinese Crisis*, S. XIII.

»Etwas wichtigtuerisch«: Tagebuch Morrison, 23. Dezember 1901.

»Hochgebildet«: Johnston, *Twilight in the Forbidden City*, S. 92.

Der Mitstreiter von Sun Yat-sen war Huang Nai-shang.

Boorman behauptet irrtümlich, Lim Boon-kengs Buch *The Chinese Crisis from Within* sei nach 1930 erschienen; seine erste Auflage datiert von 1901. Interessanterweise unterhielt Wen Ching (Lim Boon-keng) direkte Beziehungen zu den Mandschu und spielte einmal den Gastgeber für den Sohn des Prinzen Su, als dieser zum Englischstudium nach Singapur geschickt wurde. Daneben hatte er Kontakte zur amerikanischen Gemeinde in Singapur durch Familienverbindungen zur amerikanischen Methodistenkirche.

Seite 359: »Sie hat sich als mildtätig und...«: Denby an Bayard, 1889, in einem Überblick über die Ereignisse seit 1875, National Archives, Record Group 59.

16. Kapitel: Der Pornograph

Bislang wurden nur kurze Auszüge aus Morrisons Tagebüchern veröffentlicht, der größte Teil davon in Cyril Pearls Morrison-Biographie. Zwar wurde ein Teil der Korrespondenz zwischen Morrison und Backhouse in der ausgezeichneten zweibändigen Untersuchung von Lo Hui-men, *Correspondence Morrison*, dem Publikum zugänglich gemacht, doch die noch unveröffentlichte Originalkorrespondenz in der Mitchell Library in Sydney enthält faszinierende weitere Informationen. In Australien wurden Briefe und Tagebücher sorgfältig durchgesehen. Daraus wurde in den folgenden Kapiteln immer wieder zitiert. In London sorgte Sir Edmund Pickering großzügig dafür, daß wir Zugang zu den Archiven der *Times* hatten, wo eine Anzahl wertvoller unveröffentlichter Briefe und Telegramme an und von Morrison zu finden waren. Zwar ist vorliegendes Porträt von Morrison düsterer als bei Lo Hui-men und Pearl, doch denken wir, daß die Umbra dem, was bislang nur die Karikatur eines Helden war, Tiefe und Komplexität verleiht.

Seite 361: »Halten Sie es für denkbar« und »Die beste Lösung...«: Morrison an Bland, 12. Oktober 1898, Lo Hui-men, *Correspondence Morrison*.

Seite 364: »Geschick, seinem Material die Wahrheit zu entlocken«: Tagebuch Morrison, 18. Mai 1899. Jedesmal, wenn er gelobt wurde, vermerkte Morrison die Lobhudelei in seinem Tagebuch. Als Li Hung-chang 1901 und bald darauf auch Pethick starb, verlor Morrison eine einzigartige Informationsquelle; um seinen Spitzenplatz als Korrespondent zu behaupten, mußte er sich umorientieren und an Yuan Shih-kai halten.

Er wäre zufällig beinahe auf Prinz Ching gestoßen: Tagebuch Morrison, 18. Mai 1898.

Seite 365: »Ein äußerst fähiger Bewerber«: Hart an Campbell, 26. Februar 1899.

»E. Backhouse zum Frühstück«: Tagebuch Morrison, 3. März 1899.

Seite 366: »Wir hatten hier einen Mann beschäftigt«: Morrison an R. Nicholson von der *Times*, 7. Juli 1911, Archiv der *Times*.

Seite 367/368: »Machen Sie sich nicht die Mühe«: Backhouse an Morrison, 8. Mai 1903, Mitchell Library.

Seite 368: »Vielen Dank für die Marmelade«: ebd., 14. Mai 1903.

»Ich habe gestern bei Bischof Scott gegessen«: Backhouse an Morrison, 23. Januar 1900, Lo Hui-men.

»Die einzigen unverheirateten Frauen«: Tagebuch Morrison, 30. Mai 1899.

Masturbation: ebd., 9. Juni 1899.

Seite 369: »G. hat mich aufgesucht«: ebd., 1. Juni 1907.

Die Affäre mit Maysie und die damit zusammenhängenden Eintragungen in Morrisons Tagebuch erschienen in Pearls höchst lesenswerter Morrison-Biographie aus dem Jahr 1967. Als wir jedoch 1986 die Originaltagebücher zu lesen bekamen, fehlten diese Seiten. Es ist nicht bekannt, wer in der Zwischenzeit die anrüchigen Stellen aus dem Tagebuch entfernt hat. Robert Hart ging kein Risiko ein und vernichtete die Tagebücher, die er während der Verbindung mit seiner chinesischen Geliebten geführt hatte.

»Die längsten Hörner«: Tagebuch Morrison, 3. Januar 1908.

»Lily hat vermutlich... Syphilis«: ebd., 8. April 1900.

»Will nichts anderes«: ebd., 15. April 1900.

Seite 370: »Eine ungebundene Frau auf Männerjagd«: ebd., 22. Juni 1899.

›Raus hier!‹: ebd., 13. September 1900.

»Eine amerikanische Nutte geheiratet«: ebd., 1. August 1907.

»Und was wird aus Casenave«: ebd., 29. April 1909.

»Sie mag keine Männer«: ebd., 22. Juni 1898.

»Sie war bekannt als Lesbierin«: ebd., 29. Januar 1903.

»Daß sie sich heimlich treffen«: ebd., 17. Juli 1905.

»Vielleicht benutzt sie das japanische Dienstmädchen«: ebd., 4. Februar 1908.

»I. G. bis spät in die Nacht«: ebd., 11. April 1898.

»Speiste mit dem I. G.«: ebd., 23. April 1900.

Seite 371: Während Morrison Backhouse über die jüngsten Sexgeschichten aus den Gesandtschaften auf dem laufenden hielt, konnte dieser mit Geschichten über die Dekadenz der Mandschu aufwarten. Die von K'ang Yu-wei erhobenen Vorwürfe gegen Tz'u-Hsi wegen sexueller Ausschweifungen faszinierten beide Männer als Voyeure. Als Erzähler war Backhouse ein echtes Talent. Wie Hoeppli sich erinnert, war es »äußerst faszinierend, ihn von der Vergangenheit reden zu hören. Er beschwor Szenen aus vergangenen Tagen zurück und wußte noch zahlreiche Details, und wenn er an Winternachmittagen im Halbdunkel in seinem Lehnstuhl saß und von Menschen sprach, die schon lange tot waren, dann schienen sie wie von Zauberhand ins Leben zurückzukehren und einige ihrer Geheimnisse zu enthüllen, bezaubernd, skandalös oder gar entsetzlich, je nach ihrer Beschaffenheit«. Anmerkungen zu Edmund Backhouse, »Décadence Mandchoue«, S. 439.

Seite 372: Bland und Backhouse, *China unter der Kaiserin-Witwe,* S. 467. Die vernichtende Kritik ist eine Anspielung auf das Klischee eines Bengali in den Tagen des Raj, der an einer westlichen Universität studiert hat.

»Kinderjahre«: Die Zitate über seine Eltern sind seinem Manuskript »The Dead Past«, S. 124 ff., entnommen.

Seite 373: Ein Freund von Alfred Douglas: Tagebuch Morrison, 16. Oktober 1908.

Hugh Trevor-Ropers Buch *The Hermit of Peking* wird jedem empfohlen, der Näheres über das Leben und die Betrügereien von Edmund Backhouse wissen möchte.

Seite 373/374: »Er führte mich in seine prachtvolle Bibliothek«: Gemeint ist Lord Roseberry, der von März 1894 bis Juni 1895 Premierminister war; zitiert nach Backhouse, »The Dead Past«.

Seite 374: Corvo ist eine phallische Metapher auf der Grundlage der lateinischen Gattung *Corvus,* zu der Krähen und Raben gehören. Gegen Ende der achtziger Jahre des vorigen Jahrhunderts ging Rolfe als Student, der keinem College angehörte (»tosher«), nach Oxford und besuchte verschiedene Vorlesungen. Aus Anlaß eines Besuchs des Prinzen von Wales wurde ein Maskenball geplant, auf dem Rolfe als Rabe erschien. Als der Prinz die oberste Stufe auf der Empfangstreppe erreicht hatte, drängte Rolfe sich vor, beäugte ihn nach Vogelart erst mit dem linken, dann mit dem rechten Auge und entleerte dann durch ein Loch unter seinem Schwanz eine Dose mit Tünche: »The Many Lives of Frederick Rolfe, Alias Baron Corvo«, *The Observer,* 1975. Rolfe schrieb auch einen Roman mit dem Titel *Hadrian the Seventh,* in dem es um einen armen Jungen geht, der Papst wird, und der etwas zwiespältig von D. H. Lawrence empfohlen wurde. Dieser bezeichnete ihn als »klares und eindeutiges Buch unserer Epoche«, doch Rolfes Einkünfte aus diesem beliefen sich auf lediglich elf Schilling und drei Pence: Cecil Woolf, *Baron Corvo's Venice Letters,* und Donald Weeks, *Corvo.*

Fox lebte bis 1935 und reichte offenbar Abschriften dieser Briefe an Freunde weiter. In den zwanziger Jahren erschien ein Privatdruck der Briefe. Wahrscheinlich bekam Backhouse sie während seiner Reisen nach England bis 1921 zu Gesicht. Doch die *Venice Letters* waren lediglich ein Beispiel für eine Tradition homosexueller Pornographie, die Backhouse offenbar von Kindesbeinen an vertraut war, und diese Tradition ist es auch, zu der seine eigenen Memoiren zurückkehren.

Seite 378: »Mein intimer Umgang«: Zitiert nach Backhouse, »Décadence Mandschoue«.

1987 veröffentlichte Joseph W. Esherick eine bahnbrechende Untersuchung, *The Origins of the Boxer Uprising*, für die er den Fairbank Prize in East Asian History erhielt. Eshericks Buch ist die erste bedeutende erneute Untersuchung der Boxerbewegung in Shantung auf der Ebene der unmittelbar Beteiligten seit den wegbereitenden Studien von Chester Tan (1958), *The Boxer Catastrophe*, und Victor Purcell (1963), *The Boxer Uprising*. Er legt unzweideutig dar, daß die beteiligten Boxer selbst der spontane Ausdruck des gegen die Christen und die Ausländer gerichteten Volkszorns in den ländlichen Regionen Nordchinas waren. Bedauerlicherweise hat Esherick eine Geschichte des Boxeraufstands »von unten« geschrieben und deshalb nicht zugleich auch die parallele Rolle der Eisenhüte untersucht, die die Boxerbewegung für ihre eigenen Zwecke einspannen wollten, und er hat das auf Backhouse zurückgehende Bild einer bösen Tz'u-Hsi übernommen.

Seite 395: Keine Verschwörung ist vollkommen oder in ihrem Ablauf vorhersehbar: »Ich verabscheue diese absoluten Systeme«, hat Alexis de Tocqueville gesagt, »für die alle Ereignisse der Geschichte durch eine schicksalsmäßige Kette mit letzten großen Ursachen verbunden sind und die gleichsam den Menschen aus der Geschichte der Menschheit ausschließen.« Ähnliches lesen wir bei A. J. P. Turner: »Ich entdeckte oder glaubte zu entdecken, daß Adolf Hitler trotz seines Entschlusses, Deutschland zu einer Weltmacht zu machen, keine klare Vorstellung davon hatte, wie er dies bewerkstelligen sollte, und seine Maßnahmen jeweils den sich verändernden Bedingungen anpaßte.« Nirgends gilt dies mehr als bei der Boxerbewegung, in der man schon immer den Bestandteil einer Verschwörung, die von der Kaiserinwitwe gedeckt wurde, gesehen hat. Der Punkt ist, daß Prinz Tuan und seine Fraktion zwar *anstrebten*, alle Ausländer zu vertreiben und das Rad der Geschichte zurückzudrehen, wozu sie sich der Boxer und verschiedener anderer Werkzeuge bedienten, aber aus einer ganzen Reihe von Gründen scheiterten. Die widrigen Umstände und ihre Unfähigkeit ändern nichts an ihrem Streben, das in den Augen der Mandschu von rein patriotischen Motiven gespeist war.

Seite 398: »Nehmen Sie Ihre Missionare und Ihr Opium«: Morse, *The International Relations*, Bd. 2, S. 220; Hart, *Sinim*, S. 158. Der britische Opiumhandel blieb bis 1917 legal. Danach kam er unter die Kontrolle der Roten und der Grünen Bande mit Sitz in Shanghai. Großohriger Tu Yueh-sheng und Generalissimus Tschiang Kai-schek profitierten ebenso vom Drogenhandel wie die japanischen Geschäftspartner; die Nationalchinesen beherrschen noch heute den Opiumhandel aus dem Goldenen Dreieck. Vor kurzem sah sich die VR China einem Wiederaufleben des inländischen Opiumhandels und einer wachsenden Zahl von Opiumsüchtigen konfrontiert.

Wegen der Missionare war es immer wieder zu Zusammenstößen gekommen. 1870 hatten französische Barmherzige Schwestern in Tientsin angeboten, todkranke Waisenkinder zu kaufen, um sie vor dem Tod noch zu taufen. Es ging das Gerücht, die Kinder würden für böse Zwecke mißbraucht. Eine Menge rottete sich drohend zusammen, so daß der französische Konsul auf die Menge schoß und von dieser sogleich in Stücke gerissen wurde. Der rasende Mob tötete anschließend 20 weitere Ausländer, darunter zehn Nonnen, und verwüstete die katholische Mission. Als Tseng Kuo-fan beauftragt wurde, das Massaker von Tientsin zu untersuchen, stellte er fest, daß die Schwestern keine Kinder geraubt hatten und daß die Gerüchte auch sonst jeder Grundlage entbehrten. Die Franzosen forderten ihrerseits die Enthauptung von zwei lokalen Beamten, die der Beteiligung an den Unruhen verdächtig waren, und drohten mit einem Krieg gegen China, falls diese Bedingungen nicht erfüllt würden. Doch die Belastungen durch den Deutsch-Französischen Krieg verhinderten den Einsatz von französischem Militär, um diesen Forderungen Nachdruck zu verleihen, so daß Frankreich sich damit begnügen mußte, daß die beiden Mandarine entlassen und degradiert wurden. Solche Vorfälle gingen für die Chinesen nicht immer so aus.

Seite 399: Zur antichristlichen Propaganda vgl.: Fleming. *Die Belagerung zu Peking,* S. 30, und Cohen, »The Anti-Christian Tradition in China«. Die Zitate sind dem Aufsatz von Cohen entnommen. Die Urheberschaft dieser chinesischen Propagandabroschüre wird einem von Tseng Kuo-fans Privatangestellten *(mu-fu)* zugeschrieben, der sie auf Anweisung Tsengs verfaßte.

»Sehr geschickt...«: Hart an E.B. Drew, 12. Oktober 1870, zitiert nach: Morse, *The International Relations,* Bd. 2, S. 235, Anm. 57.

Seite 400: »Missionare stechen auch... die Augen aus«: Derling, *Two Years in the Forbidden City* S. 177.

Die Mandschu schickten sich in eine Forderung: Im Jahr 1899 gewährte der Thron den katholischen Bischöfen in China das Recht auf einen gewissen äußeren Pomp und andere Vorrechte: den Mandarinsknopf, das zugehörige Gefolge von Sänftenträgern, Vorreitern und Fußleuten; den Ehrenschirm; das Salutschießen bei der Ankunft und bei der Abreise und den Rang eines Generalgouverneurs. Die Wirkung dieser Maßnahmen auf die chinesischen Gemüter kann man etwa ermessen, wenn man sich vorstellt, wie die Briten im 19. Jahrhundert auf eine Verordnung in den Hofnachrichten reagiert hätten, von nun an wären afrikanische Medizinmänner und Gouverneure gleichberechtigt. Sechs Monate später verabschiedete eine Konferenz anglikanischer Bischöfe in Shanghai folgende Entschließung: »Wir können nicht umhin, sowohl im Namen unserer eigenen Gemeinde als auch der chinesischen Bevölkerung insgesamt, die zunehmende Einmischung französischer und anderer römisch-katholischer Geistlicher in die Provinz- und Gemeindeverwaltung Chinas mit großer Sorge zu verfolgen.« Es herrschte eine echte Besorgnis über die Gefahren, die sich aus der politischen Selbstherrlichkeit der Katholiken für alle Missionare... ergaben. Als der Sturm losbrach, galten in manchen Regionen die Katholiken als die bevorzugten Opfer: Fleming, *Die Belagerung zu Peking,* S. 31 f. Es ist alles relativ.

Seite 401: Nähere Angaben zum Weißen Lotus bei: Chesneaux, *Secret Societies.*

Yu Hsien war ein Mandschu aus Kwangtung in Südchina. Purcell vermutet, daß Li Ping-heng, Yu Hsien und andere das Ziel verfolgten, die wachsende Unzufriedenheit in der Bevölkerung durch Agitation von der Regierung in Peking abzulenken und auf die Ausländer zu richten.

Seite 402: Die Taktik der offiziellen Distanzierung von den Partisanen stammte von General Tso Tsung-tang. Die Schwarzen Fahnen wurden durch ihn auf dieselbe Weise vor den Karren der Mandschu gespannt wie 1869, als er mit dem moslemischen Renegaten Tung Fu-hsiang einen Handel abgeschlossen hatte. Tsos Begabung, derartige irreguläre Streitkräfte zu organisieren, macht ihn in gewisser Hinsicht zum philosophischen Spiritus rector der Boxerbewegung. Zum Pech für die Mandschu starb Tso 1885 im Alter von 73 Jahren.

Als die Japaner die Überreste der chinesischen Nordflotte zum Flottenstützpunkt bei Wei hai wei in Shantung trieben, tat Gouverneur Li Ping-heng alles in seiner Macht Stehende, um zu helfen. Als er nach Peking um Unterstützung telegrafierte, war gerade Neujahrstag, und es dauerte eine Woche, bis er eine Antwort erhielt. In dieser Zeit war Wei hai wei gefallen, und Admiral Ting hatte mit einer Überdosis Opium Selbstmord begangen: Rawlinson, S. 189 f. und 240, Anm. 109.

»Nach 25 Jahren Staatsdienst«: Tan, *The Boxer Catastrophe*, S. 104 f.

Seite 403: Reiskorn Yue wurde 1895 getötet. Angeblich wurde der Anführer der Langen Schwerter mit einem Mandarinknopf geehrt: Esherick, *The Origins of the Boxer Rising*, S. 113.

Seite 407: »Kann uns der Regen«: Zitat nach Fleming, S. 24.

Seite 408: »Diese chinesischen Christen«: Derling, *Two Years in the Forbidden City*, S. 179.

Seite 410: »Ordnungsgemäß ausgewiesene Offiziere«: B. L. Putnam Weale, *Indescreet Letters from Peking*, S. 9.

»Wer diese Botschaft nicht weitergibt«; Purcell, S. 224 f.

Seite 411: Eine der vielen Formen des Thai-Boxens in Shantung wurde als Schule der Pflaumenblüte bezeichnet – nach den Frühlingsfesten, bei denen die Boxschüler ihre Künste vor den Augen der Gemeinde vorführten; als diese Boxer dann den Kampf gegen die Christen aufnahmen, gaben sie sich den kämpferischer klingenden Namen »Faustkämpfer für Eintracht und Gerechtigkeit«. Missionare, die den Zeitungen in Shanghai Berichte lieferten, nannten sie einfach Boxer, und von da an wurde dieser Beiname fälschlich für jede Gruppe in China gebraucht, die Kampfsport betrieb. (Der Name »Boxer« wurde zuerst von einem oder zwei Missionaren im Innern Chinas gebraucht, die als lokale Korrespondenten der in Shanghai erscheinenden *North China Daily News* auftraten.)

Pingyuan: Esherick, *The Origins of the Boxer Rising*, S. 249 f., und Purcell, *The Boxer Uprising*, S. 200, bieten zwei unterschiedliche Versionen des Tumults. Der Bürgermeister von Pingyuan berichtete: »Ehemalige Boxlehrer aus der Fremde rühmten sich ihres Könnens und ihrer Tapferkeit, und junge Dorfburschen wurden in ihrer Unwissenheit von ihnen dazu bewogen, sich zu Gruppen zusammenzutun und Boxen zu lernen. Ihre Absicht dabei war, sich gegenseitig zu beschützen. Der Bürgermeister behielt die Situation im Auge und ließ die Kräftigsten der jungen Männer in die Miliz eintreten, damit der Aspekt des Selbstschutzes gewahrt blieb. Die Schwächeren blieben respektvoll an ihrem Platz. Sie würden von sich aus nichts tun, um zu spontanen Übergriffen aufzurufen.«: Esherick, *The Origins of the Boxer Rising*, S. 230.

Unterstützung der Boxer durch den Gouverneur: Wie Purcell bemerkt, hatte der Kampfruf für die Ching-Dynastie »etwas Aufgesetztes an sich. Selbst nach seiner Übernahme durch die Boxer wurde er niemals völlig in deren Programmatik integriert«. Im Anschluß daran vertritt er die Meinung, die mandschufreundliche Politik der Boxer sei etwas »Nachgeschobenes« oder Übergestülptes gewesen. Der letzte der mandschufeindlichen Führer des Weißen Lotus, der in Shantung ergriffen wurde, Chu Heng-ten, wurde sogleich von Yuan Shih-kai nach dessen Amtsübernahme als neuer Gouverneur zum Tod verurteilt. Weiter heißt es bei Purcell: »Von da an [Oktober 1899] müssen wir das erste Aufkommen jener Gruppe innerhalb der Boxer datieren, die beschlossen hatte, sich auf Gedeih und Verderb mit den Mandschu zu verbünden.« Vielleicht könnte man es besser so ausdrücken, daß es den Eisenhüten von dieser Zeit an gelang, die Boxerbewegung zu unterlaufen, indem sie sie von den letzten Resten der militanten mandschufeindlichen Aktivisten säuberten und die Boxer damit ungefährlich machten. Mit dieser Annahme lagen sie falsch wie so oft und sahen erst Anlaß zur Sorge, als die Boxer sich bereits in Peking befanden. Im Sommer 1900 wurden so viele Boxer wie möglich in die Streitkräfte der Regierung aufgenommen, und die Mandschu-Prinzen erhielten das Kommando über sie. Andere wurden aus der Stadt verjagt. Diejenigen, die die Invasion der Alliierten überlebten, wurden später von Yuan Shih-kai vernichtet.

Seite 411/412: Yuan befahl die sofortige Hinrichtung von Rote Laterne Chu, dem gefangenen Boxerführer, dessen kühne Verteidigung in Pingyuan im Oktober 1899 zur Entlassung und Demütigung von Yuans Vetter geführt hatte. Jetzt kam seine Rache: Esherick, *The Origins of the Boxer Rising,* S. 224 f.

Seite 413: »Sir C[laude MacDonald] sieht die Sache sehr gelassen«: Coltman an Morrison, 16. Januar 1900, Lo Hui-men, *Correspondence Morrison.*

»[Es] sieht ganz danach aus«: Backhouse an Morrison, 23. Januar 1900.

Text des Edikts in: Tan, *The Boxer Catastrophe,* S. 60 f., und, etwas abweichend, in Fleming, *Die Belagerung zu Peking,* S. 43.

Seite 412: »Die Kaiserinwitwe ist ohne Zweifel«: Conger an Hay, 22. Februar 1900, National Archives, Record Group 59.

»Ich hätte sofort ein Edikt erlassen müssen«: Derling, *Two Years in the Forbidden City,* S. 357.

Daß »die Amerikaner dort die Lage für nahezu hoffnungslos halten«: Fleming, *Die Belagerung zu Peking,* S. 54.

Seite 415: »Aussichten sehr düster ...«: ebd.

»Wie es heißt, wollen die Boxer«: Hart an Campbell, 6. Januar 1900.

Seite 416: Anfang Mai schlugen die Eisenhüte vor: Vgl. Chung, *Much Maligned,* S. 209.

»Von diesen Boxern«: Tan, *The Boxer Catastrophe,* S. 61–63.

18. Kapitel: Sicher naht ein Sündensohn

Ebenso wie die Geschichte der Hundert-Tage-Reform sind der Boxeraufstand und die Belagerung Pekings in hohem Maße parteiisch, verworren und widersprüchlich dargestellt worden. Erst nach einem umfangreichen Vergleich zeitgenössischer Quellen, privater Tagebücher, Terminkalender und ungeschönter Akten des britischen Foreign Office (alles, was nicht für die Aufnahme in die offiziellen *Blue Books* frisiert wurde) ergeben die Ereignisse von 1900 allmählich einen Sinn. Dabei wird deutlich, daß niemand in den Gesandtschaften ein Interesse daran hatte, daß die Wahrheit ans Licht kam, weil sie dem Ruf zu sehr geschadet hätte; außerdem schlugen Eitelkeit, Arroganz und andere menschliche Schwächen die führenden Männer in den Gesandtschaften mit Blindheit für die wirklichen Vorgänge: Sie waren so blind wie die Sechs Blinden aus Hindustan, die mit der Hand jeweils einen bestimmten Körperteil eines Elefanten anfassen – Rumpf, Stoßzahn, Ohr, Fuß, Rüssel, Bauch und Schwanz – und sich alles mögliche darunter vorstellen, nur keinen Elefanten.

Seite 417/418: Die Warnung in der *North China Daily News:* Roland Allen nennt in seinem 1901 erschienenen Buch *The Siege of the Peking Legations* als Erscheinungsdatum des Artikels den 10. Mai 1900, während L. K. Young, *British Policy in China,* den Artikel auf den 16. Mai datiert. Vollständig zitiert wird der Artikel bei A.H. Smith, *China in Convulsion,* S. 222 f. Später wurde gemeldet, daß dieser mutige Korrespondent der *Daily News* »in Peking während der Unruhen umkam« – offenbar ermordet aus Rache wegen seiner Indiskretion.

Seite 419: »Ein paar Fanatiker«: Mary Hooker, *Behind the Scenes in Peking,* S. 20. Hooker war der Schriftstellername von Polly Condit Smith, einer Amerikanerin, die sich während der Belagerung im Gesandtschaftsviertel aufhielt und später ihr Tagebuch veröffentlichte.

»Wir sitzen in einer Mausefalle«: Hart an Campbell, 27. Juli 1894.

»Ich halte es durchaus für möglich«: ebd., 28. Oktober 1894.

»Alle Ausländer in Peking«: ebd., 23. Oktober 1899.

»T'ung Fu-hsiangs wilde Reiterarmee«: ebd., 13. November 1899.

Seite 582: »Gerüchten zufolge«: ebd., 20. Mai 1900.

Hart erfuhr später: Hart, *Sinim.*

»Daß ein Boxer mit einem Revolver«: Derling, *Two Years in the Forbidden City,* S. 358.

Seite 583: »Ein einziger ausländischer Soldat«: ebd., S. 361.

Prinz Tuan sei »völlig verrückt«: ebd., S. 360.

Die Männer aus Sir Robert Harts Umgebung waren schießwütig und hielten ihn wegen seiner Vorsicht für ein altes Weib. Ein junger britischer Offizier sagte von ihm, er sei »ein entsetzlicher alter Schwätzer«. Ein anderer steigerte dies zu »entsetzlicher alter Schisser«: Tagebuch Pool, Manuscript Collection, British Library.

Seite 421: MacDonald sah sich zum Handeln veranlaßt, weil er eine Isolierung befürchtete. Es gab Spannungen zwischen den Mandschu und der britischen Gesandtschaft wegen seiner Rolle bei der Flucht von K'ang Yuwei. Während K'ang sich in Hongkong aufhielt, setzte der Hof eine Belohnung für seine Ergreifung oder Ermordung aus, wogegen die Briten Protest einlegten, weil dies eine Verletzung ihrer kolonialen Hoheitsrechte sei. (Die Briten sahen ihre Operation, mit der sie K'ang aus Shanghai herausbrachten, nicht als Verletzung chinesischer Hoheitsrechte an.) MacDonald war in dieser Sache mit Peking einer Meinung, wurde jedoch von seiner Regierung angewiesen, zu protestieren, worüber der Hof verärgert war. Daneben gab es Meinungsverschiedenheiten über die Festnahme von Sir Chang, die britische Mißbilligung P'u-chuns als Thronprätendenten und MacDonalds persönliche Verärgerung über das Ausbleiben entschlossener Maßnahmen gegen die Boxer. Er unterrichtete das Foreign Office in London, die einzige Möglichkeit, die Angelegenheit zu regeln, sei der Befehl zu einer Demonstration militärischer Macht vor Taku. Lord Salisbury, der Premierminister, hielt Sir Claude in den Monaten Oktober 1899 bis April 1900 zurück. Als MacDonald seine Kollegen in Peking um ihre Meinung zu einer Machtdemonstration bat, blaffte Lord Salisbury ärgerlich: »Es war dumm von ihm, daß er vorher nicht mich gefragt hat!«: L. K. Young, *British Policy in China,* S. 115. Als Yu Hsien zum Gouverneur der Provinz

Shanxi ernannt wurde, machte MacDonald seine Drohung wahr: Die ersten beiden britischen Kriegsschiffe wurden nach Taku entsandt, hatten allerdings Weisung, sich darauf zu beschränken, das Leben britischer Bürger zu schützen und nicht gemeinsam mit Schiffen anderer Nationen Gewalt anzuwenden. Bezeichnenderweise hatte die Entsendung der beiden britischen Kriegsschiffe zur Folge, daß auch andere Nationen Kriegsschiffe in die Region entsandten und damit die Ängste am Hof vor einer Intervention des Auslands verstärkten, so daß die Mandschu eine duldsamere Haltung gegenüber den Boxern einnahmen: Young, ebd.

Seite 422: »So wenig Klugheit wie Urteilsvermögen«: Diese schneidende Bemerkung war typisch für Morrisons Neigung zu Verleumdungen. Er genoß die Gastfreundschaft der Familie MacDonald und war während der Belagerung als Invalide ihr wohlgenährter Hausgast.

Seite 422/423: Esherick. *The Origins of the Boxer Rising,* S. 283 f.

Seite 423: »Ich flehe Sie an«: Fleming, *Die Belagerung zu Peking,* S. 56.

Daß »ich zu wenig erfahren habe«: ebd.

Seite 424: »Der Hof befindet sich in einem Dilemma«: Hart an Campbell, 27. Mai 1900. Da es im Jahr 1900 in China einen achten Schaltmonat gab, erwarteten die Chinesen widrige Ereignisse nicht nur, sondern halfen ihnen sogar nach. Das Jahr mit zwölf Mondmonaten hat 354 oder 355 Tage, und die Abweichung gegenüber dem Sonnenjahr wird dadurch korrigiert, daß jeweils in sieben von 19 Jahren ein Schaltmonat eingefügt wird. Um die Sache noch komplizierter zu machen, war 1900 ein sogenanntes Kengtze-Jahr, das alle zehn Jahre wiederkehrt. Es war das erste Mal seit 1680, daß ein Schaltmonat in den achten Monat eines Kengtze-Jahrs fiel. Die Chinesen hatten eine Schwäche für Astrologie, Zahlenmystik und die geheimeren Aspekte der Kalenderwissenschaft, so daß sie damit rechneten, daß es 1900 zu einem großen Aufruhr kommen werde, wahrscheinlich während der Monate Juli und August. Sie fühlten sich deshalb auch genötigt, alles Erdenkliche zu unternehmen, damit das Erwartete wirklich eintrat. Das Begriffszeichen Keng hatte seit jeher als böses Omen für die Ching-Dynastie gegolten: Morse, *The International Relations,* Bd. 3, S. 183.

»Eines Tages brachte Prinz Tuan«: Derling, *Two Years in the Forbidden City,* S. 357–360.

Seite 426: Morrisons Rettungsaktion: Fleming, *Die Belagerung zu Peking,* S. 51 f.

Seite 427: Einzelheiten über Auguste und Annie stammen aus verschiedenen Quellen, darunter die »Notes sur la carrière d'Auguste Chamot«.

Nicht mehr als 30 Soldaten: Hierbei ging einiges schief, wie Morrison erläuterte: »Wie üblich bei diesen gemeinsamen internationalen Expeditionen wurden schwere Fehler begangen. Vor allem bestand das britische Kontingent bei der Abfahrt aus Tientsin aus 100 Mann, das war keiner zuviel, während Rußland lediglich 75 Mann abkommandiert hatte. Darauf ließ der britische Konsul 25 Mann wieder aus dem Zug aussteigen, damit die Zahl der britischen Soldaten genauso groß war wie die der russischen.«: *Times,* 13. Oktober 1900.

Seite 428: »Keine weiteren Schiffe mehr«: Fleming, *Die Belagerung zu Peking,* S. 61.

»Die Gesandtschaften werden das letzte sein«: ebd., S. 62. In seinem berühmten Bericht für die *Times* verzichtete Morrison darauf, das endlose Hin und Her der Botschafter in Peking zu erwähnen, da dies den – zutreffenden – Eindruck erweckt hätte, daß niemand in den Gesandtschaften wirklich verstand, was eigentlich vorging, oder eine gemeinsame Ursache erkennen konnte.

Auf Befehl Prinz Tuans: *The Yi Ho Tuan Movement of 1900*, S. 32.

Überall in Peking: ebd., S. 33; vgl. auch die Schilderungen bei Putnam Weale, *Indiscreet Letters*, und Chung, *Much Maligned*.

Seite 429: »Er gibt vor«: Pearl, *Morrison of Peking*, S. 109 f.

Seite 430/431: Der Kommentar und die Zitate aus dem *Herald* nach: Morse, *The International Relations*, Bd. 3, S. 200 f.

Seite 432: »Wir können hier jederzeit belagert werden«: ebd., S. 201.

Sir Claude gelangte schließlich zu der Einsicht, daß er als letzte Möglichkeit dem Kaiser und der Kaiserinwitwe direkt Vorhaltungen machen konnte. Das Foreign Office hob die Beschränkungen seiner Handlungsfreiheit auf und ließ ihm völlige Entscheidungsfreiheit, da er der Mann vor Ort war: Young, *British Policy in China*, S. 118. Während der nächsten kritischen Wochen wurden die Entscheidungen an Ort und Stelle von MacDonald und Admiral Seymour ohne vorherige Absprache mit London getroffen: ebd., S. 131.

Der Zusammenstoß der Dolmetscherstudenten mit den Boxern: Giles, *The Siege of the Peking Legations*, S. 107 und 180, Anm. 5; vgl. auch Hewlett, *The Siege of the Peking Legations*.

Seite 433: »Ein Gefühl für die gefährliche Lage«: Pearl, *Morrison of Peking*, S. 112.

Seite 434: »Die Dinge wurden von Tag zu Tag schlimmer«: Derling, *Two Years in the Forbidden City*, S. 361.

Seite 435: »Lage ungewöhnlich ernst«: Morse, *The International Relations*, Bd. 3, S. 201.

»Nach der Rückkehr von Kaiser und Kaiserin«: Tagebuch Morrison, 10. Juni 1900.

Seite 436: Die Männer von General Tung wurden nach Kichopei verlegt.

»Mittel, die das Bankkonto von Tung ... anschwellen ließen«: Morse, *The International Relations*, Bd. 3, S. 152.

»Plan zur Vernichtung der Ausländer«: Tan, *The Boxer Catastrophe*, S. 217.

»Als es heute dunkel wurde«: Weale, *Indiscreet Letters from Peking*, S. 22. Putnam Weale war das Pseudonym von Bertram Lenox-Simpson.

»Die Lage in Peking«: Fleming, *Die Belagerung zu Peking*, S. 65. Man hat behauptet, Sir Claude habe zu heftig reagiert und auf diese Weise einen tragischen bewaffneten Konflikt heraufbeschworen. Viele der persönlichen Schilderungen, in denen diese Vorwürfe formuliert wurden, stammen von Personen, die einen Hang zu übler Nachrede hatten. Sie weigerten sich, selbst irgendeine Verantwortung zu übernehmen, und schoben dafür alles auf Sir Claude. Das diplomatische Corps hatte eine privilegierte Stellung inne, die ihm von Kaufleuten, Militärs, Missionaren, Zollbeamten und Journalisten mißgönnt wurde. Sie alle gaben die Schuld an ihrer Lage den Diplomaten und malten vor allem von Sir Claude ein Zerrbild, da er das sichtbarste Ziel abgab. Trotzdem war MacDonald neben Oberst Shiba der einzige, der fähig war, das Kommando zu übernehmen.

Seite 437: »Der rückgratlose« Prinz Ching: Fleming, *Die Belagerung zu Peking*, S. 192.

Seite 438: Die Spannungen nahmen ständig zu: Am 10. Juni wurde die britische »Sommergesandtschaft« in den westlichen Bergen niedergebrannt. Ein Dolmetscherstudent notierte in seinem Tagebuch: »Lady MacDonald ist sehr zornig darüber, da viele ihrer unbezahlbaren Schätze [Dinge, an denen ihr Herz hing] sich dort befanden.«: Giles, *The Siege of the Peking Legations*, S. 109. Morrisons Bericht vermittelt eine genauere Vorstellung, warum Lady MacDonald so wütend war: »Soldaten, die den Befehl hatten, die Sommerresidenz zu bewachen ... verließen während der Nacht ihren Posten. Die Gebäude waren ... unter den Schutz der kaiserlichen Regierung gestellt worden. In der zuvor abgesprochenen Abwesenheit der [kaiserlichen] Soldaten wurden die Gebäude von Boxern angegriffen und bis auf die Grundmauern niedergebrannt; die Soldaten sahen dabei zu, sofern sie bei der Brandschatzung nicht selbst Hand anlegten.«

Die Ermordung von Sugiyama Akira: Sarah Conger, die Frau des US-Botschafters und eine der Belagerten, meinte, der japanische Botschafter sei gesteinigt und nicht in Stücke gehauen worden. Warum gerade er sterben mußte und auf welche Weise, ließ sich schwer feststellen, wie Morrison in der *Times* bemerkte: »Es wurde kein einziger Versuch unternommen, den Leichnam [Sugiyamas] zu bergen.« Die Vermutung liegt nahe, daß Sugiyama sich ähnlich wie von Ketteler aufgrund früherer Aktionen, z. B. seiner Beteiligung an den Rettungsmaßnahmen für Liang Chi-chao 1898, besonders mißliebig gemacht hatte.

Die Geschichte mit dem herausgeschnittenen Herzen stand in der *Times* vom 13. Oktober 1900.

Text des Edikts in den *Blue Books*, 13. Juni 1900.

Der von Baron von Ketteler provozierte Zwischenfall mit seinen Folgen war anfangs schwer zu entwirren. Nachdem jedoch sämtliche Ereignisse jener Tage mit Hilfe eines Computerprogramms zu einer exakten Chronologie zusammengestellt wurden, traten Ursache und Wirkung sogleich deutlich hervor. Kein Chronist hat bisher den Zusammenhang gesehen zwischen der Geiselnahme des jungen »Boxers«, den Unruhen in der Stadt und der Hinrichtung von Kettelers.

»Ein Mann von strengen Ansichten und großem Mut«: Fleming, *Die Belagerung zu Peking*, S. 87.

Seite 439: »Wir konnten die gellenden Schreie ... hören«: Morse, *The International Relations*, Bd. 3, S. 205, Anm. 51.

Seite 440: »Niemals sah ich solches Rasen«: Zitiert nach Fleming, *Die Belagerung zu Peking*, S. 89.

Seite 441: »Ketteler und seine wackeren Männer«: Fleming. *Die Belagerung zu Peking*, S. 93, hier neuübersetzt nach dem amerikanischen Original.

»Was für ein Glück«: zitiert nach ebd. In Tientsin unternahmen die Boxer einen zweitägigen Raub- und Plünderungszug, töteten chinesische Christen und brannten Missionsgebäude und die französische Kirche nieder. Im Unterschied zu Peking lagen die Niederlassungen der Ausländer hier außerhalb der Stadtmauern; die Boxer versuchten, die Niederlassung mit Speeren und Schwertern zu erstürmen, wurden jedoch von den Verteidigern mit Hinterladergewehren niedergemäht. Danach kamen sie mit Brandfackeln, und der größte Teil des Geländes der Franzosen wurde am 15. Juni durch Brand zerstört: Morse, *The International Relations*, Bd. 3, S. 206.

Der Text des Edikts vom 15. Juni ist abgedruckt in den *Blue Books*.

Seite 442: Morrisons Behauptung, er habe eigenhändig sechs Boxer getötet: Fleming, *Die Belagerung zu Peking*, S. 90.

Die Schätzung von Conger in: *The Yi Ho Tuan Movement*, S. 80; vgl. auch Fleming. *Die Belagerung zu Peking*, S. 89.

Seite 443: Eine Gruppe von höchstens 20 Marineinfanteristen: Hooker, *Behind the Scenes in Peking*, S. 41.

Zu den Angriffen von Boxern auf hohe Beamte vgl.: Tan, *The Boxer Catastrophe*, S. 94.

»Sorgen Sie für einen wirksamen Schutz«: *Blue Books*.

Ablehnung eines Schutzes durch das diplomatische Corps: Giles. *The Siege of the Peking Legations*. S. 119.

Seite 444: Angriffe ... »wurden von der Kaiserinwitwe befohlen«: *Times*, 12. September 1900.

Chung Li bei von Ketteler: Morse, *The International Relations*, Bd. 3, S. 217.

Zur Stimmung am Hof vgl.: Tan, *The Boxer Catastrophe*, und Sue Fawn Chung, *Much Maligned*. Esherick, *The Origins of the Boxer Rising*, beschäftigt sich hauptsächlich mit den Ereignissen in Shantung und geht auf das Drama innerhalb der Verbotenen Stadt nicht ein.

Seite 446: »Falls sich einzelne Personen«: *Blue Books*.

Der einzige Augenzeugenbericht stammt von Yun Yu-ting, der möglicherweise tiefere Motive hatte. Yun behauptete, gegen Mitternacht am 16. Juni habe ein Mann namens Lo, ein niederer Getreideaufseher in der Provinz Kiangsu, seinen Sohn zu Jung-lu geschickt, um ihn über vier Forderungen zu unterrichten, die von den ausländischen Mächten erhoben wurden. Immer noch laut Yun eilte am folgenden Morgen Jung-lu zur Kaiserinwitwe, und diese beschloß unverzüglich, den ausländischen Mächten den Krieg zu erklären: Chung, *Much Maligned* hält Yun im Hinblick auf die Rolle der Kaiserinwitwe für voreingenommen. Angesichts der von den alliierten Kommandeuren ergriffenen Maßnahmen und des von ihnen gewählten Zeitpunkts fällt Yuns Version in sich zusammen. Wenn also die Alliierten mit dem Krieg begonnen haben, dann kann es nicht die Kaiserinwitwe gewesen sein. Und daß sie ihn begonnen haben, hat Admiral Seymour schließlich selbst zugegeben.

Es gibt keinerlei Hinweise: Nach manchen Darstellungen begaben sich einige Beamte des Tsungli Yamen zur britischen Gesandtschaft, um von Sir Claude herauszubekommen, ob die vier Forderungen echt seien. Angeblich vermieden sie es, ihn direkt danach zu fragen, verließen ihn jedoch schließlich in der befriedigten Überzeugung, daß diese Forderungen eine Fälschung sein mußten, da MacDonald sie mit keinem Wort erwähnte. Eine solche Darstellung läßt mehrere Deutungen zu und beruht zudem ausschließlich auf Vermutungen. MacDonald hat von der Unterredung berichtet und erwähnte ebenfalls nichts von den vier Forderungen. Dennoch gingen die »vier Forderungen« in die Boxerlegende ein und wurden zur Grundlage der Behauptung, sie hätten Tz'u-Hsi veranlaßt, den ausländischen Mächten den Krieg zu erklären: Tan, *The Boxer Catastrophe*, S. 74.

Seite 447: Die Entscheidung, die Forts bei Taku anzugreifen, wurde erst nach tagelangen Diskussionen der alliierten Admirale und Generäle mit den Konsuln der Auslandsmächte getroffen. Ein Konsul warnte: »Wenn Sie die Forts erobern, unterschreiben Sie das Todesurteil für jeden Ausländer im Landesinneren.« Die Admirale hörten nicht auf ihn: Morse, *The International Relations*, Bd. 3, S. 211.

19. Kapitel: Ein wahnwitziger, ruinöser Plan

Der Journalist Peter Fleming verfaßte seinen berühmten Bericht der Belagerung von Peking in den späten fünfziger Jahren dieses Jahrhunderts. Er ist flüssig und spannend geschrieben, jedoch sehr einseitig in der Rekonstruktion der Ereignisse und unverkennbar darauf bedacht, den britischen Lesern zu schmeicheln. Ein ganz anderes Bild ergibt sich, wenn man noch einmal die zeitgenössischen Quellen überprüft, die Fleming offenbar häufig ignoriert hat, wobei er offensichtlich immer wieder diejenigen Auszüge aus einer Quelle benutzte, die in seine Erzählung paßten, andere Passagen im selben Buch jedoch absichtlich links liegen ließ. Ein typisches Beispiel ist der Augenzeugenbericht des Missionars A. H. Smith, den Fleming zwar zitiert, der aber seine Darstellung unmittelbar in Frage stellt. Allerdings hatte Peter Fleming Zugang zu vielen von Sir Claude MacDonalds privaten Aufzeichnungen. Da die Erben seine Charakterisierung von Sir Claude nicht billigten, lehnten die Nachlaßverwalter bedauerlicherweise unsere Bitten um Einsichtnahme in diese wichtige Sammlung ab.

Seite 448: Die Admiralität telegrafierte an Seymour: Morse, Bd. 3, S. 201, Anm. 35.

Seite 449: Bezüglich Seymours Expedition wurden hier Auszüge aus Morse verwendet und mit Seymour, S. 341 ff., verglichen. Einige Details wurden L. K. Young, S. 120–122 entnommen.

Seite 625: Zu Seymours Offizieren zählten Kapitän John Jellicoe, der spätere Admiral Sir John in der Schlacht von Jütland, sowie Fregattenkapitän David Beatty, später der erste Earl of Beatty.

General Nieh war einer der fähigsten Generäle Chinas; seine Ablehnung der Boxer brachte ihm jedoch die Feindschaft der Eisenhüte ein. Am 9. Juli, einen Monat, nachdem er Seymours Einheit hatte passieren lassen, wurde, vermutlich auf Befehl aus Peking, die Nachricht verbreitet, daß Nieh im Kampf gefallen sei. Einige Quellen behaupten, daß er von Boxern ermordet wurde, andere wiederum, daß es ausländische Soldaten waren. Angesichts dessen, was während der Säuberungsaktionen Ende Juli, hauptsächlich auf Betreiben von Li Ping-heng hin, mit anderen Gegenspielern der Boxer passierte, ist es wahrscheinlich, daß Li Nieh ermorden ließ: Tan, S. 99–100.

Seite 450: »Es war ein fast unglaublicher Anblick«: Hauptmann Clive Bingham, einer von Seymours Nachrichtenoffizieren. Bingham wird bei Fleming, S. 77, zitiert und bei Morse, Bd. 3, S. 215, genannt.

Er kam nicht weiter: Die folgenden Äußerungen stammen von den Belagerten. Der amerikanische Gesandte Conger: »Wir können nicht begreifen, warum ... sie nicht ... direkt hierher marschieren.« Robert Hart: »Hätte seine Einheit den Zug verlassen und wäre geradewegs über Land marschiert ... so hätte sie uns am 13. oder 14. erreichen und so die Geschichte verändern können, denn zu diesem Zeitpunkt war noch kein Widerstand organisiert.«: Morse, Bd. 3, S. 213.

Seite 451: Die Erinnerung an Lord Elgins Besetzung im Jahre 1860: Schließlich gab der Hof ein Dekret aus. »Wir haben einen Bericht empfangen ...

demzufolge eine 1000 Mann starke ausländische Truppe mit Zügen nach Peking kommt. Jetzt, da die Banditen um die Hauptstadt herum Unruhe gestiftet haben, sehen wir uns in einer überaus schwierigen Lage... Wenn die ausländischen Kommandos des weiteren eines nach dem anderen vorgehen, so hätte das unvorstellbare Folgen. [Vizekönig] Yu Lu soll die gesamte Armee [unter General Nieh] zur Sicherung der strategisch wichtigen Punkte in das Eisenbahngebiet um Tientsin zurückbeordern. Wenn ausländische Truppen versuchen, per Zug nach Norden zu gelangen, so obliegt es Yu Lu, sie aufzuhalten.«: Tan, S. 71.

Ein hübsches Mädchen: Admiral Edward Seymour, *My Naval Career and Travels*, S. 350.

Seite 452: Ein einseitiger kriegerischer Akt: »Natürlich war unser Angriff auf die Festungen, die von den Regierungstruppen besetzt waren, nichts anderes als ein kriegerischer Akt gegen China.«: ebd., S. 347.

Seite 453: Nach der zweiten Explosion: Ironischerweise war die Eroberung der Festungen 1860 durch eine vergleichbare Explosion einer Munitionskammer erleichtert worden, die die Verteidiger erschreckt und demoralisiert hatte.

Seite 454: Ein 20 Hektar großes Waffenarsenal: Morse, Bd. 3, S. 214.

Der Hof erfuhr erst am 21. Juni, daß es zu Gefechten gekommen war. Yu Lu, der Vizekönig in Tientsin, sah keinen Grund, den Botschaften, die er durch berittene Kuriere überbringen ließ, derartige deprimierende Nachrichten beizugeben. Er war ein alter Mann, dem sein Leben lieb war und der keinen Hehl aus seiner Sympathie für die Briten machte. (Bevor die Forts bei Taku angegriffen wurden, gab Lord Salisbury die telegrafische Anweisung, Yu Lu auf den Schiffen der Royal Navy Asyl zu bieten, ein Befehl, der durch den britischen Konsul an ihn weitergegeben, jedoch von ihm abgelehnt wurde.)

Seite 455: »Die Unverschämtheit« und »sie vernichten« stammt aus dem »Tagebuch Seiner Exzellenz Ching Shan«, einer Backhouse-Fälschung, die das Herzstück seines ersten gemeinsamen Werks mit Bland, *China under the Empress Dowager*, bildete.

Die Kaiserinwitwe erhielt die Nachricht: Tan, S. 74–75.

Sie erließ ein Dekret: Sue Fawn Chung hat darauf hingewiesen, daß die sogenannte Kriegserklärung, die angeblich am 20. Juni erfolgte, erstmalig im Tagebuch Ching Shans, einer Backhouse-Fälschung, auftauchte. Außerdem bemerkt Chung, daß Sir Claude MacDonald in seiner im September 1900 entstandenen Zusammenfassung der Ereignisse nichts davon schreibt, daß der Ching-Hof jemals den Krieg erklärt hatte, und auch Morrison erwähnt in seinem zeitgenössischen Zeitungsbericht über die Belagerung nichts von dieser Kriegserklärung.

Die Mehrheit der alliierten Flottenkommandanten: Seymour, S. 347–348.

Seite 455/456: »China befindet sich im Krieg«: *North China Daily News*, 19. Juni 1900, zitiert nach Morse, Bd. 3, S. 218–219.

»An diesem Tag... um die Mittagszeit«: Giles, S. 119

Seite 457: »Das Yamen... fordert«: Fleming, S. 101.

»Das Totengeläut für die Ausländer in Peking angeschlagen«: MacDonald an Carles, 19.–20. Juni 1900, L. K. Young, S. 128–129.

»Übereilt und unnötig provozierend« und »nicht das geringste«: *Blue Books*.

»Um ein Gespräch nachsuchten«: Fleming (S. 104) behauptet, daß das Gespräch für neun Uhr dreißig angesetzt war, in den *Blue Books* ist von neun Uhr die Rede.

»Wir waren alle strikt dagegen«: Giles, S. 120.

Seite 458: »Ewige Schande«: Fleming, S. 104.

Der Zeitpunkt, zu dem von Ketteler aufbrach, spielt eine wichtige Rolle, und sowohl Giles als auch Hewlett erklären, daß die Nachricht von seinem Tod die Gesandtschaft um neun Uhr erreichte – nicht später, wie in manchen anderen Quellen behauptet wird.

»Er rauchte eine Zigarre«: Weale, S. 67.

Die beiden Sänften: Hewlett, S. 11.

Die Ermordung von Kettelers: Fleming, S. 108. Ernest Satow berichtet in seinen Tagebüchern, der belgische Gesandte Joostens habe gesagt, daß »von Ketteler durch einen von Prinz Chings Soldaten getötet« worden sei: Tagebuch Satow, 21. Oktober 1900, PRO 30/33, Public Records Office, London.

Eine deutsche Neubewertung der Ereignisse, die unser Porträt von Kettelers bestätigt, ist nachzulesen in: Egbert Kieser, *Als China erwachte*. Claus Terheggen half bei der Suche nach zusätzlichem Material über Baron von Ketteler.

Seite 459: »Seine herrische Art«: Fleming, S. 108.

Er provozierte die Eisenhüte zum Mord: Es war ihre ausschließliche Aufgabe, seine Beseitigung sorgfältig zu arrangieren. Der Polizeipräsident von Peking und der Chef der Geheimpolizei war Prinz Chuang, einer der erbittertsten Eisenhüte; der stellvertretende Polizeichef war Herzog Lan, Prinz Tuans Bruder. Prinz Chuang und Herzog Lan machten es sich zur täglichen Pflicht, persönlich zu beobachten, was auf den Straßen geschah. Sie wurden dabei oftmals von Chao Shu-chiao, dem Chef der Strafverfolgungsbehörde, begleitet und manchmal sogar von Prinz Tuan selbst, dem das Recht zustand, jederzeit jede beliebige Person zu enthaupten. Sie waren über das aggressive Verhalten des Barons wohlinformiert. Chung Li, der ebenfalls zu den Anhängern von Prinz Tuans harter Linie gehörte und dessen Funktion etwa zwischen dem Amt eines Bürgermeisters von Peking und eines Polizeichefs angesiedelt war, hatte sich in die deutsche Gesandtschaft begeben und versucht, von Ketteler zur Freilassung des entführten jungen »Boxers« zu bewegen, nur um erfahren zu müssen, daß er bereits tot war. Daß er im Verlauf des Gesprächs durch von Ketteler geradeheraus beleidigt wurde, muß das Faß wohl zum Überlaufen gebracht haben. Man darf nicht vergessen, daß von Ketteler aus der Sicht der Chinesen einen Mord begangen und seine Soldaten angewiesen hatte, eine Trefferquote erschossener Boxer zu erzielen, bevor die Auseinandersetzungen begannen.

»Dumme Prinzen«: Siehe dazu Pearl, S. 116, und Fleming, S. 108. Einer Darstellung des Tsungli Yamen zufolge feuerte von Ketteler selbst aus seiner Sänfte heraus in eine Gruppe von Chinesen und wurde erst daraufhin in Gegenwehr erschossen. Es könnte sich hierbei um eine Fehlinformation handeln, aber der Baron war mit Sicherheit bewaffnet und hatte immerhin in der Vergangenheit nicht gezögert, auf Menschen zu schießen: Fleming, S. 109.

»Ein Massaker geplant hatten«: *Times*, 12. September 1900.

»Der Plan seiner Ermordung«: Morse, Bd. 3, S. 224.

Seite 460: »Es geschieht nicht oft«: Fleming, S. 107.

Seite 461: »Es wimmelte von«: Weale, S. 78.

Die strategische Bedeutung des Fu: Sir Claude MacDonald, »Some Personal Reminiscences«.

Seite 462: »Sie... konnten nicht auf der Straße bleiben«: Hooker, S. 40–41.
Beträchtliche Geldmengen wurden in Verstecken gefunden: Hewlett, S. 66.

Seite 463: Vergewaltigungen in den Parkanlagen des Fu: »Es kam zu etlichen, später vertuschten, Überfällen auf arglose junge Konvertitinnen.«: Weale, S. 132.

Seite 464: Huberty James' Tod: Weale, S. 77. Nach Flemings Darstellung sprangen drei chinesische Kavalleristen zu ihm hinunter und schleppten ihn, noch lebend und um sich schlagend, weg, um ihn einer Spezialbehandlung zu unterziehen; drei Tage später sei er dann nach schweren Folterungen geköpft worden. Diese Informationen entnahm Fleming jedoch dem Tagebuch Ching Shans, das ausnahmslos aus der Feder von Edmund Backhouse stammte. Weale (Lenox-Simpson, ein Augenzeuge) ist eine wesentlich verläßlichere Quelle.
Lediglich ein paar Sandsäcke: Weale, S. 76.

20. Kapitel: Die Belagerung von Peking

Beim Zusammenstellen des Materials zu diesem Kapitel fiel auf, daß die jüngeren Zeitzeugen (die die dreißig nicht überschritten hatten) in ihren Aufzeichnungen verhältnismäßig offen und freimütig waren. Dagegen sind die im nachhinein von den ausländischen Gesandten verfaßten, offiziell sanktionierten Berichte sehr vorsichtig formuliert. Morrison wiederum schrieb sowohl ein wahrheitsgetreues geheimes Tagebuch, als auch eine manipulierte Version für die Öffentlichkeit. Historiker haben sich an die offiziellen Berichte und an Morrisons Darstellung in der *Times* gehalten und die persönlichen Tagebücher von Giles, Hewlett, Hooker und Weale (Lenox-Simpson) links liegen gelassen. Dadurch sind ihnen viele wichtige Details entgangen, die der geschönten Geschichte widersprechen. Sir Claude zum Beispiel war äußerst ungehalten, als er von Weales 1905-6 erschienenem Buch erfuhr. Aufgrund des Gerüchts, Weale sei »völlig überspannt« und seine Darstellung hemmungslos übertrieben und ungenau, wurde seiner Arbeit, ebenso wie anderen, nie die Aufmerksamkeit und Beachtung geschenkt, die sie verdient hätte. Die *Times* verriß das Buch, indem sie sich an die Vorgabe des Auswärtigen Amts hielt, und verdammte es damit zu miserablen Verkaufszahlen. Hookers (Polly Condit Smith) Bericht wurde in Amerika veröffentlicht, wo er als seichte, typisch weibliche Kost abgetan wurde. Im Gegensatz zu den westlichen Gesandten sprachen Lenox-Simpson, Hewlett und Giles fließend chinesisch und waren somit in der Lage, sich während der Waffenruhen und Gefechtspausen mit »dem Feind« zu unterhalten. Lenox-Simpson, der in China aufgewachsen war, durchschaute die Feinheiten, Widersprüchlichkeiten und Absurditäten der Belagerung besser als jeder andere und war von Natur aus ein respektloser und scharfsinniger Bilderstürmer. Bei Hewlett und Giles stand etwas anderes im Hintergrund. Sie bemühten sich von Anfang an unverkennbar, die Berichte in ihren Tagebüchern so zu formulieren, daß sie sich in jeder Hinsicht mit Sir Claudes Einstellung deckten. Da sie aber jung und unerfahren im Umgang mit Wahrheitsverdrehung und diplomatischen Doppeldeutigkeiten waren, brachten sie alles durcheinander, posaunten peinliche Details aus, um gleich darauf innezuhalten und die offizielle Version einzuschieben. Glücklicherweise überarbeiteten sie ihre Tagebücher später nicht, wie es Diplomaten gewöhnlich zu tun pflegen. Andere Augenzeugenberichte, wie der von A.H. Smith, sind seit Jahrzehnten vergriffen und wurden von den Historikern gröblich vernachlässigt. Abschließend wurden alle widersprüchlichen Fakten in den Computer eingespeist und Tatsachen, Details und Ungereimtheiten sorgfältig gesichtet. Dabei kommt eine völlig andere Geschichte heraus. Die Entdeckung von Morrisons geheimem Eingeständnis, an der Plünderung und Zerstörung des Hanlin beteiligt gewesen zu sein, bestätigt vorliegende Schlußfolgerungen.

Seite 466: Um ihre Gemüter zu besänftigen: In den chinesischen Armeen erhielten die Männer oft über lange Zeitspannen keinen Sold, und man erwartete von ihnen, daß sie sich ihre Nahrungsmittel von den Feldern und den Bauern der Gegend beschafften. Auf diese Weise wurde das Bandenunwesen unter den Soldaten gefördert. Die Befehlshaber behielten den Sold häufig für sich selbst und rückten ihn nur zähneknirschend heraus, um Meutereien abzuwenden. Die Boxer waren ihrerseits letztendlich abhängig von ihren Schutzherren, den Eisenhüten, deren Großzügigkeit ihre Grenzen hatte. Sie zogen es vor, die Boxer aus dem kaiserlichen Schatz zu entlohnen, aber diese Praxis war heftig umstritten: Der Leiter des Finanzministeriums, Li Shan, war ein Gegner der Boxer, während der stellvertretende Leiter der Zollbehörde, Ying Nien, sie vorbehaltlos unterstützte. Die Auseinandersetzung fand dadurch ihre praktische Lösung, daß Li Shan wenig später ganz oben auf die Liste der Hinzurichtenden gesetzt wurde.

Seite 468: Kieser bezeichnet von Thomann als Fregattenkapitän.

»Keinerlei Kontrolle«: Fleming, S. 142. Hall war stellvertretender Kommandant des amerikanischen Truppenkontingents. Er war der einzige Offizier, der der Feigheit während der Belagerung beschuldigt wurde. Er wurde vor Gericht gestellt und von dem Vorwurf freigesprochen.

In den frühen Morgenstunden: Hewlett, S. 18, und Giles, S. 129.

Seite 469: »Wenn so etwas von seiten der Chinesen geschah«: Hewlett, S. 21.

»Aus diesem Grund sahen sich ... gezwungen«: Tan, S. 113–114.

Seite 470: Hewlett behauptete unbekümmert: Hewlett, S. 19.

Seite 470/471: Diese Beschreibungen von »Angriffen« sind Giles, S. 130, 131, 133 und 135 entnommen.

Seite 471: Allerdings waren einige der Schießereien auch handfester: Ernsthafte Angriffe der Chinesen waren ausschließlich gegen die chinesischen Konvertiten im Fu gerichtet, den Morrison und Huberty James unter Drohungen und Einschüchterungen von Prinz Su konfisziert hatten. Die meisten Botschaftsangehörigen verachteten die Konvertiten, die in die Parkanlagen des Fu abgeschoben wurden, wo sie dem Hungertod preisgegeben waren. Angriffe der Chinesen gegen diese Konvertiten können also nicht als Angriffe gegen die Gesandtschaften umgedeutet werden. Weitere chinesische Angriffe galten den Soldaten, die sich hinter Barrikaden auf der Tatarenmauer oder an den außenliegenden Straßen am Rande des Gesandtschaftsviertels verschanzt hatten. Der Dienst auf der Mauer war, wie der Amerikaner Hauptmann Myers dem Gesandten Conger berichtete, verhaßt: »Es ist der langsame, sichere Tod ... Die Männer haben das Gefühl, in der Falle zu sitzen und nur auf die Stunde ihrer Hinrichtung zu warten.« Um sich Mut zu machen, tranken sie Whisky und Cognac in rauhen Mengen und feuerten unterschiedslos auf jeden Chinesen, dessen Kopf hinter den gegenüberliegenden Barrikaden auftauchte. Natürlich erwiderten die Chinesen das Feuer und eröffneten auch so manchen Schußwechsel. Beide Seiten hatten an den Barrikaden zahlreiche Opfer zu beklagen. Aber auch diese Schießereien fanden außerhalb des überfüllten Gesandtschaftsviertels statt, in dem es, außer durch Querschläger, nur wenige Verletzte gab.

Seite 472: »Fünf lange Chinesenzöpfe«: Hooker, S. 117.

Ein französischer Obergefreiter ... ein Bajonett in den Bauch stieß: Morrison in der *Times* vom 15. Oktober 1900.

»Ich glaube nicht, daß er ... eine große Hilfe war«: Trevor-Roper, S. 52.

»Ich sehe Backhouse gelegentlich«: Giles, S. 163.

Seite 473: Der erste Schuß aus dem alten Geschütz: Hewlett, S. 38.

Die ganze Zeit über: Aufgrund der anarchischen Einstellung der Boxer war der Plan des Yamen, die ausländischen Diplomaten nach Tientsin zu eskortieren, beängstigend, denn »wir müssen sehr auf der Hut sein vor unangenehmen Zwischenfällen«. Die Gesandten wurden aufgefordert, sich in kleinen Grüppchen in den Yamen zu begeben, »aber beim Verlassen des Botschaftsgeländes darf sich unter keinen Umständen auch nur ein einziger bewaffneter ausländischer Soldat blicken lassen, damit keine Mißverständnisse und Ängste unter der Bevölkerung und den Truppen ausgelöst werden, die zu unglücklichen Reaktionen führen könnten. Nur auf diese Weise können wir die Beziehungen aufrechterhalten, die wir trotz zahlreicher Widrigkeiten zu knüpfen in der Lage waren. Wenn wir bis zum festgelegten Zeitpunkt keine Antwort erhalten haben, sehen wir uns bei allem Wohlwollen nicht mehr in der Lage, etwas für Sie zu tun. Hochachtungsvoll«.: Fleming, S. 159. Dieser Brief war der ehrlich gemeinte, wenn auch untaugliche Versuch durch Jung-lu und Prinz Ching, die Diplomaten zum Verlassen der Hauptstadt zu bewegen, um weitere Unannehmlichkeiten zu vermeiden. Der Wahrheitsgehalt war bereits am 3. Juli in Gesprächen mit dem belgischen Konsul in Shanghai bestätigt worden. Fünf Tage später wurde das Angebot an die Gesandten mit der speziellen Zusage, sie mit einer bewaffneten Eskorte nach Tientsin zu bringen, erneuert. Sofern die Gesandten sich weigern würden, Peking zu verlassen, könne die Regierung, nachdem sie sie »getreulich vorgewarnt hatte, keine Verantwortung übernehmen«.: Morse, Bd. 3, S. 257. Den Gesandten war das Schicksal Baron von Kettelers noch in so lebhafter Erinnerung, daß sie ablehnten. Ob das Angebot nun aufrichtig gemeint war oder nicht, fest steht, daß die chinesischen Streitkräfte bekanntermaßen derartig unzuverlässig waren, daß niemand das Risiko eingehen wollte. Der Fehler der offiziellen Geschichtsschreibung besteht darin, daß sie sich weigert, die Ernsthaftigkeit des Angebots anzuerkennen.

Seite 476: »Seit einem Monat«: Conger zitiert nach Morse, Bd. 3, S. 254. Die Depesche wurde am 17. Juli abgeschickt und kam am 20. Juli an: ebd., S. 263.

»Als wir umherwanderten«: Weale, S. 157–159.

Seite 477: Er überbrachte die Neuigkeit: Giles, S. 157.

Seite 478: »Einen schwunghaften heimlichen Handel« und andere Zitate, die den Schwarzhandel mit Lebensmitteln betreffen, sind Weale, S. 165, 173 und 178 entnommen.

Seite 478/479: Die in den Gesandtschaften gehorteten Getreidevorräte ... wurden nicht mit den chinesischen Christen geteilt: Als Vorwand diente die Behauptung, das Getreide könne vergiftet sein, obwohl das vielleicht immer noch den Aaskrähen vorzuziehen gewesen wäre. Das erfundene Argument diente jedoch nur dem Zweck, die Gesandtschaften vor Kritik zu bewahren. Sie wußten nämlich, daß das Getreide, das aus einem nahe gelegenen Lagerhaus stammte, unverdorben war, denn das Ehepaar Chamot benutzte dasselbe Korn, um Brot für die Ausländer daraus zu backen. Weitere Hunderte von Tonnen Getreide wurden von einem Güterzug erbeutet, der Tributabgaben in die Verbotene Stadt transportieren sollte. Obwohl in den Gesandtschaften bereits Getreide im Überfluß lagerte, wurde nichts von dieser Beute über den Kanal in den Fu geschickt. Statt dessen verfütterte man das Korn an die Gesandtschaftspferde (die ihrerseits anschließend mit Genuß von den Botschaftern und ihren Gästen verspeist wurden) sowie an die Pferde der alliierten Interventionstruppen, die Mitte August eintrafen.

Seite 479: Das Gras und die meisten Blätter waren bereits weitgehend: Giles, S. 128.

Lebensbedingungen der Konvertiten: Hooker, S. 162. Weale berichtete, daß viele Kleinkinder starben. »Die einheimischen Kinder, die quälenden Hunger leiden, laufen herum und reißen alle Blätter von den Bäumen... Einige Mütter haben ihren Kindern wegen der schrecklichen Hitze und der aufgequollenen Hungerbäuche alle Kleider ausgezogen, und die jämmerlich dürren Stockbeinchen erzählen ihre eigene schreckliche Geschichte... Den Kleinen geben wir alle Essensreste, die wir zusammenkratzen können, wenn wir mit unserer eigenen kargen Mahlzeit fertig sind... Die Europäer haben immer noch genug zu essen...« Am 9. August schrieb Hewlett: »Vor zwei Tagen haben die Gesandten das Yamen um Nahrungsmittel für die Konvertiten im Fu gebeten, die offenbar am Verhungern sind. Noch keine Antwort bisher, also wurden in der Gesandtschaft 9 Hunde für sie geschlachtet... Pferdefleisch nur noch für vier Tage, und der Tabak geht zu Ende... eine schreckliche Situation.« (Es gab immer noch einen großen Vorrat an Dosenrindfleisch.) Anfang Juli, bevor er verwundet wurde, machte Morrison, der vor allem für die Unterbringung der Konvertiten im Fu verantwortlich war, einen Inspektionsgang auf dem Gelände und stellte fest, daß die Menschen dort »aufeinanderhockten wie Wanzen in einem Lumpen«... »stinkend und unhygienisch... Die Kinder von Scharlach, Pocken, Diphtherie und Ruhr geschwächt«. Auf dem Rückweg von einer dieser Inspektionsrunden wurde er verwundet. Morrison und andere statteten dem Fu zahlreiche Besuche ab, um die privaten Schätze des Prinzen Su zu plündern.

Die westlichen Ausländer: Fleming, S. 149.

Seite 480: Daß sich die Diplomaten vor jeglicher Verantwortung drückten: »Viele der Männer nehmen jedes harmlose Zipperlein zum Vorwand, sich vor den Aufgaben, die der Schutz der Allgemeinheit stellt, zu drücken. Statt dessen verbringen sie ihre Tage damit, über die Situation zu jammern, und sie machen sich damit bei den Männern und Frauen, die in dieser Zeit der Belagerung wirklich Verantwortung übernehmen, immer unbeliebter. Die Frauen dagegen, die zusammengebrochen sind, warten hinter der nächstbesten verschlossenen Tür auf den nächsten Angriff, um sich in neuerlichen hysterischen Anfällen zu ergehen. Ich muß ehrlich sagen, daß mehr Männer unter den Totalausfällen sind als Frauen.« Hooker, S. 129–130.

»Sie versicherte uns allen Ernstes«: ebd., S. 62. Während eines Feuerangriffs traf Mrs. Conger Polly Condit Smith unangekleidet auf ihrer Matratze am Boden liegend an: »Wollen Sie, daß man Sie unangekleidet findet, wenn das Ende kommt?« fragte sie. Polly erwiderte darauf: »Da es niemandem nützt, wenn ich während dieser Angriffe angekleidet bin, wollte ich im Bett bleiben, sofern nicht etwas Furchtbares passiert, und dann würde ich meinen Morgenmantel anziehen und mit einem roten Band um den Hals mein Ende erwarten.«

Seite 481: Morrison... bot 5000 Dollar: Hewlett, S. 51.
Er hatte vor lauter Sorgen... drei Pfund abgenommen: Giles, S. 126.
In der Küche der Zollabteilung: Hooker, S. 108.
Seite 482: »Ich fühle mich... zutiefst verletzt«: Hart an Campbell, 8. September 1900.
Seite 485: Die Eisenhüte führten eine blutige Säuberungsaktion durch: Neben Hsü Chih-cheng und Yuan Chang, die Mitte August geköpft wurden, fielen Hsü Yung-yi, der Leiter des Kriegsministeriums, Lien Yuan, Kaiserlicher Unterstaatssekretär, und Li Shan, Leiter des Finanzministeriums, der Säuberungswelle zum Opfer. Diese Hinrichtungen waren *nicht* von Tz'u-Hsi angeordnet, sondern von Prinz Tuan. Als die Boxer im Frühjahr und Sommer des Jahres 1900 nach Peking drängten, schleusten sich einige Agenten der mandschufeindlichen Gruppe Weißer Lotus in ihre Reihen ein, offensichtlich in der Absicht, die Mandschu-Regierung zu stürzen: Denis Twitchett und John Fairbank, *The Cambridge History of China*, S. 118. Zweitausend Mitglieder der Gruppe versammelten sich heimlich in Peking und schworen, »einen Drachen, zwei Tiger und dreihundert Lämmer« zur Strecke zu bringen – den Kaiser, Prinz Tuan und Prinz Chuang sowie 300 untergeordnetere Mandschu und Mandarine am Hof: Hsu, S. 467. Sie hatten ihre Aktion auf den 8. September festgelegt. Hsu nennt Purcell als seine Bezugsquelle. Der konspirative Plan des Weißen Lotus wurde gegen Ende Juli aufgedeckt, und es wurden fast 200 Führer und Anhänger der Glaubensgemeinschaft festgenommen. Von ihnen wurden 78 Männer und Frauen am 15., 70 am 25. und 30 weitere am 31. August in der Straße der Gemüsehändler hingerichtet: Purcell, S. 220–221, 260.
Seite 487/488: Hewlett ist einer von denen, die über die seltsamen Botschaften der Gesandten in Tientsin berichteten.

21. Kapitel: Chinesisch zum Mitnehmen

Die im Jahre 1900 in Peking erbeuteten Kunstgegenstände zieren bis zum heutigen Tag so manches westliche Museum. Tatsächlich ist die Verbotene Stadt nach den Plünderungen durch westliche Ausländer 1860 und 1900 und dem Transfer weiterer Schätze vom Festland nach Taiwan durch Tschiang Kai-scheks Chef der Geheimpolizei in den Jahren 1948–49 beinahe so leergefegt wie das Schloß von Versailles. Viele Einzelheiten aus diesen Tagen nach der Belagerung stammen aus dem Buch des Missionars A. H. Smith, *China in Convulsion*, einer ausgezeichneten Quelle, die beim Zusammentragen des Materials für Werke wie Flemings *Belagerung zu Peking* weitgehend unbeachtet blieb.
Seite 489: 16000 und 25000: Die Zahlenangaben schwanken, vorliegende Untersuchung folgt Morse, Bd. 3, S. 268 und 273.
Seite 493: Die Gesandtschaften erfuhren: Der Befehl wurde von Prinz Chuang, dem Leiter der Pekinger Gendarmerie, erlassen, und weder die Kaiserinwitwe noch der Kaiser hatten die Vollmacht dazu erteilt.
Seite 494: »Kommt durch die Kanalisation«: Fleming, S. 204.
Seite 495: »Es war schier unglaublich, was sich... abspielte«: ebd., S. 205.
»Gottlob, Männer«: Hooker, S. 176.

»Polly Smith gestand, daß sie ... eine kleine Pistole mit sich herumgetragen hatte«: ebd. S. 128.

Der untadelige Sir Claude: MacDonald, »Personal Reminiscences«.

Seite 496: Pater d'Addosio: *Times*, 16. Oktober 1900.

Seite 497: Ihre entblößte Scham: Esherick, S. 297.

Seite 499: Yuans grausiger Rachefeldzug: Vgl. dazu Esherick und Purcell.

Seite 500: Westliche Ausländer machten sich auf die Suche nach lohnender Beute: Giles und Hewlett geben einige ihrer Erlebnisse während dieser Zeit der allgemeinen Selbstbedienung wieder; ähnliches findet sich in Morrisons Tagebuch und bei Weale.

Seite 501: »Unsere *chefs de mission* verdienen sich hier eine goldene Nase«: Weale, S. 276. Bemerkungen wie diese machten ihn bei den britischen Amtsträgern ausgesprochen unbeliebt, als sein Buch veröffentlicht wurde.

Seite 502: »Nichts wurde angetastet«: Conger, S. 171.

Die Soldaten, die vor den Palästen Wache standen: A.H. Smith, *China in Convulsion*, S. 529.

»Eine gewaltige Menge von Kostbarkeiten erworben«: Morrison an Bland, 25. Januar 1902, Lo Hui-men.

»Habe mich heute morgen damit befaßt«: Tagebuch Morrison, 30. August 1900.

Um ihre Häuser und Besitztümer zu schützen: Morrison schrieb in seinem Tagebuch: »Hatte heute morgen eine amüsante Unterhaltung ... mit der älteren Witwe im Laden meines Burschen, die unermeßliche Reichtümer besitzt und sie meinem Schutz anvertrauen möchte.« Tagebuch Morrison, 31. Mai 1901.

Seite 503: »Sir Robert bestätigte die Geschichte«: ebd., 6. September 1901.

»Hat Ihr Bursche ... mitgehen lassen«: MacDonald an Morrison, 22. August 1900; Lo Hui-men.

»Daß Mr. Squiers ... seine Sammlung auf ehrliche Weise erworben hat«: In seinem Tagebuch beschrieb Morrison die ehrenhaften Methoden seines Freundes: »Für ein Glas Gin hat Squiers Elfenbeinschnitzereien im Wert von 200 Tael gekauft, für vier Dollar einen Lacktisch im Wert von 400.«: Tagebuch Morrison, 31. August 1900. Einen großen Teil seiner Sammlung gestohlenen Porzellans erwarb Squiers heimlich mit Hilfe von Vizekönig Li Hung-changs Privatsekretär Pethick, der über Li weitverzweigte Verbindungen zu wohlhabenden Chinesen am Rande der Unterwelt unterhielt. Vizekönig Li selbst nutzte den Schwarzmarkt für gestohlene Kunstgegenstände, um »Antiquitäten« zu verkaufen, deren Herkunft nur er selbst kannte – »da allgemein bekannt war, daß er alles verkaufen würde, was ihm gehört, wenn nur die angebotene Summe hoch genug ist, von der russischen Säbelhülle in seiner Garderobe bis hin zu der neuesten antiken, kostbar getönten Rosenvase, die er zuletzt ergaunert hat«: Hooker, S. 164. Nachdem Yuan Shih-kai sich zum Kaiser proklamiert hatte, wurde der verarmte Prinz Ching zu einer bedeutenden Figur im internationalen Handel mit gestohlenen und/oder gefälschten Antiquitäten von Tientsin aus.

400-Tonnen-Yacht: Pearl, S. 208–209.

Seite 504: Auch der Sommerpalast: ebd., S. 533.

Seite 505:»Wir unterhielten uns über die Kunstschätze«: Tagebuch Satow, 15. November 1900, PRO 30/33, Public Records Office, London. Er fuhr fort: »Offenbar ist Jamieson mit [Hauptmann Mortimer] O'Sullivan übereingekommen, Ching-mings Haus ausplündern zu lassen, wobei ihm selbst ein Teil des

Mobiliars zukommen sollte. Hauptmann Selwyn kam zu mir und meinte, daß es ihm hart erscheine, die Frauen, die keine andere Bleibe hatten, aus dem Haus zu jagen. Gab meiner Verwunderung über die Beschlagnahmung Ausdruck und lehnte jede Unterstützung von seiten der Gesandtschaft ab.«: ebd., 27. November 1900. Sir Ernest Satow sollte bereits vor der Belagerung Sir Claude MacDonalds Nachfolge in Peking antreten, wurde aber aufgehalten. Nachdem sich die erste Aufregung gelegt hatte, tauschten die beiden die Ämter, und MacDonald ging nach Tokyo. Sie fuhren fort, sich von Zeit zu Zeit gegenseitig Ratschläge zu erteilen. »Das Ausräumen«, schrieb Sir Claude, »von verlassenen Privathäusern und Palästen aus dem Besitz der auf Ihrer Bestrafungsliste stehenden Herren ist, so meine ich, entschuldbar... verhalten Sie sich den Mandarinen gegenüber gerecht, aber beim Lord, Sir Harry, setzen Sie die Daumenschrauben an, je höher gestellt der Mandarin, um so fester die Daumenschrauben.«: Sir Claude an Sir Ernest, 1. Januar 1900, PRO 30/33, Public Records Office, London. Man fragt sich, ob sich Sir Claudes Worte auf Sir Harry Parkes beziehen, der für das besondere Geschick, mit dem er den hohen Mandarinen Daumenschrauben angelegt hatte, geadelt worden war.

Chaffees Hauptquartier im Tempel der Landwirtschaft: Michael Hunt, »The Foreign Occupation«.

Chaffee ließ... Spiegelglasfenster einsetzen: A. H. Smith, *China in Convulsion*, S. 546. Chaffee und sein erster Offizier hatten fünf chinesische Mitarbeiter, darunter den Enkel von Fürst Tseng – Tseng Kuang-luan –, der mit dem walisischen Missionar Timothy Richard befreundet war. Tsengs Wohnhaus im Gesandtschaftsviertel war während der Belagerung zerstört worden, und einer seiner Brüder war dabei ums Leben gekommen. Er zog Ende August in den amerikanischen Sektor der Stadt und arbeitete eng mit Chaffee zusammen, indem er sich der Probleme mit chinesischen Plünderern annahm und als Dolmetscher Reibereien zwischen chinesischen Bürgern und Besatzern schlichtete. Als Tseng die Stadt verließ und im Begleitschutz einer amerikanischen Militäreskorte mit seiner großen Familie und zahlreichem Gesinde zu seinem Haus in Hunan abreiste, wurde sein Platz in Chaffees Hauptquartier von dem siebenunddreißigjährigen Yun Yu-ting eingenommen, einem Hanlin-Beamten, der im Sommer 1900 häufig an den Krisensitzungen des Hofs teilgenommen hatte. Mit Chaffees Zustimmung stellte Yun eine Polizeieinheit auf, mit deren Hilfe er die Ordnung in der Stadt aufrechterhalten wollte, und richtete Unterkünfte und Wohlfahrtsküchen für die Obdachlosen ein – das heißt, für diejenigen Chinesen, die durch die plündernden Alliierten obdachlos gemacht worden waren (vergleichbar mit dem berühmten Ausspruch aus dem Vietnamkrieg: »Wir müssen sie vernichten, um sie zu retten«). Yun beschaffte Gelder, indem er eine Sondersteuer auf Häuser erhob, aber man sagte ihm nach, daß er einen Teil der Einnahmen für sich selbst beiseite schaffte: Vgl. Hunt, »Foreign Occupation«.

Sie wurden ausnahmslos herausgebrochen: A. H. Smith, *China in Convulsion*, S. 531.

Seite 506: In Abwesenheit der Hauseigentümer: ebd., S. 538.

»Ich eilte nach Hause«: Tagebuch Morrison, 21. März 1905.

An einen »sicheren Ort«: Trevor-Roper, S. 54.

Zusammen mit den echten Beutestücken: Um einen beunruhigenden Einblick in die Praxis orientalischer Kunstfälschung und ihrer Verbreitung auf dem internationalen Kunstmarkt heute zu erhalten, vgl. Carl Nagin, »Paper Dragons«.

Seite 507: »Es existiert kein einziges Dokument mehr«: A. H. Smith, *China in Convulsion*, S. 545.

22. *Kapitel: Gespaltene Zunge*

Obwohl Cyril Pearl Zugang zu Morrisons Tagebüchern hatte, als er Ende der sechziger Jahre seine berühmte Biographie des Journalisten schrieb, versäumte er es, das wahre Schicksal des Hanlin zu enthüllen – möglicherweise, weil er die Bedeutung der entsprechenden Passagen verkannte. Aufgrund anderer Quellen bereits auf das Problem aufmerksam geworden, versetzte uns die Entdeckung der aufschlußreichen Eintragungen in Morrisons Tagebuch in Erstaunen, lieferten sie doch den endgültigen Beweis für die Richtigkeit unserer Vermutungen. Auch wenn sie Morrisons Tagebücher nicht kannten, hatten die Historiker doch schon seit langer Zeit Zugang zu A. H. Smiths 1901 veröffentlichtem Buch *China in Convulsion* (auch wenn es vergriffen war und vielleicht ein wenig schwer verständlich) sowie zu den Werken von Weale (Lenox-Simpson), Giles und Hewlett. Trotz alledem scheinen westliche Historiker niemals daran gezweifelt zu haben, daß die Chinesen selbst dieses unersetzliche Museum zerstört haben. Kein einziger Wissenschaftler legte Widerspruch ein, als Fleming in den fünfziger Jahren in seiner *Belagerung zu Peking* den Chinesen diese Freveltat zuschrieb oder als Marina Warner in den siebziger Jahren in *The Dragon Empress* Tz'u-Hsi ausdrücklich die Schuld daran gab. Im allgemeinen ist die ganze Geschichte des Hanlin von den westlichen Wissenschaftlern ignoriert worden.

Seite 508: »Innerhalb weniger Stunden nach der Befreiung«: Morrison an Bland, 4. November 1900, Lo Hui-men.

»Das Schlimmste von allem«: Weale, S. 173.

Seite 509/510: Vorliegende Beschreibung der Hanlin-Anlage stammt aus: Adam Yeun-chung Lui, *The Hanlin Academy*. Es ist eine der wenigen vorhandenen Informationsquellen.

Seite 512/513: Bei der Lektüre der entsprechenden Passagen bei Poole, Giles und Hewlett darf man nicht vergessen, daß alle drei für Sir Claude arbeiteten und verpflichtet waren, sich bei der Beschreibung der Ereignisse an die offizielle politische Linie zu halten, was für die vielen merkwürdigen Widersprüche in ihren Tagebüchern verantwortlich ist; Giles und Hewlett – beides sehr junge Männer am Anfang einer Karriere im diplomatischen Dienst – wäre es sicher nie in den Sinn gekommen, MacDonalds Darstellung der Ereignisse in Frage zu stellen. (Wenn Sir Claude sagte, daß die Chinesen den Hanlin angezündet hatten, dann galt das als Evangelium.) Pooles Telegrammstil läßt jedoch einige Details durchscheinen, die von der offiziellen Geschichte abweichen. Und auch Giles und Hewlett plaudern ein paar Merkwürdigkeiten aus, die nicht miteinander oder mit der offiziellen Lesart zu vereinbaren sind. Poole macht deutlich, daß Tung Fu-hsiangs rot uniformierte Soldaten (nicht die Boxer) das Außentor des Hanlin anzündeten, worauf die Flammen wegen des starken Windes auf andere Gebäude übergriffen. Da der Wind bald darauf drehte, war das Feuer schnell unter Kontrolle gebracht. Danach gab es keine Brände mehr, die die

Bibliotheksgebäude im hinteren Teil des Hanlin-Areals bedrohten, und es drangen auch keine Chinesen mehr in das Gelände ein. Hewlett enthüllt (am 23. Juni), daß das Feuer um elf Uhr fünfzehn ausbrach und innerhalb einer halben Stunde unter Kontrolle war. Im Laufe desselben Nachmittags »begannen wir damit, Häuser abzureißen, die unsere nördliche Verteidigung gefährdeten«. Am nächsten Tag waren bereits so viele Bücher gestohlen oder blindwütig in den Schmutz oder in die Lotusteiche geworfen worden, daß »Sir Claude anordnete, die wertvollen Bücher in das Hauptgebäude der Gesandtschaft zu bringen, um sie vor Zerstörung und Diebstahl zu bewahren; aber viele waren natürlich schon vernichtet oder verschwunden, und nur ein kleiner Teil konnte in Sicherheit gebracht werden. Sie wollten eine Botschaft an das Yamen senden [es fand sich allerdings niemand bereit, dorthin zu gehen], damit die Verantwortlichen jemanden schicken und sich selbst überzeugen konnten, daß der Hanlin von chinesischen Soldaten in Brand gesetzt worden war [was Hunderte von Patronen bezeugten] und daß wir uns bemühten, die Bibliothek zu retten«. Damit stellt er klar, daß im Gegensatz zu Morrisons Darstellung in der *Times* in Wirklichkeit niemand eine Botschaft an das Yamen überbrachte. Sein Freund Giles versucht (am 23. Juni) den Chinesen die Schuld zuzuschieben, indem er versichert, daß »die Chinesen den ganzen Tag über in den verschiedenen Gebäuden Feuer (legten)«, was sowohl Poole als auch Hewlett ausdrücklich verneinen. Giles fährt fort: »Die Bibliothek wurde fast vollständig zerstört; es wurde der Versuch unternommen, das berühmte *Yung Lo Ta Tien* zu retten, aber da die meisten Bände bereits vernichtet waren, gab man den Versuch auf.« Poole und Hewlett haben unmißverständlich klargestellt, daß das Feuer innerhalb einer halben Stunde gelöscht war und daß die Bibliotheksgebäude nicht etwa durch den Brand zerstört worden waren, sondern auf die Anordnung Sir Claudes hin in den darauffolgenden Tagen als Präventivmaßnahme niedergerissen wurden. Nach dieser Bemühung, den Chinesen die Verantwortung zuzuweisen, erklärt Giles weiter: »Ich habe mir, nur als Musterexemplar, den Band 13345 gesichert. Die Seiten messen 30 mal 50 Zentimeter, und die Dicke der Bände variiert zwischen eineinhalb und zweieinhalb Zentimetern. Jede Seite hat acht Spalten, jede Spalte zwei Reihen mit 26 Schriftzeichen. Ich habe auch ein paar Aufsätze an mich gebracht, die irgendein Beamtenkandidat für die Hauptprüfungen verfaßt hat. In den folgenden Tagen haben wir das von den Chinesen begonnene Werk zu Ende gebracht und den Hanlin dem Erdboden gleichgemacht.«: Giles, S. 126. Mit anderen Worten, die Bewohner der westlichen Gesandtschaften räumten die dem Botschaftsgelände benachbarten Bibliotheksgebäude im hinteren Teil des Hanlin leer und begannen dann mit ihrem Abriß. Das wichtigste Bibliotheksgebäude wurde sogar erst *nach* Beendigung der Belagerung abgerissen. Im Anschluß daran wurde das gesamte Hanlin-Areal niedergewalzt, die ruinierten Bücher vergraben und das Gelände der britischen Botschaft einverleibt. Smith und Lenox-Simpson lagen, wie Morrisons unveröffentlichte Tagebücher bestätigen, mit ihrer Interpretation völlig richtig.

Seite 516: Die Bestände dieses großartigen Archivs: »Das Yung Lo Ta Tien: ein nicht registrierter Band«, ein Artikel in *British Museum Quarterly*, befaßt sich mit dem Kauf des von Poole gestohlenen Bandes der Enzyklopädie in den sechziger Jahren. Seine Witwe erhielt armselige 50 Pfund Sterling für das Buch, das nach Aussagen von Museumsangestellten heute über 10000 Pfund wert ist. Tatsächlich ist der Band Eigentum der Volksrepublik China und nach internationalem

Recht ein gestohlenes Meisterwerk. Lenox-Simpson ahnte das Schicksal dieser unrechtmäßig angeeigneten Bände hellsichtig voraus: »Möglicherweise werden verschwundene Exemplare der chinesischen Literatur eines Tages in unvorhergesehenen Ländern wieder zum Leben erweckt werden.«: Weale, S. 9.

Die meisten Wissenschaftler und Autoren teilten Flemings Meinung: In den siebziger Jahren versicherte uns Warner, daß Tz'u-Hsi demonstrierte, »wie ernst es ihr in Wahrheit mit dem angeblichen Respekt vor der Wissenschaft war«, als sie die Boxer nach der Brandstiftung im Hanlin am 24. Juni belohnte. Dieses Ereignis fand schlicht und einfach nicht statt; bis zum 21. Juni waren sämtliche Boxer aus Peking verschwunden, und das Hanlin war ohnehin von westlichen Ausländern niedergebrannt und geplündert worden, nicht von Chinesen.

Seite 517: Tributgetreide: Einige Jahre später erinnerte sich Smith: »Als die Boxer Anfang Juni in einer Orgie der Brandstiftung und Gewalt schwelgten, zündeten sie auch eine Straße an, durch die gerade ein langer Wagenzug mit dem jährlichen Getreidetribut der Provinz Honan an den Hof fuhr. Darauf wurde der Zug in das Gesandtschaftsviertel umgeleitet und stillschweigend als ›vom Himmel gesandtes Brot‹ konfisziert. Diese kleine Gabe bestand aus 200 Tonnen Weizen, Bergen von weißem und gelbem Reis und Mais.« Dieser ganze Reichtum an Weizen, Reis und Mais wurde den hungernden chinesischen Christen im Fu vorenthalten und später an die Pferde der Interventionstruppen verfüttert. Smith wird im *Journal of the Royal United Service,* August 1914, zitiert.

Seite 518: »Soeben habe ich... gelesen«: Lady Edith Blake an Morrison, 7. Dezember 1900, Lo Hui-men.

»Mir scheint«: ebd.

»Ich habe Ihren brillanten Bericht... gelesen«: H. A. Gwynne an Morrison, 19. Dezember 1900, ebd.

Seite 519: Morrisons »klaren Blick und sachliches Urteil«: *Times,* 12. September 1900.

»Wie recht ich hatte«: Morrison an Bland, 25. Januar 1902, Lo Hui-men. Die Rolle, die Jung-lu in der Belagerung spielte, seine Schuld oder Unschuld, sind bis zum heutigen Tage umstritten. Wir kommen zu dem eindeutigen Schluß, daß er unschuldig ist und sein möglichstes getan hat, um die Gesandtschaften zu schützen.

Seite 520: »Es wäre interessant«: Hart an Smith in Trevor-Roper, S. 75. Als Lenox-Simpsons Bericht über die Boxerbelagerung 1906 erschien, gab sich Morrison wohlwollend: »Habe mit dem unangenehmen Lenox-Simpson zu Mittag gegessen... sehr clever.«: Tagebuch Morrison, 7. April 1906. Morrison erfuhr dann, daß Sir Claude über einige der offenen Passagen im Buch sehr empört war: »Sir Claude hat wegen Simpsons ›Indiscreet Letters‹ einen erbosten Brief an Sir John [Sir John Jordan, zu diesem Zeitpunkt britischer Gesandter in Peking] geschrieben.«: Tagebuch Morrison, 1. August 1906. Das Buch war geschwätzig, banal und manchmal denunziatorisch, aber Lenox-Simpson nannte, wie es damals üblich war, Personen vorsichtigerweise nur mit den Initialen, um Verleumdungsklagen vorzubeugen. Sein Buch wurde von der *Times* belächelt, weil es der offiziellen Darstellung der Ereignisse widersprach. Valentine Chirol, der Auslandsredakteur der *Times,* schrieb über die *Indiscreet Letters* an Morrison: »Sie sind nicht ohne Sensationen, aber ich bezweifle dennoch, daß sie hier viel Aufmerksamkeit erregen werden. Die britische Öffentlichkeit hat ein sehr kurzes Gedächtnis, und die Geschichte ist in ihren Augen mittlerweile ein alter Hut. Im großen und ganzen kommen Sie besser weg als die meisten anderen, obwohl es eine böse Andeutung darüber gibt, daß Sie dadurch, daß die MacDonalds sich nach Ihrer Verwundung um Sie kümmerten, unter ihrem Einfluß standen und somit die einzige Chance, einen unparteiischen Bericht über die Belagerung zu bekommen, vertan war. Insgesamt scheint es mir keine sehr glaubwürdige Publikation. Wozu soll diese ganze Schlammschleuderei heute überhaupt noch gut sein? Im übrigen sind einige Zwischenfälle, an denen der Autor seinem eigenen Eingeständnis nach beteiligt war, seinem guten Ruf und dem Vertrauen in seine Wahrheitsliebe nicht gerade zuträglich. Ich habe gehört, daß ›Putnam Weale‹ selbst nach der Besetzung eine sehr zwielichtige Rolle spielte und einmal beinahe erwischt worden wäre, als er mit Hilfe einiger freundlicher Russen einen Beutezug durch die Stadt organisiert hatte. Ich sehe die Form dieses angeblichen Tagebuchs lediglich als literarisches Stilmittel.«: Chirol an Morrison, 2. Februar 1907, Lo Hui-men.

»Daß sich irgend jemand für unseren Schutz verwandte«: Hart, *Sinim,* S. 39.

Seite 521: Lim Boon-keng schrieb unter dem Namen Wen Ching.

Seite 522: Der Augenzeugenbericht der Hinrichtungen ist Sterling Seagrave, *Die Soong Dynastie,* S. 156 f., entnommen.

Seite 523: In seiner Bewertung der Ereignisse: Morse, Bd. 3, S. 238 und Anmerkungen 48–51.

Das gefälschte Tagebuch Ching Shans bildete einen zentralen Teil von Blands und Backhouse' Buch *China under the Empress Dowager.*

23. *Kapitel: Die Drachen fliehen*

Seite 526: »Werft dieses elende Weib in den Brunnen!«: *CUED,* S. 301.

»Verhöhnten den Kaiser in seinem Leid«: Backhouse und Bland, *Annals and Memoirs,* S. 440.

»Die Brunnen am Osttor«: Weale, S. 252.

Seite 527: Zum einen hielten [sie] sich... nicht in der Stadt auf: Es existieren etliche widersprüchliche chinesische Darstellungen, die offenbar im nachhinein gründlich redigiert wurden. Einige davon sind bei Tan wiedergegeben. Aus den Widersprüchen geht hervor, daß keine der betreffenden Quellen wirklich sicher war und daß sie sich aus unterschiedlichen Gründen an die allgemein verbreitete Version hielten, der Hof habe – nachdem er den Aufbruch zuvor für die frühen Morgenstunden des 11. August geplant hatte – seine Abreise auf den Vormittag des 15. August verschoben und sei über Nacht in der Verbotenen Stadt geblieben, *nachdem* die Alliierten die Stadt bereits eingenommen hatten. Das mag zur damaligen Zeit die allgemeine Annahme gewesen sein, aber es ergibt, auch ohne eingehendere Betrachtung, keinen Sinn. Bland und Backhouse legten dieses Datum in der Vorstellung der Öffentlichkeit fest.

»Was alles darauf hindeutet«: Hewlett, S. 56.

Am 8. August stellte Lenox-Simpson fest: Weale, S. 183.

Seite 528: »Chinesische Soldaten gingen ein und aus«: Hewlett, S. 68.

Das geschah am selben Tag (10. August): Tan, S. 116 und 118, Anm. 9.

Wie Tz'u-Hsi später einer Hofdame erzählte: Die Erinnerungen der Kaiserinwitwe stammen aus: Derling, S. 357-362 und 181-183.

Seite 530: Prinz Sus Bericht: *New York Times*, 8. Januar 1902.

Seite 531: Die Massenenthauptungen westlicher Missionare: Insgesamt wurden in China im Jahre 1900 etwa 250 Missionare und ihre Angehörigen (darunter mehr als 50 Kinder) ermordet.

Seite 532: Der Hof stand unter ständiger Überwachung durch Tung: *New York Times*, 13. Januar 1901.

Seite 533: War Lis Wirtschaftsimperium ... in Gefahr: Zur umfassenden Information über Li Hung-changs Auseinandersetzungen mit Kang Yi siehe: Albert Feuerwerker, *China's Early Industrialization.*

Seite 534: Nachdem die Telegrafenleitungen nach Peking unterbrochen waren: Das letzte Telegramm, das Hart abschicken konnte, bevor die Leitungen unterbrochen wurden, war ebenfalls an Li gerichtet. Hart schrieb: »Sie haben Missionare umgebracht: das ist schlimm genug. Aber wenn Sie die Gesandtschaften angreifen, verletzen Sie die heiligsten internationalen Abkommen und beschwören eine unmögliche Situation herauf.«: Harts Telegramm ist Fairbank et al., *The I.G. in Peking*, Bd. 2, S. 1234, Anm. 5, entnommen. Paul King, ein Angestellter des »I.G.« in Kanton, erhielt am 10. Juni ein Telegramm von Hart, in dem es hieß: »Die Gesandtschaften befürchten Angriff, und die chinesische Regierung scheint hilflos, wenn nicht feindselig. Wenn etwas passiert und die Lage sich nicht schnell entspannt, ist ausländische Intervention in großem Stil sicher und Ende des Reiches möglich. Bitten Sie [Li] von mir, an die Kaiserinwitwe zu telegrafieren, sie soll Sicherheit der Gesandtschaften oberste Priorität einräumen und alle Berater, die feindselige Handlungen nahelegen, ignorieren. Eilt sehr.« Paul King, S. 142.

»Ein Ort des Friedens und des Wohlstands«: McWade an Hill, 17. Juli 1900, zitiert nach Spector, S. 267.

Seite 535: Liu Kun-yi: Einer der treuen Gefolgsleute Lis war Vizekönig Liu Kun-yi, Generalgouverneur der Provinzen, die im Norden an Shanghai angrenzten. Auch er war ein Angriffsziel der Eisenhüte. Liu Kun-yi war die fünfte Speiche im Rad. In Hunan geboren, hatte er zuerst als Offizier in Kuo-fans Hunan-Armee gedient und dort vor allem gegen Tai-ping-Gruppen und räuberische Banden gekämpft. Er wurde mit dem Amt des Gouverneurs von Kiangsi belohnt, das er von 1865 bis 1874 bekleidete. 1875 wurde er amtierender Generalgouverneur von Liang-Kiang und Handelsinspektor für die südlichen Häfen. Damit bekleidete er in etwa dasselbe Amt im Süden wie Li Hung-chang zu jener Zeit im Norden. Dann amtierte er als Vizekönig in Kwangtung und Kwangsi, bevor er nach Liang-Kiang zurückkehrte, wo er Anfang 1890 gegen die Ching-Regierung und die Missionare gerichtete Aktivitäten in der Umgebung des Jangtsekiang mit Erfolg in Zaum zu halten versuchte. Als Kang Yi zum kaiserlichen Sonderberater ernannt wurde, dessen Aufgabe es war, zu untersuchen, warum die Hälfte der Steuereinnahmen der Regierung in den Taschen von Mittelsmännern verschwanden, wurde die Lage des kränkelnden Vizekönigs Liu heikel. Von Januar 1899 an bat Liu den Hof wiederholt, ihn aufgrund seiner angegriffenen Gesundheit von seinen Pflichten zu befreien, in der Hoffnung, die bevorstehende Inspektionsreise von Kang Yi so aufschieben zu können. Er wurde zu einer Audienz bei Tz'u-Hsi nach Peking berufen, und bei dieser Gelegenheit versicherte ihm die Kaiserinwitwe, daß er wegen seines unermüdlichen Einsatzes in der Vergangenheit und wegen seiner Verdienste bei der Bekämpfung von Rebellen- und Verbrechertum keine persönliche Verfolgung durch Kang Yi zu befürchten habe.

Telegrafen-Sheng: Als Vizekönig Li gegen Ende des chinesisch-japanischen Krieges seine politischen Niederlagen erlitt, übertrug Sheng nach außen hin seine Loyalität auf Vizekönig Chang Chih-tung, der in Zentralchina entscheidenden Einfluß ausübte. Hinter den Kulissen blieb er jedoch seinem ursprünglichen Gönner Li treu. Telegrafen-Sheng war Lis Hauptbevollmächtigter im Jangtsekiang-Tal und führte für ihn Verhandlungen mit ausländischen Diplomaten, Geschäftsleuten oder Journalisten in Shanghai. Er war das Verbindungsglied zwischen Vizekönig Li und Vizekönig Chang und verhalf Chang zu den japanischen Anleihen, die er für seine Minenprojekte, für Waffenkäufe und den Eisenbahnbau benötigte. Mit der Unterstützung beider Vizekönige wurde Sheng 1896 zum Generaldirektor der kaiserlichen Eisenbahnverwaltung ernannt, womit er die drei wichtigsten Nachrichtenverbindungen in China kontrollierte – Fernmeldewesen, Eisenbahn- und Schiffsverkehr. Zudem baute er die erste moderne Bank in Shanghai auf und wurde so zu Chinas erstem Finanzmagnaten. Beide, er und Vizekönig Li, standen unter heftigem Beschuß durch die Eisenhüte, die erst kurz zuvor versucht hatten, sich die Telegrafengesellschaft, die Schiffahrtsgesellschaft und Lis Minen in Kaiping anzueignen und, da ihnen das nicht gelungen war, Sheng und Li gewaltige Summen abgepreßt hatten, um die leeren Mandschu-Kassen aufzufüllen: Vgl. dazu Boorman, Bd. 3, S. 117, und Feuerwerker, *China's Early Industrialization.*

Seite 536: Mit übereinstimmenden Depeschen: Paul King, S. 147.

Riet Yuan General Jung-lu umgehend: Das war am 12. Juni.

»Etwa 8000 Mann starkes ausländisches Heer«: Jerome Chen, S. 48.

»Alle Gesandtschaften in Peking [seien] zerstört«: *New York Times,* 17. Juni 1900.

Seite 537: Der *Daily-Mail*-Artikel erschien am 16. Juli 1900, ebenfalls in der *New York Times*.

Seite 538: Der Nachruf auf Sir Claude und Lady Ethel in der *Illustrated London News* erschien am 21. Juli 1900.

»Dieser Mann (F. W. Sutterlee)«: Morrison an Moberly Bell, 20. Oktober 1900, Lo Hui-men.

Seite 539: »Die Droge habe bei der Kaiserinwitwe zum Wahnsinn geführt« und »die soeben aus Shanghai eingetroffen sind«: *New York Times,* 5. und 6. Juli 1900.

Yuan schickte demonstrativ 3000 Mann: Jerome Chen, S. 51.

Zwei Tage später: Tan, S. 80.

Im gesamten Verlauf der Krise: Ein sehr reales Problem ergab sich daraus, daß die Eisenhüte den fanatischen ehemaligen Gouverneur von Shantung Li Ping-heng zum Admiral am Jangtsekiang ernannt hatten. Er sollte verhindern, daß ausländische Marineeinheiten die großen Städte an seinen Ufern in ihre Gewalt brachten. Da er gedroht hatte, auf das erste ausländische Kriegsschiff zu feuern, das ihm unter die Augen kam, mußte er ausgeschaltet werden, bevor sich die Kämpfe auf das Inland ausbreiteten. Li verfolgte die Strategie, über die Gesandten in Shanghai und Kanton einen Vergleich mit den Westmächten zu schließen, in dem sich die Vizekönige der Südprovinzen verpflichteten, die Sicherheit am Jangtsekiang zu gewährleisten, während die Westmächte die Sicherheit Shanghais garantierten und jede Konfrontation am

Fluß selbst vermieden. Am 24. Juni telegrafierte Sheng an die Vizekönige Li Hung-chang, Liu Kun-yi und Chang Chih-tung. Nach ihrer Übereinkunft sollten Sheng und der Shanghaier *Taotai* den Westmächten vorschlagen, daß die Vizekönige das Jangtsekiang-Tal sicherten, während die Westmächte über die Sicherheit des ausländischen Viertels in Shanghai wachten. Sie machten ihren Einfluß in Peking geltend, um den Hof dazu zu bringen, daß er Li Ping-heng zur Verteidigung der Hauptstadt zurückberief – warum sollte er schließlich nicht den Eisenhüten zu Hilfe eilen anstatt einem von ihnen? Der Plan funktionierte, und am 30. Juni wurde der Mann, der die aufständischen Boxer als erster unter seine Fittiche genommen hatte, nach Peking berufen, um die Folgen ihrer Aktionen von der Stadt abzuwenden.

Seite 540: Als die alliierten Truppen: Das war am 3. Juli.

Li blieb die ganze Zeit über in Shanghai: Bland, *Li Hung-chang*, S. 204.

Seite 541: »Nichts Scheußlicheres und Abstoßenderes«: *New York Times*, 2. August 1900.

Seite 542: Er wies darauf hin: Am 18. September forderten die Deutschen als Bedingung für den Beginn von Friedensverhandlungen mit den Chinesen, daß die schuldigen Prinzen und Mandarine den Alliierten zur Bestrafung ausgeliefert werden sollten.

Seite 543: »Daß dem Hof die Abscheulichkeit«: Lensen, S. 12.

Daß Shiba ... etliche Kisten mit Dokumenten entfernt hatte: Tagebuch Satow, 22. Oktober 1900, PRO 30/33, Public Records Office, London.

»Einen einzigen Mann, nämlich Yu Hsien«: Lo Hui-men, Bd. I, S. 9.

»Fast die Fassung verlor«: Tagebuch Satow, 29. Oktober 1900, PRO 30/33, Public Records Office, London.

Seite 544: »Zeigte [Li] die Bekanntmachung«: ebd., 13. Dezember 1900.

Tz'u-Hsi ernannte ihn ... mit sofortiger Wirkung zum kaiserlichen Berater: Der kaiserliche Rat wurde auf drei Männer beschränkt: Wang Wen-shao, Lu Chuan-lin und Jung-lu. Lu Chuan-lin, früherer Gouverneur von Kiangsu, hatte ebenso wie Li Ping-heng die Meinung vertreten, daß das Jangtsekiang-Tal mit militärischer Gewalt gegen das Eindringen alliierter Kriegsschiffe verteidigt werden müsse: Tan, S. 135.

Seite 545: Das zweite Strafdekret wurde am 13. Februar 1901 erlassen.

Seite 545/546: Die Beschreibung der Hinrichtung stammt aus Morrisons Tagebuch, 23. Februar 1901.

Seite 546: »Bereits verstorben«: Hart an Campbell, 1. November 1900.

Seite 547: Zum Schicksal Tung Fu-hsiangs: Ihn die kaiserlichen Befehle zur Hinrichtung anderer ausführen zu lassen: Conger an Hay, 20. November 1900, Record Group 59, National Archives. »In bezug auf Tung Fu-hsiang«: Tagebuch Satow, 13. November 1900, PRO 30/33, Public Records Office, London. Die Forderung, auf die sich die Alliierten schließlich einigten, lautete: »Was Tung Fuhsiang angeht, nehmen die Regierungsbeauftragten der Alliierten Ihre Versicherung zur Kenntnis, daß die Todesstrafe definitiv gegen ihn verhängt wird. Sie sind der Auffassung, daß es im Hinblick auf den Vollzug dieser Strafe unerläßlich ist, ihn schnellstmöglich seines militärischen Kommandos zu entheben.« Tan, S. 219–220.

Er erhielt einen großen Teil: Von Beginn des kaiserlichen Exils an zögerte Yuan Shih-kai nicht, große Summen an Steuergeldern für den Unterhalt des Hofs zu schicken. Im Verlauf der ersten Monate sandte Yuan annähernd 400 000 Silbertael an den Hof. Ein großer Teil dieses Geldes war dem Adel abgepreßt oder von Steuergeldern abgezweigt worden, die aus anderen Provinzen in das besetzte Peking geflossen waren. Seine erste Zahlung, eine Summe von 260 000 Tael, datierte vom 29. August. Ein paar Wochen später folgten 137 000 Tael: MacKinnon, *Power and Politics in Late Imperial China*, S. 34.

Seite 547/548: Er teilte sein abgelegenes, aber luxuriöses Exil: Lo Hui-men, Bd. 2, S. 491, Anm. 2. Prinz Tuan blieb zehn Jahre lang, bis Gras über die Geschichte gewachsen war, in Singkiang und siedelte dann in Tung Fu-hsiangs Heimatprovinz Kansu um, wo er seinen Freunden näher sein konnte: Hummel, S. 733. Sein älterer Bruder Prinz Tun II. wurde in den Bürgerstand zurückversetzt.

Seite 548: Die Westmächte konnten sich nicht entscheiden: Fraser an Morrison, 17. Juli 1901, Lo Hui-men. Einer Tagebucheintragung Morrisons zufolge »kursierte die Vermutung, daß der Angriff auf die Ausländer Teil einer Kampagne war, die Prinz Tuan initiiert hatte, um seinen Sohn auf den Thron zu heben«.: Tagebuch Morrison, 29. September 1901.

»Daß der designierte Thronfolger schwere Schläge«: Tagebuch Satow, 20. Februar 1901, PRO 30/33, Public Records Office, London.

»Als Ehrengefangener«: Lady Susan Townley, deren Mann Botschaftssekretär unter Satow war: Townley, *My Chinese Notebook*, S. 89.

Die Zahlung der riesigen Summe von 450 Millionen Silbertael: Conger war entsetzt, als er von Staatssekretär Hays Anweisung erfuhr, 25 Millionen Dollar für erlittene Schäden der Amerikaner zu fordern; das wäre im Rahmen des langfristigen Abzahlungsplans, den die Mandschu-Regierung ausgehandelt hatte, auf 46 Millionen Dollar hinausgelaufen. Conger war der Meinung, daß die geforderte Summe die wirklichen Schäden und militärischen Kosten bei weitem überstieg, hielt sich aber an die Anweisungen. Roosevelts Regierung erstattete die Gelder schließlich unter Druck zurück, allerdings unter der Bedingung, daß sie nach den Wünschen der Vereinigten Staaten verwendet wurden: Hunt, »The American Remission of the Boxer Indemnity«.

Archive in der ganzen Welt: Der National Archives und Records Service in Washington, D. C., besitzt Hunderte von Seiten, die mit solchen bizarren Auflistungen der Gegenstände, die die Leute als Verluste infolge der Belagerung reklamierten, gefüllt sind. Die hier Wiedergegebene stammt aus einer der detaillierten Aufzählungen.

Seite 549: Morrison schrieb: »Ich habe eine Aufstellung meiner Ansprüche in Höhe von 5804 [Pfund Sterling], 11S. und 3d. vorgelegt, aber die Liste wurde mir mit der Begründung, sie sei unverschämt, zur Überarbeitung zurückgegeben. Ich habe Formulierungen gebraucht wie: ›Ihre Majestäten die Kaiserin und der Kaiser, die Gott schützen möge! (bis meine Ansprüche erfüllt sind)‹; auch andere Punkte wurden kritisiert, insbesondere die Beschreibung meines Hauses [er behauptete, es habe 26 Zimmer], die ich der Anzeige eines Maklers auf der letzten Seite der *Times* entnommen hatte.« Morrison an Bland, 4. November 1900, Lo Hui-men. Vgl. dazu auch Pearl, S. 133–134.

Der Gesamtwert Ende 1899: Tagebuch Morrison, 31. Dezember 1899.

Seite 550: Tz'u-Hsi und Kuang-hsü fuhren in getrennten Waggons, die beide mit gelber Seide geschmückt waren und über einen Thron und einen Empfangsraum verfügten. In Tz'u-Hsis Schlafkammer, die unter der persönlichen Aufsicht von Telegrafen-Sheng eingerichtet worden war, stand ein europäisches Bett. Die Junge Kaiserin und die Strahlende Konkubine teilten sich einen Waggon. Dem Obereunuchen Li Lien-ying stand ein Erste-Klasse-Waggon zur Verfügung, während sich die gewöhnlichen Eunuchen in zwei Wagen zweiter Klasse drängten. Neun Güterwaggons, vollgestopft mit Dienstboten, Sänften, Kutschen, Kavalleriepferden und Mauleseln, folgten am Ende des Zugs. Sie wurden von Bannerträgern bewacht, die sich an den Außenseiten festklammerten und mit vom Fahrtwind tränenden Mandelaugen von einem Ohr zum anderen grinsten. Die Beschreibung des kaiserlichen Konvois ist verschiedenen Quellen entnommen, darunter Pearl, Conger, Morse und *New York Times*, 1. November 1901 und 8. Januar 1902.

Seite 551: Mit einem angedeuteten Winken: Conger an Hay, 7. Januar 1902, National Archives, Record Group 59.

»Ein wundervoller Tag«: Conger, S. 215–216.

»Es war ein schreckliches Gefühl«: Derling, S. 182–184. Tz'u-Hsi bezog sich offensichtlich auf ihre persönlichen Gemächer in der Verbotenen Stadt, in denen sich von Waldersee mit seiner Konkubine einquartiert hatte, sowie auf ihren Arbeitspavillon in den Seepalästen, der abgebrannt war, nachdem von Waldersees Kanonenofen ein Feuer verursacht hatte. Nach ihrer Rückkehr residierte sie in einem von Kaiser Ch'ien-lung erbauten Palast im nordöstlichen Teil der Verbotenen Stadt, dem einzigen Bereich, der auch während der Belagerung nicht für Ausländer zugänglich gemacht worden war, vermutlich, weil eine Anzahl alternder Konkubinen darin Zuflucht gefunden hatten und jemand, vielleicht Robert Hart, ein Wort für sie eingelegt hatte. Die Hofdame Derling beschrieb, wie sie mit Tz'u-Hsi den Sommerpalast besuchte und das Marmorboot besichtigte: »Während wir uns die Ruinen ansahen, sagte sie: ›Sehen Sie sich die bunten Glasscheiben in den Fenstern und die herrlichen Malereien an.‹ Sie waren 1900 von den ausländischen Truppen alle zerstört worden.« Derling, S. 76.

Seite 552: »Ich hatte den Eindruck«: Tagebuch Satow, 28. Januar 1902, PRO 30/ 33, Public Records Office, London.

Seite 553: »Die Audienzen sind so angenehm verlaufen«: Hart an Campbell, 9. Februar 1902.

»Diese verabscheuungswürdige Frau«: Tagebuch Morrison, 13. Januar 1902.

Seite 554: Morrisons Bericht über die Audienz findet sich in der *Times*, 3. Februar 1902.

Sarah Congers Richtigstellung stammt aus *Letters from China*, S. 222 und S. 236. Das Gerücht um die Tränen könnte seinen Ursprung auch bei dem britischen Dolmetscher C. W. Campbell haben, einem engen Freund Blands, der Admiral Seymour im Juni 1900 auf seiner unseligen »Expedition« nach Peking als Übersetzer begleitet hatte. Campbell erwähnte die Tränen in seinem Bericht, milderte seine Aussage aber gleich darauf dahingehend ab, er selbst habe nicht gesehen, daß die Kaiserinwitwe weinte. Abfällig fügte er hinzu: »Die Kaiserinwitwe ist bekannt für ihr Talent, an der richtigen Stelle Tränen zu vergießen.«: Foreign Office 17/1520, Public Records Office, London.

»In meinen Augen war die Annahme von Geschenken«: Bland an Morrison, 12. Februar 1902, Lo Hui-men.

Morrison, der ständig aus Lady Susans Vorrat an Klatschgeschichten schöpfte, beschrieb sie seinem Redakteur als »den Inbegriff der Neugier und Mitteilsamkeit, überaus charmant«.: Morrison an Chirol, 7. Juli 1902, Lo Hui-men. In seinem Tagebuch dagegen bezeichnete er sie als die »kaltblütige Lady Susan«.: Tagebuch Morrison, 25. November 1902.

Seite 555: Die Zitate von Lady Susan sind ihren beiden Büchern *›Indiscretions‹ of Lady Susan*, S. 86–87, und *My Chinese Notebook*, S. 272, entnommen.

»Wir wurden ... geführt«: Conger, S. 224.

In China war es üblich, solche Geschenke zu machen. Tz'u-Hsis Bitte um Geheimhaltung des Geschenks wurde später durch die amerikanische Porträtmalerin Katherine Carl erklärt: »Als die Damen der Gesandtschaften das erstemal im Palast empfangen wurden, folgte die Kaiserinwitwe selbstverständlich dem chinesischen Brauch, jedem Gast ein Geschenk zu überreichen. Leider wurde ihr dieses Verhalten als Versuch ausgelegt, die Ausländer zu umschmeicheln ... Nach den ersten Audienzen (bei denen sie noch wirklich wertvolle Geschenke verteilt hatte) verschenkte Ihre Majestät [nur noch] kleine, unbedeutende Dinge, die [ebenfalls] zum Gegenstand des Spotts gemacht wurden. Ihre Majestät hatte gehört, daß die Damen diese hübschen Geschenke nicht wünschten, darum gab sie ihnen jetzt billige Andenken. Schließlich forderten die Gesandten das Auswärtige Amt auf, die Kaiserinwitwe zu bitten, sie solle bei den Audienzen [keinerlei] Geschenke mehr austeilen ... sie hörte allerdings nicht auf, kleine persönliche Geschenke zu machen.« Carl, S. 232–233.

Seite 556: »Farblos«: Tagebuch Morrison, 29. April 1902.

»Durch einen leichten Kropf entstellt«: ebd., 15. Juni 1902.

Die Damen konnten Tz'u-Hsis Einladungen nicht erwidern, weil ihre Berater ihr die Zustimmung verweigerten, aber sie luden die Prinzessinnen des Hofs ein. Sarah Conger überredete ihren Mann, die amerikanische Gesandtschaft zur Verfügung zu stellen, und elf Prinzessinnen folgten der Einladung. Elf Damen der westlichen Gesandtschaften standen bereit, als die Gäste in Sänften und mit einem Gefolge von 481 Dienstboten eintrafen. Nach dem Essen zogen sie sich in den Salon zurück, wo sie Tee tranken, Klavier spielten, sangen und Sarah Congers Fotoalben betrachteten. Die Prinzessinnen revanchierten sich mit einem Bankett im Sommerpalast, wo jeder der westlichen Damen und Mrs. Uchida, der Frau des japanischen Botschafters, einer von Tz'u-Hsis schwarzen Lieblingspekinesen überreicht wurde, jeder in einem roten, satinausgeschlagenen Körbchen, ein Band mit Glöckchen aus massivem Gold, Seidentroddeln und goldener Schnalle um den Hals: Conger, S. 226–228 und S. 233.

»Jede schien die andere ... zu beäugen«: Carl, S. 17.

Ebenso wie »andere unerwünschte« Personen: Derling, S. 366–367.

»Sie scheinen zu denken«: ebd. S. 52–53.

Seite 557: Mrs. Conger war »betroffen«: Conger, S. 247–248.

»Auf ziemlich vertrautem Fuß«: Morrison an Chirol, 7. September 1903, Lo Hui-men.

»Die einfältige Gattin«: *CUED*, S. 290, Anm. 1.

Wie viele Frauen der damaligen Zeit machte Kate Carl nur ungenaue

Angaben über ihr Alter. In ihrer Todesanzeige 1938 wurde ihr Alter mit über 80 angegeben, während es in der Todesurkunde auf 80 lautet. Demnach muß sie zwischen 45 und 50 gewesen sein, als sie Tz'u-Hsis Porträt malte. Ihr Vater, Hauptmann Francis Augustus Carl, heiratete Mary Breadon um 1850 herum. Ihr Mädchenname Breadon wird gelegentlich auch Bredon geschrieben, und sie war offenbar mit Lady Hart (Hester Bredon) verwandt. Kates Mutter behauptete, mit Sir Garnet Wolseley verwandt zu sein. Kate Carls biographische Daten sind dem *Who Was Who* entnommen, ihre Todesanzeige erschien in der *New York Times* und verschiedenen Zeitungen in Memphis, Tennessee; weitere Dokumente stellte das Smithsonian-Institut zur Verfügung.

Kates Bruder war ein erfolgreicher Mann, der bei seinem Tod 1930 einen Besitz im Wert von fast 300 000 Dollar hinterließ. Diese Summe wurde am 12. Februar 1932 in der *New York Times* erwähnt.

»Sehr stürmisch«: Hart an Campbell, 6. März 1904.

Seite 558: Kate Carls Zitate und Gespräche mit der Kaiserinwitwe sind ihrem Buch, *With the Empress Dowager of China*, entnommen.

»Ich hatte ihr erklärt, daß es die Schattenwirkung war«: Derling, S. 352.

Als Sir Ernest Satow Kate Carls Porträt sah, mußte er nachfragen, wen es darstellte. In der Ausstellung hing es im Gebäude der bildenden Künste zwischen Porträts von Königin Victoria und Papst Leo. Nach Beendigung der Ausstellung machte Sir Chentung Liang-cheng, der chinesische Gesandte in Washington, das Porträt der amerikanischen Regierung zum Geschenk. Zu Lebzeiten von Katherine Carl nahmen die Auseinandersetzungen um das Urheberrecht von Fotografien, die während der Ausstellung in St. Louis von dem Porträt gemacht wurden, kein Ende. Obwohl das Porträt 1904 als Schenkung in den Besitz der amerikanischen Regierung gelangt war, fand Kate Carl, daß ihr weiterhin das Urheberrecht zustand, und sie wehrte sich erbittert dagegen, daß das Smithsonian-Institut Fotos von dem Porträt in Umlauf brachte, die in der Folge veröffentlicht wurden, ohne daß Miss Carl je eine Abfindung erhielt. Der Fall wurde nicht zu ihren Gunsten entschieden. Noch betrüblicher ist das Schicksal des Porträts selbst. Im Zuge der Nachforschungen über Kate Carls Leben und die Geschichte ihrer Auftragsarbeit stellte uns das Smithsonian-Institut eine Reihe von Briefen und Zeitungsausschnitten über die Künstlerin und das Porträt zur Verfügung, darunter auch den Schriftwechsel, in dem sie gegen die Verletzung ihrer vermeintlichen Urheberrechte protestierte. Das Porträt selbst war jedoch während der Amtszeit von Lyndon B. Johnson als Leihgabe an die Regierung von Taiwan ins Historische Landesmuseum von Taipeh gebracht worden, wo es in einem düsteren Winkel verstaubte. Da das Smithsonian-Institut keine Farbaufnahme des Porträts besaß und das Historische Landesmuseum von Taipeh unsere Briefe unbeantwortet ließ, mußten wir die Nachforschungen selbst in die Hand nehmen und jemanden nach Taiwan schicken, der das Porträt allerdings nur unter miserablen Bedingungen an seinem Platz im Museum fotografieren konnte. Es hing verstaubt und verlassen in einer Ecke und hätte dringend der Pflege durch einen kompetenten Konservator bedurft. Das Smithsonian-Institut informierte uns 1985 in einem Brief, daß trotz der Jahrzehnte, die verstrichen waren und trotz der ungünstigen Bedingungen, unter denen es vorgefunden wurde, nicht beabsichtigt war, die Leihgabe zurückzufordern. Das Ende von Kate Carl ist ebenfalls eine traurige Geschichte. Sie blieb bis zu ihrem Tod im

Dezember 1938 alleinstehend. Offenbar verfügte sie nicht über besonders großzügige Mittel; ihr Bruder hatte ihr bei seinem Tod 1930 eine Leibrente von 2000 Dollar im Jahr hinterlassen. Die letzten fünf Jahre ihres Lebens wohnte sie in der 78sten Straße im Osten Manhattans. In der Nachricht von ihrem Tod hieß es: »Am Mittwoch fand sie ein Dienstmädchen mit schweren Verbrennungen in der Badewanne auf. Sie hatte offensichtlich durch das heiße Wasser einen Schock erlitten und war nicht mehr imstande gewesen, es abzustellen. Ein Arzt versorgte sie an Ort und Stelle und ließ sie ins Krankenhaus [Lenox Hill] einweisen«, wo sie um 20 Uhr starb. Im Totenschein ist vermerkt, daß die spärlichen biographischen Angaben von einem Freund, dem 35jährigen Robert Elkins, stammten; als Todesursache werden »Verbrennungen zweiten Grades am Rumpf, an den Schenkeln und oberen Extremitäten« genannt. Eine Untersuchung wurde angeordnet.

Seite 559: »Leider kann Miss Carl«: *New York Times*, 4. November 1905.

Seite 560: »Die Familie Yu Keng«: Hart an Campbell, 14. September 1902. Über ihren Vater schreibt Derling, daß er Mitglied des Weißen-Banner-Corps der Mandschu war, früh in die Armee eingetreten war und während des Tai-ping-Aufstands und im Formosakrieg gedient hatte. Yu Keng war von 1895 bis 1898 als Gesandter in Japan, von 1899 bis 1902 in Frankreich. Er starb 1905: vgl. dazu Hummel, S. 300 und Chow. Yuan Shih-kais erste Frau stammte aus der Familie Yu, was für Herrn Yu eine wertvolle Verbindung darstellte. Als die Yu Kengs 1903 aus Paris zurückkehrten, wurden sie in Tientsin von Vizekönig Yuan Shih-kai begrüßt: Boorman, Bd. 2, S. 24. Yu lebte mit seiner Familie in einem der vornehmen Familiensitze von Peking, einem Herzogpalast, der auf einem Areal von zweieinhalb Hektar 175 Räume und Pavillons umfaßte. Als er während des Boxeraufstands abbrannte, zog die Familie in den Tempel der Treuen und Tugendhaften um, wo Lis amerikanischer Sekretär Pethik in seiner Pekinger Zeit gewohnt hatte.

»Ein Hund«: Spector, S. 115.

Seite 561: Es ist möglich, daß Derling und ihr Bruder im Sommerpalast Spionagedienste für die Japaner leisteten.

Aus Gründen, die verborgen bleiben, schließt sich Trevor-Roper erstaunlicherweise Blands Behauptung an, daß Derling und ihre Memoiren ein ausgemachter Schwindel seien. Roper schreibt: »Da gab es die Memoiren der falschen ›Prinzessin Der Ling‹, deren Behauptung, zum Hofstaat der Kaiserinwitwe gehört zu haben, derzeit von Bland und Sir Reginald Johnston widerlegt wird.« Johnston, der von 1919 an Lehrer von P'u yi war, erboste sich über ein völlig anderes Buch von Derling, das 1930 erschien und sich mit dem Leben des Kaisers Kuang-hsü beschäftigte. Es war alles andere als ein gutes Buch. Es besteht jedoch keinerlei Bezug zwischen ihm und den 1911 veröffentlichten Memoiren vom Hof. Vor 1919 hielt sich Johnston nur in unregelmäßigen Abständen in Peking auf, so daß seine Einschätzung der Memoiren Derlings als Fälschung hauptsächlich auf den Aussagen von Bland und Backhouse beruhte, die ihre Gründe hatten, sich selbst als die einzigen autorisierten Kenner von Tz'u-Hsis Leben darzustellen und die Konkurrentin Derling mit ihren Beobachtungen aus erster Hand zu verunglimpfen. Johnston bestritt zwar, Backhouse zu kennen, aber die beiden waren alte Kumpane, seitdem sie 1898 als Dolmetscher zusammengearbeitet hatten. Nach 1900 gingen sie, wann immer Johnston in Peking oder Backhouse in Tientsin war, zusammen zum Trinken und Essen aus oder besuchten ein chinesisches Theater.

Johnston beharrte darauf, daß Derling eine Schwindlerin sei, die in »all den Jahren die Verbotene Stadt wahrscheinlich nie betreten« habe: Vgl. dazu Trevor-Roper, S. 244–245. Es ist aber nachweisbar, daß Derling und ihre Brüder in der Verbotenen Stadt, im Sommerpalast und in engem Kontakt mit der Kaiserinwitwe waren, und auch wenn es vielleicht töricht von Derling war, sich auf Anraten ihrer amerikanischen Freunde den Beinamen Prinzessin Derling zuzulegen, war sie als Tochter des Herrn Yu doch ein Mitglied des chinesischen Adels, wenn auch nicht unbedingt eine Prinzessin. Die Übertragung von chinesischen und Mandschu-Titeln ins Englische läßt einen beträchtlichen Ermessensspielraum offen. Ihre Anwesenheit am Hof wird von Hart und Carl bestätigt, die ihr dort regelmäßig begegneten. Ihre Schwester Yung Ling veröffentlichte 1957 unter dem Titel *Ching-kung so chi* (Notizen vom Ching-Hof) ihre eigenen Memoiren in chinesischer Sprache: Vgl. dazu Fairbank et al., *The I. G. in Peking*, S. 1328–1329, Anm. 2; Lo Hui-men, Bd. 2, S. 524, und Sue Fawn Chung. Derling heiratete später einen amerikanischen Söldner und wurde amerikanische Staatsbürgerin. Lo Hui-men zufolge war ihr Mann, Thaddeus C. White, ein »amerikanischer Abenteurer, der als Angestellter des amerikanischen Gerichtshofs in Shanghai gearbeitet hatte. Später beteiligte er sich als Handelsvertreter an einer Reihe zwielichtiger Geschäfte und war in den versuchten Verkauf gestohlener Kunstgegenstände aus dem Mandschu-Palast in Mukden verwickelt«. Lo Hui-men, Bd. 2, S. 524, Anm. 3 und 4. Das Ehepaar ließ sich in Los Angeles nieder und tauchte in der Klatschkolumne der Los Angeles *Times* auf, in der erzählt wurde, wie Derling ihren zukünftigen Ehemann kennengelernt hatte, als sie auf einer Wohltätigkeitsveranstaltung für eine mittellos gewordene amerikanische Sängerin in Shanghai getanzt hatte. Derling berichtete, sie habe in Paris bei Isadora Duncan studiert. Etwa ab 1940 unterrichtete sie Chinesisch an der University of California in Berkeley und kam im November 1944 bei einem Autounfall ums Leben.

Keiner der zahlreichen Bildbände über China enthüllt die Verwandtschaft des Hoffotografen Yu mit Derling, was erstaunlich ist, da viele dieser von ihrem Bruder gemachten Aufnahmen auch in ihrem Buch auftauchen. Vielleicht ist das auf die hartnäckige Weigerung zurückzuführen, Derling als ernstzunehmende Informationsquelle anzuerkennen. Hier wird somit erstmals die Identität des Mannes enthüllt, der die wunderbaren Aufnahmen von der Kaiserinwitwe und ihrem Hof gemacht hat.

Derling berichtet, daß »Ihre Majestät sich ein wenig unwohl fühlte und über starke Kopfschmerzen klagte... Dennoch stand sie am Morgen wie gewöhnlich auf und hielt Audienz, war jedoch nicht in der Lage, mittags etwas zu essen, und mußte sich sehr bald zurückziehen... Nach der Krankheit ging es Ihrer Majestät lange Zeit nicht besonders gut, und sie war ständig in ärztlicher Behandlung... Sie war sehr nervös, da sie tagsüber keinen Schlaf finden konnte«. (Sie hatte, wie die meisten wichtigen Amtsträger, die Gewohnheit, vom späteren Nachmittag bis Mitternacht zu schlafen und dann ihr Tagwerk zu beginnen.)

Seite 562: Hubert D. Vos aus Santa Barbara, der Enkel des Künstlers, stellte Kopien der Briefe und zahlreicher Zeitungsausschnitte über seinen Großvater zur Verfügung. In seinem Besitz befinden sich sieben der wunderbaren Porträts seines Großvaters, darunter eines von Prinz Ching, eines von Yuan Shih-kai und eines von Li Hung-chang. Weitere Informationen sind vom Smithsonian-Institut.

Seite 563: Vos berichtet in seinen Memoiren, daß er Yuan Shih-kai durch Oberst J. W. Munthe vorgestellt wurde, einem Norweger, der früher für Robert Hart im Zollamt gearbeitet hatte und seither in Yuan Shih-kais Neuer Armee als Kavallerieausbilder diente: »Munthe brachte mich zum streng bewachten militärischen Hauptquartier der Chinesen im Inland... Die Sitzungen [mit Yuan] fanden vormittags statt, nachmittags pokerten wir mit dem chinesischen Stabsarzt und einem chinesischen Sekretär und Dolmetscher, die beide an amerikanischen Universitäten studiert hatten. Das Abendessen bestand aus 33 Gängen, dabei spielte draußen das Heeresorchester chinesische oder auch Sousa-Märsche, und manchmal wurde uns ein großartiges Feuerwerk geboten. Und nachts verbarrikadierten wir uns mit geladenen Revolvern neben dem Bett in Mr. Munthes kleinem Haus, weil wir befürchteten, daß der gemeine Soldat, auch wenn der Kommandeur unser Freund war, Gelüste verspüren könnte, uns ins Jenseits zu befördern.«

Obwohl Vos später in seinem autobiographischen Brief schrieb, daß er gerufen worden war, um das Porträt der Kaiserinwitwe zu malen, deuten die privaten Briefe an seine Frau und seine Freunde darauf hin, daß man zuerst mit der Bitte an ihn herantrat, einige Beamte des Auswärtigen Amts zu malen.

Seite 565: Als das Altersporträt 1910 erstmals ausgestellt wurde, äußerte Vos einem Interviewer gegenüber: »Ich habe versucht, Informationen über das Leben der Kaiserinwitwe zusammenzutragen, sehr interessant. Selbst ihre Minister wissen nur sehr wenig oder nichts über sie. Das Buch der herrschenden Dynastie ist fest geschlossen und geheim und wird erst zugänglich werden, wenn die Kaiserinwitwe stirbt oder die Macht der Dynastie endet.«: Brief Vos, 29. August 1905. In der *Mexico Daily Record* war am 7. März zu lesen: »Hätte Mr. Vos etwas, das er in der Verbotenen Stadt gemalt hat, zu Lebzeiten der Kaiserinwitwe in der Öffentlichkeit gezeigt, so hätte er sich eines schweren Vertrauensbruchs schuldig gemacht. Der Tod [der Kaiserinwitwe] gibt Mr. Vos die Freiheit, über das Porträt Ihrer Kaiserlichen Majestät nach Belieben zu verfügen.« Das Altersporträt zeigt zwei chinesische Inschriften, von denen die eine, über dem Kopf der Kaiserinwitwe plaziert, lautet: »Das Große Ching-Reich, Tz'u-Hsi, Kaiserinwitwe Regierung Kuang-hsü (1905).« Zur Rechten der Kaiserinwitwe befindet sich die Inschrift: »Ehrerbietig gemalt von Hua-shih Hu-po« (Vos Hubert): Fogg Art Museum, Kaufvermerk Nr. 1943.162, Brief an die Autoren, 30. Oktober 1989, Phoebe Peebles, Archivarin. (Mrs. Peebles bat Robert Mowry, Kurator der Abteilung für asiatische Kunst, die Inschriften zu übersetzen.)

Seite 567: Hart erzählte Morrison und Campbell von seiner ersten Audienz bei der Kaiserinwitwe, die am 23. Februar 1902 stattfand: Tagebuch Morrison, 24. Februar 1902; Hart an Campbell, 8. März 1902.

Seite 569: »Die Kaiserin sah sehr jung aus«: Hart an Morrison, Tagebuch Morrison, 22. Februar 1904.

»Sie wirkte gealtert«: Hart an Morrison, Tagebuch Morrison, 15. März 1905.

»Sagte kein einziges Wort«: Hart an Morrison, Tagebuch Morrison, 11. April 1908.

»Der Gedanke... gefällt mir überhaupt nicht«: Hart an Campbell, in Spence, *To Change China*, S. 120.

»Der Morgen seiner Abreise«: Breadon, *Sir Robert Hart*, S. 248.

Seite 570: Lis Krankheitsbericht: Spector, S. 268–269, Anm. 30.

Seite 572: »Meine angegriffene ... Gesundheit«: Jerome Chen, S. 54.

»Alle sind voll des Lobes«: Tagebuch Morrison, 28. September 1901.

»Ausgezeichnete Disziplin«: ebd., 27. September 1901.

Seite 573: Bei heißem grünem Tee und eisgekühltem Champagner: ebd., 2. März 1902.

Eine detaillierte Biographie von Yuan Shih-kai findet sich in Boorman, Bd. 4, S. 89. Andere Quellen sind Jerome Chen und Stephen MacKinnon, obwohl dessen Darstellung der Beziehung zwischen Yuan und Li Hung-chang zu bezweifeln ist.

Yuan scheute keine Mühe: Yuan strengte sich an, die Frauen prominenter Ausländer zu unterhalten. Er sorgte zum Beispiel dafür, daß die Klatschbase Lady Susan Townley (die Frau des britischen Gesandtschaftssekretärs) ihren Aufenthalt in Paotingfu in guter Erinnerung behielt. Sie berichtete Morrison gleich nach ihrer Rückkehr, es sei »eine herrliche Zeit« gewesen. Yuan Shih-kai hatte ein Essen für sie gegeben. Sie war »bei dem Vizekönig zu Gast und wurde mit größter Aufmerksamkeit behandelt.«: Tagebuch Morrison, 9. April 1903.

Seite 574: Andere Geschenke für die Kaiserinwitwe vgl.: Carl, S. 290–291. Yuans Geschenke an die Kaiserinwitwe, darunter eine Tanzgruppe aus Indien und ein kunstvolles Dreirad vgl.: MacKinnon, *Power and Politics*. Zum Geburtstag schenkte er ihr Fuchspelzmäntel, ein Phönixpaar aus Filigranarbeit und Perlen und einen mannshohen Korallenzweig für einen besonderen Platz in ihrem Hof: ebd. S. 64.

Als sie sich 1903 zu den Grabstätten im Westen begab: Townley, *My Chinese Notebook*, S. 273–277.

Ein Palast, der ... wiederaufgebaut worden war: ebd., S. 378.

Yuan begann 1896 mit Prinz Chings und Jung-lus Unterstützung, die Armee zu modernisieren. Er brauchte sich das Kommando jetzt nicht mehr mit anderen altgedienten Generälen zu teilen. Die Militärreform unterstand der Aufsicht einer Kommission, die offiziell von Prinz Ching geleitet wurde, de facto aber in Yuans Hand war.

Seite 575: »Geheimdienst«: Tagebuch Morrison, 22. Juli 1907.

Yuan schickte ihm 100 000 Tael: Im übrigen finanzierte Yuan Prinz Chings Geburtstagsfeier und die seiner Frau sowie die Hochzeit seines Sohnes, des jovialen Prinzen Tsai Chen, der Derling und Hubert Vos bei der Kaiserinwitwe eingeführt hatte. Prinz Chings in der Nähe des Sommerpalasts gelegener Besitz war 1900 von den Alliierten geplündert und zerstört worden, und Lenox-Simpson schrieb: »Er ist angeblich so arm, und es fehlt ihm so sehr am Notwendigsten, daß er sich erbeutetes [Tafelsilber] von den alliierten Kommandanten leihen mußte.«: Weale, S. 298. Sir Robert Hart verhalf Prinz Ching zu einem persönlichen Kredit bei der Bank von Hongkong und Shanghai: Hart an Campbell, 12. September 1900.

Yuan besetzte sämtliche Ämter mit seinen Anhängern: Obwohl streng auf Disziplin bedacht, war Yuan bei seinen Offizieren und Soldaten beliebt, weil er dafür sorgte, daß ihnen der Sold immer pünktlich ausgezahlt wurde.

»Wird nicht der Letzte sein«: Hart an Campbell, 13. Juni 1897.

»Daß Yuan Shih-kai nach dem Thron strebt«: Tagebuch Morrison, 20. Mai 1906.

Es wird häufig behauptet, daß P'u yi der Großneffe der Kaiserinwitwe gewesen sei. P'u yi selbst bestritt in seiner Autobiographie, mit Tz'u-Hsi blutsverwandt zu sein: Vgl. dazu die Autobiographie von P'u yi.

Seite 576: »Zuviel herumhurte und zuviel aß«: Tagebuch Morrison, 5. September 1907.

Die Feier zu Yuans fünfzigstem Geburtstag: Hillier an Morrison, 14. September 1908, Lo Hui-men.

Seite 577: »Hysterisch«: Tagebuch Morrison, 18. September 1907.

»Sie muß den I. G. zu Tode langweilen«: ebd., 18. April 1906.

Nach der Belagerung: ebd., 4. Februar 1901.

Seite 578: »Eigenartige Träume«: Lo Hui-men, Bd. 1, S. 203.

»Las meinen Artikel«: Tagebuch Morrison, 11. November 1902.

Seite 579: »Backhouse ist gerade ... gegangen«: ebd., 24. August 1903.

»Ein kluger Kopf, aber verlogen«: ebd., 8. Mai 1902.

»Ich schenkte ihm einen Band«: ebd., 8. November 1902.

Im Januar 1909 bot Morrison der Newberry Library in Chicago 13 Bände der Enzyklopädie zum Preis von 1000 mexikanischen Dollars an, aber sein Angebot wurde abgelehnt.

»Sein krankhafter Zustand«: Tagebuch Morrison, 25. Juni 1903.

Seite 580: »Es schmerzt mich«: Backhouse an Morrison, 21. November 1903, Mitchell Library. Lo Hui-men nahm zahlreiche Briefe zwischen Backhouse und Morrison in seine *Correspondence of G. E. Morrison* auf, aber da Lo Huimen am persönlichen Teil des Materials kein besonderes Interesse hatte, waren sie häufig redigiert worden. Wir konnten die Originaltexte einsehen, die einigen Aufschluß über die persönliche und berufliche Beziehung zwischen den beiden geben.

Seite 581: »Schrecklich schüchtern«: Bland an Trevor-Roper, S. 65.

»Gehen Sie in Frieden!«: ebd., S. 63.

»Die Abwesenheit des Kaisers«: Tagebuch Morrison, 25. Oktober 1908.

»Der Kaiser leidet an ...«: ebd., 9. November 1908.

»Gehen Sie lieber nicht weg«: ebd., 9. November 1908. Diese Worte stammen von dem Diplomaten Lui Yu-lin, der später chinesischer Gesandter in London werden sollte.

Seite 583: Backhouse lehnte jegliche Bezahlung ab: Trevor-Roper, S. 65.

»Unverzüglich zu Backhouse«: Tagebuch Morrison, 15. November 1908.

»Den ganzen Tag geschuftet«: ebd., 16. November 1908.

Seite 584: Jetzt erfand Backhouse einen neuen Informanten: Trevor-Roper, S. 67-68.

»Die Krankheit Ihrer Majestät«: *Times*, Meldung aus Peking vom 19. November 1908.

Seite 585: »Es bereitet uns beträchtliche Ungelegenheiten«: Bell an Morrison, 24. November 1908, Archiv der *Times*.

»Ich bedaure sehr, daß Ihnen keine Nachrufe zur Verfügung standen«: Morrison an Bell, 14. Januar 1909, Lo Hui-men.

Seite 588: Gray war von 1902 bis 1920 Arzt an der britischen Gesandtschaft. Dr. Chu hatte Vizekönig Li, Prinz Ching, Vizekönig Yuan und andere prominente

Persönlichkeiten behandelt und leitete 1908 das Gesundheitsministerium in Tientsin. 1936 enthüllte er in einer chinesischen Veröffentlichung mit dem Titel *The Secret Record of Treating Emperor Kuang Hsu*, daß er den Kaiser kurz vor seinem Tod betreut hatte. Nach seinen Angaben war er der letzte westlich ausgebildete Arzt, der Kuang-hsü vor dessen Tod behandelte; nach ihm übernahmen traditionelle Hofärzte die Betreuung. Dr. Chus Aufzeichnung wurde von Polly Juen Chow aus dem Chinesischen übersetzt.

Seite 590: Grays Bericht aus der Pekinger Botschaft, 19. November 1908, Auswärtiges Amt 228/2243, Public Records Office, London.

»Nach der Überlieferung zeigt«: Hsu, S. 499.

Seite 594: Nachdem P'u-chun... ausgeschieden war: Satow schrieb bereits im November 1902: »Der ›Enkel‹ von Jung-lu... ist das Kind, das man sich aus der Heirat zwischen Prinz Chun... und Jung-lus Tochter erhofft. Aber es gibt ihn noch nicht. Wenn ein solcher Sohn geboren werden sollte, könnte er als Nachfolger des verstorbenen Kaisers T'ung-chih adoptiert werden, und es ist durchaus möglich, daß der Versuch unternommen wird, den gegenwärtigen Kaiser Kuang-hsü abzusetzen.« Tagebuch Satow, 12. November 1902, PRO 30/33, Public Records Office, London.

Über den Tod der Kaiserinwitwe schrieb P'u yi: »Einer anderen Überlieferung zufolge ermordete Tz'u-Hsi Kuang-hsü, als sie erfuhr, daß ihre Krankheit tödlich war, um nicht vor ihm zu sterben. Das ist möglich, aber ich glaube nicht, daß sie sich an dem Tag, als sie mich zum Thronfolger ausrief, für todkrank hielt.« Pu Yi, S. 18.

Seite 595: Dem gefürchteten Yuan wurde die Organisation der Begräbnisse für den Kaiser und die Kaiserinwitwe übertragen; außerdem wurde er zum Obersten Lehrer des kindlichen Kaisers P'u yi ernannt, eine Ehre, die einst Li Hung-chang während T'ung-chihs Kindheit zuteil wurde. Durch die Ernennung des starken Mannes im Staat zum Reichsregenten wurden beider Interessen miteinander verflochten. Dadurch erhoffte man sich bessere Überlebenschancen für das Kind. In diesem Fall schlug die Hoffnung fehl.

26. Kapitel: »Die Konkubine auf dem Drachenthron«

Seite 597: Backhouse initiierte das Buch *China under the Empress Dowager*. Trevor-Roper, S. 70.

Seite 598: »Ich bereite gerade... vor«: Bland, ebd.

Seite 599: In einem langen Brief: Backhouse an Bland, April 1937, in Purcell, Anh. 4, S. 280–284.

Seite 601: Bland begnügte sich mit Backhouse' »Übersetzungen«: Trevor-Roper, S. 225.

»So verständlich, wie es einem Buch... möglich ist: *The Book Review Digest*, 1910, S. 37, und Rezension im *Spectator*, 22. Oktober 1910.

»Eines der interessantesten Werke«: Sir Claude MacDonald, »Some Personal Remihiscences«.

Alle Zitate von Seite 597 bis Seite 601 stammen aus *CUED*.

Seite 605: »Im Hinblick auf Blands und meinen Versuch«: Backhouse an Morrison, 5. Oktober 1911, Mitchell Library.

Seite 606: »Sie sind viel zu bescheiden«: Morrison an Backhouse, 22. Oktober 1911, Lo Hui-men.

»Schimpfte hemmungslos auf Backhouse«: und »würde Backhouse nie verzeihen«: Bland in Trevor-Roper, S. 95–97.

Seite 607: »Irgendeine unbekannte Person«: Morrison an Backhouse, 2. Januar 1911, Mitchell Library.

Morrison hatte selbst mit einer Biographie zu tun, der »authentischen Lebensgeschichte von Yuan Shih-kai, unvollständig und schlecht geschrieben, aber durchaus verbesserungsfähig«. Er hatte das Manuskript Ende Mai 1911 von dem englischsprachigen Sekretär Yuan Shih-kais, Tsai Ting-kan, erhalten, der unter den ersten 100 chinesischen Studenten gewesen war, die man 1870 zur Ausbildung nach Amerika geschickt hatte. Tsai war das Verbindungsglied zwischen Morrison und Yuan Shih-kai, lange bevor der berühmte Journalist Yuans Ressort für Öffentlichkeitsarbeit übernahm: Lo Hui-men, Bd. 1, S. 480, Anm. 1.

Seite 608: Die beiden verstanden sich nur zu gut: Im Mai 1911 kam es zu einem denkwürdigen Zwischenfall, als Morrison sich beim damaligen Chefredakteur der *Times* über den im April 1911 erschienenen Nachruf auf den Obereunuchen Li Lien-ying beklagte: »Er basierte auf Informationen, die Backhouse, wie er behauptet, mit dem Hinweis an Bland geschickt hat, daß es sich um Klatschmeldungen aus der Presse handelt, deren Wahrheitsgehalt er nicht überprüfen kann. Er ist ein wenig betroffen, die einfachsten Aussagen in derartiger Übertreibung zu lesen. Gibt es wirklich Leser der *Times*, die so naiv sind, zu glauben, daß in den Händen des Obereunuchen das Wohl und Wehe chinesischer Würdenträger – von Mitgliedern des kaiserlichen Rats, Vizekönigen und Gouverneuren – lag und daß sich Männer von Kalgan bis Kanton fürchten, sein Mißfallen zu erregen? Die Geschichte liest sich gut, beruht aber nicht auf Tatsachen, sondern auf Erfindung... Es erstaunt mich, daß die *Times* ernsthaft die Behauptung abdruckt, das Vermögen des Obereunuchen habe 1908 zweieinhalb Millionen in Silber betragen. Zweieinhalb Millionen in der praktisch wertlosen chinesischen Münzwährung scheint mir eine realistischere Schätzung... Warum ist es notwendig, unser Urteil in solch pittoreske Übertreibungen zu kleiden?« Hier ertappte Morrison Backhouse bei einer Lüge und hielt sie ihm vor, und Backhouse hatte nichts Eiligeres zu tun, als sich mit der Behauptung zu wehren, er habe Bland darauf hingewiesen, daß dies alles fragwürdige Klatschgeschichten seien. Daran zeigt sich deutlich, wie Backhouse den leicht zu beeinflussenden Bland für seine Zwecke benutzte.

Er hatte chinesische Handschriften von Backhouse erstanden: Als sich Morrison im Dezember 1905 auf einer Stippvisite in England befand, teilte ihm Backhouse brieflich mit, daß er einen wichtigen Kauf getätigt hatte. Er hatte, so erklärte er, »vor kurzem eine interessante Schriftrolle beschafft. Es ist eine Kalligraphie des Priesters, der den buddhistischen Namen Hsi chih trägt. Seine Graszeichen waren in der Tang-Dynastie berühmt, und Männer wie der große Li T'ai-po rissen sich um seine Werke. Diese Schriftrolle weist das Entstehungsjahr 746 auf und ist von außerordentlichem Wert. [Auf dem Pekinger Buchmarkt] wurde mir eine hohe Summe dafür geboten. Sie stammt von einer hochgestellten Familie aus Shanxi, die jetzt in eingeschränkteren Verhältnissen lebt... ich habe sie von einem Mann aus Shanxi, der nach der Befreiung von Peking bei mir Schutz suchte«.: Backhouse an Morrison, 24. Dezember 1905. Morrison machte ihm nicht gleich ein Angebot für die Schriftrolle, aber zwei Jahre später bot Backhouse sie erneut zum Kauf an; diesmal trug Morrisons Habgier den Sieg über sein vernünftiges Urteilsvermögen davon, und er wurde zum Mitbesitzer des Stücks, das er verkaufen wollte und den Erlös daraus mit Backhouse zu teilen er versprach: ebd., 6. Januar 1908. Morrison bot die Schriftrolle verschiedenen Kennern in London an und war schockiert, als er von einem Kunstexperten erfuhr, es handele sich nicht um ein Original, sondern um eine Kopie. Er schrieb an Backhouse: »Ich habe den inliegenden Brief, der sich auf unsere Schriftrolle bezieht, von Voynich erhalten... Ich würde mich nun gerne in der Lage sehen, ihm zu sagen, daß Sie es waren, der die Rolle beschrieben hatte... Wenn es eine Kopie ist, dann ist es ein sehr frühes und interessantes Exemplar, aber ich persönlich halte sie für echt. Wir wollen jedenfalls hoffen, daß Voynich sie verkaufen kann.«: Morrison an Backhouse, 23. September 1911. Morrison wandte sich an Charles Freer, der seine Galerie für asiatische Antiquitäten in Washington gerade der U.S.-Regierung übereignet hatte: ebd., 10. März 1912. Bis 1913 waren fast alle Experten, die die Schriftrolle untersucht hatten, zu der Meinung gekommen, daß es sich um eine Fälschung handelte, und zwar eine Fälschung jüngeren Datums. Backhouse beharrte weiterhin auf ihrer Echtheit und schlug vor, Strohhalme zu ziehen, wobei der Gewinner den Anteil des Verlierers für 175 Dollar erhalten sollte. So wurde Morrison der alleinige Besitzer. Backhouse weckte Morrisons Verlangen nach seltenen Büchern, indem er ihm beispielsweise erzählte, Lionel Giles habe ein Buch, das er für elf Silbertael gekauft habe, für »einzigartig und unersetzlich erklärt... und es für 40 Pfund für die Cambridge University erworben«. Backhouse prahlte vor Morrison damit, daß er ein Achtel seiner Privatbibliothek für mehr Geld verkauft hatte, als alles zusammen gekostet hatte: Tagebuch Morrison, 14. Dezember 1909. Morrisons Bibliothek war berühmt in Peking. Robert Hart stattete ihr im April 1908 einen Besuch ab, und Morrison notierte dazu in seinem Tagebuch: »Er rühmte meine Bibliothek und erkundigte sich, wieviel ich dafür nehmen würde. Ich sagte, ich würde mich nur ungern davon trennen. Er meinte, eine so kostbare Bibliothek sollte Peking niemals verlassen und sie sollte für das Auswärtige Amt Chinas gekauft werden.«: ebd., 11. April 1908.

»Um meine Finanzen steht es schlecht«: ebd., 13. Januar 1912. Und 1905 schrieb er bei seiner Rückkehr von einer Reise nach England an Backhouse: »Ich habe in ruinösem Stil gelebt... Habe viele wertvolle Bücher erstanden und praktisch jedes Buch über China aufgekauft, das ich noch nicht besaß...«: Morrison an Backhouse, 9. November 1905, Mitchell Library.

Im April 1903 protestierte Backhouse energisch, er könne »unmöglich ein Buch« aus Morrisons Sammlung »verlegt« haben. »Ich habe sie als Ihr Eigentum mit der größten Sorgfalt behandelt.«: Backhouse an Morrison, 26. April 1903, Mitchell Library. Morrisons Bibliothek enthielt am Schluß 400 frühe handschriftliche Wörterbücher und Grammatiken, 20000 gedruckte Bände, 4000 Druckschriften und 2000 Karten und Stiche.

»Wunderbar intelligent, aber moralisch unzuverlässig«: Tagebuch Morrison, 8. Oktober 1908.

»Man hielt Backhouse für wahnsinnig«: ebd., 11. Juli 1905.

Seite 609: Backhouse und Johnston: In *Diary of a Plague Fighter* sind gemeinsame Besuche von Backhouse und Johnston in diesen Theatern erwähnt. Trevor-Roper spricht von Treffen zwischen den beiden.

Seite 610: »Einer der größten Orientalisten«: Bland in Trevor-Roper, S. 254.

Der Name Backhouse war nicht ein einziges Mal darin erwähnt: Trevor-Roper, S. 265.

Seite 611: »Abstoßend und manchmal gar schockierend«: *New York Times*, 31. Mai 1914.

Seite 612: Ching Shan: Auf dem Kohlenhügel gab es einen umfriedeten Bereich, in dem die toten Kaiser und Kaiserinnen aufgebahrt wurden. Außerdem gab es dort eine Schule und ein paar Gebäude, die als Gefängnis dienten. Kaiser Yung-cheng hielt zwei seiner Brüder dort gefangen. Dort erhängte sich auch der letzte Ming-Kaiser.

Epilog: Das Ende der Dynastie

Seite 613: In Peking war Morrison nur sich selbst Rechenschaft schuldig: Er hatte sich lange Zeit Hoffnungen auf den Posten des britischen Gesandten in Peking gemacht, aber er hatte inzwischen allzu festgefahrene Ansichten für den Toleranz erfordernden diplomatischen Dienst entwickelt.

Seite 614: Eine Aufzählung der Ehrungen, mit denen Hart ausgezeichnet wurde, findet sich in: Morse, Bd. 3, Anh. E, S. 470–471.

Zudem vermerkte Morrison ungnädig: Morrison an Braham, 26. September 1911, Lo Hui-men.

»Familiensitz«: Hart an Campbell, 6. März 1904.

»Sir Robert wirkte extrem zittrig«: Tagebuch Morrison, 29. Juli 1910.

Seite 615: »Helfen, die Papiere ... zu ordnen«: Pearl, S. 209.

Backhouse lebte zu dieser Zeit in einem Palastareal, das früher einem Mitglied der Eisenhüte gehört hatte: Tagebuch Morrison, 16. Mai 1912.

Ihr erstes Kind Ian wurde am 31. Mai 1913 geboren. Er wurde Journalist und kam im Koreakrieg ums Leben. Es wird angenommen, daß einer der Charaktere in Han Su-yins *Love is a Many-Splendoured Thing* Ian Morrison darstellt.

Seite 616: »Warum stellt sich Yuan nicht«: Jerome Chen, S. 85.

Hinter dieser Maskerade: Yuan und seine Familie wurden unter britischen Schutz gestellt.

Seite 618: »Ich bin entschlossen, die *Times* zu verlassen«: Tagebuch Morrison, 17. Juni 1912. Morrison schrieb an den australischen Journalistenkollegen W. H. Donald, der den New Yorker *Herald* in Peking vertrat: »Behauptungen, daß ich zum Berater ernannt worden bin, sind, gelinde gesagt, voreilig, denn ich habe keinerlei Nachricht erhalten, die in diesem Sinne zu interpretieren wäre. Man hat Erkundigungen bei mir eingezogen, das ist alles ... Hier gibt es viele Leute, die scharf sind auf einen Job.«

Später wagte Donald selbst den Sprung ins kalte Wasser und nahm 1928 den Posten eines Sonderberaters bei Marschall Chang Hsueh-liang und 1934 bei General Tschiang Kai-schek an.

Durch den Mangel an Arbeit unterfordert: Die durchschnittliche Wochenarbeitszeit betrug vier Stunden: Pearl, S. 279. Morrisons Bild erschien auf der Titelseite der *Illustrated London News* (31. August 1912). Sein Kopf war auf die Schultern eines hinter Präsident Yuan stehenden Mannes montiert: die Macht hinter dem Thron. Wohl kaum.

»Mein Job wird allmählich unmöglich«: Tagebuch Morrison, 18. Dezember 1912. Im übrigen »befürchtet Jennie, daß ich alle Energie und allen Ehrgeiz verliere und nur noch an mein Gehalt denke«: Zitiert nach Pearl, S. 278–279. Einen großen Teil seiner Arbeitszeit verwandte er auf Gespräche mit Jobanwärtern, die wie er auf Yuans Erfolgszug aufspringen wollten.

Sungs Ermordung: Das Terrorregime fand seinen Höhepunkt in der Einnahme des republikanischen Nanking durch Yuans Truppen.

Seite 619: Eine hastig organisierte Reise nach England: Im Juni 1914 stattete Morrison England einen kurzen Besuch ab, wo er versuchte, den »falschen Eindruck zu widerlegen, der durch unrichtige Behauptungen über China und die Politik des Präsidenten in der ausländischen Presse entstanden ist«. Er gab Interviews, nahm Einladungen zu Vorträgen an und versuchte, durch seine Beziehungen auf die Meinungsträger einzuwirken: Lo Hui-men, Bd. 2, S. 196.

Eine Bewegung, die Yuan als Kaiser sehen wollte: »Es ist jetzt zwei Monate her, daß ich zu meinem erhabenen Meister gerufen wurde«, beklagte sich Morrison im Sommer 1915 in seinem Tagebuch. »Was hat er für Teufeleien im Sinn? Eigenartig, diese Gerüchte, er wolle selbst den Thron besteigen.«: Tagebuch Morrison, 11. August 1915. Yuan vergaß Japan in seiner Rechnung. Mit dem Ausbruch des Ersten Weltkriegs in Europa im Herbst 1914 war Japans Chance gekommen, sich die deutschen Konzessionen in der Provinz Shantung anzueignen. Um sich Japans Unterstützung gegen die Deutschen zu sichern, gaben Großbritannien, Frankreich und Italien Tokyo die Zusage, Shantung auch nach Beendigung des Krieges behalten zu dürfen. Mit dieser Ermutigung im Rücken legte die Regierung in Tokyo Yuan einen Katalog von »21 Forderungen« vor, deren Erfüllungen China zu ihrem Vasallen machte. Yuan, der seine kostbare Nordarmee nicht gegen Japan in den Krieg führen wollte und im übrigen überzeugt war, daß er am Ende durch größere Klugheit den Sieg davontragen würde, unterwarf sich dem Ultimatum der »21 Forderungen«. Es war ein kalkuliertes Spiel, das er verlor.

»Heute hat Yuan Shih-kai der Thronbesteigung zugestimmt«: Tagebuch Morrison, 11. Dezember 1915.

Yuans Krönung: ebd., 17. April 1916. Morrison erfuhr diese Einzelheiten erst, nachdem Yuan am 22. März 1916 die Republik wieder ausgerufen hatte.

»Von Speichelleckern umgeben«: ebd., 13. Januar 1916. Weiter schrieb Morrison: »Yuan hat den Überblick verloren – nicht mehr derselbe Yuan.«

Yuan hatte... völlig falsch eingeschätzt: Ein nationales Verteidigungsheer setzte sich in Setschuan in Bewegung, und bevor der Januar um war, hatte Kuei-Chou seine Unabhängigkeit erklärt. Mitte März folgte Kuangsi. Morrison notierte in seinem Tagebuch, daß Peking ein gefährliches Pflaster geworden war: »Meinungen werden unterdrückt. Täglich verschwinden Menschen. Werden über den Fluß verschleppt und nie wieder gesehen... durchschnittlich zwei am Tag. Nach Militärgerichtsverfahren durch Revolverschüsse hingerichtet.«: ebd., 20. Januar 1916.

Seite 621: Ein flüchtiges und theatralisches Wiederaufleben der Ching-Dynastie: K'ang kehrte mit denselben Eisenhüten, Prinz Tuan und Herzog Lan, die den Boxeraufstand und die Enthauptung von K'angs Bruder betrieben hatten, aus dem Exil zurück, um die Wiedereinsetzung der Dynastie zu unterstützen. Nachdem er fast 17 Jahre von den Erträgen seiner Gesellschaft zur Rettung des Kaisers in der Verbannung gelebt hatte, war K'ang nun endlich da, wohin es ihn immer gezogen hatte: im Innern der Verbotenen Stadt, wo er als stellvertretender Leiter des Beraterstabs die kaiserlichen Erlasse bearbeitete. Aber er war nicht lange dort. Die Restauration dauerte nur zwölf Tage. Als die Ching-Gegner die Verbotene Stadt aus Flugzeugen bombardierten, suchte K'ang Zuflucht in der amerikanischen Botschaft; von dort floh er nach Shanghai, wo er eine Gesellschaft zum Studium der Himmlischen Wanderungen gründete. Er starb im März 1927 und wurde auf einem Hügel oberhalb von Tsingtao bestattet. Weitere Einzelheiten siehe Spence, *Gate*, S. 71–76, 102–103, und Boorman.

Morrison verkaufte seine Bibliothek: Der vermögende Iwasaki Hisaya erwarb Morrisons Bibliothek: Lo Hui-men, Bd. 2, S. 622, Anm. 1, sowie *Memoirs of the Research Department of the Toyo Bunko*. Die Bücher, Druckschriften und Karten in vielen Sprachen waren die umfassendste und informativste existierende Chinasammlung: *Far Eastern Review*, September 1917. Morrison behielt 3000 Bände in englischer Sprache für sich: Pearl, S. 344. Die Werke wurden in 57 Kisten nach Tokyo verschifft, wo sie zum Herzstück der Orientalistikabteilung in der National Diet Library wurden.

Morrison ging es gesundheitlich nicht gut: Tagebuch Morrison, 30. September 1915. Pearl läßt sich über viele Seiten über seine tödliche Erkrankung aus.

Seite 622: Trevor-Roper berichtet eingehend über Backhouse' Gaunereien.

Backhouse erhielt von seinem Vater nur das Nutzungsrecht seines Besitzes, Rookery in York; die Treuhänder waren mit weitreichenden Vollmachten versehen, um jeglichen Anspruch darauf von seiner Seite abzuwehren. Sein Vater erklärte in seinem Testament: »Ich habe Grund zu der Annahme, daß er durch seine zielstrebige harte Arbeit, sein Benehmen und seinen Fleiß in China, wofür ich ihm meine aufrichtige Dankbarkeit und Anerkennung aussprechen möchte, auch unabhängig von einer Nachlassenschaft von meiner Seite über reichliche Mittel zum Lebensunterhalt verfügt.« Backhouse beklagte sich bitter über dieses »ungerechte Testament« und darüber, daß er, seit er in Peking wohnte, gezwungen war, von einer begrenzten Leibrente zu leben.

Er wohnte in der Tatarenstadt: Trevor-Roper, S. 269. Kurz bevor die Feindseligkeiten zwischen Japan und Großbritannien ausbrachen, wurde es ihm in seinem Haus in der Tatarenstadt zu unsicher, und er zog in die ehemalige österreichische Botschaft um. Nach der Besetzung Pekings durch die Japaner wurde eine antiwestliche Kampagne organisiert, aber es kam in dieser frühen Phase nicht zu Gewalttätigkeiten. Backhouse' Papiere und Bücher, die er unerklärlicherweise zurückließ, als er in der Gesandtschaft Schutz suchte (zumindest behauptete er, sie zurückgelassen zu haben), wurden später dann angeblich verbrannt. Er beschuldigte die Japaner, seine Papiere vernichtet zu haben, weil sie ihn irgendwelcher Umtriebe verdächtigten, aber es gibt auch Mutmaßungen, daß er die Vernichtung seiner Unterlagen selbst veranlaßt habe, um seine Spuren zu verwischen. Bei Edmund Backhouse konnte man nie wissen.

Seite 623: Reinhard Hoeppli, 1893–1973, kannte China gut und war unter anderem mit Morrisons zweitem Sohn Alastair befreundet. Alastair studierte wie seine beiden Brüder am Trinity College in Cambridge. Nach dem Studium wurde er Verwaltungsbeamter in Malaysia. Nach langjährigem Dienst in der britischen Kolonialverwaltung in Sarawak arbeitete er für die australische Regierung in Canberra: Lo Hui-men, Bd. 2, S. 83–84.

»Eines vornehm aussehenden gebildeten alten Herrn«: Hoepplis Anmerkungen im Anhang zu dem Backhouse-Manuskript von »Décadence Mandschoue«, S. 437–438.

Seite 625: »Ein verabscheuenswerter Charakter«: Trevor-Roper, S. 330.

Seine handelnden Personen waren Chinesen und Mandschu: Es ist durchaus möglich, daß Backhouse sexuelle Beziehungen zu einem unbedeutenderen Mandarin am Mandschu-Hof unterhielt; vielleicht war dieser Mandarin das Vorbild des fiktiven Ching Shan, denn am Hof herrschten tatsächlich desolate Verhältnisse, und es gab zweifellos ein paar Mandarine, die den hellhäutigen jungen Backhouse als Objekt ihrer sexuellen Bedürfnisse vielleicht attraktiv fanden. Vorliegend wird davon ausgegangen, daß Backhouse die Geschichte seiner angeblichen Affäre mit der Kaiserinwitwe nach dem Vorbild einer tatsächlich bestehenden Beziehung zu einem Mandarin am Hof gestaltete. In seinen Memoiren behauptete er auch, Prinz Chings Geliebter gewesen zu sein.

»Sowohl Kuang-hsü als auch Tz'u-Hsi«: Hoepplis Anmerkungen zu »Décadence Mandchoue«, S. 452. Hoeppli ließ vier maschinengeschriebene Kopien anfertigen, die er der Bibliothèque Nationale de Paris, der Harvard College Library, dem British Museum und (zusammen mit dem Originalmanuskript und der Erstkopie mit Backhouse' persönlichen Korrekturen) der Bodleian Library überlassen wollte: ebd., S. 461. Eine weitere Kopie schickte Hoeppli an die Australian National Library.

Hoeppli wollte die Memoiren ... herausgeben: Trevor-Roper, S. 286–287.

Seite 626: Die Plünderung der Kaisergräber: P'u yi berichtete in seinen Memoiren: »Sun Tien-ying, ein ehemaliger Spieler, Opiumhändler und Handlanger Chang Tsung-changs, der jetzt Befehlshaber bei der Armee war, führte seine Männer auf das Gelände, wo sie sich systematisch daranmachten, die Gräber auszurauben. Als erstes ließ er bekanntmachen, daß er plante, militärische Manöver durchzuführen und alle Verbindungen zu unterbrechen. Dann ließ er seine Männer graben, und nach drei Tagen und Nächten räumten sie alle Schätze aus, die mit Ch'ien-lung und T'zu-Hsi in die Gräber gelegt worden waren.« In der Londoner *Times* war am 6. August 1928 in einer kurzen Notiz zu lesen: »Der Verkauf großer Mengen von wertvollen Perlen, Edelsteinen, Jadestücken und Goldornamenten in Tientsin und Peking hat zu Mutmaßungen und Verdächtigungen geführt. Eine Zeitung berichtet, daß Soldaten aus Chihli zwei Wochen lang damit beschäftigt waren, Grabstätten aufzubrechen, wo sie 14 Särge öffneten, die Leichen beraubten und dann die Knochen wieder in die Särge warfen und die Gräber verschlossen.« Nach P'u yis Angaben bestanden die Grabgaben Tz'u-Hsis »hauptsächlich aus Perlen, Smaragden, Diamanten und anderen Edelsteinen, und ihre Phönixkrone war aus riesigen Perlen und Golddraht gemacht. Ihr Überwurf war mit einer ganz aus Juwelen gefertigten Pfingstrose geschmückt, am Arm trug sie einen funkelnden Armreif in der Form einer großen Chrysantheme und sechs kleiner Pflaumenblüten, alle mit Diamanten verschiedener Größe besetzt. In der Hand hielt sie einen etwa zehn Zentimeter langen, ganz aus Smaragd bestehenden Stab zur Abwehr von Dämonen, und an den Füßen trug sie ein Paar Perlenschuhe. Neben alldem enthielt der Sarg 17 Ketten aus Perlen und Edelsteinen als Gebetsperlen und mehrere Smaragdarmbänder«.: Pu Yi, S. 195. Eine sensationellere Aufstellung der aus den Gräbern gestohlenen Schätze erschien am 13. November 1928 in der *Times*. Sie stammte von »unserem Shanghai-Korrespondenten« und basierte erklärtermaßen auf dem Tagebuch des Obereunuchen Li Lien-ying – einer reinen Erfindung von Edmund Backhouse. Morrisons Warnungen hinsichtlich früherer fiktiver Geschichten über Li Lien-ying aus Blands und Backhouse' Feder waren bei der *Times* inzwischen in Vergessenheit geraten. Jetzt widmeten sie dem Begräbnis, wie es in dem gefälschten Tagebuch des Obereunuchen beschrieben war, fast eine ganze Spalte: »Bevor die Kaiserinwitwe in ihren Sarg gebettet wurde, legte man seinen Boden mit einer 20 Zentimeter dicken Matte aus Goldfäden aus, in die Perlen eingewoben waren. Über der Matte lag eine Seidendecke, die mit einer Lage Perlen bestreut war. In der Perlenschicht befand sich eine Perlenstikkerei, in die die Form Buddhas eingewoben war. Am Kopfende war ein Jadeornament in der Form von Lotusblättern angebracht und am Fußende eines in der Form einer Lotusblüte...« Und so weiter und so fort. Die *Times* bezifferte den Wert dieser Phantasieschätze auf 6,25 Millionen Pfund Sterling. Die Abweichungen zwischen Kaiser P'u yis Angaben und diesem Bericht sind typisch für Edmund Backhouse. Wieder einmal hatte sich die *Times* einen Bären aufbinden lassen. Backhouse versicherte Bland, daß die Memoiren des Obereunuchen Li Lien-ying ihr eigenes Urteil über Tz'u-Hsi bestätigten.

Die *Times* schrieb in einer kurzen Notiz: »Einige Mandschu-Adlige besuchten kürzlich die Grabstätte und berichteten, daß sie den Sarg der berühmten Kaiserinwitwe aufgebrochen und ihren nackten, notdürftig mit einem verrotteten gelben Drachengewand bedeckten Leichnam auf dem Deckel liegend vorfanden. Das Haar war nicht vermodert und das Gesicht wie lebendig, aber der Körper war bläulich verfärbt.« Das ist Originalton Backhouse: *Times*, 10. September 1928.

Bibliographie

Aitchison, Margaret: *The Doctor and the Dragon.* Basingstoke, Hampshire, 1983.
Allen, Bernard M.: *Gordon in China.* London, 1933.
Allen, Roland: *The Siege of the Peking Legations.* London, 1901.
Axelbank, Albert: *Black Star over Japan.* London, 1972.
Ayers, William: *Chang Chih-tung and Educational Reform in China.* Cambridge, Mass., 1971.
Backhouse, Edmund: »The Dead Past«, unveröffentl. Manuskr.

–,»Décadence Mandchoue«, unveröffentl. Manuskr.
–, und Bland, J. O. P.: *Annals and Memoirs of the Court of Peking.* Boston, 1914.
Bales, W. L.: *Tso Tsungt'ang: Soldier and Statesman of Old China.* Shanghai, 1937.
Bays, Daniel H.: »The Nature of Provincial Political Authority in Late Ch'ing Times« in: *Modern Asia Studies.* Nr. 4 (1970).
Beers, Burton F.: *China in Old Photographs: 1860–1910.* New York, 1978.
Behr, Edward: *The Last Emperor.* Lisburn, Nordirland, 1985.
Bell, Stanley, *Hart of Lisburn,* Lisburn, Nordirland 1985.
Benkovitz, Miriam J.: *Frederick Rolfe: Baron Corvo.* London, 1977.
Bergamini, David: *Japan's Imperial Conspiracy.* London, 1971.
Berridge, Virginia: »Victorian Opium Eating« in: *Victorian Studies,* Sommer 1978.
Biggerstaff, Knight: »The Official Chinese Attitude toward the Burlingame Mission« in: *American Historical Review,* Juli 1936.
Blakeslee, George H.: *China and the Far East.* New York, 1910.
Bland, J. O. P.: *Li Hung-chang.* Freeport, N. Y., 1971 (Erstveröffentl. 1917)
–, *Recent Events and Present Policies in China.* London, 1912.
–, und Backhouse, E., *China under the Empress Dowager.* London, 1910 (Deutsche Ausgabe: *China unter der Kaiserin-Witwe.* Berlin, 1912).
Bodard, Lucien: *La Vallée des Roses.* Paris, 1977. (Deutsche Ausgabe: *Das Tal der Rosen.* München, 1980.)
Bohr, Paul Richard: *Famine in China and the Missionary.* Cambridge, 1972.
Boorman, Howard L. (Hg.): *Biographical Dictionary of Republican China.* 5 Bde., New York, 1979.
Borel, Henri: *The New China: A Traveller's Impression.* London, 1912.
Bourne, Peter: *Twilight of the Dragon.* New York, 1954.
Bozan, Jian, et al.: *A Concise History of China.* Peking, 1981.
Brackman, Arthur: *The Last Emperor.* New York, 1975.
Bredon, Juliet: *Peking: A Historical and Intimate Description.* Shanghai, 1931.
– *Sir Robert Hart: The Romance of an Great Career.* London, 1910.

Britton, Roswell S.: *The Chinese Periodical Press.* Shanghai, 1933.
Bruner, Katherine F., Fairbank, John K., und Smith, Richard J. (Hg): *Entering China's Service: Robert Hart's Journals, 1854–1863. Cambridge, 1986.*
Buck, Pearl S.: *Imperial Woman,* New York, 1956. (Deutsche Ausgabe: *Das Mädchen Orchidee.* München, 1957.)
Burke, James: »Eunuchs of Peiping« in: *Life* vom 21. Februar 1949.
Cahill, Holger: *A Yankee Adventurer.* New York, 1978.
Cameron, Nigel: *Barbarians and Mandarins: Thirteen Centuries of Western Travellers in China.* New York, 1970.
Cammann, Schuyler: *China's Dragon Robes.* New York, 1952.
Carl, Katherine A.: *With the Empress Dowager of China* (2. Aufl.). Tientsin, 1926.
Carlson, Ellsworth C.: *The Kaiping Mines.* Cambridge. Mass., 1971.
Chang Hao: »The Anti-foreignist Role of Wo-jen« in: *Papers on China,* Nr. 14, S. 1 bis 29, Harvard University, 1960.
–, »Liang Ch'i Ch'ao and the Intellectual Changes in the Late Nineteenth Century« in: *The Journal of Asian Studies,* Nov. 1969.
–, *Liang Ch'i Ch'ao and Intellectual Transition in China, 1890–1907.* Cambridge, Mass., 1971.
Chang Hsin-pao: *Commissioner Lin and the Opium War.* Cambridge, Mass., 1964.
Chang Te-chang: »Economic Role of the Imperial Household in the Ch'ing Dynasty« in: *The Journal of Asian Studies.,* Feb. 1972.
Chen, Gideon: *Tseng Kuo-fan: Pioneer Promoter of the Steamship in China.* Peking, 1938.
Chen, H. S., und Kates, G. N.: »Prince Kung's Palace and Its Adjoining Garden in Peking« in: *Monumenta Serica,* Heft 5, 1940.
Chen, Jerome: *Yuan Shih-kai* (2. Aufl.). Stanford, 1972.
Chesneaux, Jean: *China from the Opium Wars to the 1911 Revolution.* New York, 1976.
–, (Hg.): *Popular Movements and Secret Societies in China 1840–1950.* Stanford, 1972.
–, *Secret Societies in China.* London, 1971.
Chi Hsi-sheng: *Warlord Politics in China: 1916–1928.* Stanford, 1976.
»The Chinese Reform Movement of the 1890s: A Symposium« in: *The Journal of Asian Studies,* Nov. 1969.
Chou, Eric: *The Dragon and the Phoenix.* New York, 1970.
Chow Jen Hwa: *China and Japan: The History of Chinese Diplomatic Missions in Japan 1877–1911.* Singapur, 1975.
Christman, Margaret: *Adventurous Pursuits, Americans and the China Trade: 1784-1844.* Washington, D.C., 1984.
Chu Wen-djang: *The Moslem Rebellion in Northwest China, 1862-1878.* Den Haag, 1966.
Chung Sue Fawn: *The Much Maligned Empress Dowager.* Ann Arbor, 1975.
–, »The Much Maligned Empress Dowager« in: *Modern Asian Studies,* 13 (1979), Heft 2.
Clayre, Alasdair: *The Heart of the Dragon.* London, 1984.
Clubb, O. Edmund: *China and Russia: The Great Game.* New York, 1971.
Cohen, Paul A.: »The Anti-Christian Tradition in China« in: *The Journal of Asian Studies,* Feb. 1969.

–, *Between Tradition and Modernity: Wang T'ao and Reform in Late Ch'ing China.* Cambridge, Mass., 1974.
–, *China and Christianity: The Missionary Movement and the Growth of Chinese Anti-Foreignism, 1860 to 1870.* Cambridge, Mass., 1963.
–, und Schrecker, John E. (Hg.): *Reform in Nineteenth Century China.* Cambridge, Mass., 1976.
Collis, Maurice: *The Motherly and Auspicious.* New York, 1944.
Conger, Sarah Pike: *Letters from Peking.* Chicago, 1909.
Covell, Ralph R.: *The Life and Thought of W. A. P. Martin.* Ann Arbor, 1986.
Coye, Molly Joel, und Livingston, Jon (Hg.): *China Yesterday and Today.* New York, 1979.
Denby, Charles: *China and Her People.* Boston, 1906.
Derling, Princess (Yu Derling, Mrs. Thaddeus White): *Two Years in the Forbidden City.* New York, 1911.
Dickens, A. G. (Hg.): *The Courts of Europe.* New York, 1977.
Donahue, William J.: »The Caleb Cushing Mission« in: *Modern Asian Studies,* 16 (1986), Heft. 2.
Dorn, Frank: *The Forbidden City.* New York, 1970.
Douglas, Robert K.: *Li Hungchang.* London, 1895.
Drake, Belle Vinnedge: »A Visit to the Empress Dowager« in: *The Century Magazine,* Sept. 1902.
Earle, James E.: »Playing at Clouds and Rain in Chinese Literature« (Magisterarbeit, Eckerd College, 1973).
Eastman, Lloyd E.: »Ching-i and Chinese Policy Formation During the Nineteenth Century« in: *The Journal of Asian Studies,* Aug. 1965.
–, »Political Reformism in China before the Sino-Japanese War« in: *The Journal of Asian Studies,* Aug. 1968.
–, *Throne and Mandarins: China's Search for a Policy During the Sino-French Controversy, 1880–1885.* Cambridge, Mass., 1967.
Esherick, Joseph W.: *The Origins of the Boxer Uprising.* Berkeley, 1987.
Fairbank, John K.: *The Great Chinese Revolution.* New York, 1986.
–, *Trade and Diplomacy on the China Coast.* Stanford, 1969.
–, Bruner, Katherine Frost, und Matheson, Elisabeth MacLeod (Hg.): *The I. G. in Peking: Letters of Robert Hart/Chinese Maritime Customs. 1868–1907.* 2 Bde., Cambridge, Mass., 1975.
–, und Reischauer, Edwin O.: *China: Tradition and Transformation.* New York, 1973.
Felber, John E.: *The American's Tourist Manual for the People's Republic of China.* Newark, N.J. 1974.
Fernald, Helen E.: *Chinese Court Costumes.* Toronto, 1946.
Feuerwerker, Albert: *China's Early Industrialization.* New York, 1970.
–, *Rebellion in Nineteenth-Century China.* Ann Arbor, 1975.
Fitzgerald, Charles P.: *The Empress Wu.* (2. Aufl.) London, 1968.
Fleming, Peter: *The Siege at Peking.* New York, 1959. (Deutsche Ausgabe: *Die Belagerung zu Peking.* Stuttgart, 1961.)
Foord, John: »The Root of the Chinese Trouble« in: *North American Review,* Sept. 1900.
Forbes, Archibald: *Chinese Gordon.* New York, 1884.
Franke, Wolfgang: *A Century of Chinese Revolution, 1851–1949.* Columbia, 1970.

Freeman-Mitford, A. B.: *The Attaché at Peking*. London, 1900.
Gerson, Jack J.: *Horatio Nelson Lay and Sino-British Relations, 1854–1864*. Cambridge, Mass., 1972.
Giles, Lancelot: *The Siege of the Peking Legations. A Diary*. (Hg. von L. R. Marchant) o. O. (University of Western Australia Press), 1970.
Gillen, Donald G.: *Warlord Yen Hsi-shan in Shansi Province: 1911–1949*. Princeton, 1967.
Goodrich, L. Carrington, und Cameron, Nigel.: *The Face of China as Seen by Photographers & Travelers: 1860–1912*. Millerton, N. Y., 1978.
Grant, General Sir Hope: *Incidents in the China War of 1860*. London, 1875.
Greenberg, Michael: *British Trade and the Opening of China 1800–1842*. Cambridge, Mass., 1951.
Gregory, John S.: »British Intervention against the Taiping Rebellion« in: *The Journal of Asian Studies*, Nov. 1959.
Griffith, Samuel B. (Übers.): *Sun Tzu: The Art of War*. Oxford, 1963.
Grousset, René: *The Empire of the Steppes*. New Brunswick, N. Y., 1970.
Guide to the Papers of George Ernest Morrison in the Mitchell Library. Sydney, 1977.
Gulik, Robert H. van: *Sexual Life in Ancient China*. Leiden, 1961.
Haldane, Charlotte: *The Last Great Empress of China*. New York, 1965.
Harem Favorites of an Illustrious Celestial. Taiwan, 1958.
Harrison, John A.: *China since 1800*. New York, 1967.
Hart, Robert: »China and Her Foreign Trade« in: *North American Review*, Jan. 1901.
–, *These from the Land of Sinim*. London, 1901.
Headland, Isaac Taylor: *Court Life in China*. New York, 1909.
Hedin, Sven: *Jehol: Die Kaiserstadt*. Leipzig, 1932.
Herrison, Count d': »The Loot of the Imperial Palace at Peking«: in *Smithsonian Institution Annual Report 1900*. Washington, D. C., 1901.
Hewlett, W. Meyrick: *The Siege of the Peking Legations* (redaktionelle Beilage zum *Harrovian*), Nov. 1900.
Hibbert, Christopher: *The Dragon Wakes*. Harmondsworth, 1984.
Hogarth, Peter, und Clery, Val: *Dragons:* New York, 1979.
Hooker, Mary: *Behind the Scenes in Peking* (Einleitung: H. J. Lethbridge). Hongkong, 1987.
Hookham, Hilda: *A Short History of China*. New York, 1972.
Hsiao Kung-chuan: *A Modern China and a New World: Kang Yu-wei, Reformer and Utopian, 1856–1927*. Seattle, 1975.
Hsieh Pao Chao: *The Government of China (1644–1911)*. Baltimore, 1925.
Hsu, Immanuel C. Y.: *The Rise of Modern China*. London, 1970.
Hummel, Arthur W.: *Eminent Chinese of the Ching Period* (2 Bde.). Washington, D. C., 1943.
Hunt, Michael H.: »The American Remission of the Boxer Indemnity: A Reappraisal« in: *The Journal of Asian Studies*, Mai 1972.
–, »The Foreign Occupation: Peking, 1900–1901« in: *Pacific Historical Review*, November 1979.
–, *The Making of a Special Relationship: The United States and China to 1914*. New York, 1983.
Hunter, Bluebell: *The Manchu Empress*. New York, 1945.
Hunter, William C.: *Bits of Old China*. London, 1855.

Hussey, Harry: *Venerable Ancestor: The Life and Times of Tzu Hsi, 1835–1908, Empress of China.* Garden City, N.Y., 1949.
Johnston, Reginald F.: *Twilight in the Forbidden City.* London, 1934.
Kaempffert, Waldemar: »The World's Most ›Cultured Criminals‹« in: *Saturday Review* vom 3. Juni 1944.
Kahn, Harold: »The Politics of Filiality« in: *The Journal of Asian Studies,* Feb. 1967.
–, »Some Mid-Ch'ing Views of Monarchy« in: *The Journal of Asian Studies,* Feb. 1965.
Kates, George N.: *Chinese Household Furniture.* New York, 1962.
Kennedy, Malcolm D.: *A History of Japan.* London, 1963.
Keown-Boyd, Henry: *The Fists of Righteous Harmony.* London, 1991.
Kieser, Egbert: *Als China erwachte: Der Boxeraufstand.* München, 1984.
King, Frank H. H., und Prescott, Clarke (Hg.): *A Research Guide to China-Coast Newspapers, 1822–1911.* Cambridge, Mass., 1965.
King, Paul: *In the Chinese Customs Service.* London, 1930.
Kuhn, Philip A.: *Rebellion and Its Enemies in Late Imperial China.* Cambridge, Mass. (Harvard East Asian Series 49), 1980.
Kwong, Luke S.K.: »Imperial Authority in Crisis: An Interpretation of the Coup d'Etat of 1861« in: *Modern Asian Studies,* 17 (1983), Heft 2.
–, *A Mosaic of the Hundred Days.* Cambridge, Mass., 1984.
Lane-Poole, Stanley: *The Life of Sir Harry Parkes.* London, 1894.
Latourette, Kenneth S.: *The Chinese: Their History and Culture.* New York, 1947.
–, *A History of Modern China.* London, 1954.
Lee En-han: »China's Response to Foreign Investment in Her Mining Industry (1902–1911)« in: *The Journal of Asian Studies,* Nov. 1968.
Lensen, George Alexander (Hg.): *Korea and Manchuria between Russia and Japan 1895–1904: The Observations of Sir Ernest Satow.* Tokyo, 1968.
Levenson, Joseph R.: *Liang Chi-chao and the Mind of Modern China.* Cambridge, Mass., 1953.
Levy, Howard S.: *Chinese Footbinding: The History of a Curious Erotic Custom.* New York, 1966.
Li Chien-nung: *The Political History of China. 1840–1928.* Stanford, 1967.
Li Dun, J.: *The Ageless Chinese: A History.* New York, 1965.
Liang Ch'i-chao: *Intellectual Trends in the Ch'ing Period* (Übers. Immanuel C.Y. Hsu). Cambridge, Mass., 1959.
Library for the School of African and Oriental Studies: *Papers Relating to the Chinese Maritime Custome, 1860–1943, in the Library for the School of Oriental and African Studies* (1973).
Lin Yutang: *A History of the Press and Public Opinion in China.* London, 1937.
Little, Mrs. Archibald (Alicia Bewicke Little): *Intimate China.* London, 1901.
–, *Li Hung-chang: His Life and Times.* London, 1903.
Lo Hui-men (Hg.): *The Correspondence of G.E. Morrison* (2 Bde.). Cambridge, Mass., 1978.
Lo Jung-pang (Hg.): *Kang Yu-wei: A Biography and a Symposium.* Tucson, 1967.
Lui, Adam Yuen-chung: *The Hanlin Academy.* o.O., 1981.
Lui Junwen: *Beijing: China's Ancient and Modern Capital.* Peking, 1982.
Lui Kwang-ching: »The Confucian as Patriot and Pragmatist: Li Hung-chang's Formative Years, 1823–1866« in: *Harvard Journal of Asiatic Studies,* 30 (1970).

McAleavy, Henry: *A Dream of Tartary: The Origins and Misfortunes of Henry P'u Yi*. London, 1963.
–, *That Chinese Woman*. London, 1959.
–, *Wang T'ao: The Life and Writings of a Displaced Person*. London, 1953.
MacDonald, Sir Claude: »Some Personal Reminiscences« in: *The Journal of the Royal United Service Institution*, Aug. 1914.
MacDonald, Lady Ethel: »My Visits to the Dowager Empress of China« in: *Empire Review*, April 1901.
Mackerras, Colin: *Modern China: A Chronology from 1842 to the Present*. London, 1982.
MacKinnon, Stephen R.: »The Peiyang Army: Yuan Shih-k'ai and the Origins of Modern Chinese Warlordism« in: *The Journal of Asian Studies*, Mai 1973.
–, *Power and Politics in Late Imperial China: Yuan Shi-kai in Beijing and Tianjin, 1901 to 1908*. Berkeley, 1980.
McNair, Harley Farnsworth: *Modern Chinese History: Selected Readings*. Shanghai, 1911.
Mannix, William Francis: *Memoirs of Li Hung Chang (with the story of a Literary Forgery by Ralph D. Paine)*. Boston, 1923.
Martin, W. A. P.: *A Cycle of Cathay*. Edinburgh, 1900.
Memoirs of the Research Department of the Toyo Bunko. Tokyo, 1967.
Meng, S. M.: *The Tsungli Yamen: Its Organization and Functions*, Cambridge, Mass., 1970.
Michael, Franz: *The Taiping Rebellion*, Bd. 1: *History*. Seattle, 1966.
Miner, Luella: »The Flight of the Empress Dowager« in: *Century Magazine*, März 1901.
Mitamura Taisuke: *Chinese Eunuchs*. Tokyo, 1970.
Miyazaki Ichisada: *China's Examination Hell*. New Haven, 1981.
Montgomery, Michael: *Imperialist Japan*. London, 1987.
Morison, John Lyle: *The Eight Earl of Elgin*. London, 1928.
Morrison, George, E.: *An Australian in China*. London, 1895.
Morse, H. B.: *The International Relations of China*. (3 Bde.). London, 1910–1918.
–, *In the Days of the Taipings*. Salem, Mass., 1927.
Nagin, Carl: »Paper Dragons« in: *Art & Antiques*, Nov. 1988.
Nash, George H.: *The Life of Herbert Hoover: The Engineer, 1874–1914*. New York, 1983.
Needham, Joseph: *Science and Civilisation in China*, Bd. 5: Chemistry and Chemical Technology, Part Seven. Cambridge, Mass., 1986.
Nevius, John L.: *China and the Chinese*. New York, 1869.
Nivison, David, S., und Wright, Arthur F. (Hg.): *Confucianism in Action*. Stanford, 1959.
Norman, E. Herbert: »The Genyosha: A Study in the Origins of Japanese Imperialism« in: *Pacific Affairs*, Sept. 1944.
»Notes sur la carrière d'Auguste Chamot« in: *Revue Historique Vaudoise* (Lausanne), März 1955.
Nye, Gideon: *The Morning of My Life*. Kanton, 1872.
The Opium War. Peking, 1976.
»Orientalia« in: *The Quarterly Journal of the Library of Congress* 21, April 1964.
Paulsen, George E.: »The Szechwan Riots of 1895 and American Missionary Diplomacy« in: *The Journal of Asian Studies*, Feb. 1969.

Pearl, Cyril: *Morrison of Peking*. Sydney, 1967.
Peyrefitte, Alain: *L'Empire Immobile ou Le Choc des Mondes*. Paris, 1989.
Pong, David: »The Income and Military Expenditure of Kiangsi Province in the Last Years of the Taiping Rebellion« in: *The Journal of Asian Studies*, Nov. 1966.
Porter, Jonathan: *Tseng Kuo-fan's Private Bureaucracy*. China Research Monograph Nr. 9, Berkeley, 1972.
Pratt, Julius W.: »Our First War in China: The Diary of William Henry Powell, 1856« in: *American Historical Review*, Juli 1948.
Price, Don C.: *Russia and the Roots of the Chinese Revolution, 1896–1911*. Cambridge, Mass., 1974.
Pu Yi, Aisin Gioro (Henry): *From Emperor to Citizen* (2 Bde). Peking, 1979. (Deutsche Ausgabe: Pu Yi: *Ich war Kaiser von China*. München, 1987.)
Purcell, Victor: *The Boxer Uprising: A Background Study*. Cambridge, Mass., 1963.
Rankin, Mary Backus: »Public Opinion and Political Power: ›Qingyi‹ in Late Nineteenth Century China« in: *The Journal of Asian Studies*, Mai 1982.
Rawlinson, John L.: *China's Struggle for Naval Development*. Cambridge, Mass., 1967.
The Reform Movement of 1898. Peking, 1976.
The Revolution of 1911. Peking, 1976.
Richard, Timothy: *Forty-five Years in China*. New York, 1916.
Rockhill, William W.: *Diplomatic Audiences at the Court of China*. London, 1908.
Rosenbaum, Arthur Lewis: »The Manchurian Bridgehead: Anglo-Russian Rivalry and the Imperial Railways of North China, 1897–1902« in: *Modern Asian Studies*, 10 (1976), Heft 1.
Savage-Landor, A. Henry: *China and the Allies*. London, 1901.
Schafer, Edward H.: *Ancient China*. New York, 1969.
Schrecker, John: »The Reform Movement, Nationalism and China's Foreign Policy« in: *The Journal of Asian Studies*, Nov. 1969.
Schurmann, Franz, und Schell, Orville (Hg.): *The China Reader*. New York, 1967.
Scott, A. C.: *Chinese Costume in Transition*. Singapur, o. J.
Seagrave, Sterling, *The Soong Dynasty*. New York, 1985. (Deutsche Ausgabe: *Die Sung-Dynastie*. Zürich, 1986.)
Sergeant, Philip W.: *Dominant Women*. Freeport, N. Y., 1979. (Nachdruck der Erstveröffentlichung von 1929).
–, *The Great Empress Dowager of China*. London, 1910.
Seymour, Admiral Sir Edward H.: *My Naval Career and Travels*. London, 1911.
Shen Han-yin: »Tseng Kuo-fan in Peking« in: *The Journal of Asian Studies*, Nov. 1967.
Shen Wei-tai: *China's Foreign Policy, 1839–1860*. New York, 1932.
Shih, Vincent Y. C.: *The Taiping Ideology*. Seattle, 1967.
»Short-Sighted Chinese: Dr. G. E. Morrison's Unequalled Library of Books on China is allowed to leave China for Japan« in: *The Far Eastern Review*, Sept. 1917.
Shu Chao Hu: *The Development of the Chinese Collection in the Library of Congress*. Boulder, Col., o. J.

Sitwell, Osbert: *Escape with Me.* New York, 1940.
Smedt, Marc de: *Chinese Erotism.* New York, 1981.
Smith, A.H.: *China in Convulsion.* Edinburgh, 1901.
–, »The Contribution of Foreigners to Chinese Discontent« in: *Outlook* vom 15. Dezember 1900.
Smith, Richard J.: *Mercenaries and Mandarins.* Millwood, N.Y., 1978.
Soothill, William E.: *Timothy Richard of China.* London, 1924.
Spector, Stanley: *Li Hung-chang and the Huai Army.* Seattle, 1964.
Speer, William: *The Oldest and the Newest Empire.* Hartford, Conn., 1870.
Spence, Jonathan: *The Gate of Heavenly Peace.* New York, 1981. (Deutsche Ausgabe: *Das Tor des Himmlischen Friedens. Die Chinesen und ihre Revolution 1895–1980.* München, 1985.)
–, *To Change China: Western Advisers in China 1620–1960.* Boston, 1969.
–, »The Seven Ages of K'ang-hsi« in: *The Journal of Asian Studies,* Feb. 1967.
Stent, G. Carter: »Chinese Eunuchs« in: *The Journal of North China Branch of the Royal Asiatic Society,* New Series 11 (1877).
Storry, Richard: *Japan and the Decline of the West in Asia, 1894–1943.* London, 1979.
Strachey, Lytton: *Eminent Victorians.* London, 1918.
Summerville, John: *Fodor's People's Republic of China.* London, 1981.
Swallow, Robert W.: *Sidelights on Peking Life.* Peking, 1927.
Swinhoe, Robert: *Narrative of the North China Campaign of 1860.* London, 1863.
Tan, Chester C.: *The Boxer Catastrophe.* New York, 1975. (Nachdruck der Veröffentlichung von 1958.)
Tannahill, Reay: *Sex in History.* New York, 1980.
Taylor, A.J.P.: *Essays in English History.* Harmondsworth, 1976.
Teng Ssu-yu, und Fairbank, John K.: *China's Response to the West: A Documentary Survey 1839–1923.* Cambridge, Mass., 1979.
–, *Research Guide for China's Response to the West.* Cambridge, Mass., 1954.
Teng Tony Yung-yuan: *Prince Kung and the Survival of the China Rule, 1858–1898.* Ann Arbor, 1986.
Teng Yuan Chung: »The Failure of Hung Jen-k'an's Foreign Policy« in: *The Journal of Asian Studies,* Nov. 1968.
»The Tientsin Massacre« in: *The Nation* vom 22. Sept. 1870.
Tompkins, Peter: *The Eunuch and the Virgin.* New York, 1962.
Townley, Lady Susan: *My Chinese Notebook.* London, 1904.
—— *›Indiscretions‹ of Lady Susan.* London, 1922.
Trench, Charles C.: *The Road to Khartoum: A Life of General Charles Gordon.* New York, 1978.
Trevor-Roper, Hugh: *The Hermit of Peking: The Hidden Life of Sir Edmund Backhouse.* Harmondsworth, 1978.
Twitchett, Denis, und Fairbank, John K. (Hg.): *The Cambridge History of China.* Bd. 2: *Late Ching, 1800–1911, Part. 2.* Cambridge, Mass., 1980.
Varè, Daniele: *The Last Empress.* Garden City, N.Y., 1936. (Deutsche Ausgabe: *Die letzte Kaiserin.* Hamburg/Wien, 1959.)
Waldersee, Alfred Count von, *A Field-Marschal's Memoirs.* London 1924. (Deutsches Original: Waldersee, Alfred Graf von: *Denkwürdigkeiten* [3 Bde.]. Stuttgart, Berlin, 1922–23.)
Waley, Arthur: *The Opium War through Chinese Eyes.* Stanford, 1958.

Walrond, Theodore (Hg.): *Letters and Journals of James Eighth Earl of Elgin*. London, 1872.
Wang, Y. C.: *Chinese Intellectuels and the West, 1872–1949*. Chapel Hill, 1966.
Warner, Marina: *The Dragon Empress: The Life and Times of Tz'u-hsi, Empress Dowager of China 1835–1908*. New York, 1972.
Weale, B. L. Putnam (Bertram Lenox-Simpson): *Indiscreet Letters from Peking* (2. Aufl.). London, 1906.
Weeks, N. Donald: *Corvo*. London, 1971.
Wen Ching (Lim Boon-keng): *The Chinese Crisis from Within*. London, 1901.
Wesley-Smith, Peter: *Unequal Treaty 1898–1997: China, Great Britain and Hong Kong's New Territories*. Oxford, 1980.
William, S. Wells: *The Middle Kingdom*. New York, 1848.
Williams, Frederick Wells: *The Life and Letters of Samuel Wells Williams*. New York, 1889.
Wilson, Verity: *Chinese Dress*. London, 1982.
Wolseley, G. J.: *Narrative of the War with China in 1860*. London, 1862.
Wong, J. Y.: »The Arrow Incident: A Reappraisal« in: *Modern Asian Studies*, 8 (1974), Heft. 3.
Wood, Minnie Norton: »Summer Splendor of the Chinese Court« in: *The Century Magazine*, Aug. 1904.
Woolf, Cecil (Hg.): *Baron Corvo's Venice Letters*. London, 1974.
Worswick, Clark, und Spence, Jonathan: *Imperial China: Photographs 1850–1912*. O. O., 1978.
Wright, Mary C.: »The Adaptability of Ch'ing Diplomacy« in: *The Journal of Asian Studies*, Mai 1968.
–, (Hg.), *China in Revolution: The First Phase 1900–1913*. New Haven, 1968.
–, *The Last Stand of Chinese Conservatism: The T'ung-Chih Restoration, 1862–1874* (2. Aufl. mit erweitertem Anmerkungsteil). Stanford, 1962.
Wright, Stanley F.: *Hart and the Chinese Customs*. Belfast, 1950.
Wu Lien-teh: *Plague Fighter: The Autobiography of a Modern Chinese Physician*. Cambridge, Mass., 1959.
Wu Yung: *The Flight of an Empress* (Übers. Ida Pruitt). New Haven, 1936.
Yang Lien-sheng: »Female Rulers in Imperial China« (Schriftsatz für die Konferenz über die politische Gewalt im traditionellen China, Sept. 1959). Laconia, New Hampshire, unterstützt vom Zentrum für Ostasiatische Studien der Harvard University.
Yang Hsin-nung: *The Malice of Empire*. London, 1970.
The Yi Ho Tuan Movement of 1900. Peking, 1976.
Young, Ernest P.: *The Presidency of Yuan Shih-k'ai*. Ann Arbor, 1977.
Young, L. K.: *British Policy in China, 1895–1902*. Oxford, 1970.
Yuan Chung-teng: »Reverend Issachar Roberts and the Taiping Rebellion« in: *The Journal of Asian Studies*, Nov. 1963.
Yung Wing: *My Life in China and America*. New York, 1909.
»The Yung-lo Ta-Tien: An Unrecorded Volume« in: *British Museum Quarterly*, Nr. 25.

Unveröffentlichte Quellen

Tagebuch von Lieutenant Francis Gordon Poole, Belagerung der Gesandtschaften, im Besitz der British Library Manuscript Collection, London, Briefwechsel zwischen Mrs. F. G. Poole und der British Library über den Erwerb eines Exemplars der *Yung Lo*-Enzyklopädie.

Tagebücher von Sir Ernest Satow, Public Records Office, London.

Briefe von Hubert Vos, im Besitz seines Enkels, Hubert D. Vos, in Santa Barbara, Kalifornien.

Tagebücher und Briefe von G.E. Morrison, 1895–1918, australische Nationalbibliothek, Mitchell Library, Sydney.

Tagebücher und Briefe von Robert Hart, 1864–1911, Queen's University, Belfast.

Briefe von Mrs. Anson Burlingame, Library of Congress Manuscript Collection, Washington, D.C.

Manuskripte von Edmund Backhouse, »Décadence Mandchoue« und »The Dead Past«, British Library, London.

Tagebuch von William B. Reed, jr., Voyage to China 1857–1859, Library of Congress Manuscript Collection, Washington, D.C.

Konsularische und Gesandtschaftsakten der Vereinigten Staaten, National Archives and Records Service, Washington, D.C., insbesondere Record Group 59.

Akten des Foreign Office, Public Records Office, London.

Backhouse, Familienbriefe, Universität Durham, England.

Danksagungen

Die Arbeit an diesem Buch nahm im Sommer 1980 in den National Archives in Washington D. C. ihren Anfang und wurde über elf Jahre hinweg mit kurzen Unterbrechungen in China, Australien, Nordirland, England und auf dem europäischen Festland fortgesetzt. Wo es möglich war, haben wir die Nachforschungen selbst angestellt. In den späteren Jahren hatten wir das außerordentliche Glück, in Elizabeth Murray in London eine wertvolle Unterstützung zu finden. Sie spürte alle möglichen Bücher, Artikel, Dokumente und Experten auf, die dazu beitrugen, die komplizierte Geschichte der Ching-Dynastie zu entwirren.

Carl Nagel fand und fotografierte für uns, während er mit eigenen Nachforschungen beschäftigt war, Katherine Carls Porträt der Kaiserinwitwe in Taipeh. (Das Smithsonian-Institut, das für die Leihgabe an Taiwan verantwortlich war, konnte uns keine Farbreproduktionen zur Verfügung stellen.) Carl Nagel verdanken wir auch einen Einblick in die Materie chinesischer Schrift- und Kunstfälschungen. Polly Juen Cheo übersetzte die medizinischen Befunde Kaiser Kuang-hsüs und interne Papiere des Ching-Hofes für uns aus dem Chinesischen. Clio Whittaker unterstützte uns mit der Übersetzung und Beschaffung chinesischer Zeitschriften.

Unser besonderer Dank gilt R. G. Tiedemann, Dozent für Geschichte des Fernen Ostens am Seminar für Orientalistik und Afrikanistik an der Universität London, sowie Beth McKillop und Hamish Todd, Mitglieder des Kuratoriums der British Library Oriental Collection, die uns in einer Reihe von Fragen eine unschätzbare Hilfe waren.

Des weiteren haben unsere Arbeit unterstützt: Hubert D. Vos aus Santa Barbara, Kalifornien, der uns dankenswerterweise Kopien der Korrespondenz seines Großvaters mit Familienmitgliedern und Freunden zur Verfügung stellte; Phoebe Pheebles, Archivarin des

Fogg Art Museum der Harvard Universität, und Robert Mowry, Mitkurator an dessen Abteilung für asiatische Kunst; Gordon Wheeler und Mary Kelly von der Queen's University Library in Belfast, die uns Harts Tagebücher und Briefwechsel zugänglich machten; Warren Horton, Direktor der National Library of Australia, Canberra, und Handschriften-Bibliothekarin Greame Powell für ihre Informationen; der Mitchell Library in Sydney für den Zugang zu Morrisons Papieren; Margaret Aitchison, deren Großvater Sir Edmund Backhouse' behandelnder Arzt war, für die Beantwortung vieler Fragen; M.S. McCollum, Verwaltungsassistent an der Abteilung für Paläographie und Diplomatik der Universität Durham, für den Briefwechsel der Familie Backhouse; dem Brooks Museum of Art in Memphis, Tennessee; dem Memphis Shelby County Public Library & Information Center und der Memphis State University für Informationen über Katherine Carl; dem National Museum of American Art, Smithsonian-Institut, in Washington für Material über Katherine Carl und Hubert Vos; Sir Edmund Pickering für die Erlaubnis, Morrisons Korrespondenz mit der *Times* einzusehen; der Archivarin Melanie Aspey von der *Times* für ihre Unterstützung; Jenny Watson aus New Hampshire, die es schaffte, obskure, längst vergriffene Bücher aufzutreiben; Silke und Claus Terheggen aus Hamburg, die unsere Fragen über Baron von Ketteler beantworteten; John Brereton, der uns mit Informationen über die britische Kavallerie half.

Folgende Bibliotheken waren uns eine wertvolle Hilfe: British Library, Nachschlagewerke, Abteilung Gedruckter Werke; British Library, Amtliche Veröffentlichungen; British Library, Zeitungswesen, Colindale; London Library, St. James Square; Westminster Central Reference Library, London; Bibliothek des Seminars für Orientalistik und Afrikanistik, London; Public Records Office, Kew, London; British Museum, London; Royal United Services Institute for Defence Library, Whitehall; Verity Wilson vom Victoria and Albert Museum; Standesamt (Testamente & Vermögensangelegenheiten), Somerset House, London; Einwohnermeldeamt, St. Catherine's House, London; George Mason University Library, Fairfax, Virginia.

Dank an Evan Bracken für seine Hilfe bei der Reproduktion vieler der in diesem Buch abgebildeten Fotografien.

Register

Register